Arbeitszeitgesetz

KOMMENTAR

von

Dr. Dirk Neumann
Vizepräsident des Bundesarbeitsgerichts a. D.

und

Dr. Josef Biebl
Richter am Bundesarbeitsgericht

16., neubearbeitete Auflage

des von J. Denecke begründeten und bis zur
11. Auflage fortgeführten Kommentars zur Arbeitszeitordnung

Verlag C. H. Beck München 2013

www.beck.de

ISBN 978 3 406 63405 5

© 2012 Verlag C. H. Beck oHG,
Wilhelmstr. 9, 80801 München
Druck und Bindung: fgb · freiburger graphische betriebe,
Bebelstraße 11, 79108 Freiburg

Satz: jürgen ullrich typosatz, 86720 Nördlingen

Gedruckt auf säurefreiem, alterungsbeständigem Papier
(hergestellt aus chlorfrei gebleichtem Zellstoff)

Vorwort zur 16. Auflage

Erst nach der Wiedervereinigung 1990 kam es zur Neuregelung eines einheitlichen Arbeitszeitrechts durch das Arbeitszeitrechtsgesetz vom 6. Juni 1994 (BGBl. I S. 1170), mit dem nicht nur die über 50 Jahre alte Arbeitszeitordnung aus nationalsozialistischer Zeit, sondern auch die aus der Kaiserzeit vor 1900 stammenden Regelungen der Sonn- und Feiertagsarbeit in der Gewerbeordnung neu gestaltet wurden. In den letzten, jetzt fast 20 Jahren waren angesichts der von vornherein großzügig und zukunftsträchtig geschnittenen öffentlich-rechtlichen Höchstarbeitszeiten kaum Änderungen erforderlich. Rechtsprechung zum Arbeitszeitgesetz fiel im Verhältnis zu anderen arbeitsrechtlichen Gebieten kaum an. Es blieb bei einer Einfügung der Sonderregelung für die Bäckereien und Konditoreien und der Einführung des Euro mit der Regelung der Sonn- und Feiertagsarbeit für Geldgeschäfte.

Seit der Simap-Entscheidung des EuGH vom 3. 10. 2000 war die Einordnung des Bereitschaftsdienstes zunächst umstritten, wurde dann aber durch die Jaeger-Entscheidung des EuGH vom 9. 9. 2003 geklärt. Es handelt sich um Arbeitszeit nach der Richtlinie 93/104/EG vom 23. 11. 1993 und damit auch nach der inhaltsgleichen Richtlinie 2003/88/EG vom 4. 11. 2003. Das führte zur Neuregelung im Arbeitszeitgesetz durch das Gesetz zu Reformen am Arbeitsmarkt vom 24. 12. 2003 (BGBl. I S. 3002), dessen Art. 4b den Bereitschaftsdienst der Arbeitsbereitschaft und damit der Arbeitszeit gleichstellt. Eine weitere Änderung machte ebenfalls das europäische Recht erforderlich: Die Beschäftigung von Fahrern und Beifahrern bei Straßenverkehrstätigkeiten ist durch die Verordnung (EG) Nr. 561/2006 neu geregelt worden und gilt ab 11. 4. 2007 mit neuen Verweisungen auf das europäische Recht, in Deutschland eingeführt durch Gesetz vom 14. 8. 2006 (BGBl. I S. 1962), das den bisherigen § 5 Abs. 4 aufhob und den neuen § 21a einfügte, der seine jetzt geltende Fassung ab 11. 4. 2007 erhielt. Die Änderung durch Art. 7 des Gesetzes vom 15. 7. 2009 (BGBl. I S. 1939) strich lediglich in § 21 die Rheinschifffahrt nach Aufhebung dieser Sonderregelung. Neuere Rechtsprechung und viele Aufsätze konnten in die Neuauflage eingearbeitet werden, so dass die Neuauflage den Stand vom 1. Juli 2012 wiedergibt.

Das Recht zum Ladenschluss ist durch die Föderalismusreform vom 28. 8. 2006 (BGBl. I S. 2634) in die alleinige Kompetenz der Länder übergegangen, die bis auf Bayern auch alle eigene Ladenöffnungsgesetze verabschiedet haben. Um nicht durch die Übernahme von 16 Gesetzen den Kommentar zu überlasten, werden hier nur die Arbeitszeitvorschriften des § 17 Ladenschlussgesetz und die entsprechenden Ländervorschriften erläutert.

Die Verteilung der Bearbeitung erfolgt in den §§ 1–8 ArbZG und Ladenschluss durch Neumann, im Übrigen durch Biebl.

Kassel/Erfurt, im August 2012   Die Verfasser

Inhaltsverzeichnis

	Seite
Abkürzungsverzeichnis	XI
Handbücher und Kommentare	XVII

A. Gesetzestexte

1. Arbeitszeitgesetz (ArbZG)	1
2. Jugendarbeitsschutzgesetz (Auszug)	16
3. Bundesberggesetz (Auszug)	25
4. Gesetz über den Ladenschluss	28
5. Seemannsgesetz (Auszug)	32

B. Einleitung

I. Historische Entwicklung	45
II. Die Arbeitszeitordnung	47
III. Gebiet der früheren DDR	49
IV. Das Arbeitszeitrechtsgesetz	50

C. Kommentar – Arbeitszeitgesetz

Erster Abschnitt. Allgemeine Vorschriften

§ 1	Zweck des Gesetzes	63
§ 2	Begriffsbestimmungen	71

Zweiter Abschnitt. Werktägliche Arbeitszeit und arbeitsfreie Zeiten

§ 3	Arbeitszeit der Arbeitnehmer	86
§ 4	Ruhepausen	96
§ 5	Ruhezeit	102
§ 6	Nacht- und Schichtarbeit	112
§ 7	Abweichende Regelungen	128
Anhang § 7: Tarifliche Arbeitszeitregelungen		163
§ 8	Gefährliche Arbeiten	246

Dritter Abschnitt. Sonn- und Feiertagsruhe

§ 9	Sonn- und Feiertagsruhe	250
§ 10	Sonn- und Feiertagsbeschäftigung	260
§ 11	Ausgleich für Sonn- und Feiertagsbeschäftigung	282
§ 12	Abweichende Regelungen	286
§ 13	Ermächtigung, Anordnung, Bewilligung	289

Vierter Abschnitt. Ausnahmen in besonderen Fällen

§ 14	Außergewöhnliche Fälle	302
§ 15	Bewilligung, Ermächtigung	311

Inhalt

Inhaltsverzeichnis

Seite

Fünfter Abschnitt. Durchführung des Gesetzes

§ 16 Aushang und Arbeitszeitnachweise 318
§ 17 Aufsichtsbehörde 321

Sechster Abschnitt. Sonderregelungen

§ 18 Nichtanwendung des Gesetzes 325
§ 19 Beschäftigung im öffentlichen Dienst 329
§ 20 Beschäftigung in der Luftfahrt 331
§ 21 Beschäftigung in der Binnenschiffahrt 331
§ 21 a Beschäftigung im Straßentransport 332

Siebter Abschnitt. Straf- und Bußgeldvorschriften

§ 22 Bußgeldvorschriften 339
§ 23 Strafvorschriften 342

Achter Abschnitt. Schlußvorschriften

§ 24 Umsetzung von zwischenstaatlichen Vereinbarungen und Rechtsakten der EG 343
§ 25 Übergangsregelung für Tarifverträge 344
§ 26 *(aufgehoben)* 345

D. Kommentar – Arbeitszeit bei Ladenöffnung

Vorbemerkung, Übersicht über Ladenöffnung 347
§ 17 Arbeitszeit an Sonn- und Feiertagen 350

Ladenschlussgesetz: Landesrecht zur Ladenöffnung

Baden-Württemberg § 12 354
Bayern Verweis auf Ladenschlussgesetz 355
Berlin § 7 355
Brandenburg § 10 355
Bremen § 13 356
Hamburg § 9 358
Hessen § 9 358
Mecklenburg-Vorpommern § 7 359
Niedersachsen § 7 360
Nordrhein-Westfalen § 11 361
Rheinland-Pfalz § 13 361
Saarland § 10 362
Sachsen § 10 362
Sachsen-Anhalt § 9 363
Schleswig-Holstein § 13 363
Thüringen § 12 363

Inhalt

E. Anhang

Seite

1. Bestimmungen für Kraftfahrer
   a) Gesetz über das Fahrpersonal von Kraftfahrzeugen und Straßenbahnen (Fahrpersonalgesetz – FPersG) 365
   b) Verordnung zur Durchführung des Fahrpersonalgesetzes (Fahrpersonalverordnung – FPersV) *(Auszug)* 373
   c) Gesetz zur Regelung der Arbeitszeit von selbständigen Kraftfahrern 389
   Anlage zu 1 c: Verordnung (EG) Nr. 561/2006 des Europäischen Parlaments und des Rates vom 15. März 2006 zur Harmonisierung bestimmter Sozialvorschriften im Straßenverkehr und zur Änderung der Verordnungen (EWG) Nr. 3821/85 und (EG) Nr. 2135/98 des Rates sowie zur Aufhebung der Verordnung (EWG) Nr. 3820/85 des Rates 391
   d) Verordnung (EWG) Nr. 3821/85 des Rates vom 20. Dezember 1985 über das Kontrollgerät im Straßenverkehr 407
   e) Europäisches Übereinkommen über die Arbeit des im internationalen Straßenverkehr beschäftigten Fahrpersonals (AETR) *(Auszug)* 419

2. Bestimmungen für gefährliche Betriebe
   Verordnung für Arbeiten in Druckluft (Druckluftverordnung) *(Auszug)* 424

3. Bestimmungen zum Schutze der Frau
   Gesetz zum Schutze der erwerbstätigen Mutter (Mutterschutzgesetz – MuSchG) *(Auszug)* 425

4. Gewerbeordnung *(Auszug)* 426

5. Bestimmungen über Sonntagsruhe und Ausnahmen von diesen
   a) Verordnung über den Verkauf bestimmter Waren an Sonn- und Feiertagen 427
   b) Verordnung über Ausnahmen vom Verbot der Beschäftigung von Arbeitnehmern an Sonn- und Feiertagen in der Papierindustrie 428
   c) Verordnung über Ausnahmen vom Verbot der Beschäftigung von Arbeitnehmern an Sonn- und Feiertagen in der Eisen- und Stahlindustrie 430

6. Richtlinie 2003/88/EG des Europäischen Parlaments und des Rates vom 4. November 2003 über bestimmte Aspekte der Arbeitszeitgestaltung 433

Sachverzeichnis 447

Abkürzungsverzeichnis

a. A.	anderer Ansicht
AA	Arbeitsrecht aktiv, Zeitschrift
abl.	ablehnend
ABl.	Amtsblatt
ABl.-EG	Amtsblatt der Europäischen Gemeinschaften
Abs.	Absatz
abw.	abweichend
AETR	Europäisches Übereinkommen über die Arbeit des im internationalen Straßenverkehr beschäftigten Fahrpersonals
a. F.	alte(r) Fassung
ähnl.	ähnlich
allgA	allgemeine Ansicht
ÄndG	Änderungsgesetz
ÄndVO	Änderungs-Verordnung
AFG	Arbeitsförderungsgesetz
AGB	Arbeitsgesetzbuch (der früheren DDR)
AiB	Arbeitsrecht im Betrieb
angef.	angeführt
Anm.	Anmerkung
AOG	Gesetz zur Ordnung der nationalen Arbeit vom 20. 1. 1934
AP	Arbeitsrechtliche Praxis – Nachschlagewerk des BAG
AR-Blattei	Arbeitsrecht-Blattei (C. F. Müller), Heidelberg
ArbG	Arbeitsgericht
ArbGG	Arbeitsgerichtsgesetz
ArbMin.	Arbeitsminister
ArbRB	Der Arbeitsrechtsberater
ArbRS	Arbeitsrechtssammlung – früher Bensheimer Sammlung
ArbSch	Arbeitsschutz (Beilage zum Bundesarbeitsblatt)
ArbuR	Arbeit und Recht, Zeitschrift, Frankfurt a. M.
ArbuSozPol	Arbeits- und Sozialpolitik, Bonn/Frankfurt a. M.
ArbuSozR	Arbeits- und Sozialrecht, Mitteilungen des Arbeitsministeriums Württemberg-Baden
ArbZG	Arbeitszeitgesetz vom 6. 6. 1994
ArbZRG	Arbeitszeitrechtsgesetz vom 6. 6. 1994
ARSt.	Arbeitsrecht in Stichworten, Hamburg
ArztR	Arztrecht
AuA	Arbeit und Arbeitsrecht, Zeitschrift, Berlin
AusfVO = AVO	Ausführungsverordnung
AZO	Arbeitszeitordnung vom 30. 4. 1938
BAG	Bundesarbeitsgericht
BAGE	Entscheidungssammlung des Bundesarbeitsgerichts
BAnz.	Bundesanzeiger
BAT	Bundesangestelltentarifvertrag vom 23. 2. 1961
BAT-O	Bundesangestelltentarifvertrag Ost (für die neuen Bundesländer) vom 10. 12. 1990
BArbBl.	Bundesarbeitsblatt
BayObLG	Bayerisches Oberstes Landesgericht

Abkürzungen

BAZG	Gesetz über Arbeitszeit in Bäckereien und Konditoreien vom 29. 6. 1936 i. d. F. vom 6. 6. 1994
BB	Betriebs-Berater, Heidelberg
BetrVG	Betriebsverfassungsgesetz vom 15. 1. 1972
BFH	Bundesfinanzhof
BGB	Bürgerliches Gesetzbuch
BGBl.	Bundesgesetzblatt
BGH	Bundesgerichtshof
BlfStRSozVersArbR	Blätter für Steuerrecht, Sozialversicherung und Arbeitsrecht, Neuwied (Rhld.) und Berlin
BMA	Bundesminister(ium) für Arbeit und Sozialordnung
BMT-G	Bundesmanteltarifvertrag für die Angestellten der Gemeinden
BPersVG	Bundespersonalvertretungsgesetz
BR-Drucks.	Bundesratsdrucksache
BRTV Bau	Bundesrahmentarifvertrag für das Baugewerbe vom 17. 12. 2003
BSG	Bundessozialgericht
BSHG	Bundessozialhilfegesetz
BT-Drucks.	Bundestagsdrucksache
BUrlG	Bundesurlaubsgesetz vom 8. 1. 1963
BuW	Betrieb und Wirtschaft
BVerfG	Bundesverfassungsgericht
BVerfGE	Entscheidungssammlung des Bundesverfassungsgerichts
BVerwG	Bundesverwaltungsgericht
BVerwGE	Entscheidungssammlung des Bundesverwaltungsgerichts
DB	Der Betrieb, Düsseldorf
dbr	der Betriebsrat, Zeitschrift
DDR	Deutsche Demokratische Republik (bis 2. 10. 1990)
DöD	Der öffentliche Dienst, Köln
DOK	Die Ortskrankenkasse
DRdA	Das Recht der Arbeit, Wien
DVO	Durchführungsverordnung
EG	Europäische Gemeinschaften
EGOWiG	Einführungsgesetz zum Ordnungswidrigkeitengesetz vom 24. 5. 1968
EGStGB	Einführungsgesetz zum Strafgesetzbuch vom 2. 3. 1974
eingef.	eingefügt
ErfK	Erfurter Kommentar zum Arbeitsrecht, 12. Aufl. 2012
erg.	ergänzt
EuGH	Europäischer Gerichtshof (in Luxemburg)
EuZW	Europäische Zeitschrift für Wirtschaftsrecht
EWGVO	Verordnung der Europäischen Wirtschaftsgemeinschaft
EZA	Entscheidungssammlung zum Arbeitsrecht
FA	Fachanwalt Arbeitsrecht
FPersG	Fahrpersonalgesetz
FPersV	Fahrpersonalverordnung
GaststG	Gaststättengesetz
GBl.	Gesetzblatt
geänd.	geändert

Abkürzungsverzeichnis **Abkürzungen**

GefStoffV	Gefahrstoffverordnung
GewArch.	Gewerbearchiv
GewO	Gewerbeordnung
GG	Grundgesetz
GSNW	Sammlung des nordrhein-westfälischen Landesrechts
GVBl.	Gesetz- und Verordnungsblatt
HAG	Heimarbeitsgesetz vom 14. 3. 1951
HGB	Handelsgesetzbuch
h. M.	herrschende Meinung
IAO	Internationale Arbeitsorganisation (in Genf)
i. d. F.	In dieser Fassung
i. S. (d.)	im Sinne (des/der)
i. V. (m.)	in Verbindung (mit)
JArbSchG	Jugendarbeitsschutzgesetz vom 12. 4. 1976
JSchG	Jugendschutzgesetz vom 30. 4. 1938
JW	Juristische Wochenschrift, Leipzig und Berlin
KG	Kammergericht/Kommanditgesellschaft
KRABl.	Amtsblatt des Kontrollrats in Deutschland
KRG	Kontrollratsgesetz
KSchG	Kündigungsschutzgesetz
LAG	Landesarbeitsgericht
LAGE	Entscheidungen der Landesarbeitsgerichte
LKW	Lastkraftwagen
LÖffG	Ladenöffnungsgesetz
LSchlG	Ladenschlussgesetz
MAVO	Mitarbeitervertretungsordnung vom 20. 11. 1995
MDR	Monatsschrift für Deutsches Recht, Hamburg
MinBl.	Ministerialblatt
MTB	Manteltarifvertrag für die Arbeiter des Bundes
MTL	Manteltarifvertrag für die Arbeiter der Länder
MTV	Manteltarifvertrag
MuSchG	Mutterschutzgesetz
MVG	Mitarbeitervertretungsgesetz vom i. d. F. vom 15. 1. 2010
m. w. N., m. w. Nachw.	mit weiteren Nachweisen
neugef.	neugefasst
NJW	Neue Juristische Wochenschrift, München
NRW	Nordrhein-Westfalen
NVwZ	Neue Zeitschrift für Verwaltungsrecht
NVwZ-RR	NVwZ-Rechtsprechungs-ReportVerwaltungsrecht
NZA, NZfA	Neue Zeitschrift für Arbeitsrecht
NZA-RR	NZA-Rechtsprechungsreport
NZS	Neue Zeitschrift für Sozialrecht
öAT	Zeitschrift für das öffentliche Arbeits- und Tarifrecht
OLG	Oberlandesgericht
OVG	Oberverwaltungsgericht
OWiG	Ordnungswidrigkeitengesetz vom 2. 1. 1975

Abkürzungen

PersV	Die Personalvertretung
PersVG	Personalvertretungsgesetz
PflR	Pflegerecht, Zeitschrift
PraktArbR	Praktisches Arbeitsrecht, Frankfurt a. M.
RAG	Reichsarbeitsgericht
RArbBl.	Reichsarbeitsblatt
RAM	Reichsarbeitsminister
RdA	Recht der Arbeit, München und Berlin
RdErl.	Runderlass
RGBl.	Reichsgesetzblatt
RGRK	Kommentar der Reichsgerichtsräte zum BGB, 11. Aufl.
RGSt.	Entscheidungen des Reichsgerichts in Strafsachen
RMBl.	Reichsministerialblatt
RMdI	Reichsminister des Innern
Rn.	Randnummer
RVA	Reichsversicherungsanstalt
SAE	Sammlung arbeitsrechtlicher Entscheidungen, Düsseldorf
SchwbG	Schwerbehindertengesetz i. d. F. vom 26. 8. 1986
SGB	Sozialgesetzbuch
StGB	Strafgesetzbuch
StPO	Strafprozessordnung
StrRG, 1.	Erstes Gesetz zur Reform des Strafrechts vom 25. 6. 1969
StVO	Straßenverkehrsordnung
StVZO	Straßenverkehrszulassungsordnung
teilw.	teilweise
TOA	Tarifordnung A für Belegschaftsmitglieder im öffentlichen Dienst, Neufassung vom 1. 11. 1943
TVAL II	Tarifvertrag für die Angestellten bei den alliierten Streitkräften vom 16. 12. 1966
TVG	Tarifvertragsgesetz
TV-L	Tarifvertrag für den öffentlichen Dienst der Länder
TVöD	Tarifvertrag für den öffentlichen Dienst
TzBfG	Teilzeit- und Befristungsgesetz
u. dgl.	und dergleichen
u. U.	unter Umständen
VG	Verwaltungsgericht
VGH	Verwaltungsgerichtshof
vgl.	vergleiche
VwGO	Verwaltungsgerichtsordnung vom 21. 1. 1960
VO	Verordnung
VOBl.	Verordnungsblatt
WestdArbRspr.	Westdeutsche Arbeitsrechtsprechung
WRV	Weimarer Reichsverfassung
WSI	Zeitschrift des Wirtschafts- und Sozialwissenschaftlichen Instituts des Deutschen Gewerkschaftsbundes GmbH, Köln
z. B.	zum Beispiel
ZESAR	Zeitschrift für europäisches Sozial- und Arbeitsrecht

Abkürzungsverzeichnis **Abkürzungen**

ZFA	Zeitschrift für Arbeitsrecht
ZfPR	Zeitschrift für Personalvertretungsrecht
ZMV	Die Mitarbeitervertretung, Zeitschrift
ZPO	Zivilprozessordnung
ZRP	Zeitschrift für Rechtspolitik
ZTR	Zeitschrift für Tarifrecht
zutr.	zutreffend

Handbücher und Kommentare

Anzinger	Arbeitszeitschutz, Münchener Handbuch Arbeitsrecht, 3. Aufl., 2009 §§ 297–304
Anzinger/Koberski	Arbeitszeitgesetz, 3. Aufl., 2009
Baeck/Deutsch	Arbeitszeitgesetz, 2. Aufl., 2004
Buschmann/Ulber	Arbeitszeitgesetz, 7. Aufl., 2011
Dobberahn	Das neue Arbeitszeitgesetz in der Praxis, 2. Aufl., 1996
Fiedler/Schelter	Arbeitszeitrecht für die Praxis, 2. Aufl., 1995
Keil	Arbeitszeit und Betriebsverfassung, 5. Aufl., 2012
Kraegeloh	Arbeitszeitgesetz, 1995
Kufer	Arbeitszeit, 2004, in: AR-Blattei, Loseblatt SD 240
Linnenkohl/Rauschenberg	Arbeitszeitgesetz, 2. Aufl., 2004
Linnenkohl/Rauschenberg/Gressierer	Arbeitszeitflexibilisierung, 4. Aufl., 2001
Neumann	Ladenschlussrecht, 5. Aufl., 2008
Reichold	Arbeitszeit in Münchener Handbuch Arbeitsrecht, 3. Aufl., 2009, § 36
Roggendorff	Arbeitszeitgesetz, 1994
Schaub	Arbeitsrechts-Handbuch, 14. Aufl., 2011, Arbeitszeit §§ 155–160 von Vogelsang
Schliemann	Arbeitszeitgesetz mit Nebengesetzen 2009
Schüren	Arbeitszeitsysteme in Münchener Handbuch Arbeitsrecht, 3. Aufl., 2009, § 40
Schütt/Schulte	Arbeitszeitgesetz 2005
Wank	Arbeitszeitgesetz, in: Erfurter Kommentar zum Arbeitsrecht, 12. Aufl., 2012; zit.: ErfK/Wank

A. Gesetzestexte

1. Arbeitszeitgesetz (ArbZG)

Vom 6. Juni 1994 (BGBl. I S. 1170)

Geändert durch Gesetz vom 30. Juli 1996 (BGBl. I S. 1186), vom 9. Juni 1998 (BGBl. I S. 1242), vom 21. Dezember 2000 (BGBl. I S. 1983), Verordnung vom 25. November 2003 (BGBl. I S. 2304), Gesetz vom 24. Dezember 2003 (BGBl. I S. 3002), vom 22. Dezember 2005 (BGBl. I S. 3676), vom 14. August 2006 (BGBl. I S. 1962), Art. 229 der Neunten Zuständigkeitsanpassungsverordnung vom 31. Oktober 2006 (BGBl. I S. 2407), Art. 7 des Gesetzes vom 15. Juli 2009 (BGBl. I S. 1939) und Art. 15 des Gesetzes vom 21. Juli 2012 (BGBl. I S. 1583)

FNA 8050-21

Inhaltsübersicht

	Seite
Erster Abschnitt.	
Allgemeine Vorschriften	
§ 1 Zweck des Gesetzes	2
§ 2 Begriffsbestimmungen	2
Zweiter Abschnitt.	
Werktägliche Arbeitszeit und arbeitsfreie Zeiten	
§ 3 Arbeitszeit der Arbeitnehmer	2
§ 4 Ruhepausen	2
§ 5 Ruhezeit	2
§ 6 Nacht- und Schichtarbeit	3
§ 7 Abweichende Regelungen	4
§ 8 Gefährliche Arbeiten	6
Dritter Abschnitt.	
Sonn- und Feiertagsruhe	
§ 9 Sonn- und Feiertagsruhe	6
§ 10 Sonn- und Feiertagsbeschäftigung	6
§ 11 Ausgleich für Sonn- und Feiertagsbeschäftigung	8
§ 12 Abweichende Regelungen	8
§ 13 Ermächtigung, Anordnung, Bewilligung	8
Vierter Abschnitt.	
Ausnahmen in besonderen Fällen	
§ 14 Außergewöhnliche Fälle	10
§ 15 Bewilligung, Ermächtigung	10

	Seite
Fünfter Abschnitt.	
Durchführung des Gesetzes	
§ 16 Aushang und Arbeitszeitnachweise	11
§ 17 Aufsichtsbehörde	11
Sechster Abschnitt.	
Sonderregelungen	
§ 18 Nichtanwendung des Gesetzes	12
§ 19 Beschäftigung im öffentlichen Dienst	12
§ 20 Beschäftigung in der Luftfahrt	12
§ 21 Beschäftigung in der Binnenschifffahrt	13
§ 21a Beschäftigung im Straßentransport	13
Siebter Abschnitt.	
Straf- und Bußgeldvorschriften	
§ 22 Bußgeldvorschriften	14
§ 23 Strafvorschriften	15
Achter Abschnitt.	
Schlußvorschriften	
§ 24 Umsetzung von zwischenstaatlichen Vereinbarungen und Rechtsakten der EG	15
§ 25 Übergangsregelung für Tarifverträge	15
§ 26 (aufgehoben)	15

Erster Abschnitt. Allgemeine Vorschriften

§ 1 Zweck des Gesetzes. Zweck des Gesetzes ist es,
1. die Sicherheit und den Gesundheitsschutz der Arbeitnehmer bei der Arbeitszeitgestaltung zu gewährleisten und die Rahmenbedingungen für flexible Arbeitszeiten zu verbessern sowie
2. den Sonntag und die staatlich anerkannten Feiertage als Tage der Arbeitsruhe und der seelischen Erhebung der Arbeitnehmer zu schützen.

§ 2 Begriffsbestimmungen. (1) Arbeitszeit im Sinne dieses Gesetzes ist die Zeit vom Beginn bis zum Ende der Arbeit ohne die Ruhepausen; Arbeitszeiten bei mehreren Arbeitgebern sind zusammenzurechnen. Im Bergbau unter Tage zählen die Ruhepausen zur Arbeitszeit.

(2) Arbeitnehmer im Sinne dieses Gesetzes sind Arbeiter und Angestellte sowie die zu ihrer Berufsbildung Beschäftigten.

(3) Nachtzeit im Sinne dieses Gesetzes ist die Zeit von 23 bis 6 Uhr, in Bäckereien und Konditoreien die Zeit von 22 bis 5 Uhr.

(4) Nachtarbeit im Sinne dieses Gesetzes ist jede Arbeit, die mehr als zwei Stunden der Nachtzeit umfaßt.

(5) Nachtarbeitnehmer im Sinne dieses Gesetzes sind Arbeitnehmer, die
1. auf Grund ihrer Arbeitszeitgestaltung normalerweise Nachtarbeit in Wechselschicht zu leisten haben oder
2. Nachtarbeit an mindestens 48 Tagen im Kalenderjahr leisten.

Zweiter Abschnitt. Werktägliche Arbeitszeit und arbeitsfreie Zeiten

§ 3 Arbeitszeit der Arbeitnehmer. Die werktägliche Arbeitszeit der Arbeitnehmer darf acht Stunden nicht überschreiten. Sie kann auf bis zu zehn Stunden nur verlängert werden, wenn innerhalb von sechs Kalendermonaten oder innerhalb von 24 Wochen im Durchschnitt acht Stunden werktäglich nicht überschritten werden.

§ 4 Ruhepausen. Die Arbeit ist durch im voraus feststehende Ruhepausen von mindestens 30 Minuten bei einer Arbeitszeit von mehr als sechs bis zu neun Stunden und 45 Minuten bei einer Arbeitszeit von mehr als neun Stunden insgesamt zu unterbrechen. Die Ruhepausen nach Satz 1 können in Zeitabschnitte von jeweils mindestens 15 Minuten aufgeteilt werden. Länger als sechs Stunden hintereinander dürfen Arbeitnehmer nicht ohne Ruhepause beschäftigt werden.

§ 5 Ruhezeit. (1) Die Arbeitnehmer müssen nach Beendigung der täglichen Arbeitszeit eine ununterbrochene Ruhezeit von mindestens elf Stunden haben.

(2) Die Dauer der Ruhezeit des Absatzes 1 kann in Krankenhäusern und anderen Einrichtungen zur Behandlung, Pflege und Betreuung von Personen, in Gaststätten und anderen Einrichtungen zur Bewirtung und Beherbergung, in Verkehrsbetrieben, beim Rundfunk sowie in der Landwirtschaft und in der Tierhaltung um bis zu eine Stunde verkürzt werden, wenn jede Verkürzung der Ruhezeit innerhalb eines Kalendermonats oder innerhalb von vier Wochen durch Verlängerung einer anderen Ruhezeit auf mindestens zwölf Stunden ausgeglichen wird.

(3) Abweichend von Absatz 1 können in Krankenhäusern und anderen Einrichtungen zur Behandlung, Pflege und Betreuung von Personen Kürzungen der Ruhezeit durch Inanspruchnahmen während der Rufbereitschaft, die nicht mehr als die Hälfte der Ruhezeit betragen, zu anderen Zeiten ausgeglichen werden.

§ 6 Nacht- und Schichtarbeit. (1) Die Arbeitszeit der Nacht- und Schichtarbeitnehmer ist nach den gesicherten arbeitswissenschaftlichen Erkenntnissen über die menschengerechte Gestaltung der Arbeit festzulegen.

(2) Die werktägliche Arbeitszeit der Nachtarbeitnehmer darf acht Stunden nicht überschreiten. Sie kann auf bis zu zehn Stunden nur verlängert werden, wenn abweichend von § 3 innerhalb von einem Kalendermonat oder innerhalb von vier Wochen im Durchschnitt acht Stunden werktäglich nicht überschritten werden. Für Zeiträume, in denen Nachtarbeitnehmer im Sinne des § 2 Abs. 5 Nr. 2 nicht zur Nachtarbeit herangezogen werden, findet § 3 Satz 2 Anwendung.

(3) Nachtarbeitnehmer sind berechtigt, sich vor Beginn der Beschäftigung und danach in regelmäßigen Zeitabständen von nicht weniger als drei Jahren arbeitsmedizinisch untersuchen zu lassen. Nach Vollendung des 50. Lebensjahres steht Nachtarbeitnehmern dieses Recht in Zeitabständen von einem Jahr zu. Die Kosten der Untersuchungen hat der Arbeitgeber zu tragen, sofern er die Untersuchungen den Nachtarbeitnehmern nicht kostenlos durch einen Betriebsarzt oder einen überbetrieblichen Dienst von Betriebsärzten anbietet.

(4) Der Arbeitgeber hat den Nachtarbeitnehmer auf dessen Verlangen auf einen für ihn geeigneten Tagesarbeitsplatz umzusetzen, wenn

a) nach arbeitsmedizinischer Feststellung die weitere Verrichtung von Nachtarbeit den Arbeitnehmer in seiner Gesundheit gefährdet oder

b) im Haushalt des Arbeitnehmers ein Kind unter zwölf Jahren lebt, das nicht von einer anderen im Haushalt lebenden Person betreut werden kann, oder

c) der Arbeitnehmer einen schwerpflegebedürftigen Angehörigen zu versorgen hat, der nicht von einem anderen im Haushalt lebenden Angehörigen versorgt werden kann,

sofern dem nicht dringende betriebliche Erfordernisse entgegenstehen. Stehen der Umsetzung des Nachtarbeitnehmers auf einen für ihn geeigneten Tagesarbeitsplatz nach Auffassung des Arbeitgebers dringende betriebliche Erfordernisse entgegen, so ist der Betriebs- oder Personalrat zu hören. Der Betriebs- oder Personalrat kann dem Arbeitgeber Vorschläge für eine Umsetzung unterbreiten.

(5) Soweit keine tarifvertraglichen Ausgleichsregelungen bestehen, hat der Arbeitgeber dem Nachtarbeitnehmer für die während der Nachtzeit geleisteten Arbeitsstunden eine angemessene Zahl bezahlter freier Tage oder einen angemessenen Zuschlag auf das ihm hierfür zustehende Bruttoarbeitsentgelt zu gewähren.

(6) Es ist sicherzustellen, daß Nachtarbeitnehmer den gleichen Zugang zur betrieblichen Weiterbildung und zu aufstiegsfördernden Maßnahmen haben wie die übrigen Arbeitnehmer.

§ 7 Abweichende Regelungen. (1) In einem Tarifvertrag oder auf Grund eines Tarifvertrags in einer Betriebs- oder Dienstvereinbarung kann zugelassen werden,

1. abweichend von § 3

    a) die Arbeitszeit über zehn Stunden werktäglich zu verlängern, wenn in die Arbeitszeit regelmäßig und in erheblichem Umfang Arbeitsbereitschaft oder Bereitschaftsdienst fällt,

    b) einen anderen Ausgleichszeitraum festzulegen,

2. abweichend von § 4 Satz 2 die Gesamtdauer der Ruhepausen in Schichtbetrieben und Verkehrsbetrieben auf Kurzpausen von angemessener Dauer aufzuteilen,

3. abweichend von § 5 Abs. 1 die Ruhezeit um bis zu zwei Stunden zu kürzen, wenn die Art der Arbeit dies erfordert und die Kürzung der Ruhezeit innerhalb eines festzulegenden Ausgleichszeitraums ausgeglichen wird,

4. abweichend von § 6 Abs. 2

    a) die Arbeitszeit über zehn Stunden werktäglich hinaus zu verlängern, wenn in die Arbeitszeit regelmäßig und in erheblichem Umfang Arbeitsbereitschaft oder Bereitschaftsdienst fällt,

    b) einen anderen Ausgleichszeitraum festzulegen,

5. den Beginn des siebenstündigen Nachtzeitraums des § 2 Abs. 3 auf die Zeit zwischen 22 und 24 Uhr festzulegen.

(2) Sofern der Gesundheitsschutz der Arbeitnehmer durch einen entsprechenden Zeitausgleich gewährleistet wird, kann in einem Tarifvertrag oder auf Grund eines Tarifvertrags in einer Betriebs- oder Dienstvereinbarung ferner zugelassen werden,

1. abweichend von § 5 Abs. 1 die Ruhezeiten bei Rufbereitschaft den Besonderheiten dieses Dienstes anzupassen, insbesondere Kürzungen der Ruhezeit infolge von Inanspruchnahmen während dieses Dienstes zu anderen Zeiten auszugleichen,

2. die Regelungen der §§ 3, 5 Abs. 1 und § 6 Abs. 2 in der Landwirtschaft der Bestellungs- und Erntezeit sowie den Witterungseinflüssen anzupassen,

3. die Regelungen der §§ 3, 4, 5 Abs. 1 und § 6 Abs. 2 bei der Behandlung, Pflege und Betreuung von Personen der Eigenart dieser Tätigkeit und dem Wohl dieser Personen entsprechend anzupassen,

4. die Regelungen der §§ 3, 4, 5 Abs. 1 und § 6 Abs. 2 bei Verwaltungen und Betrieben des Bundes, der Länder, der Gemeinden und sonstigen Körperschaften, Anstalten und Stiftungen des öffentlichen Rechts sowie bei anderen Arbeitgebern, die der Tarifbindung eines für den öffentlichen Dienst geltenden oder eines im wesentlichen inhaltsgleichen Tarifvertrags unterliegen, der Eigenart der Tätigkeit bei diesen Stellen anzupassen.

(2a) In einem Tarifvertrag oder auf Grund eines Tarifvertrags in einer Betriebs- oder Dienstvereinbarung kann abweichend von den §§ 3, 5 Abs. 1 und § 6 Abs. 2 zugelassen werden, die werktägliche Arbeitszeit auch ohne Ausgleich über acht Stunden zu verlängern, wenn in die Arbeitszeit regelmäßig und in erheblichem Umfang Arbeitsbereitschaft oder Bereitschaftsdienst fällt und durch besondere Regelungen sichergestellt wird, dass die Gesundheit der Arbeitnehmer nicht gefährdet wird.

(3) Im Geltungsbereich eines Tarifvertrags nach Absatz 1, 2 oder 2a können abweichende tarifvertragliche Regelungen im Betrieb eines nicht tarifgebundenen Arbeitgebers durch Betriebs- oder Dienstvereinbarung oder, wenn ein Betriebs- oder Personalrat nicht besteht, durch schriftliche Vereinbarung zwischen dem Arbeitgeber und dem Arbeitnehmer übernommen werden. Können auf Grund eines solchen Tarifvertrags abweichende Regelungen in einer Betriebs- oder Dienstvereinbarung getroffen werden, kann auch in Betrieben eines nicht tarifgebundenen Arbeitgebers davon Gebrauch gemacht werden. Eine nach Absatz 2 Nr. 4 getroffene abweichende tarifvertragliche Regelung hat zwischen nicht tarifgebundenen Arbeitgebern und Arbeitnehmern Geltung, wenn zwischen ihnen die Anwendung der für den öffentlichen Dienst geltenden tarifvertraglichen Bestimmungen vereinbart ist und die Arbeitgeber die Kosten des Betriebs überwiegend mit Zuwendungen im Sinne des Haushaltsrechts decken.

(4) Die Kirchen und die öffentlich-rechtlichen Religionsgesellschaften können die in Absatz 1, 2 oder 2a genannten Abweichungen in ihren Regelungen vorsehen.

(5) In einem Bereich, in dem Regelungen durch Tarifvertrag üblicherweise nicht getroffen werden, können Ausnahmen im Rahmen des Absatzes 1, 2 oder 2a durch die Aufsichtsbehörde bewilligt werden, wenn dies aus betrieblichen Gründen erforderlich ist und die Gesundheit der Arbeitnehmer nicht gefährdet wird.

(6) Die Bundesregierung kann durch Rechtsverordnung mit Zustimmung des Bundesrates Ausnahmen im Rahmen des Absatzes 1 oder 2 zulassen, sofern dies aus betrieblichen Gründen erforderlich ist und die Gesundheit der Arbeitnehmer nicht gefährdet wird.

(7) Auf Grund einer Regelung nach Absatz 2a oder den Absätzen 3 bis 5 jeweils in Verbindung mit Absatz 2a darf die Arbeitszeit nur verlängert werden, wenn der Arbeitnehmer schriftlich eingewilligt hat. Der Arbeitnehmer kann die Einwilligung mit einer Frist von sechs Monaten schriftlich widerrufen. Der Arbeitgeber darf einen Arbeitnehmer nicht benachteiligen, weil dieser die Einwilligung zur Verlängerung der Arbeitszeit nicht erklärt oder die Einwilligung widerrufen hat.

(8) Werden Regelungen nach Absatz 1 Nr. 1 und 4, Absatz 2 Nr. 2 bis 4 oder solche Regelungen auf Grund der Absätze 3 und 4 zugelassen, darf die Arbeitszeit 48 Stunden wöchentlich im Durchschnitt von zwölf Kalendermonaten nicht überschreiten. Erfolgt die Zulassung auf Grund des Absatzes 5, darf die Arbeitszeit 48 Stunden wöchentlich im Durchschnitt von sechs Kalendermonaten oder 24 Wochen nicht überschreiten.

(9) Wird die werktägliche Arbeitszeit über zwölf Stunden hinaus verlängert, muss im unmittelbaren Anschluss an die Beendigung der Arbeitszeit eine Ruhezeit von mindestens elf Stunden gewährt werden.

§ 8 Gefährliche Arbeiten. Die Bundesregierung kann durch Rechtsverordnung mit Zustimmung des Bundesrates für einzelne Beschäftigungsbereiche, für bestimmte Arbeiten oder für bestimmte Arbeitnehmergruppen, bei denen besondere Gefahren für die Gesundheit der Arbeitnehmer zu erwarten sind, die Arbeitszeit über § 3 hinaus beschränken, die Ruhepausen und Ruhezeiten über die §§ 4 und 5 hinaus ausdehnen, die Regelungen zum Schutz der Nacht- und Schichtarbeitnehmer in § 6 erweitern und die Abweichungsmöglichkeiten nach § 7 beschränken, soweit dies zum Schutz der Gesundheit der Arbeitnehmer erforderlich ist. Satz 1 gilt nicht für Beschäftigungsbereiche und Arbeiten in Betrieben, die der Bergaufsicht unterliegen.

Dritter Abschnitt. Sonn- und Feiertagsruhe

§ 9 Sonn- und Feiertagsruhe. (1) Arbeitnehmer dürfen an Sonn- und gesetzlichen Feiertagen von 0 bis 24 Uhr nicht beschäftigt werden.

(2) In mehrschichtigen Betrieben mit regelmäßiger Tag- und Nachtschicht kann Beginn oder Ende der Sonn- und Feiertagsruhe um bis zu sechs Stunden vor- oder zurückverlegt werden, wenn für die auf den Beginn der Ruhezeit folgenden 24 Stunden der Betrieb ruht.

(3) Für Kraftfahrer und Beifahrer kann der Beginn der 24stündigen Sonn- und Feiertagsruhe um bis zu zwei Stunden vorverlegt werden.

§ 10 Sonn- und Feiertagsbeschäftigung. (1) Sofern die Arbeiten nicht an Werktagen vorgenommen werden können, dürfen Arbeitnehmer an Sonn- und Feiertagen abweichend von § 9 beschäftigt werden

1. in Not- und Rettungsdiensten sowie bei der Feuerwehr,
2. zur Aufrechterhaltung der öffentlichen Sicherheit und Ordnung sowie der Funktionsfähigkeit von Gerichten und Behörden und für Zwecke der Verteidigung,
3. in Krankenhäusern und anderen Einrichtungen zur Behandlung, Pflege und Betreuung von Personen,
4. in Gaststätten und anderen Einrichtungen zur Bewirtung und Beherbergung sowie im Haushalt,
5. bei Musikaufführungen, Theatervorstellungen, Filmvorführungen, Schaustellungen, Darbietungen und anderen ähnlichen Veranstaltungen,

Sonn- und Feiertagsruhe **Text**

6. bei nichtgewerblichen Aktionen und Veranstaltungen der Kirchen, Religionsgesellschaften, Verbände, Vereine, Parteien und anderer ähnlicher Vereinigungen,
7. beim Sport und in Freizeit-, Erholungs- und Vergnügungseinrichtungen, beim Fremdenverkehr sowie in Museen und wissenschaftlichen Präsenzbibliotheken,
8. beim Rundfunk, bei der Tages- und Sportpresse, bei Nachrichtenagenturen sowie bei den der Tagesaktualität dienenden Tätigkeiten für andere Presseerzeugnisse einschließlich des Austragens, bei der Herstellung von Satz, Filmen und Druckformen für tagesaktuelle Nachrichten und Bilder, bei tagesaktuellen Aufnahmen auf Ton- und Bildträger sowie beim Transport und Kommissionieren von Presseerzeugnissen, deren Ersterscheinungstag am Montag oder am Tag nach einem Feiertag liegt,
9. bei Messen, Ausstellungen und Märkten im Sinne des Titels IV der Gewerbeordnung sowie bei Volksfesten,
10. in Verkehrsbetrieben sowie beim Transport und Kommissionieren von leichtverderblichen Waren im Sinne des § 30 Abs. 3 Nr. 2 der Straßenverkehrsordnung,
11. in den Energie- und Wasserversorgungsbetrieben sowie in Abfall- und Abwasserentsorgungsbetrieben,
12. in der Landwirtschaft und in der Tierhaltung sowie in Einrichtungen zur Behandlung und Pflege von Tieren,
13. im Bewachungsgewerbe und bei der Bewachung von Betriebsanlagen,
14. bei der Reinigung und Instandhaltung von Betriebseinrichtungen, soweit hierdurch der regelmäßige Fortgang des eigenen oder eines fremden Betriebs bedingt ist, bei der Vorbereitung der Wiederaufnahme des vollen werktägigen Betriebs sowie bei der Aufrechterhaltung der Funktionsfähigkeit von Datennetzen und Rechnersystemen,
15. zur Verhütung des Verderbens von Naturerzeugnissen oder Rohstoffen oder des Mißlingens von Arbeitsergebnissen sowie bei kontinuierlich durchzuführenden Forschungsarbeiten,
16. zur Vermeidung einer Zerstörung oder erheblichen Beschädigung der Produktionseinrichtungen.

(2) Abweichend von § 9 dürfen Arbeitnehmer an Sonn- und Feiertagen mit den Produktionsarbeiten beschäftigt werden, wenn die infolge der Unterbrechung der Produktion nach Absatz 1 Nr. 14 zulässigen Arbeiten den Einsatz von mehr Arbeitnehmern als bei durchgehender Produktion erfordern.

(3) Abweichend von § 9 dürfen Arbeitnehmer an Sonn- und Feiertagen in Bäckereien und Konditoreien für bis zu drei Stunden mit der Herstellung und dem Austragen oder Ausfahren von Konditorwaren und an diesem Tag zum Verkauf kommenden Bäckerwaren beschäftigt werden.

(4) Sofern die Arbeiten nicht an Werktagen vorgenommen werden können, dürfen Arbeitnehmer zur Durchführung des Eil- und Großbetragszahlungsverkehrs und des Geld-, Devisen-, Wertpapier- und Derivatehandels abweichend von § 9 Abs. 1 an den auf einen Werktag fallenden Feiertagen

beschäftigt werden, die nicht in allen Mitgliedstaaten der Europäischen Union Feiertage sind.

§ 11 Ausgleich für Sonn- und Feiertagsbeschäftigung. (1) Mindestens 15 Sonntage im Jahr müssen beschäftigungsfrei bleiben.

(2) Für die Beschäftigung an Sonn- und Feiertagen gelten die §§ 3 bis 8 entsprechend, jedoch dürfen durch die Arbeitszeit an Sonn- und Feiertagen die in den §§ 3, 6 Abs. 2, §§ 7 und 21a Abs. 4 bestimmten Höchstarbeitszeiten und Ausgleichszeiträume nicht überschritten werden.

(3) Werden Arbeitnehmer an einem Sonntag beschäftigt, müssen sie einen Ersatzruhetag haben, der innerhalb eines den Beschäftigungstag einschließenden Zeitraums von zwei Wochen zu gewähren ist. Werden Arbeitnehmer an einem auf einen Werktag fallenden Feiertag beschäftigt, müssen sie einen Ersatzruhetag haben, der innerhalb eines den Beschäftigungstag einschließenden Zeitraums von acht Wochen zu gewähren ist.

(4) Die Sonn- oder Feiertagsruhe des § 9 oder der Ersatzruhetag des Absatzes 3 ist den Arbeitnehmern unmittelbar in Verbindung mit einer Ruhezeit nach § 5 zu gewähren, soweit dem technische oder arbeitsorganisatorische Gründe nicht entgegenstehen.

§ 12 Abweichende Regelungen. In einem Tarifvertrag oder auf Grund eines Tarifvertrags in einer Betriebs- oder Dienstvereinbarung kann zugelassen werden,

1. abweichend von § 11 Abs. 1 die Anzahl der beschäftigungsfreien Sonntage in den Einrichtungen des § 10 Abs. 1 Nr. 2, 3, 4 und 10 auf mindestens zehn Sonntage, im Rundfunk, in Theaterbetrieben, Orchestern sowie bei Schaustellungen auf mindestens acht Sonntage, in Filmtheatern und in der Tierhaltung auf mindestens sechs Sonntage im Jahr zu verringern,
2. abweichend von § 11 Abs. 3 den Wegfall von Ersatzruhetagen für auf Werktage fallende Feiertage zu vereinbaren oder Arbeitnehmer innerhalb eines festzulegenden Ausgleichszeitraums beschäftigungsfrei zu stellen,
3. abweichend von § 11 Abs. 1 bis 3 in der Seeschiffahrt die den Arbeitnehmern nach diesen Vorschriften zustehenden freien Tage zusammenhängend zu geben,
4. abweichend von § 11 Abs. 2 die Arbeitszeit in vollkontinuierlichen Schichtbetrieben an Sonn- und Feiertagen auf bis zu zwölf Stunden zu verlängern, wenn dadurch zusätzliche freie Schichten an Sonn- und Feiertagen erreicht werden.

§ 7 Abs. 3 bis 6 findet Anwendung.

§ 13 Ermächtigung, Anordnung, Bewilligung. (1) Die Bundesregierung kann durch Rechtsverordnung mit Zustimmung des Bundesrates zur Vermeidung erheblicher Schäden unter Berücksichtigung des Schutzes der Arbeitnehmer und der Sonn- und Feiertagsruhe

1. die Bereiche mit Sonn- und Feiertagsbeschäftigung nach § 10 sowie die dort zugelassenen Arbeiten näher bestimmen,

2. über die Ausnahmen nach § 10 hinaus weitere Ausnahmen abweichend von § 9
   a) für Betriebe, in denen die Beschäftigung von Arbeitnehmern an Sonn- oder Feiertagen zur Befriedigung täglicher oder an diesen Tagen besonders hervortretender Bedürfnisse der Bevölkerung erforderlich ist,
   b) für Betriebe, in denen Arbeiten vorkommen, deren Unterbrechung oder Aufschub
      aa) nach dem Stand der Technik ihrer Art nach nicht oder nur mit erheblichen Schwierigkeiten möglich ist,
      bb) besondere Gefahren für Leben oder Gesundheit der Arbeitnehmer zur Folge hätte,
      cc) zu erheblichen Belastungen der Umwelt oder der Energie- oder Wasserversorgung führen würde,
   c) aus Gründen des Gemeinwohls, insbesondere auch zur Sicherung der Beschäftigung,

zulassen und die zum Schutz der Arbeitnehmer und der Sonn- und Feiertagsruhe notwendigen Bedingungen bestimmen.

(2) Soweit die Bundesregierung von der Ermächtigung des Absatzes 1 Nr. 2 Buchstabe a keinen Gebrauch gemacht hat, können die Landesregierungen durch Rechtsverordnung entsprechende Bestimmungen erlassen. Die Landesregierungen können diese Ermächtigung durch Rechtsverordnung auf oberste Landesbehörden übertragen.

(3) Die Aufsichtsbehörde kann
1. feststellen, ob eine Beschäftigung nach § 10 zulässig ist,
2. abweichend von § 9 bewilligen, Arbeitnehmer zu beschäftigen
   a) im Handelsgewerbe an bis zu zehn Sonn- und Feiertagen im Jahr, an denen besondere Verhältnisse einen erweiterten Geschäftsverkehr erforderlich machen,
   b) an bis zu fünf Sonn- und Feiertagen im Jahr, wenn besondere Verhältnisse zur Verhütung eines unverhältnismäßigen Schadens dies erfordern,
   c) an einem Sonntag im Jahr zur Durchführung einer gesetzlich vorgeschriebenen Inventur,

und Anordnungen über die Beschäftigungszeit unter Berücksichtigung der für den öffentlichen Gottesdienst bestimmten Zeit treffen.

(4) Die Aufsichtsbehörde soll abweichend von § 9 bewilligen, daß Arbeitnehmer an Sonn- und Feiertagen mit Arbeiten beschäftigt werden, die aus chemischen, biologischen, technischen oder physikalischen Gründen einen ununterbrochenen Fortgang auch an Sonn- und Feiertagen erfordern.

(5) Die Aufsichtsbehörde hat abweichend von § 9 die Beschäftigung von Arbeitnehmern an Sonn- und Feiertagen zu bewilligen, wenn bei einer weitgehenden Ausnutzung der gesetzlich zulässigen wöchentlichen Betriebszeiten und bei längeren Betriebszeiten im Ausland die Konkurrenzfähigkeit unzumutbar beeinträchtigt ist und durch die Genehmigung von Sonn- und Feiertagsarbeit die Beschäftigung gesichert werden kann.

Vierter Abschnitt. Ausnahmen in besonderen Fällen

§ 14 Außergewöhnliche Fälle. (1) Von den §§ 3 bis 5, 6 Abs. 2, §§ 7, 9 bis 11 darf abgewichen werden bei vorübergehenden Arbeiten in Notfällen und in außergewöhnlichen Fällen, die unabhängig vom Willen der Betroffenen eintreten und deren Folgen nicht auf andere Weise zu beseitigen sind, besonders wenn Rohstoffe oder Lebensmittel zu verderben oder Arbeitsergebnisse zu mißlingen drohen.

(2) Von den §§ 3 bis 5, 6 Abs. 2, §§ 7, 11 Abs. 1 bis 3 und § 12 darf ferner abgewichen werden,

1. wenn eine verhältnismäßig geringe Zahl von Arbeitnehmern vorübergehend mit Arbeiten beschäftigt wird, deren Nichterledigung das Ergebnis der Arbeiten gefährden oder einen unverhältnismäßigen Schaden zur Folge haben würden,

2. bei Forschung und Lehre, bei unaufschiebbaren Vor- und Abschlußarbeiten sowie bei unaufschiebbaren Arbeiten zur Behandlung, Pflege und Betreuung von Personen oder zur Behandlung und Pflege von Tieren an einzelnen Tagen,

wenn dem Arbeitgeber andere Vorkehrungen nicht zugemutet werden können.

(3) Wird von den Befugnissen nach Absatz 1 oder 2 Gebrauch gemacht, darf die Arbeitszeit 48 Stunden wöchentlich im Durchschnitt von sechs Kalendermonaten oder 24 Wochen nicht überschreiten.

§ 15 Bewilligung, Ermächtigung. (1) Die Aufsichtsbehörde kann

1. eine von den §§ 3, 6 Abs. 2 und § 11 Abs. 2 abweichende längere tägliche Arbeitszeit bewilligen

    a) für kontinuierliche Schichtbetriebe zur Erreichung zusätzlicher Freischichten,

    b) für Bau- und Montagestellen,

2. eine von den §§ 3, 6 Abs. 2 und § 11 Abs. 2 abweichende längere tägliche Arbeitszeit für Saison- und Kampagnebetriebe für die Zeit der Saison oder Kampagne bewilligen, wenn die Verlängerung der Arbeitszeit über acht Stunden werktäglich durch eine entsprechende Verkürzung der Arbeitszeit zu anderen Zeiten ausgeglichen wird,

3. eine von den §§ 5 und 11 Abs. 2 abweichende Dauer und Lage der Ruhezeit bei Arbeitsbereitschaft, Bereitschaftsdienst und Rufbereitschaft den Besonderheiten dieser Inspruchnahmen im öffentlichen Dienst entsprechend bewilligen,

4. eine von den §§ 5 und 11 Abs. 2 abweichende Ruhezeit zur Herbeiführung eines regelmäßigen wöchentlichen Schichtwechsels zweimal innerhalb eines Zeitraums von drei Wochen bewilligen.

(2) Die Aufsichtsbehörde kann über die in diesem Gesetz vorgesehenen Ausnahmen hinaus weitergehende Ausnahmen zulassen, soweit sie im öffentlichen Interesse dringend nötig werden.

Durchführung des Gesetzes **Text**

(3) Das Bundesministerium der Verteidigung kann in seinem Geschäftsbereich durch Rechtsverordnung mit Zustimmung des Bundesministeriums für Arbeit und Soziales aus zwingenden Gründen der Verteidigung Arbeitnehmer verpflichten, über die in diesem Gesetz und in den auf Grund dieses Gesetzes erlassenen Rechtsverordnungen und Tarifverträgen festgelegten Arbeitszeitgrenzen und -beschränkungen hinaus Arbeit zu leisten.

(3a) Das Bundesministerium der Verteidigung kann in seinem Geschäftsbereich durch Rechtsverordnung im Einvernehmen mit dem Bundesministerium für Arbeit und Soziales für besondere Tätigkeiten der Arbeitnehmer bei den Streitkräften Abweichungen von in diesem Gesetz sowie von in den auf Grund dieses Gesetzes erlassenen Rechtsverordnungen bestimmten Arbeitszeitgrenzen und -beschränkungen zulassen, soweit die Abweichungen aus zwingenden Gründen erforderlich sind und die größtmögliche Sicherheit und der bestmögliche Gesundheitsschutz der Arbeitnehmer gewährleistet werden.

(4) Werden Ausnahmen nach Absatz 1 oder 2 zugelassen, darf die Arbeitszeit 48 Stunden wöchentlich im Durchschnitt von sechs Kalendermonaten oder 24 Wochen nicht überschreiten.

Fünfter Abschnitt. Durchführung des Gesetzes

§ 16 Aushang und Arbeitszeitnachweise. (1) Der Arbeitgeber ist verpflichtet, einen Abdruck dieses Gesetzes, der auf Grund dieses Gesetzes erlassenen, für den Betrieb geltenden Rechtsverordnungen und der für den Betrieb geltenden Tarifverträge und Betriebs- oder Dienstvereinbarungen im Sinne des § 7 Abs. 1 bis 3, §§ 12 und 21a Abs. 6 an geeigneter Stelle im Betrieb zur Einsichtnahme auszulegen oder auszuhängen.

(2) Der Arbeitgeber ist verpflichtet, die über die werktägliche Arbeitszeit des § 3 Satz 1 hinausgehende Arbeitszeit der Arbeitnehmer aufzuzeichnen und ein Verzeichnis der Arbeitnehmer zu führen, die in eine Verlängerung der Arbeitszeit gemäß § 7 Abs. 7 eingewilligt haben. Die Nachweise sind mindestens zwei Jahre aufzubewahren.

§ 17 Aufsichtsbehörde. (1) Die Einhaltung dieses Gesetzes und der auf Grund dieses Gesetzes erlassenen Rechtsverordnungen wird von den nach Landesrecht zuständigen Behörden (Aufsichtsbehörden) überwacht.

(2) Die Aufsichtsbehörde kann die erforderlichen Maßnahmen anordnen, die der Arbeitgeber zur Erfüllung der sich aus diesem Gesetz und den auf Grund dieses Gesetzes erlassenen Rechtsverordnungen ergebenden Pflichten zu treffen hat.

(3) Für den öffentlichen Dienst des Bundes sowie für die bundesunmittelbaren Körperschaften, Anstalten und Stiftungen des öffentlichen Rechts werden die Aufgaben und Befugnisse der Aufsichtsbehörde vom zuständigen Bundesministerium oder den von ihm bestimmten Stellen wahrgenommen; das gleiche gilt für die Befugnisse nach § 15 Abs. 1 und 2.

(4) Die Aufsichtsbehörde kann vom Arbeitgeber die für die Durchführung dieses Gesetzes und der auf Grund dieses Gesetzes erlassenen Rechtsverord-

Text Arbeitszeitgesetz

nungen erforderlichen Auskünfte verlangen. Sie kann ferner vom Arbeitgeber verlangen, die Arbeitszeitnachweise und Tarifverträge oder Betriebs- oder Dienstvereinbarungen im Sinne des § 7 Abs. 1 bis 3, §§ 12 und 21a Abs. 6 vorzulegen oder zur Einsicht einzusenden.

(5) Die Beauftragten der Aufsichtsbehörde sind berechtigt, die Arbeitsstätten während der Betriebs- und Arbeitszeit zu betreten und zu besichtigen; außerhalb dieser Zeit oder wenn sich die Arbeitsstätten in einer Wohnung befinden, dürfen sie ohne Einverständnis des Inhabers nur zur Verhütung von dringenden Gefahren für die öffentliche Sicherheit und Ordnung betreten und besichtigt werden. Der Arbeitgeber hat das Betreten und Besichtigen der Arbeitsstätten zu gestatten. Das Grundrecht der Unverletzlichkeit der Wohnung (Artikel 13 des Grundgesetzes) wird insoweit eingeschränkt.

(6) Der zur Auskunft Verpflichtete kann die Auskunft auf solche Fragen verweigern, deren Beantwortung ihn selbst oder einen der in § 383 Abs. 1 Nr. 1 bis 3 der Zivilprozeßordnung bezeichneten Angehörigen der Gefahr strafrechtlicher Verfolgung oder eines Verfahrens nach dem Gesetz über Ordnungswidrigkeiten aussetzen würde.

Sechster Abschnitt. Sonderregelungen

§ 18 Nichtanwendung des Gesetzes. (1) Dieses Gesetz ist nicht anzuwenden auf

1. leitende Angestellte im Sinne des § 5 Abs. 3 des Betriebsverfassungsgesetzes sowie Chefärzte,
2. Leiter von öffentlichen Dienststellen und deren Vertreter sowie Arbeitnehmer im öffentlichen Dienst, die zu selbständigen Entscheidungen in Personalangelegenheiten befugt sind,
3. Arbeitnehmer, die in häuslicher Gemeinschaft mit den ihnen anvertrauten Personen zusammenleben und sie eigenverantwortlich erziehen, pflegen oder betreuen,
4. den liturgischen Bereich der Kirchen und der Religionsgemeinschaften.

(2) Für die Beschäftigung von Personen unter 18 Jahren gilt anstelle dieses Gesetzes das Jugendarbeitsschutzgesetz.

(3) Für die Beschäftigung von Arbeitnehmern auf Kauffahrteischiffen als Besatzungsmitglieder im Sinne des § 3 des Seemannsgesetzes gilt anstelle dieses Gesetzes das Seemannsgesetz.

§ 19 Beschäftigung im öffentlichen Dienst. Bei der Wahrnehmung hoheitlicher Aufgaben im öffentlichen Dienst können, soweit keine tarifvertragliche Regelung besteht, durch die zuständige Dienstbehörde die für Beamte geltenden Bestimmungen über die Arbeitszeit auf die Arbeitnehmer übertragen werden; insoweit finden die §§ 3 bis 13 keine Anwendung.

§ 20 Beschäftigung in der Luftfahrt. Für die Beschäftigung von Arbeitnehmern als Besatzungsmitglieder von Luftfahrzeugen gelten anstelle der Vorschriften dieses Gesetzes über Arbeits- und Ruhezeiten die Vorschriften

Sonderregelungen **Text**

über Flug-, Flugdienst- und Ruhezeiten der Zweiten Durchführungsverordnung zur Betriebsordnung für Luftfahrtgerät in der jeweils geltenden Fassung.

§ 21 Beschäftigung in der Binnenschifffahrt. Die Vorschriften dieses Gesetzes gelten für die Beschäftigung von Fahrpersonal in der Binnenschifffahrt, soweit die Vorschriften über Ruhezeiten der Binnenschiffsuntersuchungsordnung in der jeweils geltenden Fassung dem nicht entgegenstehen. Sie können durch Tarifvertrag der Eigenart der Binnenschiffahrt angepaßt werden.

§ 21a Beschäftigung im Straßentransport. (1) Für die Beschäftigung von Arbeitnehmern als Fahrer oder Beifahrer bei Straßenverkehrstätigkeiten im Sinne der Verordnung (EG) Nr. 561/2006 des Europäischen Parlaments und des Rates vom 15. März 2006 zur Harmonisierung bestimmter Sozialvorschriften im Straßenverkehr und zur Änderung der Verordnungen (EWG) Nr. 3821/85 und (EG) Nr. 2135/98 des Rates sowie zur Aufhebung der Verordnung (EWG) Nr. 3820/85 des Rates (ABl. EG Nr. L 102 S. 1) oder des Europäischen Übereinkommens über die Arbeit des im internationalen Straßenverkehr beschäftigten Fahrpersonals (AETR) vom 1. Juli 1970 (BGBl. II 1974 S. 1473) in ihren jeweiligen Fassungen gelten die Vorschriften dieses Gesetzes, soweit nicht die folgenden Absätze abweichende Regelungen enthalten. Die Vorschriften der Verordnung (EG) Nr. 561/2006 und des AETR bleiben unberührt.

(2) Eine Woche im Sinne dieser Vorschriften ist der Zeitraum von Montag 0 Uhr bis Sonntag 24 Uhr.

(3) Abweichend von § 2 Abs. 1 ist keine Arbeitszeit:
1. die Zeit, während derer sich ein Arbeitnehmer am Arbeitsplatz bereithalten muss, um seine Tätigkeit aufzunehmen;
2. die Zeit, während derer sich ein Arbeitnehmer bereithalten muss, um seine Tätigkeit auf Anweisung aufnehmen zu können, ohne sich an seinem Arbeitsplatz aufhalten zu müssen;
3. für Arbeitnehmer, die sich beim Fahren abwechseln, die während der Fahrt neben dem Fahrer oder in einer Schlafkabine verbrachte Zeit.

Für die Zeiten nach Satz 1 Nr. 1 und 2 gilt dies nur, wenn der Zeitraum und dessen voraussichtliche Dauer im Voraus, spätestens unmittelbar vor Beginn des betreffenden Zeitraums bekannt ist. Die in Satz 1 genannten Zeiten sind keine Ruhezeiten. Die in Satz 1 Nr. 1 und 2 genannten Zeiten sind keine Ruhepausen.

(4) Die Arbeitszeit darf 48 Stunden wöchentlich nicht überschreiten. Sie kann auf bis zu 60 Stunden verlängert werden, wenn innerhalb von vier Kalendermonaten oder 16 Wochen im Durchschnitt 48 Stunden wöchentlich nicht überschritten werden.

(5) Die Ruhezeiten bestimmen sich nach den Vorschriften der Europäischen Gemeinschaften für Kraftfahrer und Beifahrer sowie nach dem AETR. Dies gilt auch für Auszubildende und Praktikanten.

(6) In einem Tarifvertrag oder auf Grund eines Tarifvertrags in einer Betriebs- oder Dienstvereinbarung kann zugelassen werden,

Text   Arbeitszeitgesetz

1. nähere Einzelheiten zu den in Absatz 3 Satz 1 Nr. 1, 2 und Satz 2 genannten Voraussetzungen zu regeln,
2. abweichend von Absatz 4 sowie den §§ 3 und 6 Abs. 2 die Arbeitszeit festzulegen, wenn objektive, technische oder arbeitszeitorganisatorische Gründe vorliegen. Dabei darf die Arbeitszeit 48 Stunden wöchentlich im Durchschnitt von sechs Kalendermonaten nicht überschreiten.

§ 7 Abs. 1 Nr. 2 und Abs. 2a gilt nicht. § 7 Abs. 3 gilt entsprechend.

(7) Der Arbeitgeber ist verpflichtet, die Arbeitszeit der Arbeitnehmer aufzuzeichnen. Die Aufzeichnungen sind mindestens zwei Jahre aufzubewahren. Der Arbeitgeber hat dem Arbeitnehmer auf Verlangen eine Kopie der Aufzeichnungen seiner Arbeitszeit auszuhändigen.

(8) Zur Berechnung der Arbeitszeit fordert der Arbeitgeber den Arbeitnehmer schriftlich auf, ihm eine Aufstellung der bei einem anderen Arbeitgeber geleisteten Arbeitszeit vorzulegen. Der Arbeitnehmer legt diese Angaben schriftlich vor.

Siebter Abschnitt. Straf- und Bußgeldvorschriften

§ 22 Bußgeldvorschriften. (1) Ordnungswidrig handelt, wer als Arbeitgeber vorsätzlich oder fahrlässig

1. entgegen §§ 3, 6 Abs. 2 oder § 21 Abs. 4, jeweils auch in Verbindung mit § 11 Abs. 2, einen Arbeitnehmer über die Grenzen der Arbeitszeit hinaus beschäftigt,
2. entgegen § 4 Ruhepausen nicht, nicht mit der vorgeschriebenen Mindestdauer oder nicht rechtzeitig gewährt,
3. entgegen § 5 Abs. 1 die Mindestruhezeit nicht gewährt oder entgegen § 5 Abs. 2 die Verkürzung der Ruhezeit durch Verlängerung einer anderen Ruhezeit nicht oder nicht rechtzeitig ausgleicht,
4. einer Rechtsverordnung nach § 8 Satz 1, § 13 Abs. 1 oder 2 oder § 24 zuwiderhandelt, soweit sie für einen bestimmten Tatbestand auf diese Bußgeldvorschrift verweist,
5. entgegen § 9 Abs. 1 einen Arbeitnehmer an Sonn- oder Feiertagen beschäftigt,
6. entgegen § 11 Abs. 1 einen Arbeitnehmer an allen Sonntagen beschäftigt oder entgegen § 11 Abs. 3 einen Ersatzruhetag nicht oder nicht rechtzeitig gewährt,
7. einer vollziehbaren Anordnung nach § 13 Abs. 3 Nr. 2 zuwiderhandelt,
8. entgegen § 16 Abs. 1 die dort bezeichnete Auslage oder den dort bezeichneten Aushang nicht vornimmt,
9. entgegen § 16 Abs. 2 oder § 21a Abs. 7 Aufzeichnungen nicht oder nicht richtig erstellt oder nicht für die vorgeschriebene Dauer aufbewahrt oder
10. entgegen § 17 Abs. 4 eine Auskunft nicht, nicht richtig oder nicht vollständig erteilt, Unterlagen nicht oder nicht vollständig vorlegt oder nicht einsendet oder entgegen § 17 Abs. 5 Satz 2 eine Maßnahme nicht gestattet.

(2) Die Ordnungwidrigkeit kann in den Fällen des Absatzes 1 Nr. 1 bis 7, 9 und 10 mit einer Geldbuße bis zu fünfzehntausend Euro, in den Fällen des Absatzes 1 Nr. 8 mit einer Geldbuße bis zu zweitausendfünfhundert Euro geahndet werden.

§ 23 Strafvorschriften. (1) Wer eine der in § 22 Abs. 1 Nr. 1 bis 3, 5 bis 7 bezeichneten Handlungen
1. vorsätzlich begeht und dadurch Gesundheit oder Arbeitskraft eines Arbeitnehmers gefährdet oder
2. beharrlich wiederholt,
wird mit Freiheitsstrafe bis zu einem Jahr oder mit Geldstrafe bestraft.

(2) Wer in den Fällen des Absatzes 1 Nr. 1 die Gefahr fahrlässig verursacht, wird mit Freiheitsstrafe bis zu sechs Monaten oder mit Geldstrafe bis zu 180 Tagessätzen bestraft.

Achter Abschnitt. Schlußvorschriften

§ 24 Umsetzung von zwischenstaatlichen Vereinbarungen und Rechtsakten der EG. Die Bundesregierung kann mit Zustimmung des Bundesrates zur Erfüllung von Verpflichtungen aus zwischenstaatlichen Vereinbarungen oder zur Umsetzung von Rechtsakten des Rates oder der Kommission der Europäischen Gemeinschaften, die Sachbereiche dieses Gesetzes betreffen, Rechtsverordnungen nach diesem Gesetz erlassen.

§ 25 Übergangsregelung für Tarifverträge. Enthält ein am 1. Januar 2004 bestehender oder nachwirkender Tarifvertrag abweichende Regelungen nach § 7 Abs. 1 oder 2 oder § 12 Satz 1, die den in diesen Vorschriften festgelegten Höchstrahmen überschreiten, bleiben diese tarifvertraglichen Bestimmungen bis zum 31. Dezember 2006 unberührt. Tarifverträgen nach Satz 1 stehen durch Tarifvertrag zugelassene Betriebsvereinbarungen sowie Regelungen nach § 7 Abs. 4 gleich.

§ 26 *(aufgehoben)*

2. Gesetz zum Schutze der arbeitenden Jugend (Jugendarbeitsschutzgesetz – JArbSchG –)

Vom 12. April 1976 (BGBl. I S. 965)

Geändert durch Gesetze vom 15. Oktober 1984 (BGBl. I S. 1277), 24. April 1986 (BGBl. I S. 560), 31. Mai 1994 (BGBl. I S. 1168), 24. Februar 1997 (BGBl. I S. 311), 1. Juli 1997 (BGBl. I S. 1607), vom 26. Januar 1998 (BGBl. I S. 164), vom 21. Dezember 2000 (BGBl. I S. 1983), durch Verordnung vom 25. November 2003 (BGBl. I S. 2304), Gesetz vom 23. Dezember 2003 (BGBl. I S. 2848), Gesetz vom 24. Dezember 2003 (BGBl. I S. 2954), Gesetz vom 27. Dezember 2003 (BGBl. I S. 3007), Gesetz vom 11. Februar 2005 (BGBl. I S. 239), Gesetz vom 21. Juni 2005 (BGBl. I S. 1666), Verordnung vom 31. Oktober 2006 (BGBl. I S. 2407), Gesetz vom 31. Oktober 2008 (BGBl. I S. 2149), Gesetz vom 7. Dezember 2011 (BGBl. I S. 2592)

FNA 8051-10

– Auszug –

Der Bundestag hat mit Zustimmung des Bundesrates das folgende Gesetz beschlossen:

Erster Abschnitt. Allgemeine Vorschriften

§ 4 Arbeitszeit. (1) Tägliche Arbeitszeit ist die Zeit vom Beginn bis zum Ende der täglichen Beschäftigung ohne die Ruhepausen (§ 11).

(2) Schichtzeit ist die tägliche Arbeitszeit unter Hinzurechnung der Ruhepausen (§ 11).

(3) Im Bergbau unter Tage gilt die Schichtzeit als Arbeitszeit. Sie wird gerechnet vom Betreten des Förderkorbes bei der Einfahrt bis zum Verlassen des Förderkorbes bei der Ausfahrt oder vom Eintritt des einzelnen Beschäftigten in das Stollenmundloch bis zu seinem Wiederaustritt.

(4) Für die Berechnung der wöchentlichen Arbeitszeit ist als Woche die Zeit von Montag bis einschließlich Sonntag zugrunde zu legen. Die Arbeitszeit, die an einem Werktag infolge eines gesetzlichen Feiertags ausfällt, wird auf die wöchentliche Arbeitszeit angerechnet.

(5) Wird ein Kind oder ein Jugendlicher von mehreren Arbeitgebern beschäftigt, so werden die Arbeits- und Schichtzeiten sowie die Arbeitstage zusammengerechnet.

Dritter Abschnitt. Beschäftigung Jugendlicher

Erster Titel. Arbeitszeit und Freizeit

§ 8 Dauer der Arbeitszeit. (1) Jugendliche dürfen nicht mehr als acht Stunden täglich und nicht mehr als 40 Stunden wöchentlich beschäftigt werden.

(2) Wenn in Verbindung mit Feiertagen an Werktagen nicht gearbeitet wird, damit die Beschäftigten eine längere zusammenhängende Freizeit haben, so darf die ausfallende Arbeitszeit auf die Werktage von fünf zusammenhängenden, die Ausfalltage einschließenden Wochen nur dergestalt verteilt werden, daß die Wochenarbeitszeit im Durchschnitt dieser fünf Wochen 40 Stunden nicht überschreitet. Die tägliche Arbeitszeit darf hierbei achteinhalb Stunden nicht überschreiten.

(2a) Wenn an einzelnen Werktagen die Arbeitszeit auf weniger als acht Stunden verkürzt ist, können Jugendliche an den übrigen Werktagen derselben Woche achteinhalb Stunden beschäftigt werden.

(3) In der Landwirtschaft dürfen Jugendliche über 16 Jahre während der Erntezeit nicht mehr als neun Stunden täglich und nicht mehr als 85 Stunden in der Doppelwoche beschäftigt werden.

§ 9 Berufsschule. (1) Der Arbeitgeber hat den Jugendlichen für die Teilnahme am Berufsschulunterricht freizustellen. Er darf den Jugendlichen nicht beschäftigen

1. vor einem vor 9 Uhr beginnenden Unterricht; dies gilt auch für Personen, die über 18 Jahre alt und noch berufsschulpflichtig sind,
2. an einem Berufsschultag mit mehr als fünf Unterrichtsstunden von mindestens je 45 Minuten, einmal in der Woche,
3. in Berufsschulwochen mit einem planmäßigen Blockunterricht von mindestens 25 Stunden an mindestens fünf Tagen; zusätzliche betriebliche Ausbildungsveranstaltungen bis zu zwei Stunden wöchentlich sind zulässig.

(2) Auf die Arbeitszeit werden angerechnet

1. Berufsschultage nach Absatz 1 Nr. 2 mit acht Stunden,
2. Berufsschulwochen nach Absatz 1 Nr. 3 mit 40 Stunden,
3. im übrigen die Unterrichtszeit einschließlich der Pausen.

(3) Ein Entgeltausfall darf durch den Besuch der Berufsschule nicht eintreten.

(4) *(aufgehoben)*

§ 10 Prüfungen und außerbetriebliche Ausbildungsmaßnahmen.
(1) Der Arbeitgeber hat den Jugendlichen

1. für die Teilnahme an Prüfungen und Ausbildungsmaßnahmen, die auf Grund öffentlich-rechtlicher oder vertraglicher Bestimmungen außerhalb der Ausbildungsstätte durchzuführen sind,
2. an dem Arbeitstag, der der schriftlichen Abschlußprüfung unmittelbar vorangeht,

freizustellen.

(2) Auf die Arbeitszeit werden angerechnet

1. die Freistellung nach Absatz 1 Nr. 1 mit der Zeit der Teilnahme einschließlich der Pausen,
2. die Freistellung nach Absatz 1 Nr. 2 mit acht Stunden.

Ein Entgeltausfall darf nicht eintreten.

Text Jugendarbeitsschutzgesetz

§ 11 Ruhepausen, Aufenthaltsräume. (1) Jugendlichen müssen im voraus feststehende Ruhepausen von angemessener Dauer gewährt werden. Die Ruhepausen müssen mindestens betragen
1. 30 Minuten bei einer Arbeitszeit von mehr als viereinhalb bis zu sechs Stunden,
2. 60 Minuten bei einer Arbeitszeit von mehr als sechs Stunden.

Als Ruhepause gilt nur eine Arbeitsunterbrechung von mindestens 15 Minuten.

(2) Die Ruhepausen müssen in angemessener zeitlicher Lage gewährt werden, frühestens eine Stunde nach Beginn und spätestens eine Stunde vor Ende der Arbeitszeit. Länger als viereinhalb Stunden hintereinander dürfen Jugendliche nicht ohne Ruhepause beschäftigt werden.

(3) Der Aufenthalt während der Ruhepausen in Arbeitsräumen darf den Jugendlichen nur gestattet werden, wenn die Arbeit in diesen Räumen während dieser Zeit eingestellt ist und auch sonst die notwendige Erholung nicht beeinträchtigt wird.

(4) Absatz 3 gilt nicht für den Bergbau unter Tage.

§ 12 Schichtzeit. Bei der Beschäftigung Jugendlicher darf die Schichtzeit (§ 4 Abs. 2) 10 Stunden, im Bergbau unter Tage 8 Stunden, im Gaststättengewerbe, in der Landwirtschaft, in der Tierhaltung, auf Bau- und Montagestellen 11 Stunden nicht überschreiten.

§ 13 Tägliche Freizeit. Nach Beendigung der täglichen Arbeitszeit dürfen Jugendliche nicht vor Ablauf einer ununterbrochenen Freizeit von mindestens 12 Stunden beschäftigt werden.

§ 14 Nachtruhe. (1) Jugendliche dürfen nur in der Zeit von 6 bis 20 Uhr beschäftigt werden.

(2) Jugendliche über 16 Jahre dürfen
1. im Gaststätten- und Schaustellergewerbe bis 22 Uhr,
2. in mehrschichtigen Betrieben bis 23 Uhr,
3. in der Landwirtschaft ab 5 Uhr oder bis 21 Uhr,
4. in Bäckereien und Konditoreien ab 5 Uhr

beschäftigt werden.

(3) Jugendliche über 17 Jahre dürfen in Bäckereien ab 4 Uhr beschäftigt werden.

(4) An dem einem Berufsschultag unmittelbar vorangehenden Tag dürfen Jugendliche auch nach Absatz 2 Nr. 1 bis 3 nicht nach 20 Uhr beschäftigt werden, wenn der Berufsschulunterricht am Berufsschultag vor 9 Uhr beginnt.

(5) Nach vorheriger Anzeige an die Aufsichtsbehörde dürfen in Betrieben, in denen die übliche Arbeitszeit aus verkehrstechnischen Gründen nach 20 Uhr endet, Jugendliche bis 21 Uhr beschäftigt werden, soweit sie hierdurch unnötige Wartezeiten vermeiden können. Nach vorheriger Anzeige an die Auf-

sichtsbehörde dürfen ferner in mehrschichtigen Betrieben Jugendliche über 16 Jahre ab 5.30 Uhr oder bis 23.30 Uhr beschäftigt werden, soweit sie hierdurch unnötige Wartezeiten vermeiden können.

(6) Jugendliche dürfen in Betrieben, in denen die Beschäftigten in außergewöhnlichem Grade der Einwirkung von Hitze ausgesetzt sind, in der warmen Jahreszeit ab 5 Uhr beschäftigt werden. Die Jugendlichen sind berechtigt, sich vor Beginn der Beschäftigung und danach in regelmäßigen Zeitabständen arbeitsmedizinisch untersuchen zu lassen. Die Kosten der Untersuchungen hat der Arbeitgeber zu tragen, sofern er diese nicht kostenlos durch einen Betriebsarzt oder einen überbetrieblichen Dienst von Betriebsärzten anbietet.

(7) Jugendliche dürfen bei Musikaufführungen, Theatervorstellungen und anderen Aufführungen, bei Aufnahmen im Rundfunk (Hörfunk und Fernsehen), auf Ton- und Bildträger sowie bei Film- und Fotoaufnahmen bis 23 Uhr gestaltend mitwirken. Eine Mitwirkung ist nicht zulässig bei Veranstaltungen, Schaustellungen oder Darbietungen, bei denen die Anwesenheit Jugendlicher nach den Vorschriften des Jugendschutzgesetzes verboten ist. Nach Beendigung der Tätigkeit dürfen Jugendliche nicht vor Ablauf einer ununterbrochenen Freizeit von mindestens 14 Stunden beschäftigt werden.

§ 15 Fünf-Tage-Woche. Jugendliche dürfen nur an fünf Tagen in der Woche beschäftigt werden. Die beiden wöchentlichen Ruhetage sollen nach Möglichkeit aufeinander folgen.

§ 16 Samstagsruhe. (1) An Samstagen dürfen Jugendliche nicht beschäftigt werden.

(2) Zulässig ist die Beschäftigung Jugendlicher an Samstagen nur
1. in Krankenanstalten sowie in Alten-, Pflege- und Kinderheimen,
2. in offenen Verkaufsstellen, in Betrieben mit offenen Verkaufsstellen, in Bäckereien und Konditoreien, im Friseurhandwerk und im Marktverkehr,
3. im Verkehrswesen,
4. in der Landwirtschaft und Tierhaltung,
5. im Familienhaushalt,
6. im Gaststätten- und Schaustellergewerbe,
7. bei Musikaufführungen, Theatervorstellungen und anderen Aufführungen, bei Aufnahmen im Rundfunk (Hörfunk und Fernsehen), auf Ton- und Bildträger sowie bei Film- und Fotoaufnahmen,
8. bei außerbetrieblichen Ausbildungsmaßnahmen,
9. beim Sport,
10. im ärztlichen Notdienst,
11. in Reparaturwerkstätten für Kraftfahrzeuge.

Mindestens zwei Samstage im Monat sollen beschäftigungsfrei bleiben.

(3) Werden Jugendliche am Samstag beschäftigt, ist ihnen die Fünf-Tage-Woche (§ 15) durch Freistellung an einem anderen berufsschulfreien Arbeitstag derselben Woche sicherzustellen. In Betrieben mit einem Betriebsruhetag

Text Jugendarbeitsschutzgesetz

in der Woche kann die Freistellung auch an diesem Tage erfolgen, wenn die Jugendlichen an diesem Tage keinen Berufsschulunterricht haben.

(4) Können Jugendliche in den Fällen des Absatzes 2 Nr. 2 am Samstag nicht acht Stunden beschäftigt werden, kann der Unterschied zwischen der tatsächlichen und der nach § 8 Abs. 1 höchstzulässigen Arbeitszeit an dem Tage bis 13 Uhr ausgeglichen werden, an dem die Jugendlichen nach Absatz 3 Satz 1 freizustellen sind.

§ 17 Sonntagsruhe. (1) An Sonntagen dürfen Jugendliche nicht beschäftigt werden.

(2) Zulässig ist die Beschäftigung Jugendlicher an Sonntagen nur

1. in Krankenanstalten sowie in Alten-, Pflege- und Kinderheimen,
2. in der Landwirtschaft und Tierhaltung mit Arbeiten, die auch an Sonn- und Feiertagen naturnotwendig vorgenommen werden müssen,
3. im Familienhaushalt, wenn der Jugendliche in die häusliche Gemeinschaft aufgenommen ist,
4. im Schaustellergewerbe,
5. bei Musikaufführungen, Theatervorstellungen und anderen Aufführungen sowie bei Direktsendungen im Rundfunk (Hörfunk und Fernsehen),
6. beim Sport,
7. im ärztlichen Notdienst,
8. im Gaststättengewerbe.

Jeder zweite Sonntag soll, mindestens zwei Sonntage im Monat müssen beschäftigungsfrei bleiben.

(3) Werden Jugendliche am Sonntag beschäftigt, ist ihnen die Fünf-Tage-Woche (§ 15) durch Freistellung an einem anderen berufsschulfreien Arbeitstag derselben Woche sicherzustellen. In Betrieben mit einem Betriebsruhetag in der Woche kann die Freistellung auch an diesem Tage erfolgen, wenn die Jugendlichen an diesem Tage keinen Berufsschulunterricht haben.

§ 18 Feiertagsruhe. (1) Am 24. und 31. Dezember nach 14 Uhr und an gesetzlichen Feiertagen dürfen Jugendliche nicht beschäftigt werden.

(2) Zulässig ist die Beschäftigung Jugendlicher an gesetzlichen Feiertagen in den Fällen des § 17 Abs. 2, ausgenommen am 25. Dezember, am 1. Januar, am ersten Osterfeiertag und am 1. Mai.

(3) Für die Beschäftigung an einem gesetzlichen Feiertag, der auf einen Werktag fällt, ist der Jugendliche an einem anderen berufsschulfreien Arbeitstag derselben oder der folgenden Woche freizustellen. In Betrieben mit einem Betriebsruhetag in der Woche kann die Freistellung auch an diesem Tage erfolgen, wenn die Jugendlichen an diesem Tage keinen Berufsschulunterricht haben.

§ 19 Urlaub. (1) Der Arbeitgeber hat Jugendlichen für jedes Kalenderjahr einen bezahlten Erholungsurlaub zu gewähren.

(2) Der Urlaub beträgt jährlich

1. mindestens 30 Werktage, wenn der Jugendliche zu Beginn des Kalenderjahres noch nicht 16 Jahre alt ist,

Beschäftigung Jugendlicher — **Text**

2. mindestens 27 Werktage, wenn der Jugendliche zu Beginn des Kalenderjahres noch nicht 17 Jahre alt ist,
3. mindestens 25 Werktage, wenn der Jugendliche zu Beginn des Kalenderjahres noch nicht 18 Jahre alt ist.

Jugendliche, die im Bergbau unter Tage beschäftigt werden, erhalten in jeder Altersgruppe einen zusätzlichen Urlaub von drei Werktagen.

(3) Der Urlaub soll Berufsschülern in der Zeit der Berufsschulferien gegeben werden. Soweit er nicht in den Berufsschulferien gegeben wird, ist für jeden Berufsschultag, an dem die Berufsschule während des Urlaubs besucht wird, ein weiterer Urlaubstag zu gewähren.

(4) Im übrigen gelten für den Urlaub der Jugendlichen § 3 Abs. 2, §§ 4 bis 12 und § 13 Abs. 3 des Bundesurlaubsgesetzes. Der Auftraggeber oder Zwischenmeister hat jedoch abweichend von § 12 Nr. 1 des Bundesurlaubsgesetzes den jugendlichen Heimarbeitern für jedes Kalenderjahr einen bezahlten Erholungsurlaub entsprechend Absatz 2 zu gewähren; das Urlaubsentgelt der jugendlichen Heimarbeiter beträgt bei einem Urlaub von 30 Werktagen 11,6 vom Hundert, bei einem Urlaub von 27 Werktagen 10,3 vom Hundert und bei einem Urlaub von 25 Werktagen 9,5 vom Hundert.

§ 20 Binnenschiffahrt. In der Binnenschiffahrt gelten folgende Abweichungen:

1. Abweichend von § 12 darf die Schichtzeit Jugendlicher über 16 Jahre während der Fahrt bis auf 14 Stunden täglich ausgedehnt werden, wenn ihre Arbeitszeit sechs Stunden täglich nicht überschreitet. Ihre tägliche Freizeit kann abweichend von § 13 der Ausdehnung der Schichtzeit entsprechend bis auf 10 Stunden verkürzt werden.
2. Abweichend von § 14 Abs. 1 dürfen Jugendliche über 16 Jahre während der Fahrt bis 22 Uhr beschäftigt werden.
3. Abweichend von §§ 15, 16 Abs. 1, § 17 Abs. 1 und § 18 Abs. 1 dürfen Jugendliche an jedem Tag der Woche beschäftigt werden, jedoch nicht am 24. Dezember, an den Weihnachtsfeiertagen, am 31. Dezember, am 1. Januar, an den Osterfeiertagen und am 1. Mai. Für die Beschäftigung an einem Samstag, Sonntag und an einem gesetzlichen Feiertag, der auf einen Werktag fällt, ist ihnen je ein freier Tag zu gewähren. Diese freien Tage sind den Jugendlichen in Verbindung mit anderen freien Tagen zu gewähren, spätestens, wenn ihnen 10 freie Tage zustehen.

§ 21 Ausnahmen in besonderen Fällen. (1) Die §§ 8 und 11 bis 18 finden keine Anwendung auf die Beschäftigung Jugendlicher mit vorübergehenden und unaufschiebbaren Arbeiten in Notfällen, soweit erwachsene Beschäftigte nicht zur Verfügung stehen.

(2) Wird in den Fällen des Absatzes 1 über die Arbeitszeit des § 8 hinaus Mehrarbeit geleistet, so ist sie durch entsprechende Verkürzung der Arbeitszeit innerhalb der folgenden drei Wochen auszugleichen.

(3) *(aufgehoben)*

Text Jugendarbeitsschutzgesetz

§ 21 a Abweichende Regelungen. (1) In einem Tarifvertrag oder auf Grund eines Tarifvertrages in einer Betriebsvereinbarung kann zugelassen werden

1. abweichend von den §§ 8, 15, 16 Abs. 3 und 4, § 17 Abs. 3 und § 18 Abs. 3 die Arbeitszeit bis zu neun Stunden täglich, 44 Stunden wöchentlich und bis zu fünfeinhalb Tagen in der Woche anders zu verteilen, jedoch nur unter Einhaltung einer durchschnittlichen Wochenarbeitszeit von 40 Stunden in einem Ausgleichszeitraum von zwei Monaten,
2. abweichend von § 11 Abs. 1 Satz 2 Nr. 2 und Abs. 2 die Ruhepausen bis zu 15 Minuten zu kürzen und die Lage der Pausen anders zu bestimmen,
3. abweichend von § 12 die Schichtzeit mit Ausnahme des Bergbaus unter Tage bis zu einer Stunde täglich zu verlängern,
4. abweichend von § 16 Abs. 1 und 2 Jugendliche an 26 Samstagen im Jahr oder an jedem Samstag zu beschäftigen, wenn statt dessen der Jugendliche an einem anderen Werktag derselben Woche von der Beschäftigung freigestellt wird,
5. abweichend von den §§ 15, 16 Abs. 3 und 4, § 17 Abs. 3 und § 18 Abs. 3 Jugendliche bei einer Beschäftigung an einem Samstag oder an einem Sonn- oder Feiertag unter vier Stunden an einem anderen Arbeitstag derselben oder der folgenden Woche vor- oder nachmittags von der Beschäftigung freizustellen,
6. abweichend von § 17 Abs. 2 Satz 2 Jugendliche im Gaststätten- und Schaustellergewerbe sowie in der Landwirtschaft während der Saison oder der Erntezeit an drei Sonntagen im Monat zu beschäftigen.

(2) Im Geltungsbereich eines Tarifvertrages nach Absatz 1 kann die abweichende tarifvertragliche Regelung im Betrieb eines nicht tarifgebundenen Arbeitgebers durch Betriebsvereinbarung oder, wenn ein Betriebsrat nicht besteht, durch schriftliche Vereinbarung zwischen dem Arbeitgeber und dem Jugendlichen übernommen werden.

(3) Die Kirchen und die öffentlich-rechtlichen Religionsgesellschaften können die in Absatz 1 genannten Abweichungen in ihren Regelungen vorsehen.

§ 21 b Ermächtigung. Das Bundesministerium für Arbeit und Soziales kann im Interesse der Berufsausbildung oder der Zusammenarbeit von Jugendlichen und Erwachsenen durch Rechtsverordnung mit Zustimmung des Bundesrates Ausnahmen von den Vorschriften

1. des § 8, der §§ 11 und 12, der §§ 15 und 16, des § 17 Abs. 2 und 3 sowie des § 18 Abs. 3 im Rahmen des § 21 a Abs. 1,
2. des § 14, jedoch nicht vor 5 Uhr und nicht nach 23 Uhr, sowie
3. des § 17 Abs. 1 und des § 18 Abs. 1 an höchstens 26 Sonn- und Feiertagen im Jahr

zulassen, soweit eine Beeinträchtigung der Gesundheit oder der körperlichen oder seelisch-geistigen Entwicklung der Jugendlichen nicht zu befürchten ist.

Zweiter Titel. Beschäftigungsverbote und -beschränkungen

§ 22 Gefährliche Arbeiten. (1) Jugendliche dürfen nicht beschäftigt werden

1. mit Arbeiten, die ihre physische oder psychische Leistungsfähigkeit übersteigen,
2. mit Arbeiten, bei denen sie sittlichen Gefahren ausgesetzt sind,
3. mit Arbeiten, die mit Unfallgefahren verbunden sind, von denen anzunehmen ist, daß Jugendliche sie wegen mangelnden Sicherheitsbewußtseins oder mangelnder Erfahrung nicht erkennen oder nicht abwenden können,
4. mit Arbeiten, bei denen ihre Gesundheit durch außergewöhnliche Hitze oder Kälte oder starke Nässe gefährdet wird,
5. mit Arbeiten, bei denen sie schädlichen Einwirkungen von Lärm, Erschütterungen oder Strahlen ausgesetzt sind,
6. mit Arbeiten, bei denen sie schädlichen Einwirkungen von Gefahrstoffen im Sinne des Chemikaliengesetzes ausgesetzt sind,
7. mit Arbeiten, bei denen sie schädlichen Einwirkungen von biologischen Arbeitsstoffen im Sinne der Richtlinie 90/679/EWG des Rates vom 26. November 1990 zum Schutze der Arbeitnehmer gegen Gefährdung durch biologische Arbeitsstoffe bei der Arbeit ausgesetzt sind.

(2) Absatz 1 Nr. 3 bis 7 gilt nicht für die Beschäftigung Jugendlicher, soweit

1. dies zur Erreichung ihres Ausbildungszieles erforderlich ist,
2. ihr Schutz durch die Aufsicht eines Fachkundigen gewährleistet ist und
3. der Luftgrenzwert bei gefährlichen Stoffen (Absatz 1 Nr. 6) unterschritten wird.

Satz 1 findet keine Anwendung auf den absichtlichen Umgang mit biologischen Arbeitsstoffen der Gruppen 3 und 4 im Sinne der Richtlinie 90/679/EWG des Rates vom 26. November 1990 zum Schutze der Arbeitnehmer gegen Gefährdung durch biologische Arbeitsstoffe bei der Arbeit.

(3) Werden Jugendliche in einem Betrieb beschäftigt, für den ein Betriebsarzt oder eine Fachkraft für Arbeitssicherheit verpflichtet ist, muß ihre betriebsärztliche oder sicherheitstechnische Betreuung sichergestellt sein.

§ 23 Akkordarbeit; tempoabhängige Arbeiten. (1) Jugendliche dürfen nicht beschäftigt werden

1. mit Akkordarbeit und sonstigen Arbeiten, bei denen durch ein gesteigertes Arbeitstempo ein höheres Entgelt erzielt werden kann,
2. in einer Arbeitsgruppe mit erwachsenen Arbeitnehmern, die mit Arbeiten nach Nummer 1 beschäftigt werden,
3. mit Arbeiten, bei denen ihr Arbeitstempo nicht nur gelegentlich vorgeschrieben, vorgegeben oder auf andere Weise erzwungen wird.

Text Jugendarbeitsschutzgesetz

(2) Absatz 1 Nr. 2 gilt nicht für die Beschäftigung Jugendlicher,
1. soweit dies zur Erreichung ihres Ausbildungszieles erforderlich ist oder
2. wenn sie eine Berufsausbildung für diese Beschäftigung abgeschlossen haben

und ihr Schutz durch die Aufsicht eines Fachkundigen gewährleistet ist.

§ 24 Arbeiten unter Tage. (1) Jugendliche dürfen nicht mit Arbeiten unter Tage beschäftigt werden.

(2) Absatz 1 gilt nicht für die Beschäftigung Jugendlicher über 16 Jahre,
1. soweit dies zur Erreichung ihres Ausbildungszieles erforderlich ist,
2. wenn sie eine Berufsausbildung für die Beschäftigung unter Tage abgeschlossen haben oder
3. wenn sie an einer von der Bergbehörde genehmigten Ausbildungsmaßnahme für Bergjungarbeiter teilnehmen oder teilgenommen haben

und ihr Schutz durch die Aufsicht eines Fachkundigen gewährleistet ist.

§ 27 Behördliche Anordnungen und Ausnahmen. (1) Die Aufsichtsbehörde kann in Einzelfällen feststellen, ob eine Arbeit unter die Beschäftigungsverbote oder -beschränkungen der §§ 22 bis 24 oder einer Rechtsverordnung nach § 26 fällt. Sie kann in Einzelfällen die Beschäftigung Jugendlicher mit bestimmten Arbeiten über die Beschäftigungsverbote und -beschränkungen der §§ 22 bis 24 und einer Rechtsverordnung nach § 26 hinaus verbieten oder beschränken, wenn diese Arbeiten mit Gefahren für Leben, Gesundheit oder für die körperliche oder seelisch-geistige Entwicklung der Jugendlichen verbunden sind.

(2) Die zuständige Behörde kann
1. den Personen, die die Pflichten, die ihnen kraft Gesetzes zugunsten der von ihnen beschäftigten, beaufsichtigten, angewiesenen oder auszubildenden Kinder und Jugendlichen obliegen, wiederholt oder gröblich verletzt haben,
2. den Personen, gegen die Tatsachen vorliegen, die sie in sittlicher Beziehung zur Beschäftigung, Beaufsichtigung, Anweisung oder Ausbildung von Kindern und Jugendlichen ungeeignet erscheinen lassen,

verbieten, Kinder und Jugendliche zu beschäftigen oder im Rahmen eines Rechtsverhältnisses im Sinne des § 1 zu beaufsichtigen, anzuweisen oder auszubilden.

(3) Die Aufsichtsbehörde kann auf Antrag Ausnahmen von § 23 Abs. 1 Nr. 2 und 3 für Jugendliche über 16 Jahre bewilligen,
1. wenn die Art der Arbeit oder das Arbeitstempo eine Beeinträchtigung der Gesundheit oder der körperlichen oder seelisch-geistigen Entwicklung des Jugendlichen nicht befürchten lassen und
2. wenn eine nicht länger als vor drei Monaten ausgestellte ärztliche Bescheinigung vorgelegt wird, nach der gesundheitliche Bedenken gegen die Beschäftigung nicht bestehen.

3. Bundesberggesetz

Vom 13. August 1980 (BGBl. I S. 1310)

Zuletzt geändert durch Gesetz vom 31. Juli 2009 (BGBl. I S. 2585)

FNA 750-15

– Auszug –

Der Bundestag hat mit Zustimmung des Bundesrates das folgende Gesetz beschlossen:

Elfter Teil. Rechtsweg, Bußgeld- und Strafvorschriften

§ 145 Ordnungswidrigkeiten. (1) Ordnungswidrig handelt, wer vorsätzlich oder fahrlässig

1. entgegen § 6 Satz 1 bergfreie Bodenschätze ohne Erlaubnis aufsucht oder ohne Bewilligung oder Bergwerkseigentum gewinnt,
2. einer vollziehbaren Auflage nach § 16 Abs. 3 zuwiderhandelt,
3. die Grenze seiner Gewinnungsberechtigung überschreitet, ohne daß die Voraussetzungen des § 44 Abs. 1 Satz 1, auch in Verbindung mit § 47 Abs. 1 Satz 1 Nr. 1, vorliegen,
4. entgegen § 50 Abs. 1 Satz 1 oder Absatz 2 Satz 1 die Errichtung, Aufnahme oder Einstellung eines dort bezeichneten Betriebes nicht rechtzeitig anzeigt,
5. entgegen § 50 Abs. 3 Satz 1 der Anzeige nicht einen vorschriftsmäßigen Abbauplan beifügt oder entgegen § 50 Abs. 3 Satz 2 eine wesentliche Änderung nicht unverzüglich anzeigt,
6. einen nach § 51 betriebsplanpflichtigen Betrieb ohne zugelassenen Betriebsplan errichtet, führt oder, ohne daß die Voraussetzungen des § 57 Abs. 1 Satz 1 oder Absatz 2 vorliegen, einstellt oder Abweichungen von einem zugelassenen Betriebsplan anordnet,
7. entgegen § 53 Abs. 2 dem Abschlußbetriebsplan nicht die vorgeschriebene Betriebschronik beifügt,
8. einer mit einer Betriebsplanzulassung nach § 55 verbundenen vollziehbaren Auflage oder einer vollziehbaren Auflage nach § 56 Abs. 1 Satz 2, auch in Verbindung mit § 56 Abs. 3, zuwiderhandelt,
9. entgegen § 57 Abs. 1 Satz 2, auch in Verbindung mit § 57 Abs. 2, eine Anordnung nicht, nicht richtig, nicht vollständig oder nicht unverzüglich anzeigt,
10. einer Vorschrift des § 59 Abs. 1 oder § 60 Abs. 1 über die Beschäftigung, Bestellung oder Abberufung verantwortlicher Personen oder des § 60 Abs. 2 über die Namhaftmachung verantwortlicher Personen oder die

Anzeige der Änderung ihrer Stellung oder ihres Ausscheidens zuwiderhandelt,

11. entgegen § 61 Abs. 2 Satz 1 Verwaltungsakte den verantwortlichen Personen nicht, nicht richtig, nicht vollständig oder nicht unverzüglich zur Kenntnis gibt,
12. entgegen § 61 Abs. 2 Satz 2 nicht dafür sorgt, daß Betriebspläne und deren Zulassung jederzeit eingesehen werden können,
13. entgegen § 63 Abs. 1 bis 3 Satz 1 das Rißwerk nicht vorschriftsmäßig anfertigt oder nachträgt, der zuständigen Behörde nicht einreicht oder nicht ordnungsgemäß aufbewahrt,

13 a. *(aufgehoben)*

14. entgegen § 70 Abs. 1 eine Auskunft nicht, nicht richtig oder nicht vollständig erteilt oder Unterlagen nicht vorlegt,
15. entgegen § 70 Abs. 2 Satz 4 oder 5 das Betreten von Grundstücken, Geschäftsräumen, Einrichtungen oder Wasserfahrzeugen, die Vornahme von Prüfungen oder Befahrungen, die Entnahme von Proben oder die Einsichtnahme in geschäftliche oder betriebliche Unterlagen nicht duldet oder Beauftragte bei Befahrungen nicht begleitet,
16. entgegen einer vollziehbaren Untersagung nach § 73 Abs. 1 Satz 1 eine verantwortliche Person weiterbeschäftigt,
17. entgegen § 74 Abs. 2 Satz 1 auf Verlangen die erforderlichen Arbeitskräfte oder Hilfsmittel nicht unverzüglich zur Verfügung stellt,
18. entgegen § 74 Abs. 3 ein Betriebsereignis nicht, nicht richtig, nicht vollständig oder nicht unverzüglich anzeigt,
19. entgegen § 125 Abs. 1 Satz 1 oder 2 die verlangten Messungen nicht durchführt oder deren Ergebnisse nicht, nicht richtig, nicht vollständig oder nicht unverzüglich einreicht oder entgegen § 125 Abs. 3 Satz 1 das Betreten eines Grundstücks oder das Anbringen von Meßmarken nicht duldet,
20. ohne Genehmigung nach § 132 Abs. 1 Satz 1 Forschungshandlungen im Bereich des Festlandsockels vornimmt,
21. ohne die Genehmigungen nach § 133 Abs. 1 Satz 1, auch in Verbindung mit Abs. 4, ein Unterwasserkabel oder eine Transit-Rohrleitung in oder auf dem Festlandsockel verlegt, errichtet oder betreibt,
22. entgegen § 169 Abs. 1 Nr. 1 den Betrieb nicht unverzüglich anzeigt oder entgegen § 169 Abs. 1 Nr. 3 verantwortliche Personen nicht rechtzeitig bestellt oder nicht namhaft macht.

(2), (3) ...

(4) Die Ordnungswidrigkeit kann in den Fällen des Absatzes 1 Nr. 1, 2, 6, 8 bis 11, 15 bis 18, 20, 21 und des Absatzes 3 Nr. 2 mit einer Geldbuße bis zu fünfundzwanzigtausend Euro, in den Fällen des Absatzes 1 Nr. 3 bis 5, 7, 12 bis 14, 19, 22 und des Absatzes 3 Nr. 1 mit einer Geldbuße bis zu zweitausendfünfhundert Euro, jeweils auch in Verbindung mit Absatz 2, geahndet werden.

(5) ...

§ 146 Straftaten. (1) Mit Freiheitsstrafe bis zu fünf Jahren oder mit Geldstrafe wird bestraft, wer eine in § 145 Abs. 1 Nr. 6, 8, 9, 16 und 17, auch in Verbindung mit § 145 Abs. 2, oder in § 145 Abs. 3 Nr. 2 bezeichnete Handlung begeht und dadurch das Leben oder die Gesundheit eines anderen oder fremde Sachen von bedeutendem Wert gefährdet.

(2) In besonders schweren Fällen ist die Strafe Freiheitsstrafe von sechs Monaten bis zu zehn Jahren. Ein besonders schwerer Fall liegt in der Regel vor, wenn der Täter durch die Tat das Leben oder die Gesundheit einer großen Zahl von Menschen gefährdet oder leichtfertig den Tod oder eine schwere Körperverletzung eines Menschen (§ 226 des Strafgesetzbuches) verursacht.

(3) Wer in den Fällen des Absatzes 1

1. die Gefahr fahrlässig verursacht oder

2. fahrlässig handelt und die Gefahr fahrlässig verursacht,

wird mit Freiheitsstrafe bis zu zwei Jahren oder mit Geldstrafe bestraft.

4. Gesetz über den Ladenschluss

Vom 28. November 1956 (BGBl. I S. 875)

In der Fassung der Bekanntmachung vom 2. Juni 2003 (BGBl. I S. 744),
zuletzt geändert durch Art. 228 der Neunten Zuständigkeitsanpassungsverordnung
vom 31. Oktober 2006 (BGBl. I S. 2407)

FNA 8050-20

– Auszug –

Dritter Abschnitt. Besonderer Schutz der Arbeitnehmer

§ 17 Arbeitszeit an Sonn- und Feiertagen. (1) In Verkaufsstellen dürfen Arbeitnehmer an Sonn- und Feiertagen nur während der ausnahmsweise zugelassenen Öffnungszeiten (§§ 4 bis 15 und die hierauf gestützten Vorschriften) und, falls dies zur Erledigung von Vorbereitungs- und Abschlussarbeiten unerlässlich ist, während insgesamt weiterer 30 Minuten beschäftigt werden.

(2) Die Dauer der Beschäftigungszeit des einzelnen Arbeitnehmers an Sonn- und Feiertagen darf acht Stunden nicht überschreiten.

(2a) In Verkaufsstellen, die gemäß § 10 oder den hierauf gestützten Vorschriften an Sonn- und Feiertagen geöffnet sein dürfen, dürfen Arbeitnehmer an jährlich höchstens 22 Sonn- und Feiertagen beschäftigt werden. Ihre Arbeitszeit an Sonn- und Feiertagen darf vier Stunden nicht überschreiten.

(3) Arbeitnehmer, die an Sonn- und Feiertagen in Verkaufsstellen gemäß §§ 4 bis 6, 8 bis 12, 14 und 15 und den hierauf gestützten Vorschriften beschäftigt werden, sind, wenn die Beschäftigung länger als drei Stunden dauert, an einem Werktag derselben Woche ab 13 Uhr, wenn sie länger als sechs Stunden dauert, an einem ganzen Werktag derselben Woche von der Arbeit freizustellen; mindestens jeder dritte Sonntag muss beschäftigungsfrei bleiben. Werden sie bis zu drei Stunden beschäftigt, so muss jeder zweite Sonntag oder in jeder zweiten Woche ein Nachmittag ab 13 Uhr beschäftigungsfrei bleiben. Statt an einem Nachmittag darf die Freizeit am Sonnabend oder Montagvormittag bis 14 Uhr gewährt werden. Während der Zeiten, zu denen die Verkaufsstelle geschlossen sein muss, darf die Freizeit nicht gegeben werden.

(4) Arbeitnehmerinnen und Arbeitnehmer in Verkaufsstellen können verlangen, in jedem Kalendermonat an einem Samstag von der Beschäftigung freigestellt zu werden.

(5) Mit dem Beschicken von Warenautomaten dürfen Arbeitnehmer außerhalb der Öffnungszeiten, die für die mit dem Warenautomaten in räumlichem Zusammenhang stehende Verkaufsstelle gelten, nicht beschäftigt werden.

(6) (weggefallen)

(7) Das Bundesministerium für Arbeit und Soziales wird ermächtigt, zum Schutze der Arbeitnehmer in Verkaufsstellen vor übermäßiger Inanspruchnahme ihrer Arbeitskraft oder sonstiger Gefährdung ihrer Gesundheit durch Rechtsverordnung mit Zustimmung des Bundesrates zu bestimmen,

1. dass während der ausnahmsweise zugelassenen Öffnungszeiten (§§ 4 bis 16 und die hierauf gestützten Vorschriften) bestimmte Arbeitnehmer nicht oder die Arbeitnehmer nicht mit bestimmten Arbeiten beschäftigt werden dürfen,
2. dass den Arbeitnehmern für Sonn- und Feiertagsarbeit über die Vorschriften des Absatzes 3 hinaus ein Ausgleich zu gewähren ist,
3. dass die Arbeitnehmer während der Ladenschlusszeiten an Werktagen (§ 3 Abs. 1 Nr. 2, §§ 5, 6, 8 bis 10 und die hierauf gestützten Vorschriften) nicht oder nicht mit bestimmten Arbeiten beschäftigt werden dürfen.

(8) Das Gewerbeaufsichtsamt kann in begründeten Einzelfällen Ausnahmen von den Vorschriften der Absätze 1 bis 5 bewilligen. Die Bewilligung kann jederzeit widerrufen werden.

(9) Die Vorschriften der Absätze 1 bis 8 finden auf pharmazeutisch vorgebildete Arbeitnehmer in Apotheken keine Anwendung.

Fünfter Abschnitt. Durchführung des Gesetzes

§ 21 Auslage des Gesetzes, Verzeichnisse. (1) Der Inhaber einer Verkaufsstelle, in der regelmäßig mindestens ein Arbeitnehmer beschäftigt wird, ist verpflichtet,

1. einen Abdruck dieses Gesetzes und der auf Grund dieses Gesetzes erlassenen Rechtsverordnungen mit Ausnahme der Vorschriften, die Verkaufsstellen anderer Art betreffen, an geeigneter Stelle in der Verkaufsstelle auszulegen oder auszuhängen,
2. ein Verzeichnis über Namen, Tag, Beschäftigungsart und -dauer der an Sonn- und Feiertagen beschäftigten Arbeitnehmer und über die diesen gemäß § 17 Abs. 3 als Ersatz für die Beschäftigung an diesen Tagen gewährte Freizeit zu führen; dies gilt nicht für die pharmazeutisch vorgebildeten Arbeitnehmer in Apotheken. Die Landesregierungen können durch Rechtsverordnung eine einheitliche Form für das Verzeichnis vorschreiben.

(2) Die Verpflichtung nach Absatz 1 Nr. 2 obliegt auch den in § 20 genannten Gewerbetreibenden.

§ 22 Aufsicht und Auskunft. (1) Die Aufsicht über die Ausführung der Vorschriften dieses Gesetzes und der auf Grund dieses Gesetzes erlassenen Vorschriften üben, soweit es sich nicht um Wochenmärkte (§ 19) handelt, die nach Landesrecht für den Arbeitsschutz zuständigen Verwaltungsbehörden aus; ob und inwieweit andere Dienststellen an der Aufsicht beteiligt werden, bestimmen die obersten Landesbehörden.

(2) Auf die Befugnisse und Obliegenheiten der in Absatz 1 genannten Behörden finden die Vorschriften des § 139b der Gewerbeordnung entsprechend Anwendung.

(3) Die Inhaber von Verkaufsstellen und die in § 20 genannten Gewerbetreibenden sind verpflichtet, den Behörden, denen auf Grund des Absatzes 1 die Aufsicht obliegt, auf Verlangen

1. die zur Erfüllung der Aufgaben dieser Behörden erforderlichen Angaben wahrheitsgemäß und vollständig zu machen,
2. das Verzeichnis gemäß § 21 Abs. 1 Nr. 2, die Unterlagen, aus denen Namen, Beschäftigungsart und -zeiten der Arbeitnehmer sowie Lohn- und Gehaltszahlungen ersichtlich sind, und alle sonstigen Unterlagen, die sich auf die nach Nummer 1 zu machenden Angaben beziehen, vorzulegen oder zur Einsicht einzusenden. Die Verzeichnisse und Unterlagen sind mindestens bis zum Ablauf eines Jahres nach der letzten Eintragung aufzubewahren.

(4) Die Auskunftspflicht nach Absatz 3 Nr. 1 obliegt auch den in Verkaufsstellen oder beim Feilhalten gemäß § 20 beschäftigten Arbeitnehmern.

Sechster Abschnitt. Straftaten und Ordnungswidrigkeiten

§ 24 Ordnungswidrigkeiten. (1) Ordnungswidrig handelt, wer vorsätzlich oder fahrlässig

1. als Inhaber einer Verkaufsstelle oder als Gewerbetreibender im Sinne des § 20
    a) einer Vorschrift des § 17 Abs. 1 bis 3 über die Beschäftigung an Sonn- und Feiertagen, die Freizeit oder den Ausgleich,
    b) einer Vorschrift einer Rechtsverordnung nach § 17 Abs. 7 oder § 20 Abs. 4, soweit sie für einen bestimmten Tatbestand auf diese Bußgeldvorschrift verweist,
    c) einer Vorschrift des § 21 Abs. 1 Nr. 2 über Verzeichnisse oder des § 22 Abs. 3 Nr. 2 über die Einsicht, Vorlage oder Aufbewahrung der Verzeichnisse,
2. als Inhaber einer Verkaufsstelle
    a) einer Vorschrift der §§ 3, 4 Abs. 1 Satz 2, des § 6 Abs. 2, des § 9 Abs. 1 Satz 2, des § 17 Abs. 5 oder einer nach § 4 Abs. 2 Satz 1, § 8 Abs. 2, § 9 Abs. 2 oder nach § 10 oder § 11 erlassenen Rechtsvorschrift über die Ladenschlusszeiten,
    b) einer sonstigen Vorschrift einer Rechtsverordnung nach § 10 oder § 11, soweit sie für einen bestimmten Tatbestand auf diese Bußgeldvorschrift verweist,
    c) der Vorschrift des § 21 Abs. 1 Nr. 1 über Auslagen und Aushänge,
3. als Gewerbetreibender im Sinne des § 19 oder des § 20 einer Vorschrift des § 19 Abs. 1, 2 oder des § 20 Abs. 1, 2 über das Feilhalten von Waren im Marktverkehr oder außerhalb einer Verkaufsstelle oder
4. einer Vorschrift des § 22 Abs. 3 Nr. 1 oder Abs. 4 über die Auskunft zuwiderhandelt.

(2) Die Ordnungswidrigkeit nach Absatz 1 Nr. 1 Buchstabe a und b kann mit einer Geldbuße bis zu zweitausendfünfhundert Euro, die Ordnungswid-

rigkeit nach Absatz 1 Nr. 1 Buchstabe c und Nr. 2 bis 4 mit einer Geldbuße bis zu fünfhundert Euro geahndet werden.

§ 25 Straftaten. Wer vorsätzlich als Inhaber einer Verkaufsstelle oder als Gewerbetreibender im Sinne des § 20 eine der in § 24 Abs. 1 Nr. 1 Buchstaben a und b bezeichneten Handlungen begeht und dadurch vorsätzlich oder fahrlässig Arbeitnehmer in ihrer Arbeitskraft oder Gesundheit gefährdet, wird mit Freiheitsstrafe bis zu sechs Monaten oder mit Geldstrafe bis zu 180 Tagessätzen bestraft.

5. Seemannsgesetz

Vom 26. Juli 1957 (BGBl. II S. 713)

In der in BGBl. III, Gliederungsnummer 9513-1, veröffentlichten bereinigten Fassung, zuletzt geändert durch Art. 324 der Neunten Zuständigkeitsanpassungsverordnung vom 31. Oktober 2006 (BGBl. I S. 2407)

FNA 9513-1

– Auszug –

Erster Abschnitt. Allgemeine Vorschriften

§ 3 Besatzungsmitglieder. Besatzungsmitglieder im Sinne dieses Gesetzes sind die Schiffsoffiziere (§ 4), die sonstigen Angestellten (§ 5) und die Schiffsleute (§ 6).

§ 4 Schiffsoffiziere. Schiffsoffiziere sind

1. die Angestellten des nautischen oder des technischen Schiffsdienstes, die eines staatlichen Befähigungszeugnisses bedürfen,
2. die Schiffsärzte,
3. die Seefunker, die Inhaber eines Seefunkzeugnisses 1. oder 2. Klasse sind,
4. die Zahlmeister.

§ 5 Sonstige Angestellte. Sonstige Angestellte sind Besatzungsmitglieder, die, ohne Schiffsoffiziere zu sein, nach der seemännischen Verkehrsanschauung als Angestellte angesehen werden, insbesondere wenn sie eine überwiegend leitende, beaufsichtigende oder büromäßige Tätigkeit oder eine verantwortliche Tätigkeit ausüben, die besondere Kenntnisse erfordert.

§ 6 Schiffsmann. Schiffsmann ist jedes andere in einem Heuerverhältnis (§§ 23 ff.) stehende Besatzungsmitglied, das nicht Angestellter im Sinne der §§ 4 und 5 ist.

§ 7 Sonstige im Rahmen des Schiffsbetriebs an Bord tätige Personen. (1) Die Vorschriften dieses Gesetzes finden auf sonstige Arbeitnehmer, die, ohne in einem Heuerverhältnis zu stehen, während der Reise im Rahmen des Schiffsbetriebs an Bord tätig sind, sinngemäß Anwendung, soweit in den einzelnen Abschnitten nicht etwas anderes bestimmt ist.

(2) Auf sonstige während der Reise im Rahmen des Schiffsbetriebs an Bord tätige Personen, die keine Arbeitnehmer sind, finden die Vorschriften dieses Gesetzes keine Anwendung mit Ausnahme der Vorschriften des Zweiten und des Fünften Abschnitts und derjenigen des Sechsten Abschnitts, die sich auf die Ordnung an Bord beziehen.

(3) Auf Lotsen finden die Vorschriften dieses Gesetzes mit Ausnahme der Vorschriften des Fünften Abschnitts und derjenigen des Sechsten Abschnitts, die sich auf die Ordnung an Bord beziehen, keine Anwendung.

Vierter Abschnitt. Arbeitsschutz

Zweiter Unterabschnitt. Arbeitszeit

§ 84 Seearbeitszeit, Hafenarbeitszeit, Feiertage. (1) Die Vorschriften über die Seearbeitszeit gelten von dem Zeitpunkt ab, in dem das Schiff zum Antritt oder zur Fortsetzung der Reise seinen Liegeplatz im Hafen oder auf der Reede zu verlassen beginnt.

(2) Die Vorschriften über die Hafenarbeitszeit gelten von dem Zeitpunkt ab, in dem das Schiff im Hafen ordnungsgemäß festgemacht oder auf der Reede geankert hat.

(3) Treffen an einem Tage See- und Hafenarbeitszeit zusammen, so ist bei der Berechnung der täglichen Höchstarbeitszeit die an diesem Tage insgesamt geleistete Arbeit zu berücksichtigen.

(4) Feiertage im Sinne der folgenden Arbeitszeitvorschriften sind innerhalb des Geltungsbereichs des Grundgesetzes die gesetzlichen Feiertage des Liegeorts, außerhalb des Geltungsbereichs des Grundgesetzes und auf See die Feiertage des Registerhafens.

§ 84a Höchstarbeitszeiten und Mindestruhezeiten. (1) Die Höchstarbeitszeit des Besatzungsmitglieds darf

1. 14 Stunden in jedem Zeitraum von 24 Stunden und
2. 72 Stunden in jedem Zeitraum von sieben Tagen

nicht überschreiten.

(2) Die Mindestruhezeit des Besatzungsmitglieds darf

1. zehn Stunden in jedem Zeitraum von 24 Stunden und
2. 77 Stunden in jedem Zeitraum von sieben Tagen

nicht unterschreiten. Die tägliche Ruhezeit darf nur in höchstens zwei Zeiträume aufgeteilt werden, wenn einer eine Mindestdauer von sechs Stunden hat. In den Fällen des § 87 Abs. 3 Satz 2 muss einer dieser Zeiträume mindestens acht Stunden betragen. Der Zeitraum zwischen zwei aufeinander folgenden Ruhezeiten darf 14 Stunden nicht überschreiten.

(3) Sofern bei Bereitschaftsdienst die planmäßige Ruhezeit durch Aufrufe zur Arbeit gestört wird, ist dem Besatzungsmitglied eine angemessene Ruhezeit als Ausgleich zu gewähren. Eine ununterbrochene Ruhezeit von sechs Stunden muss gewährleistet sein.

(4) Der Kapitän hat für die Einhaltung der Arbeits- und Ruhezeiten nach

1. Absatz 1, 2 Satz 1 und 2 und Absatz 3 Satz 2 und
2. Absatz 2 Satz 3 und Absatz 3 Satz 1

zu sorgen.

§ 85 Seearbeitszeit der Besatzungsmitglieder mit Ausnahme des Verpflegungs-, Bedienungs- und Krankenpflegepersonals. (1) Die Seearbeitszeit der zum Wachdienst bestimmten Besatzungsmitglieder darf acht Stunden täglich nicht überschreiten. Sie wird nach dem Dreiwachenplan eingeteilt.

(2) An Werktagen zwischen 18 und 6 Uhr sowie an Sonn- und Feiertagen dürfen die in Absatz 1 genannten Besatzungsmitglieder während der Wache neben dem Wachdienst nur mit gelegentlichen Instandsetzungsarbeiten sowie mit Arbeiten beschäftigt werden, die zur Sicherung des Schiffs und dessen Fahrt, zur Sicherung der Ladung, zum Segeltrocknen oder zum Bootsdienst unbedingt erforderlich sind.

(3) Die Seearbeitszeit der nicht zum Wachdienst bestimmten Besatzungsmitglieder mit Ausnahme des Verpflegungs-, Bedienungs- und Krankenpflegepersonals darf acht Stunden werktäglich nicht überschreiten und muß zwischen 6 und 18 Uhr liegen. An Sonn- und Feiertagen dürfen diese Besatzungsmitglieder nur beschäftigt werden, wenn die Voraussetzungen der §§ 88 oder 89 vorliegen.

§ 86 Hafenarbeitszeit der Besatzungsmitglieder mit Ausnahme des Verpflegungs-, Bedienungs- und Krankenpflegepersonals. (1) Die Hafenarbeitszeit der Besatzungsmitglieder mit Ausnahme des Verpflegungs-, Bedienungs- und Krankenpflegepersonals darf von Montag bis Freitag acht Stunden täglich nicht überschreiten. Am Sonnabend darf die Hafenarbeitszeit fünf Stunden, bei Wachdienst acht Stunden nicht überschreiten. Die Hafenarbeitszeit muß, abgesehen vom Wachdienst, von Montag bis Freitag zwischen 6 und 18 Uhr, am Sonnabend zwischen 6 und 13 Uhr liegen.

(2) An Werktagen außerhalb der in Absatz 1 Satz 3 bestimmten Zeiten sowie an Sonn- und Feiertagen dürfen die in Absatz 1 genannten Besatzungsmitglieder nur mit notwendigem Wachdienst sowie mit unumgänglichen und unaufschiebbaren Arbeiten beschäftigt werden; hierzu gehört auch das Laden und Löschen der Post. An Sonn- und Feiertagen darf die Beschäftigung mit unumgänglichen und unaufschiebbaren Arbeiten fünf Stunden nicht überschreiten.

§ 87 Arbeitszeit des Verpflegungs-, Bedienungs- und Krankenpflegepersonals. (1) Die See- und Hafenarbeitszeit des Verpflegungs-, Bedienungs- und Krankenpflegepersonals darf acht Stunden täglich nicht überschreiten.

(2) Wenn in die Arbeitszeit regelmäßig und in erheblichem Umfang Arbeitsbereitschaft fällt, darf die Arbeitszeit bis zu einer Stunde täglich verlängert werden.

(3) Die Arbeitszeit einschließlich Arbeitsbereitschaft muß auf See zwischen 6 und 20 Uhr, im Hafen und auf der Reede zwischen 6 und 18 Uhr liegen. Diese Zeiträume dürfen in besonderen Fällen für die auf Fahrgastschiffen ausschließlich zur Verpflegung und Bedienung der Fahrgäste bestimmten Besatzungsmitglieder auf Anordnung des Kapitäns und für das Krankenpflegepersonal auf Anordnung des Schiffsarztes oder des Kapitäns überschritten werden.

(4) An Sonn- und Feiertagen darf das Verpflegungs-, Bedienungs- und Krankenpflegepersonal nur mit Arbeiten beschäftigt werden, die zur Verpflegung, Bedienung und Krankenpflege der an Bord befindlichen Personen unbedingt erforderlich sind.

§ 88 Arbeiten zur Abwendung von Gefahren sowie Rollenmanöver. (1) Der Kapitän hat das Recht, für ein Besatzungsmitglied die Arbeitsstunden anzuordnen, die für die unmittelbare Sicherheit des Schiffes, der Personen an Bord, der Ladung oder zur Hilfeleistung für andere, in Seenot befindliche Schiffe oder Personen erforderlich sind. Der Kapitän kann den Arbeitszeit- und Ruhezeitplan vorübergehend außer Kraft setzen und anordnen, dass das Besatzungsmitglied jederzeit die erforderlichen Arbeitsstunden erbringt, bis die normale Situation wiederhergestellt ist. Sobald es nach Wiederherstellung der normalen Situation möglich ist, hat der Kapitän sicherzustellen, dass alle Besatzungsmitglieder, die während einer planmäßigen Ruhezeit Arbeit geleistet haben, eine ausreichende Ruhezeit erhalten.

(2) Musterungen, Feuerlösch- und Rettungsbootübungen sowie durch Rechts- und Verwaltungsvorschriften und internationale Übereinkünfte vorgeschriebene Übungen sind in einer Weise durchzuführen, die die Störung der Ruhezeiten auf ein Mindestmaß beschränkt und keine Übermüdung verursacht.

(3) In den Fällen der Absätze 1 und 2 finden die Vorschriften der §§ 84a bis 87 über die Lage der Arbeitszeit, die Ruhezeiten und Beschäftigungsbeschränkungen keine Anwendung.

§ 89 Arbeitszeitverlängerung in dringenden Fällen. (1) Abgesehen von den Fällen des § 88 kann der Kapitän in sonstigen dringenden Fällen eine Verlängerung der in den §§ 85 bis 87 bestimmten täglichen Arbeitszeit anordnen. Dasselbe gilt bei Wachdienst im Hafen.

(2) Im Falle des Absatzes 1 finden die Vorschriften der §§ 85 bis 87 über die Lage der Arbeitszeit und die Beschäftigungsbeschränkungen keine Anwendung.

§ 89a Abweichende Regelungen. (1) In einem Tarifvertrag oder auf Grund eines Tarifvertrags in einer Betriebs- oder Bordvereinbarung kann zugelassen werden, daß der Kapitän abweichend von § 89 Abs. 1 Satz 1 und 2 auch in anderen Fällen eine Verlängerung der in den §§ 85 bis 87 bestimmten täglichen Arbeitszeit bis zu zwei Stunden anordnen und dabei von den Vorschriften der §§ 85 bis 87 über die Lage der Arbeitszeit und die Beschäftigungsbeschränkungen abweichen darf. Dies gilt nicht für Tarifverträge, die nach § 21 Abs. 4 Satz 2 Flaggenrechtsgesetz abgeschlossen werden.

(1a) In einem Tarifvertrag oder auf Grund eines Tarifvertrags in einer Betriebs- oder Bordvereinbarung können abweichende Regelungen von § 84a Abs. 1 und den §§ 85 bis 87 vereinbart werden. Die Abweichungen müssen in Übereinstimmung mit den allgemeinen Grundsätzen für die Sicherheit und den Gesundheitsschutz der Arbeitnehmer stehen und aus objektiven, technischen oder arbeitsorganisatorischen Gründen erforderlich sein. Sie haben so weit wie möglich den gesetzlichen Bestimmungen zu folgen, können aber häufigeren oder längeren Urlaubszeiten oder der Gewährung von Ausgleichsurlaub für die Besatzungsmitglieder Rechnung tragen. Absatz 1 Satz 2 findet Anwendung.

(2) Im Geltungsbereich eines Tarifvertrags nach Absatz 1 oder 1a kann die abweichende tarifvertragliche Regelung im Betrieb eines nicht tarifgebundenen Reeders durch Betriebs- oder Bordvereinbarung oder, wenn eine Arbeitnehmervertretung nicht besteht, durch schriftliche Vereinbarung zwischen dem Reeder und dem Besatzungsmitglied übernommen werden, sofern die Anwendung des gesamten Tarifvertrags vereinbart wird.

§ 90 Vergütung für Mehr-, Nacht- und Sonntagsarbeit. (1) Wird ein Besatzungsmitglied über die in den §§ 85 bis 87 und 96 bestimmten Grenzen der täglichen Arbeitszeit hinaus mit Mehrarbeit beschäftigt, so ist ihm, abgesehen von den Fällen des § 88, für jede Stunde eine Vergütung in Höhe von mindestens einem Zweihundertstel der Grundheuer sowie ein angemessener Zuschlag zu zahlen. Ist die Höhe des Zuschlags nicht durch Tarifvertrag festgelegt, so beträgt er für die ersten sechzig Mehrarbeitsstunden des Monats sowie für Mehrarbeit bei Wachdienst im Hafen je ein Viertel, für die folgenden dreißig je die Hälfte eines Zweihundertstel der Grundheuer und für jede weitere Mehrarbeitsstunde ein Zweihundertstel der Grundheuer.

(2) Mehrarbeit, die in den Fällen des § 88 Abs. 1 Nr. 3 geleistet wird, ist, falls es sich um gewerbsmäßige Bergung handelt, angemessen zu vergüten.

(3) Dem Besatzungsmitglied ist, abgesehen vom Wachdienst,

1. bei Sonn- und Feiertagsarbeit, auf See mit Ausnahme der Arbeiten nach § 87 Abs. 4,

2. bei Arbeiten, die im Falle des § 85 Abs. 2 an Werktagen zwischen 18 und 6 Uhr oder im Hafen außerhalb der in § 86 Abs. 1 Satz 3 und § 87 Abs. 3 Satz 1 bestimmten Zeiträume geleistet werden,

für jede Arbeitsstunde ein Zuschlag von mindestens einem Viertel eines Zweihundertstels der Grundheuer zu zahlen; sind Arbeiten zugleich solche nach Nummern 1 und 2, so ist der Zuschlag nur einmal zu zahlen. Sind diese Arbeiten zugleich Mehrarbeit im Sinne des Absatzes 1, so gelten für die Vergütung die im Tarifvertrag oder in Absatz 1 Satz 2 bestimmten Sätze mit der Maßgabe, daß sich der Mindestzuschlag bei Arbeiten nach Nummer 1 jeweils um ein Viertel eines Zweihundertstels der Grundheuer erhöht.

§ 91 Sonn- und Feiertagsausgleich. (1) Dem Besatzungsmitglied ist für jeden Sonn- und Feiertag, an dem es gearbeitet hat oder an dem sich das Schiff weniger als zwölf Stunden im Hafen befunden hat, ein Ausgleich durch einen arbeitsfreien Werktag zu geben. Dem Verpflegungs-, Bedienungs- und Krankenpflegepersonal sind im Monat mindestens zwei freie Tage zu gewähren.

(2) Der freie Tag ist in einem Hafen zu gewähren, in dem Landgang zulässig und möglich ist. Auf Verlangen des Besatzungsmitglieds kann der freie Tag auch auf See gewährt werden.

Seemannsgesetz

(3) Der Ausgleich ist so bald wie möglich zu gewähren. Ist das innerhalb derselben Woche nicht möglich, so soll der freie Tag in einer der folgenden Wochen gegeben werden. Bis zum Urlaubsantritt nicht gewährte arbeitsfreie Tage sind mit dem Urlaub zu verbinden oder, wenn einer Verlängerung des Urlaubs zwingende betriebliche Gründe entgegenstehen, abzugelten.

(4) Auf den arbeitsfreien Tag finden die Vorschriften der §§ 55 Abs. 1 Satz 1 und 57 Abs. 1 und 2 entsprechende Anwendung.

Dritter Unterabschnitt. Schutz für Frauen

§ 92 Beschäftigung weiblicher Besatzungsmitglieder. Die Arbeitsschutzbehörde kann in Einzelfällen die Beschäftigung einer Frau auf einem bestimmten Schiff oder mit bestimmten Arbeiten über die Beschäftigungsverbote und -beschränkungen in einer Rechtsverordnung nach § 143 Abs. 1 Nr. 8 hinaus verbieten oder beschränken, wenn sie bei diesen Arbeiten in besonderem Maße Gefahren für ihre Gesundheit ausgesetzt ist.

§ 93 *(gestrichen)*

Vierter Unterabschnitt. Erhöhter Schutz für Jugendliche

§ 94 Beschäftigungsverbot für Kinder und Jugendliche. (1) Die Beschäftigung von Kindern sowie von Jugendlichen unter 16 Jahren und Jugendlichen, die der Vollzeitschulpflicht unterliegen, ist verboten.

(2) Jugendliche dürfen nicht beschäftigt werden

1. mit Arbeiten, die ihre physische oder psychische Leistungsfähigkeit übersteigen,
2. mit Arbeiten, bei denen sie sittlichen Gefahren ausgesetzt sind,
3. mit Arbeiten, die mit Unfallgefahren verbunden sind, von denen anzunehmen ist, daß Jugendliche sie wegen mangelnden Sicherheitsbewußtseins oder mangelnder Erfahrung nicht erkennen oder nicht abwenden können,
4. mit Arbeiten, bei denen ihre Gesundheit durch außergewöhnliche Hitze oder Kälte oder starke Nässe gefährdet wird,
5. mit Arbeiten, bei denen sie schädlichen Einwirkungen von Lärm, Erschütterungen oder Strahlen ausgesetzt sind,
6. mit Arbeiten, bei denen sie schädlichen Einwirkungen von Gefahrstoffen im Sinne des Chemikaliengesetzes ausgesetzt sind,
7. mit Arbeiten, bei denen sie schädlichen Einwirkungen von biologischen Arbeitsstoffen im Sinne der Biostoffverordnung ausgesetzt sind,
8. als Kohlenzieher (Trimmer) oder Heizer,
9. im Maschinendienst, wenn sie die Abschlußprüfung in einem für den Maschinendienst anerkannten Ausbildungsberuf noch nicht bestanden haben.

Die Nummern 3 bis 7 und 9 gelten nicht für die Beschäftigung Jugendlicher, soweit

1. dies zur Erreichung ihres Ausbildungszieles erforderlich ist,
2. ihr Schutz durch die Aufsicht eines Fachkundigen gewährleistet ist und
3. der Luftgrenzwert bei gefährlichen Stoffen (Absatz 2 Nr. 6) unterschritten wird.

Satz 2 findet keine Anwendung auf gezielte Tätigkeiten mit biologischen Arbeitsstoffen der Risikogruppen 3 und 4 im Sinne der Biostoffverordnung.

(3) Die Arbeitsschutzbehörde kann in Einzelfällen feststellen, ob eine Arbeit unter die Beschäftigungsverbote oder -beschränkungen des Absatzes 2 oder einer von den Bundesministerien für Arbeit und Soziales und für Verkehr, Bau und Stadtentwicklung gemäß § 143 Abs. 1 Nr. 9 erlassenen Verordnung fällt. Sie kann in Einzelfällen die Beschäftigung Jugendlicher mit bestimmten Arbeiten über die Beschäftigungsverbote und -beschränkungen des Absatzes 2 und einer Rechtsverordnung gemäß § 143 Abs. 1 Nr. 9 hinaus verbieten oder beschränken, wenn diese Arbeiten mit Gefahren für Leben, Gesundheit oder für die körperliche oder seelisch-geistige Entwicklung der Jugendlichen verbunden sind.

§ 95 Sonstige Pflichten des Kapitäns gegenüber Jugendlichen.
(1) Der Kapitän hat die erforderlichen Vorkehrungen und Anordnungen zum Schutze der Jugendlichen gegen Gefahren für Leben und Gesundheit sowie zur Vermeidung einer Beeinträchtigung der körperlichen oder seelischgeistigen Entwicklung zu treffen. Hierbei sind das mangelnde Sicherheitsbewußtsein, die mangelnde Erfahrung und der Entwicklungsstand der Jugendlichen zu berücksichtigen und die allgemein anerkannten sicherheitstechnischen und arbeitsmedizinischen Regeln sowie die sonstigen gesicherten arbeitswissenschaftlichen Erkenntnisse zu beachten.

(1 a) Vor Beginn der Beschäftigung Jugendlicher und bei wesentlicher Änderung der Arbeitsbedingungen hat der Kapitän die mit der Beschäftigung verbundenen Gefährdungen Jugendlicher zu beurteilen. Im übrigen gelten die Vorschriften des Arbeitsschutzgesetzes.

(2) Der Kapitän hat die Jugendlichen vor Beginn der Beschäftigung und bei wesentlicher Änderung der Arbeitsbedingungen über die Unfall- und Gesundheitsgefahren, denen sie bei der Beschäftigung ausgesetzt sind, sowie über die Einrichtungen und Maßnahmen zur Abwendung dieser Gefahren zu unterweisen. Er hat die Jugendlichen vor der erstmaligen Beschäftigung an Maschinen und gefährlichen Arbeitsstellen oder mit Arbeiten, bei denen sie mit gesundheitsgefährdenden Stoffen in Berührung kommen, über die besonderen Gefahren dieser Arbeiten sowie über das bei ihrer Verrichtung erforderliche Verhalten zu unterweisen. Die Unterweisungen sind in angemessenen Zeitabständen, mindestens aber halbjährlich zu wiederholen.

(3) Der Arbeitgeber beteiligt die Betriebsärzte und die Fachkräfte für Arbeitssicherheit an der Planung, Durchführung und Überwachung der für die Sicherheit und den Gesundheitsschutz bei der Beschäftigung Jugendlicher geltenden Vorschriften.

§ 96 Arbeitszeit der Jugendlichen. Für Jugendliche gelten die Vorschriften der §§ 85 bis 87 über die See- und Hafenarbeitszeit mit der Abweichung, daß sie vorbehaltlich der Regelung in § 100 Abs. 3 und 4 nicht mehr als acht Stunden täglich und nicht mehr als 40 Stunden wöchentlich beschäftigt werden dürfen.

§ 97 Mehrarbeit der Jugendlichen. (1) Jugendliche dürfen mit Mehrarbeit nur in den Fällen der des § 88 beschäftigt werden.

(2) *(aufgehoben)*

(3) Jugendliche dürfen mit Mehrarbeit nur beschäftigt werden, wenn keine erwachsenen Besatzungsmitglieder herangezogen werden können.

(4) Werden Jugendliche nach § 88 mit Mehrarbeit beschäftigt, so finden die Vorschriften der §§ 98 und 99 über Ruhepausen und Nachtruhe keine Anwendung.

(5) Wird in den Fällen des Absatzes 1 Mehrarbeit geleistet, so ist sie durch entsprechende Verkürzung der Arbeitszeit innerhalb der folgenden drei Wochen auszugleichen. Kann der Arbeitszeitausgleich wegen Beendigung des Heuerverhältnisses nicht mehr gewährt werden, ist die Mehrarbeit zu vergüten, wobei der Zuschlag für Jugendliche abweichend von § 90 Abs. 1 für jede Mehrarbeitsstunde mindestens ein Viertel eines Zweihundertstels der Grundheuer beträgt.

§ 98 Ruhepausen. (1) Den Jugendlichen müssen im voraus feststehende Ruhepausen von angemessener Dauer gewährt werden. Die Ruhepausen müssen mindestens betragen:
1. dreißig Minuten bei einer Arbeitszeit von mehr als viereinhalb bis zu sechs Stunden,
2. sechzig Minuten bei einer Arbeitszeit von mehr als sechs Stunden.

Als Ruhepause gilt nur eine Arbeitsunterbrechung von mindestens fünfzehn Minuten.

(2) Die Ruhepausen müssen in angemessener zeitlicher Lage gewährt werden, frühestens eine Stunde nach Beginn und spätestens eine Stunde vor Ende der Arbeitszeit. Länger als viereinhalb Stunden hintereinander dürfen Jugendliche nicht ohne Ruhepause beschäftigt werden.

§ 99 Nachtruhe der Jugendlichen. Jugendliche dürfen vorbehaltlich der Regelung in § 100 Abs. 4 nur in der Zeit von 6 bis 20 Uhr beschäftigt werden.

§ 100 Freizeit der Jugendlichen. (1) § 91 findet auf Jugendliche keine Anwendung.

(2) Jugendliche dürfen im Hafen nur an fünf Tagen in der Woche beschäftigt werden. Die freien Tage sollten möglichst der Samstag und der Sonntag sein. Für die Beschäftigung an einem gesetzlichen Feiertag, der auf einen Werktag fällt, ist den Jugendlichen ein anderer freier Tag zu gewähren.

(3) Auf See dürfen Jugendliche nur an sechs Tagen in der Woche und bis zu 48 Stunden wöchentlich beschäftigt werden. Für die Beschäftigung am

sechsten Tag ist ihnen ein anderer freier Tag zu gewähren. Absatz 2 Satz 3 gilt entsprechend.

(4) Im Wachdienst auf See dürfen Jugendliche an jedem Tag in der Woche bis zu acht Stunden täglich und ab 5 Uhr beschäftigt werden. Das gilt jedoch nur, wenn die Jugendlichen während der Wache neben dem Wachdienst nur mit den in § 85 Abs. 2 genannten Arbeiten beschäftigt werden. Für die Beschäftigung am sechsten und siebenten Tag in der Woche ist den Jugendlichen je ein anderer freier Tag zu gewähren. Absatz 2 Satz 3 gilt entsprechend. Der Arbeitsbeginn nach Satz 1 kann auf 4 Uhr gelegt werden, wenn andernfalls die wirksame Ausbildung jugendlicher Seeleute gemäß festgelegten Programmen und Zeitplänen beeinträchtigt würde.

(5) Die freien Tage nach den Absätzen 2 bis 4 sind den Jugendlichen in einem Hafen zu gewähren, in dem Landgang zulässig und möglich ist. Auf Verlangen des Jugendlichen können die freien Tage auch auf See oder in Verbindung mit dem Urlaub gewährt werden.

§ 100a Abweichende Regelungen. (1) In einem Tarifvertrag oder auf Grund eines Tarifvertrages in einer Betriebs- oder Bordvereinbarung kann zugelassen werden

1. abweichend von den §§ 96 und 100 Abs. 2 Satz 1 die Arbeitszeit bis zu neun Stunden täglich, 44 Stunden wöchentlich und bis zu fünfeinhalb Tagen in der Woche anders zu verteilen, jedoch nur unter Einhaltung einer durchschnittlichen Wochenarbeitszeit von 40 Stunden in einem Ausgleichszeitraum von zwei Monaten,
2. abweichend von § 98 Abs. 1 Satz 2 Nr. 2 die Ruhepausen bis zu 15 Minuten zu kürzen und die Lage der Pausen anders zu bestimmen,
3. abweichend von § 99 Jugendliche einmal in der Woche in der Zeit von 20 bis 24 Uhr zu beschäftigen, wenn im Anschluss daran eine ununterbrochene Ruhezeit von mindestens neun Stunden gewährleistet ist,
4. abweichend von § 100 Abs. 4 Satz 1 Jugendliche auch im Wachdienst im Hafen nach Maßgabe des § 100 Abs. 4 Satz 2 bis 4 zu beschäftigen.

Die Ruhezeit nach Nummer 3 kann auf acht Stunden verkürzt werden, wenn andernfalls die wirksame Ausbildung jugendlicher Seeleute gemäß festgelegten Programmen und Zeitplänen beeinträchtigt würde.

(2) Im Geltungsbereich eines Tarifvertrages nach Absatz 1 kann die abweichende tarifvertragliche Regelung im Betrieb eines nicht tarifgebundenen Reeders durch Betriebs- oder Bordvereinbarung oder, wenn eine Arbeitnehmervertretung nicht besteht, durch schriftliche Vereinbarung zwischen dem Reeder und dem Jugendlichen übernommen werden.

Fünfter Unterabschnitt.
Durchführung der Arbeitsschutzvorschriften

§ 101 Übersicht über die Arbeitsorganisation und Arbeitszeitnachweise. (1) Auf jedem Schiff ist eine Übersicht über die Arbeitsorganisation an Bord zu führen, die mindestens Folgendes enthalten muss:

1. den See- und Hafendienstplan für jedes an Bord beschäftigte Besatzungsmitglied sowie
2. die Höchstarbeitszeiten und die Mindestruhezeiten nach § 84a.

(2) Auf jedem Schiff sind Arbeitszeitnachweise zu führen, aus denen gesondert für jedes Besatzungsmitglied die täglichen Arbeits- und Ruhezeiten zu ersehen sind.

(3) Zum Führen der Übersicht über die Arbeitsorganisation und der Arbeitszeitnachweise ist der Kapitän verpflichtet; er kann damit einen Schiffsoffizier oder einen anderen Vorgesetzten beauftragen. Der Kapitän hat dafür zu sorgen, dass die Übersicht über die Arbeitsorganisation an einem leicht zugänglichen Ort an Bord angebracht wird.

Sechster Unterabschnitt. Ausnahmevorschriften

§ 103 Arbeitsschutz für die in § 7 Abs. 1 genannten Personen. Die Vorschriften des Ersten bis Fünften Unterabschnitts finden auf die in § 7 Abs. 1 genannten Personen keine Anwendung. Für diese gilt das Arbeitszeitgesetz; für Jugendliche gilt das Jugendarbeitsschutzgesetz mit der Maßgabe, dass Personen unter 16 Jahren nicht auf einem Schiff beschäftigt werden dürfen.

§ 104 Anwendung der Vorschriften des Vierten Abschnitts auf den Kapitän. Die Vorschriften der §§ 84a bis 86, 88 bis 89a, 101 gelten sinngemäß auch für den Kapitän, soweit dieser Wachdienst ausübt.

Siebenter Abschnitt. Schluß- und Übergangsvorschriften

§ 138 Zwei-Wachen-Schiffe. (1) Auf Schiffen mit einer Bruttoraumzahl von bis zu 2500 in der Fahrt in der Ostsee, in der Nordsee und entlang der norwegischen Küste bis zu 64° nördlicher Breite, im Übrigen bis zu 61° nördlicher Breite und 7° westlicher Länge sowie nach den Häfen Großbritanniens, Irlands und der Atlantikküste Frankreichs, Spaniens und Portugals ausschließlich Gibraltars sowie für Fischereifahrzeuge gleicher Größe auch über diese Fahrtgebiete hinaus darf, sofern die Reise länger als zehn Stunden dauert, die Seearbeitszeit des Deck- und Maschinenpersonals, abweichend von § 85 Abs. 1, auf bis zu zwölf Stunden täglich verlängert und nach dem Zwei-Wachen-System eingeteilt werden. Satz 1 gilt auch auf Schiffen mit einer Bruttoraumzahl über 2500, die vor dem 1. Juli 2002 den bis dahin geltenden Grenzwert für den Raumgehalt eingehalten haben. § 85 Abs. 2 und 3 sowie die Vorschriften des Vierten Unterabschnitts des Vierten Abschnitts über den erhöhten Schutz für Jugendliche im übrigen bleiben unberührt.

(2) Von den Vorschriften des Absatzes 1 kann zugunsten des Besatzungsmitglieds abgewichen werden.

(3) Auf Schiffen, auf denen nach den Vorschriften der Absätze 1 und 2 die Seearbeitszeit verlängert wird, hat das Besatzungsmitglied Anspruch auf einen

angemessenen Zuschlag zur Grundheuer. Verlängerungen der Arbeitszeit über die Grenzen des Absatzes 1 Satz 1 hinaus sind nach § 90 zu vergüten.

§ 139 Ausnahmen für Bergungsfahrzeuge sowie See- und Bergungsschlepper. (1) Auf die Seearbeitszeit auf Bergungsfahrzeugen (einschließlich Hebefahrzeugen, Sprengfahrzeugen und ähnlichen Schiffen), See- und Bergungsschleppern in der Nord- und Ostseefahrt bis zu 61° nördlicher Breite findet § 138 Abs. 1 Anwendung.

(2) Auf die Seearbeitszeit für Besatzungsmitglieder von Bergungsfahrzeugen, See- und Bergungsschleppern finden die §§ 85 und 87 Abs. 1 keine Anwendung, wenn das Fahrzeug an der Bergungsstätte eingesetzt ist. Die Arbeitszeit kann in diesem Falle vom Kapitän, insbesondere unter Berücksichtigung des Tidenwechsels und der Wetterlage, festgesetzt werden. Die Vorschriften des Vierten Unterabschnitts des Vierten Abschnitts über den erhöhten Schutz für Jugendliche bleiben unberührt.

(3) Über § 89a Abs. 1a hinaus können in einem Tarifvertrag oder auf Grund eines Tarifvertrags in einer Betriebs- oder Bordvereinbarung für Besatzungsmitglieder von Bergungsfahrzeugen, See- und Bergungsschleppern abweichende Regelungen von § 84a Abs. 2 vereinbart werden. § 89a Abs. 1a Satz 2 bis 4 und Abs. 2 findet Anwendung.

§ 140 Ergänzende Regelungen für Fischereifahrzeuge. (1) Ergänzend zu den Arbeitszeitvorschriften des Vierten Abschnitts darf die Arbeitszeit von Besatzungsmitgliedern eines Fischereifahrzeugs durchschnittlich 48 Stunden wöchentlich innerhalb von zwölf Monaten nicht überschreiten. Der Kapitän hat für die Einhaltung der Arbeitszeit nach Satz 1 zu sorgen.

(2) Für die Besatzungsmitglieder von Fischereifahrzeugen können in einem Tarifvertrag oder auf Grund eines Tarifvertrags in einer Betriebs- oder Bordvereinbarung abweichende Regelungen vereinbart werden

1. von den Vorschriften des Dritten Abschnitts mit Ausnahme der §§ 53, 54 und 60,

2. von den Vorschriften der §§ 90, 91 und 96 bis 100 hinsichtlich der Arbeitszeit während des Fangs und seiner Verarbeitung an Bord sowie der Vergütung und des Ausgleichs für Sonntags-, Feiertags- und sonstige Mehrarbeit,

3. von den Vorschriften des Absatzes 1 sowie über § 89a Abs. 1a hinaus auch von § 84a Abs. 2 hinsichtlich der Arbeitszeit während des Fangs und seiner Verarbeitung an Bord. Die Abweichungen müssen in Übereinstimmung mit den allgemeinen Grundsätzen für die Sicherheit und den Gesundheitsschutz der Arbeitnehmer stehen und aus objektiven, technischen oder arbeitsorganisatorischen Gründen erforderlich sein. Sie haben so weit wie möglich den gesetzlichen Bestimmungen zu folgen, können aber häufigeren oder längeren Urlaubszeiten oder der Gewährung von Ausgleichsurlaub für die Besatzungsmitglieder Rechnung tragen.

§ 89a Abs. 1 Satz 2 und Abs. 2 findet Anwendung.

(3) Für Besatzungsmitglieder von Fischereifahrzeugen, für die Regelungen durch Tarifvertrag üblicherweise nicht getroffen werden, können Ausnahmen

im Rahmen des Absatzes 2 Satz 1 Nr. 2 und 3 durch die Aufsichtsbehörde bewilligt werden. Absatz 2 Satz 1 Nr. 3 Satz 2 und 3 gilt entsprechend.

(4) Die Vorschrift des § 10 findet insoweit keine Anwendung.

(5) Für Kapitäne, die Wachdienst ausüben, gelten die zu den in § 104 genannten Vorschriften nach Absatz 2 vereinbarten abweichenden Regelungen oder die nach Absatz 3 bewilligten Ausnahmen sinngemäß.

(6) § 63 Abs. 1 gilt in der Fischerei mit der Maßgabe, daß für Besatzungsmitglieder auf Schiffen mit einer Bruttoraumzahl von bis zu 1300, für die Regelungen durch Tarifvertrag üblicherweise nicht getroffen werden, die Kündigungsfrist 48 Stunden beträgt.

§ 141 Ausnahmen für Fahrgastschiffe, Fährschiffe, Förderschiffe und Schiffe des Seebäderverkehrs. Für die Besatzungsmitglieder von Fahrgastschiffen, Fährschiffen, Förderschiffen und Schiffen des Seebäderverkehrs gilt § 140 Abs. 2 Satz 1 Nr. 1 und 2, Satz 2 sowie Abs. 4 und 5 sinngemäß. Für Besatzungsmitglieder der in Satz 1 genannten Schiffe, für die Regelungen durch Tarifvertrag üblicherweise nicht getroffen werden, können Ausnahmen im Rahmen des § 140 Abs. 2 Satz 1 Nr. 2 durch die Arbeitsschutzbehörde bewilligt werden; § 140 Abs. 2 Satz 1 Nr. 3 Satz 2 und 3 gilt sinngemäß.

B. Einleitung

I. Historische Entwicklung

Das Arbeitsrecht in seiner heutigen Gestalt ist das Ergebnis einer jahrhundertelangen Entwicklung. Während im Altertum Sklavenwirtschaft herrschte, kannte das Mittelalter die Familien- und Handwerkerarbeit, alles ohne genaue Arbeitszeitregelung. Arbeit wurde nach Bedarf und Notwendigkeit erledigt. Erst mit der Industrialisierung trat durch die Auflösung der engen patriarchalischen Bindungen das Bedürfnis für einen staatlichen Arbeitsschutz auf. Bis dahin gab es nach der abendländischen Kultur nur den Sonntagsschutz, für den schon Konstantin der Große im Jahre 321 ein Gesetz über die Arbeitsruhe am Sonntag erließ. Auch das preußische allgemeine Landrecht kannte diesen Schutz der Sonntagsruhe.

Der Beginn des heutigen Arbeitszeitschutzes wird allgemein mit dem preußischen Regulativ über die Beschäftigung Jugendlicher in Fabriken vom 9. 3. 1839 (Pr. Gesetzessammlung S. 156) angesetzt. Kinderarbeit als billigste Arbeitskraft führte zu bedrohlichen Gesundheitsgefahren und -schäden, die auch das Militär veranlasste, nach staatlichem Eingriff zu rufen (vgl. Kaufhold, ArbuR 1989, 225; Düwell, ArbuR 1989, 233; Schlüter, BArbBl. 11/1989, 12). Die Fabrikarbeit wurde für Kinder unter 9 Jahren ganz verboten, für Jugendliche unter 16 Jahren auf 10 Stunden begrenzt, ein Nachtarbeitsverbot von 21 bis 5 Uhr und ein Verbot der Sonn- und Feiertagsarbeit festgelegt. Eine Verschärfung des Regulativs trat am 16. 5. 1853 (Pr. Gesetzessammlung S. 225) ein, als das Verbot der regelmäßigen Fabrikarbeit für Kinder bis zu 12 Jahren festgelegt wurde und für 12–14-jährige die tägliche Arbeitszeit auf 6 Stunden begrenzt wurde. Die Nachtarbeit wurde von 20.30 bis 5.30 Uhr verboten. Auch die Pausenregelung wurde erweitert, neben der 1stündigen Mittagspause wurden die Vor- und Nachmittagspausen von einer Viertelstunde auf eine halbe Stunde verlängert. Die Gewerbeordnung von 1869 fasste dann die bestehenden Schutzvorschriften im VII. Titel zusammen. 1878 wurde die Gewerbeaufsicht, die seit 1853 nur fakultativ bestand, zwingend eingeführt, gleichzeitig wurde die Beschäftigung von Frauen und Jugendlichen unter Tage verboten. Durch Gesetz vom 17. 7. 1878 (RGBl. S. 199) wurde auch die nicht regelmäßige Arbeit unter 12 Jahren verboten. Diese Grenze wird durch das Arbeiterschutzgesetz vom 1. 6. 1891 (RGBl. S. 261) auf Kinder unter 13 Jahre und volksschulpflichtige Kinder ausgedehnt. Für Kinder von 13 bis 14 Jahren gilt weiter der 6-Stunden-Tag. Von 20 Uhr bis 6 Uhr besteht ein Nachtarbeitsverbot für Jugendliche und für Arbeiterinnen (nicht für Angestellte). Die höchstzulässige Arbeitszeit für Frauen wird auf 10 Stunden täglich und vor Sonn- und Feiertagen auf 8 Stunden festgelegt. Außerdem gibt es eine einstündige Ruhepause und elfstündige Ruhezeit für Frauen. Schließlich wird die bis 1994 noch gültig gewesene Regelung der Sonn- und Feiertagsarbeit der §§ 105a–105g GewO eingeführt, die zu der ausführlichen

Einleitung

Bekanntmachung vom 5. 2. 1895 (RGBl. S. 12) führte, die bis ins Einzelne festlegte, welche Arbeiten ausnahmsweise an Sonn- und Feiertagen ausgeführt werden dürfen und dabei auch bestimmte Arbeitszeiten vorschrieb. So durften Porzellanköpfe am Sonntag hergestellt werden, nicht aber zu Weihnachten, Ostern und Pfingsten. Für Dynamomaschinen galt die Prüferlaubnis außerdem nicht für Neujahr und Himmelfahrt, an denen aber Fettsäure- und Destillierapparate in Stearinfabriken erlaubt waren. Lackleder und Sämischleder durfte auch sonntags in der Sonne trocknen, Zichorien konnten auch am Sonntag getrocknet, aber nur bis 12 Uhr gereinigt und zerkleinert werden. Naturgemäß besagt diese sehr eingehende Bekanntmachung nichts über die Herstellung von Mikrochips oder Glasfaserkabeln.

3   Nach diesem über ein Jahrhundert in Kraft befindlichen Arbeiterschutzgesetz von 1891 gab es nur noch wenige beachtliche Änderungen. Das Kinderschutzgesetz vom 30. 3. 1903 (RGBl. S. 113) brachte die Ausdehnung der Schutzvorschriften auf alle gewerblichen Betriebe, verbot bestimmte schwere und gefährliche Arbeiten in Steinbrüchen, Gruben und Ziegeleien sowie die Nachtarbeit. Die Novelle vom 28. 12. 1908 (RGBl. S. 667) schrieb für Arbeitnehmer in offenen Verkaufsstellen eine Ruhezeit von elf bzw. zehn Stunden vor und dehnte die bis dahin nur in Fabriken geltenden Schutzvorschriften auf alle Betriebe aus, in denen in der Regel mindestens 10 Arbeiter beschäftigt werden. Außerdem wurde nach dem Berner Abkommen über das Verbot der Nachtarbeit von gewerblichen Arbeiterinnen vom 26. 9. 1906 (RGBl. 1911 S. 5) der Frauenarbeitsschutz verstärkt. Für männliche Arbeitnehmer und für weibliche Angestellte bestand aber bis 1918 weder eine Beschränkung der Arbeitszeit noch eine Regelung von Pausen und Ruhezeiten. Zwar war verschiedentlich z. T. auch erst nach Arbeitskämpfen die Arbeitszeit auf zehn Stunden begrenzt, im Bergbau und einem Teil der Großindustrie namentlich in den kontinuierlich arbeitenden Betrieben galt auch schon der 8-Stunden-Tag. Im Übrigen aber war die Arbeitszeit noch unbegrenzt, vor allem in allen Betrieben unter zehn Arbeitern.

4   Erst nach dem Ersten Weltkrieg trat ein Wandel ein. Um die Soldaten wieder unterzubringen, wurde mit der Demobilmachungsverordnung vom 23. 11. 1918 und 17. 12. 1918 (RGBl. S. 1334 und 1436) der 8-Stunden-Tag verbindlich für alle gewerblichen Arbeiter eingeführt und mit der Demobilmachungsverordnung vom 18. 3. 1919 (RGBl. S. 315) auch für Angestellte festgelegt. Die Weimarer Reichsverfassung sah den verfassungsrechtlichen Schutz der Sonntage und der staatlich anerkannten Feiertage „als Tage der Arbeitsruhe und der seelischen Erhebung" vor. Das starre Prinzip des Achtstundentages ließ sich dann nicht aufrechterhalten. Das 2. Ermächtigungsgesetz vom 8. 12. 1923 (RGBl. I S. 1179) gab die Möglichkeit, Regelungen zur Behebung der Not von Volk und Reich im Verordnungswege nach vertraulicher Anhörung von Reichstags- und Reichsratsausschüssen zu erlassen. So kam es zur Arbeitszeitverordnung vom 21. 12. 1923 (RGBl. I S. 1249), die weitgehende Ausnahmen vom Achtstundentag ermöglichte: Verlängerung der Arbeitszeit auf 10 Stunden durch Tarifvertrag oder Gewerbeaufsicht, anderweite Verteilung auf einzelne Tage der Woche, Überschreitung bei Vor- und Abschlussarbeiten, Verlängerung für 30 Tage, Mehrarbeit unter Umständen straflos. Am 13. 4. 1924 (RGBl. I S. 66) erging ebenfalls auf Grund des Er-

mächtigungsgesetzes die noch bis zum 30. 6. 1994 (und mittelbar auf Grund § 26 ArbZG bis 31. 12. 1995) geltende Verordnung über die Arbeitszeit in Krankenpflegeanstalten mit der Arbeitszeit bis zu 10 Stunden täglich und 60 Stunden wöchentlich. In den Jahren ab 1925 wurden außerdem 5 Verordnungen über die Arbeitszeit in Kokereien und Hochofenwerken (vom 20. 1. 1925, RGBl. I S. 5), in Gaswerken (vom 9. 2. 1927, RGBl. I S. 59), in Metallhütten (vom 9. 2. 1927, RGBl. I S. 59), in Stahlwerken, Walzwerken und anderen Anlagen der Großindustrie (vom 16. 7. 1927, RGBl. I S. 221) und in der Zementindustrie (vom 26. 3. 1929, RGBl. I S. 82) erlassen, die ebenfalls erst durch das Arbeitszeitgesetz ab 1. 7. 1994 aufgehoben wurden (vgl. Abdruck 11. Aufl., S. 377 ff.).

Die steigende Arbeitslosigkeit führte zu einer Gegenbewegung durch das Arbeitszeitnotgesetz vom 14. 4. 1927 (RGBl. I S. 109). Die Duldung freiwilliger Mehrarbeit wurde beseitigt und für jede Mehrarbeitsstunde ein Zuschlag von 25% zur Eindämmung der Mehrarbeit eingeführt. Damit sollte zwar nur eine Übergangsregelung bis zur Einführung eines allgemeinen Arbeitsschutzgesetzes geschaffen werden, in dem Gefahrenschutz, Arbeitszeit, Sonntagsruhe, Ladenschluss und Arbeitsaufsicht einheitlich geregelt werden sollten (vgl. Entwurf RArbBl. 1926 Beilage zu Nr. 45). Danach sollte die Arbeitszeit 8 Stunden täglich und 48 Stunden wöchentlich nicht überschreiten und nur in kontinuierlichen Betrieben einschließlich der Sonntagsarbeit 56 Stunden erreichen können. Der Entwurf scheiterte jedoch an den Mehrheitsverhältnissen des Reichstages.

II. Die Arbeitszeitordnung

Nach 1933 wurde auf Grund des Ermächtigungsgesetzes (Gesetz zur Behebung der Not von Volk und Reich vom 24. 3. 1933, RGBl. I S. 141) eine Neufassung der Arbeitszeitverordnung am 26. 7. 1934 (RGBl. I S. 83) erlassen, in der die früher in der Arbeitszeitverordnung und der Gewerbeordnung verstreuten Arbeitszeitvorschriften zusammengefasst wurden. Am 29. 6. 1936 (RGBl. I S. 521) erging das Gesetz über die Arbeitszeit in Bäckereien und Konditoreien mit dem Nachtbackverbot von 21 bis 4 Uhr und dem Verbot der Beschäftigung an Sonn- und Feiertagen, so wie es bis zur Aufhebung mit Gesetz vom 30. 7. 1996 (BGBl. I S. 1186) noch galt und jetzt den Regelungen für Bäckereien und Konditoreien in § 2 Abs. 3 und § 10 Abs. 3 ArbZG entspricht; damit ist auch das umstrittene Nachtbackverbot entfallen. Das Jugendschutzgesetz vom 30. 4. 1938 (RGBl. I S. 437) regelte dann den Jugendschutz eigenständig, das Beschäftigungsverbot für Kinder gilt bis zum 14. Lebensjahr, das Schutzalter wurde von 16 auf 18 Jahre heraufgesetzt, die Arbeitszeit auf 8 Stunden täglich und 48 Stunden wöchentlich begrenzt sowie die Berufsschulzeit auf die Arbeitszeit angerechnet. Gleichzeitig wurde die Arbeitszeitordnung 1934 geändert und am 30. 4. 1938 (RGBl. I S. 447) neu bekanntgemacht. Während das Jugendschutzgesetz durch das Jugendarbeitsschutzgesetz vom 9. 8. 1960 ergänzt und durch das Jugendarbeitsschutzgesetz vom 12. 4. 1976 (BGBl. I S. 965) ganz aufgehoben wurde, galt die Arbeitszeitordnung bis zum 30. 6. 1994 weiter und ist erst ab 1. 7. 1994 durch das Arbeitszeitgesetz ersetzt worden.

Einleitung

7 Während des Zweiten Weltkrieges wurden die Schutzvorschriften weitgehend außer Kraft gesetzt. Die Verordnung zur Abänderung und Ergänzung von Vorschriften auf dem Gebiet des Arbeitsrechts vom 1. 9. 1939 (RGBl. I S. 1683) beseitigte die Vorschriften über die Dauer der täglichen Arbeitszeit für Arbeitnehmer über 18 Jahre. Die Verordnung über den Arbeitsschutz vom 12. 12. 1939 (RGBl. I S. 2403) erweiterte die tägliche Arbeitszeit auf 10 Stunden. Die Verordnung vom 31. 8. 1944 (RGBl. I S. 191) erhöhte die regelmäßige Wochenarbeitszeit von 48 auf 60 Stunden. Außerdem erging am 22. 10. 1943 (RABl. I S. 508) die Freizeitanordnung mit Hausarbeitstag, Freistellung von Frauen und Schwerbehinderten von Mehrarbeit, eine Regelung, die noch im Einigungsvertrag in den neuen Bundesländern eingeführt wurde (Anl. I Kap. VIII Sachgebiet C Abschnitt III Nr. 13) und erst durch das Arbeitszeitrechtsgesetz ab 1. 7. 1994 aufgehoben ist (Art. 21 Nr. 9). Die anderen Kriegsvorschriften wurden bereits vom Kontrollrat durch die Direktive Nr. 26 über die Regelung der Arbeitszeit vom 26. 1. 1946 (ABl. Kontrollrat S. 115) beseitigt, die die 48-Stunden-Woche wieder vorschrieb. Zur Klarheit über den Umfang der aufgehobenen Vorschriften hat dann das Gesetz über die Aufhebung von Vorschriften auf dem Gebiet des Arbeitsschutzes vom 21. 3. 1952 (BGBl. I S. 146) die kriegsbedingten Arbeitszeitvorschriften nochmals ausdrücklich aufgehoben und die Vorschriften der Arbeitszeitordnung 1938, des Bäckerarbeitszeitgesetzes 1936 und die Krankenpflegeanstaltenverordnung 1924 in Kraft gesetzt.

8 Nach Inkrafttreten des Grundgesetzes wurden die Arbeitszeitvorschriften, insbes. die Arbeitszeitordnung, das Bäckerarbeitszeitgesetz und auch die Verordnung über die Arbeitszeit in Krankenpflegeanstalten nach Art. 125 GG Bundesrecht (BVerfGE 1, 282 (293)). Die Arbeitszeitordnung galt dabei als Gesetz und nicht als Rechtsverordnung fort, weil sie gesetzesvertretendes Recht nach den maßgeblichen damaligen Grundlagen gesetzt hatte (BVerfG AP Nr. 8 zu § 25 AZO gegen OLG Celle, AP Nr. 4 zu § 25 AZO, BayObLG, Arbeitsschutz 1964, 154). Allerdings handelte es sich um vorkonstitutionelles Recht, das trotz der Änderungen nicht insgesamt vom Bundesgesetzgeber in seinen Willen aufgenommen wurde (BVerfGE 11, 126, 131). Nur die Strafvorschriften sind vom Bundesgesetzgeber neu gesetzt worden (EGStGB vom 2. 3. 1974, BGBl. I S. 269). Außerdem war das Nachtbackverbot nachkonstitutionelles Bundesrecht auf Grund des Gesetzes vom 23. 7. 1969 (BGBl. I S. 937; vgl. BVerfGE 23, 50; 41, 360; 87, 363). Soweit allerdings nach § 13 Abs. 1 und § 27 Abs. 6 AZO in die inneren Angelegenheiten der Länder, Gemeinden und Gemeindeverbände eingegriffen wurde, hat die Bundesrepublik keinerlei Zuständigkeiten (Art. 28 GG), so dass insoweit kein Bundesrecht entstehen konnte, weil das dem Grundgesetz widersprach (Art. 123 Abs. 1 GG). Für den Bund und die Bundesbehörden galten aber auch diese Regelungen als Bundesrecht fort. Insgesamt ist der Arbeitszeitschutz verfassungsmäßig und verstößt vor allem auch nicht gegen Art. 12 GG über die freie Berufsausübung (BVerfGE 22, 1 (20f.)).

9 Anders ist die Rechtslage mit der Einführung des Grundgesetzes für den Erlass von Verwaltungsanordnungen, Ausführungs- und Durchführungsbestimmungen geworden. Entgegen der früheren Verreichlichung der gesamten Arbeitsverwaltung wird das Bundesrecht jetzt nach Art. 83 GG von den Län-

dern in eigener Rechtszuständigkeit ausgeführt. Das gilt voll für die Tätigkeit der Gewerbeaufsicht, wofür der Bund weder unmittelbare Anordnungen erlassen noch den Gewerbeaufsichtsämtern Anweisungen geben kann. Diese Verwaltungstätigkeiten unterliegen keiner Bundesaufsicht, sondern nur der allgemeinen Aufsicht nach Art. 84 Abs. 3, 4 GG. Zuständig sind allein die Landesbehörden, in der Regel die höheren Verwaltungsbehörden oder die von der Landesregierung für zuständig erklärten Behörden (vgl. das Zuständigkeitslockerungsgesetz vom 10. 3. 1975, BGBl. I S. 685). Die Befugnisse zum Erlass von Verordnungen, allgemeinen Verwaltungsvorschriften und anderer Ausführungs- und Durchführungsbestimmungen richtete sich für die AZO nach Art. 129 Abs. 1 GG (vgl. 11. Aufl. Einleitung Rn. 10). Danach waren nur dann Rechtsvorschriften durch den Bundesarbeitsminister zu erlassen, die eine gleichmäßige Behandlung im gesamten Bundesgebiet gewährleisten sollten, deren Wirkungen über den Bereich eines Landes hinausgehen oder einen unberechtigten Wettbewerb oder ungleiche Behandlung von Arbeitnehmern vermeiden sollten. Das galt vor allem für die auf Grund § 9 Abs. 2 AZO und § 120e GewO erlassenen Vorschriften, von denen die Verordnung über Arbeiten in Druckluft (Druckluftverordnung vom 4. 10. 1972, BGBl. I S. 1909, zuletzt geändert vom 18. 12. 2008, BGBl. I S. 2768) noch gilt.

III. Gebiet der früheren DDR

Im Gebiet der früheren DDR wurde zunächst ab 1945 durch Militäranordnung wieder der 8-Stunden-Tag eingeführt. Bereits kurz nach Begründung der DDR ist dann am 19. April 1950 ein Gesetzbuch der Arbeit veröffentlicht worden (GBl. I S. 27), in dem in §§ 67 ff. auch die Arbeitszeit neu geregelt worden ist. Allerdings enthielt auch dieses Gesetzbuch der Arbeit nur allgemeine Regelungen (§ 67: Sozialistische Arbeitsproduktivität, § 68: Volkswirtschafts- und Betriebsplan). Am 18. 1. 1957 wurde dann für Teile der Industrie die 45-Stunden-Woche eingeführt, die dann am 22. 12. 1965 auf alle Arbeitnehmer ausgedehnt worden ist. Für Schichtarbeiter betrug die wöchentliche Arbeitszeit 44 Stunden. Mit Wirkung vom 28. 8. 1967 wurde dann die allgemeine Arbeitszeit von wöchentlich 45 Stunden auf $43^{3}/_{4}$ Stunden und die Arbeitszeit für Werktätige, die ständig in einer Dreierschicht oder durchgehenden Schichtarbeit arbeiteten, von wöchentlich 44 auf 42 Stunden herabgesetzt. Mit der Arbeitszeitverkürzung im Jahre 1967 wurde die Zahl der gesetzlichen Feiertage drastisch herabgesetzt. Ab 1. 7. 1972 wurde dann die 40-Stunden-Arbeitswoche für alle vollbeschäftigten werktätigen Mütter mit 3 oder mehr Kindern oder im durchgehenden Schichtsystem eingeführt. Diese 40-Stunden-Woche galt auch für werktätige Mütter, die infolge schwerer oder gesundheitsgefährdender Arbeit verkürzt arbeiteten. Am 29. 7. 1976 erging die Verordnung über die weitere schrittweise Einführung der 40-Stunden-Arbeitswoche (GBl. I S. 385).

Am 1. Januar 1978 trat dann das neue Arbeitsgesetzbuch der DDR vom 16. Juli 1977 (GBl. I S. 185) in Kraft. Es regelte in §§ 160–188 die Arbeitszeit. Als Grundsatz galt, dass der weitere schrittweise Übergang zur 40-Stunden-Arbeitswoche bei Beibehaltung der 5-Tage-Arbeitswoche ohne Lohn-

Einleitung

minderung erreicht werden sollte (§ 160 Abs. 1). Danach sollte die Dauer der wöchentlichen Arbeitszeit entsprechend dem Entwicklungstempo der sozialistischen Produktion, der Erhöhung der Effektivität, des wissenschaftlich-technischen Fortschritts und des Wachstums der Arbeitsproduktivität durch den Ministerrat in Übereinstimmung mit dem Bundesvorstand des FDGB in Rechtsvorschriften festgelegt werden. Im Ergebnis führte das dazu, dass generell für die Werktätigen bis 1989 noch die $43^{3}/_{4}$ Stunden-Arbeitswoche bestand (vgl. dazu vor allem Kunz-Thiel, Arbeitsrecht 3. Aufl. 1986 S. 240ff.).

12   Nach der Wende wurde durch das Gesetz zur Änderung und Ergänzung des Arbeitsgesetzbuches vom 22. Juni 1990 (GBl. I S. 371) das Arbeitsgesetzbuch auch in den Arbeitszeitvorschriften von allen allgemeinen Floskeln über den sozialistischen Staat und die sozialistische Produktion u. Ä. bereinigt. In der Folgezeit ist vor allen Dingen durch Tarifverträge die Arbeitszeit zu einem großen Teil auf die 40-Stunden-Woche zurückgeführt worden. Diese kurze Übergangszeit wurde dann ab 3. Oktober 1990 durch die Übernahme des in der bisherigen Bundesrepublik geltenden Rechts beendet. Der Einigungsvertrag vom 31. 8. 1990 (BGBl. II S. 889) bestimmte in Anlage I Kapitel VIII Sachgebiet C Abschnitt III Nr. 7, dass die Arbeitszeitordnung nunmehr im gesamten Bundesgebiet Geltung hat und im Gebiet der früheren DDR folgende Maßgaben galten: § 16 Abs. 2 war nicht anzuwenden, soweit das Verbot der Beschäftigung von Frauen bei Bauten aller Art geregelt war. § 19 über das Nachtarbeitsverbot für Arbeiterinnen war nicht anzuwenden. Ab 1. 1. 1993 galt dann das gesamte Arbeitszeitrecht einheitlich fort. Darüber hinaus enthielt der Einigungsvertrag in Art. 30 Abs. 1 Nr. 1 den Auftrag an den gesamtdeutschen Gesetzgeber, das Arbeitszeitrecht einschließlich der Sonn- und Feiertagsarbeit einheitlich neu zu kodifizieren. Die Durchführungsbestimmungen über das Feiertagsrecht im Gebiet der früheren DDR und die Feiertagsverordnung vom 16. 5. 1990 galten nur so lange weiter, bis entsprechendes Landesrecht geschaffen wurde (vgl. Anlage 2 Kapitel VIII Sachgebiet C Abschnitt III des Einigungsvertrages vom 31. 8. 1990, BGBl. II S. 889, 1208). Einheitlich galt dagegen ab sofort der 3. Oktober nach Art. 2 Abs. 2 des Einigungsvertrages in Gesamtdeutschland als gesetzlicher Feiertag (vgl. zum Arbeitsrecht nach dem Einigungsvertrag Wlotzke-Lorenz, BB 1990 Beilage Nr. 35; Wank, Das Arbeits- und Sozialrecht nach dem Einigungsvertrag, RdA 1991 S. 1ff.).

IV. Das Arbeitszeitrechtsgesetz

13   Dass die Arbeitszeitordnung abgelöst werden musste, stand seit Gründung der Bundesrepublik fest. Gefolgschaftsmitglieder, Führerprinzip, Tarifordnung, Reichsarbeitsminister, Reich, Reichsautobahn, Reichsbank, Dienstordnung, Reichstreuhänder, Sondertreuhänder passten nicht mehr in das Gefüge eines demokratischen Rechtsstaates. Trotzdem blieb die Arbeitszeitordnung 56 Jahre und 2 Monate in Kraft. Zwar zeigt die Geschichte, dass ihr Inhalt nicht nationalsozialistisch geprägtes Recht war, sondern nur die bis dahin schon aus der Kaiserzeit stammenden und in der Weimarer Republik fortentwickelten Grundsätze zusammenfasste. Da auch der öffentlich-rechtliche Arbeitszeitschutz nur Höchstgrenzen setzte, konnte sich unter diesem Recht

IV. Das Arbeitszeitrechtsgesetz   **Einleitung**

die tarifliche Arbeitszeitverkürzung ungestört entwickeln. Aber schon die Einführung gleitender Arbeitszeiten bereitete Schwierigkeiten, da die AZO auf generelle Regelungen angelegt war. Erst recht versagten die Bestimmungen für eine fortschreitende Flexibilisierung der Arbeitszeit. Hierzu kam die immer notwendiger werdende Verstärkung des Arbeitsschutzes und vor allem das Diskriminierungsverbot. Zu viele Vorschriften galten unterschiedlich für Männer und Frauen, bis schließlich das Bundesverfassungsgericht, dem Europäischen Gerichtshof folgend, dem Nachtarbeitsverbot für Arbeiterinnen ein Ende setzte (EuGH vom 25. 7. 1991, AP Nr. 28 zu Art. 119 EWG-Vertrag; BVerfG vom 28. 1. 1992, BVerfGE 85, 191). Maßgeblich für die endliche Neuregelung war schließlich auch Art. 30 Abs. 1 Nr. 1 Einigungsvertrag, das Arbeitszeitrecht einschließlich der Zulässigkeit von Sonn- und Feiertagsarbeit und den besonderen Frauenarbeitsschutz möglichst bald einheitlich neu zu kodifizieren.

Die Änderungen der Arbeitszeitordnung betrafen nur Anpassungen wie durch § 69 Soldatengesetz vom 19. 3. 1956 (BGBl. I S. 114), durch § 31 Ladenschlussgesetz vom 28. 11. 1956 (BGBl. I S. 875, vgl. unten Rn. 27 f.) mit Aufhebung der §§ 22, 23, durch Art. 150 OWiG vom 24. 5. 1968 (BGBl. I S. 503) mit Anpassung der Ordnungswidrigkeiten, durch Art. 243 EGStGB vom 2. 3. 1974 (BGBl. I S. 469) mit Neufassung der Straf- und Bußgeldbestimmungen, durch das Gesetz zur Erleichterung der Verwaltungsreform in den Ländern (Art. 21 vom 10. 3. 1975, BGBl. I S. 685) mit der Ermöglichung der Weiterdelegation. Eine Neuregelung gleichzeitig der Sonn- und Feiertagsarbeit kam ebenfalls nicht zustande. Lediglich für die Eisen- und Stahlindustrie sowie die Papierindustrie konnten nach sehr streitigen Diskussionen (Forsthoff, BB 1960, 1135; Boisserée, BB 1960, 1330; Knopp, DB 1960, 1364) nach § 105 d GewO die Verordnungen vom 7. 7. 1961 (BGBl. I S. 900) und 20. 7. 1963 (BGBl. I S. 491) erlassen werden, die noch heute gültig sind (Arbeitszeitrechtsgesetz Art. 13, 14). **14**

Erst Anfang der 70er Jahre kam es zu Bemühungen, AZO und GewO durch ein modernes Arbeitszeitrecht abzulösen (Anzinger, RdA 1994, 12). Zunächst wurde versucht, ein umfassendes Arbeitsschutzgesetz zu verwirklichen, in das der Arbeitszeitschutz einbezogen werden sollte. Die Regierungserklärung vom 24. 11. 1980 (Bulletin der Bundesregierung vom 25. 11. 1980 Nr. 124 S. 1049) kündigte ein entsprechendes Vorhaben an, das aber nur bis zum Referentenentwurf gedieh. Der Regierungswechsel vom Oktober 1982 beendete dieses Vorhaben. In den Bundestag wurden entsprechende Entwürfe zum Arbeitszeitrecht von der neuen Bundesregierung erst viel später eingebracht. Die Bundesregierung beschloss am 23. 8. 1984 den Entwurf eines Arbeitszeitgesetzes (BR-Drucks. 401/84), der am 9. 1. 1985 in den Bundestag eingebracht wurde (BT-Drucks. 10/2706; vgl. Wlotzke, RdA 1984, 182). Der Entwurf verfiel nach § 125 der Geschäftsordnung des Deutschen Bundestages mit dem Ende der Wahlperiode. Erneut wurde das Arbeitszeitgesetz am 25. 5. 1987 eingebracht (BT-Drucks. 11/360). Dazu kamen Entwürfe der Grünen (vom 13. 11. 1987, BT-Drucks. 11/1188) und der SPD-Fraktion (vom 8. 1. 1988, BT-Drucks. 11/1617). Auch diese Entwürfe verfielen am Ende der Wahlperiode. So mussten in der 12. Legislaturperiode die Entwürfe erneut eingebracht werden. Im November 1992 fand eine mehrtägige Anhö- **15** rung zu einem Referentenentwurf im Bundesarbeitsministerium statt, der dann nach entsprechender Überarbeitung am 13. 7. 1993 vom Bundeskabinett verabschiedet wurde. Der Bundesrat nahm am 24. 9. 1993 dazu Stellung (Protokoll der 660. Sitzung vom 24. 9. 1993 S. 393 Cff.). Mit dieser Stellungnahme und der Gegenäußerung der Bundesregierung wurde er am 13. 10. 1993 dem Bundestag zugeleitet (BT-Drucks. 12/5888 vom 13. 10. 1993). Die Bundestagsfraktion der SPD hatte bereits am 28. 6. 1993 ihren Entwurf erneut dem Bundestag vorgelegt (BT-Drucks. 12/5282). Beide Entwürfe wurden am 22. 10. 1993 in erster Lesung im Bundestag behandelt und federführend dem Ausschuss für Arbeit- und Sozialordnung sowie mitberatend 9 weiteren Ausschüssen überwiesen (Protokoll vom 22. 10. 1993 12/183 S. 15881). Die Ausschussberatungen begannen am 25. 10. 1993. Am 29. 11. 1993 fand vor dem Ausschuss für Arbeit und Sozialordnung eine Sachverständigenanhörung statt (Ausschussprotokoll 104, Stellungnahmen in Ausschussdrucksachen 1045, 1052, 1053). Die Entwürfe wurden vom Ausschuss für Arbeit und Sozialordnung in der 99., 103., 104., 109., 111. und 114. Sitzung zuletzt am 2. 3. 1994 beraten. Die mitberatenden Ausschüsse hatten mehrheitlich die Annahme des Gesetzentwurfs der Bundesregierung empfohlen; nur der Verkehrsausschuss beschloss in seiner 60. Sitzung am 19. 1. 1994 eine stärkere Berücksichtigung des Verkehrsbereiches in einer längeren Entschließung. In der Schlussabstimmung wurde der Regierungsentwurf mit den Stimmen der Mitglieder der Fraktionen der CDU/CSU und F.D.P. gegen die Stimmen der übrigen Mitglieder im Ausschuss für Arbeit und Sozialordnung angenommen. Der SPD-Entwurf wurde abgelehnt. Der Ausschussbericht ist mit den Ergebnissen in BT-Drucks. 12/6990 vom 8. 3. 1994 enthalten.

16 Der Bundestag hat auf Grund der Beschlussempfehlung und des Berichts des Ausschusses für Arbeit und Sozialordnung den von der Bundesregierung eingebrachten Entwurf eines Gesetzes zur Vereinheitlichung und Flexibilisierung des Arbeitszeitrechts (Arbeitszeitrechtsgesetz – ArbZRG) aus der Drucksache 12/5888 in seiner 216. Sitzung am 10. 3. 1994 in 2. und 3. Lesung verabschiedet.

17 Dem Bundesrat wurde der Gesetzesbeschluss am 8. 4. 1994 zugeleitet (BR-Drucks. 259/94). Beide Entwürfe waren davon ausgegangen, dass das Gesetz nicht zustimmungsbedürftig ist. Zwar war in den Ausschussberatungen des Bundesrates mehrheitlich die Auffassung vertreten worden, das Zustimmungserfordernis müsse vorgesehen werden (BR-Drucks. 507/1/93 S. 3), das Plenum des Bundesrates lehnte das aber am 24. 9. 1993 ab (Protokoll der 660. Sitzung S. 393 Cff.). Die Empfehlungen des Bundesratsausschusses für Arbeit und Sozialordnung (BR-Drucks. 507/1/93), die Zustimmungspflichtigkeit anzunehmen, weil in § 17 ArbZG Einzelheiten des Verwaltungsverfahrens geregelt werden und in § 19 ArbZG Regelungen des öffentlichen Dienstes ausgesprochen werden, die Einfluss auf die Verwaltungsorganisation der Bundesländer haben, wurden vom Plenum des Bundesrates nicht übernommen. Es kam aber auch nicht zu einer Anrufung des Vermittlungsausschusses. Vielmehr ließ der Bundesrat das Gesetz in seiner 668. Sitzung am 29. 4. 1994 passieren, indem er beschloss, zu dem Bundestag am 10. 3. 1994 verabschiedeten Gesetz einen Antrag gemäß Art. 77 Abs. 2 GG nicht zu

IV. Das Arbeitszeitrechtsgesetz **Einleitung**

stellen. Das Gesetz konnte deshalb im BGBl. Nr. 33 vom 10. 6. 1994 unter dem Datum des 6. 6. 1994 verkündet werden und trat nach seinem Artikel 21 am 1. 7. 1994 in Kraft. Nur die Erhöhung des Urlaubs auf 24 Werktage (Art. 2) sowie die Aufhebung der Sondervorschrift über den Urlaub in den neuen Bundesländern (Art. 20) wurde erst zum 1. 1. 1995 wirksam. Außerdem gelten die Vorschriften über die Ruhezeiten für Ärzte und Pflegepersonal in Krankenhäusern erst ab 1. 1. 1996 (§ 26 ArbZG).

Die Hauptstreitpunkte der Neuregelung sind schon in den unterschiedlichen Vorlagen des Regierungsentwurfs (BT-Drucks. 12/5888) und des Entwurfs der SPD-Fraktion (BT-Drucks. 12/5282) niedergelegt. Während mit dem Regierungsentwurf im Grundsatz der bisherige Arbeitszeitrahmen erhalten blieb, sollte nach dem SPD-Entwurf die Wochenarbeitszeit auf 40 Stunden auch öffentlich-rechtlich mit Bußandrohung festgelegt werden. Zwar gehen beide Entwürfe vom traditionellen 8-Stunden-Tag aus, der Regierungsentwurf sieht aber eine Verlängerung auf 10 Stunden und damit die Möglichkeit einer 60-Stunden-Woche vor. Der Ausgleich ist innerhalb eines Zeitraumes von 6 Monaten bzw. 24 Wochen herbeizuführen. Demgegenüber schlug die SPD-Fraktion eine 40-Stunden-Woche an 5 Tagen und den Ausgleich bei Verlängerung auf 10 Stunden durch Tarifvertrag binnen 12 Wochen vor. Weitere Unterschiede traten in der Zulässigkeit von Sonn- und Feiertagsarbeit auf, vor allem für Präsenzbibliotheken, für die Funktion von Datennetzen, zur Vermeidung von Schäden an Produktionseinrichtungen und für neue Technologien und Änderung der Produktionsverfahren. Auch die Kirchen wandten sich bei der Anhörung gegen jede Aufweichung des Sonntagsarbeitsverbotes aus wirtschaftlichen Gründen. Unterschiede gab es weiter in der Pausenregelung, einerseits 6–9 Stunden = 30 Minuten, über 9 Stunden = 45 Minuten, andererseits $4^{1}/_{2}$–8 Stunden = 30 Minuten und bei mehr als 8 Stunden 45 Minuten. Entsprechendes gilt für die Grundregel der Ruhezeit (11 Stunden im Regierungsentwurf, 12 Stunden im SPD-Entwurf). Großen Raum nahm auch in der Öffentlichkeit die Diskussion um die Bewilligung von Sonn- und Feiertagsarbeit aus Gründen ausländischer Konkurrenz ein. Während § 13 Abs. 4 ArbZG von einer Kann- in eine Sollvorschrift umgewandelt wurde, ist § 13 Abs. 5 sogar zwingend, allerdings unter besonderen Voraussetzungen.

Kein Streit bestand um die Notwendigkeit, das Arbeitszeitrecht sowie die Zulässigkeit der Sonn- und Feiertagsarbeit den modernen Erfordernissen anzupassen. Abgesehen vom Auftrag des Art. 30 Einigungsvertrag, der Überalterung von AZO und GewO, war auch noch die Gemeinschaftscharta der sozialen Grundrechte der Arbeitnehmer der Europäischen Union vom 9. 12. 1989 ergangen, die zur Verwirklichung des Binnenmarktes die Angleichung der Bedingungen der Arbeitszeit und Arbeitszeitgestaltung fordert. Vor allem aber hat die EU die Richtlinie 93/104 vom 23. 11. 1993 über bestimmte Aspekte der Arbeitszeitgestaltung erlassen (ABl. L 307 vom 13. 12. 1993 S. 18), die binnen einer Frist von 3 Jahren umgesetzt werden musste. Sie legt zwar nicht den 8-Stunden-Tag, wohl aber die Grenze von 48 Stunden im 7-Tages-Zeitraum fest mit einem Ausgleichszeitraum von 4 Monaten und in besonderen Fällen von 6 Monaten (Art. 16, 17). Daneben besteht noch das Übereinkommen der IAO Nr. 171 vom 26. 6. 1990 über Nachtarbeit, das

Einleitung

neben dem Urteil des Bundesverfassungsgerichts vom 28. 1. 1992 ebenfalls Veranlassung zur geschlechtsneutralen Regelung der Nachtarbeit gab. Anlässlich der Einführung des ArbZG wurden die Entstehung und Grundzüge in zahlreichen Aufsätzen niedergelegt: Anzinger, AuA 1994 S. 5, BArbBl. 1994 Heft 6 S. 5, BB 1994 S. 1492, RdA 1994 S. 11, Festschr. Wlotzke 1996 S. 427; Berg, AiB 1994 S. 578; Berger-Delhey, ZTR 1994 S. 105; Diller, NJW 1994, 2726; Erasmy, PersF 1994, 744; NZA 1994, 1105, 1995, 97; Förster, BetrR 1994, 108; Schelter, PersR 1994, 537; Zmarzlik, DB 1994, 1082.

20 Mit dem Arbeitszeitrechtsgesetz wurde zwar das öffentlich-rechtliche Arbeitszeitrecht vereinheitlicht und die Sonn- und Feiertagsarbeit mit einbezogen. Trotzdem kann man sich nicht allein auf dieses Gesetz beschränken. Vielmehr bleiben nach wie vor andere Arbeitszeitvorschriften bestehen:

21 a) Für Jugendliche gilt das Jugendarbeitsschutzgesetz unverändert fort.

22 b) Für Besatzungsmitglieder auf Kauffahrteischiffen gilt das Seemannsgesetz mit den Änderungen durch das Arbeitszeitrechtsgesetz und die Gesetze vom 23. 3. 2002 (BGBl. I S. 1163) und vom 24. 12. 2003 (BGBl. I S. 3002).

23 c) Für Beschäftigte in Bäckereien und Konditoreien galt das Gesetz über die Arbeitszeit in Bäckereien und Konditoreien bis zum 31. 10. 1996, dessen Bestimmungen durch Gesetz vom 30. 7. 1996 (BGBl. I S. 1186) in das ArbZG eingearbeitet wurde.

24 d) In der Luftfahrt gelten für Arbeitnehmer als Besatzungsmitglieder für die Arbeits- und Ruhezeiten die besonderen Vorschriften der 2. DVO zur Betriebsordnung für Luftfahrtgerät.

25 e) Hinzuweisen ist auf die aus dem früheren Arbeitszeitrecht herausgenommene Regelung des § 64a Bundesberggesetz (vom 13. 8. 1980, BGBl. I S. 1310) i. d. F. des Arbeitszeitrechtsgesetzes Art. 7 über das Beschäftigungsverbot für Frauen unter Tage, das erst ab 25. 3. 2009 aufgehoben wurde (Art. 16 a Nr. 1 Gesetz vom 17. 3. 2009, BGBl. I S. 550).

25 a f) Für Beamte gilt auf Grund § 87 Abs. 3 Bundesbeamtengesetz i. d. F. vom 5. 2. 2009 (BGBl. I S. 160, zuletzt geändert am 21. 7. 2012, BGBl. I S. 1583) die Arbeitszeitverordnung i. d. F. der Bekanntmachung vom 23. 2. 2006 (BGBl. I S. 427, zuletzt geändert vom 16. 12. 2010, BAnz. Nr. 194 S. 4262), die die Wochenarbeitszeit auf 41 Stunden festlegt, mit den entsprechenden Länderbeamtenvorschriften.

26 g) Schließlich ist der Ladenschluss mit den besonderen Regelungen über die Beschäftigung bestehen geblieben. Es gilt das Ladenschlussgesetz i. d. F. der Bekanntmachung vom 2. 6. 2003 (BGBl. I S. 744, zuletzt geändert durch Art. 228 der Neunten Zuständigkeitsanpassungsverordnung vom 31. 10. 2006, BGBl. I S. 2407), das nach Art. 125a GG nur noch in Bayern Anwendung findet, nachdem alle anderen Länder nach der Föderalismusreform eigene Ladenöffnungsgesetze erlassen haben.

27 Das Ladenschlussgesetz stammt zwar vom 28. 11. 1956, geht aber auf sehr viel ältere Regelungen zurück. Mit dem Arbeitsschutzgesetz vom 1. 6. 1891 (RGBl. S. 261) wurden die §§ 105b bis h GewO über die Sonn- und Feiertagsarbeit eingeführt und gleichzeitig in § 41 a GewO geregelt, dass an den beschäftigungsfreien Tagen in offenen Verkaufsstellen ein Gewerbebetrieb nicht stattfinden darf. Am 6. 8. 1896 (RGBl. S. 685) wurde das auf Konsum-

IV. Das Arbeitszeitrechtsgesetz **Einleitung**

und andere Vereine ausgedehnt. Durch die Novelle vom 30. 6. 1900 (RGBl. S. 321) regelten §§ 139e, f GewO den werktäglichen Ladenschluss, der einen Neunuhrladenschluss vorsah, der durch Mehrheitsantrag der beteiligten Gewerbetreibenden örtlich in einen Achtuhrladenschluss umgewandelt werden konnte. Die DemobilmachungsVO vom 18. 3. 1919 (RGBl. S. 315) führte dann in Art. 9 den Siebenuhrladenschluss ein, was dann als § 24 in die Neufassung der AZO vom 26. 7. 1934 (RGBl. I S. 803) übernommen wurde und in der AZO vom 30. 4. 1938 (RGBl. I S. 447) als § 22 über offene Verkaufsstellen und § 23 über sonstige Verkaufsstellen übernommen wurde. Stets galt bis 1956 der Siebenuhrladenschluss, von kriegsbedingten Sonderregelungen (VO über den Ladenschluss vom 21. 12. 1939 (RGBl. I S. 2471) i.d.F. vom 9. 1. 1942 (RGBl. I S. 24) abgesehen.

Nach dem 2. Weltkrieg erließen die Länder Württemberg-Hohenzollern, **28** Baden, Bremen und Berlin eigene Regelungen über die Ladenverkaufszeiten, so dass eine bundeseinheitliche Regelung notwendig wurde (vgl. BT-Drucks. vom 23. 2. 1959 Nr. 603). Die Bundesregierung leitete am 24. 9. 1954 dem Bundesrat einen Gesetzentwurf zu (BR-Drucks. 310/54), der dann durch einen Initiativentwurf aus dem Bundestag überholt wurde (BT-Drucks. 1461). Das Ladenschlussgesetz vom 28. 11. 1956 (BGBl. I S. 875) trat am 29. 12. 1956 in Kraft und wurde vielfach geändert (14. Aufl. S. 60), zuletzt durch die Ladenöffnung bis 20 Uhr an Werktagen (Gesetz vom 2. 6. 2003, BGBl. I S. 744). Weitergehende Änderungen wurden abgelehnt (vgl. Regierungsentwurf BT-Drucks. 15/396, 15/521; FDP-Entwurf 15/106; CDU/CSU-Entwurf BT-Drucks. 15/193; Bericht des Ausschusses für Wirtschaft und Arbeit vom 12. 3. 2003, BT-Drucks. 15/591). Erst die Föderalismusreform vom 28. 8. 2006 (BGBl. I S. 2634) brachte die lang ersehnte Änderung. Der Ladenschluss wurde zur Ladenöffnung, indem Art. 74 Abs. 1 Nr. 11 GG im Wirtschaftsrecht neben den Gaststätten, Spielhallen, Schau- und Ausstellungen auch den Ladenschluss von der konkurrierenden Gesetzgebung des Bundes ausdrücklich ausnahm und damit den Ländern zur alleinigen Regelung überließ, in Kraft ab 1. 9. 2006. Daraufhin haben fast alle Länder Ladenöffnungsgesetze erlassen und darin die Ladenöffnung meist von Montag 0.00 Uhr bis Sonnabend 24.00 Uhr freigestellt. Die Regelungen sind aber unterschiedlich. In Bayern wurde beschlossen, erst einmal nichts zu tun (LT-Drucks. 15/6761 vom 9. 11. 2006). Die anderen Länder haben inzwischen eigene Gesetze erlassen, die jetzt nicht mehr Ladenschlussgesetz sondern Ladenöffnungsgesetze heißen. Sie regeln die Ladenöffnungszeiten unterschiedlich, zumeist geben sie die Ladenöffnung in der Woche von Montag Null Uhr bis Samstag Vierundzwanzig Uhr generell frei. Sehr umstritten ist aber die Kompetenz der Länder für die Arbeitszeitregelung des bisherigen § 17 LSchlG. Nach wohl richtiger Meinung gilt § 17 LSchlG unverändert fort, da den Ländern für Arbeitszeitregelungen jede Rechtsetzungskompetenz fehlt, die vielmehr beim Bund geblieben ist (Kämmerer/Thüsing, GewArch 2006, 266; Kühling, ArbuR 2006, 384). Nach anderer Auffassung sei auch das Arbeitszeitrecht für den Einzelhandel speziell mit auf die Länder übergegangen (Pieroth/Kingreen, NVwZ 2006, 1223; BMA vom 14. 10. 2006, III a 7-37251), nach wieder anderer Auffassung muss der Bundesgesetzgeber handeln, sonst gilt § 10 ArbZG oder besteht eine Gesetzeslücke (Kühn, ArbuR

2006, 418; Horstmann, NZA 2006, 1246). Große Bedeutung für den Ladenschluss und damit für die Arbeitszeit an Sonntagen hat die Entscheidung des Bundesverfassungsgerichts vom 1. 12. 2009 (BVerfGE 125, 39 = GewArch 2010, 211), mit der die Ladenöffnungszeiten an Sonntagen beschränkt werden, nachdem die Öffnung an allen Adventssonntagen nach dem Berliner Gesetz gegen Art. 4 GG und Art. 139 Weimarer Verfassung verstößt. Damit werden auch die Arbeitszeiten an Sonntagen eingeschränkt (vgl. SächsOVG vom 1. 11. 2010, NVwZ 2011, 105, Rozek, ArbuR 2010, 148, Kühn, ArbuR 2010, 299, Mosbacher, NVwZ 2010, 537, Wissmann/Heuer, Jura 2011, 214). Das Berliner Gesetz ist danach entsprechend geändert worden. Der Übersichtlichkeit halber werden hier nicht alle 15 neuen Ladenöffnungsgesetze der Länder aufgenommen, sondern nur die jeweiligen Beschäftigungsregelungen. Die Ladenöffnung wird in einer Übersicht angegeben (S. 348, 349).

29 Das Arbeitszeitgesetz hat zunächst kaum Änderungen erfahren. Mit Aufhebung des Gesetzes über die Arbeitszeit in Bäckereien und Konditoreien vom 29. 6. 1936 (RGBl. I S. 521) durch Gesetz vom 30. 7. 1996 (BGBl. I S. 1186) wurden die letzten Rechtsetzungen aus der Zeit des Nationalsozialismus auf dem Gebiet des Arbeitszeitrechts beseitigt und in das ArbZG eingestellt. § 2 ArbZG erhielt die Sonderregelung für Bäckereien und Konditoreien durch Verschiebung der Nachtzeit auf 22 Uhr bis 5 Uhr, § 10 Abs. 3 ArbZG fügte die Ausnahme von 3 Stunden Arbeit an Sonn- und Feiertagen hinzu. Mit der Einführung des Euro durch das Euro-Einführungsgesetz vom 9. 6. 1998 (BGBl. I S. 1242) wurde ab 1. 1. 1999 durch Art. 14a § 10 Abs. 4 ArbZG angefügt, um an nicht europaeinheitlichen Feiertagen Geld-, Devisen-, Wertpapier- und Derivathandel auch in Deutschland durchführen zu können und so ein Abwandern dieser Geschäfte in andere Länder zu verhindern (vgl. Anzinger, Ergänzung des ArbZG durch das Euro-Einführungsgesetz, NZA 1998 S. 845). Danach wurden die Höchstbeträge der Bußgelder nach § 24 Abs. 2 ArbZG durch das 4. Euro-Einführungsgesetz vom 21. 12. 2000 (BGBl. I S. 1983) mit Wirkung zum 1. 1. 2002 auf Euro umgestellt.

30 Eine erste größere und grundlegende Änderung des ArbZG erfolgte dann erst durch das Gesetz zu Reformen am Arbeitsmarkt vom 24. 12. 2003 (BGBl. I S. 3002). Es geht um die Bewertung des Bereitschaftsdienstes als Arbeitszeit. Nach dem ArbZG galt wie schon nach der AZO Bereitschaftsdienst im Gegensatz zur Arbeitsbereitschaft nicht als Arbeitszeit, solange kein Arbeitseinsatz erfolgte; es handelte sich wie bei der Rufbereitschaft um Ruhezeit (vgl. BAG vom 16. 11. 1980, AP Nr. 6, 7 zu § 17 BAT, 13. Aufl. § 5 Rn. 7ff., § 7 Rn. 8ff.). Das änderte sich mit der Auslegung der Richtlinie 93/104/EG vom 23. 11. 1993 (ABl.-EG Nr. L 307/18) durch den EuGH seit der Simap-Entscheidung vom 3. 10. 2000 (AP Nr. 2 zu EWG-Richtlinie 93/104; vgl. 13. Aufl. § 7 Rn. 10). Danach ist Bereitschaftsdienst, den die Ärzte zur medizinischen Grundversorgung in Form persönlicher Anwesenheit in der Gesundheitseinrichtung leisten, insgesamt als Arbeitszeit und ggf. als Überstunden anzusehen. Der EuGH hat das am 3. 7. 2001 (Sergas, C 241/99, Slg. 2001 I-5139) und zum deutschen Recht am 9. 9. 2003 (C 151/02/Jaeger = AP Nr. 7 zu EWG-Richtlinie 93/104) wiederholt. Diese letzte Entscheidung war der unmittelbare und entscheidende Anlass zur Änderung des ArbZG (vgl. BT-Drucks. 15/1587 S. 22). Inzwischen ist der Bereitschaftsdienst als

IV. Das Arbeitszeitrechtsgesetz **Einleitung**

Arbeitzeit gefestigte ständige Rechtsprechung des EuGH (vom 5. 10. 2004 – C 397/01–403/01, vom 1. 12. 2005 – C 14/04, vom 11. 1. 2007 – C 437/05, vom 14. 10. 2010 – C 243/09, vom 25. 11. 2010 – C 429/09 (Fuß), AP Nr. 12 zu EWG-Richtlinie 93/104, Nr. 97 zu § 3 ArbZG, Nr. 3, 4 zu Richtlinie 2003/88 EG).

Trotz des Inkrafttretens der Neuregelung des Bereitschaftsdienstes ab 1. 1. **31** 2004 waren zwei Übergangsregelungen zu unterscheiden: Einmal die Zeit vor der Entscheidung Simap am 3. 10. 2000 bis zum 1. 1. 2004, und zum anderen die Übergangszeit vom 1. 1. 2004 bis zum 31. 12. 2006 nach § 25 ArbZG i. d. F. vom 22. 12. 2005. Die Auslegung der Richtlinie 93/104 EG durch den EuGH, zunächst vom 3. 10. 2000 und dann vom 9. 9. 2003 bedeutet, dass von da an Bereitschaftsdienst nach der Richtlinie im Gegensatz zum ArbZG Arbeitszeit ist, deren Höchstgrenzen einhalten muss und nicht als Ruhezeit gelten kann. Klar ist damit aber auch, dass diese Änderung nur arbeitszeitrechtliche Bedeutung hat und auf die Vergütungsansprüche keine Einwirkungen entstehen. Der EuGH stellt in der Entscheidung vom 9. 9. 2003 ausdrücklich fest, dass nur die arbeitsschutzrechtliche Seite des Bereitschaftsdienstes und nicht die vergütungsrechtliche Seite zu entscheiden ist (ebenso EuGH vom 1. 12. 2005 – C 14/04 Dellas, AP Nr. 9 zu § 3 ArbZG, vom 11. 1. 2007 – C 437/05; a. A. nur Linnenkohl, ArbuR 2003, 302). Das Bundesarbeitsgericht hat ebenso entschieden, dass die Richtlinie 93/104 EG keine vergütungsrechtlichen Folgen hat (BAG v. 5. 6. 2003, 28. 1. 2004 AP Nr. 7, 10 zu § 611 BGB Bereitschaftsdienst. Der Bereitschaftsdienst kann auch durch Freizeitausgleich abgegolten werden (BAG vom 22. 7. 2010, 23. 2. 2011, 14. 9. 2011, 21. 9. 2011, AP Nr. 14, 32, 51 zu § 1 TVG Tarifverträge: Arzt, NZA 2009, 272, öAT 2012, 62).

Die Übergangszeit bis zum 31. 12. 2003 wurde höchst unterschiedlich be- **32** handelt. Auf der einen Seite wurde versucht, das ArbZG europakonform auszulegen und dazu Bereitschaftsdienst schon damit als Arbeitszeit gewertet, die nur in deren Höchstgrenzen erlaubt ist (ArbG Gotha vom 3. 4. 2001, DB 2001, 1254; ArbG Herne vom 11. 12. 2001, ArbuR 2002, 114; ArbG Kiel vom 8. 11. 2001, NZA 2002, 150; LAG Baden-Württemberg vom 1. 8. 2002, EZA 2003 SD Nr. 1; LAG Hamburg vom 13. 2. 2002, AP Nr. 1 zu § 611 BGB Bereitschaftsdienst; LAG Hamm vom 7. 11. 2002, NZA-RR 2003, 282; LAG Niedersachsen vom 17. 5. 2002, AP Nr. 5 zu § 611 BGB Bereitschaftsdienst; vom 16. 9. 2003, ArbuR 2004, 74; die Literatur war überwiegend derselben Auffassung: Buschmann, ArbuR 2003, 1, 649; Debong, ArztR 2003, 323; Franzen, BB 2003, 2070; Griebeling, Fachanwalt ArbR 2003, 38; Heinze, ZTR 2002, 102; Hergenröder, RdA 2001, 346; Höveler, ArztR 2001, 32; Karthaus, ArbuR 2001, 485; Koehler, ZBVR 2003, 159; Linnenkohl, AuA 2002, 316, ArbuR 2002, 211, 2003, 302; Lorenz, Die Mitarbeitervertretung 2002, 53; Mayer, AiB 2001, 195, 2003, 224; Rapatinski, RdA 203, 328; Schliemann, ZTR 2003, 61, FA 2003, 290; Schmitt, AuA 2001, 167, 2003 H. 11, 14; Streckel, ArbuR 2003, 33; Trägner, NZA 2002, 126; Wank, ZRP 2003, 414; Wurmnest, DB 2003, 2069). Andererseits wurde ein Einfluss der Simap-Entscheidung auf das deutsche Arbeitszeitrecht abgelehnt, zumindest aber ein Tätigwerden des Gesetzgebers gefordert, bis das bisherige deutsche Recht sich ändert (ArbG Kiel vom 3. 6. 2002, NZA 2002, 980; LAG Schles-

Einleitung

wig-Holstein vom 18. 12. 2001, AP Nr. 45 zu § 15 BAT; Boerner/Boerner, NZA 2003, 883; Breezmann, NZA 2002, 946; Litschen, NZA 2001, 1355; ZTR 2002, 54; Reim, PersR 2003, 431; Rixen, EuZW 2001, 421). Diese unterschiedlichen Auffassungen über die Einwirkung der Rechtsprechung des EuGH auf das deutsche Arbeitszeitrecht fand einen Schlusspunkt mit der Entscheidung des BAG vom 18. 2. 2003 (AP Nr. 12 zu § 611 BGB Arbeitsbereitschaft mit Anm. vom Trägner; Koenigs, DB 2003, 1392; Linnenkohl, ArbuR 2003, 298). Auch wenn die Festlegungen durch das BAG nicht in jeder Hinsicht Beifall gefunden haben (vgl. Rapatinski, RdA 2003, 328; Wank, ZRP 2003, 414), ist doch damit für Deutschland höchstrichterlich festgestellt, dass die Zuordnung des Bereitschaftsdienstes als Arbeitszeit allein dem Europäischen Recht entspricht. Bis der Gesetzgeber das aber vor dem 1. 1. 2004 nicht umgesetzt hat, konnte dieses Europäische Recht nur im Verhältnis zwischen dem Einzelnen und öffentlichen Stellen Geltung beanspruchen; im Verhältnis vom Privaten untereinander ging die bisherige Regelung des ArbZG mit dem Bereitschaftsdienst als Ruhezeit vor. Inzwischen ist es ständige Rechtsprechung des Bundesarbeitsgerichts, dass Bereitschaftsdienst Arbeitszeit ist (BAG vom 22. 7. 2003 – 1 ABR 28/02, vom 9. 3. 2005 – 5 AZR 385/02, vom 24. 1. 2006 – 1 ABR 6/05, vom 21. 11. 2006 – 9 AZR 176/06, vom 25. 4. 2007 – 6 AZR 799/06, vom 12. 3. 2008 – 4 AZR 616/06, 24. 9. 2008 – 10 AZR 939/07, 24. 9. 2008 – 10 AZR 669/07, 28. 5. 2009 – 6 AZR 141/08, 19. 11. 2009 – 6 AZR 624/08, 16. 12. 2009 – 5 AZR 157/09, 17. 12. 2009 – 6 AZR 716/08, 17. 12. 2009 – 6 AZR 729/08, 17. 3. 2010 – 5 AZR 296/09, 23. 6. 2010 – 10 AZR 543/09, 22. 7. 2010 – 6 AZR 78/09, 28. 7. 2010 – 5 AZR 342/09, 23. 2. 2011 – 10 AZR 579/09, 23. 3. 2011 – 10 AZR 661/09, 21. 9. 2011 – 4 AZR 828/09, 25. 1. 2012 – 4 AZR 15/10, AP Nr. 108 zu § 87 BetrVG 1972 Arbeitszeit, Nr. 8 zu § 3 ArbZG, Nr. 2 zu § 124 SGB IX, AP Nr. 18 zu § 1 TVG Tarifverträge: Chemie, Nr. 5, 8, 9, 13 zu § 8 TVöD, Nr. 1 zu § 9 TVöD, Nr. 1 zu § 47 TVöD, Nr. 1 zu § 6 TVöD, Nr. 3 zu § 4 ArbZG, Nr. 12 zu § 6 ArbZG, Nr. 4 zu § 7 ArbZG, Nr. 35 zu § 611 BGB Arbeitszeit, Nr. 14, 32, 62 zu § 1 TVG Tarifverträge: Arzt, öAT 2012, 62).

33 Ab 1. 1. 2004 gilt damit zwar jetzt im Verhältnis aller Rechtsunterworfenen der Bereitschaftsdienst als Arbeitsbereitschaft. Beide Begriffe sind gleich zu behandeln, gehören also zur Arbeitszeit, erlauben aber deren Verlängerung. Unterschiede bestehen aber weiter. Die bis zum 31. 12. 2006 geltende Zwischenregelung des § 25 ArbZG, die erst im Vermittlungsverfahren eingefügt wurde, ließ bis dahin am 1. 1. 2004 bestehende (oder nachwirkende) Tarifverträge fortbestehen, auch wenn der neue Höchstrahmen der §§ 7, 12 ArbGG auch mit Bereitschaftsdienst überschritten wurde. Die Neuregelung ab 1. 1. 2004 galt also nur außerhalb tariflicher Regelungen sofort. Nach dem Beschluss der EU-Arbeitsminister vom 9. Juni 2008 soll bei Bereitschaftsdienst die Wochenarbeitszeit bis auf 65 Stunden und tariflich noch weiter verlängert werden können. Die Umsetzung auch anderer Vorschläge zur Verlängerung der Wochenarbeitszeit bei Bereitschaftsdienst ist bisher aber stets schon am Europäischen Parlament gescheitert.

34 Die Materialien zum Gesetz zu Reformen am Arbeitsrecht vom 24. 12. 2003 sind zunächst für das Arbeitszeitrecht unerheblich (BR-Drucks. 456/03,

IV. Das Arbeitszeitrechtsgesetz   **Einleitung**

BT-Drucks. 15/1204: Entwurf der Koalitionsfraktionen, 15/1509: Entwurf der Bundesregierung, 15/1182: CDU/CSU-Entwurf, 15/1225/430/590: FDP-Entwürfe), da erst im Ausschuss für Wirtschaft und Arbeit die Anträge zum Arbeitszeitgesetz eingebracht wurden (SPD und Grüne vom 10. 9. 2003, Drucks. 15(9)610, Stellungnahmen 15(9)622). Eine Anhörung erfolgte am 22. 9. 2003 (Protokoll 15/31). Der Bericht des Ausschusses für Wirtschaft und Arbeit vom 25. 9. 2003 (BT-Drucks. 15/1587) enthält dann die Änderungen des Art. 4b zum Arbeitszeitgesetz (S. 16–18) mit der Begründung deren Notwendigkeit wegen der EuGH-Rechtsprechung mit Berufung auf EuGH vom 9. 9. 2003 – Jaeger (S. 22). Ausgeführt wird ausdrücklich, dass „eine flexible Gestaltung der täglichen Arbeitszeit von bis zu 12$^1/_4$ Stunden (13 Stunden abzüglich einer Pause von 45 Minuten nach deutschen Recht) ermöglicht wird. Die Änderung in § 6 soll eine flexiblere Gestaltung der Arbeitszeit mit geringerer Tätigkeitsdichte während der Nachtzeit, z.B. im Rettungsdienst, im Bewachungsgewerbe oder in Krankenhäusern ermöglichen. Von der Regelung einer täglichen Arbeitszeit soll dort im Hinblick auf die besonderen Belastungen durch Nachtarbeit nicht abgewichen werden." Die Anhörung zur Neuregelung der Arbeitszeit bei Arbeitsbereitschaft wird auf S. 28–29 wiedergegeben. Das Ergebnis der Ausschussberatungen zu Art. 4b – Änderung des Arbeitszeitgesetzes findet sich auf S. 33–37, worin nochmals auf die Vorgaben des EuGH und die Verlängerungsmöglichkeiten über 8 Stunden hinaus bei Arbeitsbereitschaft und Bereitschaftsdienst sowie auf den Ausgleichzeitraum von 12 Monaten hingewiesen wird, innerhalb dessen die Arbeitszeit von 48 Stunden pro Woche durchschnittlich gewährleistet sein muss.

In dieser Fassung hat der Bundestag das Gesetz zu Reformen am Arbeitsmarkt in seiner 64. Sitzung am 26. 9. 2003 in 2. und 3. Lesung verabschiedet (Plenarprotokoll S. 5494 A bis 5497 C, Abstimmung 5495 A namentlich 305:249:0). Der Bundesrat rief den Vermittlungsausschuss an (Mitteilung BT-Drucks. 15/1792). Im Vermittlungsausschuss wurde die Frist zum Widerruf des Einverständnisses nach § 7 Abs. 7 von einem Monat auf 6 Monate ausgedehnt und vor allem in § 25 die neue Übergangsregelung für Tarifverträge eingefügt, nach der ein am 1. 1. 2004 bestehender oder nachwirkender Tarifvertrag mit von § 7 Abs. 1, 2 oder § 12 Satz 1 abweichenden Regelungen bis zum 31. 12. 2005 unberührt bleibt und dasselbe für zugelassene Betriebsvereinbarungen gilt (BT-Drucks. 15/2245 S. 3). So wurde das Gesetz zu Reformen am Arbeitsmarkt dann vom Bundestag in der 84. Sitzung am 19. 12. 2003 verabschiedet (Protokoll S. 7389 B, Abstimmung S. 7389 C, Ergebnis S. 793, abgegeben 597 Stimmen, 581 ja, 16 nein). Der Bundesrat hat am gleichen Tag in der 795. Sitzung keinen Einspruch eingelegt (Protokoll S. 501f., Feststellung S. 503). Daraufhin wurde das Gesetz am 24. 12. 2003 im BGBl. verkündet (Teil I Nr. 67 vom 30. 12. 2003 S. 3002, Art. 4b S. 3005–3006). Das Gesetz trat nach seinem Art. 5 am 1. 1. 2004 in Kraft.

35

Literatur zum neuen Arbeitsrecht ist reichlich vorhanden. Bisherige Beiträge zur Neuregelung behandeln zunächst den Gesetzentwurf vom 10. 9. 2003 (Buschmann, ArbuR 2003, 649; Körner, NJW 2003, 3606; Rapatinski, RdA 2003, 328; Wahlers, PersV 2003, 444; Wank, ZRP 2003, 414; ders. ErfK 4. Aufl. ArbZG Nr. 110 § 2 Rn. 43ff.; § 7 Rn. 27). Die Neuregelung ein-

36

Einleitung

schl. der Änderung des § 25 im Vermittlungsausschuss werden behandelt von Abeln/Repeg, ArbuR 2005, 20; Bartels, ZMV 2005, 239; Berming, BB 2004, 101; ZfPR 2004, 53; Boemer, Gedächtnisschrift M. Heinze 2005, 69; Buschmann, ArbuR 2004, 1; 2006, 417; AiB 2003, 649; 2006, 651; Deter, ArbuR 2006, 437; Frenz, DVBl. 2004, 40; Heck, ZTR 2004, 114; Kalmbach, Personal 2011 Nr. 1, 50; Kossens, AuA 2004, 10; Lorenz, ZMV 2004, 30; Mahlburg, NVwZ 2004, 1307; Matthiessen/Shea, DB 2005, 106; Mayer, AiB 2003, 713; AiB 2008, 307; AiB 2011, 498; Meinel, BB 2004, 2359; 2006, 1690; Moderegger, ArbRB 2003, 370; Ohl, AiB 2006, 690; Preis/Ulber, ZESAR 2011, 147; Reim, DB 2004, 186; Reusch, AiB 2006, 708; Röpke, DRdA 2005, 460; Roßbruch, PflR 2004, 417; 2010, 185; Schliemann, NZA 2006, 1009; Festschrift Leinemann, 2006, 781; NJW 2008 Heft 29 III, Schlottfeld, ZESAR 2008, 492; 2010, 411; Schlottfeld/Kutscher, NZA 2009, 697; Schwarz-Seeberger, ZMV 2008, 46; Thiel, ZMV 2004, 254; Ulber, ZTR 2005, 70; Wahlers, ZTR 2004, 446; Wank, ArbuR 2011, 175, 200; Zetl, ZMV 2004, 273; 2005, 140; 2010, 144, 329; 2011, 133, 237.

37 Geringfügige Änderungen brachte das Gesetz vom 22. Dezember 2005 (BGBl. I S. 3670), mit dem die Übergangsvorschrift in § 25 für am 1. Januar 2004 geltende Tarifverträge bis zum 31. Dezember 2006 um ein Jahr verlängert wurde. Erst ab 1. Januar 2007 müssen die tariflichen Regelungen jetzt endgültig an die neue Rechtslage angepasst werden und Bereitschaftsdienste als Arbeitszeiten gelten. Nur die 48-Stunden-Woche war einschließlich des Bereitschaftsdienstes trotz entgegenstehender tariflicher Bestimmungen schon immer einzuhalten (BAG vom 24. 1. 2006, AP Nr. 8 zu § 3 ArbZG). Die Änderung in Art. 229 der Neunten Zuständigkeitsanpassungsverordnung änderte nur die Bezeichnung des bisherigen Ministeriums für Wirtschaft und Arbeit in jetzt Ministerium für Arbeit und Soziales (§ 15 Abs. 3). Die Änderung durch Art. 7 des Gesetzes zur Änderung von Buch IV SGB und anderer Gesetze vom 15. 7. 2009 (BGBl. I S. 1939) trug in § 21 dem Wegfall der Rheinschiffsuntersuchungsordnung Rechnung. Art. 15 des Gesetzes vom 21. 7. 2012 (BGBl. I S. 1583) fügte in § 15 den Absatz 3a über Besonderheiten in der Arbeitszeit bei den Streitkräften ein.

38 Eine weitergehende Änderung erforderte dagegen wiederum europäisches Recht. Die Verordnung (EG) Nr. 561/2006 des Europäischen Parlaments und des Rates vom 15. März 2006 zur Harmonisierung bestimmter Sozialvorschriften im Straßenverkehr und zur Änderung der Verordnungen (EWG) Nr. 3821/85 und (EG) Nr. 2135/98 des Rates sowie zur Aufhebung der Verordnung (EWG) Nr. 3820/85 des Rates ABl.-EG Nr. L 102 S. 1) machte Änderungen der Beschäftigung im Straßenverkehr notwendig. Im Gesetzgebungsverfahren ging es ursprünglich nur um die Bußgelderhöhung bei der Beförderung von Personen in Bussen (Vorlage Hamburg BR-Drucks. 138/05 und BT-Drucks. 16/517 vom 2. 2. 2006). Dann wurde daraus ein Entwurf zur Änderung des Personenbeförderungsgesetzes und des Allgemeinen Eisenbahngesetzes (BT-Drucks. 16/1039) und der Entwurf eines Gesetzes zur Änderung des Personenbeförderungsgesetzes vom 26. 4. 2006 (BT-Drucks. 16/1341). Erst im 15. Ausschuss für Verkehr, Bau und Stadtentwicklung fand dann auch die Änderung des Arbeitszeitgesetzes Eingang in die Beratungen (BT-Drucks. 16/1685 vom 31. 5. 2006). Im Bericht heißt es zunächst nur,

dass zusätzlich zur Umsetzung der Richtlinie 2002/15/EG Anpassungen des Arbeitszeitgesetzes vorgenommen werden (S. 2). Die eigentliche Begründung findet sich auf S. 12f., die § 21a als neue Vorschrift darstellt und in Art. 6 ab 11. 4. 2007 an die VO 561/2006 anpasst. Diese Verordnung wird ab 11. 4. 2006 unmittelbar geltendes Recht in den Mitgliedsstaaten. Dementsprechend heißt das Gesetz vom 14. 8. 2006 auch von da an Gesetz zur Änderung personenbeförderungsrechtlicher Vorschriften und arbeitszeitrechtlicher Vorschriften für Fahrpersonal. Das Gesetz wurde am 1. 6. 2006 in 2. und 3. Lesung ohne Aussprache verabschiedet (PlPr 16/37). Der Bundesrat behandelte es am 16. 6. 2006 (BR-Drucks. 406/06 neu) und stimmte am 7. 7. 2006 zu (PlPr 824). Das Gesetz vom 14. 8. 2006 wurde am 17. 8. 2006 veröffentlicht (BGBl. I S. 1962) und trat am 18. 8. 2006 und 11. 4. 2006 in Kraft. Die Ablösung der VO (EWG) Nr. 3820/85 durch die VO (EG) Nr. 561/2006 und die Richtlinie 2006/22/EG (ABl.-EG L 102 v. 11. 4. 2006 S. 35) machte zusätzliche Änderungen des Fahrpersonalgesetzes notwendig, betrafen aber nicht mehr direkt das Arbeitszeitgesetz: Drittes Gesetz zur Änderung des Fahrpersonalgesetzes vom 6. 7. 2007 (BGBl. I S. 1270), in Kraft am 14. 7. 2007. Materialien dazu: BR-Drucks. 8/07 vom 5. 1. 2007, BT-Drucks. 16/4691 vom 15. 3. 2007, Ausschussbericht BT-Drucks. 16/5238 vom 8. 5. 2007, 2. und 3. Lesung 10. 5. 2007 (PlPr 16/97), BR-Drucks. 320/07 vom 18. 5. 2007, Verabschiedung Bundesrat 8. 6. 2007 (PlPr 834). Eine weitere Änderung des Fahrpersonalgesetzes brachte das Gesetz zur Änderung des Güterkraftverkehrsgesetzes und des Fahrpersonalgesetzes vom 31. 7. 2010 (BGBl. I S. 1057), das die Verordnung (EG) Nr. 1073/2009 (ABl. L 300 vom 14. 11. 2009 S. 88) in § 8 einfügte und § 9 Abs. 1 änderte (BTDrucks. 17/1395 und 17/1903). Hierdurch wurde den Änderungen im grenzüberschreitenden Verkehr mit den Verordnungen (EG) Nr. 1071/2009, 1072/2009 und 1073/2009 Rechnung getragen (vgl. auch Langer, Anpassung der nationalen Vorschriften an die Lenk- und Ruhezeiten des EU-Rechts, DAR 2008, 421). Die Fahrpersonalverordnung wurde durch die zweite Änderungsverordnung vom 22. 1. 2008 (BGBl. I S. 54) angepasst. § 1 regelt in Übereinstimmung mit dem neuen Europäischen Recht die Lenk- und Ruhezeiten, § 2 die Kontrollgeräte, der neue § 2a bestimmt die Aufbewahrung der Kontrollunterlagen. Die Materialien dazu finden sich in BR-Drucks. 604/07 vom 31. 8. 2007 und 30. 11. 2007. Vgl. auch Didier, Arbeitszeit im Straßentransport, NZA 2007, 120. Stärkere Veränderungen erfuhr die Fahrpersonalverordnung durch die Verordnung zur Änderung der Verordnung über technische Kontrollen von Nutzfahrzeugen auf der Straße und zur Änderung der Fahrpersonalverordnung vom 4. 11. 2011. Es ging vor allem um die Umsetzung an Gemeinschaftsrecht mit der Anpassung an die Neufassung der AETR. Die Materialien finden sich im Protokoll BR-PlPr 891 S. 623D-624A und BR-Drucks. 706/11. Das Übereinkommen über die Arbeit des im internationalen Straßenverkehr beschäftigten Fahrpersonals (AETR) vom 31. Juli 1985 wurde durch Änderungsgesetz vom 2. November 2011 geändert (BGBl. II S. 1095). Die Änderungen Nr. 4 vom 27. 2. 2004, Nr. 5 vom 16. 6. 2006 und Nr. 6 vom 20. 9. 2010 waren zu berücksichtigen (886. Sitzung des Bundesrates vom 23. 9. 2011, BRDrucks 224/11 und 496/11). Ein eigenes Gesetz zur Regelung der Arbeitszeit von selbständigen Kraftfahrern vom 11. 7. 2012

Einleitung

(BGBl. I S. 1479) setzt die Richtlinie 2002/15 EG über Grenzen der Arbeitszeit um (BTDrucks. 17/8988, BRDrucks. 858/11 vom 30. 12. 2011, 892. Sitzung des Bundesrates am 10. 2. 2012, BT-Plenum 17/168 v. 22. 3. 2012, 19904A–19905A).

C. Arbeitszeitgesetz (ArbZG)

Vom 6. Juni 1994 (BGBl. I S. 1170)
Zuletzt geändert durch Art. 15 des Bundeswehrreform – Begleitgesetzes vom
21. Juli 2012 (BGBl. I S. 1583)

FNA 8050-21

Erster Abschnitt. Allgemeine Vorschriften

§ 1 Zweck des Gesetzes

Zweck des Gesetzes ist es,
1. die Sicherheit und den Gesundheitsschutz der Arbeitnehmer bei der Arbeitszeitgestaltung zu gewährleisten und die Rahmenbedingungen für flexible Arbeitszeiten zu verbessern sowie
2. den Sonntag und die staatlich anerkannten Feiertage als Tage der Arbeitsruhe und der seelischen Erhebung der Arbeitnehmer zu schützen.

Übersicht	Rn.
I. Entstehung	
Die Zwecksetzung geht auf den Regierungsentwurf zurück; vorgeschlagene Erweiterungen wurden nicht Gesetz, sondern Kollektivregelungen überlassen	1, 2
II. Sicherheit und Gesundheitsschutz	
Sicherheit und Gesundheitsschutz begrenzen die Arbeitszeit und legen Ruhepausen, Ruhezeit und Nachtarbeit fest	3
III. Flexibilisierung	
Die Flexibilisierung soll sowohl Betriebslaufzeiten verlängern als auch individueller Arbeitsgestaltung dienen und wird in vielen Beispielen geschildert	4–5a
IV. Sonn- und Feiertagsarbeit	
Sonn- und Feiertagsarbeit ist jetzt Teil einheitlicher Arbeitszeitregelungen und regelt alle Bereiche bis hin zum Haushalt	6
Die seelische Erhebung entstammt der Weimarer Verfassung	7
V. Bedeutung des Gesetzeszweckes	
Die Schutzzwecke sind zwar kein materielles Recht, müssen aber bei der Auslegung und Anwendung im Einzelfall auf ihre Auswirkung abgewogen werden	8, 9
Es handelt sich um ein Schutzgesetz nach § 823 Abs. 2 BGB. Die Mitbestimmung ist einzuhalten	10, 11

I. Entstehung

Die Vorschrift über den Zweck des Gesetzes entspricht dem Regierungsentwurf (BR-Drucks. 507/93 vom 13. 8. 1993) und wurde lediglich in Abs. 2 durch die Worte „und der seelischen Erhebung" nach den Beratungen des Ausschusses für Arbeit und Sozialordnung (BT-Drucks. 12/6990) ergänzt, um, wie es in der Begründung (S. 42) heißt, die Zweckbestimmung an den Wortlaut von Art. 139 Weimarer Verfassung anzupassen.

§ 1 ArbZG Erster Abschnitt. Allgemeine Vorschriften

2 Der SPD-Entwurf (BT-Drucks. 12/5282) hatte eine Zielbestimmung vorgesehen, nach der „die Gesamtheit der Arbeitnehmerinnen und Arbeitnehmer vor Überforderung und Überbeanspruchung durch Lage und Dauer der Arbeits- und Schichtzeiten oder zu kurzen Ruhepausen und Ruhezeiten zu schützen, die Vereinbarkeit von Beruf und Familie für Frauen und Männer zu erleichtern sowie ausreichend arbeitsfreie Zeiten für Erholung, Freizeitgestaltung und Teilnahme der Beschäftigten am gesellschaftlichen Leben zu gewährleisten ist". Der Bundesratsausschuss für Arbeit und Sozialordnung (BR-Drucks. 507/1/93) fügte dem noch hinzu, „die Rahmenbedingungen für menschengerechte flexible Arbeitszeiten zu verbessern". Der Bundesrat empfahl dann eine entsprechende Erweiterung der Ziffer 1 sowie das Hinzufügen einer Nr. 3 „die Vereinbarkeit von Erwerbstätigkeit und tatsächlicher Verantwortung für Haushalt, Kindererziehung und Betreuung Pflegebedürftiger zu erleichtern sowie ausreichende arbeitsfreie Zeit für Erholung und Teilnahme der Beschäftigten am gesellschaftlichen Leben zu gewährleisten" (BT-Drucks. 12/5888 S. 37). Die Bundesregierung lehnte beides ab (S. 50). Zur Entstehung und Bedeutung des ArbZG vgl. Anzinger, RdA 1994, 11; AuA 1994, 5; BArbBl. Nr. 6/1994, 5; BB 1994, 1492; Festschrift Wlotzke 1996, 427; Berg, AiB 1994, 578; Diller, NJW 1994, 2726; Erasmy, NZA 1994, 1105, 1995, 97; Kollmer, GewArch. 1994, 406; Schelter, PersRat 1994, 537; Zmarzlik, DB 1994, 1082. Die späteren Änderungen auch durch das Gesetz zu Reformen am Arbeitsmarkt vom 24. 12. 2003 (BGBl. I S. 3002) haben § 1 nicht verändert; dort wurde vor allem der Bereitschaftsdienst der Arbeitsbereitschaft gleichgestellt und damit zur Arbeitszeit (vgl. Einl. Rn. 30 ff.).

II. Sicherheit und Gesundheitsschutz

3 Die in § 1 wiedergegebene Zweckbestimmung hat keine eigenständige, sondern nur eine mittelbare Bedeutung für die Auslegung und Anwendung der einzelnen Vorschriften. Das öffentlich-rechtliche Arbeitszeitrecht soll seit seiner Entstehung vor über 100 Jahren die individuelle Arbeitszeit des einzelnen Arbeitnehmers so begrenzen, dass Schäden wegen zu langer Inanspruchnahme vermieden werden. Das zeigt sich einmal im Sicherheitsbereich, weil zu lange Arbeitszeiten, fehlende Pausen, zu kurze Ruhezeiten die Unfallträchtigkeit erhöhen, zum anderen im Gesundheitsbereich, weil Überbeanspruchung zu Gesundheitsschäden führen kann. Das gilt insbesondere auch dann, wenn Beschäftigte selbst mit solchen Leistungen einverstanden sind oder sie sogar – etwa um des entsprechenden Verdienstes willen – selbst wünschen. Der öffentlich-rechtliche Arbeitszeitschutz ist deshalb auch ein Schutz vor sich selbst und strafbewehrt, allerdings nur für den Arbeitgeber (§§ 22, 23 im Gegensatz zu § 25 AZO, der auch gegenüber dem Arbeitnehmer galt). Hauptgegenstand dieses Sicherheits- und Gesundheitsschutzes ist der zweite Abschnitt über die werktägliche Arbeitszeit und die arbeitsfreien Ruhepausen und Ruhezeiten. Dazu kommen die besonderen Regelungen der Nacht- und Schichtarbeit vor allem auch nach den Entscheidungen von EuGH und BVerfG (EuGH vom 25. 7. 1991, AP Nr. 28 zu Art. 119 EWG-Vertrag; BVerfG vom 28. 1. 1992, BVerfGE 85, 191) über die Zulässigkeit von Nachtarbeit mit den Hinweisen auf deren besondere Gefahren. Dass solche Beschränkungen verfassungsrechtlich zulässig sind, hat das Bundesverfassungsgericht entschieden (BVerfG vom 3. 5.

Zweck des Gesetzes   ArbZG § 1

1967; BVerfGE 22, 1 (20 f.); Entsprechendes gilt nach den Entscheidungen zu § 5 BAZG vom 23. 1. 1968, 25. 2. 1976, 17. 11. 1992, BVerfGE 23, 50; 41, 360; 87, 363). Es erklärt ausdrücklich (zur AZO), dass die Regelungen auf vernünftigen Erwägungen des Gemeinwohls beruhen. „Sie dienen vor allem dem Schutz der Arbeitnehmer gegen übermäßige Ausnutzung ihrer Arbeitskraft und damit der Erhaltung ihrer Gesundheit." Dass verfassungsrechtlich keine Bedenken bestehen, ist danach allgemeine Meinung (Anzinger § 297 Rn. 8 f.; Anzinger/Koberski § 1 Rn. 4; Baeck/Deutsch § 1 Rn. 11 f.; Buschmann/Ulber § 1 Rn. 2 ff.; Erfk/Wank § 1 Rn. 5; Roggendorff § 1 Rn. 3; Schliemann Vorbem. Rn. 38; Kufer SD 240 Rn. 28, 37 f.).

III. Flexibilisierung

Das frühere Arbeitszeitrecht kannte in der Regel nur starre Arbeitszeiten, 4 die als betriebliche Arbeitszeiten zugleich die Arbeitszeit für den einzelnen Arbeitnehmer darstellten und einen Ausgleich nur in den sehr engen Grenzen der 96-Stunden-Doppelwoche vorsah. Mit der Verkürzung der Wochenarbeitszeit auf 40 Stunden und jetzt auch auf 35 Stunden entstand ein volkswirtschaftliches Problem, indem die Betriebslaufzeiten sich den kürzeren Arbeitszeiten anpassen mussten und dadurch die Betriebskosten die Wettbewerbsfähigkeit vor allem auch im europäischen und internationalen Markt gefährdeten. Zugleich wurde die individuelle Freiheit des Arbeitnehmers nicht ausreichend berücksichtigt, weil Gleitzeit, Teilzeit oder Arbeitsplatzteilung nicht vorgesehen waren. Um beiden Problemkreisen gerecht zu werden, wurde das Schlagwort der Flexibilisierung der Arbeitszeit eingeführt. Es sollte auf der einen Seite die Betriebslaufzeiten ohne Rücksicht auf die Arbeitszeiten des Arbeitnehmers erhöhen und damit die eingesetzten Mittel besser ausnutzen, auf der anderen Seite dem einzelnen Arbeitnehmer mehr Freiheit in der individuellen Gestaltung der Arbeitszeit geben. Zwar ließ sich auch nach der AZO die Flexibilisierung im Rahmen des öffentlich-rechtlichen Arbeitszeitrechts schon weitgehend verwirklichen (vgl. 11. Aufl. § 3 Anm. 7 a). Schwierigkeiten bereitete aber vor allem der Ausgleichszeitraum, der oft etwas am Rande der Legalität durch entsprechende Auslegung der Kollektivregelungen gewonnen werden musste (vgl. 11. Aufl. § 4 Anm. 17 a). Deshalb ist mit Recht schon in der Zweckbestimmung die Verbesserung der Rahmenbedingungen für die Flexibilisierung hervorgehoben worden. Das gilt für alle Entwürfe und war immer wieder gefordert worden (Löwisch, RdA 1984, 200; Schüren, RdA 1985, 25, 28; Wlotzke, NZA 1984, 182; Zmarzlik, NZA 1987 Beilage 3, 23). Der Bundesrat begründete seine Änderungsvorschläge (BT-Drucks. 12/5888 Anlage 2 S. 37) dann auch ausdrücklich mit der Notwendigkeit von Flexibilisierungen, die nicht nur im Interesse der betrieblichen Produktion, sondern auch im Interesse der Arbeitnehmer an der individuellen Gestaltung der täglichen und wöchentlichen Arbeitszeit sowie der Erledigung der anfallenden Tätigkeiten für Haushalt, Kindererziehung und Betreuung Pflegebedürftiger erforderlich sei. Diese Stellungnahmen wurden zwar abgelehnt (BT-Drucks. 12/5888 Anlage 3 S. 50), sind auch so nicht Gesetz geworden, trotzdem dient die Flexibilisierung nicht nur der betrieblichen Produktion, sondern auch der individuellen Vertragsgestaltung. Schon nach

§ 1 ArbZG Erster Abschnitt. Allgemeine Vorschriften

bisherigem Recht sind Arbeitszeitmodelle bekannt, die weit mehr als 100 verschiedene Arbeitszeitmöglichkeiten vorsehen (z. B. Fa. Stiehl 126 Modelle, Fa. Höchst über 200 Möglichkeiten; vgl. auch die Firmenbeispiele bei Linnenkohl, Arbeitszeitflexibilisierung 4. Aufl.; Linnenkohl/Rauschenberg/ Gressierer, 4. Aufl. 2001; Marr, Arbeitszeitmanagement, 2. Aufl. 1993; Hahn, Flexible Arbeitszeit, 2011). Das Ziel des Gesetzes soll diese Möglichkeiten erweitern. Sozialversicherungsrechtlich wurde diese Einführung von Arbeitszeitkonten und Wertguthaben gesetzlich geregelt durch Gesetz zur sozialrechtlichen Absicherung flexibler Arbeitszeitregelungen vom 6. 4. 1998 (BGBl. I S. 688), Materialien BTDrucks. 13/9818, 13/10013, in der Fassung des Gesetzes zur Verbesserung der Rahmenbedingungen für die Absicherung flexibler Arbeitszeitregelungen vom 21. 12. 2008 (BGBl. I S. 2940), genannt „Flexi II-Gesetz". Diese Materialien finden sich in BTDrucks. 16/10289, 16/10693 und 16/10901. Es regelte die Abführung der Sozialversicherungsbeiträge in § 7 Abs. 1a SGB IV und führte vor allem einen Insolvenzschutz ein (§ 7d SGB IV). Das Altersteilzeitgesetz führte durch Gesetz vom 23. 12. 2003 (BGBl. I S. 3848) i. d. F. vom 21. 12. 2008 (BGBl. I S. 2940) mit Wirkung zum 1. 7. 2004 mit § 8a ATG eine entsprechende Insolvenzsicherung für Wertguthaben bei Altersteilzeit ein. Das Bundesarbeitsgericht hat dazu entschieden, dass Wertguthaben nach § 7d SGB IV und § 8a ATG kein sonstiges Recht nach § 823 Abs. 1 BGB und kein Schutzgesetz nach § 823 Abs. 2 BGB darstellten (BAG vom 16. 8. 2005, 13. 12. 2005, 12. 4. 2011, NZA 2011, 1350, AP Nr. 24, 25 zu § 1 TVG Altersteilzeit, Nr. 1 zu § 8a ATG), dass keine Haftung von Organvertretern bei Verstoß eintritt (BAG vom 16. 8. 2005, 23. 2. 2010, AP Nr. 2, 5 zu § 8a ATG). Außerdem wurde Untreue abgelehnt (BAG vom 13. 12. 2005, AP Nr. 3 zu § 8a ATG) und keine Durchgriffshaftung zugelassen (BAG vom 23. 2. 2010, AP Nr. 6 zu § 8a ATG). Zum Flexi II-Gesetz gibt es zahlreiche Literatur: Ars/Blümke/Scheithauer, BB 2009, 1358, 2252; Böhm, ArbRB 2010, 289; Cisch/Ulbrich, AuA 2009, 84, BB 2009, 550; Gaul/Koehler; ArbRB 2009, 272; Hanau, NZA 2009, 225; Hanau/Veit, NJW 2009, 187; Hartmannshenn, NZS 2012, 165; Haßlöcher, BB 2009, 440; Huke, ZIP 2009, 1204; Jacobsen, ZTR 2009, 168; Maiß/Kluth, ArbR 2010, 9; Perreng, AiB 2009, 169; Reichel/ Köckeritz, AuA 2009, 426; Rolfs/Witschen, NZS 2009, 295; Uckermann, RdA 2011, 236; Ulbrich/Rihn, DB 2009, 1466; Wellisch/Lenz, DB 2008, 2762.

5 Der Hauptfall der erweiterten Flexibilisierung zeigt sich in § 7 mit den starken Veränderungsmöglichkeiten durch die Tarif- oder Betriebspartner. Außerdem bestehen entsprechende Erweiterungsmöglichkeiten für die Kirchen, die Aufsichtsbehörden und die Bundesregierung (§ 7 Abs. 4–6). Die Flexibilisierung erstreckt sich durch §§ 12, 13 auch auf die Sonn- und Feiertagsarbeit. Eigene Werke beschäftigen sich ausschließlich mit der Flexibilisierung: Langemaatz: Teilzeitarbeit und Arbeitszeitflexibilisierung, 2. Aufl. 2001; Linnenkohl/Rauschenberg/Gressierer, Arbeitszeitflexibilisierung, 4. Aufl. 2001; Hahn, Flexible Arbeitszeit, 2011; Hanau/Veit, 2012; Winiger, Praxishandbuch flexible Arbeitszeit, 2011. Die Bedeutung der Flexibilisierung ist vor allem in zahlreichen Beispielen und Aufsätzen so zahlreich geschildert worden, dass hier nur die Beiträge der letzten Jahre aufgeführt werden kön-

Zweck des Gesetzes   ArbZG § 1

nen. Wer frühere Aufsätze ab 1994 bis 2009 nachlesen will, greife auf die
15. Aufl. zurück.

Leder, Aktuelles zur Flexibilisierung von Arbeitsbedingungen, RdA 2010, 93; Jung- **5 a**
hanns, Das neue FALTER-Modell des öffentlichen Dienstes, ZTR 2010, 443; Berroth, Der Tarifvertrag zu flexiblen Arbeitszeitregelungen für ältere Beschäftigte, ZMV 2010, 197; Klapproth/Hock, Die neuen Tarifregelungen zur Altersteilzeit und flexiblen Altersteilzeit im öffentlichen Dienst, ZTR 2010, 278; Dietsch, Auswirkungen der flexiblen Arbeitszeit (FALTER) auf die Rente, ZTR 2011, 135; Berkowsky, Die flexiblen Arbeitszeitregelungen des TVöD und die Mitbestimmung der Personal- und Betriebsräte, ZfPR 2011, 44; Schulze/Waschbisch, Arbeitszeitkonten-Fluch oder Segen, AiB 2011, 753; Ohl, Einführung von Arbeitszeitmodellen, AiB 2011, 750; Paschke Zeitsouveränität durch Anpassung der Arbeitszeitlage an die persönlichen Bedürfnisse – Individuelle Teilzeitansprüche und kollektive Mitbestimmung, ArbuR 2012, 11; Seel, Arbeitszeitkorridore, öAT 2012, 129; Zetl, Freistellung bei flexibler Arbeitszeit oder Gleitzeitkonten, ZMV 2012, 92; Thüsing/Pötters, Flexibilisierung der Arbeitszeit durch Zeitkonten im Rahmen der Arbeitnehmerüberlassung, BB 2012, 317; Preis, Unangemessene Benachteiligung des Arbeitnehmers durch Vereinbarung einer Durchschnittsarbeitszeit, RdA 2012, 101; Uffmann, Vereinbarung einer Durchschnittsarbeitszeit, RdA 2012, 113; Rolfs/Witschen, Beschäftigung und Freistellung bei flexibler Arbeitszeit – der neue § 7 Abs. 1a Satz 2 SGB IV, NZS 2012, 241. Hier können nur wesentliche Beiträge aufgeführt werden. Ein Aufruf bei JURIS zur Literatur über flexible Arbeitszeit ergib allein 1253 Nachweise (Stand September 2012)!

Speziell zum Insolvenzschutz: Hanau/Rolfs, Insolvenzsicherung von Arbeitszeit- **5 b**
konten; Hanau, ZIP 2002, 2028: Langohr/Plato/Morisse, BB 2002 2330; Ebert, ArbRB 2003, 24; Ahsen/Nölle, DB 2003, 1386; Weiland/Ludwig, AuA 2004, 8; Linck, AuA 2004, 22; Rolfs, NZS 2004, 561; Hampel, DB 2004, 706; Kerschbaumer, AiB 2004, 325; Kolmhuber, ArbRB 2004, 354; Wiezer, AuA 2005, 105; Podewin, RdA 2005, 295; Hamm, AiB 2005, 92; Weelisch/Moog, BB 2005, 1386; Perreng, FA 2005, 333, AiB 2006, 687, 2008, 342; Knospe, NZA 2006, 187; Cisch/Ulbrich, DB 2007, 1028, AuA 2009, 84; Frank, NZA 2008, 152; ZRP 2008, 255; Uckermann, BB 2008, 1281, 1898; RdA 2011, 236; Jacobsen, ZTR 2009, 115; Knospe, NZS 2009, 600; Marburger, DÖD 2009, 81; Huke/Lepping, ZIP 2009, 1204; Hanau/Veit, NJW 2009, 182; Berkowsky, NZI 2010, 515, 855; Raffler, FA 2011, 360.

IV. Sonn- und Feiertagsarbeit

Ein besonders wichtiger Zweck des neuen Arbeitszeitrechts ist die Rege- **6**
lung der Sonn- und Feiertagsarbeit. Nachdem auf diesem Gebiet noch immer die Vorschriften der Gewerbeordnung i.d.F. vom 1. 6. 1891 und der dazu ergangenen Bekanntmachung vom 5. 2. 1895 galten (vgl. Einleitung Rn. 2), war die Neuregelung überfällig. Dort war zwar bis ins Einzelne geregelt, dass sonntags das Trocknen von Lackleder und das Bleichen von Sämischleder im Sonnenlichte sowie an 4 Sonn- oder Festtagen bis 12 Uhr das Herstellen von Strohhüten erlaubt ist, aber es ist natürlich nichts gesagt über die Herstellung von Mikrochips oder Glasfasern. Entsprechend groß wurden die Unsicherheiten, die zudem durch unterschiedliche Verfahren in den Ländern noch vergrößert wurden. Die Neuregelung hat mehrere Vorteile: Bisher war die Sonn- und Feiertagsarbeit getrennt geregelt und voneinander unabhängig. Die Sonn- und Feiertagsarbeit bezog sich nur auf die Gewerbebetriebe, das Arbeitszeitrecht behandelte nur die werktägliche Arbeitszeit. Soweit erlaubt, konnte also über die öffentlich-rechtlich zulässige Werktagsarbeit an Sonn-

§ 1 ArbZG Erster Abschnitt. Allgemeine Vorschriften

und Feiertagen zusätzlich gearbeitet werden. Jetzt gelten die Höchstgrenzen auch einschließlich der Sonn- und Feiertagsbeschäftigung (§ 11), den Tarif- und Betriebsparteien sind im gegebenen Rahmen Abweichungen gestattet, und die Bundesregierung kann einheitliche Vorschriften zur Durchführung erlassen. Die Aufsichtsbehörden haben zwar noch vor allem feststellende Befugnisse (§ 13 Abs. 3), auch bewilligende Befugnisse (§ 13 Abs. 4), sind aber in § 13 Abs. 5 nicht ermächtigt, sondern durch zwingende Vorschrift („hat") gebunden, so dass unterschiedliche Auffassungen in den einzelnen Ländern hoffentlich weitgehend vermieden werden.

7 Der durch den Ausschuss für Arbeit und Sozialordnung eingefügte Zusatz, dass der Sonntag und staatlich anerkannte Feiertag nicht nur als Tag der Arbeitsruhe, sondern auch als Tag „der seelischen Erhebung" zu schützen ist, entspricht Art. 139 Weimarer Verfassung, der ebenso lautete: „Der Sonntag und die staatlich anerkannten Feiertage bleiben als Tage der Arbeitsruhe und der seelischen Erhebung gesetzlich geschützt". Anschütz schreibt dazu (WV 2.–14. Aufl. 1921–1933) ziemlich unverändert: „Die Motive dieses Artikels liegen nicht lediglich in den im Text zum Ausdruck gebrachten sozialpolitischen („Arbeitsruhe") und ethischen („seelische Erhebung"), sondern doch auch – natürlich nur, soweit der Sonntag und andere kirchliche Feiertage in Betracht kommen – in kirchenpolitischen Erwägungen. Dadurch, dass auch der neue Staat den Sonntag und die von ihm anerkannten kirchlichen Feiertage schützt und für deren äußere Heilighaltung mit seinen Machtmitteln einsteht (vgl. StrGB § 366 Nr. 1), bezeugt er, dass er, wie es bisher Rechtens war, kirchliche Interessen im öffentlichen Leben besonders zu berücksichtigen gesonnen und insofern bereit ist, an seiner alten Stellung als advocatus Ecclesiae festzuhalten." Zunächst hatte er ausgeführt „die Rolle des advocatus Ecclesiae insofern weiterzuspielen". Man darf wohl nicht davon ausgehen, dass der Gesetzgeber jetzt noch den advocatus Ecclesiae „weiterspielen" wollte, als er die alte Fassung wiederherstellte. Vielmehr sollte wohl die Tradition zum Ausdruck gebracht werden, nach der im Abendland der Sonntag, nicht aber der Freitag oder Sonnabend herkömmlicherweise Ruhetag ist nach dem Wort Gottes in 1. Mose 2 Vers 2 und 3 und der Verantwortung vor Gott nach der Präambel des Grundgesetzes. Nur so kann die seelische Erhebung als ethisches Pendant zur Arbeitsruhe verstanden werden. Wer was wie am Sonntag tut, wird damit nicht behindert oder vorgeschrieben. Insbesondere in zwei Entscheidungen zum Ladenschlussrecht hat das Bundesverfassungsgericht den Sonntagsschutz als verfassungsmäßig geschützt erklärt und ausgeführt, dass damit nicht nur Art. 4 GG und Art. 139 WV erfüllt werden, sondern auch das Sozialstaatsprinzip, die körperliche Unversehrtheit, der Schutz von Ehe und Familie sowie die Versammlungsfreiheit geschützt sind. Das folgt insbesondere auch aus der in Art. 139 WV genannten Notwendigkeit der „Seelischen Erhebung" (BVerfG vom 9. 6. 2004, BVerfGE 111, 10 = AP Nr. 135 zu Art. 12 GG Rn. 182, vom 1. 12. 2009, BVerfGE 125, 39 Rn. 154). Geschützt sind aber nur die staatlich anerkannten Feiertage, nicht die nach den Ländergesetzen auch geschützten kirchlichen Feiertage, wie das schon der Weimarer Reichsverfassung entspricht (Baeck/Deutsch § 1 Rn. 13; Kufer SD 240 Rn. 36 ff.; Schliemann § 1 Rn. 9).

V. Bedeutung des Gesetzeszweckes

Die Schutzzwecke des Gesetzes wurden hervorgehoben, ohne dass damit 8
Rechte und/oder Pflichten des einzelnen Gesetzesunterworfenen verbunden sind. Man kann auch nicht davon ausgehen, dass einzelne der aufgeführten Zwecke höher stehen als andere, weil sie nur nebeneinander gestellt sind. Obwohl sie damit im Grundsatz als gleichrangig anzusehen sind, muss doch im Einzelfall abgewogen werden, wie die einzelnen Zweckbestimmungen zueinander stehen. Deshalb kann nicht generell gesagt werden, Sicherheit oder Gesundheitsschutz hätten stets Vorrang (so aber Anzinger/Koberski § 1 Rn. 4ff., 9; Schliemann § 1 Rn. 10), während demgegenüber Sonntagsschutz und Flexibilisierung zurückzutreten hätten. Vielmehr kommt es immer im Einzelfall darauf an, wie die einzelnen Zweckvorschriften sich in ihrer Gesamtheit auswirken und in welchem Verhältnis Sicherheit, Gesundheitsgefährdung, Flexibilisierung oder Sonn- und Feiertagsruhe zueinander stehen (Baeck/Deutsch § 1 Rn. 10; Junker, ZfA 1998, 105, 106; ErfK/Wank § 1 Rn. 9). Zutreffend können aber die im Gesetzgebungsverfahren abgelehnten Folgen z.B. für die Haus- und Erziehungsarbeit oder die arbeitsmarktpolitischen Auswirkungen bei dieser Abwägung keine entscheidende Rolle spielen (Baeck/Deutsch § 1 Rn. 4, 9; Schliemann § 1 Rn. 11f.). Trotzdem können auch solche Überlegungen ergänzend hinzugezogen werden, da die Aufzählung der Gesetzeszwecke keineswegs abschließend ist, sondern nur eine Hervorhebung darstellt.

Auch wenn die Zweckbestimmung kein materielles Recht darstellt und jede 9
Sanktion fehlt, besteht doch Einigkeit darüber, dass die genannten Ziele bei der Auslegung der Folgebestimmungen und bei der Anwendung des Gesetzes vor allem durch die Behörden bei Ermessensentscheidungen und bei Entscheidungen durch die Gerichte hinreichend berücksichtigt werden müssen (Anzinger § 297 Rn. 11f.; Anzinger/Koberski § 1 Rn. 17ff.; Baeck/Deutsch § 1 Rn. 6ff.; Buschmann/Ulber § 1 Rn. 1, 11ff.; Dobberahn Rn. 26; ErfK/Wank § 1 Rn. 4, 10; Kraegeloh § 1 Rn. 1; Kufer SD 240 Rn. 25; Linnenkohl/Rauschenberg § 1 Rn. 2; Roggendorff § 1 Rn. 2; Schliemann § 1 Rn. 1).

Als öffentlich-rechtlich zwingende, auch mit Strafe oder Buße bewehrte 10
Schutzvorschrift ist das ArbZG auch auf Grund seines Gesetzeswerkes ein Schutzgesetz i.S. von § 823 Abs. 2 BGB, dessen Verletzung Schadensersatzansprüche nach sich ziehen kann. Danach unzulässige Arbeiten machen einen dahingehenden Vertrag nach § 134 BGB nichtig, jedenfalls soweit er dem Schutzzweck zuwiderläuft. Nach § 17 Abs. 2 Arbeitsschutzgesetz kann der Beschäftigte Abhilfe verlangen und sich, ohne Nachteile befürchten zu müssen, an die Aufsichtsbehörde wenden (Anzinger/Koberski § 1 Rn. 30ff.; Buschmann/Ulber § 1 Rn. 12f.; Linnenkohl/Rauschenberg § 1 Rn. 77f.). Die Erstattung einer Anzeige beim Amt für Arbeitsschutz rechtfertigt keine fristlose Kündigung (LAG Köln vom 10.7.2003, ArbuR 2003, 435 = MDR 2004, 41 = ZTR 2003, 583).

Wesentlich für die Durchführung der Gesetzeszwecke ist weiter die Mitbe- 11
stimmung von Betriebsrat, Personalrat und Mitarbeitervertretung. Dabei geht es einmal um die Überwachung der Einhaltung der gesetzlichen Vorschriften (§§ 80 BetrVG, 68 BPersVG), zum anderen aber vor allem um Beginn und Ende der täglichen Arbeitszeit, Verteilung der Arbeitszeit auf die Wochenta-

§ 2 ArbZG   Erster Abschnitt. Allgemeine Vorschriften

ge, die Festlegung der Pausen (§§ 87 BetrVG, 75 BPersVG 38 MAVO, 40 MVG). Maßnahmen ohne die erforderliche Mitbestimmung sind unwirksam, die Arbeitnehmervertretung hat einen Unterlassungsanspruch und ein Initiativrecht (vgl. § 3 Rn. 24).

§ 2 Begriffsbestimmungen

(1) ¹Arbeitszeit im Sinne dieses Gesetzes ist die Zeit vom Beginn bis zum Ende der Arbeit ohne die Ruhepausen; Arbeitszeiten bei mehreren Arbeitgebern sind zusammenzurechnen. ²Im Bergbau unter Tage zählen die Ruhepausen zur Arbeitszeit.

(2) Arbeitnehmer im Sinne dieses Gesetzes sind Arbeiter und Angestellte sowie die zu ihrer Berufsbildung Beschäftigten.

(3) Nachtzeit im Sinne dieses Gesetzes ist die Zeit von 23 bis 6 Uhr, in Bäckereien und Konditoreien die Zeit von 22 bis 5 Uhr.

(4) Nachtarbeit im Sinne dieses Gesetzes ist jede Arbeit, die mehr als zwei Stunden der Nachtzeit umfasst.

(5) Nachtarbeitnehmer im Sinne dieses Gesetzes sind Arbeitnehmer, die
1. auf Grund ihrer Arbeitszeitgestaltung normalerweise Nachtarbeit in Wechselschicht zu leisten haben oder
2. Nachtarbeit an mindestens 48 Tagen im Kalenderjahr leisten.

Übersicht

	Rn.
I. Entstehung	
Die Vorschrift beruht auf dem Regierungsentwurf. Eine Erweiterung für Heimarbeiter und arbeitnehmerähnliche Personen wurde abgelehnt	1
Abgelehnt wurde auch die Vorverlegung der Nachtarbeit auf 22 Uhr und eine gesonderte Definition für Ruhepause, Ruhezeit, Bereitschaftsdienste	2
Als Nachtarbeit gilt nur normalerweise geleistete Wechselschicht	3
II. Arbeitszeit	
Im Bergbau unter Tage gilt die Schichtzeit als Arbeitszeit	4, 5
Neben Schichtzeit sind Wechselschichten, Über- und Nebenschichten zu unterscheiden	6–8
Eine Wochenarbeitszeit wird nicht festgelegt, gilt aber für Jugendliche	9
Bei Arbeiten mit krebserregenden Stoffen über der Auslöseschwelle gilt eine Wochenarbeitszeit von 40 Stunden bzw. 42 Stunden in Vierschichtbetrieben	10
Arbeitszeit gilt überall, auch in eigenen Räumen	11
Arbeitsbereitschaft ist Arbeitszeit	12
Unzulässig geleistete Arbeit zählt zur Arbeitszeit, u. U. auch Kleidungswechsel	13
Wegezeiten sind nur nach Beginn der Arbeit Arbeitszeiten	14
Dienstreisen sind keine Arbeitszeit	15
Beginn und Ende richtet sich in der Regel nach dem Betreten und Verlassen der Arbeitsstätte	16
Ruhepausen zählen nicht zur Arbeitszeit	17
III. Mehrere Unternehmen	
Arbeiten für mehrere Unternehmer sind zusammenzuzählen	18
Es besteht eine Pflicht zur Erkundigung über andere Arbeiten	19
Vertragliche Vereinbarungen, die zur Beschäftigung über die Höchstzeiten führen, sind nichtig	20

Begriffsbestimmungen **ArbZG § 2**

Rn.

IV. Der Arbeitnehmerbegriff
Der Arbeitnehmerbegriff ist nicht gesetzlich definiert, er kann nur der ausführlichen Rechtsprechung entnommen werden .... 21, 21 a

V. Nachtzeit
Die Nachtzeit richtet sich nach der mitteleuropäischen (Sommer-)Zeit und kann kollektivrechtlich verschoben werden 22
Für Bäckereien und Konditoreien ist die Nachtzeit eine Stunde vorgezogen 23

VI. Nachtarbeit
Nachtarbeit nimmt geringfügige Zeiten bis zu 2 Stunden aus 24
Das gilt auch bei tariflicher Verschiebung 25

VII. Nachtarbeitnehmer
Der Begriff beruht auf dem IAO-Übereinkommen 171 26
Nachtarbeitnehmer arbeiten in Wechselschicht nachts 27
Nachtarbeitnehmer sind auch Arbeitnehmer, die vertraglich die geforderten Anforderungen erfüllen sollen 28
Bei Nachtarbeit an 48 Tagen kommt es nicht erst auf die erbrachte Leistung an 29, 30
Maßgeblich sind nicht die Kalendertage sondern die Nächte 31
Nachtarbeitnehmereigenschaft gilt auch bei mehreren Arbeitgebern 32, 33

I. Entstehung

Die Vorschrift entspricht dem Regierungsentwurf (BR-Drucks. 507/92 = BT-Drucks. 12/5888). Änderungsvorschläge wurden nicht angenommen. Der SPD-Entwurf (BT-Drucks. 12/5282) hatte in § 2 zum Anwendungsbereich vorgesehen, dass das Gesetz auf alle Arbeitnehmerinnen und Arbeitnehmer, Beamtinnen und Beamte einschl. Praktikantinnen und Praktikanten und Hausangestellte gilt. In § 3 wurde dann zu den Arbeitnehmerinnen und Arbeitnehmern auch die in Heimarbeit beschäftigten Personen und die ihnen gleichgestellten sowie sonstige arbeitnehmerähnliche Personen gezählt. Der Bundesrat folgte dann im wesentlichen den Empfehlungen seines Ausschusses für Arbeit und Sozialordnung (BR-Drucks. 507/1/93) und wollte nach seiner Stellungnahme (BT-Drucks. 12/5888 Anlage 2 S. 37) ebenfalls den Arbeitnehmerbegriff weit fassen und mit Bezug auf die Rahmenrichtlinien der EG 89/391 EWG die in Heimarbeit Beschäftigten, die ihnen Gleichgestellten und die sonstigen arbeitnehmerähnlichen Personen einbeziehen. Die Bundesregierung lehnte das ab (BT-Drucks. 12/5888 Anlage 3 S. 50). 1

Die weiteren Stellungnahmen des Bundesrates (BT-Drucks. 12/5888 Anlage 2 S. 37 f.) entstammen ebenfalls dem SPD-Entwurf (BT-Drucks. 12/5282) und den Empfehlungen des Ausschusses für Arbeit und Sozialordnung. Danach sollte die Nachtzeit 22 Uhr statt 23 Uhr beginnen und die tägliche Arbeitszeit, die Schichtzeit, die Wochenarbeitszeit, die Ruhepause, die Ruhezeit, die Arbeitsbereitschaft, der Bereitschaftsdienst und die Rufbereitschaft in besonderen Abs. 6–13 eigens definiert werden. Die Bundesregierung hat dem nicht zugestimmt (BT-Drucks. 12/5888 Anlage 3 S. 50), da bedeutsame Nachtzeit die Zeit zwischen 1 Uhr und 4 Uhr sei (Rutenfranz/Beermann/Löwenthal, Nachtarbeit für Frauen, 1987). Die Gleichstellung des Bereitschaftsdienstes mit der Arbeitsbereitschaft und der Einordnung als Arbeitszeit durch das Gesetz vom 24. 12. 2003 bewirkt, dass ab 1. 1. 2004 Bereitschaft keine Ruhezeit mehr sein kann. 2

§ 2 ArbZG Erster Abschnitt. Allgemeine Vorschriften

3 In den Ausschussberatungen (BT-Drucks. 12/6990) wurde in Abs. 5 die Ziffer 1 geändert. Ursprünglich sollten nach dem Regierungsentwurf Nachtarbeitnehmer die Arbeitnehmer sein, die auf Grund ihrer Arbeitszeitgestaltung regelmäßig wiederkehrend in Wechselschichtarbeit Nachtarbeit zu leisten haben, was dann umgewandelt wurde in „normalerweise Nachtarbeit in Wechselschicht". Durch diese Änderung sollte ausgeschlossen werden, dass Arbeitnehmer, die nur ausnahmsweise Nachtarbeit in Wechselschicht zu leisten haben, z. B. nur einmal im Monat, auch als Nachtarbeitnehmer im Sinne des Gesetzes anzunehmen sind. Vorgaben für die Nachtarbeit waren das Übereinkommen Nr. 171 über Nachtarbeit der IAO und die EG-Richtlinie 93/104 vom 23. 11. 1993 (vgl. jetzt Anhang Nr. 6).

II. Arbeitszeit

4 Die Arbeitszeit wird in Abs. 1 als Zeit vom Beginn bis zum Ende der Arbeit ohne Ruhepausen definiert. Nach der Regierungsbegründung entspricht das der früheren Vorschrift des § 2 AZO. Dort war in Abs. 1 ebenfalls bestimmt, dass Arbeitszeit die Zeit vom Beginn bis zum Ende der Arbeit ohne Ruhepausen ist. Die frühere Sonderregelung für den Steinkohlenbergbau als Schichtzeit vom Beginn der Seilfahrt bei der Einfahrt bis zum Wiederbeginn der Ausfahrt oder vom Eintritt in das Stollenmundloch bis zum Wiederaustritt findet sich jetzt nur noch in § 4 Abs. 3 JArbSchG. Mehrere Beschäftigungen sind wie nach der früheren Regelung zusammenzunehmen. Für Jugendliche gilt dasselbe und § 4 Abs. 5 JArbSchG.

5 Die Sonderregelung des **Bergbaus unter Tage** bezieht sich jetzt nicht nur auf den Steinkohlenbergbau, sondern auf jeden Bergbau unter Tage, also insbes. auch auf den Kalibergbau oder unter Tage abgebaute Braunkohle. Im Bergbau unter Tage gilt die Arbeitszeit einschließlich der Ruhepausen. Das wird allgemein als Schichtzeit bezeichnet. Das ArbZG kennt diesen Begriff nicht mehr, die Bundesregierung hat in ihrer Antwort auf den Vorschlag des Bundesrates, die Schichtzeit in Abs. 7 als Summe der täglichen Arbeitszeit und der Ruhepausen zu definieren, mitgeteilt, dass die Begriffe verständlich oder von der Rechtsprechung konkretisiert seien und die Schichtzeit im ArbZG nicht geregelt sei. Für den Bergbau unter Tage ist sie aber damit doch geregelt, und es bleibt bei dem bisher bekannten Begriff der **Schichtzeit**. Ausdrücklich wird die Schichtzeit aber noch in § 4 Abs. 2 JArbSchG gleich der früheren Regelung definiert. Die Tarifverträge verwenden dementsprechend den Begriff der Schichtzeit, die nach § 8 MTV für Arbeiter des rheinisch-westfälischen Steinkohlenbergbaus für Untertagearbeiten für jeden einzelnen Mann vom Beginn der Seilfahrt bis zum Wiederbeginn der Ausfahrt einschließlich der Pausen 8 Stunden und an heißen Betriebspunkten noch weniger (§ 9) beträgt. Im MTV für Arbeitnehmer des Saarbergbaus vom 20. 8. 1990 i. d. F. vom 6. 2. 2003 heißt es in § 8: „Die Schichtzeit der Arbeitnehmer unter Tage beträgt – einschließlich der Pausen – acht Stunden. Sie beginnt für jeden einzelnen Arbeitnehmer in der Regel mit dem Betreten des Förderkorbes oder des Stollenmundlochs bei der Einfahrt und endet mit dem Verlassen des Förderkorbes oder des Stollenmundloches bei der Ausfahrt." Das ist bereits eine Verlängerung gegenüber § 2 Abs. 2 AZO und auch der Regelung in Rhein-

Begriffsbestimmungen **ArbZG § 2**

land-Westfalen, nach denen die Schichtzeit bereits mit Wiederbeginn der Ausfahrt und nicht erst beim Verlassen des Förderkorbes nach der Ausfahrt endete. Für **Jugendliche** ist ausdrücklich für jede Art von Bergbau die Arbeitszeit unter Tage als Schichtzeit festgelegt (§ 4 Abs. 3 JArbSchG). Wie im Saarland gilt für Jugendliche, soweit sie überhaupt nach § 24 JArbSchG unter Tage beschäftigt werden dürfen (nur über 16 Jahre zur Ausbildung und bei Gewährleistung der Aufsicht eines Fachkundigen), die Schichtzeit bereits vom Betreten des Förderkorbes bei der Einfahrt bis zum Verlassen des Förderkorbes bei der Ausfahrt (§ 4 Abs. 3 Satz 2 JArbSchG). Da ohnehin für Jugendliche längere, in die Schichtzeit einzurechnende Pausen einzuhalten sind, können sie im Regelfall nicht in vollem Umfang gleichzeitig mit Erwachsenen dieselbe Schicht unter Tage verfahren. Die Tarifvertragsparteien regeln im Übrigen Beginn und Ende der Schichtzeit auch im Bergbau unter Tage.

Der Begriff der Schichtzeit oder **Schicht** ist aber nicht auf den Bergbau 6 unter Tage beschränkt. Nach dem SPD-Entwurf (BT-Drucks. 12/5282) sollte die Schichtzeit die tägliche Arbeitszeit um nicht mehr als 3 Stunden überschreiten dürfen (§ 8 des Entwurfs). Auch wenn dieser Begriff nicht im ArbZG enthalten ist, bleibt er bestehen. Die Richtlinie 2003/88 EG über bestimmte Aspekte der Arbeitszeitgestaltung v. 4. 11. 2003 (ABl. L 299/9) enthält in Art. 2 Nr. 5 eine Begriffsbestimmung der Schichtarbeit: Jede Form der Arbeitszeitgestaltung kontinuierlicher oder nicht kontinuierlicher Art mit Belegschaften, bei der Arbeitnehmer nach einem bestimmten Zeitplan, auch im Rotationsturnus, sukzessive an den gleichen Arbeitsstellen eingesetzt werden, so dass sie ihrer Arbeit innerhalb eines Tages oder Wochen umfassenden Zeitraums zu unterschiedlichen Zeiten verrichten müssen. Der Begriff Schicht bedeutet die Zeit, in der der Arbeitnehmer ununterbrochen im Betriebe sein muss, um die ihm obliegende Arbeit zu leisten, umfasst die Pausen mit, sei es, dass wegen des ununterbrochenen Fortganges der Arbeit keine längeren festen Pausen, sondern nur Kurzpausen eingelegt werden können (§ 7 Abs. 1 Nr. 2), die Schichtzeit hier also gleich der Arbeitszeit ist, und zwar nicht nur im Bergbau, sondern auch sonst, da die kurzen Pausen von der Arbeitszeit nicht getrennt werden können, oder dass feste Pausen von längerer oder kürzerer Zeit gewährt werden, die Arbeitsschicht sich dadurch verlängert. Tariflich können auch besondere Begriffe für Schicht festgelegt werden, so z.B. im Tarifvertrag für das private Omnibusgewerbe in Bayern Nr. 6, wo festgelegt ist, dass bei einer Freizeit von weniger als 2 Stunden keine geteilte Schicht, sondern eine durchgehende Arbeitszeit vorliegt (BAG vom 17. 9. 2003, AP Nr. 9 zu § 1 TVG Tarifverträge Verkehrsgewerbe). Die Schicht spielt insbesondere eine Rolle in den sogen. mehrschichtigen Betrieben, in denen nicht sämtliche Beschäftigte eines Betriebes zu gleicher Zeit arbeiten, sondern – nicht nur vorübergehend – der eine Teil arbeitet, während der andere Teil feiert, beide sich regelmäßig ablösen (sogen. **Schichtarbeit,** RAG ArbRS 36, 179; BAG vom 23. 9. 1960, AP Nr. 4 zu § 2 AZO, zuletzt vom 8. 7. 2009, AP Nr. 7 zu § 8 TVöD, vom 21. 10. 2009, AP Nr. 2, 3 zu § 7 TVöD, vom 19. 1. 2010, AP Nr. 45 zu § 7 BUrlG, vom 24. 3. 2010, AP Nr. 10 zu § 8 TVöD, 23. 6. 2010, AP Nr. 4 zu § 7 TVöD, 21. 9. 2010, NZA 2011, 480, 14. 12. 2010, AP Nr. 51 zu § 1 TVG Altersteilzeit, 15. 3. 2011, AP Nr. 1 zu § 26 TVöD; 13. 6. 2012, NJW-Spezial 2012, 563; vgl.

§ 2 ArbZG Erster Abschnitt. Allgemeine Vorschriften

auch Anzinger § 300 Rn. 8; Anzinger/Koberski § 2 Rn. 15; Baeck/Deutsch § 2 Rn. 64; Buschmann/Ulber § 2 Rn. 26, § 6 Rn. 6; Dobberahn Rn. 93; Schliemann § 6 Rn. 11). Der Begriff ist auch für die Entlohnung wesentlich, weil in vielen Betrieben der Zeitlohn nicht nach Stunden, sondern nach der Arbeitszeit an einem Tage, also der Schicht, berechnet wird. Das JArbSchG definiert im § 4 Abs. 2 die tägliche Schichtzeit dementsprechend ausdrücklich mit täglicher Arbeitszeit unter Hinzurechnung der Ruhepausen. In § 12 JArbSchG ist die Schichtzeit Jugendlicher auf 10 Stunden, im Bergbau unter Tage auf 8 Stunden, in der Landwirtschaft, im Gaststättengewerbe, in der Tierhaltung sowie auf Bau- und Montagestellen auf 11 Stunden begrenzt.

7 Müssen die Arbeiten in unterbrochenen 3 Schichten (Morgen-, Mittags- und Nachtschicht) fortgeführt werden, so liegen **Wechselschichten** vor, auch wenn der Betrieb nicht sonntags weitergeht wie bei den durchgehenden Betrieben i. S. des § 12 Nr. 4, sondern am Sonntag nur bestimmte Arbeiten gemäß § 10 vorgenommen werden. Von Wechselschichten wird aber auch im 2-Schichtenbetrieb (Früh- und Spätschicht) gesprochen. Zuweilen wird in Tarifverträgen der 3-Schichtbetrieb lohnrechtlich anders behandelt als der 2-Schichtenbetrieb, was vor allem in der Höhe der Zuschläge zum Ausdruck kommen kann. Dagegen liegt keine Schichtarbeit vor, wenn nur einzelne Arbeiter eine andere Arbeitszeit haben. Dagegen ist ein Betrieb „mehrschichtig", in dem jeweils die Beschäftigten nicht zur gleichen Zeit arbeiten; dabei brauchen sich die einzelnen Schichten nicht abzulösen, sondern können sich auch teilweise überdecken (LAG Hamm vom 30. 11. 1971, DB 1972, 294). So schadet es nicht, wenn sich die einzelnen Schichten mit zweistündiger Versetzung absetzen (BAG vom 18. 7. 1990, AP Nr. 1 zu § 14 TV B II Berlin). Diese Unterscheidung ist bedeutsam bei den tariflichen Regelungen über Zuschläge von Nachtarbeit und im öffentlichen Dienst (vgl. BAG seit 17. 4. 1958, 23. 9. 1960, AP Nr. 1, 4 zu § 2 AZO, zuletzt vom 20. 1. 2010, AP Nr. 8 zu § 1 TVG Tarifverträge: Krankenanstalten, vom 24. 3. 2010, AP Nr. 4 zu § 24 TVöD, AP Nr. 11 zu § 8 TVöD, vom 13. 6. 2012, NJW-Spezial 2012, 563). Möglich sind auch 4 Schichten mit sehr langer Schichtzeit (vom 6.00 bis 18.15 und 18.00 bis 6.15; vgl. Gehrunger, DB 1981, 1517). Die Einführung der Schichtarbeit und ihre Durchführung unterliegt der Mitbestimmung des Betriebsrats nach § 87 BetrVG (BAG vom 28. 10. 1986, 27. 6. 1989, 23. 7. 1996, 28. 5. 2002, 1. 7. 2003, 29. 9. 2004, 8. 7. 2009, 13. 8. 2010, AP Nr. 20, 35, 96, 103, 111 zu § 87 BetrVG 1972 Arbeitszeit, Nr. 26 zu § 87 BetrVG 1972 Ordnung des Betriebes, Nr. 7 zu § 8 TVöD), Nr. 141 zu Art. 9 GG.

8 Die Begriffe der „Überschichten" und „Nebenschichten" sind vor allem aus dem Bergbau bekannt. Dort bezeichnet man mit einer Überschicht die im unmittelbaren Anschluss an eine regelmäßige Arbeitsschicht liegende verlängerte Arbeitszeit. Nebenschichten sind hingegen von der normalen Arbeitsschicht durch Pausen getrennte zusätzliche Schichten (BAG vom 10. 10. 1957, AP Nr. 12 zu § 1 TVG Auslegung, vom 16. 5. 1962, AP Nr. 7 zu § 611 BGB Mehrarbeitsvergütung, vom 15. 9. 1971, AP Nr. 15 zu § 611 BGB Bergbau).

9 Eine **Wochenarbeitszeit** ist gesetzlich im ArbZG nicht geregelt. Versuche, die Wochenarbeitszeit gesetzlich zu begrenzen, wie sie der SPD-Entwurf

(BT-Drucks. 12/5282 § 9) mit 40 Stunden an fünf Tagen in der Regel beschränken wollte und auch in den Bundesratsausschussberatungen (Empfehlungen 507/1/93) als § 3a über die Wochenarbeitszeit eingeführt werden sollten, haben schon im Bundesrat keine Mehrheit gefunden. Im Gegensatz zur früheren Regelung nach der AZO ist jetzt nach § 11 Abs. 2 jedoch die Sonn- und Feiertagsarbeit in die Höchstarbeitszeiten einzurechnen. Damit gelten die Arbeitszeitgrenzen jedenfalls mittelbar auch für die Wochenarbeitszeit, die allerdings bei Ausdehnung auf 10 Stunden täglich mit späterem Ausgleich ohne weiteres 60 Stunden betragen kann. Die Richtlinie 93/104/EG schreibt jedoch ebenso wie die Richtlinie 2003/88/EG vom 4. 11. 2003 jeweils in Art. 6 eine wöchentliche Höchstarbeitszeit von 48 Stunden einschließlich der Überstunden vor. Die Umsetzung dieser Richtlinien durch das Gesetz zu Reformen am Arbeitsmarkt vom 24. 12. 2003 (BGBl. I S. 3002) hat deshalb § 7 Abs. 8 eingefügt, wonach die Arbeitszeit 48 Stunden wöchentlich im Durchschnitt von 12 Kalendermonaten (bzw. 6 Monaten bei Bewilligung durch die Aufsichtbehörde) eingehalten werden muss. Diese Grenze von 48 Stunden gilt einschließlich der Arbeitsbereitschaft und auch für Tarifverträge in der Übergangszeit des § 25 (BAG vom 24. 1. 2006, AP Nr. 8 zu § 3 ArbZG). Damit gilt diese Wochenarbeitszeit von 48 Stunden zwar nicht als Höchstarbeitszeit, muss aber durch Ausgleich insgesamt eingehalten werden. Nur das JArbSchG kennt die Wochenarbeitszeit von 40 Stunden als Höchstarbeitszeit (§ 18 JArbSchG) an 5 Tagen in der Woche (§ 15 JArbSchG). Sonn- und Feiertagsarbeit sind durch Freizeit auszugleichen (§ 16 Abs. 3, § 17 Abs. 3 JArbSchG). Durch Tarifvertrag ist eine Ausdehnung auf 44 Stunden an 5½ Tagen zulässig, wenn der Ausgleich auf 40 Wochenarbeitsstunden in 2 Monaten gesichert ist (§ 21a JArbSchG). Die Regelung der Wochenarbeitszeit bleibt damit für Erwachsene den Tarifverträgen vorbehalten, die z. Zt. zur 35-Stunden-Woche übergehen, in Sonderfällen (VW) sogar verkürzt die 28-Stunden-Woche vorübergehend eingeführt hatten.

Eine Sondervorschrift über die Begrenzung der Wochenarbeitszeit enthielt noch § 15a Abs. 5 der Gefahrstoffverordnung i. d. F. vom 15. 11. 1999 (BGBl. I S. 2233, zuletzt geändert durch VO vom 25. 11. 2003, BGBl. I S. 2304). Wenn die dort festgelegte Auslöseschwelle für krebserzeugende Gefahrstoffe überschritten wird, durften Arbeitnehmer täglich nicht länger als 8 Stunden und wöchentlich nicht länger als 40 Stunden – bei Vierschichtbetrieben 42 pro Woche im Durchschnitt von vier aufeinanderfolgenden Wochen – beschäftigt werden. Die Neufassung der GefahrstoffVO vom 23. 12. 2004 (BGBl. I S. 3758, zuletzt vom 28. 7. 2011, BGBl. I S. 1622) enthält keine Arbeitszeitbegrenzung mehr sondern schreibt nur Vorsorgeuntersuchungen, Biomonitoring und zusätzliche Schutzmaßnahmen bei gesundheitlichen Bedenken vor, insbesondere die Begrenzung der Dauer der Exposition (§§ 8ff. GefStoffV). **10**

Die Arbeitszeit beginnt mit der Aufnahme der Arbeit und endet mit deren Beendigung. In der Regel ist das Beginn und Ende der Arbeit am Arbeitsplatz, der überall gelegen sein kann, also nicht im Betrieb liegen muss, sondern als Außenarbeit, Telearbeit überall liegen kann. Früher war die Mitgabe von Arbeit nach Hause besonders geregelt. § 137a GewO und § 18 AZO 1934 verboten dies für Jugendliche und Frauen und ließen die Mitgabe nur für Zeiten zu, in denen im Betrieb zulässigerweise gearbeitet worden wäre. **11**

§ 2 ArbZG Erster Abschnitt. Allgemeine Vorschriften

§ 2 Abs. 3 AZO bestimmte ausdrücklich, dass Arbeitszeit auch die Zeit ist, während der ein im Übrigen im Betrieb beschäftigter in seiner eigenen Wohnung oder Werkstätte oder sonst außerhalb des Betriebes beschäftigt wird. Auch ohne eine solche besondere Vorschrift leisten aber Arbeitnehmer im abhängigen Arbeitsverhältnis stets Arbeit im Sinne der öffentlich-rechtlichen Arbeitszeitschutzvorschriften, ganz gleich, an welcher Stelle diese Arbeit zu leisten ist. Abzugrenzen ist hier nur die Tätigkeit als Arbeitnehmer von der eines Heimarbeiters oder sonst einer arbeitnehmerähnlichen Person. Der Ort der Arbeit ist sonst ohne Belang.

12 Arbeitszeit ist nicht nur die Zeit, in der der Arbeitnehmer tatsächlich für den Arbeitgeber Dienste leistet, also arbeitet, sondern auch die Zeit, in der er sich zwecks Erfüllung dieser Verpflichtung dem Arbeitgeber zur Verfügung halten, in dem Betriebe anwesend sein muss, auch wenn der Arbeitgeber von seiner Arbeitsleistung keinen Gebrauch macht. Es kommt auch nicht darauf an, ob der Arbeitnehmer während der ganzen Zeit wirklich Arbeit leistet oder zeitweilig nur die Betriebsvorgänge im Allgemeinen zu beachten hat und sich zum Eingreifen bereithalten muss **(Arbeitsbereitschaft)**. Im Gegensatz zum bisherigen Recht gilt ab 1. 1. 2004 auch der **Bereitschaftsdienst** ebenso wie die Arbeitsbereitschaft als Arbeitszeit (vgl. zur Änderung Einl. Rn. 30 ff.). Daraus folgt, dass Arbeitsbereitschaft und Bereitschaftsdienst nicht zur Ruhezeit gerechnet werden können und auch keine Zeit der Nachtruhe wird, sie berechtigen jedoch zu einer Verlängerung der Arbeitszeit, wenn der Ausgleich eingehalten wird (vgl. § 7 Rn. 8 ff.), oder u. U. auch ohne Ausgleich (§ 7 Abs. 2 a Rn. 19 a). Das Bereithalten mit Hilfe der modernen Kommunikationsmittel von Handy, Laptop oder Smartphone ist in der Regel allenfalls Rufbereitschaft, wenn dies vom Arbeitgeber gefordert wird (§ 7 Rn. 13 a).

13 Arbeitszeit ist auch die unzulässig geleistete Arbeit oder die Arbeit, die außerhalb des Rahmens des Arbeitsvertrages gefordert und geleistet wird. Arbeitszeit ist darüberhinaus die Zeit, in der der Arbeitnehmer im Interesse des Unternehmens sich untersuchen lassen muss (BAG vom 10. 5. 1957, AP Nr. 5 zu § 611 BGB Lohnanspruch), weil es sich hier um eine Dienstleistung für den Arbeitgeber handelt. Dazu gehört aber nicht eine Tauglichkeitsuntersuchung nach polizeilichen Vorschriften für den Bergbau (BAG vom 8. 3. 1961, AP Nr. 12 zu § 611 BGB Lohnanspruch). Soweit der Arbeitnehmer Sicherheitskleidung tragen muss, gehört das An- und Ausziehen ohne andere tarifliche Bestimmungen ebenfalls zur Arbeitszeit (LAG Stuttgart vom 12. 2. 1987, AiB 1987, S. 247), 8. 2. 2010, ZTR 2010, 238). Bei besonderer Arbeitskleidung kommt es darauf an, ob es sich um eine besonders typische und auffällige Firmenkleidung handelt, nur dann handelt es sich um Arbeitszeit (BAG vom 10. 11. 2009, AP Nr. 125 zu § 87 BetrVG Arbeitszeit, Kühn, ArbuR 2010, 303, Mareck, AA 2010, 66). Das BAG hat das aber nur für die Mitbestimmung entschieden. Für die Bezahlung der Zeit **An- und Umkleidens** ist zu unterscheiden. In der Regel ist Umkleiden und Waschen nicht vergütungspflichtig (BAG vom 11. 10. 2000, AP Nr. 20 zu § 611 BGB Arbeitszeit). Eine Vergütungspflicht wurde auch abgelehnt, wenn tariflich oder durch Dienstvereinbarung die Vergütung insgesamt geregelt ist (BAG vom 18. 5. 2011, NZA 2011, 1247 für Krankenhauskleidung und Desinfek-

tion nach TVöD-K), anders für das Umkleiden einer OP-Schwester, hier gehört dies zur Arbeitszeit (BAG vom 19. 9. 2012 – 5 AZR 678/11). Ebenso abgelehnt wurde das An- und Umziehen der Polizeiuniform als Arbeitszeit (OVG Münster vom 2. 12. 2010, DÖD 2011, 133, VGH Mannheim vom 28. 7. 2011, NVwZ-RR 2012, 117, anders aber als Arbeitszeit dort für An- oder Ablegen von Schutzweste und Dienstwaffe). Im Ergebnis ist mit der Entscheidung des BAG vom 10. 11. 2009 davon auszugehen, dass nur das Wechseln spezieller und auffälliger Firmenkleidung Arbeitszeit ist, die der Mitbestimmung des Betriebsrates unterliegt und ohne andere Regelung nach § 612 BGB zu bezahlen ist (Kühn, ArbuR 2010, 303). Andere, auch von dem Arbeitgeber gewünschte (z. B. ordentliche oder arbeitsgerechte), auch auf der Straße zu tragende Kleidung gehört dagegen zur Privatsphäre, ihr Wechsel ist weder Arbeitszeit noch vergütungspflichtig.

Zur Arbeitszeit gehören auch die **Wegezeiten** zwischen dem Betrieb und einer äußeren Arbeitsstelle oder mehreren untereinander, Wegezeiten zu einer äußeren Arbeitsstelle nur, soweit sie länger sind als für den Weg von zu Hause zum Betrieb, da dieser nicht zur Arbeitszeit gehört. Der Weg von der Wohnung zum Betrieb gehört deshalb nicht zur Arbeitszeit (BAG vom 26. 8. 1960, AP Nr. 2 zu § 611 BGB Wegezeit; vom 19. 1. 1977, AP Nr. 5 zu § 42 BAT). Dagegen gehören Wege im Betrieb und von dort zu außerhalb gelegenen Stätten zur Arbeitszeit (BAG vom 2. 12. 1959, 28. 6. 1961, AP Nr. 2, 4 zu § 2 TOA; BAG vom 8. 12. 1960, 28. 3. 1963, AP Nr. 1, 3 zu § 611 BGB Wegezeit; vom 17. 9. 2003, AP Nr. 9 zu § 1 TVG Tarifverträge Verkehrsgewerbe; vom 11. 7. 2006, AP Nr. 10 zu § 611 BGB Dienstreise). „Fahrgastfahrten" von Bundesbahnangehörigen werden in diesem Sinne nicht als Arbeitszeit, sondern nur als Bereitschaft angesehen (BAG vom 12. 4. 1965, AP Nr. 7 zu § 611 BGB Wegezeit; vom 14. 4. 1966, AP Nr. 2 zu § 13 AZO; BVerwG vom 8. 3. 1967, AP Nr. 4 zu § 13 AZO; für Bahnbetriebsratsmitglieder BAG vom 16. 4. 2003, AP Nr. 138 zu § 37 BetrVG 1972). Außendienstmitarbeiter führen Reisen als Hauptpflichten durch. Sowohl die Fahrten zum und vom Kunden als auch die Fahrten von Kunde zu Kunde sind ihnen auferlegte Dienstleistungen und gehören zu ihrer Arbeitszeit (BAG 3. 9. 1997, AP Nr. 1 zu § 611 BGB Dienstreise, vom 16. 1. 2002, AP Nr. 7 zu § 2 EntgeltFG, vom 14. 11. 2006, AP Nr. 121 zu § 87 BetrVG Arbeitszeit, vom 22. 4. 2009, AP Nr. 11 zu § 611 BGB Wegezeiten). Die Vergütung von Wegezeiten als Beifahrer muss klar geregelt werden, die Formel Reisezeiten außerhalb normaler Arbeitszeit sind abgegolten reicht nicht aus (BAG zum 20. 4. 2011, AP Nr. 51 zu § 307 BGB). Für Forstarbeiter ist die Wegezeit tariflich geregelt (BAG vom 8. 5. 2003, AP Nr. 4 zu § 1 TVG Tarifverträge Waldarbeiter, zu der Fahrzeugentschädigung vgl. BAG vom 14. 10. 2004, AP Nr. 6 zu § 1 TVG Tarifverträge Waldarbeiter). Dagegen sind Arbeitszeit Zeiten, die ein Bauleiter auf dem Weg zu verschiedenen Baustellen verbringt (LAG Düsseldorf vom 6. 12. 1957, BB 1958 S. 341); Wartezeiten eines Kraftfahrers am Zielort eines Ausflugs (LAG Stuttgart vom 28. 3. 1960, BB 1960 S. 627); der Anmarsch zu einem vom Arbeitgeber angeordneten Lehrgang (LAG Hannover vom 6. 9. 1962, ArbuR 1963 S. 29). Solche Wegezeiten können als Arbeitszeit ggf. vermindert bezahlt oder anders vergütet werden (§ 17 BAT, § 39 MTL, vgl. BAG vom 6. 12. 1961, AP Nr. 1 zu § 39 MTL). Wegezeiten bei der Wasser- und Schiff-

§ 2 ArbZG　　　　　　　　Erster Abschnitt. Allgemeine Vorschriften

fahrtsverwaltung werden durch 50% Freizeit ausgeglichen (BAG vom 14. 12. 2010, AP Nr. 11 zu § 610 BGB Dienstreise). Für Wegezeiten zwischen Ablösestellen von Busfahrern und Wegen zwischen Ablösestellen und der Abrechnungsstelle gelten die tariflichen Regelungen, ein Rückgriff auf § 612 Abs. 1 BGB scheidet aus (BAG vom 21. 12. 2006, AP Nr. 10 zu § 611 BGB Wegezeit), dagegen sind sonst Wendezeiten Arbeitszeit (BAG vom 17. 7. 2008, AP Nr. 1 zu § 48 BMT-G-O). Im **Baugewerbe** ist in diesem Sinn tariflich festgelegt, dass die Arbeitszeit an der Arbeitsstelle beginnt und endet, bei Baustellen größerer Ausdehnung an der im Einvernehmen mit dem Betriebsrat zu bestimmenden Sammelstelle (§ 3 Ziff. 4 BRTV Bau), daneben gibt es aber tariflich Fahrkostenerstattung und Wegezeitvergütung (§ 7 BRTV Bau; vgl. BAG AP Nr. 16, 17, 20, 26, 39, 40, 48, 121, 136, 144, 146, 155, 165, 190, 206, 207, 217, 224, 294, 295 zu § 1 TVG Tarifverträge: Bau; vgl. auch Anhang § 7 unter I und die dazu angeführte Rechtsprechung). Entsprechendes gilt für den Garten-, Landschafts- und Sportplatzbau (vgl. BAG vom 15. 3. 1989, AP Nr. 9 zu § 611 BGB Wegezeit und für das Isoliergewerbe (BAG vom 11. 11. 1997, AP Nr. 1 zu § 1 TVG Tarifverträge: Isoliergewerbe).

15　　Keine Arbeitszeit sind **Dienstreisen**, d. h. Fahrten an einen anderen Ort, um dort Dienstgeschäfte zu erledigen. Das gilt auch für Fahrten in einem zur Verfügung gestellten Kraftwagen (BAG vom 6. 10. 1965, 22. 2. 1978, AP Nr. 1, 3 zu § 17 BAT; Hunold, DB 1977 S. 1506, AuA 2007 S. 341 mit Beispielen). Eine Ausnahme kann nur dann gelten, wenn auf der Reise Arbeit im eigentlichen Sinn geleistet wird (Abhaltung von Konferenzen, Bearbeitung von Akten). Auch hier ist zu unterscheiden zwischen Dienstreisen als Arbeitszeit im öffentlich-rechtlichen Sinn und der Frage, wie Zeiten der Dienstreise als im Interesse des Arbeitgebers verbrachte Zeiten zu vergüten sind. Ein typisches Beispiel dafür war § 17 Abs. 2 BAT (vgl. BAG vom 11. 7. 2006, AP Nr. 10 zu § 611 BGB Dienstreise; Heins/Leder, NJW 2007 S. 249). Jetzt gelten § 6 Abs. 11 TV-L und § 44 Abs. 2 TVöDBT-V. Danach gilt nur die Zeit der dienstlichen Inanspruchnahme am auswärtigen Geschäftsort als Arbeitszeit. Für jeden Reisetag wird jedoch die regelmäßige Arbeitszeit berücksichtigt. Bei mehr als 15 Stunden der Überschreitung im Monat werden auf Antrag 25% als Freizeitausgleich gewährt. Tariflich wird auch sonst die Bezahlung von Dienstreisen geregelt (für Musiker vgl. BAG vom 27. 6. 2002, AP Nr. 18 zu § 1 TVG Tarifverträge Musiker, für Arbeiter im öffentlichen Dienst BAG vom 14. 1. 2004, AP Nr. 2 zu § 2 SR 2a MTArb). Dementsprechend prüft auch das BAG (Urteil vom 3. 9. 1997, AP Nr. 1 zu § 611 BGB Dienstreise), ob bei fehlenden vertraglichen oder tariflichen Regelungen eine „außerhalb der Arbeitszeit an jedem Reisetag" verbrachte Reisestunde nach § 612 Abs. 1 BGB zu vergüten ist, und kommt zu dem Ergebnis, dass danach für die ersten beiden Reisestunden keine Vergütung zu erwarten war. Damit wurde die frühere Auffassung, außerhalb der Arbeitszeit im Interesse des Arbeitgebers verbrachte Reisezeit sei „in der Regel" vergütungspflichtig (BAG vom 28. 3. 1963, AP Nr. 3 zu § 611 BGB Wegezeit) ausdrücklich aufgegeben. In Übereinstimmung damit wird auch zwischen der Arbeitszeit im Sinn des Arbeitszeitschutzes und der vergütungspflichtigen Arbeitszeit sowie dem Begriff der Arbeitszeit nach § 87 Abs. 1 Nr. 2 und 3 BetrVG unterschieden (BAG vom 23. 7. 1996, AP

Nr. 26 zu § 87 BetrVG 1972 Ordnung des Betriebes, unter B II 2b, bb) und die Anordnung einer Dienstreise außerhalb der normalen Arbeitszeit nicht der Mitbestimmung des Betriebsrates unterworfen (BAG vom 14. 11. 2006, AP Nr. 121 zu § 87 BetrVG 1972 Arbeitszeit). Eine Betriebsvereinbarung kann aber festlegen, inwieweit Dienstreisen als Arbeitszeit gelten (z. B. für Kundendienstfahrten, BAG vom 10. 10. 2006, AP Nr. 24 zu § 77 BetrVG 1972 Tarifvorbehalt). Solange keine zusätzliche Belastung vorliegt, ist deshalb Reisezeit keine Arbeitszeit (BAG vom 11. 7. 2006, AP Nr. 10 zu § 611 BGB Dienstreise; Anzinger § 298 Rn. 15; Anzinger/Koberski § 2 Rn. 18 f.; Baeck/Deutsch § 2 Rn. 67 ff.; Dobberahn Rn. 44; Linnenkohl/ Rauschenberg § 2 Rn. 10 f.; Roggendorff § 2 Rn. 27; Schliemann § 2 Rn. 42 f.; Schulte/Schütt § 2 Rn. 5; weitergehend auch Arbeitszeit annehmend Buschmann/Ulber § 2 Rn. 9; Fiedler/Schelter § 2 Nr. 1.7; Kufer SD 240 Rn. 47). Zur Wege- und Dienstreisezeit vgl. auch Buschmann, Festschrift Hanau S. 195 ff.; Els, BB 1986, 2192; Hunold, AR-Blattei SD 590 Dienstreise- und Wegezeit; DB 1977, 1506; NZA 1993, 10; NZA 2006 Beilage 1 S. 38; AuA 2007, 341; Loritz/Koch, BB 1987, 1102; Loritz, NZA 1997, 1188; Schaub § 45 Rn. 61; § 156 Rn. 17 f.; ErfK/Wank § 2 Rn. 17; Wahlers, PersV 2007, 464; Krause, MünchArbR § 54 Rn 19; Kleinebrink, ArbRB 2011, 26; Gerdom, öAT 2011, 103, Barthel/Müller, AuA 2011, 152.

Wann die so festgelegte Arbeitszeit im Einzelnen beginnt und endet, lässt **16** sich nicht ein für allemal sagen. Im Allgemeinen wird das Betreten und Verlassen der Arbeitsstätte maßgebend sein, bei sog. Torkontrolle (Abwerfen von Marken, Stechen der Arbeitskarte) das Durchschreiten der Kontrollstelle. Aber auch das An- und Abstellen der Antriebskräfte für die Maschinen oder Lautsignale können Beginn und Ende bestimmen. Teilweise wird Beginn und Ende der Arbeitszeit auch tariflich geregelt (vgl. § 15 BAT: Betreten der Arbeitsstelle = des Betriebes, dazu BAG vom 29. 4. 1982, 15. 9. 1988, 18. 1. 1990, AP Nr. 4, 12, 16 zu § 15 BAT; heute entsprechend z. B. § 46 TV-L Nr. 3 zu § 6). Von diesen in den einzelnen Betrieben verschiedenen Umständen wird es abhängen, ob das An- und Auskleiden, die Empfangnahme und Abgabe von Arbeitsgeräten, das Ingangsetzen und Außerbetriebsetzen von Maschinen, die kleinen Vor- und Nacharbeiten (Aufräumungs- und Säuberungsarbeiten) vor oder nach dem Beginn und dem Ende der Arbeitszeit zu erfolgen haben. Insoweit kann man auch Umkleiden und Waschen nie, gesetzlich oder sonst vorgeschriebene Schutzmaßnahmen dagegen stets als Arbeitszeit ansehen. Vielmehr ist es auch möglich, dass die zuletzt genannten Aufgaben schon in der Wohnung erledigt werden und dann nicht zur Arbeitszeit zählen. So ist die Waschzeit in der chemischen Industrie keine Arbeitszeit, auch wenn dafür eine besondere Vergütung gezahlt wird (BAG vom 25. 4. 1962, AP Nr. 6 zu § 611 BGB Mehrarbeitsvergütung). Dagegen zählt das An- und Ausziehen von Sicherheitskleidung zur Arbeitszeit (LAG Stuttgart vom 12. 2. 1987, AiB 1987 S. 247, vom 8. 2. 2010, ZTR 2010, S. 238), ebenso das An- und Ablegen von Schutzweste und Dienstwaffe (OVG Münster vom 2. 12. 2010, DÖD 2011, S. 133) oder das Umkleiden von OP-Pflegefachkräften (LAG München vom 1. 3. 2011, PflR 2012, 19). Sonst ist das Umkleiden in der Regel keine vergütungspflichtige Arbeitszeit (vgl. oben Rn. 13).

§ 2 ArbZG Erster Abschnitt. Allgemeine Vorschriften

17 Ausgenommen von der Arbeitszeit sind die **Ruhepausen**. Das sind im Voraus oder mindestens bei Beginn festliegende Unterbrechungen der Arbeitszeit für bestimmte Zeiten, in denen der Arbeitnehmer von der Leistung von Arbeit frei ist. Der Arbeitnehmer darf sich in dieser Zeit auch nicht zur Arbeitsleistung bereithalten müssen. Dabei soll der Arbeitnehmer die Möglichkeit haben, den Arbeitsraum zu verlassen und sich im Freien oder in einem besonderen Erholungsraum aufhalten können. Zum Begriff und der Dauer der Pausen vgl. § 4 Rn. 4.

III. Mehrere Unternehmen

18 Da das ArbZG die gesetzlich zulässigen Höchstarbeitszeiten regelt, sind alle Arbeitszeiten zusammenzurechnen, auch wenn sie in verschiedenen Betrieben, in unterschiedlichen Unternehmen oder für verschiedene Arbeitgeber erbracht werden. Dasselbe gilt für Jugendliche nach § 4 Abs. 5 JArbSchG. Die geltende Höchstarbeitszeit richtet sich dabei nach der Hauptbeschäftigung. Eine Nebentätigkeit darf die Höchstzeiten der Hauptarbeit nicht überschreiten (vgl. Hunold, Nebentätigkeit und ArbZG, NZA 1995, 558; ders. Mehrere Arbeitsverhältnisse eines Arbeitnehmers, AR-Blattei SD 1190; Bährle/Hartmann, Nebenjobs 2007; Lorenz, Beschränkungen von Nebentätigkeiten, ArbRB 2008, 26; Zange, Nebentätigkeiten im Arbeitsverhältnis, AuA 2010, 706; Schwarz-Seeberger, Erlaubnis und Grenzen von Nebentätigkeit, ZMV 2011, 195). Der Arbeitgeber hat die Einhaltung der Arbeitsschutzvorschriften zu überwachen und darf Arbeitnehmer nur beschäftigen, wenn die Vorschriften des ArbZG eingehalten werden. Dasselbe gilt für die Einhaltung der Wochenzeitgrenze von 48 Stunden nach der EG-Richtlinie 2003/88 Art. 6. Er hat deshalb Anspruch auf Auskunft über Nebentätigkeiten (BAG vom 18. 1. 1996, AP Nr. 25 zu § 242 BGB Auskunftspflicht) und kann Nebentätigkeiten von einer Genehmigung abhängig machen (BAG vom 26. 6. 2001, AP Nr. 8 zu § 1 TVG Tarifverträge: Verkehrsgewerbe, vom 11. 12. 2001, AP Nr. 8 zu § 611 BGB Nebentätigkeit). Auch wenn im Bereich der Nebenarbeit eine längere Arbeitszeit nach § 7 zugelassen ist, darf sie nicht ausgenutzt werden, wenn sie nicht für die überwiegende Tätigkeit gilt (so schon RAG vom 19. 12. 1931, ArbRS 14, 244). Das Problem ist ohnehin dadurch entschärft, dass generell eine Arbeitszeit von 10 Stunden täglich möglich ist, sofern nur der Ausgleich gesichert ist. Dieser Ausgleich kann bei zusammengefassten Zeiten in jeder Tätigkeit erfolgen, maßgeblich ist immer nur die Gesamtarbeitszeit in dem Ausgleichszeitraum. Nachdem für Haushalt, Landwirtschaft oder Schifffahrt keine Ausnahmen mehr bestehen, sind auch diese Tätigkeiten einzubeziehen. Nur Arbeit als Heimarbeiter, Handelsvertreter oder sonstige arbeitnehmerähnliche Person bleibt unberücksichtigt, weil sie nicht unter das ArbZG fällt. Es ist also zulässig, neben einer vollen Arbeit noch als Heimarbeiter usw. tätig zu sein. Nicht unter das Gesetz fallen auch Tätigkeiten zur Erziehung, Pflege oder Betreuung in häuslicher Gemeinschaft und liturgische Arbeiten im Bereich der Kirchen (§ 18 Abs. 1 Nr. 3, 4). Diese Arbeiten sind deshalb ebenfalls über die Grenzen der Höchstarbeitszeit hinaus zulässig. Zulässig ist endlich die Arbeit an Sonn- und Feiertagen im erlaubten Umfang neben einer anderen Tätigkeit, soweit nur die

Höchstgrenzen eingehalten werden. Theoretisch könnte daher in einer Woche an 6 Tagen 60 Stunden und noch 10 Stunden am Sonntag gearbeitet werden, wenn dann ein entsprechender Ausgleich erfolgt. Für Jugendliche sind die besonderen Schutzvorschriften nach § 1 Abs. 2 JArbSchG nicht auf gelegentliche geringfügige Hilfeleistungen aus Gefälligkeit, in der Familie und in Einrichtung der Jugendhilfe sowie für die Eingliederung Behinderter anzuwenden. Auch diese Arbeiten bleiben damit von der Zusammenrechnung frei und können zusätzlich ausgeübt werden.

Da Vorschriften über Arbeitsbücher nicht mehr bestehen und der frühere § 114a GewO aufgehoben ist, fehlt eine volle Sicherung gegen Doppelbeschäftigung. Einen gewissen Ersatz dafür bieten die Vorschriften über die Lohnsteuerkarte. Soweit es sich nicht etwa um geringfügige Arbeiten mit einem Entgelt innerhalb der steuerlichen Freigrenze handelt, muss der Arbeitgeber daraus, dass ihm keine Lohnsteuerkarte (auch nicht eine zweite oder dritte) vorgelegt wird, entnehmen, dass der Arbeitnehmer bereits anderweit beschäftigt ist. Auch Beschäftigungen außerhalb der üblichen Arbeitszeit werden darauf hindeuten, dass der Arbeitnehmer schon anderweitig tätig ist. Außerdem hilft ggf. der Sozialversicherungsausweis, der auch bei geringfügiger Beschäftigung vorzulegen ist, andere Tätigkeiten zu erkennen (vgl. § 18h SGB IV i.d.F. der Bekanntmachung vom 23. 1. 2006, BGBl. I S. 86, zuletzt geändert vom 22. 12. 2011, BGBl. I S. 3057). Der Arbeitnehmer hat eine entsprechende Auskunftspflicht, insbesondere wenn eine Überschreitung der Höchstarbeitszeit nicht auszuschließen ist (BAG vom 11. 12. 2001, AP Nr. 8 zu § 611 BGB Nebentätigkeit mit Bezug auf BAG vom 18. 1. 1996, AP Nr. 25 zu § 242 BGB). Pflicht des Arbeitgebers ist es also, sich danach zu erkundigen. Unterlässt er das, so kann schon darin eine Fahrlässigkeit liegen, die eine Bestrafung nach sich zieht (BAG vom 11. 12. 2001, AP Nr. 8 zu § 611 BGB Nebentätigkeit). Dies gilt insbesondere für die Beschäftigung von Jugendlichen, denn nach § 32 JArbSchG darf die Beschäftigung nicht begonnen werden, wenn nicht eine ärztliche Bescheinigung über den Gesundheitszustand vorgelegt wird, soweit es sich nicht nur um geringfügige und weniger als 2 Monate dauernde Beschäftigungen mit leichten Arbeiten handelt.

Vertragliche Vereinbarungen, die zu einer Beschäftigung über die Höchstgrenzen der Arbeitszeit führen können, sind zwar gemäß § 134 BGB nichtig. Der Arbeitgeber kann sich aber für die Vergangenheit nicht darauf berufen. Der Arbeitnehmer hat nicht nur den Anspruch auf die Vergütung der geleisteten Arbeit, sondern auch auf den ihm zustehenden Urlaub, bzw. auf Zahlung des Urlaubsgeldes (BAG vom 19. 6. 1959, AP Nr. 1 zu § 611 BGB Doppelarbeitsverhältnis; LAG Baden-Württ. vom 27. 9. 1967, AR-Blattei, Nebentätigkeit Entsch. 2). Wird allerdings die zulässige Höchstarbeitszeit durch die zweite (Neben-)Tätigkeit nur geringfügig überschritten, führt das nicht zur Nichtigkeit dieses zweiten Arbeitsverhältnisses, sondern besteht nur ein Beschäftigungsverbot und ein Leistungsverweigerungsrecht (BAG vom 14. 12. 1967, AP Nr. 2 zu § 1 AZO).

§ 2 ArbZG Erster Abschnitt. Allgemeine Vorschriften

IV. Der Arbeitnehmerbegriff

21 Der Begriff des Arbeitnehmers als Grundlage für das gesamte Arbeitsrecht und hier als Voraussetzung für die Anwendung des ArbZG etwa im Verhältnis zum freien Mitarbeiter, Handelsvertreter, Heimarbeiter, Werkvertrag oder einer arbeitnehmerähnlichen Person ist nirgends gesetzlich definiert. Er wird im Abs. 2 umschrieben mit Arbeiter, Angestellter und zur Berufsbildung Beschäftigter. Das entspricht § 5 BetrVG. Damit ist eine Definition immer noch nicht gewonnen, der Begriff des Arbeitnehmers ist auch für Arbeiter und Angestellte vorausgesetzt. Als Abgrenzungsmerkmal zum Handelsvertreter gilt § 84 Abs. 1 Satz 2 HGB: „Selbständig ist, wer im Wesentlichen frei seine Tätigkeit gestalten und seine Arbeitszeit bestimmen kann". Nach dem Entwurf eines Arbeitsvertragsgesetzes von Henssler/Preis ist Arbeitnehmer, wer sich durch Vertrag verpflichtet, im Rahmen der vom Arbeitgeber getroffenen Arbeitsorganisation und nach Maßgabe von Weisungen des Arbeitgebers die vereinbarte Arbeit zu leisten. Helfer im freiwilligen sozialen Jahr sind weder Arbeitnehmer noch zur Berufsausbildung Beschäftigte (BAG vom 12. 2. 1992, AP Nr. 52 zu § 5 BetrVG 1972).

21a Die allgemeine Definition lässt sich folglich nur aus der Rechtsprechung entnehmen, die fallweise in zahllosen Entscheidungen zu § 611 BGB Abhängigkeit (bisher 121 Entscheidungen) eine Abgrenzung vor allem zum freien Dienstvertrag vorgenommen hat. Damit lässt sich sagen, dass Arbeitnehmer ist, wer in fremder Organisation abhängige, d.h. weisungsgebundene Arbeit leistet. Im Allgemeinen bereitet damit der Anwendungsbereich des Gesetzes keine Schwierigkeiten, da Arbeiter, Angestellte und zur Berufsbildung Beschäftigte entsprechend angestellt werden und solche Verträge haben. Nach den Grenzbeispielen zählen nicht zu den Arbeitnehmern Theaterintendanten der Karl-May-Festspiele (BAG vom 16. 8. 1977, AP Nr. 23 zu § 611 BGB Abhängigkeit), Musikbearbeiter im Medienbereich (BAG vom 21. 9. 1977, AP Nr. 24 zu § 611 BGB Anhängigkeit), Bezirksstellenleiter vom Lotto (BAG vom 1. 12. 1977, AP Nr. 27 zu § 611 BGB Abhängigkeit), Kantinenpächter (BAG vom 13. 8. 1980, AP Nr. 37 zu § 611 BGB Abhängigkeit), Psychologe in Behindertenfürsorge (BAG vom 9. 9. 1981, AP Nr. 38 zu § 611 BGB Abhängigkeit), Volkshochschuldozent (BAG vom 25. 8. 1982, AP Nr. 32 zu § 611 BGB Lehrer, Dozenten), Regisseur der Spitzengruppe (BAG vom 13. 1. 1983, AP Nr. 43 zu § 611 BGB Abhängigkeit), Bühnenbildner im Medienbereich (LAG Berlin vom 16. 8. 1983, AP Nr. 44 zu § 611 BGB Abhängigkeit), Jugendarbeiter in offener Jugendarbeit (BAG vom 9. 5. 1984, AP Nr. 45 zu § 611 BGB Abhängigkeit), Bearbeiter einer Buchreihe (BAG vom 27. 3. 1991, AP Nr. 53 zu § 611 BGB Abhängigkeit), Zimmerer als Geschäftsführer (BAG vom 10. 4. 1991, AP Nr. 54 zu § 611 BGB Abhängigkeit), mitarbeitende Gesellschafter (BAG vom 28. 11. 1990, AP Nr. 137 zu § 1 TVG Tarifverträge: Bau), Lehrkraft in Bildungseinrichtung (BAG vom 30. 10. 1991, AP Nr. 59 zu § 611 BGB Abhängigkeit); Rot-Kreuz-Schwestern (BAG vom 6. 7. 1995, AP Nr. 22 zu § 5 ArbGG 1979); Zeitungszusteller (BAG vom 16. 7. 1997, AP Nr. 4 zu § 611 BGB Zeitungsausträger); GmbH-Gesellschafter (BAG vom 6. 5. 1998, AP Nr. 95 zu § 611 BGB Abhängigkeit); nebenberuflicher Rundfunkreporter (BAG vom 22. 4. 1998, AP Nr. 96 zu § 611 BGB Abhängigkeit); Rechtsanwalt bei Vermögensamt (BAG vom 3. 6. 1998, AP Nr. 97 zu § 611 BGB Abhängigkeit); Frachtführer (BAG vom 30. 9. 1998, AP Nr. 103 zu § 611 BGB Abhängigkeit); Gebührenbeauftragter (BAG vom 26. 5. 1999, AP Nr. 104 zu § 611 BGB Abhängigkeit); Stand- und Pausenbewirtung (BAG vom 12. 12. 2001, AP Nr. 111 zu § 611 BGB Abhängigkeit; Kommissionär (BAG vom 4. 12 2002, AP Nr. 115 zu § 611 BGB Abhängigkeit); Deutsch für Ausländer als freier Mitarbeiter (BAG vom 29. 5. 2002, AP Nr. 152 zu § 611 BGB Lehrer, Dozenten); Betreuerin von Außenwohngruppe (BAG vom 25. 5. 2005, AP Nr. 117 zu § 611 BGB Abhängigkeit); Bühnenkünstler mit Gastvertrag (BAG vom 7. 2. 2007, AP Nr. 118 zu § 611 BGB Abhängigkeit); Organitator und Dirigent eines Kurorchesters als Inhaber einer Musikagentur (BAG vom 20. 1. 2010, AP Nr. 119 zu § 611 BGB Abhängigkeit); selbständiger Versicherungsvertreter (BAG vom 9. 6. 2010, AP Nr. 121 zu § 611 BGB Abhängigkeit); wissenschaftliche Mitarbeiter und Lehrbeauftragte sind keine Arbeitnehmer, wenn sie öffentlich-rechtlich beschäftigt werden (BAG vom 18. 7. 2007, AP Nr. 181 zu § 611 BGB Lehrer, Dozenten; vom 14. 9. 2011, ZTR 2012, 187). Zusammengefasst wurde die Rechtsprechung von BAG und BSG noch einmal in den Entscheidungen vom 9. 7. 1993, 21. 4. 1993, AP Nr. 66, 67 zu § 611 BGB Abhängigkeit.

V. Nachtzeit

Die Nachtzeit wird gesetzlich auf die Zeit von 23 Uhr bis 6 Uhr festgelegt. 22
Die Regelung entspricht den EG-Richtlinien 93/104 vom 23. 11. 1993 und 2003/88 EG vom 4. 11. 2003, die eine Zeitspanne von 7 Stunden jedenfalls zwischen 24 Uhr und 5 Uhr vorschreiben (Art. 2 Nr. 3). Anträge, diese Zeit auf 22 Uhr vorzuverlegen, fanden keine Mehrheit (vgl. oben Rn. 2). Es ist aber zulässig, durch Tarifvertrag oder auf Grund eines Tarifvertrages in einer Betriebsvereinbarung den Beginn des siebenstündigen Nachtzeitraumes auf die Zeit zwischen 22 und 24 Uhr festzulegen, die Nachtzeit also von 22 Uhr bis 5 Uhr oder von 24 Uhr bis 7 Uhr oder auch auf dazwischenliegende Zeiten zu verschieben (§ 7 Abs. 1 Nr. 5). Diese Nachtzeit ist nach der mitteleuropäischen Zeit oder der gesetzlich vorgeschriebenen Sommerzeit zu messen (Gesetz über die Zeitbestimmung i. d. F. vom 3. 7. 2008 (BGBl. I S. 1185). An den Übergangstagen verkürzt oder verlängert sich demnach die Nachtzeit um jeweils 1 Stunde, so dass sie im Frühjahr dann einmal 6 und im Herbst einmal 8 Stunden dauert. Von der siebenstündigen Dauer des Nachtzeitraumes kann auch durch Tarifvertrag sonst nicht abgewichen werden.

Für Bäckereien und Konditoreien ist die Nachtzeit um eine Stunde auf 22 23
bis 5 Uhr vorgezogen durch Gesetz vom 30. 7. 1996 (BGBl. I S. 1186). Da gleichzeitig das BAZG aufgehoben wurde, gelten auch in diesen Betrieben sonst die allgemeinen Regeln. Die Verschiebung durch Tarifvertrag oder Betriebsvereinbarung nach § 7 Abs. 1 Nr. 5 bleibt möglich. Diese Regelung betrifft alle Betriebe, in denen Backwaren wie Brötchen, Brote, Brezeln oder ähnliches und Konditorwaren wie Kuchen, Torten, auch Eistorten, Obsttorten und ähnliche Waren hergestellt werden. Bei reinen Eisspeisen gilt die Sonderregelung entsprechend der früheren Sonderbestimmung des § 1 Abs. 2 BAZG nur, wenn gleichzeitig andere Bäcker- und Konditorwaren hergestellt werden. Dauerbackwarenherstellung (Zwieback, Keks, Bisquit, Honigku-

chen, Lebkuchen, Waffeln u. Ä.) lässt die Sonderregelung nur dann eingreifen, wenn gleichzeitig auch Bäcker- und Konditorwaren hergestellt werden (entsprechend § 1 Abs. 1 Nr. 3 BAZG, OLG Hamm vom 15. 7. 1976, GewArch. 1975 S. 247). Zu den Bäckerwaren gehört auch die Herstellung von Brötchen, Baguettes, Broten u. Ä., die nur so weit vorbereitet werden, dass sie vom Verbraucher selbst fertiggebacken werden und dann erst frisch zum Verzehr sind (OVG Münster vom 9. 6. 1993, GewArch 1994, 28).

VI. Nachtarbeit

24 Abs. 4 regelt den Begriff der Nachtarbeit als Voraussetzung für den Begriff des Nachtarbeitnehmers, an den dann die Vorschriften des § 6 anknüpfen. Nur wenn alle diese Voraussetzungen erfüllt sind, müssen die Einschränkungen des § 6 eingehalten werden. Die Regelung knüpft an die Vorschriften des IAO-Abkommens Nr. 171 über Nachtarbeit vom 26. 6. 1990 in Art. 1 b und an die EG-Richtlinien 93/104 vom 23. 11. 1993 in Art. 2 Nr. 3, ebenso Richtlinie 2003/88/EG vom 4. 11. 2003 an. Danach ist allerdings die Nachtarbeit an die Leistung von normalerweise mindestens drei Stunden der täglichen Arbeitszeit geknüpft, während hier jetzt schon mehr als zwei Stunden ausreichen, um die Voraussetzungen zu erfüllen. Bloße Bereitschaft ist noch keine Nachtarbeit i. S. des EG-Rechts (EuGH vom 3. 10. 2000, AP Nr. 2 zu EWG-Richtlinie 93/104; LAG Düsseldorf vom 7. 12. 2010, ZTR 2011, 293; a. A. für Zusatzurlaub LAG Berlin-Brandenburg vom 29. 6. 2011 – 23 Sa 198/11; BAG vom 23. 3. 2011, AP Nr. 12 zu § 6 ArbZG für Tarifvertrag).

25 Die gesetzliche Nachtzeit liegt zwar nach Abs. 3 fest, kann aber nach § 7 Abs. 1 Nr. 5 auf 22 bis 24 Uhr verschoben werden. Dann gilt die danach veränderte Nachtzeit als Vorgabe für die Nachtarbeit. Es ist also möglich, nach der gesetzlichen Rechtslage bis 1 Uhr oder ab 4 Uhr zu arbeiten, ohne dass Nachtarbeit anfällt. Bei Verschiebung durch Tarifvertrag oder Betriebsvereinbarung auf die Zeit von 24 bis 7 Uhr wird eine Arbeitszeit bis 2 Uhr und bei Vorverlegung auf 22 Uhr bis 5 Uhr eine Arbeitszeit ab 3 Uhr unschädlich. In Bäckereien und Konditoreien kommt insoweit nur eine Verlegung auf spätere Zeiten in Betracht, die Regelung des Abs. 3 zweiter Halbsatz ist ebenfalls nach § 7 Abs. 1 Nr. 5 tarifdispositivem Sinn der Vorschrift ist die Auffassung, dass bei geringfügiger Nachtarbeit oder bloßer Verschiebung von Schichten regelmäßig noch ausreichend Ruhe- und Schlafenszeit zur Verfügung steht. Erst wenn mehr als 2 Stunden in die Nachtzeit fallen, ist die Arbeit Nachtarbeit, dann aber von Anbeginn an, also nicht erst für die Zeit danach oder davor (Anzinger/Koberski § 2 Rn. 83 ff.; Baeck/Deutsch § 2 Rn. 100 ff.; Buschmann/Ulber § 2 Rn. 24; Dobberahn Rn. 75; Kraegeloh § 2 Rn. 7 f.; Kufer SD 240 Rn. 64; Roggendorff § 2 Rn. 60 f.; Schliemann § 2 Rn. 114 ff.; ErfK/Wank § 2 Rn. 19).

VII. Nachtarbeitnehmer

26 Der Begriff des Nachtarbeitnehmers ist neu geschaffen worden. Das bisherige Recht kannte ihn nicht. Er beruht auf den Vorgaben des IAO-Übereinkommens 171 über Nachtarbeit vom 26. 6. 1990 in Art. 1 Buchst. b und der Begriffsbestimmung des Art. 2 Nr. 4 der EG-Richtlinie 93/104 vom

23. 11. 1993 sowie jetzt inhaltsgleich der Richtlinie 2003/88/EG vom 4. 11. 2003 über bestimmte Aspekte der Arbeitszeitgestaltung. Diese Vorschriften ließen aber einen Spielraum für die nationale Regelung, weil sie nur eine erhebliche Zahl oder einen bestimmten Teil der Nachtarbeit fordern. Voraussetzung für die Erfüllung des Begriffes des Nachtarbeitnehmers ist entweder eine normale Nachtschicht oder die Leistungen an 48 Tagen im Kalenderjahr. Auch danach war beabsichtigt, nicht jede geringfügige Leistung von Nachtarbeit zu erfassen (BT-Drucks. 12/5888 S. 24).

Nach Abs. 5 Nr. 1 muss die Nachtarbeit normalerweise in Wechselschicht 27 geleistet werden. Bei Wechselschicht müssen sich Arbeitnehmer zur Erfüllung der Aufgabe planmäßig ablösen. Dabei gibt es sowohl 2-Wechselschichten als auch häufig durchgehende 3-Wechselschichten und im Zuge der Arbeitszeitflexibilisierung auch 4-Wechselschichten. Sie müssen sich nicht unmittelbar ablösen, sondern können sich auch überschneiden (oben Rn. 7). Eine völlige Identität des Arbeitsplatzes ist nicht erforderlich (BAG vom 18. 7. 1990, AP Nr. 1 zu § 14 TV BII Berlin für Taxifahrer). Wer nur ausnahmsweise Wechselschicht leistet, wird nicht erfasst, so dass Arbeitnehmer unberührt bleiben, die nur bei einem Übergang von Schichten oder aushilfsweise auch Nachtarbeit leisten, selbst wenn sie dann mehr als 2 Stunden dauert. Kommt es allerdings öfter bei dem Schichtwechsel auch immer wieder zu Nachtarbeit, kann Ziff. 2 erfüllt sein.

Wird ein Arbeitnehmer in die Wechselschicht mit Nachtarbeit umgesetzt 28 oder wird die Nachtarbeit eingeführt, ist von Anbeginn an die Voraussetzung für den Begriff des Nachtarbeitnehmers erfüllt. Es wird nur darauf abgestellt, dass die Wechselschicht „zu leisten" ist, so dass es allein auf die arbeitsvertragliche Leistungspflicht ankommt (Anzinger/Koberski § 2 Rn. 86 ff.; Baeck/Deutsch § 2 Rn. 108; Buschmann/Ulber § 2 Rn. 25; Dobberahn Rn. 76; Kufer SD 240 Rn. 68; Roggendorff § 2 Rn. 63; Schliemann § 2 Rn. 126 f.; ErfK/Wank § 2 Rn. 19).

Nach Nr. 2 werden Arbeitnehmer erfasst, die an 48 Tagen im Kalenderjahr 29 Nachtarbeit von mehr als 2 Stunden leisten. Hier kommt es im Gegensatz zu Nr. 1 nicht auf die arbeitsvertragliche Leistungspflicht, sondern nach der unterschiedlichen Wortwahl im Gesetz auf die tatsächliche Leistung im Jahr an (BAG vom 5. 9. 2002, AP Nr. 4 zu § 6 ArbZG unter I 1: „jede Arbeit, die mehr als zwei Stunden der Nachtzeit ... umfasst"). Typisches Beispiel ist die Zugschaffnerin für Schlaf- und Liegewagen (BAG vom 18. 5. 2011, AP Nr. 11 zu § 6 ArbZG). Dabei kann die Leistung auch auf Grund von Schichtarbeit erfolgen. Diese Voraussetzung muss aber nicht vorliegen, so dass auch sonst individuell geleistete Nachtarbeit den Begriff erfüllt.

Teilweise wird angenommen, dass Ziff. 2 erst erfüllt ist, wenn im jeweili- 30 gen Kalenderjahr die 48 Nachtarbeitstage erfüllt sind, weil erst dann feststeht, dass das Erfordernis der tatsächlichen Leistung auch erfüllt wird (Anzinger/Koberski § 2 Rn. 94; Baeck/Deutsch § 2 Rn. 113; Dobberahn § 2 Rn. 76; Junker ZfA 1998, 105; Schliemann § 2 Rn. 137; Schulte/Schütt § 2 Rn. 44). Das aber würde bedeuten, dass der Arbeitnehmer in jedem Kalenderjahr erst dann als Nachtarbeitnehmer gilt, wenn er die 48 Nachtarbeitstage hinter sich gebracht hat. Er könnte also seine Ansprüche aus § 6 über Umsetzung auf Tagesarbeit oder Untersuchung nie im Januar, sondern häufig erst sehr viel

§ 3 ArbZG Zweiter Abschnitt. Werktägliche Arbeitszeit und arbeitsfreie Zeiten

später geltend machen, obwohl er tatsächlich Nachtarbeit leistet, sondern nur „noch" kein Nachtarbeitnehmer ist. Deshalb ist davon auszugehen, dass die Eigenschaft auch dann schon eintritt, wenn mit Sicherheit von der Ableistung auszugehen ist oder sie sich aus dem Arbeitsvertrag oder der Arbeit im Vorjahr ergibt (ebenso Buschmann/Ulber § 2 Rn. 25; Roggendorff § 2 Rn. 65; ErfK/Wank § 2 Rn. 19).

31 Abgestellt wird auf Nachtarbeitstage im Kalenderjahr. Wer vor Mitternacht und nach Mitternacht Nachtarbeit leistet, erfüllt damit nur die Voraussetzung für einen Tag und nicht etwa für zwei Tage, weil die Zeit in zwei Kalendertage fällt (Schliemann § 2 Rn. 138).

32 Die Nachtarbeitnehmereigenschaft kann auch bei verschiedenen Arbeitgebern in getrennten Arbeitsverhältnissen erfüllt werden. Nachtarbeitnehmer ist deshalb auch, wer in einem Arbeitsverhältnis von Tagarbeit z. B. für 4 Stunden, aber Nachtarbeit bei einem anderen Arbeitgeber für weitere 4 Stunden leistet. Er ist dann auch in dem Tagarbeitsverhältnis Nachtarbeitnehmer und kann die Vergünstigungen des § 6 insbesondere mit der Beschränkung der Höchstarbeitszeit in Anspruch nehmen.

33 Auch wenn die Arbeitsverhältnisse nicht nebeneinander bestehen, sondern sich aneinander anschließen, werden die Nachtarbeitstage in beiden Arbeitsverhältnissen im Kalenderjahr zusammengezählt für die Frage, ob die 48 Tage erfüllt werden. Es kommt aber immer auf das jeweilige Kalenderjahr an, das als Ganzes gilt. Eine Aufteilung ist nicht möglich. Deshalb geht es auch nicht an, die vorgeschriebene Mindestzahl zu kürzen, wenn die Arbeit erst im Laufe des Jahres begonnen oder früher beendet wird (a. A. Anzinger/Koberski § 2 Rn. 96). Wer aber im Kalenderjahr die 48 Tage erfüllt hat, bleibt Nachtbeitnehmer auch in einem weiteren Arbeitsverhältnis. Dann gilt aber ohnehin § 3 Abs. 2 mit der verlängerten Arbeitszeit, wenn keine Nachtarbeit mehr anfällt (§ 6 Abs. 2 Satz 3). Der Ausgleich für Nachtarbeit gilt aber nur im jeweiligen Arbeitsverhältnis. Ein Ausgleich unter verschiedenen Arbeitgebern ist (etwa im Gegensatz zu § 6 BUrlG) nicht vorgesehen (Schliemann § 2 Rn. 140).

Zweiter Abschnitt.
Werktägliche Arbeitszeit und arbeitsfreie Zeiten

§ 3 Arbeitszeit der Arbeitnehmer

¹Die werktägliche Arbeitszeit der Arbeitnehmer darf acht Stunden nicht überschreiten. ²Sie kann auf bis zu zehn Stunden nur verlängert werden, wenn innerhalb von sechs Kalendermonaten oder innerhalb von 24 Wochen im Durchschnitt acht Stunden werktäglich nicht überschritten werden.

Übersicht	Rn.
I. Entstehung	
Die Vorschrift entspricht dem Regierungsentwurf	1
Die Regelung stimmt mit der EG-Richtlinie 93/104 überein	2
II. 8-Stunden-Tag	
Der Acht-Stunden-Tag gilt seit 1918, jetzt vor allem aus arbeitsmedizinischen Gründen	3

	Rn.
Die Sonn- und Feiertagsarbeit wird durch § 11 Abs. 2, 3 einbezogen	4
III. Verlängerung	
Verlängerung bis zu 10 Stunden möglich	5, 6
Über 10 Stunden ist eine Verlängerung nach §§ 7, 14, 15 zulässig ..	7
IV. Ausgleichszeitraum	
Der Ausgleichszeitraum umfasst sowohl die vorhergehende als auch die nachfolgende Zeit	8, 9
Berechtigte Fehlzeiten sind mit 8 Stunden anzusetzen	10
V. Kraftfahrer	
Für Kraftfahrer gelten die Sonderregelungen der FahrpersonalVO und der EG-VO Nr. 561/2006	11
VI. Mitbestimmung	
Die Festlegung der täglichen Arbeitszeit und der Pausen unterliegt der Mitbestimmung der Betriebs- bzw. Personalräte	12
Das gilt auch in Tendenzbetrieben	13
VII. Gleitende Arbeitszeit	
Die Einführung gleitender Arbeitszeit als einfache Gleitzeit oder mit Zeitausgleich bedarf der Mitbestimmung	14–17
VIII. Zuwiderhandlungen	
Schon die Duldung oder nicht ausreichende Überwachung wird geahndet	18

I. Entstehung

Die Vorschrift entspricht dem Entwurf der Bundesregierung (BR-Drucks. 1 507/92 = BT-Drucks. 12/5888). Änderungsvorschläge wurden nicht mehrheitsfähig. Einen besonderen, vom bisher Gewohnten völlig abweichenden Vorschlag hatte der Entwurf der Grünen (BT-Drucks. 10/2188) gemacht, der nicht wieder eingebracht wurde. Danach sollte neben der Arbeitszeit von 8 Stunden täglich und 40 Stunden wöchentlich an 5 Tagen auch die „arbeitsgebundene Zeit" begrenzt werden, die auch Pausen, Zeiten, in denen auf Arbeit gewartet wird, und Wegezeiten zwischen Arbeitsstätte und Wohnung umfasse. Diese arbeitsgebundene Zeit sollte auf 11 Stunden täglich und 50 Stunden wöchentlich begrenzt und ggf. durch Senkung der betrieblichen Arbeitszeit, Maßnahmen zur Verringerung der Fahrzeiten und Wohnraumförderung erreicht werden. Der SPD-Entwurf (BT-Drucks. 12/5282) sah neben dem 8-Stunden-Tag eine 40-Stunden-Woche an grundsätzlich 5 Tagen vor, was nur durch Tarifvertrag oder auf Grund Tarifvertrages bis zu 2 Stunden verlängert werden konnte. Dem entsprach im Wesentlichen die Empfehlung des Bundesratsausschusses für Arbeit und Sozialordnung (BR-Drucks. 507/1/93), die das in einem § 3 und § 3a zusammenfasste. Der Bundesrat griff aber nur den weiteren Vorschlag des Ausschusses auf, den Ausgleichszeitraum von 6 auf 12 Monate bzw. von 24 auf 48 Wochen zu erweitern, um noch größere Flexibilisierung zu erreichen (BT-Drucks. 12/5888 Anlage 2 S. 38). Die Bundesregierung hatte dem nicht zugestimmt (BT-Drucks. 12/5888 Anlage 3 S. 50), weil die Verlängerung des Ausgleichszeitraumes den Tarifvertragsparteien übertragen werden sollte (§ 7 Abs. 1 Nr. 1b). Bei den Beratungen hatte der Verkehrsausschuss vor allem die Forderung erhoben, sicherzustellen, dass die nach der EG-VO Nr. 3820/85 vorgesehenen Lenk- und Ruhezeiten direkt nach § 3 übernommen werden

§ 3 ArbZG Zweiter Abschnitt. Werktägliche Arbeitszeit und arbeitsfreie Zeiten

(BT-Drucks. 12/6990 S. 38). Der Ausschuss für Arbeit und Sozialordnung hielt das nicht für zusätzlich erforderlich. Schon nach der Regierungsbegründung (BT-Drucks. 12/5888 S. 24) ist die Arbeitszeitregelung des § 3 keine strengere Regelung i. S. Art. 11 der VO Nr. 3820/85 vom 20. 12. 1985, so dass die Lenkzeitregelung des Art. 6 EG-VO 3820/85, heute 561/2006 unmittelbar Geltung hat. Der Ausschuss für Arbeit und Sozialordnung bestätigte das nochmals (BT-Drucks. 12/6990 S. 40), da die EG-VO unmittelbar und zwingend gelte und eine Begrenzung der Lenkzeiten nur noch nach EG-Recht erfolge. Der Arbeitszeitrahmen des § 3 geht über die Lenkzeiten hinaus (Arbeitszeit in der Doppelwoche nach § 3: 96 Stunden ohne Ausgleich, 120 Stunden mit Ausgleich gegenüber Lenkzeiten in der Doppelwoche nach Art. 6 Abs. 3 EG-VO 561/2006 90 Stunden).

2 Die EG-Richtlinie 2003/88/EG vom 4. 11. 2003 sieht (vgl. Anh. 6) in Art. 6 nur eine wöchentliche Höchstarbeitszeit von 48 Stunden pro Siebentageszeitraum vor, die tägliche Höchstarbeitszeit ist dort nicht geregelt. Die Ausnahmen schon nach Art. 16, 17 Richtlinie 93/104/EG ließen Ausgleichszeiträume bis zu 12 Monaten zu (Baeck/Deutsch § 3 Rn. 8; Dobberahn Rn. 14; Linnenkohl/Rauschenberg § 3 Rn. 18; a. A. Buschmann/Ulber § 3 Rn. 12; Ende, ArbuR 1997, 137; ErfK/Wank § 3 Rn. 7; Schliemann § 3 Rn. 30). Ab 2. 8. 2004 sieht die dann geltende Richtlinie 2003/88/EG ebenfalls Ausnahmen für den Ausgleichszeitraum des Art. 16 Buchst. b vor. Abweichungen sind sowohl nach Art. 17 allgemein und nach Art. 18 für Tarifvereinbarungen möglich. Art. 19 schreibt vor, dass die Grenze für den Ausgleichszeitraum dann bei 6 Monaten und für Tarifregelungen bei 12 Monaten liegt, sofern hier Sicherheit und Gesundheitsschutz eingehalten werden. Zwar betreffen diese Verlängerungsmöglichkeiten nur die Tätigkeiten des Art. 17 Abs. 3 und die Tarifregelungen. Eine generalisierende Ausgleichsmöglichkeit sollte trotzdem zulässig sein. Trotzdem wäre eine Anpassung an die europäische Rechtslage ab August 2004 wünschenswert.

II. 8-Stunden-Tag

3 Seit den DemobilmachungsVOen vom 23. 11./17. 12. 1918 und 18. 3. 1919 gilt in Deutschland der 8-Stunden-Tag. Ursprünglich eingeführt, um größerer Arbeitslosigkeit zu begegnen und die heimkehrenden Soldaten unterzubringen, wurde die Höchstgrenze von 8 Stunden zur gesetzlichen Regel, auch nachdem immer mehr Ausnahmen zugelassen wurden. Gegenstand des Arbeitsschutzes wurde dadurch in Deutschland die tägliche und nicht die wöchentliche Arbeitszeit. Die 48-Stunden-Woche, wie sie auch die EG-Richtlinie 2003/88 vom 4. 11. 2003 in Art. 6 als Höchstgrenze vorsieht, ergibt sich nur mittelbar aus der täglichen Arbeitszeit. Wenn demgegenüber die Tarifverträge die Arbeitszeitverkürzung jetzt bis zu 35 Stunden wöchentlich vorsehen, ist das von den öffentlich-rechtlichen Schutzvorschriften unabhängig und hat nur arbeitsvertragliche Bedeutung. Die gesetzlich zulässige Arbeitszeit wird dadurch nicht verkürzt, so dass die Überschreitung der tariflichen Arbeitszeit nicht ordnungswidrig oder strafbar nach §§ 22, 23 wird (OLG Hamburg vom 15. 11. 1961, AP Nr. 3 zu § 25 AZO). Die Einhaltung des Acht-Stunden-Tages wird jetzt vor allem mit arbeitswissenschaftlichen und arbeitsmedizinischen Erkenntnissen und Erfahrungen begründet (RegBegrün-

dung BT-Drucks. 12/5888 S. 24). Es entspricht der allgemeinen Auffassung, dass in der Regel Konzentration und Arbeitsfähigkeit sowie -intensität nach 8 Stunden beachtlich nachlässt und bei Dauereinsatz ohne Ausgleich auch zu Gesundheitsschäden führt. Das gilt umso mehr, als die industrielle Entwicklung vielfach eine immer höhere Anspannung erfordert und eine Entspannung nicht im Wochen-, sondern im Tagesrhythmus erforderlich ist (vgl. Schriftenreihe der Bundesanstalt für Arbeitsschutz mit vielen Untersuchungen auch für bestimmte Berufe und mit Rücksicht auf die Arbeitszeit).

Dabei wird – im Gegensatz zum früheren Recht seit der GewO – jetzt auch die Sonn- und Feiertagsarbeit einbezogen, für die nach § 11 Abs. 2 die Höchstarbeitszeiten und Ausgleichszeiträume ebenfalls gelten und durch die Beschäftigung an Sonn- und Feiertagen nicht überschritten werden dürfen (vgl. § 11 Rn. 5). Außerdem ist nach § 11 Abs. 3 für die Arbeit an einem Sonn- oder Feiertag ein Ersatzruhetag zu gewähren, so dass auch danach innerhalb von 2 bzw. 8 Wochen ein Ausgleich in der Gesamtbelastung eintritt. Wenn also § 3 seinem Wortlaut nach zunächst nur die „werktägliche Arbeitszeit" wie früher § 3 AZO regelt, wird trotzdem die Gesamtarbeitszeit auch an Sonn- und Feiertagen mit einbezogen. 4

III. Verlängerung

Die werktägliche Arbeitszeit kann bis zu 10 Stunden verlängert werden, wenn ein Ausgleich geschaffen wird, der den durchschnittlichen 8-Stunden-Tag aufrechterhält. Dasselbe gilt auch für eine zulässige Sonn- und Feiertagsarbeit nach § 11 Abs. 2. Diese Verlängerung der täglichen Arbeitszeit ist an keine Voraussetzungen gebunden. Sie kann ohne Weiteres in Anspruch genommen werden und führt dazu, dass die Überschreitung der Höchstarbeitszeit von 8 Stunden weder ordnungswidrig noch strafbewehrt ist. 5

Die Regelung ist das Kernstück der Flexibilisierung der Arbeitszeit. Danach sind ohne weiteres alle Möglichkeiten zur Gleitzeit, Überarbeit, Vor- und Nacharbeit und Nebenarbeit möglich, solange am jeweiligen Tag die Arbeitszeit ohne Pausen sich in der Grenze von 10 Stunden hält. Beispielsweise kann in der Woche an 4 Tagen je 10 Stunden gearbeitet werden, weil dann zwar eine 40-Stunden-Woche erfüllt wird, trotzdem aber pro Werktag nur 40 : 6 = 6,66 Stunden, also weit weniger als 8 Stunden gearbeitet wird. Jede Gleitzeit ist möglich, die am einzelnen Tag 10 Stunden nicht überschreitet. Dabei kann natürlich auch jede Arbeitszeit zwischen 8 und 10 Stunden geleistet werden. Heute werden die Minuten oft durch moderne Zeiterfassungsgeräte festgehalten. 6

Über 10 Stunden hinaus kann nur nach § 7 auf Grund tariflicher Regelung bei Arbeitsbereitschaft und Bereitschaftsdienst oder in den Fällen des § 14 gearbeitet werden, außerdem nach Erlaubnis durch die Aufsichtsbehörde nach § 15. 7

IV. Ausgleichszeitraum

Der Ausgleichszeitraum beträgt wahlweise 6 Monate oder 24 Wochen. Dabei ist die Zeit von 24 Wochen kürzer als 6 Monate, weil das Jahr 52 Wochen umfasst und 6 Monate deshalb 26 Wochen wären. Die Wahl soll lediglich die 8

§ 3 ArbZG Zweiter Abschnitt. Werktägliche Arbeitszeit und arbeitsfreie Zeiten

Abrechnung erleichtern, wenn die Arbeitszeit wie üblich wochenweise erfasst wird. Wenn dann der Ausgleich erst in der folgenden Woche, aber noch innerhalb des 6-Monate-Zeitraumes erfolgt, was am Anfang der Woche durchaus möglich sein könnte, bleibt die Überschreitung zulässig, auch wenn der 24-Wochen-Zeitraum überschritten wurde. Es braucht also keine Festlegung auf den einen oder anderen Zeitraum zu erfolgen, an die man gebunden wäre. Das ist allgemeine Meinung (Anzinger/Koberski § 3 Rn. 27; Baeck/Deutsch § 3 Rn. 30; Buschmann/Ulber § 3 Rn. 7; Kraegeloh § 3 Rn. 3; Linnenkohl/Rauschenberg § 3 Rn. 21 f.; Roggendorff § 3 Rn. 9; Schliemann § 3 Rn. 32 ff.; ErfK/Wank § 3 Rn. 9; Kufer SD 240 Rn. 85). Dagegen ist sehr umstritten, ob „Kalendermonate" jeweils die Zeit vom 1. bis zum letzten eines Monats meinen oder nur Monate sind, die an jedem Kalendertag beginnen und enden können. Einerseits spricht der Wortlaut dafür, dass jeweils Kalendermonate i. S. des Kalenders, also ab 1. eines jeden Monats gemeint sind, zumal für 24 Wochen nicht von Kalenderwochen gesprochen wird (Anzinger/Koberski § 3 Rn. 29 f.; Baeck/Deutsch § 3 Rn. 28; Buschmann/Ulber § 3 Rn. 7; Roggendorff § 3 Rn. 13). Dagegen sprechen Differenzen, die beim Vergleich mit 24 Wochen auftreten, wenn etwa die Mehrarbeit an Anfang oder am Ende eines Kalendermonats auftritt und sich der Zeitraum dann praktisch auf 5 Monate verkürzt oder auf 7 Monate verlängert. In der Literatur wird deshalb auch meist von dem Ausgleich in 6 Monaten gesprochen (Anzinger, BB 1994, 1491; AuA 1994, 5; Diller, NJW 1994, 2726; Erasmy, NZA 1994, 1105; Oppholzer, ArbuR 1994, 41). Deshalb ist der eingehenden Begründung von Schliemann zuzustimmen, dass schon aus praktischen Gründen von Zeitmonaten auszugehen ist (Schliemann § 3 Rn. 32 ff.). Umstritten ist weiter, ob der Zeitraum des Ausgleichs immer nur nach der Mehrarbeit liegen darf (Buschmann/Ulber § 3 Rn. 7; Roggendorff § 3 Rn. 12) oder auch vorgearbeitet sein kann (so Anzinger § 298 Rn. 66; Anzinger/Koberski § 3 Rn. 33 ff.; Baeck/Deutsch § 3 Rn. 35; Dobberahn Rn. 32; Erasmy, NZA 1994, 1105; Junker, ZfA 1998, 105, 114; Schaub § 156 Rn. 31; Schliemann § 3 Rn. 53 ff.; ErfK/Wank § 3 Rn. 8 f.). Außerdem wird verlangt, dass der Ausgleichszeitraum jeweils bestimmt wird und im Voraus unter der dann erforderlichen Mitbestimmung des Betriebsrats (und dementsprechend des Personalrats oder der Mitarbeitervertretung) festgelegt werden müsse (Anzinger/Koberski § 3 Rn. 34, 83; Buschmann/Ulber § 3 Rn. 11; Erasmy, NZA 1994, 1105; Kufer SD 240 Rn. 143). Das ist aber nicht zwingend notwendig.

9   Der Ausgleich ist vielmehr gesetzlich vorgeschrieben und in den variablen Grenzen festgelegt. Es wird verkannt, dass es sich hier um eine öffentlich-rechtliche zwingende Vorschrift handelt, die lediglich bewirkt, dass Überschreitungen des durchschnittlichen 8-Stunden-Tages verboten sind, nicht geleistet zu werden brauchen und die Bestrafung des Arbeitgebers nach §§ 22, 23 nach sich ziehen können. Dazu ist für jeden Tag der Mehrarbeit zu prüfen, ob in der zurückliegenden oder der folgenden Zeit der Durchschnitt erhalten geblieben ist. Es gilt nichts anderes, als für einen Ausgleichszeitraum nach den Allgemeinen Vertragsrichtlinien der Caritas, die für eine durchschnittliche 40-Stunden-Woche einen Zeitraum von 8 Wochen zugrundelegten; dazu wurde entschieden, dass für die Prüfung der Einhaltung der 40 Stunden im Durchschnitt neben der Woche mit Mehrarbeit die vorausge-

gangenen sieben Wochen und auch die folgenden sieben Wochen einzubeziehen sind, und erst wenn sich herausstellt, dass in keinem dieser Zeiträume der Durchschnitt erreicht wurde, zu bezahlende Überstunden vorliegen (BAG vom 10. 6. 1987 – 4 AZR 60/87). Ebenso ist hier zu prüfen, ob der 8-Stunden-Durchschnitt werktäglich eingehalten wurde. Wenn am 8. Juni eines Jahres oder in der ganzen Woche vom 6.–10. Juni jeweils 10 Stunden geleistet werden, kann das durch geringere Arbeitszeiten von 6 Stunden seit dem 9. oder 7. Dezember des Vorjahres, aber auch durch verkürzte Arbeitszeiten bis zum 7. bzw. 9. Dezember dieses Jahres noch ausgeglichen werden. In beiden Fällen wird der 6-Monats-Durchschnitt unter Einbeziehung der längeren Arbeitszeittage eingehalten. Der Ausgleichszeitraum ist deshalb praktisch immer für ein Jahr, jeweils vorwärts und rückwärts zu prüfen. Wer heute 2 Stunden länger und damit 10 Stunden arbeitet, kann damit geringere Arbeitszeiten aus den letzten 6 Monaten ausgleichen oder den Ausgleich in den folgenden 6 Monaten durchführen. Hätte die Ausgleichsmöglichkeit nur auf einen Zeitraum beschränkt werden sollen, hätte es heißen müssen, „wenn innerhalb der folgenden sechs Kalendermonate oder der folgenden 24 Wochen" der Durchschnitt nicht überschritten wird. Praktisch ist deshalb stets ein Raster von 6 Monaten oder 24 Wochen anzulegen, in dem die Überschreitung zu prüfen ist (Baeck/Deutsch § 3 Rn. 34 f.; Dobberahn Rn. 29; Schliemann § 3 Rn. 37; ErfK/Wank § 3 Rn. 9). Eine ganz andere Frage ist es, dass unabhängig von dieser vorgegebenen gesetzlichen Regelung Arbeitszeitregelungen im Betrieb der Mitbestimmung der Arbeitnehmervertretungen unterliegen. Wenn im Einzelfall ein Arbeitnehmer länger als 8 Stunden arbeitet, etwa weil eine bestimmte Aufgabe noch zu erfüllen ist, tritt für diesen Fall nur die gesetzliche Prüfung ein, ob ein Verstoß gegen § 3 vorliegt. Wird dagegen ein Regelungswerk z. B. für Gleitzeit oder für Arbeit an vier Tagen der Woche festgelegt, besteht aus ganz anderen Gründen ein Mitbestimmungsrecht, wobei man sich auch an die Vorgaben des § 3 halten muss, aber z. B. auch die Ausgleichszeiten verkürzen könnte. Der Betriebsrat hat auch ein Initiativrecht und kann solche Regelungen verlangen, die dann ggf. über eine Einigungsstelle durchgesetzt werden können (BAG vom 31. 8. 1982, AP Nr. 8 zu § 87 BetrVG 1972 Arbeitszeit; vom 28. 11. 1989, AP Nr. 4 zu § 87 BetrVG Initiativrecht). Dann ist zwar im Ergebnis nach den Vorgaben dieser Betriebsvereinbarung zu verfahren. Das ändert aber alles nichts an den gesetzlichen Vorgaben des Ausgleichs nach § 3, da allein deren Verletzung einen Gesetzesverstoß darstellt. Alle sonstigen Folgerungen ergeben sich nicht öffentlich-rechtlich, sondern nur in der Sphäre des Arbeitsprivatrechts.

Bei der Ausgleichsberechnung sind die Arbeitszeiten zunächst so zu berücksichtigen, wie sie angefallen sind. Wird z. B. an Freitagen verkürzt gearbeitet und werden nur 6 Stunden geleistet, sind diese fehlenden 2 Stunden als Ausgleich heranzuziehen. Es kann also innerhalb von 6 Monaten an einem Tag ohne weiteres 10 Stunden für jeden Freitag gearbeitet werden. Fehltage sind dagegen nicht ohne Weiteres als Ausgleich heranzuziehen. Urlaubstage, Krankheitstage, freie Tage wegen Hochzeit, Todesfall, Umzug usw. sind mit der üblichen, am jeweiligen Tag anfallenden Arbeitszeit anzusetzen und etwa bei gleitender Arbeitszeit grundsätzlich mit 8 Stunden zu bewerten, so dass sie für einen Ausgleich nicht zur Verfügung stehen. Etwas anderes gilt nur für

§ 3 ArbZG   Zweiter Abschnitt. Werktägliche Arbeitszeit und arbeitsfreie Zeiten

Bummelzeiten, also für unberechtigtes Fernbleiben von der Arbeit: solche Zeiten erlauben einen Ausgleich. Der arbeitsfreie Sonnabend ist aber auch ein Ausgleichstag und erlaubt es, an 4 Tagen 10 Stunden Arbeit zu leisten. Dasselbe gilt für andere arbeitsfreie Wochentage in einem rollierenden System (allg. Meinung; a. A. nur für Urlaubstage Dobberahn Rn. 31, dem steht aber schon Art. 16 Nr. 2 EG-Richtlinie 93/104 sowie Art. 16 Buchst. b der Richtlinie 2003/88/EG entgegen; wonach ausdrücklich Zeiten des bezahlten Jahresurlaubs und Krankheitszeiten unberücksichtigt bleiben; vgl. Anzinger/ Koberski § 3 Rn. 61; Baeck/Deutsch § 3 Rn. 43; Buschmann/Ulber § 3 Rn. 7 a; Junker, ZfA 1998, 105, 112; ErfK/Wank § 3 Rn. 10; Kufer SD 240 Rn. 90; Schliemann § 3 Rn. 89 f.). Angesichts der bestehenden Verkürzung der Wochenarbeitszeit werden deshalb Schwierigkeiten in aller Regel nicht auftreten. Nur bei mehreren Arbeitsverhältnissen sind solche genauen Berechnungen vorzunehmen. Wenn allerdings durch langanhaltende Krankheit wegen des Ablaufs der Fristen ein Ausgleich nicht binnen der Frist möglich ist, muss sich der Ausgleichszeitraum bis zur Wiedergenesung hinausschieben (Junker, ZfA 1998, 105, 112; Anzinger/Koberski § 3 Rn. 63). Endet aber das Arbeitsverhältnis vor dem Ausgleich, ist der Ausgleich nicht auf ein neues Arbeitsverhältnis zu übertragen (Schliemann § 3 Rn. 96, der neue Arbeitgeber profitiert aber auch nicht von einem sog. negativen Ausgleichskonto (a. A. Schliemann § 3 Rn. 96).

V. Kraftfahrer

11   Die speziell für Kraftfahrer geltenden Regeln sind enger gefasst als § 3. Sie gelten deshalb anstelle dieser variablen Vorschrift und lassen für den erfassten Personenkreis nur diese Arbeitszeiten zu (vgl. oben Rn. 1 zu der Entstehung). Ab 11. 4. 2007 gilt für Kraftfahrer das europäische Recht der Verordnung (EG) Nr. 561/2006 zur Harmonisierung bestimmter Sozialvorschriften im Straßenverkehr vom 15. 3. 2006 (ABl. L 102/1). Zur Erfüllung dieser Vorschriften erging das Gesetz zur Änderung personenbeförderungsrechtlicher Vorschriften und arbeitszeitrechtlicher Vorschriften für Fahrpersonal vom 14. 8. 2006 (BGBl. I S. 1962), das im Arbeitszeitgesetz den bisherigen § 5 Abs. 4 mit der Verweisung auf das Europarecht aufhob und § 21 a einführte, mit dem jetzt die europarechtlichen Arbeitszeitvorschriften für die Kraftfahrer und Beifahrer in das deutsche Recht eingegliedert wurden. Vgl. die Anm. zu § 21 a.

VI. Mitbestimmung

12   Beginn und Ende der täglichen Arbeitszeit und der Pausen unterliegt der Mitbestimmung der Betriebsräte nach § 87 Abs. 1 Nr. 2 BetrVG und der Personalräte nach § 75 Abs. 3 Nr. 1 BPersVG. Diese Mitbestimmung ist – vor allem nach der Rechtsprechung des Bundesarbeitsgerichts – sehr umfassend. Nur für die Dauer der geschuldeten wöchentlichen Arbeitszeit besteht kein Mitbestimmungsrecht (BAG vom 18. 8. 1987, 13. 10. 1987, 22. 7. 2003, 24. 1. 2006, 15. 5. 2007, 17. 3. 2010, 9. 11. 2010, AP Nr. 23 zu § 77 BetrVG 1972, Nr. 8 zu § 3 ArbZG, Nr. 24, 108, 125 zu § 87 BetrVG Arbeitszeit, Nr. 35 zu § 611 BGB Arbeitszeit, NZA-RR 2011, 278). Es kann

aber ein Mitbestimmungsrecht nach § 99 BetrVG bestehen, wenn die Arbeitszeit von Arbeitnehmern längere Zeit erhöht wird (BAG vom 9. 12. 2008, AP Nr. 58 zu § 99 BetrVG 1972 Einstellung); dabei besteht aber keine Inhaltskontrolle des Arbeitsvertrags (BAG vom 27. 10. 2010, AP Nr. 61 zu § 99 BetrVG 1972 Einstellung). Auch kann tariflich eine Änderung der Dauer der Arbeitszeit durch Betriebs- oder Dienstvereinbarung zugelassen sein (BAG vom 22. 7. 2008, 8. 10. 2008, AP Nr. 98 zu § 77 BetrVG 1972, Nr. 142 zu Art. 12 GG). Sonst hat der Betriebsrat und der Personalrat ein zwingendes Mitbestimmungsrecht bei der Festlegung der Mindestdauer der täglichen Arbeitszeit, der Lage der Arbeitszeit, der Verteilung der Arbeitszeit auf die einzelnen Wochentage, die Einführung und Durchführung von Gleitzeit, der Einsatz von Teilzeitarbeitskräften einschließlich der Regelung, ob sie nach festen Zeiten oder nach Bedarf beschäftigt werden, die Gestaltung eines rollierenden Systems, die Aufstellung von Dienstplänen, die Umsetzung von einer Schicht in eine andere, die Festlegung einer Jahresarbeitszeit, die Anordnung oder auch nur Duldung von Überstunden, vorübergehende Verlängerung der Arbeitszeit für Teilzeitbeschäftigte (vgl. Entscheidungen BAG AP Nr. 1 ff. zu § 87 BetrVG 1972 Arbeitszeit und die Kommentare zu § 87 BetrVG mit jeweils ausführlichen Nachweisen). Grundlegend sind vor allem – wenn auch umstritten, aber maßgebend – die sog. Kaufhausentscheidungen vom 31. 8. 1982 und 13. 10. 1987 (AP Nr. 8, 24 zu § 87 BetrVG 1972 Arbeitszeit) in Verbindung mit dem Beschluss des Bundesverfassungsgerichts vom 18. 12. 1985 (AP Nr. 15 zu § 87 BetrVG 1972 Arbeitszeit). Der Betriebsrat bestimmt danach mit bei der Festlegung der Mindestdauer der täglichen Arbeitszeit, der Verteilung auf die Wochentage, bei der Mindestzahl der arbeitsfreien Samstage, bei der Frage, in welchen Schichten gearbeitet wird, und bei der Festlegung der Pausen. Das gilt auch dann, wenn Arbeitnehmer individuelle Arbeitszeiten wünschen, und verstößt nicht gegen das Grundrecht des Arbeitgebers nach Art. 12 Abs. 1 GG. Regelungen über die Ausübung des Berufs einer unternehmerischen Betätigung so zu gestalten, dass sie die unternehmerische Entscheidungsfreiheit unberührt lassen. Nur die einvernehmliche Verminderung der Arbeitszeit nach dem Wunsch des Arbeitnehmers löst die Mitbestimmung nicht aus (BAG vom 25. 1. 2005, AP Nr. 114 zu § 87 BetrVG 1972 Arbeitszeit), auch nicht die Zuweisung bestimmter Tätigkeiten (BAG vom 29. 9. 2004, AP Nr. 112 zu § 87 BetrVG 1972 Arbeitszeit), ebenso nicht die Eingliederung eines einzelnen Leiharbeiters (LAG Nürnberg vom 21. 12. 2011, ZTR 2012, 412). Auch die Anordnung von Mehrarbeit unterliegt der Mitbestimmung, da es sich um einen kollektiven Tatbestand handelt, vor allem, wie zu verfahren ist, wenn ein Bedarf nach Mehrarbeit auftritt (BAG vom 11. 11. 1986, 12. 1. 1988, 23. 7. 1996, 17. 11. 1998, 28. 5. 2002, 3. 6. 2003, 1. 7. 2003, 26. 10. 2004, 3. 5. 2006, 24. 4. 2007, AP Nr. 21, 68, 79, 96, 103, 113, 119, 124 zu § 87 BetrVG 1972 Arbeitszeit, Nr. 8 zu § 81 ArbGG 1979, Nr. 19 zu § 77 BetrVG 1972 Tarifvorbehalt). Das gilt auch, wenn Überstunden nur für zwei Beschäftigte angeordnet werden sollen (BVerwG vom 19. 9. 2005, AP Nr. 32 zu § 72 LPVG NW) oder die Arbeitszeit eines einzelnen Arbeitnehmers vorübergehend verlängert wird (BAG vom 24. 4. 2007, AP Nr. 124 zu § 87 BetrVG 1972 Arbeitszeit). Die Regelung bzw. Änderung der Schichtarbeit unterliegt

§ 3 ArbZG Zweiter Abschnitt. Werktägliche Arbeitszeit und arbeitsfreie Zeiten

der Mitbestimmung (BAG vom 28. 5. 2002, 1. 7. 2003, 3. 5. 2006, AP Nr. 96, 103, 119 zu § 87 BetrVG 1972 Arbeitszeit), es sei denn tariflich ist bereits die vorübergehende Verschiebung bis zu einer Stunde geregelt (BAG vom 3. 5. 2006, AP Nr. 119 zu § 87 BetrVG 1972 Arbeitszeit). Änderungen beim An- und Ablegen der Firmenkleidung unterliegen der Mitbestimmung (BAG vom 10. 11. 2009, AP Nr. 125 zu § 87 BetrVG 1972 Arbeitszeit). Mitbestimmungspflichtig ist auch die Regelung der Kurzpausen (BAG vom 1. 7. 2003, AP Nr. 107 zu § 87 BetrVG 1972 Arbeitszeit). Der Betriebsrat hat auch mitzubestimmen, wie ein Ausgleich für Nachtarbeit durch freie Tage oder durch Entgeltzahlung gewährt werden soll (BAG vom 26. 8. 1997, 26. 4. 2005, 17. 1. 2012, NZA 2012, 513, AP Nr. 74, 118 zu § 87 BetrVG 1972 Arbeitszeit). ebenso unterliegt die Einführung von Rufbereitschaft der Mitbestimmung (BVerwG vom 30. 1. 1996, AP Nr. 64 zu § 75 BPersVG), dasselbe gilt für die Anordnung von Bereitschaft (BVerwG vom 28. 5. 2001, AP Nr. 32 zu § 87 BetrVG 1972 Tarifvorrang; HessVGH vom 29. 9. 2011, ArbuR 2012, 43). Auch die abweichende Regelung der Feiertagsarbeit unterliegt der Mitbestimmung (BAG vom 29. 9. 2004, AP Nr. 16 zu § 77 BetrVG 1972 Nachwirkung), ebenso die Arbeit oder deren Ausfall am Karnevalsdienstag (BAG vom 26. 10. 2004, AP Nr. 113 zu § 72 BetrVG 1972 Arbeitszeit). Im Gegensatz zur dauernden Arbeitszeitänderung ist die vorübergehende Änderung mitbestimmungspflichtig (BAG vom 23. 7. 1996, 19. 6. 2001, 24. 4. 2007, AP Nr. 1 zu § 87 BetrVG 1972 Leiharbeitnehmer, Nr. 41, 124 zu § 87 BetrVG 1972 Arbeitszeit). Im Grundsatz gilt deshalb, dass abgesehen von der Dauer der wöchentlichen Arbeitszeit stets die Mitbestimmungsrechte des Betriebs- oder Personalrats für Arbeitszeitfragen einzuhalten sind. Soweit aber Rechtsfragen zu entscheiden sind, besteht kein Mitbestimmungsrecht der Betriebs- oder Personalvertretung. Die zulässige Höchstarbeitszeit und die arbeitszeitrechtliche Zuordnung von Bereitschaftsdiensten ist von den Gerichten zu entscheiden und weder der Mitbestimmung noch der Einigungsstelle zugänglich (BAG vom 22. 6. 1993, AP Nr. 22 zu § 23 BetrVG 1972; vom 27. 1. 1998, AP Nr. 14 zu § 87 BetrVG 1972 Sozialeinrichtung; vom 3. 6. 2003, AP Nr. 19 zu § 77 BetrVG 1972 Tarifvorbehalt; vom 22. 7. 2003, AP Nr. 108 zu § 87 BetrVG 1972 Arbeitszeit). Tarifliche Bestimmungen über die regelmäßige Wochenarbeitszeit lassen trotzdem betriebliche Regelungen zur Verlängerung der betriebsüblichen Arbeitszeit zu (BAG vom 22. 7. 2008, AP Nr. 98 zu § 77 BetrVG 1972, vom 8. 10. 2008, AP Nr. 142 zu Art. 1266); das kann auch für mehrere Jahre unkündbar festgelegt werden und ist eine ausreichende Grundlage für die Anordnung von Überstunden (BAG vom 3. 6. 2003, AP Nr. 19 zu § 77 BetrVG 1972 Tarifvorbehalt).

13   Das gilt auch in **Tendenzbetrieben.** Dort ist allerdings abzugrenzen zwischen Maßnahmen, die zur Tendenzverwirklichung erforderlich sind und damit mitbestimmungsfrei bleiben müssen, sowie anderen Arbeitszeitvorschriften, die nur der Anpassung an den Herstellungsprozess dienen oder die Art der Arbeitsteilung regeln und deshalb mitbestimmungspflichtig sind. Das Bundesverfassungsgericht hat insoweit die Mitbestimmungspflicht für die Arbeitszeit der Zeitungsausträger bejaht (BVerfG vom 29. 4. 2003, AP Nr. 75 zu § 118 BetrVG 1972). Kein Mitbestimmungsrecht besteht aber bei der Festlegung von Arbeitszeitbeginn und -ende von Zeitungsredakteuren oder Arbeitszeitent-

scheidungen, die für ein bestimmtes Thema oder bestimmte Redakteure für Aktualität oder Qualität der Berichterstattung maßgeblich werden können (BVerfG vom 15. 12. 1999, AP Nr. 67, 68 zu § 118 BetrVG 1972 mit Bezug auf BVerfG vom 6. 11. 1979, BVerfGE 52, 283 = AP Nr. 14 zu § 118 BetrVG 1972; BAG vom 1. 9. 1987, AP Nr. 10 zu § 101 BetrVG 1972, vom 30. 1. 1990, AP Nr. 44 zu § 118 BetrVG 1972, vom 20. 4. 2010, AP Nr. 9 zu Art. 5 Abs. 1 GG Pressefreiheit, vom 14. 9. 2010, AP Nr. 83 zu § 118 BetrVG 1972; dazu auch Berger-Delhey, NZA 1992, 441; Dütz, AfP 1988, 193; Plander, ArbuR 1991, 353; Weiß/Weyand, ArbuR 1990, 33). Die Kunstfreiheit des Art. 5 Abs. 3 Satz 1 GG schließt die Mitbestimmung ebenfalls nicht aus (BVerwG vom 12. 8. 2002, AP Nr. 25 zu § 72 LPVG NW).

VII. Gleitende Arbeitszeit

Während zur Zeit der Herrschaft der AZO allgemein noch von festen Arbeitszeiten im Gewerbe, aber auch im Handel, bei Büroarbeiten und im öffentlichen Dienst ausgegangen wurde, kam seit den Jahren ab 1970 immer mehr der Gedanke an gleitende Arbeitszeiten auf, die mehr Individualismus und nach der Verkürzung der Wochenarbeitszeiten längere Betriebslaufzeiten zuließen. Der strenge Achtstundentag und die kurzen Ausgleichszeiten ließen solche Gleitzeiten nur bei entsprechender tariflicher Regelung und unter Schwierigkeiten zu (vgl. 11. Aufl. § 3 Anm. 7, 7 a). Deshalb dient die Ausdehnung an werktäglicher Arbeit auf 10 Stunden und der praktisch einjährige Ausgleichszeitraum vor allem dieser Flexibilisierung durch individuelle Gleitzeiten, obwohl die gleitende Arbeitszeit ausdrücklich im ArbZG nicht erwähnt wird. Da angesichts der Verkürzung der Wochenarbeitszeiten die Höchstarbeitszeiten des ArbZG kaum noch berührt werden, gibt es Gleitzeiten bis hin zu Jahresarbeitszeiten. Demgegenüber ist der gleitende Übergang in den Ruhestand nach dem Altersteilzeitgesetz vom 23. 7. 1996 (BGBl. I S. 1078), zuletzt geändert durch Gesetz vom 12. 4. 2012 (BGBl. I S. 579) mit der Zurückführung der Arbeitszeit durch Reduzierung oder Blockmodell keine gleitende Arbeitszeit mit Ausgleich von 5 Jahren, sondern vor allem eine sozialversicherungsrechtliche Sicherstellung unter gleichzeitiger Förderung von Beschäftigung jüngerer Arbeitnehmer (vgl. Rittweger, Altersteilzeit, 2. Aufl. 2002). 14

Nur in betriebsratslosen Betrieben kann die Gleitzeit arbeitsvertraglich vereinbart werden, sonst bedarf es stets als Voraussetzung für den individuellen unterschiedlichen Beginn und das Ende der täglichen Arbeitszeit der Mitbestimmung der Arbeitnehmervertretung. In den meisten Fällen einer Betriebs- oder Dienstvereinbarung wird die Einführung mit besonderer Kontrolle der Arbeitszeiten verbunden. Es gibt aber auch Betriebe mit sog. Vertrauensarbeitszeiten (z.B. Siemens), bei denen dem Arbeitnehmer die Einhaltung der bis zuletzt jährlichen Arbeitszeit selbst überlassen bleibt. Aber auch bei Vertrauensarbeitszeit ist der Betriebsrat zu unterrichten (BAG vom 6. 5. 2003, AP Nr. 61 zu § 80 BetrVG 1972). Letztlich basiert dieses System auf gegenseitiger Kontrolle, da sich niemand auf seine Kosten gern übervorteilen lässt. Häufig geben auch Tarifverträge die Möglichkeit zu betrieblichen Gleitzeiten vor, mit dem Vorteil, dass dann der Ausgleichszeitraum auf ein Jahr und damit im Ergebnis auf 2 Jahre ausgedehnt werden kann. 15

§ 4 ArbZG Zweiter Abschnitt. Werktägliche Arbeitszeit und arbeitsfreie Zeiten

16 Die einfache Gleitzeit lässt die tägliche Dauer der Arbeitszeit unberührt und ermöglicht es nur dem Arbeitnehmer, zu unterschiedlichen Zeiten zu beginnen, er muss aber immer nach derselben Arbeitszeit aufhören.

17 Bei der gleitenden Arbeitszeit mit Zeitausgleich kann auch die Dauer der täglichen Arbeitszeit verkürzt oder verlängert werden und muss binnen bestimmter Zeit ausgeglichen werden. Hier existieren die unterschiedlichsten Modelle. Meist sind bestimmte Kernarbeitszeiten einzuhalten, die aber auch montags und freitags auf Null zurückgeführt werden können, um ein verlängertes Wochenende zu ermöglichen. In anderen Fällen kann die Kernarbeitszeit oft nach Vereinbarung mit Vorgesetzten und/oder Kollegen an einzelnen Tagen ausgesetzt werden, etwa um größere Besorgungen oder Untersuchungen zu ermöglichen. Der Ausgleich kann ebenfalls unterschiedlich geregelt werden. Am häufigsten ist der Ausgleich der Arbeitszeit innerhalb bestimmter Zeiträume. Es gibt aber auch Formen, in denen ein Guthaben nicht durch Freizeit, sondern durch Vergütung oder durch Übertragung auf ein Langzeitkonto ausgeglichen wird. Solche Langzeitkonten sollten dann eine Insolvenzversicherung enthalten (z. B. Jenoptik). Bei allen Formen ist Voraussetzung, dass der 8-Stunden-Tag im Durchschnitt eingehalten wird, dass die tägliche Arbeitszeit außer bei Arbeitsbereitschaft und Bereitschaftsdienst nicht über 10 Stunden ausgedehnt und der Ausgleichszeitraum eingehalten wird (Anzinger/Koberski § 2 Rn. 108 ff.; § 3 Rn. 46; Baeck/Deutsch § 3 Rn 45; Buschmann/Ulber § 3 Rn. 16; Marschner SD 240.1, Flexibilisierung; Matthes MünchArbR § 244 Rn. 47 ff.; Schaub § 160; Schliemann § 3 Rn. 57 ff.; Schüren, MünchArbR §§ 43, 44; ErfK/Wank § 3 Rn. 16 ff.).

VIII. Zuwiderhandlungen

18 Sowohl die Überschreitung der täglichen Arbeitszeit als auch des Ausgleichszeitraums ist nach § 22 Abs. 1 Nr. 1 zu ahnden. Dabei genügt es, dass die Überschreitung geduldet wird oder keine ausreichende Überwachung erfolgt (OLG Hamm vom 30. 8. 1956 AP Nr. 2 zu § 12 AZO). Bei Gefährdung der Gesundheit oder Arbeitskraft oder bei beharrlicher Wiederholung kommt auch Freiheitsstrafe nach § 23 Abs. 1 in Betracht.

§ 4 Ruhepausen

¹Die Arbeit ist durch im voraus feststehende Ruhepausen von mindestens 30 Minuten bei einer Arbeitszeit von mehr als sechs bis zu neun Stunden und 45 Minuten bei einer Arbeitszeit von mehr als neun Stunden insgesamt zu unterbrechen. ²Die Ruhepausen nach Satz 1 können in Zeitabschnitte von jeweils mindestens 15 Minuten aufgeteilt werden. ³Länger als sechs Stunden hintereinander dürfen Arbeitnehmer nicht ohne Ruhepause beschäftigt werden.

Übersicht

	Rn.
I. Entstehung	
Die Vorschrift entspricht dem Regierungsentwurf und ist auf Vorschlag des Bundesrates um Satz 3 ergänzt worden	1

	Rn.
II. Begriff der Ruhepause	
Die Pause ist von Arbeit und Arbeitsbereitschaft frei	2
Die Zeit der Pause muss bei Arbeitsbeginn feststehen, wobei es genügt, dass ein zeitlicher Rahmen vorgegeben ist	3
III. Dauer der Ruhepause	
Die Dauer der Pause ist eine Mindestdauer, längere Pausen sind möglich, solange die Ruhezeit eingehalten wird	4, 5
IV. Lage der Pausen	
Die Lage der Pausen ist nach den Umständen festzulegen	6
Sowohl Dauer als auch Beginn und Ende der Pausen unterliegen der Mitbestimmung der Betriebs- oder Personalvertretung	7
V. Aufenthalt in der Pause	
Vorschriften über Aufenthaltsräume enthält nur noch die ArbStättV	8
Der Aufenthalt in der Pause ist frei, kann aber vertraglich oder durch Betriebsvereinbarung beschränkt werden	9
VI. Kraftfahrer	
Für Kraftfahrer gelten § 6 FahrpersonalVO und EG-VO Nr. 3820/85	10
VII. Jugendliche	
Für Jugendliche gelten die Vorschriften von § 11 JArbSchG	11–13

I. Entstehung

§ 4 entspricht dem Regierungsentwurf in Satz 1 und 2 (BR-Drucks. 507/92 = BT-Drucks. 12/5888). Der SPD-Entwurf (BT-Drucks. 12/5282) schlug 30 Minuten bei mehr als $4^{1}/_{2}$ Stunden und 45 Minuten bei mehr als 8 Stunden Arbeitszeit vor, außerdem bezahlte Pausen von 5 Minuten je Stunde bei besonders erschwerten Arbeiten. Dem entsprach der Vorschlag des Ausschusses des Bundesrates für Arbeit und Sozialordnung (BR-Drucks. 507/1/93). Als Hilfsvorschlag wurden 30 Minuten bei mehr als 5 Stunden und 45 Minuten bei mehr als 8 Stunden vorgeschlagen. Außerdem wurde der dann Gesetz gewordene Zusatz mit Satz 3 gefordert, weil sonst bei einer Arbeitszeit von 9 Stunden eine Pause erst nach 7 Stunden eingelegt werden könnte. Der Bundesrat hat sich dem Hilfsvorschlag des Ausschusses angeschlossen, ebenfalls dem Vorschlag für die Arbeitsunterbrechung von 5 Minuten je Stunde bei erschwerten Arbeiten und dem Zusatz über die Mindestzeit für eine Pause nach 6 Stunden (BT-Drucks. 12/5888 Anlage 2 S. 38). Nur diesem letzten Vorschlag hat die Bundesregierung zugestimmt (BT-Drucks. 12/5888 Anlage 3 S. 50, 51), insbesondere könnten zusätzliche Belastungen wegen der größeren Sachnähe besser durch die Tarif- und Betriebspartner mit Kurzpausen u.Ä. ausgeglichen werden. Auch die EG-Richtlinie 93/104 vom 23. 11. 1993 sieht in Art. 4 ebenso wie die Richtlinie 2003/88/EG vom 4. 11. 2003 ebenfalls im inhaltsgleichen Art. 4 eine Ruhepause erst nach 6 Stunden vor. Für Kraftfahrer ist die Ruhepause „jeder ununterbrochene Zeitraum, in dem ein Fahrer frei über seine Zeit verfügen kann" (Richtlinie 561/2006 Art. 4f), die als Ausgleich für eine reduzierte wöchentliche Ruhezeit eingelegt werden kann (Richtlinie 561/2006 Art. 8 Abs. 7). Nach der Begründung der Bundesregierung entspricht die Pausenregelung einer Vereinheitlichung der bisherigen unterschiedlichen Regelung für Männer und Frauen in §§ 4, 12 AZO. Der Ausschuss für Arbeit und Sozialordnung hat dann in seiner Beschlussempfehlung Satz 3 angefügt, weil sonst etwa bei neunstündiger Arbeitszeit eine Pause ent-

§ 4 ArbZG Zweiter Abschnitt. Werktägliche Arbeitszeit und arbeitsfreie Zeiten

gegen ergonomischen Erkenntnissen erst nach 7 Stunden eingelegt zu werden brauchte (BT-Drucks. 12/6990 S. 43).

II. Begriff der Ruhepause

2   Ruhepausen sind im Voraus, also mindestens bei Beginn der Arbeit festliegende Unterbrechungen der Arbeitszeit für bestimmte Zeiten. In dieser Zeit der Pause darf der Arbeitnehmer nicht zur Leistung von Arbeit herangezogen werden. Er braucht sich auch nicht zur Arbeitsleistung bereitzuhalten, sondern muss freie Verfügung darüber haben, wie und wo er die Pause verbringen will. Im europäischen Recht wird bestimmt, dass man in der Ruhepause frei über seine Zeit verfügen können muss (Art. 4 Buchst. f VO (EG) Nr. 561/2006 vom 11. 4. 2006, dort auch in Buchstabe d, dass keine andere Arbeit zu leisten sein darf und ausschließlich der Erholung dienen muss für die ebenfalls als Pause zu nutzende Fahrtunterbrechung; dazu vgl. BAG vom 19. 11. 2009, AP Nr. 17 zu § 1 TVG Tarifverträge: Verkehrsgewerbe). Insbesondere darf in der Pause auch keine Arbeitsbereitschaft und kein Bereitschaftsdienst gefordert werden (BAG vom 5. 5. 1988, AP Nr. 1 zu § 3 AZO Kr; vom 5. 6. 2003, AP Nr. 7 zu § 611 BGB Bereitschaftsdienst; vom 16. 12. 2009, AP Nr. 3 zu § 4 ArbZG; 23. 6. 2010, AP Nr. 4 zu § 7 ArbZG; Zetl, ZMV 2010, 329). Be- und Entladezeiten sind deshalb keine Ruhepausen, wenn der Kraftfahrer das Fahrzeug und Betriebsgelände zwar verlassen darf, einem Arbeitsaufruf aber umgehend nachkommen muss (BAG vom 29. 10. 2002, AP Nr. 11 zu § 611 BGB Arbeitsbereitschaft mit Anm. von Tietje). Die Arbeit als Beifahrer ist weder Pause noch Freizeit (BAG vom 20. 4. 2011, AP Nr. 51 zu § 307 BGB). Die Ruhepause muss frei von jeder Arbeit oder Bereitschaft sein und zur freien Verfügung stehen (BAG vom 26. 6. 2010, AP Nr. 4 zu § 7 ArbZG mit Verweis auf EuGH vom 9. 9. 2003 (Jaeger) Rn. 92 ff. und Art. 17 Abs. 1–3 Richtlinie 93/104). Ausnahmen sind nur in Notfällen und anderen außergewöhnlichen Fällen des § 14 denkbar. Dagegen ist Rufbereitschaft keine Arbeitszeit, so dass diese Zeiten für Pausen verwendet werden können (Anzinger § 299 Rn. 19; Anzinger/Koberski § 4 Rn. 5; Baeck/Deutsch § 4 Rn. 11; Roggendorff § 4 Rn. 10; Röhsler, AR-Blattei SD 1240 Rn 68; Schliemann § 4 Rn. 16; ErfK/Wank § 4 Rn. 1; vgl. aber § 7 Rn. 10, 14).

3   Die Ruhepause muss im Voraus feststehen, das ergibt sich nicht nur aus dem Wortlaut des § 4, sondern auch aus dem Begriff der Ruhepause, da der Arbeitnehmer sich auf die Pause einrichten können muss (BAG vom 5. 5. 1988, 27. 2. 1992, 23. 9. 1992, AP Nr. 1, 5, 6 zu § 3 AZO Kr). Nach dieser Rechtsprechung muss zumindest sichergestellt werden, dass zu Beginn der täglichen Arbeitszeit ein bestimmter zeitlicher Rahmen feststeht, in dem die Pause genommen werden kann und auch genommen werden muss, was vom Arbeitgeber sicherzustellen ist, weil es seine Pflicht ist, die Ruhepause zu gewähren (LAG Köln vom 3. 8. 2010, ArbuR 2010, 525; weitergehend LAG Baden-Württemberg vom 14. 10. 1998, ZTR 1999, 365, wonach die Pause bei Arbeitsbeginn der Uhrzeit nach bestimmt sein müsse). Sog. „Breakzeiten" auf Flughäfen sind Pausen, wenn sie schichtplanmäßig feststehen (LAG Köln vom 20. 9. 2010, AA 2011, 36), nicht aber wenn sie nur spontan eintreten, weil keine Fluggäste vorhanden sind (LAG Köln vom 3. 8. 2010, LAGE § 4 ArbZG Nr. 2). Die Festlegung der Pause bedarf außerdem der Zustimmung

der Betriebsvertretung nach § 87 Abs. 1 Nr. 2 BetrVG, § 75 Abs. 3 Nr. 1 BPersVG (BAG vom 21. 8. 1990, AP Nr. 17 zu § 87 BetrVG 1972 Ordnung des Betriebes; vom 6. 11. 1990 – AP Nr. 4 zu § 3 AZO Kr). Nicht ordnungsgemäß festgelegte und eingehaltene Ruhepausen gelten als Arbeitszeit und sind als solche zu bezahlen (BAG vom 5. 5. 1988, 27. 2. 1992, 23. 9. 1992, AP Nr. 1, 5, 6 zu § 3 AZO Kr), ggf. als Arbeitsbereitschaft (BAG vom 29. 10. 2002, AP Nr. 11 zu § 611 BGB Arbeitsbereitschaft mit Anm. von Tietje). Damit kann eine Pause auch bei Gleitzeit im Voraus festgelegt werden, wenn bestimmt wird, nach welcher Arbeitszeit eine Pause einzulegen ist. Auch genügt es festzulegen, dass etwa die Mittagspause zwischen 12 und 14 Uhr 45 Minuten beträgt (Anzinger § 299 Rn. 25; Anzinger/Koberski § 4 Rn. 26; Baeck/Deutsch § 4 Rn. 23; Buschmann/Ulber § 4 Rn. 8; Dobberahn Rn. 53; Kraegeloh § 4 Rn. 1; Kufer SD 240 Rn. 122; Roggendorff § 4 Rn. 15; Röhsler AR-Blattei SD 1240 Rn. 67; Schliemann § 4 Rn. 18 f.; ErfK/Wank § 4 Rn. 4).

III. Dauer der Ruhepause

Die Dauer der Pause gilt jetzt einheitlich für alle Arbeitnehmer ohne 4 Rücksicht auf das Geschlecht. Die Mindestzeit für die Pause sind 15 Minuten. Eine kürzere Pause ist keine Ruhepause i. S. des Gesetzes und deshalb Arbeitszeit. Auch zugelassene Kurzpausen sind Arbeitszeit (BAG vom 16. 5. 1962, AP Nr. 7 zu § 611 BGB Mehrarbeitsvergütung; vom 7. 11. 1988, NZA 1989 S. 553, vom 30. 3. 1989, ZTR 1989, 443; vom 16. 5. 1990, AP Nr. 91 zu § 1 TVG Tarifverträge: Metallindustrie, vom 27. 4. 2000, AP Nr. 1 zu § 14 BMT-G II), etwa wenn sie nach § 7 Abs. 1 Nr. 2 beliebig kurz tariflich vorgesehen werden (a. A. Baeck/Deutsch § 7 Rn. 70; Dobberahn Rn. 52; Junker, ZfA 1998, 105, 117; wie hier Anzinger/Koberski § 4 Rn. 9, 27 f.; Buschmann/Ulber § 4 Rn. 6; Schliemann § 4 Rn. 25; ArbG Stralsund vom 6. 4. 1998; AiB 1998, 477, Anm. Heilmann, AiB 1998, 478). Nur soweit Kurzpausen nach § 7 Abs. 1 Nr. 2 für angemessene Zeit zugelassen sind, handelt es sich nicht um Arbeitszeit und sind sie auch nicht zu bezahlen (LAG Köln vom 20. 9. 2010, AA 2011, 36; vom 6. 4. 2011, 8 Sa 1386/10); sie müssen stets eine angemessene Dauer haben (BAG vom 16. 12. 2009, 13. 10. 2009, AP Nr. 4 zu § 2 ArbZG, Nr. 3 zu § 4 ArbZG: 8 Minuten sind angemessen). 5 Minuten sind in jedem Fall die Untergrenze (vgl. § 7 Rn. 24).

Bis zu einer Arbeitszeit von 6 Stunden brauchen Pausen nicht gewährt zu 5 werden. Von 6 Stunden an und in jedem Fall nach Ablauf von 6 Stunden ist eine Pause zu gewähren. Die Dauer ist für Arbeiten von 6 bis 9 Stunden auf insgesamt 30 Minuten, für mehr als 9 Stunden Arbeitszeit auf 45 Minuten festgelegt. Das sind Mindestzeiten. Die Pausen können längere Zeiten ausmachen. Eine Aufteilung der Pausen ist zulässig, solange jedes Teil mindestens 15 Minuten währt. Aus einer halbstündigen können deshalb zwei, aus einer dreiviertelstündigen können drei Pausen gemacht werden. Längere Pausen werden vor allem als Mittagspause gewährt, für die eine halbe Stunde oft zu kurz wäre, selbst wenn in dieser Zeit ein Essen in einer Kantine eingenommen werden kann. Da Pausen keine Arbeitszeit sind, besteht ein großer Spielraum für die Pausendauer, der letztlich nur an der Einhaltung der Ruhezeit von 11 Stunden beendet wird. Bei einer Arbeitszeit von 10 Stunden kann

§ 4 ArbZG Zweiter Abschnitt. Werktägliche Arbeitszeit und arbeitsfreie Zeiten

deshalb zwar eine Pausenzeit von insgesamt 3 Stunden eingeplant werden, mehr aber auch nicht. Auch für die Dauer der Pausen besteht Mitbestimmung (unten Rn. 7).

IV. Lage der Pausen

6   Wie die Ruhepausen verteilt werden, ist nach den Umständen festzulegen. Als Pause müssen aber jeweils Unterbrechungen der Arbeit gegeben sein, so dass sie nicht am Anfang oder am Ende der Arbeitszeit liegen dürfen, allerdings aber ein Abstand von 1 Stunde nach Beginn oder zu Ende der Arbeitszeit nicht gefordert werden kann (so aber Roggendorff § 4 Rn. 14, dagegen ErfK/Wank § 4 Rn. 2). Je länger, anstrengender und intensiver die Arbeit ist, desto öfter und ggf. länger muss sie unterbrochen werden, um dem Ziel einer kurzen Erholungszeit nahezukommen. Auf der anderen Seite sind größere Pausen manchmal auch unerwünscht, weil sie die Zeit der Abwesenheit von Haus und Familie vielleicht unnötig verlängern. Manchmal ergibt sich die Lage aber auch aus bestimmten Notwendigkeiten, wie etwa fahrplanmäßige Wartezeiten (BAG vom 26. 6. 1988, AP Nr. 33 zu § 242 BGB Betriebliche Übung). Auch Wendezeiten können Pausen sein (BAG vom 23. 11. 1960, AP Nr. 6 zu § 12 AZO; vom 4. 6. 1969, AP Nr. 1 zu § 16 BMT-G II; vom 17. 7. 2008, AP Nr. 1 zu § 4 BMT-G II-O; vom 13. 10. 2009, AP Nr. 4 zu § 2 ArbZG; vom 19. 11. 2009, AP Nr. 17 zu § 1 TVG Tarifverträge: Verkehrsgewerbe; Anzinger/Koberski § 4 Rn. 10; Baeck/Deutsch § 4 Rn. 15; Junker, ZfA 1998, 105, 115; Roggendorff § 4 Rn. 9; Röhsler, AR-Blattei SD 1240 Rn. 68; Schliemann § 4 Rn. 11), ebenso fahrplanbedingte Fahrtunterbrechungen (BAG vom 26. 6. 1988, AP Nr. 33 zu § 242 BGB Betriebliche Übung), nicht aber Be- und Entladezeiten mit Arbeitsbereitschaft (BAG vom 29. 10. 2002, AP Nr. 11 zu § 611 BGB Arbeitsbereitschaft mit Anm. von Tietje). Zu Kurzpausen vgl. § 7 Rn. 24 f.

7   Wichtig ist deshalb die Mitbestimmung der Betriebs- oder Personalvertretung bei der Lage und Dauer der Pause (§ 87 Abs. 1 Nr. 2 BetrVG, § 75 Abs. 3 Nr. 1 BPersVG, § 36 Abs. 1 Nr. 1 MAVO; § 40 Buchst. d MVG). So kann am besten eine Einigung über die unterschiedlichen Interessen, nicht nur von Betrieb und Arbeitnehmern, sondern u. U. auch innerhalb der Arbeitnehmerschaft erreicht werden. Dabei ist heute nicht mehr umstritten, dass die Mitbestimmung gerade wegen der verschiedenen Auswirkungen Lage und Dauer und damit auch Zahl und Häufigkeit der Pausen umfasst (BAG vom 13. 10. 1987, AP Nr. 24 zu § 87 BetrVG 1972 Arbeitszeit; vom 1. 7. 2003, AP Nr. 107 zu § 87 BetrVG 1972 Arbeitszeit auch für Kurzpausen; Däubler/Kittner/Klebe § 87 BetrVG Rn. 79 ff.; Richardi § 87 BetrVG Rn. 276 ff.; Wiese/Kreutz/Oetker/Raab/Weber/Franzen § 87 BetrVG Rn. 344 ff.; Fitting/Engels/Schmidt/Trebinger/Linsenmeier § 87 BetrVG Rn. 117 ff.; Galperin/Löwisch § 87 BetrVG Rn. 90; Hess/Schlochauer/Worzalla/Glock § 87 BetrVG Rn. 168).

V. Aufenthalt in der Pause

8   Es gehört zum Begriff der Ruhepause, dass sie von Arbeit frei ist (oben Rn. 2). Der Arbeitnehmer kann sich grundsätzlich frei bewegen und ausru-

hen. Vorschriften über Pausenräume enthält das ArbZG (im Gegensatz zu §§ 12, 18 AZO) nicht mehr. Das war auch nicht mehr erforderlich, weil § 6 der Arbeitsstättenverordnung i. d. F. vom 12. 8. 2004 (BGBl. I S. 2179) mit Anhang 4.2 in Erfüllung der europäischen Arbeitsstättenrichtlinie 89/654 EWG die Einrichtung der Pausenräume, die Voraussetzungen dafür und die Ausstattung vorschreibt (abgedruckt bei Landmann-Rohmer II Nr. 660). Dort ist Größe und lichte Höhe der Pausenräume ebenso festgelegt wie die Ausstattung nach der Zahl der Arbeitnehmer mit leicht zu reinigenden Tischen, Sitzgelegenheiten mit Rückenlehne und einer entsprechenden Ausstattung. Diese Pausenräume gelten für alle Arbeitsstätten mit mehr als zehn Arbeitnehmern oder bei besonderen gesundheitlichen Gründen bzw. nach der Art der Tätigkeit. Pausenräume sind auch vorgeschrieben in § 17 Druckluftverordnung vom 4. 10. 1972 (BGBl. I S. 1909, zuletzt geändert am 18. 12. 2008, BGBl. I S. 2768). Ein allgemeines Zutrittsrecht der Gewerkschaft zu den Pausen wurde nach § 13 BRTV-Bau als zu unbestimmt abgelehnt (BHG vom 22. 6. 2010, AP Nr. 142 zu Art. 9 GG).

Wenn auch die Pause für den Arbeitnehmer Freiraum von der Arbeit darstellt und deshalb – außer im Bergbau unter Tage – nicht zur Arbeitszeit gehört, ist es doch nicht Teil des Pausenbegriffs, dass der Arbeitnehmer berechtigt sein muss, den Betrieb verlassen zu können. Vielmehr ist es zulässig, den Aufenthalt auch während der Ruhepause auf den Betrieb zu beschränken, etwa um in Notfällen eingreifen zu können, aber auch um Überschreitungen zu verhindern (BAG vom 21. 8. 1990, AP Nr. 17 zu § 87 BetrVG Ordnung des Betriebes). Feuerwehrleute müssen deshalb auch in den Pausen sich für Noteinsätze bereithalten (OVG Koblenz vom 23. 3. 2012, ArbRB 2012, 134). Deshalb kann vor allem durch Betriebsvereinbarung festgelegt werden, dass in der Pause das Verlassen des Betriebes oder des Betriebsgeländes nicht gestattet ist. Das braucht aber nicht durch eine Betriebsvereinbarung zu geschehen, sondern könnte auch im Einzelarbeitsvertrag festgelegt werden, etwa um Sicherheitspersonal für den Notfall zur Verfügung zu haben (Anzinger § 299 Rn. 21; Anzinger/Koberski § 4 Rn. 47; Baeck/Deutsch § 4 Rn. 12 f.; Dobberahn Rn. 55; Röhsler Arbeitszeit 110; AR-Blattei SD 1240 Rn. 74; Schliemann § 4 Rn. 30; ErfK/Wank § 4 Rn. 5). 9

VI. Kraftfahrer

Für Kraftfahrer gilt nach § 1 FahrpersonalVO die EG-Verordnung Nr. 561/ 2006 zur Harmonisierung bestimmter Sozialvorschriften im Straßenverkehr. Danach haben Kraftfahrer von Lastkraftwagen mit mehr als 2,8 t zulässigem Gesamtgewicht und von Fahrzeugen zur Personenbeförderung mit mehr als 9 Fahrgastplätzen die Lenkzeiten nach der EG-VO Nr. 561/2006 einzuhalten. Nach dem Art. 7 (vgl. Anhang 1 c) müssen die Lenkpausen nach $4^1/_2$ Stunden Lenkzeit 45 Minuten betragen, die durch Unterbrechungen von jeweils mindestens 15 Minuten ersetzt werden können. Im nationalen Personenlinienverkehr kann eine Herabsetzung auf Unterbrechungen von 30 Minuten nach 4 Stunden Lenkzeit durch die Mitgliedsstaaten erfolgen. Während der Unterbrechungen darf der Fahrer keine anderen Arbeiten ausführen. Allerdings darf er die Zeit in einem fahrenden Fahrzeug, auf einer Fähre oder in einem Zug 10 verbringen. Diese Unterbrechungen dürfen nicht als tägliche Ruhezeiten betrachtet werden.

VII. Jugendliche

11   Jugendliche dürfen gemäß § 11 JArbSchG nicht länger als 4½ Stunden ohne Ruhepausen beschäftigt werden, diese müssen bei einer Arbeitszeit von 4½ bis 6 Stunden 30 Minuten, von mehr als 6 Stunden 60 Minuten betragen. Als Pausen gelten nur Arbeitsunterbrechungen von 15 Minuten. Sie müssen vorher, d. h. allgemein oder vor Beginn der Tagesarbeit feststehen; jedoch wird eine Vorverlegung der Pausen bei Betriebsstörungen zulässig sein (vgl. oben Rn. 3). Die Pausen müssen angemessen liegen und dürfen frühestens 1 Stunde nach Beginn und spätestens 1 Stunde vor Arbeitsende gewährt werden.

12   Dabei braucht aber nicht die Uhrzeit der Pausen genau festgelegt zu werden, sondern es genügt, dass bestimmt wird, nach welcher Arbeitsdauer die Pause einzulegen ist. Damit kann auch bei gleitender Arbeitszeit den Anforderungen an die im Voraus festzulegende Pause Rechnung getragen werden (Neumann, RdA 1971 S. 108; Röhsler Arbeitszeit S. 118; AR-Blattei SD 1240 Rn. 86).

13   Ausnahmen von der Pausenregelung des § 11 JArbSchG für Jugendliche sind nur in Notfällen bei der Beschäftigung mit vorübergehenden und unaufschiebbaren Aufgaben zulässig, für die ein Erwachsener nicht zur Verfügung steht (§ 21 JArbSchG). Außerdem kann durch Tarifvertrag (§ 21a JArbSchG) oder durch den Bundesarbeitsminister durch Rechtsverordnung (§ 21b JArbSchG) von § 11 Abs. 1 Satz 2 und von § 11 Abs. 2 über Länge und Lage der Pausen eine abweichende Regelung getroffen werden; die Ruhepausen können danach bis zu 15 Minuten gekürzt und in der Lage verändert werden.

§ 5 Ruhezeit

(1) Die Arbeitnehmer müssen nach Beendigung der täglichen Arbeitszeit eine ununterbrochene Ruhezeit von mindestens elf Stunden haben.

(2) Die Dauer der Ruhezeit des Absatzes 1 kann in Krankenhäusern und anderen Einrichtungen zur Behandlung, Pflege und Betreuung von Personen, in Gaststätten und anderen Einrichtungen zur Bewirtung und Beherbergung, in Verkehrsbetrieben, beim Rundfunk sowie in der Landwirtschaft und in der Tierhaltung um bis zu eine Stunde verkürzt werden, wenn jede Verkürzung der Ruhezeit innerhalb eines Kalendermonats oder innerhalb von vier Wochen durch Verlängerung einer anderen Ruhezeit auf mindestens zwölf Stunden ausgeglichen wird.

(3) Abweichend von Absatz 1 können in Krankenhäusern und anderen Einrichtungen zur Behandlung, Pflege und Betreuung von Personen Kürzungen der Ruhezeit durch Inanspruchnahmen während der Rufbereitschaft, die nicht mehr als die Hälfte der Ruhezeit betragen, zu anderen Zeiten ausgeglichen werden.

Übersicht

	Rn.
I. Entstehung	
Die Vorschrift entspricht dem Regierungsentwurf, eine Ausdehnung der Ruhezeit auf 12 Stunden wurde abgelehnt	1

	Rn.
II. Begriff der Ruhezeit Die Ruhezeit liegt zwischen zwei Arbeitsschichten, beträgt 11 Stunden und muss ununterbrochen sein	2–4
III. Verkürzung der Ruhezeit Eine Verkürzung der Ruhezeit erfordert einen Ausgleich, der vor- oder nachgeholt werden kann	5, 6
IV. Krankenhäuser und Pflegeeinrichtungen In Krankenanstalten und sonstigen Pflegeeinrichtungen gilt die Ruhezeit erst ab 1. 1. 1996 und können Inanspruchnahmen bei Bereitschaftsdienst oder Rufbereitschaft in der Ruhezeit anderweit ausgeglichen werden	7–9
V. Gaststätten Der Begriff des Gaststättengewerbes folgt dem Gaststättengesetz, ist hier aber weiter	10
VI. Verkehrsbetriebe Verkehrsbetriebe dienen der Beförderung von Personen, Gütern oder Nachrichten und umfassen auch die Nebenbetriebe	11
VII. Rundfunk Rundfunk sind alle öffentlich-rechtlichen und privaten Rundfunk- und Fernsehanstalten, einschließlich der Nebenbetriebe, sofern es sich nicht um eigene Produktionsanstalten handelt	12, 13
VIII. Landwirtschaft und Tierhaltung Landwirtschaft bezieht den Gartenbau mit ein, nicht aber Landschafts-, Stadt- oder Friedhofsgärtnereien	14
Die Forstwirtschaft gehört nicht zu den Ausnahmen	15
Tierhaltung ist umfassend einschließlich der Zoos und Aquakultur ..	16
IX. Kraftfahrer und Beifahrer Für Kraftfahrer und Beifahrer gelten die besonderen Regelungen der EG-VO Nr. 561/2006 nach § 21 a	17

I. Entstehung

Die Vorschrift entspricht dem Regierungsentwurf (BR-Drucks. 507/92 = BT-Drucks. 12/5888). Lediglich in Abs. 2 wurde die Verkürzung der Ruhezeit auch „beim Rundfunk" zugelassen (BT-Drucks. 12/6990 S. 9, 43), um der Informationsvermittlungsaufgabe des Rundfunks Rechnung zu tragen. Der Entwurf der Grünen (BT-Drucks. 10/2188) und der SPD-Entwurf (BT-Drucks. 12/5282) hatten eine Ruhezeit von mindestens 12 Stunden vorgesehen, die bei Arbeitsbereitschaft gekürzt werden konnte. Der Bundesratsausschuss für Arbeit und Sozialordnung (BR-Drucks. 507/1/93) wollte ebenfalls 12 Stunden Ruhezeit und beim Ausgleich nach Abs. 2 13 Stunden vorschlagen. Der Bundesrat ist dem nicht gefolgt. Er schlug vielmehr vor, in Abs. 3 die Worte „die nicht mehr als die Hälfte der Ruhezeit betragen" zu streichen, weil sie die Dienstplangestaltung sehr erschweren, und Abs. 4 ganz entfallen zu lassen (BT-Drucks. 12/5888 Anlage 2 S. 39). Die Bundesregierung hat beide Vorschläge abgelehnt (BT-Drucks. 12/5888 Anlage 3 S. 51), weil sonst während des gesamten Bereitschaftsdienstes gearbeitet werden könne und die EG-VO 3820/85 unmittelbar geltendes Recht ist und aus ordnungs- und wettbewerbspolitischen Gründen einheitliches Recht geboten ist. Die EG-Richtlinie 93/104/EG vom 23. 11. 1993 sowie inhaltsgleich die Richtlinie 2003/88/EG vom 4. 11. 2003 sehen ebenfalls eine Ruhezeit von 11 Stunden vor (Art. 3), von der nach Art. 17, bzw. Art. 17, 18 der Richtli-

§ 5 ArbZG   Zweiter Abschnitt. Werktägliche Arbeitszeit und arbeitsfreie Zeiten

nie 2003/88/EG abgewichen werden kann (vgl. Anh. 6). Das Gesetz zu Reformen am Arbeitsmarkt vom 24. 12. 2003 (BGBl. I S. 3002) hat in Abs. 3 den Bereitschaftsdienst gestrichen, da er ab 1. 1. 2004 als Arbeitszeit gilt. Zur Entstehung nach der Rechtsregelung des EuGH vgl. Einl. Rn. 30 ff. Für Kraftfahrer galt zunächst die EG-VO Nr. 3820/85, die ab 11. 4. 2007 durch EG-VO Nr. 561/2006 abgelöst wurde. Dadurch wurden Änderungen im Personenbeförderungsgesetz notwendig, die im Ausschuss für Verkehr, Bau und Stadtentwicklung auf das Arbeitszeitgesetz ausgedehnt wurden (BT-Drucks. 16/1685 vom 31. 5. 2006). Durch Gesetz vom 14. 8. 2006 (BGBl. I S. 1962) wurde § 5 Abs. 4 mit dem Verweis auf das europäische Recht für Kraftfahrer und Beifahrer aufgehoben und § 21 a eingeführt, in dem jetzt das Arbeitszeitrecht für Kraftfahrer und Beifahrer einheitlich geregelt ist (vgl. auch Einl. Rn. 38 und § 21 a).

II. Begriff der Ruhezeit

2   Die Ruhezeit ist die Freizeit des Arbeitnehmers zwischen zwei Schichten, dem Ende der Arbeit und dem Beginn der nächsten. Sie wird deshalb in § 13 JArbSchG als „Freizeit" bezeichnet und beträgt dort für Jugendliche 12 Stunden. Im allgemeinen Sprachgebrauch geht der Begriff der Freizeit weiter als der der Ruhezeit. Im Sprachgebrauch ist Freizeit kein arbeitsrechtlicher Begriff, sondern bezeichnet den persönlichen Freiraum, der dem arbeitenden Menschen außerhalb seiner arbeitsvertraglichen Pflichten bleibt. Der Arbeitnehmer ist in der Freizeit von jeder Bindung an seine Arbeit befreit und kann nach Belieben darüber verfügen. So gesehen ist die Freizeit nur die Zeit, die nicht arbeitsgebunden ist, also z. B. die Zeit des Urlaubs jeder Art, während Wegezeiten diese Freizeit bereits beschränken, weil sie die Verpflichtung erfüllen, die Arbeitsstätte zu erreichen. Demgegenüber sind Ruhezeiten die Zeiten zwischen zwei Schichten, die nicht Arbeitszeit sind (BAG vom 23. 11. 1960, 5. 7. 1976, 13. 2. 1992, AP Nr. 6, 10, 13 zu § 12 AZO). Hierzu zählen alle Zeiten, die nicht Arbeit, d. h. weder Vollarbeit noch Arbeitsbereitschaft sind, so dass Rufbereitschaft Ruhezeit sein kann. Für Kraftfahrer sind selbst Kabinenzeiten bei geeigneten Schlafmöglichkeiten Ruhezeiten (Art. 8 Abs. 8 EGVO Nr. 561/2006). Das wird bestätigt durch Abs. 3 mit der Ausnahme für Krankenhäuser und Pflegeeinrichtungen, wonach bei Rufbereitschaft nach Inanspruchnahme der Dienstleistung nicht wieder eine volle Ruhezeit zu beginnen braucht, sondern die Dienste danach wieder aufgenommen und zu anderer Zeit wieder ausgeglichen werden können (vgl. auch Regierungsbegründung BT-Drucks. 12/5888 S. 25). Deshalb ist es trotz des Wortlauts von § 13 JArbSchG wie schon bisher vorgeschlagen (11. Aufl. § 12 Anm. 1, 2) richtiger, die Freizeit als die nicht arbeitsgebundene Zeit zur beliebigen Verwendung zu bezeichnen, während Ruhezeit die Zeit zwischen zwei Arbeitsschichten ist, also insbes. auch die Wegezeit von und nach der Wohnung einschließt (Anzinger § 299 Rn. 1; Anzinger/Koberski § 5 Rn. 4 ff.; Baeck/Deutsch § 5 Rn. 6 f.; Buschmann/Ulber § 5 Rn. 2, 3; Dobberahn Rn. 63; Kraegeloh § 5 Rn. 1; Kufer, SD 240 Rn. 123 f.; Röhsler, AR-Blattei SD 1240 Rn. 27 ff.; Roggendorff § 5 Rn. 9 f.; Schliemann § 5 Rn. 4 f.; ErfK/Wank § 5 Rn. 1 ff.). Der bisherige Streit, ob Bereitschafts-

dienst und Rufbereitschaft Ruhezeiten sein können (vgl. 13. Aufl. § 5 Rn. 2), ist durch das Gesetz zu Reformen am Arbeitsrecht vom 24. 12. 2003 (BGBl. I S. 3002) dahin gelöst, dass entsprechend der Rechtsprechung des EuGH (vgl. Einl. Rn. 30) ab 1. 1. 2004 der Bereitschaftsdienst Arbeitszeit und daher nie Ruhezeit ist, während für die Rufbereitschaft es dabei bleibt, dass sie Ruhezeit sein kann, solange keine Unterbrechung durch Arbeit eintritt (BAG vom 18. 2. 2003, AP Nr. 12 zu § 611 BGB Arbeitsbereitschaft, vom 5. 6. 2003, AP Nr. 7 zu § 611 BGB Bereitschaftsdienst; vom 23. 6. 2010, AP Nr. 4 zu § 7 ArbZG; ErfK/Wank § 2 Rn. 23 f., § 5 Rn. 3). Auch die Sonderregelung durch Tarifvertrag in § 7 Abs. 1 Nr. 3 betrifft nur die Fälle, in denen die Rufbereitschaft durch Inanspruchnahme des Arbeitnehmers mit Arbeit nicht anders als volle Ruhezeit gewertet werden kann (Baeck/Deutsch § 5 Rn. 9; Bitter/Heuwerth, AR-Blattei SD 990.1 Rn. 73; vgl. aber § 7 Rn. 10, 14).

Die so abzugrenzende Ruhezeit muss mindestens 11 Stunden ausmachen, für Jugendliche 12 Stunden nach § 13 JArbSchG. Das gilt für alle Arbeitnehmer (früher war die Ruhezeit 1891 nur für Jugendliche, dann auch für Frauen und erst 1934 für Männer vorgeschrieben). Die Ruhezeit liegt nach der Beendigung der täglichen Arbeitszeit, praktisch zwischen Ende der Arbeit und Wiederbeginn der Arbeit ohne Rücksicht auf die Tageszeiten. Die 11 Stunden brauchen sich nicht auf den Kalendertag zu beziehen, sondern können sich in den nächsten Tag hineinziehen (Anzinger § 299 Rn. 6; Anzinger/Koberski § 5 Rn. 18 ff.; Baeck/Deutsch § 5 Rn. 10; Kufer SD 240 Rn. 126). Nur vor Beginn der Arbeit, d. h. beim Arbeitsantritt wird nicht nach einer vorangehenden Ruhezeit gefragt. Die Ruhezeit muss vor der nächsten Schicht ununterbrochen sein. Im Ergebnis kann deshalb eine Schichtzeit höchstens 13 Stunden ausmachen. Für Sonn- und Feiertagsarbeit gilt das in gleicher Weise nach § 11 Abs. 2, so dass Ruhezeiten über alle Tage einzuhalten sind. Zu beachten ist auch § 11 Abs. 4, wonach der Ersatzruhetag grundsätzlich zusammen mit der Ruhezeit zu gewähren ist. Der Betriebsrat hat die Einhaltung der Ruhezeiten zu überwachen (BAG vom 6. 5. 2003, AP Nr. 61 zu § 80 BetrVG 1972, vom 22. 7. 2003, AP Nr. 108 zu § 87 BetrVG Arbeitszeit). Der Arbeitgeber muss zur Prüfung der Einhaltung der Ruhezeiten auch über Nebentätigkeiten Bescheid wissen (BAG vom 11. 12. 2001, AP Nr. 8 zu § 611 BGB Nebentätigkeit). 3

Tritt in der Ruhezeit bei Rufbereitschaft eine Heranziehung zur Arbeitsleistung ein, muss die volle Ruhezeit im Anschluss an die Arbeitsleistung erneut begonnen werden, damit sie ununterbrochen eingehalten wird. Ausnahmen gelten insoweit nur nach Abs. 3 (unten Rn. 7). Ein Lohnanspruch für die durch die zwingende Ruhezeit dann ausfallende Arbeitszeit besteht nicht (BAG vom 5. 7. 1976, AP Nr. 10 zu § 12 AZO; a. A. Linnenkohl, BB 1982 S. 3053 für einen Betriebsschlosser in Rufbereitschaft). 4

III. Verkürzung der Ruhezeit

Die Verkürzung der Ruhezeit in den in Abs. 2 genannten Gewerben ist nur auf 10 Stunden und nur dann zulässig, wenn der vorgeschriebene Ausgleich eingehalten wird. Das gilt für werktägliche Arbeit ebenso wie für Sonn- und Feiertagsarbeit nach § 11 Abs. 2. Dabei braucht die Verkürzung 5

§ 5 ArbZG Zweiter Abschnitt. Werktägliche Arbeitszeit und arbeitsfreie Zeiten

nicht um bestimmte Mindestzeiten vorgenommen zu werden, sondern kann minutenweise erfolgen, d. h. theoretisch auf 10 Stunden 59 Minuten erfolgen und muss dann um diese Minute ausgeglichen werden. Häufiger werden Verkürzungen um eine halbe oder auch dreiviertel Stunde vorgenommen und können dann auch zusammengefasst ausgeglichen werden. Der Ausgleich braucht also nicht jeweils der einzelnen Verkürzung zu entsprechen, vielmehr kann eine Gesamtabrechnung vorgenommen werden. Zu beachten ist aber, dass der Ausgleich nur durch Verlängerung einer anderen Ruhezeit auf mindestens 12 Stunden erfolgen darf. Damit wird ein Ausgleich von einer halben Stunde Verkürzung durch eine Verlängerung um eine halbe Stunde auf nur $11^1/_2$ Stunden ausgeschlossen. Zwar heißt es, dass jede Verkürzung durch Verlängerung auf mindestens 12 Stunden auszugleichen ist. Das bedeutet aber nicht, schon einer Verkürzung um eine Viertelstunde oder gar nur wenige Minuten müsste immer eine Verlängerung um mindestens 1 Stunde gegenüberstehen (so aber Anzinger § 299 Rn. 7; Anzinger/Koberski § 5 Rn. 31; Baeck/Deutsch § 5 Rn. 21; Buschmann/Ulber § 5 Rn. 7; Erasmy, NZA 1994, 1105, 1108; Fiedler/Schelter § 5 Rn. 3; Junker, ZfA 1998, 105, 118; Schliemann § 5 Rn. 18 ff.). Das würde keinen Ausgleich, sondern eine Überkompensation bedeuten. Vielmehr ist dem Wortlaut dieser neuen Ausgleichsvorschrift, für die es bisher keine Beispiele gibt, zu entnehmen, dass nur der Ausgleich hergestellt werden muss, aber dann nicht jeweils der Verkürzung entsprechend, sondern durch eine auf wenigstens 12 Stunden erweiterte Ruhezeit. Deshalb ist es als zulässig anzusehen, eine Verkürzung um eine halbe Stunde dadurch auszugleichen, dass für zwei kürzere Ruhezeiten von $10^1/_2$ Stunden der Ausgleich einmal durch eine Ruhezeit von 12 Stunden vorgenommen wird oder bei Verkürzung um eine Viertelstunde sogar 4 Verkürzungen durch Aufstocken auf 12 Stunden ausgeglichen werden. Es muss also lediglich erreicht werden, dass die Summe der Ruhezeiten im Durchschnitt des Ausgleichszeitraumes 11 Stunden nicht unterschreitet, da das Gesetz nichts anderes als den Ausgleich festsetzt (Dobberahn Rn. 64; Linnenkohl/Rauschenberg § 5 Rn. 15; ErfK/Wank § 5 Rn. 5). Das ist nicht nur wünschenswert (Baeck/Deutsch § 5 Rn. 21), sondern ergibt sich aus der gesetzlichen Forderung des Ausgleichs binnen eines Monats. In der Praxis werden hier kaum Schwierigkeiten auftreten, da Schichtzeiten von mehr als 13 Stunden sehr selten sind und diese vor allem nicht die gesamte Woche durchgehalten werden. Durch die fast generell geltende 5-Tage-Woche, selbst bei Schichtarbeit und in kontinuierlichen Betrieben, die zum Teil schon auf 4 Tage Wochenarbeit übergegangen sind, ergeben sich von ganz allein lange Ruhezeiten von mindestens 12 Stunden, die den Ausgleich herbeiführen. Die Ruhezeit kann auch in einem Zeitraum von Freizeitausgleich liegen (BAG vom 22. 7. 2010, AP Nr. 14 zu § 1 TVG Tarifverträge: Arzt für die Ausgleichszeiten nach § 12 Abs. 4 TV-Ärzte VKA; Schlottfeld/Kutscher NZA 2009, 697).

6   Der Ausgleichszeitraum beträgt 1 Monat oder 4 Wochen. Dazu gilt nichts anderes als beim Ausgleichszeitraum nach § 3 (vgl. § 3 Rn. 8, 9). Stets kann also der Ausgleichszeitraum von 1 Monat in Anspruch genommen werden, wenn der Ausgleich in 4 Wochen wegen der dann fehlenden 1, 2 oder 3 Tage nicht erreicht wurde. Außerdem muss unter Einschluss des Tages der

Verkürzung stets geprüft werden, ob ein Ausgleich im davorliegenden Monat oder im folgenden Monat durchgeführt wurde, so dass stets über den Zeitraum eines Monats ein Raster anzulegen ist, bei dem der Tag der Verkürzung am Ende bis zum Anfang liegt. Innerhalb eines Monats bedeutet damit die Überprüfung eines Zeitraumes von zwei Monaten. Der Ausgleich kann vorgeholt sein oder nachgeholt werden, wobei auch hier trotz der Bezeichnung „Kalendermonat" wie nach § 3 nur der Zeitraum eines Monats gemeint sein kann (Schliemann § 5 Rn. 22). Wollte man sich auch hier an dem gesetzlichen Begriff des Kalendermonats festhalten, müsste man auf 4 Wochen vorher und nachher ausweichen, die auch hier keine Kalenderwochen sind, und käme dann jedenfalls im Ergebnis praktisch auf dasselbe hinaus. Eine Beschränkung auf die noch verbleibende Zeit des Kalendermonats (so Roggendorff § 5 Rn. 18) oder auch sonst nur auf die folgende Zeit ist auch hier nicht erforderlich (Baeck/Deutsch § 5 Rn. 23; Anzinger/Koberski § 5 Rn. 32 und ErfK/Wank § 5 Rn. 6, die zwar auf den Kalendermonat abstellen, den Ausgleich aber vorwärts und rückwärts zulassen).

IV. Krankenhäuser und Pflegeeinrichtungen

Die Verkürzungsmöglichkeit bis auf 10 Stunden ist auf bestimmte Bereiche beschränkt. Das galt schon nach § 12 AZO so und ist auf andere Zweige erweitert worden. Für diese Bereiche galt § 5 erst ab 1. 1. 1996 (früher § 26) für Ärzte und Pflegepersonal, nicht aber für andere Arbeitnehmer wie Techniker, Verwaltungsangestellte, Hausmeister. Krankenhäuser und andere Einrichtungen zur Behandlung, Pflege und Betreuung von Personen ist ein sehr weit gefasster Begriff. Nach der vom ArbZG abgelösten und bis 30. 6. 1994 geltenden VO über die Arbeitszeit in Krankenpflegeanstalten vom 13. 2. 1924 (RGBl. I S. 66, 154) in Verbindung mit dem Erlass des Reichsarbeitsministers vom 17. 5. 1924 (RArbBl. 1924 S. 222) waren darunter öffentliche und private Anstalten zu verstehen, in denen Kranke und Sieche versorgt werden, die ärztlicher Aufsicht oder fachkundiger Pflege bedürfen, ferner Entbindungsanstalten, Siechenhäuser und Irrenanstalten. Auf den Träger kommt es nicht an, so dass sowohl staatliche als auch private Einrichtungen unter die Sonderregelung fallen. Der Begriff ist hier weiter gefasst als in § 107 SGB V und umfasst auch Kurkrankenhäuser, Vorsorge- und Rehabilitationseinrichtungen. Neben diesen Krankenanstalten fallen aber weitgehend auch alle anderen Einrichtungen darunter, die Personen „betreuen", also Personen beschäftigen, die für die Bewohner im weitesten Sinne sorgen. Man muss deshalb auch Altenheime oder Jugend- und Mütterheime dazu zählen, in denen die Insassen durch ein dafür angestelltes Personal versorgt werden, und wenn auch nur eine sog. „Etagendame" ständig erreichbar ist, um im Fall der Fälle zu helfen. Maßgeblich wird damit, ob nicht nur ein sog. Wohnheim zur Verfügung steht, sondern auch für Betreuung gesorgt ist, wobei ein Bereitschaftsdienst ausreicht. Diese weite Fassung erlaubt es, auch Kinder- und Jugendheime, Müttergenesungsheime, Kurheime, Sanatorien und Sozialstationen zu erfassen. Selbst Einrichtungen zur Betreuung von Obdachlosen, Nichtsesshaften, Drogenabhängigen und ambulante Pflegedienste sowie Frauenhäuser werden zu solchen anderen Einrichtungen gezählt (Anzinger/Koberski § 5 Rn. 37; Baeck/Deutsch § 5 Rn. 26; ErfK/Wank § 5 Rn. 7 f.; Roggendorff § 5 Rn. 20; Schliemann § 5 Rn. 25 ff.).

§ 5 ArbZG   Zweiter Abschnitt. Werktägliche Arbeitszeit und arbeitsfreie Zeiten

Das kann im Einzelfall sehr weit gehen. Voraussetzung ist aber stets, dass nicht nur Aufenthalt z. B. für Obdachlose oder verfolgte Frauen, sondern auch Betreuung erfolgt. Man wird nicht unbedingt fordern können, dass dies im Vordergrund stehen und das Gepräge geben muss, vielmehr reicht ein beachtlicher Anteil des Dienstes aus (Erfüllung dieser Aufgaben bzw. Funktionen reicht aus: Anzinger/Koberski § 5 Rn. 36).

8   In diesen Einrichtungen ist Rufbereitschaft eine ständige Einrichtung, vor allem um qualifiziertes Personal nicht ständig im Schichtdienst tätig werden lassen zu müssen. Sofern dann die Arbeitnehmer in dieser Zeit in Anspruch genommen werden und Arbeit leisten müssen, ist die Ruhezeit unterbrochen. Nach Abs. 1 müsste sie dann nach Abschluss der Arbeit voll wieder beginnen (oben Rn. 4, Beispiel: Betriebsschlosser in Rufbereitschaft, BAG vom 5. 7. 1976, AP Nr. 10 zu § 12 AZO). Das würde bedeuten, dass der nächste ordentliche Dienst nicht angetreten werden kann. Rufbereitschaften könnten nicht mehr nach den Regelungen z. B. den Sonderregelungen SR 2c zu § 17 BAT, jetzt TVöD besonderer Teil Krankenhäuser § 45, im öffentlichen Dienst durchgeführt werden und würden zwingen, u. U. sogar Operationspläne umzuwerfen oder Schichtdienste einzuführen. Rufbereitschaft sind aber notwendige Regelungen, um einerseits die Versorgung und Betreuung zu gewährleisten und andererseits Personal vernünftig und auch kostengünstig einzusetzen (vgl. auch BAG vom 16. 11. 1980, 24. 2. 1982, AP Nr. 6, 7 zu § 17 BAT). Um den Dienst planmäßig nach der Rufbereitschaft trotz Inanspruchnahme wieder aufnehmen zu können, gestattet Abs. 3 für alle diese Einrichtungen eine Unterbrechung der Ruhezeit. Es wird nichts anderes verlangt, als diese Zeiten anderweit auszugleichen. Ein Ausgleichszeitraum ist nicht festgelegt, ergibt sich aber üblicherweise aus den Dienstplänen, die in der Regel freie Tage vorsehen. Voraussetzung für die Möglichkeit zur Unterbrechung der Ruhezeit ist weiter, dass die Inanspruchnahme nicht mehr als die Hälfte der Ruhezeit beträgt. Da die Abweichung auf Abs. 1 bezogen ist, muss zur Berechnung die Ruhezeit von 11 Stunden herangezogen werden, so dass die Rufbereitschaft nur bis zu $5^{1}/_{2}$ Stunden durch Arbeit unterbrochen werden darf ohne Rücksicht darauf, wie lange die Rufbereitschaft insgesamt dauert. Muss der Arbeitnehmer länger arbeiten, benötigt er eine neue volle Ruhezeit von mindestens 10 Stunden, bevor er die nächste Schicht antreten darf. Die Einführung der Rufbereitschaft unterliegt der Mitbestimmung (BAG vom 21. 12. 1982, 29. 2. 2000, AP Nr. 9, 81 zu § 87 BetrVG 1972 Arbeitszeit; BVerwG vom 30. 1. 1996, AP Nr. 64 zu § 75 BPersVG). Für Chefärzte, die allgemein Rufbereitschaft haben, gilt die Regelung ohnehin nicht (§ 18 Abs. 1 Nr. 1).

9   Die ab 1. 1. 2004 geltende Herausnahme des Bereitschaftsdienstes aus dieser Sonderregelung wird jedenfalls nach Ablauf der Übergangszeit des § 25 am 31. 12. 2006 zu Schwierigkeiten führen (Buschmann, ArbuR 2004, 1; Mayer, AiB 2008, 307; Schlottfeld ZESAR 2010, 411; Büchner/Stöhr, NJW 2012, 487). Zudem verlangt die EG-Richtlinie 2003/88 in Art. 17 Ausgleichsruhezeiten im unmittelbaren Anschluss (Buschmann/Ulber § 5 Rn. 7). Der Bundesrat hatte vorgeschlagen, den Ausgleich bei Unterbrechung der Ruhezeit auf den gesamten Umfang auszudehnen und die Beschränkung auf weniger als die Hälfte der Ruhezeit zu streichen, weil die Regelung zu einer Beeinträchtigung des Krankenhausbetriebes und erheblichen Kosten für die

dann notwendige Personalaufstockung führt (BT-Drucks. 12/5888 S. 39). Die Bundesregierung hatte geantwortet, dass dies zur Inanspruchnahme im gesamten Bereitschaftsdienst und zu Arbeiten bis zu 144 Stunden führen könnte (BT-Drucks. 12/5888 S. 51). Solche Arbeitszeiten sind unzumutbar. Sie sind auch mit der Rechtsprechung des Bundesarbeitsgerichts nicht vereinbar, nach der Tagesdienst, Bereitschaftsdienst und anschließend wieder voller Tagesdienst von einem Arzt nur gefordert werden können, wenn er wenigstens eine ununterbrochene Ruhezeit von 6 Stunden hatte, weil andernfalls Arbeitsleistungen verlangt werden, die mit dem allgemeinen menschlichen Leistungsvermögen und den in Betracht kommenden Standespflichten unvereinbar sind bzw. sich als schlechthin unzumutbar darstellen (BAG vom 24. 2. 1982, AP Nr. 7 zu § 17 BAT). Dasselbe gilt bei Unterbrechungen der Ruhezeit in Rufbereitschaft. Nur für diesen Fall gilt Abs. 3 (ErfK/Wank § 5 Rn. 8).

V. Gaststätten

Die Abkürzung der Ruhezeit auf 10 Stunden gilt auch für Gaststätten und andere Einrichtungen zur Bewirtung und Beherbergung. Dazu gehört vor allem das Gaststättengewerbe nach §§ 1 und 23 f. des Gaststättengesetzes vom 5. 5. 1970 (BGBl. I S. 465, zuletzt geändert vom 7. 9. 2007, BGBl. I S. 2246). Das ist die gewerbsmäßige Beherbergung und Verpflegung von Fremden und einheimischen Gästen, auch Speisewirtschaften, die Verabfolgung von Getränken jeder Art, auch von Milch, selbsterzeugten Weines, Apfelweines oder Biers, und zwar auch in eigenen Räumen von Vereinen und Gesellschaften (vgl. Mörtel/Metzner, GaststG § 1 Rn. 22 ff., § 23 Rn. 2 ff.; Michel/Kienzle/Pauly § 1 Rn. 40 ff.; § 23 Rn. 3 ff.). Die dort ausgenommenen Kinderheime, Altersheime, Wohnheime, Erholungsheime, Sanatorien, Jugendherbergen und die Zimmervermietung an Fremde in Kurorten und Sommerfrischen können einmal zu den anderen Einrichtungen zur Behandlung, Pflege und Betreuung von Personen gehören (Rn. 7), solange es sich nicht um Wohnheime handelt, können aber auch andere Einrichtungen zur Bewirtung und Beherbergung sein. Ohnehin gehören Pensionen zum Gaststättengewerbe, selbst wenn sie nicht darauf eingerichtet sind, mehr als 8 Gäste gleichzeitig zu beherbergen, da sie dann lediglich der Erlaubnis nicht bedürfen, trotzdem aber zu den Gaststätten zählen (§ 2 GaststG). Auch die Straußwirtschaften des § 14 GaststG gehören während ihrer Öffnungszeiten dazu. Insgesamt ist der Begriff wegen der „anderen Einrichtungen" hier weiter und umfassend. Deshalb gehören hierher auch Kioske, Kantinen, Trinkstuben, Imbissstuben und auch ambulante Gewerbe wie Pizzadienste, Partyservice, Essen auf Rädern (Anzinger/Koberski § 5 Rn. 40 f.; Baeck/Deutsch § 5 Rn. 29; Roggendorff § 5 Rn. 21; Schliemann § 5 Rn. 29 ff.; ErfK/Wank § 5 Rn. 7). Sonderbestimmungen gibt es für diese Betriebe für die Sonn- und Feiertagsarbeit nach § 10 mit der anderen, zugleich zu beachtenden Ausgleichsregelung des § 11 Abs. 3, 4.

VI. Verkehrsbetriebe

Verkehrsbetriebe sind alle öffentlichen und privaten Betriebe, deren Zweck auf die Beförderung von Personen, Gütern oder Nachrichten gerichtet ist,

§ 5 ArbZG   Zweiter Abschnitt. Werktägliche Arbeitszeit und arbeitsfreie Zeiten

sowie die dazugehörigen selbständigen oder unselbständigen Hilfs- und Nebenbetriebe (Regierungsbegründung BT-Drucks. 12/5888 S. 25), also Eisenbahn, Straßenbahn, Autobahnen, Binnenschifffahrt, Kraftwagen- und Fuhrwerksbetriebe, Rollfuhrunternehmen, Post- und Telegraphenbetriebe, Omnibus- und Taxiunternehmen, Luftfahrt, Hafenbetriebe (LAG Bremen vom 12. 6. 1963, AP Nr. 1 zu § 611 BGB Hafenarbeiter), der Hafen- und Lotsendienst, soweit nicht Seeschifffahrt, für die nach § 18 Abs. 3 das Seemannsgesetz gilt. Bei Werkverkehr kommt es auf die Organisation an; kann sich um einen abgrenzbaren Verkehrsbetrieb auch innerhalb eines Unternehmens handeln, häufig ist er aber nur Teil einer anderen Betriebseinheit (für Verkehrsbetrieb Schliemann § 5 Rn. 36; dagegen Roggendorff § 5 Rn. 22). Da im Gegensatz zum früheren § 105i GewO nicht mehr Verkehrsgewerbe sondern der weitere Begriff Verkehrsbetrieb gewählt wurde, ist der gewerbsmäßige Betrieb nicht erforderlich (Anzinger/Koberski § 5 Rn. 46; Baeck/Deutsch § 5 Rn. 32; ErfK/Wank § 5 Rn. 7; Schliemann § 5 Rn. 32ff.). Nebenbetriebe sind vor allem Reparatur- und Abschleppbetriebe, Tankstellen, Garagen, Rettungs- und Hilfsdienste z. B. der Kraftfahrerorganisationen, Auskunftsstellen, Schneekettenverleih.

VII. Rundfunk

12   Eingefügt wurde im Ausschuss für Arbeit und Sozialordnung (BT-Drucks. 12/6990 S. 9, 43) der Rundfunk, um dessen Informationsvermittlungsaufgabe Rechnung zu tragen. Es handelt sich um die öffentlich-rechtlichen wie um die privaten Rundfunk- und Fernsehanstalten, in denen heute regelmäßig 24 Stunden am Tag gesendet wird. Auch hier werden die selbständigen und unselbständigen Nebenbetriebe mit umfasst, sie gehören zum Rundfunk, auch wenn sie den Anstalten nur zuarbeiten. U. U. hätte man diesen Bereich zu den Verkehrsbetrieben rechnen können, weil sie Nachrichten (drahtlos) befördern, also z.B. Verkehrsmeldungen ständig übermitteln. Die besondere Heraushebung als Rundfunk stellt klar, dass hier eine Verkürzung der Ruhezeit ebenfalls zulässig ist.

13   Nicht zum Rundfunk und dessen Nebenbetrieben gehören dagegen eigene Produktionsanstalten, die auf Vorrat oder Bestellung Serien fertigen, Sendungen vorbereiten, Bänder oder Filme herstellen, die später gesendet werden sollen. Diese Betriebe unterliegen Abs. 1 und müssen die 11-stündige Ruhezeit einhalten, wie sich vor allem auch aus der Sonderregelung für die Sonn- und Feiertagsarbeit nach § 10 Abs. 1 Nr. 8 ergibt, wo neben dem Rundfunk die Herstellung von Satz, Film und Aufnahmen auf Ton- und Bildträger nur für tagesaktuelle Nachrichten und Bilder gesondert geregelt ist. Dafür eine Ausnahme von der Ruhezeit zu machen, besteht daher keine Veranlassung, da es insoweit zwar auf Sonn- und Feiertagsarbeit, nicht aber auf eine Stunde mehr oder weniger Ruhezeit ankommen kann (Anzinger § 219 Rn. 12; Schliemann § 5 Rn. 39 halten das für naheliegend, aber nicht vom Gesetz gedeckt, Baeck/Deutsch § 5 Rn. 35). Es handelt sich hier aber nicht um Rundfunk, sondern um eigene Produktionsbetriebe außerhalb dieses Bereichs. Neben- und Zulieferbetriebe sind hier nicht angeführt.

VIII. Landwirtschaft und Tierhaltung

Früher war die Landwirtschaft einschließlich des Gartenbaus und die 14
Tierhaltung von dem öffentlich-rechtlichen Arbeitsrecht ausgenommen (§ 1
Abs. 1 Nr. 1 AZO). Diese Ausnahmen gelten nicht mehr. Für die Möglichkeit, die Ruhezeit bis zu einer Stunde zu verkürzen, ist jedoch die bisherige Abgrenzung weiter anzuwenden. Danach ist Landwirtschaft die naturhafte Hervorbringung von Bodenerzeugnissen, bei der der Einfluss von Jahreszeiten, Klima und Witterung nicht ausgeschaltet werden kann, wenn auch durch intensive Bodenbearbeitung und durch besondere Anlagen wie Bewässerungs- und Beregnungseinrichtungen, Gewächshäusern und Gebrauch von Dünge- und anderen chemischen Mitteln eine Steigerung des Ertrags und die Gewinnung hochwertiger Pflanzen erstrebt wird (so schon RAG ArbRS 34, 14; 37, 9). Dazu gehört auch der Gartenbau als Teil der Urproduktion, eine Unterscheidung zwischen der Bodenbearbeitung und Aufzucht, zwischen der Landwirtschaft und dem Gartenbau besteht nicht, es ist z.B. gleichgültig, ob Frühgemüse feldmäßig im Freien oder mit Hilfe von Warmhäusern erzeugt wird. Lediglich Gärtnereien, die nicht dem Anbau oder der Erzeugung von Pflanzen, sondern nur der Anlage und Unterhaltung von Parks, Gärten und Blumenanlagen dienen, Zierpflanzen wie Orchideen, Kakteen züchten oder Champignons in Kellern und Tunneln züchten, sind nicht Teil der Landwirtschaft, d.h. keine Urproduktion wie die Landwirtschaft, so dass Landschafts-, Stadt-, und Friedhofsgärtnerein nicht dazugehören.

Landwirtschaft ist danach Ackerbau, Wiesen- und Weidewirtschaft, Weinbau, Hopfen- und Tabakanbau, der Anbau von Gemüse, Obst, Blumen, Stauden, Topfpflanzen, Ziersträuchern, Bäumen sowie die Züchtung von Gemüse- und Blumensamen, sei es, dass sie feldmäßig angebaut oder in gärtnerischen Anlagen, Gewächshäusern, Mistbeeten oder dergleichen gezüchtet werden. Die Forstwirtschaft fällt dagegen als Sonderbereich nicht unter die Landwirtschaft, sondern befasst sich mit Wäldern und Holzerzeugung und wird von der Ausnahme nicht erfasst. Sie hätte wie in § 1 AZO extra genannt werden müssen. Angesichts der sehr langfristig anzulegenden Arbeiten in der Forstwirtschaft erscheint auch eine Verkürzung der Ruhezeit um eine Stunde allein nicht erforderlich. Auch die jahreszeitlichen Unterschiede rechtfertigen in der Forstwirtschaft die Ausnahme nicht (Schliemann § 5 Rn. 41; a.A. Anzinger/Koberski § 5 Rn. 53). Bei Waldbränden gilt ohnehin die Ausnahme des § 14. 15

Tierhaltung ist nicht nur die Tierzucht, sondern jede Form der Haltung, 16
gleich zu welchem Zweck. Deshalb findet die Ausnahme sowohl auf Zoos und Gehege Anwendung wie auf der anderen Seite auf Bienenhaltung zum Zweck der Honiggewinnung oder der Befruchtung oder die Haltung von Wasserflöhen zur Herstellung von Fischfutter. Auch Wildgehege zur Aufzucht von Hirschen, Rehen, Damwild, Wildschweinen zur Gewinnung von Wildfleisch ist zur Ausnahme zu rechnen. Tierhaltung ist schließlich auch die Aquakultur bei der Haltung von Forellen, Karpfen, Lachsen oder anderen Fischarten, selbst von Krabben, Aalen gehört zur Tierhaltung. Der Begriff ist umfassend, die Ausnahmen sind ohnehin gering, wenn die Verkürzung in einem Monat wieder ausgeglichen werden muss (Anzinger § 299 Rn. 12;

§ 6 ArbZG Zweiter Abschnitt. Werktägliche Arbeitszeit und arbeitsfreie Zeiten

Anzinger/Koberski § 5 Rn. 58 ff.; Baeck/Deutsch § 5 Rn. 37; Roggendorff § 5 Rn. 26; Schliemann § 5 Rn. 44 f.; ErfK/Wank § 5 Rn. 7).

IX. Kraftfahrer und Beifahrer

17   Obwohl sie zum Verkehrsbetrieb i. S. von Absatz 2 gehören, sind für Kraftfahrer und Beifahrer nach der EG-VO Nr. 516/2006 vom 15. 3. 2006 Sozialvorschriften im Straßenverkehr erlassen worden, die Ladezeiten, Pausen und Ruhezeiten für Kraftfahrer und Beifahrer europäisch einheitlich und zwingend regeln. Zur Durchführung dieser ab 11. 4. 2007 auch innerstaatlich geltenden Regeln erging das Gesetz zur Änderung personenbeförderungsrechtlicher Vorschriften und arbeitszeitrechtlicher Vorschriften für Fahrpersonal vom 14. 8. 2006 (BGBl. I S. 1962). Es hob den bisherigen Absatz 4 von § 5 auf, in dem bisher für Fahrpersonal auf die europäischen Vorschriften für die Ruhezeit verwiesen wurde, und schaffte eine einheitliche Regelung in dem neuen § 21 a, in dem jetzt die Geltung des europäischen Rechts vorgeschrieben ist. Auf § 21 a wird verwiesen; vgl. auch Einl. Rn. 38.

§ 6 Nacht- und Schichtarbeit

(1) Die Arbeitszeit der Nacht- und Schichtarbeitnehmer ist nach den gesicherten arbeitswissenschaftlichen Erkenntnissen über die menschengerechte Gestaltung der Arbeit festzulegen.

(2) [1] Die werktägliche Arbeitszeit der Nachtarbeitnehmer darf acht Stunden nicht überschreiten. [2] Sie kann auf bis zu zehn Stunden nur verlängert werden, wenn abweichend von § 3 innerhalb von einem Kalendermonat oder innerhalb von vier Wochen im Durchschnitt acht Stunden werktäglich nicht überschritten werden. [3] Für Zeiträume, in denen Nachtarbeitnehmer im Sinne des § 2 Abs. 5 Nr. 2 nicht zur Nachtarbeit herangezogen werden, findet § 3 Satz 2 Anwendung.

(3) [1] Nachtarbeitnehmer sind berechtigt, sich vor Beginn der Beschäftigung und danach in regelmäßigen Zeitabständen von nicht weniger als drei Jahren arbeitsmedizinisch untersuchen zu lassen. [2] Nach Vollendung des 50. Lebensjahres steht Nachtarbeitnehmern dieses Recht in Zeitabständen von einem Jahr zu. [3] Die Kosten der Untersuchungen hat der Arbeitgeber zu tragen, sofern er die Untersuchungen den Nachtarbeitnehmern nicht kostenlos durch einen Betriebsarzt oder einen überbetrieblichen Dienst von Betriebsärzten anbietet.

(4) [1] Der Arbeitgeber hat den Nachtarbeitnehmer auf dessen Verlangen auf einen für ihn geeigneten Tagesarbeitsplatz umzusetzen, wenn

a) nach arbeitsmedizinischer Feststellung die weitere Verrichtung von Nachtarbeit den Arbeitnehmer in seiner Gesundheit gefährdet oder

b) im Haushalt des Arbeitnehmers ein Kind unter zwölf Jahren lebt, das nicht von einer anderen im Haushalt lebenden Person betreut werden kann, oder

c) der Arbeitnehmer einen schwerpflegebedürftigen Angehörigen zu versorgen hat, der nicht von einem anderen im Haushalt lebenden Angehörigen versorgt werden kann, sofern dem nicht dringende betriebliche Erfordernisse entgegenstehen. ²Stehen der Umsetzung des Nachtarbeitnehmers auf einen für ihn geeigneten Tagesarbeitsplatz nach Auffassung des Arbeitgebers dringende betriebliche Erfordernisse entgegen, so ist der Betriebs- oder Personalrat zu hören. ³Der Betriebs- oder Personalrat kann dem Arbeitgeber Vorschläge für eine Umsetzung unterbreiten.

(5) Soweit keine tarifvertraglichen Ausgleichsregelungen bestehen, hat der Arbeitgeber dem Nachtarbeitnehmer für die während der Nachtzeit geleisteten Arbeitsstunden eine angemessene Zahl bezahlter freier Tage oder einen angemessenen Zuschlag auf das ihm hierfür zustehende Bruttoarbeitsentgelt zu gewähren.

(6) Es ist sicherzustellen, daß Nachtarbeitnehmer den gleichen Zugang zur betrieblichen Weiterbildung und zu aufstiegsfördernden Maßnahmen haben wie die übrigen Arbeitnehmer.

Übersicht

	Rn.
I. Entstehung	
Die Vorschrift entspricht dem Regierungsentwurf und folgt den vom EuGH und dem BVerfG gesetzten verfassungsrechtlichen Vorgaben. Weitergehende Beschränkungen über Dauer, Arbeitsbefreiung u. a. wurden abgelehnt	1–3
II. Menschengerechte Gestaltung	
Nachtarbeit ist allgemein unerwünscht, kann zu Schäden führen, vor allem durch den Wechsel, sie lässt sich aber nicht vermeiden. Das gilt auch für Schichtarbeiter	4
Durch Vorrang der Persönlichkeitsbedürfnisse nach arbeitswissenschaftlichen Erkenntnissen sollen Nachteile vermieden werden	5
Schichtarbeit ist jede Arbeitsbewältigung durch mehrere Arbeitnehmer in Zeitfolge	6
Ein Angebot von verschiedenen Arbeitszeitvarianten und eine große Wahlmöglichkeit trägt besonders zur menschengerechten Arbeitsgestaltung bei	7
Abs. 1 ist zwingend, im Einzelfall aber kaum anspruchsbegründend, sondern als Vorgabe für Betriebsvereinbarungen zu sehen	8, 9
III. Dauer der Nachtarbeit	
Nachtarbeit steht in Dauer und Verlängerung normaler Arbeitszeit gleich. Nur ist der Ausgleichszeitraum für verlängerte Nachtarbeit verkürzt	10–12
Bei nicht in Wechselschicht arbeitenden Nachtarbeitern im Sinne des Gesetzes gilt der normale Ausgleichszeitraum von 6 Monaten, solange keine Nachtarbeit geleistet wird	13
IV. Arbeitsmedizinische Untersuchung	
Die Arbeitsmedizinische Untersuchung ist nur auf Verlangen durchzuführen, sie kann aber auch nachverlangt werden. Die Eingangsuntersuchung ist vor Beginn der Nachtarbeit zu beenden	14, 15
Kosten für Regeluntersuchungen trägt der Arbeitgeber, dazwischen gilt das Gesetz über Betriebsärzte	16, 17
V. Umsetzung in den Tagdienst	
Ein Verlangen auf Umsetzung kann mündlich erfolgen	18
Die Gesundheitsgefährdung braucht nicht näher begründet zu werden	19
Kinderbetreuung kann auch durch dritte Personen erfolgen	20
Schwerpflegebedürftige können auch Lebenspartner und deren Angehörige sein	21

§ 6 ArbZG   Zweiter Abschnitt. Werktägliche Arbeitszeit und arbeitsfreie Zeiten

Rn.

Ein geeigneter Tagesarbeitsplatz muss vorhanden sein. Dringende betriebliche Erfordernisse dürfen nicht entgegenstehen, was voraussetzt, dass weder technische noch wirtschaftliche oder organisatorische Maßnahmen eine Umsetzung ermöglichen 22

Die Anhörung des Betriebs- oder Personalrats erfordert die Mitteilung der erforderlichen Umstände; geschieht das nicht, geht der Einwand fehl 23

VI. Freizeitausgleich und Zuschlag
Tarifliche Regelungen sind stets als angemessen anzusehen, andernfalls ist ein Freizeitausgleich oder Zuschlag von 10–15% angemessen   24–26

VII. Weiterbildung
Die gleichberechtigte Teilnahme an Fort- und Weiterbildung entspricht dem Gleichbehandlungsgrundsatz 27

I. Entstehung

1   Nachtarbeit war bisher für Arbeiterinnen nach § 19 Abs. 1 AZO verboten. Der Europäische Gerichtshof entschied am 25. 7. 1991 (C-345/89, AP Nr. 28 zu Art. 119 EWG-Vertrag) zu einem entsprechenden Nachtarbeitsverbot des französischen Code du travail (Art. L 213-1), dass Art. 5 der Richtlinie 76/207/EWG vom 9. 2. 1976 des Rates der EG die Mitgliedstaaten verpflichtet, für Frauen kein gesetzliches Nachtarbeitsverbot zu verfügen, wenn es kein Nachtarbeitsverbot für Männer gibt. Dies könne auch der einzelne Arbeitnehmer vor den nationalen Gerichten unmittelbar in Anspruch nehmen. Dem folgend entschied das Bundesverfassungsgericht am 28. 1. 1992 (1 BvR 1025/82 u. a., AP Nr. 2 zu § 19 AZO = BVerfGE 85, 191), dass das Nachtarbeitsverbot des § 19 AZO Arbeitnehmerinnen im Vergleich zu Arbeitern und weiblichen Angestellten benachteiligt und damit gegen Art. 3 Abs. 1, 3 GG verstößt. Der Gesetzgeber wurde verpflichtet, den Schutz der Arbeitnehmer vor den schädlichen Folgen der Nachtarbeit neu zu regeln. Hinzugefügt wurde ausdrücklich, dass sich zwar für einzelne, besonders schutzbedürftige Gruppen von Arbeitnehmern eine Pflicht zur weitergehenden gesetzgeberischen Vorsorge ergeben könne, „die besondere Schutzbedürftigkeit von Arbeitnehmerfamilien mit kleinen Kindern darf aber nicht zum Anlass für ein frauenspezifisches Verbot, etwa für Mütter kleiner Kinder, genommen werden". Damit waren die Grenzen für eine Regelung der Nachtarbeit abgesteckt. Die Begründung zum Regierungsentwurf führt demgemäß aus, dass entsprechend dem Auftrag des Bundesverfassungsgerichts in seinem Urteil vom 28. 1. 1992 zum Nachtarbeitsverbot daher geschlechtsneutrale Schutzvorschriften für alle Nachtarbeitnehmer vorgesehen sind, um dem objektiven Gehalt der Grundrechte, insbes. des Rechts auf körperliche Unversehrtheit des Art. 2 Abs. 2 Satz 1 GG Genüge zu tun. Dies gilt auch mit Rücksicht auf das Wahlrecht des Arbeitgebers zwischen Freizeitausgleich und Geldzuschlag (BAG vom 5. 9. 2002, AP Nr. 4 zu § 6 ArbZG unter A II 2b).

2   Die Vorschrift entspricht im Wesentlichen dem Regierungsentwurf (BR-Drucks. 507/92 = BT-Drucks. 12/5888). Im Abs. 2 wurde in den Ausschussberatungen (BT-Drucks. 12/6990 S. 10) Satz 3 beigefügt, um sicherzustellen, dass die Nachtarbeit dann in dem längeren Zeitraum des § 3 Satz 2

ausgeglichen werden kann, wenn der Arbeitnehmer für längere Zeit nicht zur Nachtarbeit herangezogen wurde. In Abs. 4 wurde die Feststellung der Gesundheitsgefährdung durch die Nachtarbeit einem Arbeitsmediziner übertragen, womit einem Vorschlag des Bundesrates Rechnung getragen wurde, dem auch die Bundesregierung zugestimmt hatte (BT-Drucks. 12/5888 S. 40, 52). In Abs. 5 wurde statt der früher vorgesehenen tariflichen Regelung eine tarifliche Ausgleichsregelung aufgenommen, um klarzustellen, dass auch in bereits bestehenden Tarifverträgen, in denen der Ausgleich der besonderen Arbeitsbedingungen einer Branche unter Einschluss von Nachtarbeit z.B. schon im höheren Entgelt oder einem Freizeitausgleich festgelegt ist, eine tarifvertragliche Ausgleichsregelung im Sinne des § 6 Abs. 5 zu sehen ist. Schließlich wurde Abs. 6 angefügt, wodurch der arbeitsrechtliche Gleichbehandlungsgrundsatz konkretisiert werden sollte. Der Bundesrat hatte einen ähnlichen Vorschlag gemacht, den die Bundesregierung etwas abgeändert aufgenommen hatte (BT-Drucks. 12/5888 Anlage 2 Nr. 22 S. 41 und Anlage 3 S. 52).

Der Entwurf der Grünen (BT-Drucks. 10/2188 S. 6f.) hatte ein generelles 3 Nachtarbeitsverbot von 22 bis 6 Uhr (in Schichtbetrieben von 23 bis 5 Uhr) vorgeschlagen und nur bei unverzichtbaren Versorgungsgründen, im Verkehrs- und Vergnügungswesen und bei unabweisbaren technischen Erfordernissen Ausnahmen zulassen wollen. Der SPD-Entwurf (BT-Drucks. 12/5282) wollte die Nachtarbeit von ärztlicher Betreuung abhängig machen, sie auf 6 Stunden begrenzen, sofern sie mehr als 3 Stunden in die Nachtarbeitszeit von 22 bis 6 Uhr fällt, und verlängerte Ruhepausen von 45 Minuten bei mehr als 3 und von 60 Minuten bei mehr als $4^{1}/_{2}$ Stunden Nachtarbeitszeit. Für jeweils 20 Tage Nachtarbeit von mehr als 3 Stunden sollte ein zusätzlicher arbeitsfreier Tag gewährt werden. Bei gesundheitlichen Beeinträchtigungen, für Arbeitnehmer mit Kindern oder Pflegebedürftigen in häuslicher Gemeinschaft sollte ein Anspruch auf Überwechseln in den Tagesdienst bestehen, wenn im Betrieb Tagesarbeitsplätze vorhanden sind oder eingerichtet werden können (§§ 10–14 des Entwurfs). Im Bundesrat wurden diese Vorschläge in den Empfehlungen des Ausschusses für Arbeit und Sozialordnung (BR-Drucks. 507/1/93) weitgehend übernommen, ebenso im Bundesrat (BT-Drucks. 12/5888 Anlage 2 Nr. 14–23 S. 40, 41). Die Bundesregierung lehnte diese weitgehenden Vorschläge zur Begrenzung der Nachtarbeit ab (BT-Drucks. 12/5888 S. 51, 52). Nur die beiden dann im Ausschuss für Arbeit und Sozialordnung vorgenommenen Änderungen wurden anerkannt und dann auch in das Gesetz übernommen. Als Begründung wurde vor allem die schon bestehende betriebsverfassungsrechtliche Mitbestimmung, die Vorbereitungen zum Arbeitsschutzrahmengesetz und das Arbeitssicherheitsgesetz herangezogen. Auch EG-rechtlich waren Änderungen nicht erforderlich. Die EG-Richtlinie 93/104 vom 23. 11. 1993 und inhaltsgleich die Richtlinie 2003/88/EG vom 4. 11. 2002 (Anh. 6) schreiben in Art. 8 vor, dass die normale Arbeitszeit für Nachtarbeiter im Durchschnitt 8 Stunden pro 24-Stunden-Zeitraum nicht überschreiten darf, der Gesundheitszustand kostenlos zu überwachen ist (Art. 9, 12) und die Behörden auf Ersuchen in Kenntnis zu setzen sind (Art. 11).

II. Menschengerechte Gestaltung

4   Dass Nachtarbeit zu erheblichen Störungen im Befinden der Arbeitnehmer führen und sogar gesundheitliche Schäden nach sich ziehen kann, ist durch vielfältige Untersuchungen nicht mehr streitig (vgl. Ulrich, Schicht- und Nachtarbeit, 1964; Hahn, Nacht- und Schichtarbeit I 3. Aufl. 1987; Menzel, Menschliche Tag-Nacht-Rhythmik und Schichtarbeit, 1962; Rutenfranz-Beermann-Löwenthal, Nachtarbeit für Frauen, 1987; Schmidt-Müller-Volz-Funke-Weiser, Arbeit und Gesundheitsgefährdung, 1982; Streich, Schichtarbeitsforschung 1986; Corlett-Queinnec-Paoli, Die Gestaltung der Schichtarbeit, 1989; Petersen/Wahl-Wachendorf, Praxishandbuch Arbeitsmedizin, 2009). Insbesondere der Wechsel der Schichten stört den menschlichen Tag-Nacht-Rhythmus und führt häufig zu Schlafstörungen und zur Störung des körperlichen Wohlbefindens, von anderen Befindlichkeiten im gesellschaftlichen und familiären Zusammenleben ganz abgesehen. Trotzdem kann in einer modernen Industriegesellschaft auf Nachtarbeit nicht verzichtet werden. In erster Linie betriebstechnische Voraussetzungen fordern durchgehende Arbeiten, die nicht unterbrochen werden können. Aber auch verkehrsmäßige Verbindungen, Verderb, Sicherheitsgründe, auch Wettbewerbsgründe fordern Arbeiten zur Nachtzeit. Selbst Vergnügungen wie Theater, Rundfunk, Fernsehen, Gaststätten, auch Bars oder ähnliche Lokale lassen sich nicht auf die Tageszeit beschränken. In der modernen freiheitlichen Gesellschaft mag es unerwünscht sein, die Nächte „durchzusumpfen", verbieten lässt es sich nicht und führt zum Angebot von Dienstleistungen mit Arbeitnehmern.

5   Für Schichtarbeit gilt das nicht in gleichem Maße wie für Nachtarbeit. Normaler Schichtwechsel etwa zwischen Früh- und Spätschicht bringt nicht dieselben Gefahren mit sich wie der Wechsel zu und von Nachtarbeit. In aller Regel ist Nachtarbeit zugleich aber auch Schichtarbeit, da nur in Ausnahmefällen nur nachts gearbeitet wird, wie etwa in Nachtbars. Trotzdem bringt jede Schichtarbeit mit ihrem Schichtwechsel eine gewisse Unruhe mit sich, eine Umstellung im Tagesrhythmus ist auch hier erforderlich, das familiäre und gesellschaftliche Umfeld wird gestört. Aus diesen Gründen soll nicht nur die Nachtarbeit, sondern auch die Schichtarbeit so geringe Störungen wie möglich nach den Gegebenheiten verursachen und wird auch hier eine menschengerechte Gestaltung nach den arbeitswissenschaftlichen Erkenntnissen vorgeschrieben. Dabei ist Schichtarbeit nicht näher definiert, sondern wird vorausgesetzt. Die EG-Richtlinie 93/104 vom 23. 11. 1993 bezeichnet die Schichtarbeit als „jede Form der Arbeitsgestaltung kontinuierlicher oder nicht kontinuierlicher Art mit Belegschaften, bei der Arbeitnehmer nach einem bestimmten Zeitplan, auch im Rotationsturnus, sukzessive an den gleichen Arbeitsstellen eingesetzt werden, so dass sie ihre Arbeit innerhalb eines Tages oder Wochen umfassenden Zeitraums zu unterschiedlichen Zeiten verrichten müssen"; das wird wörtlich in der EG-Richtlinie 2003/88 EG vom 4. 11. 2003 in Art. 2 Nr. 5 wiederholt. Das stimmt mit der Rechtsprechung überein, nach der bei Schichtarbeit eine bestimmte Arbeitsaufgabe über einen erheblich längeren Zeitraum als die Arbeitszeit des einzelnen Arbeitnehmers hinaus anfällt und daher von mehreren Arbeitnehmern, auch Arbeitnehmergruppen in einer geregelten zeitlichen Reihenfolge erbracht wird (vgl. die zahlreiche Rechtsprechung § 2 Rn. 6, 7; Anzinger § 300 Rn. 15 ff.; Anzin-

ger/Koberski § 6 Rn. 18 ff.; Baeck/Deutsch § 6 Rn. 14 ff.; Buschmann/ Ulber § 6 Rn. 6; Dobberahn Rn. 93; Kufer SD 240 Rn. 135; Schliemann § 6 Rn. 11 f.; ErfK/Wank § 6 Rn. 2).

Es kann also nur darum gehen, die Nachtarbeit und Schichtarbeit von Arbeitnehmern so zu gestalten, dass Störungen so weit wie möglich vermieden werden. Lage und Dauer, Art eines Schichtwechsels, Zahl der Nachtschichten, Einführung verschiedener Arbeitszeitsysteme sind in der Lage, Befindlichkeitsstörungen weitgehend zu verringern. Menschengerechte Gestaltung der Arbeit bedeutet den Vorrang der persönlichen Einflüsse gegenüber den Erfordernissen der Technik, der Maschinen, dem Wettbewerbsdruck und den Kosten. Hier sind die arbeitswissenschaftlichen Erkenntnisse und Erfahrungen zu berücksichtigen, um den Arbeitnehmern die erforderliche Nachtarbeit so zu gestalten, dass die Nachteile am relativ geringsten entstehen. So kann durch Übergang vom 3-Schicht- zum 4-Schicht- oder 5-Schicht-System die Nachtarbeit für den Einzelnen geringer gehalten werden. Die Automatisierung ermöglicht unter Umständen, die Zahl der dann nur auf Überwachung einzusetzenden Arbeitnehmer sehr viel geringer zu halten als in Tagschichten. Denkbar ist auch, durch besondere Formen des Schichtwechsels längere nachtarbeitsfreie Zeiten zu erzielen, damit die Umgewöhnung weniger häufig erforderlich wird (vgl. auch Beermann, Nacht- und Schichtarbeit – alltägliche Normalität, AuA 1997 S. 37).

Ein großes Potential der menschengerechten Arbeitsgestaltung ist das Abstellen auf die Freiwilligkeit. Wer selbst wählen kann, wie er die Arbeit gestaltet, wird sie zufriedener, effektiver und ohne Störungen leisten. Das setzt zwar voraus, dass sich immer genügend Freiwillige finden, was für ungünstige Arbeitszeiten und somit auch für Nachtarbeit öfter schwierig sein wird. Es ist aber bekannt, dass schon die unterschiedlichsten Arbeitszeitmodelle mit bis zu weit über 100 verschiedenen Varianten angeboten werden, so dass es nicht allzu schwer fallen sollte, geeignete Möglichkeiten zu finden, nach denen sich persönliche und betriebliche Wünsche und Gegebenheiten vereinbaren lassen. Arbeitgebern und Betriebsräten sind unter Hinzuziehung von Arbeitswissenschaftlern reiche Möglichkeiten gegeben, die Arbeitszeit, den Schichtwechsel, die Umstellung und die Dauer so wählen zu lassen, dass Jeder zu seinem Recht kommt. Aus den Abendverkäufen auf Verkehrsknotenpunkten ist bekannt, dass viele Arbeitnehmer mit Arbeitszeiten von 18 bis 22 Uhr sehr zufrieden sind. Andere wollen vielleicht lieber nur in Nachtschicht arbeiten, um den Wechsel zu vermeiden, wieder andere sind – wie Bäcker – Früharbeiter. Die menschliche Physis ist so unterschiedlich gestaltet, dass Wahlmöglichkeiten dem Einzelnen den Vorteil geben, sich seinen Gegebenheiten anzupassen. Freiwillig geleistete Arbeit führt dann stets zu den besseren Ergebnissen. Die Durchsetzung freiwilliger Leistung von Nachtarbeit ist nach allgemeinen Grundsätzen durchzusetzen. Das Direktionsrecht des Arbeitgebers unterliegt insoweit der Nachprüfung nach § 315 BGB (BAG vom 11. 2. 1998, AP Nr. 54 zu § 611 BGB Direktionsrecht, vorgehend ebenso LAG Köln vom 26. 5. 1997, ZTR 1997, 522).

Der Rechtsanspruch aus dieser Norm ist nur schwer durchzusetzen. Zwar ist die Vorschrift zwingend. Die Arbeitszeit von Nachtarbeitnehmern und von Schichtarbeitern muss nach diesen Grundsätzen festgelegt werden. Schon die

§ 6 ArbZG Zweiter Abschnitt. Werktägliche Arbeitszeit und arbeitsfreie Zeiten

menschengerechte Gestaltung der Arbeit ist ein recht verschwommener Begriff. Die arbeitswissenschaftlichen Erkenntnisse richten sich nach den jeweils vorgefundenen Erfordernissen und Möglichkeiten. Der einzelne Arbeitnehmer wird sich also kaum darauf berufen können, für ihn sei die festgelegte Arbeitszeit nicht menschengerecht oder widerspreche wissenschaftlichen Erkenntnissen. Zwar gibt es zahlreiche Untersuchungen zur Schicht- und Nachtarbeit, auch Forschungsberichte der Bundesanstalt für Arbeitsschutz und der Bundesanstalt für Arbeitsmedizin (vgl. Anzinger § 300 Rn. 18 ff.; Roggendorff § 6 Rn. 11, 12 mit Adressen). Es gibt auch Vorschläge zur menschengerechten Arbeit der Europäischen Stiftung zur Verbesserung der Lebens- und Arbeitsbedingungen (Baeck/Deutsch § 6 Rn. 23; Schliemann § 6 Rn. 14). Wer aber will feststellen, ob ein Arbeitnehmer ein „ausgesprochener Nachtmensch" ist und ob individuell ein kurzer oder ein langer Schichtwechsel günstiger ist, was von psychologischen und psycho-sozialen Umständen abhängt. Dementsprechend ist auch in der Rechtsprechung festgestellt worden, dass von gesicherten arbeitswissenschaftlichen Erkenntnissen nicht ausgegangen werden kann (BAG vom 11. 2. 1998, AP Nr. 54 zu § 611 BGB Direktionsrecht; dagegen aber Anzinger § 300 Rn. 20). Danach kann ein subjektives Recht des einzelnen Arbeitnehmers kaum durchgesetzt werden (a. A. Buschmann/Ulber § 6 Rn. 3, dagegen Junker, ZfA 1985 105, 120, der die Vorschrift für ein Programm zur allgemeinen Wohlfahrt hält, S. 121). Daraus folgt, dass auch ein Zurückbehaltungsrecht nicht darauf gestützt werden kann, die Arbeit sei nicht menschengerecht (Dobberahn Rn. 77; a. A. Buschmann/Ulber § 6 Rn. 8; Schliemann § 6 Rn. 19: bei hinreichend massiver Nichteinhaltung Zurückbehaltungsrecht). Auch Schadensersatzansprüche sind kaum denkbar (Schliemann § 6 Rn. 22). Zutreffend wird die Vorschrift deshalb als lex imperfekta angesehen, die in erster Linie öffentlich-rechtliche Bedeutung hat und von den Behörden bei dahingehenden Entscheidungen zu beachten ist (Anzinger § 300 Rn. 18 f.; Anzinger/Koberski § 6 Rn. 23; Baeck/Deutsch § 6 Rn. 28; Diller, NJW 1994 S. 2726; Dobberahn Rn. 77; Erasmy, NJW 1994 S. 1105; Kufer SD 240 Rn. 138; Linnenkohl/Rauschenberg § 6 Rn. 8; Roggendorff § 6 Rn. 13; ErfK/Wank § 6 Rn. 3). Außerdem entstünde dann als nächstes Problem, welche Arbeitszeit an die Stelle der unwirksamen treten solle. U. U. wird der gesamte Vertrag – etwa über die Leistung von Schichtarbeit – unwirksam, wenn eine Versetzung in feste Arbeitszeiten nicht möglich ist (vgl. BAG vom 8. 9. 1988, AP Nr. 1 zu § 8 MuSchG 1968 für den Fall des Nachtarbeitsverbots nach § 8 MuSchG), wobei allerdings zur Vermeidung der (mittelbaren) Diskriminierung ggf. eine andere Arbeit zugewiesen werden kann, BAG vom 22. 4. 1998 AP Nr. 4 zu § 4 MuSchG 1998; EuGH vom 5. 5. 1994, AP Nr. 3 zu Art. 2 EWG-Richtlinie Nr. 76/207; EuGH vom 3. 2. 2000, Mahlburg, AP Nr. 18 zu § 611a BGB).

9   Trotzdem ist Abs. 1 kein bloßer Programmsatz. Arbeitszeiten sind mitbestimmungspflichtig. Betriebs- und Personalrat haben mit dem Arbeitgeber Beginn und Ende der Arbeitszeit, damit auch die Schichtzeiten, den Schichtwechsel und die Arbeitszeitmodelle festzulegen (BAG vom 26. 4. 2005, AP Nr. 118 zu § 87 BetrVG 1972 Arbeitszeit; vom 17. 1. 2012, NZA 2012, 513). In diesen Betriebsvereinbarungen sind die arbeitswissenschaftlichen Erkenntnisse zu berücksichtigen, die Vereinbarung muss der menschengerech-

ten Gestaltung entsprechen. Ein entsprechender Beschluss einer Einigungsstelle widerspricht billigem Ermessen, wenn er diesen Erfordernissen nicht gerecht wird und muss nach § 76 Abs. 5 BetrVG aufgehoben werden. Damit lässt sich am Ende auch Abs. 1 gerichtlich durchsetzen. Allerdings gehört dazu eine sehr konkrete Verletzung mit der Darlegung anderer, den Regeln entsprechender Möglichkeiten, da sonst die unbestimmten und verschwommenen Begriffe nicht nachvollziehbar wären. Außerdem kann die Aufsichtsbehörde nach § 17 Abs. 2 eingreifen.

III. Dauer der Nachtarbeit

Die Nachtarbeit ist in § 2 Abs. 3, 4 definiert. Danach ist Nachtarbeit jede 10 Arbeit, die mehr als 2 Stunden der Nachtzeit von 23 bis 6 Uhr umfasst. Diese Nachtzeit kann durch Tarifvertrag auf einen anderen Beginn zwischen 22 und 24 Uhr festgelegt werden (§ 7 Abs. 1 Ziff. 5), was mit Art. 2 Nr. 3 EG-Richtlinie 2003/88/EG vom 4. 11. 2003 übereinstimmt, nach der die Nachtzeit mindestens 7 Stunden und auf jeden Fall die Zeitspanne zwischen 24 Uhr und 5 Uhr umfassen muss. Damit gilt für die Nachtarbeit, dass sie zusammenhängend betrachtet werden muss. Wer bis nachts 1 Uhr arbeitet oder morgens um 4 Uhr mit der Arbeit beginnt, leistet keine Nachtarbeit, weil er zur Nachtzeit nicht mehr als zwei Stunden tätig ist. Ruhepausen sind dabei nicht mitzuzählen, da sie keine Arbeitszeit sind. Die Schicht könnte also bei einer Ruhepause von 23^{00} bis 23^{30} Uhr sogar bis 1^{30} Uhr nachts ausgedehnt werden, ohne dass Nachtarbeit i. S. des Gesetzes geleistet wird.

Nachdem Bestrebungen, die Nachtarbeit auf 6 Stunden Höchstdauer zu 11 beschränken, nicht Gesetz geworden sind, ist der Unterschied in der Arbeitszeit für Nachtarbeitnehmer nur im Ausgleichszeitraum bei einer Verlängerung auf 10 Stunden zu sehen. Im Normalfall einer 8-stündigen Arbeitszeit ist die Nachtarbeit wie jede andere Arbeitszeit nach § 3 zu behandeln. Sie kann auch ebenso wie nach § 3 ohne weitere Begründung auf 10 Stunden ausgedehnt werden. Auch die Pausenregelung richtet sich bei Nachtarbeit nach § 4. Bei Ausdehnung der Arbeitszeit mit mehr als 2 Stunden Nachtarbeit auf 10 Stunden ist ebenso wie bei normaler Tagesarbeit eine Pause von 45 Minuten bzw. mehrere Pausen von insgesamt 45 Minuten Dauer einzuhalten, die im voraus feststehen müssen und für deren Festlegung der Betriebsrat das Mitbestimmungsrecht hat. Eine Nachtschicht kann daher 19^{15} Uhr beginnen und bis 6^{00} Uhr dauern. Da die Pausen immer nur Mindestzeiten haben, könnten bei insgesamt 1 Stunde Pause eine Schicht auch etwa von 20^{00} bis 7^{00} Uhr laufen und wären 22^{00} bis 9^{00} Uhr genauso gut möglich. Der Phantasie der Betriebspartner sind also kaum Grenzen gesetzt.

Sofern aber Nachtarbeit vorliegt, muss bei Verlängerung der Arbeitszeit 12 über 8 Stunden hinaus der Ausgleich auf durchschnittlich 8 Stunden nicht erst innerhalb 6 Monaten nach § 3, sondern bereits innerhalb eines Monats oder 4 Wochen herbeigeführt werden, wobei wegen des Zusammenhanges mit 4 Wochen trotz des Wortlautes des Kalendermonats der Zeitmonat zu rechnen ist (Schliemann § 6 Rn. 27 mit § 3 Rn. 17 ff.). Auch hier gilt wie zu § 3, dass der Ausgleich sowohl vorgeholt wie nachgeholt werden kann. Für eine Nachtarbeitszeit von 10 Stunden ist deshalb zu prüfen, ob innerhalb des vorhergehenden Monats oder innerhalb der Zeit von einem Monat danach

§ 6 ArbZG Zweiter Abschnitt. Werktägliche Arbeitszeit und arbeitsfreie Zeiten

ein Ausgleich geschaffen worden ist. Dabei ist nicht zu fordern, dass der Ausgleich gerade in Nachtarbeit oder gar zur Nachtzeit geschaffen wird. Es ist vielmehr stets die gesamte Arbeitszeit zu bewerten, also sowohl die Tag- als auch die Nachtschichten. Die durchschnittliche Arbeitszeit muss insgesamt 8 Stunden betragen, auch wenn die Überschreitung gerade in Nachtschichten oder zur Nachtzeit vorgelegen hat. Es ist daher zulässig, eine Nachtschicht mit 10 Stunden Arbeitszeit zu verfahren, wenn die Tagschicht innerhalb des vorhergehenden oder nachfolgenden Monats (einschließlich der Woche der Nachtschicht), also 3 Wochen vorher oder 3 Wochen nachher nur mit 6 Stunden Arbeitszeit verfahren wird. Ebenso könnten 5 Nachtschichten à 10 Stunden Arbeitszeit durch zwei freie Samstage à 5 Stunden Arbeitszeit ausgeglichen werden (Anzinger § 300 Rn. 24 f.; Anzinger/Koberski § 6 Rn. 33 f.; Baeck/Deutsch § 6 Rn. 32 f.; Kufer SD 240 Rn. 139 f.; Schaub § 157 Rn. 8 f.; Schliemann § 6 Rn. 29 f.). Auch hier gilt, dass unberechtigte Fehltage (Bummelzeiten) zum Ausgleich herangezogen werden können, nicht aber Urlaubs- und Krankheitstage oder berechtigte Fehlzeiten (Hochzeit, Umzug, Todesfall usw.), die jeweils grundsätzlich mit 8 Stunden anzusetzen sind (oben § 3 Rn. 10).

13 In den Ausschussberatungen wurde in Abs. 2 der Satz 3 hinzugefügt, um klarzustellen, dass für Nachtarbeitnehmer, die längere Zeit nicht zur Nachtarbeit herangezogen werden, der längere Ausgleichszeitraum von § 3 mit 6 Monaten oder 24 Wochen gilt. Wer nur zeitweise an mindestens 48 Tagen zur Nachtarbeit herangezogen wird, gilt nach der Definition von § 2 Abs. 5 Nr. 2 als Nachtarbeitnehmer. § 6 Abs. 2 gilt aber für alle Nachtarbeitnehmer i. S. des Gesetzes. Damit müsste der verkürzte Ausgleichszeitraum auch dann angewandt werden, wenn ein Arbeitnehmer nur im ersten Quartal des Jahres Nachtarbeit leistet, da § 2 Abs. 5 Nr. 2 auf das Kalenderjahr abstellt. Der Arbeitnehmer gilt das ganze Kalenderjahr als Nachtarbeitnehmer, was für eine ärztliche Untersuchung nach Abs. 3 durchaus sinnvoll sein kann. Wird dieser Arbeitnehmer dann aber ab 1. 4. etwa in den Tagdienst versetzt und leistet er dann im Sommer nur noch Tagesarbeit, dann aber auch 10 Stunden, wäre es sinnlos, den verkürzten Ausgleichszeitraum anzuwenden. Dann soll der normale Ausgleichszeitraum des § 3 gelten. Das gilt dann für alle Zeiträume, in denen keine Nachtarbeit geleistet wird, betrifft aber nur Arbeitnehmer i. S. von § 2 Abs. 5 Nr. 2, also nicht Arbeitnehmer, die normalerweise Nachtarbeit in Wechselschicht zu leisten haben, selbst wenn einmal eine Zeitlang ein unnormaler Zustand eintritt, also etwa die Nachtarbeit wegen Reparaturarbeiten oder Maschinenwechsel vorübergehend ausfällt (Anzinger § 300 Rn. 24 f.; Anzinger/Koberski § 6 Rn. 33 f.; Buschmann/Ulber § 6 Rn. 14; Fiedler/Schelter § 6 Rn. 4; Junker ZfA 1998, 105, 121; Linnenkohl/Rauschenberg § 6 Rn. 50 f.; Roggendorff § 6 Rn. 18; Schaub § 157 Rn. 8 f.; Schliemann § 6 Rn. 38 f.; ErfK/Wank § 6 Rn. 6; a. A. Baeck/Deutsch § 6 Rn. 38, wonach der längere Ausgleichszeitraum des § 3 für jeden Zeitraum ohne Nachtarbeit gilt).

IV. Arbeitsmedizinische Untersuchung

14 Um Gefahren durch Nachtarbeit vorzubeugen, ist hier ähnlich wie für Jugendliche nach §§ 32 ff. JArbSchG eine Untersuchung durch Arbeitsmedizi-

ner ermöglicht. Eine Verpflichtung oder eine Beschäftigungsvoraussetzung besteht allerdings nicht. Die Untersuchung ist lediglich ein Recht der Nachtarbeitnehmer vor Beginn oder in dem vorgeschriebenen Abstand. Die Untersuchung muss also verlangt werden (Anzinger § 300 Rn. 28 f.; Dobberahn Rn. 86; Junker, ZfA 1998, 105, 122; Schliemann § 6 Rn. 45 f.). Sie muss nicht in der Dienstzeit stattfinden. Wenn die Untersuchung vor Beginn der Beschäftigung verlangt wird, besteht allerdings bis zu der Bekanntgabe des Ergebnisses ein Hindernis, die Nachtarbeit anzutreten (Buschmann/Ulber § 6 Rn. 15). Da nach Abs. 4 Buchst. a bei drohender Gesundheitsgefährdung ein Anspruch auf Umsetzung in den Tagdienst gegeben sein kann, ist die Leistung der Nachtarbeit nur zulässig, wenn schon feststeht, dass arbeitsmedizinisch solche Bedenken nicht bestehen. Es wäre unsinnig, eine Nachtarbeit anzutreten, wenn sich sofort herausstellt, dass sie gesundheitsgefährdend ist.

Kein Beschäftigungshindernis für Nachtarbeit besteht aber, wenn später die Untersuchung verlangt wird. Dann sind Konsequenzen nach Abs. 4 erst nach dem Ergebnis der Untersuchung zu ziehen. Auch wenn der Arbeitnehmer die Untersuchung vor Beginn der Nachtarbeit nicht verlangt, kann die Nachtarbeit ohne weiteres angetreten werden. Nicht ohne weiteres ist die Frage zu beantworten, ob der Arbeitnehmer eine zunächst nicht verlangte Untersuchung nachholen lassen kann. Wenn vor Beginn der Beschäftigung keine Untersuchung verlangt wurde, könnte man annehmen, der Arbeitnehmer müsse dann wenigstens 3 Jahre oder bei Überschreitung des 50. Lebensjahres ein Jahr warten, bis er eine Untersuchung verlangen kann. Das kann aber nicht Sinn und Zweck der Regelung sein, die Gesundheitsgefährdung vermeiden und nur den Aufwand gering halten will. Man muss also die Nachholung der Eignungsuntersuchung wenigstens in den Fällen zulassen, in denen sich Bedenken gegen die Gefahrlosigkeit der Nachtarbeit erst nach dem Antritt oder gerade wegen der Leistung der Nachtarbeit herausstellen. Dann kann nur der Arbeitsmediziner feststellen, ob eventuelle Beschwerden nur auf die Umstellung zurückzuführen sind und sich bald wieder geben werden, oder ob eine Gesundheitsgefährdung vorliegt. Da die Untersuchung vor Beginn hätte verlangt werden können, kann sie auch danach noch zulässigerweise gefordert werden, zumal dann auch kein zusätzlicher Aufwand an Zeit und Kosten anfällt, der nicht ohnehin hätte entstehen können. 15

Die Regeluntersuchung vor Beginn und nach 3 Jahren bzw. ab 50 nach 1 Jahr kann ohne weiteres verlangt werden. Irgendwelche Anhaltspunkte, dass Gefahren bestehen oder eintreten könnten, brauchen dafür nicht vorgebracht zu werden. Nur diese Untersuchungen sind vom Arbeitgeber ohne Vorbehalt zu tragen. Nur wenn der Arbeitgeber einen Betriebsarzt oder betriebsärztlichen Dienst anbietet, hat der Arbeitnehmer die Kosten für einen von ihm frei gewählten Arbeitsmediziner selbst zu tragen (Anzinger § 300 Rn. 33; Anzinger/Koberski § 6 Rn. 47; Baeck/Deutsch § 6 Rn. 46; Dobberahn Rn. 86; Junker, ZfA 1998, 105, 122; Schliemann § 6 Rn. 55; ErfK/Wank § 6 Rn. 8; a. A. Buschmann/Ulber § 6 Rn. 18); das folgt auch aus den Vorgaben von Art. 9 EG-Richtlinien 93/104 und inhaltsgleich 2003/88/EG. Er braucht den Betriebsarzt oder betriebsärztlichen Dienst nicht anzunehmen, da ihm die freie Arztwahl nach wie vor erhalten bleibt. Besteht kein Betriebsarzt oder betriebsärztlicher Dienst, kann der Arbeitnehmer 16

§ 6 ArbZG Zweiter Abschnitt. Werktägliche Arbeitszeit und arbeitsfreie Zeiten

den Arzt ebenfalls frei wählen und braucht sich keinerlei Vorschriften über den zu wählenden Arzt machen zu lassen. Der Arbeitgeber hat die Kosten zu tragen.

17 In der Regel wird in Betrieben, in denen nachts gearbeitet wird, ein Betriebsarzt oder betriebsärztlicher Dienst vorhanden sein, weil Nachtarbeit eine Betriebsart mit Gesundheitsgefahren ist, wie auch das Bundesverfassungsgericht in seinem Urteil vom 28. 1. 1992 (AP Nr. 2 zu § 19 AZO) festgestellt hat. Damit liegen Voraussetzungen nach § 2 des Gesetzes über Betriebsärzte, Sicherheitskräfte und andere Fachkräfte für Arbeitssicherheit vom 12. 12. 1973 vor, die zur Bestellung von Betriebsärzten verpflichten. Ausgenommen sind davon nur Kleinbetriebe oder Gaststätten u. Ä., in denen Nachtarbeit ebenfalls geleistet wird. Sofern Betriebsärzte oder ein entsprechender Dienst vorhanden sind, sind auch zusätzliche Untersuchungen möglich und erforderlich, soweit Schwierigkeiten für den einzelnen Arbeitnehmer durch Nachtarbeit auftreten und bekannt werden. Es ist die ständige Aufgabe der Betriebsärzte, Untersuchungen von Arbeitnehmern bei Gesundheitsgefährdung durchzuführen (§ 3 des Gesetzes über Betriebsärzte). Auch solche zusätzlichen Untersuchungen werden vom Arbeitgeber getragen. Wenn aber keine Betriebsärzte vorhanden sind, muss sich ein Arbeitnehmer bei zwischenzeitlich auftretenden Beschwerden durch Nachtarbeit selbst um einen Arzt mit arbeitsmedizinischen Kenntnissen bemühen und auch für dessen Kosten aufkommen, die allerdings in der Regel die Krankenkasse trägt. Der Arbeitgeber hat nur die Kosten der Regeluntersuchungen und für Betriebsärzte zu tragen.

V. Umsetzung in den Tagdienst

18 Der Nachtarbeitnehmer kann verlangen, unter den im Gesetz genannten Voraussetzungen in den Tagdienst versetzt zu werden. Notwendig ist ein ausdrückliches Verlangen mit der entsprechenden Begründung. Dabei sind die Voraussetzungen dem Arbeitgeber nachzuweisen. Ein besonderer schriftlicher Antrag wird aber nicht verlangt, eine mündliche Geltendmachung des Anspruchs reicht aus (Anzinger § 300 Rn. 36; Anzinger/Koberski § 6 Rn. 52; Baeck/Deutsch § 6 Rn. 53; Buschmann/Ulber § 6 Rn. 20; Kufer SD 240 Rn. 151; Schliemann § 6 Rn. 59f.; ErfK/Wank § 6 Rn. 9f.). Die Regelung entspricht den Vorgaben, die das Bundesverfassungsgericht (Urteil vom 28. 1. 1992, AP Nr. 2 zu § 19 AZO) und die EG-Richtlinie 2003/88 in Art. 9 Abs. 1 Buchst. b aufgestellt haben. Auch genügt zunächst eine nur mündliche Angabe der Gründe. Der schriftliche Nachweis, ggf. durch Urkunden, Behindertenausweis oder Attest ist erst vorzulegen, wenn der Arbeitgeber das verlangt, da eine Angabe des Arbeitnehmers bekannt, glaubwürdig oder unstreitig sein kann.

19 Die **Gesundheitsgefährdung** nach arbeitsmedizinischer Feststellung kann durch Attest oder durch den Betriebsarzt oder betriebsärztlichen Dienst getroffen sein. Eine Gefährdung der Gesundheit reicht aus und muss lediglich im Bereich des Möglichen und ggf. zu Erwartenden liegen. Dabei genügt die allgemeine Gesundheitsgefährdung durch Nachtarbeit, wie sie etwa das Bundesverfassungsgericht (Urteil vom 28. 1. 1992, AP Nr. 2 zu § 19 AZO unter C I 2a) mit zahlreichen Literaturhinweisen nachgewiesen hat (Schlaflosigkeit,

Appetitstörungen, Störungen des Magen-Darm-Traktes, erhöhte Nervosität und Reizbarkeit, herabgesetzte Leistungsfähigkeit) noch nicht. Vielmehr muss schon individuell eine konkrete medizinische festgestellte Gesundheitsgefährdung vorliegen, wobei aber die Erwartung ausreicht (weitergehend wohl zudem das Eintreten der zu erwartenden Gefährdung fordernd Anzinger § 300 Rn. 40; Anzinger/Koberski § 6 Rn. 70; Baeck/Deutsch § 6 Rn. 64; Roggendorff § 6 Rn. 28; Schliemann § 6 Rn. 65; ErfK/Wank § 6 Rn. 11, die „hinreichende Wahrscheinlichkeit" verlangen). Im Ergebnis wird es immer vom Arzt abhängen, ob er eine Gesundheitsgefährdung sieht. Da Arbeitsmediziner unabhängig und fachkundig sind und der Wahrheitspflicht ihres ärztlichen Gewissens unterliegen, genügt die entsprechende Feststellung. Eine nähere Begründung, etwa über schon sich zeigende Symptome, über die Art der zu befürchtenden Gefährdung, deren Stärke, Wahrscheinlichkeit oder Zeitdauer kann nützlich sein, ggf. auch dazu verhelfen, Gefährdungspotentiale auch für andere Arbeitnehmer abzubauen. Sie kann aber nicht gefordert werden oder gar zur Vorbedingung einer Versetzung gemacht werden, da in jedem Fall die Regeln der ärztlichen Schweigepflicht zu beachten sind. Das gilt auch für Betriebsärzte (§ 8 Betriebsärztegesetz).

Wenn ein **Kind unter 12 Jahren** im Haushalt lebt und nicht anderweit dort betreut werden kann, soll der normale Tagesablauf vor allem im Interesse des Kindes und dessen Erziehung aufrecht erhalten bleiben. Die Grenze von 12 Jahren wurde in Anlehnung an § 45 SGB V gewählt. Bis zu diesem Alter sind Kinder besonders betreuungsbedürftig, was nicht nur für Krankheitsfälle gilt. Voraussetzung für den Versetzungsanspruch ist, dass eine Betreuung durch eine andere im Haushalt lebende Person ausscheidet. Damit trifft die Regelung besonders alleinerziehende Elternteile. Aber auch wenn beide Elternteile berufstätig sind, scheidet eine Betreuung aus, weil dann beide betroffen und durch den Beruf verhindert sind. Das kann aber nicht generell gelten, da sich durchaus Verhältnisse denken lassen, in denen beide Elternteile sich trotz Nachtdienst so abwechseln, dass immer einer zur Betreuung zur Verfügung steht. Es sind Regelungen bekannt, dass im selben Betrieb beschäftigte Eheleute so beschäftigt werden, dass immer nur einer verhindert ist, für das Kind oder die Kinder zu sorgen. Die zur Betreuung zur Verfügung stehende Person braucht keine Verwandte zu sein. Im Gegensatz zu c ist nicht von Angehörigen, sondern nur von Personen die Rede. Auch ein Hausmädchen oder eine Erzieherin im Haushalt reicht zur Betreuung aus. In solchen Fällen wird aber ohnehin kaum das Verlangen gestellt werden, von einer Tätigkeit versetzt zu werden, da solche Hilfskräfte angestellt zu werden pflegen, um den Beruf voll und ohne Einschränkung ausüben zu können. Wenn die Großeltern mit im Haushalt leben, muss darauf abgestellt werden, ob diese noch in der Lage sind, die Betreuung durchzuführen. Dabei kommt es auf die objektive Fähigkeit an, die aus Altersgründen u. U. beeinträchtigt ist. Es reicht aber nicht aus, dass die andere Person nur keine Lust und Laune hat, das Kind zu betreuen oder lieber anderen Interessen und Liebhabereien nachgehen will. Wenn allerdings diese Person dann deshalb einen eigenen Hausstand gründet und den Haushalt verlässt, dort also nicht mehr lebt, sind die Voraussetzungen wieder gegeben. Die bloße Möglichkeit, dass die Großmutter auch für die Zeit des Nachtdienstes über Nacht bleiben könnte,

§ 6 ArbZG Zweiter Abschnitt. Werktägliche Arbeitszeit und arbeitsfreie Zeiten

reicht nicht aus. Tut sie das und wird deshalb kein Verlangen gestellt, ist es gut. Ein Verlangen kann aber nicht mit der Begründung abgelehnt werden, die Großmutter mit eigenem Hausstand könnte doch helfen (vgl. auch im Ergebnis allg. Meinung Anzinger § 300 Rn. 41; Anzinger/Koberski § 6 Rn. 72; Baeck/Deutsch § 6 Rn. 66ff.; Kufer SD 240 Rn. 157; Roggendorff § 6 Rn. 31; Schliemann § 6 Rn. 67ff.; ErfK/Wank § 6 Rn. 11).

21 Ein **schwerpflegebedürftiger Angehöriger** ist zu versorgen, wenn er sich nicht allein behelfen kann. Der Begriff wurde dem früheren § 53 SGB V entnommen und bedeutet Personen, die wegen Krankheit oder Behinderung so hilflos sind, dass sie bei gewöhnlichen und regelmäßig wiederkehrenden Verrichtungen im Ablauf des täglichen Lebens auf Dauer in sehr hohem Maße der Hilfe bedürfen. Heute gilt § 15 Abs. 1 SGB XI (Pflegeversicherung). Der Begriff der Schwerpflegebedürftigen ist durch „Pflegebedürftige der Pflegestufen I bis III" ersetzt worden, wobei die Pflegestufe I „erheblich Pflegebedürftige" betrifft. Auch die Pflegestufe I reicht daher aus (Anzinger § 300 Rn. 42; Anzinger/Koberski § 6 Rn. 74f.; a.A. Baeck/Deutsch § 6 Rn. 71; Roggendorff § 6 Rn. 33; Schliemann § 6 Rn. 71). Dabei kann es sich um Eltern, Großeltern, Kinder oder auch entfernte Verwandte und Verschwägerte handeln. Es müssen aber Angehörige sein, nicht also Freunde, die man wegen ihrer Hilfsbedürftigkeit versorgt und aufgenommen hat. Nach heutigem Verständnis wird man aber den Lebenspartner und dessen nahe Verwandtschaft mit zu den Angehörigen zu zählen haben, sie sind nicht auf Verwandte und Verschwägerte beschränkt (zweifelnd Schliemann § 6 Rn. 71; wie hier Baeck/Deutsch § 6 Rn. 72; Roggendorff § 6 Rn. 32). Die Versorgung durch einen Pfleger, einen Hilfsdienst, Gemeindehelfer oder ähnliche Dritte schließt den Anspruch auf Versetzung in den Tagdienst nicht aus, sondern nur die Versorgungsmöglichkeit durch einen anderen Angehörigen. Im Gegensatz zu b wird hier nicht von Person, sondern ausdrücklich von anderen im Haushalt lebenden Angehörigen gesprochen. Es soll damit der persönlichen Nähe zu dem Pflegebedürftigen Rechnung getragen werden.

22 Die Versetzung auf einen Tagesarbeitsplatz ist nur möglich, wenn ein für den Arbeitnehmer geeigneter Tagesarbeitsplatz zur Verfügung steht und keine dringenden betrieblichen Erfordernisse entgegenstehen. Der Tagesdienst muss für den betreffenden Arbeitnehmer geeignet sein, d.h. er muss nach Vorbildung, Fertigkeit, Fähigkeit und Können von dem um Versetzung nachsuchenden Arbeitnehmer geleistet werden können. Nicht unbedingt erforderlich ist, dass es sich um einen freien Arbeitsplatz handelt, weil evtl. ein Ringtausch notwendig und zumutbar ist (Baeck/Deutsch § 6 Rn. 58; a.A. einen freien Arbeitsplatz fordernd Dobberahn Rn. 88; Junker, ZfA 1998, 105, 124; Schliemann § 6 Rn. 73). Eine Verdienstsicherung ist nicht vorgesehen. Der Wegfall von Nachtarbeitszulagen folgt aus der Umsetzung ohne Weiteres (Berg, AiB 1994, 578, 580; Junker, ZfA 1998, 105, 124). Dringende betriebliche Erfordernisse dürfen nicht entgegenstehen. Der Begriff ist aus § 1 Abs. 2 KSchG bekannt und bedeutet dort, dass betriebliche Erfordernisse sowohl innerbetriebliche wie außerbetriebliche Gründe sein können, also dort Rationalisierung, Produktionsumstellung oder Auftragsmangel oder Produktionsrückgang, hier Schichteinteilung, Schichtfolge oder Schwerbehinderten- bzw. Mutterschutzplätze bzw. Wegezeiten, Bahn- oder Busverbindungen, Außen-

beziehung. Dringende betriebliche Gründe sind auch in § 7 Abs. 1 BUrlG und § 15 Abs. 4 Satz 4 BEEG genannt. In der Anwendung unterscheiden sie sich im Ergebnis kaum. Dringend ist ein betriebliches Erfordernis, wenn es nicht möglich ist, der betrieblichen Lage durch andere Maßnahmen auf technischem, wirtschaftlichem oder organisatorischem Gebiet zu entsprechen (BAG AP zu § 1 KSchG Betriebsbedingte Kündigung, zuletzt vom 16. 12. 2010 AP Nr. 186; Ascheid/Preis/Schmidt 4. Aufl. 2012 § 1 KSchG Rn. 456ff.; v. Hoyningen-Huene/Linck 14. Aufl. 2007, § 1 KSchG Rn. 681ff.; KR-Griebeling, 10. Aufl. 2012, § 1 KSchG Rn. 514ff.). Angewandt auf den hier vorliegenden Sachverhalt muss also die Versetzung auch durch andere zusätzliche Maßnahmen nicht zu ermöglichen sein. Nur dann kann aus betriebsbedingten Gründen das Verlangen auf Versetzung zurückgewiesen werden (weitergehend Buschmann/Ulber § 6 Rn. 24 dem Gesundheitsschutz absoluten Vorrang gebend; nicht an § 1 Abs. 2 KSchG sondern an § 7 Abs. 1 BUrlG messend Anzinger § 300 Rn. 37; Anzinger/Koberski § 6 Rn. 58; ErfK/Wank § 6 Rn. 12; wie hier an § 1 Abs. 2 KSchG anlehnend Dobberahn Rn. 88; Diller, NJW 1994, 2726; Erasmy, NJW 1999, 1105; Schliemann § 6 Rn. 72). Zutreffend muss in jedem Fall das Interesse beider Seiten gegeneinander abgewogen werden, denn ob ein betriebliches Erfordernis wirklich dringend ist, hängt sehr von den Umständen des Einzelfalles auf beiden Seiten ab (Baeck/Deutsch § 6 Rn. 61; Kufer SD 240 Rn. 160ff.; Schliemann § 6 Rn. 72ff.).

Dazu ist außerdem jeweils der Betriebs- oder Personalrat zu hören, wenn 23 es einen solchen gibt. Das ist Wirksamkeitsvoraussetzung für eine Ablehnung eines nach den Voraussetzungen gegebenen Versetzungsverlangens aus dringenden betrieblichen Gründen. Wurde das Anhörungsrecht verletzt, geht der Gegeneinwand gegen das Versetzungsverlangen schon deshalb fehl (Anzinger § 300 Rn. 38; Anzinger/Koberski § 6 Rn. 62; Buschmann/Ulber § 6 Rn. 26; Linnenkohl § 6 Rn. 25; ErfK/Wank § 6 Rn. 13; a. A. Baeck/Deutsch § 6 Rn. 62; Schliemann § 6 Rn. 82). Dabei ist dem Betriebs- oder Personalrat mitzuteilen, welcher Antrag gestellt wurde, welche Tagesarbeitsplätze in Betracht kommen und warum eine Umsetzung nicht möglich ist. Der Betriebs- oder Personalrat hat dann das Recht, seinerseits Vorschläge für eine Umsetzung, einen Ringtausch oder andere Maßnahmen zu unterbreiten. Der Arbeitgeber kann das zwar ablehnen, es muss aber dann geprüft werden, ob nach solchen Vorschlägen, wenn sie praktikabel sind, überhaupt noch dringende betriebliche Erfordernisse angenommen werden können, da u. U. damit einem dringenden Erfordernis die Grundlage entzogen ist.

VI. Freizeitausgleich und Zuschlag

Nachtarbeit ist eine erschwerte Form der Arbeit. Hierfür ist in der Regel 24 eine zusätzliche Vergütung zu leisten. Üblicherweise sehen deshalb die Tarifverträge Nachtarbeitszuschläge vor. Dabei sind auch bestehende Tarifverträge zu berücksichtigen (BT-Drucks. 12/6990 S. 43). Es ist aber auch möglich, die Erschwerung durch zusätzliche bezahlte Freizeit abzugelten. Der SPD-Entwurf sah dazu einen freien bezahlten Arbeitstag für je 20 Nachtarbeitsschichten vor. Zunächst haben die Tarifvertragsparteien freie Hand, die eine oder andere Form der Abgeltung von Nachtarbeit zu wählen. Möglich wäre auch

§ 6 ArbZG Zweiter Abschnitt. Werktägliche Arbeitszeit und arbeitsfreie Zeiten

eine Kombination, also Freizeit und Zuschlag oder Freizeit oder Zuschlag nach Wahl entweder des Arbeitnehmers oder durch Regelung in einer Betriebsvereinbarung. Ob und in welcher Form der Tarifvertrag einen Ausgleich bereits vorsieht, ist durch Auslegung zu ermitteln. Dabei kann ein Ausgleich auch stillschweigend mit dem Lohn vorgesehen sein (BAG vom 26. 8. 1997, AP Nr. 74 zu § 87 BetrVG 1972 Arbeitszeit; Dobberahn Rn. 91; Kraegeloh § 6 Rn. 10; Roggendorff § 6 Rn. 40; Schliemann § 6 Rn. 84; Erasmy, NZA 1994, 1105, 1111; Anzinger/Koberski § 6 Rn. 57). Besteht keine tarifliche Regelung, hat der Arbeitgeber ein Wahlrecht. Beide Formen des Ausgleichs stehen gleichrangig nebeneinander (BAG vom 5. 9. 2002, 27. 5 2003, 31. 8. 2005, 1. 2. 2006, 15. 7. 2009, AP Nr. 4, 5, 8, 9, 10 zu § 6 ArbZG; Anzinger § 220 Rn. 51; Anzinger/Koberski § 6 Rn. 83; Baeck/Deutsch § 6 Rn. 83; Dobberahn Rn. 91; Roggendorff § 6 Rn. 41; Schliemann § 6 Rn. 84, 88; ErfK/Wank § 6 Rn. 14; a. A. Linnenkohl/Rauschenberg § 6 Rn. 106; Buschmann/Ulber § 6 Rn. 28, wonach wegen des Gesundheitsschutzes der Freizeitausgleich Vorrang habe). Das Bundesarbeitsgericht hat einen Vorrang des Freizeitausgleichs oder des Zahlungsanspruches abgelehnt (BAG vom 26. 8. 1997, AP Nr. 74 zu § 87 BetrVG 1972 unter B II 2a; vom 5. 9. 2002, AP Nr. 4 zu § 6 ArbZG unter A II 2b; vgl. auch BAG vom 27. 5. 2003, 1. 2. 2006, 15. 7. 2009, AP Nr. 5, 9, 10 zu § 6 ArbZG). Der Betriebsrat hat ein Mitbestimmungsrecht (BAG vom 26. 4. 2005, 17. 1. 2012, AP Nr. 118 zu § 87 BetrVG 1972 Arbeitszeit, NZA 2012, 513). Die Ausgleichsregelung des Abs. 5 gilt die Erschwernis im Verhältnis zu Arbeitnehmern im Tagesdienst ab. Wenn Zeitzuschläge nach dem Tarifvertrag nicht für höhere Vergütungsgrenzen vorgesehen sind, ist das kein Fall von § 6 Abs. 5 (BAG vom 27. 1. 2000, AP Nr. 33 zu § 1 TVG Tarifverträge: Rundfunk, wo deshalb dahingestellt blieb, ob der Zuschlag für Nachtarbeit im Gehalt enthalten sein könnte). Die Ausgleichsregelung des Abs. 5 gilt uneingeschränkt auch für vor dem 1. 7. 1994 abgeschlossene Arbeitsverhältnisse (LAG Schleswig-Holstein vom 21. 1. 1997, LAGE Nr. 1 zu § 6 ArbZG).

25 Die Höhe der Zusatzleistung muss „angemessen" sein. Die tarifvertraglichen Regelungen sind sehr unterschiedlich. In der Regel wird für bloße Nachtarbeit ein relativ geringer Zuschlag, etwa von 10%, vorgeschrieben. Eine Erhöhung ergibt sich meist erst durch eine Häufung, etwa von Mehrarbeit, Sonn- oder Feiertagsarbeit, die zugleich Nachtarbeit ist. Dann gehen die Zuschläge oft weit über 100%. Die Angemessenheit richtet sich aber auch nach der Üblichkeit der Notwendigkeit der Nachtarbeit. Sofern nämlich Nachtarbeit regelmäßig geleistet werden muss, ist diese Erschwerung zum größten Teil bereits im Lohn mit abgegolten, der dann entsprechend höher angesetzt ist, weil ständig Nachtarbeit anfällt. Erst recht gilt das für Arbeiten, die immer zur Nachtzeit geleistet werden, wie die Arbeit des Nachtportiers oder Nachtwächters. Dann kann sogar der Zuschlag 0 angemessen sein, weil es Rechtsförmelei bedeutete, den Nachtlohn aufzuteilen in einen Grundlohn und den erhöhten Lohn für die nächtliche Tätigkeit als Zuschlag. Soweit Monats- oder Wochenlohn vereinbart ist, ergibt sich eine zusätzliche Leistung oft auch aus den freien Tagen (oder Nächten), die dann als Gegenleistung für die Erschwernis mitzählen und im Lohn für den Zeitabschnitt mit enthalten sind (so auch mit Berufung auf BT-Drucks. 12/6990 S. 43 BAG

vom 26. 8. 1997, AP Nr. 74 zu § 87 BetrVG 1972 Arbeitszeit unter B II 1 b). Nicht erforderlich ist, dass der Zuschlag Tarifniveau erreicht (BAG vom 24. 2. 1999, AP Nr. 17 zu § 3 TVG Verbandszugehörigkeit).

Soweit tarifliche Regelungen bestehen, ist in deren Geltungsbereich die dort getroffene Ausgleichsvergütung stets als angemessen anzusehen. Wenn das Bundesarbeitsgericht demgegenüber auf die jeweilige Tarifbindung abstellt und nur die einzelvertragliche Bezugnahme ausreichen lässt, wird verkannt, dass die Tarifparteien selbst die Angemessenheit eines Zuschlags viel besser und zutreffender beurteilen können als fernstehende Gerichte (BAG vom 5. 9. 2002, AP Nr. 4 zu § 6 ArbZG unter B I 4a, vom 17. 1. 2012, NZA 2012, 513 unter Rn. 15). Die tarifliche Regelung muss aber im Geltungsbereich liegen, so dass nicht auf die Bandbreiten aller Tarifregelungen abgestellt werden kann (BAG vom 5. 9. 2002, AP Nr. 4 zu § 6 ArbZG unter B I 4b). Es gibt auch Bereiche, in denen Tarifverträge üblicherweise nicht getroffen werden, so bei Verbänden, für Arbeitnehmer von Rechtsanwälten, Notaren, Unternehmens- und Steuerberatern, Kammern. In diesen Bereichen kommt Nachtarbeit seltener vor, wird zumeist auch ohne Sondervereinbarung großzügig abgegolten, meist in Form von Freizeit. Sofern jedoch das nicht der Fall ist, muss geprüft werden, in welchem Umfang eine Abgeltung für Nachtarbeit schon im Gehalt enthalten ist, was z.B. bei Nachtwachdiensten, Hausmeistern u. Ä. der Fall sein kann. Andernfalls dürfte in Anlehnung an die bestehenden Tarifverträge ein Zuschlag von 10–20% angemessen sein (zweifelnd Schliemann § 6 Rn. 85 f.). Das Bundesarbeitsgericht hält einen Zuschlag von 30% für angemessen, um „den mit dem Geldausgleich bezweckten Druck auf den Arbeitgeber auszuüben" (BAG vom 5. 9. 2002, AP Nr. 4 zu § 6 ArbZG unter B I 5 d, f) und bezieht sich dazu auch auf die Steuerfreibeträge von 25 bzw. 40% nach § 3b Abs. 1 bis 4 EStG. Auch wenn das im Einzelfall angemessen sein kann, ist ein solcher genereller Satz weder vom Gesetzgeber vorgesehen (und auch nicht gewollt), sondern auch nur ein Anhaltspunkt, von dem je nach Lage des Falles abgewichen werden kann. In einer späteren Entscheidung ist dann auch ein Zuschlag von 25% für angemessen gehalten worden (BAG vom 27. 5. 2003, AP Nr. 5 zu § 6 ArbZG). Für den Rettungsdienst wurden auch 10% als angemessen angesehen (BAG vom 31. 8. 2005, AP Nr. 8 zu § 6 ArbZG). Mit Entscheidung vom 1. 2. 2006 (AP Nr. 9 zu § 6 ArbZG) wurden 25% auf Grund der tatrichterlichen Feststellungen als richtig angesehen, obwohl auch geringere Zuschläge für angemessen gehalten werden könnten. Für Bewachungsgewerbe wurden 10 oder 12% für angemessen gehalten (BAG vom 11. 2. 2009, AP Nr. 9 zu § 6 ArbZG); für Auslieferungsfahrer 25% (LAG Berlin-Brandenburg vom 17. 9. 2009, EzA-SD Nr. 22, 14); im öffentlichen Dienst 20% (BAG vom 28. 7. 2010, AP Nr. 13 zu § 8 TVöD); im Verkehrsgewerbe 25% (BAG vom 13. 10. 2010, AP Nr. 18 zu § 1 TVG Tarifverträge: Verkehrsgewerbe); 20% in der Zuckerindustrie (BAG vom 19. 1. 2011, AP Nr. 19 zu § 611 BGB Lohnzuschläge); 15% als Anhalt für Stewardess als Zugschaffnerin (BAG vom 18. 5. 2011, AP Nr. 11 zu § 6 ArbZG). Für die Zeit der Pausen ist kein Zuschlag zu zahlen, da sie keine Arbeitszeit sind (BAG vom 18. 11. 2009, AP Nr. 2 zu § 4 ArbZG). Ist der Zuschlag pauschal im Gehalt einbegriffen, sind die Pauschalzuschläge nicht steuerfrei, weil eine genaue Einzelabrechnung

§ 7 ArbZG Zweiter Abschnitt. Werktägliche Arbeitszeit und arbeitsfreie Zeiten

unverzichtbar ist (BFH vom 8. 12. 2011, DB 2012, 738 = BB 2012, 477). Nachtarbeitszuschläge sind auch kein Aufwandsersatz und bei Krankheit weiter zu zahlen (LAG Köln vom 12. 3. 2009, ArbuR 2010, 132). In Krankenhäusern wird regelmäßig statt eines Zuschlags ein Zusatzurlaub in Form freier Tage gewährt (§ 28 TV Ärzte VKA, § 27 TV Ärzte HELIOS). Wenn für 150 Stunden Nachtarbeit jeweils 1 Tag Zusatzurlaub gewährt wird, entspricht das einem Zuschlag von 5% und ist für Bereitschaftsdienst angemessen (BAG vom 15. 7. 2009, 23. 2. 2011, 23. 3. 2011, 14. 9. 2011, AP Nr. 10, 12 zu § 6 ArbZG, Nr. 32, 51 zu § 1 TVG Tarifverträge: Arzt). Bei Rufbereitschaft sind Nachtarbeitszuschläge nur für die Zeit tatsächlicher Arbeitsleistung zu zahlen (BAG vom 24. 9. 2008, AP Nr. 2 zu § 8 TVöD). Der Betriebsrat hat bei der Auswahlentscheidung ein Mitbestimmungsrecht nach § 87 Abs. 1 Nr. 10 BetrVG (BAG vom 26. 4. 2005, 17. 1. 2012, AP Nr. 118 zu § 87 BetrVG Arbeitszeit, NZA 2012, 513), nicht aber über die Zahl der freien Tage oder die Höhe der Zuschläge. Bei der Angemessenheit handelt es sich um eine mitbestimmungsfreie Rechtsfrage (BAG vom 26. 8. 1997, AP Nr. 74 zu § 87 BetrVG 1972 Arbeitszeit). Dabei handelt es sich auch nicht um eine Frage der Billigkeit, die gerichtlich zu überprüfen wäre nach § 315 Abs. 3 BGB (so Buschmann/Ulber § 6 Rn. 29; Kraegeloh § 6 Rn. 10; Roggendorff § 6 Rn. 41; Schliemann § 6 Rn. 85f.), sondern um die unmittelbare Anwendung des Rechts aus Abs. 5 (vgl. auch Hess-Grunewald, Mitbestimmung bei Ausgleich für Nachtarbeit, AiB 1999 S. 164).

VII. Weiterbildung

27 Es ist ein allgemeiner Grundsatz des Arbeitsrechts, dass einzelne Arbeitnehmer nicht benachteiligt werden dürfen. Das gilt auch und in besonderem Maße für Nachtarbeitnehmer. Ihnen müssen alle Maßnahmen der Fort- und Weiterbildung in gleichem Maße offenstehen wie allen anderen Arbeitnehmern. Es ist deshalb dafür Sorge zu tragen, dass die Nachtarbeit nicht dazu führt, an Kursen, Veranstaltungen, Schulungen nicht teilnehmen zu können, weil solche Kurse nicht nachts stattfinden und nicht während der Arbeitszeit wahrgenommen werden können, wie das bei Tagesdienst der Fall ist. Es muss deshalb entweder zusätzliche bezahlte Zeit gewährt werden oder durch Umsetzung oder Berücksichtigung beim Schichtwechsel dafür gesorgt werden, dass auch Nachtarbeitnehmer im selben Maße gefördert werden wie alle anderen Arbeitnehmer (Anzinger § 300 Rn. 46; Anzinger/Koberski § 6 Rn. 85ff.; Baeck/Deutsch § 6 Rn. 88; Buschmann/Ulber § 6 Rn. 31; Kufer SD 240 Rn. 173f.; Roggendorff § 6 Rn. 44; Schliemann § 6 Rn. 89; ErfK/Wank § 6 Rn. 15).

§ 7 Abweichende Regelungen

(1) **In einem Tarifvertrag oder auf Grund eines Tarifvertrags in einer Betriebs- oder Dienstvereinbarung kann zugelassen werden,**
1. abweichend von § 3
    a) die Arbeitszeit über zehn Stunden werktäglich zu verlängern, wenn in die Arbeitszeit regelmäßig und in erheblichem Umfang Arbeitsbereitschaft oder Bereitschaftsdienst fällt,
    b) einen anderen Ausgleichszeitraum festzulegen,

Abweichende Regelungen ArbZG § 7

2. abweichend von § 4 Satz 2 die Gesamtdauer der Ruhepausen in Schichtbetrieben und Verkehrsbetrieben auf Kurzpausen von angemessener Dauer aufzuteilen,
3. abweichend von § 5 Abs. 1 die Ruhezeit um bis zu zwei Stunden zu kürzen, wenn die Art der Arbeit dies erfordert und die Kürzung der Ruhezeit innerhalb eines festzulegenden Ausgleichszeitraums ausgeglichen wird,
4. abweichend von § 6 Abs. 2
   a) die Arbeitszeit über zehn Stunden werktäglich hinaus zu verlängern, wenn in die Arbeitszeit regelmäßig und in erheblichem Umfang Arbeitsbereitschaft oder Bereitschaftsdienst fällt,
   b) einen anderen Ausgleichszeitraum festzulegen,
5. den Beginn des siebenstündigen Nachtzeitraums des § 2 Abs. 3 auf die Zeit zwischen 22 und 24 Uhr festzulegen.

(2) Sofern der Gesundheitsschutz der Arbeitnehmer durch einen entsprechenden Zeitausgleich gewährleistet wird, kann in einem Tarifvertrag oder auf Grund eines Tarifvertrags in einer Betriebs- oder Dienstvereinbarung ferner zugelassen werden,

1. abweichend von § 5 Abs. 1 die Ruhezeiten bei Rufbereitschaft den Besonderheiten dieses Dienstes anzupassen, insbesondere Kürzungen der Ruhezeit infolge von Inanspruchnahmen während dieses Dienstes zu anderen Zeiten auszugleichen,

2. die Regelungen der §§ 3, 5 Abs. 1 und § 6 Abs. 2 in der Landwirtschaft der Bestellungs- und Erntezeit sowie den Witterungseinflüssen anzupassen,

3. die Regelungen der §§ 3, 4, 5 Abs. 1 und § 6 Abs. 2 bei der Behandlung, Pflege und Betreuung von Personen der Eigenart dieser Tätigkeit und dem Wohl dieser Personen entsprechend anzupassen,

4. die Regelungen der §§ 3, 4, 5 Abs. 1 und § 6 Abs. 2 bei Verwaltungen und Betrieben des Bundes, der Länder, der Gemeinden und sonstigen Körperschaften, Anstalten und Stiftungen des öffentlichen Rechts sowie bei anderen Arbeitgebern, die der Tarifbindung eines für den öffentlichen Dienst geltenden oder eines im wesentlichen inhaltsgleichen Tarifvertrags unterliegen, der Eigenart der Tätigkeit bei diesen Stellen anzupassen.

(2 a) In einem Tarifvertrag oder auf Grund eines Tarifvertrags in einer Betriebs- oder Dienstvereinbarung kann abweichend von den §§ 3, 5 Abs. 1 und § 6 Abs. 2 zugelassen werden, die werktägliche Arbeitszeit auch ohne Ausgleich über acht Stunden zu verlängern, wenn in die Arbeitszeit regelmäßig und in erheblichem Umfang Arbeitsbereitschaft oder Bereitschaftsdienst fällt und durch besondere Regelungen sichergestellt wird, dass die Gesundheit der Arbeitnehmer nicht gefährdet wird.

(3) [1]Im Geltungsbereich eines Tarifvertrags nach Absatz 1, 2 oder 2 a können abweichende tarifvertragliche Regelungen im Betrieb eines nicht tarifgebundenen Arbeitgebers durch Betriebs- oder Dienstvereinbarung oder, wenn ein Betriebs- oder Personalrat nicht besteht, durch schriftliche Vereinbarung zwischen dem Arbeitgeber und dem Arbeitnehmer übernommen werden. [2]Können auf Grund eines solchen Tarifvertrags abweichende Regelungen in einer Betriebs- oder Dienstvereinbarung getroffen werden, kann auch in Betrieben eines nicht tarifgebundenen Arbeitgebers davon Gebrauch gemacht werden. [3]Eine nach Absatz 2 Nr. 4 getroffene abweichende tarifvertragliche Regelung hat zwischen nicht tarifgebundenen Arbeitgebern und Arbeitnehmern Geltung, wenn zwischen ihnen die Anwendung der für den

§ 7 ArbZG Zweiter Abschnitt. Werktägliche Arbeitszeit und arbeitsfreie Zeiten

öffentlichen Dienst geltenden tarifvertraglichen Bestimmungen vereinbart ist und die Arbeitgeber die Kosten des Betriebs überwiegend mit Zuwendungen im Sinne des Haushaltsrechts decken.

(4) Die Kirchen und die öffentlich-rechtlichen Religionsgesellschaften können die in Absatz 1, 2 oder 2a genannten Abweichungen in ihren Regelungen vorsehen.

(5) In einem Bereich, in dem Regelungen durch Tarifvertrag üblicherweise nicht getroffen werden, können Ausnahmen im Rahmen des Absatzes 1, 2 oder 2a durch die Aufsichtsbehörde bewilligt werden, wenn dies aus betrieblichen Gründen erforderlich ist und die Gesundheit der Arbeitnehmer nicht gefährdet wird.

(6) Die Bundesregierung kann durch Rechtsverordnung mit Zustimmung des Bundesrates Ausnahmen im Rahmen des Absatzes 1 oder 2 zulassen, sofern dies aus betrieblichen Gründen erforderlich ist und die Gesundheit der Arbeitnehmer nicht gefährdet wird.

(7) ¹Auf Grund einer Regelung nach Absatz 2a oder den Absätzen 3 bis 5 jeweils in Verbindung mit Absatz 2a darf die Arbeitszeit nur verlängert werden, wenn der Arbeitnehmer schriftlich eingewilligt hat. ²Der Arbeitnehmer kann die Einwilligung mit einer Frist von sechs Monaten schriftlich widerrufen. ³Der Arbeitgeber darf einen Arbeitnehmer nicht benachteiligen, weil dieser die Einwilligung zur Verlängerung der Arbeitszeit nicht erklärt oder die Einwilligung widerrufen hat.

(8) ¹Werden Regelungen nach Absatz 1 Nr. 1 und 4, Absatz 2 Nr. 2 bis 4 oder solche Regelungen auf Grund der Absätze 3 und 4 zugelassen, darf die Arbeitszeit 48 Stunden wöchentlich im Durchschnitt von zwölf Kalendermonaten nicht überschreiten. ²Erfolgt die Zulassung auf Grund des Absatzes 5, darf die Arbeitszeit 48 Stunden wöchentlich im Durchschnitt von sechs Kalendermonaten oder 24 Wochen nicht überschreiten.

(9) Wird die werktägliche Arbeitszeit über zwölf Stunden hinaus verlängert, muss im unmittelbaren Anschluss an die Beendigung der Arbeitszeit eine Ruhezeit von mindestens elf Stunden gewährt werden.

Übersicht

	Rn.
I. Entstehung	
Die Vorschrift entspricht dem Regierungsentwurf. Eine Aufsplitterung zu den einzelnen Vorschriften wurde abgelehnt	1–2a
II. Tarifvertrag oder Betriebs- und Dienstvereinbarung	
Abweichungen kann der Tarifvertrag selbst treffen oder durch Öffnungsklausel einer Betriebs- oder Dienstvereinbarung überlassen, was allgemein oder im Einzelfall geschehen kann, aber deutlich sein muss	3, 4
Die Betriebsvereinbarung muss schriftlich sein, eine Regelungsabrede genügt nicht	5, 6
Die Öffnung gilt auch im öffentlichen Dienst für Dienstvereinbarungen	7
III. Verlängerung über 10 Stunden bei Arbeitsbereitschaft und Bereitschaftsdienst	
Die Regelung entspricht § 7 Abs. 2 AZO und setzt den Begriff der Arbeitsbereitschaft voraus	8, 9
Man hat Arbeitsbereitschaft und Bereitschaftsdienst von Rufbereitschaft zu unterscheiden	10–12
Die Arbeitsbereitschaft ist nach dem Grad der Beanspruchung abzugrenzen	13

	Rn.
Smartphone und Stand-by	13 a, b
Bereitschaftsdienst kann keine Ruhezeit sein	14
Beispiele für Arbeit, Arbeitsbereitschaft und Bereitschaftsdienst	15–15 b
Die Dauer ist nicht maßgeblich. Regelmäßigkeit setzt einen Wechsel voraus, es kann aber auch ausschließlich Arbeitsbereitschaft oder Bereitschaftsdienst zu leisten sein	16–17 a
Der Umfang muss etwa ein Drittel, mindestens aber 30% ausmachen	18
Eine obere Grenze ergibt sich aus der Einhaltung der Ruhezeiten	19, 19 a

IV. **Anderer Ausgleichszeitraum**
Der Ausgleichszeitraum kann verlängert, verkürzt oder verändert werden ... 20

V. **Ausdehnung an 60 Tagen**
Die Ausdehnung auf 60 Tage verstieß gegen EG-Recht, gilt aber nach der Übergangsregelung des § 25 bei Zeitausgleich bis 31. 12. 2005 fort ... 21–23

VI. **Kurzpausen**
Kurzpausen können in allen Schichtbetrieben und in Verkehrsbetrieben zugelassen werden, müssen aber nicht stattfinden. Seeschifffahrt und Lenkzeiten nach EG-Recht sind ausgenommen ... 24, 25

VII. **Verkürzung der Ruhezeit**
Die Verkürzung der Ruhezeit kann auch Betriebe nach § 5 Abs. 2 betreffen. Die Voraussetzungen der Art der Arbeit haben die Tarifvertragsparteien zu prüfen ... 26–28

VIII. **Nachtarbeit**
Die Öffnung der Grenzen des § 6 entspricht der allgemeinen Regelung in Nr. 1 a, b ... 29, 30

IX. **Nachtzeitraum**
Die siebenstündige Dauer der Nachtzeit kann nicht verändert werden. Die Veränderung des Beginns der Nachtzeit ist auch unterschiedlich möglich ... 31

X. **Änderungen mit und ohne Zeitausgleich**
Die Wahrung des Gesundheitsschutzes erfordert in jedem Fall einen – ggf. auch verlängerten – Zeitausgleich ... 32
Nur bei Arbeitsbereitschaft und Bereitschaftsdienst sowie besonderen Gesundheitsregeln ist eine Verlängerung ohne Zeitausgleich möglich ... 32 a

XI. **Bereitschaftsdienst und Rufbereitschaft**
Bereitschaftsdienst ist Arbeitszeit. Nur Rufbereitschaft ist keine Arbeitszeit, wird sie aber durch einen Einsatz unterbrochen, müsste die Ruhezeit neu beginnen, wenn nicht tariflich andere Regelungen ermöglicht werden ... 33, 34

XII. **Anpassungen in der Landwirtschaft**
Der Begriff der Landwirtschaft ist weit gefasst, er erfasst alle Unternehmen, die der landwirtschaftlichen Unfallversicherung unterliegen einschl. der Nebenbetriebe ... 35, 36
Die Anpassung erlaubt längere Arbeits- und Ausgleichszeiten nur in dem jahreszeitlich bedingten Rahmen und erfordert den Ausgleich ... 37

XIII. **Personenpflege**
Für Krankenhäuser, Altersheime, Jugendheime, Behinderteneinrichtungen oder häusliche Pflege können die Arbeitszeiten, Pausen, Nachtarbeit und Ruhezeit einschl. des Ausgleichs anders geregelt werden ... 38

§ 7 ArbZG Zweiter Abschnitt. Werktägliche Arbeitszeit und arbeitsfreie Zeiten

Rn.

XIV. Öffentlicher Dienst
Im öffentlichen Dienst ist die Arbeitszeit durch BAT, MTB-II, TVöD und TV-L geregelt ... 39
Diese Öffnung gilt auch für den TVAL-II ... 40
Tarifverträge wesentlich gleichen Inhalts gelten vor allem für die Bundesanstalt für Arbeit, die Krankenkassen und Sparkassen ... 41

XV. Bezugnahme auf Tarifvertrag
Nicht tarifgebundene Arbeitgeber können die tarifliche Regelung übernehmen ... 42–44
Der Geltungsbereich muss persönlich, räumlich und fachlich übereinstimmen ... 45
Die Übernahme ist auch im Nachwirkungszeitraum möglich ... 46
Bei Förderung mit öffentlichen Mitteln gelten die Tarifverträge des öffentlichen Dienstes kraft Gesetzes ... 47
Die Mitbestimmung ist einzuhalten ... 48, 49

XVI. Kirchliche Regelungen
Die Kirchen haben nach Art. 140 GG Autonomie und regeln ihr Arbeitsvertragsrecht durch Richtlinien, die Mitbestimmung durch Mitarbeitervertretungen. Diese Regeln können ebenso wie Tarifverträge die Arbeitszeitvorschriften ändern ... 50, 51

XVII. Aufsichtsbehördliche Bewilligung
Die Aufsichtsbehörde bestimmt sich nach Landesrecht (§ 17). Die üblicherweise fehlende Tarifregelung bezieht sich auf Arbeitszeitregelungen. Vorübergehender tarifloser Zustand reicht nicht aus. Ausreichender Gesundheitsschutz muss auch bei Bewilligung nach Abs. 1 gegeben sein und geprüft werden. Befristungen sind zulässig 52, 53

XVIII. Rechtsverordnungen
Rechtsverordnungen mit Zustimmung des Bundesrates setzen ein allgemeines Bedürfnis voraus, das auch zur Angleichung unterschiedlicher Regelungen oder zur Herstellung von Wettbewerbsgleichheit bestehen kann ... 54

XIX. Schriftliches Einverständnis
Zur Sicherung des Freiwilligkeitsprinzips setzt eine Verlängerung der Arbeitszeit über 12 Stunden das schriftliche Einverständnis voraus ... 55
Das Einverständnis kann mit einer Frist von 6 Monaten ohne weiteres widerrufen werden ... 56
Das Benachteiligungsverbot ist nicht näher ausgestaltet. Es kann eine Kündigung verhindern, hat aber keinen Einfluss auf das Entgelt ... 57, 58

XX. Durchschnittsarbeitszeit
Der Ausgleichszeitraum von 12 Monaten gilt auf Grund des Gesetzes, solange er nicht tariflich verkürzt wird. Er gilt für alle Formen der Arbeitszeitverlängerung mit Ausgleich ... 59, 60

XXI. Anschließende Ruhezeit
Die Ruhezeit nach Arbeitszeit über 12 Stunden beruht auf Vorgaben des EuGH. Das ist auch für bestehende und bis 31. 12. 2005 fortgeltende Tarifregeln einzuhalten ... 61

Anhang: Tarifliche Arbeitszeitregelungen

I. Entstehung

1 Es entspricht dem modernen Arbeitsrecht, möglichst viele Einzelheiten nicht durch das allgemein gültige Gesetz zu regeln, sondern den Tarifvertragsparteien wegen der Branchen- und Betriebsnähe zur eigenständigen Detailbestimmung zu überlassen. Den Tarifvertragsparteien kann zugestanden

Abweichende Regelungen **ArbZG § 7**

werden, sach- und fachgerechte Lösungen zu finden, die die Interessen der Arbeitnehmer wie der Unternehmer ausgewogen berücksichtigen. Ihre Gleichgewichtigkeit und Kompetenz garantiert auf der einen Seite eine für die Wettbewerbsfähigkeit und auf der anderen Seite für einen möglichst weitgehenden Arbeitnehmerschutz zutreffende Lösung zu finden, die in aller Regel besser ausfällt, als wenn sie der Staat selbst für alle Bereiche durchgehend festlegen würde. Dabei bleiben gewisse Mindestgrundsätze ohnehin unantastbar und werden politisch zu entscheidende Vorgaben festgelegt. Heute folgt das nicht nur aus der staatlichen Gesetzgebungskompetenz, sondern auch aus der Verflechtung der internationalen Märkte mit den sich daraus ergebenden Vorgaben und der Vereinheitlichung durch das europäische Recht. Begonnen hat diese Übertragung an die sachnahen Tarifpartner schon mit dem § 7 AZO, in dem der Tarifordnung gestattet wurde, die Höchstarbeitszeitgrenze auszudehnen. Das war nach richtiger Auffassung bereits die Erlaubnis, zwingendes Gesetzesrecht anders zu regeln (vgl. 11. Aufl. § 7 AZO Anm. 6–21). Eine solche ausdrückliche Regelung findet sich dann in § 13 BUrlG, § 4 Abs. 4 Entgeltfortzahlungsgesetz, § 622 BGB, § 21a JArbSchG, §§ 13 Abs. 4, 14 Abs. 2, 22 Teilzeit- und Befristungsgesetz. Zu diesem tarifdispositiven Gesetzesrecht vgl. Löwisch/Rieble § 1 TVG Rn. 236 ff.; Wiedemann TVG 7. Aufl. Einl. Rn. 378 ff. Erstmals durch das Beschäftigungsförderungsgesetz wurde dieser Tarifvorrang dann auch auf die entsprechenden kirchlichen Regelungen ausgedehnt. Im ArbZG wird jetzt der Tarifvorrang nicht mehr in Verbindung mit einzelnen Gesetzesvorschriften wie bisher, sondern zusammengefasst ähnlich wie in § 21a JArbSchG in einem besonderen Paragraphen einheitlich dargestellt.

Der SPD-Entwurf (BT-Drucks. 12/528) kannte ebenso wie der Regie- **2** rungsentwurf die Verlängerung der täglichen Arbeitszeit durch Tarifvertrag oder auf Grund eines Tarifvertrages durch Betriebs- oder Dienstvereinbarung in § 5 bei Arbeitsbereitschaft, innerhalb von 12 Wochen, an bis zu 20 Tagen im Jahr, in der Landwirtschaft und bei gleitender Arbeitszeit. Andere Änderungen wie bei Nachtarbeit oder Sonntagsarbeit waren jeweils an den betreffenden Stellen vermerkt (z.B. § 10 Abs. 3 des Entwurfs). Die Ausschussempfehlungen des Bundesrates (BR-Drucks. 507/1/93) und dem folgend die Stellungnahme des Bundesrates (BT-Drucks. 12/5888 Anlage 2 Nr. 24 S. 41) wollten § 7 ganz streichen, weil die große Zahl der Arbeitszeitvarianten zu Unübersichtlichkeit und Unklarheiten führe; das gehe zu Lasten eines wirksamen Arbeitsschutzes, zumal eine effektive Überwachung dadurch erschwert werde. Die Bundesregierung (BT-Drucks. 12/5888 Anlage 3 S. 52f.) lehnte das ab. In den Ausschussberatungen ist § 7 dann auch unverändert geblieben (BT-Drucks. 12/6990) und so Gesetz geworden.

Eine bedeutende und grundlegende Änderung erfuhr § 7 dann durch das **2a** Gesetz zu Reformen am Arbeitsmarkt vom 24. 12. 2003 (BGBl. I S. 3002). Notwendig wurden die Änderungen und Erweiterungen durch die Rechtsprechung des EuGH (vom 3. 10. 2000 – Simap, vom 3. 7. 2001 – Sergas, vom 9. 9. 2003 – Jaeger, AP Nr. 2, 7 zu EWG-Richtlinie 93/104, Slg 2001 I-5139) und die EG-Richtlinie 93/104, jetzt Richtlinie 2003/88/EG vom 4. 11. 2003). Danach ist Bereitschaftsdienst jetzt als Arbeitszeit anzusehen. Zugleich wurde von den Ausnahmemöglichkeiten des Art. 18 Abs. 1 Richtlinie 93/104

§ 7 ArbZG Zweiter Abschnitt. Werktägliche Arbeitszeit und arbeitsfreie Zeiten

EG (jetzt Art. 17–19 Richtlinie 2003/88/EG) Gebrauch gemacht und die Übergangsregeln des § 25 für am 1. 1. 2004 geltende oder nachwirkende Tarifverträge zuletzt (Gesetz vom 22. 12. 2005, BGBl. I S. 3670) bis zum 31. 12. 2006 geschaffen. Die Entwicklung ist in Einl. Rn. 30 ff. dargestellt.

II. Tarifvertrag oder Betriebs- und Dienstvereinbarung

3   Abweichende Regelungen werden den Tarifvertragsparteien oder auf Grund Tarifvertrages den Betriebspartnern gestattet. Dabei gilt § 7 für Abweichungen von den Grundnormen der §§ 3–6, während für die Sonn- und Feiertagsarbeit eine entsprechende Gestattung in § 12 vorgesehen ist, wobei auf § 7 Abs. 3–6 verwiesen wird. Die allgemeinen Regeln für Abweichungen gelten damit durchgehend. Voraussetzung für Abweichungen ist damit stets ein Tarifvertrag. Der Tarifvertrag muss wirksam abgeschlossen und schriftlich niedergelegt und unterschrieben sein. Es gilt § 1 TVG. Bei den Arbeitszeitregelungen handelt es sich in der Regel um Betriebsnormen, so dass die Tarifbindung des Arbeitgebers ausreicht (Anzinger § 298 Rn. 73; Anzinger/Koberski § 7 Rn. 142; Baeck/Deutsch § 7 Rn. 23; Kufer SD 240 Rn. 178; Roggendorff § 7 Rn. 25; Schliemann § 7 Rn. 13; Festschrift Schaub S. 689; a. A. Buschmann/Ulber § 7 Rn. 2 a f.: Inhaltsnormen). Dabei kann ein Tarifvertrag auch auf einen anderen Tarifvertrag verweisen und sogar den jeweils geltenden anderen Tarifvertrag in Bezug nehmen, solange die Geltungsbereiche in einem engen sachlichen Zusammenhang stehen. Dann kann auch eine neue Öffnungsklausel oder Abänderung von §§ 3–6 in dem verweisenden Geltungsbereich Wirkung haben, selbst wenn sie bisher nicht vorhanden war. Was für sog. Überraschungsklauseln gilt, hat erst recht für gesetzlich vorgesehene Abweichungen von den Grundregeln des Arbeitszeitrechts Gültigkeit (vgl. BAG vom 10. 11. 1982, 27. 2. 2002, AP Nr. 8 zu § 1 TVG Form, Nr. 36 zu § 1 TVG Tarifverträge: Rundfunk).

4   Der Tarifvertrag kann entweder die abweichende Regelung selbst treffen oder die Abweichung durch eine Betriebsvereinbarung zulassen. Da es sich um Betriebsnormen handelt, bestehen auch keine Bedenken dagegen, dass Tarifnormen nur auf Tarifgebundene wirken, die Verlagerung auf die Betriebsebene ohne Allgemeinverbindlicherklärung aber alle Arbeitnehmer des Betriebes ohne weiteres erfasst (BAG vom 18. 12. 1997, AP Nr. 46 zu § 2 KSchG 1969 unter II 2 b zu einer Regelung der Samstagsarbeit); das gilt dann für alle vom Tarifvertrag zugelassenen Regelungen (Anzinger/Koberski § 7 Rn. 6 f.; Kufer SD 240 Rn. 183 f.; Schliemann § 7 Rn. 8 f.; a. A. Buschmann, Festschr. Wißmann, 251; Buschmann/Ulber § 7 Rn. 2 ff.; ErfK/Wank § 7 Rn. 3; NJW 1996, 2273, 2280). Eine solche Öffnungsklausel muss deutlich und genau sein. Zwar heißt es hier nur „auf Grund eines Tarifvertrages" und nicht etwa wie in § 77 Abs. 3 BetrVG, dass der Tarifvertrag die Betriebsvereinbarung „ausdrücklich" zulassen muss. Trotzdem kann nicht davon ausgegangen werden, dass Tarifverträge betriebliche Regelungen inzidenter zulassen oder Ergänzungen auf betrieblicher Ebene zulassen wollen, ohne das ausdrücklich niederzulegen. Der Gesetzgeber hat die Abweichungen den Tarifparteien vorbehalten. Sie können diese Erlaubnis weitergeben, müssen das dann aber auch so deutlich tun, dass Unklarheiten ausgeschlossen sind (An-

Abweichende Regelungen **ArbZG § 7**

zinger/Koberski § 7 Rn. 11; Schliemann § 7 Rn. 19). Zwar wäre es danach möglich, alle Abweichungen auf die Betriebspartner zu übertragen, etwa mit einer Klausel „Abweichende Regelungen nach § 7 oder §§ 7, 12 ArbZG durch Betriebsvereinbarung sind zulässig". In der Praxis ist das aber kaum vorstellbar, da tariflich im Allgemeinen besondere Arbeitszeitregelungen ohnehin so festgelegt werden, dass sie sich im Rahmen des ArbZG halten und Abweichungen branchenüblich normiert sind. Sofern es notwendig wird, Einzelvorschriften für besondere betriebliche Gegebenheiten zuzulassen, wird das regelmäßig nur für bestimmte Ausnahmen erforderlich werden. Dann wird die Öffnung für Betriebs- und Dienstvereinbarungen nur punktuell notwendig und auch so bezeichnet. So kann man sich vorstellen, dass der Beginn des Nachtzeitraumes generell bei 23 Uhr belassen wird, den Betrieben aber eröffnet wird, ihn zu verändern, etwa um auf örtliche Verkehrsverhältnisse Rücksicht nehmen zu können. Insofern genügte es, im Tarifvertrag niederzulegen: „Der Beginn des Nachtzeitraumes kann betrieblich festgelegt werden". Dann weiß man, dass § 7 Abs. 1 Nr. 5 gemeint ist. Ebenso wäre es natürlich möglich zu schreiben: „Abweichungen nach § 7 Abs. 1 Nr. 5 ArbZG können betrieblich festgelegt werden". Eine solche Vorgabe muss aber festgelegt werden. Man kann nicht durch Auslegung ermitteln, weil tariflich nichts zum Beginn der Nachtzeit gesagt ist, betrieblich aber die Notwendigkeit der Abweichung besteht, könne das auch durch Betriebs- oder Dienstvereinbarung geregelt werden. Das wäre unzulässig und entspräche nicht den Vorgaben des Gesetzes.

Die zugelassene Betriebsvereinbarung muss den gesetzlichen Mindestbedingungen entsprechen, also gemeinsam von Betriebsrat und Arbeitgeber beschlossen und schriftlich niedergelegt sein (§ 77 Abs. 2 BetrVG). Da Arbeitszeitfragen der zwingenden Mitbestimmung unterliegen, ist hier auch ein Spruch der Einigungsstelle möglich, da dann deren Spruch der Betriebsvereinbarung entspricht. Kündigungen sind möglich (§ 77 Abs. 5 BetrVG), die Betriebsvereinbarung gilt aber nach § 77 Abs. 6 BetrVG bis zu einer anderen Abmachung kraft Nachwirkung weiter.

Da das Gesetz nur Abweichungen in einer Betriebsvereinbarung zulässt, kann eine sog. Regelungsabrede, auch Betriebsabsprache oder formlose Einigung die gesetzliche Regelung nicht abändern; mit Betriebsvereinbarung ist allein die gesetzlich geregelte Institution gemeint (BAG vom 18. 12. 1997, AP Nr. 46 zu § 2 KSchG 1969; Anzinger § 298 Rn. 80; Baeck/Deutsch § 7 Rn. 38; Buschmann/Ulber § 7 Rn. 4; Linnenkohl/Rauschenberg § 7 Rn. 5; Schliemann § 7 Rn. 27; vgl. Adomeit, BB 1967, 1003; Blomeyer, BB 1969, 101; Hanau, RdA 1989, 207). Voraussetzung für eine wirksame Abänderung der gesetzlichen Regelung in §§ 3–6 ist vielmehr stets eine tarifliche Regelung in Form eines Tarifvertrages oder nach dessen Zulassung eine schriftlich abgefasste Betriebsvereinbarung bzw. an deren Stelle der Spruch einer Einigungsstelle. Bloße Regelungsabreden können den gesetzlichen Arbeitszeitschutz auch nach Öffnung durch einen Tarifvertrag nicht beseitigen. Zwar werden sich, wenn sich Arbeitgeber und Betriebsrat formlos einig sind, nur selten Arbeitnehmer beschweren oder „aus der Reihe tanzen", weil dann der gesamte Betriebsablauf auf einer solchen Abrede beruhen könnte. Der einzelne Arbeitnehmer wäre aber berechtigt, nur die gesetzlich vorgesehene Arbeit

§ 7 ArbZG Zweiter Abschnitt. Werktägliche Arbeitszeit und arbeitsfreie Zeiten

zu leisten und kann die Änderungen ablehnen. Vor allem aber ist die Aufsichtsbehörde nach § 17 gehalten, für die Einhaltung des Gesetzes Sorge zu tragen. Man kann davon ausgehen, dass dann eine bloße Regelungsabrede schnell zu einer schriftlichen Betriebsvereinbarung gemacht wird.

7 Bis zum 31. 12. 2003 war die Dienstvereinbarung als Betriebsvereinbarung im öffentlichen Dienst nicht neben der Betriebsvereinbarung nach dem BetrVG genannt. Deshalb war unterschiedlich beurteilt worden, ob die Zulassung verlängerter Arbeitszeiten durch Tarifvertrag im öffentlichen Dienst möglich sei (dafür Baeck/Deutsch § 7 Rn. 36; Schliemann § 7 Rn. 35; dagegen Roggendorf § 7 Rn. 24; Kufer SD 240 Rn. 182). Hier wurde schon bisher die Auffassung vertreten, dass für die Dienstvereinbarungen dasselbe gilt wie für Betriebsvereinbarungen, vor allem weil § 7 Abs. 2 zwar nur die Betriebsvereinbarung nannte, aber Ziff. 4 nur den öffentlichen Dienst betraf (vgl. 13. Aufl. § 7 Rn. 7). Ab 1. 1. 2004 gilt nach dem Gesetz zu Reformen am Arbeitsmarkt vom 24. 12. 2003 (BGBl. I S. 3002) ausdrücklich, dass zu der Betriebsvereinbarung die Dienstvereinbarung gleichwertig genannt wird. Nach der Begründung (BT-Drucks. 15/1587 S. 35) dient das der „Klarstellung, dass abweichende Regelungen auf Grund eines Tarifvertrages nicht nur in einer Betriebsvereinbarung, sondern auch in einer Dienstvereinbarung getroffen werden dürfen". Damit ging auch der Gesetzgeber davon aus, dass entsprechend der bisher wohl herrschenden Auffassung für die Dienstvereinbarung nach § 73 PersVG und den Ländergesetzen nichts anderes gilt als für die Betriebsvereinbarung.

III. Verlängerung über 10 Stunden bei Arbeitsbereitschaft und Bereitschaftsdienst

8 Wie nach § 7 Abs. 2 AZO kann auch nach dem ArbZG die Arbeitszeit tariflich über 10 Stunden hinaus verlängert werden, wenn in die Arbeitszeit regelmäßig und in erheblichem Umfang Arbeitsbereitschaft oder Bereitschaftsdienst fällt. Der Wortlaut entspricht völlig § 7 Abs. 2 AZO, so dass Auslegung und Rechtsprechung zu dieser früheren Vorschrift voll weiter angewendet werden können und jetzt nur noch der Bereitschaftsdienst mit der Arbeitsbereitschaft gleichzustellen ist. Der Gesetzgeber wollte keine Neuregelung oder Abweichung schaffen, sondern das bisherige bewährte Recht beibehalten. Darüber hinaus wird das frühere, z. T. recht aufwändige Antrags- und Bewilligungsverfahren des § 8 Abs. 1 AZO abgeschafft. Der Gesetzgeber setzt in die Tarifvertragsparteien das Vertrauen, auch bei Arbeitsbereitschaft oder Bereitschaftsdienst die gesamte Arbeitszeit in den notwendigen Grenzen zu halten, zumal die Ruhezeiten in jedem Fall – u. U. allerdings verkürzt – einzuhalten sind. Bis zum 31. 12. 2003 war vorgesehen, dass diese Verlängerung auch ohne Ausgleich der verlängerten Arbeitszeit erfolgen dürfe. Das widersprach dem Art. 6 Nr. 2 der EG-Richtlinie 93/104 (= Art. 6 Buchst. b Richtlinie 2003/88/EG), die einen Siebentageszeitraum von 48 Stunden einschließlich der Überstunden vorschreibt. Die Worte „auch ohne Ausgleich" wurden deshalb ab 1. 1. 2004 laut des Gesetzes zu Reformen am Arbeitsmarkt vom 24. 12. 2003 (BGBl. I S. 3002) zutreffend gestrichen (vgl. auch ErfK/Wank § 7 Rn. 7f.). Eine Verlängerung ohne Ausgleich ist jetzt nur noch bei Einhaltung des Gesundheitsschutzes nach Abs. 2a zulässig (unter Rn. 19a).

Abs. 1 Nr. 1 Buchst. a ermöglicht eine Ausdehnung der Arbeitszeit über 9
die Grenze von täglich 10 Stunden hinaus, wenn Zeiten angespannter Tätigkeit mit Zeiten entspannter Tätigkeit oder Bereitschaft abwechseln, in denen volle Arbeit nicht geleistet zu werden braucht. Besteht in solchen Zeiten der Entspannung nicht nur eine Erholungszeit, die zur eigentlichen Arbeitsleistung zählt, z. B. beim Ausruhen zum erneuten Hammerschlag (vgl. Meisel, RdA 1966 S. 163; Dietz, RdA 1969 S. 203: „Verschnaufpause"), sondern die Möglichkeit zu einem wirklichen Ausruhen von der Arbeit über eine gewisse Dauer hin, wie das sowohl bei Arbeitsbereitschaft als erst recht im Bereitschaftsdienst der Fall ist, so erscheint eine Verlängerung der Arbeitszeit aus dem Gesichtspunkt des Arbeitsschutzes heraus zulässig. Mit dieser arbeitsschutzrechtlichen Seite befasst sich § 7 Abs. 1 Nr. 1 a allein. Er stellt auf der einen Seite auf die Arbeitsleistung als Arbeit i. S. der sog. Vollarbeit ab, bei der der Arbeitnehmer ständig angestrengt tätig sein muss, und stellt dieser den Begriff der „Arbeitsbereitschaft" und dem „Bereitschaftsdienst" gegenüber. Wenn regelmäßig und in erheblichem Umfang solche Arbeitsbereitschaft oder Bereitschaftsdienst als Leistung geringerer Art vorliegt, erscheint es dem Gesetzgeber angemessen, eine im Verhältnis zu angestrengt Arbeitenden noch weiter verlängerte Arbeitszeit festlegen zu lassen. Eine genaue Definition des Begriffs der Arbeitsbereitschaft und des Bereitschaftsdienstes fehlt im Gesetz. Der Begriff kann daher nur aus der Rechtslehre und Rechtsprechung abgeleitet werden, wo aber eindeutige, als herrschende Meinung anzusehende Ansichten ebenfalls fehlen. Man muss auch für den Begriff der Arbeitsbereitschaft bzw. des Bereitschaftsdienstes wieder deutlich zwischen der arbeitszeitrechtlichen, d. h. der allein in § 7 angesprochenen arbeitsschutzrechtlichen Bedeutung der Arbeitsbereitschaft sowie des Bereitschaftsdienstes und der lohnrechtlichen Seite unterscheiden. Auch mindere Arbeitsleistung, die gegenüber der sonstigen Arbeit geringer entlohnt wird, kann Vollarbeit sein, während auf der anderen Seite voll bezahlte Arbeit noch nicht Vollarbeit zu sein braucht, sondern auch Arbeitsbereitschaft und Bereitschaftsdienst enthalten oder sogar insgesamt nur aus Arbeitsbereitschaft oder Bereitschaftsdienst bestehen kann. Man muss deshalb einen von der lohnrechtlichen Seite zunächst einmal getrennten Begriff der Arbeitsbereitschaft und des Bereitschaftsdienstes i. S. des ArbZG festlegen. Für die Ausfüllung dieses Begriffs können dann Lohnregelungen allenfalls unterstützend einen Anhaltspunkt geben, müssen es aber nicht.

Bis zum 31. 12. 2003 unterschied man Arbeit, Arbeitsbereitschaft, Bereit- 10
schaft (auch Bereitschaftsdienst oder reine Bereitschaft genannt) und als gemindertste Leistung die Rufbereitschaft. Für § 7 waren damals nur die Begriffe Arbeit und Arbeitsbereitschaft von Bedeutung. Bereitschaft und Rufbereitschaft waren keine Arbeit i. s. des ArbZG und wurden bei der Ermittlung von Höchstgrenzen nicht mitgezählt. Sie zählten vielmehr arbeitszeitrechtlich zur Nichtarbeit und waren damit Ruhezeit oder Pause. Die Abgrenzung gerade von Arbeitsbereitschaft zu reiner Bereitschaft machte jedoch ebenso große Schwierigkeiten wie die Abgrenzung von Arbeit zur Arbeitsbereitschaft. Hinzu kam, dass durch die Richtlinie 93/104/EG vom 23. 11. 1993 Begriffe der Arbeitszeit und Ruhezeit eigenständig definiert worden sind. Nach Art. 2 Nr. 1 EG Richtlinie 93/104 und jetzt ebenso nach der neuen Richtlinie

§ 7 ArbZG   Zweiter Abschnitt. Werktägliche Arbeitszeit und arbeitsfreie Zeiten

2003/88/EG vom 4. 11. 2003 ist Arbeitszeit „jede Zeitspanne, während der ein Arbeitnehmer gemäß der einzelstaatlichen Rechtsvorschriften und/oder Gepflogenheiten arbeitet, dem Arbeitgeber zur Verfügung steht und seine Tätigkeit ausübt oder Aufgaben wahrnimmt". Daraus folgt, dass nach der Rechtsprechung des EuGH Arbeitsbereitschaft und Bereitschaftsdienst gleich zu behandeln sind und beide als Arbeitszeit i. S. der Richtlinien angesehen werden müssen (EuGH vom 3. 10. 2000 – Simap, vom 3. 7. 2001 – Sergas, vom 9. 9. 2003 – Jaeger, AP Nr. 2, 7 zu EWG Richtlinie 93/104, Slg. 2001 I-5139, vom 14. 10. 2010, 25. 11. 2010, AP Nr. 3, 4 zu Richtlinie 2003/88 EG). Das gilt ab 1. 1. 2004 ausdrücklich jetzt nach der Neufassung von § 7 Abs. 1 durch das Gesetz zu Reformen am Arbeitsmarkt vom 24. 12. 2003 (BGBl. I S. 3002, vgl. Einl. Rn. 30 ff.).

11   Die Rechtsprechung zu den Begriffen Arbeitsbereitschaft, Bereitschaftsdienst und Rufbereitschaft war nicht ganz einheitlich. Ursprünglich hat das Reichsarbeitsgericht in Anlehnung an Kaskel (Schlichtungswesen 1926 S. 75) und Mansfeld (NZfA 1926 Sp. 603) die Arbeitsbereitschaft als „wache Achtsamkeit im Zustand der Entspannung" bezeichnet (RAG ArbRS Bd. 25 S. 63, 245; Bd. 31 S. 104; Bd. 32 S. 206; Bd. 36 S. 345). Seit der Entscheidung vom 20. 12. 1939 (ArbRS Bd. 38 S. 23) hat sich dann aber das Reichsarbeitsgericht auch mit rein körperlicher Anwesenheit für Zwecke des Betriebes begnügt und auf die „wache Achtsamkeit" verzichtet. Dem ist das BAG zuletzt noch im Urteil vom 14. 4. 1966 (AP Nr. 2 zu § 13 AZO) für Bereitschaft gefolgt, so dass eine Verantwortung oder Tätigkeit nicht mehr gefordert wurde, sondern vielmehr für Bereitschaftsdienst genügen konnte, dass der Arbeitnehmer im Zustand der Entspannung anwesend war und bei etwaigem Bedarf für Zwecke des Betriebes sofort eingesetzt werden konnte. Für Arbeitsbereitschaft als Arbeitszeit wurde aber in ständiger Rechtsprechung beibehalten, dass hierunter „wache Achtsamkeit im Zustand der Entspannung" vorliegen müsse (so vor allem für Rettungssanitäter BAG vom 28. 1. 1981, AP Nr. 18 zu MTL II, vom 12. 2. 1986, AP Nr. 7 zu § 15 BAT, vom 18. 5. 1988, 4 AZR 762 und 763/87, vom 10. 1. 1991, AP Nr. 4 zu MTB II, vom 24. 9. 2008, AP Nr. 1 zu § 9 TVöD).

12   In der Literatur wurde auf der einen Seite als Arbeitsbereitschaft jede Leistung betrachtet, die weder Vollarbeit noch Ruhe ist (Fechner S. 55 ff.; ArbSchutz 1963 S. 41; Herschel, Nürnberger Abhandlungen S. 172). Danach kommt es überhaupt nicht darauf an, wo und in welchem Maße der Arbeitnehmer eingesetzt ist, ob er mehr oder weniger oder auch gar nicht angespannt ist. Nach anderer Auffassung sollte von der Arbeitsbereitschaft die reine Bereitschaft abgegrenzt werden, die nicht zur Arbeitsbereitschaft zählt (Frey, BB 1962, 1001; Galperin, DB 1960, 695, 723; Denecke, RdA 1958, 441). Wieder andere kannten zwar den Begriff der Bereitschaft, zählen sie aber mit zur Arbeitsbereitschaft (Böhm, RdH 1959, 273; Matthes, RdA 1960, 38, 134; Kraft, ArbuR 1960, 353); vgl. auch 6. Auflage § 7 AZO Anm. 6; Meisel-Hiersemann § 2 AZO Anm. 25, 29; Dietz, RdA 1969 S. 203). Jetzt steht europarechtlich und durch das Gesetz vom 24. 12. 2003 fest, dass Arbeitsbereitschaft und Bereitschaftsdienst Arbeitszeit sind.

13   Arbeitszeitrechtlich lassen sich dabei die zahlreichen Entscheidungen des Bundesarbeitsgerichts zur Frage, ob und in welchem Umfang Arbeit, die nicht

Abweichende Regelungen **ArbZG § 7**

Vollarbeit ist, zu entlohnen ist, kaum verwerten (BAG AP Nr. 1–67 zu § 611 BGB Ärzte, Gehaltsansprüche, AP Nr. 1–12 § 611 BGB Bereitschaftsdienst, AP Nr. 1–51 zu § 1 TVL Tarifverträge: Arzt). Vielmehr muss die Vergütungs- von der Arbeitszeitseite scharf getrennt werden. Das gilt insbesondere auch für den erweiterten Begriff der Arbeitszeit einschließlich Arbeitsbereitschaft und Bereitschaftsdienst nach den EG-Richtlinien 93/104 vom 23. 11. 1993 und 2003/88 vom 4. 11. 2003 (EuGH vom 3. 10. 2000, 3. 7. 2001, 9. 9. 2003, 1. 12. 2005, 11. 1. 2007, 19. 10. 2010, 25. 11. 2010, AP 2, 7 zu EWG-Richtlinie 93/104, Slg. 2001 I-5135, 2007 I-331, Nr. 3, 4 zu Richtlinie 2003/88 EG; BAG vom 5. 6. 2003, AP Nr. 7 zu § 611 BGB Bereitschaftsdienst; vom 28. 1. 2004, AP Nr. 10 zu § 611 BGB Bereitschaftsdienst; vom 15. 7. 2009, 23. 3. 2011, AP Nr. 10, 12 zu § 6 ArbZG; vom 23. 2. 2011, 14. 9. 2011, AP Nr. 32, 51 zu § 1 TVL Tarifverträge: Arzt; LAG Köln vom 14. 10. 2002, NZA-RR 2003, 292 = ZTR 2003, 231; LAG Schleswig-Holstein vom 18. 12. 2001, AP Nr. 45 zu § 15 BAT). Deshalb lässt sich entgegen der bis zur 6. Auflage geäußerten Ansicht die Frage nach dem Begriff der Arbeitsbereitschaft auch nicht danach beantworten, dass es darauf ankomme, welche Leistung geschuldet werde und eine demgegenüber mindere Leistung Arbeitsbereitschaft, reine Bereitschaft aber eine andere Leistung sei. Denn ob eine Arbeitsleistung Vollarbeit oder **Arbeitsbereitschaft** bzw. **Bereitschaftsdienst** ist, muss sich für das ArbZG **nach dem Grad der Beanspruchung** richten (vgl. schon BAG vom 28. 1. 1981, AP Nr. 1 zu § 18 MTL II mit zust. Anm. von Zmarzlik; ebenso BVerwG vom 19. 1. 1988, BB 1988 S. 1046 = NZA 1988 S. 881; BAG vom 12. 2. 1986, AP Nr. 7 zu § 15 BAT, vom 5. 5. 1988, AP Nr. 1 zu § 3 AZO Kr, vom 10. 1. 1991, AP Nr. 4 zu § 18 MTB II, vom 19. 12. 1991, AP Nr. 1 zu § 67 BMTG-II, vom 24. 9. 1992, AP Nr. 24 zu § 15 BAT, vom 28. 1. 2004, AP Nr. 10 zu § 611 BGB Bereitschaftsdienst; vom 31. 8. 2005, 11. 2. 2009, AP Nr. 8, 9 zu § 6 ArbZG; 25. 4. 2007, AP Nr. 53 zu § 15 BAT; vom 24. 9. 2008, AP Nr. 1 zu § 9 TVöD; 11. 6. 2008, 14. 9. 2011, AP Nr. 19, 23 zu § 1 TVG Tarifverträge: Bewachungsgewerbe; vom 23. 6. 2010, AP Nr. 4 zu § 7 ArbZG). Der Bereitschaftsdienst wird tariflich dahin definiert, dass der Arbeitnehmer verpflichtet ist, sich auf Anordnung des Arbeitgebers außerhalb der regelmäßigen Arbeitszeit an einer vom Arbeitgeber bestimmten Stelle aufzuhalten, um im Bedarfsfall die Arbeit aufzunehmen (§ 7 TVöD-K, § 10 TV Ärzte/VKA, § 17 TV Ärzte HELIOS). Ob dafür dann der volle Lohnanspruch oder wegen bloßer umfangreicher oder teilweiser Arbeitsbereitschaft bzw. Bereitschaftsdienst aber nur ein geminderter Lohn zu beanspruchen ist, richtet sich nach dem Vertrag und seiner Ausgestaltung nach Tarifvertrag, Betriebsvereinbarung, Dienstvereinbarung oder betrieblicher Übung. Wann jedoch dem Arbeitnehmer soll zugemutet werden können, länger als 10 Stunden zu arbeiten, ist nicht von der individuell vereinbarten Arbeitsleistung her zu beantworten, sondern danach, ob der Arbeitnehmer Zeiten verbringt, in denen er sich entspannen kann. Für den Bereitschaftsdienst ist das regelmäßig der Fall, da schon tariflich bestimmt wird, dass Bereitschaft nur angeordnet werden darf, wenn erfahrungsgemäß die Zeit ohne Arbeitsleistung überwiegt. Für Arbeitsbereitschaft lässt sich das am besten an Hand einiger typischer Beispiele aufzeigen: Der Verkäufer leistet Vollarbeit, solange er bedient, auf- und einräumt

§ 7 ArbZG Zweiter Abschnitt. Werktägliche Arbeitszeit und arbeitsfreie Zeiten

oder abrechnet. Sitzt er aber (vielleicht zeitunglesend) in der Ecke, während er auf Kundschaft wartet, liegt Arbeitsbereitschaft vor. Der Telefonist leistet Arbeit, solange er vermittelt, Leitungen steckt, ausbessert oder technische Arbeiten vornimmt. Braucht er aber nur auf Anrufe zu warten, leistet er Arbeitsbereitschaft. Kommt nun den ganzen Tag über weder ein Anruf noch ein Kunde, üben diese Arbeitnehmer zwar die vertraglich geschuldete Tätigkeit aus, leisten aber nur Arbeitsbereitschaft. Deshalb kann die geschuldete Leistung auch ausschließlich oder wenigstens ganz überwiegend in Arbeitsbereitschaft bestehen, z. B. beim Wächter, der keine Rundgänge zu machen hat, sondern dessen Aufgabe es nur ist, sich in einem Raum aufzuhalten, um durch seine bloße Anwesenheit Einbrecher abzuschrecken. Bei der heute viel erörterten Überwachung automatischer Anlagen hängt die Frage nach Arbeit oder Arbeitsbereitschaft ebenfalls vom Grade der Inanspruchnahme ab: Die Aufgabe, bestimmte Anlagen dauernd zu beobachten, etwa darauf zu achten, dass alles reibungslos funktioniert oder z. B. alle Lichter grün aufleuchten, ist Vollarbeit. Braucht dagegen der Arbeitnehmer lediglich anwesend zu sein, um auf ein Klingelsignal hin tätig zu werden, ist in der Zeit ohne Tätigkeit Arbeitsbereitschaft zu sehen. Der Feuerwehrmann, der beobachtet, ob Feuer ausbricht (Turmposten bei Gefahr von Waldbränden), leistet schon bei der Beobachtung Arbeit und nicht erst dann, wenn es brennt und er löschen muss. Der Feuerwehrmann, der in der Feuerwache wartet, ob Feueralarm gegeben wird und nicht zur Gerätepflege o. Ä. eingesetzt ist sondern lesen oder Karten spielen kann, leistet nur Arbeitsbereitschaft. Arbeitsbereitschaft ist danach arbeitszeitrechtlich eine gegenüber der Vollarbeit geringere Inanspruchnahme, so dass eine Entspannung des Arbeitnehmers eintreten kann (vgl. Anzinger § 298 Rn. 34 ff., 16; Anzinger/Koberski § 2 Rn. 30 ff.; § 7 Rn. 19 ff.; Baeck/Deutsch § 2 Rn. 33 ff., 36; Buschmann/Ulber § 2 Rn. 16 f.; Dobberahn Rn. 46; Kufer SD 240 Rn. 49 ff.; Reichold, MünchArbR § 36 Rn. 74; Roggendorff § 2 Rn. 34 ff.; Schliemann § 2 Rn. 21 ff.; ErfK/Wank § 2 Rn. 20 ff.; vgl. auch Fechner, Probleme der Arbeitsbereitschaft, 1963; Gitter, Probleme der Arbeitsbereitschaft ZfA 1983, 375 ff.; Schaub § 45 Rn. 56).

13a Durch die neuen Kommunikationsmittel hat sich eine vielfältige Erreichbarkeit des Arbeitnehmers außerhalb der normalen Arbeitszeit „vom Beginn bis zum Ende der Arbeit ohne die Ruhepausen" eingebürgert. Wer viel mit der Bahn fährt, kennt die so wichtigen oder sich wenigstens wichtig fühlenden Reisenden mit Laptop, Notebook, Blackberry oder Smartphone, die Anweisungen geben, Konferenzen schalten, zumindest die neuen Eingänge prüfen und alle möglichen Telephonate führen. Selbst im Urlaub am Strand findet man solche Tätigkeiten. Das alles ist in aller Regel keine Arbeitszeit, unterbricht weder eine Ruhezeit noch ist das zu bezahlen. Wer sich in seiner Freizeit mit Hilfe der neuen Kommunikationsmittel in seine Firma freiwillig einloggt, irgendwelche Unterlagen prüft oder Rücksprachen hält, erfüllt keine Arbeitspflichten, sondern hält sich im eigenen Interesse auf dem Laufenden oder gibt etwa Anweisungen, die er im Betrieb vergessen hatte oder die ihm jetzt erst einfallen. Es besteht weder eine Pflicht, erreichbar zu sein noch eine Anweisung, solche Tätigkeiten zu erledigen.

13b Anders liegt der Fall, in dem eine entsprechende Weisung des Arbeitgebers vorliegt, zu bestimmten Zeiten mit Hilfe der neuen Kommunikationsmittel

Abweichende Regelungen **ArbZG § 7**

erreichbar zu sein. Auch hier dürfte eine Grauzone bestehen. Wenn während der Arbeit Fragen offen blieben und man nur festlegt, zu einem bestimmten Zeitpunkt inzwischen eingetretene Ergebnisse oder Beschlüsse einander mitzuteilen, liegt keine Arbeitszeit oder Unterbrechung der Ruhezeit vor, da nur sehr kurzfristig ein Telefonat ausgetauscht wird. Noch weniger ist es Arbeitszeit, wenn eine E-Mail verschickt wird, die man zu beliebiger Zeit lesen kann, auch wenn es zur Pflicht gehört, die Nachricht aufzunehmen oder zu senden. Das wären Nebenpflichten im Bereich des Arbeitsverhältnisses. Wenn aber bestimmt wird, dass der Arbeitnehmer zu bestimmtem Zeiten erreichbar sein muss, um ggf. zur Tätigkeit gerufen zu werden, liegt jedenfalls Rufbereitschaft vor. Das BAG hat entschieden, dass im Alarmsystem eines Rettungsdienstes die Pflicht, ein auf Empfang geschaltetes Funktelefon bei sich zu führen, um im Alarmfall eingesetzt werden zu können, Rufbereitschaft ist und die entsprechende Vergütung auslöst (BAG vom 29. 6. 2000, AP Nr. 41 zu § 15 BAT). Als Rufbereitschaft ist die Anordnung, sich so zur Verfügung zu halten, auch mitbestimmungspflichtig (BAG vom 23. 1. 2001, AP Nr. 78 zu § 75 BPersVG). Empfohlen wird, die Nutzung der modernen Kommunikationsmittel außerhalb der normalen Arbeitszeit vertraglich zu regeln und auch im Gesundheitsinteresse nicht ausufern zu lassen. Vgl. Vogt, Smartphone – begrenzte Arbeitspflichten auch außerhalb der Arbeitszeit? BB 2010, 2299; Bissels/Domke/Wisskirchen, Black Berry + Co, was ist heute noch Arbeitszeit? DB 2010, 2052; Stoppkotte/Stiehl, Mitarbeiter auf Standby, AiB 2011, 423; v. Steinau-Steinrück, Smartphone versus Arbeitsrecht, NJW-Spezial 2012, 178; Göpfert/Wilke, Nutzung privater Smartphones für dienstliche Zwecke, NZA 2012, 765; Rudolph, Erreichbarkeit mittels Smartphone, AiB 2012, 378.

Die **Abgrenzung** von Arbeitsbereitschaft und Bereitschaftsdienst **zur Ruhezeit** einschließlich der Pause muss ebenfalls zunächst rein arbeitszeitrechtlich gesehen werden. Da Arbeitsbereitschaft und Bereitschaftsdienst Arbeit i. S. des Arbeitszeitschutzes bedeuten, kann die nächste Stufe als Rufbereitschaft nur Nichtarbeit, also Pause oder Ruhezeit sein. Nur Rufbereitschaft, d. h. die Verpflichtung, auf Abruf sich zu Hause oder an einem anderen Ort zur Arbeit in bestimmten Fällen bereit zu halten, ist in diesem Sinne keine Arbeitszeit. Die früher schon vertretene Auffassung zur Aufenthaltsbeschränkung (vgl. BAG AP Nr. 6, 7 zu § 17 BAT; AP Nr. 1, 4 zu § 18 MTL II; AP Nr. 1 zu § 67 BMTG-II; OLG Karlsruhe, AP Nr. 7 zu § 611 BGB Arbeitsbereitschaft; VGH Kassel vom 22. 4. 1985, BB 1985 S. 1398 = NZA 1985 S. 782; a. A. Bürgrichter, ArbuR 1969 S. 327, Zmarzlik, DB 1967 S. 1266; Zmarzlik/Anzinger § 2 Rn. 15, Bereitschaft sei keine Ruhezeit; teilweise a. A. Mayer-Maly, SAE 1969 S. 222, wonach der Aufenthaltsort frei gewählt sein muss) gilt ab 1. 1. 2004 entsprechend den Richtlinien 93/104 und 2003/88 sowie der Rechtsprechung des EuGH dahingehend, dass bei körperlicher Aufenthaltsbeschränkung am Dienstort Arbeitszeit erbracht wird. Folglich bleibt nur die Rufbereitschaft ausgenommen (BAG vom 16. 3. 2004, AP Nr. 2 zu 2 ArbZG, vom 12. 3. 2008, AP Nr. 18 zu § 1 TVG Tarifverträge: Chemie, vom 23. 6. 2010, AP Nr. 4 zu § 7 ArbZG). Allerdings sind Ausnahmen durch einzelstaatliche Vorschriften nach Art. 17 und im Rahmen des Art. 18 EG-Richtlinie 93/104 bzw. der Art. 17, 18 2003/88/EG möglich. 14

§ 7 ArbZG Zweiter Abschnitt. Werktägliche Arbeitszeit und arbeitsfreie Zeiten

Danach können längere Arbeitszeiten insbes. auch für Medien, Feuer- und Katastrophenschutz, Hafen- und Flugpersonal sowie in Krankenhäusern und ähnlichen Einrichtungen vorgesehen werden. Da das auch durch Tarifverträge geschehen kann, sind die Sonderregelungen an diese neue Rechtslage anzupassen. In Krankenhäusern könnte auf teilweisen Schichtdienst in Verbindung mit erweiterter Rufbereitschaft umgestellt werden, wozu dann auch der Aufenthalt in Schwesternheimen oder besonderen Ärztewohnungen als Aufenthalt außerhalb der Dienststelle zu zählen ist (vgl. Ohnesorg, ArbuR 2000 S. 467; Tietje, NZA 2001 S. 241).

15   Daraus folgt an Beispielen: Arbeit leisten Wächter beim Rundgang, Pförtner, Aufseher, Bewacher, Überwacher automatischer Anlagen, Feuerposten, Schwestern auf Station.

15 a Arbeitsbereitschaft leisten: Wächter, die in einem Aufenthaltsraum durch ihre Anwesenheit abschrecken sollen, Verkäufer und Telefonisten, die auf Kunden und Telefonate warten, Fahrer von Kraftdroschken am Droschkenstand, Tankwarte, solange keine Kunden kommen.

15 b Bereitschaftsdienst leisten alle Arbeitnehmer, die am Arbeitsort erreichbar sein müssen, also z. B. Schlafwachen, Kraftfahrer in der Kabinenzeit, Fahrgastfahrten und Stillagen, Wendezeiten, soweit sie nicht Pausen sind. Bereitschaftsdienst wird damit als Arbeit auch dann geleistet, wenn es möglich ist, am Beschäftigungsort zu schlafen. Die Anfrage des LAG Schleswig-Holstein (vom 12. 3. 2002, NZA 2002, 621 = ZTR 2002, 277) wies ausdrücklich darauf hin, dass es wissen wolle, ob auch Schlafzeiten Arbeit seien und der EuGH hat in der Entscheidung vom 9. 9. 2003 – Jaeger, AP Nr. 7 zu EWG-Richtlinie 93/104 entschieden, dass auch solche Zeiten Arbeitszeit sind. Nur Rufbereitschaft ist keine Arbeitszeit, auch wenn der Arbeitnehmer sich in einem vom Arbeitgeber zur Verfügung gestellten Raum zur Verfügung hält (BAG AP Nr. 1, 2 zu § 611 BGB Arbeitsbereitschaft, Nr. 2 zu § 2 ArbZG; VGH Kassel vom 22. 4. 1985, BB 1985 S. 1398 = NZA 1985 S. 782). Aber auch für die Rufbereitschaft darf die Beschränkung nicht zu streng sein (BAG vom 19. 12. 1991, AP Nr. 1 zu § 67 BMT-G II, vom 31. 1. 2002, NZA 2002, 871).

16   Auf die **Dauer** der Zeit der Entspannung kommt es für die Abgrenzung von Arbeit zur Arbeitsbereitschaft und zum Bereitschaftsdienst grundsätzlich nicht an. Auch Zeiten der Arbeitsbereitschaft, die nicht reine Erholzeiten (Meisel, RdA 1966 S. 163; Dietz, RdA 1969 S. 201), sog. Verschnaufpausen sind, können zur Arbeitsbereitschaft zählen. Es braucht auch nicht festzustehen, in welchem Umfang und wann die Arbeitsbereitschaft eintritt (Dietz, RdA 1969 S. 201; a.A. teilw. BAG AP Nr. 2, 3 zu § 13 AZO, AP Nr. 1, 7, 24 zu § 15 BAT). Zwar ist richtig, dass ganz kurze Zeiten der Entspannung keinen Entspannungserfolg haben können, deshalb sind sie aber nur den Erholzeiten zuzurechnen und aus diesem Grunde keine Arbeitsbereitschaft; es müssen jedoch bei Arbeitsbereitschaft weder Pausen noch Kurzpausen vorliegen, denn Pausen sind in die Arbeit oder Arbeitsbereitschaft und in den Bereitschaftsdienst eingebettete Ruhezeiten. Die gesamten zu erwartenden und erfahrungsgemäß auftretenden Zeiten der Arbeitsbereitschaft und des Bereitschaftsdienstes sind dann zusammenzuzählen für die Beantwortung der weiteren Frage, ob sie regelmäßig und in erheblichem Umfange eintreten.

Abweichende Regelungen **ArbZG § 7**

Nachdem ab 1. 1. 2004 Bereitschaftsdienste arbeitszeitrechtlich der Arbeits- 17
bereitschaft gleichgestellt sind, müssen auch sie auf eine bestimmte Dauer angelegt sein. Es kommt zwar nicht mehr auf eine Abgrenzung zwischen Arbeitsbereitschaft und Bereitschaftsdienst an. Beides muss sich aber von der Arbeitsleistung unterscheiden, schon um feststellen zu können, in welchem Umfang Arbeit oder verminderte Leistung vorliegt. Davon hängt ab, ob sich die gesamte Arbeitszeit verlängern lässt.

Welcher **Lohn** für die Arbeitsbereitschaft, den Bereitschaftsdienst oder die 17 a
Rufbereitschaft zu zahlen ist, richtet sich nach dem Arbeitsvertrag und seiner Gestaltung durch Tarifvertrag, Betriebsvereinbarung, Dienstvereinbarung oder betriebliche Übung. Dabei kann im Grundsatz Arbeitsbereitschaft geringer entlohnt werden als Vollarbeit, Bereitschaftsdienst geringer als Arbeitsbereitschaft und Rufbereitschaft noch geringer. Es ist aber auch möglich, keine besondere Entlohnung vorzusehen, sondern sie mit dem Gesamtlohn abzudingen, ebenso wie das für evtl. Überstunden möglich ist. Im öffentlichen Dienst ist seit Einführung des TVöD und TV-L 2005 auch vorgesehen, für besondere Beanspruchung wie Wechseldienst, Bereitschaftsdienst und Nachtdienst einen Zusatzurlaub zu gewähren, der bezahlt wird; Bereitschaft wird je nach Beanspruchung mit 60–95% als Arbeitszeit gewertet und so bezahlt (§ 42 TVöD-BT-B; § 9 TV-Ärzte). Die Rechtsprechung hat sich fast nur mit solchen Fragen der Entlohnung und dabei in erster Linie mit der Auslegung tariflicher Normen zu befassen gehabt (BAG AP Nr. 1, 3, 4 zu § 2 TOA, AP Nr. 1 zu §§ 22, 23 BAT, AP Nr. 1, 7, 24, 39, 46, 47 zu § 15 BAT; AP Nr. 6, 7 zu § 17 BAT, AP Nr. 2 zu § 35 BAT, AP Nr. 7 zu § 9 MTB II, AP Nr. 1 zu § 30 MTB II, AP Nr. 1 zu § 18 MTL II, AP Nr. 18 zu § 1 TVG Tarifverträge DRK, Nr. 21 zu § 1 TVG Tarifverträge Musiker, AP Nr. 1, 2 zu § 611 BGB Arbeitsbereitschaft, AP Nr. 17, 18, 19, 20, 25 zu § 611 BGB Ärzte, Gehaltsansprüche, AP Nr. 2, 3, 5, 8 zu § 7 AZO, AP Nr. 6 zu § 12 AZO, AP Nr. 1 zu § 13 AZO, AP Nr. 1 zu § 15 AZO, AP Nr. 12 zu § 1 TVG Auslegung, AP Nr. 9, 10, 11, 12 zu § 6 ArbZG). Auch aus der Zuordnung des Bereitschaftdienstes zur Arbeitszeit durch die Rechtsprechung des EuGH und die Änderung durch das Gesetz zu Reformen am Arbeitsmarkt ab 1. 1. 2004 ändert sich nichts über die Bezahlung des Bereitschaftsdienstes gemäß der Gestaltung des Arbeitsvertrages (BAG vom 5. 6. 2003, AP Nr. 7 zu § 611 BGB Bereitschaftsdienst, vom 28. 1. 2004, AP Nr. 10 zu § 611 BGB Bereitschaftsdienst, Nr. 18 zu § 1 TVG Tarifverträge DRK; LAG Köln vom 14. 10. 2002, NZA-RR 2003, 231; LAG Schleswig-Holstein vom 18. 12. 2001, AP Nr. 45 zu § 15 BAT; LAG Niedersachsen vom 17. 5. 2002, AP Nr. 5 zu § 611 BGB Bereitschaftsdienst), nachdem auch der EuGH mehrfach betont hat, dass die Arbeitszeitrichtlinie nur die Arbeitszeit und nicht eine Bezahlung betrifft (EuGH vom 9. 9. 2003, 1. 12. 2005, 11. 1. 2007, AP Nr. 7, 12 zu EWG Richtlinie 93/104, Nr. 9 zu § 3 ArbZG; C-437/05, EuGHE I 2007, 331).

Die Arbeitsbereitschaft und der Bereitschaftsdienst müssen **regelmäßig** 18
und in erheblichem Umfang bestehen. Dabei ist nicht erforderlich, dass der Wechsel von Arbeit zur Arbeitsbereitschaft oder zum Bereitschaftsdienst in bestimmten Abständen oder vorherbestimmt bzw. wenigstens vorhersehbar eintritt. Es genügt vielmehr, dass es nach der Erfahrung immer wieder einmal

§ 7 ArbZG Zweiter Abschnitt. Werktägliche Arbeitszeit und arbeitsfreie Zeiten

zu solchen Zeiten von Arbeitsbereitschaft oder Bereitschaftsdienst kommt. Dabei reicht es auch aus, wenn z. B. die Arbeitsbereitschaft an bestimmten Tagen erfahrungsgemäß auftritt, an anderen aber nicht (BAG vom 24. 9. 1992, AP Nr. 24 zu § 15 BAT). Es muss also mit einem Wechsel zu rechnen sein (Frey, RdA 1960, S. 256). Ob die Arbeitsbereitschaft und/oder der Bereitschaftsdienst in **erheblichem Umfang** anfallen, richtet sich nach dem Verhältnis zur eigentlichen Arbeit. Liegt nur oder fast ausschließlich Arbeitsbereitschaft oder Bereitschaftsdienst vor, ist diese Voraussetzung ebenso erfüllt, wie in den Fällen, in denen zu einem erheblichen Teil Arbeitsbereitschaft oder Bereitschaftsdienst anfällt. Dabei sind alle Zeiten der Arbeitsbereitschaft und des Bereitschaftsdienstes, auch kurze Zeiten heranzuziehen, soweit sie nicht nur Erholungszeiten sind (oben Rn. 16). Pausen sind aber auszuklammern. Erheblich ist mehr als nicht unerheblich, was in VergGr VI b BAT als etwa ein Viertel der Gesamttätigkeit definiert wird. Danach muss erheblich deutlich mehr als nicht unerheblich, also etwa $^1/_3$ der Gesamttätigkeit ausmachen, wobei man 30% als äußerste Untergrenze ansehen muss; diese Untergrenze halten auch ErfK/Wank (§ 7 Rn. 6) und Anzinger/Koberski (§ 7 Rn. 23) für richtig; ähnlich BAG vom 18. 2. 1970, AP Nr. 1 zu § 21 MTB II; abw. Matthes, RdA 1960 S. 134 [140] und Zmarzlik, ArbuR 1965 S. 36 [37], die 25% ausreichen lassen wollen; Kufer SD 240 Rn. 187 hält 35% für richtig, Buschmann/Ulber halten sogar 50% „eher als angemessen" (§ 7 Rn. 8), während Roggendorff (§ 7 Rn. 36) und Anzinger (§ 298 Rn. 77) 25–30% für ausreichend hielten; ähnlich Schliemann § 7 Rn. 41: ein Drittel bis ein Viertel. Es muss bedacht werden, dass die Arbeitszeit immerhin insgesamt auf über 10 Stunden tariflich zugelassen werden kann, so dass ein sehr scharfer Maßstab anzulegen ist.

19 Eine obere Grenze ist nicht vorgesehen. Sie ergibt sich aber mittelbar aus § 5, wonach eine ununterbrochene Ruhezeit von 11 und im Gast- und Beherbergungs- sowie Verkehrsgewerbe, beim Rundfunk, in der Landwirtschaft und Tierhaltung von 10 Stunden einzuhalten ist. Da § 7 nur die Verlängerung der täglichen Arbeitszeit des § 3 behandelt, kann grundsätzlich nur eine Verlängerung bis zu 13 bzw. 14 Stunden zugelassen werden (Buschmann/Ulber § 7 Rn. 9; Kufer SD 240 Rn 188 a; Linnenkohl/Rauschenberg § 7 Rn. 34; Dietz, RdA 1969 S. 202; Matthes, RdA 1960 S. 135; a. A. Anzinger § 298 Rn. 78; Anzinger/Koberski § 7 Rn. 25; Frey S. 31; Ide, DB 1969 S. 173; Zmarzlik, ArbuR 1965 S. 39; Stückrath, BB 1963 S. 354; Baeck/Deutsch § 7 Rn. 55; Roggendorff § 7 Rn. 37; Schliemann § 7 Rn. 43). Ausnahmen, wie sie vor allem bei Feuerwachen oder Katastrophenschutz mit 24-Stunden-Wechsel vorkommen (Matthes, RdA 1960 S. 135; BAG AP Nr. 1 zu §§ 22, 23 BAT, vom 12. 3. 2008, AP Nr. 18 zu § 1 TVG Tarifverträge: Chemie, vom 23. 6. 2010, AP Nr. 4 zu § 7 ArbZG), erklären sich daraus, dass nicht nur Arbeitsbereitschaft, also Arbeit, sondern auch Bereitschaft, also Nichtarbeit geleistet wird (Schlafwache oben Rn. 15) und die EG-Richtlinien für diesen Bereich nicht gelten (BAG vom 29. 5. 2002, NZA 2003, 120). Jedoch bedarf es zur Zulässigkeit solcher Regelungen einer genauen, vorher festgelegten Abgrenzung von Arbeit. Der generell festgelegte 24-Stunden-Wechsel zwischen zwei Schichten, d. h. 24 Stunden Dienst und 24 Stunden Freizeit ist in dieser allgemeinen Form arbeitszeitrechtlich unzulässig. Zu-

Abweichende Regelungen	ArbZG § 7

lässig wäre es dagegen, auf 12 Stunden Arbeitsbereitschaft 12 Stunden Rufbereitschaft und 24 Stunden Freizeit folgen zu lassen.

Alle diese Verlängerungen der Arbeitszeit auf Grund Tarifvertrages oder 19a
von ihnen zugelassenen Betriebs- oder Dienstvereinbarungen bei Arbeitsbereitschaft und/oder Bereitschaftsdienst darf ab 1. 1. 2004 dann **ohne Zeitausgleich** erfolgen, wenn sichergestellt ist, dass die Gesundheit der Arbeitnehmer nicht gefährdet wird **(Abs. 2 a)**. Diese Regelung beruht auf dem Erfordernis des besonderen Gesundheitsschutzes nach den EG-Richtlinien 93/104 bzw. 2003/88, die in Art. 17 die „Beachtung der allgemeinen Grundsätze des Schutzes der Sicherheit und der Gesundheit der Arbeitnehmer" als zwingende Voraussetzung für alle Ausnahmeregeln fordern (vgl. auch BT-Drucks. 15/1587 S. 34); die Übereinstimmung mit dem europäischen Recht wird allerdings nicht zu Unrecht stark in Zweifel gezogen (Buschmann, Festschrift Etzel S. 117; Buschmann/Ulber § 7 Rn. 24 aff.). Die nach Abs. 2 a notwendigen „besonderen Regelungen" sind durch die Tarifvertragsparteien aufzustellen. Die entsprechenden Regelungen in § 5 II MTV Chemie erfüllen die in § 7 Abs. 2 a geforderten Schutzmaßnahmen (Ruhezeit 8 Std, 35 24-stündige Freizeit jährlich, Bereitschaftsruhe, Zuschläge, vgl. BAG vom 12. 3. 2008, AP Nr. 18 zu § 1 TVG Tarifverträge: Chemie, vom 23. 6. 2010, AP Nr. 4 zu § 7 ArbZG). Sie können darin bestehen, dass besondere Grenzen, etwa für Jugendliche oder ältere Arbeitnehmer und Behinderte festgelegt werden oder Untersuchungen angeordnet werden. Dazu kommen die dem Arbeitsschutz dienenden besonderen Vorschriften über Betriebsärzte nach dem Gesetz vom 12. 12. 1973 (BGBl. I S. 3412). Eine weitere besondere Regelung ist die Notwendigkeit des schriftlichen Einverständnisses und dessen Widerrufsmöglichkeit nach dem ab 1. 1. 2004 geltenden Abs. 7.

IV. Anderer Ausgleichszeitraum

§ 3 bestimmt einen Ausgleichszeitraum von 6 Kalendermonaten oder 20
24 Wochen, innerhalb dessen die werktägliche Arbeitszeit von höchstens 8 Stunden eingehalten werden muss. Da der Zeitraum vor und nach Überschreitung zu überprüfen ist (§ 3 Rn. 8, 9), ist der Ausgleichszeitraum schon danach praktisch 1 Jahr. Hier wird festgelegt, dass tariflich der Ausgleichszeitraum verändert werden kann. Er kann sowohl verkürzt als auch verlängert als auch verändert werden. So ist es möglich, den Ausgleichszeitraum auf die folgenden 6 Monate zu beschränken, so dass vorhergehende geringere Arbeitszeiten nicht einbezogen werden können. Der Ausgleichszeitraum kann aber auch auf 1 Jahr oder auf das folgende Jahr oder auf das Kalenderjahr erstreckt werden. Wichtig ist, dass im Ausgleichszeitraum die 48-Stunden-Woche eingehalten werden muss (Abs. 8). Ebenso möglich ist aber auch, den Ausgleichszeitraum zu verkürzen, so wie er etwa früher nach der AZO auf die Doppelwoche beschränkt war. Wichtig ist das für Saison- und Kampagnebetriebe, aber auch bei Jahreszeitregelungen oder freien Zeiten (sog. Sabbatzeiten), die über einen längeren Zeitraum auszugleichen sind. Auch gleitende Arbeitszeit lässt sich oft mit einem verlängerten oder sehr bestimmten Ausgleichszeitraum besser bewältigen. Einen solchen Jahreszeitausgleich enthält z. B. § 6 Abs. 2 TVöD, § 6 Abs. 2 TV-L, § 3 Nr. 1.4 TVBau.

§ 7 ArbZG Zweiter Abschnitt. Werktägliche Arbeitszeit und arbeitsfreie Zeiten

Da Art. 17 Abs. 4 EG-Richtlinie 93/104 sowie Art. 19 der Richtlinie 2003/88/EG vorschreiben, dass tariflich zwar längere Bezugszeiträume zugelassen werden können, „die auf keinen Fall zwölf Monate überschreiten dürfen", muss eine richtlinienkonforme Auslegung diese Grenze auch für Tarifverträge vorsehen (Baeck/Deutsch § 7 Rn. 60; Buschmann/Ulber § 7 Rn. 11; Linnenkohl/Rauschenberg § 7 Rn. 37; Schliemann § 7 Rn. 46; ErfK/Wank § 7 Rn. 7; weitergehend aber Anzinger/Koberski § 7 Rn. 27; Dobberahn Rn. 83; Roggendorff § 7 Rn. 38). Da aber der Bezugszeitraum sowohl für die Vergangenheit als auch für die Zukunft gilt, kann ein Jahresausgleich sich auch demnach praktisch auf 2 Jahre erstrecken. Das muss ausreichen, da für die Sonderfälle der Altersteilzeit ohnehin die besonderen Vorschriften des Altersteilzeitgesetzes gelten.

V. Ausdehnung an 60 Tagen

21 Nach § 6 AZO konnte die Arbeitszeit an 30 Tagen bis zu 10 Stunden verlängert werden. Diese Möglichkeit wurde 1994 auf 60 Tage ausgedehnt und der tariflichen Öffnung vorbehalten. An sich kann schon nach § 3 täglich bis zu 10 Stunden gearbeitet werden, wobei dann der Ausgleich binnen 6 Monaten oder in dem tariflich veränderten Ausgleichszeitraum erfolgen muss. Dazu wurde zutreffend festgestellt, dass die Ausdehnung auf 60 Tage ohne Ausgleich dem Art. 17 Abs. 3 EG-Richtlinie 93/104 widerspricht (Buschmann/Ulber § 7 Rn. 11). Ab 1. 1. 2004 wurde § 7 Abs. 1 Buchst. c deshalb ersatzlos gestrichen (BT-Drucks. 15/1587 S. 35: Klarstellung nach der Rechtslage auf Grund der Rechtsprechung des EuGH).

22 Für am 1. 1. 2004 bestehende oder nachwirkende Tarifverträge bestand aber bis zum 31. 12 2006 noch die Ausnahme des § 25. Danach konnten Abweichungen vom gesamten § 7 Abs. 1 oder 2 fortbestehen. Das galt dann auch für bisherige Tarifregelungen über Ausnahmen an weiteren 60 Tagen innerhalb eines Jahres.

23 Die Fortgeltung solcher Tarifverträge oder darauf beruhender Betriebs- oder Dienstvereinbarungen muss sich jedoch im Rahmen der Ausnahmeregelungen des Art. 17 der Richtlinie 93/104 EG (jetzt der Richtlinie 2003/88/EG Art. 17–19) halten. Auch nach den Ausnahmen ist selbst für Tarifverträge der Ausgleich auf 48 Wochenstunden innerhalb der zugelassenen Bezugszeiträume zwingend vorgeschrieben. Soweit also am 1. 1. 2004 geltende Regelungen eine Verlängerung ohne Ausgleich noch vorsehen, sind sie ungültig. Es muss stets ein Ausgleich vorgesehen sein. Ab 1. 1. 2007 fällt dann jede tarifliche Ausdehnung auf bis zu 60 Tage ersatzlos weg.

VI. Kurzpausen

24 Kurzpausen an Stelle von Ruhepausen waren nach § 12 Abs. 2 AZO mit AusfVO Nr. 16–18 nur bei durchgehendem Betrieb, nicht aber im 2-Schicht-System zulässig und konnten darüberhinaus nur durch die Gewerbeaufsicht bewilligt werden (§ 20 Abs. 3 AZO). Jetzt ist auch zur Verwaltungsvereinfachung die Zulassung von Kurzpausenregelungen den Tarifvertragsparteien überlassen. Sie können an Stelle der Pausen nach § 4 Satz 2 von 15 Minuten Mindestdauer Kurzpausen von angemessener Dauer, also kürzere Zeiten für

die Pause zulassen. Als angemessene Dauer ist jede Zeit zwischen 5 und 15 Minuten anzusehen. Kürzer als 5 Minuten dürfen aber auch Kurzpausen nicht sein, weil dann ein grundsätzlich notwendiger Erholeffekt nicht eintreten kann (Roggendorff § 7 Rn. 40; Schliemann § 7 Rn. 55; ErfK/Wank § 7 Rn. 9; weitergehend lassen; Anzinger/Koberski § 7 Rn. 29; Baeck/Deutsch § 7 Rn. 69; Kufer SD 240 Rn. 197 schon Pausen ab 3 Minuten Dauer ausreichen). Das Bundesarbeitsgericht hat 8 Min für angemessen gehalten (BAG vom 13. 10. 2009, AP Nr. 4 zu § 2 ArbZG). Insgesamt darf aber die Pausenzeit des § 4 auch durch Kurzpausen nicht vermindert werden. Wenn bis zu 9 Stunden insgesamt 30 Minuten Pause vorgeschrieben ist, müssen wenigstens 6 Kurzpausen zu 5 Minuten vorgesehen werden, bei über 9 Stunden Arbeitszeit wären es 9 Pausen, die notwendig sind, um die Mindestzeit zu erfüllen. Die zugelassenen Kurzpausen können zur Arbeitszeit zählen und sind dann zu bezahlen (BAG vom 24. 5. 2007, AP Nr. 24 zu § 1 TVG Tarifverträge: DRK). Sonst sind zugelassene Kurzpausen keine Arbeitszeit und dann auch nicht vergütungspflichtig (BAG vom 16. 12. 2009, 13. 10. 2009, AP Nr. 4 zu § 2 ArbZG, Nr. 3 zu § 4 ArbZG). Damit ist die frühere Rechtsprechung, nach der Kurzpausen stets Arbeitszeiten waren, modifiziert (so noch BAG vom 16. 5. 1990, AP Nr. 9 zu § 1 TVG Tarifverträge: Metallindustrie, vom 21. 2. 1991, ZTR 1991, 510; vom 27. 4. 2000, AP Nr. 1 zu § 14 BMT-G II).

Auch nach Zulassung durch Tarifvertrag müssen aber Kurzpausen nicht eingeführt werden. Man kann es generell oder im Einzelfall bei der allgemeinen Pausenregelung belassen. Die Zulassung durch Tarifvertrag beseitigt nur die gesetzliche, nach § 22 Abs. 1 Nr. 2 auch strafbewehrte Schranke, ohne dass damit ein tariflicher Zwang zu Kurzpausen herbeigeführt würde. Welche Pausenregelung dann gelten soll, ist unter Mitbestimmung des Betriebsrates nach § 87 Abs. 1 Nr. 2 BetrVG festzulegen. Die Zulassung kann sich auf alle Schichtbetriebe und Verkehrsbetriebe beziehen. Auch 2-Schicht-Betriebe fallen jetzt unter diese Regelung. Verkehrsbetriebe sind alle Unternehmen, die der Beförderung von Personen, Waren oder Nachrichten dienen, also Bahn, Autobahn, Binnenschifffahrt, Kraftwagen- und Fuhrwerksbetriebe, Rollfuhrunternehmen, Post- und Paketdienste, Telegraphenbetriebe, Omnibus- oder Taxiunternehmen einschließlich der zugehörigen Hilfsbetriebe, wie Reparatur- und Abschleppdienste, Tankstellen, Garagen, Pannenhilfsdienste, Schneekettenverleih. In der Seeschifffahrt sind die Besatzungsmitglieder ausgenommen, für sie gilt das SeemG nach § 18 Abs. 3, wonach § 89a SeemG ebenfalls abweichende Regelungen der Lage der Arbeitszeit durch Tarifvertrag zulässt. Kraftfahrer müssen die Lenkzeiten gemäß der Verordnung (EG) Nr. 561/2006 nach $4^1/_2$ Stunden für 45 Minuten unterbrechen, wobei die Unterbrechungen durch eine Pause von 15 Minuten ersetzt werden kann, wenn eine Lenkunterbrechung von 30 Minuten folgt (Art. 7). Kurzpausen sind hier nicht zulässig, da das Recht der Europäischen Union vorgeht; § 21a Abs. 6 Satz 2 schließt § 7 Abs. 1 Nr. 2 ausdrücklich aus.

VII. Verkürzung der Ruhezeit

Die Ruhezeit beträgt nach § 5 Abs. 1 elf Stunden. Nur diese Ruhezeit kann durch Tarifvertrag verkürzt werden. Die Abkürzung auf 10 Stunden mit

§ 7 ArbZG Zweiter Abschnitt. Werktägliche Arbeitszeit und arbeitsfreie Zeiten

Ausgleich in einem Kalendermonat nach § 5 Abs. 2 ist schon vom Gesetz zugelassen und braucht keine tarifliche Öffnungsklausel. Trotzdem kann die Regelung durch Tarifvertrag auch die in § 5 Abs. 2 genannten Betriebe erfassen, da dort nur die Verkürzung um bis zu einer Stunde gestattet ist, die tarifliche Regelung die Ruhezeit aber bis zu 2 Stunden kürzen kann. Eine Verkürzung bis auf 9 Stunden Ruhezeit kann deshalb auch Betriebe nach § 5 Abs. 2 betreffen. Außerdem kann für solche Betriebe der Ausgleichszeitraum anders festgelegt werden.

27 Voraussetzung für eine tarifliche Öffnung zur Verkürzung der Ruhezeit auf bis zu 9 Stunden ist, dass die Art der Arbeit dies erfordert. Das kann vor allem im Gaststätten- und Verkehrsgewerbe, im Gesundheitswesen, Rettungsdienst, bei Feuerwehren, technischen Hilfsdiensten oder Stördiensten bei Gas-, Wasser- und Elektrizitätsversorgung der Fall sein. Art der Arbeit sind sowohl organisatorische als auch branchenspezifische Gründe. Es ist deshalb zu eng, nur auf die Organisation, z. B. Schichtwechsel (Roggendorff § 7 Rn. 41) oder auf denselben Arbeitnehmer (so Schliemann § 7 Rn. 57) abzustellen. Vielmehr können jede dieser Merkmale die Verkürzung rechtfertigen (Baeck/Deutsch § 7 Rn. 74). Der Ausgleich ist zwingende Voraussetzung für die Kürzung. Im Gegensatz zu § 5 Abs. 2 wird nicht gefordert, dass der Ausgleich in einem bestimmten Zeitraum und auf mindestens 12 Stunden erfolgen muss, sondern kann auch anders und für einen längeren Zeitraum festgelegt werden (a. A. Buschmann/Ulber § 7 Rn. 16, die den Ausgleich binnen 1 Woche fordern). Da die Öffnung zur Verkürzung von Ruhezeiten durch die Tarifpartner erfolgen muss, ist davon auszugehen, dass diese die Erforderlichkeit ausreichend prüfen. Man wird ihnen dafür auch einen großen Beurteilungszeitraum zuerkennen müssen (Anzinger/Koberski § 7 Rn. 34; Baeck/Deutsch § 7 Rn. 74; Junker, ZfA 1998, 105, 119; ErfK/Wank § 7 Rn. 10). Wenn die Öffnung, ggf. auch nur für bestimmte Tätigkeiten im Wach- oder Pförtnerdienst, erfolgt ist, kann sich der einzelne Arbeitgeber wie Arbeitnehmer darauf verlassen, dass die Voraussetzungen vorliegen und braucht sie nicht nochmals selbst zu prüfen. Eine Bestrafung nach § 22 Abs. 1 Nr. 3 scheidet damit aus. Die gesetzliche Grenze ist durch den Tarifvertrag herabgesetzt.

28 Für Kraftfahrer gilt Art. 8 der Verordnung (EG) Nr. 561/2006. Danach darf die Ruhezeit dreimal pro Woche auf 9 Stunden verkürzt werden und muss der Ausgleich bis zum Ende der folgenden Woche erfolgen. Weder ist hier eine tarifliche Öffnung vorgesehen noch möglich. Andere Regelungen gelten nur im Rahmen von Art. 13 der VO (EG) Nr. 561/2006; vgl. auch § 21 a.

VIII. Nachtarbeit

29 Für die Nachtarbeit gelten dieselben Erweiterungsmöglichkeiten wie für die tägliche Arbeitszeit. Es besteht damit generell die Öffnungserlaubnis für eine Verlängerung der Arbeitszeit über 10 Stunden hinaus, wenn in erheblichem Umfang und regelmäßig Arbeitsbereitschaft oder Bereitschaftsdienst vorliegen. Auch werden die Begriffe der Arbeitsbereitschaft und des Bereitschaftsdienstes vorgegeben und müssen der Rechtsprechung und Rechtslehre

entnommen werden (oben Rn. 9ff.). Regelmäßig bedeutet nicht einen bestimmten Rhythmus oder Vorhersehbarkeit, sondern entsprechende Zeiten müssen nach der Erfahrung immer wieder auftreten (oben Rn. 18). In erheblichem Umfang liegen Arbeitsbereitschaft und Bereitschaftsdienst dann vor, wenn dies im Durchschnitt etwa ein Drittel, wenigstens aber 30% der Gesamttätigkeit ausmacht (oben Rn. 18).

Außerdem kann der Ausgleichszeitraum verändert werden. Dabei braucht 30 auch nicht unbedingt ein kürzerer Ausgleichszeitraum im Verhältnis zur regelmäßigen Tagesarbeitszeit vorgeschrieben zu werden; auch wenn § 3 mit 6 Monaten und § 6 Abs. 2 mit 1 Monat Ausgleichszeitraum der Erschwerung durch Leistung von Nachtarbeit Rechnung tragen, ist für die tarifliche Öffnung ein ähnliches Verhältnis nicht vorgeschrieben. Zwar sollte auch dort den Besonderheiten der Nachtarbeit Rechnung getragen werden (vgl. Anzinger/Koberski § 7 Rn. 36; Baeck/Deutsch § 7 Rn. 77f.; Buschmann/Ulber § 7 Rn. 18; Dobberahn Rn. 83; Kufer SD 240 Rn. 202f.; Roggendorff § 7 Rn. 42; Schliemann § 7 Rn. 58f.). Erforderlich ist das aber nicht. Es können auch gute Gründe dafür sprechen, einen einheitlichen Ausgleichszeitraum für Tag- und Nachtarbeit festzulegen, etwa um Gleitzeiten zu erleichtern, übersichtlicher gestalten zu können oder einheitlich abzurechnen. Das bleibt den Tarifpartnern völlig vorbehalten, so dass sie in der Ausgestaltung des Ausgleichszeitraumes genauso frei sind wie in der Abänderung des Ausgleichszeitraumes nach § 3 (vgl. oben Rn. 20).

IX. Nachtzeitraum

Der Nachtzeitraum ist nach § 2 Abs. 3 von 23 bis 6 Uhr festgelegt. Er beträgt damit entsprechend der EG-Richtlinie 93/104 vom 23. 11. 1993 Art. 2 Nr. 3 (gleichlautend Richtlinie 2003/88/EG) sieben Stunden. Dort ist auch verbindlich festgelegt, dass diese 7 Stunden mindestens die Zeit von 24 bis 5 Uhr umfassen müssen. Damit sind den Verschiebungsmöglichkeiten relativ enge Grenzen gesetzt. Die Nachtzeit muss also stets 7 Stunden ausmachen und kann nach Taröffnung zwischen 22 und 24 Uhr beginnen. Auch hier bedarf es zur Verschiebung keiner Begründung. Die Tarifparteien können selbst eine andere Zeit des Beginns festlegen, dies aber auch den Betriebsparteien überlassen. Dabei kann theoretisch jede Zeit zwischen 22 und 24 Uhr festgelegt werden, es wäre sinnlos, hier nach Minuten zu zählen. Aber 22^{30} oder 23^{30} Uhr wäre ebenso eine brauchbare Zeit für den Beginn des Nachtzeitraumes. Im Einzelnen wird sich die Verschiebung häufig nach der Notwendigkeit bei Wechselschichten, nach den Verkehrsverhältnissen oder auch nach den Wünschen der Belegschaft richten. In landwirtschaftlich reich genutzten Gegenden wird ein früheres Ende der Nachtzeit evtl. auch eher begrüßt. Dabei können auch Unterschiede in der Jahreszeit oder für den Zeitraum der Sommerzeit gemacht werden (Anzinger/Koberski § 7 Rn. 37; Baeck/Deutsch § 7 Rn. 79ff.; Kufer SD 240 Rn. 204f.; Roggendorff § 7 Rn. 43; Schliemann § 2 Rn. 115, § 7 Rn. 63). 31

§ 7 ArbZG   Zweiter Abschnitt. Werktägliche Arbeitszeit und arbeitsfreie Zeiten

X. Änderungen mit und ohne Zeitausgleich

32 Alle Abänderungen nach Abs. 2 setzen zur Aufrechterhaltung des Gesundheitsschutzes einen Zeitausgleich voraus. Der Zeitausgleich kann nicht durch andere Maßnahmen, insbesondere nicht durch Geldleistungen, Zuschläge, erhöhten Lohn oder andere Zusatzleistungen ersetzt werden. Dieser zwingend notwendige Zeitausgleich muss auch dem Gesundheitsschutz entsprechen. Daher kann es erforderlich werden, einen der Erschwerung gemäßen verlängerten Zeitausgleich zu gewähren. Wer längere Zeit ohne ausreichende Erholung oder ausreichenden Schlaf arbeitet, braucht u. U. längere Freizeiten, um das erlittene Defizit wieder auszugleichen. Was im einzelnen der Gesundheitsschutz erfordert, lässt sich nicht generell sagen. Auch hier bleibt den Tarifparteien ein sehr großer Spielraum offen. Die Anpassung muss aber allgemein geeignet sein, den Gesundheitsschutz aufrecht zu erhalten (Anzinger/Koberski § 7 Rn. 40 ff.; Baeck/Deutsch § 7 Rn. 82 ff.; Buschmann/Ulber § 7 Rn. 19 f.; Roggendorff § 7 Rn. 44; Schliemann § 7 Rn. 64 ff.).

32 a Nachdem die Verlängerungsmöglichkeiten nach Abs. 1 ab 1. 1. 2004 nicht mehr ohne Zeitausgleich möglich sind, wurde gleichzeitig Abs. 2 a eingefügt, der Verlängerungsmöglichkeiten ohne Zeitausgleich abweichend von § 3 (Achtstundentag), § 5 Abs. 1 (Kürzung der Ruhezeit von 11 Stunden) und § 6 Abs. 2 (Nachtarbeit 8 Stunden) zulässt, wenn Arbeitsbereitschaft oder Bereitschaftsdienst erheblich anfällt und der Gesundheitsschutz gewährleistet ist. Tarifverträge oder darauf beruhende Betriebs- oder Dienstvereinbarungen, die am 1. 1. 2004 gelten oder nachwirken, galten auch insoweit bis zum 31. 12. 2005 fort (§ 25). Die besonderen Regelungen über den Gesundheitsschutz müssen die Tarifparteien aufstellen, können sich aber auch aus dem Betriebsärztegesetz ergeben (oben Rn. 19 a). Voraussetzung ist weiter das schriftliche (und widerrufliche) Einverständnis nach Abs. 7.

XI. Bereitschaftsdienst und Rufbereitschaft

33 Ruhezeiten dürfen nach § 5 Abs. 1 nicht unterbrochen werden. Sie sollen dem Arbeitnehmer ungestörte Erholungs- und Freizeiten ermöglichen, nicht nur als Freizeit, sondern vor allem auch für die unbedingt erforderlichen Schlafenszeiten. Vor allem aber im Katastrophen-, Gesundheits-, Not- und Rettungsdienst waren Bereitschaftsdienste und Rufbereitschaften unumgänglich. Wollte man überall durchgehende Dienste einführen, würden solche Dienste nicht nur unbezahlbar, oft lassen sich auch ausreichend geschulte und kenntnisreiche Kräfte dafür nicht finden. Bereitschaftsdienst und Rufbereitschaft sollten deshalb keine Arbeitszeit sein. Sie zählten damit zur Ruhezeit so lange, als keine Arbeit anfällt. Das gilt entsprechend den EG-Richtlinien 93/104 und 2003/88 sowie der Rechtsprechung des EuGH und der Neuregelung ab 1. 1. 2004 nicht mehr für den Bereitschaftsdienst, der jetzt Arbeitszeit ist, sondern nur noch für die Rufbereitschaft. Dafür besteht nach wie vor Bedarf für eine Regelung, die vermeidet, dass bei kurzfristiger Unterbrechung der Ruhezeit bei Rufbereitschaft immer wieder eine neue Ruhezeit beginnen müsste, weil dann unter ungünstigen Umständen keine echte Arbeitszeit mehr geleistet werden könnte. Da Rufbereitschaft keine Arbeit ist und infolgedessen auch geringer entlohnt werden kann, ist es auch nicht empfehlenswert, die Möglichkeiten solcher Dienstleistungen ganz oder weitgehend einzuschränken. Deshalb wird hier unter weitgehender Erhaltung des Gesundheitsschutzes gestattet, auch für solche Dienste Sonderregelungen zu schaffen.

Danach ist es möglich, Ruhezeiten zu unterbrechen, zu verkürzen oder 34 zusammenzulegen, solange durch Ausgleichszeiten wie verlängerte Schichtpausen, mehrere freie Tage oder verkürzte Arbeitstage ein Ausgleich geschaffen wird. So ist es danach zulässig, pro Woche zwei oder drei 24-Stunden-Schichten zu fahren, wenn jeweils ein Großteil davon Rufbereitschaft ist. Die Tarifvertragsparteien können auch bestimmen, dass nach Arbeitszeit und anschließender Rufbereitschaft keine neue Arbeitszeit beginnen kann, wenn die Rufbereitschaft in bestimmter, häufiger Weise unterbrochen wurde und Arbeit zu leisten war. Zulässig ist es aber auch, Arbeitszeit und Rufbereitschaft etwa wochenweise abwechseln zu lassen, weil dann in einer Woche 60 Stunden geleistet werden können, in der folgenden Woche aber nur Rufbereitschaft mit ggf. bis zu 30 Stunden Arbeit anfällt. Auch Wachdienste oder Schlafwachen lassen sich damit organisieren, etwa wenn nur zu bestimmten Zeiten Rundgänge zu machen sind, in der übrigen Zeit aber ggf. keine Bindung besteht.

XII. Anpassungen in der Landwirtschaft

Die Landwirtschaft einschließlich des Gartenbaus, des Weinbaus, der Im- 35 kerei, der Forstwirtschaft, Jagd und Tierzucht waren vom Anwendungsbereich des AZO einschließlich der Nebenbetriebe völlig ausgenommen (vgl. 11. Aufl. § 1 Anm. 22 ff.). Diese Ausnahmen bestehen nicht mehr. Vielmehr gilt das ArbZG nach § 18 für alle Bereiche. Für die Landwirtschaft werden nur noch Anpassungen der Arbeitszeit, der Ausgleichsräume, der Ruhezeiten einschl. der Regelungen für die Nachtarbeit für Bestellungs- und Erntezeit und bei Witterungseinflüssen durch tarifliche Öffnung gestattet. Ein Ausgleich ist hier schon wegen der jeweils nur begrenzten Zeiten in der Regel aus der Natur der kürzeren Sonderregelzeiten gegeben. Auf ein Jahr gesehen ergibt sich der Ausgleich aus den Zwischenzeiten.

Landwirtschaft ist schon nach der Definition des Reichsarbeitsgerichts 36 (ArbRS 34, 14; 37, 9) die naturhafte Hervorbringung von Bodenerzeugnissen, bei der der Einfluss der Jahreszeiten, Klima und Witterung nicht ausgeschaltet werden kann, auch wenn durch intensive Bodenbearbeitung, durch Bewässerungs- und Beregnungseinrichtungen, Gewächshäusern oder chemische Mittel eine Steigerung des Ertrags erstrebt wird. Auch das Bundesarbeitsgericht definiert die Landwirtschaft als planmäßige Nutzung des Bodens und die mit der Bodennutzung verbundene Tierhaltung zur Gewinnung pflanzlicher und tierischer Erzeugnisse. Wesensmerkmal der Landwirtschaft ist es danach, dass der landwirtschaftliche Unternehmer über Grund und Boden verfügt, der mit dem Ziel bearbeitet wird, organische Naturprodukte zu erzeugen (BAG vom 3. 10. 1979, 25. 4. 1995, 30. 5. 2006, AP Nr. 1, 5, 8 zu § 1 TVG Tarifverträge: Land- und Forstwirtschaft). Die Regierungsbegründung (BR-Drucks. 507/93 S. 78; BT-Drucks. 12/5888 S. 27) fasst den Begriff weiter und versteht unter Landwirtschaft alle Unternehmen, die der landwirtschaftlichen Unfallversicherung unterliegen. Damit wird der Kreis der diesen Sonderregelungen unterliegenden Betriebe so weit gefasst wie nach der AZO. Erfasst werden danach nicht nur die eigentliche Landwirtschaft, sondern auch Forstwirtschaft, Gartenbau, Weinbau, Binnenfischerei, Imkerei, land- und forstwirtschaftliche Lohnunternehmen, Jagden, Parkpflege, Gartenpflege, Friedhöfe, Unternehmen zum Schutz und zur Förderung der Landwirtschaft, landwirtschaftliche Haushaltungen und alle Nebenbetriebe. Nicht besonders genannt ist dabei die Tierzucht, die in der Regel aber Teil eines landwirtschaftlichen Betriebes sein wird. Die Ausnahme ist hier anders geregelt als in § 10 Abs. 1 Nr. 12, wo neben der Landwirtschaft die Tierhaltung genannt ist. Auch Gestüte können aber als Teil der Landwirtschaft unter die Sonderregelung fallen, ebenso Zuchtanstalten, Deckstationen, wenn sie zu landwirtschaftlichen Betrieben gehören, nicht aber Anlagen zur Massenerzeugung von Fleisch, Eiern oder Milch, die nicht nach natürlichen Gegebenheiten, sondern künstlich, schon fabrikmäßig und ohne Rücksicht auf Witterung hergestellt werden (so schon 11. Aufl. § 1 Anm. 24, 28). Dementsprechend lehnt auch das Bundesarbeitsgericht einen Legehennenbetrieb ohne eigene Futterbewirtschaftung als landwirtschaftlichen Betrieb ab (auch mit Bezug auf § 585 Abs. 1 Satz 2 BGB und die Rechtsprechung des BSG, BAG vom 30. 5. 2006, AP Nr. 8 zu § 1 TVG Tarifverträge Land- und Forstwirtschaft). Soweit es sich bei solchen Tierzuchtbetrieben nicht um Landwirtschaft oder landwirtschaftliche Nebenbetriebe handelt, fallen sie schon deshalb nicht unter die Ausnahmevorschrift, weil kein Bedürfnis zur Anpassung an Bestellungs- und Erntezeit oder an Witterungseinflüsse besteht (Anzinger/Koberski § 5 Rn. 55 ff.; Baeck/Deutsch § 7 Rn. 92 ff.; Kufer SD 240 Rn. 210; Schliemann § 5 Rn. 40, 44 f., § 7 Rn. 70 f.). Die EG-Richtlinie 2003/88/EG vom 4. 11. 2003 lässt in Art. 17 Abs. 3 Buchst. c VII Ausnahmen ganz allgemein für „landwirtschaftliche Tätigkeiten" zu. Die wöchentliche Höchstarbeitszeit ist aber danach im Durchschnitt einzuhalten (Art. 6 bleibt unberührt). Der Ausgleich kann aber auf bis zu 12 Monate ausgedehnt werden (Art. 19).

37 Die Anpassungsmöglichkeit beschränkt sich auf die Zeiten der Bestellungs- und Erntezeit sowie auf die Witterungseinflüsse. Die Öffnung lässt längere Arbeitszeiten, auch Nachtarbeitszeiten und Änderung der Ruhezeiten sowie der Ausgleichszeiten zu. Damit bestehen nach entsprechender Öffnung in den Zeiten erhöhten Arbeitseinsatzes keine Arbeitszeitgrenzen mehr, so dass das einer Herausnahme aus dem ArbZG wie nach der AZO gleichkommen kann. Das gilt aber einmal nur nach tariflicher Öffnung, nur für die bestimmten Zeiten oder Witterungsverhältnisse und erfordert einen Ausgleich in der übrigen Jahreszeit. Außerdem sind die Ruhepausen auch in der Landwirtschaft in jedem Fall einzuhalten, da von § 4 keine Ausnahmen zugelassen sind. Die Öffnung bezieht sich außerdem auf eine Anpassung, so dass die Grundregeln des Arbeitszeitschutzes einzuhalten sind. Weitere Einschränkungen ergeben sich aus dem Erfordernis der Gewährleistung des Gesundheitsschutzes nach dem Eingangssatz des Abs. 2, so dass Ruhezeiten nicht einfach wegfallen dürfen, die Arbeitszeit nicht endlos ausgedehnt werden kann und der Ausgleichszeitraum auch nicht in ferne Zukunft verlegt werden darf. Es ist aber möglich, zur Erntezeit etwa 16 Stunden Arbeitsschicht (mit Pausen)

zuzulassen, die Ruhezeit bis auf 6 Stunden zu kürzen oder Nachtarbeit über mehr als 10 Stunden zuzulassen, wenn der Ausgleich hergestellt wird, der dann auch auf die Winterzeit verschoben werden kann. Ohnehin wird für so eine weitgehende Anpassung höchstens nur kurzfristig eine Notwendigkeit bestehen.

XIII. Personenpflege

Alle Behandlungs-, Pflege- und Betreuungstätigkeiten für Personen erfordern einen besonderen Einsatz und die unterschiedlichsten Arbeitszeitregelungen. Zu denken ist an Tätigkeiten in Krankenhäusern, Altenheimen, Jugendheimen, Behinderteneinrichtungen oder auch der häuslichen Pflege etwa durch Zivildienstleistende, Diakonie oder Caritas. Die Arbeitszeit, die Pausenregelung, die Ruhezeit und die Nachtarbeit kann einschließlich der Ausgleichszeiten tariflich anders festgelegt werden. Möglich ist aber auch eine Befreiung von starren Regeln, etwa von festen Arbeitszeiten, feststehenden Pausen oder Ruhezeiten, solange nur insgesamt der Zeitausgleich gewährleistet ist und nur Verschiebungen eintreten. Damit wird es zulässig, für Nachtschichten die Pausen auf den Bedarf abzustellen, auch hier Kurzpausen genügen zu lassen oder die Arbeitszeit über 10 Stunden hinaus zu verlängern, ohne dass jeweils Arbeitsbereitschaft vorliegen müsste. Die Grenze liegt in der menschlichen Leistungsfähigkeit, ein Mindestmaß muss eingehalten werden (z. B. 6 Stunden Schlaf vor erneuter Arbeit, BAG vom 24. 2. 1982, AP Nr. 7 zu § 17 BAT zur tariflichen Regelung des – inzwischen geänderten – tariflichen Bereitschaftsdienstes). Den Tarifvertragsparteien ist damit ein sehr weiter Spielraum für Arbeitszeitregelungen eingeräumt, der sogar in einer Öffnung bestehen kann ohne selbst die Einzelregelungen zu treffen, sondern betrieblichen Regelungen überlassen bleiben können. Der notwendige Zeitausgleich sorgt für die Vermeidung allzu großzügiger Regelungen (Anzinger/Koberski § 7 Rn. 52 mit § 5 Rn. 35 ff.; Baeck/Deutsch § 7 Rn. 97 ff.; Roggendorff § 7 Rn. 49; Schliemann § 7 Rn. 72). Zu den Krankenhausregelungen nach dem ArbZG vgl. auch Anzinger, Die Anwendung des ArbZG im Krankenhausbereich, ZTR 1996, 52; Bittner, Innovative Arbeitszeitmodelle in der stationären Krankenpflege, WSI-Mitteilungen 1998, 123; Büchner/Stöhr, Arbeitszeit in Krankenhäusern, NJW 2012, 487; Kempter, Auswirkungen des ArbZG auf die Arbeitszeitregelungen in Kliniken, NZA 1996, 1190; Ohnesorg, Grundfragen des Arbeitszeitrechts am Beispiel des Krankenhausbereichs, PersR 1998, 448. Durch die Einordnung des Bereitschaftsdienstes als Arbeitszeit auf Grund der Neuregelung vom 1. 1. 2004 (Einl. Rn. 30 ff.) ergeben sich aber neue Probleme, die für Tarifregelungen bis zum 31. 12. 2006 durch § 25 nur aufgeschoben waren. 38

XIV. Öffentlicher Dienst

Für den öffentlichen Dienst bestand früher die Regelung des § 13 AZO, nach der das für Beamte geltende Arbeitszeitrecht auf die Arbeitnehmer übertragen werden konnte, um die reibungslose Zusammenarbeit zu gewähr- 39

§ 7 ArbZG Zweiter Abschnitt. Werktägliche Arbeitszeit und arbeitsfreie Zeiten

leisten. Nachdem aber für die Arbeiter und Angestellten in den einschlägigen Tarifverträgen BAT, jetzt TVöD, TV-L ohnehin eigenständige Arbeitszeitbestimmungen geschaffen waren, hatte § 13 AZO praktisch kaum noch Bedeutung (vgl. BAG vom 3. 10. 1969, AP Nr. 12 zu § 15 AZO; vom 22. 3. 1978, AP Nr. 4 zu § 17 BAT; Richardi, Inhalt und Bedeutung des § 13 AZO, Baden-Baden 1990). Deshalb ist jetzt nur noch eine Öffnung durch Tarifvertrag vorgesehen, nach der die Arbeitszeitregelungen tariflich den Besonderheiten des öffentlichen Dienstes angepasst werden können; jetzt gelten die Regeln des TVöD und des TV-L.

40 Nach Art. 56 Abs. 1a des Zusatzabkommens zum Nato-Truppenstatut gelten diese Regelungen auch für die Arbeitnehmer bei den alliierten Streitkräften, so dass auch dort die Tarifvertragsparteien eigenständige Regeln schaffen können und auch – ebenfalls für Feuerwehr, Übungen, Kraftfahrer u. Ä. geschaffen haben (TVAL II; vgl. Anhang § 7 unter V). Damit gelten auch hier die bisherigen tariflichen Vorschriften weiter, selbst wenn sie mit dem neuen ArbZG im Einzelfall nicht in Einklang stehen. Es ist grundsätzlich davon auszugehen, dass die Tarifvorschriften eine ausgewogene Regelung enthalten und durch sie auch dem Gesundheitsschutz ausreichend Rechnung getragen ist (a. A. Buschmann/Ulber § 7 Rn. 24: Ungleichbehandlung).

41 Tarifverträge des öffentlichen Dienstes werden vom Bund, den Ländern durch die Tarifgemeinschaft deutscher Länder und den Kommunen durch die Vereinigung kommunaler Arbeitgeberverbände abgeschlossen. Sonstige Körperschaften, Anstalten und Stiftungen des öffentlichen Rechts sind entweder Mitglieder solcher Vereinigungen oder schließen sog. Anschlusstarifverträge ab. Es gibt aber auch Einrichtungen, die gleichlautende oder ähnliche Tarifverträge abschließen, etwa die Goethe-Gesellschaft, einzelne Flughäfen, die Gesellschaft für technische Zusammenarbeit. Besonders großen Geltungsbereich haben die Tarifverträge der Bundesagentur für Arbeit, der Krankenkassen und der Sparkassen sowie der öffentlich-rechtlichen Banken. Voraussetzung für die Öffnungsklausel ist ein „im Wesentlichen inhaltsgleicher" Tarifvertrag, der für die Bundesagentur für Arbeit und für die Krankenkassen ohne weiteres gegeben ist, für die Sparkassen auch anzunehmen ist, nicht aber für die Banken gilt, da diese Tarifverträge nicht an den öffentlichen Dienst, sondern an die private Bankwirtschaft angelehnt sind. Das gilt auch für die Bundesbank. Maßgeblich für die Beurteilung der wesentlichen Inhaltsgleichheit sind dabei die Arbeitszeitregelungen. Andere Vorschriften, etwa über die Eingruppierung oder den Urlaub oder Sonderzuwendungen können durchaus unterschiedlich sein (Anzinger/Koberski § 7 Rn. 53 ff.; Baeck/Deutsch § 7 Rn. 101 ff.; Kufer SD 240 Rn. 215 ff.; Roggendorff § 7 Rn. 50; ErfK/Wank § 7 Rn. 17; Schliemann § 7 Rn. 35, 73 f.).

XV. Bezugnahme auf Tarifvertrag

42 Nach früherem Recht der Tarifvertragsverordnung 1918 gab es das Instrument der Berufung auf den Tarifvertrag, durch das nicht tarifgebundene Arbeitsvertragsparteien volle Tarifbindung und Tarifwirkung erreichen konnten. Diese Regelung wurde vom TVG nicht übernommen, weil die Tarifbindung der Mitgliedschaft in den Verbänden vorbehalten bleiben sollte (vgl. Herschel

Abweichende Regelungen **ArbZG § 7**

DB 1969 S. 662; Wiedemann, TVG § 3 Rn. 260ff., 276 – Oetker –; Gamillscheg, Kollektives Arbeitsrecht I § 17 II; Löwisch/Rieble § 3 TVG Rn. 99ff.). Stattdessen wurde die Möglichkeit eingeräumt, dass an sich den Tarifverträgen vorbehaltene Zulassungsnormen von nicht oder anders organisierten Arbeitsvertragsparteien übernommen werden können. Damit sollte erreicht werden, dass ohne Rücksicht auf die Tarifbindung im Einzelfall einheitliche Regelungen Geltung haben und eine Aufteilung der Belegschaft unterbleibt. Es wäre auch ein merkwürdiges Ergebnis, wenn vom Gesetz abweichende ungünstige Regelungen nur für Tarifgebundene gelten würden, die Nichtmitgliedschaft dadurch noch belohnt würde, dass sich der Arbeitnehmer auf das günstigere Gesetz berufen kann. Diese Anwendungsmöglichkeit der tariflichen Regelung wurde deshalb in allen neueren Gesetzen eingeführt, so in § 13 Abs. 1 Satz 2 BUrlG, § 622 Abs. 4 BGB, §§ 13 Abs. 4, 14 Abs. 2, 22 Teilzeit- und Befristungsgesetz, § 4 Abs. 4 Entgeltfortzahlungsgesetz und jetzt in § 7 ArbZG, der auch für § 12 gilt. Die Regelungen sind aber nicht einheitlich. § 13 BUrlG, § 622 BGB und § 4 Abs. 4 Entgeltfortzahlungsgesetz sehen die einzelvertragliche Übernahme der tariflichen Regelung vor. Hier wird die abweichende Tarifregelung unmittelbar Inhalt des Arbeitsvertrages, auch wenn ein Vertragspartner nicht tarifgebunden ist. Im Arbeitszeitrecht ist die Rechtslage anders. Die Zulassung in einem Tarifvertrag oder auf Grund eines Tarifvertrages in einer Betriebs- oder Dienstvereinbarung beseitigt die gesetzliche Schranke. Insoweit entfällt die öffentlich-rechtliche, strafrechtlich geschützte Rechtsnorm, wenn die Tarifvertragsparteien eine zulässige andere Regelung eröffnet haben. Der Gesetzgeber hat die Möglichkeit zur Beseitigung von strafrechtlich geschützten Schutznormen eingeräumt. Man hat das auch als Tatbestandsmerkmal oder Tatbestandselement einer anderen Arbeitszeitregelung bezeichnet (11. Aufl. § 7 Anm. 10 mit Nachweisen). Nach richtiger Auffassung ist die tarifliche und damit privatrechtliche Zulassungsvorschrift eine Bedingung des Zurückweichens (Herschel, RdA 1969 S. 214). Besteht die tarifliche Öffnung, kann jeder tarifgebundene Arbeitgeber straffrei länger und anders arbeiten lassen als sonst nach dem ArbZG erlaubt ist. Der Gesetzgeber kann erlauben, diese in Sachnähe gefundene Regelung allgemein anzuwenden, so dass verfassungsrechtliche Bedenken nicht geteilt werden können (a. A. Buschmann/Ulber § 7 Rn. 26; Linnenkohl/Rauschenberg § 7 Rn. 19). Auf eine Tarifbindung des Arbeitnehmers kommt es nicht an. Der Tarifvertrag lässt die abweichende Vereinbarung zu. Ihre dann erlaubte und mögliche Ausfüllung ist Sache des Einzelvertragsrechts (Wiedemann/Oetker TVG 7. Aufl. § 3 Rn. 295; Gamillscheg, Kollektives Arbeitsrecht I § 16 V 2 a).

Damit ist hier nicht die einzelvertragliche Übernahme der tariflichen Erlaubnis zu regeln. Unterfällt der Arbeitgeber dem Tarifvertrag, gilt für den gesamten Betrieb, dass die gesetzliche Arbeitsschutznorm durch die tarifliche ersetzt ist. An die Stelle der gesetzlichen Regelungen tritt für diesen Betrieb die tarifliche Arbeitszeitregelung. Es muss nur dafür Sorge getragen werden, dass auch nicht tarifgebundene Arbeitgeber diese Öffnung der gesetzlichen Schranken übernehmen können. Das geschieht durch Betriebsvereinbarung oder, wenn ein Betriebsrat nicht besteht, durch schriftlichen Einzelarbeitsvertrag. Eine entsprechende Öffnung braucht der Tarifvertrag nicht zu enthalten. Der Arbeitgeber kann die Regelung übernehmen, auch wenn der Tarifver- 43

§ 7 ArbZG Zweiter Abschnitt. Werktägliche Arbeitszeit und arbeitsfreie Zeiten

trag für eine Betriebsvereinbarung keine Öffnungsklausel enthält. Ist im Tarifvertrag aber eine Öffnungsklausel für Betriebs- oder Dienstvereinbarungen vorgesehen, dann kann auch der nicht tarifgebundene Arbeitgeber nach Abs. 3 Satz 2 eine entsprechende Betriebs- oder Dienstvereinbarung abschließen. Für die Betriebsvereinbarung gilt dann das Betriebsverfassungsrecht, so dass sie ggf. auch durch eine Einigungsstelle ersetzt werden kann (a. A. Buschmann/Ulber § 7 Rn. 25; Linnenkohl/Rauschenberg § 7 Rn. 23; ErfK/Wank § 7 Rn. 20). Für die Dienstvereinbarung gilt das Personalvertretungsrecht. Keine Mitbestimmung und deshalb kein Erzwingungsrecht besteht aber für die zulässige Höchstarbeitszeit und die arbeitszeitrechtliche Zuordnung des Bereitschaftsdienstes, weil es sich hier um von den Gerichten auszulegende Rechtsfragen handelt (BAG vom 22. 7. 2003, AP Nr. 108 zu § 87 BetrVG 1972 Arbeitszeit m. w. N.). Die Mitbestimmung entfällt auch, wenn eine tarifliche Regelung gilt (BAG vom 17. 1. 2012, NZA 2012, 513 für die Nachtarbeitsentschädigung).

44 Ob und wie von den geöffneten Arbeitszeitregelungen Gebrauch gemacht wird, ist dann einzelvertraglich festzulegen. Der Einzelarbeitsvertrag kann individuell die Arbeitszeit bestimmen, aber auch nach der Betriebs- oder Dienstvereinbarung ausgestaltet sein oder einfach auf betrieblicher Übung beruhen. Die durch Tariföffnung erweiterten Arbeitszeitgrenzen brauchen nicht ausgenutzt zu werden, so dass innerhalb der Höchstgrenzen jede vertragliche Ausgestaltung der Arbeitszeit möglich ist. Das gilt vor allem auch für Gleitzeitregelungen (weitergehend nehmen Anzinger/Koberski § 7 Rn. 83; Kufer SD 240 Rn. 219; Roggendorff § 7 Rn. 55 an, dass mit der Übernahme der Tarifregelung auch eine entsprechende Arbeitspflicht in der Regel übernommen wurde. Das trifft aber für eine Beseitigung rechtlicher Schranken für die Arbeitszeit meistens nicht zu).

45 Nicht tarifgebundene Arbeitgeber können nur die Regelungen eines Tarifvertrages übernehmen, unter dessen **Geltungsbereich** sie bei Tarifbindung fallen würden. Damit wird ausgeschlossen, fachfremde Regelungen zu übernehmen, nur weil sie sich in einem Tarifvertrag befinden. Der Geltungsbereich muss sowohl persönlich als auch räumlich und fachlich gegeben sein, so dass eine Regelung für Angestellte auch nur für Angestellte, eine Regelung aus einem anderen Bezirk nicht außerhalb des Bezirks und eine fachfremde Regelung nicht übernommen werden kann. Soweit allerdings verschiedene Tarifverträge einschlägig sind, was bei verschiedenen Gewerkschaften oder Überschneidungen in deren Zuständigkeiten durchaus möglich ist, kann unter diesen Tarifverträgen ausgewählt werden. Allerdings ist dann nur die Übernahme einer tariflichen Regelung möglich, es kann nicht aus mehreren Tarifverträgen eine Auswahl einzelner Vorschriften zusammengemischt werden. Dabei muss die tarifliche Arbeitszeitregelung grundsätzlich insgesamt übernommen werden. Wenn z. B. eine Arbeitszeit über 10 Stunden hinaus wegen Arbeitsbereitschaft zugelassen, dafür aber der Ausgleichszeitraum verkürzt wird, muss beides zusammen vereinbart werden und kann nicht nach dem Prinzip einer Rosinentheorie nur eine einzelne Regelung herausgepickt werden (so schon zu § 13 BUrlG Neumann/Fenski § 13 BUrlG Rn. 23; Leinemann/Linck § 13 BUrlG Rn. 27, 31 m. w. N.; Anzinger/Koberski § 7 Rn. 75; Baeck/Deutsch § 7 Rn. 123; Buschmann/Ulber

Abweichende Regelungen ArbZG § 7

§ 7 Rn. 27; Roggendorff § 7 Rn. 53). Allerdings gilt das nur für derart zusammenhängende Regelungen. Keine Bedenken bestehen gegen die Übernahme einzelner Tarifregelungen, wenn andere gar nicht in Betracht kommen, also etwa keine Kurzpausen eingeführt werden sollen (Baeck/Deutsch § 7 Rn. 123).

Die Übernahme ist auch im **Nachwirkungszeitraum** eines Tarifvertrages 46 nach § 4 Abs. 5 TVG möglich. Auch der nachwirkende Tarifvertrag beseitigt noch die gesetzlichen Arbeitszeitgrenzen. Dieser Nachwirkungszustand kann sich nach einer Kündigung sehr lange hinziehen, Zeiträume über mehrere Jahre sind schon aufgetreten, weil die Verhandlungen über einen Neuabschluss sehr lange dauerten. Was im Nachwirkungszeitraum gilt, kann durch Betriebs- oder Dienstvereinbarung oder schriftlichen Einzelvertrag auch neu vereinbart werden. Das gilt dann auch für Arbeitgeber, die zwar tarifgebunden sind, aber erst im Nachwirkungszeitraum als Arbeitgeber tätig werden oder die Branche den räumlichen Geltungsbereich wechselt, weil ein nur nachwirkender Tarifvertrag für sie nicht kraft Tarifbindung gültig wird. Dann ist es zulässig, die Regelung wie ein nicht tarifgebundener Arbeitgeber zu übernehmen. Insoweit gilt nichts anderes als z.b. nach § 13 BUrlG (BAG vom 27. 6. 1978, AP Nr. 12 zu § 13 BUrlG; Wiedemann/Oetker § 3 TVG Rn. 324; Baeck/Deutsch § 7 Rn. 111f.; Linnenkohl/Rauschenberg § 7 Rn. 13; Kufer SD 240 Rn. 226; a.A. ErfK/Wank § 7 Rn. 19).

Die Sondervorschrift von Abs. 3 Satz 3 betrifft Einrichtungen, die mit öf- 47 fentlichen Mitteln gefördert werden. Hier soll erreicht werden, dass der Aufwand ebenso groß und so sparsam gehalten wird wie sonst im öffentlichen Dienst. Deshalb gelten kraft Gesetzes für solche Einrichtungen die Arbeitszeitvorschriften des öffentlichen Dienstes auch ohne Tarifbindung. Sofern auf den BAT oder die Arbeitertarife Bezug genommen ist und überwiegend öffentliche Mittel eingesetzt werden, gelten die tariflichen Arbeitszeitvorschriften nach Abs. 2 Nr. 4 automatisch. Die Tarifbindung wird damit ersetzt, ohne dass es einer besonderen Vereinbarung bedarf. Voraussetzung ist einmal die Anwendung von Tarifverträgen des öffentlichen Dienstes, also auch der „im Wesentlichen inhaltsgleichen" Tarifverträge nach Abs. 2 Nr. 4 (oben Rn. 41). Zum anderen müssen die Kosten überwiegend, also zu mehr als 50 Prozent, von Haushaltszuwendungen gedeckt sein. Beispiele sind das Goethe-Institut, die Max-Planck-Gesellschaft, das Deutsche Institut für Schwerionenforschung, die Kernforschungsanstalt Jülich (Anzinger/Koberski § 7 Rn. 88ff.; vgl. auch Roggendorff § 7 Rn. 56; Baeck/Deutsch § 7 Rn. 129ff.; Schliemann § 7 Rn. 80).

Wenn die arbeitsschutzrechtlichen Grenzen der Arbeitszeit durch Tarifver- 48 trag oder dessen Übernahme geöffnet sind, muss die betriebliche Arbeitszeit stets unter Einhaltung der Mitbestimmung des Betriebs- oder Personalrates festgelegt werden (oben § 3 Rn. 24). Nur in Ausnahmefällen, etwa bei einem Firmentarifvertrag, regelt der Tarifvertrag die Arbeitszeit selbst mit bindender Wirkung, die die Mitbestimmung ausschließt. In der Regel werden nur die neuen Grenzen festgelegt, innerhalb deren die Arbeitszeit unter Wahrung der Rechte von Betriebs- oder Personalrat festzulegen sind.

Eine besondere Situation tritt ein, wenn die Tarifvertragsparteien eine ab- 49 weichende Regelung von besonderen Umständen abhängig machen. Das ist

§ 7 ArbZG Zweiter Abschnitt. Werktägliche Arbeitszeit und arbeitsfreie Zeiten

zulässig, da von den gesetzlichen Grenzen Abweichungen nur zulässig sind, aber nicht vorgeschrieben werden. Denkbar sind Verkehrsverhältnisse insbes. des öffentlichen Nahverkehrs, aber auch Wettbewerbsverhältnisse, Grenzbereiche zu Nachbarländern oder in Fällen, die zwar nicht außergewöhnlich i. S. von § 14 sind, dem aber nahekommen. Ein Beispiel ist die Sonderregelung für Kraftfahrer (BAG vom 29. 6. 1985, AP Nr. 4 zu § 9 TVAL II). Soweit tariflich genau festgelegt wird, unter welchen Umständen längere Arbeitszeiten zu leisten sind, entfällt das Mitbestimmungsrecht nach § 87 BetrVG, § 75 Abs. 3 PersVG Eingangssatz. Bei Flexibilisierung der Arbeitszeit wird allerdings in der Regel nur ein Rahmen vorgegeben und dann vorgeschrieben, dass die im einzelnen zu leistende Arbeitszeit durch Betriebs- oder Dienstvereinbarung festzulegen ist.

XVI. Kirchliche Regelungen

50 Die Kirchen und öffentlich-rechtlichen Religionsgemeinschaften haben ein verfassungsrechtlich garantiertes Selbstbestimmungsrecht nach Art. 140 GG in Verbindung mit § 137 Abs. 3 Weimarer Verfassung. Weltanschauliche Vereinigungen sind nach § 137 Abs. 7 Weimarer Verfassung gleichgestellt. Das gilt auch nach Abs. 4, obwohl ausdrücklich nur Kirchen und öffentlich-rechtliche Religionsgemeinschaften genannt sind, da Art. 137 Abs. 7 als Verfassungsnorm vorgeht (BT-Drucks. 12/5888 S. 28; Anzinger/Koberski § 7 Rn. 99; Baeck/Deutsch § 7 Rn. 135; ErfK/Wank § 7 Rn. 22). Caritative und erzieherische Einrichtungen werden mit erfasst (BVerfG vom 11. 10. 1977, 4. 6. 1985, AP Nr. 1, 24 zu Art. 140 GG = BVerfGE 46, 73; 70, 138). Sie regeln danach ihre Dienstverhältnisse in aller Regel nicht durch Tarifverträge mit den Gewerkschaften (Ausnahme Nordelbien der evangelischen Kirche), sondern mit Arbeitsvertragsrichtlinien, die im Arbeitsvertrag vereinbart werden. Grundlage ist das Arbeitsrechts-Regelungsgesetz (ABl. EKD 1976 S. 398 ff.; vgl. Richardi, Arbeitsrecht in der Kirche 4. Aufl. S. 208 ff.). In der katholischen Kirche gelten die KODA-Ordnungen der Kommissionen zur Ordnung des Arbeitsvertragsrechts (vgl. Richardi, FS 25 Jahre BAG S. 429, 443, Arbeitsrecht in der Kirche 4. Aufl. S. 214 ff.). Auch soweit etwa von der rheinischen evangelischen Kirche der BAT in kirchlicher Fassung angewandt wird, handelt es sich nicht um einen Tarifvertrag, sondern um eine kirchengesetzlich vorgegebene Regelung, die einzelvertraglich vereinbart wird (BAG vom 5. 1. 1989, AP Nr. 37 zu § 72a ArbGG 1979 Grundsatz). Die kirchlichen Regelungen (sowohl der BAT-KF = kirchliche Fassung als auch die Arbeitsvertragsrichtlinien) haben keine zwingende, normative Wirkung (BAG vom 20. 3. 2002, AP Nr. 53 zu Art. 140 GG mit Anm. von Richardi). Für das Diakonische Werk und den Caritasverband bestehen ebenfalls eigene Arbeitsvertragsrichtlinien. Dazu treten die besonderen Mitarbeitervertragsregelungen, für die evangelische Kirche das Kirchengesetz über Mitarbeitervertretungen in der Evangelischen Kirche in Deutschland i. d. F. vom 15. 1. 2010 (ABl. EKD S. 3, geändert vom 9. 11. 2011, ABl. EKD S. 328, MVG. EKD), für die katholische Kirche die Mitarbeitervertretungsordnung i. d. F. vom 20. 11. 1995 i. d. F. vom 22. 11. 2010 (MAVO), in denen an Stelle von Betriebs- und Personalräten die Mitarbeitervertretungen vorgesehen sind, denen wie

Abweichende Regelungen   ArbZG § 7

nach dem BetrVG und PersVG ein Mitbestimmungsrecht über Beginn und Ende der Arbeitszeit und der Pausen zusteht.

Diese kirchlichen Regelungen können wie die Tarifverträge Abweichungen vom gesetzlichen Arbeitszeitschutz nach Abs. 1 und 2 in gleicher Weise zulassen wie die Tarifverträge (Anzinger § 298 Rn. 82; Anzinger/Koberski § 7 Rn. 95ff.; Baeck/Deutsch § 7 Rn. 133ff.; Kraegeloh § 7 Rn. 6; Roggendorff § 7 Rn. 59; Schliemann § 7 Rn. 81f.; ErfK/Wank § 7 Rn. 22; europarechtliche Bedenken äußern Buschmann/Ulber § 7 Rn. 31). So können die Arbeitsvertragsrichtlinien selbst Abweichungen von dem 8-Stunden-Tag, der Nachtarbeit, der Ruhezeit, den Pausen oder des Ausgleichszeitraumes zulassen, d. h. eine Öffnung für den Einzelarbeitsvertrag selbst schaffen oder das Dienstvereinbarungen nach MVG oder MAVO übertragen, um jeweils betriebliche Regelungen zu ermöglichen. Es ist auch möglich, Rahmenbestimmungen zu schaffen, die im Einzelvertrag ausgefüllt werden müssen. Umgekehrt lassen sich für besondere Arten der Beschäftigung Sonderregelungen schaffen, die unmittelbar wirksam sind. Auch kann eine Erweiterung des Arbeitszeitschutzes an besondere Voraussetzungen oder Bedingungen geknüpft werden. Insoweit kann auf die Erläuterungen zu Abs. 1, 2 und 2a Bezug genommen werden. Eine irgendwie geartete besondere der Tarifbindung ähnelnde Kirchenbindung wird nicht vorausgesetzt. Es gilt das Ausnahmerecht nach Abs. 1, 2, 2a (und entsprechend nach § 12), wenn ein Arbeitsvertrag nach kirchlichen Vorgaben geschlossen ist (BT-Drucks. 12/5888 S. 28). Die Abweichung bedarf auch im Gegensatz zur Einzelarbeitsvereinbarung nach Abs. 3 Satz 1 nicht der Schriftform. Es genügt, dass die kirchliche Regelung etwa in den Arbeitsvertragsrichtlinien vorgegeben ist und der auch mündlich oder konkludent geschlossene Arbeitsvertrag darauf Bezug nimmt. Nur die Regelungen selbst müssen schriftlich niedergelegt sein. Es kommt auch nicht darauf an, welche kirchlichen Regelungen die Öffnung zulässt, da eine Rangordnung nicht besteht, also nicht eine Dienstvereinbarung nötig wäre, nur weil sie möglich ist. Dagegen reicht ein bloßer „Hausvertrag" nicht aus (BAG vom 16. 3. 2004, AP Nr. 2 zu § 2 ArbZG).

XVII. Aufsichtsbehördliche Bewilligung

Es gibt Bereiche, in denen Tarifverträge nicht abgeschlossen werden. Außer dem in Abs. 4 genannten kirchlichen Bereich sind das vor allem die Verbände selbst (Gewerkschaften, Arbeitgeberverbände, Unternehmensverbände), aber auch die beratenden Berufe, Rechtsanwälte, Notare, Wirtschaftsprüfer, Steuerberater, Unternehmensberater, Arbeitsvermittler und die Industrie- und Handelskammern. Ohne tarifliche Öffnungsklausel besteht aber keine Möglichkeit, von den Regeln des Arbeitszeitgesetzes einschl. der Sonntagsarbeit abzuweichen, selbst wenn das erforderlich wird, etwa um größere Flexibilität, Gleitzeiten oder Anpassung an die Wirtschaft zu erreichen, wo entsprechende tarifliche Regelungen bestehen. Unter der Voraussetzung, dass tarifliche Regelungen üblicherweise nicht getroffen werden, kann die Aufsichtsbehörde Ausnahmen nach Abs. 1, 2, 2a zulassen. Dazu ist nicht erforderlich, dass Tarifverträge überhaupt nicht geschlossen werden, etwa weil es keine Tarifpartei gibt. Reine Lohntarife könnten durchaus existieren. Notwendige Vorauszung ist allein, dass tarifliche Arbeitszeitregelungen üblicherweise fehlen, sei es, dass Manteltarifverträge nicht geschlossen werden, sei es, dass sie grundsätzlich keine Arbeitszeit regeln. Andererseits genügt es aber nicht, dass zur Zeit keine tarifliche Regelung besteht, etwa weil ein Tarifvertrag ohne Nachwirkung beendet ist oder sonst vorübergehend ein tarifloser Zustand besteht (Anzinger/Koberski § 7 Rn. 101 ff.; Baeck/Deutsch § 7 Rn. 138 f.; Roggendorff § 7 Rn. 61; Schliemann § 7 Rn. 83; ErfK/Wank § 7 Rn. 23).

53 Aufsichtsbehörde ist die nach Landesrecht zuständige Behörde (§ 17), in der Regel die Gewerbeaufsicht. Sie kann die Ausnahmen nach Abs. 1, 2 und 2 a zulassen. Dabei ist einmal die betriebliche Notwendigkeit zu prüfen, die der Antragsteller darzulegen, zu begründen und ggf. nachzuweisen hat. Zum anderen muss in jedem Fall, auch für Ausnahmen nach Abs. 1 sichergestellt sein, dass der Gesundheitsschutz gewahrt bleibt, der sonst nur als besondere Voraussetzung für Ausnahmen nach Abs. 2 besonders zu prüfen ist. Für Ausnahmen nach Abs. 2 a für die Verlängerung ohne Ausgleich muss auch geprüft werden, dass und wie Gesundheitsschäden vermieden werden. Allein das Erfordernis des schriftlichen Einverständnisses nach Abs. 7 reicht dafür nicht aus. Die Prüfung kann nach § 17 auch durch Unterlagen oder an Ort und Stelle erfolgen. Zulässig ist es auch, die Ausnahmebewilligung zu befristen, etwa um die Notwendigkeit oder die Auswirkungen zu erproben.

XVIII. Rechtsverordnungen

54 Soweit ein allgemeines Bedürfnis zur Regelung von Ausnahmen besteht, wird die Bundesregierung ermächtigt, mit Zustimmung des Bundesrates Ausnahmebewilligungen nach Abs. 1 und 2 zu erlassen. Erforderlich sind auch hier betriebliche Gründe und Wahrung des Gesundheitsschutzes. Ein Bedürfnis für solche Regelungen könnte sich daraus ergeben, dass Ausnahmen sehr unterschiedlich zustandegekommen sind und ein dringendes Bedürfnis zur Vereinheitlichung besteht. Zwar muss ein Eingriff in die Tarifautonomie vermieden werden, wenn aber die Tarifparteien sich über notwendige Regelungen nicht einigen können, könnte auch durch Rechtsverordnung eine Ausnahme herbeigeführt werden. Das gilt auch bei Wettbewerbsunterschieden etwa im Verhältnis zu benachbarten Staaten. Denkbar wären auch europäische Vorschriften, die eine einheitliche oder sofortige Regelung erfordern, um dem einheitlichen europäischen Wirtschaftsraum gerecht zu werden. Nach Abs. 6 geht es nur um Erweiterungen des gesetzlichen Arbeitszeitrahmens. Beschränkungen müssen nach § 8 vorgenommen werden. Zulässig sind nur generelle Regelungen, Einzelausnahmen sind nur nach Abs. 5 vorzunehmen (Anzinger/Koberski § 7 Rn. 107). Verfassungsrechtliche Bedenken aus Art. 80 Abs. 1 Nr. 2 GG bestehen nicht (Schliemann § 7 Rn. 84 f.; a. A. Buschmann/Ulber § 7 Rn. 33).

XIX. Schriftliches Einverständnis

55 Neu eingefügt wurde ab 1. 1. 2004 § 7 Abs. 7, wonach die Arbeitszeit nach Abs. 2 a ohne Ausgleich nur verlängert werden darf, wenn der Arbeitnehmer **schriftlich eingewilligt** hat. Nach der Begründung (BT-Drucks. 15/1587 S. 34) sollten zur Ermöglichung von Arbeitszeitorganisationen unter Nutzung besonderer Dienstformen auf Grund besonderer Erfordernisse und

Abweichende Regelungen **ArbZG § 7**

Ausgangsbedingungen für die Bedürfnisse der Beteiligten über die schon nach Abs. 1 mögliche Verlängerung hinaus weitere Vereinbarungen längerer Arbeitszeiten ohne Ausgleich bei Arbeitsbereitschaft und Bereitschaftsdienst zugelassen werden. Das wurde unter Tarifvorbehalt gestellt. „Bei Zulassung einer solchen Arbeitszeitverlängerung muss durch besondere Regelungen sichergestellt werden, dass die Gesundheit der Arbeitnehmer nicht gefährdet wird. Eine derartige Verlängerung der Arbeitszeit ohne Zeitausgleich darf nur dann erfolgen, wenn der einzelne Beschäftigte schriftlich einwilligt. Willigt er nicht ein oder widerruft er seine einmal erteilte Einwilligung, darf er deshalb nicht benachteiligt werden." In der Einzelbegründung (BT-Drucks. 15/1587 S. 36) heißt es dann: „Absatz 7 regelt das Freiwilligkeitsprinzip und das Benachteiligungsverbot bei Arbeitszeitverlängerungen nach Absatz 2a. Beides verlangt die EG-Arbeitszeitrichtlinie. Das Freiwilligkeitsprinzip wird dadurch gewährleistet, dass die Arbeitszeit nach Absatz 2a nur verlängert werden darf, wenn der Arbeitnehmer schriftlich eingewilligt hat. Er soll seine einmal erklärte Einwilligung jedoch widerrufen können. In diesem Fall muss der Arbeitnehmer eine Widerrufsfrist von einem Monat einhalten, um dem Arbeitgeber ausreichend Zeit zu geben, ggf. erforderliche organisatorische Maßnahmen zu treffen. Der Arbeitgeber darf einem Arbeitnehmer mit Arbeitsbereitschaft oder Bereitschaftsdienst, der seine Einwilligung zu Arbeitszeiten von mehr als durchschnittlich acht Stunden werktäglich nicht schriftlich erklärt oder seine Einwilligung widerrufen hat, bei Vereinbarungen oder Maßnahmen im Arbeitsverhältnis nicht benachteiligen (z.B. bei einem beruflichen Aufstieg). Freiwilligkeitsprinzip und Benachteiligungsverbot gelten auch, wenn die Vereinbarung verlängerter Arbeitszeiten im Sinne von Absatz 2a auf Grund der Bestimmungen der Absätze 3 bis 5 erfolgt." Außerdem heißt es noch: „Das Freiwilligkeitsprinzip und das Benachteiligungsverbot werden im neu eingefügten § 7 Abs. 7 geregelt." Damit soll den Arbeitnehmern eine längere Arbeitszeit als 8 Stunden ohne Ausgleich nur zugemutet werden, wenn sie das selbst auch so wollen. Das Schriftlichkeitserfordernis dient dem Selbstschutz und der Überlegungsmöglichkeit. Eine Überrumpelung soll ausgeschlossen sein. Trotzdem bleibt eine gewisse Zwangssituation übrig, wenn bei der Einstellung der Vertragsschluss von der schriftlichen Einwilligung abhängig gemacht wird. Das kann dann nicht zu vermeiden sein, wenn eine andere Beschäftigungsmöglichkeit gar nicht zur Debatte steht oder aus organisatorischen Gründen nicht möglich ist (Feuerwehr, Rettungsdienste).

Die schriftliche Einwilligung kann **schriftlich widerrufen** werden, und 56 zwar mit einer Frist von 6 Monaten (die ursprünglich vorgesehene Monatsfrist, vgl. BT-Drucks. 15/1587 S. 17, 36; ErfK/Wank § 7 Abs. 7 in Rn. 26, wurde im Vermittlungsverfahren auf 6 Monate erweitert, um organisatorische Schwierigkeiten z.B. bei längeren Dienstplänen zu vermeiden). Der Widerruf kann jederzeit erfolgen, auch unmittelbar nach der Aufnahme der Arbeit, so dass es dann nur für die Zeit von 6 Monaten zur erweiterten Arbeitszeit kommt. U.U. kann es dann aber auch zu einer Kündigung während der ersten 6 Monate i.S. des § 1 Abs. 1 KSchG kommen, wenn ohne die längere Arbeitszeit keine Beschäftigungsmöglichkeit besteht. Da nur die Frist von 6 Monaten einzuhalten ist, bestehen keine Vorschriften über Kündigungstermine. Die Frist berechnet sich vielmehr nach §§ 187, 188 BGB. Die Frist

§ 7 ArbZG Zweiter Abschnitt. Werktägliche Arbeitszeit und arbeitsfreie Zeiten

von 6 Monaten ist zwar erheblich, trotzdem können die Bedenken, damit würde die europarechtlich geforderte Freiwilligkeit verletzt (Buschmann/ Ulber § 7 Rn. 24c, Linnenkohl/Reuschenberg § 7 Rn. 67, Ulber ZTR 2005, 70) nicht geteilt werden, da die zunächst gegebene Einwilligung Wirkung für begrenzte Zeit behalten kann (ErfK/Wank § 7 Rn. 26, Schliemann § 7 Rn. 88).

57 Das **Benachteiligungsverbot** für die Fälle der Verweigerung oder des Widerrufs der schriftlichen Einwilligung führt grundsätzlich dazu, dass eine Arbeitszeitverlängerung für diesen Arbeitnehmer ohne Zeitausgleich nicht mehr stattfinden darf. Im Gegensatz zu § 611a BGB oder § 81 Abs. 2 SGB IX ist hier das Benachteiligungsverbot nicht näher ausgestaltet. Insbesondere sind für den Fall des Verstoßes keine Regelungen darüber getroffen, ob ein Einstellungsgebot besteht oder nur und welcher Schadensersatz verlangt werden kann. Eine entsprechende Anwendung dieser speziell auf Geschlecht und Schwerbehinderung abgestellten Regelungen kommt nicht in Betracht. Vielmehr ist nach allgemeinen Regeln zu entscheiden, wie eine Benachteiligung auszugleichen ist. Das kann soweit gehen, dass u. U. sogar ein Einstellungsanspruch besteht, wenn festgestellt werden kann, dass der Abschluss eines Arbeitsvertrages nur wegen der Verweigerung des schriftlichen Einverständnisses abgelehnt wurde und durchaus eine Beschäftigung mit einer verlängerten Arbeitszeit und Zeitausgleich möglich und zumutbar ist. Dasselbe gilt für den Fall des Widerrufs der Einwilligung, so dass dann eine Weiterbeschäftigung mit Ausgleich zuzumuten ist und eine Kündigung unwirksam ist.

58 Hinsichtlich des Entgelts scheidet eine Benachteiligung aber in der Regel aus. Wird die Höchstarbeitszeit durch den Ausgleich bei fehlender Einwilligung oder durch den Widerruf eingehalten, kann sich der Lohn dann nach der anderen durchschnittlichen Arbeitszeit anders berechnen als bei längerer Arbeitszeit ohne Ausgleich. U. U. ist dann hinsichtlich der Vergütung auch eine Änderungskündigung zulässig, ohne dass dem das Benachteiligungsverbot entgegen steht. Es kommt dann nur darauf an, dass die Äquivalenz aus Leistung und Gegenleistung bestehen bleibt.

XX. Durchschnittsarbeitszeit

59 Der ab 1. 1. 2004 neu eingefügte Abs. 8 entspricht den Vorgaben von Art. 6 der EG-Richtlinien 93/104 bzw. 2003/88/EG, wonach die durchschnittliche Arbeitszeit im Siebentagezeitraum 48 Stunden einschließlich der Überstunden nicht überschreiten darf. Der Ausgleichszeitraum von 12 Monaten (vorwärts und rückwärts vgl. § 3 Rn. 9) entspricht Art. 17 EG-Richtlinie 93/104 bzw. Art. 19 Richtlinie 2003/88/EG. Für den Fall der behördlichen Zulassung nach Abs. 5 verkürzt sich der Ausgleichszeitraum auf 6 Kalendermonate bzw. 24 Wochen (vgl. auch Rn. 20).

60 Abs. 8 soll damit klarstellen, dass jede Arbeitszeitverlängerung ohne Ausgleich nach Abs. 1 Nr. 1–4 und Abs. 2 Nr. 2–4 im Jahresdurchschnitt die 48-Stunden-Woche einhalten muss. Das gilt auch in den Fällen, in denen arbeitsvertraglich oder kirchenrechtlich die Verlängerung auf Grund der Abs. 3 und 4 erfolgt. Dieser Ausgleichszeitraum gilt gesetzlich als Höchstzeitraum und darf durch die tariflichen, betrieblichen, vertraglichen oder kirchenrecht-

lichen Regelungen nicht überschritten, sondern nur unterschritten werden. Erfolgt in den Verlängerungsregelungen keine Bestimmung des Ausgleichszeitraumes, gilt Abs. 8 ohne Weiteres von Gesetzes wegen, er braucht nicht wiederholt oder besonders festgelegt zu werden. Die Begründung zu Abs. 8 führt aus (BT-Drucks. 15/1587 S. 34): „Der Änderungsantrag stellt außerdem klar, dass bis auf anderer Rechtsgrundlage beruhenden Verlängerungen der Arbeitszeit, sei es durch die Tarifvertragsparteien, die Betriebs- oder Dienststellenpartner oder die Arbeitsvertragsparteien ein Durchschnitt von 48 Stunden wöchentlich nicht überschritten werden darf. Der Bezugszeitraum für diesen Zeitausgleich beträgt zwölf Kalendermonate. Wird die Arbeitszeitverlängerung von der Aufsichtsbehörde zugelassen, ist ein Ausgleich innerhalb von sechs Kalendermonaten oder 24 Wochen notwendig." Die Behörde kann allerdings auch einen kürzeren Ausgleichszeitraum vorschreiben; selbst wenn sie es bei dem gesetzlichen Rahmen belässt, sollte er in der Zulassung zur Klarheit wiederholt werden.

XXI. Anschließende Ruhezeit

Abs. 9 wurde hinzugefügt durch das Gesetz zu Reformen am Arbeitsmarkt vom 24. 12. 2003 (BGBl. I S. 3002) und gilt ab 1. 1. 2004. Die Begründung (BT-Drucks. 15/1587 S. 36) bezieht sich auf die Vorgaben des EuGH (vom 9. 9. 2003 – Jaeger, AP Nr. 7 zu EWG-Richtlinie Nr. 93/104). Danach muss bei einer Verlängerung der werktäglichen Arbeitszeit über zwölf Stunden im Anschluss daran eine Mindestruhezeit von elf Stunden gewährt werden. Auch bei Bereitschaftsdienst und Arbeitsbereitschaft ist es danach nicht mehr möglich, Dienste so einzuteilen, dass auf Arbeitszeit eine Bereitschaft und dann wieder Arbeitszeit folgt (vgl. dazu schon BAG vom 24. 2. 1982, AP Nr. 7 zu § 17 BAT). Vielmehr muss stets nach einer verlängerten Arbeitszeit von über 12 Stunden erst eine volle Ruhezeit folgen, bevor wieder eine Arbeitszeit angetreten werden darf, die dann allerdings auch wieder mehr als 12 Stunden andauern kann (Anzinger/Koberski § 7 Rn. 124; Baeck/Deutsch § 7 Rn. 155; Buschmann/Ulber § 7 Rn. 37; Schliemann § 7 Rn. 91; ErfK/Wank § 7 Rn. 29). Das galt auch mit Rücksicht auf die Übergangsregelung des § 25 bis zum 31. 12. 2006, wonach bestehende Tarifregelungen bis dahin fortgelten, da sie nicht auf der Ausnahmeregelung der EG-Richtlinien 93/104 und 2003/88/EG beruhen, sondern zwingende Vorgaben der EuGH-Rechtsprechung sind.

Anhang: Tarifliche Arbeitszeitregelungen

Übersicht

	Seite
I. Bundesrahmentarifvertrag Bau vom 4. 7. 2002 i. d. F. vom 20. 8. 2007 § 3 Arbeitszeit, § 4 Arbeitsversäumnis und Arbeitsausfall	165
II. Rahmentarifvertrag für die technischen und kaufmännischen Angestellten und für die Poliere des Baugewerbes vom 4. 7. 2002 i. d. F. vom 20. 8. 2007 § 3 Arbeitszeit	170
Rechtsprechung zu den Bautarifen	176

§ 7 ArbZG
Anhang

	Seite
III. TV-L vom 12. 10. 2006, zul. geänd. vom 2. 1. 2012, BT-K vom 1. 8. 2006, zuletzt geänd. vom 1. 2. 2011, BT-B vom 13. 9. 2005 i. d. F. vom 24. 1. 2011	177
IV. TVöD vom 13. 9. 2005, zul. geänd. vom 8. 12. 2010	184
Rechtsprechung zur Arbeitszeit im öffentlichen Dienst	200
V. Tarifvertrag für die Arbeitnehmer bei den Stationierungsstreitkräften im Gebiet der Bundesrepublik Deutschland – TVAL II – vom 16. 12. 1966 i. d. F. v. 1. 8. 2006 §§ 9–14	201
Rechtsprechung zum TVAL II	206
VI. Manteltarifvertrag für die Chemische Industrie vom 24. 6. 1992 i. d. F. vom 16. 3. 2009 §§ 2–8, Tarifvertrag für die akademisch gebildeten Angestellten vom 5. 3. 1976 i. d. F. vom 2. 5. 2000 § 5, Tarifvertrag Lebensarbeitszeit und Demographie vom 16. 4. 2008 i. d. F. vom 27. 9. 2008 § 8	207
Rechtsprechung Chemie	221
VII. Durchfahrtarifverträge für die Papier- und Zellstoffindustrie vom 7. 2. 1997, 15. 2. 2001, 29. 7. 2004, 27. 7. 2005 §§ 1–5	222
VIII. Einheitlicher Manteltarifvertrag für die Metall- und Elektroindustrie Nordrhein-Westfalens vom 18. Dezember 2003, §§ 3–8	225
Rechtsprechung Metallindustrie	234
IX. Manteltarifvertrag für die Arbeitnehmer der Eisen- und Stahlindustrie vom 15. 3. 1989 i. d. F. vom 6. Dezember 2006 §§ 3–8	236
X. Tarifvertrag zur Beschäftigungssicherung und zur Einführung von Arbeitszeitkonten in der Stahlindustrie vom 22. 3. 1996 i. d. F. vom 22. November 2011	243

I. Bundesrahmentarifvertrag für das Baugewerbe vom 4. Juli 2002

In der Fassung vom 17. Dezember 2003, 14. Dezember 2004, 29. Juli 2005, 19. Mai 2006 und 20. August 2007

§ 3 Arbeitszeit

1. Allgemeine Regelung

1.1 Durchschnittliche Wochenarbeitszeit
Die durchschnittliche regelmäßige Wochenarbeitszeit im Kalenderjahr beträgt 40 Stunden.

1.2 Tarifliche Arbeitszeit
In den Monaten Januar bis März und Dezember beträgt die regelmäßige werktägliche Arbeitszeit ausschließlich der Ruhepausen montags bis donnerstags 8 Stunden und freitags 6 Stunden, die wöchentliche Arbeitszeit 38 Stunden (Winterarbeitszeit). In den Monaten April bis November beträgt die regelmäßige werktägliche Arbeitszeit ausschließlich der Ruhepausen montags bis donnerstags 8,5 Stunden und freitags 7 Stunden, die wöchentliche Arbeitszeit 41 Stunden (Sommerarbeitszeit).

1.3 Arbeitszeitausgleich innerhalb von zwei Wochen
Die nach betrieblicher Regelung an einzelnen Werktagen ausfallende Arbeitszeit kann durch Verlängerung der Arbeitszeit ohne Mehrarbeitszuschlag an anderen Werktagen innerhalb von zwei Kalenderwochen ausgeglichen werden (zweiwöchiger Arbeitszeitausgleich). Die Wochenarbeitszeit kann somit nach den betrieblichen Erfordernissen und den jahreszeitlichen Lichtverhältnissen im Einvernehmen zwischen Arbeitgeber und Betriebsrat oder, wenn kein Betriebsrat besteht, im Einvernehmen mit dem Arbeitnehmer auf die Werktage verteilt werden.

Tarifliche Arbeitszeitregelungen **ArbZG § 7**

1.4 Betriebliche Arbeitszeitverteilung in einem zwölfmonatigen Ausgleichszeitraum

1.41 Durchführung
Durch Betriebsvereinbarung oder, wenn kein Betriebsrat besteht, durch einzelvertragliche Vereinbarung kann für einen Zeitraum von zwölf zusammenhängenden Lohnabrechnungszeiträumen (zwölfmonatiger Ausgleichszeitraum) eine von der tariflichen Arbeitszeitverteilung abweichende Verteilung der Arbeitszeit auf die einzelnen Werktage ohne Mehrarbeitszuschlag vereinbart werden, wenn gleichzeitig ein Monatslohn nach Nr. 1.42 gezahlt wird. Aus dieser Betriebsvereinbarung bzw. der einzelvertraglichen Vereinbarung muss sich ergeben, in welcher Form und mit welcher Ankündigungsfrist die jeweilige werktägliche Arbeitszeit festgelegt wird.
Der Arbeitgeber kann innerhalb von zwölf Kalendermonaten 150 Arbeitsstunden vor- und 30 Arbeitsstunden nacharbeiten lassen. Die Lage und die Verteilung dieser Arbeitsstunden im Ausgleichszeitraum ist im Einvernehmen mit dem Betriebsrat oder, wenn kein Betriebsrat besteht, im Einvernehmen mit dem Arbeitnehmer festzulegen.

1.42 Monatslohn
Bei betrieblicher Arbeitszeitverteilung wird während des gesamten Ausgleichszeitraumes unabhängig von der jeweiligen monatlichen Arbeitszeit in den Monaten April bis November ein Monatslohn in Höhe von 178 Gesamttarifstundenlöhnen und in den Monaten Dezember bis März ein Monatslohn in Höhe von 164 Gesamttarifstundenlöhnen gezahlt.
Der Monatslohn mindert sich um den Gesamttarifstundenlohn für diejenigen Arbeitsstunden, welche infolge von Urlaub, Krankheit, Kurzarbeit, Zeiten ohne Entgeltfortzahlung, Zeiten unbezahlter Freistellung und Zeiten unentschuldigten Fehlens ausfallen; er mindert sich auch für diejenigen Ausfallstunden außerhalb der Schlechtwetterzeit, die infolge zwingender Witterungsgründe ausfallen, soweit kein Ausgleich über das Ausgleichskonto erfolgt. Soweit für diese Zeiten eine Vergütung oder Lohnersatzleistung erfolgt, wird diese neben dem verminderten Monatslohn ausgezahlt.
Für die Vergütung von gesetzlichen Wochenfeiertagen und Freistellungstagen nach § 4 Nrn. 2 und 3 ist die tarifliche Arbeitszeitverteilung nach Nr. 1.2 maßgeblich; um diesen Betrag mindert sich der Monatslohn.

1.43 Arbeitszeit- und Entgeltkonto (Ausgleichskonto)
Für jeden Arbeitnehmer wird ein individuelles Ausgleichskonto eingerichtet. Auf diesem Ausgleichskonto ist die Differenz zwischen dem Lohn für die tatsächlich geleisteten Arbeitsstunden und dem nach Nr. 1.42 errechneten Monatslohn für jeden Arbeitnehmer gutzuschreiben bzw. zu belasten. Lohn für Leistungslohn-Mehrstunden darf nicht einbehalten und gutgeschrieben werden. Die Frage einer Verzinsung des Guthabens ist betrieblich zu regeln.
Das Arbeitszeitguthaben und der dafür einbehaltene Lohn dürfen zu keinem Zeitpunkt 150 Stunden, die Arbeitszeitschuld und der dafür bereits gezahlte Lohn dürfen zu keinem Zeitpunkt 30 Stunden überschreiten. Wird ein Guthaben für 150 Stunden erreicht, so ist der Lohn für die darüber hinausgehenden Stunden neben dem Monatslohn auszuzahlen.
Auf dem Ausgleichskonto gutgeschriebener Lohn darf nur zum Ausgleich für den Monatslohn, bei witterungsbedingtem Arbeitsausfall am Ende eines Ausgleichszeitraumes nach Maßgabe des folgenden Absatzes, bei Ausscheiden des Arbeitnehmers oder im Todesfall ausgezahlt werden.
Das Ausgleichskonto soll nach zwölf Kalendermonaten ausgeglichen sein. Besteht am Ende des Ausgleichszeitraumes noch ein Guthaben, so sind die dem Guthaben zugrunde liegenden Vorarbeitsstunden und das dafür gutgeschriebene Arbeitsentgelt unter Anrechnung auf das zuschlagsfreie Vorarbeitsvolumen des

§ 7 ArbZG   Anhang

neuen Ausgleichszeitraumes in diesen zu übertragen. Durch freiwillige Betriebsvereinbarung oder einzelvertragliche Vereinbarung kann abweichend vom vorherigen Satz eine Abgeltung des Guthabens am Ende des Ausgleichszeitraumes vereinbart werden; die Rechtsfolgen des § 175 Abs. 5 Satz 3 SGB III sind dabei zu beachten.
Besteht am Ende des Ausgleichszeitraumes eine Zeitschuld, so ist diese in den nächsten Ausgleichszeitraum zu übertragen und in diesem auszugleichen. Bei Ausscheiden des Arbeitnehmers sind etwaige Guthaben oder Schulden auszugleichen.

1.44 Absicherung des Ausgleichskontos
Durch den Arbeitgeber ist in geeigneter Weise auf seine Kosten sicherzustellen, dass das Guthaben jederzeit bestimmungsgemäß ausgezahlt werden kann, insbesondere durch Bankbürgschaft, Sperrkonto mit treuhänderischen Pfandrechten oder Hinterlegung bei der Urlaubs- und Lohnausgleichskasse der Bauwirtschaft. Die Absicherung des Guthabens muss, sofern der Betrag nicht nach Abführung von Steuern und Sozialaufwand als Nettolohn zurückgestellt wird, den Bruttolohn und 45 v. H. des Bruttolohnes für den Sozialaufwand umfassen. Auf Verlangen einer der Bezirks- oder Landesorganisationen der Tarifvertragsparteien ist dieser gegenüber die Absicherung des Ausgleichskontos nachzuweisen. Erfolgt dieser Nachweis nicht, so ist das Guthaben an den Arbeitnehmer auszuzahlen; die Vereinbarung über die betriebliche Arbeitszeitverteilung tritt zu diesem Zeitpunkt außer Kraft.

1.5 Beginn und Ende der täglichen Arbeitszeit
Beginn und Ende der täglichen Arbeitszeit einschließlich der Pausen werden vom Arbeitgeber im Einvernehmen mit dem Betriebsrat festgelegt.

1.6 Nachholen von Ausfallstunden
Durch Witterungseinflüsse ausgefallene Arbeitsstunden können in Betrieben, in denen keine betriebliche Arbeitszeitverteilung nach Nr. 1.4 vereinbart wurde, innerhalb der folgenden 24 Werktage im Einvernehmen mit dem Betriebsrat oder, wenn kein Betriebsrat besteht, im Einvernehmen mit dem Arbeitnehmer nachgeholt werden. Für jede Nachholstunde ist der Mehrarbeitszuschlag zu zahlen.

1.7 Arbeitsbefreiung am 24. und 31. Dezember
Der 24. und der 31. Dezember sind arbeitsfrei; der Lohnanspruch entfällt.

1.8 Hinzuziehung der Organisationsvertreter
Ist eine Einigung über die Verteilung der Arbeitszeit nach Nr. 1.3 und Nr. 1.4 nicht zu erzielen, so sind die Organisationsvertreter hinzuzuziehen, um eine Einigung herbeizuführen.

2. Wochenarbeitszeit für Maschinen- und Kraftwagenpersonal
Die regelmäßige Arbeitszeit für das Maschinenpersonal darf wöchentlich bis zu vier Stunden, diejenige für Kraftwagenfahrer und Beifahrer bis zu fünf Stunden über die nach Nr. 1.2 jeweils maßgebliche wöchentliche Arbeitszeit hinaus verlängert werden. Nr. 1.4 gilt entsprechend. Für Kraftwagenfahrer und Beifahrer darf der reine Dienst am Steuer acht Stunden täglich nicht überschreiten. Außerdem gelten die gesetzlichen Vorschriften.

3. Arbeitszeit in fachfremden Betrieben
Werden Bauarbeiten in einem fachfremden Betrieb, für den eine andere Arbeitszeitregelung als für das Baugewerbe gilt, durchgeführt, so kann die Arbeitszeit der des fachfremden Betriebes angepasst werden.

4. Beginn und Ende der Arbeitszeit an der Arbeitsstelle
Die Arbeitszeit beginnt und endet an der Arbeitsstelle, sofern zwischen Arbeitgeber und Arbeitnehmer keine andere Vereinbarung getroffen wird. Bei Baustellen von größerer Ausdehnung beginnt und endet die Arbeitszeit an der vom Arbeitgeber im Einvernehmen mit dem Betriebsrat zu bestimmenden Sammelstelle.

5. Überstunden (Mehrarbeit), Nachtarbeit, Sonn- und Feiertagsarbeit

5.1 Überstunden
Überstunden sind

5.11 bei tariflicher Arbeitszeitverteilung nach Nr. 1.2 die über die regelmäßige werktägliche Arbeitszeit hinaus geleisteten Arbeitsstunden; bei zweiwöchigem Arbeitszeitausgleich nach Nr. 1.3 die über die jeweils vereinbarte werktägliche Arbeitszeit hinaus geleisteten Arbeitsstunden; für das Maschinen- und Kraftwagenpersonal auch diejenigen Arbeitsstunden, um welche die regelmäßige Arbeitszeit nach Nr. 2 verlängert wurde;

5.12 bei betrieblicher Arbeitszeitverteilung nach Nr. 1.4 die nach Nr. 1.43 Abs. 1 auf dem Ausgleichskonto gutgeschriebenen Arbeitsstunden; dabei bleiben die ersten 150 Überstunden innerhalb von zwölf Kalendermonaten zuschlagsfrei;

5.13 bei betrieblicher Arbeitszeitverteilung nach Nr. 1.4 die nach Nr. 1.43 Abs. 2 neben dem Monatslohn zu vergütenden Arbeitsstunden;

5.14 ferner die auf dem Ausgleichskonto zu folgenden Zeitpunkten noch bestehenden Guthabenstunden: Ende des Ausgleichszeitraumes, soweit die Guthabenstunden nicht nach Nr. 1.43 Abs. 4 in den neuen Ausgleichszeitraum übertragen werden, Ausscheiden des Arbeitnehmers aufgrund betriebsbedingter Kündigung oder Ablauf eines befristeten Arbeitsverhältnisses.
Soweit bereits ein Zuschlag nach Nr. 5.12 oder Nr. 5.13 gezahlt wurde, entfällt bei Ausscheiden des Arbeitnehmers oder am Ende des Ausgleichszeitraumes der Zuschlag nach Nr. 5.14.

5.2 Nachtarbeit
Als Nachtarbeit im Sinne der Zuschlagsbestimmungen (Nr. 6) gilt die in der Zeit von 20.00 Uhr bis 5.00 Uhr,
bei Zwei-Schichten-Arbeit die in der Zeit von 22.00 Uhr bis 6.00 Uhr,
bei Drei-Schichten-Arbeit die in der Zeit der Nachtschicht geleistete Arbeit.

5.3 Sonn- und Feiertagsarbeit
Sonn- und Feiertagsarbeit ist die an Sonn- und Feiertagen in der Zeit von 0.00 Uhr bis 24.00 Uhr geleistete Arbeit.

5.4 Anordnung von Mehr-, Nacht-, Sonn- und Feiertagsarbeit
Bei dringenden betrieblichen Erfordernissen kann Mehr-, Nacht-, Sonn- und Feiertagsarbeit im Einvernehmen mit dem Betriebsrat angeordnet werden. Dabei darf die tägliche Arbeitszeit zehn Stunden nicht überschreiten, wenn nicht die in § 15 Arbeitszeitgesetz vorgesehene Zustimmung der Aufsichtsbehörde vorliegt. Die vorstehenden Bestimmungen dürfen nicht missbräuchlich ausgenutzt werden.

6. Zuschläge
Für Überstunden (Mehrarbeit), Nachtarbeit, Sonn- und Feiertagsarbeit sind die folgenden Zuschläge zu zahlen; sie betragen

6.1 für Überstunden 25 v. H.,
6.2 für Nachtarbeit 20 v. H.,
6.3 für Arbeit an Sonntagen sowie an gesetzlichen Feiertagen, sofern diese auf einen Sonntag fallen, 75 v. H.,
für Arbeit am Oster- und Pfingstsonntag, ferner am 1. Mai und 1. Weihnachtsfeiertag, auch wenn sie auf einen Sonntag fallen, 200 v. H.,
für Arbeit an allen übrigen gesetzlichen Feiertagen, sofern sie nicht auf einen Sonntag fallen, 200 v. H.
des Gesamttarifstundenlohnes.
Fallen mehrere Zuschläge an, sind alle Zuschläge nebeneinander zu zahlen.

§ 7 ArbZG Anhang

§ 4 Arbeitsversäumnis und Arbeitsausfall

1. Grundsatz
   Grundsätzlich wird in Abweichung von § 616 BGB der Lohn nur für die tatsächlich geleistete Arbeitszeit gezahlt. Hiervon gelten die folgenden abschließend aufgezählten Ausnahmen.

2. Freistellung aus familiären Gründen
   Der Arbeitnehmer ist unter Fortzahlung seines Gesamttarifstundenlohnes bei folgenden Ereignissen von der Arbeit freizustellen, wobei für die Vergütung die tarifliche Arbeitszeitverteilung nach § 3 Nr. 1.2 maßgeblich ist:

   2.1 eigene Eheschließung oder Eintragung einer Lebenspartnerschaft für 3 Arbeitstage,

   2.2 Entbindung der Ehefrau oder der eingetragenen Lebenspartnerin für 2 Arbeitstage,

   2.3 Tod von Eltern, Ehegatten, eingetragenen Lebenspartnern oder Kindern für 2 Arbeitstage,

   2.4 schwere Erkrankungen der zur häuslichen Gemeinschaft gehörenden Familienmitglieder, sofern der Arzt bescheinigt, dass die Anwesenheit des Arbeitnehmers zur vorläufigen Pflege erforderlich ist für 1 Arbeitstag,

   2.5 Wohnungswechsel mit eigenem Haushalt, jedoch nur einmal im Kalenderjahr und nicht während eines wirksam gekündigten Arbeitsverhältnisses für 2 Arbeitstage.

   Darüber hinaus hat der Arbeitnehmer bei sonstigen besonderen familiären Ereignissen unter Verwendung eines bestehenden Arbeitszeitguthabens einen Anspruch auf Freistellung, wenn der Freistellung keine schwerwiegenden betrieblichen Gründe entgegenstehen.

3. Freistellung für Arztbesuche und Behördengänge
   Der Arbeitnehmer ist für die tatsächlich zur Erledigung der Angelegenheit benötigte Zeit unter Fortzahlung seines Gesamttarifstundenlohnes, höchstens jedoch für die sich aus der tariflichen Arbeitszeitverteilung nach § 3 Nr. 1.2 ergebenden Stunden je Arbeitstag von der Arbeit freizustellen, wenn er

   3.1 den Arzt aufsuchen muss und der Besuch nachweislich während der Arbeitszeit erforderlich ist und keine Dauerbehandlung vorliegt, oder wenn er

   3.2 von einem Gericht oder einer sonstigen in Ausübung amtlicher Befugnisse tätig werdenden Behörde geladen wird, sofern er keinen Anspruch auf Entschädigung hat und nicht als Beschuldigter, Angeschuldigter, Angeklagter oder Betroffener oder als Partei im Zivilprozess oder im Verwaltungsverfahren geladen ist.

4. Freistellung zur Ausübung von Ehrenämtern
   Bei Ausübung gesetzlich auferlegter Pflichten aus öffentlichen Ehrenämtern, für die Ausübung der Pflichten als Mitglied von Prüfungsausschüssen, für die Wahrnehmung von Mandatsverpflichtungen nach der Handwerksordnung und nach dem Berufsbildungsgesetz und für die Teilnahme an Tarifverhandlungen und deren vorbereitenden Sitzungen als gewähltes Mitglied der Verhandlungskommission auf Bundesebene ist der Arbeitnehmer für die notwendig ausfallende Arbeitszeit ohne Fortzahlung des Lohnes und ohne Anrechnung auf den Urlaub von der Arbeit freizustellen.

5. Beantragung der Freistellung
   Ist eine vorherige Beantragung der Freistellung nicht möglich, so hat der Arbeitnehmer den Grund hierfür unverzüglich glaubhaft zu machen; anderenfalls entfällt der Lohnanspruch.

Tarifliche Arbeitszeitregelungen   **ArbZG § 7**

6. Arbeitsausfall aus Witterungs- oder wirtschaftlichen Gründen

6.1 Wird die Arbeitsleistung entweder aus zwingenden Witterungsgründen oder in der gesetzlichen Schlechtwetterzeit aus wirtschaftlichen Gründen unmöglich, so entfällt der Lohnanspruch. Soweit der Lohnausfall in der gesetzlichen Schlechtwetterzeit nicht durch die Auflösung von Arbeitszeitguthaben ausgeglichen werden kann, ist der Arbeitgeber verpflichtet, mit der nächsten Lohnabrechnung das Saison-Kurzarbeitergeld in der gesetzlichen Höhe zu zahlen.
Der Lohnausfall für gesetzliche Wochenfeiertage ist in voller Höhe zu vergüten, wenn die Arbeit an diesen Tagen aus zwingenden Witterungsgründen oder in der gesetzlichen Schlechtwetterzeit aus wirtschaftlichen Gründen ausgefallen wäre.

6.2 Zwingende Witterungsgründe im Sinne der Nr. 6.1 liegen vor, wenn atmosphärische Einwirkungen (insbesondere Regen, Schnee, Frost) oder deren Folgewirkungen so stark oder so nachhaltig sind, dass trotz einfacher Schutzvorkehrungen (insbesondere Tragen von Schutzkleidung, Abdichten der Fenster- und Türöffnungen, Abdecken von Baumaterialien und Baugeräten) die Fortführung der Bauarbeiten technisch unmöglich oder wirtschaftlich unvertretbar ist oder den Arbeitnehmern nicht zugemutet werden kann. Der Arbeitsausfall ist nicht ausschließlich durch zwingende Witterungsgründe verursacht, wenn er durch Beachtung der besonderen arbeitsschutzrechtlichen Anforderungen an witterungsabhängige Arbeitsplätze auf Baustellen vermieden werden kann.

6.3 Die Arbeitnehmer verbleiben so lange auf der Baustelle, bis aufgrund der voraussichtlichen Wetterentwicklung die Entscheidung des Arbeitgebers über die Wiederaufnahme oder die endgültige Einstellung der Arbeit getroffen worden ist. Diese Entscheidung ist unter Berücksichtigung der beiderseitigen Interessen des Arbeitgebers und der Arbeitnehmer zu treffen. Die Entscheidung über die endgültige Einstellung der Arbeit ist für den gesamten restlichen Arbeitstag bindend.

6.4 In der Schlechtwetterzeit (1. Dezember bis 31. März) entscheidet der Arbeitgeber über die Fortsetzung, Einstellung oder Wiederaufnahme der Arbeit nach pflichtgemäßem Ermessen nach Beratung mit dem Betriebsrat, wenn die Arbeit aus zwingenden Witterungs- oder aus wirtschaftlichen Gründen ausfällt; außerhalb der Schlechtwetterzeit gilt dies nur bei Arbeitsausfall aus zwingenden Witterungsgründen.

7. Zuschlag bei Leistungslohnausfall
Arbeitnehmer, die überwiegend im Leistungslohn (Akkord) arbeiten, erhalten in den vorstehenden Fällen zum Gesamttarifstundenlohn einen Zuschlag in Höhe von 25 v. H.

II. Rahmentarifvertrag für die Angestellten und Poliere des Baugewerbes

Vom 4. Juli 2002 i. d. F. vom 20. August 2007

§ 3 Arbeitszeit

1. Arbeitszeitregelungen

1.1 Tarifliche Arbeitszeit
Die regelmäßige werktägliche Arbeitszeit ausschließlich der Pausen beträgt montags bis freitags acht Stunden, die wöchentliche Arbeitszeit beträgt 40 Stunden. Für Poliere sowie Angestellte, deren Tätigkeit unmittelbar mit derjenigen der gewerblichen Arbeitnehmer in Verbindung steht, beträgt die regelmäßige werktägliche Arbeitszeit, sofern betrieblich nicht die werktägliche Arbeitszeitverteilung nach Absatz 1 vereinbart worden ist, in den Monaten Januar bis März und De-

§ 7 ArbZG
Anhang

zember ausschließlich der Ruhepausen montags bis donnerstags 8 Stunden und freitags 6 Stunden, die wöchentliche Arbeitszeit 38 Stunden (Winterarbeitszeit). In den Monaten April bis November beträgt die regelmäßige werktägliche Arbeitszeit ausschließlich der Ruhepausen montags bis donnerstags 8,5 Stunden und freitags 7 Stunden, die wöchentliche Arbeitszeit 41 Stunden (Sommerarbeitszeit). Die durchschnittliche regelmäßige Wochenarbeitszeit im Kalenderjahr beträgt 40 Stunden.

1.2 Arbeitszeitausgleich innerhalb von zwei Wochen
Die nach betrieblicher Regelung an einzelnen Werktagen ausfallende Arbeitszeit kann durch Verlängerung der Arbeitszeit ohne Mehrarbeitszuschlag an anderen Werktagen innerhalb von zwei Kalenderwochen ausgeglichen werden (zweiwöchiger Arbeitszeitausgleich). Die Wochenarbeitszeit kann somit nach den betrieblichen Erfordernissen und den jahreszeitlichen Lichtverhältnissen im Einvernehmen zwischen Arbeitgeber und Betriebsrat oder, wenn kein Betriebsrat besteht, im Einvernehmen mit dem Angestellten auf die Werktage verteilt werden.

1.3 Betriebliche Arbeitszeitverteilung in einem zwölfmonatigen Ausgleichszeitraum

1.31 Voraussetzung und Durchführung
Poliere sowie Angestellte, deren Tätigkeit unmittelbar mit derjenigen der gewerblichen Arbeitnehmer in Verbindung steht, können in betriebliche Arbeitszeitregelungen nach § 3 Nr. 1.4 BRTV einbezogen werden.
Bei einer solchen Einbeziehung kann durch die Betriebsvereinbarung oder, wenn kein Betriebsrat besteht, durch die einzelvertragliche Vereinbarung für einen Zeitraum von zwölf zusammenhängenden Gehaltsabrechnungszeiträumen (zwölfmonatiger Ausgleichszeitraum) bei unveränderter Zahlung des Monatsgehaltes nach § 5 Nr. 3.1 eine von der regelmäßigen Arbeitszeitverteilung abweichende Verteilung der Arbeitszeit auf die einzelnen Werktage ohne Mehrarbeitszuschlag vereinbart werden. Aus dieser Betriebsvereinbarung bzw. der einzelvertraglichen Vereinbarung muss sich ergeben, in welcher Form und mit welcher Ankündigungsfrist die jeweilige werktägliche Arbeitszeit festgelegt wird.
Der Arbeitgeber kann innerhalb von zwölf Kalendermonaten 150 Arbeitsstunden vor- und 30 Arbeitsstunden nacharbeiten lassen. Die Lage und die Verteilung dieser Arbeitsstunden im Ausgleichszeitraum ist im Einvernehmen mit dem Betriebsrat oder, wenn kein Betriebsrat besteht, im Einvernehmen mit dem Angestellten festzulegen.
Eine entsprechende betriebliche Regelung kann unter Berücksichtigung der Nrn. 1.32 und 1.33 auch für solche Angestellte getroffen werden, deren Tätigkeit nicht unmittelbar mit derjenigen der gewerblichen Arbeitnehmer in Verbindung steht.

1.32 Arbeitszeitkonto
Für jeden Angestellten wird ein individuelles Arbeitszeitkonto eingerichtet. Auf diesem Arbeitszeitkonto ist die Differenz zwischen den Stunden, für welche ein Gehaltsanspruch oder ein Anspruch auf eine Entgeltersatzleistung besteht, und 173 Stunden gutzuschreiben bzw. zu belasten; gesetzliche Wochenfeiertage, Urlaubstage und Freistellungstage (§ 4 Nr. 3) sind dabei entsprechend der tariflichen Arbeitszeitverteilung nach Nr. 1.1 Abs. 2 zu berücksichtigen. Für die Errechnung dieser Differenz sind den Stunden mit Gehaltsanspruch diejenigen Stunden gleichgestellt, für die wegen unbezahlter Freistellung oder unentschuldigten Fehlens kein Gehaltsanspruch besteht. Die auf dem Arbeitszeitkonto gutgeschriebenen Stunden werden bei einer betrieblich reduzierten Arbeitszeit zum Ausgleich der entsprechenden Arbeitszeitschwankung verwendet.
Das Arbeitszeitguthaben darf zu keinem Zeitpunkt 150 Stunden, die Arbeitszeitschuld darf zu keinem Zeitpunkt 30 Stunden überschreiten. Wird ein Arbeitszeitguthaben für 150 Stunden erreicht, so ist das Entgelt für die darüber hinausge-

Tarifliche Arbeitszeitregelungen **ArbZG § 7**

henden Stunden neben dem monatlichen Gehalt auszuzahlen. Die Frage einer Verzinsung des Guthabens ist betrieblich zu regeln.
Das Arbeitszeitkonto soll nach zwölf Kalendermonaten ausgeglichen sein. Besteht am Ende des Ausgleichszeitraumes noch ein Guthaben, das nicht mehr durch arbeitsfreie Tage ausgeglichen werden kann, so sind die Guthabenstunden abzugelten (Nr. 2.14, 3.1). Durch freiwillige Betriebsvereinbarung oder einzelvertragliche Vereinbarung können diese Guthabenstunden unter Anrechnung auf das zuschlagsfreie Vorarbeitsvolumen des neuen Ausgleichszeitraumes ganz oder teilweise in diesen übertragen werden. In einer solchen Betriebsvereinbarung muss dem Angestellten ein Anspruch auf Auszahlung seines Guthabens eingeräumt werden; dieser muss bis zum Ende des laufenden Ausgleichszeitraumes schriftlich geltend gemacht werden.
Besteht am Ende des Ausgleichszeitraumes eine Zeitschuld, so ist diese in den nächsten Ausgleichszeitraum zu übertragen und in diesem auszugleichen. Bei Beendigung des Arbeitsverhältnisses sind etwaige Guthaben oder Schulden auszugleichen.

1.33 Absicherung des Arbeitszeitkontos
Durch den Arbeitgeber ist in geeigneter Weise auf seine Kosten sicherzustellen, dass das Entgelt für die Zeitguthaben jederzeit bestimmungsgemäß ausgezahlt werden kann, insbesondere durch Bankbürgschaft, Sperrkonto mit treuhänderischen Pfandrechten oder Hinterlegung bei der Urlaubs- und Lohnausgleichskasse der Bauwirtschaft. Die Absicherung des Entgelts für die gutgeschriebenen Stunden muss, sofern der Betrag nicht nach Abführung von Steuern und Sozialaufwand als Nettogehalt zurückgestellt wird, das Bruttogehalt und 20 v.H. des Bruttogehalts für den Sozialaufwand umfassen. Auf Verlangen einer der Bezirks- oder Landesorganisationen der Tarifvertragsparteien ist dieser gegenüber die Absicherung nachzuweisen. Erfolgt dieser Nachweis nicht, so ist das Entgelt für das Zeitguthaben an den Angestellten auszuzahlen; die Vereinbarung über die betriebliche Arbeitszeitverteilung tritt zu diesem Zeitpunkt außer Kraft.

1.4 Gleitende Arbeitszeit
Durch Betriebsvereinbarung oder, wenn kein Betriebsrat besteht, durch einzelvertragliche Vereinbarung kann eine Gleitzeitregelung eingeführt werden. In dieser Vereinbarung sind im Regelfall der Geltungsbereich, die Dauer und die Lage der Kernarbeitszeit und der Gleitzeitspanne, die Dauer des Abrechnungszeitraumes sowie die Kontrolle der Gleitzeiten zu regeln. Die Übertragbarkeit von Zeitsalden (Zeitguthaben oder Zeitschulden) ist auf 15 Stunden je Kalendervierteljahr begrenzt; für den Fall der Anordnung von Arbeitsstunden, die bis zum Ende des Kalendervierteljahres nicht mehr ausgeglichen werden können, können Sonderregelungen getroffen werden. Jede bezahlte Freistellung von der Arbeit aufgrund gesetzlicher, tariflicher oder individualrechtlicher Ansprüche erfolgt für die sich aus Nr. 1.1 bzw. aus einer Arbeitszeitregelung gemäß Nr. 1.2 ergebende werktägliche Arbeitszeit.

1.5 Hinzuziehung der Organisationsvertreter
Ist eine Einigung über die Verteilung der Arbeitszeit nach Nrn. 1.1 Abs. 2, 1.2, 1.3 und 1.4 nicht zu erzielen, so sind die Organisationsvertreter hinzuzuziehen, um eine Einigung herbeizuführen.

1.6 Beginn und Ende der täglichen Arbeitszeit
Beginn und Ende der täglichen Arbeitszeit einschließlich der Pausen werden vom Arbeitgeber im Einvernehmen mit dem Betriebsrat festgelegt.

1.7 Arbeitsbefreiung am 24. und 31. Dezember
Der 24. und der 31. Dezember sind arbeitsfrei; die dadurch ausfallende Arbeitszeit gilt als abgeleistet.

§ 7 ArbZG
Anhang

2. Überstunden (Mehrarbeit), Nachtarbeit, Sonn- und Feiertagsarbeit
Überstunden, Nachtarbeit, Sonn- und Feiertagsarbeit sind nach Möglichkeit zu vermeiden.

2.1 Überstunden (Mehrarbeit)
Überstunden sind

2.11 bei tariflicher Arbeitszeitverteilung nach Nr. 1.1 die über die regelmäßige werktägliche Arbeitszeit hinaus geleisteten Arbeitsstunden; bei zweiwöchigem Arbeitszeitausgleich nach Nr. 1.2 die über die jeweils vereinbarte werktägliche Arbeitszeit hinaus geleisteten Arbeitsstunden;

2.12 bei betrieblicher Arbeitszeitverteilung nach Nr. 1.3 die nach Nr. 1.32 Abs. 1 auf dem Arbeitszeitkonto gutgeschriebenen Arbeitsstunden; dabei bleiben die ersten 150 Überstunden innerhalb von zwölf Kalendermonaten zuschlagsfrei;

2.13 bei betrieblicher Arbeitszeitverteilung nach Nr. 1.3 die nach Nr. 1.32 Abs. 2 neben dem monatlichen Gehalt zu vergütenden Arbeitsstunden;

2.14 ferner die auf dem Arbeitszeitkonto zu folgenden Zeitpunkten noch bestehenden Guthabenstunden: Ende des Ausgleichszeitraumes, soweit die Guthabenstunden nicht nach Nr. 1.32 Abs. 3 in den neuen Ausgleichszeitraum übertragen werden, Ausscheiden des Angestellten aufgrund betriebsbedingter Kündigung oder Ablauf eines befristeten Arbeitsverhältnisses.
Soweit bereits ein Zuschlag nach Nr. 2.12 gezahlt wurde, entfällt der Zuschlag nach Nr. 2.14.

2.2 Nachtarbeit
Nachtarbeit ist die zwischen 20 und 5 Uhr geleistete Arbeit; bei Zwei-Schichten-Arbeit die zwischen 22 und 6 Uhr und bei Drei-Schichten-Arbeit die in der Nachtschicht geleistete Arbeit.

2.3 Sonn- und Feiertagsarbeit
Sonn- und Feiertagsarbeit ist die an Sonn- bzw. gesetzlichen Feiertagen in der Zeit von 0 bis 24 Uhr geleistete Arbeit.

2.4 Anordnung von Mehr-, Nacht-, Sonn- und Feiertagsarbeit
Mehrarbeit, Nachtarbeit, Sonn- und Feiertagsarbeit kann, soweit sie betrieblich notwendig ist, im Einvernehmen mit dem Betriebsrat angeordnet werden. Wenn in dringenden Fällen Mehrarbeit, Nachtarbeit, Sonn- und Feiertagsarbeit geleistet werden muss, ist der Betriebsrat nachträglich zu verständigen. In beiden Fällen darf die tägliche Arbeitszeit zehn Stunden nicht überschreiten, wenn nicht die in § 15 Arbeitszeitgesetz vorgesehene Zustimmung der Aufsichtsbehörde vorliegt. Die vorstehenden Bestimmungen dürfen nicht missbräuchlich ausgenutzt werden.
Als Mehrarbeit gelten nur die auf vorherige Anordnung des Arbeitgebers oder eines seiner Beauftragten geleisteten Arbeitsstunden. Kann in dringenden Fällen eine solche ausdrückliche vorherige Anordnung nicht eingeholt werden, ist der Angestellte berechtigt, nach pflichtgemäßem Ermessen zu handeln; der Arbeitgeber oder sein Beauftragter sind dann jedoch unverzüglich von der notwendig gewordenen Mehrarbeit zu unterrichten.

3. Zuschläge
Für Überstunden, Nacht-, Sonn- und Feiertagsarbeit sind je Stunde $1/_{173}$ des vereinbarten Gehaltes zu zahlen sowie hieraus folgende Zuschläge:

3.1 für Überstunden 25 v. H.
Zur Abgeltung von Überstunden nach Nr. 2.11 kann eine angemessene monatliche Pauschalzahlung oder ein Freizeitausgleich vereinbart werden. Bei der zeitlichen Festlegung des Freizeitausgleichs sind die Wünsche des Angestellten zu berücksichtigen, es sei denn, dass ihrer Berücksichtigung dringende betriebliche Belange entgegenstehen.

Tarifliche Arbeitszeitregelungen ArbZG § 7

3.2 für Nachtarbeit 20 v. H.
3.3 für Arbeit an Sonntagen und gesetzlichen Feiertagen, die auf einen
Sonntag fallen 75 v. H.
für Arbeit am Oster- und Pfingstsonntag, ferner am 1. Mai und am
1. Weihnachtsfeiertag, auch wenn sie auf einen Sonntag fallen 200 v. H.
für Arbeit an allen übrigen gesetzlichen Feiertagen, sofern sie nicht
auf einen Sonntag fallen 200 v. H.
Fallen mehrere Zuschläge an, sind alle Zuschläge nebeneinander zu zahlen.

4. Erschwerniszulage
Für Angestellte, die eine nach den Unfallverhütungsvorschriften zu stellende persönliche Schutzausrüstung tragen (Arbeiten mit persönlicher Schutzausrüstung) oder die in Räumen mit mindestens 100 kPa Überdruck tätig werden müssen (Druckluftarbeiten), kann betrieblich eine Erschwerniszulage vereinbart werden.

5. Teilzeitarbeit
Bei der Schaffung neuer Arbeitsplätze und bei der Neubesetzung vorhandener Arbeitsplätze soll der Arbeitgeber den Wünschen vollzeitbeschäftigter Angestellter auf einen Teilzeitarbeitsplatz und den Wünschen teilzeitbeschäftigter Angestellter auf einen Vollzeitarbeitsplatz Rechnung tragen; dabei sind die betrieblichen Bedürfnisse und die persönliche Eignung der Angestellten zu berücksichtigen.

§ 4 Gehaltsfortzahlung im Krankheitsfall, Arbeitsversäumnis und Arbeitsausfall

1. Unterrichtung des Arbeitgebers
Ist der Angestellte durch Krankheit oder sonstige unvorhergesehene Ereignisse an der Arbeitsleistung verhindert, so ist dem Arbeitgeber unverzüglich unter Angabe der Gründe Mitteilung zu machen. Bei mit Arbeitsunfähigkeit verbundener Krankheit von mehr als fünftägiger Dauer hat der Angestellte eine entsprechende Bescheinigung des behandelnden Arztes vorzulegen. Soweit dem nicht versicherungspflichtigen Angestellten hierfür Kosten entstehen, hat sie der Arbeitgeber zu tragen.

2. Gehaltsfortzahlung im Krankheitsfall

2.1 Für die Gehaltsfortzahlung im Krankheitsfall gelten die jeweiligen gesetzlichen Bestimmungen.

2.2 Nach dreijähriger ununterbrochener Betriebszugehörigkeit erhalten Angestellte, wenn sie infolge von Krankheit an der Arbeitsleistung verhindert sind (Arbeitsunfähigkeit), von der 7. Woche an einen Zuschuss vom Arbeitgeber bis zur Dauer von sechs Wochen. Der Zuschuss wird in Höhe des Betrages gewährt, der sich als Unterschied zwischen 90 v. H. des Nettogehalts und den beitragspflichtigen Leistungen der gesetzlichen Krankenversicherung oder Unfallversicherung ergibt. Ist der Angestellte nicht in einer gesetzlichen Krankenkasse versichert, so ist das Krankengeld oder Hausgeld der Berechnung zugrunde zu legen, das er als Mitglied einer gesetzlichen Krankenversicherung in der Höchststufe erhalten würde.
Nach siebenjähriger ununterbrochener Betriebszugehörigkeit wird der Zuschuss nach Absatz 2 bis zur Dauer von acht Wochen und nach zehnjähriger ununterbrochener Betriebszugehörigkeit bis zur Dauer von zwölf Wochen gewährt.

2.3 Der infolge von Krankheit arbeitsunfähige Angestellte hat den Anspruch auf Zuschuss nach Nr. 2.2 auch während einer Maßnahme der medizinischen Vorsorge oder Rehabilitation. Das gilt auch, wenn eine solche Maßnahme nicht von der Bundesversicherungsanstalt für Angestellte gewährt wird, sondern auf Veranlassung einer anderen Stelle. Jedoch müssen in diesem Fall die sinngemäß gleichen

§ 7 ArbZG   Anhang

Voraussetzungen erfüllt sein, wie sie bei Bewilligung einer solchen Maßnahme durch die Bundesversicherungsanstalt für Angestellte vorliegen müssen.

2.4 Bei der Berechnung der ununterbrochenen Betriebszugehörigkeit im Sinne der Nr. 2.2 wird die Dauer früherer Betriebszugehörigkeit angerechnet, wenn die frühere Betriebszugehörigkeit durch Umstände unterbrochen wurde, die der Angestellte nicht zu vertreten hatte. Dabei werden aber die jeweiligen Unterbrechungszeiträume nicht mitgezählt.

3. Freistellung aus familiären und besonderen Gründen
Der Angestellte ist unter Fortzahlung seines Gehaltes bei folgenden Ereignissen von der Arbeit freizustellen:

3.1 eigene Eheschließung oder Eintragung einer Lebenspartnerschaft   für 3 Arbeitstage,

3.2 Entbindung der Ehefrau oder der eingetragenen Lebenspartnerin   für 2 Arbeitstage,

3.3 Tod von Eltern, Ehegatten, eingetragenen Lebenspartnern oder Kindern   für 2 Arbeitstage,

3.4 schwere Erkrankungen der zur häuslichen Gemeinschaft gehörenden Familienmitglieder, sofern der Arzt bescheinigt, dass die Anwesenheit des Angestellten zur vorläufigen Pflege erforderlich ist   für 1 Arbeitstag,

3.5 Wohnungswechsel mit eigenem Haushalt, jedoch nur einmal im Kalenderjahr und nicht während eines wirksam gekündigten Arbeitsverhältnisses   für 2 Arbeitstage.

Darüber hinaus hat der Angestellte bei sonstigen besonderen familiären Ereignissen unter Verwendung eines bestehenden Arbeitszeitguthabens einen Anspruch auf Freistellung, wenn der Freistellung keine schwerwiegenden betrieblichen Gründe entgegenstehen.

4. Freistellung für Arztbesuche und Behördengänge
Der Angestellte ist für die tatsächlich zur Erledigung der Angelegenheit benötigte Zeit unter Fortzahlung seines Gehalts von der Arbeit freizustellen, wenn er

4.1 den Arzt aufsuchen muss und der Besuch nachweislich während der Arbeitszeit erforderlich ist und keine Dauerbehandlung vorliegt, oder wenn er

4.2 von einem Gericht oder einer sonstigen in Ausübung amtlicher Befugnisse tätig werdenden Behörde geladen wird, sofern er keinen Anspruch auf Entschädigung hat und nicht als Beschuldigter, Angeschuldigter, Angeklagter oder Betroffener oder als Partei im Zivilprozess oder im Verwaltungsverfahren geladen ist.

5. Freistellung zur Ausübung von Ehrenämtern
Bei Ausübung gesetzlich auferlegter Pflichten aus öffentlichen Ehrenämtern, für die Ausübung der Pflichten als Mitglied von Prüfungsausschüssen, für die Wahrnehmung von Mandatsverpflichtungen nach der Handwerksordnung und nach dem Berufsbildungsgesetz und für die Teilnahme an Tarifverhandlungen und deren vorbereitenden Sitzungen als gewähltes Mitglied der Verhandlungskommission auf Bundesebene ist der Angestellte für die notwendig ausfallende Arbeitszeit ohne Fortzahlung des Gehalts und ohne Anrechnung auf den Urlaub von der Arbeit freizustellen.

6. Beantragung der Freistellung
Ist eine vorherige Beantragung der Freistellung nicht möglich, so hat der Angestellte den Grund hierfür unverzüglich glaubhaft zu machen; anderenfalls entfällt der Gehaltsanspruch.

Tarifliche Arbeitszeitregelungen ArbZG § 7

Rechtsprechung zu den Bautarifen

Zu den Bundesrahmentarifen für das Baugewerbe einschließlich der Regelungen für die Angestellten und Poliere gibt es zwar sehr viele auch höchstrichterliche Entscheidungen (vgl. AP Nr. 1–222 zu § 1 TVG Tarifverträge: Bau und die Entscheidungen zu den entsprechenden Tarifverträgen Betonsteingewerbe, Isoliergewerbe, Maler). Sie befassen sich aber sämtlich nicht mit Problemen von Arbeitszeit und den jeweiligen Regelungen in § 3 über die Arbeitszeit. Nur mittelbar geht es bei einem Teil der Entscheidungen um Fragen, die mit der Arbeitszeit durch Wegegeld, Auslösung und Heimfahrten zusammenhängen, aber sämtlich zu § 7 BRTV ergangen sind und im Ergebnis nur die lohnrechtlichen, nicht aber die arbeitszeitrechtliche Frage der auswärtigen Beschäftigung betreffen. Bei Fahrten kommt es nicht auf die tatsächlich, sondern die (ggf. fiktiv) mit öffentlichen Verkehrsmitteln verbrachte Zeit an (BAG vom 14. 11. 1973, AP Nr. 16 zu § 1 TVG Tarifverträge: Bau). Die Wegezeit kann auch in der regulären Arbeitszeit liegen (BAG vom 3. 12. 1975, AP Nr. 26 zu § 1 TVG Tarifverträge: Bau). Die Auslösung ist auch bei Übernachtung außerhalb der Baustelle zu zahlen (BAG vom 25. 9. 1991, 29. 7. 1992, AP Nr. 146, 155 zu § 1 TVG Tarifverträge: Bau). Die Rechtsprechung zum Fahrtkosten- und Verpflegungszuschuß hat sich geändert. Früher kam es auf die Verbindung zwischen Hauptbetrieb und Lagerstelle an (BAG vom 2. 10. 1990, 10. 3. 1993, AP Nr. 136, 165 zu § 1 TVG Tarifverträge: Bau). Jetzt wird allein auf die räumliche Trennung ohne Rücksicht auf Entfernung und organisatorische Verbindung abgestellt (Beispiel BASF BAG vom 11. 11. 1997, AP Nr. 1 zu § 1 TVG Tarifverträge: Isoliergewerbe). Die Fahrtkosten richten sich allein nach dem Fahrpreis zweiter Klasse; ICE Sondertarif, aber auch Bahncard bleiben unberücksichtigt (BAG vom 7. 2. 1995, 15. 12. 1998, AP Nr. 190, 217 zu § 1 TVG Tarifverträge: Bau). Übernachtungskosten sind in der Auslösung eingeschlossen (BAG vom 14. 2. 1996, AP Nr. 5 zu § 611 BGB Aufwandsentschädigung). Die Auslösung ist auch bei Rückkehr in die Wohnung für das Wochenende zu zahlen, nicht aber bei täglicher Rückkehr (BAG vom 26. 5. 1998, AP Nr. 206, 207 zu § 1 TVG Tarifverträge: Bau). Der für die Auslösung maßgebliche Mittelpunkt kann sich ändern, der Arbeitnehmer muss aber damit einverstanden sein (BAG vom 11. 5. 1999, AP Nr. 224 zu § 1 TVG Tarifverträge: Bau). Wohnung kann auch Zweitwohnsitz sein, aber auch ohne Zweitwohnsitz ist Auslösung zu zahlen, wenn der Einsatz durchgehend ohne Heimfahrt erfolgt (BAG vom 24. 1. 2007, AP Nr. 295 zu § 1 TVG Tarifverträge: Bau). Für die Anwendung der Bautarife ist auf die überwiegende Arbeitszeit im Kalenderjahr abzustellen (BAG vom 25. 7. 2001, AP Nr. 240 zu § 1 TVG Tarifverträge: Bau). Eine Betriebsvereinbarung über wechselnde wöchentliche Arbeitszeit jeweils von Montag bis Freitag und von Montag bis Donnerstag ist mit § 3 Ziff. 1.3 BRTV-Bau vereinbar (BAG vom 24. 1. 2001, AP Nr. 5 zu § 2 Entgelt-FG). Die Normwirkung der Bautarife erstreckt sich auch auf Unternehmen in Polen, die Arbeitnehmer nach Deutschland entsenden (BAG vom 25. 6. 2002, AP Nr. 12 zu § 1 AEntG). Bei Tarifpluralität gilt der räumlich, betrieblich, fachlich und persönlich speziellere Tarifvertrag (BAG vom 26. 1. 1994, 4. 12. 2002, AP Nr. 22, 28 zu § 4 TVG Tarifkonkurrenz vom 25. 7. 2001, AP Nr. 242 zu § 1 TVG Tarifverträge: Bau). Die vom Arbeitgeber für die Abgeltung von Arbeitszeitguthaben auf besondere Bankkonten gelegte Beträge unterliegen in den Insolvenz nicht der Aussonderung (BAG vom 24. 9. 2003, AP Nr. 1 zu § 47 InsO). Die Geltung der Bautarife für ausländische Unternehmen regelt das Arbeitnehmerentsendegesetz, vgl. dazu BAG vom 25. 6. 2002, 20. 7. 2004, 25. 1. 2005, 28. 9. 2005, 3. 5. 2006, AP Nr. 12, 15, 18, 25 zu § 1 AEntG. Ein Zweitwohnsitz im Wohnwagen lässt Auslösung und Wochenendheimfahrten entfallen (BAG vom 24. 1. 2007, AP Nr. 294, 295 zu § 1 TVG Tarifverträge: Bau). Das Ausgleichskonto nach § 3 Nr. 1.43 ist kontinuierlich zu führen, mindestens ist der versteigte Monatslohn zu zahlen (BAG vom 23. 2. 2011, AP Nr. 331 zu § 1 TVG Tarifverträge: Bau).

§ 7 ArbZG
Anhang

III. Tarifvertrag für den öffentlichen Dienst der Länder (TV-L)
vom 12. 10. 2006 in der Fassung vom 2. 1. 2012

Abschnitt II. Arbeitszeit

§ 6 Regelmäßige Arbeitszeit. (1) Die durchschnittliche regelmäßige wöchentliche Arbeitszeit ausschließlich der Pausen

a) wird für jedes Bundesland im Tarifgebiet West auf der Grundlage der festgestellten tatsächlichen durchschnittlichen wöchentlichen Arbeitszeit im Februar 2006 ohne Überstunden und Mehrarbeit (tariflich und arbeitsvertraglich vereinbarte Arbeitszeit) wegen der gekündigten Arbeitszeitbestimmungen von den Tarifvertragsparteien nach den im Anhang zu § 6 festgelegten Grundsätzen errechnet,[1]

b) beträgt im Tarifgebiet West 38,5 Stunden für die nachfolgend aufgeführten Beschäftigten:

   aa) Beschäftigte, die ständig Wechselschicht- oder Schichtarbeit leisten,

   bb) Beschäftigte an Universitätskliniken, Landeskrankenhäusern, sonstigen Krankenhäusern und psychiatrischen Einrichtungen, mit Ausnahme der Ärztinnen und Ärzte nach Buchstabe d,

   cc) Beschäftigte in Straßenmeistereien, Autobahnmeistereien, Kfz-Werkstätten, Theatern und Bühnen, Hafenbetrieben, Schleusen und im Küstenschutz,

   dd) Beschäftigte in Einrichtungen für schwerbehinderte Menschen (Schulen, Heime) und in heilpädagogischen Einrichtungen,

   ee) Beschäftigte, für die der TVöD gilt oder auf deren Arbeitsverhältnis vor der Einbeziehung in den TV-L der TVöD angewandt wurde,

   ff) Beschäftigte in Kindertagesstätten in Bremen,

   gg) Beschäftigte, für die durch landesbezirkliche Vereinbarung eine regelmäßige wöchentliche Arbeitszeit von 38,5 Stunden festgelegt wurde,

c) beträgt im Tarifgebiet Ost 40 Stunden,

d) beträgt für Ärztinnen und Ärzte im Sinne des § 41 (Sonderregelungen für Ärztinnen und Ärzte an Universitätskliniken) im Tarifgebiet West und im Tarifgebiet Ost einheitlich 42 Stunden.

Bei Wechselschichtarbeit werden die gesetzlich vorgeschriebenen Pausen in die Arbeitszeit eingerechnet. Die regelmäßige Arbeitszeit kann auf fünf Tage, aus dringenden betrieblichen/dienstlichen Gründen auch auf sechs Tage verteilt werden.

Die unterschiedliche Höhe der durchschnittlichen regelmäßigen wöchentlichen Arbeitszeit nach Satz 1 Buchstaben a und b bleibt ohne Auswirkung auf das Tabellenentgelt und die in Monatsbeträgen festgelegten Entgeltbestandteile.

(2) Für die Berechnung des Durchschnitts der regelmäßigen wöchentlichen Arbeitszeit ist ein Zeitraum von bis zu einem Jahr zugrunde zu legen. Abweichend von Satz 1

---

[1] **Hinweise der Tarifvertragsparteien zur regelmäßigen wöchentlichen Arbeitszeit in den Ländern (West)**
Um die praktische Umsetzung in den einzelnen Bundesländern zu erleichtern, geben die Tarifvertragsparteien die Ergebnisse der Berechnungen nach § 6 Absatz 1 und dem Anhang zu § 6 TV-L als Hinweis bekannt, der nicht Bestandteil des Tarifvertrages ist:

Baden-Württemberg	39 Stunden, 30 Minuten
Bayern	40 Stunden, 06 Minuten
Bremen	39 Stunden, 12 Minuten
Hamburg	39 Stunden, 00 Minuten
Niedersachsen	39 Stunden, 48 Minuten
Nordrhein-Westfalen	39 Stunden, 50 Minuten
Rheinland-Pfalz	39 Stunden, 00 Minuten
Saarland	39 Stunden, 30 Minuten
Schleswig-Holstein	38 Stunden, 42 Minuten.

kann bei Beschäftigten, die ständig Wechselschicht- oder Schichtarbeit zu leisten haben, sowie für die Durchführung sogenannter Sabbatjahrmodelle ein längerer Zeitraum zugrunde gelegt werden.

(3) Soweit es die betrieblichen/dienstlichen Verhältnisse zulassen, wird die/der Beschäftigte am 24. Dezember und am 31. Dezember unter Fortzahlung des Tabellenentgelts und der sonstigen in Monatsbeträgen festgelegten Entgeltbestandteile von der Arbeit freigestellt. Kann die Freistellung nach Satz 1 aus betrieblichen/dienstlichen Gründen nicht erfolgen, ist entsprechender Freizeitausgleich innerhalb von drei Monaten zu gewähren. Die regelmäßige Arbeitszeit vermindert sich für jeden gesetzlichen Feiertag, sowie für den 24. Dezember und 31. Dezember, sofern sie auf einen Werktag fallen, um die dienstplanmäßig ausgefallenen Stunden.

Protokollerklärung zu § 6 Absatz 3 Satz 3:
Die Verminderung der regelmäßigen Arbeitszeit betrifft die Beschäftigten, die wegen des Dienstplans am Feiertag frei haben und deshalb ohne diese Regelung nacharbeiten müssten.

(4) Aus dringenden betrieblichen/dienstlichen Gründen kann auf der Grundlage einer Betriebs-/Dienstvereinbarung im Rahmen des § 7 Absatz 1, 2 und des § 12 Arbeitszeitgesetz von den Vorschriften des Arbeitszeitgesetzes abgewichen werden.

Protokollerklärung zu § 6 Absatz 4:
In vollkontinuierlichen Schichtbetrieben kann an Sonn- und Feiertagen die tägliche Arbeitszeit auf bis zu zwölf Stunden verlängert werden, wenn dadurch zusätzliche freie Schichten an Sonn- und Feiertagen erreicht werden.

(5) Die Beschäftigten sind im Rahmen begründeter betrieblicher/dienstlicher Notwendigkeiten zur Leistung von Sonntags-, Feiertags-, Nacht-, Wechselschicht-, Schichtarbeit sowie – bei Teilzeitbeschäftigung aufgrund arbeitsvertraglicher Regelung oder mit ihrer Zustimmung – zu Bereitschaftsdienst, Rufbereitschaft, Überstunden und Mehrarbeit verpflichtet.

(6) Durch Betriebs-/Dienstvereinbarung kann ein wöchentlicher Arbeitszeitkorridor von bis zu 45 Stunden eingerichtet werden. Die innerhalb eines Arbeitszeitkorridors geleisteten zusätzlichen Arbeitsstunden werden im Rahmen des nach Absatz 2 Satz 1 festgelegten Zeitraums ausgeglichen.

(7) Durch Betriebs-/Dienstvereinbarung kann in der Zeit von 6 bis 20 Uhr eine tägliche Rahmenzeit von bis zu zwölf Stunden eingeführt werden. Die innerhalb der täglichen Rahmenzeit geleisteten zusätzlichen Arbeitsstunden werden im Rahmen des nach Absatz 2 Satz 1 festgelegten Zeitraums ausgeglichen.

(8) Die Absätze 6 und 7 gelten nur alternativ und nicht bei Wechselschicht- und Schichtarbeit.

(9) Für einen Betrieb/eine Verwaltung, in dem/der ein Personalvertretungsgesetz Anwendung findet, kann eine Regelung nach den Absätzen 4, 6 und 7 in einem landesbezirklichen Tarifvertrag getroffen werden, wenn eine Dienstvereinbarung nicht einvernehmlich zustande kommt und der Arbeitgeber ein Letztentscheidungsrecht hat.

(10) In Verwaltungen und Betrieben, in denen auf Grund spezieller Aufgaben (zum Beispiel Ausgrabungen, Expeditionen, Schifffahrt) oder saisonbedingt erheblich verstärkte Tätigkeiten anfallen, kann für diese Tätigkeiten die regelmäßige Arbeitszeit auf bis zu 60 Stunden in einem Zeitraum von bis zu sieben Tagen verlängert werden. In diesem Fall muss durch Verkürzung der regelmäßigen wöchentlichen Arbeitszeit bis zum Ende des Ausgleichszeitraums nach Absatz 2 Satz 1 ein entsprechender Zeitausgleich durchgeführt werden. Die Sätze 1 und 2 gelten nicht für Beschäftigte gemäß §§ 41 bis 43.

(11) Bei Dienstreisen gilt nur die Zeit der dienstlichen Inanspruchnahme am auswärtigen Geschäftsort als Arbeitszeit. Für jeden Tag einschließlich der Reisetage wird jedoch mindestens die auf ihn entfallende regelmäßige, durchschnittliche oder dienst-

§ 7 ArbZG

Anhang

planmäßige Arbeitszeit berücksichtigt, wenn diese bei Nichtberücksichtigung der Reisezeit nicht erreicht würde. Überschreiten nicht anrechenbare Reisezeiten insgesamt 15 Stunden im Monat, so werden auf Antrag 25 v. H. dieser überschreitenden Zeiten bei fester Arbeitszeit als Freizeitausgleich gewährt und bei gleitender Arbeitszeit im Rahmen der jeweils geltenden Vorschriften auf die Arbeitszeit angerechnet. Der besonderen Situation von Teilzeitbeschäftigten ist Rechnung zu tragen. Soweit Einrichtungen in privater Rechtsform oder andere Arbeitgeber nach eigenen Grundsätzen verfahren, sind diese abweichend von den Sätzen 1 bis 4 maßgebend.

§ 7 Sonderformen der Arbeit. (1) Wechselschichtarbeit ist die Arbeit nach einem Schichtplan, der einen regelmäßigen Wechsel der täglichen Arbeitszeit in Wechselschichten vorsieht, bei denen Beschäftigte durchschnittlich längstens nach Ablauf eines Monats erneut zur Nachtschicht herangezogen werden. Wechselschichten sind wechselnde Arbeitsschichten, in denen ununterbrochen bei Tag und Nacht, werktags, sonntags und feiertags gearbeitet wird. Nachtschichten sind Arbeitsschichten, die mindestens zwei Stunden Nachtarbeit umfassen.

(2) Schichtarbeit ist die Arbeit nach einem Schichtplan, der einen regelmäßigen Wechsel des Beginns der täglichen Arbeitszeit um mindestens zwei Stunden in Zeitabschnitten von längstens einem Monat vorsieht, und die innerhalb einer Zeitspanne von mindestens 13 Stunden geleistet wird.

(3) Bereitschaftsdienst leisten Beschäftigte, die sich auf Anordnung des Arbeitgebers außerhalb der regelmäßigen Arbeitszeit an einer vom Arbeitgeber bestimmten Stelle aufhalten, um im Bedarfsfall die Arbeit aufzunehmen.

(4) Rufbereitschaft leisten Beschäftigte, die sich auf Anordnung des Arbeitgebers außerhalb der regelmäßigen Arbeitszeit an einer dem Arbeitgeber anzuzeigenden Stelle aufhalten, um auf Abruf die Arbeit aufzunehmen. Rufbereitschaft wird nicht dadurch ausgeschlossen, dass Beschäftigte vom Arbeitgeber mit einem Mobiltelefon oder einem vergleichbaren technischen Hilfsmittel ausgestattet sind.

(5) Nachtarbeit ist die Arbeit zwischen 21 Uhr und 6 Uhr.

(6) Mehrarbeit sind die Arbeitsstunden, die Teilzeitbeschäftigte über die vereinbarte regelmäßige Arbeitszeit hinaus bis zur regelmäßigen wöchentlichen Arbeitszeit von Vollbeschäftigten (§ 6 Absatz 1 Satz 1) leisten.

(7) Überstunden sind die auf Anordnung des Arbeitgebers geleisteten Arbeitsstunden, die über die im Rahmen der regelmäßigen Arbeitszeit von Vollbeschäftigten (§ 6 Absatz 1) für die Woche dienstplanmäßig beziehungsweise betriebsüblich festgesetzten Arbeitsstunden hinausgehen und nicht bis zum Ende der folgenden Kalenderwoche ausgeglichen werden.

(8) Abweichend von Absatz 7 sind nur die Arbeitsstunden Überstunden, die
a) im Falle der Festlegung eines Arbeitszeitkorridors nach § 6 Absatz 6 über 45 Stunden oder über die vereinbarte Obergrenze hinaus,
b) im Falle der Einführung einer täglichen Rahmenzeit nach § 6 Absatz 7 außerhalb der Rahmenzeit,
c) im Falle von Wechselschicht- oder Schichtarbeit über die im Schichtplan festgelegten täglichen Arbeitsstunden einschließlich der im Schichtplan vorgesehenen Arbeitsstunden, die bezogen auf die regelmäßige wöchentliche Arbeitszeit im Schichtplanturnus nicht ausgeglichen werden,
angeordnet worden sind.

§ 8 Ausgleich für Sonderformen der Arbeit. (1) Beschäftigte erhalten neben dem Entgelt für die tatsächliche Arbeitsleistung Zeitzuschläge. Die Zeitzuschläge betragen – auch bei Teilzeitbeschäftigten – je Stunde

a) für Überstunden	
– in den Entgeltgruppen 1 bis 9	30 v. H.,
– in den Entgeltgruppen 10 bis 15	15 v. H.,
b) für Nachtarbeit	20 v. H.,
c) für Sonntagsarbeit	25 v. H.,
d) bei Feiertagsarbeit	
– ohne Freizeitausgleich	135 v. H.,
– mit Freizeitausgleich	35 v. H.,
e) für Arbeit am 24. Dezember und am 31. Dezember jeweils ab 6 Uhr	35 v. H.,
f) für Arbeit an Samstagen von 13 bis 21 Uhr, soweit diese nicht im Rahmen von Wechselschicht- oder Schichtarbeit anfällt,	20 v. H.

des auf eine Stunde entfallenden Anteils des Tabellenentgelts der Stufe 3 der jeweiligen Entgeltgruppe. Beim Zusammentreffen von Zeitzuschlägen nach Satz 2 Buchstabe c bis f wird nur der höchste Zeitzuschlag gezahlt. Auf Wunsch der Beschäftigten können, soweit ein Arbeitszeitkonto (§ 10) eingerichtet ist und die betrieblichen/dienstlichen Verhältnisse es zulassen, die nach Satz 2 zu zahlenden Zeitzuschläge entsprechend dem jeweiligen Vomhundertsatz einer Stunde in Zeit umgewandelt (faktorisiert) und ausgeglichen werden. Dies gilt entsprechend für Überstunden als solche.

Protokollerklärung zu § 8 Absatz 1:
Bei Überstunden richtet sich das Entgelt für die tatsächliche Arbeitsleistung nach der jeweiligen Entgeltgruppe und der individuellen Stufe, höchstens jedoch nach der Stufe 4.

Protokollerklärung zu § 8 Absatz 1 Satz 2 Buchstabe d:
Der Freizeitausgleich muss im Dienstplan besonders ausgewiesen und bezeichnet werden. Falls kein Freizeitausgleich gewährt wird, werden als Entgelt einschließlich des Zeitzuschlags und des auf den Feiertag entfallenden Tabellenentgelts höchstens 235 v. H. gezahlt.

(2) Überstunden sind grundsätzlich durch entsprechende Freizeit auszugleichen; für die Zeit des Freizeitausgleichs werden das Tabellenentgelt sowie die sonstigen, in Monatsbeträgen festgelegten Entgeltbestandteile weitergezahlt. Sofern kein Arbeitszeitkonto nach § 10 eingerichtet ist, oder wenn ein solches besteht, die/der Beschäftigte jedoch keine Faktorisierung nach Absatz 1 geltend macht, erhält die/der Beschäftigte für Überstunden (§ 7 Absatz 7), die nicht bis zum Ende des dritten Kalendermonats – möglichst aber schon bis zum Ende des nächsten Kalendermonats – nach deren Entstehen mit Freizeit ausgeglichen worden sind, je Stunde 100 v. H. des auf die Stunde entfallenden Anteils des Tabellenentgelts der jeweiligen Entgeltgruppe und Stufe, höchstens jedoch nach der Stufe 4. Der Anspruch auf den Zeitzuschlag für Überstunden nach Absatz 1 besteht unabhängig von einem Freizeitausgleich.

(3) Für Beschäftigte der Entgeltgruppen 15 und 15 Ü bei obersten Landesbehörden sind Mehrarbeit und Überstunden durch das Tabellenentgelt abgegolten. Beschäftigte der Entgeltgruppen 13, 13 Ü und 14 bei obersten Landesbehörden erhalten nur dann ein Überstundenentgelt, wenn die Leistung der Mehrarbeit oder der Überstunden für sämtliche Beschäftigte der Behörde angeordnet ist; im Übrigen ist über die regelmäßige Arbeitszeit hinaus geleistete Arbeit dieser Beschäftigten durch das Tabellenentgelt abgegolten. Satz 1 gilt auch für Leiterinnen/Leiter von Dienststellen und deren ständige Vertreterinnen/Vertreter, die in die Entgeltgruppen 14 und 15 und 15 Ü eingruppiert sind. Die Sätze 1 bis 3 gelten nicht für Beschäftigte der Freien Hansestadt Bremen sowie der Freien und Hansestadt Hamburg.

(4) Für Arbeitsstunden, die keine Überstunden sind und die aus betrieblichen/dienstlichen Gründen nicht innerhalb des nach § 6 Absatz 2 Satz 1 oder 2 festgelegten Zeitraums mit Freizeit ausgeglichen werden, erhält die/der Beschäftigte je Stunde 100 v. H. des auf eine Stunde entfallenden Anteils des Tabellenentgelts der jeweiligen Entgeltgruppe und Stufe.

§ 7 ArbZG   Anhang

Protokollerklärung zu § 8 Absatz 4:
Mit dem Begriff „Arbeitsstunden" sind nicht die Stunden gemeint, die im Rahmen von Gleitzeitregelungen im Sinne der Protokollerklärung zu Abschnitt II anfallen, es sei denn, sie sind angeordnet worden.

(5) Für die Rufbereitschaft wird eine tägliche Pauschale je Entgeltgruppe gezahlt. Für eine Rufbereitschaft von mindestens zwölf Stunden wird für die Tage Montag bis Freitag das Zweifache, für Samstag, Sonntag sowie für Feiertage das Vierfache des tariflichen Stundenentgelts nach Maßgabe der Entgelttabelle gezahlt. Maßgebend für die Bemessung der Pauschale nach Satz 2 ist der Tag, an dem die Rufbereitschaft beginnt. Für Rufbereitschaften von weniger als zwölf Stunden werden für jede angefangene Stunde 12,5 v. H. des tariflichen Stundenentgelts nach der Entgelttabelle gezahlt. Die Zeit jeder einzelnen Inanspruchnahme innerhalb der Rufbereitschaft mit einem Einsatz außerhalb des Aufenthaltsorts im Sinne des § 7 Absatz 4 einschließlich der hierfür erforderlichen Wegezeiten wird auf eine volle Stunde gerundet und mit dem Entgelt für Überstunden sowie etwaiger Zeitzuschläge nach Absatz 1 bezahlt. Wird die Arbeitsleistung innerhalb der Rufbereitschaft am Aufenthaltsort im Sinne des § 7 Absatz 4 telefonisch (zum Beispiel in Form einer Auskunft) oder mittels technischer Einrichtungen erbracht, wird abweichend von Satz 5 die Summe dieser Arbeitsleistungen am Ende des Rufbereitschaftsdienstes auf die nächsten vollen 30 oder 60 Minuten gerundet und mit dem Entgelt für Überstunden sowie etwaiger Zeitzuschläge nach Absatz 1 bezahlt; dauert der Rufbereitschaftsdienst länger als 24 Stunden (zum Beispiel an Wochenenden), erfolgt die Aufrundung nach jeweils 24 Stunden. Absatz 1 Satz 4 gilt entsprechend, soweit die Buchung auf das Arbeitszeitkonto nach § 10 Absatz 3 Satz 2 zulässig ist. Für die Zeit der Rufbereitschaft werden Zeitzuschläge nicht gezahlt.

Protokollerklärung zu § 8 Absatz 5:
Zur Ermittlung der Tage einer Rufbereitschaft, für die eine Pauschale gezahlt wird, ist auf den Tag des Beginns der Rufbereitschaft abzustellen.

Niederschriftserklärung zu § 8 Absatz 5:
Zur Erläuterung von § 8 Absatz 5 und der dazugehörigen Protokollerklärung sind sich die Tarifvertragsparteien über folgendes Beispiel einig: „Beginnt eine Wochenendrufbereitschaft am Freitag um 15 Uhr und endet am Montag um 7 Uhr, so erhalten Beschäftigte folgende Pauschalen: Zwei Stunden am Freitag, je vier Stunden am Samstag und Sonntag, keine Pauschale für Montag. Sie erhalten somit zehn Stundenentgelte."

Zur Erläuterung von § 8 Absatz 5 Satz 6 sind sich die Tarifvertragsparteien über folgendes Beispiel einig: Während eines Rufbereitschaftsdienstes von Freitag 16 Uhr bis Montag 8 Uhr werden Arbeitsleistungen am Aufenthaltsort in folgendem Umfang geleistet:
Freitag 21.00 Uhr bis 21.08 Uhr (8 Minuten),
Samstag 8.00 Uhr bis 8.15 Uhr (15 Minuten) sowie 15.50 Uhr bis 16.18 Uhr (28 Minuten),
Sonntag 9.00 Uhr bis 9.35 Uhr (35 Minuten) sowie 22.00 Uhr bis 22.40 Uhr (40 Minuten).
Es werden aufgerundet:
8 und 15 Minuten = 23 Minuten auf 30 Minuten,
28 und 35 Minuten = 63 Minuten auf 1 Stunde 30 Minuten,
40 Minuten auf 60 Minuten (1 Stunde).

(6) Das Entgelt für Bereitschaftsdienst wird durch besonderen Tarifvertrag geregelt. Bis zum In-Kraft-Treten einer Regelung nach Satz 1 gelten die in dem jeweiligen Betrieb/der jeweiligen Verwaltung/Dienststelle am 31. Oktober 2006 jeweils geltenden Bestimmungen fort. Das Bereitschaftsdienstentgelt kann, soweit ein Arbeitszeitkonto (§ 10) eingerichtet ist und die betrieblichen/dienstlichen Verhältnisse es zulassen (Absatz 1 Satz 4), im Einvernehmen mit der/dem Beschäftigten im Verhältnis 1:1 in Frei-

zeit (faktorisiert) abgegolten werden. Weitere Faktorisierungsregelungen können in einer einvernehmlichen Dienst- oder Betriebsvereinbarung getroffen werden.

Protokollerklärung zu § 8 Absatz 6:
Unabhängig von den Vorgaben des Absatzes 6 kann der Arbeitgeber einen Freizeitausgleich anordnen, wenn dies zur Einhaltung der Vorschriften des Arbeitszeitgesetzes erforderlich ist.

Niederschriftserklärung zu § 8 Absatz 6:
Die Faktorisierung erfolgt entsprechend dem jeweiligen Vomhundertsatz einer Stunde des vereinbarten Bereitschaftsdienstentgeltes.

(7) Beschäftigte, die ständig Wechselschichtarbeit leisten, erhalten eine Wechselschichtzulage von 105 Euro monatlich. Beschäftigte, die nicht ständig Wechselschichtarbeit leisten, erhalten eine Wechselschichtzulage von 0,63 Euro pro Stunde.

(8) Beschäftigte, die ständig Schichtarbeit leisten, erhalten eine Schichtzulage von 40 Euro monatlich. Beschäftigte, die nicht ständig Schichtarbeit leisten, erhalten eine Schichtzulage von 0,24 Euro pro Stunde.

§ 9 Bereitschaftszeiten. (1) Bereitschaftszeiten sind die Zeiten, in denen sich die/der Beschäftigte am Arbeitsplatz oder einer anderen vom Arbeitgeber bestimmten Stelle zur Verfügung halten muss, um im Bedarfsfall die Arbeit selbständig, gegebenenfalls auch auf Anordnung, aufzunehmen; in ihnen überwiegen die Zeiten ohne Arbeitsleistung. Für Beschäftigte, in deren Tätigkeit regelmäßig und in nicht unerheblichem Umfang Bereitschaftszeiten fallen, gelten folgende Regelungen:

a) Bereitschaftszeiten werden zur Hälfte als tarifliche Arbeitszeit gewertet (faktorisiert).
b) Sie werden innerhalb von Beginn und Ende der regelmäßigen täglichen Arbeitszeit nicht gesondert ausgewiesen.
c) Die Summe aus den faktorisierten Bereitschaftszeiten und der Vollarbeitszeit darf die Arbeitszeit nach § 6 Absatz 1 nicht überschreiten.
d) Die Summe aus Vollarbeits- und Bereitschaftszeiten darf durchschnittlich 48 Stunden wöchentlich nicht überschreiten.

Ferner ist Voraussetzung, dass eine nicht nur vorübergehend angelegte Organisationsmaßnahme besteht, bei der regelmäßig und in nicht unerheblichem Umfang Bereitschaftszeiten anfallen.

(2) Die Anwendung des Absatzes 1 bedarf im Geltungsbereich eines Personalvertretungsgesetzes einer einvernehmlichen Dienstvereinbarung. § 6 Absatz 9 gilt entsprechend.

(3) Für Hausmeisterinnen/Hausmeister und für Beschäftigte im Rettungsdienst und in Rettungsdienstleitstellen, in deren Tätigkeit regelmäßig und in nicht unerheblichem Umfang Bereitschaftszeiten fallen, gilt Absatz 1 entsprechend; Absatz 2 findet keine Anwendung. Für Beschäftigte im Rettungsdienst und in Rettungsdienstleitstellen beträgt in diesem Fall die zulässige tägliche Höchstarbeitszeit zwölf Stunden zuzüglich der gesetzlichen Pausen.

Protokollerklärung zu § 9 Absatz 1 und 2:
Diese Regelung gilt nicht für Wechselschicht- und Schichtarbeit.

§ 10 Arbeitszeitkonto. (1) Durch Betriebs-/Dienstvereinbarung kann ein Arbeitszeitkonto eingerichtet werden. Für einen Betrieb/eine Verwaltung, in dem/der ein Personalvertretungsgesetz Anwendung findet, kann eine Regelung nach Satz 1 auch in einem landesbezirklichen Tarifvertrag getroffen werden, wenn eine Dienstvereinbarung nicht einvernehmlich zustande kommt und der Arbeitgeber ein Letztentscheidungsrecht hat. Soweit ein Arbeitszeitkorridor (§ 6 Absatz 6) oder eine Rahmenzeit (§ 6 Absatz 7) vereinbart wird, ist ein Arbeitszeitkonto einzurichten.

(2) In der Betriebs-/Dienstvereinbarung wird festgelegt, ob das Arbeitszeitkonto im ganzen Betrieb/in der ganzen Verwaltung oder Teilen davon eingerichtet wird. Alle

§ 7 ArbZG
Anhang

Beschäftigten der Betriebs-/Verwaltungsteile, für die ein Arbeitszeitkonto eingerichtet wird, werden von den Regelungen des Arbeitszeitkontos erfasst.

(3) Auf das Arbeitszeitkonto können Zeiten, die bei Anwendung des nach § 6 Absatz 2 festgelegten Zeitraums als Zeitguthaben oder als Zeitschuld bestehen bleiben, nicht durch Freizeit ausgeglichene Zeiten nach § 8 Absatz 1 Satz 5 und Absatz 4 sowie in Zeit umgewandelte Zuschläge nach § 8 Absatz 1 Satz 4 gebucht werden. Weitere Kontingente (zum Beispiel Rufbereitschafts-/Bereitschaftsdienstentgelte) können durch Betriebs-/Dienstvereinbarung zur Buchung freigegeben werden. Die/Der Beschäftigte entscheidet für einen in der Betriebs-/Dienstvereinbarung festgelegten Zeitraum, welche der in Satz 1 beziehungsweise Satz 2 genannten Zeiten auf das Arbeitszeitkonto gebucht werden.

(4) Im Falle einer unverzüglich angezeigten und durch ärztliches Attest nachgewiesenen Arbeitsunfähigkeit während eines Zeitausgleichs vom Arbeitszeitkonto (Zeiten nach Absatz 3 Satz 1 und 2) tritt eine Minderung des Zeitguthabens nicht ein.

Niederschriftserklärung zu § 10 Absatz 4:
Durch diese Regelung werden aus dem Urlaubsrecht entlehnte Ansprüche nicht begründet.

(5) In der Betriebs-/Dienstvereinbarung sind insbesondere folgende Regelungen zu treffen:
a) Die höchstmögliche Zeitschuld (bis zu 40 Stunden) und das höchstzulässige Zeitguthaben (bis zu einem Vielfachen von 40 Stunden), die innerhalb eines bestimmten Zeitraums anfallen dürfen;
b) Fristen für das Abbuchen von Zeitguthaben oder für den Abbau von Zeitschulden durch die/den Beschäftigten;
c) die Berechtigung, das Abbuchen von Zeitguthaben zu bestimmten Zeiten (zum Beispiel an so genannten Brückentagen) vorzusehen;
d) die Folgen, wenn der Arbeitgeber einen bereits genehmigten Freizeitausgleich kurzfristig widerruft.

(6) Der Arbeitgeber kann mit der/dem Beschäftigten die Einrichtung eines Langzeitkontos vereinbaren. In diesem Fall ist der Betriebs-/Personalrat zu beteiligen und – bei Insolvenzfähigkeit des Arbeitgebers – eine Regelung zur Insolvenzsicherung zu treffen.

§ 11 Teilzeitbeschäftigung. (1) Mit Beschäftigten soll auf Antrag eine geringere als die vertraglich festgelegte Arbeitszeit vereinbart werden, wenn sie
a) mindestens ein Kind unter 18 Jahren oder
b) einen nach ärztlichem Gutachten pflegebedürftigen sonstigen Angehörigen

tatsächlich betreuen oder pflegen und dringende dienstliche beziehungsweise betriebliche Belange nicht entgegenstehen.

Die Teilzeitbeschäftigung nach Satz 1 ist auf Antrag auf bis zu fünf Jahre zu befristen. Sie kann verlängert werden; der Antrag ist spätestens sechs Monate vor Ablauf der vereinbarten Teilzeitbeschäftigung zu stellen. Bei der Gestaltung der Arbeitszeit hat der Arbeitgeber im Rahmen der dienstlichen beziehungsweise betrieblichen Möglichkeiten der besonderen persönlichen Situation der/des Beschäftigten nach Satz 1 Rechnung zu tragen.

(2) Beschäftigte, die in anderen als den in Absatz 1 genannten Fällen eine Teilzeitbeschäftigung vereinbaren wollen, können von ihrem Arbeitgeber verlangen, dass er mit ihnen die Möglichkeit einer Teilzeitbeschäftigung mit dem Ziel erörtert, zu einer entsprechenden Vereinbarung zu gelangen.

(3) Ist mit früher Vollbeschäftigten auf ihren Wunsch eine nicht befristete Teilzeitbeschäftigung vereinbart worden, sollen sie bei späterer Besetzung eines Vollzeitarbeitsplatzes bei gleicher Eignung im Rahmen der dienstlichen beziehungsweise betrieblichen Möglichkeiten bevorzugt berücksichtigt werden.

Protokollerklärung zu Abschnitt II:
Gleitzeitregelungen sind unter Wahrung der jeweils geltenden Mitbestimmungsrechte unabhängig von den Vorgaben zu Arbeitszeitkorridor und Rahmenzeit (§ 6 Absatz 6 und 7) möglich; dies gilt nicht bei Schicht- und Wechselschichtarbeit. In den Gleitzeitregelungen kann auf Vereinbarungen nach § 10 verzichtet werden. Sie dürfen keine Regelungen nach § 6 Absatz 4 enthalten. Bei In-Kraft-Treten dieses Tarifvertrages bestehende Gleitzeitregelungen bleiben unberührt.

IV. Tarifvertrag für den öffentlichen Dienst (TVöD)

vom 13. 9. 2005,
in der Fassung vom 31. 3. 2012

– Auszug –

Abschnitt II. Arbeitszeit

§ 6 Regelmäßige Arbeitszeit. (1) Die regelmäßige Arbeitszeit beträgt ausschließlich der Pausen für

a) die Beschäftigten des Bundes durchschnittlich 39 Stunden wöchentlich,
b) die Beschäftigten der Mitglieder eines Mitgliedverbandes der VKA im Tarifgebiet West durchschnittlich 38,5 Stunden wöchentlich, im Tarifgebiet Ost durchschnittlich 40 Stunden wöchentlich.

Bei Wechselschichtarbeit werden die gesetzlich vorgeschriebenen Pausen in die Arbeitszeit eingerechnet. Die regelmäßige Arbeitszeit kann auf fünf Tage, aus notwendigen betrieblichen/dienstlichen Gründen auch auf sechs Tage verteilt werden.

(2) Für die Berechnung des Durchschnitts der regelmäßigen wöchentlichen Arbeitszeit ist ein Zeitraum von bis zu einem Jahr zugrunde zu legen. Abweichend von Satz 1 kann bei Beschäftigten, die ständig Wechselschicht- oder Schichtarbeit zu leisten haben, ein längerer Zeitraum zugrunde gelegt werden.

(3) Soweit es die betrieblichen/dienstlichen Verhältnisse zulassen, wird die/der Beschäftigte am 24. Dezember und am 31. Dezember unter Fortzahlung des Entgelts nach § 21 von der Arbeit freigestellt. Kann die Freistellung nach Satz 1 aus betrieblichen/dienstlichen Gründen nicht erfolgen, ist entsprechender Freizeitausgleich innerhalb von drei Monaten zu gewähren. Die regelmäßige Arbeitszeit vermindert sich für jeden gesetzlichen Feiertag, sowie für den 24. Dezember und 31. Dezember, sofern sie auf einen Werktag fallen, um die dienstplanmäßig ausgefallenen Stunden.

Protokollerklärung zu Absatz 3 Satz 3:
Die Verminderung der regelmäßigen Arbeitszeit betrifft die Beschäftigten, die wegen des Dienstplans am Feiertag frei haben und deshalb ohne diese Regelung nacharbeiten müssten.

(4) Aus dringenden betrieblichen/dienstlichen Gründen kann auf der Grundlage einer Betriebs-/Dienstvereinbarung im Rahmen des § 7 Abs. 1, 2 und des § 12 ArbZG von den Vorschriften des Arbeitszeitgesetzes abgewichen werden.

Protokollerklärung zu Absatz 4:
In vollkontinuierlichen Schichtbetrieben kann an Sonn- und Feiertagen die tägliche Arbeitszeit auf bis zu zwölf Stunden verlängert werden, wenn dadurch zusätzliche freie Schichten an Sonn- und Feiertagen erreicht werden.

(5) Die Beschäftigten sind im Rahmen begründeter betrieblicher/dienstlicher Notwendigkeiten zur Leistung von Sonntags-, Feiertags-, Nacht-, Wechselschicht-, Schichtarbeit sowie – bei Teilzeitbeschäftigung aufgrund arbeitsvertraglicher Regelung oder mit ihrer Zustimmung – zu Bereitschaftsdienst, Rufbereitschaft, Überstunden und Mehrarbeit verpflichtet.

§ 7 ArbZG   Anhang

(6) Durch Betriebs-/Dienstvereinbarung kann ein wöchentlicher Arbeitszeitkorridor von bis zu 45 Stunden eingerichtet werden. Die innerhalb eines Arbeitszeitkorridors geleisteten zusätzlichen Arbeitsstunden werden im Rahmen des nach Absatz 2 Satz 1 festgelegten Zeitraums ausgeglichen.

(7) Durch Betriebs-/Dienstvereinbarung kann in der Zeit von 6 bis 20 Uhr eine tägliche Rahmenzeit von bis zu zwölf Stunden eingeführt werden. Die innerhalb der täglichen Rahmenzeit geleisteten zusätzlichen Arbeitsstunden werden im Rahmen des nach Absatz 2 Satz 1 festgelegten Zeitraums ausgeglichen.

(8) Die Absätze 6 und 7 gelten nur alternativ und nicht bei Wechselschicht- und Schichtarbeit.

(9) Für einen Betrieb/eine Verwaltung, in dem/der ein Personalvertretungsgesetz Anwendung findet, kann eine Regelung nach den Absätzen 4, 6 und 7 in einem landesbezirklichen Tarifvertrag – für den Bund in einem Tarifvertrag auf Bundesebene – getroffen werden, wenn eine Dienstvereinbarung nicht einvernehmlich zustande kommt und der Arbeitgeber ein Letztentscheidungsrecht hat.

Protokollerklärung zu § 6:

Gleitzeitregelungen sind unter Wahrung der jeweils geltenden Mitbestimmungsrechte unabhängig von den Vorgaben zu Arbeitszeitkorridor und Rahmenzeit (Absätze 6 und 7) möglich. Sie dürfen keine Regelungen nach Absatz 4 enthalten.

§ 7 Sonderformen der Arbeit. (1) Wechselschichtarbeit ist die Arbeit nach einem Schichtplan, der einen regelmäßigen Wechsel der täglichen Arbeitszeit in Wechselschichten vorsieht, bei denen Beschäftigte durchschnittlich längstens nach Ablauf eines Monats erneut zur Nachtschicht herangezogen werden. Wechselschichten sind wechselnde Arbeitsschichten, in denen ununterbrochen bei Tag und Nacht, werktags, sonntags und feiertags gearbeitet wird. Nachtschichten sind Arbeitsschichten, die mindestens zwei Stunden Nachtarbeit umfassen.

(2) Schichtarbeit ist die Arbeit nach einem Schichtplan, der einen regelmäßigen Wechsel des Beginns der täglichen Arbeitszeit um mindestens zwei Stunden in Zeitabschnitten von längstens einem Monat vorsieht, und die innerhalb einer Zeitspanne von mindestens 13 Stunden geleistet wird.

(3) Bereitschaftsdienst leisten Beschäftigte, die sich auf Anordnung des Arbeitgebers außerhalb der regelmäßigen Arbeitszeit an einer vom Arbeitgeber bestimmten Stelle aufhalten, um im Bedarfsfall die Arbeit aufzunehmen.

(4) Rufbereitschaft leisten Beschäftigte, die sich auf Anordnung des Arbeitgebers außerhalb der regelmäßigen Arbeitszeit an einer dem Arbeitgeber anzuzeigenden Stelle aufhalten, um auf Abruf die Arbeit aufzunehmen. Rufbereitschaft wird nicht dadurch ausgeschlossen, dass Beschäftigte vom Arbeitgeber mit einem Mobiltelefon oder einem vergleichbaren technischen Hilfsmittel ausgestattet sind.

(5) Nachtarbeit ist die Arbeit zwischen 21 Uhr und 6 Uhr.

(6) Mehrarbeit sind die Arbeitsstunden, die Teilzeitbeschäftigte über die vereinbarte regelmäßige Arbeitszeit hinaus bis zur regelmäßigen wöchentlichen Arbeitszeit von Vollbeschäftigten (§ 6 Abs. 1 Satz 1) leisten.

(7) Überstunden sind die auf Anordnung des Arbeitgebers geleisteten Arbeitsstunden, die über die im Rahmen der regelmäßigen Arbeitszeit von Vollbeschäftigten (§ 6 Abs. 1 Satz 1) für die Woche dienstplanmäßig bzw. betriebsüblich festgesetzten Arbeitsstunden hinausgehen und nicht bis zum Ende der folgenden Kalenderwoche ausgeglichen werden.

(8) Abweichend von Absatz 7 sind nur die Arbeitsstunden Überstunden, die
a) im Falle der Festlegung eines Arbeitszeitkorridors nach § 6 Abs. 6 über 45 Stunden oder über die vereinbarte Obergrenze hinaus,

b) im Falle der Einführung einer täglichen Rahmenzeit nach § 6 Abs. 7 außerhalb der Rahmenzeit,
c) im Falle von Wechselschicht- oder Schichtarbeit über die im Schichtplan festgelegten täglichen Arbeitsstunden einschließlich der im Schichtplan vorgesehenen Arbeitsstunden, die bezogen auf die regelmäßige wöchentliche Arbeitszeit im Schichtplanturnus nicht ausgeglichen werden,

angeordnet worden sind.

§ 8 Ausgleich für Sonderformen der Arbeit. (1) Der/Die Beschäftigte erhält neben dem Entgelt für die tatsächliche Arbeitsleistung Zeitzuschläge. Die Zeitzuschläge betragen – auch bei Teilzeitbeschäftigten – je Stunde

a) für Überstunden	
in den Entgeltgruppen 1 bis 9	30 v. H.,
in den Entgeltgruppen 10 bis 15	15 v. H.,
b) für Nachtarbeit	20 v. H.,
c) für Sonntagsarbeit	25 v. H.,
d) bei Feiertagsarbeit	
– ohne Freizeitausgleich	135 v. H.,
– mit Freizeitausgleich	35 v. H.,
e) für Arbeit am 24. Dezember und am 31. Dezember jeweils ab 6 Uhr	35 v. H.,
f) für Arbeit an Samstagen von 13 bis 21 Uhr, soweit diese nicht im Rahmen von Wechselschicht- oder Schichtarbeit anfällt	20 v. H.

des auf eine Stunde entfallenden Anteils des Tabellenentgelts der Stufe 3 der jeweiligen Entgeltgruppe. Beim Zusammentreffen von Zeitzuschlägen nach Satz 2 Buchst. c bis f wird nur der höchste Zeitzuschlag gezahlt. Auf Wunsch der/des Beschäftigten können, soweit ein Arbeitszeitkonto (§ 10) eingerichtet ist und die betrieblichen/dienstlichen Verhältnisse es zulassen, die nach Satz 2 zu zahlenden Zeitzuschläge entsprechend dem jeweiligen Vomhundertsatz einer Stunde in Zeit umgewandelt und ausgeglichen werden. Dies gilt entsprechend für Überstunden als solche.

Protokollerklärung zu Absatz 1 Satz 1:
Bei Überstunden richtet sich das Entgelt für die tatsächliche Arbeitsleistung nach der jeweiligen Entgeltgruppe und der individuellen Stufe, höchstens jedoch nach der Stufe 4.

Protokollerklärung zu Absatz 1 Satz 2 Buchst. d:
Der Freizeitausgleich muss im Dienstplan besonders ausgewiesen und bezeichnet werden. Falls kein Freizeitausgleich gewährt wird, werden als Entgelt einschließlich des Zeitzuschlags und des auf den Feiertag entfallenden Tabellenentgelts höchstens 235 v. H. gezahlt.

(2) Für Arbeitsstunden, die keine Überstunden sind und die aus betrieblichen/dienstlichen Gründen nicht innerhalb des nach § 6 Abs. 2 Satz 1 oder 2 festgelegten Zeitraums mit Freizeit ausgeglichen werden, erhält die/der Beschäftigte je Stunde 100 v. H. des auf eine Stunde entfallenden Anteils des Tabellenentgelts der jeweiligen Entgeltgruppe und Stufe.

Protokollerklärung zu Absatz 2 Satz 1:
Mit dem Begriff „Arbeitsstunden" sind nicht die Stunden gemeint, die im Rahmen von Gleitzeitregelungen im Sinne der Protokollerklärung zu § 6 anfallen, es sei denn, sie sind angeordnet worden.

(3) Für die Rufbereitschaft wird eine tägliche Pauschale je Entgeltgruppe bezahlt. Sie beträgt für die Tage Montag bis Freitag das Zweifache, für Samstag, Sonntag sowie für Feiertage das Vierfache des tariflichen Stundenentgelts nach Maßgabe der Entgelttabelle. Maßgebend für die Bemessung der Pauschale nach Satz 2 ist der Tag, an dem die Rufbereitschaft beginnt. Für die Arbeitsleistung innerhalb der Rufbereitschaft außer-

§ 7 ArbZG

Anhang

halb des Aufenthaltsortes im Sinne des § 7 Abs. 4 wird die Zeit jeder einzelnen Inanspruchnahme einschließlich der hierfür erforderlichen Wegezeiten jeweils auf eine volle Stunde gerundet und mit dem Entgelt für Überstunden sowie mit etwaigen Zeitzuschlägen nach Absatz 1 bezahlt. Wird die Arbeitsleistung innerhalb der Rufbereitschaft am Aufenthaltsort im Sinne des § 7 Abs. 4 telefonisch (z. B. in Form einer Auskunft) oder mittels technischer Einrichtungen erbracht, wird abweichend von Satz 4 die Summe dieser Arbeitsleistungen auf die nächste volle Stunde gerundet und mit dem Entgelt für Überstunden sowie mit etwaigen Zeitzuschlägen nach Absatz 1 bezahlt. Absatz 1 Satz 4 gilt entsprechend, soweit die Buchung auf das Arbeitszeitkonto nach § 10 Abs. 3 Satz 2 zulässig ist. Satz 1 gilt nicht im Falle einer stundenweisen Rufbereitschaft. Eine Rufbereitschaft im Sinne von Satz 7 liegt bei einer ununterbrochenen Rufbereitschaft von weniger als zwölf Stunden vor. In diesem Fall wird abweichend von den Sätzen 2 und 3 für jede Stunde der Rufbereitschaft 12,5 v. H. des tariflichen Stundenentgelts nach Maßgabe der Entgelttabelle gezahlt.

Protokollerklärung zu Absatz 3:
Zur Ermittlung der Tage einer Rufbereitschaft, für die eine Pauschale gezahlt wird, ist auf den Tag des Beginns der Rufbereitschaft abzustellen.

Niederschriftserklärung zu § 8 Abs. 3:
Zur Erläuterung von § 8 Abs. 3 und der dazugehörigen Protokollerklärung sind sich die Tarifvertragsparteien über folgendes Beispiel einig: „Beginnt eine Wochenendrufbereitschaft am Freitag um 15 Uhr und endet am Montag um 7 Uhr, so erhalten Beschäftigte folgende Pauschalen: Zwei Stunden für Freitag, je vier Stunden für Samstag und Sonntag, keine Pauschale für Montag. Sie erhalten somit zehn Stundenentgelte."

(4) Das Entgelt für Bereitschaftsdienst wird landesbezirklich – für den Bund in einem Tarifvertrag auf Bundesebene – geregelt. Bis zum In-Kraft-Treten einer Regelung nach Satz 1 gelten die in dem jeweiligen Betrieb/der jeweiligen Verwaltung/Dienststelle am 30. September 2005 jeweils geltenden Bestimmungen fort.

(5) Beschäftigte, die ständig Wechselschichtarbeit leisten, erhalten eine Wechselschichtzulage von 105 Euro monatlich. Beschäftigte, die nicht ständig Wechselschichtarbeit leisten, erhalten eine Wechselschichtzulage von 0,63 Euro pro Stunde.

(6) Beschäftigte, die ständig Schichtarbeit leisten, erhalten eine Schichtzulage von 40 Euro monatlich. Beschäftigte, die nicht ständig Schichtarbeit leisten, erhalten eine Schichtzulage von 0,24 Euro pro Stunde.

§ 9 Bereitschaftszeiten. (1) Bereitschaftszeiten sind die Zeiten, in denen sich die/ der Beschäftigte am Arbeitsplatz oder einer anderen vom Arbeitgeber bestimmten Stelle zur Verfügung halten muss, um im Bedarfsfall die Arbeit selbstständig, ggf. auch nur Anordnung, aufzunehmen und in denen die Zeiten ohne Arbeitsleistung überwiegen. Für Beschäftigte, in deren Tätigkeit regelmäßig und in nicht unerheblichem Umfang Bereitschaftszeiten fallen, gelten folgende Regelungen:

a) Bereitschaftszeiten werden zur Hälfte als tarifliche Arbeitszeit gewertet (faktorisiert).
b) Sie werden innerhalb von Beginn und Ende der regelmäßigen täglichen Arbeitszeit nicht gesondert ausgewiesen.
c) Die Summe aus den faktorisierten Bereitschaftszeiten und der Vollarbeitszeit darf die Arbeitszeit nach § 6 Abs. 1 nicht überschreiten.
d) Die Summe aus Vollarbeits- und Bereitschaftszeiten darf durchschnittlich 48 Stunden wöchentlich nicht überschreiten.

Ferner ist Voraussetzung, dass eine nicht nur vorübergehend angelegte Organisationsmaßnahme besteht, bei der regelmäßig und in nicht unerheblichem Umfang Bereitschaftszeiten anfallen.

(2) Im Bereich der VKA bedarf die Anwendung des Absatzes 1 im Geltungsbereich eines Personalvertretungsgesetzes einer einvernehmlichen Dienstvereinbarung. § 6

Abs. 9 gilt entsprechend. Im Geltungsbereich des Betriebsverfassungsgesetzes unterliegt die Anwendung dieser Vorschrift der Mitbestimmung im Sinne des § 87 Abs. 1 Nr. 2 BetrVG.

(3) Im Bereich des Bundes gilt Absatz 1 für Beschäftigte im Sinne des Satzes 2, wenn betrieblich Beginn und Ende der täglichen Arbeitszeit unter Einschluss der Bereitschaftszeiten für diese Beschäftigtengruppen festgelegt werden.

Protokollerklärung zu § 9:
Diese Regelung gilt nicht für Wechselschicht- und Schichtarbeit.

§ 10 Arbeitszeitkonto. (1) Durch Betriebs-/Dienstvereinbarung kann ein Arbeitszeitkonto eingerichtet werden. Für einen Betrieb/eine Verwaltung, in dem/der ein Personalvertretungsgesetz Anwendung findet, kann eine Regelung nach Satz 1 auch in einem landesbezirklichen Tarifvertrag – für den Bund in einem Tarifvertrag auf Bundesebene – getroffen werden, wenn eine Dienstvereinbarung nicht einvernehmlich zustande kommt und der Arbeitgeber ein Letztentscheidungsrecht hat. Soweit ein Arbeitszeitkorridor (§ 6 Abs. 6) oder eine Rahmenzeit (§ 6 Abs. 7) vereinbart wird, ist ein Arbeitszeitkonto einzurichten.

(2) In der Betriebs-/Dienstvereinbarung wird festgelegt, ob das Arbeitszeitkonto im ganzen Betrieb/in der ganzen Verwaltung oder Teilen davon eingerichtet wird. Alle Beschäftigten der Betriebs-/Verwaltungsteile, für die ein Arbeitszeitkonto eingerichtet wird, werden von den Regelungen des Arbeitszeitkontos erfasst.

(3) Auf das Arbeitszeitkonto können Zeiten, die bei Anwendung des nach § 6 Abs. 2 festgelegten Zeitraums als Zeitguthaben oder als Zeitschuld bestehen bleiben, nicht durch Freizeit ausgeglichene Zeiten nach § 8 Abs. 1 Satz 5 und Abs. 2 sowie in Zeit umgewandelte Zuschläge nach § 8 Abs. 1 Satz 4 gebucht werden. Weitere Kontingente (z. B. Rufbereitschafts-/Bereitschaftsdienstentgelte) können durch Betriebs-/Dienstvereinbarung zur Buchung freigegeben werden. Die/Der Beschäftigte entscheidet für einen in der Betriebs-/Dienstvereinbarung festgelegten Zeitraum, welche der in Satz 1 genannten Zeiten auf das Arbeitszeitkonto gebucht werden.

(4) Im Falle einer unverzüglich angezeigten und durch ärztliches Attest nachgewiesenen Arbeitsunfähigkeit während eines Zeitausgleichs vom Arbeitszeitkonto (Zeiten nach Absatz 3 Satz 1 und 2) tritt eine Minderung des Zeitguthabens nicht ein.

Niederschriftserklärung zu § 10 Abs. 4:
Durch diese Regelung werden aus dem Urlaubsrecht entlehnte Ansprüche nicht begründet.

(5) In der Betriebs-/Dienstvereinbarung sind insbesondere folgende Regelungen zu treffen:
a) Die höchstmögliche Zeitschuld (bis zu 40 Stunden) und das höchstzulässige Zeitguthaben (bis zu einem Vielfachen von 40 Stunden), die innerhalb eines bestimmten Zeitraums anfallen dürfen;
b) nach dem Umfang des beantragten Freizeitausgleichs gestaffelte Fristen für das Abbuchen von Zeitguthaben oder für den Abbau von Zeitschulden durch die/den Beschäftigten;
c) die Berechtigung, das Abbuchen von Zeitguthaben zu bestimmten Zeiten (z. B. an so genannten Brückentagen) vorzusehen;
d) die Folgen, wenn der Arbeitgeber einen bereits genehmigten Freizeitausgleich kurzfristig widerruft.

(6) Der Arbeitgeber kann mit der/dem Beschäftigten die Einrichtung eines Langzeitkontos vereinbaren. In diesem Fall ist der Betriebs-/Personalrat zu beteiligen und – bei Insolvenzfähigkeit des Arbeitgebers – eine Regelung zur Insolvenzsicherung zu treffen.

§ 7 ArbZG   Anhang

§ 11 Teilzeitbeschäftigung. (1) Mit Beschäftigten soll auf Antrag eine geringere als die vertraglich festgelegte Arbeitszeit vereinbart werden, wenn sie
a) mindestens ein Kind unter 18 Jahren oder
b) einen nach ärztlichem Gutachten pflegebedürftigen sonstigen Angehörigen
tatsächlich betreuen oder pflegen und dringende dienstliche bzw. betriebliche Belange nicht entgegenstehen. Die Teilzeitbeschäftigung nach Satz 1 ist auf Antrag auf bis zu fünf Jahre zu befristen. Sie kann verlängert werden; der Antrag ist spätestens sechs Monate vor Ablauf der vereinbarten Teilzeitbeschäftigung zu stellen. Bei der Gestaltung der Arbeitszeit hat der Arbeitgeber im Rahmen der dienstlichen bzw. betrieblichen Möglichkeiten der besonderen persönlichen Situation der/des Beschäftigten nach Satz 1 Rechnung zu tragen.

(2) Beschäftigte, die in anderen als den in Absatz 1 genannten Fällen eine Teilzeitbeschäftigung vereinbaren wollen, können von ihrem Arbeitgeber verlangen, dass er mit ihnen die Möglichkeit einer Teilzeitbeschäftigung mit dem Ziel erörtert, zu einer entsprechenden Vereinbarung zu gelangen.

(3) Ist mit früher Vollbeschäftigten auf ihren Wunsch eine nicht befristete Teilzeitbeschäftigung vereinbart worden, sollen sie bei späterer Besetzung eines Vollzeitarbeitsplatzes bei gleicher Eignung im Rahmen der dienstlichen bzw. betrieblichen Möglichkeiten bevorzugt berücksichtigt werden.

Protokollerklärung zu Abschnitt II:
Bei In-Kraft-Treten dieses Tarifvertrages bestehende Gleitzeitregelungen bleiben unberührt.

Tarifvertrag für den öffentlichen Dienst (TVöD)
– Besonderer Teil Krankenhäuser – (BT-K) –

vom 1. 8. 2006, zuletzt geändert vom 31. 3. 2012

– Auszug –

B. Besonderer Teil Krankenhäuser (BT-K)

§ 40 Geltungsbereich. (1) Dieser Besondere Teil gilt für Beschäftigte, die in einem Arbeitsverhältnis zu einem Arbeitgeber stehen, der Mitglied eines Mitgliedverbandes der VKA ist, wenn sie in
a) Krankenhäusern, einschließlich psychiatrischen Fachkrankenhäusern,
b) medizinischen Instituten von Krankenhäusern oder
c) sonstigen Einrichtungen (z. B. Reha-Einrichtungen, Kureinrichtungen), in denen die betreuten Personen in ärztlicher Behandlung stehen, wenn die Behandlung durch in den Einrichtungen selbst beschäftigte Ärztinnen oder Ärzte stattfindet
beschäftigt sind.

Protokollerklärung zu Absatz 1:
Von dem Geltungsbereich werden auch Fachabteilungen (z. B. Pflege, Altenpflege- und Betreuungseinrichtungen) in psychiatrischen Zentren bzw. Rehabilitations- oder Kureinrichtungen erfasst, soweit diese mit einem psychiatrischen Fachkrankenhaus bzw. einem Krankenhaus desselben Trägers einen Betrieb bilden. Von Satz 1 erfasste Einrichtungen können durch landesbezirkliche Anwendungsvereinbarung aus dem Geltungsbereich ausgenommen werden. Im Übrigen werden Altenpflegeeinrichtungen eines Krankenhauses von dem Geltungsbereich des BT-K nicht erfasst, auch soweit sie mit einem Krankenhaus desselben Trägers einen Betrieb bilden. Vom Geltungsbereich des BT-B erfasste Einrichtungen können durch landesbezirkliche Anwendungsvereinbarung in diesen Tarifvertrag einbezogen werden.

Niederschriftserklärung zu § 40 Abs. 1:
Lehrkräfte an Krankenpflegeschulen und ähnlichen der Ausbildung dienenden Einrichtungen nach Absatz 2 fallen unter den BT-K.

(2) Soweit in den nachfolgenden Bestimmungen auf die §§ 1 bis 39 verwiesen wird, handelt es sich um die Regelungen des TVöD – Allgemeiner Teil –.

§ 41 Besondere Regelung zum Geltungsbereich des TVöD (1) § 1 Abs. 2 Buchst. b findet auf Ärztinnen und Ärzte keine Anwendung. Eine abweichende einzelvertragliche Regelung für Oberärztinnen und Oberärzte im Sinne des § 51 Abs. 3 und 4 ist zulässig.

Protokollerklärungen zu § 41:
1. Ärztinnen und Ärzte nach diesem Tarifvertrag sind auch Zahnärztinnen und Zahnärzte.
2. Für Ärztinnen und Ärzte, die sich am 1. August 2006 in der Altersteilzeit befinden, verbleibt es bei der Anwendung des BT-K in der bis zum 31. Juli 2006 geltenden Fassung. Mit Ärztinnen und Ärzten, die Altersteilzeit vor dem 1. August 2006 vereinbart, diese aber am 1. August 2006 noch nicht begonnen haben, ist auf Verlangen die Aufhebung der Altersteilzeitvereinbarung zu prüfen. Satz 2 gilt entsprechend in den Fällen des Satzes 1,
   a) bei Altersteilzeit im Blockmodell, wenn am 1. August 2006 ein Zeitraum von nicht mehr als einem Drittel der Arbeitsphase,
   b) bei Altersteilzeit im Teilzeitmodell, wenn am 1. August 2006 ein Zeitraum von nicht mehr als einem Drittel der Altersteilzeit
zurückgelegt ist.

§ 42 Allgemeine Pflichten der Ärztinnen und Ärzte (1) Zu den den Ärztinnen und Ärzten obliegenden ärztlichen Pflichten gehört es auch, ärztliche Bescheinigungen auszustellen. Die Ärztinnen und Ärzte können vom Arbeitgeber auch verpflichtet werden, im Rahmen einer zugelassenen Nebentätigkeit von leitenden Ärztinnen und Ärzten oder für Belegärztinnen und Belegärzte innerhalb der Einrichtung ärztlich tätig zu werden.

(2) Zu den aus der Haupttätigkeit obliegenden Pflichten der Ärztinnen und Ärzte gehört es ferner, am Rettungsdienst in Notarztwagen und Hubschraubern teilzunehmen. Für jeden Einsatz in diesem Rettungsdienst erhalten Ärztinnen und Ärzte einen nicht zusatzversorgungspflichtigen Einsatzzuschlag ab 1. März 2012 in Höhe von 22,24 Euro, ab 1. Januar 2013 in Höhe von 22,25 Euro und ab 1. August 2013 in Höhe von 22,87 Euro. Dieser Betrag verändert sich zu demselben Zeitpunkt und in dem gleichen Ausmaß wie das Tabellenentgelt der Entgeltgruppe II Stufe 1 (Ärztinnen/Ärzte).

Protokollerklärungen zu Absatz 2:
1. Eine Ärztin/ein Arzt, die/der nach der Approbation noch nicht mindestens ein Jahr klinisch tätig war, ist grundsätzlich nicht zum Einsatz im Rettungsdienst heranzuziehen.
2. Eine Ärztin/ein Arzt, der/dem aus persönlichen oder fachlichen Gründen (z. B. Vorliegen einer anerkannten Minderung der Erwerbsfähigkeit, die dem Einsatz im Rettungsdienst entgegensteht, Flugunverträglichkeit) die Teilnahme am Rettungsdienst nicht zumutbar ist, darf grundsätzlich nicht zum Einsatz im Rettungsdienst herangezogen werden.

(3) Die Erstellung von Gutachten, gutachtlichen Äußerungen und wissenschaftlichen Ausarbeitungen, die nicht von einem Dritten angefordert und vergütet werden, gehört zu den Ärztinnen und Ärzten obliegenden Pflichten aus der Haupttätigkeit.

(4) Ärztinnen und Ärzte können vom Arbeitgeber verpflichtet werden, als Nebentätigkeit Unterricht zu erteilen sowie Gutachten, gutachtliche Äußerungen und wissenschaftliche Ausarbeitungen, die von einem Dritten angefordert und vergütet werden, zu erstellen, und zwar auch im Rahmen einer zugelassenen Nebentätigkeit der leitenden Ärztin/des leitenden Arztes. Steht die Vergütung für das Gutachten, die gutachtliche Äußerung oder wissenschaftliche Ausarbeitung ausschließlich dem Arbeitgeber zu, haben Ärztinnen und Ärzte nach Maßgabe ihrer Beteiligung einen Anspruch

§ 7 ArbZG Anhang

auf einen Teil dieser Vergütung. In allen anderen Fällen sind Ärztinnen und Ärzte berechtigt, für die Nebentätigkeit einen Anteil der von dem Dritten zu zahlenden Vergütung anzunehmen. Ärztinnen und Ärzte können die Übernahme der Nebentätigkeit verweigern, wenn die angebotene Vergütung offenbar nicht dem Maß ihrer Beteiligung entspricht; im Übrigen kann die Übernahme der Nebentätigkeit nur in besonders begründeten Ausnahmefällen verweigert werden.

§ 43 Zu § 5 Qualifizierung – Ärztinnen/Ärzte. (1) Für Beschäftigte, die sich in Facharzt-, Schwerpunktweiterbildung oder Zusatzausbildung nach dem Gesetz über befristete Arbeitsverträge mit Ärzten in der Weiterbildung befinden, ist ein Weiterbildungsplan aufzustellen, der unter Berücksichtigung des Standes der Weiterbildung die zu vermittelnden Ziele und Inhalte der Weiterbildungsabschnitte sachlich und zeitlich gegliedert festlegt.

(2) Die Weiterbildung ist vom Betrieb im Rahmen seines Versorgungsauftrags bei wirtschaftlicher Betriebsführung so zu organisieren, dass die/der Beschäftigte die festgelegten Weiterbildungsziele in der nach der jeweiligen Weiterbildungsordnung vorgesehenen Zeit erreichen kann.

(3) Können Weiterbildungsziele aus Gründen, die der Arbeitgeber zu vertreten hat, in der vereinbarten Dauer des Arbeitsverhältnisses nicht erreicht werden, so ist die Dauer des Arbeitsvertrages entsprechend zu verlängern. Die Regelungen des Gesetzes über befristete Arbeitsverträge mit Ärzten in der Weiterbildung bleiben hiervon unberührt und sind für den Fall lang andauernder Arbeitsunfähigkeit sinngemäß anzuwenden. Absatz 2 bleibt unberührt.

(4) Zur Teilnahme an Arztkongressen, Fachtagungen und ähnlichen Veranstaltungen ist der Ärztin/dem Arzt Arbeitsbefreiung bis zu drei Arbeitstagen im Kalenderjahr unter Fortzahlung des Entgelts zu gewähren. Die Arbeitsbefreiung wird auf einen Anspruch nach den Weiterbildungsgesetzen der Länder angerechnet. Bei Kostenerstattung durch Dritte kann eine Freistellung für bis zu fünf Arbeitstage erfolgen.

§ 44 Zu § 6 Regelmäßige Arbeitszeit – Ärztinnen/Ärzte. (1) Die regelmäßige Arbeitszeit beträgt für Beschäftigte der Mitglieder eines Mitgliedverbandes der VKA ausschließlich der Pausen

a) im Tarifgebiet West abweichend von § 6 Abs. 1 Satz 1 Buchst. b durchschnittlich 38,5 Stunden wöchentlich,
b) im Tarifgebiet Ost durchschnittlich 40 Stunden wöchentlich.

Für Beschäftigte der Mitglieder des Kommunalen Arbeitgeberverbandes Baden-Württemberg beträgt die regelmäßige Arbeitszeit ausschließlich der Pausen abweichend von Satz 1 Buchst. a durchschnittlich 39 Stunden wöchentlich. Satz 2 gilt nicht für Auszubildende, Schülerinnen/Schüler sowie Praktikantinnen/Praktikanten der Mitglieder des Kommunalen Arbeitgeberverbandes Baden-Württemberg; für sie beträgt die regelmäßige Arbeitszeit ausschließlich der Pausen durchschnittlich 38,5 Stunden wöchentlich.

(2) Für Ärztinnen und Ärzte beträgt die regelmäßige Arbeitszeit ausschließlich der Pausen durchschnittlich 40 Stunden wöchentlich.

(3) Die Arbeitszeiten der Ärztinnen und Ärzte sind durch elektronische Zeiterfassung oder auf andere Art und Weise zu dokumentieren.

(4) Unter den Voraussetzungen des Arbeitszeitgesetzes und des Arbeitsschutzgesetzes, insbesondere des § 5 ArbSchG, kann die tägliche Arbeitszeit der Ärztinnen und Ärzte im Schichtdienst auf bis zu zwölf Stunden ausschließlich der Pausen ausgedehnt werden. In unmittelbarer Folge dürfen nicht mehr als vier Zwölf-Stunden-Schichten und innerhalb von zwei Kalenderwochen nicht mehr als acht Zwölf-Stunden-Schichten geleistet werden. Solche Schichten können nicht mit Bereitschaftsdienst kombiniert werden.

Tarifliche Arbeitszeitregelungen   **ArbZG § 7**

§ 45 Bereitschaftsdienst und Rufbereitschaft. (1) Bereitschaftsdienst leisten die Beschäftigten, die sich auf Anordnung des Arbeitgebers außerhalb der regelmäßigen Arbeitszeit an einer vom Arbeitgeber bestimmten Stelle aufhalten, um im Bedarfsfall die Arbeit aufzunehmen. Der Arbeitgeber darf Bereitschaftsdienst nur anordnen, wenn zu erwarten ist, dass zwar Arbeit anfällt, erfahrungsgemäß aber die Zeit ohne Arbeitsleistung überwiegt.

(2) Abweichend von den §§ 3, 5 und 6 Abs. 2 ArbZG kann im Rahmen des § 7 ArbZG die tägliche Arbeitszeit im Sinne des Arbeitszeitgesetzes über acht Stunden hinaus verlängert werden, wenn mindestens die acht Stunden überschreitende Zeit im Rahmen von Bereitschaftsdienst geleistet wird, und zwar wie folgt:

a) bei Bereitschaftsdiensten der Stufe I bis zu insgesamt maximal 16 Stunden täglich; die gesetzlich vorgeschriebene Pause verlängert diesen Zeitraum nicht,
b) bei Bereitschaftsdiensten der Stufen II und III bis zu insgesamt maximal 13 Stunden täglich; die gesetzlich vorgeschriebene Pause verlängert diesen Zeitraum nicht.

(3) Im Rahmen des § 7 ArbZG kann unter den Voraussetzungen
a) einer Prüfung alternativer Arbeitszeitmodelle,
b) einer Belastungsanalyse gemäß § 5 ArbSchG und
c) ggf. daraus resultierender Maßnahmen zur Gewährleistung des Gesundheitsschutzes

aufgrund einer Betriebs-/Dienstvereinbarung von den Regelungen des Arbeitszeitgesetzes abgewichen werden. Für einen Betrieb/eine Verwaltung, in dem/der ein Personalvertretungsgesetz Anwendung findet, kann eine Regelung nach Satz 1 in einem landesbezirklichen Tarifvertrag getroffen werden, wenn eine Dienstvereinbarung nicht einvernehmlich zustande kommt (§ 38 Abs. 3) und der Arbeitgeber ein Letztentscheidungsrecht hat. Abweichend von den §§ 3, 5 und 6 Abs. 2 ArbZG kann die tägliche Arbeitszeit im Sinne des Arbeitszeitgesetzes über acht Stunden hinaus verlängert werden, wenn in die Arbeitszeit regelmäßig und in erheblichem Umfang Bereitschaftsdienst fällt. Hierbei darf die tägliche Arbeitszeit ausschließlich der Pausen maximal 24 Stunden betragen.

(4) Unter den Voraussetzungen des Absatzes 3 Satz 1 und 2 kann die tägliche Arbeitszeit gemäß § 7 Abs. 2a ArbZG ohne Ausgleich verlängert werden, wobei
a) bei Bereitschaftsdiensten der Stufe I eine wöchentliche Arbeitszeit von bis zu maximal durchschnittlich 58 Stunden,
b) bei Bereitschaftsdiensten der Stufen II und III eine wöchentliche Arbeitszeit von bis zu maximal durchschnittlich 54 Stunden
zulässig ist.

(5) Für den Ausgleichszeitraum nach den Absätzen 2 bis 4 gilt § 6 Abs. 2 Satz 1.

(6) Bei Aufnahme von Verhandlungen über eine Betriebs-/Dienstvereinbarung nach den Absätzen 3 und 4 sind die Tarifvertragsparteien auf landesbezirklicher Ebene zu informieren.

(7) In den Fällen, in denen Beschäftigte Teilzeitarbeit gemäß § 11 vereinbart haben, verringern sich die Höchstgrenzen der wöchentlichen Arbeitszeit nach den Absätzen 2 bis 4 in demselben Verhältnis wie die Arbeitszeit dieser Beschäftigten zu der regelmäßigen Arbeitszeit der Vollbeschäftigten. Mit Zustimmung der/des Beschäftigten oder aufgrund von dringenden dienstlichen oder betrieblichen Belangen kann hiervon abgewichen werden.

(8) Der Arbeitgeber darf Rufbereitschaft nur anordnen, wenn erfahrungsgemäß lediglich in Ausnahmefällen Arbeit anfällt. Durch tatsächliche Arbeitsleistung innerhalb der Rufbereitschaft kann die tägliche Höchstarbeitszeit von zehn Stunden (§ 3 ArbZG) überschritten werden (§ 7 ArbZG).

(9) § 6 Abs. 4 bleibt im Übrigen unberührt.

191

§ 7 ArbZG

(10) Für Beschäftigte in Einrichtungen und Heimen, die der Förderung der Gesundheit, der Erziehung, Fürsorge oder Betreuung von Kindern und Jugendlichen, der Fürsorge und Betreuung von obdachlosen, alten, gebrechlichen, erwerbsbeschränkten oder sonstigen hilfsbedürftigen Personen dienen, auch wenn diese Einrichtungen nicht der ärztlichen Behandlung der betreuten Personen dienen, gelten die Absätze 1 bis 9 mit der Maßgabe, dass die Grenzen für die Stufe I einzuhalten sind. Dazu gehören auch die Beschäftigten in Einrichtungen, in denen die betreuten Personen nicht regelmäßig ärztlich behandelt und beaufsichtigt werden (Erholungsheime).

§ 46 Bereitschaftsdienstentgelt.

(1) Zum Zwecke der Entgeltberechnung wird nach dem Maß der während des Bereitschaftsdienstes erfahrungsgemäß durchschnittlich anfallenden Arbeitsleistungen die Zeit des Bereitschaftsdienstes einschließlich der geleisteten Arbeit wie folgt als Arbeitszeit gewertet:

Stufe	Arbeitsleistung innerhalb des Bereitschaftsdienstes	Bewertung als Arbeitszeit
I	bis zu 25 v. H.	60 v. H.
II	mehr als 25 bis 40 v. H.	75 v. H.
III	mehr als 40 bis 49 v. H.	90 v. H.

(2) Die Zuweisung zu den einzelnen Stufen des Bereitschaftsdienstes erfolgt durch die Betriebsparteien. Bei Ärztinnen und Ärzten erfolgt die Zuweisung zu den einzelnen Stufen des Bereitschaftsdienstes als Nebenabrede (§ 2 Abs. 3) zum Arbeitsvertrag. Die Nebenabrede ist mit einer Frist von drei Monaten jeweils zum Ende eines Kalenderhalbjahres kündbar.

(3) Für die Beschäftigten gemäß § 45 Abs. 10 wird zum Zwecke der Entgeltberechnung die Zeit des Bereitschaftsdienstes einschließlich der geleisteten Arbeit mit 28,5 v. H. als Arbeitszeit gewertet.

(4) Das Entgelt für die nach den Absätzen 1 und 3 zum Zwecke der Entgeltberechnung als Arbeitszeit gewertete Bereitschaftsdienstzeit bestimmt sich nach der Anlage G. Die Beträge der Anlage G verändern sich ab dem 1. März 2012 bei allgemeinen Entgeltanpassungen um den von den Tarifvertragsparteien für die jeweilige Entgeltgruppe festgelegten Vomhundertsatz.

(5) Die Beschäftigten erhalten zusätzlich zu dem Entgelt nach Absatz 4 für jede nach den Absätzen 1 und 3 als Arbeitszeit gewertete Stunde, die an einem Feiertag geleistet worden ist, einen Zeitzuschlag in Höhe von 25 v. H. des Stundenentgelts ihrer jeweiligen Entgeltgruppe nach der Anlage C. Im Übrigen werden für die Zeit des Bereitschaftsdienstes einschließlich der geleisteten Arbeit und für die Zeit der Rufbereitschaft Zeitzuschläge nach § 8 nicht gezahlt.

(6) Die Beschäftigten erhalten zusätzlich zu dem Entgelt nach Absatz 4 für die Zeit des Bereitschaftsdienstes in den Nachtstunden (§ 7 Abs. 5) je Stunde einen Zeitzuschlag in Höhe von 15 v. H. des Entgelts nach Absatz 4. Absatz 5 Satz 2 gilt entsprechend.

(7) Anstelle der Auszahlung des Entgelts nach Absatz 4 für die nach den Absätzen 1 und 3 gewertete Arbeitszeit kann diese bei Ärztinnen und Ärzten bis zum Ende des dritten Kalendermonats auch durch entsprechende Freizeit abgegolten werden (Freizeitausgleich). Die Möglichkeit zum Freizeitausgleich nach Satz 1 umfasst auch die den Zeitzuschlägen nach Absätzen 5 und 6 im Verhältnis 1 : 1 entsprechende Arbeitszeit. Für die Zeit des Freizeitausgleichs werden das Entgelt (§ 15) und die in Monatsbeträgen festgelegten Zulagen fortgezahlt. Nach Ablauf der drei Monate wird das Bereitschaftsdienstentgelt am Zahltag des folgenden Kalendermonats fällig.

(8) An Beschäftigte, die nicht von Absatz 7 erfasst werden, wird das Bereitschaftsdienstentgelt gezahlt (§ 24 Abs. 1 Satz 3), es sei denn, dass ein Freizeitausgleich zur Einhaltung der Vorschriften des Arbeitszeitgesetzes erforderlich ist oder eine entspre-

chende Regelung in einer Betriebs- oder einvernehmlichen Dienstvereinbarung getroffen wird oder die/der Beschäftigte dem Freizeitausgleich zustimmt. In diesem Fall gilt Absatz 7 entsprechend.

(9) Das Bereitschaftsdienstentgelt nach den Absätzen 1, 3, 4, 5 und 6 kann im Falle der Faktorisierung nach § 10 Abs. 3 in Freizeit abgegolten werden. Dabei entspricht eine Stunde Bereitschaftsdienst

a) nach Absatz 1	
aa) in der Stufe I	37 Minuten
bb) in der Stufe II	46 Minuten und
cc) in der Stufe III	55 Minuten
b) nach Absatz 3	17,5 Minuten und
c) bei Feiertagsarbeit nach Absatz 5 jeweils zuzüglich	15 Minuten sowie
d) bei Nachtarbeit nach Absatz 6 jeweils zuzüglich	9 Minuten.

§ 47 Sonderkündigungsrecht der Bereitschaftsdienst- und Rufbereitschaftsregelung. Die §§ 45 und 46 können mit einer Frist von drei Monaten gekündigt werden, wenn infolge einer Änderung des Arbeitszeitgesetzes sich materiellrechtliche Auswirkungen ergeben oder weitere Regelungsmöglichkeiten für die Tarifvertragsparteien eröffnet werden. Rein formelle Änderungen berechtigen nicht zu einer Ausübung des Sonderkündigungsrechts.

§ 48 Wechselschichtarbeit. (1) Abweichend von § 6 Abs. 1 Satz 2 werden die gesetzlichen Pausen bei Wechselschichtarbeit nicht in die Arbeitszeit eingerechnet.

(2) Abweichend von § 7 Abs. 1 Satz 1 ist Wechselschichtarbeit die Arbeit nach einem Schichtplan/Dienstplan der einen regelmäßigen Wechsel der täglichen Arbeitszeit in Wechselschichten vorsieht, bei denen die/der Beschäftigte längstens nach Ablauf eines Monats erneut zu mindestens zwei Nachtschichten herangezogen wird.

§ 49 Arbeit an Sonn- und Feiertagen. Abweichend von § 6 Abs. 3 Satz 3 und in Ergänzung zu § 6 Abs. 5 gilt für Sonn- und Feiertage Folgendes:

(1) Die Arbeitszeit an einem gesetzlichen Feiertag, der auf einen Werktag fällt, wird durch eine entsprechende Freistellung an einem anderen Werktag bis zum Ende des dritten Kalendermonats – möglichst aber schon bis zum Ende des nächsten Kalendermonats – ausgeglichen, wenn es die betrieblichen Verhältnisse zulassen. Kann ein Freizeitausgleich nicht gewährt werden, erhält die/der Beschäftigte je Stunde 100 v. H. des auf eine Stunde entfallenden Anteils des monatlichen Entgelts der jeweiligen Entgeltgruppe und Stufe nach Maßgabe der Entgelttabelle. Ist ein Arbeitszeitkonto eingerichtet, ist eine Buchung gemäß § 10 Abs. 3 zulässig. § 8 Abs. 1 Satz 2 Buchst. d bleibt unberührt.

(2) Für Beschäftigte, die regelmäßig nach einem Dienstplan eingesetzt werden, der Wechselschicht- oder Schichtdienst an sieben Tagen in der Woche vorsieht, vermindert sich die regelmäßige Wochenarbeitszeit um ein Fünftel der arbeitsvertraglich vereinbarten durchschnittlichen Wochenarbeitszeit, wenn sie an einem gesetzlichen Feiertag, der auf einen Werktag fällt,
a) Arbeitsleistung zu erbringen haben oder
b) nicht wegen des Feiertags, sondern dienstplanmäßig nicht zur Arbeit eingeteilt sind und deswegen an anderen Tagen der Woche ihre regelmäßige Arbeitszeit erbringen müssen.

Absatz 1 gilt in diesen Fällen nicht. § 8 Abs. 1 Satz 2 Buchst. d bleibt unberührt.

§ 7 ArbZG   Anhang

(3) Beschäftigte, die regelmäßig an Sonn- und Feiertagen arbeiten müssen, erhalten innerhalb von zwei Wochen zwei arbeitsfreie Tage. Hiervon soll ein freier Tag auf einen Sonntag fallen.

§ 50 Ausgleich für Sonderformen der Arbeit. Die Zeitzuschläge betragen für Beschäftigte nach § 38 Abs. 5 Satz 1 abweichend von § 8 Abs. 1 Satz 2 Buchst. b und f für
a) Nachtarbeit 15 v. H. des auf eine Stunde entfallenden Anteils des Tabellenentgelts der Stufe 3 der jeweiligen Entgeltgruppe,
b) Arbeit an Samstagen von 13 bis 21 Uhr   0,64 Euro.

Tarifvertrag für den öffentlichen Dienst (TVöD)
– Besonderer Teil Pflege- und Betreuungseinrichtungen – (BT-B) –

vom 13. 9. 2005,
in der Fassung vom 31. 3. 2012

– Auszug –

B. Besonderer Teil Pflege- und Betreuungseinrichtungen (BT-B)

§ 40 Geltungsbereich. (1) Dieser Besondere Teil gilt für Beschäftigte, die in einem Arbeitsverhältnis zu einem Arbeitgeber stehen, der Mitglied eines Mitgliedverbandes der VKA ist, wenn sie in

a) Heil-, Pflege- und Entbindungseinrichtungen,
b) medizinischen Instituten von Heil- und Pflegeeinrichtungen,
c) sonstigen Einrichtungen und Heimen, in denen die betreuten Personen in ärztlicher Behandlung stehen, wenn die Behandlung durch nicht in den Einrichtungen selbst beschäftigte Ärztinnen oder Ärzte stattfindet, oder in
d) Einrichtungen und Heimen, die der Förderung der Gesundheit, der Erziehung, Fürsorge oder Betreuung von Kindern und Jugendlichen, der Fürsorge und Betreuung von obdachlosen, alten, gebrechlichen, erwerbsbeschränkten oder sonstigen hilfsbedürftigen Personen dienen, auch wenn diese Einrichtungen nicht der ärztlichen Behandlung der betreuten Personen dienen,

beschäftigt sind, soweit die Einrichtungen nicht vom Geltungsbereich des Besonderen Teils Krankenhäuser (BT-K) erfasst werden.

Protokollerklärung zu Absatz 1:
Auf Lehrkräfte findet § 51 Besonderer Teil Verwaltung (BT-V) Anwendung.

(2) Soweit in den nachfolgenden Bestimmungen auf die §§ 1 bis 39 verwiesen wird, handelt es sich um die Regelungen des TVöD – Allgemeiner Teil –.

§ 41 Besondere Regelung zum Geltungsbereich TVöD. § 1 Abs. 2 Buchst. b findet auf

a) Ärztinnen und Ärzte als ständige Vertreterinnen/Vertreter der/des leitenden Ärztin/Arztes,
b) Ärztinnen und Ärzte, die einen selbständigen Funktionsbereich innerhalb einer Fachabteilung oder innerhalb eines Fachbereichs mit mindestens zehn Mitarbeiter/-innen leiten oder
c) Ärztinnen und Ärzte, denen mindestens fünf Ärzte unterstellt sind, sowie
d) ständige Vertreterinnen und Vertreter von leitenden Zahnärztinnen und Zahnärzten mit fünf unterstellten Zahnärztinnen und Zahnärzten

keine Anwendung. Eine abweichende einzelvertragliche Regelung ist zulässig.

§ 42 Allgemeine Pflichten der Ärztinnen und Ärzte. (1) Zu den den Ärztinnen und Ärzten obliegenden ärztlichen Pflichten gehört es auch, ärztliche Bescheinigungen auszustellen. Die Ärztinnen und Ärzte können vom Arbeitgeber auch verpflichtet werden, im Rahmen einer zugelassenen Nebentätigkeit von leitenden Ärztinnen und Ärzten oder für Belegärztinnen und Belegärzte innerhalb der Einrichtung ärztlich tätig zu werden.

(2) Zu den aus der Haupttätigkeit obliegenden Pflichten der Ärztinnen und Ärzte gehört es ferner, am Rettungsdienst in Notarztwagen und Hubschraubern teilzunehmen. Für jeden Einsatz in diesem Rettungsdienst erhalten Ärztinnen und Ärzte einen nicht zusatzversorgungspflichtigen Einsatzzuschlag ab 1. März 2012 in Höhe von 17,26 Euro, ab 1. Januar 2013 in Höhe von 17,50 Euro und ab 1. August 2013 in Höhe von 17,75 Euro. Dieser Betrag verändert sich zu demselben Zeitpunkt und in dem gleichen Ausmaß wie das Tabellenentgelt der Entgeltgruppe 14 Stufe 3 (Ärztinnen/Ärzte).

Protokollerklärungen zu Absatz 2:
1. Eine Ärztin/ein Arzt, die/der nach der Approbation noch nicht mindestens ein Jahr klinisch tätig war, ist grundsätzlich nicht zum Einsatz im Rettungsdienst heranzuziehen.
2. Eine Ärztin/ein Arzt, der/dem aus persönlichen oder fachlichen Gründen (z. B. Vorliegen einer anerkannten Minderung der Erwerbsfähigkeit, die dem Einsatz im Rettungsdienst entgegensteht, Flugunverträglichkeit, langjährige Tätigkeit als Bakteriologin) die Teilnahme am Rettungsdienst nicht zumutbar ist, darf grundsätzlich nicht zum Einsatz im Rettungsdienst herangezogen werden.
3. In Fällen, in denen kein grob fahrlässiges und kein vorsätzliches Handeln der Ärztin/des Arztes vorliegt, ist die Ärztin/der Arzt von etwaigen Haftungsansprüchen freizustellen.
4. Der Einsatzzuschlag steht nicht zu, wenn der Ärztin/dem Arzt wegen der Teilnahme am Rettungsdienst außer den tariflichen Bezügen sonstige Leistungen vom Arbeitgeber oder von einem Dritten (z. B. private Unfallversicherung, für die der Arbeitgeber oder ein Träger des Rettungsdienstes die Beiträge ganz oder teilweise trägt, Liquidationsansprüche usw.) zustehen. Die Ärztin/Der Arzt kann auf die sonstigen Leistungen verzichten.

(3) Die Erstellung von Gutachten, gutachtlichen Äußerungen und wissenschaftlichen Ausarbeitungen, die nicht von einem Dritten angefordert und vergütet werden, gehört zu den den Ärztinnen und Ärzten obliegenden Pflichten aus der Haupttätigkeit.

§ 43 Nebentätigkeit von Ärztinnen und Ärzten. Ärztinnen und Ärzte können vom Arbeitgeber verpflichtet werden, als Nebentätigkeit Unterricht zu erteilen.

§ 44 Zu § 5 Qualifizierung. (1) Für Beschäftigte, die sich in Facharzt-, Schwerpunktweiterbildung oder Zusatzausbildung nach dem Gesetz über befristete Arbeitsverträge mit Ärzten in der Weiterbildung befinden, ist ein Weiterbildungsplan aufzustellen, der unter Berücksichtigung des Standes der Weiterbildung die zu vermittelnden Ziele und Inhalte der Weiterbildungsabschnitte sachlich und zeitlich gegliedert festlegt.

(2) Die Weiterbildung ist vom Betrieb im Rahmen seines Versorgungsauftrags bei wirtschaftlicher Betriebsführung so zu organisieren, dass die/der Beschäftigte die festgelegten Weiterbildungsziele in der nach der jeweiligen Weiterbildungsordnung vorgesehenen Zeit erreichen kann.

(3) Können Weiterbildungsziele aus Gründen, die der Arbeitgeber zu vertreten hat, in der vereinbarten Dauer des Arbeitsverhältnisses nicht erreicht werden, so ist die Dauer des Arbeitsvertrages entsprechend zu verlängern. Die Regelungen des Gesetzes über befristete Arbeitsverträge mit Ärzten in der Weiterbildung bleiben hiervon unbe-

rührt und sind für den Fall lang andauernder Arbeitsunfähigkeit sinngemäß anzuwenden. Absatz 2 bleibt unberührt.

(4) Bei Beschäftigten im Erziehungsdienst im Tarifgebiet West werden – soweit gesetzliche Regelungen bestehen, zusätzlich zu diesen gesetzlichen Regelungen – im Rahmen der regelmäßigen durchschnittlichen wöchentlichen Arbeitszeit im Kalenderjahr 19,5 Stunden[1] für Zwecke der Vorbereitung und Qualifizierung verwendet. Bei Teilzeitbeschäftigten gilt Satz 1 entsprechend mit der Maßgabe, dass sich die Stundenzahl nach Satz 1 in dem Umfang, der dem Verhältnis ihrer individuell vereinbarten durchschnittlichen Arbeitzeit zu der regelmäßigen Arbeitszeit vergleichbarer Vollzeitbeschäftigter entspricht, reduziert. Im Erziehungsdienst tätig sind insbesondere Beschäftigte als Kinderpflegerin/Kinderpfleger bzw. Sozialassistentin/Sozialassistent, Heilerziehungspflegehelferin/Heilerziehungspflegehelfer, Erzieherin/Erzieher, Heilerziehungspflegerin/Heilerziehungspfleger, im handwerklichen Erziehungsdienst, als Leiterinnen/Leiter oder ständige Vertreterinnen/Vertreter von Leiterinnen/Leiter von Kindertagesstätten oder Erziehungsheimen sowie andere Beschäftige mit erzieherischer Tätigkeit in der Erziehungs- oder Eingliederungshilfe.

Protokollerklärung zu Absatz 4 Satz 3:

Soweit Berufsbezeichnungen aufgeführt sind, werden auch Beschäftigte erfasst, die eine entsprechende Tätigkeit ohne staatliche Anerkennung oder staatliche Prüfung ausüben.

§ 45 Bereitschaftsdienst und Rufbereitschaft. (1) Bereitschaftsdienst leisten die Beschäftigten, die sich auf Anordnung des Arbeitgebers außerhalb der regelmäßigen Arbeitszeit an einer vom Arbeitgeber bestimmten Stelle aufhalten, um im Bedarfsfall die Arbeit aufzunehmen. Der Arbeitgeber darf Bereitschaftsdienst nur anordnen, wenn zu erwarten ist, dass zwar Arbeit anfällt, erfahrungsgemäß aber die Zeit ohne Arbeitsleistung überwiegt.

(2) Abweichend von den §§ 3, 5 und 6 Abs. 2 ArbZG kann im Rahmen des § 7 ArbZG die tägliche Arbeitszeit im Sinne des Arbeitszeitgesetzes über acht Stunden hinaus verlängert werden, wenn mindestens die acht Stunden überschreitende Zeit im Rahmen von Bereitschaftsdienst geleistet wird, und zwar wie folgt:

a) bei Bereitschaftsdiensten der Stufen A und B bis zu insgesamt maximal 16 Stunden täglich; die gesetzlich vorgeschriebene Pause verlängert diesen Zeitraum nicht,
b) bei Bereitschaftsdiensten der Stufen C und D bis zu insgesamt maximal 13 Stunden täglich; die gesetzlich vorgeschriebene Pause verlängert diesen Zeitraum nicht.

(3) Im Rahmen des § 7 ArbZG kann unter den Voraussetzungen

a) einer Prüfung alternativer Arbeitszeitmodelle,
b) einer Belastungsanalyse gemäß § 5 ArbSchG und
c) ggf. daraus resultierender Maßnahmen zur Gewährleistung des Gesundheitsschutzes

aufgrund einer Betriebs-/Dienstvereinbarung von den Regelungen des Arbeitszeitgesetzes abgewichen werden. Für einen Betrieb/eine Verwaltung, in dem/der ein Personalvertretungsgesetz Anwendung findet, kann eine Regelung nach Satz 1 in einem landesbezirklichen Tarifvertrag getroffen werden, wenn eine Dienstvereinbarung nicht einvernehmlich zustande kommt (§ 38 Abs. 3) und der Arbeitgeber ein Letztentscheidungsrecht hat. Abweichend von den §§ 3, 5 und 6 Abs. 2 ArbZG kann die tägliche Arbeitszeit im Sinne des Arbeitszeitgesetzes über acht Stunden hinaus verlängert werden, wenn in die Arbeitszeit regelmäßig und in erheblichem Umfang Bereitschaftsdienst fällt. Hierbei darf die tägliche Arbeitszeit ausschließlich der Pausen maximal 24 Stunden betragen.

---

[1] Für das Jahr 2008 gilt § 44 Abs. 4 BT-B mit der Maßgabe, dass 9,75 Stunden für Zwecke der Vorbereitung und Qualifizierung verwendet werden (§ 5 Nr. 2 ÄndTV Nr. 1 v. 31. 3. 2008).

Tarifliche Arbeitszeitregelungen **ArbZG § 7**

(4) Unter den Voraussetzungen des Absatzes 3 Satz 1 und 2 kann die tägliche Arbeitszeit gemäß § 7 Abs. 2a ArbZG ohne Ausgleich verlängert werden, wobei
a) bei Bereitschaftsdiensten der Stufen A und B eine wöchentliche Arbeitszeit von bis zu maximal durchschnittlich 58 Stunden,
b) bei Bereitschaftsdiensten der Stufen C und D eine wöchentliche Arbeitszeit von bis zu maximal durchschnittlich 54 Stunden
zulässig ist.

(5) Für den Ausgleichszeitraum nach den Absätzen 2 bis 4 gilt § 6 Abs. 2 Satz 1.

(6) Bei Aufnahme von Verhandlungen über eine Betriebs-/Dienstvereinbarung nach den Absätzen 3 und 4 sind die Tarifvertragsparteien auf landesbezirklicher Ebene zu informieren.

(7) In den Fällen, in denen Beschäftigte Teilzeitarbeit gemäß § 11 vereinbart haben, verringern sich die Höchstgrenzen der wöchentlichen Arbeitszeit nach den Absätzen 2 bis 4 in demselben Verhältnis wie die Arbeitszeit dieser Beschäftigten zu der regelmäßigen Arbeitszeit der Vollbeschäftigten. Mit Zustimmung der/des Beschäftigten oder aufgrund von dringenden dienstlichen oder betrieblichen Belangen kann hiervon abgewichen werden.

(8) Der Arbeitgeber darf Rufbereitschaft nur anordnen, wenn erfahrungsgemäß lediglich in Ausnahmefällen Arbeit anfällt. Durch tatsächliche Arbeitsleistung innerhalb der Rufbereitschaft kann die tägliche Höchstarbeitszeit von zehn Stunden (§ 3 ArbZG) überschritten werden (§ 7 ArbZG).

(9) § 6 Abs. 4 bleibt im Übrigen unberührt.

(10) Für Beschäftigte gemäß § 40 Abs. 1 Buchst. d gelten die Absätze 1 bis 9 mit der Maßgabe, dass die Grenzen für die Stufen A und B einzuhalten sind. Dazu gehören auch die Beschäftigten in Einrichtungen, in denen die betreuten Personen nicht regelmäßig ärztlich behandelt und beaufsichtigt werden (Erholungsheime).

(11) Für die Ärztinnen und die Ärzte in Einrichtungen nach Absatz 10 gelten die Absätze 1 bis 9 ohne Einschränkungen.

§ 46 Bereitschaftsdienstentgelt. (1) Zum Zwecke der Entgeltberechnung wird die Zeit des Bereitschaftsdienstes einschließlich der geleisteten Arbeit wie folgt als Arbeitszeit gewertet:
a) Nach dem Maß der während des Bereitschaftsdienstes erfahrungsgemäß durchschnittlich anfallenden Arbeitsleistungen wird die Zeit des Bereitschaftsdienstes wie folgt als Arbeitszeit gewertet:

Stufe	Arbeitsleistung innerhalb des Bereitschaftsdienstes	Bewertung als Arbeitszeit
A	0 bis 10 v. H.	15 v. H.
B	mehr als 10 bis 25 v. H.	25 v. H.
C	mehr als 25 bis 40 v. H.	40 v. H.
D	mehr als 40 bis 49 v. H.	55 v. H.

Ein hiernach der Stufe A zugeordneter Bereitschaftsdienst wird der Stufe B zugeteilt, wenn der Beschäftigte während des Bereitschaftsdienstes in der Zeit von 22 bis 6 Uhr erfahrungsgemäß durchschnittlich mehr als dreimal dienstlich in Anspruch genommen wird.
b) Entsprechend der Zahl der vom Beschäftigten je Kalendermonat abgeleisteten Bereitschaftsdienste wird die Zeit eines jeden Bereitschaftsdienstes zusätzlich wie folgt als Arbeitszeit gewertet:

Zahl der Bereitschaftsdienste im Kalendermonat	Bewertung als Arbeitszeit
1. bis 8. Bereitschaftsdienst	25 v. H.
9. bis 12. Bereitschaftsdienst	35 v. H.
13. und folgende Bereitschaftsdienste	45 v. H.

§ 7 ArbZG Anhang

(2) Die Zuweisung zu den einzelnen Stufen des Bereitschaftsdienstes erfolgt durch die Betriebsparteien.

(3) Für die Beschäftigten gemäß § 45 Abs. 10 wird zum Zwecke der Entgeltberechnung die Zeit des Bereitschaftsdienstes einschließlich der geleisteten Arbeit mit 25 v. H. als Arbeitszeit bewertet. Leistet die/der Beschäftigte in einem Kalendermonat mehr als acht Bereitschaftsdienste, wird die Zeit eines jeden über acht Bereitschaftsdienste hinausgehenden Bereitschaftsdienstes zusätzlich mit 15 v. H. als Arbeitszeit gewertet.

(4) Das Entgelt für die nach den Absätzen 1 und 3 zum Zwecke der Entgeltberechnung als Arbeitszeit gewertete Bereitschaftsdienstzeit bestimmt sich für übergeleitete Beschäftigte auf der Basis ihrer Eingruppierung am 30. September 2005, für nach dem 30. September 2005 eingestellte Beschäftigte und in den Fällen der Übertragung einer höher oder niedriger bewerteten Tätigkeit nach der Vergütungs- bzw. Lohngruppe, die sich zum Zeitpunkt der Einstellung bzw. der Höher- oder Herabgruppierung bei Fortgeltung des bisherigen Tarifrechts ergeben hätte, nach der Anlage G. Die Beträge der Anlage G verändern sich ab dem 1. März 2012 bei allgemeinen Entgeltanpassungen um den von den Tarifvertragsparteien für die jeweilige Entgeltgruppe festgelegten Vomhundertsatz. Für die Zeit des Bereitschaftsdienstes einschließlich der geleisteten Arbeit und für die Zeit der Rufbereitschaft werden Zeitzuschläge nach § 8 nicht gezahlt.

(5) Die Beschäftigten erhalten zusätzlich zu dem Entgelt nach Absatz 4 für die Zeit des Bereitschaftsdienstes in den Nachtstunden (§ 7 Abs. 5) je Stunde einen Zeitzuschlag in Höhe von 15 v. H. des Entgelts nach Absatz 4. Absatz 4 Satz 3 gilt entsprechend.

(6) Das Bereitschaftsdienstentgelt nach den Absätzen 4 und 5 kann im Falle der Faktorisierung nach § 10 Abs. 3 im Verhältnis 1 : 1 in Freizeit abgegolten werden.

§ 47 Sonderkündigungsrecht der Bereitschaftsdienst- und Rufbereitschaftsregelung. Die §§ 45 und 46 können mit einer Frist von drei Monaten gekündigt werden, wenn infolge einer Änderung des Arbeitszeitgesetzes sich materiellrechtliche Auswirkungen ergeben oder weitere Regelungsmöglichkeiten für die Tarifvertragsparteien eröffnet werden. Rein formelle Änderungen berechtigen nicht zu einer Ausübung des Sonderkündigungsrechts.

§ 48 Wechselschichtarbeit. (1) Abweichend von § 6 Abs. 1 Satz 2 werden die gesetzlichen Pausen bei Wechselschichtarbeit nicht in die Arbeitszeit eingerechnet.

(2) Abweichend von § 7 Abs. 1 Satz 1 ist Wechselschichtarbeit die Arbeit nach einem Schichtplan/Dienstplan, der einen regelmäßigen Wechsel der täglichen Arbeitszeit in Wechselschichten vorsieht, bei denen die/der Beschäftigte längstens nach Ablauf eines Monats erneut zu mindestens zwei Nachtschichten herangezogen wird.

§ 49 Arbeit an Sonn- und Feiertagen. Abweichend von § 6 Abs. 3 Satz 3 und in Ergänzung zu § 6 Abs. 5 gilt für Sonn- und Feiertage Folgendes:

(1) Die Arbeitszeit an einem gesetzlichen Feiertag, der auf einen Werktag fällt, wird durch eine entsprechende Freistellung an einem anderen Werktag bis zum Ende des dritten Kalendermonats – möglichst aber schon bis zum Ende des nächsten Kalendermonats – ausgeglichen, wenn es die betrieblichen Verhältnisse zulassen. Kann ein Freizeitausgleich nicht gewährt werden, erhält die/der Beschäftigte je Stunde 100 v. H. des auf eine Stunde entfallenden Anteils des monatlichen Entgelts der jeweiligen Entgeltgruppe und Stufe nach Maßgabe der Entgelttabelle. Ist ein Arbeitszeitkonto eingerichtet, ist eine Buchung gemäß § 10 Abs. 3 zulässig. § 8 Abs. 1 Satz 2 Buchst. d bleibt unberührt.

(2) Für Beschäftigte, die regelmäßig nach einem Dienstplan eingesetzt werden, der Wechselschicht- oder Schichtdienst an sieben Tagen in der Woche vorsieht, vermindert sich die regelmäßige Wochenarbeitszeit um ein Fünftel der arbeitsvertraglich vereinbarten durchschnittlichen Wochenarbeitszeit, wenn sie an einem gesetzlichen Feiertag, der auf einen Werktag fällt,
a) Arbeitsleistung zu erbringen haben oder
b) nicht wegen des Feiertags, sondern dienstplanmäßig nicht zur Arbeit eingeteilt sind und deswegen an anderen Tagen der Woche ihre regelmäßige Arbeitszeit erbringen müssen.
Absatz 1 gilt in diesen Fällen nicht. § 8 Abs. 1 Satz 2 Buchst. d bleibt unberührt.

(3) Beschäftigte, die regelmäßig an Sonn- und Feiertagen arbeiten müssen, erhalten innerhalb von zwei Wochen zwei arbeitsfreie Tage. Hiervon soll ein freier Tag auf einen Sonntag fallen.

Rechtsprechung zur Arbeitszeit im öffentlichen Dienst

Die Rechtsprechung zum Arbeitszeitrecht des öffentlichen Dienstes ist in der 15. Auflage auf S. 195 bis S. 199 dargestellt. Sie betrifft die Rechtsprechung zum BAT. Seit 2005 sind für den öffentlichen Dienst der TVöD und der TV-L maßgeblich. Auch dazu ist inzwischen sehr viel Rechtsprechung ergangen. Um die Übersicht nicht zu verlieren, wird hier nur noch die Rechtsprechung zu den jetzt geltenden Tarifverträgen des öffentlichen Dienstes dargestellt. Zwar bleibt auch die frühere Rechtsprechung zum BAT maßgeblich, soweit die Vorschriften inhaltlich übereinstimmen. Soweit das der Fall ist, nehmen aber die zitierten Entscheidungen auf die frühere Rechtsprechung selbst Bezug und setzen sie fort oder ändern sie ab. Damit reicht die neuere Rechtsprechung aus; sie gibt zumeist auch die Entwicklung wieder.

Der Freizeitausgleich nach § 8 TVöD muss nicht denselben zeitlichen Umfang haben und muss im Dienstplan besonders ausgewiesen sein (BAG vom 9. 7. 2008, AP Nr. 1 zu § 8 TVöD).

Bei Bereitschaftsdienst in einer Schicht liegt eine Unterbrechung der Arbeit vor, der Anspruch auf Zulage für Wechselschichtarbeit nach § 8 Abs. 5 TVöD entfällt (BAG vom 24. 9. 2008, NZA 2009, 272, 20. 1. 2010, AP Nr. 8 zu § 1 TVG Tarifverträge: Krankenanstalten, vom 18. 5. 2011, AP Nr. 12 zu § 8 TVöD).

Die Bezugnahme auf den BAT in der jeweils gültigen Fassung bezieht den TVöD bzw. TV-L mit ein (BAG vom 22. 10. 2008, 19. 5. 2010, 23. 3. 2011, AP Nr. 66, 76, 88 zu § 1 TVG Tarifverträge: Bezugnahme auf Tarifvertrag, vom 14. 12. 2011, AP Nr. 17 zu § 611 BGB Hausmeister).

Arbeit bei Rufbereitschaft ist auf volle Stunden aufzurunden. Der Zeitzuschlag gilt nur für tatsächliche Arbeitsleistung (BAG vom 24. 9. 2008, AP Nr. 2–6 zu § 8 TVöD). Teilzeitbeschäftigte haben Anspruch auf Zulagen für Wechsel- und Schichtarbeit nur anteilig im Verhältnis ihrer Teilzeit zur Vollzeit (BAG vom 24. 9. 2008, AP Nr. 1 zu § 24 TVöD). Wechselschichtzulage setzt alle Schichten „rund um die Uhr" voraus, sonst nur Schichtzulage (BAG vom 24. 9. 2008, AP Nr. 1 zu § 7 TVöD). Keine Wechselschichtzulage bei Bereitschaftsdienst (BAG vom 24. 9. 2008, NZA 2009, 272). Rettungssanitäter mit Bereitschaftszeiten haben im Unterschied zum Bereitschaftsdienst Anspruch auf Wechselschichtzulage (BAG vom 24. 9. 2008, AP Nr. 1 zu § 9 TVöD).

Ein Schichtplan setzt nicht voraus, dass er vom Arbeitgeber vorgegeben wird. Er kann auch von den Arbeitnehmern selbst erstellt werden (BAG vom 8. 7. 2009, NZA 2009, 1168).

Die Zustimmung zum Freizeitausgleich für Bereitschaftsdienst bedarf keiner Form; sie kann auch in der Annahme des Ausgleichs liegen (BAG vom 17. 10. 2009, NZA 2010, 472, vom 19. 11. 2009, 17. 12. 2009, AP Nr. 8, 9, zu § 8 TVöD).

§ 7 ArbZG
Anhang

Ein Schichtplan i. S. von § 7 Abs. 2 TVöD erfordert keine Mindestpause von 13 Stunden zwischen Beginn der frühesten und Ende der spätesten Schicht und keine Durchschnittberechnung (BAG vom 21. 10. 2009, AP Nr. 2, 3, zu § 7 TVöD). Die Höchstarbeitszeit eines Schulhausmeisters begrenzt sich auf 48 Stunden wöchentlich einschließlich Bereitschaft. Der Ausgleich ist selbst einzuhalten, wobei die Ferien einzubeziehen sind (BAG vom 17. 12. 2009, AP Nr. 1 zu § 6 TVöD). Der Anspruch auf Wechselschicht- und Schichtzulage nach § 8 Abs. 5, 6 TVöD erfordert tatsächliche Arbeitsleistung, der eine Freistellung nach § 21 TVöD gleichsteht (BAG vom 24. 3. 2010, AP Nr. 10, 11 zu § 8 TVöD). Die Wechselschichtzulage ist Entgeltbestandteil, der am Zahltag der Entstehungsmonats zu zahlen ist (BAG vom 24. 3. 2010, AP Nr. 4 zu § 24 TVöD). Ein Arbeitsplan mit unregelmäßigen individuellen Arbeitszeiten ist kein Schichtplan, wenn die Arbeitsaufgabe keine Schichten erfordert (BAG vom 23. 6. 2010, AP Nr. 4 zu § 7 TVöD): Zuschläge nach § 8 Abs. 1 TVöD sind auch für Bereitschaftszeiten innerhalb der regelmäßigen Arbeitszeit zu zahlen (BAG vom 28. 7. 2010, AP Nr. 13 zu § 8 TVöD). Dienstreisen sind keine Arbeitszeiten. Die Reisezeit ist durch Freizeit nach § 47 Nr. 10 Abs. 5 TVöD-BT-V auszugleichen (BAG vom 14. 10. 2010, AP Nr. 11 zu § 611 BGB Dienstreise, vom 14. 12. 2010, NZA 2011, 760).

Eine Einigungsstelle muss sich an die Vorgaben der §§ 6, 10 TVöD für die Einführung von Arbeitszeitkonten halten (BAG vom 9. 11. 2010, NZA-RR 2011, 354).

Bei Arbeitszeitkonten ist die Sollarbeitszeit der Arbeitnehmer, die an gesetzlichen Feiertagen dienstplanmäßig frei haben und ihre Arbeitszeit an anderen Tagen erbringen müssen, nach § 6 Abs. 3 Satz 3 TVöD um die dienstplanmäßig angefallenen Stunden zu verringern (BAG vom 8. 12. 2010, AP Nr. 2 zu § 6 TVöD).

Für die Altersteilzeit besteht kein Anspruch auf eine bestimmte Verteilung der Arbeitszeit (hier: Montag–Donnerstag BAG vom 12. 4. 2011, AP Nr. 53 zu § 1 TVG Altersteilzeit). Umkleide- und Desinfektionszeiten sind nicht besonders zu vergüten (BAG vom 18. 5. 2011, NZA 2011, 1248).

Nach dem TVöD besteht kein Anspruch mehr auf die Funktionszulage im Schreibdienst; die als Besitzstand fort gezahlte Zulage kann mit Tariflohnerhöhungen verrechnet werden (BAG vom 18. 5. 2011, AP Nr. 47 zu §§ 22, 23 BAT Zulagen).

Eine Rehaklinik ist ein Krankenhaus i. S. von § 6 Abs. 1 TV-L, so dass die regelmäßige wöchentliche Arbeitszeit nicht 40 sondern 38,5 Stunden beträgt (BAG vom 19. 5. 2011, AP Nr. 9 zu § 1 TVG Tarifverträge: Krankenanstalten).

Die Mehrarbeitspauschale für Schulhausmeister entfällt mit der Neuregelung in Bremen durch den TV Hausmeister (BAG vom 14. 12. 2011, öAT 2012, 88).

Die Teilnahme einer pädagogischen Mitarbeiterin auf einer Klassenfahrt ist insgesamt als Arbeitszeit zu werten, nur die gesetzlichen Pausen sind ausgenommen (LAG Niedersachsen vom 10. 2. 2012, öAT 2012, 117).

Der Anspruch auf Zulage für nicht ständige Schicht-Wechselschichtarbeit erfordert den Einsatz in allen geforderten Schichten im Monat, wobei für die Nachtschicht eine Durchschnittsbetrachtung möglich ist (BAG vom 13. 6. 2012, NJW-Spezial 2012, 563).

V. Tarifvertrag für die Arbeitnehmer bei den Stationierungsstreitkräften im Gebiet der Bundesrepublik Deutschland – TV AL II –

vom 16. 12. 1966
i. d. F. des Änderungstarifvertrages Nr. 40 m. W. vom 1. Januar 2012

– Auszug –

Abschnitt 4. Arbeitszeit

§ 9 Regelmäßige Arbeitszeit

1. a) Die regelmäßige Arbeitszeit ausschließlich Pausen beträgt 38,5 Stunden in der Arbeitswoche.
   b) Die regelmäßige Arbeitszeit kann aus betrieblichen Gründen bis zu 40 Stunden in der Arbeitswoche ausgedehnt werden.

   Protokollnotiz
   Von dieser Ausdehnung der regelmäßigen Arbeitszeit darf nur Gebrauch gemacht werden, solange nicht mehr als 20% der Arbeitnehmer einer personalvertretungsrechtlichen Dienststelle im Sinne des Unterzeichnungsprotokolls zu Artikel 56 Absatz 9 des Zusatzabkommens zum NATO-Truppenstatut davon betroffen sind. Bei der Quote und deren Berechnung bleiben Arbeitnehmer, deren regelmäßige Arbeitszeit nach anderen Vorschriften dieses Tarifvertrages ausgedehnt ist, außer Betracht.

   Ziffer 1 zuletzt geändert durch ÄTV-Nr. 23 zum TV AL II m. W. v. 1. April 2006

2. a) Abweichend von Ziffer 1 kann die regelmäßige Arbeitszeit bis zu 48 Stunden in der Arbeitswoche ausgedehnt werden, wenn die über die regelmäßige Arbeitszeit nach Ziffer 1 hinausgehende Zeit in der Regel aus Arbeitsbereitschaft oder Bereitschaftsdienst besteht.
   b) **Arbeitsbereitschaft** ist die Zeit, während der sich der Arbeitnehmer am Arbeitsplatz oder an einem anderen, von der Beschäftigungsstelle zu bezeichnenden Ort – jedoch außerhalb seines privaten Bereichs – aufzuhalten hat, um im Bedarfsfall unverzüglich die Arbeit aufzunehmen.
   Bereitschaftsdienst liegt vor, wenn der Arbeitnehmer sich für Zwecke des Betriebes an einer vom Arbeitgeber bestimmten Stelle aufhalten muss, um bei Abruf erforderlichenfalls seine volle Arbeitstätigkeit unverzüglich aufnehmen zu können.
   Die Zeit der Arbeitsbereitschaft oder des Bereitschaftsdienstes gilt als volle Arbeitszeit im Rahmen der gemäß Ziffer 1 oder Ziffer 2 a für die Arbeitswoche festgesetzten Stundenzahl.
   Sie kann im Übrigen auch Mehrarbeit im Sinne des § 10 Ziffer 1 sein.

   Ziffer 2 zuletzt geändert durch ÄTV Nr. 26 zum TV AL II m. W. v. 1. August 2006

3. a) Die regelmäßige Arbeitszeit kann aus betrieblichen Gründen auf mehrere Wochen ungleichmäßig verteilt werden, jedoch nur so, dass in jeweils 12 Kalendermonaten der Ausgleich erreicht sein muss.
   b) (1) Arbeitnehmer im Schichtdienst auf Arbeitsplätzen, die ununterbrochen besetzt sein müssen, sowie – wenn es aus betrieblichen Gründen erforderlich ist – andere Arbeitnehmer, die Schichtarbeit leisten, können 1,5 Stunden in der Arbeitswoche über die Arbeitszeit nach Ziffern 1 oder 2 a hinaus zur Arbeitsleistung herangezogen werden.
   Für diese Arbeitnehmer wird durch Erteilung freier Tage/Schichten bei ungekürzter Monatsvergütung sichergestellt, dass in einem Zeitraum von 12 Kalendermonaten die durchschnittliche regelmäßige Arbeitszeit gemäß Ziffer 1 oder Ziffer 2 a oder der diese Vorschriften ergänzenden oder ersetzenden Sonderbestimmungen der Anhänge nicht überschritten wird.

§ 7 ArbZG

Anhang

Verbleibende Bruchteile freier Tage/Schichten werden auf den folgenden Abrechnungszeitraum vorgetragen.

Protokollnotiz
Im Zusammenhang mit der Gewährung freier Tage/Schichten findet § 33 Ziffern 2 b und c keine Anwendung. Folglich bleiben Urlaubszeiten bei der Berechnung der freien Tage/Schichten unberücksichtigt.

(2) Die freien Tage/Schichten gemäß Absatz (1) werden im Voraus festgelegt. Dabei sind die betrieblichen Belange vorrangig zu berücksichtigen.

Die freien Tage/Schichten können für jeden einzelnen Arbeitnehmer oder einheitlich für Gruppen von Arbeitnehmern oder den gesamten Betrieb festgelegt werden.

c) Bei einer Verteilung der regelmäßigen Arbeitszeit nach den Bestimmungen der Ziffern 3 a und b sollen an keinem Arbeitstag mehr als zehn Stunden festgesetzt werden, es sei denn, in die Arbeitszeit fällt regelmäßig und in erheblichem Umfang Arbeitsbereitschaft oder Bereitschaftsdienst.

Ziffer 3 zuletzt geändert durch ÄTV Nr. 23 zum TV AL II m. W. v. 1. April 2006

4. Änderungen der im Betrieb nach den Bestimmungen der Ziffern 1, 2, 3 getroffenen Arbeitszeitregelung werden mit einer Frist von einer Woche angekündigt.

Ziffer 4 zuletzt geändert durch ÄV-Nr. 9 – I – TV AL II m. W. v. 1. April 1976

5. a) Werden im unmittelbaren Anschluss an die für den Arbeitstag festgesetzte Arbeitszeit auf Veranlassung der Beschäftigungsstelle mindestens zwei weitere Stunden geleistet, so sind 10 Minuten der zusätzlichen Stunden eine Pause, die als Arbeitszeit angerechnet und bezahlt wird.

Dies gilt jedoch – falls die tägliche Arbeitszeit an diesem Tag auf weniger als 8 Stunden festgesetzt ist – nur dann, wenn insgesamt mindestens 10 Stunden zu leisten sind.

Die Pause soll möglichst im Anschluss an die für den Arbeitstag festgesetzte Arbeitszeit eingelegt werden.

b) Werden im unmittelbaren Anschluss an die für den Arbeitstag festgesetzte Arbeitszeit auf Veranlassung der Beschäftigungsstelle mehr als zwei Stunden geleistet, so hat der Arbeitnehmer für jeweils volle zwei zusätzliche Stunden Anspruch auf 10 Minuten bezahlte Pause.

Ziffer 5 zuletzt geändert durch ÄV-Nr. 9 – I – TV AL II m. W. v. 1. April 1976

6. Arbeitswoche ist der Zeitraum von Montag 0 Uhr bis Sonntag 24 Uhr.

Ziffer 6 zuletzt geändert durch ÄV-Nr. 9 – I – TV AL II m. W. v. 1. April 1976

7. a) Die Arbeitszeit beginnt und endet an dem Platz, an dem der Arbeitnehmer seine Tätigkeit ausübt (Arbeitsplatz), oder an dem er sich vor Aufnahme und/oder nach Beendigung der Arbeit einzufinden hat.

b) Beträgt die Entfernung vom – zum Arbeitsplatz nächstgelegenen – Eingang der Beschäftigungsstelle – oder von der Haltestelle eines öffentlichen Verkehrsmittels im Gelände der Beschäftigungsstelle – bis zum Arbeitsplatz mehr als 2 km, und wird in diesem Falle vom Betrieb kein Beförderungsmittel gestellt, so beginnt und endet die Arbeitszeit am Eingang der Beschäftigungsstelle bzw. an der Haltestelle.

c) Falls ein Fahrzeug, mit dem der Betrieb den Arbeitnehmer zur Beschäftigungsstelle oder zum Arbeitsplatz befördern lässt, nicht rechtzeitig dort eintrifft, hat der Arbeitnehmer für die Zeit des Arbeitsausfalls Anspruch auf Zahlung des Arbeitsverdienstes, den er ohne den Ausfall erhalten hätte.

Ziffer 7 zuletzt geändert durch ÄTV-Nr. 23 zum TV AL II m. W. v. 1. April 2006

8. Arbeitnehmer können – soweit es aus betrieblichen Gründen erforderlich ist – nach Maßgabe folgender Vorschriften zu Rufbereitschaft eingeteilt werden.

Aufgrund schwerwiegender persönlicher Gründe können einzelne Arbeitnehmer auf Antrag vorübergehend oder unbefristet von der Rufbereitschaft ausgenommen werden, soweit dem zwingende betriebliche Gründe nicht entgegenstehen.

a) Während der Rufbereitschaft sind sie in der Wahl ihres Aufenthaltsortes grundsätzlich frei. Der Arbeitnehmer muss jedoch sicherstellen, dass er während der Rufbereitschaft jederzeit erreichbar ist, um im Bedarfsfall unverzüglich die Arbeit aufnehmen zu können.

b) Die Zeit der Rufbereitschaft zählt nicht als Arbeitszeit. Sie ist außerhalb der festgesetzten regelmäßigen Arbeitszeit zu leisten.

c) Ohne Zustimmung des Arbeitnehmers darf die Einteilung zur Rufbereitschaft 14 Tage im Monat nicht überschreiten und höchstens zwei Wochenenden beinhalten.

An Wochenenden, die einen mehrtägigen Erholungsurlaub tangieren, wird der Arbeitnehmer nicht ohne seine Zustimmung zur Rufbereitschaft eingeteilt.

d) Rufbereitschaftsstunden werden mit 12,5 v. H. – Rufbereitschaftsstunden an einem Samstag, Sonntag oder gesetzlichen Feiertag mit 20 v. H. – der auf die Stunde entfallenden Grundvergütung (§ 16 Ziffer 1 a, 3) vergütet.

e) Wird der Arbeitnehmer in der Zeit der Rufbereitschaft zur Arbeitsleistung in Anspruch genommen, so wird er für die tatsächliche Arbeitszeit sowie für Wegezeiten neben der Vergütung nach Buchstabe d) mit seinem persönlichen Stundensatz, gegebenenfalls zuzüglich Zuschlägen, vergütet. Ergibt die Summe der anfallenden Arbeitszeiten während der Rufbereitschaft weniger als drei Stunden, werden dem Arbeitnehmer mindestens drei Stunden einschließlich Zuschläge wie Mehrarbeit vergütet.

Als tatsächliche Arbeitszeit gelten auch dienstliche Telefongespräche (Beantwortung von fachlichen Anfragen und fachliche Beratung). Muss der Arbeitnehmer seinen Aufenthaltsort nicht verlassen, ist ihm mindestens eine Stunde einschließlich Zuschläge wie Mehrarbeit zu vergüten, falls die Summe der anfallenden Arbeitszeiten (dienstliche Telefongespräche) während der Rufbereitschaft eine Stunde nicht überschreitet. Darüber hinaus ist die tatsächliche Arbeitszeit zu vergüten.

f) Ausgaben, die dem Arbeitnehmer entstehen durch Telefongespräche, die Benutzung öffentlicher Verkehrsmittel oder privaten Transportes, werden erstattet. Für die Erstattung der Fahrkosten werden die Bestimmungen des Anhangs R Ziffer II entsprechend angewendet.

g) Tatsächlich geleistete Arbeitszeit, die im Rahmen der Rufbereitschaft nach dem Ende der regelmäßigen täglichen Arbeitszeit über die Dauer von zehn Stunden hinaus an einem Tag anfällt, wird dem folgenden Arbeitstag zugerechnet und an diesem so weit ausgeglichen, dass an diesem Tag nicht mehr als zehn Arbeitsstunden anfallen.

h) Soweit es dem Arbeitnehmer auf Grund der Ruhezeit wegen Arbeiten während der Rufbereitschaft unmöglich ist, die festgelegte regelmäßige Arbeitszeit rechtzeitig aufzunehmen, wird die dadurch ausfallende Arbeitszeit nach den tarifvertraglichen Vorschriften wie Arbeitszeit vergütet.

i) Um der Eigenart dieses Dienstes gerecht zu werden, wird die Ruhezeit für Zeiten der Rufbereitschaft gemäß § 7 Absatz 1 Nr. 3 ArbZG um zwei auf neun Stunden verkürzt. Dafür wird innerhalb von 24 Wochen ein Ausgleich geschaffen. Weitergehende Kürzungen der Ruhezeit gemäß § 7 Absatz 2 Nrn. 1 und 4 ArbZG und damit zusammenhängende Einzelheiten einschließlich zu § 7 Absatz 1 ArbZG können durch Dienstvereinbarung geregelt werden.

Ziffer 8 eingefügt durch ÄTV Nr. 32 zum TV AL II m. W. v. 1. März 2009

§ 7 ArbZG Anhang

§ 10 Mehrarbeit

(§ 10 zuletzt neu gefasst durch ÄV-Nr. 15 – I – TV AL II m. W. v. 1. Januar 1986)

1. Mehrarbeitsstunden sind diejenigen Arbeitsstunden, die der Arbeitnehmer auf Veranlassung der Beschäftigungsstelle über die für die Arbeitswoche nach § 9 Ziffern 1, 2 oder 3 festgesetzte regelmäßige Arbeitszeit hinaus leistet.
Mehrarbeit soll nur in dringenden Fällen gefordert werden.

2. Bei der Ermittlung der Mehrarbeitsstunden werden alle Arbeitsstunden als Arbeitszeit mitgezählt, die aus einem der folgenden Gründe ausgefallen sind – es sei denn, dass sie aufgrund tarifvertraglicher oder gesetzlicher Bestimmungen vor- oder nachgearbeitet werden:

   a) infolge gesetzlicher Feiertage,
   b) wegen bezahlter oder unbezahlter Arbeitsbefreiung,
   c) wegen bezahlten Arbeitsausfalls,
   d) wegen Erholungsurlaubs oder Zusatzurlaubs,
   e) wegen Erkrankung oder Arbeitsunfalls.

3. Mehrarbeitsstunden werden mit der auf die Stunde entfallenden Grundvergütung (§ 16 Ziffern 1 a, 3) und einem Mehrarbeitszuschlag (§ 20 Ziffer 1 a) abgegolten (Mehrarbeitsvergütung).

4. Die Grundvergütung für Mehrarbeit wird – soweit betriebliche Belange nicht entgegenstehen – durch Arbeitsbefreiung in entsprechendem Umfang innerhalb der folgenden 12 Kalendermonate abgegolten.

Ziffer 4 zuletzt geändert durch ÄTV-Nr. 23 zum TV AL II m. W. v. 1. April 2006

§ 11 Nachtarbeit

1. Nachtarbeit ist die zwischen 21 Uhr und 6 Uhr geleistete Arbeit.

2. a) Der Zuschlag für Nachtarbeit ist im § 20 vereinbart.
   b) Für Nachtarbeit, die nicht unmittelbar an die festgesetzte tägliche Arbeitszeit des Betriebes anschließt, wird der Arbeitsverdienst (einschließlich Zuschläge) für mindestens zwei Stunden gezahlt.

Ziffer 2 zuletzt geändert durch ÄV-Nr. 9 – I – TV AL II m. W. v. 1. April 1976

§ 12 Sonntagsarbeit

1. Sonntagsarbeit ist die an Sonntagen zwischen 0 Uhr und 24 Uhr geleistete Arbeit.

2. a) In Betrieben, deren Aufgaben in der Regel Sonntagsarbeit erfordern, muss diese Arbeit im Rahmen der dort für die Arbeitswoche festgesetzten regelmäßigen Arbeitszeit geleistet werden.
   b) Im Kalendermonat werden jedoch für jeden Arbeitnehmer mindestens zwei Sonntage im Rahmen der Arbeitszeiteinteilung arbeitsfrei gelassen – es sei denn, dass außergewöhnliche Umstände im Betrieb die Einhaltung dieser Regel unmöglich machen.

3. a) Der Zuschlag für Sonntagsarbeit ist im § 20 vereinbart.
   b) Für gelegentliche Sonntagsarbeit wird der Arbeitsverdienst (einschließlich Zuschläge) für mindestens drei Stunden gezahlt.

4. a) Für Arbeitnehmer, die im Rahmen der regelmäßigen Arbeitszeit (Ziffer 2) an Sonntagen vier Stunden oder länger arbeiten müssen, ist ein Werktag (von 0 Uhr bis 24 Uhr) in der vorhergehenden, in derselben oder in der folgenden Woche im Rahmen der Arbeitszeiteinteilung arbeitsfrei zu lassen. Dies gilt auch, wenn ein deutscher gesetzlicher Feiertag auf einen solchen Sonntag fällt.

Ziffer 4 a zuletzt geändert durch ÄV-Nr. 9 – I – TV AL II m. W. v. 1. April 1976

Tarifliche Arbeitszeitregelungen   **ArbZG § 7**

b) Wird der Arbeitnehmer jedoch an dem arbeitsfreien Werktag ausnahmsweise zur Arbeit herangezogen, so wird der Zuschlag für die am Sonntag geleistete Arbeit nach § 20 Ziffer 1 d gezahlt.

Ziffer 4 b zuletzt geändert durch ÄV-Nr. 2 – I – TV AL II m. W. v. 1. Januar 1969

§ 13 Feiertagsarbeit

1. Feiertagsarbeit ist die an deutschen gesetzlichen Feiertagen – auch wenn diese auf Sonntage fallen – sowie die am Ostersonntag und am Pfingstsonntag zwischen 0 Uhr und 24 Uhr geleistete Arbeit.

2. In Betrieben, deren Aufgaben auch Feiertagsarbeit (Ziffer 1) erfordern, muss diese Arbeit im Rahmen der dort für die Arbeitswoche festgesetzten regelmäßigen Arbeitszeit geleistet werden.

Ziffer 2 zuletzt geändert durch ÄV-Nr. 2 – I – TV AL II m. W. v. 1. Januar 1969

3. a) Der Zuschlag für Feiertagsarbeit ist im § 20 vereinbart.
   b) Für gelegentliche Feiertagsarbeit wird der Arbeitsverdienst (einschließlich Zuschläge) für mindestens drei Stunden gezahlt.

4. a) Arbeitnehmer, die im Rahmen der regelmäßigen Arbeitszeit (Ziffer 2) vier Stunden oder länger Feiertagsarbeit (Ziffer 1) leisten müssen, erhalten jeweils einen Werktag (von 0 Uhr bis 24 Uhr) Arbeitsbefreiung in der vorhergehenden, in derselben oder in der folgenden Woche.
   b) Für den Tag der Arbeitsbefreiung wird der Arbeitsverdienst gezahlt, den der Arbeitnehmer ohne den Arbeitsausfall für seine festgesetzten Arbeitsstunden erhalten hätte.
   Die Vorschrift des § 27 Ziffer 3 a findet für diesen Tag sinngemäß Anwendung.
   c) Kann die Arbeitsbefreiung nicht erteilt werden, so wird der Zuschlag nach § 20 Ziffer 1 f für die am Feiertag geleistete Arbeit gezahlt.

Ziffer 4 zuletzt geändert durch ÄV-Nr. 9 – I – TV AL II m. W. v. 1. April 1976

§ 14 Schicht, Wechselschicht

(§ 14 zuletzt neu gefasst durch ÄTV-Nr. 23 zum TV AL II m. W. v. 1. April 2006)

1. a) Schichtarbeit liegt vor, wenn der Arbeitsbeginn des Arbeitnehmers in Zeitabständen von höchstens einem Monat nach einem Schichtplan mit einer anderen Tagschicht oder Nachtschicht wechselt.
   Ein Wechsel zwischen Schichten im Sinne dieser Bestimmung liegt nicht vor, wenn sich die Arbeitsschichten um mehr als 3^1/$_2$ Stunden überschneiden.
   b) Die Zulage für Schichtarbeit ist im § 21 Ziffer 3 a vereinbart.

2. a) Wechselschichtarbeit liegt vor, wenn der Arbeitsbeginn des Arbeitnehmers in Zeitabständen von höchstens einem Monat nach einem Schichtplan zwischen drei oder mehr Schichten wechselt, von denen eine Schicht Nachtarbeit enthält.
   Ein Wechsel zwischen Schichten im Sinne dieser Bestimmung liegt nicht vor, wenn sich die Arbeitsschichten um mehr als 3^1/$_2$ Stunden überschneiden.
   b) Die Zulage für Wechselschichtarbeit ist im § 21 Ziffer 3 b vereinbart.

Rechtsprechung zum TVAL II

Die Arbeit von monatlich 300 Stunden von Feuerwehrleuten ist nach dem TVAL II keine Mehrarbeit (BAG vom 3. 10. 1979, AP Nr. 2 zu § 9 TVAL II). [1]

Der Arbeitgeber hat nach § 9 TVAL II das Recht, einseitig die Arbeitszeit zu verlängern oder zu verkürzen; das Mitbestimmungsrecht des Personalrates erstreckt sich nur auf die Lage, nicht aber auf die Dauer der Arbeitszeit (BAG vom 26. 6. 1985, AP

§ 7 ArbZG   Anhang

Nr. 4 zu § 9 TVAL II). Für die Teilnahme an Manövern gilt Anhang R_X; gegen die Abgeltung der Mehrarbeit täglich bestehen keine Bedenken (BAG vom 10. 2. 1988, AP Nr. 5 zu § 9 TVAL II).
Mehrarbeitsstunden nach § 10 Ziff. 1 TVAL II sind Arbeitsstunden, die der Arbeitnehmer auf Veranlassung der Beschäftigungsstelle über die für die Arbeitswoche geltende regelmäßige Arbeitszeit hinaus leistet. Dabei werden alle Arbeitsstunden als Arbeitszeit mitgezählt, die infolge der gesetzlichen Feiertage ausgefallen sind (§ 10 Ziff. 2 Buchst. a TVAL II). Hat der Arbeitnehmer tariflich vorgesehene Arbeit an Feiertagen geleistet, ist keine Arbeit infolge des Feiertages ausgefallen (BAG vom 12. 8. 1993, AP Nr. 1 zu § 10 TVAL II).

2   Nach § 10 Ziff. 3 TVAL II besteht die Mehrarbeitsvergütung aus der Grundvergütung und dem Mehrarbeitszuschlag. Wird die Funktionszulage als prozentuale Zulage nach § 21 Ziff. 2 TVAL II gewährt, ist sie sowohl zur Grundvergütung als auch zu dem auf die Mehrarbeitsvergütung entfallenden Teil der Grundvergütung zu zahlen (BAG vom 19. 1. 1995, AP Nr. 2 zu § 10 TVAL II).

§ 9 TVAL II gibt dem Arbeitgeber auch dann das Recht zur Verkürzung der wöchentlichen Arbeitszeit, wenn im Arbeitsvertrag ausdrücklich eine höhere Wochenarbeitszeit vereinbart ist (LAG Düsseldorf vom 14. 3. 2002, ZTR 2002, 380).

Der Arbeitgeber kann die Arbeitszeit nach § 9 Ziff. 4 TVAL II auf 39 Stunden reduzieren. Die erforderliche Ankündigung von einer Woche bedarf nicht der Schriftform und kann mündlich erfolgen (BAG vom 10. 7. 2003, AP Nr. 6 zu § 9 TVAL II).

Das Recht, die Normalarbeitszeit zu verkürzen oder zu verlängern besteht durch einseitige Anordnung und gilt erst recht, wenn die Verlängerung der Arbeitszeit für einen Küchenchef tarifwidrig war (LAG Rheinland-Pfalz vom 6. 12. 2006 – 10 Sa 429/06).

Der Freizeitausgleich für Betriebsratstätigkeit unterliegt der Ausschlussfrist des § 49 TVAL II (LAG Hamm vom 7. 12. 2007 – 10 Sa 1055/07).

VI. Manteltarifvertrag für die Chemische Industrie

vom 24. Juni 1992
in der Fassung vom 16. März 2009

– Auszug –

§ 2 Regelmäßige Arbeitszeit

I. Dauer und Verteilung der Arbeitszeit

1. Die regelmäßige tarifliche wöchentliche Arbeitszeit an Werktagen beträgt ausschließlich der Pausen 37,5 Stunden. Sie gilt nicht für Teilzeitbeschäftigte und Arbeitnehmer mit Arbeitsbereitschaft im Sinne des § 5.
Die regelmäßige tarifliche oder abweichend festgelegte wöchentliche Arbeitszeit kann auch im Durchschnitt eines Verteilzeitraums von bis zu 12 Monaten erreicht werden.[1] Bei der Verteilung der regelmäßigen Arbeitszeit kann die tägliche Arbeitszeit bis zu 10 Stunden betragen. Im übrigen werden die Möglichkeiten der Verteilung der Arbeitszeit nach den gesetzlichen Bestimmungen nicht berührt.
Durch freiwillige Betriebsvereinbarung können Arbeitgeber und Betriebsrat den Verteilzeitraum auf bis zu 36 Monate verlängern. In diesem Fall gilt für § 7 d Absatz 1 Ziffer 2 des Sozialgesetzbuches IV der in der Betriebsvereinbarung festgelegte Zeitraum, höchstens jedoch 36 Monate.

---

[1] Entfällt.

Tarifliche Arbeitszeitregelungen **ArbZG § 7**

Im Rahmen flexibler Arbeitszeitregelungen, die unterschiedliche tägliche Arbeitszeiten ermöglichen, ist durch Betriebsvereinbarung die zeitliche Lage der betrieblichen Normalarbeitszeit festzulegen. Die betriebliche Normalarbeitszeit ist u. a. Grundlage für die Berechnung der Entgeltfortzahlung ohne Arbeitsleistung. Wird wöchentlich an fünf Werktagen gearbeitet, so beträgt die betriebliche tägliche Normalarbeitszeit ein Fünftel der regelmäßigen tariflichen wöchentlichen Arbeitszeit, soweit betrieblich keine andere tägliche Arbeitszeit vereinbart worden ist.

Bei gleitender Arbeitszeit wird, wenn sich Arbeitgeber und Betriebsrat nicht einigen, abweichend von Absatz 4 die wöchentliche Sollarbeitszeit bei der Arbeitszeitverkürzung von 39 auf 37,5 Stunden um 1,5 Stunden reduziert.

2. Für Wechselschichtarbeitnehmer in vollkontinuierlichen und teilkontinuierlichen Betrieben beträgt die regelmäßige wöchentliche Gesamtarbeitszeit ausschließlich der Pausen 37,5 Stunden. Eine geringfügige durch den Schichtplan bedingte Überschreitung der 37,5 Stunden ist mit Zustimmung des Betriebsrats zulässig.
In vollkontinuierlichen Betrieben bleibt es der betrieblichen Vereinbarung überlassen, zur Erreichung zusätzlicher Sonntagsfreischichten Schichten bis zu 12 Stunden an Sonntagen einzulegen.
Die Arbeitszeiten in vollkontinuierlichen und teilkontinuierlichen Betrieben sind im Rahmen eines betrieblichen Schichtplans zwischen Arbeitgeber und Betriebsrat zu vereinbaren unter Zugrundelegung eines Verteilzeitraums von bis zu 12 Monaten.
Die tägliche Arbeitszeit kann auf 12 Stunden verlängert werden, wenn in die Arbeitszeit regelmäßig und in erheblichem Umfang Arbeitsbereitschaft fällt[1]; Absatz 2 bleibt unberührt.

3. Für einzelne Arbeitnehmergruppen oder mit Zustimmung der Tarifvertragsparteien für größere Betriebsteile oder ganze Betriebe kann im Einvernehmen zwischen Arbeitgeber und Betriebsrat abweichend von der regelmäßigen tariflichen wöchentlichen Arbeitszeit eine bis zu zweieinhalb Stunden längere oder kürzere regelmäßige Arbeitszeit festgelegt werden. Die Arbeitnehmer haben Anspruch auf eine der vereinbarten Arbeitszeit entsprechende Bezahlung.
Diese Arbeitnehmer erhalten zusätzliches Urlaubsgeld und vermögenswirksame Leistungen in gleicher Höhe wie vollzeitbeschäftigte Arbeitnehmer.

4. Durch Betriebsvereinbarung können Arbeitgeber und Betriebsrat abweichend von § 5 Absatz 1 ArbZG die Ruhezeit in Ausnahmefällen um bis zu 2 Stunden kürzen, wenn die Art der Arbeit dies erfordert und die Kürzung der Ruhezeit innerhalb eines Ausgleichszeitraums von 6 Monaten ausgeglichen wird.

II. Beginn und Ende der Arbeitszeit

Beginn und Ende der regelmäßigen täglichen Arbeitszeit und der Pausen werden betrieblich im Einvernehmen mit dem Betriebsrat geregelt.

III. Pausen

1. Den Arbeitnehmern sind mindestens die gesetzlich vorgeschriebenen Pausen zu gewähren.
2. Pausen sind in ihrem Beginn und Ende gleichbleibende oder vorhersehbare Unterbrechungen der Arbeitszeit von bestimmter Dauer, sie dienen der Erholung.
3. Wird der Arbeitnehmer während einer Pause ausnahmsweise zur Leistung von Arbeit herangezogen, so ist die Zeit der Unterbrechung der Pause als Arbeitszeit zu bezahlen. Die dabei ausgefallene Pausenzeit ist am gleichen Tage nachzugewähren,

---

[1] Die Tarifvertragsparteien sind sich einig, dass Regelungen nach § 5 nicht unter diese Bestimmung fallen und dass in den Betrieben, in denen bisher 12-Stunden-Schichtsysteme praktiziert wurden, diese einschließlich der Pausenregelungen weitergeführt werden können.

§ 7 ArbZG

Anhang

falls nicht ausnahmsweise dringende betriebliche Gründe eine Nachgewährung verhindern.

4. Wird die Arbeit aus technischen Gründen unvorhergesehen unterbrochen, so kann die Pause verlegt werden, es sei denn, dass dies dem Zweck der Pause widerspricht oder sonst dem Arbeitnehmer nicht zumutbar ist.

5. Arbeitnehmern in voll- und teilkontinuierlicher Wechselschichtarbeit können statt fester Ruhepausen Kurzpausen von angemessener Dauer gewährt werden. Diese Kurzpausen gelten als Arbeitszeit und sind entsprechend zu bezahlen.

6. Die Gewährung von Pausen darf nicht zu unzumutbaren Mehrbelastungen einzelner beteiligter Arbeitnehmer oder Arbeitnehmergruppen führen.

IV. Frühschluss

Samstags soll die Arbeitszeit nicht über 13 Uhr ausgedehnt werden. Am Tage vor Ostern, Pfingsten, Weihnachten und Neujahr endet die Arbeitszeit um 13 Uhr; hierdurch ausfallende Arbeitszeit ist zu bezahlen.

Diese Bestimmungen finden keine Anwendung auf die regelmäßige Schichtarbeit und die Reparaturarbeiten, die nicht während des laufenden Betriebes ausgeführt werden können.

V. Gleitende Arbeitszeit

Gleitende Arbeitszeit kann durch Betriebsvereinbarung eingeführt werden.

Bei gleitender Arbeitszeit kann die tägliche Arbeitszeit bis zu 10 Stunden betragen.

Zeitschulden oder Zeitguthaben sind im Abrechnungszeitraum auszugleichen. Betrieblich ist festzulegen, bis zu welcher Höhe Zeitguthaben oder Zeitschulden in den nächsten Abrechnungszeitraum übertragen werden können. Die zu übertragenden Zeitguthaben oder Zeitschulden dürfen jedoch 16 Stunden nicht überschreiten.

Kann der Zeitausgleich wegen Krankheit, Urlaub, Dienstreise oder aus ähnlichen Gründen nicht erfolgen, so ist er spätestens im darauffolgenden Abrechnungszeitraum vorzunehmen.

Beginn, Ende und Dauer der Pausen können variabel gestaltet werden. Die gesetzlichen Vorschriften über die Mindestdauer und über die zeitliche Lage der Ruhepausen sind zu beachten.

Zeitguthaben und Zeitschulden bleiben bei der Ermittlung der Höhe des Urlaubsentgelts, bei der Entgeltfortzahlung nach dem Entgeltfortzahlungsgesetz und bei entsprechenden gesetzlichen, tariflichen oder betrieblichen Leistungen des Arbeitgebers außer Ansatz.

Zuschlagspflichtige Mehrarbeit ist die über die Dauer der betrieblichen Normalarbeitszeit ausschließlich der Pausen hinausgehende Arbeit, soweit sie ausdrücklich angeordnet war. Zeitguthaben sind keine Mehrarbeit.

Der Ausgleich von Zeitguthaben darf nicht im unmittelbaren Zusammenhang mit dem Urlaub erfolgen.

In den Fällen der Freistellung von der Arbeit ist bei der Entgeltfortzahlung die zeitliche Lage der betrieblichen Normalarbeitszeit zugrunde zu legen.

Wird wöchentlich an 5 Werktagen gearbeitet, so beträgt die betriebliche tägliche Normalarbeitszeit ein Fünftel der regelmäßigen tariflichen wöchentlichen Arbeitszeit, soweit betrieblich oder arbeitsvertraglich keine andere tägliche Arbeitszeit vereinbart worden ist.

Über eine Aussetzung der Regelung der gleitenden Arbeitszeit ist der Betriebsrat unverzüglich zu unterrichten, sofern nicht nur einzelne Arbeitnehmer betroffen sind. Soll die Regelung der gleitenden Arbeitszeit für mehr als zwei aufeinanderfolgende Arbeitstage ausgesetzt werden, so ist hierfür das Einvernehmen mit dem Betriebsrat erforderlich, sofern nicht nur einzelne Arbeitnehmer betroffen sind.

Tarifliche Arbeitszeitregelungen ArbZG § 7

VI. Jugendliche

Die vorstehenden Bestimmungen gelten für Jugendliche entsprechend, soweit dem nicht gesetzliche Bestimmungen zum Schutz der Jugendlichen entgegenstehen.

§ 2a Altersfreizeiten

1. Arbeitnehmer, die das 57. Lebensjahr vollendet haben, erhalten eine zweieinhalbstündige Altersfreizeit je Woche.
Soweit für Arbeitnehmer aufgrund einer Regelung nach § 2 Abschnitt I Ziff. 3 oder einer Einzelvereinbarung oder aufgrund von Kurzarbeit eine um bis zu zweieinhalb Stunden kürzere wöchentliche Arbeitszeit als die regelmäßige tarifliche wöchentliche Arbeitszeit gilt, vermindert sich die Altersfreizeit entsprechend. Liegt die Arbeitszeit um zweieinhalb Stunden oder mehr unter der tariflichen Arbeitszeit, entfällt die Altersfreizeit.

2. Die Lage der Altersfreizeiten kann zwischen Arbeitgeber und Betriebsrat unter Beachtung des § 76 Abs. 6 Betriebsverfassungsgesetz vereinbart werden. Vorrangig sollen Altersfreizeiten am Dienstag, Mittwoch oder Donnerstag gewährt werden.
Ist aus Gründen des Arbeitsablaufs eine Zusammenfassung der Altersfreizeiten zu freien Tagen erforderlich, können sich die Betriebsparteien hierauf einigen.
Einigen sich Arbeitgeber und Betriebsrat nicht, so fallen die Altersfreizeiten auf den Mittwochnachmittag.

3. Arbeitnehmer in voll- oder teilkontinuierlicher Wechselschichtarbeit sowie Arbeitnehmer in Zweischichtarbeit, wenn sie regelmäßig auch Spätschichten leisten, erhalten abweichend von Ziffer 1 bereits ab Vollendung des 55. Lebensjahres eine zweieinhalbstündige Altersfreizeit je Woche.
Für Arbeitnehmer in vollkontinuierlicher Wechselschichtarbeit, die das 55. Lebensjahr vollendet und mindestens 15 Jahre vollkontinuierliche Wechselschichtarbeit geleistet haben, erhöht sich die Altersfreizeit je Woche um eine Stunde auf dreieinhalb Stunden.
Ziffer 1 Absatz 2 gilt entsprechend.
Für Arbeitnehmer in voll- oder teilkontinuierlicher Wechselschichtarbeit sind Altersfreizeiten zu Freischichten zusammenzufassen. Die Freischichten sind möglichst gleichmäßig verteilt in dem Verhältnis auf Früh-, Spät- und Nachtschichten zu legen, wie diese im Laufe des Kalenderjahres nach dem jeweiligen Schichtplan anfallen.

4. Arbeitnehmer, deren höchstens 24stündige Anwesenheitszeit im Betrieb sich unterteilt in Arbeit, Arbeitsbereitschaft und Bereitschaftsruhe, erhalten nach dem vollendeten 57. Lebensjahr möglichst gleichmäßig verteilt jährlich acht weitere 24stündige Freizeiten als Altersfreizeiten.

5. Für die Arbeitszeit, die infolge einer Altersfreizeit ausfällt, wird das Entgelt fortgezahlt, das der Arbeitnehmer erhalten hätte, wenn er gearbeitet hätte, einschließlich der Schichtzulagen, jedoch ohne Erschwerniszulagen und ohne die Zuschläge nach § 4 Abschnitt I.

6. Die Altersfreizeit entfällt, wenn der Arbeitnehmer am gleichen Tag aus einem anderen Grund, insbesondere wegen Urlaub, Krankheit, Feiertag oder Freistellung von der Arbeit nicht arbeitet. Macht der Arbeitnehmer von einer Altersfreizeit keinen Gebrauch, so ist eine Nachgewährung ausgeschlossen.
Wird auf Verlangen des Arbeitgebers eine Altersfreizeit aus dringenden betrieblichen Gründen nicht am vorgesehenen Tag gegeben, so ist sie innerhalb von drei Monaten nachzugewähren.

§ 7 ArbZG Anhang

§ 3 Mehrarbeit, Nachtarbeit, Sonn- und Feiertagsarbeit, Rufbereitschaft und Reisekosten

I. Mehrarbeit

Mehrarbeit ist die über die tarifliche wöchentliche oder über die in diesem Rahmen betrieblich festgelegte regelmäßige tägliche Arbeitszeit hinausgehende Arbeitszeit ausschließlich der Pausen, soweit sie angeordnet war. Dies gilt nicht für Teilzeitbeschäftigte und Arbeitnehmer, die gemäß § 2a Anspruch auf Altersfreizeiten haben, solange nicht die regelmäßige tarifliche wöchentliche Arbeitszeit gemäß § 2 Abschnitt I Ziffer 1 überschritten wird.

Für Arbeitnehmer in voll- und teilkontinuierlicher Wechselschichtarbeit ist Mehrarbeit die über die in § 2 Abschnitt I Ziffer 2 genannten Grenzen hinausgehende Wochenarbeitszeit.

Für Arbeitnehmer mit gemäß § 2 Abschnitt I Ziffer 3 abweichend festgelegten längeren oder kürzeren Regelarbeitszeiten ist die jeweils darüber hinausgehende Arbeitszeit Mehrarbeit, soweit sie angeordnet ist.

Die gemäß § 2 vorgenommene anderweitige Verteilung der regelmäßigen Arbeitszeit führt nicht zur Mehrarbeit.

Geleistete Mehrarbeit ist durch Freizeit auszugleichen. Die Zuschlagspflicht bleibt hiervon unberührt, sofern der Ausgleich nicht innerhalb eines Monats erfolgt. Kann der Freizeitausgleich wegen Krankheit, Urlaub, Dienstreise oder ähnlichen Gründen nicht innerhalb eines Monats erfolgen, ist er spätestens in dem darauffolgenden Monat vorzunehmen.

Erfolgt der Zeitausgleich nicht innerhalb der vorgenannten Zeiträume, ist er mit Ablauf von zwei weiteren Monaten einschließlich des Mehrarbeitszuschlages von 25% in Freizeit auszugleichen.

Bei notwendiger Mehrarbeit für einzelne Arbeitnehmer oder Arbeitnehmergruppen, für die ein Zeitausgleich aus betrieblichen oder arbeitsorganisatorischen Gründen nicht oder schwierig durchzuführen ist, kann der Arbeitgeber die geleisteten Mehrarbeitsstunden zuschlagspflichtig abgelten.

Gelegentliche geringfügige Überschreitungen der täglichen Arbeitszeit sind bei Arbeitnehmern der Gruppen E 9 bis E 13 mit dem Tarifentgelt abgegolten.

II. Nachtarbeit

Als Nachtarbeit gilt die in der Zeit von 22 Uhr bis 6 Uhr geleistete Arbeit. Statt der Zeit von 22 Uhr bis 6 Uhr kann betrieblich – aus Verkehrs- oder sonstigen Gründen – eine Änderung von Beginn und Ende festgelegt werden, wobei jedoch die Zeitspanne von 8 Stunden beibehalten werden muss.

III. Sonn- und Feiertagsarbeit

Als Sonn- und Feiertagsarbeit gilt jede Arbeit an Sonn- und gesetzlichen Feiertagen von 6 Uhr bis 6 Uhr des folgenden Tages. Statt der Zeit von 6 Uhr bis 6 Uhr kann betrieblich eine Änderung von Beginn und Ende festgesetzt werden, wobei jedoch die Zeitspanne von 24 Stunden beibehalten werden muss.

IV. Betriebliche Maßnahmen

Mehrarbeit ist, soweit angängig, durch innerbetriebliche Umsetzung von Arbeitskräften oder Neueinstellungen nach Maßgabe der betrieblichen oder technischen Möglichkeiten zu vermeiden. Andernfalls ist notwendige Mehrarbeit, Nachtarbeit, Sonn- und Feiertagsarbeit im Rahmen der gesetzlichen und tariflichen Bestimmungen zu leisten; hierbei ist, abgesehen von betrieblich oder technisch notwendigen Sofortmaßnahmen, das Einvernehmen mit dem Betriebsrat erforderlich[1].

---

[1] Die Tarifvertragsparteien sind sich darüber einig, dass diese notwendige Mehrarbeit, die bis zu 10 Stunden Gesamtarbeitszeit werktäglich ausgedehnt werden kann, betrieblich zu vereinbaren ist.

Tarifliche Arbeitszeitregelungen　　　　　　　　　　　　　　　　　　**ArbZG § 7**

V. Rufbereitschaft
1. Häusliche Bereitschaft und Rufbereitschaft können verlangt werden, wenn betriebliche Gründe dies erfordern.
2. Wird der Arbeitnehmer während seiner Bereitschaft zur Arbeitsleistung herangezogen, so wird die für diese Arbeitsleistung erforderliche Zeit unter Anwendung der in Betracht kommenden manteltarifvertraglichen Bestimmungen als Arbeitszeit vergütet. Soweit nicht anderweitig betrieblich geregelt, sind dabei für den ersten Einsatz in der Bereitschaftszeit im Betrieb mindestens zwei Arbeitsstunden zu Grunde zu legen. Eine angefangene dritte Arbeitsstunde ist voll zu berücksichtigen.
3. Wird ein Arbeitnehmer immer wieder in gleichmäßigen oder ungleichmäßigen Abständen zu solcher Bereitschaft in Anspruch genommen, so muss dafür Sorge getragen werden, dass auf eine Zeit der Inanspruchnahme eine entsprechend lange Zeit der Nichtinanspruchnahme folgt.
4. Der Bereitschaft muss eine Gegenleistung gegenüberstehen, die der Art und der Dauer der Bereitschaft entspricht. Die näheren vergütungs- und arbeitszeitrechtlichen Einzelheiten der Rufbereitschaft sind durch Betriebsvereinbarung zu regeln.

VI. Reisekosten
1. Bei angeordneten Dienstreisen und Abordnungen besteht ein Anspruch auf Ersatz angemessener zusätzlicher Aufwendungen für Unterkunft und Verpflegung.
2. Die nach Ziff. 1 zu erstattenden Reisespesen oder Abordnungsvergütungen können vom Arbeitgeber durch Pauschale oder durch eine Einzelabrechnung aufgrund der nachgewiesenen angemessenen Aufwendungen abgegolten werden. In welcher Form die Aufwendungen oder Abordnungsvergütungen erstattet werden, muss vor Antritt der Dienstreise oder Abordnung festliegen.
3. Treten zwischen den Beteiligten Meinungsverschiedenheiten auf, so ist, wenn der Arbeitnehmer das wünscht, der Betriebsrat einzuschalten.

§ 4 Zuschläge und Schichtzulagen

I. Zuschläge für Mehrarbeit, Nachtarbeit, Sonn- und Feiertagsarbeit
Die Zuschläge betragen
1. für Mehrarbeit　　　　　　　　　　　　　　　　　　　　　　　　25%
2. für regelmäßige Nachtarbeit　　　　　　　　　　　　　　　　　　15%
3. für nichtregelmäßige Nachtarbeit　　　　　　　　　　　　　　　　20%
4. für Arbeiten an Sonntagen und gesetzlichen Feiertagen　　　　　　　60%
5. für Arbeiten am 24. Dezember ab 13 Uhr　　　　　　　　　　　　100%
6. für Arbeiten an den Wochenfeiertagen, an denen aufgrund gesetzlicher Bestimmungen der Arbeitsausfall zu vergüten ist; für Arbeiten am 1. Mai, an den Oster-, Pfingst- und Weihnachtsfeiertagen, am Neujahrstag, auch dann, wenn diese Feiertage auf einen Sonntag oder auf einen an sich arbeitsfreien Werktag fallen　　　　　　　　　　　　　　　　　　　　　　　　　　150%

II. Berechnung der Zuschläge
1. Berechnungsgrundlage für die Zuschläge und jede nicht mit dem Monatsentgelt abgegoltene Arbeitsstunde ist der auf eine Arbeitsstunde entfallende Teil[1] des Monats-

---

Die Tarifvertragsparteien verpflichten sich, durch gemeinsame Überwachung Missbräuche auszuschalten. Stellen sie in einem Betrieb einen Missbrauch fest und bleiben ihre Bemühungen ohne Erfolg, dann können die Tarifvertragsparteien für diesen Betrieb die Ermächtigung gemäß Absatz 1 dieser Anmerkung außer Kraft setzen.

[1] Der Divisor zur Ermittlung des Stundenentgelts wird durch Multiplikation der jeweiligen regelmäßigen tariflichen Wochenarbeitszeit mit dem Faktor 4,35 festgestellt.

§ 7 ArbZG

Anhang

entgelts für den laufenden oder letzten Entgeltabrechnungszeitraum – ohne Zuschläge gemäß Abschnitt I.

2. Für die Berechnung von Mehrarbeits-, Nachtarbeits- und Sonntagsarbeitszuschlägen bleibt die Schichtzulage außer Betracht. Feiertagszuschläge werden hingegen auch von der Schichtzulage berechnet.

3. Treffen Zuschläge von 60% oder höhere Zuschläge mit anderen Zuschlägen zusammen, so ist nur der höhere Zuschlag zu zahlen. Ausgenommen hiervon sind die Zuschläge für Nachtarbeit nach Abschnitt I Ziffern 2 und 3, die in jedem Falle zu zahlen sind.

4. Wird stundenweise Sonntags- oder Feiertagsarbeit angeordnet, so ist der sich nach den vorstehenden Bestimmungen ergebende Betrag für mindestens drei Arbeitsstunden zu zahlen. Dies gilt jedoch nicht, wenn die Sonntags- und Feiertagsarbeit unmittelbar vor oder in unmittelbarem Anschluss an die Werktagsarbeit geleistet wird.

III. Schichtzulage

1. Arbeitnehmer, die in vollkontinuierlicher oder teilkontinuierlicher Wechselschichtarbeit eingesetzt sind und die regelmäßig in ihrem Schichtenturnus Nachtschichten leisten, erhalten nach Maßgabe der folgenden Bestimmungen eine Schichtzulage.

Als vollkontinuierlich im Sinne dieser Bestimmungen gelten solche Arbeitsplätze, die auch in der Zeit von Samstag 14 Uhr bis Montag 6 Uhr ganz oder zeitweise besetzt sind.

Als teilkontinuierlich gelten solche kontinuierlich besetzten Arbeitsplätze, die von Samstag 14 Uhr bis Montag 6 Uhr nicht, auch nicht zeitweise, besetzt sind. Sind die Arbeitsplätze an einzelnen Samstagen länger als bis 14 Uhr besetzt, wird aber diese Zeit innerhalb eines Zeitraumes von 3 Wochen am Freitag oder am Samstag vor 14 Uhr ausgeglichen, so gilt die Teilkontinuität als gegeben.

Der in den Absätzen 2 und 3 genannte Zeitraum von Samstag 14 Uhr bis Montag 6 Uhr kann im Einvernehmen mit dem Betriebsrat aus Verkehrsgründen am Samstag und am Montag geringfügig verkürzt werden; die Teilkontinuität der Arbeitsplätze bleibt in diesem Fall erhalten.

2. Die Schichtzulage beträgt für Schichtarbeit
 – in vollkontinuierlichen Betrieben 10%
 – in teilkontinuierlichen Betrieben 6%
des Tarifentgelts.

Ist der Arbeitnehmer im Abrechnungszeitraum nur zeitweise in Wechselschicht eingesetzt, ist für die Berechnung der Schichtzulage je Arbeitsstunde dieses Zeitraums ein Tarifstundenentgelt in Ansatz zu bringen.

Überschreitet die Schichtarbeit im Durchschnitt des Schichtenturnus die regelmäßige tarifliche wöchentliche Arbeitszeit, so ist für die Berechnung der Schichtzulage je zusätzliche Stunde ein Tarifstundenentgelt mit in Ansatz zu bringen.

3. Die Schichtzulage ist neben den Zuschlägen nach Abschnitt I zu zahlen.

Die Schichtzulage erhalten auch diejenigen Arbeitnehmer, die nur zeitweise an kontinuierlichen Arbeitsplätzen volle Nachtschichten leisten, und zwar für die Dauer dieser Nachtschichten. Das Gleiche gilt für diejenigen Arbeitnehmer, die an kontinuierlichen Arbeitsplätzen ausschließlich Nachtschichten leisten.

Die Schichtzulage erhalten auch diejenigen Arbeitnehmer, die vertretungsweise mindestens für die Dauer eines normalen Wechsels zwischen den Tag- und Nachtschichten in kontinuierlicher Wechselschichtarbeit eingesetzt sind, und zwar für die Dauer dieses Einsatzes.

IV. Pauschalierung

1. Die nach den vorstehenden Bestimmungen zu zahlenden Vergütungen können durch Pauschale abgegolten werden.

2. Bei der Pauschalierung muss erkennbar sein, welche Vergütungsarten mit der Pauschale abgegolten werden sollen. Soweit hierbei steuerfreie tarifliche Zuschläge für Sonntags-, Feiertags- und Nachtarbeit pauschaliert werden, muss deren Anteil an der Pauschale gesondert festgesetzt oder feststellbar sein.

3. Die Pauschale muss mindestens den durchschnittlich im Zeitraum eines Jahres anfallenden Einzelleistungen entsprechen. Verändern sich die Grundlagen dieser Berechnung, so ist die Pauschale entsprechend anzupassen; geringe Abweichungen können jedoch unberücksichtigt bleiben.

§ 5 Arbeitszeit der Arbeitnehmer mit Arbeitsbereitschaft

I.

1. Für Arbeitnehmer, in deren Arbeitszeit regelmäßig und in erheblichem Umfange Arbeitsbereitschaft enthalten ist, kann die regelmäßige wöchentliche Gesamtarbeitszeit auf 46,5 Stunden wöchentlich (10 Stunden täglich) ausgedehnt werden. Für LKW-Fahrer und Beifahrer darf die regelmäßige wöchentliche Gesamtarbeitszeit 45 Stunden wöchentlich (10 Stunden täglich) nicht überschreiten[1].

2. Arbeitsbereitschaft liegt vor, wenn der Arbeitnehmer an seinem Arbeitsplatz im Betrieb oder an einer sonstigen vom Arbeitgeber bestimmten Stelle ohne Entfaltung seiner vollen Arbeitstätigkeit anwesend und jederzeit in der Lage ist, sofort volle Arbeitstätigkeit zu entfalten[2].

3. Für LKW-Fahrer und Beifahrer, die überwiegend im Güterfernverkehr eingesetzt sind, kann die regelmäßige Gesamtarbeitszeit in der Doppelwoche auf 120 Stunden, davon in einer der beiden Wochen auf 65 Stunden, ausgedehnt werden, wenn objektive, technische oder arbeitsorganisatorische Gründe (z. B. ausgedehnte Routen, Transport von verderblichen und lebenswichtigen Gütern, Verkehrsferne des Betriebes usw.) vorliegen. Dabei darf die Arbeitszeit 48 Stunden wöchentlich im Durchschnitt von sechs Kalendermonaten nicht überschreiten.

Wenn das Fahrzeug mit einem Fahrer besetzt ist, sind Arbeitsschichten bis zu 12 Stunden zulässig. Ist das Fahrzeug mit zwei Fahrern besetzt, sind Arbeitsschichten bis zu 18 Stunden zulässig.

Die ununterbrochene Ruhezeit zwischen zwei Arbeitsschichten muss bei Besetzung des Fahrzeuges mit einem Fahrer mindestens 11 Stunden betragen. Bei Besetzung des Fahrzeuges mit zwei Fahrern und Ausstattung des Fahrzeuges mit einer Schlafkabine oder einer gleichwertigen Einrichtung beträgt die ununterbrochene Ruhezeit zwischen zwei Arbeitsschichten mindestens 9 Stunden.

Hinsichtlich der täglichen und wöchentlichen reinen Arbeitszeit am Steuer und der Lenkungs- und Ruhezeiten bleiben die Bestimmungen des EU-Rechts sowie der StVZO unberührt.

II.

Für solche Arbeitnehmer, deren höchstens 24stündige Anwesenheitszeit im Betrieb sich unterteilt in Arbeit, Arbeitsbereitschaft und Bereitschaftsruhe, z. B. Angehörige der

---

[1] Die Tarifvertragsparteien sind sich darüber einig, dass im Einzelfall geprüft werden muss, ob in der Arbeitszeit regelmäßig und in erheblichem Umfange Arbeitsbereitschaft enthalten ist. Dies kann je nach den betrieblichen Verhältnissen bei Kraftfahrern, Feuerwehrleuten, Sanitätspersonal, Wächtern, Pförtnern, Beschäftigten in Wasch- und Badeanstalten und bei vergleichbaren Tätigkeiten der Fall sein.

[2] Die Tarifvertragsparteien sind sich darüber einig, dass im Einzelfall geprüft werden muss, ob in der Arbeitszeit regelmäßig und in erheblichem Umfange Arbeitsbereitschaft enthalten ist. Dies kann je nach den betrieblichen Verhältnissen bei Kraftfahrern, Feuerwehrleuten, Sanitätspersonal, Wächtern, Pförtnern, Beschäftigten in Wasch- und Badeanstalten und bei vergleichbaren Tätigkeiten der Fall sein.

§ 7 ArbZG Anhang

hauptberuflichen Betriebs- bzw. Werkfeuerwehr, Wach- und Feuerwehrmannschaften, Werkschutz, Kraftfahrer und Sanitätspersonal, gilt folgende Regelung:

1. Zu der regelmäßigen täglichen 8stündigen Arbeitszeit tritt eine regelmäßige tägliche Arbeitsbereitschaft bis zu 8 Stunden und eine regelmäßige tägliche Bereitschaftsruhezeit von mindestens 8 Stunden.

   Auf die Anwesenheitszeit im Betrieb (Arbeits-, Arbeitsbereitschafts- und Bereitschaftsruhezeit) muss regelmäßig jeweils eine Freizeit gleicher Länge folgen. Außerdem sind jährlich 35 weitere 24stündige Freizeiten in möglichst gleichmäßiger Verteilung zu gewähren.

2. Während der nach Ziffer 1 zulässigen Arbeitsbereitschaftszeit darf der Arbeitnehmer zusätzlich zu der regelmäßigen täglichen Arbeitszeit nach Ziffer 1 bis zu 3 Stunden nur zu solchen Arbeitsleistungen herangezogen werden, die in den betrieblichen Aufgabenbereich der oben genannten Arbeitnehmergruppen fallen oder ihm durch schriftlichen Arbeitsvertrag übertragen wurden. Entstehen Zweifel über den betrieblichen Aufgabenbereich, so sollen Arbeitgeber und Betriebsrat ihn gemeinsam klären.

3. Beginnt die 24stündige Anwesenheitszeit im Betrieb mit der Frühschicht, so ist die Bereitschaftsruhe in der Regel im Anschluss an Arbeits- und Arbeitsbereitschaftszeiten zu gewähren; Arbeitgeber und Betriebsrat können etwas anderes vereinbaren.

   Die Bereitschaftsruhe dient grundsätzlich der Erholung; sie setzt ausreichende Ruhemöglichkeiten voraus und ist grundsätzlich zusammenhängend zu gewähren; während der Bereitschaftsruhe dürfen die Arbeitnehmer nur zu solchen Arbeiten eingesetzt werden, die innerhalb ihres Aufgabenbereiches unvorhergesehen erforderlich werden.

4. Die Zuschläge für Nacht- und Sonntagsarbeit entfallen in den in Ziffer 1 genannten Grenzen der regelmäßigen Arbeits- und Arbeitsbereitschaftszeit. Die Zuschläge für Feiertage sind entsprechend der Regelung des § 4 Abschnitt I Ziffern 4 bis 6 auch für die obengenannten Arbeitnehmer zu gewähren. § 4 Abschnitt IV gilt entsprechend.

5. Die Arbeitszeitgestaltung des 24-Stunden-Dienstes nach § 5 II berücksichtigt die Anforderungen an den Gesundheitsschutz der Arbeitnehmer im Sinne des § 7 Absatz 2a ArbZG.

6. Für die Durchführung der 24-Stunden-Dienste im Sinne des § 5 II ist die schriftliche Einwilligung der Arbeitnehmer erforderlich. Hierzu wird durch Betriebsvereinbarung das notwendige Verfahren festgelegt.

III.

Für Mehrarbeit, die über die in den Abschnitten I Ziffer 1 und II zulässige Arbeits- und Arbeitsbereitschaftszeit hinausgeht, beträgt der Zuschlag 25 Prozent.

Für LKW-Fahrer und Beifahrer im Güterfernverkehr, für die regelmäßig I Ziffer 3 in Anspruch genommen wird, gilt als zuschlagspflichtige Mehrarbeit die über 90 Stunden in der Doppelwoche hinausgehende Arbeitszeit.

§ 6 Waschzeit

Ist infolge besonders starker Verschmutzung oder aus gesundheitlichen Gründen eine sorgfältige Reinigung erforderlich, so wird täglich eine bezahlte Waschzeit gewährt. Welche Gruppen der Arbeitnehmer darauf Anspruch haben, wie die Dauer der Waschzeit zu bemessen und in welche Zeit sie zu legen ist, wird durch Betriebsvereinbarung geregelt.

§ 7 Kurzarbeit

I.

Im Bedarfsfalle kann Kurzarbeit für Betriebe oder Betriebsabteilungen unter Beachtung des gesetzlichen Mitbestimmungsrechts des Betriebsrates mit einer Ankündigungsfrist von 14 Tagen eingeführt werden.

Tarifliche Arbeitszeitregelungen   ArbZG § 7

Arbeitgeber und Betriebsrat können eine kürzere Ankündigungsfrist betrieblich vereinbaren.

II.

Arbeitnehmer, die Kurzarbeitergeld beziehen, erhalten einen Zuschuss zum Kurzarbeitergeld, der brutto zu gewähren ist Die Höhe des Zuschusses errechnet sich aus dem Unterschiedsbetrag zwischen dem infolge des Arbeitsausfalls verminderten Nettoarbeitsentgelt zuzüglich dem Kurzarbeitergeld und 90% des Nettoarbeitsentgelts, das der Arbeitnehmer ohne Kurzarbeit im Abrechnungszeitraum erzielt hätte. Dieser Zuschuss ist kein Arbeitsentgelt und wird deshalb bei tariflichen Leistungen, deren Höhe vom Arbeitsentgelt abhängig ist, nicht berücksichtigt. Bei der Ermittlung des Nettoarbeitsentgelts werden die tariflichen Schichtzulagen und die tariflichen Zuschläge für Nacht- und Sonntagsarbeit mitberücksichtigt, nicht aber die Feiertagszuschläge.

III.

Ist einem Arbeitnehmer vor Einführung der Kurzarbeit gekündigt worden oder wird ihm während der Kurzarbeit gekündigt, so hat er für die Zeit seiner Kündigungsfrist Anspruch auf seine ungekürzten Bezüge. Der Arbeitgeber kann verlangen, dass der Arbeitnehmer in dieser Zeit voll arbeitet.

§ 8 Freistellung von der Arbeit

I. Freistellungskatalog

Dem Arbeitnehmer ist ohne Anrechnung auf seinen Urlaub und ohne Verdienstminderung Freizeit wie folgt zu gewähren:
1. bei seiner Eheschließung[1]   2 Tage
2. anlässlich der Geburt seines Kindes   1 Tag
   bei nichtehelichen Kindern ist der Vaterschaftsnachweis durch eine Bescheinigung des Jugendamtes zu erbringen, andernfalls ist der gewährte Freistellungstag als Urlaubstag anzurechnen. Ist die Anrechnung auf den laufenden Jahresurlaub nicht möglich, erfolgt die Verrechnung im folgenden Urlaubsjahr
3. bei Teilnahme an der Hochzeit seiner Kinder, Stief- oder Pflegekinder sowie der goldenen oder diamantenen Hochzeit der Eltern oder Stiefeltern   1 Tag
4. bei seiner silbernen Hochzeit   1 Tag
5. bei schwerer Erkrankung von zur Hausgemeinschaft gehörenden Familienmitgliedern, sofern der Arzt bescheinigt, dass die Anwesenheit des Arbeitnehmers zur vorläufigen Sicherung der Pflege erforderlich ist   bis zu 2 Tage
6. bei Tod seines Ehegatten   3 Tage
7. bei Tod seiner Eltern oder Kinder; sowie bei Tod seiner Stiefeltern, Schwiegereltern, Geschwister, Stiefkinder oder Pflegekinder, falls sie mit ihm in einem gemeinsamen Haushalt lebten   2 Tage
8. bei der Teilnahme an der Beisetzung von Stiefeltern, Schwiegereltern, Geschwistern, Stiefkindern, Schwiegerkindern oder Pflegekindern, die nicht mit ihm in einem gemeinsamen Haushalt lebten   1 Tag
9. bei Arbeitsjubiläen nach 25-, 40- und 50-jähriger Betriebszugehörigkeit   1 Tag
10. bei seinem Umzug, wenn er einen eigenen Hausstand besitzt   1 Tag
11. bei ärztlicher Behandlung, die nach ärztlicher Bescheinigung während der Arbeitszeit notwendig ist, für die als hierfür erforderlich nachgewiesene Zeit

---

[1] Im Rahmen des Freistellungskataloges sind eingetragene Lebensgemeinschaften der Ehe gleichgestellt.

§ 7 ArbZG Anhang

12. bei Arbeitsversäumnissen aufgrund öffentlich-rechtlicher Verpflichtungen mit Ausnahme der Wahrnehmung behördlicher Termine als Beschuldigter oder als Partei im Zivilprozess für die tatsächlich zur Erfüllung der Angelegenheit benötigte Zeit, jedoch höchstens bis zur Dauer von 8 Stunden.

Der Arbeitnehmer ist jedoch verpflichtet, in jedem Falle die öffentlich-rechtlich festgesetzte Vergütung in Anspruch zu nehmen; sofern diese Vergütung den Verdienst nicht erreicht, ist der Unterschiedsbetrag vom Arbeitgeber zu erstatten.

II. Höhere Gewalt

Außerdem erleidet der Arbeitnehmer bis zur Dauer eines Tages keinen Nachteil für das Versäumnis der Arbeitszeit, das dadurch eintritt, dass er wegen höherer Gewalt trotz zumutbarer eigener Bemühung seinen Arbeitsplatz nicht oder nicht rechtzeitig erreicht hat; entstehen hierbei Härten, so kann in besonderen Fällen eine weitergehende Einzelregelung getroffen werden.

III. Teilnahme an Tarifverhandlungen

Zur Teilnahme an Tarifverhandlungen oder Schlichtungsverhandlungen sind Arbeitnehmer, die Mitglieder einer gewerkschaftlichen Tarifkommission sind, für die Dauer der Verhandlungen freizustellen, soweit dem nicht ausnahmsweise betriebliche Notwendigkeiten entgegenstehen. Ein Anspruch auf Bezahlung der ausfallenden Arbeitszeit wird hierdurch nicht begründet.

IV. Auszubildende

1. Auszubildenden darf wegen der durch Schulbesuch, Teilnahme an einem im Einvernehmen mit dem Arbeitgeber besuchten Ausbildungslehrgang oder der zur Ablegung der nach der Ausbildungsordnung vorgeschriebenen Prüfungen versäumten Arbeitsstunden ein Abzug an der ihnen zustehenden Vergütung nicht gemacht werden.
2. Berufsschulpflichtige Arbeitnehmer erhalten im entsprechenden Falle den Verdienstausfall vergütet.

Manteltarifvertrag für akademisch gebildete Angestellte in der chemischen Industrie

vom 5. März 1976
in der Fassung vom 2. Mai 2000

– Auszug –

§ 1 Geltungsbereich

Der Tarifvertrag gilt

1. persönlich:
   a) für Angestellte mit abgeschlossener naturwissenschaftlicher oder technischer Hochschulbildung, sofern sie überwiegend eine Tätigkeit ausüben, für welche diese Hochschulbildung Voraussetzung ist. Naturwissenschaftliche oder technische Hochschulbildung ist insbesondere eine solche der Fachrichtungen Chemie, Physik, Ingenieurwissenschaften, Pharmazie, Medizin, Agrarwissenschaften, Architektur, Mathematik und Biologie; die Hochschulbildung ist als abgeschlossen anzusehen, wenn die nach den Studien- und Prüfungsordnungen vorgeschriebene Abschlussprüfung, z.B. Diplom-Prüfung, Staatsexamen, bestanden und die entsprechende Urkunde ausgehändigt ist. Abgeschlossene Hochschulbildung in diesem Sinne setzt ein Abschlussexamen einer Fakultät oder eines Fachbereiches mit eigenem Promotionsrecht voraus, das seiner Art nach zur Promotion berechtigt

Tarifliche Arbeitszeitregelungen **ArbZG § 7**

und für das nach der Studien- und Prüfungsordnung eine mindestens achtsemestrige Studiendauer ohne Einrechnung etwaiger Praxissemester erforderlich ist; dem steht, sofern ein solches Abschlussexamen im Studiengang nicht vorgesehen ist, die Promotion gleich[1],
b) für kaufmännische, technische und andere Angestellte, die aufgrund entsprechender Tätigkeit und Leistung durch Einzelvertrag diesem Tarifvertrag unterstellt sind[2].
Dieser Tarifvertrag gilt nicht für leitende Angestellte. Leitende Angestellte im Sinne dieses Tarifvertrages sind Mitarbeiter, die nach den Bestimmungen des Betriebsverfassungsgesetzes als leitende Angestellte anzusehen sind und deren einzelvertraglich vereinbarte Bedingungen der Mitarbeit den in diesem Tarifvertrag festgelegten in allen Teilen mindestens entsprechen.

§ 5 Arbeitszeit

1. Die Arbeitszeit richtet sich nach den allgemeinen betrieblichen Regelungen, nach der speziellen betrieblichen Regelung für Betriebsteile, nach den von dem Angestellten wahrzunehmenden Aufgaben und nach den Erfordernissen des Betriebes. Näheres kann sowohl durch betriebliche Vereinbarungen[3] als auch einzelvertraglich vereinbart werden.

2. Notwendige vorübergehende und geringfügige Mehrarbeit ist nicht besonders zu vergüten. Ebenso wenig berechtigt eine vorübergehende und geringfügige Minderung der regelmäßigen Arbeitszeit zur Minderung des Gehalts.

3. Machen besondere Verhältnisse über längere Zeit sich erstreckende oder sich wiederholende Mehrarbeit, Nachtarbeit, Sonntags- oder Feiertagsarbeit notwendig, so ist ohne Rücksicht auf die Höhe des Gehalts hierfür eine angemessene Entschädigung zu zahlen oder ein anderer Ausgleich zu vereinbaren.
Wird infolge von Kurzarbeit eine längere Zeit andauernde Minderung der regelmäßigen Arbeitszeit erforderlich, ist ein angemessener Pauschalabzug vom Gehalt zulässig. Dieser Abzug darf nach einer Ankündigungsfrist von einem Monat frühestens zwei Monate nach Beginn der Kurzarbeit vorgenommen werden.

4. Angestellte, die das 57. Lebensjahr vollendet haben, können unter Berücksichtigung der betrieblichen Erfordernisse bezahlte Altersfreizeiten in Anspruch nehmen. Bei der Gewährung sind vom Arbeitgeber die allgemeinen Regelungen im Betrieb sinngemäß unter Berücksichtigung der Aufgabenstellung des Angestellten anzuwenden.

5. Wird mit Angestellten, die das 55. Lebensjahr vollendet haben, ein Altersteilzeitverhältnis von bis zu sechs Jahren Dauer nach den Vorschriften des Altersteilzeitgesetzes vereinbart, kann die während der Gesamtdauer des Altersteilzeitverhältnisses anfallende Arbeitszeit in einem Zeitraum von bis zu sechs Jahren verteilt werden. Auch Altersteilzeitarbeitsverhältnisse mit einer Dauer von mehr als sechs Jahren können vereinbart werden; dabei darf im Durchschnitt eines Zeitraums von sechs Jahren, der innerhalb des Gesamtzeitraums der vereinbarten Altersteilzeitarbeit liegen muss, die Arbeitszeit des Angestellten die Hälfte seiner bisherigen regelmäßigen Arbeits-

---

[1] Sofern an wissenschaftlichen Hochschulen in bestimmten Studiengängen oder Studienrichtungen nach der Studien- und Prüfungsordnung Abschlußexamina vorgesehen sind, die auch nach weniger als acht Semestern Studiendauer ihrer Art nach unmittelbar zur Promotion berechtigen, sind diese gleichgestellt, wenn diese Studiengänge an den betreffenden wissenschaftlichen Hochschulen schon vor 1972 bestanden haben.
[2] § 6 dieses Tarifvertrages gilt nicht für die Anstellungsverhältnisse dieser Angestellten; für sie sind vielmehr die Wettbewerbsbestimmungen des HGB maßgebend.
[3] Die Tarifvertragsparteien gehen davon aus, dass betriebliche Vereinbarungen über die Dauer der Arbeitszeit nur im gegenseitigen Einvernehmen und unter Beachtung des § 76 Abs. 6 BetrVG erfolgen können.

§ 7 ArbZG
Anhang

zeit nach Ziffer 1 nicht überschreiten. Die Regelung über Altersfreizeiten nach Ziffer 4 findet bei der Vereinbarung eines Altersteilzeitarbeitsverhältnisses keine Anwendung.

Der Antrag auf Abschluss eines Altersteilzeitarbeitsvertrages ist beim Arbeitgeber schriftlich zu stellen. Er kann frühestens drei Monate vor dem vom Angestellten angestrebten Beginn des Altersteilzeitarbeitsverhältnisses gestellt werden. Innerhalb einer Frist von zwei Monaten seit Eingang des Antrages hat der Arbeitgeber dem Angestellten schriftlich mitzuteilen, ob er dem Antrag entspricht.

Tarifvertrag Lebensarbeitszeit und Demografie

vom 16. April 2008
in der Fassung vom 29. Mai 2012

– Auszug –

§ 8 Langzeitkonten

Durch freiwillige Betriebsvereinbarung kann die Bildung von Langzeitkonten unter Beachtung der nachfolgenden Grundsätze vereinbart werden:

1. Als Langzeitkonten gelten Arbeitszeitkonten, die einen Verteilzeitraum von über 12 Monaten sowie eine Zweckbestimmung im Sinne dieser Vorschrift vorsehen, ohne die Möglichkeit der unterjährigen Entnahme auszuschließen. Sie setzen eine Regelung zur Insolvenzsicherung voraus, die entweder betrieblich oder in einer ausfinanzierten überbetrieblichen Einrichtung erfolgt.
2. Die Betriebsvereinbarung regelt, aus welchen tariflichen Ansprüchen Langzeitkonten gebildet werden können. Hierfür stehen Zeitguthaben gemäß der tariflichen Vorschriften, Altersfreizeiten, Mehrarbeit, die über den gesetzlichen Urlaubsanspruch hinausgehenden Urlaubsansprüche, Mehrarbeitszuschläge, Zulagen und Zuschläge zur Verfügung sowie bis zu 10% des kalenderjährigen Tarifentgelts.
3. Der Arbeitnehmer entscheidet nach Maßgabe der Betriebsvereinbarung über die Einbringung. Fällige Ansprüche können nicht eingebracht werden.
4. Zwischen Arbeitgeber und Arbeitnehmer ist über die Freistellung eine Vereinbarung zu treffen. Für diese Zeit kann durch Betriebsvereinbarung ein um bis zu 25% abweichendes Arbeitsentgelt geregelt werden.
5. Langzeitkonten sind selbständig unter Festlegung der Nutzungszwecke zu bilden.
6. Die freiwillige Betriebsvereinbarung kann unter Berücksichtigung der gesetzlichen Bestimmungen neben Qualifizierung und Freistellung vor Altersrente auch andere Nutzungszwecke, wie z. B. Teilzeit, Pflege- und Elternzeiten vorsehen.
7. Der Arbeitgeber teilt den Arbeitnehmern schriftlich die zur Insolvenzsicherung der Langzeitkonten getroffenen Maßnahmen mit.
8. Bei einem Wechsel des Arbeitgebers kann das Langzeitkonto übertragen werden, soweit der neue Arbeitgeber der Übertragung zustimmt.
9. Soweit Leistungen von der Höhe der laufenden Monatsbezüge abhängen, sind diese so zu bemessen, als sei eine Einbringung in das Langzeitkonto nicht erfolgt.
10. Insbesondere für kleine und mittlere Unternehmen haben die Tarifvertragsparteien in Abstimmung mit den von ihnen ausgewählten Anbietern ein Standardmodell für die Einführung und Führung von Langzeitkonten vorgesehen.
11. Im Übrigen gelten die gesetzlichen Regelungen.

§ 13 Lebensphasenorientierte Arbeitszeitgestaltung

1. Die demografische Entwicklung und die damit verbundene längere Lebensarbeitszeit rücken den Erhalt der Gesundheit und Leistungsfähigkeit der Arbeitnehmer weiter in den Fokus. Eine lebensphasenorientierte Arbeitszeitgestaltung mit Möglichkeiten der Entlastung soll zu gesundem und produktivem Arbeiten bis zur Erreichung des Rentenalters beitragen.
2. Die Betriebsparteien vereinbaren dazu die Maßnahmen, die ihnen unter Berücksichtigung der jeweiligen betrieblichen Gegebenheiten und Besonderheiten am förderlichsten und zweckmäßigsten erscheinen.

Modell RV 80

3. Die Betriebsparteien können zur Ermöglichung einer lebensphasenorientierten Arbeitszeitgestaltung ein Modell RV 80 (reduzierte Vollzeit mit 80% Arbeitszeit) vereinbaren. Mit dem Modell RV 80 kann eine flexible Arbeitszeitgestaltung in bestimmten Lebensphasen und ein flexibler Übergang in den Ruhestand ermöglicht werden. Die Betriebsparteien legen durch freiwillige Betriebsvereinbarung fest, welches Ziel im Betrieb mit der Einführung des Modells RV 80 verfolgt werden soll. Die Betriebsparteien können das Modell RV 80 auch beiden Zielen widmen.
4. Einen individuellen Anspruch auf den Abschluss einer Vereinbarung RV 80 mit dem Arbeitgeber hat der Arbeitnehmer, soweit zum Zeitpunkt des Abschlusses der Vereinbarung im Demografiefonds ausreichend Mittel zur Finanzierung der Arbeitszeitreduzierung vorhanden sind. Mit dem Abschluss der Vereinbarung erwirbt der Arbeitnehmer einen Anspruch auf die Reduzierung der Arbeitszeit zum festgelegten Zeitpunkt sowie die festgelegte Vergütung.
5. Bei Vereinbarung des Modells RV 80 zur Gestaltung eines flexiblen Übergangs in den Ruhestand nach Maßgabe einer Regelung gemäß Ziffer 11 werden die laufenden Monatsbezüge weitergezahlt, die bei Fortführung der Tätigkeit mit der regelmäßigen tariflichen Arbeitszeit gezahlt würden. Die Betriebsparteien können durch freiwillige Betriebsvereinbarung eine abweichende Vergütung festlegen.
6. Bei Vereinbarung des Modells RV 80 als Gestaltung der Arbeitszeit in bestimmten Lebensphasen legen die Betriebsparteien durch freiwillige Betriebsvereinbarung fest, welcher Prozentsatz der laufenden Monatsbezüge gezahlt wird, die bei Fortführung der Tätigkeit mit der regelmäßigen tariflichen Arbeitszeit gezahlt würden.
7. Zuschläge (Sonn-, Feiertags- und Nachtzuschläge) werden im Modell RV 80 nach dem tatsächlichen Umfang der jeweils geleisteten zuschlagspflichtigen Zeiten berechnet und gezahlt.
8. Die Tarifvertragsparteien werden Umsetzungshinweise und Berechnungsmuster für die Gestaltung des Modells RV 80 zur Verfügung stellen.

Lebensphasenorientierte Arbeitszeitgestaltung

9. Eine Arbeitszeitentlastung nach Modell RV 80 kann im Betrieb für bestimmte Lebensphasen (z. B. bessere Vereinbarkeit von Beruf und Familie) vorgesehen werden.
10. Zur Gestaltung der Arbeitszeit in bestimmten Lebensphasen legen die Betriebsparteien einvernehmlich fest, in welcher Reihenfolge Arbeitnehmer für die Vereinbarung eines Modells RV 80 zu berücksichtigen sind, wenn mehr Anträge eingehen, als aus dem Demografiefonds finanziert werden können. Grundsätzlich wird die Dauer der Betriebszugehörigkeit als Kriterium für einen vorrangigen Anspruch herangezogen.

Flexibler Übergang

11. Soll die Arbeitszeitentlastung zur Ermöglichung eines flexiblen Übergangs in den Ruhestand eingeführt werden, wird in der Vereinbarung zwischen Arbeitgeber

§ 7 ArbZG Anhang

und Arbeitnehmer der Anspruch auf Altersfreizeiten nach § 2a MTV durch eine Reduzierung der Arbeitszeit um 7,5 Stunden zu einem durch freiwillige Betriebsvereinbarung festzulegenden Zeitpunkt ersetzt.

12. Als Auswahlkriterium sollten vorrangig Schichtarbeit und Betriebszugehörigkeit Berücksichtigung finden.

13. Der Arbeitnehmer kann seine Entscheidung für das Modell RV 80 frühestens sechs Monate vor Vollendung des Lebensjahres geltend machen, zu dem er erstmalig Anspruch auf Altersfreizeiten gemäß § 2a MTV erhält.

14. Scheidet der Arbeitnehmer bei Verwendung des Modells RV 80 zur Gestaltung eines flexiblen Übergangs zwischen Abschluss der Vereinbarung und Beginn der nach Modell RV 80 reduzierten Arbeitszeit aufgrund betriebsbedingter Kündigung oder Erwerbsunfähigkeit aus dem Arbeitsverhältnis aus, erhält er pro vollendetem Jahr nach Abschluss der Vereinbarung eine Abfindung in Höhe von 1,0 laufenden Monatsbezügen für Arbeitnehmer in vollkontinuierlicher Wechselschicht, die mindestens 15 Monate vollkontinuierliche Wechselschicht geleistet haben (§ 2a Ziffer 3 Absatz 2 MTV) bzw. 0,7 laufende Monatsbezüge für alle übrigen Arbeitnehmer.

§ 14 Demografie-Korridor

Die Bewältigung der demografischen Entwicklung erfordert zusätzliche Optionen für eine Flexibilisierung der Arbeitszeit. Der nachfolgend geregelte Korridor dient der flexiblen Gestaltung der Arbeitszeit, um mit den aus der demografischen Entwicklung resultierenden Konsequenzen umgehen zu können. Der Demografie-Korridor kann nicht mit dem Arbeitszeit-Korridor nach § 2 des MTV und mit dem Entgelt-Korridor nach § 10 BETV kombiniert werden. Die Regelungen zum Demografie-Korridor gelten zunächst für drei Jahre, um den Tarifvertragsparteien eine auf diese Erfahrungen gestützte Bewertung dieses Modells zu erlauben.

1. Für einzelne Arbeitnehmergruppen oder mit Zustimmung der Tarifvertragsparteien für größere Betriebsteile oder ganze Betriebe kann im Einvernehmen zwischen Arbeitgeber und Betriebsrat befristet eine wöchentliche Arbeitszeit zwischen 35 und 40 Stunden vereinbart werden.

Die Betriebsparteien legen gleichzeitig auch eine Regelung zum Ausgleich der über die regelmäßige tarifliche Arbeitszeit hinausgehenden Arbeitsstunden fest. Der Ausgleich erfolgt grundsätzlich in Zeit.

2. Arbeitgeber und Arbeitnehmer können auf Grundlage einer freiwilligen Betriebsvereinbarung durch eine befristete individuelle Vereinbarung eine wöchentliche Arbeitszeit zwischen 35 und 40 Stunden festlegen (Wahlarbeitszeit). In der freiwilligen Betriebsvereinbarung sind weitere für die Umsetzung der individuellen Arbeitszeitvereinbarung notwendigen Regelungen zu treffen. Der Ausgleich von Arbeitsstunden, die über die regelmäßige tarifliche Arbeitszeit hinausgehen, erfolgt grundsätzlich in Zeit.

Rechtsprechung Chemie

1 Der Anspruch auf Mehrarbeitsvergütung besteht nach §§ 3, 4 MTV für gewerbliche Arbeitnehmer und Angestellte in der chemischen Industrie nur für Arbeitsstunden, die über die tarifliche wöchentliche oder über die betrieblich festgelegten regelmäßige tägliche Arbeitszeit hinausgehen. Danach erhalten Teilzeitkräfte keine Mehrarbeitszuschläge, auch wenn sie über das arbeitsvertraglich geschuldete Maß hinaus arbeiten, wofür Vollzeitarbeitnehmer Zuschläge erhalten. Das ist keine Ungleichbehandlung ohne sachlichen Grund und auch keine mittelbare Diskriminierung nach Art. 119 Abs. 1 EG-Vertrag (BAG vom 20. 6. 1995, AP Nr. 11 zu § 1 TVG Tarifverträge: Chemie).

Tarifliche Arbeitszeitregelungen　　　　　　　　　　　　　**ArbZG § 7**

Die Regelung des § 5 Abschn. II ist gegenüber Abschn. I abschließend in der Verpflichtung zu 24-Stunden-Diensten bei der Werksfeuerwehr. Die Regeln des Abschn. II stellen sicher, dass die Gesundheit gemäß § 7 Abs. 2a ArbZG nicht gefährdet wird (BAG vom 12. 3. 2008, AP Nr. 18 zu § 1 TVG Tarifverträge: Chemie, vom 23. 6. 2010, AP Nr. 4 zu § 7 ArbZG).

VII. Durchfahrvertrag für die Papierindustrie

vom 7. Februar 1997
in der Fassung vom 15. 2. 2001, 29. 7. 2004 und 27. Juli 2005

§ 1 Geltungsbereich

1. **Räumlich:**
Für das Gebiet der Bundesrepublik Deutschland.

2. **Fachlich:**
Für Betriebe, soweit sie mit Maschinen im Sinne der „Verordnung über Ausnahmen vom Verbot der Beschäftigung von Arbeitnehmern an Sonn- und Feiertagen in der Papierindustrie" vom 20. Juli 1963 – im Folgenden kurz „Durchfahrverordnung" genannt – sonn- und feiertags arbeiten.

3. **Persönlich:**
Für Arbeitnehmer (gewerbliche Arbeitnehmer und Angestellte), die in den unter Ziffer 2 genannten Betrieben mit Arbeiten oder Hilfsverrichtungen im Sinne der Durchfahrverordnung im vollkontinuierlichen 4-Schichtsystem beschäftigt werden.

§ 2 Arbeitszeit

1. Die regelmäßige kalenderwöchentliche Arbeitszeit beträgt im Durchschnitt 38 Stunden.

2.1.1. Beginn und Ende der täglichen Arbeitszeit sowie die Verteilung der Arbeitszeit auf die einzelnen Wochentage sind zwischen Betriebsleitung und Betriebsrat zu vereinbaren.

2.1.2. Dabei ist ein Verteilungszeitraum zugrunde zu legen, der bis zu höchstens zwölf Monate beträgt. Durch freiwillige Betriebsvereinbarung können Arbeitgeber und Betriebsrat den Verteilzeitraum auf bis zu 36 Monaten verlängern. In diesem Fall gilt für § 7d Absatz 1 Nr. 2 SGB IV der in der Betriebsvereinbarung festgelegte Zeitraum, höchstens jedoch 36 Monate.

2.1.3. Die Arbeitszeit an Sonn- und Feiertagen kann gem. §§ 12 Ziff. 4 ArbZG, 6 lit. b Durchfahr-VO auf bis zu 12 Stunden verlängert werden.

2.2.1. Bei Arbeiten in Wechselschichten, die einen ununterbrochenen Fortgang erfordern, können statt fester Ruhepausen Kurzpausen von angemessener Dauer gewährt werden.

2.2.2. Diese Kurzpausen gelten als Arbeitszeit und sind entsprechend zu vergüten.

3.1. Wechselschichter sind Arbeitnehmer, die sich regelmäßig im 3- oder 4-Schichtturnus umschichtig ablösen.

3.2. Dabei bedeutet das Ablösen der Arbeitnehmer ein Fortführen einer begonnenen Arbeit am gleichen Arbeitsplatz und/oder mit den gleichen Arbeitsmitteln.

3.3. Eine kürzere Überschneidung der regelmäßigen Arbeitszeit verschiedener Arbeitnehmer bis zu einer Stunde (Überlappen) bei im Übrigen gleichen Voraussetzungen steht dem Begriff der Wechselschicht nicht entgegen.

3.4. Das gilt nicht für Teilzeitarbeit.

§ 7 ArbZG   Anhang

4.1. Die Arbeitszeit am Karsamstag, 24. Dezember und 31. Dezember endet mit dem Ende der ersten Schicht, am 30. April und Pfingstsamstag mit dem Ende der zweiten Schicht.
4.2. Abweichende Betriebsvereinbarungen bedürfen der Zustimmung der Tarifvertragsparteien.
4.3.1. Entsteht dem Arbeitnehmer durch den Frühschluss am Karsamstag, Pfingstsamstag, 30. April, 24. Dezember und 31. Dezember schichtplanmäßig ein Lohnausfall, so ist dieser zu vergüten.
4.3.2. Durch Arbeiten während der Frühschlusszeiten wird der Anspruch auf Lohnausfallvergütung gem. Ziffer 4.3.1 nicht berührt.
4.4. Arbeitszeiten im Rahmen der Schichtpläne, die durch das Arbeitsverbot nach der Durchfahrverordnung (Ostern, 1. Mai, Pfingsten, Weihnachten) ausfallen, sind in Höhe des Lohnausfalls ohne Feiertagszuschläge zu vergüten.
4.5.1. § 1 Abs. 1 S. 1 der Durchfahrverordnung gilt entsprechend für den 1. Januar.
4.5.2. Arbeitszeiten im Rahmen der Schichtpläne, die durch die Arbeitsruhe am 1. Januar ausfallen, sind in Höhe des Lohnausfalls ohne Sonn- und Feiertagszuschläge zu vergüten.
4.6. Als Lohnausfall ist der Betrag zu vergüten, den der Arbeitnehmer verdient hätte, wenn er schichtplanmäßig gearbeitet hätte, soweit Frühschluss oder Feiertag auf einen Sonntag fallen, einschließlich des Sonntagszuschlages.
4.7. Durch arbeitsfreie Zeiten nach den Ziffern 4.1, 4.4 und 4.5.2 dürfen Schichtpläne im Durchfahrbetrieb nicht unterbrochen werden.
4.8. Arbeitnehmer, die ihrer letzten Schicht vor dem Frühschluss oder der Arbeit an ihrem ersten Arbeitstag nach den Feiertagen unentschuldigt fernbleiben, haben keinen Anspruch auf Lohnausfallvergütung nach Ziffer 4,3.1.
5. Bei Arbeit an den unter Ziffern 4.3.1, 4.4 und 4.5.2 genannten Tagen bleibt der Anspruch auf Lohnausfallvergütung, jedoch ohne Sonntagszuschlag, bestehen.
6. In den vorstehenden Ziffern 1 bis 5 ist die Arbeitszeit tariflich abschließend geregelt.
7. Die Parteien stimmen überein, dass nicht in allen Betrieben die Voraussetzungen gegeben sind, die Bestimmungen der §§ 4 und 5 der Durchfahrverordnung durchzuführen und dass deshalb Betriebsvereinbarungen nach § 6 der Durchfahrverordnung getroffen werden können.
8. Im vollkontinuierlichen Durchfahrbetrieb ist die betriebsübliche Wochen-Produktionszeit 168 Stunden.

§ 3 Mehrarbeit

Mehrarbeitsstunden sind alle Arbeitsstunden, welche die im Durchschnitt sich ergebende kalenderwöchentliche Arbeitszeit (§ 2) von 38 Stunden überschreiten.

§ 4 Durchfahrzulage

1. Die Durchfahrzulage für Arbeiten im 4-Schichtsystem beträgt 5% auf den tatsächlich erzielten Stundenverdienst ohne Prämien, bei Akkordarbeiten auf den Tarifstundenlohn plus 15% (Akkordbasis).
2.1. Die Durchfahrzulage wird neben den tariflichen Zuschlägen gezahlt.
2.2. Bei der Berechnung von Zuschlägen bleibt sie jedoch außer Ansatz.

§ 5 Sonntagszuschlag

Abweichend von § 10 Ziffer 2 MTV beträgt der Zuschlag für Arbeitsstunden an Sonntagen 100%.

Tarifliche Arbeitszeitregelungen   ArbZG § 7

VIII. Durchfahrvertrag für die Zellstoffindustrie

vom 7. Februar 1997
in der Fassung vom 15. 2. 2001, 29. 7. 2004 und 27. 7. 2005

§ 1 Geltungsbereich

1. **Räumlich:**
   Für das Gebiet der Bundesrepublik Deutschland.
2. **Fachlich:**
2.1. Für Betriebsabteilungen der Zellstoffindustrie, soweit sie sonn- und feiertags gemäß Schichtplan vollkontinuierlich arbeiten.
2.2. Als vollkontinuierliche Betriebsabteilungen gelten solche, die werktags und sonntags Tag und Nacht durcharbeiten.
2.3. Der Charakter des vollkontinuierlichen Betriebes bleibt bestehen, wenn bei Fortbestehen des Schichtplans einzelne Schichten nicht verfahren werden.
3. **Persönlich:**
   Für Arbeitnehmer (gewerbliche Arbeitnehmer und Angestellte), die in den unter Ziffer 2 genannten Betriebsabteilungen beschäftigt werden.

§ 2 Arbeitszeit

1.1. Die regelmäßige kalenderwöchentliche Arbeitszeit beträgt im Durchschnitt 38 Stunden, möglichst unter Einsatz von 4 Schichten.
1.2. Die darin enthaltene Sonntagsschicht darf 12 Stunden nicht überschreiten.
2.1.1. Beginn und Ende der täglichen Arbeitszeit sowie die Verteilung der Arbeitszeit auf die einzelnen Wochentage sind zwischen Betriebsleitung und Betriebsrat zu vereinbaren.
2.1.2. Dabei ist ein Verteilungszeitraum zugrunde zu legen, der bis zu höchstens zwölf Monate beträgt. Durch freiwillige Betriebsvereinbarung können Arbeitgeber und Betriebsrat den Verteilzeitraum auf bis zu 36 Monaten verlängern. In diesem Fall gilt für § 7d Absatz 1 Nr. 2 SGB IV der in der Betriebsvereinbarung festgelegte Zeitraum, höchstens jedoch 36 Monate.
2.1.3. Die Arbeitszeit an Sonn- und Feiertagen kann gem. §§ 12 Ziff. 4 ArbZG, 6 lit. b Durchfahr-VO auf bis zu 12 Stunden verlängert werden.
2.2.1. Bei Arbeiten in Wechselschichten, die einen ununterbrochenen Fortgang erfordern, können statt fester Ruhepausen Kurzpausen von angemessener Dauer gewährt werden.
2.2.2. Diese Kurzpausen gelten als Arbeitszeit und sind entsprechend zu vergüten.
3.1. Wechselschichter sind Arbeitnehmer, die sich regelmäßig im 3- oder 4-Schichtturnus umschichtig ablösen.
3.2. Dabei bedeutet das Ablösen der Arbeitnehmer eine Fortführung einer begonnenen Arbeit am gleichen Arbeitsplatz und/oder mit den gleichen Arbeitsmitteln.
3.3. Eine kürzere Überschneidung der regelmäßigen Arbeitszeit verschiedener Arbeitnehmer bis zu einer Stunde (Überlappen) bei im Übrigen gleichen Voraussetzungen steht dem Begriff der Wechselschicht nicht entgegen.
3.4. Dies gilt nicht für Teilzeitarbeit.
4.1.1. Die Arbeitszeit am Karsamstag, 24. Dezember und 31. Dezember ab Ende der ersten Schicht, am 30. April und Pfingstsamstag ab Ende der zweiten Schicht wird zusätzlich, unbeschadet des Anspruchs auf die Sonn- und Feiertagszuschläge gem. § 5 dieses Vertrages und § 10 des Mantteltarifvertrages, mit 100% Zuschlag vergütet.

§ 7 ArbZG

Anhang

4.1.2. Das gleiche gilt für die Arbeitszeit am Ostersonntag. Ostermontag, Pfingstsonntag, Pfingstmontag, 1. Mai, 25., 26. Dezember und 1. Januar.

4.2. Abweichende Betriebsvereinbarungen bedürfen der Zustimmung der Tarifvertragsparteien.

4.3. Arbeitszeiten im Rahmen der Schichtpläne, die durch gesetzliche Produktionsverbote ausfallen, sind in Höhe des Lohnausfalls ohne Feiertagszuschläge zu vergüten.

5. In den vorstehenden Ziffern 1 bis 4 ist die Arbeitszeit tariflich abschließend geregelt.

6. Im vollkontinuierlichen Durchfahrbetrieb ist die betriebsübliche Wochen-Produktionszeit 168 Stunden.

§ 3 Mehrarbeit

Mehrarbeitsstunden sind alle Arbeitsstunden, welche die im Durchschnitt sich ergebende kalenderwöchentliche Arbeitszeit (§ 2) von 38 Stunden überschreiten.

§ 4 Durchfahrzulage

1. Die Durchfahrzulage für Arbeiten im vollkontinuierlichen Schichtsystem beträgt 5% auf den tatsächlich erzielten Stundenverdienst ohne Prämien, bei Akkordarbeiten auf den Tarifstundenlohn plus 15% (Akkordbasis).

2.1. Die Durchfahrzulage wird neben den tariflichen Zulagen gezahlt.

2.2. Bei der Berechnung von Zuschlägen bleibt sie jedoch außer Ansatz.

§ 5 Sonntagszuschlag

Abweichend von § 10 Ziffer 2 MTV beträgt der Zuschlag für Arbeitsstunden an Sonntagen 100%.

IX. Einheitlicher Manteltarifvertrag (EMTV) für die Metall- und Elektroindustrie Nordrhein-Westfalens

vom 18. Dezember 2003

– Auszug –

§ 3 Dauer der regelmäßigen Arbeitszeit/Ausbildungszeit

1. Die tarifliche regelmäßige wöchentliche Arbeitszeit ohne Pausen beträgt 35 Stunden.

Protokollnotiz 1 zu § 3 Nr. 1:
Die Tarifvertragsparteien stimmen darin überein, dass aus Anlass von Arbeitszeitverkürzungen keine Leistungsverdichtung erfolgen darf, die für die Beschäftigten zu unzumutbaren Belastungen führt. Bei einer Reklamation haben Arbeitgeber und Betriebsrat die Aufgabe, sich mit der Beanstandung zu befassen mit dem Ziel einer innerbetrieblichen Regelung. Die Anrufung der Einigungsstelle entfällt.

Protokollnotiz 2 zu § 3 Nr. 1:
Vollzeitbeschäftigte, die gemäß § 4 Nr. 1 MTV vom 29. Februar 1988 eine individuelle regelmäßige wöchentliche Arbeitszeit von über 37 Stunden hatten, behalten diese Arbeitszeit auch nach In-Kraft-Treten dieses Tarifvertrages bei. Diese Arbeitszeit kann auf Wunsch des Beschäftigten mit einer Ankündigungsfrist von sechs Monaten an die tarifliche wöchentliche Arbeitszeit gemäß Nr. 1 angepasst werden, es sei denn, sie wird einvernehmlich früher geändert. Das Arbeitsentgelt wird ebenfalls entsprechend angepasst. § 3 Nr. 3 Abs. 5 kommt zur Anwendung.

Tarifliche Arbeitszeitregelungen **ArbZG § 7**

Die individuelle regelmäßige wöchentliche Arbeitszeit der in Vollzeit Beschäftigten entspricht grundsätzlich der tariflichen regelmäßigen wöchentlichen Arbeitszeit.

2. Die tarifliche regelmäßige wöchentliche Ausbildungszeit ohne Pausen beträgt 35 Stunden.

3. Soll für einzelne Beschäftigte die individuelle regelmäßige wöchentliche Arbeitszeit auf bis zu 40 Stunden verlängert werden, bedarf dies der Zustimmung des/der Beschäftigten.
Lehnen Beschäftigte die Verlängerung ihrer individuellen regelmäßigen wöchentlichen Arbeitszeit ab, so darf ihnen daraus kein Nachteil entstehen.
Bei der Vereinbarung einer solchen Arbeitszeit bis zu 40 Stunden hat der/die Beschäftigte Anspruch auf eine dieser Arbeitszeit entsprechenden Bezahlung.
Die vereinbarte Arbeitszeit kann auf Wunsch des/der Beschäftigten oder Arbeitgebers mit einer Ankündigungsfrist von 3 Monaten geändert werden, es sei denn, sie wird einvernehmlich früher geändert. Das Arbeitsentgelt wird entsprechend angepasst.
Der Arbeitgeber teilt dem Betriebsrat jeweils vierteljährlich die Beschäftigten mit verlängerter individueller regelmäßiger wöchentlicher Arbeitszeit mit, deren Anzahl 18% aller Beschäftigten des Betriebes einschließlich auch der Beschäftigten gemäß § 1 Nr. 3 nicht übersteigen darf.
Die so ermittelte Anzahl der Beschäftigten wird auf alle Beschäftigten des Betriebes verteilt. Ausgenommen hiervon sind die Beschäftigten nach § 1 Nr. 3a) ERA und § 5 Abs. 2 und 3 Betriebsverfassungsgesetz.
Ist eine Vereinbarung über eine verlängerte individuelle regelmäßige wöchentliche Arbeitszeit für einen späteren Zeitpunkt geschlossen worden, ist dies dem Betriebsrat im Voraus mitzuteilen.

4. Teilzeitarbeit liegt vor, wenn die vereinbarte individuelle regelmäßige wöchentliche Arbeitszeit kürzer als 35 Stunden ist.
Bei Neueinstellungen soll Teilzeitarbeit sozialversicherungspflichtig (§ 8 Sozialgesetzbuch IV) gestaltet werden. Wünscht der/die Beschäftigte dies nicht oder ist dies aus betriebsorganisatorischen Gründen nicht möglich, ist der/die Beschäftigte auf mögliche sozialversicherungsrechtliche Folgen in Textform (z. B. durch ein Merkblatt) hinzuweisen.
Altersteilzeitarbeit richtet sich ergänzend nach den Bestimmungen des Tarifvertrages zur Altersteilzeit und des Tarifvertrages zur Beschäftigungsbrücke.

5. Wenn keine andere Regelung getroffen wird, beträgt die regelmäßige tägliche Arbeitszeit/Ausbildungszeit bis zu acht Stunden.
Wird die Arbeitszeit/Ausbildungszeit an einzelnen Kalendertagen regelmäßig verkürzt, so kann die ausfallende Arbeitszeit/Ausbildungszeit auf die übrigen Kalendertage derselben sowie der vorhergehenden oder der folgenden Woche verteilt werden. Dieser Ausgleich ist ferner zulässig, soweit die Art der Tätigkeit eine ungleichmäßige Verteilung der Arbeitszeit erfordert (z. B. Kraftfahrer).

6. Die nach Nr. 1, 2, 3 und 4 festgesetzte Arbeitszeit/Ausbildungszeit vermindert sich um die Arbeitsstunden/Ausbildungsstunden, die infolge eines gesetzlichen Wochenfeiertages ausfallen.

7. Die regelmäßige Arbeitszeit/Ausbildungszeit endet am 24. und 31. Dezember um 13.00 Uhr.
Die hierdurch ausfallende Arbeitszeit/Ausbildungszeit wird wie folgt vergütet:
   – bei Beschäftigten:
     Weiterzahlung der festen Entgeltbestandteile des Monatsentgelts zuzüglich nach § 6 Nr. 4 berechneter variabler Entgeltbestandteile,
   – bei Auszubildenden:
     Weiterzahlung der Ausbildungsvergütung.

§ 7 ArbZG

Anhang

8. An Werktagen vor und nach Weihnachten können ausnahmsweise nach Vereinbarung mit dem Betriebsrat Arbeitsschichten oder Arbeitsstunden ausfallen.

9. Für Beschäftigte, die im Bergbau unter Tage eingesetzt sind, gilt als Arbeitszeit die Schichtzeit. Sie wird gerechnet vom Beginn der Seilfahrt bei der Einfahrt bis zum Wiederbeginn bei der Ausfahrt.

10. Für Beschäftigte mit Arbeitsbereitschaft kann die individuelle regelmäßige wöchentliche Arbeitszeit einzelvertraglich (unter Anrechnung auf die Quote nach § 3 Nr. 3 Abs. 5) um bis zu zehn Stunden über die tarifliche regelmäßige wöchentliche Arbeitszeit hinaus verlängert werden, wenn die Arbeitsbereitschaft regelmäßig und in erheblichem Umfang in deren Arbeitszeit fällt. Das Beobachten von Produktionsanlagen gilt nicht als Arbeitsbereitschaft.
Für diese Beschäftigten ist auch eine Verteilung der Arbeitszeit auf über zehn Stunden am Tag zulässig (§ 7 Abs. 1 Nr. 1 a) Arbeitszeitgesetz).
An welchen Arbeitsplätzen regelmäßig und in erheblichem Umfang Arbeitsbereitschaft anfällt, wird in einer Betriebsvereinbarung festgelegt.

11. Für Beschäftigte mit Bereitschaftsdienst kann die regelmäßige wöchentliche Anwesenheitspflicht über die individuelle regelmäßige wöchentliche Arbeitszeit hinaus verlängert werden, wenn Ruhezeiten regelmäßig und in erheblichem Umfang in deren Anwesenheitszeit fallen.
Für diese Beschäftigten können die Ruhezeiten nach § 5 Abs. 1 Arbeitszeitgesetz durch freiwillige Betriebsvereinbarung oder mit Zustimmung der Tarifvertragsparteien gemäß § 7 Abs. 2 Nr. 1 Arbeitszeitgesetz den Besonderheiten des Dienstes angepasst werden.
An welchen Arbeitsplätzen Bereitschaftsdienst anfällt sowie die Vergütung dieser zusätzlichen Anwesenheitszeit, wird in einer Betriebsvereinbarung festgelegt.

12. Beschäftigte, die nicht im Betrieb anwesend zu sein brauchen, sich aber für einen eventuellen Einsatz bereithalten müssen (Rufbereitschaft), erhalten für diese Zeit eine Vergütung.
Der Personenkreis, der Zeitraum und die Vergütung sind durch Betriebsvereinbarung zu regeln.
Für diese Beschäftigten können die Ruhezeiten nach § 5 Abs. 1 Arbeitszeitgesetz durch freiwillige Betriebsvereinbarung oder mit Zustimmung der Tarifvertragsparteien gemäß § 7 Abs. 2 Nr. 1 Arbeitszeitgesetz den Besonderheiten der Rufbereitschaft angepasst werden.

13. Sofern in Betrieben oder in Betriebsteilen wegen der Eigenart ihrer Fertigung – die eine Unterbrechung oder einen Aufschub nicht gestattet – vollkontinuierliche Betriebsweise erforderlich ist, wird vor deren Einführung von den Tarifvertragsparteien eine Ergänzungsvereinbarung abgeschlossen.
Soweit Betriebe oder Betriebsteile vor dem 1. April 1987 in vollkontinuierlicher Betriebsweise gearbeitet haben, werden während der Laufzeit des Tarifvertrages die Reglungen weiter wie bisher zwischen Arbeitgeber und Betriebsrat durch Betriebsvereinbarung getroffen. Sie müssen sich an den tariflichen Bedingungen orientieren und sind den Tarifvertragsparteien zur Kenntnis zu geben. Die individuelle regelmäßige wöchentliche Arbeitszeit ist nach Schichtplan, z.B. durch freie Tage/Freischichten, zu erreichen.
Die Tarifvertragsparteien gehen davon aus, dass mit der tariflichen Regelung für vollkontinuierliche Betriebsweise die Fälle gemeint sind, für die Sonntags- und Feiertagsarbeit nach den gesetzlichen Bestimmungen zulässig sind.

14. Beschäftigte, die regelmäßig sonntags beschäftigt werden und deren Arbeitszeit an einem Sonntag infolge eines gesetzlichen Feiertages ausfällt und deren Arbeit nicht nachgeholt werden kann, erhalten das regelmäßige Arbeitsentgelt, das sie ohne den

Arbeitsausfall erhalten hätten. Ausfallende Arbeitszeit am 1. Oster- und 1. Pfingstfeiertag ist mit dem zuschlagfreien Schichtverdienst zu vergüten. § 2 Abs. 3 des Entgeltfortzahlungsgesetzes findet entsprechende Anwendung. Diese Regelung gilt für die Nr. 10, 11 und 13.

§ 4 Verteilung der regelmäßigen Arbeitszeit/Ausbildungszeit

Protokollnotiz zu § 4:
In allen Fällen, in denen dieser Vertrag eine Einigung einschließlich Betriebsvereinbarung zwischen Arbeitgeber und Betriebsrat vorsieht, regelt sich die Mitwirkung der Jugend- und Auszubildendenvertretung nach dem Betriebsverfassungsgesetz.
Die Bestimmungen des Berufsbildungsgesetzes, des Jugendarbeitsschutzgesetzes, des Arbeitszeitgesetzes usw. sind zu beachten.

1. Die individuelle regelmäßige wöchentliche Arbeitszeit sowie die regelmäßige wöchentliche Ausbildungszeit können gleichmäßig oder ungleichmäßig grundsätzlich auf fünf Werktage von Montag bis Freitag verteilt werden.[1]
Eine davon abweichende Regelung kann nach Maßgabe der betrieblichen Erfordernisse unter angemessener Berücksichtigung der Belange der betroffenen Beschäftigten mit dem Betriebsrat vereinbart werden. Dabei sollen die einzelnen Beschäftigten in der Regel an nicht mehr als fünf Werktagen in der Woche beschäftigt werden.
Die individuelle regelmäßige wöchentliche Arbeitszeit kann auch ungleichmäßig auf mehrere Wochen verteilt werden. Sie muss jedoch im Durchschnitt von längstens sechs Monaten erreicht werden.
Diese Regelungen gelten nicht für die von § 3 Nr. 10 erfassten Beschäftigten sowie für Teilzeitbeschäftigte.

2. Durch Betriebsvereinbarung werden u. a. festgelegt
   a) die Verteilung der individuellen regelmäßigen wöchentlichen Arbeitszeit und regelmäßigen wöchentlichen Ausbildungszeit entsprechend Nr. 1,
   b) Beginn und Ende der regelmäßigen täglichen Arbeitszeit/Ausbildungszeit und der Pausen,
   c) die Regelung der gleichmäßigen oder ungleichmäßigen Verteilung der Arbeitszeit auf mehrere Wochen entsprechend Nr. 1 einschließlich Beginn und Ende der Ausgleichszeiträume,
   d) Schichtpläne,
   e) Lage und eventuelle Zusammenfassung der freien Tage nach Nr. 5, falls diese kollektiv im Voraus und nicht durch Einzelabsprache geregelt werden,
   nach Maßgabe der betrieblichen Erfordernisse und unter angemessener Berücksichtigung der Belange der betroffenen Beschäftigten/Auszubildenden. Hierbei kann für jugendliche Beschäftigte zwischen 16 und 18 Jahren eine Anpassung an die Regelungen für die erwachsenen Beschäftigten erfolgen.
   Die Anwesenheit der Auszubildenden darf die der Beschäftigten nicht überschreiten. Dabei dürfen Auszubildende nur in Betrieben oder Abteilungen beschäftigt werden, in denen gleichzeitig Beschäftigte anwesend sind, die die Ausbildung gewährleisten. Dies gilt nicht für Auszubildende, die in geschlossenen Gruppen (z. B. in Ausbildungswerkstätten, Lehrgemeinschaften, im Werksunterricht) unabhängig von nicht in der Ausbildung befindlichen Beschäftigten ausgebildet werden.

3. Durch Betriebsvereinbarung kann infolge Betriebsfeiern, Volksfesten, öffentlichen Veranstaltungen oder aus ähnlichen Anlässen an Werktagen Arbeitszeit/Ausbildungszeit ausfallen und auf die Werktage von fünf zusammenhängenden, die Ausfalltage einschließenden Wochen verteilt werden. Dasselbe gilt hinsichtlich des Ausfalls von Arbeitszeit/Ausbildungszeit an Werktagen in Verbindung mit Feiertagen,

---

[1] Zum Ausgleichszeitraum siehe auch den **Tarifvertrag zur Beschäftigungssicherung, 13.**

§ 7 ArbZG Anhang

um Beschäftigten/Auszubildenden eine längere zusammenhängende Freizeit zu gewähren.

Vereinbaren Arbeitgeber und Betriebsrat, dass die im Zusammenhang mit Weihnachten und/oder Neujahr ausfallende Arbeitszeit/Ausbildungszeit vorgeholt werden soll, so kann der Fünf-Wochen-Zeitraum bis zu zwei Wochen vorverlegt werden.

4. Umkleiden, Waschen sowie Pausen im Sinne des Arbeitszeitgesetzes (z.B. Frühstücks-, Mittags-, Kaffeepausen) gelten nicht als Arbeitszeit/Ausbildungszeit.

In Dreischichtbetrieben ist den Beschäftigten ausreichend Zeit zum Einnehmen der Mahlzeiten ohne Entgeltabzug zu gewähren.

5. Aus Anlass der Neufestlegung der Arbeitszeit wird die Auslastung der betrieblichen Anlagen und Einrichtungen nicht vermindert. Bei einer Differenz zwischen Betriebsnutzungszeit und der Arbeitszeit für die einzelnen Beschäftigten kann der Zeitausgleich auch in Form von freien Tagen erfolgen. Dabei muss zur Vermeidung von Störungen im Betriebsablauf eine möglichst gleichmäßige Anwesenheit der Beschäftigten gewährleistet sein. Bei der Festlegung der freien Tage sind die Wünsche der Beschäftigten zu berücksichtigen. Es dürfen nicht mehr als fünf freie Tage zusammengefasst werden.

§ 5 Mehr-, Spät-, Nacht-, Sonntags- und Feiertagsarbeit/Reisezeit

I. Mehr-, Spät-, Nacht-, Sonntags- und Feiertagsarbeit

1. Mehrarbeit sind die über die nach den §§ 3 und 4 festgelegte individuelle regelmäßige tägliche Arbeitszeit hinaus geleisteten Arbeitsstunden; hierunter fallen nicht die Arbeitsstunden, die im Rahmen des § 4 Nr. 3 außerhalb der regelmäßigen Arbeitszeit zum Ausgleich ausgefallener Arbeitsstunden vor- oder nachgearbeitet werden.

Für Beschäftigte:
Überschreiten Beschäftigte im Einzelfall die nach den §§ 3 und 4 festgelegte tägliche Arbeitszeit geringfügig und im Grenzfall um nicht mehr als eine halbe Stunde, so gilt dies nicht als Mehrarbeit, wenn diese Arbeitszeit im gegenseitigen Einvernehmen auf die regelmäßige Arbeitszeit eines folgenden Arbeitstages angerechnet wird.

Für Auszubildende:
Werden Auszubildende in begründeten Ausnahmefällen nach Vereinbarung mit dem Betriebsrat über die regelmäßige Ausbildungszeit hinaus beschäftigt, so ist hierfür ein entsprechender Freizeitausgleich zu gewähren.
Bei Auszubildenden, die das 18. Lebensjahr vollendet haben, kann unter sinngemäßer Anwendung von § 6 Nr. 2a) und 4 verfahren werden.

Für Teilzeitbeschäftigte:
Für Teilzeitbeschäftigte ist Mehrarbeit die Arbeitszeit, die über die Dauer der regelmäßigen täglichen Arbeitszeit vergleichbarer Vollzeitbeschäftigter hinausgeht. Sind keine vergleichbaren Vollzeitbeschäftigten vorhanden, ist Mehrarbeit die Arbeitszeit, die über sieben Stunden pro Tag hinausgeht. Daher ist Arbeit an einem sonst für den Teilzeitbeschäftigten arbeitsfreien Tag Mehrarbeit.
Mehrarbeit bis 16 Stunden im Monat kann im einzelnen Fall auch durch bezahlte Freistellung von der Arbeit ausgeglichen werden. Bei mehr als 16 Mehrarbeitsstunden im Monat kann der/die Beschäftigte die Abgeltung durch bezahlte Freistellung von der Arbeit verlangen, soweit dem nicht dringende betriebliche Belange entgegenstehen. Der Freizeitausgleich hat in den folgenden drei Monaten zu erfolgen; in besonderen Fällen (z.B. Montagen) kann im Einvernehmen von Arbeitgeber und Beschäftigten der Freizeitausgleich innerhalb von sechs Monaten erfolgen.
Mehrarbeitszuschläge sind grundsätzlich in Geld zu vergüten.

2. Spätarbeit ist die in der Zeit von 14.00 bis 20.00 Uhr geleistete Arbeit, sofern die regelmäßige Arbeitszeit nach 17.00 Uhr endet. Bei Teilzeitbeschäftigung liegt Spät-

arbeit nur vor, wenn sie in Wechselschicht unter den Voraussetzungen des Satzes 1 geleistet wird.
Beginn und Ende dieser Zeitspanne können durch Betriebsvereinbarung abweichend festgelegt werden.
Werden Auszubildende nach Vereinbarung mit dem Betriebsrat während Spätarbeit ausgebildet, so wird für Spätarbeit unter denselben Voraussetzungen, wie sie für die Beschäftigten gelten, der jeweilige tarifliche Spätarbeitszuschlag gezahlt.

3. Nachtarbeit ist die in der Zeit zwischen 20.00 und 6.00 Uhr geleistete Arbeit.
Beginn und Ende dieser Zeitspanne können durch Betriebsvereinbarung abweichend festgelegt werden.

4. Sonntags- und Feiertagsarbeit ist die an Sonntagen und gesetzlichen Feiertagen in der Zeit zwischen 6.00 und 6.00 Uhr des darauf folgenden Werktages geleistete Arbeit.
Beginn und Ende dieser Zeitspanne können durch Betriebsvereinbarung abweichend festgelegt werden.

5. Notwendige Mehr-, Spät-, Nacht-, Sonntags- und Feiertagsarbeit ist zwischen Arbeitgeber und Betriebsrat zu vereinbaren und ist zu leisten, wobei berechtigte Wünsche der Beschäftigten nach Möglichkeit berücksichtigt werden.
Soweit in unvorhergesehenen Bedarfsfällen Beschäftigte zu Mehr-, Spät-, Nacht-, Sonntags- und Feiertagsarbeit herangezogen werden müssen, ist der Betriebsrat nachträglich unverzüglich zu verständigen.

6. Im Rahmen der Nr. 5 kann die werktägliche Arbeitszeit auf bis zu zehn Stunden, die wöchentliche Arbeitszeit um bis zu zehn Stunden ausgedehnt werden.
Ausnahmsweise kann für einzelne Beschäftigte oder Gruppen von Beschäftigten ein weiteres Mehrarbeitsvolumen betrieblich vereinbart werden. Dies darf nicht zu dauerhafter Mehrarbeit führen. Eine solche ist möglichst durch Neueinstellungen zu vermeiden.

II. Reisezeit

Bei angeordneten Dienstreisen wird die notwendige Reisezeit, soweit sie die Dauer der individuellen täglichen Arbeitszeit überschreitet, an Arbeitstagen bis zu vier Stunden und an arbeitsfreien Tagen bis zu zwölf Stunden täglich wie Arbeitszeit vergütet, jedoch ohne Zuschläge.
Fallen die angeordnete Dienstreise und die notwendige Reisezeit auf einen Sonntag oder gesetzlichen Feiertag, so sind neben der Vergütung die hierfür vorgesehenen Zuschläge zu zahlen. Dies gilt nicht, wenn der/die Beschäftigte Beginn und Ende der Reise selbst bestimmen kann.
Abs. 1 und 2 gelten nicht:
a) für Beschäftigte, die dem Geltungsbereich des Bundesmontagetarifvertrages unterfallen;
b) für Beschäftigte, bei denen die Mehrbeanspruchung durch Reisezeit in den einzelvertraglichen Arbeitsbedingungen entsprechend berücksichtigt ist;
c) bei Benutzung von Schlafwagen und Bezahlung der Bettkarte durch den Arbeitgeber für die Reisezeit zwischen 23.00 und 6.00 Uhr;
d) für Auslandsreisen.
Von den vorstehenden Reisezeitregelungen kann in einer freiwilligen Betriebsvereinbarung abgewichen werden.
Das auftragsgemäße Führen eines Pkw anlässlich einer Dienstreise gilt als Arbeitszeit.
Der notwendige Mehraufwand bei Dienstreisen ist vom Arbeitgeber zu vergüten.
Für Auszubildende gelten die vorgenannten Regelungen unter Beachtung der Besonderheiten des Berufsausbildungsverhältnisses sinngemäß.

§ 7 ArbZG

§ 6 Mehrarbeitsentgelt, Zuschläge für Mehr-, Spät-, Nacht-, Sonntags- und Feiertagsarbeit

1. Beschäftigte erhalten für Mehrarbeit ein Mehrarbeitsentgelt, das sich zusammensetzt aus
   - dem festen Mehrarbeitsentgelt,
   - dem variablen Mehrarbeitsentgelt
   einschließlich Mehrarbeitszuschlag.
   Das feste Mehrarbeitsentgelt wird wie folgt berechnet:

   $$\frac{\text{feste Entgeltbestandteile des Monats, in den die Mehrarbeit fällt}}{\text{individuelle regelmäßige wöchentliche Arbeitszeit} \times 4{,}35}$$

   Das variable Mehrarbeitsentgelt besteht aus den in der Mehrarbeitsstunde tatsächlich erarbeiteten leistungsabhängigen, zeitabhängigen und sonstigen Variablen sowie dem Mehrarbeitszuschlag.
   Der Mehrarbeitszuschlag wird gemäß Nr. 4 berechnet.

2. Der Zuschlag beträgt für

a) die beiden ersten täglichen Mehrarbeitsstunden	25 v. H.
von der dritten täglichen Mehrarbeitsstunde an	50 v. H.
b) Nachtarbeit (soweit sie Mehrarbeit ist)	50 v. H.
c) Sonntagsarbeit	70 v. H.
d) Arbeit am 1. Januar, 1. Ostertag, 1. Mai, 1. Pfingsttag sowie am 1. Weihnachtstag	150 v. H.
e) Arbeit an allen übrigen gesetzlichen Feiertagen	100 v. H.
f) Arbeit am 24. Dezember von 7.00 bis 20.00 Uhr sowie Nachtarbeit in der dem 1. Weihnachtstag und dem Neujahrstag unmittelbar vorausgehenden Nacht	150 v. H.

   des durchschnittlichen Stundenentgelts gemäß Nr. 4

3. Der Zuschlag beträgt für

a) Spätarbeit	15 v. H.
b) Nachtarbeit (soweit nicht Nachtarbeit nach Nr. 2 b) vorliegt)	25 v. H.

   des tariflichen Stundengrundentgelts der Entgeltgruppe EG 7.

4. Berechnungsgrundlage für die Zuschläge gemäß Nr. 2 ist ein wie folgt zu berechnendes durchschnittliches Stundenentgelt:

   $$\frac{\text{feste Entgeltbestandteile des Monats, in den die zuschlagspflichtigen Arbeiten fallen}}{\text{individuelle regelmäßige wöchentliche Arbeitszeit} \times 4{,}35} + \frac{\text{abgerechnete variable Entgeltbestandteile für die geleisteten Arbeitsstunden des Vormonats}}{\text{geleistete Arbeitsstunden des Vormonats}}$$

   Bei der Berechnung des durchschnittlichen Stundenentgelts bleiben folgende variablen Entgeltbestandteile außer Ansatz:
   - Mehrarbeitsentgelt gemäß Nr. 1,
   - Zuschläge für Spät-, Nacht-, Sonntags- und Feiertagsarbeit,
   - Vergütungen für Reisezeit, soweit sie außerhalb der festgelegten individuellen regelmäßigen täglichen Arbeitszeit liegt,
   - Vergütung für Rufbereitschaft und Bereitschaftsdienst.

   Es kann zwischen Arbeitgeber und Betriebsrat vereinbart werden, dass die variablen Entgeltbestandteile und geleisteten Arbeitsstunden nicht des Vormonats, sondern desjenigen Monats zugrunde gelegt werden, in den die zuschlagspflichtigen Stunden fallen.

Tarifentgelterhöhungen sind von ihrem In-Kraft-Treten an entsprechend zu berücksichtigen.
5. Für die Vergütung von Mehrarbeit sowie Spät-, Nacht-, Sonntags- und Feiertagsarbeit können Pauschalvergütungen vereinbart werden. Dies hat in Schriftform zu erfolgen. Die Pauschalvergütungen sollen in der Höhe dem Entgelt für die durchschnittlich anfallenden zuschlagspflichtigen Stunden entsprechen. Sie sind in der Entgeltabrechnung gesondert auszuweisen.
6. Beim Zusammentreffen mehrerer Zuschläge ist nur der jeweils höchste zu zahlen; ausgenommen hiervon ist ein Zusammentreffen der Zuschläge von Nr. 3 a) oder b) mit Zuschlägen der Nr. 2 c), d), e) oder f).

§ 7 Kurzarbeit

1. Für Beschäftigte kann Kurzarbeit unter den gesetzlichen Voraussetzungen (§§ 169 ff. Sozialgesetzbuch III) eingeführt werden.
2. Die gesetzlichen Mitbestimmungsrechte (§ 87 Betriebsverfassungsgesetz) sind einzuhalten, wobei die vor Einführung der Kurzarbeit abzuschließende Betriebsvereinbarung insbesondere Folgendes regeln muss:
   a) Beginn und Dauer der Kurzarbeit (zwischen dem Abschluss der Betriebsvereinbarung und dem Beginn der Kurzarbeit muss ein Zeitraum von einer Woche liegen),
   b) Lage und Verteilung,
   c) Personenkreis.
3. Beschäftigte, deren Arbeitszeit länger als drei zusammenhängende Wochen verkürzt worden ist, können ihr Arbeitsverhältnis mit vierzehntägiger Kündigungsfrist kündigen.
4. Wird Beschäftigten vor Einführung, bei Beginn oder während der Kurzarbeit gekündigt, so haben sie für die Dauer der Kündigungsfrist Anspruch auf das regelmäßige Arbeitsentgelt (berechnet nach § 16), das ihrer individuellen regelmäßigen wöchentlichen Arbeitszeit entspricht.
Werden in diesem Fall die Beschäftigten während der Kündigungsfrist in die Kurzarbeit einbezogen, so haben sie bei Vorliegen der Voraussetzungen für die Gewährung von Kurzarbeitergeld für die Dauer der Kündigungsfrist keinen Anspruch auf Zahlung des vollen regelmäßigen Arbeitsentgelts für die Ausfallstunden. Sie haben lediglich gegen den Arbeitgeber Anspruch auf einen Zuschuss zum Kurzarbeitergeld, durch den die Beschäftigten einschließlich des Kurzarbeitergeldes das regelmäßige Arbeitsentgelt entsprechend Abs. 1 erhalten. Der Anspruch entfällt, wenn die Kündigung aus einem in der Person des/der Beschäftigten liegenden wichtigen Grund erfolgt.
5. Ergänzende freiwillige Betriebsvereinbarungen – auch über eine abweichende Dauer der Ankündigungsfrist – sind zulässig.

§ 8 Freistellung von der Arbeit/Ausbildung

1. In unmittelbarem Zusammenhang mit den nachstehenden Ereignissen ist Beschäftigten/Auszubildenden Freizeit ohne Anrechnung auf den Urlaub unter Weiterzahlung des regelmäßigen Arbeitsentgelts/der regelmäßigen Ausbildungsvergütung (berechnet nach § 16) zu gewähren, und zwar:

   a) bei eigener Eheschließung   2 Tage
   b) bei Niederkunft der Ehefrau   2 Tage
   c) bei eigener Silberhochzeit   1 Tag
   d) beim Tod des mit dem/der Beschäftigten/Auszubildenden in häuslicher Gemeinschaft lebenden Ehegatten/Kindes   3 Tage

§ 7 ArbZG   Anhang

e) beim Tod von Eltern, Schwiegereltern, Kindern, Geschwistern, Schwiegerkindern (Schwiegertöchter und Schwiegersöhne) — 1 Tag
f) bei Eheschließung von Kindern, Geschwistern und Eltern — 1 Tag
g) beim Umzug des/der Beschäftigten/Auszubildenden mit eigener Wohnungseinrichtung sowie beim Erstbezug einer Wohnung mit eigener Wohnungseinrichtung — 1 Tag
erfolgt ein solcher Umzug auf Wunsch des Arbeitgebers/Ausbildungsbetriebes — während der für den Umzug erforderlichen Zeit
h) bei Erfüllung gesetzlich auferlegter Pflichten aus öffentlichen Ehrenämtern — für die notwendige ausfallende Arbeitszeit/Ausbildungszeit
Soweit ein Erstattungsanspruch besteht, entfällt in dieser Höhe der Anspruch auf das Arbeitsentgelt/die Ausbildungsvergütung
i) bei schwerer, mit Bettlägerigkeit verbundener Erkrankung des in häuslicher Gemeinschaft lebenden Ehegatten, wenn der Arzt bescheinigt, dass eine derartige Erkrankung vorliegt, die die Anwesenheit des/der Beschäftigten/Auszubildenden zur Sicherung der Pflege erforderlich macht, und der/die Beschäftigte/Auszubildende nachweist, dass eine andere Person die Pflege nicht übernehmen kann, und in der häuslichen Gemeinschaft ein Kind lebt, das das achte Lebensjahr noch nicht vollendet hat — bis zur Dauer von 2 Tagen im Kalenderjahr

2. Unter Wahrung des Grundsatzes der Nr. 1 – Eingangssatz – gilt Folgendes:
Zu Buchstabe:
a) Bei Auseinanderfallen von standesamtlicher und kirchlicher Eheschließung können die Tage getrennt beansprucht werden.
b) Bei Niederkunft der Ehefrau können die beiden Tage für zu erfüllende Verpflichtungen im Zusammenhang mit dem Ereignis getrennt genommen werden (z. B. Niederkunft am Freitag; am arbeitsfreien Samstag hat das Standesamt geschlossen, die Anmeldung muss am Montag vorgenommen und die Ehefrau an einem anderen Tag aus der Klinik geholt werden).
b), d) und i)
Dem Ehegatten/der Ehefrau gleichgestellt ist der Lebensgefährte/die Lebensgefährtin, wenn eine eheähnliche Lebensgemeinschaft vorliegt.
d) Die zu beanspruchenden drei Tage brauchen nicht unbedingt zeitlich hintereinander zu liegen, doch muss bei ihrer Gewährung ein Zusammenhang mit dem Tode des Ehegatten bestehen.
d) und i)
Unter „in häuslicher Gemeinschaft lebenden Ehegatten" sind diejenigen zu verstehen, welche im Sinne des Eherechts nicht getrennt leben.
e) Der Tag kann wahlweise am Todestag, am Begräbnistag oder zur Trauerfeier genommen werden.
f) Der Tag kann entweder für die standesamtliche oder für die kirchliche Eheschließung verlangt werden.
g) Der Umzugstag nach Abs. 1 kann von den Beschäftigten/Auszubildenden erst nach Ablauf von fünf Jahren erneut in Anspruch genommen werden.

3. Unter Kindern sind leibliche Kinder zu verstehen; Stief- und Adoptivkinder sowie Pflegekinder nur dann, wenn eine familienartige, auf Dauer berechnete Bindung vorliegt.

4. Mit Nr. 1 sind die in Anwendung des § 616 Bürgerliches Gesetzbuch möglichen Fälle festgelegt.

Rechtsprechung Metallindustrie

Ein Tarifvertrag kann vorsehen, dass die individuelle regelmäßige wöchentliche Arbeitszeit für Betriebe, Gruppen von Arbeitnehmern oder einzelne Arbeitnehmer durch Betriebsvereinbarung geregelt wird. Kommt eine Einigung nicht zustande, entscheidet die Einigungsstelle. Es handelt sich um eine betriebsverfassungsrechtliche Norm, die die negative Koalitionsfreiheit der nicht tarifgebundenen Arbeitnehmer nicht verletzt. Über die Dauer der Arbeitszeit hat der Betriebsrat nicht mitzubestimmen. Eine Regelung, wonach zunächst die freiwillig Einverstandenen, dann die ältesten Arbeitnehmer verkürzt arbeiten, ist zulässig (BAG vom 18. 8. 1987, AP Nr. 23 zu § 77 BetrVG 1972 zu § 2 MTV der Niedersächsischen Metallindustrie).

In einem Dreischichtbetrieb sind Pausen zum Einnehmen von Mahlzeiten zu bezahlen (BAG vom 21. 10. 1987, AP Nr. 59 zu § 1 TVG Tarifverträge: Metallindustrie zu § 3 Nr. 5 MTV Metallindustrie Nordrhein-Westfalen). Eine zusätzliche Pausenvergütung entsteht jedoch nach diesem Tarifvertrag nicht, wenn der Arbeitgeber während der Arbeitszeit zweimal 11 Minuten Pause und zusätzlich 18 Minuten unbezahlte Pause gewährt (BAG vom 16. 5. 1990, AP Nr. 91 zu § 1 TVG Tarifverträge: Metallindustrie). Begründet wird diese Unterscheidung damit, dass diese zusätzliche Pause außerhalb der 7,7-stündigen Arbeitszeit gewährt wird. Es ist bestimmt, dass die im Dreischichtenbetrieb zum Einnehmen der Mahlzeiten zu gewährenden Pausen innerhalb der individuellen Arbeitszeit zu gewähren sind (BAG vom 6. 11. 1990, AP Nr. 94 zu § 1 TVG Tarifverträge: Metallindustrie).

In einer Betriebsvereinbarung kann bestimmt werden, dass Zeitgutschriften bei einer 40-Stunden-Woche für den Ausgleich durch Freischichten nur für jeden geleisteten Arbeitstag erfolgen (BAG vom 2. 12. 1987, AP Nr. 54 zu § 1 FeiertagslohnzahlungsG zu § 2 MTV der Niedersächsischen Metallindustrie). Es kann aber nicht bestimmt werden, daß Zeitguthaben auch an Tagen entstehen, an denen nicht gearbeitet wird oder daß freie Tage bei Krankheit oder anderer Arbeitsverhinderung nachzugewähren sind (BAG vom 18. 12. 1990, AP Nr. 98 zu § 1 Tarifverträge: Metallindustrie).

Die Berechnung von Freischichten bei Urlaub und Krankheit führt zu unterschiedlichen Entscheidungen (BAG vom 7. 7. 1988, 31. 1. 1991, AP Nr. 23, 31 zu § 11 BUrlG, vom 8. 11. 1994, AP Nr. 122 zu § 1 TVG Tarifverträge: Metallindustrie: Freischichttage bleiben unberücksichtigt; BAG vom 5. 10. 1988, AP Nr. 80 zu § 1 LohnFG, vom 15. 2. 1989, 15. 5. 1991, AP Nr. 16, 21 zu § 2 LohnFG; vom 10. 7. 1996, AP Nr. 142 zu § 1 TVG Tarifverträge: Metallindustrie: bei Lohnfortzahlung werden Freischichttage berücksichtigt und verringern die pro Tag geleisteten Arbeitsstunden). Begründet wird das mit der unterschiedlichen Bedeutung des Begriffs „Arbeitstag" für Urlaubsvergütung und Lohnfortzahlung bei Krankheit.

Bei Feiertagsausfall entsteht auch dann kein Zeitausgleich im Freischichtmodell, wenn die ausgefallene Arbeitszeit im Umfang der Betriebsnutzungszeit vergütet wird (BAG vom 14. 12. 1988, AP Nr. 71 zu § 1 TVG Tarifverträge: Metallindustrie). Das kann auch nicht durch eine Einigungsstelle anders geregelt werden (BAG vom 18. 12. 1990, AP Nr. 98 zu § 1 TVG Tarifverträge: Metallindustrie).

Wird bestimmt, dass bei mehr als 16 Mehrarbeitsstunden monatlich eine Freistellung verlangt werden kann, gilt das nicht erst ab der 17. Mehrarbeitsstunde, sondern dann für alle im Monat geleisteten Mehrarbeitsstunden. Mehrarbeit soll in erhöhtem Umfang vermieden werden (BAG vom 21. 1. 1990, AP Nr. 90 zu § 1 TVG Tarifverträge: Metallindustrie zu § 4 Ziff. 1 MTV Metallindustrie Nordrhein-Westfalen vom 30. 4. 1980). Dabei ist aber genau auf den Wortlaut der jeweiligen Tarifbestimmung abzustellen. Wird der Anspruch nur „für die über 16 Mehrarbeitsstunden hinausgehende Mehrarbeit" vorgesehen (§ 3 Nr. 2 MTV für das Maschinenbauer-, Schlosser-, Schmiede-, Werkzeugmacher-, Dreher-, Metallformer- und Metallgießerhandwerk Nordrhein-Westfalen vom 29. 3. 1989), besteht kein einseitiger Anspruch. Dort kann aber ein Freizeitausgleich vereinbart werden. Den Zeitpunkt des Freizeitausgleichs legt dann der

§ 7 ArbZG
Anhang

Arbeitgeber fest. Das muss aber nach billigem Ermessen geschehen und kann nicht erst am späten Vorabend erfolgen (BAG vom 17. 1. 1995, AP Nr. 15 zu § 611 BGB Mehrarbeitsvergütung). Mehrarbeit sind die Arbeitsstunden, die über die individuelle Arbeitszeit hinaus geleistet werden; das ist entweder die tarifliche oder die individuelle Arbeitszeit bis zu 40 Stunden (JRWAZ), und falls diese nicht vereinbart ist, jede siebente Arbeitsstunde (BAG vom 16. 2. 2000, AP Nr. 170 zu § 1 TVG Tarifverträge: Metallindustrie). Ist die Flexibilisierung mit einem Ausgleich auf 12 Monate betrieblich erlaubt und wird ein Plusstundensaldo abgebaut, ist kein Mehrarbeitszuschlag zu zahlen (BAG vom 25. 10. 2000, AP Nr. 174 zu § 1 TVG Tarifverträge: Metallindustrie). Der Anspruch auf Zuschuss zum Kurzarbeitergeld besteht für die Dauer der tatsächlich eingehaltenen Kündigungsfrist, auch wenn sie länger ist als die tarifliche Kündigungsfrist (BAG vom 1. 8. 2001, AP Nr. 178 zu § 1 TVG Tarifverträge: Metallindustrie). Eine betriebliche Regelung zur flexiblen Verteilung der Arbeitszeit, nach der die Zeitschuld nur durch Arbeit und nicht mit krankheitsbedingter Arbeitsunfähigkeit ausgeglichen werden kann, ist wegen Verstoß gegen § 4 Abs. 1 EntgeltfortzahlungsG unwirksam (BAG vom 13. 2. 2002, AP Nr. 57 zu § 4 EntgeltFG). Wird die Rückkehr von Wechselschicht zur Normalarbeitszeit ohne Zustimmung des Betriebsrats angeordnet, sind die bei Wechselschicht fälligen Zeitzuschläge wegen Annahmeverzugs fortzuzahlen (BAG vom 18. 9. 2002, AP Nr. 99 zu § 615 BGB). Kann der Arbeitgeber nach dem Tarifvertrag die wöchentliche Arbeitszeit einseitig mit einer Ankündigungsfrist von 40 auf 35 Stunden herabsetzen, bedarf es dazu keiner Änderungskündigung (LAG Berlin vom 7. 3. 2003, NZA-RR 2004, 92). Eine tarifliche Regelung, die einen Spätarbeitszuschlag ab 17.00 Uhr nur für Wechselschicht für Teilzeitbeschäftigte vorsieht, während Vollzeitbeschäftigte ihn auch ohne Wechselschicht erhalten, verstößt gegen § 4 Abs. 1 TzBfG und ist unwirksam (BAG vom 24. 9. 2003, AP Nr. 4 zu § 4 TzBfG). Richtet sich eine Versorgungsordnung für die Berechnung des Entgelts nach der „tariflichen Arbeitszeit", fallen individuell vereinbarte längere Arbeitszeiten nicht darunter (BAG vom 15. 2. 2005, AP Nr. 194 zu § 1 TVG Tarifverträge: Metallindustrie). Reisezeiten eines Betriebsratsmitglieds sind nur mit 4 Stunden über die normale Arbeitszeit hinausgehend zu vergüten (BAG vom 21. 6. 2006, NZA 2006, 1417). Schichtplankonformer wöchentlicher Wechsel zwischen Früh- und Nachtschicht ist keine „unregelmäßige Nachtarbeit", auch wenn die Nachtarbeit ein Ausnahmefall ist (BAG vom 19. 9. 2007, AP Nr. 205 zu § 1 TVG Tarifverträge: Metallindustrie). Wählt ein Arbeitnehmer anstelle einer tariflich vorgesehenen Arbeitszeitverlängerung unter Beibehaltung der bisherigen Arbeitszeit die anteile Gehaltskürzung, ist er Teilzeitbeschäftigter; das führt auch zur Kürzung einer pauschalen Einmalzahlung (BAG vom 27. 8. 2008, AP Nr. 208 zu § 1 TVG Tarifverträge: Metallindustrie). Das Recht eine individuell verlängerte Arbeitszeit zu Kürzen bedarf keiner Zustimmung der Gegenseite. Die Änderung gilt unmittelbar nach Ablauf der Ankündigungsfrist und ist nicht nach § 315 BGB oder mit Interessenabwägung zu prüfen; der Wunsch einer Vertragspartei reicht aus (BAG vom 14. 1. 2009, AP Nr. 88 zu § 315 BGB). Der Arbeitnehmer hat einen Anspruch auf korrekte Führung des Arbeitszeitkontos weil es den Umfang der geleisteten Arbeit wiedergibt (BAG vom 10. 11. 2010 NZA 2011, 876). Die Gutschrift auf dem Arbeitszeitkonto setzt aber voraus, dass die Stunden nicht vergütet wurden oder die Vergütung wegen Entgeltfortzahlung hätte erbracht werden müssen (BAG vom 17. 11. 2011 – 5 AZR 681/09, BeckRS 2012, 67540).

7   Wird durch Tarifnorm vorgeschrieben, dass nur ein bestimmter Prozentsatz der Belegschaft mit verlängerter regelmäßiger Arbeitszeit beschäftigt werden darf, handelt es sich um eine Betriebsnorm i. S. von § 3 Abs. 2 TVG. Sie gilt bei Tarifbindung des Arbeitgebers. Arbeitnehmer können daraus keine individuellen Ansprüche ableiten (BAG vom 17. 6. 1997, AP Nr. 2 zu § 3 TVG Betriebsnormen). Dabei ist noch nicht geklärt, ob einzelne Arbeitnehmer auf Grund des Günstigkeitsprinzips trotz solcher Beschränkungen längerer Arbeitszeiten auf bestimmten Quoten nicht trotzdem länger arbeiten können. Zweitinstanzliche Entscheidungen hatten das abgelehnt und die Ver-

einbarung einer längeren Wochenarbeitszeit für unzulässig und nichtig erklärt (LAG Baden-Württemberg vom 22. 3. 1989, LAGE Nr. 17 zu § 4 TVG Metallindustrie, vgl. auch Nr. 18, 19, 20, 21). Rechtskräftig wurden diese Entscheidungen nicht, da in der Revisionsinstanz vor dem Bundesarbeitsgericht Klageverzicht erklärt worden ist. Dort war nämlich in der Verhandlung klar geworden, dass Arbeitszeitregelungen weder Mindest- noch Höchstarbeitsbedingungen sind. Ebenso wie Teilzeit kann auch längere Arbeitszeit gewählt werden. Entscheidend ist nach dem Beschluss des Großen Senats des Bundesarbeitsgerichts vom 7. 11. 1989 (BAGE 62 S. 211 = AP Nr. 46 zu § 77 BetrVG 1972) die Wahlmöglichkeit des Arbeitnehmers. „Jede Verkürzung der Wahlmöglichkeit ist ungünstiger." Das gilt nach der Auffassung des Senats damals auch für die Wochenarbeitszeit. Auf eine solche Entscheidung wollte es dann die IG Metall nicht ankommen lassen (vgl. Neumann, NZA 1990 S. 961, 963 mit zahlreichen weiteren Nachweisen). Nach wie vor ist aber im Anschluss an den Großen Senat davon auszugehen, dass auch längere Arbeitszeiten wegen des erhöhten Verdienstes bei entsprechenden Wahlmöglichkeiten nach dem Günstigkeitsprinzip einzelvertraglich vereinbart werden können.

X. Manteltarifvertrag für die Arbeitnehmer der Eisen- und Stahlindustrie
vom 15. März 1989
in der Fassung vom 6. Dezember 2006

– Auszug –

§ 2 Dauer der regelmäßigen Arbeitszeit

1.1 Die regelmäßige wöchentliche Arbeitszeit beträgt 35 Stunden.

1.2 Die nach Tz. 1.1 festgesetzte Arbeitszeit vermindert sich um die Arbeitsstunden, die infolge der bezahlten Freischichten und des freien Tages gemäß Tz. 1.3 ff. ausfallen.

1.3 Arbeitnehmer, die nach § 4 Ziff. 1 oder in 3-schichtiger Arbeitsweise arbeiten und deshalb nach ihrem Schichtplan regelmäßig Nachtarbeit leisten, erhalten pro Kalenderjahr 4 Freischichten unter Fortzahlung des regelmäßigen Arbeitsverdienstes.

1.4 Arbeitnehmer, die nach Schichtplan nicht regelmäßig Nachtschicht verfahren, erhalten für jeweils 17 tatsächlich verfahrene Nachtschichten eine Freischicht unter Fortzahlung des regelmäßigen Arbeitsverdienstes.

1.5 Der Anspruch auf Freischichten bleibt auch für die Zeiten erhalten, in denen die Betriebsweise nach § 4 Ziff. 1 oder die 3-schichtige Arbeitsweise vorübergehend (z. B. durch Kurzarbeit oder zur Vermeidung von Kurzarbeit) unterbrochen wird.

1.6 Arbeitnehmer, die das 45. Lebensjahr vollendet haben, behalten ihren erworbenen Anspruch auf Freischichten, sofern sie in den letzten 10 Stunden regelmäßig gemäß § 4 Ziff. 1 oder in 3-schichtiger Arbeitsweise beschäftigt waren. Der Anspruch beträgt auch dann 4 Freischichten, wenn er vor dem 1. 1. 1985 erworben ist.

1.7 Arbeitnehmer der Jahrgänge 1934 und älter erhalten pro Kalenderjahr einen freien Arbeitstag unter Fortzahlung des regelmäßigen Arbeitsverdienstes.

1.8 Bündelung der Freischichten gemäß Tz. 1.3 ff. und des freien Tages gemäß Tz. 1.7 ist zulässig.

1.9 Die Grundsätze der Verteilung der Freischichten nach Tz. 1.3 ff. und des freien Tages gemäß Tz. 1.7 sind durch Betriebsvereinbarung zu regeln.

2. Die regelmäßige kalendertägliche Arbeitszeit darf 8 Stunden nicht überschreiten. Wird die Arbeitszeit an einzelnen Kalendertagen regelmäßig verkürzt, so kann die ausfallende Arbeitszeit auf die übrigen Kalendertage derselben sowie der vorheri-

§ 7 ArbZG
Anhang

gen oder der folgenden Woche verteilt werden. Dieser Ausgleich ist ferner zulässig, soweit die Art der Tätigkeit eine unregelmäßige Verteilung der Arbeitszeit erfordert (z. B. Kraftfahrer).
3. Die nach Tz. 1.1 festgesetzte Arbeitszeit vermindert sich um die Arbeitsstunden, die infolge eines gesetzlichen Feiertags ausfallen.
4. Für alle Arbeitnehmer endet die regelmäßige Arbeitszeit am 24. 12. und am 31. 12. spätestens um 14.00 Uhr. Die hierdurch ausfallende Arbeitszeit ist mit dem zuschlagsfreien Arbeitsverdienst des Arbeitnehmers zu vergüten.
5. Für Angehörige von Werkswachen, Werkfeuerwehren, für Kraftfahrer, Nachtwachen, Pförtner und für Personal in Speise-, Bade-, Wasch- und Aufenthaltsräumen sowie für ähnliche Gruppen von Arbeitnehmern kann die regelmäßige wöchentliche Arbeitszeit bis zu 10 Stunden bei Arbeitsbereitschaft und bis zu 13 Stunden bei Bereitschaftsdienst über die in Tz. 1.1 erwähnte Arbeitszeit verlängert werden, wenn in deren Arbeitszeit regelmäßig und in erheblichem Umfang Arbeitsbereitschaft oder Bereitschaftsdienst fällt. Die Arbeitszeit von 45 Stunden wöchentlich bei Arbeitsbereitschaft bzw. 48 Stunden wöchentlich bei Bereitschaftsdienst darf im Durchschnitt von 12 Kalendermonaten nicht überschritten werden.

Protokollnotiz zu § 2 Ziff. 5 Abs. 1: Sollte es durch unvorhersehbare Ereignisse zur Aufrechterhaltung eines geordneten Betriebs ausnahmsweise notwendig sein, die Arbeitszeiten der gem. § 2 Ziff. 5 Abs. 1 Beschäftigten im Rahmen von § 7 Abs. 2a ArbZG zu verlängern, kann dies durch Betriebsvereinbarung geregelt werden, die der Zustimmung der Tarifvertragsparteien bedarf.

Für diejenigen Beschäftigten, die bei Inkrafttreten dieses Änderungstarifvertrages mehr als 48 Stunden wöchentlich im Unternehmen anwesend waren, kann die werktägliche Arbeitszeit durch Betriebsvereinbarung auch ohne Ausgleich über 8 Stunden verlängert werden, wenn in die Arbeitszeit regelmäßig und in erheblichem Umfang Bereitschaftsdienst fällt und die Beschäftigten hierzu ihre schriftliche Einwilligung erteilen. Der Beschäftigte kann die Einwilligung mit einer Frist von 6 Monaten schriftlich widerrufen. Durch betriebliche Regelungen wird sichergestellt, daß die Gesundheit der Beschäftigten nicht gefährdet wird.
Ziff. 2 Abs. 1 findet in den Fällen der Absätze 1 und 2 keine Anwendung.
An welchen Arbeitsplätzen regelmäßig und in erheblichem Umfang Arbeitsbereitschaft oder Bereitschaftsdienst anfällt, wird mit dem Betriebsrat in einer Betriebsvereinbarung festgelegt. Das Beobachten von Produktionsanlagen gilt nicht als Arbeitsbereitschaft.
Arbeitnehmer, die Bereitschaftsdienst leisten, erhalten für diese Zeit eine Vergütung, die durch Betriebsvereinbarung festzulegen ist.
Für Arbeitnehmer, die regelmäßig sonntags beschäftigt werden und deren Arbeitszeit am 1. Oster-, 1. Pfingstfeiertag infolge dieser Feiertage ausfällt, gilt die Regelung von § 4 Tz. 3.2.
6. Im Rahmen der betrieblichen Möglichkeiten soll dem Wunsch der Beschäftigten, die regelmäßige wöchentliche Arbeitszeit zur Kindererziehung zu verkürzen, Rechnung getragen werden.
7. Bei Neueinstellungen soll Teilzeitarbeit so gestaltet werden, dass die Grenzen der Sozialversicherungspflicht (§ 8 SGB IV) überschritten werden. Ist dies aus betriebsorganisatorischen Gründen nicht möglich oder wünscht der Arbeitnehmer eine kürzere Arbeitszeit, ist der Arbeitnehmer auf mögliche sozialversicherungsrechtliche Folgen schriftlich hinzuweisen.

§ 3 Verteilung der regelmäßigen Arbeitszeit

1. Die Verteilung der regelmäßigen wöchentlichen Arbeitszeit für den Betrieb oder einzelne Betriebsabteilungen auf die einzelnen Wochentage sowie Beginn und Ende

Tarifliche Arbeitszeitregelungen ArbZG § 7

der regelmäßigen täglichen Arbeitszeit und der Pausen werden durch Betriebsvereinbarung festgelegt.

Aus Anlaß der Verkürzung und der Verteilung der regelmäßigen wöchentlichen Arbeitszeit sollen die Möglichkeiten zur Ausnutzung der nach Gesetz und Verordnung zulässigen Betriebszeiten nicht eingeschränkt werden.

2. Die regelmäßige wöchentliche Arbeitszeit kann auch im Durchschnitt mehrerer Wochen erreicht werden, auch wenn sie dabei um den Bruchteil einer Stunde überschritten wird.
Bei Bündelung von Freischichten kann der Zeitausgleich innerhalb eines Kalenderjahres erfolgen.

3. Durch Betriebsfeiern, Volksfeste, öffentliche Veranstaltungen oder aus ähnlichen Anlässen an Werktagen ausfallende Arbeitszeit kann nach Vereinbarung mit dem Betriebsrat auf die Werktage von 5 zusammenhängenden, die Ausfalltage einschließenden Wochen verteilt werden. Dasselbe gilt, wenn in Verbindung mit Feiertagen Arbeitszeit an Werktagen ausfällt, um Arbeitnehmern eine längere zusammenhängende Freizeit zu gewähren.

4. Umkleiden, Waschen sowie Pausen im Sinne der AZO (z. B. Frühstücks-, Mittags-, Kaffeepausen) gelten nicht als Arbeitszeit.
In 3-Schicht-Betrieben ist den Arbeitnehmern ausreichend Zeit zum Einnehmen der Mahlzeiten ohne Lohn- oder Gehaltsabzug zu gewähren.

5. Erfordern Art und Dauer der Belastung an bestimmten Arbeitsplätzen Maßnahmen zum Ausgleich der Belastung, sind durch Betriebsvereinbarung Ablöse- bzw. Pausensysteme festzulegen. Diese Ablösezeiten bzw. Pausen gelten als Arbeitszeit.
Protokollnotiz zu § 3 Ziff. 4 Abs. 2: Unter „ausreichend Zeit zum Einnehmen der Mahlzeiten" sind nicht fest umrissene Pausen zu verstehen.

6. Eine freiwillige Betriebsvereinbarung über gleitende Arbeitszeit kann nur nach Übereinstimmung zwischen Arbeitgeber und Betriebsrat und mit Zustimmung der Tarifvertragsparteien abgeschlossen werden. Dabei sind folgende Grundsätze zu beachten:
   – Die Kernarbeitszeit muss mindestens 6 Stunden pro Arbeitstag betragen;
   – Zeitguthaben und Zeitschulden sollen jeweils innerhalb eines Kalendermonats ausgeglichen werden;
   – an Tagen mit Mehrarbeit sowie in Fällen von bezahlter Freistellung von der Arbeit kann kein Zeitausgleich vorgenommen werden;
   – Zeitguthaben sind keine Mehrarbeit;
   – unter bestimmten Voraussetzungen können Arbeitgeber und Betriebsrat vereinbaren, die gleitende Arbeitszeit für einen bestimmten Zeitraum außer Kraft zu setzen;
   – der Personenkreis, für den die Betriebsvereinbarung gilt, ist in der Betriebsvereinbarung einzugrenzen.

7. Wünschen Beschäftigte, deren Kinder in Kindertagesstätten untergebracht sind, Beginn und Ende ihrer Arbeitszeit flexibel zu gestalten, soll dem im Rahmen der betrieblichen Möglichkeiten Rechnung getragen werden.

§ 4 Arbeitszeitregelung gemäß Stahlnovelle

1. Soweit an Hochöfen, Kokereien und Siemens-Martin-Öfen mit einem Schmelzgewicht von mindestens 75 t und an Elektrostahlöfen mit einem Schmelzgewicht von mindestens 10 t sowie an Oxygenstahlkonvertern und den damit im Verbund arbeitenden Walzenstraßen erster Hitze kontinuierlich, d. h. 168 Stunden in der 7-Tage-Woche, verfahren wird, ist nach einem Schichtplan zu verfahren, der mit 4 Schichtbelegschaften einen 4-Wochen-Grundturnus mit durchschnittlich 42-stündiger wöchentlicher Arbeitszeit vorsieht. Durch Freistellung von 42 Schichten pro Jahr wird

§ 7 ArbZG   Anhang

die regelmäßige wöchentliche Arbeitszeit gemäß § 2 Tz. 1.1 im Durchschnitt des Kalenderjahres erreicht.

Aufgrund einer Betriebsvereinbarung, die der Zustimmung der Tarifvertragsparteien bedarf, kann auch nach einem Schichtplan verfahren werden, der mit fünf Schichtbelegschaften eine durchschnittlich 33,6-stündige wöchentliche Arbeitszeit vorsieht. Durch 13 zusätzlich zu leistende Schichten pro Jahr wird die regelmäßige wöchentliche Arbeitszeit gemäß § 2 Tz. 1.1 im Durchschnitt des Kalenderjahres erreicht.

Von Abs. 1 und 2 abweichende Schichtplanregelungen können mit Zustimmung der Tarifvertragsparteien vereinbart werden.

Die Arbeitszeit nach Abs. 1 und 2 vermindert sich um die Arbeitsstunden, die als Freischichten und freier Tag gemäß § 2 Tz. 1.3 ff. ausfallen.

Die Grundsätze der Verteilung der Freischichten bzw. der zusätzlich zu leistenden Schichten sind durch Betriebsvereinbarung zu regeln.

Für die Festlegung des Urlaubsplans gilt § 12 Ziff. 7.

2. Gemäß § 4 Abs. 3 der Verordnung über Ausnahmen vom Verbot der Beschäftigung von Arbeitnehmern an Sonn- und Feiertagen in der Eisen- und Stahlindustrie in der Fassung vom 31. Juli 1968 (Stahlnovelle) wird für Arbeitnehmer an kontinuierlich arbeitenden Siemens-Martin-Öfen mit einem Schmelzgewicht von mindestens 75 t und Elektrostahlöfen mit einem Schmelzgewicht von mindestens 10 t sowie an Oxygenstahlkonvertern und den damit im Verbund arbeitenden Walzenstraßen erster Hitze folgendes vereinbart:

2.1 Den Arbeitnehmern ist an 17 Sonntagen eine ununterbrochene Ruhezeit von mindestens 40 Stunden und an weiteren 9 Sonntagen von 16 Stunden in der Zeit von 6.00 Uhr bis 22.00 Uhr zu gewähren.

2.2 Die arbeitsfreien Sonntage sind nach Maßgabe der betrieblichen Verhältnisse und der Schichtpläne festzulegen.

3. Für Arbeitnehmer, die nach § 1 der Stahlnovelle arbeiten, wird folgendes vereinbart:

3.1 Falls die nach der Stahlnovelle vorgeschriebene Zahl der arbeitsfreien Sonntage im Jahr nicht erreicht wird, sind für den einzelnen Arbeitnehmer entsprechend freie Sonntagsschichten einzulegen.

Die hierdurch ausfallende Arbeitszeit ist mit dem zuschlagsfreien Schichtverdienst zu vergüten.

3.2 Ausfallende Arbeitszeit am 1. Oster-, 1. Pfingstfeiertag sowie am 24. 12. und 31. 12. ab 14.00 Uhr ist mit dem zuschlagsfreien Arbeitsverdienst des Arbeitnehmers zu vergüten.

§ 1 Abs. 3 des Gesetzes zur Regelung der Lohnzahlung an Feiertagen vom 2. August 1951, geändert durch Gesetz vom 18. Dezember 1975, findet entsprechend Anwendung.

4. Über den Zeitpunkt der Einführung von kontinuierlicher Betriebsweise hat eine eingehende Beratung mit dem Betriebsrat mit dem Ziel einer Einigung zu erfolgen. Auch ein evtl. Abgehen von der kontinuierlichen Betriebsweise ist mit dem Betriebsrat eingehend zu beraten.

Bei Meinungsverschiedenheiten sind die Tarifvertragsparteien hinzuzuziehen.

§ 5 Reisezeit, Rufbereitschaft

1. Notwendige Reisezeit, die über die regelmäßige tägliche Arbeitszeit hinausgeht, wird bis zu 4 Stunden kalendertäglich mit dem zuschlagsfreien Verdienst bezahlt. An arbeitsfreien Tagen des Arbeitnehmers wird angeordnete Reisezeit bis zu 8 Stunden kalendertäglich ohne Zuschläge vergütet.

Fällt die angeordnete Reisezeit auf einen Sonntag oder einen gesetzlichen Feiertag, so sind neben der Vergütung die hierfür vorgesehenen Zuschläge zu bezahlen. Das

auftragsgemäße Führen eines Kraftwagens anläßlich einer Dienstreise gilt als Arbeitszeit.
2. Arbeitnehmer, die nicht im Betrieb anwesend zu sein brauchen, sich aber für einen evtl. Einsatz bereithalten müssen (Rufbereitschaft), erhalten für diese Zeit eine Vergütung, die betrieblich festzulegen ist. Der Personenkreis, der Zeitraum und die Gestaltung der Vergütung sind durch Betriebsvereinbarung zu regeln.

§ 6 Mehr-, Spät-, Nacht-, Sonntags- und Feiertagsarbeit

1. Mehrarbeit sind die über die nach den §§ 2 bis 4 festgelegte regelmäßige tägliche Arbeitszeit hinaus zu leistenden Arbeitsstunden; hierunter fallen nicht die Arbeitsstunden, die im Rahmen des § 3 außerhalb der regelmäßigen Arbeitszeit zum Ausgleich ausgefallener Arbeitsstunden vor- und nachgearbeitet werden.
Für Teilzeitbeschäftigte ist Mehrarbeit die Arbeitszeit, die über die Dauer der regelmäßigen täglichen betrieblichen Arbeitszeit hinausgeht. Daher ist Arbeit an einem sonst betrieblich arbeitsfreien Werktag Mehrarbeit.
Soweit von Angestellten geringfügige Mehrarbeit verrichtet wird und diese nur gelegentlich auftritt und im Grenzfall eine halbe Stunde nicht überschreitet, gilt sie nicht als Mehrarbeit und ist im Einvernehmen mit dem zuständigen Vorgesetzten auf die regelmäßige Arbeitszeit der folgenden Arbeitstage anzurechnen.
2. Spätarbeit ist die in der Zeit von 14.00 bis 22.00 Uhr geleistete Arbeit, sofern die regelmäßige Arbeitszeit gemäß § 3 Ziff. 1 oder § 4 Ziff. 1 nach 17.00 Uhr endet und sofern es sich nicht um Teilzeitbeschäftigung oder gleitende Arbeitszeit handelt.
3. Nachtarbeit ist die in der Zeit zwischen 22.00 und 6.00 Uhr geleistete Arbeit.
4. Sonn- und Feiertagsarbeit ist die an Sonn- und gesetzlichen Feiertagen in der Zeit zwischen 6.00 Uhr und 6.00 Uhr des darauffolgenden Tages geleistete Arbeit.
5. Beginn und Ende der in den Ziffern 2, 3 und 4 genannten Zeitspannen können durch den Arbeitgeber nach Vereinbarung mit dem Betriebsrat abweichend festgelegt werden.
6. Notwendige Mehr-, Spät-, Nacht-, Sonntags- und Feiertagsarbeit sowie Vor- und Nacharbeit zum Ausgleich ausgefallener Arbeitsstunden im Rahmen des § 3 ist zwischen Arbeitgeber und Betriebsrat festzulegen und ist zu leisten, wobei berechtigte Wünsche der Arbeitnehmer nach Möglichkeit berücksichtigt werden.
Soweit in unvorhergesehenen Bedarfsfällen Arbeitnehmer zu Mehr-, Spät-, Nacht-, Sonntags- und Feiertagsarbeit herangezogen werden müssen, ist der Betriebsrat nachträglich unverzüglich zu verständigen.
7. Im Rahmen der Ziff. 6 kann die Arbeitszeit bis zu 10 Stunden werktäglich nach Maßgabe des § 7 AZO ausgedehnt werden, jedoch auf nicht mehr als 47 Stunden pro Woche im Durchschnitt von 4 Wochen.
8. Mehrarbeitsstunden können im Einvernehmen auch durch Freizeit ausgeglichen werden. In diesem Fall werden die Zuschläge ausgezahlt.

§ 7 Zuschläge für Mehr-, Spät-, Nacht-, Samstags-, Sonntags- und Feiertagsarbeit

1. Höhe der Zuschläge
   1.1 Zuschläge für Mehrarbeit
      1.1.1 die beiden ersten täglichen Mehrarbeitsstunden 25%
      1.1.2 von der dritten täglichen Mehrarbeitsstunde an 50%

§ 7 ArbZG

Anhang

1.2 Stahltypische Zuschläge

1.2.2	Nachtarbeit (soweit nicht Nachtarbeit nach 1.2.5 vorliegt)	20%
1.2.3	regelmäßige Schichtarbeit an Samstagen von 6.00 bis 14.00 Uhr, soweit sie nicht Mehrarbeit ist, für Arbeiter sowie für Meister und sonstige Betriebsangestellte, die mit der Arbeiterschaft unmittelbar zusammenarbeiten	15%
1.2.4	regelmäßige Schichtarbeit an Samstagen von 14.00 bis 22.00 Uhr, soweit sie nicht Mehrarbeit ist, für Arbeiter sowie für Meister und sonstige Betriebsangestellte, die mit der Arbeiterschaft unmittelbar zusammenarbeiten	25%

} vom Ecklohn je Arbeitsstunde

1.2.5	Nachtarbeit (soweit sie Mehrarbeit in der Zeit von Montag bis Freitag ist)	50%
1.2.6	Samstagnachtarbeit	50%
1.2.7	Sonntagsarbeit	70%
1.2.8	Arbeit am 1. Januar, 1. Ostertag, 1. Mai, 1. Pfingsttag, 1. Weihnachtstag	150%
1.2.9	Arbeit an allen übrigen gesetzlichen Feiertagen	100%
1.2.10	Spätarbeit und Nachtarbeit am 24. 12. und 31. 12.	150%

1.3 Beim Zusammentreffen mehrerer Zuschläge ist nur der jeweils höchste zu zahlen; ausgenommen hiervon ist ein Zusammentreffen der Zuschläge von Tz. 1.2.1 oder 1.2.2 mit Zuschlägen der Tz. 1.2.6 bis 1.2.10.

2. Berechnung der Zuschläge

2.1 Der Berechnung der Zuschläge je Stunde mit Ausnahme von Tz. 1.2.1 bis 1.2.4 ist der zuschlagsfreie Stundenverdienst zugrundezulegen. Dieser errechnet sich.

- aus dem dem Teilungsfaktor nach Tz. 2.2 entsprechenden Bruchteil des gleichmäßigen Monatslohns/des Monatsgehalts
- zuzüglich der variablen Entgeltbestandteile, jedoch ohne Vergütung für Mehrarbeit und ohne Zuschläge für Mehr-, Spät-, Nacht-, Samstags-, Sonntags- und Feiertagsarbeit, aus dem Durchschnitt des letzten abgerechneten Entgeltabrechnungszeitraums (Summe dieser variablen Entgeltbestandteile für die im Entgeltabrechnungszeitraum geleistete Arbeitszeit geteilt durch die Zahl der im Entgeltabrechnungszeitraum geleisteten Arbeitsstunden). Nach Vereinbarung mit dem Betriebsrat kann für die Durchschnittsberechnung auch ein anderer Zeitraum als der letzte abgerechnete Entgeltabrechnungszeitraum angewandt werden.

Tariferhöhungen sind von ihrem Inkrafttreten an entsprechend zu berücksichtigen.

2.2 Der Teilungsfaktor beträgt bei einer regelmäßigen wöchentlichen Arbeitszeit von 35 Stunden 152.

Für eine Mehrarbeitsstunde ist deshalb ein entsprechender Bruchteil des regelmäßigen Monatslohns/Monatsgehalts anzusetzen.

Protokollnotiz zu § 7 Ziff. 2: Die Tarifvertragsparteien sind sich darüber einig, daß die Neuformulierung des § 7 Ziff. 2 keinen Anlaß zur Änderung der betrieblichen Praxis gibt. Die bestehenden betrieblichen Regelungen zur Zuschlagsberechtigung können daher unverändert bleiben.

3. Pauschalierung

Für die Vergütung von Mehr-, Spät-, Nacht-, Samstags-, Sonntags- und Feiertagsarbeit kann eine Pauschalvergütung vereinbart werden. Dies hat schriftlich zu erfolgen. Die Pauschalvergütung soll in der Höhe dem Entgelt für die durchschnittlich anfallenden zuschlagspflichtigen Stunden entsprechen. Sie ist bei der Entgeltabrechnung gesondert auszuweisen.

§ 8 Kurzarbeit

1. Aus dringenden betrieblichen Gründen, z. B. zur Vermeidung von Entlassungen oder vorübergehenden Stillegungen, kann der Arbeitgeber nach Abschluß einer Betriebsvereinbarung für die gesamte Belegschaft oder für einen Teil (nicht einzelne Arbeitnehmer) eine kürzere als die regelmäßige Arbeitszeit einführen.

2. Die Betriebsvereinbarung muss u. a. folgendes regeln:

2.1 Beginn und Dauer der Kurzarbeit; zwischen dem Abschluß der Betriebsvereinbarung und dem Beginn der Kurzarbeit muss ein Zeitraum von einer Woche liegen;

2.2 Lage und Verteilung;

2.3 Personenkreis.

3. Arbeitnehmer, deren Arbeitszeit länger als drei zusammenhängende Wochen verkürzt worden ist, können ihr Arbeitsverhältnis mit folgenden Fristen kündigen:

– Gewerbliche Arbeitnehmer mit 14 Tagen,
– Angestellte mit einem Monat zum Schluß eines Kalendermonats.

4. Wird einem Arbeitnehmer vor Einführung, bei Beginn oder während der Kurzarbeit gekündigt, so hat er für die Dauer der Kündigungsfrist Anspruch auf einen Zuschuß zum Kurzarbeitergeld, durch den er einschließlich des Kurzarbeitergeldes einen Verdienst erhält, der der regelmäßigen wöchentlichen Arbeitszeit entspricht.
Der Anspruch entfällt, wenn die Kündigung aus einem in der Person des Arbeitnehmers liegenden wichtigen Grund erfolgt.

5. Ergänzende freiwillige Betriebsvereinbarungen sind zulässig.

6.1 Fällt Nachtarbeit, Samstagsnachtarbeit, Sonntagsarbeit oder Feiertagsarbeit wegen Kurzarbeit aus, so wird für die ausgefallenen Stunden ein Zuschuß des Arbeitgebers zum Kurzarbeitergeld in Höhe von 100% des Zuschlags gezahlt, der gem. § 7 Tz. 1.2.2 (Nachtarbeit), 1.2.6 (Samstagnachtarbeit), 1.2.7 (Sonntagsarbeit), 1.2.8 (Arbeit am 1. Januar, 1. Ostertag, 1. Mai, 1. Pfingsttag, 1. Weihnachtstag) oder 1.2.9 (Arbeit an allen übrigen gesetzlichen Feiertagen) ohne Arbeitsausfall zu zahlen gewesen wäre.

6.2 Soweit diese Zuschläge als steuerpflichtiges Entgelt bei der Bemessung des Kurzarbeitergeldes berücksichtigt werden und deshalb den Anspruch auf gesetzliches Kurzarbeitergeld erhöhen, tritt ein Ausfall von Zuschlägen gemäß Tz. 6.1 nicht ein.

§ 7 ArbZG   Anhang

XI. Tarifvertrag zur Beschäftigungssicherung und zur Einführung von Arbeitszeitkonten in der Stahlindustrie

vom 22. März 1996
in der Fassung vom 22. November 2011

Zwischen dem

Arbeitgeberverband Stahl e. V.

und der

Industriegewerkschaft Metall,
Bezirksleitung Nordrhein-Westfalen,

wird für den räumlichen, fachlichen und persönlichen Geltungsbereich des Manteltarifvertrags Stahl vom 15. März 1989 i. d. F. vom 20. Juni 2000 nachfolgender Tarifvertrag vereinbart:

§ 1 Arbeitszeitkonten

Die Tarifvertragsparteien empfehlen, durch freiwillige Betriebsvereinbarung Arbeitszeitkonten einzuführen mit dem Ziel, Personalabbau, betriebsbedingte Kündigungen oder Kurzarbeit zu vermeiden oder Auslastungsschwankungen auszugleichen. Die Einführung der Arbeitszeitkonten hat nicht das Ziel, die regelmäßige Arbeitszeit zu verlängern.

Dabei sind folgende Grundsätze zu beachten:

1. Für jeden Beschäftigten ist ein persönliches Arbeitszeitkonto vorzusehen, auf dem von der regelmäßigen Arbeitszeit gem. §§ 2 bis 4 MTV Stahl abweichende Stunden – soweit es sich nicht um Mehrarbeit i. S. v. § 6 Ziff. 1 MTV Stahl handelt – positiv oder negativ gebucht werden.

   Während der Laufzeit der Vereinbarung ist, unabhängig vom Kontenstand, der gleichmäßige Monatslohn gemäß dem Tarifvertrag über einen gleichmäßigen Monatslohn (Angestellte entsprechend) bezogen auf die Dauer der regelmäßigen Arbeitszeit gem. § 2 Tz. 1.1 MTV Stahl zu zahlen.

2. Kollektive Stunden-/Schichtverlegung

   2.1 Die Betriebsparteien können vereinbaren, daß Stunden oder Schichten kollektiv ausfallen oder vorgearbeitet werden. Hierbei ist zu beachten, daß der Kontenstand der einzelnen Beschäftigten zu keinem Zeitpunkt mehr als 192 Stunden positiv oder negativ betragen darf.

   In der Betriebsvereinbarung ist den Beschäftigten ein Entnahmerecht beim Bestehen von Zeitguthaben einzuräumen. Die Anspruchsvoraussetzungen sind betrieblich zu regeln.

   2.2 Die Betriebsparteien können regeln, daß der Arbeitgeber kollektiv Vor- oder Nachholstunden/-schichten festlegen kann. Dies ist auf 16 Stunden (im Schichtbetrieb 2 Schichten) im Monat begrenzt. In diesem Fall hat der Arbeitgeber grundsätzlich eine Ankündigungsfrist von mindestens 3 Tagen einzuhalten. Kürzere Ankündigungsfristen sind – sofern zeitlich ganze Schichten betroffen sind – nur im Einvernehmen zwischen Arbeitgeber und betroffenem Beschäftigten möglich. In diesem Zusammenhang sind angemessene Härtefallregelungen zu vereinbaren.

   Protokollnotiz zu Tz. 2.2 und Tz. 3.3:
   Bei gleichzeitiger Anwendung von Tz. 2.2 und Tz. 3.3 dürfen auf Veranlassung des Arbeitgebers nicht mehr als zwei Schichten pro Monat vor- oder nachgearbeitet werden.

Darüber hinaus sind dem Beschäftigten individuelle Ansprüche auf Arbeitszeitverlegung gegenüber dem Arbeitgeber einzuräumen. Diese sind auf 16 Stunden (im Schichtbetrieb 2 Schichten) pro Monat bei einer Ankündigungsfrist von höchstens einer Woche begrenzt.
2.3 Bei den gem. Tz. 2.1 und 2.2 verlegten Schichten handelt es sich um Vor- oder Nacharbeit gem. § 6 Ziff. 1, 2. Halbsatz MTV Stahl.
3. Individuelle Schichtverlegung
3.1 Arbeitgeber und Beschäftigte können jeweils Vor- oder Nacharbeit verlangen. Die jeweiligen Verlangen müssen rechtzeitig angekündigt werden.
3.2 Beschäftigte können pro Jahr bis zu 12 Schichten vor- oder nacharbeiten.
3.3 Der Arbeitgeber kann verlangen, daß bis zu 12 Schichten pro Jahr ausfallen oder vorgearbeitet werden. Die Vorarbeit sowie die Nacharbeit ausgefallener Schichten sind jedoch monatlich auf 2 Schichten begrenzt.

Protokollnotiz zu Tz. 2.2 und Tz. 3.3:
Bei gleichzeitiger Anwendung von Tz. 2.2 und Tz. 3.3 dürfen auf Veranlassung des Arbeitgebers nicht mehr als zwei Schichten pro Monat vor- oder nachgearbeitet werden.

3.4 Bei den gem. Tz. 3.2 und 3.3 verlegten Schichten handelt es sich um Vor- oder Nacharbeit gem. § 6 Ziff. 1, 2. Halbsatz MTV Stahl.
3.5 Den Zeitpunkt der Nacharbeit gem. Tz. 3.2 bestimmt der Arbeitgeber nach rechtzeitiger Ankündigung.
In den übrigen Fällen der Vor- oder Nacharbeit sind bei der zeitlichen Festlegung die Wünsche der Beschäftigten zu berücksichtigen, es sei denn, daß ihrer Berücksichtigung dringende betriebliche Belange oder Wünsche anderer Beschäftigter, die unter sozialen Gesichtspunkten den Vorrang verdienen, entgegenstehen (entsprechende Anwendung von § 7 Abs. 1 Satz 1 BUrlG i.d.F. vom 7. Mai 2002). Wenn zwischen dem Arbeitgeber und den beteiligten Beschäftigten kein Einverständnis erzielt wird, so ist zwischen Betriebsrat und Arbeitgeber eine Einigung zu versuchen (entsprechende Anwendung von § 87 Abs. 1 Nr. 5 BetrVG i.d.F. vom 23. Dezember 2003). Kommt eine Einigung über eine Angelegenheit nach dieser Ziffer nicht zustande, so entscheidet die Einigungsstelle gem. § 76 BetrVG.
4. Ausgleichszeitraum
4.1 Der Ausgleichszeitraum für die Erreichung der regelmäßigen wöchentlichen Arbeitszeit gem. § 2 Tz. 1.1 MTV Stahl beträgt 24 Monate. Mit Zustimmung der Tarifvertragsparteien kann der Ausgleichszeitraum auf 36 Monate verlängert werden.
Für den Fall, daß in der Betriebsvereinbarung lediglich die individuelle Schichtverlegung gem. Ziff. 3 geregelt wird, beträgt der Ausgleichszeitraum 12 Monate, der mit Zustimmung der Tarifvertragsparteien auf 24 Monate verlängert werden kann.
Der Beginn der Laufzeit des Ausgleichszeitraums ist in der Betriebsvereinbarung festzulegen. Am Ende der Laufzeit sind die Arbeitszeitkonten durch Arbeitsleistung oder Freizeitgewährung grundsätzlich auf null Stunden zu stellen. Abweichend hiervon können die Betriebsparteien vereinbaren, daß bis zu 36 Plus- oder Minusstunden pro Beschäftigtem auf den folgenden Ausgleichszeitraum übertragen werden.
Der Kontostand des Beschäftigten darf zu keinem Zeitpunkt mehr als maximal 192 Stunden positiv oder negativ betragen.

Protokollnotiz zu Tz. 4.1:
Für den Fall, daß die Betriebsparteien einen kürzeren Ausgleichszeitraum als 24 Monate wählen, verringert sich diese Stundenzahl entsprechend. Dies gilt auch für Tz. 2.1.

§ 7 ArbZG Anhang

4.2 Sind am Ende des Ausgleichszeitraums noch Zeitguthaben vorhanden, werden sie innerhalb von 3 Monaten in Freizeit ausgeglichen. Zeitschulden sind innerhalb der nächsten 6 Monate durch Nacharbeit auszugleichen.

5. Während der Laufzeit der Arbeitszeitkontenregelung ist dem Betriebsrat der individuelle Arbeitszeitkontenstand der Beschäftigten in auswertbarer Form monatlich mitzuteilen.
6. In der Betriebsvereinbarung sind Einzelheiten zu Steuerungsmöglichkeiten (z. B. Ampelkonten) festzulegen.
7. Scheiden Beschäftigte mit bestehenden Zeitguthaben oder -schulden aus dem Betrieb aus, ist wie folgt zu verfahren:

    7.1 Bestehende Zeitguthaben sind als Mehrarbeit auszuzahlen, es sei denn, das Ausscheiden erfolgt durch Eigenkündigung des Arbeitnehmers oder rechtskräftige verhaltensbedingte Kündigung des Arbeitgebers.
    7.2 Scheiden Beschäftigte auf eigenen Wunsch aus dem Betrieb aus und bestehen noch Zeitschulden, ist ihnen Gelegenheit zur Nacharbeit zu geben.
    7.3 Scheiden Beschäftigte durch betriebsbedingte oder krankheitsbedingte Kündigung des Arbeitgebers aus und bestehen noch Zeitschulden, findet kein Entgeltabzug statt.
8. Betrieblich ist eine angemessene Insolvenzsicherung zu vereinbaren und dem Betriebsrat gegenüber nachzuweisen.
9. Die Mitbestimmungsrechte des Betriebsrats, insbesondere auch über die Genehmigung von Mehrarbeit i. S. v. § 6 Ziff. 1 MTV Stahl, bleiben im übrigen unberührt.
10. Die Laufzeit der Betriebsvereinbarung darf die Laufzeit dieser Tarifbestimmung – je nach Dauer des Ausgleichszeitraums – nur um 24 bzw. 36 Monate überschreiten.
11. Kommt eine Einigung über eine Betriebsvereinbarung gemäß § 1 nicht zustande, kann jede Betriebspartei die Tarifvertragsparteien zwecks Vermittlung hinzuziehen.
12. Die Betriebsparteien haben den Tarifvertragsparteien die Betriebsvereinbarung zur Kenntnis zu geben.
13. Bei allen Streitigkeiten aus der Betriebsvereinbarung und ihrer Anwendung sowie über die Auslegung können die Tarifvertragsparteien hinzugezogen werden.
    Kommt im Falle einer Streitigkeit aus der Betriebsvereinbarung und ihrer Anwendung keine Einigung zustande, kann jede der Betriebsparteien die tarifliche Einigungsstelle gemäß Tarifvertrag über die Einigungsstelle vom 15. 3. 1989 anrufen.
    Kommt im Falle einer Streitigkeit über die Auslegung der Betriebsvereinbarungen keine Einigung zustande, kann jede der Tarifvertragsparteien beantragen, daß die tarifliche Einigungsstelle gemäß Tarifvertrag über die Einigungsstelle vom 15. 3. 1989 entscheidet. Der Rechtsweg ist nicht ausgeschlossen.

§ 2 Betriebliche Arbeitszeitverkürzung

1. Zur Vermeidung von betriebsbedingten Kündigungen können die Betriebsparteien durch freiwillige Betriebsvereinbarung die regelmäßige wöchentliche Arbeitszeit auf eine Dauer von unter 35 bis 30 Stunden einheitlich für alle Beschäftigten (ohne Auszubildende), für Betriebsteile, Abteilungen und Beschäftigtengruppen herabsetzen. Die Laufzeit einer solchen Betriebsvereinbarung darf die Laufzeit dieser Tarifbestimmung nicht überschreiten.
Beschäftigte mit gem. Abs. 1 reduzierter Arbeitszeit gelten als Vollzeitbeschäftigte.
2. Die Monatslöhne und -gehälter und von ihnen abgeleitete Leistungen vermindern sich entsprechend der verkürzten Arbeitszeit. Jedoch erhalten Beschäftigte der Lohngruppen 1 bis 6 und der Gehaltsgruppen 1 bis 3 bei einer Absenkung auf

33 Stunden eine viertel,
32 Stunden eine halbe,
31 Stunden eine dreiviertel,
30 Stunden eine
Stunde mehr vergütet als die verkürzte Arbeitszeit.[1]

3. Um die Absenkung der Monatslöhne und -gehälter zu vermeiden oder zu vermindern, können die Betriebsparteien Ausgleichszahlungen vereinbaren, die mit der tariflichen Sonderzahlung nach dem Tarifvertrag über Sonderzahlungen vom 15. 11. 1975 i. d. F. vom 5. März 1997 verrechnet werden. Der Anspruch auf diese tarifliche Leistung vermindert sich entsprechend.

4. Durch Kündigung ausscheidende Arbeitnehmer sind für die letzten 6 Monate vor ihrem Ausscheiden bezüglich ihrer monatlichen Vergütung so zu stellen, wie sie ohne Anwendung der verkürzten Arbeitszeit gestanden hätten. Der Arbeitgeber kann für diesen Zeitraum auch die Ableistung der entsprechenden vollen Arbeitszeit verlangen.

§ 3 Übernahme von Ausgebildeten[*]

1. Ausgebildete werden nach bestandener Abschlussprüfung grundsätzlich in ein unbefristetes Arbeitsverhältnis übernommen. Dieses kann personen- oder betriebsbedingt frühestens zum Ablauf eines Jahres nach Beginn des Arbeitsverhältnisses gekündigt werden.

2. Von einer Verpflichtung zur Übernahme gemäß Ziff. 1 kann insbesondere abgewichen werden, wenn
2.1 personen- oder verhaltensbedingte Gründe entgegenstehen,
2.2 das Angebot eines Arbeitsverhältnisses wegen akuter Beschäftigungsprobleme im Betrieb nicht möglich ist,
2.3 die Betriebsparteien zu Beginn der Ausbildung einvernehmlich prognostiziert haben, ob und inwieweit der Betrieb über Bedarf hinaus Ausbildungsverträge abgeschlossen hat.
Im Fall von 2.1 ist der Betriebsrat unter Angabe von Gründen zu unterrichten. Im Übrigen kann nur mit Zustimmung des Betriebsrats von der Verpflichtung gemäß Ziff. 1 abgewichen werden. Verweigert der Betriebsrat die Zustimmung, kann der Arbeitgeber die Tarifvertragsparteien hinzuziehen. Erfolgt keine Lösung des Konflikts, kann die Einigungsstelle nach dem Tarifvertrag über die Einigungsstelle angerufen werden. Diese entscheidet abschließend.

3. Die Verpflichtung aus Ziff. 1 kann mit Zustimmung des Ausgebildeten auch durch dessen Vermittlung in einen anderen Betrieb oder ein anderes Unternehmen erfüllt werden.

---

[1] Für die Stahlwerke Bremen, die Salzgitter AG, die Salzgitter Flachstahl GmbH, die Ilsenburger Grobblech GmbH – Blechverarbeitung Salzgitter, die Peiner Träger GmbH, die Salzgitter Großrohre GmbH, die Verkehrsbetriebe Peine-Salzgitter GmbH, die GESIS Gesellschaft für Informationssysteme GmbH, die Stadt und den Landkreis Osnabrück und bei analytischer Arbeitsbewertung ist diese Bestimmung entsprechend anzuwenden.

[*] Protokollnotiz zu § 3:
Für im Zeitpunkt des Inkrafttretens einer Neufassung von § 3 lautende Ausbildungsverhältnisse wird der Arbeitgeber den Betriebsrat mindestens drei Monate vor Ausbildungsende gem. § 92 Betriebsverfassungsgesetz über den Übernahmebedarf unterrichten. Ziff. 2 Abs. 2 bis 4 finden keine Anwendung.
Sofern im Zeitpunkt des Inkrafttretens laufende Ausbildungsverhältnisse über Bedarf abgeschlossen waren, wird den Ausgebildeten nach bestandener Abschlussprüfung ein auf ein Jahr, in einzelnen Härtefällen auf zwei Jahre befristetes Vollzeitarbeitsverhältnis angeboten. Auszubildenden, die im Januar 2012 ihre Ausbildung beenden, wird ein auf zwei Jahre befristetes Vollzeitarbeitsverhältnis angeboten. S. 1 und 2 gelten nicht, sofern personen- oder verhaltensbedingte Gründe entgegenstehen. Ziff 3 findet Anwendung.

§ 8 ArbZG   Zweiter Abschnitt. Werktägliche Arbeitszeit und arbeitsfreie Zeiten

§ 4 Teilzeitarbeit

Beschäftigte, die das 50. Lebensjahr vollendet haben, können Teilzeitarbeit wünschen. Der Teilzeitwunsch ist mit einer der individuellen Kündigungsfrist des Beschäftigten entsprechenden Ankündigungsfrist, mindestens jedoch 6 Monate im voraus zu äußern. Soweit dem Wunsch dringende betriebliche Erfordernisse entgegenstehen, ist gemeinsam mit dem Betriebsrat eine einvernehmliche Lösung zu versuchen.

§ 5 Mehrarbeit

Die ersten 8 Mehrarbeitsstunden können im Einvernehmen zwischen Arbeitgeber und Beschäftigten durch Freizeit ausgeglichen werden. Für die 9. bis einschließlich 16. Mehrarbeitsstunde können die Betriebsparteien verabreden, daß die Mehrarbeitsstunden durch Freizeit ausgeglichen werden. Darüber hinausgehende Mehrarbeitsstunden sind durch Freizeit auszugleichen.

Die Mehrarbeitszuschläge werden ausgezahlt, sofern nicht der Arbeitnehmer einen Ausgleich durch Freizeitgewährung wünscht.

§ 6 Laufzeit

Der Tarifvertrag tritt mit Ausnahme von § 3 am 1. 7. 1998 in Kraft; § 3 tritt am 1. 12. 2011 in Kraft.

Der Tarifvertrag endet ohne Nachwirkung mit Ablauf des 28. 2. 2013 mit Ausnahme von § 3. Dieser endet ohne Nachwirkung mit Ablauf des 31. 1. 2016.

Rechtsprechung Eisen- und Stahlindustrie

1 Kann in der Stahlindustrie eine vorübergehende Kurzarbeit vorzeitig wegen verbesserter Auftragslage aufgehoben werden, unterliegt die Rückführung auf die betriebsübliche Arbeitszeit nicht der Mitbestimmung des Betriebsrates, da nur die vorübergehende Ausnahmearbeitszeit. nicht die betriebsübliche Arbeitszeit verändert wird (BAG vom 21. 11. 1978, AP Nr. 2 zu § 87 BetrVG 1972 Arbeitszeit).

2 Nachdem in der Stahlindustrie die Arbeitszeit auf 38 Stunden verkürzt wurde, gilt das als betriebsübliche Arbeitszeit auch für die außertariflichen Angestellten (BAG 9. 12. 1984, AP Nr. 1 zu § 1 TVT Tarifverträge: Stahlindustrie).

3 Der Anspruch auf Vergütung von Reisezeiten besteht auch für Anreisen am Vortag von Fortbildungsveranstaltungen nach § 5 Abs. 1 MTV Eisen- und Stahlindustrie (BAG vom 20. 6. 1995, EZB Nr. 27 zu § 1 TVG).

4 Der Betriebsrat hat mitzubestimmen, wenn der Arbeitgeber in Abweichung vom Jahresschichtplan eine oder mehrere Schichten streichen will (BAG vom 1. 7. 2003, AP Nr. 87 zu § 87 BetrVG 1972 Arbeitszeit).

5 Die Vergütung für Rufbereitschaft ist in die Berechnung des regelmäßigen Arbeitsverdienstes nach § 20 MTV Stahl einzubeziehen (BAG vom 15. 10. 2003, EZA Nr. 2 zu § 4 TVG Stahlindustrie).

§ 8 Gefährliche Arbeiten

¹Die Bundesregierung kann durch Rechtsverordnung mit Zustimmung des Bundesrates für einzelne Beschäftigungsbereiche, für bestimmte Arbeiten oder für bestimmte Arbeitnehmergruppen, bei denen besondere Gefahren für die Gesundheit der Arbeitnehmer zu erwarten sind, die Arbeitszeit über § 3 hinaus beschränken, die Ruhepausen und Ruhezeiten über die §§ 4 und 5 hinaus ausdehnen, die Regelungen zum Schutz der Nacht- und Schicht-

arbeitnehmer in § 6 erweitern und die Abweichungsmöglichkeiten nach § 7 beschränken, soweit dies zum Schutz der Gesundheit der Arbeitnehmer erforderlich ist. ²Satz 1 gilt nicht für Beschäftigungsbereiche und Arbeiten in Betrieben, die der Bergaufsicht unterliegen.

Übersicht	Rn.
I. Entstehung Die Regelung entspricht der Regierungsvorlage, Änderungsvorschläge wurden nicht eingebracht	1
II. Rechtsverordnungen Frühere Regelungen in Kokereien, Hochofenwerken, Gaswerken, Stahlwerken, Metallhütten und der Zementindustrie sind aufgehoben. Angesichts der immer weiter verkürzten Arbeitszeit und der Mitbestimmung ist ein Bedürfnis zur Regelung zur Zeit nicht ersichtlich	2, 3
III. Bergbau Im Bergbau gilt § 66 Bundesberggesetz, zuständig ist das Ministerium für Wirtschaft und Arbeit	4
Beschäftigungszeiten und -verbote enthält die Klima-Bergverordnung	5–10

I. Entstehung

§ 8 entspricht dem Regierungsentwurf. Die Ermächtigung zum Erlass von Arbeitszeitbeschränkungen durch Rechtsverordnung entspricht dem bisherigen § 9 Abs. 2 AZO. Die Begründung zum Regierungsentwurf (BT-Drucks. 12/5888 S. 28) betont, dass § 9 Abs. 1 AZO über die Arbeitszeitverlängerung in Gewerbezweigen mit besonderen Gefahren für Leben und Gesundheit durch die jetzigen Regelungen in § 3 und § 7 Abs. 1 Nr. 1 weitgehend gegenstandslos geworden ist und ohnehin keine praktische Bedeutung mehr hatte. Soweit trotzdem noch besondere Gefahren auftreten, z.B. bei Schichtarbeit, können über §§ 3 bis 7 hinausgehende Beschränkungen notwendig werden, die dann durch Rechtsverordnung erlassen werden können. Für Betriebe, die der Bergaufsicht unterliegen, gilt § 66 Bundesberggesetz. Im Bundesrat oder in den Ausschussberatungen hat es zu dieser Vorschrift keine Stellungnahmen gegeben. Die Vorschrift ist unverändert Gesetz geworden (BT-Drucks. 12/5888, 12/6990). 1

II. Rechtsverordnungen

Besondere Arbeitszeitregelungen für einzelne Bereiche, bestimmte Arbeiten und bestimmte Arbeitnehmergruppen waren aus Gründen des erforderlichen Gesundheitsschutzes bei gefährlichen Arbeiten schon früher notwendig. So wurden in Kokereien für Arbeiten an den Koksöfen einschließlich Zufuhr der Kohle und Abfuhr des Kokses sowie in Hochofenwerken für Zufuhr und Abfuhr zu und von den Hochöfen längere Arbeitszeiten nach § 7 Arbeitszeitverordnung und § 9 AZO untersagt durch VO vom 20. 1. 1925 (RGBl. I S. 5). Dasselbe galt in Gaswerken für das Bedienen und Ausbessern von Gasöfen und das Abschlacken der Generatoren sowie in Metallhütten für Zinkhütten, Kupferhütten, Bleihütten, Aluminiumhütten und Legierungshütten für Arbeiten an den Kesseln und Öfen, der Rösterei, bei Räumaschen nach 2

§ 8 ArbZG Zweiter Abschnitt. Werktägliche Arbeitszeit und arbeitsfreie Zeiten

VOen vom 9. 2. 1927 (RGBl. I S. 59) und für Stahlwerke, Walzwerke, Gießereien, Hammer- und Presswerke für Arbeiten an Öfen, Konvertern, Puddlern, Walzstraßen nach VO vom 16. 7. 1927 (RGBl. I S. 221). In der Zementindustrie galt dieselbe Beschränkung für das trockene Zerkleinern und Mischen, für Öfen, für die Klinkermühle und die Packerei nach VO vom 26. 3. 1929 (RGBl. I S. 82). Alle diese Sondervorschriften sind durch Art. 21 ArbZRG aufgehoben. Weiter gilt nur noch die Druckluftverordnung vom 4. 10. 1972 (BGBl. I S. 1909, zuletzt geändert vom 18. 12. 2008, BGBl. I S. 2768). Der frühere § 15a GefahrstoffVO über die Höchstarbeitszeit von 8 Std. täglich und 40 Std. wöchentlich bei Arbeiten mit krebserregenden Stoffen ist in der Neufassung vom 26. 11. 2010 (BGBl. I S. 1643, geändert vom 28. 7. 2011, BGBl. I S. 1622) nicht mehr enthalten, die §§ 8ff. GefStoffVO enthalten Schutzmaßnahmen allgemeiner Art (§ 8), zusätzlich (§ 9), bei krebserzeugenden, erbgutverändernden und fruchtbarkeitsgefährdenden Stoffen (§ 10), bei physikalisch-chemischen Einwirkungen (§ 11) und explosionsgefährlichen Stoffen sowie organischen Peroxiden (§ 12); Arbeitszeitbeschränkungen sind darin nicht mehr enthalten. Die Sondervorschriften hätten eine Sperre für weitergehende tarifliche Regelungen bedeutet. Zunächst ist wohl kaum davon auszugehen, dass solche Regelungen nach § 7 ohnehin nicht geschaffen werden. Ob die gesetzliche Regelung mit den Höchstzeiten nach §§ 3–6 für den Gesundheitsschutz ausreichen, muss bezweifelt werden. 60 Wochenarbeitsstunden unter solchen erschwerten Bedingungen wie nach den früheren Verordnungen würden nicht ohne Einfluss auf die Gesundheit der Arbeitnehmer bleiben.

3 Trotzdem bedarf es so lange keiner besonderen Regelung durch RechtsVO mit Zustimmung des Bundesrates, als ohnehin nach den einschlägigen Tarifverträgen und den Betriebsvereinbarungen wesentlich kürzer gearbeitet wird und den besonderen Erschwernissen schon dort Rechnung getragen wird. Insoweit sorgt inzwischen die Mitbestimmung des Betriebsrates und die erweiterte Unternehmensmitbestimmung in der Montanindustrie dafür, dass Gesundheitsschäden vermieden werden und die Arbeitszeit nicht unangemessen ausgedehnt wird. Das gesetzlich zulässige Maß wird bei weitem nicht erreicht, nachdem auch in kontinuierlichen Betrieben bis zum 5-Schicht-System übergegangen wird. Ein Bedürfnis zu gesetzlichen Beschränkungen müsste sich erst noch erweisen.

III. Bergbau

4 Im Bergbau gilt § 66 Bundesberggesetz, nach dem vom Bundesministerium für Wirtschaft und Arbeit entsprechende Einschränkungen durch RechtsVO festgelegt werden können. Nach § 9 AZO war das für Arbeiten an Betriebspunkten mit über 28 Grad Wärme, im Steinkohlenbergbau unter Tage und für Erz- und Kalibergbau vorgesehen. Jetzt kann man auch an Arbeiten unter Strahlenbelastung bei der Wismut in Sachsen und Thüringen denken.

5 Auf Grund der §§ 66–68 Bundesberggesetz vom 13. 8. 1980 (BGBl. I S. 1310, zuletzt geändert vom 31. 7. 2009, BGBl. I S. 2585) wurde die Bergverordnung zum Schutz der Gesundheit gegen Klimaeinwirkungen (Klima-Bergverordnung – KlimaBergV) vom 9. Juni 1983 (BGBl. I S. 685, geändert

vom 25. 9. 1990, BGBl. I S. 2106 – FNA 750-15-5) erlassen. Sie enthält in §§ 3–9 Sondervorschriften über zulässige Beschäftigungszeiten, obere Klimawerte getrennt nach Salzbergbau und anderem Bergbau, die Anrechnung von Zeiten für nichtmaschinelle Fahrung, bestimmt zusätzliche Pausen (ebenfalls außerhalb und innerhalb des Salzbergbaus), sieht eine besondere Eingewöhnungszeit vor und verbietet die Beschäftigung von unter 21- und über 50-Jährigen bei bestimmten Temperaturen.

Arbeitsrechtlich begrenzt vor allem § 3 KlimaBergV die Höchstarbeitszeiten zunächst außerhalb des Salzbergbaus: 6 Stunden bei mehr als 3 Stunden Trockentemperaturen über 28° Celsius bis 29° (oder bei Effektivtemperaturen über 25° bis 29°). 5 Stunden beträgt die Höchstarbeitszeit bei mehr als 2¹/₂ Stunden in Effektivtemperaturen über 29° bis 30° C. Im Salzbergbau gelten 7 Stunden Höchstarbeitszeit bei mehr als 5 Stunden in Trockentemperaturen über 28° bis 37° C oder mehr als 4¹/₂ Stunden über 37° bis 46° C sowie eine Höchstarbeitszeit von 6¹/₂ Stunden bei täglich mehr als 4 Stunden in Trockentemperaturen über 46° bis 52° C. Für Effektivtemperaturen von mehr als 30° C außerhalb des Salzbergbaus und mehr als 52° C im Salzbergbau gilt ein Beschäftigungsverbot, das nur geringe Ausnahmen zulässt (§§ 4, 5 KlimaBergV). § 7 KlimaBergV sieht zusätzliche Pausen vor: Außerhalb des Salzbergbaus 10 Minuten bei Effektivtemperaturen von mehr als 29° bis 30° C und von 20 Minuten bei Effektivtemperaturen von mehr als 30° C. Im Salzbergbau sind 15 Minuten zusätzliche Pausen bei Trockentemperaturen von mehr als 37° bis 46° C und von 30 Minuten bei Trockentemperaturen von mehr als 46° C zu gewähren. Alle diese Pausen sind auf die Beschäftigungszeiten anzurechnen. Die Temperaturen werden nach § 11 KlimaBergV monatlich, im Salzbergbau zweimonatlich gemessen.

Die besondere Eingewöhnungszeit des § 8 KlimaBergV beträgt 2 Wochen, in denen noch keine Arbeiten im Leistungslohn verrichtet werden dürfen. Sie gilt im Salzbergbau für Trockentemperaturen von mehr als 37° C, sonst bei Effektivtemperaturen von mehr als 29° C. Während der Einarbeitungszeit sollen im Salzbergbau täglich mehr als 4 Stunden, sonst mehr als 2¹/₂ Stunden unter den erschwerten Temperatur- und Klimabedingungen verbracht werden.

Personen unter 21 und über 50 Jahren dürfen außerhalb des Salzbergbaus bei einer Effektivtemperatur von mehr als 29° C und im Salzbergbau bei Trockentemperaturen von mehr als 46° C nicht beschäftigt werden. Ausnahmen gelten nur im Einzelfall auf Grund einer bedenkenlosen arbeitsmedizinischen Vorsorgeuntersuchung i. S. von § 12 Abs. 1 KlimaBergV (§ 9 KlimaBergV). Diese Bescheinigung muss dem Unternehmer vorliegen.

Ausnahmen von diesen Arbeitszeitbeschränkungen und Beschäftigungsverboten gelten in Notfällen zur Personenrettung, bei Gefahr für Leben und Gesundheit von Personen oder zur Abwendung eines erheblichen Schadens an bedeutenden Betriebseinrichtungen bei einem unvorhergesehenen Ereignis, wenn mit kurzer Einsatzzeit zu rechnen ist (§ 10 KlimaBergV).

Die Temperaturwerte sind nach § 11 KlimaBergV zu ermitteln, darüber sind Aufzeichnungen zu führen, die bis zu 10 Jahren aufgehoben werden müssen (§ 13 KlimaBergV). Vorsorgeuntersuchungen müssen vorgenommen werden und sind in Abständen von 1 oder 2 Jahren zu wiederholen (§ 12 KlimaBergV). Das alles ist strafbewehrt (§ 15 KlimaBergV).

§ 9 ArbZG Dritter Abschnitt. Sonn- und Feiertagsruhe

Dritter Abschnitt. Sonn- und Feiertagsruhe

§ 9 Sonn- und Feiertagsruhe

(1) Arbeitnehmer dürfen an Sonn- und gesetzlichen Feiertagen von 0 bis 24 Uhr nicht beschäftigt werden.

(2) In mehrschichtigen Betrieben mit regelmäßiger Tag- und Nachtschicht kann Beginn oder Ende der Sonn- und Feiertagsruhe um bis zu sechs Stunden vor- oder zurückverlegt werden, wenn für die auf den Beginn der Ruhezeit folgenden 24 Stunden der Betrieb ruht.

(3) Für Kraftfahrer und Beifahrer kann der Beginn der 24stündigen Sonn- und Feiertagsruhe um bis zu zwei Stunden vorverlegt werden.

Übersicht

	Rn.
I. Normzweck	
Die Vorschrift schützt den Sonntag und die staatlich anerkannten Feiertage als Tage der Arbeitsruhe und der seelischen Erhebung der Arbeitnehmer	1
II. Verbot der Sonn- und Feiertagsarbeit	
Die Beschäftigung an Sonn- und Feiertagen ist grundsätzlich in allen Beschäftigungsbereichen verboten	2, 3
Die Arbeitnehmer können nicht zu unzulässiger Sonn- und Feiertagsarbeit verpflichtet werden	4
III. Dauer und Ruhezeit	
Die Ruhezeit entspricht dem Kalendersonntag bzw. Kalenderfeiertag	5
In Mehrschichtbetrieben kann die Sonn- und Feiertagsruhe um bis zu 6 Stunden vor- oder zurückverlegt werden	6
Für Kraftfahrer und Beifahrer kann der Beginn der Sonn- und Feiertagsruhe um bis zu 2 Stunden vorverlegt werden	7
IV. Ausnahmen	
Ausnahmen sind nur durch oder aufgrund des ArbZG möglich	8
V. Bestimmung der Feiertage	9
Übersicht über die gesetzlichen Feiertage (Tabelle)	10
VI. Entgeltzahlung an Feiertagen	11, 12
Interlokales Recht	13
Lohnausfallprinzip	14
Vor- und Nachholen der Arbeit	15
Beschäftigung an Sonntagen	16
Dauer des Arbeitsverhältnisses	17
Berechnung des Entgeltausfalls	18–20
Kirchliche Feiertage	21
Unentschuldigtes Fehlen	22
Heimarbeit	23
VII. Zuschläge für Sonn- und Feiertagsarbeit	
Keine gesetzlichen Zuschläge für Sonn- und Feiertagsarbeit	24
VIII. Ergänzende Regelungen	
Für werdende und stillende Mütter gilt § 8 MuSchG	25
Für die in Verkaufsstellen beschäftigten Arbeitnehmer ist § 17 LadschlG zu beachten	26

I. Normzweck

1 Die Vorschrift verwirklicht einen der in § 1 ArbZG normierten Zwecke des Gesetzes, nämlich den **Sonntag** und die **staatlich anerkannten Feiertage** als **Tage der Arbeitsruhe und der seelischen Erhebung** der Arbeitnehmer zu

Sonn- und Feiertagsruhe **ArbZG § 9**

schützen (§ 1 Nr. 2 ArbZG; vgl. dazu auch § 1 Rn. 6f.). Gemäß Art. 140 GG i.V.m. Art. 139 WRV sind der Sonntag und die staatlich anerkannten Feiertage als Tage der Arbeitsruhe und der seelischen Erhebung grundgesetzlich geschützt. Bei diesem verfassungsrechtlichen Sonntagsschutz handelt es sich um eine institutionelle Garantie und nicht nur um einen Programmsatz (BAG vom 4. 5. 1993, AP Nr. 1 zu § 105a GewO = DB 1993, 1881; ganz h. M., vgl. nur Buschmann/Ulber § 9 Rn. 1; Baeck/Deutsch § 9 Rn. 3; Schliemann § 9 Rn. 2 – jew. m.w.N.). Der in das Grundgesetz inkorporierte Art. 139 WRV enthält einen Gesetzgebungsauftrag an den Gesetzgeber, ein Mindestniveau des Schutzes der Sonntage und der gesetzlich anerkannten Feiertage zu gewährleisten. Dabei fördert und schützt die Sonn- und Feiertagsruhe nicht nur die Ausübung der Religionsfreiheit. Die Arbeitsruhe dient darüber hinaus der physischen und psychischen Regeneration und damit der körperlichen Unversehrtheit (Art. 2 Abs. 2 GG). Die Statuierung gemeinsamer Ruhetage dient dem Schutz von Ehe und Familie (Art. 6 Abs. 1 GG). Auch die Vereinigungsfreiheit lässt sich so effektiver wahrnehmen (Art. 9 Abs. 1 GG). Der Sonn- und Feiertagsgarantie kann schließlich ein besonderer Bezug zur Menschenwürde beigemessen werden, weil sie dem ökonomischen Nutzendenken eine Grenze zieht und dem Menschen um seiner selbst willen dient (BVerfG vom 1. 12. 2009, BVerfGE 125, 39 = GewArch 2010, 108). Mit dem ArbZG sollten die bisherigen Vorschriften über das Verbot der Beschäftigung von Arbeitnehmern an Sonn- und Feiertagen (vgl. § 1 Rn. 6) im Einklang mit dem im Grundgesetz verankerten Grundsatz der Sonn- und Feiertagsruhe in das Recht des Arbeitszeitschutzes einbezogen und unter grundsätzlicher Aufrechterhaltung des geltenden Sonn- und Feiertagsschutzes modernisiert werden. Dabei war es das Ziel des Gesetzgebers, den Arbeitnehmern mindestens einen Ruhetag in der Woche und den an Sonn- und Feiertagen beschäftigten Arbeitnehmern einen Ersatzruhetag und eine Mindestzahl freier Sonntage im Jahr sicherzustellen. Außerdem sollten die Tarifvertragsparteien und unter bestimmten Voraussetzungen auch die Betriebspartner bestimmte Befugnisse bei der Regelung der Dauer der Arbeitszeit an Sonn- und Feiertagen und der Ersatzruhezeiten erhalten (vgl. Regierungsbegründung, BR-Drucks. 507/93 S. 60). Gleichzeitig entsprach der Gesetzgeber damit der EG-Richtlinie 93/104 vom 23. 11. 1993 über bestimmte Aspekte der Arbeitszeitgestaltung, geändert durch die EG-Richtlinie 2000/34 vom 22. 6. 2000, die in Art. 5 Abs. 1 eine wöchentliche kontinuierliche Mindestruhezeit von 35 Stunden vorsieht, die nach Art. 5 Abs. 2 a.F. grundsätzlich den Sonntag mit einschließen sollte. Dieser frühere Art. 5 Abs. 2 ist vom EuGH für nichtig erklärt (EuGH vom 12. 11. 1996, AP Nr. 1 zu EWG-Richtlinie Nr. 93/104 = NZA 1997, 23) und durch die Richtlinie 2000/34/EG gestrichen worden. Art. 5 Abs. 1 der am 2. 8. 2004 in Kraft getretenen EG-Richtlinie 2003/88 vom 21. 11. 2003 (s. Anh. 6) sieht ebenfalls pro Siebentageszeitraum eine kontinuierliche Mindestruhezeit von insgesamt 35 Stunden vor.

II. Verbot der Sonn- und Feiertagsarbeit

Die Beschäftigung von Arbeitnehmern an Sonn- und gesetzlichen Feiertagen von 0.00 bis 24.00 Uhr ist grundsätzlich untersagt. Abs. 1 übernimmt damit das frühere Beschäftigungsverbot an Sonn- und gesetzlichen Feiertagen 2

§ 9 ArbZG   Dritter Abschnitt. Sonn- und Feiertagsruhe

des § 105 b GewO, dehnt es aber auf alle Beschäftigungsbereiche aus und stellt gleichzeitig klar, dass die Sonn- und Feiertagsruhe grundsätzlich von Mitternacht zu Mitternacht dauert. Das **Verbot der Sonn- und Feiertagsarbeit** schreibt die Gewährleistung der Sonn- und Feiertagsruhe in Art. 140 GG i. V. m. Art 139 WRV einfach gesetzlich fest. Die gesetzliche Sicherung der Sonn- und Feiertagsruhe im christlichen Kulturkreis beruht auf einer jahrtausendealten Tradition (vgl. dazu Richardi, Grenzen industrieller Sonntagsarbeit, 1988, S. 20 ff.; Mattner, Sonn- und Feiertagsrecht, 1988, S. 7 ff.) und wurde in der modernen Arbeitswelt schon seit dem Arbeiterschutzgesetz vom 1. 6. 1881 gewährleistet (vgl. dazu und zur weiteren Entwicklung Zmarzlik, RdA 1988, 257 ff. und Einleitung Rn. 2 ff.). Das Verbot bezieht sich auf alle über 18 Jahre alten männlichen und weiblichen Arbeitnehmer (für Jugendliche gelten die §§ 17, 18 JArbSchG, s. dazu § 10 Rn. 62 ff.). Das sind nach der Begriffsbestimmung des § 2 Abs. 2 Arbeiter und Angestellte sowie die zu ihrer Berufsbildung Beschäftigten (s. dazu im Einzelnen § 2 Rn. 21), ausgenommen ist lediglich der Arbeitnehmerkreis nach § 18 Abs. 1 bis 3.

3   Verboten ist die **Beschäftigung** der Arbeitnehmer, d. h. jede Betätigung im Zusammenhang mit abhängiger Erwerbstätigkeit, gleichgültig, ob dies in einem Betrieb oder außerhalb (z. B. Besuche von Kunden, Zustellen von Ware) stattfindet oder es sich um Arbeitsleistung, Bereitschaftsdienst oder Rufbereitschaft handelt (Baeck/Deutsch § 9 Rn. 12; Buschmann/Ulber § 9 Rn. 3; Schliemann § 9 Rn. 6; ErfK/Wank § 9 Rn. 1; Anzinger/Koberski § 9 Rn. 4). Auch die Schulung von Arbeitnehmern im Betrieb zum Zwecke der Vorbereitung der eigentlichen Betriebstätigkeit gehört zur verbotenen Sonn- und Feiertagsarbeit (vgl. BayObLG vom 22. 1. 1986, BB 1986 S. 880). Eine Betätigung liegt auch dann vor, wenn der Arbeitgeber sie nur zulässt, denn er muss sie verhindern, nicht bloß verbieten (zu letzterem zweifelnd Schliemann § 9 Rn. 7; wie hier Baeck/Deutsch § 9 Rn. 12; Buschmann/Ulber § 9 Rn. 4; ErfK/Wank § 9 Rn. 1; Anzinger/Koberski § 9 Rn. 6).

4   Zu verbotener Beschäftigung an Sonn- und gesetzlichen Feiertagen können die Arbeitnehmer, auch wenn eine dem früheren § 105 a Abs. 1 S. 1 GewO entsprechende Bestimmung im ArbZG fehlt, weder durch Arbeitsvertrag noch durch Tarifvertrag oder Betriebsvereinbarung verpflichtet werden, da derartige Regelungen nach **§ 134 BGB** nichtig wären (ebenso ErfK/Wank § 9 Rn. 1; Anzinger/Koberski § 9 Rn. 7; Buschmann/Ulber § 9 Rn. 4).

III. Dauer der Ruhezeit

5   Die **Dauer der Ruhezeit** muss sich aufgrund der ausdrücklichen Festschreibung des Beschäftigungsverbots auf die Zeit von 0.00 bis 24.00 Uhr in Abs. 1 mit dem Kalendersonntag bzw. mit dem Kalenderfeiertag decken und für jeden Sonn- und Feiertag **mindestens 24 Stunden** betragen. Bei zwei aufeinanderfolgenden Feiertagen oder dem Zusammentreffen von Sonntag und vorher- oder nachfolgendem Feiertag dauert also das Beschäftigungsverbot 48 Stunden. Die früher in § 105 b Abs. 1 S. 2 GewO enthaltene Möglichkeit einer Ruhezeit von nur 36 Stunden bei zwei aufeinanderfolgenden Sonn- und Feiertagen hat der Gesetzgeber nicht in das ArbZG übernommen.

6   In **mehrschichtigen Betrieben** mit regelmäßiger Tag- und Nachtschicht (s. zum Begriff Schichtarbeit § 2 Rn. 6 und 7) kann wie früher nach § 105 b

Abs. 1 S. 4 GewO der Beginn oder das Ende der Sonn- und Feiertagsruhe um bis zu 6 Stunden vor- oder zurückverlegt werden. Damit kann die Ruhezeit entweder schon um 18 Uhr des Vortages oder erst um 6 Uhr des Sonn- und Feiertages beginnen. Erforderlich ist dafür zum einen, dass in dem Betrieb regelmäßig, d. h. nicht nur gelegentlich, sondern stets oder doch zumindest üblicherweise in Tag- und Nachtschicht gearbeitet wird (ErfK/Wank § 9 Rn. 5; Anzinger/Koberski § 9 Rn. 40; vgl. auch Baeck/Deutsch § 9 Rn. 23; Schliemann § 9 Rn. 11; Buschmann/Ulber § 9 Rn. 6; Junker, ZfA 1998, 105, 125). Zum anderen muss stets der Gesamtbetrieb für 24 Stunden ruhen, weil Abs. 2 letzter Satzteil eine Ruhezeit für den Betrieb vorschreibt. Damit reicht die bloße Gewährung einer Ruhezeit von 24 Stunden an die Arbeitnehmer ohne objektive Betriebsruhe nicht aus (h. M., vgl. nur Buschmann/Ulber § 9 Rn. 7; Schaub/Vogelsang § 159 II 2 Rn. 4; Schliemann § 9 Rn. 13; ErfK/Wank § 9 Rn. 6; Anzinger/Koberski § 9 Rn. 46; a. A. Baeck/Deutsch § 9 Rn. 7, 24; Dobberahn Rn. 98).

Für **Kraftfahrer und Beifahrer** lässt Abs. 3 eine Vorverlegung der 24-stündigen Sonn- und Feiertagsruhe um bis zu 2 Stunden zu. Damit wird dem „Sonntagsfahrverbot" in § 30 Abs. 3 StVO insoweit Rechnung getragen, als Kraftfahrer und Beifahrer, die von dem ArbZG erfasst werden, an Sonn- und Feiertagen bereits mit dem Ende des „Sonntagsfahrverbot" ab 22 Uhr beschäftigt werden dürfen. Allerdings beschränkt sich die Möglichkeit der Vorverlegung nicht auf Kraftfahrer und Beifahrer der in § 30 Abs. 3 StVO genannten Lastkraftwagen mit einem zulässigen Gesamtgewicht über 7,5 t sowie Anhänger hinter Lastkraftwagen, sondern gilt nach dem ausdrücklichen Gesetzeswortlaut für alle Kraftfahrer und Beifahrer (ebenso Baeck/Deutsch § 9 Rn. 29).

IV. Ausnahmen

Die Ausnahmen vom Grundsatz des völligen Beschäftigungsverbotes an den Sonn- und gesetzlichen Feiertagen ergeben sich zum einen kraft Gesetzes aus dem Katalog des § 10, zum anderen können weitere Ausnahmen durch Rechtsverordnung oder Verwaltungsakt nach § 13 zugelassen werden. Für Notfälle und andere außergewöhnliche Fälle darf nach § 14 Abs. 1 vom Beschäftigungsverbot an Sonn- und gesetzlichen Feiertagen abgewichen werden.

V. Bestimmung der Feiertage

Die Bestimmung der Tage, die **gesetzliche Feiertage** im Sinne des § 9 Abs. 1 sind, an denen nicht gearbeitet werden darf, ist nach Art. 70 GG Ländersache. Nur der Tag der deutschen Einheit (3. Oktober) ist durch Bundesgesetz, nämlich das Einigungsvertragsgesetz vom 23. 9. 1990 (BGBl. II S. 885, 890) zum Feiertag erklärt. Im Übrigen haben die Länder Feiertagsgesetze erlassen (vgl. Nipperdey, Textsammlung Arbeitsrecht Nr. 251). Diese treffen über § 9 hinausgehend zum Teil – auch für weitere kirchliche oder sog. stille Feiertage wie z. B. Mariä Himmelfahrt, Allerheiligen, Buß- und Bettag – Bestimmungen, die dem äußeren Schutz der Feiertage dienen sollen (z. B. Verbot von Versammlungen und Umzügen, sportlichen Veranstaltungen an den Vormittagen bis zur Beendigung des Hauptgottesdienstes, Verbot von gewissen lärmenden Arbeiten überhaupt oder in der Nähe der Kirche) oder die den

§ 9 ArbZG Dritter Abschnitt. Sonn- und Feiertagsruhe

Arbeitnehmern an den kirchlichen Feiertagen, die keine gesetzlichen Feiertage sind, ein Fernbleiben von der Arbeit wenn auch ohne Anspruch auf Vergütung, ermöglichen sollen.

10 Eine **Übersicht** über die gesetzlichen Feiertage findet sich auf S. 256.

VI. Entgeltzahlung an Feiertagen

11 Für Arbeitnehmer, die nicht einen festen Wochen- oder Monatslohn, sondern nur einen Tage- oder Stundenlohn erhielten, ergab sich aus der Arbeitsruhe an Wochenfeiertagen ein nicht unwesentlicher **Lohnausfall,** der erstmals durch § 1 Gesetz über die Lohnzahlung am 1. Mai vom 26. 4. 1934 (RGBl. I S. 337) für diesen Tag und dann durch AO über die Lohnzahlung an Feiertagen vom 3. 12. 1937 (RABl. I S. 320) für Neujahr, Oster- und Pfingstmontag und die beiden Weihnachtsfeiertage beseitigt wurde. Eine Ergänzung wurde durch AO vom 16. 3. 1940 (RABl. I S. 125) und 2. 12. 1943 (RABl. I S. 581) dahin getroffen, dass bei unentschuldigtem Fehlen vor und nach dem Feiertage der Anspruch auf Feiertagsvergütung entfiel.

12 Nach dem Kriege gab es unterschiedliche landesrechtliche Regelungen die schließlich aufgehoben und ersetzt wurden durch das Bundesgesetz zur Regelung der Lohnzahlung an Feiertagen vom 2. 8. 1951 (BGBl. I S. 479) i. d. F. vom 18. 12. 1975 (BGBl. I S. 3091). Das Feiertagslohnzahlungsgesetz wurde inhaltlich unverändert mit Wirkung ab 1. 6. 1994 abgelöst durch **§§ 2, 4 Abs. 2, 11 des Gesetzes über die Zahlung des Arbeitsentgelts an Feiertagen und im Krankheitsfall** (Entgeltfortzahlungsgesetz), das als Art. 53 des Pflege-Versicherungsgesetzes vom 26. 5. 1994 (BGBl. I S. 1014) erlassen wurde. Danach ist für die infolge des gesetzlichen Feiertages ausfallende Arbeitszeit den Arbeitnehmern der Arbeitsverdienst zu zahlen, den sie ohne den Arbeitsausfall erhalten hätten (Lohnausfallprinzip). Dabei muss der Feiertag die alleinige Ursache des Arbeitsausfalls sein, nur für den Fall von Kurzarbeit ist ausdrücklich bestimmt, dass die Arbeitszeit als infolge eines gesetzlichen Feiertages ausgefallen gilt. Wer vor oder nach dem Feiertag unentschuldigt fehlt, hat keinen Anspruch auf Feiertagsvergütung.

13 Welche Feiertage gesetzliche Feiertage sind, ergibt sich aus dem Einigungsvertragsgesetz und den Landesgesetzen (vgl. Rn. 10). Besteht aufgrund unterschiedlicher landesrechtlicher Feiertagsbestimmungen eine verschiedene Regelung für den Wohnort und den Arbeitsort, ist entscheidend die **Regelung für den Arbeitsort** (z. B. Niederlassung, Filiale, Baustelle), nicht die für den Wohnort oder den Sitz des Betriebes, sofern der Arbeitnehmer dort nicht seine Arbeit zu leisten hat (BAG vom 13. 5. 1959, AP Nr. 4 zu Internationales Privatrecht, Arbeitsrecht; vgl. auch BAG vom 13. 4. 2005 – 5 AZR 475/04 – NZA 2005, 882; Baeck/Deutsch § 9 Rn. 10; Anzinger/Koberski § 9 Rn. 18). Bleibt ein Arbeitnehmer von der Arbeit fern, weil an seinem Wohnort gesetzlicher Feiertag ist, während an seinem Arbeitsort gearbeitet werden darf, so hat er keinen Entgeltanspruch, da ihm kein Entgeltausfall infolge Arbeitsausfall entsteht (LAG Stuttgart vom 29. 4. 1975, BB 1975 S. 637).

14 Bezahlt wird nur die **infolge des Feiertages ausgefallene Arbeitszeit.** Das ist die für die Arbeit vorgesehene oder festgelegte Zeitspanne, wobei unter Arbeit jede Tätigkeit, die der Befriedigung eines fremden Bedürfnisses dient, zu verstehen ist (BAG 16. 1. 2002, AP Nr. 7 zu § 2 EFZG = NZA

Sonn- und Feiertagsruhe   ArbZG § 9

Übersicht über die gesetzlichen Feiertage[1]

	BaWü	Bayern	Berlin	Brand.	Bremen	Hamburg	Hessen	Meckl.-Vorp.	Nds.	NRW	Rh.-Pf.	Saarland	Sachsen	Sa.-Anh.	Schl.-Hol.	Thür.
Neujahr, Karfreitag, Ostermontag, 1. Mai, Christi Himmelfahrt, 3. Oktober, 1. und 2. Weihnachtsfeiertag	•	•	•	•	•	•	•	•	•	•	•	•	•	•	•	•
Heilige Drei Könige	•	•												•		
Pfingstmontag	•	•	•	•	•	•	•	•	•	•	•	•	•	•	•	•
Fronleichnam	•	•					•			•	•	•	×			°
Mariä Himmelfahrt		+														
Reformationstag				•				•					•	•		•
Allerheiligen	•	•								•	•	•				
Buß- und Bettag													•			+
Zahl der Feiertage insgesamt	12	13 12	9	10	9	9	10	10	9	11	11	12	12 11	11	9	12 10

[1] Die für das gesamte Gebiet eines Landes geltenden Feiertage sind durch einen • gekennzeichnet, die mit einem +, × = nur in einigen Gemeinden im Landkreis Bautzen und im Westlausitzkreis. In **Bayern** ist außerdem noch gesetzlicher Feiertag nur für den Stadtkreis Augsburg der 8. August – das Friedensfest. ° = besonderer gesetzlicher Schutz in Gemeinden, in denen Fronleichnam als gesetzlicher Feiertag bestimmt ist.

255

§ 9 ArbZG   Dritter Abschnitt. Sonn- und Feiertagsruhe

2002, 1163). Arbeitet der Arbeitnehmer, kann er nur Vergütung der geleisteten Arbeit einschließlich eines eventuellen tariflich festgelegten Zuschlages, nicht aber die Feiertagsvergütung verlangen (BAG vom 5. 2. 1965 AP Nr. 17 zu § 1 FeiertagslohnzahlungsG). Außerdem muss der Feiertag die alleinige Ursache des Arbeitsausfalls sein. Fällt die Arbeit nicht wegen des Feiertages, sondern aus anderen Gründen wie beispielsweise wegen Schlechtwetter im Baugewerbe aus, ist ebenfalls keine Feiertagsvergütung zu zahlen (BAG a. a. O.). Dasselbe gilt für die in die Zeit einer Aussperrung fallenden Feiertage (BAG vom 31. 5. 1988, AP Nr. 57 zu § 1 FeiertagslohnzahlungsG). Endet dagegen ein Streik am letzten Arbeitstag vor einem gesetzlichen Feiertag und nehmen die Arbeitnehmer am Tag nach dem Feiertag die Arbeit wieder auf, besteht ein Anspruch auf Feiertagsvergütung, weil die Arbeitszeit am Feiertag nicht infolge des Streiks, sondern des Feiertages ausgefallen ist. Das soll auch dann gelten, wenn die Gewerkschaft einen Tag nach Wiederaufnahme der Arbeit erneut zu einem Streik aufruft (BAG vom 11. 5. 1993, AP Nr. 63 zu § 1 FeiertagslohnzahlungsG mit krit. Anm. Belling = SAE 1994, 301 m. abl. Anm. Richardi). Wird allerdings ein Streik von der Gewerkschaft lediglich für einen gesetzlichen Feiertag „ausgesetzt", besteht kein Anspruch auf Feiertagsentgelt (BAG vom 1. 3. 1995, AP Nr. 68 zu § 1 FeiertagslohnzahlungsG). Fällt der nach Schichtplan freie Tag auf einen Feiertag, ist daneben nicht noch ein zusätzlicher freier Tag zu gewähren (BAG vom 27. 9. 1983, AP Nr. 41 zu § 1 FeiertagslohnzahlungsG). Das gilt aber nur, wenn der Ausfall rechtzeitig angeordnet wurde (BAG vom 12. 11. 1998, AP Nr. 5 zu § 1 FeiertagslohnzahlungsG Berlin) und sich die Arbeitsbefreiung aus einem Schema ergibt, das von der Feiertagsruhe an bestimmten Tagen unabhängig ist (BAG vom 9. 10. 1996, AP Nr. 3 zu § 2 EntgeltFG,. 24. 1. 2001, AP Nr. 5 zu § 2 EFZG = NZA 2001, 1026 u. 8. 12. 2010, NZA 2011, 927). Bei *Arbeit auf Abruf* hat der Arbeitnehmer die tatsächlichen Umstände vorzutragen, aus denen sich eine hohe Wahrscheinlichkeit dafür ergibt, dass die Arbeit allein wegen des Feiertages ausgefallen ist. Der Arbeitgeber hat sich hierzu konkret zu erklären (§ 138 Abs. 2 ZPO) und tatsächliche Umstände dafür darzulegen, dass der Feiertag für den Arbeitsausfall nicht ursächlich war (BAG vom 24. 10. 2001, AP Nr. 8 zu § 2 EFZG = DB 2002, 1110).

15 Wird die ausgefallene Arbeitszeit **vor- oder nachgeholt,** so wird davon der Anspruch auf Feiertagsvergütung nicht berührt; vielmehr ist sowohl die Feiertagsvergütung als auch die vor- oder nachgeholte Arbeitszeit zu bezahlen (BAG vom 26. 3. 1966, AP Nr. 20 zu § 1 FeiertagslohnzahlungsG). Die vor- oder nachgeholte Arbeitszeit ist dann aber regelmäßig keine Mehrarbeit, denn als Mehrarbeit ist nur solche Arbeit anzusehen, die tatsächlich geleistet wurde, so dass hierfür die am Feiertag ausgefallene Arbeitszeit mangels besonderer gesetzlicher oder tariflicher Bestimmungen nicht mitzählt (BAG a. a. O.).

16 Die Feiertagsvergütung ist auch dann zu gewähren, wenn der **Feiertag auf einen Sonntag fällt** und an diesem Sonntag gearbeitet worden wäre, wenn nicht Feiertag ist. Auch wenn die Arbeit wegen Kurzarbeit ausfällt oder verkürzt wird, ist an Feiertagen das volle Feiertagsentgelt zu zahlen, da ausdrücklich bestimmt ist, dass in diesem Fall nicht die Kurzarbeit sondern der Feiertag ursächlich für den Arbeitsausfall ist, § 2 Abs. 2 EntgeltFG. Die Vergütung erfolgt aber nur in Höhe des Kurzarbeitergeldes (BAG vom 8. 5.

Sonn- und Feiertagsruhe **ArbZG § 9**

1984, AP Nr. 44 zu § 1 Feiertagslohnzahlungsg). Bei Betriebsferien zwischen Weihnachten und Neujahr mit unbezahltem Sonderurlaub bleibt die Feiertagsbezahlung unberührt (BAG vom 6. 4. 1982, AP Nr. 36 zu § 1 Feiertagslohnzahlungsg), der Arbeitnehmer verliert aber den gesamten Ausgleich für alle Feiertage, wenn er vor oder nach der Betriebsruhe unentschuldigt fehlt (BAG vom 6. 4. 1992, AP Nr. 37 zu § 1 Feiertagslohnzahlungsg). Auch im Urlaub ist Feiertagsvergütung zu zahlen (BAG vom 27. 7. 1973, AP Nr. 30 zu § 1 Feiertagslohnzahlungsg), und zwar auch dann, wenn die nicht im Urlaub befindlichen Arbeitnehmer vom Arbeitgeber ausgesperrt sind (BAG vom 31. 5. 1988, AP Nr. 58 zu § 1 Feiertagslohnzahlungsg). Dagegen besteht kein Anspruch auf Urlaubsentgelt an Feiertagen, weil Feiertage keine Urlaubstage sind (§ 3 Abs. 2 BUrlG).

Der Grundsatz der Fortzahlung des Arbeitsentgelts an den Wochenfeiertagen gilt unabhängig davon, wie lange das Arbeitsverhältnis gedauert hat, ob es kurz vor dem Feiertag begann oder kurz danach endet, ja sogar wenn es nur zwei bis drei Tage dauerte, es sei denn, dass der Arbeitnehmer ersichtlich die Arbeit nur angetreten hat, um sie nach Erhalt der Feiertagsvergütung sofort wieder aufzugeben, sich also nur diese verschaffen wollte (LAG Stuttgart vom 12. 10. 1949, AP 50 Nr. 115). Voraussetzung für das Feiertagsentgelt ist aber stets, dass **am Feiertag ein Arbeitsverhältnis bestanden hat,** wobei der Arbeitgeber grundsätzlich nicht verpflichtet ist, das Arbeitsverhältnis an einem gesetzlichen Feiertag (z. B. dem 1. Januar oder dem 1. Mai) beginnen zu lassen. Wer nur tageweise beschäftigt wird, hat auch dann keinen Anspruch auf Feiertagsvergütung, wenn er unmittelbar vor und nach dem Feiertag beschäftigt worden ist (BAG vom 14. 7. 1967, AP Nr. 24 zu 1 Feiertagslohnzahlungsg). Kein Anspruch besteht auch dann, wenn das Arbeitsverhältnis durch Kündigung am Tage vor dem Feiertag endet. 17

Für die Berechnung des Entgeltausfalles gilt nach § 2 Abs. 1 EntgeltFG das **Entgeltausfallprinzip,** d. h. der Arbeitnehmer hat Anspruch auf die Vergütung, die er erhalten hätte, wenn er gearbeitet hätte (vgl. BAG vom 19. 4. 1989, AP Nr. 62 zu § 1 Feiertagslohnzahlungsg, 14. 8. 2002, NZA 2003, 232 u. 8. 12. 2010, NZA 2011, 927). Soweit in Dreischichtbetrieben die Feiertags-Ruhezeit nicht mit der Kalenderfeiertags-Ruhezeit kongruent ist (vgl. § 9 Abs. 2), ist nicht auf den kalendermäßigen, sondern den werkmäßigen Arbeitstag abzustellen (BAG vom 17. 5. 1973, AP Nr. 29 zu § 1 Feiertagslohnzahlungsg). Fällt etwa infolge des Feiertages die dritte Schicht von 22.00 bis 6.00 Uhr aus, so ist der Ausfall nicht nur für die Zeit von 22.00 bis 24.00 Uhr, sondern für die ganze Schicht zu vergüten, ebenso, wenn wegen des Feiertages schon die letzte Schicht am Vortage ausfällt (BAG vom 26. 1. 1962 u. vom 1. 12. 1967, AP Nr. 13, 25 zu § 1 Feiertagslohnzahlungsg). 18

Zu dem **regelmäßigen Arbeitsentgelt** gehört nicht nur die übertarifliche Vergütung, sondern auch alle Sonderzuschläge, die Zuschläge für gefährliche oder gesundheitsschädliche Arbeiten, Schmutzzulagen, Nachtzuschläge, Auslösungs- und Trennungsentschädigungen (vgl. dazu BAG vom 1. 5. 1995 AP Nr. 67 zu § 1 Feiertagslohnzahlungsg), Kinderzulagen, nicht dagegen der auf einen Tag errechnete Wert der Deputatsbezüge oder reine Aufwandsentschädigungen, denen am Feiertag kein Aufwand gegenüber steht. Falls in der Zeit regelmäßig Überstunden geleistet werden, ist die Überstundenvergütung auch 19 an dem Feiertag zu zahlen, und zwar auch bei Wochen- und Monatslöhnen (BAG vom 28. 2. 1964, AP Nr. 16 zu § 1 FeiertagslohnzahlungsG). Ist die individuelle regelmäßige Arbeitszeit des Arbeitnehmers geringer als die Betriebsnutzungszeit (sog. Freischichtenmodell), so ist die wegen des Feiertags ausgefallene tatsächliche Betriebsnutzungszeit, in der der Arbeitnehmer ohne den Feiertag hätte arbeiten müssen, zu bezahlen (BAG vom 2. 12. 1987, AP Nr. 53 zu § 1 FeiertagslohnzahlungsG). Ein verkürztes Entgelt ist zu zahlen, falls an den Wochenfeiertagen ohnehin nur verkürzt gearbeitet worden wäre, nicht jedoch, wenn die Kürzung der Arbeitszeit nur im Hinblick auf den Feiertag erfolgt (LAG Stuttgart vom 12. 10. 1949, AP 50 Nr. 182; LAG Heidelberg vom 23. 11. 1949, AP 50 Nr. 226). Wird an einzelnen Tagen nicht gearbeitet, kann die Bezahlung der Feiertagsvergütung nicht dadurch umgangen werden, dass der arbeitsfreie Tag auf den Wochenfeiertag verlegt wird. Dabei ist es gleichgültig, ob der freie Tag von Fall zu Fall oder von vornherein vertraglich auf den Wochenfeiertag umgelegt wird (BAG vom 25. u. 26. 3. 1966, AP Nr. 19, 20 zu § 1 FeiertagslohnzahlungsG). Anders ist es nur, wenn ein Feiertag auf den ohnehin regelmäßigen freien Tag fällt, an dem kein Entgeltausfall entsteht (BAG vom 27. 9. 1983, AP Nr. 41 zu § 1 FeiertagslohnzahlungsG). Dasselbe gilt bei flexibler Arbeitszeitregelung; wird z. B. im wöchentlichen Wechsel von Montag bis Freitag und von Montag bis Donnerstag gearbeitet und fällt der gesetzliche Feiertag auf den ohnehin arbeitsfreien Freitag, so löst das keinen Anspruch auf Zahlung von Feiertagsvergütung aus (BAG vom 24. 1. 2001, AP Nr. 5 zu § 2 EFZG = NZA 2001, 1026).

20 Bei Akkordlöhnen, Provisionen und anderen Leistungslöhnen ist auch für die Feiertage der Akkordlohn und sonstiger Leistungslohn ohne jeden Abzug für nicht geleistete Arbeit zu zahlen (BAG vom 23. 9. 1960, AP Nr. 11 zu § 1 FeiertagslohnzahlungsG). Wechselt der Verdienst an einzelnen Tagen oder wenn er für den einzelnen Tag nicht genau berechnet werden kann, ist der in der letzten Zeit erzielte **Durchschnittsverdienst** zugrundezulegen (BAG vom 28. 2. 1984, AP Nr. 43 zu § 1 FeiertagslohnzahlungsG). Über die Errechnung dieses Durchschnittsverdienstes können Tarifvertrag oder Betriebsvereinbarung Richtlinien, z.B. über die für die Errechnung heranzuziehende Zeit geben oder bestimmte Pauschalbeträge festsetzen (BAG vom 25. 3. 1966 u. vom 29. 9. 1971, AP Nr. 19, 28 zu § 1 FeiertagslohnzahlungsG). Bei schwankenden Bezügen ist ggf. eine Schätzung des Ausfalls vorzunehmen (BAG vom 4. 6. 1969 u. 29. 9. 1971, AP Nr. 27, 28 zu § 1 FeiertagslohnzahlungsG). Auch eine Pauschalierung des Feiertagsentgelts ist dann zulässig, wenn von vornherein erkennbar ist, dass die Pauschale geeignet ist, den Anspruch auszugleichen (BAG vom 22. 10. 1973 u. vom 28. 2. 1984, AP Nr. 31, 43 zu § 1 FeiertagslohnzahlungsG).

21 Die Grundsätze über die Fortzahlung des Entgelts an Feiertagen gelten **nur für die gesetzlichen Feiertage** im Sinne des § 9 Abs. 1, an denen die Arbeit kraft Gesetzes ruhen muss, dagegen nicht für die anderen kirchlichen Feiertage. Bei letzteren ist zu unterscheiden, ob der Feiertagsausfall eingetreten ist, weil der einzelne Arbeitnehmer zwecks Teilnahme an einer kirchlichen Feier nicht zur Arbeit gekommen ist oder der ganze Betrieb aufgrund einer zwischen Arbeitgeber und Betriebsrat getroffenen Betriebsvereinbarung ruht. In diesen beiden Fällen besteht, falls nicht eine besondere Regelung

(z. B.) durch Arbeitsvertrag oder Betriebsvereinbarung) vorliegt, kein Anspruch auf Zahlung der regelmäßigen Vergütung für diese Tage. Ordnet dagegen der Arbeitgeber von sich aus ohne Zustimmung der Arbeitnehmer bzw. des Betriebsrats ein Ruhen des Betriebes an diesem Tage an, so muss er nach den allgemeinen Verzugsgrundsätzen die Vergütung weiterzahlen (LAG München vom 16. 3. 1949, AP 50 Nr. 98).

Ein Anspruch auf Bezahlung der Feiertage besteht nicht, wenn der Arbeitnehmer am letzten Arbeitstag vor oder am ersten Arbeitstag nach dem Feiertag **unentschuldigt,** d. h. ohne hinreichenden Grund **von der Arbeit fernbleibt.** Bleibt der Arbeitnehmer einem zwischen zwei Feiertagen liegenden Werktag (z. B. Karsamstag) fern, so entfällt der Lohn nur für einen, nicht für zwei Tage (Karfreitag und Ostermontag). Als letzter und erster Arbeitstag ist der Tag anzusehen, an dem vor dem Feiertag noch gearbeitet wurde und nach ihm wieder gearbeitet werden soll. Als unentschuldigtes Fernbleiben von der Arbeit ist nicht nur eine Versäumung des ganzen Arbeitstages, sondern auch ein erhebliches, stundenweises Zuspätkommen anzusehen. Verlässt der Arbeitnehmer vorzeitig die Arbeit vor dem Feiertag, entfällt der Anspruch daher ebenso, wie wenn er nach dem Feiertag erheblich verspätet die Arbeit aufnimmt. Eine erhebliche, anspruchsausschließende Arbeitsversäumnis ist im Allgemeinen anzunehmen, wenn der Arbeitnehmer mehr als die Hälfte der Arbeitszeit versäumt (BAG vom 28. 10. 1966, AP Nr. 23 zu § 1 Feiertagslohnzahlungsg; Schaub/Linck § 103 Rn. 12). Nimmt der Arbeitnehmer die Arbeit nach dem Feiertag zunächst auf und geht er dann wieder unentschuldigt weg, bleibt der Anspruch auf Feiertagsvergütung erhalten (BAG vom 4. 3. 1960, AP Nr. 8 zu § 1 FeiertagslohnzahlungsG). Der Arbeitnehmer ist unentschuldigt, wenn er keinen stichhaltigen Grund für sein Fernbleiben hat oder einen solchen Grund nicht unverzüglich mitteilt (BAG vom 14. 6. 1967, AP Nr. 2 zu § 1 FeiertagslohnzahlungsG). 22

Für **Heimarbeiter** und ihnen Gleichgestellte ist in § 11 EntgeltFG eine Sonderregelung erfolgt. Danach besteht das Feiertagsgeld in einem Zuschlag zum Heimarbeitsentgelt ohne die Unkostenzuschläge. Ebenso wie der Krankheits- und Urlaubszuschlag ist daher für Heimarbeit auch der Feiertagszuschlag jeweils mit dem Gesamtentgelt zu zahlen und damit abgegolten. Jedoch erfolgt keine Pauschalabgeltung für alle Feiertage, sondern ist eine Abgeltung in Höhe von 0,72% für jeden Feiertag zu zahlen und halbjährlich abzurechnen (vgl. § 11 Abs. 2 EntgeltFG). 23

VII. Zuschläge für Sonn- und Feiertagsarbeit

Das EntgeltFG hat keine Bestimmungen über die Zahlung von **Zuschlägen für Arbeit an Sonn- und Feiertagen** getroffen, sondern überlässt dies allein den Vereinbarungen der Beteiligten, insbesondere der Sozialpartner durch Tarifverträge, damit die Besonderheiten der einzelnen Betriebs- und Berufsarten angemessen berücksichtigt werden können. Auch aus dem ArbZG lässt sich kein gesetzlicher Anspruch auf einen Zuschlag bei Sonn- und Feiertagsarbeit ableiten (BAG vom 11. 1. 2006, NZA 2006, 372, vgl. auch § 11 Rn. 5). Sonn- und Feiertagszuschläge finden sich jedoch durchweg in Tarifverträgen, die in der Regel für Sonn- und Feiertagsarbeit einen Zuschlag von 50% bis 100% vorsehen (vgl. auch Schaub/Linck § 103 Rn. 27). 24

§ 10 ArbZG Dritter Abschnitt. Sonn- und Feiertagsruhe

Tarifliche Feiertagszuschläge knüpfen grundsätzlich an die gesetzlichen Feiertage am Beschäftigungsort an, abweichende Regelungen müssen ausreichend deutlich erkennbar sein (BAG vom 13. 4. 2005, NZA 2005, 882). Ist die Feiertagsruhezeit nach § 9 Abs. 2 abweichend festgelegt, gilt dies auch für tarifliche Feiertagszuschläge, es sei denn, der Tarifvertrag sähe eindeutig etwas anderes vor (BAG vom 29. 9. 2004, NZA 2005, 532).

VIII. Ergänzende Regelungen

25 Für **werdende und stillende Mütter** gilt das allgemeine Verbot der Sonn- und Feiertagsarbeit nach § 8 MuSchG (s. Anh. 3). Sie dürfen nach § 8 Abs. 4 MuSchG nur im Verkehrswesen, in Gast- und Schankwirtschaften und im Übrigen Beherbergungsgewerbe, im Familienhaushalt, in Krankenpflege- und in Badeanstalten, bei Musikaufführungen, Theatervorstellungen, anderen Schaustellungen, Darbietungen oder Lustbarkeiten ausnahmsweise beschäftigt werden, wenn ihnen in jeder Woche einmal eine ununterbrochene Ruhezeit von mindestens 24 Stunden im Anschluss an eine Nachtruhe gewährt wird. Das Sonntagsbeschäftigungsverbot entfällt nach § 8 Abs. 4 MuSchG aber nur dann, wenn der Arbeitgeber die vorgesehene 24-stündige Ruhezeit vor Heranziehung zur Sonntagsarbeit gewährleistet (BAG vom 12. 12. 1990, AP Nr. 3 zu § 8 MuSchG 1969 = NZA 1991, 505).

26 Ob für die Beschäftigung von Arbeitnehmern an Sonn- und Feiertagen in **Verkaufsstellen** neben dem ArbZG § 17 LadSchlG, der insbesondere hinsichtlich der zulässigen Höchstarbeitszeiten an Sonn- und Feiertagen, der beschäftigungsfreien Sonntage und der Ersatzruhezeiten überwiegend günstigere Arbeitszeitschutzbestimmungen enthält als das ArbZG trotz der Gesetzgebungskompetenz der Länder für den Ladenschluss weitergilt, weil das Arbeitszeitrecht als Teil des Arbeitsrechts nach Art. 74 Abs. 1 Nr. 12 GG weiterhin in die Gesetzgebungskompetenz des Bundes fällt, ist streitig (vgl. Vorbemerkung zu § 17 LadschlG; Anzinger/Koberski § 9 Rn. 53; Buschmann/Ulber § 9 Rn. 1 c – jew. m. w. Nachw.).

§ 10 Sonn- und Feiertagsbeschäftigung

(1) Sofern die Arbeiten nicht an Werktagen vorgenommen werden können, dürfen Arbeitnehmer an Sonn- und Feiertagen abweichend von § 9 beschäftigt werden

1. **in Not- und Rettungsdiensten sowie bei der Feuerwehr,**
2. **zur Aufrechterhaltung der öffentlichen Sicherheit und Ordnung sowie der Funktionsfähigkeit von Gerichten und Behörden und für Zwecke der Verteidigung,**
3. **in Krankenhäusern und anderen Einrichtungen zur Behandlung, Pflege und Betreuung von Personen,**
4. **in Gaststätten und anderen Einrichtungen zur Bewirtung und Beherbergung sowie im Haushalt,**
5. **bei Musikaufführungen, Theatervorstellungen, Filmvorführungen, Schaustellungen, Darbietungen und anderen ähnlichen Veranstaltungen,**
6. **bei nichtgewerblichen Aktionen und Veranstaltungen der Kirchen, Religionsgesellschaften, Verbände, Vereine, Parteien und anderer ähnlicher Vereinigungen,**

7. beim Sport und in Freizeit-, Erholungs- und Vergnügungseinrichtungen, beim Fremdenverkehr sowie in Museen und wissenschaftlichen Präsenzbibliotheken,
8. beim Rundfunk, bei der Tages- und Sportpresse, bei Nachrichtenagenturen sowie bei den der Tagesaktualität dienenden Tätigkeiten für andere Presseerzeugnisse einschließlich des Austragens, bei der Herstellung von Satz, Filmen und Druckformen für tagesaktuelle Nachrichten und Bilder, bei tagesaktuellen Aufnahmen auf Ton- und Bildträger sowie beim Transport und Kommissionieren von Presseerzeugnissen, deren Ersterscheinungstag am Montag oder am Tag nach einem Feiertag liegt,
9. bei Messen, Ausstellungen und Märkten im Sinne des Titels IV der Gewerbeordnung sowie bei Volksfesten,
10. in Verkehrsbetrieben sowie beim Transport und Kommissionieren von leichtverderblichen Waren im Sinne des § 30 Abs. 3 Nr. 2 der Straßenverkehrsordnung,
11. in den Energie- und Wasserversorgungsbetrieben sowie in Abfall- und Abwasserentsorgungsbetrieben,
12. in der Landwirtschaft und in der Tierhaltung sowie in Einrichtungen zur Behandlung und Pflege von Tieren,
13. im Bewachungsgewerbe und bei der Bewachung von Betriebsanlagen,
14. bei der Reinigung und Instandhaltung von Betriebseinrichtungen, soweit hierdurch der regelmäßige Fortgang des eigenen oder eines fremden Betriebs bedingt ist, bei der Vorbereitung der Wiederaufnahme des vollen werktägigen Betriebs sowie bei der Aufrechterhaltung der Funktionsfähigkeit von Datennetzen und Rechnersystemen,
15. zur Verhütung des Verderbens von Naturerzeugnissen oder Rohstoffen oder des Mißlingens von Arbeitsergebnissen sowie bei kontinuierlich durchzuführenden Forschungsarbeiten,
16. zur Vermeidung einer Zerstörung oder erheblichen Beschädigung der Produktionseinrichtungen.

(2) Abweichend von § 9 dürfen Arbeitnehmer an Sonn- und Feiertagen mit den Produktionsarbeiten beschäftigt werden, wenn die infolge der Unterbrechung der Produktion nach Absatz 1 Nr. 14 zulässigen Arbeiten den Einsatz von mehr Arbeitnehmern als bei durchgehender Produktion erfordern.

(3) Abweichend von § 9 dürfen Arbeitnehmer an Sonn- und Feiertagen in Bäckereien und Konditoreien für bis zu drei Stunden mit der Herstellung und dem Austragen oder Ausfahren von Konditorwaren und an diesem Tag zum Verkauf kommenden Bäckerwaren beschäftigt werden.

(4) Sofern die Arbeiten nicht an Werktagen vorgenommen werden können, dürfen Arbeitnehmer zur Durchführung des Eil- und Großbetragszahlungsverkehrs und des Geld-, Devisen-, Wertpapier- und Derivatehandels abweichend von § 9 Abs. 1 an den auf einen Werktag fallenden Feiertagen beschäftigt werden, die nicht in allen Mitgliedstaaten der Europäischen Union Feiertage sind.

Übersicht

Rn.

I. Normzweck
Die Vorschrift enthält die gesetzlichen Ausnahmen von dem Beschäftigungsverbot an Sonn- und Feiertagen 1–3

II. Ausnahmen nach Abs. 1
  1. Allgemeines
    Die Ausnahmetatbestände gelten kraft Gesetzes 4

§ 10 ArbZG   Dritter Abschnitt. Sonn- und Feiertagsruhe

	Rn.
Die Arbeiten dürfen nicht an Werktagen vorgenommen werden können	5
Hilfs- und Nebentätigkeiten werden miterfasst	6
2. Not- und Rettungsdienste, Feuerwehr	7
3. Aufrechterhaltung der öffentlichen Sicherheit und Ordnung sowie der Funktionsfähigkeit von Gerichten und Behörden zum Zweck der Verteidigung	8
4. Krankenhäuser und andere Einrichtungen zur Behandlung, Pflege und Betreuung von Personen	9–11
5. Gaststätten und andere Einrichtungen zur Bewirtung und Beherbergung, Haushalt	12, 13
6. Musikaufführungen, Theatervorstellungen, Filmvorführungen, Schaustellungen, Darbietungen und andere ähnliche Veranstaltungen	14, 15
7. Nichtgewerbliche Aktionen und Veranstaltungen der Kirchen, Religionsgemeinschaften, Verbände, Vereine, Parteien und anderer ähnlicher Vereinigungen	16, 17
8. Sport-, Freizeit-, Erholungs- und Vergnügungseinrichtungen, Fremdenverkehr, Museen, wissenschaftliche Präsenzbibliotheken	18–23
9. Rundfunk, Tages- und Sportpresse, Nachrichtenagenturen, der Tagesaktualität dienende Tätigkeiten für andere Presseerzeugnisse einschließlich des Austragens usw.	24–28
10. Messen, Ausstellungen und Märkte im Sinne des Titels IV der GewO, Volksfeste	29, 30
11. Verkehrsbetriebe, Transport und Kommissionieren von leichtverderblichen Waren	31, 32
12. Energie- und Wasserversorgungsbetriebe, Abfall- und Abwasserentsorgungsbetriebe	33
13. Landwirtschaft, Tierhaltung, Einrichtungen zur Behandlung und Pflege von Tieren	34, 35
14. Bewachungsgewerbe, Bewachung von Betriebsanlagen	36
15. Reinigung und Instandhaltung von Betriebseinrichtungen, Vorbereitung der Wiederaufnahme des vollen werktägigen Betriebs, Aufrechterhaltung der Funktionsfähigkeit von Datennetzen und Rechnersystemen	37–42
16. Verhütung des Verderbens von Naturerzeugnissen oder Rohstoffen, Verhütung des Misslingens von Arbeitsergebnissen, kontinuierlich durchzuführende Forschungsarbeiten	43–50
17. Vermeidung einer Zerstörung oder erheblichen Beschädigung der Produktionseinrichtungen	51–53

III. Ausnahme nach Abs. 2
Verringerung der Sonn- und Feiertagsarbeit durch fortlaufende Produktion ... 54, 55

IV. Ausnahme nach Abs. 3
Sonn- und Feiertagsbeschäftigung in Bäckereien und Konditoreien ... 56–58

V. Ausnahme nach Abs. 4
Feiertagsbeschäftigung für die Durchführung des Eil- und Großbetragszahlungsverkehrs sowie des Geld-, Devisen-, Wertpapier- und Derivatehandels ... 59, 60

VI. Arbeitspflicht, Mitbestimmung
§ 10 begründet keine Pflicht zur Sonn- und Feiertagsarbeit; Mitbestimmungsrechte bleiben unberührt ... 61

VII. Jugendliche
Für Jugendliche gelten die strengeren Bestimmungen über die Sonn- und Feiertagsruhe nach dem JArbSchG ... 62–72

I. Normzweck

§ 10 enthält katalogartig die **Ausnahmen kraft Gesetzes** von dem Beschäftigungsverbot an Sonn- und Feiertagen. Die Vorschrift entspricht in ihren heutigen **Abs.** 1 und **Abs.** 2 weitgehend dem Regierungsentwurf. Ergänzungen erfolgten in Abs. 1 Nummern 4, 8, 10 und 14 aufgrund der Beschlussempfehlung des Ausschusses für Arbeit- und Sozialordnung. Weitergehende Einschränkungen der Sonn- und Feiertagsarbeit im SPD-Entwurf (vgl. dazu Anzinger, RdA 1994, S. 20) konnten sich ebensowenig wie die Befürchtung, der „Sonntag (...) werde durch die unpräzisen Ausnahmen dem „puren ökonomischen Interesse" geopfert" (vgl. BT-Drucks. 12/6990 S. 41) durchsetzen. 1

Abs. 3 wurde mit Wirkung zum 1. 11. 1996 eingeführt durch das Gesetz zur Änderung des Gesetzes über den Ladenschluss und zur Neuregelung der Arbeitszeit in Bäckereien und Konditoreien vom 30. 7. 1996 (BGBl. I S. 1186), mit dem die früheren Arbeitszeitregelungen für Arbeitnehmer in Bäckereien und Konditoreien aufgehoben wurden. 2

Abs. 4 wurde durch das Gesetz zur Einführung des Euro (Euro-Einführungsgesetz – EuroEG) vom 9. 6. 1998 (BGBl. I S. 1242) mit Wirkung vom 1. 1. 1999 in das ArbZG eingefügt. Die Vorschrift dient der Sicherung des Finanzplatzes Deutschland (Baeck/Deutsch § 10 Rn. 157) und soll eine Benachteiligung inländischer Marktteilnehmer gegenüber ausländischen Wettbewerbern vermeiden helfen (vgl. Anzinger NZA 1998, S. 845, 846). 3

II. Ausnahmen nach Abs. 1

1. Allgemeines

Abs. 1 gestattet in den in den Nummern 1 bis 16 aufgelisteten Bereichen Ausnahmen vom Verbot der Beschäftigung an Sonn- und Feiertagen. Die **Ausnahmetatbestände gelten kraft Gesetzes,** eine Ausnahmegenehmigung der zuständigen Aufsichtsbehörde ist nicht erforderlich. Ob die Voraussetzungen für eine zulässige Sonn- und Feiertagsbeschäftigung vorliegen, prüft alleine der Arbeitgeber, der hierfür auch die bußgeld- und strafrechtliche Verantwortung trägt, §§ 22 Abs. 1 Nr. 5, 23 ArbZG. In Zweifelsfällen kann der Arbeitgeber nach § 13 Abs. 3 Nr. 1 ArbZG von der Aufsichtsbehörde feststellen lassen, ob eine Sonn- und Feiertagsarbeit zulässig ist (ErfK/Wank § 10 Rn. 1; Baeck/Deutsch § 10 Rn. 3; Schliemann § 10 Rn. 4). 4

Voraussetzung für das Vorliegen eines Ausnahmetatbestandes nach Abs. 1 ist stets, dass die **Arbeiten nicht an Werktagen vorgenommen werden können.** Damit ist die frühere Regelung des § 105c Abs. 1 Nr. 3 und 4 GewO auf alle Tatbestände erstreckt worden (ebenso Anzinger/Koberski § 10 Rn. 23; Baeck/Deutsch § 10 Rn. 9; Buschmann/Ulber § 10 Rn. 4; ErfK/Wank § 10 Rn. 2; Schliemann § 10 Rn. 7). Bei der Beurteilung, ob Arbeiten nicht an Werktagen vorgenommen werden können, ist davon auszugehen, dass Abs. 1 gegenüber dem früheren Rechtszustand die Sonn- und Feiertagsarbeit nicht einschränken will, sondern Ausnahmen vom Beschäftigungsverbot an Sonn- und Feiertagen in unverändertem Umfang zulässig sein sollen (so ausdrücklich die Regierungsbegr., BT-Drucks. 12/5888 S. 29 sowie BR-Drucks. 507/93 S. 83). Soweit also Erlaubnistatbestände betroffen sind 5

§ 10 ArbZG   Dritter Abschnitt. Sonn- und Feiertagsruhe

für nichtgewerbliche Dienstleistungsbereiche oder Veranstaltungen, die früher dem Sonn- und Feiertagsverbot überhaupt nicht unterlagen (Abs. 1 Nr. 1, 2, 3, 6, 7), ist deshalb generell davon auszugehen, dass diese Arbeiten im Sinne von Abs. 1 nicht an Werktagen vorgenommen werden können (a. A. Buschmann/Ulber § 10 Rn. 4; Schliemann § 10 Rn. 8). Das ergibt sich im Übrigen vielfach schon aus der betreffenden Arbeit. So müssen z. B. Not- und Rettungsdienste oder Pflegearbeiten in Krankenhäusern auch an Sonn- und Feiertagen vorgenommen und können nicht auf den nächsten Werktag „verschoben" werden. Im Übrigen können Arbeiten dann nicht an Werktagen vorgenommen werden, wenn dies trotz genügender Vorsicht und rechtzeitiger Vorsorge technisch nicht möglich oder wirtschaftlich unzumutbar ist (im Ergebnis ebenso BVerwG vom 19. 9. 2000, AP Nr. 1 zu § 10 ArbZG = NZA 2000 S. 1232; Baeck/Deutsch § 10 Rn. 16; Schliemann § 10 Rn. 8; ErfK/Wank § 10 Rn. 2; Anzinger/Koberski § 10 Rn. 24; a. A. Buschmann/ Ulber § 10 Rn. 5). Dabei ist auf die Art der Arbeit und die konkreten betrieblichen Verhältnisse abzustellen. Der Arbeitgeber braucht sich deshalb nicht darauf verweisen zu lassen, mit einer anderen Herstellungsweise für sein Produkt Sonn- und Feiertagsarbeit ganz oder teilweise vermeiden zu können (vgl. BayObLG vom 10. 1. 1963, AP Nr. 1 zu § 105 c GewO; Baeck/ Deutsch § 10 Rn. 18; Schliemann § 10 Rn. 8). Unzulässig sind dagegen Arbeiten, die an Sonn- und Feiertagen unterlassen werden können, ohne dass die Erreichung des Betriebszwecks gefährdet wird (ebenso Roggendorf § 10 Rn. 16; ErfK/Wank § 10 Rn. 2; ähnlich Anzinger/Koberski § 10 Rn. 25).

6   Liegt für bestimmte Arbeiten ein Ausnahmetatbestand nach Abs. 1 vor, so sind davon auch die dazugehörigen **Hilfs- und Nebentätigkeiten,** die unmittelbar mit den zugelassenen Arbeiten zusammenhängen, erfasst. Dabei spielt es keine Rolle, ob diese Tätigkeiten durch rechtlich selbständige Betriebe oder rechtlich unselbständige Betriebsabteilungen wahrgenommen werden. Der Umfang der Arbeiten ist jedoch auf die Arbeiten zu beschränken, die nicht an Werktagen vorgenommen werden können. Außerdem ist in allen Fällen die Zahl der an den Sonn- und Feiertagen beschäftigten Arbeitnehmer auf das unbedingt notwendige Maß zu beschränken (Baeck/Deutsch Rn. 4; Schliemann § 10 Rn. 9; ErfK/Wank § 10 Rn. 3; Anzinger/Koberski § 10 Rn. 13; Buschmann/Ulber § 10 Rn. 5).

2. Not- und Rettungsdienste, Feuerwehr

7   **Nr. 1** nimmt die Beschäftigung von Arbeitnehmern in **Not- und Rettungsdiensten** sowie bei der **Feuerwehr** vom Sonn- und Feiertagsverbot aus. Soweit diese Bereiche als nichtgewerbliche Dienstleistungen in der Vergangenheit nicht unter das Sonn- und Feiertagsverbot des § 105b GewO fielen, war es erforderlich, für sie eine Ausnehme zu schaffen, nachdem § 9 ArbZG das Verbot der Beschäftigung von Arbeitnehmern an Sonn- und Feiertagen auf alle Beschäftigungsbereiche erstreckt hat (vgl. § 9 Rn. 2). Im Übrigen entspricht die Herausnahme vom Sonn- und Feiertagsverbot weitgehend der früheren Ausnahme in § 105 Abs. 1 Nr. 1 GewO (Anzinger BB 1994, S. 1496). Not- und Rettungsdienste meint alle Dienstleistungen und Tätigkeiten zur Hilfeleistung, ohne dass es darauf ankommt, ob diese institutionalisiert ist (Baeck/Deutsch § 10 Rn. 20; ErfK/Wank § 10 Rn. 4; An-

zinger/Koberski § 10 Rn. 30); erfasst werden von der Nr. 1 auch die handwerklichen Notdienste (z. B. Schlüssel- und Reparaturnotdienste, die Notrufzentralen (z. B. die Automobilclub-Notrufzentralen) und die Zentralen Sperrannahmedienste der Banken und Kreditkartenorganisationen (so ausdr. Regierungsbegr. BT-Drucks. 12/5888 S. 29) sowie die überwachende oder koordinierende Tätigkeit in den sog. Leitstellen (Baeck/Deutsch Rn. 21; Schliemann § 10 Rn. 12).

3. Aufrechterhaltung der öffentlichen Sicherheit und Ordnung sowie der Funktionsfähigkeit von Gerichten und Behörden und zum Zweck der Verteidigung

Nr. 2 erlaubt die Beschäftigung von Arbeitnehmern zur **Aufrechterhaltung der öffentlichen Sicherheit und Ordnung sowie der Funktionsfähigkeit von Gerichten und Behörden und für Zwecke der Verteidigung.** Die praktische Bedeutung der Vorschrift dürfte eher gering sein, weil für die in Nr. 2 genannten Zwecke in der Regel Beamte, Richter und Soldaten eingesetzt werden, die keine Arbeitnehmer nach § 2 Abs. 2 ArbZG sind und deren Einsatz somit nicht dem Beschäftigungsverbot an Sonn- und gesetzlichen Feiertagen nach § 9 unterfällt (ebenso ErfK/Wank § 10 Rn. 5; Baeck/Deutsch § 10 Rn. 25). Soweit Arbeitnehmer des öffentlichen Dienstes in diesem Bereich hoheitliche Aufgaben wahrnehmen, besteht überdies im Rahmen von § 19 ArbZG die Möglichkeit, die für Beamte geltenden Bestimmungen über die Arbeitszeit auf sie zu übertragen mit der Folge, dass § 9 ArbZG keine Anwendung findet (vgl. dazu im Einz. Erl. zu § 19 ArbZG). Ein Anwendungsbereich für die Ausnahme nach Nr. 2 ist z. B. die Beschäftigung von Angestellten im Rahmen gerichtlicher Notdienste an Sonn- und Feiertagen (vgl. auch Baeck/Deutsch § 10 Rn. 25; Schliemann § 10 Rn. 13).

4. Krankenhäuser und andere Einrichtungen zur Behandlung, Pflege und Betreuung von Personen

Die Ausnahmen nach **Nr. 3** waren früher von der GewO nicht umfasst, da diese Bereiche nicht der Sonn- und Feiertagsruhe des § 105b GewO unterfielen. Nach der vom ArbZG abgelösten und bis 30. 6. 1994 geltenden VO über die Arbeitszeit in Krankenpflegeanstalten vom 13. 12. 1924 (RGBl. I S. 66) durfte das Pflegepersonal in Krankenpflegeanstalten bis zu 60 Stunden in der Woche beschäftigt werden und zwar „einschließlich der Sonn- und Feiertage". Der Anwendungsbereich der Ausnahme nach Nr. 3 umfasst zum einen den früheren Anwendungsbereich der KRAZVO unter die nach ihrem Wortlaut (vgl. dazu § 5 ArbZG Rn. 7) i. V. m. dem Erlass des Reichsarbeitsministers vom 17. 5. 1924 (RABl. 1924 S. 222) alle öffentlichen und privaten Einrichtungen fielen, in der Kranke versorgt werden, deren Zustand es erforderlich macht, dass sie in einer derartigen Einrichtung ständig unter ärztlicher Aufsicht gepflegt werden. Darunter fallen neben den **Krankenhäusern,** in denen die Erstbehandlung von Kranken erfolgt, auch solche Einrichtungen, in denen Patienten zur Fortbehandlung untergebracht werden, wie z. B. Rehabilitationskliniken, Sanatorien, Kurkliniken sowie Kur- und Pflegeheime (BAG vom 9. 3. 1993, AP Nr. 1 zu § 1 AZOKr). Darüber hinaus wird auch der Bereich der rein pflegerischen Versorgung umfasst, so dass zu den anderen

§ 10 ArbZG   Dritter Abschnitt. Sonn- und Feiertagsruhe

Einrichtungen im Sinne der Nr. 3 auch ambulante Pflegedienste gehören (so ausdr. Regierungsbegr., BT-Drucks. 12/5888 S. 29). Der Begriff „Betreuung" ist weit auszulegen, eine **Einrichtung zur Betreuung** von Personen liegt deshalb schon dann vor, wenn die Insassen der Einrichtung durch ein dafür angestelltes Personal versorgt werden. Dazu zählen z. B. Kinder- und Jugendheime, Internate und Seniorenheime. Nicht mehr unter Nr. 3 fallen dagegen reine Wohnheime, in denen kein Betreuungspersonal ständig oder zumindest als Bereitschaftsdienst zur Verfügung steht (ebenso Baeck/Deutsch § 10 Rn. 30; Anzinger/Koberski § 10 Rn. 35).

11 Zulässig sind in den von der Nr. 3 erfassten Einrichtungen **alle unaufschiebbaren Arbeiten** zur Behandlung, Pflege oder Betreuung der untergebrachten oder ambulant zu versorgenden Personen, wobei nicht nur eine „Minimalpflege", sondern alle üblichen Leistungen mit dem üblichen Standard erlaubt sind (Baeck/Deutsch § 10 Rn. 31; Schliemann § 10 Rn. 16).

5. Gaststätten und andere Einrichtungen zur Bewirtung und Beherbergung, Haushalt

12 Die Ausnahme nach **Nr. 4** entspricht hinsichtlich der **Gaststätten** und anderer **Einrichtungen zur Bewirtung und Beherbergung** dem früheren § 105e Abs. 1 GewO. Über deren Begriff und Umfang vgl. § 5 ArbZG Rn. 10. Zu den „Einrichtungen zur Bewirtung" gehört auch der Party-Service (BT-Drucks. 12/6990 S. 40) sowie generell die Bewirtung von Personen außerhalb des Betriebes (ebenso Baeck/Deutsch § 10 Rn. 34).

13 Die Ausnahme für Arbeiten im **Haushalt** war im Regierungsentwurf nicht vorgesehen, da dieser generell im Haushalt beschäftigte Arbeitnehmer von der Anwendung des Gesetzes ausnahm. Nachdem auf Beschlussempfehlung des Ausschusses für Arbeit und Sozialordnung das Gesetz auch auf im Haushalt beschäftigte Arbeitnehmer Anwendung findet, soll die Ergänzung der Nr. 4 sicherstellen, dass im Haushalt beschäftigte Arbeitnehmer auch an Sonn- und Feiertagen beschäftigt werden dürfen (BT-Drucks. 12/6990 S. 43, 44). Zum Haushalt gehört namentlich die Pflege und Erziehung der Kinder, die Instandhaltung und Verwaltung von Kleidung, Wohnung, Haus oder Garten sowie generell alle Arbeiten zur Befriedigung der persönlichen Bedürfnisse der Haushaltsangehörigen (im Ergebnis ebenso Baeck/Deutsch § 10 Rn. 36; Schliemann § 10 Rn. 17; Anzinger/Koberski § 10 Rn. 40). Unzulässig sind aber allgemeine Instandhaltungsarbeiten an Haus oder Wohnung, die problemlos an Werktagen durchgeführt werden können (Buschmann/Ulber § 10 Rn. 7).

6. Musikaufführungen, Theatervorstellungen, Filmvorführungen, Schaustellungen, Darbietungen und andere ähnliche Veranstaltungen

14 Die Ausnahmen nach **Nr. 5** waren früher nach § 105i GewO zugelassen. Die Zusammenstellung zeigt, dass darunter alle öffentlich betriebenen, gewerbsmäßigen oder laienmäßigen Darbietungen gehören, ohne Rücksicht darauf, ob sie künstlerischen Zielen oder nur der Belustigung oder Unterhaltung dienen. Erfasst werden also alle Vokal- und Instrumentalaufführungen, Opern, Schauspiele, Operetten, Singspiele, Marionettentheater, Kabaretts, Varietés, Zirkusvorstellungen, Vorträge, Filmvorführungen u. dgl. Zulässig sind

auch Sonn- und Feiertagsproben zu den in der Nr. 5 genannten Veranstaltungen (BAG vom 26. 4. 1990, AP Nr. 42 zu § 611 BGB Bühnenengagementvertrag; Baeck/Deutsch § 10 Rn. 46, Schliemann § 10 Rn. 18). Unter die Nr. 5 fällt auch das Aufstellen und Betreiben von Musik- und Unterhaltungsautomaten (z. B. in Spielhallen) sowie das Vorführen von (Sex-)Videofilmen durch Automaten, die durch Geldeinwurf zu betätigen sind (vgl. VG Berlin vom 27. 6. 1990, GewArch. 1990 S. 359). Ferner das Warten derartiger Automaten (BVerwG vom 7. 10. 1965, AP Nr. 2 zu § 105 b GewO).

Der Umfang der nach Nr. 5 erlaubten Arbeiten beschränkt sich nicht auf die Tätigkeit der unmittelbar bei den genannten Aufführung mitwirkenden Personen (wie z. b. Musiker, Sänger, Schauspieler), sondern erfasst auch die Beschäftigung von Arbeitnehmern mit „**Hilfsdiensten**" wie z. b. Bühnenarbeiter, Maskenbildner, Platzanweiser u. Ä. (Baeck/Deutsch § 10 Rn. 44; Anzinger/Koberski § 10 Rn. 45). Erlaubt sind ferner **Servicetätigkeiten**, die das Publikum von einer der in der Nr. 5 genannten Veranstaltungen erwartet, wie z. b. Garderobe, Verkauf von Speisen, Getränken, Süßigkeiten u. a. (im Ergebnis ebenso Baeck/Deutsch § 10 Rn. 45; Schliemann § 10 Rn. 18).

7. Nichtgewerbliche Aktionen und Veranstaltungen der Kirchen, Religionsgemeinschaften, Verbände, Vereine, Parteien und anderer ähnlicher Vereinigungen

Die Beschäftigung von Arbeitnehmern im Bereich der Ausnahmen nach **Nr. 6** fiel früher nicht unter das Sonn- und Feiertagsverbot des § 105 b GewO, weil es sich um nichtgewerbliche Dienstleistungen handelt. Die Ausnahmen waren wegen der Erstreckung des Verbots der Beschäftigung an Sonn- und Feiertagen auf alle Beschäftigungsbereiche durch § 9 erforderlich. Die praktische Bedeutung der Ausnahme nach Nr. 6 wird eher gering sein, weil in diesem Bereich wohl selten Arbeitnehmer (vgl. zum Arbeitnehmerbegriff § 2 ArbZG Rn. 21) sondern weitgehend ehrenamtliche Helfer oder Mitglieder der veranstaltenden Organisationen tätig sein werden, die dem ArbZG nicht unterfallen (ebenso Baeck/Deutsch § 10 Rn. 47; Anzinger/Koberski § 10 Rn. 48).

Entscheidend für die Ausnahmen nach Nr. 6 ist, dass es sich um **nichtgewerbliche Aktionen und Veranstaltungen** handelt. Unter „Gewerbe", „Betrieb eines Gewerbes" versteht man allgemein eine selbständige, erlaubte, auf Gewinnerzielung gerichtete und auf gewisse Dauer ausgeübte Tätigkeit. Nichtgewerblich ist deshalb insbesondere eine Aktion oder Veranstaltung, die nicht auf Gewinnerzielung gerichtet ist, z. b. solche, deren finanzieller Ertrag gemeinnützigen Zwecken zugeführt wird. Nichtgewerblich sind danach aber auch Aktionen und Veranstaltungen, die zwar auf Gewinnerzielung für den Veranstalter gerichtet sind und dessen Finanzierung dienen, jedoch nicht fortgesetzt durchgeführt werden. Soll jedoch durch planmäßige Wiederholung der Aktionen und Veranstaltungen eine auf gewisse Dauer berechnete Einnahmequelle der veranstaltenden Organisationen geschaffen werden, greift die Ausnahme nach Nr. 6 für den Einsatz von Arbeitnehmern an Sonn- und Feiertagen dabei nicht mehr ein (ähnl. Baeck/Deutsch § 10 Rn. 49; Schliemann § 10 Rn. 19).

§ 10 ArbZG   Dritter Abschnitt. Sonn- und Feiertagsruhe

8. Sport-, Freizeit-, Erholungs- und Vergnügungseinrichtungen, Fremdenverkehr, Museen, wissenschaftliche Präsenzbibliotheken

18   Bei den Ausnahmen nach der **Nr. 7** handelt es sich um die Beschäftigung von Arbeitnehmern in nichtgewerblichen Dienstleistungsbereichen, die früher nicht unter das Sonn- und Feiertagsverbot des § 105 b GewO fiel. Wegen der Erstreckung des Verbots der Beschäftigung an Sonn- und Feiertagen auf alle Beschäftigungsbereiche durch § 9 ArbZG war auch hier eine Ausnahme erforderlich, zumal die ausgenommenen Bereiche von der Mehrzahl der Bevölkerung gerade an Sonn- und Feiertagen frequentiert werden (vgl. auch Baeck/Deutsch § 10 Rn. 51).

19   Zum **Sport** im Sinne von Nr. 7 zählen alle sportlichen Veranstaltungen, nicht nur echter Wettkampf, sondern auch Schauturnen, Vorführung von sportlichen Übungen, Ballspiele auch außerhalb von Turnieren, Qualifikationen oder Punktspielen. Nicht nur Arbeitnehmer, die den Sport selbst ausüben, sondern auch Helfer, Ordner, Betreuer und sonst mit dem Ablauf des Sportereignisses befasste Arbeitnehmer können den Sonntags- und Feiertagsdienst leisten (ebenso Baeck/Deutsch § 10 Rn. 52; Schliemann § 10 Rn. 11; ErfK/Wank § 10 Rn. 10; Anzinger/Koberski § 10 Rn. 49).

20   Der Begriff der **Freizeit-, Erholungs- und Vergnügungseinrichtungen** ist umfassend zu verstehen (Baeck/Deutsch § 10 Rn. 53; Schliemann § 10 Rn. 22), erfasst also Einrichtungen wie Schwimmbäder, Sportanlagen aller Art, zoologische Gärten, Vergnügungsparks etc. ebenso wie das reisende Schaustellergewerbe.

21   Zum **Fremdenverkehr** zählt alles, was der Betreuung von Urlaubsgästen und sonstigen Reisenden dient, wie z. B. Touristinformationen, Zimmervermittlungen, Stadtführung und ähnliche Dienstleistungen (Baeck/Deutsch § 10 Rn. 54; Anzinger/Koberski § 10 Rn. 52).

22   Unter **Museen** sind alle Arten von Museen zu verstehen (Schliemann § 10 Rn. 22). Beschäftigt werden dürfen Arbeitnehmer dort an Sonn- und Feiertagen, soweit dies zum ordnungsgemäßen Betrieb erforderlich ist, also z. B. zur Betreuung der Besucher oder zur Aufsicht.

23   **Wissenschaftliche Präsenzbibliotheken** sind solche, die wissenschaftliche Literatur für Forschung, Studium und geistige Berufsarbeit aufbewahren und nur in begrenztem Umfang ausleihen, wie z. B. die Universitätsbibliotheken (Baeck/Deutsch § 10 Rn. 56; Schliemann § 10 Rn. 22; ErfK/Wank § 10 Rn. 10).

9. Rundfunk, Tages- und Sportpresse, Nachrichtenagenturen, der Tagesaktualität dienende Tätigkeiten für andere Presseerzeugnisse einschließlich des Austragens usw.

24   Bei den Ausnahmen nach **Nr. 8** handelt es sich um Bereiche, die z. T. früher nicht dem Beschäftigungsverbot an Sonn- und Feiertagen nach der GewO unterfielen, wie z. B. die öffentlich-rechtlichen Rundfunkanstalten, z. T. um Bereiche, in denen auch früher die Beschäftigung von Arbeitnehmern an Sonn- und Feiertagen nach § 105 e GewO, den Bekanntmachungen des Bundesrates vom 3. 4. 1901 (RGBl. S. 117) und den Richtlinien für Ausnahmen von der Sonntagsruhe in den Bedürfnisgewerben vom 6. 12. 1934 (RABl. I S. 281) zulässig war.

Die Ausnahme für die Beschäftigung beim **Rundfunk** umfasst alle bei 25
Hörfunk und Fernsehen (vgl. § 17 Abs. 2 Nr. 5 JArbSchG, in dem der Begriff „Rundfunk" ausdrücklich als „Hörfunk und Fernsehen" definiert ist; ebenso Baeck/Deutsch § 10 Rn. 61; Schliemann § 10 Rn. 24; Anzinger/Koberski § 10 Rn. 57) tätigen Arbeitnehmer unabhängig davon, ob es sich um unmittelbare journalistische oder sonstige Tätigkeiten, wie z. B. von Technikern handelt, die zur Durchführung und Aufrechterhaltung des Sendebetriebes an Sonn- und Feiertagen erforderlich sind. Statthaft ist auch die Beschäftigung mit notwendigen Arbeiten zur Vorbereitung des Montagsbzw. nachfeiertäglichen Betriebs (Baeck/Deutsch § 10 Rn. 61; Anzinger/Koberski § 10 Rn. 58). Unzulässig sind dagegen Arbeiten für Hörfunk- und Fernsehproduktionen, die erst zu späterer Zeit ausgestrahlt werden sollen (sog. Vorratsproduktionen), es sei denn, es handelt sich um die Aufzeichnung von gerade an einem Sonn- und Feiertag stattfindender Ereignisse (ähnl. Schliemann § 10 Rn. 24; vgl. auch Buschmann/Ulber § 10 Rn. 9).

Unter den Begriff **Tagespresse** fallen auch Sonntagszeitungen, und zwar 26
unabhängig davon, ob sie als reine Sonntagszeitungen nur am Sonntag oder als weitere Ausgabe einer Tageszeitung am Sonntag erscheinen (ebenso Anzinger, BB 1994, 1496; Baeck/Deutsch Rn. 62; Schliemann § 10 Rn. 25; ErfK/Wank § 10 Rn. 11; Anzinger/Koberski § 10 Rn. 61). Aufgrund der Beschlussempfehlung des Ausschusses für Arbeit und Sozialordnung wurde der Ausnahmetatbestand der Nr. 8 gegenüber dem ursprünglichen Regierungsentwurf erweitert und die Beschäftigung von Arbeitnehmern mit dem **Austragen von Presseerzeugnissen** an Sonn- und Feiertagen ausdrücklich erlaubt (vgl. BT-Drucks. 12/6990 S. 13 u. 43). Damit dürfen insbesondere auch die sog. Anzeigenblätter am Sonntag verteilt werden (Anzinger, BB 1994, 1496). Unzulässig bleibt jedoch der Druck und das Austragen von reinem Werbematerial an Sonn- und Feiertagen (ebenso Baeck/Deutsch § 10 Rn. 66; Buschmann/Ulber § 10 Rn. 9; ErfK/Wank § 10 Rn. 11; Anzinger/Koberski § 10 Rn. 63).

Soweit bei den Ausnahmen im Presse- und Druckbereich auf **Tagesak-** 27
tualität abgestellt wird, dürfte die Abgrenzung zur „sonstigen Aktualität" schwierig sein (krit. zur Einschränkung auf „Tagesaktualität" Berger-Delhey, ZTR 1994, 109). Versteht man unter Aktualität „Bedeutung für die Gegenwart, Gegenwartsbezogenheit, Zeitnähe" (so Brockhaus/Wahrig, Deutsches Wörterbuch, Bd. 1 S. 152), so wird man für Tagesaktualität die Bedeutung oder Bezogenheit gerade an einem bestimmten Tag verlangen müssen (anders Berger-Delhey, BB 1994, 9199, der den Begriff „Tagesaktualität" keine eigenständige Bedeutung zumisst und Schliemann § 10 Rn. 26, der „Tagesaktualität" und „Aktualität" ohne Weiteres gleichsetzt; vgl. auch Baeck/Deutsch § 10 Rn. 65, die eine weite Auslegung des Begriffs der Tagesaktualität verlangen). Danach dürfen an Sonn- und Feiertagen stattfindende Ereignisse noch am selben Tag auf Ton- und Bildträger aufgenommen oder gedruckt werden; erlaubt sind auch journalistische und drucktechnische Arbeiten für andere Presseerzeugnisse als Tages- und Sportzeitungen (z.B. Wochenzeitungen, Zeitschriften), die erforderlich sind, damit das Presseerzeugnis beim Erscheinen tagesaktuell ist oder Tagesaktualität selbst herstellen kann. Denn im Pressebereich ist Tagesaktualität nicht etwas objektiv festste-

§ 10 ArbZG   Dritter Abschnitt. Sonn- und Feiertagsruhe

hendes, sondern kann etwa durch die Veröffentlichung von Neuheiten gerade durch die Presse selbst bewirkt werden. Zu beachten ist auch, dass ein bestimmtes Ereignis oder Geschehen über mehrere Tage „tagesaktuell" sein kann, nämlich so lange es „im Gespräch" ist.

28 Um das Erscheinen von Presseerzeugnissen am Montag oder am Tag nach einem Feiertag zu ermöglichen, erlaubt die Ausnahme nach Nr. 8 auch die Beschäftigung von Arbeitnehmern beim **Transport und Kommissionieren von Presseerzeugnissen.** Dabei spielt es keine Rolle, ob das Presseerzeugnis täglich, wöchentlich oder auch nur monatlich erscheint. Entscheidend ist allein, ob der vom Herausgeber im Voraus festgelegte Erscheinungstag regelmäßig ein Montag bzw. ein Tag nach einem Feiertag ist (ebenso Baeck/Deutsch § 10 Rn. 68; Schliemann § 10 Rn. 23; enger Buschmann/Ulber § 10 Rn. 9, die zu Unrecht zwingende Gründe für das Erscheinen des Presseerzeugnisses am Montag oder am Tag nach dem Feiertag verlangen).

10. Messen, Ausstellungen und Märkte im Sinne des Titels IV der GewO, Volksfeste

29 Die Ausnahme nach **Nr. 9** trägt der Tatsache Rechnung, dass zu den sog. **Marktprivilegien** der nach § 69 GewO festgesetzten Messen, Ausstellungen, Märkte und Volksfeste seit jeher die Befreiung vom Verbot der Beschäftigung von Arbeitnehmern an Sonn- und Feiertagen zählt (so die Regierungsbegr., BT-Drucks. 12/5888 S. 29). Nicht unter diese Ausnahme fallen die sog. Haus- und Ordermessen, bei denen eine oder mehrere Firmen aus Anlass von nach § 69 GewO festgesetzten Messen oder Ausstellungen eine Veranstaltung für gewerbliche Wiederverkäufer durchführen (ebenso Baeck/Deutsch § 10 Rn. 71; Roggendorff § 10 Rn. 23; Schliemann § 10 Rn. 29; Anzinger/Koberski § 10 Rn. 73; ErfK/Wank § 10 Rn. 12). Denn insoweit fehlt es in der Regel an der von §§ 64, 65 GewO vorgeschriebenen „Vielzahl von Ausstellern". Unter Umständen kommt aber für die Beschäftigung von Arbeitnehmern anlässlich solcher Veranstaltungen eine Bewilligung nach § 13 Abs. 3 Nr. 2a in Betracht (s. § 13 Rn. 13).

30 Das **Volksfest** ist in § 60b GewO definiert als eine im Allgemeinen regelmäßig wiederkehrende, zeitlich begrenzte Veranstaltung, auf der eine Vielzahl von Anbietern unterhaltende Tätigkeiten als Schausteller oder nach Schaustellerart ausübt und Waren feilbietet, die üblicherweise auf Veranstaltungen dieser Art angeboten werden.

11. Verkehrsbetriebe, Transport und Kommissionieren von leichtverderblichen Waren

31 Die Ausnahme nach **Nr. 10** entspricht hinsichtlich der Verkehrsbetriebe dem früheren § 105i GewO. **Verkehrsbetriebe** sind alle öffentlichen und privaten Betriebe, deren Zweck auf die Beförderung von Personen, Gütern oder Nachrichten gerichtet ist sowie die dazugehörigen selbständigen oder unselbständigen Hilfs- und Nebenbetriebe (vgl. zum Begriff § 5 Rn. 11 sowie BAG vom 4. 5. 1993 AP Nr. 1 zu § 105 GewO = NZA 1993, 1881; Baeck/Deutsch § 10 Rn. 77; Buschmann/Ulber § 10 Rn. 9b).

32 Auf Beschlussempfehlung des Ausschusses für Arbeit und Sozialordnung wurde der ursprüngliche Regierungsentwurf ergänzt um die Ausnahme der

Beschäftigung beim **Transport und Kommissionieren von leichtverderblichen Waren** im Sinne von § 30 Abs. 3 Nr. 2 StVO. Damit wird sichergestellt, dass Frischwaren nicht nur abweichend vom Sonn- und Feiertagsfahrverbot der StVO an Sonn- und Feiertagen befördert, sondern auch kommissioniert werden dürfen. Damit soll das Verderben bzw. der Qualitätsverlust der Frischwaren verhindert und zugleich den Bedürfnissen des Verbrauchers nach Frischwaren schon am Montagmorgen Rechnung getragen werden (BT-Drucks. 12/6990 S. 43). Früher durften nämlich im Handelsgewerbe an Sonn- und Feiertagen zwar Arbeiten zur Verhütung des Verderbens nach § 105 c Abs. 1 Nr. 4 GewO vorgenommen werden, dazu gehörte jedoch nicht das Kommissionieren von Frischwaren (VGH Baden-Württemberg vom 17. 11. 1989, GewArch. 1990, S. 407). **Leichtverderbliche Waren** im Sinne des § 30 Abs. 3 Nr. 2 StVO sind frische Milch und frische Milcherzeugnisse, frisches Fleisch und frische Fleischerzeugnisse, frische Fische, lebende Fische, frische Fischerzeugnisse sowie leichtverderbliches Obst und Gemüse. Zu letzterem zählen etwa Weintrauben, Erdbeeren, Pfirsiche, Salat, Tomaten, Spargel und frische Pilze (ebenso Baeck/Deutsch § 10 Rn. 78; Roggendorf § 10 Rn. 24; Schliemann § 10 Rn. 34; Anzinger/Koberski § 10 Rn. 78; ErfK/Wank § 10 Rn. 14). **Transport** ist die Beförderung von einem Ort zu einem anderen einschließlich Auf- und Abladen, **kommissionieren** das versandfertige Zusammenstellen und Verpacken von Waren (vgl. auch ErfK/Wank § 10 Rn. 14; Anzinger/Koberski § 10 Rn. 79; Schliemann § 10 Rn. 33).

12. Energie- und Wasserversorgungsbetriebe, Abfall- und Abwasserentsorgungsbetriebe

Für diese Bereiche waren früher Ausnahmen vom Beschäftigungsverbot an Sonn- und Feiertagen nach § 105 e GewO i. V. m. den Richtlinien für Ausnahmen von der Sonntagsruhe in den Bedürfnisgewerben vom 6. 12. 1934 (RABl. I S. 281) möglich. **Energie- und Wasserversorgungsbetriebe** sind z. B. Wasserwerke, Gaswerke, Elektrizitätswerke, Kernkraftwerke. Zu den Abfallbetrieben gehören nicht nur Müllabfuhr, Müllverbrennungsanlagen, Straßenreinigung, sondern auch die Tierkörperbeseitigungsanstalten (Anzinger, BB 1994, 1496; Baeck/Deutsch § 10 Rn. 84; Schliemann § 10 Rn. 37). **Abwasserentsorgungsbetriebe** sind z. B. die Klärwerke. Unter die Ausnahme der Nr. 11 fallen auch Zulieferbetriebe für Energieversorgungsunternehmen soweit dort Arbeiten an Sonn- und Feiertagen zur Aufrechterhaltung der Energieversorgung unerlässlich sind (vgl. BT-Drucks. 12/6960 S. 40; ebenso Baeck/Deutsch § 10 Rn. 83; Roggendorf § 10 Rn. 25; Anzinger/Koberski § 10 Rn. 81; ErfK/Wank § 10 Rn. 15; krit. Erasmy, NZA 1995, 97, 98; Schliemann § 10 Rn. 36; Buschmann/Ulber § 10 Rn. 9 c). 33

13. Landwirtschaft, Tierhaltung, Einrichtungen zur Behandlung und Pflege von Tieren

Die Bereiche der Ausnahmen nach der **Nr. 12** waren früher vom Sonn- und Feiertagsverbot des § 105 b GewO nicht erfasst. Unter **Landwirtschaft** versteht man die planmäßige Nutzung des Bodens und die mit der Bodennutzung verbundene Tierhaltung zur Gewinnung pflanzlicher und tierischer Erzeugnisse (Urproduktion) einschließlich deren Verwertung (BAG vom 34

§ 10 ArbZG   Dritter Abschnitt. Sonn- und Feiertagsruhe

25. 4. 1995, NZA 1995, 1205; vgl. zu dem Begriff Landwirtschaft auch § 5 ArbZG Rn. 14). Zur Landwirtschaft gehören danach Ackerbau, Wiesen- und Weidewirtschaft, Garten-, Obst- und Weinbau (vgl. dazu im Einz. § 5 ArbZG Rn. 15 sowie Baeck/Deutsch § 10 Rn. 88). **Tierhaltung** ist neben der Tierzucht jede Form der Tierhaltung, gleich zu welchem Zweck. Deshalb findet die Ausnahme sowohl auf die gewerbliche Tierhaltung zur Fleisch- und Eierversorgung, aber auch z. B. auf Zoos, Tierparks und Wildgehege Anwendung (vgl. § 5 Rn. 16; Baeck/Deutsch § 10 Rn. 89; Anzinger/Koberski § 10 Rn. 88). **Einrichtungen zur Behandlung und Pflege von Tieren** sind beispielsweise die Tierkliniken und Tierheime.

35   Aufgrund der Einbeziehung in das ArbZG dürfen Arbeitnehmer in der Landwirtschaft und Tierhaltung an Sonn- und Feiertagen nur noch mit Arbeiten beschäftigt werden, die nicht an Werktagen vorgenommen werden können, wie z. b. das täglich erforderliche Füttern und Versorgen von Tieren oder das Einbringen von Heu bei drohendem Regen, sog. **naturnotwendige Arbeiten**. Zulässig sind ferner Arbeiten, deren Erledigung an Werktagen dem Landwirt aus wirtschaftlichen Gründen nicht zugemutet werden kann (Buschmann/Ulber § 10 Rn. 11; Schliemann § 10 Rn. 39; Anzinger/Koberski § 10 Rn. 89; Baeck/Deutsch § 10 Rn. 88). Unbeschränkt bleibt dagegen die selbständige Tätigkeit des Landwirts, Tierhalters und Tierpflegers.

14. Bewachungsgewerbe, Bewachung von Betriebsanlagen

36   Die Ausnahme nach der **Nr. 13** entspricht weitgehend der früheren Ausnahme vom Beschäftigungsverbot an Sonn- und Feiertagen nach § 105 c Abs. 1 Nr. 3 GewO. **Bewachungsgewerbe** ist nach der Legaldefinition des § 34 a GewO das gewerbsmäßige Bewachen von Leben oder Eigentum fremder Personen. Darunter fällt insbesondere die Bewachung fremder Objekte durch Arbeitnehmer von Wach- und Schließgesellschaften. Die Bewachung muss auf den Schutz von Personen vor Gefahren für Leib, Leben oder Freiheit oder von Sachen gegen Abhandenkommen, Zerstörung oder Beschädigung gerichtet sein. Nicht unter das Bewachungsgewerbe fällt deshalb die Tätigkeit von Detekteien und Auskunfteien, deren „Bewachung" sich auf die bloße Überwachung im Sinne einer Beobachtungs- und Ermittlungstätigkeit beschränkt (ebenso Baeck/Deutsch § 10 Rn. 94; Schliemann § 10 Rn. 42). Die **Bewachung von Betriebsanlagen** meint nur den unmittelbaren Wächterdienst über und in den Betriebsanlagen (z. B. Pförtner, Nachtwächter, Werksfeuerwehren), nicht jedoch darüber hinausgehende Tätigkeiten wie z. B. die Kontrolle vollautomatisch laufender Produktionsanlagen (ebenso Baeck/Deutsch § 10 Rn. 94; Roggendorf § 10 Rn. 27; Schliemann § 10 Rn. 43; ErfK/Wank § 10 Rn. 17; Anzinger/Koberski § 10 Rn. 94; Buschmann/Ulber § 10 Rn. 12).

15. Reinigung und Instandhaltung von Betriebseinrichtungen, Vorbereitung der Wiederaufnahme des vollen werktägigen Betriebs, Aufrechterhaltung der Funktionsfähigkeit von Datennetzen und Rechnersystemen

37   Die 1. Alternative der Ausnahmen nach der Nr. 14, nämlich die Beschäftigung bei der **Reinigung und Instandhaltung von Betriebseinrichtungen**, soweit hierdurch der regelmäßige Fortgang des eigenen oder eines frem-

den Betriebs bedingt ist, entspricht dem früheren § 105 c Abs. 1 Nr. 3 GewO. Bei den **Reinigungsarbeiten** handelt es sich um Arbeiten, die bezwecken, die Betriebsstätten, die Maschinen, Apparate, Werkzeuge und sonstigen Betriebsvorrichtungen, die Feuerungsanlagen, die Transport- und Fördersysteme, Fahrzeuge usw. von Schmutz, Staub, Abfällen oder Fremdkörpern zu reinigen. Nicht hierher gehören solche Arbeiten, die bezwecken, das zu verarbeitende Material zu reinigen, denn diese sind als Teil des Produktionsprozesses anzusehen (ebenso Baeck/Deutsch § 10 Rn. 99; Roggendorf § 10 Rn. 28; Schliemann § 10 Rn. 46; Anzinger/Koberski § 10 Rn. 98; Buschmann/Ulber § 10 Rn. 13 a). **Instandhaltungsarbeiten** sind solche, welche die Arbeitsstätte und Arbeitsgeräte verwendungs- und einsatzbereit halten, also insbesondere die Wartung und Pflege von Maschinen, alle Reparaturarbeiten sowie das Auswechseln von Maschinen- und Anlagenteilen mit abgelaufener Einsatzzeit (Zmarzlik, BB 1991, 904). Zulässig ist auch das Ingangsetzen reparierter Maschinen zur Funktionsprüfung, auch wenn damit der Produktionsprozess in Gang gesetzt wird. Laufen die Maschinen jedoch nach erfolgter Funktionsprüfung weiter, so ist deren Überwachung nicht mehr Bestandteil der Instandsetzungsarbeiten (vgl. OVG Münster vom 16. 12. 1993, GewArch. 1994 S. 141). Keine Instandhaltung ist auch das Aufstellen neuer Maschinen und Anlagen (Baeck/Deutsch § 10 Rn. 100; Roggendorf § 10 Rn. 28; Schliemann § 10 Rn. 47; Anzinger/Koberski § 10 Rn. 99; ErfK/Wank § 10 Rn. 18).

Die Reinigungs- und Instandhaltungsarbeiten sind jedoch nur gestattet, 38 soweit durch ihre Vornahme der **regelmäßige Fortgang des eigenen oder eines fremden Betriebs bedingt ist.** Es muss also ihre Unterlassung zur Folge haben, dass der betreffende Betrieb am nächsten Werktage (oder wenn Sonntagsarbeit erlaubt ist, noch am Sonntag, OVG Hamburg vom 22. 2. 1963, GewArch. 1964 S. 59) nicht in der regelmäßigen Art oder nicht in regelmäßigem Umfange fortgeführt werden könnte. Wenn z.B. eine Fabrik regelmäßig mit Wasser arbeitet, so ist es gestattet, am Sonntag die notwendige Reparatur des Wasserwerks vorzunehmen, auch wenn eine Notversorgungseinrichtung vorhanden ist; oder wenn ein Betrieb mit mehreren Maschinen arbeitet, so darf, auch wenn nur eine Maschine reparaturbedürftig ist, diese Reparatur am Sonntag vorgenommen werden, wenn die Unterlassung zur Folge hätte, dass der Betrieb am Montag eingeschränkt werden müsste und ein Teil der Arbeitnehmer nicht beschäftigt werden könnte. Gestattet sind die Arbeiten nach der ausdrücklichen Bestimmung des Gesetzes ferner auch dann, wenn sie für den regelmäßigen Fortgang eines fremden Betriebs nötig sind. Dadurch können die in einem Betrieb an Sonn- und Feiertagen erforderlichen Reinigungs- und Instandhaltungsarbeiten auch von Fremdarbeitnehmern wie z.B. Reinigungskräften einer Reinigungsfirma oder Mechanikern eines Reparaturdienstes vorgenommen werden (ebenso Baeck/Deutsch § 10 Rn. 101; Schliemann Rn. 672).

Zulässig sein dürften in entsprechender Anwendung des § 10 Abs. 1 Nr. 14 39 ArbZG Reinigungs- und Instandhaltungsarbeiten an Sonn- und Feiertagen bei **vollkontinuierlichem Schichtbetrieb,** wenn durch die Unterbrechung der Produktion an Sonn- und Feiertagen weniger Arbeitnehmer mit Reinigungs- und Instandhaltungsarbeiten beschäftigt werden als bei kontinuierlicher Produktion (Stückmann, DB 1998, 1462; Baeck/Deutsch § 10 Rn. 102).

40 Die 2. Alternative der Ausnahmen nach der Nr. 14, nämlich die Beschäftigung bei der **Vorbereitung der Wiederaufnahme des vollen werktägigen Betriebes,** entspricht ebenfalls dem früheren § 105 c Abs. 1 Nr. 3 GewO. Es handelt sich hier hauptsächlich um Vorbereitungsarbeiten wie z. B. das Anfeuern der Öfen, die Inbetriebnahme von Förder- und Aufzugsanlagen und das Ingangsetzen von Maschinen im Leerlauf. Nach dem ausdrücklichen Willen des Gesetzgebers gehört hierher auch das Ingangsetzen von Maschinen zur Produktionsaufnahme, wenn damit technologisch bedingt eine Funktionsprüfung der Maschine oder eine Prüfung des Produkts verbunden ist, wie z. B. beim Wiederanfahren einer Rotorspinnmaschine zur Garnherstellung oder beim Wiederanfahren einer Walzenstraße zur Feinstahl- und Drahtgewinnung (BT-Drucks. 12/6990 S. 40; so auch schon zu § 105 c Abs. 1 Nr. 3 GewO Zmarzlik, BB 1991, 904; Baeck/Deutsch § 10 Rn. 105; Roggendorf § 10 Rn. 31; Schliemann § 10 Rn. 51; ErfK/Wank § 10 Rn. 19; Anzinger/Koberski § 10 Rn. 115 ff.; enger Buschmann/Ulber § 11 Rn. 13 b).

41 Zu beachten ist, dass es heißt, „des **vollen** werktägigen Betriebs". Die Ausnahme greift also Platz, wenn bei Unterlassung der Arbeit der werktägige Betrieb anfänglich nur zum Teil aufgenommen werden könnte oder sich verzögern würde, wenn also nicht alle Maschinen in Gang gesetzt und nicht alle Arbeitnehmer beschäftigt werden könnten. Dagegen meint das Gesetz nicht die Erreichung der vollen Leistungsfähigkeit des Betriebs, insbesondere der Maschinen, auch nicht die Sicherstellung des Absatzes des Erzeugnisses, z. B. des Versands. Bei einem mehrstufig gestalteten Produktionsvorgang sind die Vorbereitungsarbeiten beendet, wenn die jeweils erste Produktionsstufe in Gang gesetzt werden kann (OVG Münster vom 16. 12. 1993, GewArch. 1994 S. 240).

42 Die 3. Alternative der Ausnahmen nach der Nr. 14, nämlich die Beschäftigung bei der **Aufrechterhaltung der Funktionsfähigkeit von Datennetzen und Rechnersystemen,** geht auf die Beschlussempfehlung des Ausschusses für Arbeit und Sozialordnung zurück. Der ursprüngliche Regierungsentwurf sah nur eine Ausnahme für die Beschäftigung bei der Kontrolle der Funktionsfähigkeit von Datennetzen vor. Durch die Änderung sollte klargestellt werden, dass die Funktionsfähigkeit von Datennetzen und Rechnersystemen an Sonn- und Feiertagen erhalten werden darf (BT-Drucks. 12/6990 S. 43). Zum Datennetz gehören alle mit dem Rechnersystem verbundenen Einzelkomponenten, wie z. B. Geldausgabeautomaten, Bildschirmtext-Systeme der Banken und Sparkassen oder Elekronik-Cash-Terminals. „Aufrechterhaltung der Funktionsfähigkeit" umfasst sowohl die Kontrolle als auch die Instandhaltung der Datennetze und Rechnersysteme. Bei Geldausgabeautomaten gehört hierzu jedoch nicht das Bestücken mit Geld, weil dies nicht die Funktionsfähigkeit des Datennetzes betrifft (im Erg. ebenso Baeck/ Deutsch § 10 Rn. 110; Roggendorf § 10 Rn. 34; Schliemann § 10 Rn. 52; Anzinger/Koberski § 10 Rn. 124; Erasmy, NZA 1995, 97, 99).

16. Verhütung des Verderbens von Naturerzeugnissen oder Rohstoffen, Verhütung des Misslingens von Arbeitsergebnissen, kontinuierlich durchzuführende Forschungsarbeiten

43 Die 1. Alternative der Ausnahmen nach Nr. 15, nämlich die Beschäftigung zur **Verhütung des Verderbens von Naturerzeugnissen oder Rohstof-**

fen, entspricht dem früheren § 105c Abs. 1 Nr. 4 1. Alt. GewO, wobei neben Rohstoffen der Klarstellung halber ergänzend Naturerzeugnisse aufgeführt sind. Der Ausdruck „Rohstoff" umfasst nicht bloß die eigentlichen Rohprodukte im engeren Sinne (wie z.B. Früchte, Milch, Fische), sondern auch Halbfabrikate, die im Produktionsprozess für andere Fabrikate das Rohprodukt bilden, wie z.B. flüssige Glasmasse (BayObLG vom 10. 1. 1963, AP Nr. 1 zu § 105c GewO) oder Siliziumplatten für die Microchip-Fertigung (Leinemann, NZA 1988, 341). Naturerzeugnisse sind tierische und pflanzliche Erzeugnisse, die in naturbelassenem Zustand verbraucht oder zu anderen Produkten verarbeitet werden (Zmarzlik, DB 1994, 1085; Baeck/Deutsch § 10 Rn. 119; Roggendorff § 10 Rn. 35; Schliemann § 10 Rn. 55; ErfK/Wank § 10 Rn. 21).

Ein „**Verderben**" liegt vor, wenn der zu verarbeitende Rohstoff oder das 44 zu verarbeitende Naturerzeugnis bis zum nächsten Werktag unbrauchbar oder minderbrauchbar werden („sich nicht halten") würde, oder weil bei Unterbrechung der begonnenen Arbeit das Produkt entweder vollständig misslingen oder mindergut ausfallen würde. Nicht erforderlich ist das völlige Verderben des Rohprodukts oder das völlige Misslingen des Arbeitserzeugnisses, es reicht aus, wenn die Unterlassung der Sonn- und Feiertagsarbeit eine Verschlechterung der Qualität des Rohprodukts oder des Fabrikats zur Folge haben würde (im Ergebnis ebenso Baeck/Deutsch § 10 Rn. 121; Roggendorff § 10 Rn. 35; Schliemann § 10 Rn. 56; Anzinger/Koberski § 10 Rn. 143). Allerdings muss die Veranlassung zu den notwendigen Arbeiten unabhängig von dem Willen des Arbeitgebers eintreten, d.h. von ihm selbst nicht planmäßig oder fahrlässig herbeigeführt worden sein. Der Arbeitgeber muss vor der Inanspruchnahme von Sonn- und Feiertagsarbeit alle möglichen und ihm zumutbaren organisatorischen und technischen Möglichkeiten zur Verhinderung des Verderbens von Rohstoffen und Naturerzeugnissen ausschöpfen, wie z.B. Kühlung oder Haltbarmachen durch Begasen, Trocknen, Einsalzen, Erhitzen, Einfrieren oder besondere Verpackung (ebenso Buschmann/Ulber § 10 Rn. 16; Roggendorff § 10 Rn. 36; ErfK/Wank § 10 Rn. 21; Anzinger/Koberski § 10 Rn. 146; a.A. Schliemann § 10 Rn. 58).

Die 2. Alternative der Ausnahmen nach Nr. 15, nämlich die Beschäftigung 45 **zur Verhütung des Misslingens von Arbeitsergebnissen** entspricht dem früheren § 105c Abs. 1 Nr. 4 2. Alt. GewO, ersetzt wurde lediglich der Begriff „Arbeitserzeugnisse" durch den – weiteren – Begriff „Arbeitsergebnisse". Damit werden nicht nur Arbeiten zur Herstellung von End- und Zwischenprodukten, sondern die Ergebnisse jeder Arbeit (wie z.B. Dienstleistungen) erfasst.

Ein **Misslingen von Arbeitsergebnissen** liegt vor, wenn wegen der Un- 46 terbrechung am Sonn- und Feiertag nicht oder fehlerhaft gelungene (misslungene) Arbeitserzeugnisse anfallen (im Ergebnis ganz h.M., vgl. etwa Baeck/Deutsch § 10 Rn. 125; Schliemann § 10 Rn. 60; ErfK/Wank § 10 Rn. 22; Anzinger/Koberski § 10 Rn. 151). Dabei ist ein vollständiges Misslingen nicht erforderlich, denn auch ein teilweises Nichtgelingen ist ein Misslingen, gleich welcher Art (so zutr. Anzinger/Koberski § 10 Rn. 152). Kann aber das Misslingen von Arbeitsergebnissen außer durch Sonn- und Feiertagsarbeit auch auf andere zumutbare Weise verhindert werden (z.B. durch zumutbare Maßnahmen der Modernisierung eines Betriebsablaufs), so ist die Beschäftigung an Sonn- und Feiertagen unzulässig, da nicht notwendig. Denn die Ausnahme nach Nr. 15 greift nicht ein, wenn die Sonn- und Feiertagsbeschäftigung lediglich der Produktionssteigerung oder der Verringerung der Produktionskosten dienen oder zumutbare Modernisierungsmaßnahmen entbehrlich machen soll (BVerwG vom 19. 9. 2000, AP Nr. 1 zu § 10 ArbZG = NZA 2000 S. 1232; Buschmann/Ulber § 10 Rn. 17; abl. zum Abstellen auf die subjektive Zielrichtung des Arbeitgebers Baeck/Deutsch § 10 Rn. 130).

47 Bei **kontinuierlicher Sonntagsarbeit** im produzierenden Gewerbe liegt ein Misslingen von Arbeitsergebnissen nach der amtlichen Begründung in der Regel dann vor, wenn wegen der Unterbrechung am Sonn- oder Feiertag nicht oder fehlerhaft gelungene (misslungene) Arbeitserzeugnisse in Höhe von 5% einer Wochenproduktion an fehlerfreien Arbeitserzeugnissen anfallen. Bezugsgröße hierfür ist die Wochenproduktion an sechs Werktagen von Montag bis Samstag mit 144 Arbeitsstunden. Eine Ausschuss-/Ausfallquote ist nicht zu berücksichtigen, wenn der Arbeitsprozess aus anderen Gründen einmal oder mehrmals pro Woche unterbrochen werden muss, sofern die Unterbrechung auf den Sonn- oder Feiertag gelegt werden kann (vgl. BT-Drucks. 12/5888, S. 29). Da der Ausfall/Ausschuss wegen der Unterbrechung am Sonn- oder Feiertag eintreten muss, bleibt ein durch das Produktionsverfahren selbst bedingter Ausschluss bei der Ermittlung der 5%-igen Ausschussquote außer Betracht. Konsequenterweise ist dann diese auch nur auf fehlerfreie Arbeitserzeugnisse der Wochenproduktion zu beziehen (ebenso Zmarzlik, BB 1991, 907; Anzinger/Koberski § 10 Rn. 168).

48 Der Gesetzgeber hat zwar das „Misslingen von Arbeitsergebnissen" nicht definiert, die amtliche Begründung zeigt jedoch, dass bei der Definition dieses Begriffes auf die **5% Quote** und die Grundsätze, die von den Arbeitsschutzbehörden der Länder im Interesse der Einheitlichkeit des Verwaltungshandelns aufgestellt und beim Vollzug des § 105c Abs. 1 Nr. 4 GewO zugrundegelegt worden sind, zurück gegriffen werden kann (h. M. vgl. Baeck/Deutsch § 10 Rn. 126; Roggendorf § 10 Rn. 38; Schliemann § 10 Rn. 62; Anzinger/Koberski § 10 Rn. 166 ff.; ErfK/Wank § 11 Rn. 22; Erasmy, NZA 1995, 97, 99; a. A. Buschmann/Ulber § 10 Rn. 17, die meinen, diese Auffassung finde im Gesetz keine Stütze mehr).

49 Im Einzelfall kann auch eine Unterschreitung der 5% Grenze ein „Misslingen von Arbeitsergebnissen" darstellen (so ausdr. Regierungsbegründung, BT-Drucks. 12/5888, S. 29). Wann dies der Fall ist, kann nur anhand aller Umstände des Einzelfalles entschieden werden. Entscheidend dürfte sein, ob wegen der Unterbrechung an Sonn- und Feiertagen neben der Ausschuss-/Ausfallquote bei der Produktion weitere **unzumutbare Folgeschäden** wirtschaftlicher oder sonstiger Art auftreten, wie z. B. erheblicher Mehraufwand an Energie, vorzeitiger Verschleiß von Anlagen, zusätzliche Belastung der Umwelt (im Ergebnis h. M., vgl. Baeck/Deutsch Rn. 127; Roggendorff § 10 Rn. 39; Schliemann § 10 Rn. 64; ErfK/Wank § 10 Rn. 22; Anzinger/Koberski § 10 Rn. 167; enger Buschmann/Ulber § 10 Rn. 17, die unabhängig von einer Ausfallquote stets das Vorliegen einer „Situation eines Notopfers beim Unternehmen" verlangen).

Die 3. Alternative der Ausnahme nach Nr. 15, nämlich die Beschäftigung 50
bei **kontinuierlich durchzuführenden Forschungsarbeiten,** geht über
den früheren § 105 c Abs. 1 Nr. 4 GewO hinaus und trägt dem Umstand
Rechnung, dass Forschungsarbeiten auch an Sonn- und Feiertagen erforderlich sein können, wie z. b. die Beobachtung länger andauernder Experimente
oder die wissenschaftliche Beobachtung von Naturphänomenen, die an einem Sonn- oder Feiertag auftreten und sich erst nach längerer Zeit wiederholen würden. Die Sonn- und Feiertagsarbeit muss im Rahmen kontinuierlicher
Forschungsarbeit erfolgen, also im Rahmen von bereits begonnenen Forschungsarbeiten anfallen. Der Neubeginn von Forschungsarbeiten an Sonn-
und Feiertagen wird dagegen nicht erfasst (Buschmann/Ulber § 10 Rn. 14;
Roggendorff § 10 Rn. 41; ErfK/Wank § 10 Rn. 23; a. A. Baeck/Deutsch
§ 10 Rn. 133; Schliemann § 10 Rn. 67).

**17. Vermeidung einer Zerstörung oder erheblichen Beschädigung
der Produktionseinrichtungen**

Die Ausnahme nach **Nr. 16** soll kontinuierliche Sonntagsarbeit ermög- 51
lichen, wenn die Produktionsunterbrechung zu einer Zerstörung oder erheblichen Beschädigung der Produktionseinrichtungen führen würde (Regierungsbegründung, BT-Drucks. 12/5888, S. 29). Mit dieser Ausnahme werden die
technisch bedingten Ausnahmen, die früher aufgrund des § 105 d GewO
in der Bekanntmachung betreffend Ausnahmen von dem Verbot der Sonntagsarbeit in Gewerbebetrieben vom 5. 2. 1895 (RGBl. S. 12) zugelassen waren oder aufgrund der technischen Entwicklung in Zukunft erforderlich, jedoch von der Ausnahme des Abs. 1 Nr. 15 nicht erfasst werden, abgedeckt
(ebenso Zmarzlik, DB 1994, 1086; Dobberahn S. 42; vgl. zur Entstehungsgeschichte auch Anzinger/Koberski § 10 Rn. 209 ff.; Baeck/Deutsch § 10
Rn. 135).

Unter **Produktionseinrichtungen** sind alle Produktionsmittel oder Pro- 52
duktionsanlagen zu verstehen, mit denen Produkte hergestellt werden, wie
z. B. Öfen, Maschinen, Fertigungsstraßen, Werkzeuge u. dgl., wobei der Begriff nicht nur Produktionsanlagen als Ganzes, sondern auch einzelne Teile
erfasst (Baeck/Deutsch § 10 Rn. 136; ErfK/Wank § 10 Rn. 24; Anzinger/Koberski § 10 Rn. 216; Schliemann § 10 Rn. 70).

Wann eine **Beschädigung** der Produktionseinrichtungen **erheblich** ist, 53
lässt sich nicht generell feststellen. Jedenfalls wollte der Gesetzgeber für die
Ausnahme nach Nr. 16 nicht schon jede Beschädigung ausreichen lassen. Erforderlich ist deshalb für die Zulässigkeit der Sonn- und Feiertagsarbeit eine
Beschädigung der Produktionseinrichtungen, die einen ins Gewicht fallenden
Reparaturaufwand bedingt, der zu einer unzumutbaren Belastung des Arbeitgebers, z. B. durch Reparaturkosten oder Produktionsverzögerungen führt
(im Erg. ebenso Baeck/Deutsch § 10 Rn. 139; Schliemann § 10 Rn. 71;
ErfK/Wank § 10 Rn. 24; Anzinger/Koberski § 10 Rn. 221; Buschmann/
Ulber § 10 Rn. 18). Im Zweifelsfalle empfiehlt es sich für den Arbeitgeber –
schon wegen der bußgeldrechtlichen Folgen einer Fehlinterpretation – nach
§ 13 Abs. 3 Nr. 1 eine verbindliche Entscheidung der Aufsichtsbehörde herbeizuführen (ebenso Roggendorff § 10 Rn. 42; Schliemann § 10 Rn. 72).

§ 10 ArbZG Dritter Abschnitt. Sonn- und Feiertagsruhe

III. Ausnahme nach Abs. 2

54 Nach **Abs. 2** dürfen Arbeitnehmer an Sonn- und Feiertagen mit Produktionsarbeiten beschäftigt werden, wenn bei einer Unterbrechung der Produktion mehr Arbeitnehmer mit Reinigungs-, Instandhaltungs- und Vorbereitungsarbeiten im Sinne von Abs. 1 Nr. 14 beschäftigt werden müssen als bei durchgehender Produktion Arbeitnehmer zum Einsatz kämen. Mit dieser Regelung soll eine **Verringerung der Zahl der von Sonntagsarbeit betroffenen Arbeitnehmer** erreicht werden. Es dient nicht dem Sonntagsschutz, wenn infolge der Unterbrechung der Produktion an Sonn- und Feiertagen mehr Arbeitnehmer beschäftigt werden müssen als bei fortlaufender Produktion (vgl. Regierungsbegründung, BT-Drucks. 12/5888 S. 29). Von diesem Sinn und Zweck her ist es allerdings nicht verständlich, dass der Gesetzgeber die Ausnahme auf zulässige Arbeiten nach Abs. 1 Nr. 14 beschränkt hat. Eine Erstreckung auf die anderen Ausnahmefälle des § 10 Abs. 1, insbesondere Nr. 15 und 16 kommt jedoch angesichts des eindeutigen Gesetzeswortlautes nicht in Betracht (streitig, wie hier Buschmann/Ulber § 10 Rn. 19; Roggendorff § 10 Rn. 44; Schliemann § 10 Rn. 76; ErfK/Wank § 10 Rn. 25; a. A. Baeck/Deutsch § 10 Rn. 148; Junker, ZfA 1998, 105, 126; Dobberahn Rn. 112; wohl auch Erasmy, NZA 1995, 97, 100).

55 Abzustellen ist grundsätzlich auf die **Zahl der** bei Unterbrechung und der bei durchgehender Produktion **einzusetzenden Arbeitnehmer**. Die Ausnahme nach Abs. 2 kann jedoch nicht dadurch herbeigeführt werden, dass der Arbeitgeber bei Produktionsunterbrechung mehr Arbeitnehmer mit geringerer Stundenzahl mit zulässigen Arbeiten nach Abs. 1 Nr. 14 und bei durchgehender Produktion weniger Arbeitnehmer mit höherer Stundenzahl an Sonn- und Feiertagen einsetzen will. Zur Vermeidung von Missbräuchen kann deshalb im Einzelfall auf die Gesamtzahl der von den Arbeitnehmern in dem einen oder dem anderen Falle zu leistenden Arbeitsstunden abgestellt werden (ebenso Baeck/Deutsch § 10 Rn. 146; Buschmann/Ulber § 10 Rn. 19; Roggendorff § 10 Rn. 45; ErfK/Wank § 10 Rn. 25; Anzinger/Koberski § 10 Rn. 246; krit. Schliemann § 10 Rn. 75).

IV. Ausnahme nach Abs. 3

56 Nach **Abs. 3** dürfen Arbeitnehmer an Sonn- und Feiertagen in Bäckereien und Konditoreien für bis zu drei Stunden mit der **Herstellung und dem Austragen oder Ausfahren von Konditorwaren und an diesem Tag zum Verkauf kommenden Bäckerwaren** beschäftigt werden. Diese Ausnahme wurde nachträglich durch das Gesetz zur Änderung des Gesetzes über den Ladenschluss und zur Neuregelung der Arbeitszeit in Bäckereien und Konditoreien vom 30. 7. 1996 (BGBl. I S. 1186) in das ArbZG eingefügt. Sie war erforderlich, nachdem gleichzeitig die frühere Herausnahme der Beschäftigung von Arbeitnehmern in Bäckereien und Konditoreien aus dem ArbZG (§ 18 Abs. 4) und das Gesetz über die Arbeitszeit in Bäckereien und Konditoreien aufgehoben wurden. Die Ausnahme soll, nachdem der Verkauf von Bäcker- und Konditorwaren an Sonn- und Feiertagen für die Dauer von drei Stunden erlaubt wurde, die Versorgung der Bevölkerung mit frischen Back- und Konditoreiwaren auch an Sonn- und Feiertagen ermöglichen (vgl.

zum Gesetzeszweck auch Baeck/Deutsch § 10 Rn. 150; Schliemann § 10 Rn. 77; ErfK/Wank § 10 Rn. 26).

Bäckereien und Konditoreien sind Betriebe, in denen Backwaren wie 57 Brötchen, Brote, Brezen oder ähnliches und Konditorwaren wie Kuchen, Torten, auch Eistorten, Obsttorten und ähnliche Waren hergestellt werden. Bei reinen Eisspeisen gilt die Sonderregelung entsprechend der früheren Sonderbestimmung des § 1 Abs. 1 BAZG nur, wenn gleichzeitig andere Bäcker- und Konditorwaren hergestellt werden. Für die Herstellung von Dauerbackwaren (Zwieback, Keks, Biskuit, Honigkuchen, Lebkuchen, Waffeln u. Ä.) greift die Sonderregelung nur dann ein, wenn gleichzeitig auch Bäcker- und Konditorwaren hergestellt werden (entspr. § 1 Abs. 1 Nr. 3 BAZG, OLG Hamm vom 15. 7. 1976, GewArch. 1975 S. 247). Zu den Bäckerwaren zählen auch Brötchen, Baguettes, Brote u. Ä., die vom jeweiligen Betrieb nur vorbereitet (sog. Rohlinge) und vom Verbraucher selbst fertig gebacken werden (OVG Münster vom 9. 6. 1993 – 4 A 2279/92; vgl. auch Baeck/Deutsch § 10 Rn. 152).

Erlaubt ist die Beschäftigung von Arbeitnehmern für **bis zu drei Stunden** 58 mit der Herstellung, dem Austragen und dem Ausfahren von Bäcker- und Konditorwaren, die an dem Sonn- und/oder Feiertag zum Verkauf kommen. Die Einschränkung, dass die hergestellten, ausgefahrenen oder ausgetragenen Waren noch am gleichen Tag zum Verkauf kommen sollen, betrifft zwar nach dem Gesetzeswortlaut nur Bäckerwaren, gilt aber aufgrund einer teleologischen Reduktion auch für Konditorwaren, weil ein sachlicher Grund für eine Privilegierung der Herstellung von nicht an dem Sonn- und/oder Feiertag zum Verkauf kommenden Konditorwaren nicht ersichtlich ist und offensichtlich nur ein Redaktionsversehen des Gesetzgebers vorliegt (Baeck/ Deutsch § 10 Rn. 153; Buschmann/Ulber § 10 Rn. 20; Schliemann § 10 Rn. 77).

V. Ausnahme nach Abs. 4

Nach **Abs. 4** dürfen Arbeitnehmer zur Durchführung des Eil- und Groß- 59 betragszahlungsverkehrs und des Geld-, Devisen-, Wertpapier- und Derivatehandels an **den auf einen Werktag fallenden Feiertagen beschäftigt werden, die nicht in allen Mitgliedstaaten der Europäischen Union Feiertage sind.** Die Ausnahme wurde durch Art. 14a des Euro-Einführungsgesetzes (EuroEG) vom 9. 6. 1998 (BGBl. I S. 1242) mit Wirkung vom 1. 1. 1999 in das ArbZG eingefügt. Hintergrund ist die Einführung des Eil- und Großbetragszahlungssystems TARGET, das eine schnelle Abwicklung des bargeldlosen Zahlungsverkehrs, insbesondere von Großbeträgen in der neuen Euro-Währung in allen Mitgliedstaaten der Union gewährleisten soll (vgl. Anzinger, NZA 1998, 895; Baeck/Deutsch § 10 Rn. 160; Schliemann § 10 Rn. 78). Aufgrund einer freiwilligen Vereinbarung der Europäischen Notenbanken bleibt das TARGET-System an allen Wochenenden (Samstag und Sonntag) und an den in allen Mitgliedstaaten der EU gleichzeitig begangenen Feiertagen (das sind derzeit nur der 25. Dezember und der 1. Januar) geschlossen. Die Ausnahme nach Abs. 4 soll den Finanzplatz Deutschland sichern und eine Benachteiligung inländischer Marktteilnehmer gegenüber ausländischen Wettbewerbern vermeiden helfen (Anzinger, NZA 1998, 845,

846; ErfK/Wank § 10 Rn. 27; Baeck/Deutsch § 10 Rn. 157; krit. Buschmann/Ulber § 10 Rn. 21). Der Betriebsrat der Frankfurter Wertpapierbörse hat versucht, eine Entscheidung des BAG zu der Frage, ob Abs. 4 gegen das Grundgesetz verstößt, herbeizuführen. Das BAG brauchte aber darüber nicht zu entscheiden, weil der Betriebsrat bislang in jedem Einzelfall der Anordnung von Feiertagsarbeit durch die Arbeitgeberseite zugestimmt hatte und damit sein Antrag mangels Feststellungsinteresse unzulässig war (BAG 27. 1. 2004, AP Nr. 56 zu § 81 ArbGG 1979 = NZA 2004, 941)).

60 Zulässig nach Abs. 4 sind **alle Arbeiten, die zur Durchführung des Eil- und Großbetragszahlungsverkehrs sowie des Geld-, Devisen-, Wertpapier- und Derivatehandels erforderlich sind,** und zwar unabhängig von der Höhe der Zahlung. Erfasst werden auch die dazu gehörigen Hilfs- und Nebentätigkeiten, nicht jedoch der normale Massenzahlungsverkehr (Anzinger NZA 1998, 845, 846; Schliemann § 10 Rn. 79; Baeck/ Deutsch § 10 Rn. 162, 164). Voraussetzung ist aber stets, dass die Arbeiten nicht an Werktagen vorgenommen werden können, so dass z. B. Vorbereitungsarbeiten, die bereits am Vortag des Feiertages geleistet werden können, nicht unter Abs. 4 fallen (Buschmann/Ulber § 10 Rn. 21). Außerdem muss der Arbeitgeber alle Möglichkeiten zur Vermeidung einer Feiertagsarbeit ausschöpfen, wobei er jedoch unverhältnismäßige wirtschaftliche oder soziale Nachteile nicht in Kauf nehmen braucht (Anzinger, NZA 1998, 845, 846; Baeck/Deutsch § 10 Rn. 164).

VI. Arbeitspflicht, Mitbestimmung

61 § 10 ermächtigt den Arbeitgeber nur, seine Arbeitnehmer abweichend von § 9 an Sonn- und Feiertagen zu beschäftigen, ohne ordnungswidrig zu handeln oder sich strafbar zu machen. Eine **Verpflichtung der Arbeitnehmer zur Sonn- und Feiertagsarbeit ergibt sich aus § 10 nicht;** eine Verpflichtung der Arbeitnehmer zur Sonn- und Feiertagsarbeit kann sich nur aus dem Arbeitsvertrag oder einem auf das Arbeitsverhältnis kraft normativer Wirkung oder vertraglicher Vereinbarung anzuwendenden Tarifvertrag ergeben. Dabei muss angesichts der herausragenden, grundrechtsrelevanten Bedeutung des arbeitsfreien Sonntags als – gemeinsamer – Tag der Arbeitsruhe (vgl. BVerfG 1. 12. 2009, NVwZ 2010, 570 = GewArch 2010, 108) Sonntagsarbeit ausdrücklich vereinbart werden, das Direktionsrecht nach § 106 Satz 1 GewO allein berechtigt den Arbeitgeber nicht, den Arbeitnehmer zur Sonntagsarbeit heranzuziehen (a. A. BAG 15. 9. 2009, AP Nr. 7 zu § 106 GewO = NJW 2010, 394; im Ergebnis wie hier Buschmann/Ulber § 10 Rn. 22; Preis/Ulber, NZA 2010, 730). Das **Mitbestimmungsrecht** des Betriebs- oder Personalrats bei der Anordnung von Sonn- und Feiertagsarbeit nach § 87 Abs. 1 Nr. 2 BetrVG bzw. § 75 Abs. 3 Nr. 1 BPersVG bleibt von § 10 unberührt.

VII. Jugendliche

62 Für die Beschäftigung von **Jugendlichen** gilt nach § 18 Abs. 2 anstelle des ArbZG das Jugendarbeitsschutzgesetz. Nach den §§ 17, 18 JArbSchG besteht für Jugendliche ein allgemeines Beschäftigungsverbot an Sonn- und Feiertagen. Sie dürfen zu keinerlei Arbeiten, auch nicht zur Arbeitsbereitschaft und Bereitschaftsdienst herangezogen werden.

Am 25. Dezember, 1. Januar, 1. Osterfeiertag und 1. Mai ist eine Beschäftigung Jugendlicher – außer in Notfällen – stets unzulässig. Sonst ist ausnahmsweise eine Beschäftigung zulässig, wobei jeder zweite Sonntag frei bleiben soll und zwei Sonntage im Monat frei bleiben müssen: 63

– in Krankenanstalten, Alten-, Pflege- und Kinderheimen. Hier ist regelmäßig Arbeit zulässig, nicht also nur dringende oder notwendige Arbeiten, so dass der Sonn- und Feiertag in diesem Bereich in die Arbeitszeit Jugendlicher einbezogen werden kann. Zwei Sonntage müssen aber auch hier wie bei jeder erlaubter Sonntagsarbeit Jugendlicher frei bleiben. 64

– in der Landwirtschaft und Tierhaltung. In diesem Bereich sind nur solche Arbeiten zulässig, die auch an Sonntagen und Feiertagen naturnotwendig vorgenommen werden müssen, vor allem also Füttern und Versorgen von Tieren, aber auch vom Wetter oder der Witterung abhängige unaufschiebbare Arbeiten, wie Einbringung von Heu bei drohendem plötzlichen Unwetter oder Bewässerung sonst vertrocknenden Saatgutes und Ähnlichem. 65

– im Familienhaushalt bei Aufnahme in die häusliche Gemeinschaft. Die Aufnahme in den Haushalt muss vollständig sein, eine Aufnahme nur für die Tageszeit reicht nicht aus, wenn der Jugendliche nachts etwa bei seinen Angehörigen wohnt. Arbeiten aufgrund Familienrechtsverhältnisse (§ 1619 BGB) sind ohnehin als gelegentliche geringfügige Hilfsleistungen nach § 1 Abs. 2 JArbSchG vom Jugendarbeitsschutzgesetz und damit auch vom Sonntagsarbeitsverbot ausgenommen. 66

– im Gaststättengewerbe. Zum Begriff des Gaststättengewerbes vgl. oben Rn. 12. 67

– im Schaustellergewerbe und bei Musikaufführungen, Theatervorstellungen und anderen Aufführungen sowie bei Direktsendungen im Rundfunk (Hörfunk und Fernsehen). Direktsendungen sind nicht nur unmittelbare Übertragungen, sondern auch Sendungen, die aus Gründen der Technik oder Übertragung zunächst aufgezeichnet, dann aber unmittelbar oder nur geringfügig später gesendet werden. Ob die Sendung am Sonntag oder Feiertag aus Gründen der Aktualität erfolgen soll oder muss, ist dagegen belanglos. Auch die Direktsendung, die schon früher hätte aufgezeichnet werden können, fällt unter die Ausnahme; auf den Grund und die Ursache der Direktsendung kommt es nicht an. 68

– beim Sport. Vgl. dazu oben Rn. 9. 69

– im ärztlichen Notdienst. Hierher gehört nicht nur der im medizinischen Dienst selbst tätige Arzthelfer, die Sprechstundenhilfe, sondern auch Jugendliche, die im Telefondienst, als Kraftfahrer, Sanitätshelfer, Träger oder sonst im Katastrophenschutz oder Samariterdienst tätig werden. 70

– in der Binnenschifffahrt dürfen Jugendliche an jedem Tag der Woche, nur nicht am 24. Dezember, an den Weihnachtsfeiertagen, am 31. Dezember, am 1. Januar, an den Osterfeiertagen und am 1. Mai beschäftigt werden (§ 20 Nr. 3 JArbSchG). 71

Ansonsten sind Ausnahmen nur in Notfällen (§ 21 JArbSchG) vorgesehen. Durch Tarifvertrag und durch das Bundesministerium für Arbeit und Soziales durch Rechtsverordnung mit Zustimmung des Bundesrates können jedoch bestimmte Ausnahmen vom Beschäftigungsverbot an Sonn- und Feiertagen zugelassen werden (§§ 21a, 21b JArbSchG). Auch diese Ausnahmen sind je- 72

§ 11 ArbZG Dritter Abschnitt. Sonn- und Feiertagsruhe

doch auf 26 Sonn- und Feiertage im Jahr beschränkt. Die Ermächtigung an den Bundesminister für Arbeit und Sozialordnung ist an das Interesse der Berufsausbildung oder der Zusammenarbeit von Jugendlichen und Erwachsenen gebunden und darf eine Beeinträchtigung der Gesundheit oder körperlichen bzw. seelisch-geistigen Entwicklung der Jugendlichen nicht befürchten lassen.

§ 11 Ausgleich für Sonn- und Feiertagsbeschäftigung

(1) Mindestens 15 Sonntage im Jahr müssen beschäftigungsfrei bleiben.

(2) Für die Beschäftigung an Sonn- und Feiertagen gelten die §§ 3 bis 8 entsprechend, jedoch dürfen durch die Arbeitszeit an Sonn- und Feiertagen die in den §§ 3, 6 Abs. 2, §§ 7 und 21a Abs. 4 bestimmten Höchstarbeitszeiten und Ausgleichszeiträume nicht überschritten werden.

(3) [1] Werden Arbeitnehmer an einem Sonntag beschäftigt, müssen sie einen Ersatzruhetag haben, der innerhalb eines den Beschäftigungstag einschließenden Zeitraums von zwei Wochen zu gewähren ist. [2] Werden Arbeitnehmer an einem auf einen Werktag fallenden Feiertag beschäftigt, müssen sie einen Ersatzruhetag haben, der innerhalb eines den Beschäftigungstag einschließenden Zeitraums von acht Wochen zu gewähren ist.

(4) Die Sonn- oder Feiertagsruhe des § 9 oder der Ersatzruhetag des Absatzes 3 ist den Arbeitnehmern unmittelbar in Verbindung mit einer Ruhezeit nach § 5 zu gewähren, soweit dem technische oder arbeitsorganisatorische Gründe nicht entgegenstehen.

Übersicht

	Rn.
I. Normzweck Die Vorschrift legt die zeitlichen Grenzen der erlaubten Sonn- und Feiertagsarbeit fest; außerdem enthält sie Regelungen zum Freizeitausgleich	1
II. Beschäftigungsfreie Sonntage Mindestens 15 Sonntage im Jahr müssen beschäftigungsfrei sein	2, 3
Entscheidend ist die Zahl der tatsächlich beschäftigungsfreien Sonntage	4
III. Arbeitszeitgrenzen an Sonn- und Feiertagen Die Arbeitszeitgrenzen für Werktagsarbeit sind auch bei Sonn- und Feiertagsarbeit zu beachten	5, 6
IV. Ersatzruhetag Für jeden gearbeiteten Sonn- und Feiertag ist den Arbeitnehmern ein Ersatzruhetag zu gewähren	7–9
Ausgleichszeitraum	10–12
V. Wochenruhe von 35 Stunden Die Arbeitnehmer sollen grundsätzlich eine wöchentliche Mindestruhezeit von 35 Stunden erhalten	13–15

I. Normzweck

1 § 11 legt die **zeitlichen Grenzen der erlaubten Sonn- und Feiertagsarbeit** fest und enthält Regelungen zum **Freizeitausgleich** für Arbeitnehmer, die an Sonn- und Feiertagen beschäftigt werden. Abs. 2 entspricht dem Regierungsentwurf, während Abs. 1 auf die Beschlussempfehlung des Ausschusses für Arbeit und Sozialordnung zurückgeht. Der Regierungsentwurf sah vor, dass ein Sonntag im Monat beschäftigungsfrei bleiben müsse. Das Abstellen auf einen Jahreszeitraum soll dem Umstand Rechnung tragen, dass

in den Bereichen, in denen typischerweise sonntags gearbeitet wird, sowie in Saisonbetrieben, die Gewährung von mindestens einem beschäftigungsfreien Sonntag im Monat nicht immer ohne weiteres möglich ist (vgl. BT-Drucks. 12/6990 S. 43).

II. Beschäftigungsfreie Sonntage

Nach **Abs. 1** müssen mindestens **15 Sonntage im Jahr beschäftigungsfrei** bleiben. „Beschäftigungsfrei" bedeutet nicht, dass an 15 Sonntagen im Jahr der gesamte Betrieb ruhen muss (so aber Buschmann/Ulber § 11 Rn. 2). Die Vorschrift will nur jedem einzelnen Arbeitnehmer eine Mindestzahl an beschäftigungsfreien Sonntagen im Jahr garantieren. Betriebe, die zulässigerweise sonntags Arbeitnehmer beschäftigen dürfen, können deshalb durchaus ganzjährig Sonntagsarbeit verrichten, sofern nur jedem Arbeitnehmer 15 beschäftigungsfreie Sonntage im Jahr verbleiben (ebenso Baeck/Deutsch § 11 Rn. 8; Schliemann § 11 Rn. 4; ErfK/Wank § 11 Rn. 1; Anzinger/Koberski § 11 Rn. 11; Erasmy, NZA 1999, 97, 102; Junker, ZfA 1998, 105, 126). Dabei müssen die Sonntage von jeglicher Beschäftigung, d. h. jeder Betätigung im Zusammenhang mit abhängiger Erwerbstätigkeit (vgl. § 9 Rn. 3) frei sein. Arbeitnehmer dürfen an diesen Tagen also auch nicht z. B. zu Rufbereitschaft oder Bereitschaftsdienst herangezogen werden (allgA, vgl. nur Baeck/Deutsch Rn. 8; ErfK/Wank § 11 Rn. 1). 2

Die Mindestanzahl der beschäftigungsfreien Sonntage muss „im Jahr" gewährt werden. Das ist nicht das Kalenderjahr, vielmehr ist der **Jahreszeitraum individuell zu bestimmen** und beginnt bei jedem Arbeitnehmer mit dem ersten Sonntag, an dem er Sonntagsarbeit leistet, zu laufen. Wird ein Arbeitnehmer beispielsweise erstmals am 20. Juni eines Kalenderjahres zu Sonntagsarbeit herangezogen, muss er im folgenden Jahr, d. h. bis zum 19. Juni des nächsten Kalenderjahres, mindestens 15 beschäftigungsfreie Sonntage haben (wie hier Baeck/Deutsch § 11 Rn. 9; Roggendorff § 11 Rn. 5; ErfK/Wank § 11 Rn. 1; Buschmann/Ulber § 11 Rn. 2; a. A., nämlich auf einen individuell festlegbaren Zwölfmonatszeitraum abstellend Schliemann § 11 Rn. 6; Anzinger/Koberski Rn. 15; Junker, ZfA 1998, 105, 127). 3

Bei der Mindestzahl der 15 beschäftigungsfreien Sonntage kommt es allein auf die Zahl der **tatsächlich beschäftigungsfreien Sonntage** an, unabhängig davon, aus welchem Grund diese Sonntage beschäftigungsfrei sind. Arbeitsfreie Sonntage im Urlaub, während einer Krankheit und in Zeiten sonstiger Arbeitsbefreiung sind deshalb beschäftigungsfreie Sonntage im Sinne von § 11 Abs. 1 (ebenso Baeck/Deutsch § 11 Rn. 7; Roggendorff § 11 Rn. 5; Schliemann § 11 Rn. 5; ErfK/Wank § 11 Rn. 2; Junker, ZfA 1998, 105, 127; a. A. Buschmann/ Ulber § 11 Rn. 3). Durch Tarifvertrag oder ggf. durch Betriebsvereinbarung kann in den in § 12 Nr. 1 genannten Bereichen die Mindestanzahl der beschäftigungsfreien Sonntage verringert werden (vgl. dazu § 12 Rn. 3). 4

III. Arbeitszeitgrenzen an Sonn- und Feiertagen

Nach **Abs. 2** sind auch bei der Beschäftigung an Sonn- und Feiertagen die **Arbeitszeitgrenzen** für Werktagsarbeit zu beachten. Die Arbeitszeit an Sonn- und Feiertagen darf deshalb grundsätzlich 8 Stunden nicht überschreiten (§ 3 S. 1). Sie kann entsprechend § 3 S. 2 auf bis zu 10 Stunden verlän- 5 gert werden, wenn innerhalb des einschlägigen Ausgleichszeitraums an einem Werktag entsprechend weniger gearbeitet wird (s. dazu § 3 Rn. 8 bis 10). Für Nachtarbeit an Sonn- und Feiertagen gelten die Arbeitszeitgrenzen des § 6 Abs. 2 (s. dazu § 6 Rn. 10 bis 13) und die Ausgleichsregelung des § 6 Abs. 5 (BAG vom 27. 1. 2000, AP Nr. 33 zu § 1 TVG Tarifverträge: Rundfunk = NZA 2001, 41; s. auch § 6 Rn. 24–26). Ruhepausen (§ 4) und Ruhezeiten (§ 5) sind an den Sonn- und Feiertagen beschäftigten Arbeitnehmern wie an Werktagen zu gewähren (Baeck/Deutsch § 11 Rn. 14; Schliemann § 11 Rn. 12; ErfK/Wank § 11 Rn. 2). Die Verweisung auf § 6 Abs. 5 ist eine Rechtsgrundverweisung, so dass sich aus Abs. 2 kein Anspruch auf einen gesetzlichen Sonn- und Feiertagszuschlag ableiten lässt (BAG vom 11. 1. 2006, NZA 2006, 372; Schliemann § 11 Rn. 11; krit. Buschmann/Ulber § 11 Rn. 4a, die zumindest über § 612 Abs. 1 BGB einen generellen Anspruch auf Sonn- und Feiertagszuschläge bejahen).

6   Abweichungen von den Grundnormen durch Tarifvertrag oder ggf. Betriebsvereinbarung gelten auch für Sonn- und Feiertagsarbeit. In **vollkontinuierlichen Schichtbetrieben** kann abweichend von Abs. 2 durch Tarifvertrag oder ggf. durch Betriebsvereinbarung die Arbeitszeit an Sonn- und Feiertagen auf bis zu zwölf Stunden verlängert werden, wenn dadurch zusätzliche freie Schichten an Sonn- und Feiertagen erreicht werden, § 12 Nr. 4 (s. dazu § 12 Rn. 7). Schließlich können Abweichungen von § 11 Abs. 2 (längere tägliche Arbeitszeit, andere Ruhezeiten) von der Aufsichtsbehörde nach § 15 Abs. 1 bewilligt werden.

IV. Ersatzruhetag

7   Nach **Abs. 3** ist den Arbeitnehmern für jeden gearbeiteten Sonn- und Feiertag ein **Ersatzruhetag** an einem Werktag zu gewähren. Damit bleibt mittelbar die durchschnittliche wöchentliche Arbeitszeit innerhalb der Ausgleichszeiträume nach §§ 3 S. 2, 6 Abs. 2 S. 2, 7 Abs. 1 Nr. 1b auf 48 Stunden begrenzt (vgl. § 3 Rn. 4; ebenso Baeck/Deutsch § 11 Rn. 17; Buschmann/Ulber § 11 Rn. 5; Roggendorff § 11 Rn. 10).

8   Ersatzruhetag bedeutet nicht notwendigerweise einen zusätzlichen Urlaubstag oder Freizeitausgleich, es muss lediglich im Ausgleichszeitraum statt des gearbeiteten Sonn- oder Feiertages **ein Werktag arbeitsfrei** sein. Bei Beschäftigung in einer 5-Tage-Woche kann deshalb auch der arbeitsfreie Samstag Ersatzruhetag sein (ebenso Baeck/Deutsch § 11 Rn. 18; Dobberahn Rn. 119; Roggendorff § 11 Rn. 5; Schliemann § 11 Rn. 17; ErfK/Wank § 11 Rn. 3; Anzinger/Koberski § 11 Rn. 31; Erasmy, NZA 1995, 97, 103; Junker, ZfA 1998, 105, 127; so jetzt auch BAG vom 12. 12. 2001, AP Nr. 1 zu § 11 ArbZG = NZA 2002, 505 u. vom 19. 9. 2012 – 5 AZR 727/11 –; a. A. Buschmann/Ulber § 11 Rn. 6a), desgleichen ein schichtplanmäßig freier sonstiger Werktag (BAG vom 13. 7. 2006, AP Nr. 1 zu § 15 MTArb = DB 2006, 2820).

9   Für den Ersatzruhetag kommt es auf den zeitlichen Umfang der Beschäftigung an einem Sonn- oder Feiertage nicht an, er ist vielmehr unabhängig von der Dauer und **für jegliche Beschäftigung,** zu gewähren, also auch z.B. für Bereitschaftsdienst und Rufbereitschaft (allgA, vgl. nur Baeck/Deutsch § 11 Rn. 18; Schliemann § 11 Rn. 15f. – jew. m.w.N.).

Der Ersatzruhetag muss innerhalb eines den Beschäftigungstag einschließenden **Zeitraums** von zwei Wochen bei Sonntagsarbeit und acht Wochen bei Feiertagsarbeit gewährt werden. Nicht erforderlich ist, dass der Ersatzruhetag nach dem gearbeiteten Sonn- oder Feiertag liegt (wie hier Baeck/Deutsch § 11 Rn. 19; Dobberahn Rn. 121; Schliemann § 11 Rn. 18; ErfK/Wank § 11 Rn. 4; Anzinger/Koberski § 11 Rn. 32; Erasmy, NZA 1995, 97, 103; Junker, ZfA 1998, 105, 127; a. A. Buschmann/Ulber § 11 Rn. 6 a; Roggendorff § 11 Rn. 13). Dies ergibt sich aus dem Gesetzeswortlaut, wonach der Zeitraum für den Ersatzruhetag den Beschäftigungstag lediglich einschließen, ihm aber nicht folgen muss. Entscheidend ist deshalb allein, dass der Arbeitnehmer vor oder nach der Sonn- oder Feiertagsarbeit innerhalb des jeweiligen Zeitraums einen freien Werktag erhält. Kann der Arbeitgeber, der einen Arbeitnehmer ausschließlich sonntags beschäftigt, diesem den Ersatzruhetag deshalb nicht gewähren, weil der Arbeitnehmer an allen übrigen Tagen der Woche in einem anderen Arbeitsverhältnis arbeitet, so ist regelmäßig eine ordentliche Kündigung aus Gründen in der Person des Arbeitnehmers gerechtfertigt, weil ein Beschäftigungshindernis besteht. Zwar verstößt in diesem Falle nicht die Beschäftigung mit der vertraglich geschuldeten Tätigkeit selbst gegen ein gesetzliches Verbot, wohl aber kann der Arbeitgeber aus Gründen, die er nicht zu vertreten hat und die in der Sphäre des Arbeitnehmers liegen, gesetzliche Verpflichtungen, die mit der Beschäftigung verbunden sind, nicht erfüllen (BAG vom 24. 2. 2005, AP Nr. 51 zu § 1 KSchG 1969 Verhaltensbedingte Kündigung = NZA 2005, 759).

Da der Gesetzgeber bei der Festlegung der zeitlichen Lage des Ersatzruhetages dem Arbeitgeber im Rahmen des Abs. 3 einen Regelungsspielraum lässt, steht dem Betriebsrat ein **Mitbestimmungsrecht** nach § 87 Abs. 1 Nr. 2 BetrVG zu (LAG Köln vom 24. 9. 1998 NZA-RR 1999, 194; Baeck/Deutsch § 11 Rn. 33; Buschmann/Ulber § 11 Rn. 10; Roggendorff § 11 Rn. 16; Anzinger/Koberski § 11 Rn. 48; Schliemann § 11 Rn. 22).

Abweichend von § 11 Abs. 3 kann durch Tarifvertrag oder ggf. Betriebsvereinbarung für Sonn- und Feiertagsarbeit ein anderer Ausgleichszeitraum bestimmt sowie der Wegfall von Ersatzruhetagen für auf Werktage fallende Feiertage vereinbart werden, § 12 Nr. 2 und 3 (vgl. dazu § 12 Rn. 5 u. 6).

V. Wochenruhe von 35 Stunden

Nach **Abs. 4** ist die Sonn- oder Feiertagsruhe des § 9 oder der Ersatzruhetag des Abs. 3 den Arbeitnehmern unmittelbar in Verbindung mit einer Ruhezeit nach § 5 zu gewähren. Mit dieser Vorschrift soll grundsätzlich eine **wöchentliche Mindestruhezeit von 35 Stunden** für die Arbeitnehmer sichergestellt werden (so ausdr. Regierungsbegründung BT-Drucks. 12/5888 S. 30). Außerdem wird damit Art. 5 der EG-Richtlinie Arbeitszeitgestaltung entsprochen, hinsichtlich der Feiertagsruhe geht die Regelung sogar über die Vorgaben der Richtlinie hinaus, da diese eine Feiertagsruhe nicht kennt (Baeck/Deutsch § 11 Rn. 25; Schliemann § 11 Rn. 21).

Abs. 4 will sicherstellen, dass zwischen dem Ende und dem Wiederbeginn der Arbeit unter Einschluss des Sonn-, Feier- oder Ersatzruhetages eine Mindestruhezeit von 35 Stunden liegt. Deshalb muss die Ruhezeit von min-

§ 12 ArbZG　　　　　　　　　Dritter Abschnitt. Sonn- und Feiertagsruhe

destens 11 Stunden nach § 5 Abs. 1 nicht zwingend in Gänze nach Beendigung der Arbeit und vor Beginn der Sonn- und Feiertagsruhe nach § 9 Abs. 1 liegen, sondern kann auch nach Ende der Sonn- und Feiertagsruhe gewährt werden. Abs. 4 beschränkt daher nicht notwendigerweise die **Samstagsarbeit** auf ein Arbeitsende um 13 Uhr (so aber Buschmann/Ulber § 11 Rn. 8; Roggendorff § 11 Rn. 15; wie hier Baeck/Deutsch § 11 Rn. 26; Schliemann § 11 Rn. 22; Anzinger/Koberski § 11 Rn. 38; Erasmy, NZA 1995, 97, 103).

15　Von dem Erfordernis der unmittelbaren Verbindung von Sonn- oder Feiertagsruhe bzw. Ersatzruhetag und Ruhezeit nach § 5 lässt Abs. 4 **Abweichungen** zu, soweit der Gewährung der wöchentlichen Mindestruhezeit von 35 Stunden technische oder arbeitsorganisatorische Gründe entgegenstehen. Der oft übliche Schichtwechsel von der Spätschicht am Samstag mit Ende 22 Uhr auf die Frühschicht am Montag mit Beginn 6 Uhr bleibt deshalb weiterhin zulässig, auch wenn dabei nur eine Ruhezeit von 32 Stunden eingehalten wird (ebenso Baeck/Deutsch § 11 Rn. 31; Buschmann/Ulber § 11 Rn. 9; Roggendorff § 11 Rn. 15; Schliemann § 11 Rn. 24; ErfK/Wank § 11 Rn. 5; Anzinger/Koberski § 11 Rn. 47).

§ 12 Abweichende Regelungen

[1] In einem Tarifvertrag oder auf Grund eines Tarifvertrags in einer Betriebs- oder Dienstvereinbarung kann zugelassen werden,

1. abweichend von § 11 Abs. 1 die Anzahl der beschäftigungsfreien Sonntage in den Einrichtungen des § 10 Abs. 1 Nr. 2, 3, 4 und 10 auf mindestens zehn Sonntage, im Rundfunk, in Theaterbetrieben, Orchestern sowie bei Schaustellungen auf mindestens acht Sonntage, in Filmtheatern und in der Tierhaltung auf mindestens sechs Sonntage im Jahr zu verringern,
2. abweichend von § 11 Abs. 3 den Wegfall von Ersatzruhetagen für auf Werktage fallende Feiertage zu vereinbaren oder Arbeitnehmer innerhalb eines festzulegenden Ausgleichszeitraums beschäftigungsfrei zu stellen,
3. abweichend von § 11 Abs. 1 bis 3 in der Seeschiffahrt die den Arbeitnehmern nach diesen Vorschriften zustehenden freien Tage zusammenhängend zu geben,
4. abweichend von § 11 Abs. 2 die Arbeitszeit in vollkontinuierlichen Schichtbetrieben an Sonn- und Feiertagen auf bis zu zwölf Stunden zu verlängern, wenn dadurch zusätzliche freie Schichten an Sonn- und Feiertagen erreicht werden.

[2] § 7 Abs. 3 bis 6 findet Anwendung.

Übersicht	Rn.
I. Normzweck	1, 2
II. Tarifvertrag oder Betriebsvereinbarung	3
III. Verringerung der beschäftigungsfreien Sonntage	4
IV. Wegfall von Ersatzruhetagen für Feiertage, anderer Ausgleichszeitraum	5, 6
V. Seeschifffahrt	7
VI. Vollkontinuierliche Schichtbetriebe	8

Abweichende Regelungen **ArbZG § 12**

I. Normzweck

Die Vorschrift geht im Wesentlichen auf den Regierungsentwurf zurück. 1
Sie soll den **Tarifvertragsparteien** und den **Betriebs- oder Dienststellenpartnern** die Befugnis übertragen, unter bestimmten Voraussetzungen die Dauer der Arbeitszeit bei gesetzlich zugelassener Sonn- und Feiertagsarbeit festzulegen sowie die Zahlen der arbeitsfreien Sonntage und die Ersatzruhetage zu variieren (vgl. BR-Drucks. 507/93 S. 86). Die jetzige Fassung der Nr. 1 beruht auf der Beschlussempfehlung des Ausschusses für Arbeit und Sozialordnung und war erforderlich, nachdem abweichend vom Regierungsentwurf § 11 Abs. 1 die Mindestanzahl beschäftigungsfreier Sonntage nicht auf den einzelnen Monat, sondern das Jahr bezog (vgl. § 11 Rn. 1). Ergänzt wurde die Nr. 1 auf Beschlussempfehlung des Ausschusses für Arbeit und Sozialordnung um den Bereich Rundfunk. Das wurde für erforderlich angesehen, weil die Berücksichtigung des besonders verfassungsrechtlich geschützten Programm- und insbesondere Informationsauftrags des Rundfunks beim Ausgleich für Sonn- und Feiertagsbeschäftigung notwendigerweise zu Abweichungen von der Standardregel führe (so BT-Drucks. 12/6990 S. 43). Damit wurde auch einem Vorschlag des Bundesrates entsprochen, dem die Bundesregierung zustimmte (vgl. BT-Drucks. 12/5888 S. 43 u. 53). Schließlich wurde § 12 S. 1 durch Art. 4b Ziff. 3 des Gesetzes zu Reformen am Arbeitsmarkt vom 24. 12. 2003 (BGBl. I S. 3002) um den Begriff der Dienstvereinbarung ergänzt. Diese auf eine Beschlussempfehlung des Ausschusses für Wirtschaft und Arbeit zurückgehende Änderung soll klarstellen, dass abweichende Regelungen auf Grund eines Tarifvertrages nicht nur in einer Betriebsvereinbarung sondern auch in einer Dienstvereinbarung getroffen werden dürfen (vgl. BT-Drucks. 15/1587 S. 34).

Die Delegation auf die Tarifvertragsparteien bzw. Betriebs- und Dienststel- 2
lenpartner stößt in der Literatur z. T. auf **verfassungsrechtliche Bedenken,** weil der den Tarifvertragsparteien eingeräumte Gestaltungsspielraum mit dem sich aus Art. 139 WRV ergebenden Gesetzgebungsauftrag, Regelungen zum Sonntagsschutz zu erlassen, nicht vereinbar sei und nach der Wesentlichkeitstheorie des BVerfG gegen den Gesetzesvorbehalt verstoße (Kuhr, DB 1998, 2186, 2188; Buschmann/Ulber § 12 Rn. 1). Dem kann jedoch nicht gefolgt werden. Denn § 12 erlaubt den Tarifvertragsparteien weder Abweichungen vom Grundsatz der Sonn- und Feiertagsruhe nach § 9 noch gestattet er ihnen, den Rahmen zulässiger Sonn- und Feiertagsarbeit nach § 10 auszudehnen, sondern betrifft nur Abweichungen von den Ausgleichsregelungen für Sonn- und Feiertagsarbeit des § 11. Insoweit erscheint es verfassungsrechtlich unbedenklich, den Ausgleich für gesetzlich zulässige Sonn- und Feiertagsarbeit innerhalb eines bestimmten Rahmens der Regelung durch die branchen- und betriebsnäheren Tarifvertragsparteien zu überlassen (vgl. dazu allg. § 7 Rn. 1 u. 2; im Erg. wie hier Baeck/Deutsch § 12 Rn. 4; Schliemann § 12 Rn. 3; Anzinger/Koberski § 12 Rn. 3f.; Erasmy, NZA 1995, 97, 103).

II. Tarifvertrag oder Betriebsvereinbarung

Abweichende Regelungen werden den Tarifvertragsparteien oder aufgrund 3
Tarifvertrages den Betriebs- und Dienststellenpartnern gestattet, wobei § 7 Abs. 3 bis 6 Anwendung findet (zu den Voraussetzungen und allg. Regeln

für Abweichungen vgl. § 7 Rn. 3 bis 7 u. 42 bis 61). Dies entspricht Unionsrecht, Art. 18 RL 2003/88/EG.

III. Verringerung der beschäftigungsfreien Sonntage

4   Nach **Nr. 1** kann die Mindestanzahl von 15 **beschäftigungsfreien Sonntagen** im Jahr (§ 11 Abs. 1) in den genannten Bereichen verringert werden, wobei die jeweils normierte Mindestanzahl nicht unterschritten werden darf. Die Aufzählung der Bereiche in Nr. 1 ist abschließend. Nicht abgewichen werden kann aber von dem Zeitraum „im Jahr" des § 11 I.

IV. Wegfall von Ersatzruhetagen für Feiertage, anderer Ausgleichszeitraum

5   **Nr. 2** gestattet den Tarifvertragsparteien, **Ersatzruhetage** für auf Werktage fallende Feiertage zu streichen. Dabei können Ersatzruhetage für alle oder auch nur für einen Teil der Werktagsfeiertage wegfallen. Unerheblich ist, ob es sich dabei um einen feststehenden Werktagsfeiertag (wie z. B. Ostermontag, Fronleichnam) oder um den Wochentag wechselnde Feiertage handelt. Fällt ein variabler Feiertag in einem bestimmten Jahr auf einen Sonntag, so gilt im betreffenden Jahr unabhängig von einer tariflichen Regelung § 11 Abs. 3 S. 1 (ebenso Baeck/Deutsch § 12 Rn. 13; Buschmann/Ulber § 12 Rn. 5; Schliemann § 12 Rn. 11).

6   Ferner können die Tarifvertragsparteien den **Ausgleichszeitraum** für die Gewährung eines Ersatzruhetages für Sonn- und Feiertagsarbeit anders festlegen. Nach der Regierungsbegründung soll damit berücksichtigt werden, dass die in § 11 Abs. 3 bestimmten Ausgleichszeiträume in einigen Bereichen nicht für alle Arbeitnehmer eingehalten werden können (vgl. BT-Drucks. 12/5888 S. 30). Möglich ist dabei sowohl eine Verkürzung oder Verlängerung als auch eine andere zeitliche Lage des Ausgleichszeitraums nach § 11 Abs. 3 (allgA, vgl. nur Baeck/Deutsch § 12 Rn. 14; Schliemann § 12 Rn. 10). Allerdings darf der anderweitige Ausgleichszeitraum dem Gesundheitsschutz der Arbeitnehmer (§ 1 Nr. 1) nicht zuwider laufen, eine solche Regelung wäre unwirksam mit der Folge, dass es bei dem gesetzlichen Ausgleichszeitraum des § 11 Abs. 3 bleibt (Baeck/Deutsch § 12 Rn. 14; vgl. dazu auch Buschmann/Ulber § 12 Rn. 5; Anzinger/Koberski § 12 Rn. 15). Eine vom Gesetz abweichende tarifliche Regelung erfordert zu ihrer Wirksamkeit aber nicht, dass der Tarifvertrag einen ausdrücklichen Hinweis dahingehend enthält, den Arbeitnehmern werde abweichend von der gesetzlichen Regelung ein Ersatzruhetag genommen (a. A. Buschmann/Ulber § 12 Rn. 5). Enthält der Tarifvertrag eine abschließende Regelung dahingehend, dass (nur) ein Tag je Kalenderwoche dienstfrei ist, haben die Tarifvertragsparteien damit ausgeschlossen, dass für Kalenderwochen, in die ein Wochenfeiertag fällt, zwei dienstfreie Tage zu gewähren sind (BAG vom 22. 9. 2005, AP Nr. 21 zu § 1 TVG Tarifverträge: Musiker = NZA 2006, 329).

V. Seeschifffahrt

7   **Nr. 3** trägt den Besonderheiten bei der **Beschäftigung auf Seeschiffen** Rechnung, die nicht in den Anwendungsbereich des Seemannsgesetzes fallen (vgl. dazu § 18 Rn. 10), wie z. B. Fischereischutzboote und Forschungsschiffe

des Bundes. Ermöglicht wird hier lediglich eine abweichende Regelung der Lage der nach § 11 Abs. 1 bis 3 zu gewährenden Ersatzruhetage, nicht jedoch die Verringerung der Ersatzruhetage oder die Verlängerung der Höchstarbeitszeiten nach den §§ 3, 6 Abs. 2 und 7 (ebenso Baeck/Deutsch § 12 Rn. 15; Roggendorff § 12 Rn. 12; ErfK/Wank § 12 Rn. 4).

VI. Vollkontinuierliche Schichtbetriebe

Nr. 4 eröffnet den Tarifvertragsparteien die Möglichkeit, in **vollkontinuierlichen Schichtbetrieben** (zum Begriff Schichtarbeit s. § 2 Rn. 6 bis 8) die Sonn- und Feiertagsarbeit abweichend von § 11 Abs. 2 auf bis zu 12 Stunden zu verlängern. Voraussetzung dafür ist, dass durch die verlängerte Arbeitszeit zusätzliche freie Schichten an Sonn- und Feiertagen erreicht werden. Dies bedeutet, dass die Arbeitnehmer bei einer Schichtplangestaltung mit 12-Stunden-Schichten an Sonn- und Feiertagen innerhalb der nach § 11 Abs. 2 i.V.m. §§ 3 Satz 2, 6 Abs. 2, 7 maßgeblichen Ausgleichszeiträume an mehr Sonn- und Feiertagen frei haben müssen als bei einer Schichtplangestaltung, die die Höchstarbeitszeiten nach § 11 Abs. 2 i.V.m. den §§ 3, 6 Abs. 2, 7 einhält (allgA, vgl. nur Baeck/Deutsch § 12 Rn. 18; Schliemann § 12 Rn. 15; ErfK/Wank § 12 Rn. 5; Buschmann/Ulber § 12 Rn. 7). 8

§ 13 Ermächtigung, Anordnung, Bewilligung

(1) Die Bundesregierung kann durch Rechtsverordnung mit Zustimmung des Bundesrates zur Vermeidung erheblicher Schäden unter Berücksichtigung des Schutzes der Arbeitnehmer und der Sonn- und Feiertagsruhe
1. die Bereiche mit Sonn- und Feiertagsbeschäftigung nach § 10 sowie die dort zugelassenen Arbeiten näher bestimmen,
2. über die Ausnahmen nach § 10 hinaus weitere Ausnahmen abweichend von § 9
   a) für Betriebe, in denen die Beschäftigung von Arbeitnehmern an Sonn- oder Feiertagen zur Befriedigung täglicher oder an diesen Tagen besonders hervortretender Bedürfnisse der Bevölkerung erforderlich ist,
   b) für Betriebe, in denen Arbeiten vorkommen, deren Unterbrechung oder Aufschub
      aa) nach dem Stand der Technik ihrer Art nach nicht oder nur mit erheblichen Schwierigkeiten möglich ist,
      bb) besondere Gefahren für Leben oder Gesundheit der Arbeitnehmer zur Folge hätte,
      cc) zu erheblichen Belastungen der Umwelt oder der Energie- oder Wasserversorgung führen würde,
   c) aus Gründen des Gemeinwohls, insbesondere auch zur Sicherung der Beschäftigung,
zulassen und die zum Schutz der Arbeitnehmer und der Sonn- und Feiertagsruhe notwendigen Bedingungen bestimmen.

(2) ¹Soweit die Bundesregierung von der Ermächtigung des Absatzes 1 Nr. 2 Buchstabe a keinen Gebrauch gemacht hat, können die Landesregierungen durch Rechtsverordnung entsprechende Bestimmungen erlassen. ²Die Landesregierungen können diese Ermächtigung durch Rechtsverordnung auf oberste Landesbehörden übertragen.

§ 13 ArbZG Dritter Abschnitt. Sonn- und Feiertagsruhe

(3) Die Aufsichtsbehörde kann
1. feststellen, ob eine Beschäftigung nach § 10 zulässig ist,
2. abweichend von § 9 bewilligen, Arbeitnehmer zu beschäftigen
   a) im Handelsgewerbe an bis zu zehn Sonn- und Feiertagen im Jahr, an denen besondere Verhältnisse einen erweiterten Geschäftsverkehr erforderlich machen,
   b) an bis zu fünf Sonn- und Feiertagen im Jahr, wenn besondere Verhältnisse zur Verhütung eines unverhältnismäßigen Schadens dies erfordern,
   c) an einem Sonntag im Jahr zur Durchführung einer gesetzlich vorgeschriebenen Inventur,
   und Anordnungen über die Beschäftigungszeit unter Berücksichtigung der für den öffentlichen Gottesdienst bestimmten Zeit treffen.

(4) Die Aufsichtsbehörde soll abweichend von § 9 bewilligen, daß Arbeitnehmer an Sonn- und Feiertagen mit Arbeiten beschäftigt werden, die aus chemischen, biologischen, technischen oder physikalischen Gründen einen ununterbrochenen Fortgang auch an Sonn- und Feiertagen erfordern.

(5) Die Aufsichtsbehörde hat abweichend von § 9 die Beschäftigung von Arbeitnehmern an Sonn- und Feiertagen zu bewilligen, wenn bei einer weitgehenden Ausnutzung der gesetzlich zulässigen wöchentlichen Betriebszeiten und bei längeren Betriebszeiten im Ausland die Konkurrenzfähigkeit unzumutbar beeinträchtigt ist und durch die Genehmigung von Sonn- und Feiertagsarbeit die Beschäftigung gesichert werden kann.

Übersicht

	Rn.
I. Normzweck	
Die Vorschrift ermöglicht eine Konkretisierung aber auch eine Ausdehnung zulässiger Sonn- und Feiertagsarbeit	1–4
II. Rechtsverordnung der Bundesregierung	
Durch Rechtsverordnung kann der Bereich zulässiger Sonn- und Feiertagsarbeit konkretisiert werden	5, 6
Durch Rechtsverordnung ist die Schaffung weiterer Ausnahmen vom Sonn- und Feiertagsverbot möglich	7–9
III. Rechtsverordnung der Landesregierungen	
Rechtsverordnungen der Landesregierungen sind nur subsidiär und nur für das Bedürfnisgewerbe möglich	10, 11
IV. Behördliche Feststellung	
Die Aufsichtsbehörde kann durch Verwaltungsakt die Zulässigkeit von Sonn- und Feiertagsarbeit feststellen	12
V. Bewilligung von Sonn- und Feiertagsarbeit nach Abs. 3	
Die Aufsichtsbehörde kann Sonn- und Feiertagsarbeit bewilligen	13
im Handelsgewerbe,	14, 15
zur Verhütung eines unverhältnismäßigen Schadens,	16, 17
zur Durchführung einer gesetzlichen Inventur	18
VI. Bewilligung von Sonn- und Feiertagsarbeit nach Abs. 4	
Abs. 4 ist eine „Option für die Zukunft"	19, 20
VII. Bewilligung von Sonn- und Feiertagsarbeit nach Abs. 5	
Die Aufsichtsbehörde muss Sonn- und Feiertagsarbeit bewilligen zur Beschäftigungssicherung	21–28
VIII. Arbeitspflicht, Mitbestimmung	
Die Zulassung nach § 13 begründet keine Pflicht zur Sonn- und Feiertagsarbeit	29
Mitbestimmungsrechte bleiben unberührt	30

Ermächtigung, Anordnung, Bewilligung   ArbZG § 13

I. Normzweck

Die Vorschrift beruht weitgehend auf dem Regierungsentwurf und ermöglicht eine **Konkretisierung aber auch eine Ausdehnung zulässiger Sonn- und Feiertagsarbeit.** Mit der Ermächtigung zum Erlass einer Rechtsverordnung in Abs. 1 Nr. 1 soll die Bundesregierung in die Lage versetzt werden, Missbräuchen bei der Anwendung der Ausnahmen des § 10 Abs. 1 und 2 begegnen und Grundlagen für eine einheitliche und vorhersehbare Verwaltungspraxis schaffen zu können. Die Ermächtigungen zum Erlass einer Rechtsverordnung in Abs. 1 Nr. 2 sind aus den §§ 105 d und 105 e GewO übernommen und den heutigen Erfordernissen entsprechend näher konkretisiert worden (vgl. Regierungsbegründung, BR-Drucks. 507/93 S. 89). Auf Beschlussempfehlung des Ausschusses für Arbeit und Sozialordnung wurde die Ermächtigung nach Abs. 1 Nr. 2b aa um das Merkmal „nach dem Stand der Technik" ergänzt. Damit sollte klargestellt werden, dass in einer Rechtsverordnung Ausnahmen vom grundsätzlichen Verbot der Beschäftigung von Arbeitnehmern an Sonn- und Feiertagen nur zugelassen werden können, wenn der Stand der Technik Berücksichtigung gefunden hat (vgl. BT-Drucks. 12/6990 S. 44). Macht die Bundesregierung von ihrer Ermächtigung nach Abs. 1 Nr. 2 a (sog. Bedürfnisgewerbe) keinen Gebrauch, erhalten die Landesregierungen nach Abs. 2 die Möglichkeit, eigene Rechtsverordnungen zu erlassen. 1

Nach Abs. 3 Nr. 2 erhält die Aufsichtsbehörde die Befugnis, **bei Auslegungszweifeln,** ob eine Beschäftigung an Sonn- und Feiertagen nach § 10 Abs. 1 und 2 zulässig ist, eine schnelle Klärung herbeizuführen. Die Ermächtigungen für die Aufsichtsbehörde in Abs. 3 Nr. 2 entsprechen den Ermächtigungen in § 105 b Abs. 2 und in § 105 f GewO. Gegenüber dem ursprünglichen Regierungsentwurf wurde die Befugnis der Aufsichtsbehörde nach Abs. 3 Nr. 2 b auf 5 Sonn- und Feiertage im Jahr begrenzt, gleichzeitig aber das ursprüngliche Tatbestandsmerkmal „bei einem nicht vorhersehbaren Bedürfnis" durch das Merkmal „besondere Verhältnisse" ersetzt. 2

In Abs. 4 wurde der Aufsichtsbehörde die Möglichkeit eingeräumt, **abweichend von § 9** die Beschäftigung von Arbeitnehmern an Sonn- und Feiertagen unter bestimmten Voraussetzungen zu bewilligen. Diese Ausnahme soll Sonn- und Feiertagsarbeit für Arbeitsverfahren ermöglichen, die aus Gründen, die im Arbeitsverfahren selbst liegen, einen ununterbrochenen Fortgang des Verfahrens erfordern (vgl. Regierungsbegründung, BR-Drucks. 507/93 S. 88). Abs. 4 war nach dem Regierungsentwurf eine Kann-Bestimmung, die auf Beschlussempfehlung des Ausschusses für Arbeit und Sozialordnung in eine Sollbestimmung geändert wurde. Damit sollte ein freies Ermessen der Aufsichtsbehörde ausgeschlossen und erreicht werden, dass diese zur Genehmigung der Sonn- und Feiertagsarbeit verpflichtet ist, wenn die gesetzlichen Voraussetzungen vorliegen (vgl. BT-Drucks. 12/6990 S. 44). 3

Abs. 5 schließlich sieht die Bewilligung von Sonn- und Feiertagsarbeit durch die Aufsichtsbehörde vor, wenn wegen **längerer Betriebszeiten im Ausland** die Konkurrenzfähigkeit unzumutbar beeinträchtigt ist und durch die Zulassung von Sonn- und Feiertagsarbeit die Beschäftigung gesichert werden kann. Die jetzige Gesetzesformulierung beruht auf einer Beschlussempfehlung des Ausschusses für Arbeit und Sozialordnung, der damit im In- 4

§ 13 ArbZG   Dritter Abschnitt. Sonn- und Feiertagsruhe

teresse einer einheitlichen Verwaltungspraxis die Voraussetzungen aus dem Regierungsentwurf präzisieren wollte (vgl. BT-Drucks. 12/6990 S. 44).

II. Rechtsverordnung der Bundesregierung

5   Abs. 1 gibt der **Bundesregierung** die Möglichkeit, durch **Rechtsverordnung** die Bereiche gesetzlich zulässiger Sonn- und Feiertagsbeschäftigung nach § 10 sowie die dort zugelassenen Arbeiten näher zu bestimmen sowie unter bestimmten Voraussetzungen über die gesetzlichen Ausnahmen nach § 10 hinaus weitere Ausnahmen vom Verbot der Beschäftigung von Arbeitnehmern an Sonn- und Feiertagen zuzulassen. Die Verordnung über Ausnahmen vom Verbot der Beschäftigung von Arbeitnehmern an Sonn- und Feiertagen in der Eisen- und Stahlindustrie i. d. F. der Bekanntmachung vom 31. 7. 1968 (BGBl. I S. 885, abgedr. in Anh. 5c) und die Verordnung über Ausnahmen vom Verbot der Beschäftigung von Arbeitnehmern an Sonn- und Feiertagen in der Papierindustrie vom 20. 7. 1963 (BGBl. I S. 491, abgedr. in Anh. 5b), die auf der Grundlage des § 105d GewO ergingen, gelten als gestützt auf § 13 Abs. 1 erlassen fort. Im Übrigen hat die Bundesregierung von der Ermächtigungsgrundlage nach Abs. 1 bislang keinen Gebrauch gemacht.

6   Die Ermächtigung nach Abs. 1 **Nr. 1** betrifft die **Konkretisierung** der nach § 10 gesetzlich zulässigen Sonn- und Feiertagsarbeit. Dabei kann die Bundesregierung sowohl die Bereiche zulässiger Sonn- und Feiertagsarbeit als auch die zulässigen Arbeiten näher bestimmen. Da der Arbeitgeber das Vorliegen einer gesetzlichen Ausnahme nach § 10 eigenverantwortlich prüft und feststellt, soll die Bundesregierung mit dieser Ermächtigung in die Lage versetzt werden, Missbräuchen bei der Anwendung der Ausnahmen des § 10 zu begegnen (allgA, vgl. nur Baeck/Deutsch § 13 Rn. 7; Schliemann § 13 Rn. 4; ErfK/Wank § 13 Rn. 1). Eine Ausdehnung der Sonn- und Feiertagsarbeit über das nach § 10 zulässige Maß hinaus ist dabei aber nicht erlaubt (Buschmann/Ulber § 13 Rn. 3).

7   Abs. 1 **Nr. 2** schafft die Möglichkeit, durch Rechtsverordnung über die gesetzlichen Ausnahmen nach § 10 hinaus **weitere Ausnahmen** vom Verbot der Beschäftigung an Sonn- und Feiertagen zu schaffen. Abs. 1 Nr. 2a betrifft das sog. **Bedürfnisgewerbe,** also Betriebe, in denen die Beschäftigung von Arbeitnehmern an Sonn- oder Feiertagen zur Befriedigung täglicher oder an diesen Tagen besonders hervortretender Bedürfnisse der Bevölkerung erforderlich ist. Ein tägliches Bedürfnis im Sinne des Gesetzes liegt vor, wenn Waren oder Dienstleistungen von einem wesentlichen Teil der Bevölkerung als täglich wichtig in Anspruch genommen und ihr Fehlen als Mangel empfunden werden würde. Dagegen genügt es nicht, wenn die Verbraucher ein vorhandenes Warenangebot lediglich begrüßen und nutzen (BVerwG vom 14. 11. 1989, GewArch. 1990 S. 66 = DB 1990, 1244, zum Obst- und Gemüsehandel an Sonn- und Feiertagen).

8   Abs. 1 **Nr. 2b** betrifft Betriebe, bei denen die Unterbrechung oder der Aufschub von Arbeiten nach dem Stand der Technik ihrer Art nach nicht oder nur mit erheblichen Schwierigkeiten möglich ist oder die Unterbrechung zu besonderen Gefahren für Leben oder Gesundheit der Arbeitnehmer oder zu erheblichen Belastungen der Umwelt oder der Energie- oder Was-

serversorgung führen würde. Nach **Abs. 1 Nr. 2 c** schließlich kann durch Rechtsverordnung Sonn- und Feiertagsarbeit aus Gründen des Gemeinwohls, insbesondere zur Sicherung der Beschäftigung zugelassen werden. Zu den Gründen des Gemeinwohls gehören auch gesamtwirtschaftliche Gründe wie z. B. die Existenzgefährdung von Betrieben und der damit verbundene drohende Verlust von Arbeitsplätzen sowie eine angespannte internationale Wettbewerbssituation in einer Branche (so ausdr. Regierungsbegründung, BT-Drucks. 12/5888 S. 30; vgl. auch Baeck/Deutsch § 13 Rn. 20; Schliemann § 13 Rn. 20; ErfK/Wank § 13 Rn. 2; Anzinger/Koberski § 13 Rn. 20; a. A. Buschmann/Ulber § 13 Rn. 8).

Der Erlass einer Rechtsverordnung setzt nach Abs. 1 Eingangssatz in allen   9
Fällen voraus, dass sie **zur Vermeidung erheblicher Schäden unter Berücksichtigung des Schutzes der Arbeitnehmer und der Sonn- und Feiertagsruhe erfolgt.** Dabei ist Schaden jeder Nachteil, der infolge der Unterbrechung der Arbeit an Sonn- und Feiertagen eintreten kann (allgA, vgl. nur Baeck/Deutsch § 13 Rn. 10; Schliemann § 13 Rn. 6). Die Schäden können, wie sich aus Abs. 1 Nr. 2 erschließen lässt, in Gefahren für Leben oder Gesundheit der Arbeitnehmer ebenso bestehen als in Sach- oder Vermögensschäden des Arbeitgebers wie in der Belastung der Umwelt, unzureichender Befriedigung der Bedürfnisse der Bevölkerung oder einer Beeinträchtigung des Gemeinwohls. Die zu vermeidenden Schäden müssen erheblich sein, also über die üblichen Auswirkungen der Unterbrechung der Beschäftigung an Sonn- und Feiertagen hinausgehen (Baeck/Deutsch § 13 Rn. 10; vgl. auch Schliemann § 13 Rn. 7). Schließlich muss die Rechtsverordnung nach Abs. 1 den Schutz der Arbeitnehmer und der Sonn- und Feiertagsruhe berücksichtigen, d. h. ausreichend Rechnung tragen (Baeck/Deutsch § 13 Rn. 12; vgl. auch Schliemann § 13 Rn. 9).

III. Rechtsverordnungen der Landesregierungen

Nach **Abs. 2** können die **Landesregierungen** durch **Rechtsverordnung**   10
entsprechende Bestimmungen erlassen, soweit die Bundesregierung von der Ermächtigung nach Abs. 2 a keinen Gebrauch macht. Die Ermächtigung für die Landesregierungen betrifft damit nur das Bedürfnisgewerbe. Eine Landesverordnung wird insbesondere dann in Betracht kommen, wenn das Regelungsbedürfnis regionaler Art ist (vgl. BT-Drucks. 12/5888 S. 30). Die Landesregierungen wiederum können die Ermächtigung nach Abs. 2 durch Rechtsverordnung auf ihre obersten Landesbehörden übertragen. Auf den früheren § 105 e GewO gestützte Rechtsverordnungen der Länder zum Bedürfnisgewerbe gelten fort. Dagegen sind Ausnahmen für das Bedürfnisgewerbe durch behördliche Genehmigung, wie das nach § 105 e GewO möglich war, nach dem ArbZG nicht mehr vorgesehen.

Nachdem die Bundesregierung von der Ermächtigung nach Abs. 1 Nr. 2 a   11
bislang keinen Gebrauch machte, haben eine Reihe von Bundesländern **Bedürfnisgewerbeverordnungen** nach einem vom Länderausschuss für Arbeitsschutz und Sicherheitstechnik erarbeiteten Musterentwurf (vgl. dazu Anzinger/Koberski § 13 Rn. 27) erlassen (krit. hierzu Richardi/Annuß, NZA 1999 S. 953). So dürfen z. B. nach der Bayerischen Bedürfnisgewerbeverordnung vom 29. 7. 1997 (GVBl. S. 395) Arbeitnehmer, soweit die Arbeiten

§ 13 ArbZG   Dritter Abschnitt. Sonn- und Feiertagsruhe

nicht an Werktagen vorgenommen werden können, an Sonn- und Feiertagen abweichend von § 9 ArbZG beschäftigt werden:
- in Blumengeschäften, Kranzbindereien und Gärtnereien mit dem Versorgen, dem Zusammenstellen und Binden von Blumen und Pflanzen bis zu 2 Stunden außerhalb der zulässigen Ladenöffnungszeiten und mit Arbeiten zur Ausschmückung für Fest- und Feierlichkeiten, die an Sonn- und Feiertagen stattfinden,
- im Bestattungsgewerbe,
- in Garagen und Parkhäusern
- zur Belieferung der Kundschaft in Brauereien, Betrieben zur Herstellung alkoholfreier Erfrischungsgetränke sowie Betrieben des Großhandels, die deren Erzeugnisse vertreiben, vom 1. April bis 31. Oktober,
- in Lotto- und Totogesellschaften ab 9 Uhr mit Arbeiten, die im Hinblick auf die Durchführung und Überwachung des ODDSET-Sportwettengeschäfts sowie des allgemeinen Spielbetriebs nicht vermeidbar sind,
- im Immobiliengewerbe mit der Begleitung und Beratung von Kunden bei der Besichtigung von Häusern, Wohnungen und Grundstücken für bis zu 4 Stunden,
- in Musterhaus-Ausstellungen mit gewerblichem Charakter mit der Beratung für bis zu 6 Stunden,
- im Buchmachergewerbe für bis zu 6 Stunden,
- im telefonischen Lotsendienst,
- in Dienstleistungsbetrieben mit der Entgegennahme von Aufträgen, der Auskunftserteilung und Beratung per Telefon oder mittels elektronischer Datenübertragung,
- in Autowaschanlagen, soweit deren Betrieb feiertagsrechtlich zugelassen ist.

IV. Behördliche Feststellung

12   Nach **Abs. 3 Nr. 1** kann die Aufsichtsbehörde feststellen, ob eine Beschäftigung von Arbeitnehmern an Sonn- und Feiertagen nach § 10 zulässig ist. Damit erhält die Aufsichtsbehörde die Befugnis, **bei Auslegungszweifeln** eine schnelle Klärung darüber herbeizuführen, ob eine bestimmte Beschäftigung an Sonn- und Feiertagen nach § 10 Abs. 1 und 2 zulässig ist. Die Entscheidung der Aufsichtsbehörde, die ein Verwaltungsakt ist, kann mit den üblichen Rechtsmitteln angefochten werden. Anders als nach früherem Recht kann der Arbeitgeber eine Entscheidung der Aufsichtsbehörde mit der Verpflichtungsklage durchsetzen (ebenso Roggendorff § 13 Rn. 15; Schliemann § 13 Rn. 27; ErfK/Wank § 13 Rn. 4; Anzinger/Koberski § 13 Rn. 50; ähnl. Baeck/Deutsch § 13 Rn. 30; a. A. Buschmann/Ulber § 13 Rn. 14). Gegen eine behördliche Feststellung der Zulässigkeit von Sonn- und Feiertagsarbeit sind die Arbeitnehmer, die arbeitsvertraglich an Sonn- und Feiertagen beschäftigt werden dürfen, klagebefugt i. S. vom § 42 Abs. 2 VwGO (BVerwG vom 19. 9. 2000, AP Nr. 1 zu § 10 ArbZG = NZA 2000 S. 1232).

V. Bewilligung von Sonn- und Feiertagsarbeit nach Abs. 3

13   Nach **Abs. 3 Nr. 2** kann die Aufsichtsbehörde unter den dort genannten Voraussetzungen **Sonn- und Feiertagsarbeit bewilligen.** Die Ermächti-

gungen für die Aufsichtsbehörde in Abs. 3 Nr. 2 orientieren sich an den früheren Ermächtigungen in § 105e Abs. 2 und in § 105f GewO. Es handelt sich um eine Kann-Bestimmung, d. h. ein Rechtsanspruch des Arbeitgebers auf Bewilligung von Ausnahmen besteht nicht. Die Aufsichtsbehörde hat jedoch nach pflichtgemäßem Ermessen zu entscheiden. Sie kann die Ausnahmebewilligung mit Nebenbestimmungen, etwa über die Beschäftigungszeit unter Berücksichtigung der für den öffentlichen Gottesdienst bestimmten Zeiten versehen. Die Ausnahmetatbestände nach Abs. 3 Nr. 2 beziehen sich jeweils auf den Betrieb und nicht auf einzelne Arbeitnehmer (wie hier Baeck/Deutsch § 13 Rn. 34; Roggendorff § 13 Rn. 17). Wenn Schliemann (§ 13 Rn. 38) dagegen anführt, bei einem Betrieb, der verschiedenen arbeitstechnischen Zwecken diene, müsse die Aufsichtsbehörde prüfen, ob sie die Bewilligung zur Beschäftigung von Arbeitnehmern für alle Zwecke oder nur für bestimmte Zwecke des Betriebes erteile, steht dies der Betriebsbezogenheit der Ausnahmetatbestände nach Abs. 3 Nr. 2 nicht entgegen. Denn die Aufsichtsbehörde muss selbstverständlich im Rahmen ihres Ermessens prüfen, ob die Ausnahmebewilligung für den gesamten Betrieb oder nur für einzelne Betriebsteile erforderlich ist (so zutr. Baeck/Deutsch § 13 Rn. 34).

Nach Abs. 3 **Nr. 2a** kann Sonn- und Feiertagsarbeit **im Handelsgewerbe** an bis zu 10 Sonn- und Feiertagen im Jahr, an denen besondere Verhältnisse einen erweiterten Geschäftsbetrieb erforderlich machen, bewilligt werden. Der Begriff des Handelsgewerbes ist weder im ArbZG noch war er früher in der GewO definiert. Nach der Rechtsprechung umfasst das Handelsgewerbe ganz allgemein den Umsatz von Waren aller Art und von Geld (BVerwG vom 14. 11. 1989 GewArch. 1990, 66 = DB 1990, 1244; BAG vom 4. 5. 1993, AP Nr. 1 zu § 105 GewO = NZA 1993, 856; allgA, vgl. nur Baeck/Deutsch § 13 Rn. 36; Schliemann § 13 Rn. 40, jew. m. w. N.). Hierher gehören also insbesondere der gesamte Groß- und Einzelhandel, der Geld- und Kredithandel, die Buch-, Presse- und Zeitungsverlage sowie die Hilfstätigkeiten für den Handel wie z. B. Lagerung und Spedition, wobei Letzteres in der Literatur streitig ist (wie hier Roggendorff § 13 Rn. 18; ErfK/Wank § 13 Rn. 6; Anzinger/Koberski § 13 Rn. 55; a. A. Schliemann § 13 Rn. 40; offen Baeck/Deutsch § 13 Rn. 36). Auch das Vermieten von Automaten an andere, die die Automaten aufstellen und dadurch wirtschaftlich nutzen, gehört zum Handelsgewerbe (BVerwG vom 7. 10. 1965, AP Nr. 2 zu § 105b GewO). Für die in den Verkaufsstellen oder sonst beim Absatz der Waren an die unmittelbaren Verbraucher tätigen Arbeitnehmer gelten – unabhängig von der Bewilligung nach Abs. 3 Nr. 2a – die Bestimmungen des § 17 LadenschlussG bzw. der Ladenöffnungsgesetze der Länder (vgl. Vorbemerkung zu D. Arbeitszeit bei Ladenöffnung; Buschmann/Ulber § 13 Rn. 16).

Voraussetzung für die Ausnahmegenehmigung ist, dass **besondere Verhältnisse** einen erweiterten Geschäftsverkehr an dem Sonn- oder Feiertag erforderlich machen. Dabei muss es sich um außerbetriebliche Umstände handeln, die an einem bestimmten Sonn- oder Feiertag gegeben sind und das Bedürfnis an einem Geschäftsverkehr an diesen Tagen hervorrufen (ebenso Dobberahn Rn. 129; Roggendorff § 13 Rn. 19; Schliemann § 13 Rn. 41; ErfK/Wank § 13 Rn. 6; Anzinger/Koberski § 13 Rn. 57; a. A. Baeck/Deutsch § 13 Rn. 37, die auch unternehmensinterne Umstände als besondere Verhält-

§ 13 ArbZG Dritter Abschnitt. Sonn- und Feiertagsruhe

nisse berücksichtigen wollen). Dieses Bedürfnis kann örtlich sehr verschieden sein, abzustellen ist jedoch nicht allein auf die örtlichen Verhältnisse, es können auch überregionale und gesamtwirtschaftliche Aspekte berücksichtigt werden (vgl. OVG Münster vom 30. 6. 1980, DB 1980, S. 2088). Die besonderen Verhältnisse müssen so gewichtig sein, dass sie dem Zweck der Verbotsnorm gegenüber den Vorrang haben; eine bloße Beeinträchtigung der Rentabilität reicht nicht aus (VerwG Düsseldorf vom 18. 10. 1997, GewArch. 1998, S. 93; Roggendorff § 13 Rn. 19; ErfK/Wank § 13 Rn. 6; Schliemann § 13 Rn. 41; Anzinger/Koberski § 13 Rn. 57). Sondersituationen einzelner Betriebs- oder Geschäftszweige (z.B. Umsatzrückgänge, Absatzschwierigkeiten) erfüllen die gesetzlichen Voraussetzungen nicht (a.A. Baeck/Deutsch § 13 Rn. 37), gleiches gilt für Umstände, die der Arbeitgeber selbst geschaffen hat, um bestimmte Tätigkeiten, die üblicherweise an Werktagen anfallen, auch an einem Sonn- oder Feiertag verrichten zu können. Besondere Verhältnisse in diesem Sinne wurden z.b. anerkannt für Broker-Firmen, wenn unvorhersehbare Kursschwankungen an internationalen Börsen einen Geschäftsverkehr auch an deutschen Feiertagen erforderlich machen (OVG Münster vom 30. 6. 1980, DB 1980, 2088) oder für Haus- und Ordermessen eines Großhandelsunternehmens anlässlich von Messen, Märkten oder Ausstellungen im Sinne des Titels IV der GewO (VerwG Düsseldorf vom 2. 10. 1987, GewArch. 1988 S. 300).

16 Nach Abs. 3 **Nr. 2b** kann die Aufsichtsbehörde für alle Beschäftigungsbereiche an bis zu 5 Sonn- und Feiertagen im Jahr Sonn- und Feiertagsbeschäftigung bewilligen, wenn besondere Verhältnisse **zur Verhütung eines unverhältnismäßigen Schadens** dies erfordern. Diese Ermächtigung lehnt sich an die frühere Ermächtigung in § 105f GewO an. Der Regierungsentwurf hatte aus § 105f Abs. 1 GewO das Tatbestandsmerkmal „nicht vorhersehbares Bedürfnis" übernommen, das auf Beschlussempfehlung des Ausschusses für Arbeit und Sozialordnung durch das Merkmal „besondere Verhältnisse" ersetzt wurde. Bezweckt war damit eine Erweiterung des Ausnahmetatbestandes (vgl. BT-Drucks. 12/6990 S. 44). Besondere Verhältnisse sind deshalb all jene Fälle, die nach früher geltendem Recht als „nicht vorhersehbares Bedürfnis" anerkannt waren, wie z.B. die plötzliche Erkrankung eines Teils der Arbeitnehmer, Unterbrechung des Betriebs durch Explosion, Brand, Hochwasser, Stromausfall oder das verzögerte Eintreffen eines Transports von Rohmaterialien, die ausgeladen werden müssen. Darüber hinaus reicht nach jetzigem Recht jede vorübergehende Sondersituation aus, die beim Arbeitgeber einen unverhältnismäßigen Schaden verursachen würde, wenn er nicht vom Sonn- und Feiertagsbeschäftigungsverbot befreit wird (h.M., vgl. Baeck/Deutsch § 13 Rn. 40 Roggendorff § 13 Rn. 22; Schliemann § 13 Rn. 46; ErfK/Wank § 13 Rn. 7; Anzinger/Koberski § 13 Rn. 69).

17 **Schaden** im Sinne des Abs. 3 Nr. 2 b ist jeder Nachteil, den der Arbeitgeber durch ein bestimmtes Ereignis erleidet, also jeder in Geld oder geldwerten Gütern ausdrückbare Vermögensschaden (ebenso Baeck/Deutsch § 13 Rn. 41; Roggendorff § 13 Rn. 23; Schliemann § 13 Rn. 47; ErfK/Wank § 13 Rn. 7; Anzinger/Koberski § 13 Rn. 74). Dazu gehört sowohl der positive (z.B. Vermögensminderung) wie der negative Schaden (z.B. entgangener Gewinn). Schaden ist deshalb auch z.B. eine drohende Vertragsstrafe, die

Nichtabnahme eines sonst schwer verkäuflichen Werks seitens des Bestellers im Falle der nicht rechtzeitigen Fertigstellung, der zu befürchtende Verlust eines guten Kunden usw. Der zu befürchtende Schaden muss nachgewiesen oder zumindest in hohem Grade wahrscheinlich gemacht sein. Für die Ausnahmebewilligung reicht jedoch nicht jeder Schaden aus, vielmehr muss dieser unverhältnismäßig sein. Für die Unverhältnismäßigkeit kommt es entscheidend darauf an, welche wirtschaftlichen Auswirkungen – z. B. Produktionsausfall mit der Folge von Vertragsstrafen oder Kundenverlust – das Ereignis hat, inwieweit diese Folgen (nur) durch Sonn- oder Feiertagsarbeit verhütet oder gemildert werden können und ob sie im Hinblick auf das Gewicht des Verbots der Sonn- und Feiertagsarbeit unverhältnismäßig schwer wiegen (vgl. BVerwG vom 23. 6. 1992, GewArch. 1992 S. 383; im Ergebnis h. M., vgl. nur Baeck/Deutsch § 13 Rn. 41; Roggendorff § 13 Rn. 23; Schliemann § 13 Rn. 48; Anzinger/Koberski § 13 Rn. 75). An der Unverhältnismäßigkeit fehlt es, wenn der Schaden auch durch andere zumutbare Maßnahmen als die Sonn- und Feiertagsbeschäftigung verhindert oder gemildert werden kann (ErfK/Wank § 13 Rn. 7; Buschmann/Ulber § 13 Rn. 17).

Nach Abs. 3 **Nr. 2 c** kann die Aufsichtsbehörde Sonntagsarbeit bewilligen 18 an einem Sonntag im Jahr **zur Durchführung einer gesetzlich vorgeschriebenen Inventur.** Während dies nach früherem Recht durch § 105 c Abs. 1 Nr. 2 GewO gesetzlich erlaubt war, ist nach dem ArbZG dafür eine behördliche Genehmigung erforderlich. In Betracht kommen z. B. die nach § 240 Abs. 2 HGB und § 153 Abs. 1 InsO vorgeschriebene Inventur. Die Ausnahmebewilligung ist nur für einen Sonntag, also nicht für einen Feiertag möglich und darf nur einmal im Jahr erteilt werden.

VI. Bewilligung von Sonn- und Feiertagsarbeit nach Abs. 4

Nach **Abs. 4** soll die Aufsichtsbehörde Sonn- und Feiertagsbeschäftigung 19 mit Arbeiten bewilligen, die aus chemischen, biologischen, technischen oder physikalischen Gründen einen **ununterbrochenen Fortgang** auch an Sonn- und Feiertagen erfordern. Die Vorschrift ist auf Beschlussempfehlung des Ausschusses für Arbeit und Sozialordnung von einer Kann- in eine Sollbestimmung umgewandelt worden. Dadurch sollte erreicht werden, dass die Aufsichtsbehörde zur Genehmigung der Sonn- und Feiertagsarbeit verpflichtet ist, wenn die gesetzlichen Voraussetzungen vorliegen. Ein freies Ermessen der Aufsichtsbehörde wird insoweit ausgeschlossen (vgl. BT-Drucks. 12/6690 S. 44). Bei Vorliegen der gesetzlichen Tatbestandsvoraussetzungen kann also die Aufsichtsbehörde die Genehmigung von Sonn- und Feiertagsarbeit in der Regel nicht versagen. Sie darf allerdings in atypisch gelagerten Fällen von der Regel abweichen, wenn die Genehmigung von Sonn- und Feiertagsarbeit der Zwecksetzung des Gesetzes widersprechen würde (ebenso Buschmann/Ulber § 13 Rn. 21; Roggendorff § 13 Rn. 27; ähnl. Baeck/Deutsch § 13 Rn. 59; ErfK/Wank § 13 Rn. 10).

Die praktische Bedeutung der Vorschrift ist (noch) gering, weil derzeit 20 keine Arbeiten, die unter Abs. 4 fallen, denkbar sein dürften, für die Sonn- und Feiertagsarbeit nicht bereits kraft Gesetzes nach § 10 Nr. 15 und 16 zulässig ist (vgl. dazu auch Schliemann § 13 Rn. 54; ErfK/Wank § 13 Rn. 10).

Abs. 4 ist deshalb eine „**Option für die Zukunft**" (vgl. BT-Drucks. 12/ 6990 S. 41), mit der neue Produktionstechniken, die aus chemischen, biologischen, technischen oder physikalischen Gründen einen ununterbrochenen Fortgang auch an Sonn- und Feiertagen erfordern und durch § 10 Abs. 1 Nr. 15 und 16 nicht erfasst sind, ermöglicht werden. Die Ausnahmeregelung nach Abs. 4 ist deshalb restriktiv zu handhaben (ebenso Buschmann/Ulber § 13 Rn. 20; Roggendorff § 13 Rn. 33; Schliemann § 13 Rn. 55; a. A. Baeck/ Deutsch § 13 Rn. 57; Erasmy, NZA 1995, 97, 100; zu Beispielen für chemische, biologische, technische und physikalische Gründe im Sinne von Abs. 4 vgl. Zmarzlik, RdA 1998 S. 257, 268; Anzinger/Koberski § 13 Rn. 88 ff.; Baeck/Deutsch § 13 Rn. 52 ff.).

VII. Bewilligung von Sonn- und Feiertagsarbeit nach Abs. 5

21 Nach **Abs. 5** hat die Aufsichtsbehörde Sonn- und Feiertagsarbeit zu bewilligen, wenn bei einer weitgehenden Ausnutzung der gesetzlich zulässigen wöchentlichen Betriebszeiten und bei längeren Betriebszeiten im Ausland die Konkurrenzfähigkeit unzumutbar beeinträchtigt ist und durch die Genehmigung von Sonn- und Feiertagsarbeit die **Beschäftigung gesichert** werden kann. Es handelt sich um eine Muss-Vorschrift, d. h. der Aufsichtsbehörde steht kein Ermessensspielraum zu, vielmehr ist sie bei Vorliegen der gesetzlichen Tatbestandsvoraussetzungen zur Genehmigung von Sonn- und Feiertagsarbeit verpflichtet. Allerdings steht ihr bei der Prüfung, ob die gesetzlichen Tatbestandsvoraussetzungen vorliegen, ein Beurteilungsspielraum zu. Auch wenn auf die Genehmigung ein Anspruch besteht, können die Aufsichtsbehörden sie mit Nebenbestimmungen (vgl. § 36 VwVfG) versehen, wenn diese sicherstellen sollen, dass die gesetzlichen Tatbestandsvoraussetzungen erfüllt werden. So kann z. B. die Genehmigung zeitlich befristet (a. A. Baeck/Deutsch § 13 Rn. 91; wie hier Buschmann/Ulber § 13 Rn. 33; Dobberahn Rn. 142; Anzinger/Koberski § 13 Rn. 136; Erasmy, NZA 1995, 97, 102; unter engeren Voraussetzungen auch Schliemann § 13 Rn. 97) oder mit der Auflage einer regelmäßigen Berichtspflicht versehen werden (vgl. BT-Drucks. 12/6990 S. 41). Unzulässig ist es jedoch, von der Ausnahmebewilligung z. B. die sog. hohen Feiertage (Weihnachten, Ostern und Pfingsten) auszunehmen oder die Ausnahmebewilligung mit einer auflösenden Bedingung zu versehen (OVG Münster vom 10. 4. 2000, DB 2000 S. 1662; Baeck/ Deutsch § 13 Rn. 90 f.; Schliemann § 13 Rn. 98; ErfK/Wank § 13 Rn. 16; Anzinger/Koberski § 13 Rn. 136; Rose, DB 2000 S. 1662; zu Letzterem a. A. Buschmann/Ulber § 13 Rn. 33).

22 **Zweck** des Abs. 5 ist es zum einen, den Wettbewerbsvorteil, den ausländische Konkurrenten durch Sonn- und Feiertagsarbeit gegenüber inländischen Arbeitgebern haben, auszugleichen; zum anderen dient Abs. 5 der Arbeitsplatzsicherung (h. M., vgl. nur Baeck/Deutsch § 13 Rn. 68; ErfK/Wank § 13 Rn. 11; Anzinger/Koberski § 13 Rn. 98). Die Vorschrift ist unter Berücksichtigung des Gestaltungsspielraums des Gesetzgebers bei der Ausgestaltung der institutionellen Garantie der Sonn- und Feiertagsruhe verfassungsgemäß (h. M., vgl. Baeck/Deutsch § 13 Rn. 67; Anzinger/Koberski § 13 Rn. 100; a. A. Buschmann/Ulber § 13 Rn. 22).

Die Ausnahmebewilligung nach Abs. 5 setzt zunächst eine **weitgehende** 23
Ausnutzung der gesetzlich zulässigen wöchentlichen Betriebszeiten voraus.
Das erfordert, dass in der Regel unter Einschluss des Samstags die gesetzlich zulässigen wöchentlichen Betriebszeiten von 144 Stunden ausgenutzt werden.
Durch den Begriff „weitgehend" können bestimmte Stillstandszeiten, wie z. B.
bei Betriebsurlaub, Umrüstungsarbeiten oder sonstige vom Arbeitgeber nicht
zu vertretende Ausfallzeiten berücksichtigt werden (ebenso Roggendorff § 13
Rn. 37; ErfK/Wank § 13 Rn. 12; Schliemann § 13 Rn. 71). Da „weitgehend"
nicht „vollständig" bedeutet, ist der Arbeitgeber aber nicht verpflichtet,
Schichtende und Schichtbeginn mit Beginn bzw. Ende der Sonn- und Feiertagsruhe nach § 9 Abs. 1 zusammenzulegen oder von der Möglichkeit der Vor-
oder Zurückverlegung nach § 9 Abs. 2 Gebrauch zu machen. Es reicht vielmehr aus, wenn Beginn und Ende der Betriebszeit möglichst nahe an die Zeit
der gesetzlichen Sonn- und Feiertagsruhe anschließen (z. B. von Montag 6 Uhr
bis Samstag 22 Uhr) und während dieser Zeit kontinuierlich, also auch nachts
gearbeitet wird (im Erg. h. M., vgl. nur Baeck/Deutsch § 13 Rn. 72 f.; Schliemann § 13 Rn. 70; Anzinger/Koberski § 13 Rn. 107). Ob und wie lange die
wöchentliche Betriebszeit in der Vergangenheit ausgenutzt worden sein muss,
hat der Gesetzgeber offen gelassen. Nach dem Gesetzeszweck dürfte es jedoch
ausreichen, wenn der Antragsteller in der Vergangenheit die gesetzlich zulässigen wöchentlichen Betriebszeiten nicht ausgeschöpft hat, dies aber in Zukunft
tun muss, um konkurrenzfähig zu bleiben (so zutr. Baeck/Deutsch § 13
Rn. 73; im Erg. ebenso Schliemann § 13 Rn. 73; ErfK/Wank § 13 Rn. 12;
Anzinger/Koberski § 13 Rn. 110).

Zum zweiten erfordert die Ausnahmebewilligung nach Abs. 5 **längere** 24
Betriebszeiten im Ausland. Diese müssen durch Vergleich mit der gesetzlich zulässigen inländischen Betriebszeit von wöchentlich 144 Stunden ermittelt werden. Streitig ist, ob Maßstab dabei die im Ausland gesetzlich oder
durch Vereinbarungen der Sozialpartner zulässigen Betriebszeiten (so im Erg.
Dobberahn Rn. 137; Roggendorff § 13 Rn. 38; Schliemann § 13 Rn. 76;
Anzinger/Koberski § 13 Rn. 114) oder auch die tatsächlichen Betriebszeiten
der ausländischen Konkurrenzbetriebe (Baeck/Deutsch § 13 Rn. 75; Buschmann/Ulber § 13 Rn. 26) sind. Da Abs. 5 nicht einen allgemeinen Schutz
der Konkurrenzfähigkeit inländischer Betriebe bezweckt, sondern nur eine
Beeinträchtigung der Konkurrenzfähigkeit durch die längeren Betriebszeiten im Ausland verhindern will, kommt es darauf an, ob die ausländischen
Konkurrenzbetriebe tatsächlich längere Betriebszeiten als die inländischen
144 Stunden pro Woche haben. Allerdings dürfte es schwierig sein, die tatsächlichen Betriebszeiten ausländischer Konkurrenzbetriebe zu ermitteln, so
dass in der Regel vermutet werden kann, dass die Konkurrenzbetriebe im
Ausland von den ihnen zur Verfügung stehenden längeren Betriebszeiten
auch tatsächlich Gebrauch machen (Anzinger/Koberski § 13 Rn. 115; Baeck/
Deutsch § 13 Rn. 75; Junker, ZfA 1998, 105, 129; vgl. auch ErfK/Wank
§ 13 Rn. 13). Bei begründeten Zweifeln hat aber die Aufsichtsbehörde das
Vorliegen tatsächlich längerer Betriebszeiten im Ausland von Amts wegen
(§ 24 VwVfG) unter Mitwirkung des Antragstellers (§ 26 Abs. 2 VwVfG) zu
ermitteln (vgl. dazu Baeck/Deutsch § 13 Rn. 78; Anzinger/Koberski § 13
Rn. 131).

§ 13 ArbZG Dritter Abschnitt. Sonn- und Feiertagsruhe

25 Entscheidend sind die ausländischen Betriebszeiten **konkurrierender Betriebe,** wobei es nicht erforderlich ist, dass alle ausländischen Konkurrenzbetriebe längere Betriebszeiten haben. Es reicht aus, wenn wesentliche Konkurrenten des inländischen Betriebs über längere Betriebszeiten verfügen, wobei im Extremfall, z. B. bei einer marktbeherrschenden Stellung, eine längere Betriebszeit eines einzigen ausländischen Betriebes ausreichen kann (im Erg. h. M., vgl. Baeck/Deutsch § 13 Rn. 77; Schliemann § 13 Rn. 78; Anzinger/Koberski § 13 Rn. 112; Erasmy, NZA 1995 S. 97, 101; Junker, ZfA 1998 S. 105, 129). Auf die Betriebslaufzeiten inländischer Konkurrenzbetriebe kommt es dagegen nach dem eindeutigen Gesetzeswortlaut nicht an.

26 Des Weiteren verlangt Abs. 5 eine **unzumutbare Beeinträchtigung der Konkurrenzfähigkeit.** Ob eine Beeinträchtigung der Konkurrenzfähigkeit vorliegt, ist anhand der Situation vergleichbarer ausländischer Betriebe zu beurteilen. Sie wird in der Regel gegeben sein, wenn die inländischen Fertigungskosten höher sind als die eines ausländischen Konkurrenten (ebenso Anzinger/Koberski § 13 Rn. 118 ff.; ErfK/Wank § 13 Rn. 14; Heenen, FS Wlotzke S. 513, 524; in diese Richtung auch Baeck/Deutsch § 13 Rn. 81; Schliemann § 13 Rn. 82 ff.). Dabei muss die Beeinträchtigung der Konkurrenzfähigkeit nicht allein durch die längeren Betriebszeiten im Ausland bedingt sein, denn Abs. 5 spricht nur von einer Beeinträchtigung der Konkurrenzfähigkeit „bei" längeren Betriebszeiten, nicht durch solche (h. M., vgl. nur Baeck/Deutsch § 13 Rn. 82; Schliemann § 13 Rn. 84; ErfK/Wank § 13 Rn. 14; Anzinger/Koberski § 13 Rn. 122). Nicht ausreichend ist es aber, wenn die Beeinträchtigung der Konkurrenzfähigkeit mit den längeren Betriebszeiten im Ausland überhaupt nichts zu tun hat, sondern allein auf anderen ausländischen Arbeitsbedingungen (z. B. geringeren Anforderungen an die Arbeitssicherheit, niedrigere Löhne) oder Mängeln beim inländischen Betrieb (z. B. veraltete Produktionsanlagen) beruht (so zutr. Schliemann Rn. 835; Buschmann/Ulber § 13 Rn. 27). Bei längeren Betriebszeiten im Ausland ist nach Sinn und Zweck der Regelung des Abs. 5 zwar tatsächlich zu vermuten, dass die Beeinträchtigung der Konkurrenzfähigkeit darauf beruht; die Vermutung kann durch glaubhaft gemachte Tatsachen entkräftet werden (Dobberahn Rn. 138; Schliemann § 13 Rn. 84; Anzinger/Koberski § 13 Rn. 121, 123; a. A. Baeck/Deutsch § 13 Rn. 82, die eine unwiderlegbare Vermutung annehmen).

27 Ob die Beeinträchtigung der Konkurrenzfähigkeit **unzumutbar** ist, muss unter Berücksichtigung der verfassungsmäßig garantierten Sonn- und Feiertagsruhe ermittelt werden. Gerade wegen des verfassungsrechtlichen Gebots der Sonn- und Feiertagsruhe dürfen an die Unzumutbarkeit keine zu geringeren Anforderungen gestellt werden. Sie ist jedenfalls dann zu bejahen, wenn die Beeinträchtigung der Konkurrenzfähigkeit auf längere Sicht zur Gefährdung des Betriebes und damit zum Verlust von Arbeitsplätzen führt. Darüber hinaus kann Unzumutbarkeit vorliegen, wenn der Wettbewerbsvorteil der ausländischen Konkurrenz so groß ist, dass der inländische Betrieb ohne die Ausnahmebewilligung auf längere Sicht mit dem Verlust entscheidender Marktanteile rechnen muss (so ErfK/Wank § 13 Rn. 14; Anzinger/Koberski § 13 Rn. 124; im Erg. ähnl. Baeck/Deutsch § 13 Rn. 83; Schliemann § 13 Rn. 86). Ob inländischen Konkurrenten die gesetzlich zulässigen

wöchentlichen Betriebszeiten ausreichen, spielt bei der Beurteilung der Unzumutbarkeit keine Rolle. Denn aus der Tatsache, dass inländische Mitbewerber keine Ausnahmebewilligung nach Abs. 5 beantragt haben, folgt wegen der Verschiedenheit der einzelnen betrieblichen Verhältnisse nicht zwingend, die ausländische Konkurrenz sei dem Antragsteller zuzumuten (Baeck/Deutsch § 13 Rn. 84; Schliemann § 13 Rn. 88; a. A. Buschmann/ Ulber § 13 Rn. 29).

Als letzte Voraussetzung verlangt Abs. 5, dass durch die Genehmigung von Sonn- und Feiertagsarbeit die Beschäftigung gesichert werden kann. **Sicherung der Beschäftigung** liegt vor, wenn bestehende Arbeitsplätze erhalten oder neue Arbeitsplätze geschaffen werden (h. M., vgl. nur Baeck/Deutsch § 13 Rn. 86, Roggendorff § 13 Rn. 41; Schliemann § 13 Rn. 89; ErfK/ Wank § 13 Rn. 15; Anzinger/Koberski § 13 Rn. 128; strenger Buschmann/ Ulber § 13 Rn. 31, die auf die Beschäftigungssicherung nicht nur beim antragstellenden Betrieb, sondern auch auf die inländischen Konkurrenzbetriebe abstellen wollen). Dabei ist, wie sich aus der Formulierung „gesichert werden kann" ergibt, ein mathematischer Nachweis nicht erforderlich (Erasmy, NZA 1995, 97, 102; ErfK/Wank § 13 Rn. 15). Es reicht deshalb aus, wenn die Ausnahmebewilligung geeignet ist, die Beschäftigung zu sichern (Baeck/ Deutsch §13 Rn. 87). An die dafür erforderliche Prognose sind keine allzu hohen Anforderungen zu stellen, weil eine nicht oder nicht rechtzeitig beseitigte Beeinträchtigung der Konkurrenzfähigkeit eines Betriebes auf Dauer erfahrungsgemäß zum Verlust von Arbeitsplätzen führt (vgl. Baeck/Deutsch § 13 Rn. 87; Anzinger/Koberski § 13 Rn. 129). Die Aufsichtsbehörde kann aber verlangen, dass der Antragsteller die Beschäftigungsentwicklung in seinem Betrieb alternativ für den Fall der Beschäftigung an Sonn- und Feiertagen wie auch für den Fall ihrer Nichtbewilligung darstellt (Schliemann § 13 Rn. 90). 28

VIII. Arbeitspflicht, Mitbestimmung

Die Zulassung von Sonn- und Feiertagsarbeit nach § 13 ermächtigt den Arbeitgeber nur, seine Arbeitnehmer über die Arbeitszeitgrenzen der Grundnorm hinaus zu beschäftigen. Eine Verpflichtung der Arbeitnehmer zu diesen Arbeiten ergibt sich aus der Bewilligung von Sonn- und Feiertagsarbeit nach § 13 nicht; eine **Verpflichtung der Arbeitnehmer** zur Leistung solcher Arbeiten kann sich nur aus dem Arbeitsvertrag oder einem auf das Arbeitsverhältnis anzuwendenden Tarifvertrag (vgl. § 10 Rn. 61) ergeben. 29

Bei der Anordnung von nach § 13 bewilligter Sonn- und Feiertagsarbeit hat der Arbeitgeber die **Mitbestimmungsrechte des Betriebs- und Personalrats,** insbesondere die nach § 87 Abs. 1 Nr. 2 und 3 BetrVG und § 75 Abs. 3 Nr. 1 BPersVG zu beachten. Allerdings ist die durchgeführte Mitbestimmung keine Voraussetzung für die Bewilligung von Sonn- und Feiertagsarbeit durch die Aufsichtsbehörde nach Abs. 3 bis 5, so dass die Aufsichtsbehörde eine Ausnahmebewilligung nicht mit der Begründung verweigern kann, die Mitbestimmungsrechte des Betriebs- und Personalrats seien nicht beachtet (ebenso Baeck/Deutsch § 13 Rn. 98; vgl. auch Schliemann § 13 Rn. 92 ff.; Anzinger/Koberski § 13 Rn. 139; Buschmann/Ulber § 13 Rn. 32 f.). 30

Vierter Abschnitt. Ausnahmen in besonderen Fällen

§ 14 Außergewöhnliche Fälle

(1) Von den §§ 3 bis 5, 6 Abs. 2, §§ 7, 9 bis 11 darf abgewichen werden bei vorübergehenden Arbeiten in Notfällen und in außergewöhnlichen Fällen, die unabhängig vom Willen der Betroffenen eintreten und deren Folgen nicht auf andere Weise zu beseitigen sind, besonders wenn Rohstoffe oder Lebensmittel zu verderben oder Arbeitsergebnisse zu mißlingen drohen.

(2) Von den §§ 3 bis 5, 6 Abs. 2, §§ 7, 11 Abs. 1 bis 3 und § 12 darf ferner abgewichen werden,

1. wenn eine verhältnismäßig geringe Zahl von Arbeitnehmern vorübergehend mit Arbeiten beschäftigt wird, deren Nichterledigung das Ergebnis der Arbeiten gefährden oder einen unverhältnismäßigen Schaden zur Folge haben würden,
2. bei Forschung und Lehre, bei unaufschiebbaren Vor- und Abschlußarbeiten sowie bei unaufschiebbaren Arbeiten zur Behandlung, Pflege und Betreuung von Personen oder zur Behandlung und Pflege von Tieren an einzelnen Tagen,

wenn dem Arbeitgeber andere Vorkehrungen nicht zugemutet werden können.

(3) Wird von den Befugnissen nach Absatz 1 oder 2 Gebrauch gemacht, darf die Arbeitszeit 48 Stunden wöchentlich im Durchschnitt von sechs Kalendermonaten oder 24 Wochen nicht überschreiten.

Übersicht

	Rn.
I. Normzweck	
Die Vorschrift sieht Ausnahmeregelungen für Notfälle und andere außergewöhnliche Fälle vor	1
II. Bedeutung	
Grundsätzlich ist rechtzeitig Vorsorge zu treffen, dass die Arbeiten in der gesetzlichen Arbeitszeit erledigt werden können; nur in ganz besonderen Ausnahmefällen ist die Überschreitung der gesetzlichen Arbeitszeiten erlaubt	2
III. Arbeiten in Not- und außergewöhnlichen Fällen nach Abs. 1	
1. Notfälle	3, 4
2. Außergewöhnliche Fälle	5
3. Umfang der Arbeiten	6
IV. Vorübergehende Mehrarbeit nach Abs. 2 Nr. 1	7–9
V. Unaufschiebbare Vor- und Abschlussarbeiten nach Abs. 2 Nr. 2	10–14
Reinigungs- und Instandsetzungsarbeiten	11, 12
Arbeiten zur Wiederaufnahme und Aufrechterhaltung des vollen Betriebes	13
Zuendebedienen	14
VI. Sonstige unaufschiebbare Arbeiten nach Abs. 2 Nr. 2	15–17
VII. Einhaltung der 48-Stunden Woche	18
VIII. Arbeitspflicht, Mitbestimmung	
§ 14 begründet keine Pflicht zu Mehrarbeit Mitbestimmungsrechte bleiben unberührt	19, 20
IX. Jugendliche	
Für Jugendliche gilt der engere § 21 JArbSchG	21

I. Normzweck

Die Vorschrift sieht **Ausnahmeregelungen für Notfälle und andere** 1
außergewöhnliche Fälle vor und entspricht weitgehend früheren Vorschriften der AZO. Abs. 1 und Abs. 2 Nr. 1 sind aus § 14 AZO übernommen worden, weil sich diese Regelung in der Praxis bewährt hat (vgl. BT-Drucks. 12/5888 S. 31). Abs. 2 Nr. 2 entspricht hinsichtlich der Vor- und Abschlussarbeiten weitgehend § 5 Abs. 3 AZO und wurde wegen der Ausdehnung des Geltungsbereichs des ArbZG um eine Ausnahme für unaufschiebbare Arbeiten zur Behandlung, Pflege und Betreuung von Personen sowie zur Behandlung und Pflege von Tieren ergänzt. Den besonderen Belangen der Forschung sollte durch eine Ausnahme für Forschungsarbeiten Rechnung getragen werden (vgl. BT-Drucks. 12/5888 S. 31). Auf Beschlussempfehlung des Ausschusses für Arbeit und Sozialordnung wurden die Ausnahmeregelungen nach Abs. 2 auf Abweichungen von § 12 erstreckt sowie bei Abs. 2 Nr. 1 das im Regierungsentwurf vorgesehene Tatbestandsmerkmal „an einzelnen Tagen" durch das Merkmal „vorübergehend" ersetzt. In Abs. 2 Nr. 2 wurde die im Regierungsentwurf vorgesehene Ausnahme „bei Forschungsarbeiten" in „bei Forschung und Lehre" geändert, weil diese Begrenzung ein ausgewogenes Verhältnis zwischen den spezifischen Belangen der Forschung und dem Gesundheitsschutz der Arbeitnehmer gewährleiste (vgl. BT-Drucks. 12/6990 S. 17 u. 44). Abs. 3 wurde durch Art. 4b Ziff. 4 Gesetz zu Reformen am Arbeitsmarkt vom 24. 12. 2003 (BGBl. I S. 3002) eingefügt und dient nach der Gesetzesbegründung der Klarstellung, weil nach der EG-Arbeitszeitrichtlinie der Durchschnitt von 48 Arbeitsstunden je Woche nicht überschritten werden darf (vgl. BT-Drucks. 15/1587 S. 36).

II. Bedeutung

In jedem Betriebe können besondere Umstände Arbeiten erforderlich machen, 2
die mehr Zeit erfordern, als an dem betreffenden Tage bis zum Schluss der Arbeitszeit zur Verfügung steht. Aufgabe des Unternehmers ist es, seinen Betrieb so einzurichten, dass ein plötzlicher Arbeitsandrang ohne Überbeanspruchung der Arbeitnehmer im Rahmen der durch die §§ 3 bis 13 vorgegebenen Grenzen bewältigt werden kann. Meistens kommt dieser Arbeitsandrang nicht ganz unerwartet; er tritt mehr oder weniger regelmäßig ein oder sein Eintreten lässt sich aus gewissen Anzeichen entnehmen. Der Unternehmer hat dann rechtzeitig Vorsorge zu treffen, indem er weniger dringende Arbeiten zurückstellt und die dabei Beschäftigten zu den dringenden Arbeiten heranzieht oder seine Belegschaft vorübergehend verstärkt. Vor allem hat er dabei rechtzeitig die nötigen Materialien, Hilfsstoffe und Beförderungsmittel bereitzustellen. Er darf nicht darauf vertrauen, in gewissen Fällen seine Arbeitnehmer über die gesetzlichen Höchstgrenzen hinaus und ohne Rücksicht auf Ruhepausen und Ruhezeiten beschäftigen zu können und muss deshalb unter Umständen auch auf die Ausführung zusätzlicher Arbeiten verzichten. § 14 ermöglicht es dem Unternehmer **nur in ganz besonderen Ausnahmefällen** die gesetzlichen Arbeitszeiten zu überschreiten, wenn plötzliche, unvorhergesehene Ereignisse eintreten und Arbeiten erfordern, die er nicht mit seinen Arbeitskräften in den gesetzlichen Arbeitszeiten bewältigen kann.

§ 14 ArbZG   Vierter Abschnitt. Ausnahmen in besonderen Fällen

Bei dieser Vorschrift handelt es sich um eine **Ausnahme kraft Gesetzes,** der Arbeitgeber entscheidet selber, ob die Voraussetzungen des Ausnahmetatbestandes vorliegen. An das Vorliegen der Voraussetzungen sind strenge Anforderungen zu stellen (vgl. – zu § 14 AZO – BAG vom 28. 2. 1958, AP Nr. 1 zu § 14 AZO; ebenso Baeck/Deutsch § 14 Rn. 4; Buschmann/Ulber § 14 Rn. 1; Schliemann § 14 Rn. 2; Anzinger/Koberski § 14 Rn. 2). Hat der Arbeitgeber seiner angegebenen Sorgfaltspflicht nicht genügt, so handelt er ordnungswidrig und macht sich ggf. sogar strafbar. Das Vorliegen der Voraussetzungen von § 14 gibt einen Rechtfertigungsgrund, keinen Strafausschließungsgrund (vgl. – zu § 14 AZO – OLG Braunschweig vom 25. 9. 1953, BB 1953 S. 887; a. A. Baeck/Deutsch § 14 Rn. 5, nach denen § 14 bereits den Tatbestand einer Ordnungswidrigkeit oder Straftat ausschließt).

III. Arbeiten in Not- und außergewöhnlichen Fällen nach Abs. 1

1. Notfälle

3   Abs. 1 erlaubt ein Abweichen von den arbeitszeitrechtlichen Grundnormen der §§ 3 bis 5, 6 Abs. 2 sowie den §§ 7, 9 bis 11 bei vorübergehenden Arbeiten in Notfällen. **Notfall** in diesem Sinn ist ein ungewöhnliches, nicht vorhersehbares und vom Willen des Betroffenen unabhängiges Ereignis, das die Gefahr eines unverhältnismäßigen Schadens mit sich bringt (OLG Hamburg vom 24. 10. 1962, AP Nr. 1 zu § 8 BäckArbZG; hM, vgl. nur Baeck/Deutsch § 14 Rn. 7; Schliemann § 14 Rn. 5; ErfK/Wank § 14 Rn. 2; Anzinger/Koberski § 14 Rn. 3; Buschmann/Ulber § 14 Rn. 5). Die Arbeiten müssen deshalb durch ungewöhnliche, unvorhersehbare und plötzlich eintretende Ereignisse veranlasst sein und unverzüglich zur Beseitigung eines Notstandes oder zur Abwendung einer dringenden Gefahr vorgenommen werden; das Verschieben der Arbeit auf spätere Zeit muss ausgeschlossen sein (OLG Köln vom 9. 2. 1954, BB 1954 S. 410). Nicht erforderlich ist es, dass ein öffentlicher Notstand vorliegt oder ein öffentliches Interesse oder das Gemeinwohl die Ausführung der Arbeiten notwendig macht (OLG Bremen vom 16. 2. 1955, BB 1955 S. 225; ebenso Schliemann § 14 Rn. 5; ErfK/Wank § 14 Rn. 2). Es darf sich aber auch nicht nur um dringliche Arbeit handeln, die auf falsche Disposition des Arbeitgebers selbst zurückzuführen ist, wie die Unterlassung rechtzeitiger Verteilung der Arbeit, rechtzeitige Bestellung der Materialien oder Transportmittel oder Übernahme eiliger Aufträge. Das Eintreten des Bedürfnisses muss vielmehr außerhalb des Bereichs unternehmerischer Vorhersehbarkeit liegen und darf auch nicht regelmäßig sein (vgl. – zu § 14 AZO – BAG vom 28. 2. 1958 AP Nr. 1 zu § 14 AZO; Buschmann/Ulber § 14 Rn. 6; Dobberahn Rn. 152; Roggendorff § 14 Rn. 13; Schliemann § 14 Rn. 6; ErfK/Wank § 14 Rn. 2; Anzinger/Koberski § 14 Rn. 5; teilweise abw. Baeck/Deutsch § 14 Rn. 8, die die Folgen fahrlässiger Fehldisposition des Arbeitgebers u. U. als Notfälle anerkennen wollen).

4   Ein Notfall wird insbesondere gegeben sein bei Bränden, Explosionen, Wasserrohrbrüchen, Überschwemmungen, plötzlich eintretenden scharfem Frost und bei unaufschiebbaren Entladearbeiten. Ein rechtmäßiger Streik ist kein Notfall, sondern ein zulässiges Arbeitskampfmittel; in Ausnahmefällen kann aber durch den streikbedingten Ausfall von Arbeitskräften ein Notfall

Außergewöhnliche Fälle **ArbZG § 14**

eintreten, wenn etwa die Existenz des Betriebes gefährdet wird (OLG Celle vom 8. 10. 1986, NZA 1987 S. 283; ebenso Baeck/Deutsch § 14 Rn. 10; Roggendorff § 14 Rn. 15; Schliemann § 14 Rn. 5; enger Buschmann/Ulber § 14 Rn. 6). Das Vorliegen eines Notfalles wurde mit Recht abgelehnt bei besonderem Arbeitsanfall in einer Hafenmühle (BAG vom 28. 2. 1958, AP Nr. 1 zu § 14 AZO), bei vermehrtem Arbeitsanfall in einem Damenkonfektionsbetrieb vor Pfingsten (OLG Bremen vom 16. 2. 1955, BB 1955 S. 225), bei verspätetem Eintreffen von Transportmitteln (LAG Hamm vom 17. 2. 1956, BB 1956 S. 500 = DB 1956 S. 428), bei der Forderung von Mehrarbeit durch die Arbeitnehmer unter Kündigungsdrohung (OLG Hamburg vom 4. 7. 1956, BB 1956 S. 818), bei Auftragshäufung wegen mangelnder Kapazität (OLG Düsseldorf vom 30. 7. 1959, BB 1959 S. 994 und vom 13. 4. 1992, GewArch. 1992 S. 382 = DB 1992 S. 2148) sowie bei einem strukturellen Defizit des Dienstplans (LAG Baden-Württemberg vom 23. 11. 2000 – 4 Sa 81/00 – AuR 2001, 512). Das Vorliegen eines Notfalles im Sinne von Abs. 1 scheidet auch aus bei Bereitschaftsdiensten und Rufbereitschaften, die eingerichtet werden, um „vorhersehbaren", also nicht auszuschließenden Betriebsstörungen zu begegnen.

2. Außergewöhnliche Fälle

Neben den Notfällen gestattet Abs. 1 ein Abweichen von den arbeitszeitrechtlichen Grundnormen bei vorübergehenden Arbeiten in außergewöhnlichen Fällen, die unabhängig vom Willen der Betroffenen eintreten und deren Folgen nicht auf andere Weise zu beseitigen sind. Danach sind **außergewöhnliche Fälle** im Sinne von Abs. 1 besondere Situationen, die weder regelmäßig eintreten noch vorhersehbar sind und die Gefahr eines unverhältnismäßigen Schadens mit sich bringen (h. M., vgl. nur Baeck/Deutsch § 14 Rn. 11; Schliemann § 14 Rn. 7; ErfK/Wank § 14 Rn. 3; Anzinger/Koberski § 14 Rn. 6). Die Veranlassung zu den notwendigen Arbeiten muss unabhängig von dem Willen des Arbeitgebers eintreten, d. h. von ihm selbst nicht planmäßig oder fahrlässig herbeigeführt worden sein (teilweise abw. bei Fahrlässigkeit des Arbeitgebers Baeck/Deutsch § 14 Rn. 11). Die Folgen der besonderen Situation müssen nicht auf andere Weise als durch ein Abweichen von den in Abs. 1 aufgeführten Arbeitszeitnormen zu beseitigen sein. Der Schaden, der durch die Mehrarbeit vermieden werden soll, braucht aber nicht ein technischer, sondern kann auch ein wirtschaftlicher sein. Die Voraussetzungen werden, wie die gesetzlichen Beispiele zeigen, etwa vorliegen, wenn unerwartet und in größeren Mengen Gemüse oder Lebensmittel eintreffen, die noch am gleichen Tage ausgeladen, gespeichert oder verarbeitet werden müssen, oder wenn infolge einer Betriebsstörung ein unterbrochener Arbeitsprozess zu Ende geführt werden muss, damit kein erheblicher Schaden eintritt. Aber auch dringende Arbeiten, die durch Todesfälle, Erkrankungen, unvorhergesehene erhebliche Zwischenfälle erforderlich werden, gehören hierher. Außergewöhnliche Fälle brauchen keine Notfälle zu sein, müssen aber außergewöhnlich, d. h. unvorhergesehen eintreten und vorübergehender Art sein (h. M., vgl. nur Baeck/Deutsch § 14 Rn. 11; Buschmann/Ulber § 14 Rn. 6; Schliemann § 14 Rn. 7; Anzinger/Koberski § 14 Rn. 6), wie z. B. die Notwendigkeit von Schnee- und Eisbeseitigung zur Abwendung von Gefahren vorübergehender Art durch einen Schulhausmeister (BAG vom 17. 9. 1986 – 5 AZR 369/85 –, dokumentiert in Juris). Dagegen gehören hierher nicht Messen, weiße Wochen, Saisonverkäufe und dgl. regelmäßig wiederkehrende Veranstaltungen. Der außergewöhnliche Fall und der drohende Schaden brauchen auch nicht den Arbeitgeber selbst, sondern können einen Kunden betreffen, wie z.B. bei Beseitigung eines Maschinenschadens oder eines Wasserrohrbruchs (h.M., vgl. Baeck/Deutsch § 14 Rn. 6; ErfK/Wank § 14 Rn. 4; Buschmann/Ulber § 14 Rn. 4).

3. Umfang der Arbeiten

6   In Not- und außergewöhnlichen Fällen erlaubt Abs. 1 **vorübergehende Arbeiten**. Das sind Arbeiten, die nicht allzu viel Zeit in Anspruch nehmen (ErfK/Wank § 14 Rn. 4; Anzinger/Koberski § 14 Rn. 8). Die zeitliche Grenze kommt auf die Umstände des Einzelfalles an und kann von einigen wenigen Stunden bis zu mehreren Tagen dauern (Baeck/Deutsch § 14 Rn. 16; Schliemann § 14 Rn. 9). Stets muss der Arbeitgeber alle Anstrengungen unternehmen, die Arbeitshäufung ohne Abweichung von den Vorgaben des ArbZG zu bewältigen, indem er z.b. zusätzliche Arbeitskräfte bei der Agentur für Arbeit anfordert, Leiharbeitnehmer einsetzt oder auf den einen oder anderen Auftrag verzichtet, wenn die betrieblichen Kapazitäten offensichtlich nicht ausreichen (vgl. auch Baeck/Deutsch § 14 Rn. 15f.; Anzinger/Koberski § 14 Rn. 8 ff.). Zulässig sind nur unaufschiebbare Arbeiten, also solche, die nicht auf einen späteren Zeitpunkt verschoben werden können sondern sofort vorgenommen werden müssen um dem Not- bzw. außergewöhnlichen Fall zu begegnen. Das ergibt sich aus der Voraussetzung „deren Folgen nicht auf andere Weise zu beseitigen sind", denn bei aufschiebbaren Arbeiten kann im Not- bzw. außergewöhnlichen Fall auf andere Weise, nämlich dem Aufschieben der Arbeiten, begegnet werden (so im Erg. auch Anzinger/Koberski § 14 Rn. 9; Buschmann/Ulber § 14 Rn. 7; ErfK/Wank § 14 Rn. 4; a.A. unter Berufung auf die Systematik von § 14 Abs. 1 und 2 Baeck/Deutsch § 14 Rn. 15; Schliemann § 14 Rn. 10, der allerdings verlangt, von § 14 Abs. 1 nur zurückhaltend Gebrauch zu machen).

IV. Vorübergehende Mehrarbeit nach Abs. 2 Nr. 1

7   Nach Abs. 2 Nr. 1, der im wesentlichen dem früheren § 14 Abs. 2 AZO entspricht, darf von den dort genannten arbeitszeitrechtlichen Grundnormen abgewichen werden, wenn **eine verhältnismäßig geringe Zahl von Arbeitnehmern vorübergehend** mit Arbeiten beschäftigt wird, deren Nichterledigung das Ergebnis der Arbeiten gefährden oder einen unverhältnismäßigen Schaden zur Folge haben würde. Die Vorschrift soll vor allem den kleineren Handwerksbetrieben ermöglichen, auch Arbeiten über die normale Arbeitszeit hinaus auszuführen. Voraussetzung ist zunächst, dass nur eine **verhältnismäßig geringe Zahl von Arbeitnehmern** beschäftigt wird, seien es nur die wenigen eines kleinen Handwerksbetriebes oder nur ein kleinerer Teil einer größeren Belegschaft (ebenso Baeck/Deutsch § 14 Rn. 25; Buschmann/Ulber § 14 Rn. 13; Roggendorff § 14 Rn. 20; Schliemann § 14 Rn. 13; Anzinger/Koberski § 14 Rn. 13; ErfK/Wank § 14 Rn. 5). Weiter

darf die Beschäftigung nur **vorübergehend** erfolgen, d. h. sie muss auf einzelne Tage beschränkt sein, wobei die Beschäftigung auch an mehreren Tagen hintereinander erfolgen kann (ebenso Baeck/Deutsch § 14 Rn. 26; Buschmann/Ulber § 14 Rn. 14; Roggendorff § 14 Rn. 20; ErfK/Wank § 14 Rn. 5; Anzinger/Koberski § 14 Rn. 14). Anders als in den Fällen des Abs. 1 ist aber nicht notwendig, dass die längere Beschäftigung nicht vorhersehbar ist, sondern unerwartet eintritt; sie kann in gewissem Maße regelmäßig eintreten, z. B. bei Erstattung von Monatsberichten oder monatlichen Bilanzabschlüssen (ebenso Baeck/Deutsch § 14 Rn. 27; Dobberahn Rn. 154; Roggendorff § 14 Rn. 20; Anzinger/Koberski § 14 Rn. 12); allerdings wird in diesem Falle die Frage der Vermeidbarkeit besonders sorgfältig zu prüfen sein.

Schließlich setzt Abs. 2 Nr. 1 voraus, dass die Nichterledigung der Arbeiten das Ergebnis der Arbeiten gefährden oder einen unverhältnismäßigen Schaden zur Folge haben würde. Die **Gefährdung des Arbeitsergebnisses** entspricht weitgehend dem Misslingen von Arbeitsergebnissen im Sinne des § 10 Abs. 1 Nr. 15 (vgl. dazu § 10 Rn. 46) und liegt insbesondere vor, wenn aus technischen Gründen Arbeitskontinuität erforderlich ist, d. h. der mit der Arbeit verfolgte Zweck bei Nichtbeendigung am selben Tag nicht erreicht werden würde (h. M., vgl. nur Baeck/Deutsch § 14 Rn. 28; Schliemann § 14 Rn. 14; ErfK/Wank § 14 Rn. 6; Anzinger/Koberski § 14 Rn. 15). Der Begriff des **unverhältnismäßigen Schadens** entspricht dem in § 13 Abs. 3 Nr. 2b (vgl. dazu § 13 Rn. 17). Schaden ist jeder Vermögensschaden, der auch darin bestehen kann, dass dem Arbeitgeber ohne die Mehrarbeit ein größerer, für sein Geschäft bedeutender Gewinn entgeht oder das Hinausschieben der Arbeiten auf den anderen Tag erheblich mehr Kosten verursacht (z. B. Wegekosten bei einer nur noch kurzen Arbeitszeit). Unverhältnismäßig ist ein Schaden, wenn er gegenüber der zur Abwendung erforderlichen Mehrarbeit unverhältnismäßig schwer wiegt (Baeck/Deutsch § 14 Rn. 28; Roggendorff § 14 Rn. 22; Schliemann § 14 Rn. 15; ErfK/Wank § 14 Rn. 6; Anzinger/Koberski § 14 Rn. 15; ähnlich Buschmann/Ulber § 14 Rn. 15).

Darüber hinaus dürfen – Abs. 2 a. E. – dem Arbeitgeber **andere Vorkehrungen** nicht zugemutet werden können, und zwar sowohl technische Vorkehrungen wie die Heranziehung anderer Maschinen oder organisatorische wie die Inanspruchnahme zulässiger Mehrarbeit, Heranziehung von Aushilfskräften oder Leiharbeitnehmern. Andere Vorkehrungen sind **unzumutbar,** wenn bei einer wirtschaftlichen Betrachtungsweise der Aufwand des Arbeitgebers für sie außer Verhältnis zu der Belastung der Arbeitnehmer durch die Mehrarbeit ist (Baeck/Deutsch § 14 Rn. 23; Schliemann § 14 Rn. 15). So braucht der Arbeitgeber z. B. keine zusätzliche Maschine anzuschaffen, die er nach Erledigung eines bestimmten Auftrages nicht mehr einsetzen kann (vgl. Anzinger/Koberski § 14 Rn. 23). Zu beachten ist weiter, dass anders als in den Fällen des Abs. 1 bei der vorübergehenden Mehrarbeit nach Abs. 2 Nr. 1 Sonn- und Feiertagsarbeit nicht zulässig ist.

V. Unaufschiebbare Vor- und Abschlussarbeiten nach Abs. 2 Nr. 2

Abs. 2 Nr. 2 entspricht hinsichtlich der Vor- und Abschlussarbeiten weitgehend dem früheren § 5 Abs. 3 AZO. **Vor- und Abschlussarbeiten** sind Arbeiten zur Reinigung und Instandhaltung, soweit sich diese Arbeiten wäh-

§ 14 ArbZG Vierter Abschnitt. Ausnahmen in besonderen Fällen

rend des regelmäßigen Betriebs nicht ohne Unterbrechung oder erhebliche Störung ausführen lassen, sowie Arbeiten, von denen die Wiederaufnahme oder Aufrechterhaltung des vollen Betriebs arbeitstechnisch abhängt; das Zuendebedienen der Kundschaft gilt bis zu einer halben Stunde je Tag als Abschlussarbeit (so ausdr. Regierungsbegründung, vgl. BT-Drucks. 12/5888 S. 31).

11 Zu den **Reinigungs- und Instandsetzungsarbeiten** gehören alle Arbeiten des Wartens und Pflegens der Betriebsmittel, zu denen auch der Arbeitsraum gehört. Müssen aber einzelne Maschinenteile mehrmals in der Schicht gereinigt oder die Abfälle beseitigt werden, damit die Maschine arbeiten kann, so müssen diese Arbeiten auch gegen Ende der Schicht innerhalb der Arbeitszeit vorgenommen werden, die letzte Reinigung darf nicht über die Arbeitszeit hinausgeschoben werden. Ebenso wird das Reinigen und Säubern des Arbeitsplatzes, das Reinigen und Weglegen des Handwerkzeuges noch innerhalb der Arbeitszeit vorzunehmen sein, desgleichen das Nachsehen, Überprüfen, Sichern elektrischer Kabel und Druckleitungen. Dasselbe gilt für das Reinigen von Rohstoffen oder das Verpacken von Ware, die beides Teile der unmittelbaren Erfüllung des Betriebszwecks sind (ebenso Baeck/Deutsch § 14 Rn. 36).

12 Bei den Instandsetzungs- und Ausbesserungsarbeiten wird eine Überschreitung der regelmäßigen Arbeitszeit insbesondere dann notwendig sein, wenn es sich darum handelt, plötzlich auftretende Störungen möglichst bald zu beseitigen, damit die Produktion wieder aufgenommen und fortgesetzt werden kann. Diese **Ausbesserungsarbeiten** brauchen auch nicht im eigenen Betrieb, sondern können in einem fremden Betriebe erfolgen, so insbesondere von Schlossern, Installateuren, anderen Handwerkern oder Unternehmen, deren Aufgabe gerade die Ausbesserung in fremden Betrieben ist, wenn dies von dem Betriebe mit den eigenen, nicht fachkundigen Kräften nicht geschehen kann (ebenso Baeck/Deutsch § 14 Rn. 35). Allerdings kann nicht jede Reinigungs- und Instandhaltungsarbeit zur Verlängerung der Arbeitszeit führen, sondern nur solche, die während des regelmäßigen Betriebs nicht ohne Unterbrechung oder erheblicher Störung ausgeführt werden kann. Das gilt vor allem in den Fällen, in denen während der allgemeinen Arbeitsschicht alle anderen Arbeitnehmer ihre Tätigkeit unterbrechen müssten oder in ihrer Tätigkeit erheblich gestört werden würden.

13 Bei den **Arbeiten zur Wiederaufnahme und Aufrechterhaltung des vollen Betriebes** ist erforderlich, dass die Aufnahme oder Aufrechterhaltung des vollen Betriebs arbeitstechnisch von diesen Arbeiten abhängt. Was darunter zu verstehen ist, lässt sich nur von Fall zu Fall sagen. Denn die Abgrenzung der Arbeiten, die den Erzeugungsgang vorbereiten, von denen, die zu dem normalen Erzeugungshergang gehören, ist fließend und nicht für jeden Betrieb die selbe. Sie müssen sich vor allem nicht mit dem für die Zulassung von Sonntagsarbeit Erforderlichen decken (vgl. dazu § 10 Rn. 40). Es werden hier nur Arbeiten in Frage kommen, die unmittelbar dem Beginn der Erzeugung vorangehen oder nachfolgen, wie etwa das Anheizen und Dämpfen von Kesseln und Glühöfen, die Ingangsetzung von Motoren, Förder- und Aufzugsanlagen (vgl. dazu auch Baeck/Deutsch § 14 Rn. 35; Schliemann § 14 Rn. 20).

Das **Zuendebedienen der Kundschaft** kommt bei allen Geschäften mit offenen Verkaufsstellen in Frage, bei denen ein Publikumsverkehr üblich ist, aber nicht nur bei Warenhandelsgeschäften, sondern auch bei Banken, Reisebüros, Kartenverkaufsstellen, Friseuren, Schankwirtschaften, Konditoreien etc. (ebenso Baeck/Deutsch § 14 Rn. 35). Zuendebedienen ist das Bedienen der beim Ladenschluss im Geschäftsraum oder an dem Verkaufsstande anwesenden Kunden. Es genügt also, dass der Kunde schon vor dem Ladenschluss in den Verkaufsraum oder an den Verkaufsstand gekommen ist; es ist nicht erforderlich, dass bei ihm selbst schon mit dem Bedienen begonnen wurde, der Verkäufer nach seinen Wünschen gefragt oder seine Wünsche entgegengenommen hat. Das gilt auch bei großem Andrang (vgl. BGH vom 9. 6. 1972, AP Nr. 19 zu § 3 LSchlG = DB 1972 S. 1386). Jedoch ist das Zuendebedienen der Kundschaft auf eine halbe Stunde je Arbeitstag begrenzt. Diese Einschränkung ist zwar nicht ausdrücklich wie früher in § 5 Abs. 2 AZO im Gesetzestext enthalten, entspricht jedoch dem Willen des Gesetzgebers (vgl. Regierungsbegründung, BT-Drucks. 12/5888 S. 31; ebenso Buschmann/Ulber § 14 Rn. 19; Dobberahn Rn. 155; ErfK/Wank § 14 Rn. 8; Schliemann § 14 Rn. 20; a. A. Baeck/Deutsch § 14 Rn. 37, die ein Zuendebedienen der Kundschaft auch für einen längeren Zeitraum als eine halbe Stunde pro Tag für zulässig halten). Insoweit sind dem Arbeitgeber Vorkehrungen (z. B. vorzeitige Schließung der Verkaufsstelle bei großem Kundenandrang kurz vor Ladenschluss) zuzumuten, die gewährleisten, dass das Zuendebedienen der Kundschaft nicht über eine halbe Stunde je Arbeitstag hinausgeht (strenger Buschmann/Ulber § 14 Rn. 19, die dem Arbeitgeber Vorkehrungen zumuten, um ein Zuendebedienen der Kundschaft außerhalb der regelmäßigen Arbeitszeit gänzlich zu vermeiden).

VI. Sonstige unaufschiebbare Arbeiten nach Abs. 2 Nr. 2

Nach Abs. 2 Nr. 2 sind Arbeitszeitverlängerungen ferner zulässig bei unaufschiebbaren **Arbeiten zur Behandlung, Pflege und Betreuung von Personen oder zur Behandlung oder Pflege von Tieren** an einzelnen Tagen. Diese Ausnahme wurde wegen der Ausdehnung des Geltungsbereichs des ArbZG auf Krankenhäuser sowie die Landwirtschaft und Tierhaltung als notwendig angesehen (vgl. BT-Drucks. 12/5888 S. 31). Zulässig sind danach Arbeiten, deren sofortige Vornahme zur Vermeidung von Gesundheitsstörungen oder unverhältnismäßigen Beeinträchtigungen des Wohlbefindens der Kranken oder der Tiere erforderlich sind (ebenso Baeck/Deutsch § 14 Rn. 41 f.; Roggendorff § 14 Rn. 24).

Schließlich ermöglicht Abs. 2 Nr. 2 Abweichungen bei **Forschung und Lehre**. Der Gesetzgeber wollte damit ein ausgewogenes Verhältnis zwischen den spezifischen Belangen der Forschung und dem Gesundheitsschutz der Arbeitnehmer gewährleisten (vgl. BT-Drucks. 12/6990 S. 44). Abweichungen kommen danach z. B. in Betracht bei der Durchführung langfristiger Versuchsreihen, wenn diese über einen kurzen Zeitraum einen erhöhten Arbeitsanfall mit sich bringt, der nur von bestimmten (qualifizierten) Arbeitnehmer geleistet werden kann (ebenso Baeck/Deutsch § 14 Rn. 32; Roggendorff § 14 Rn. 22; vgl. auch Anzinger/Koberski § 14 Rn. 17). Die Ausnahme gilt für alle Arbeitnehmer im Bereich der Forschung, also auch für technische

§ 14 ArbZG Vierter Abschnitt. Ausnahmen in besonderen Fällen

Hilfskräfte, die zur Durchführung von Forschungsarbeiten benötigt werden (Baeck/Deutsch § 14 Rn. 33; Schliemann § 14 Rn. 19; a. A. ErfK/Wank § 14 Rn. 7; Anzinger/Koberski § 14 Rn. 17, die die Ausnahme auf Forscher und Lehrende beschränken wollen; der Streit dürfte geringe praktische Bedeutung haben, da die Gegenansicht für Hilfskräfte § 14 Abs. 2 Nr. 1 anwenden will; a. A. auch Buschmann/Ulber § 14 Rn. 18, die für sonstige Arbeitnehmer eine Ausnahmegenehmigung nach § 15 Abs. 2 verlangen).

17 Abs. 2 Nr. 2 gestattet in allen Fällen eine **Abweichung nur an einzelnen Tagen**. Zulässig ist zwar die Beschäftigung an mehreren Tagen hintereinander, nicht aber über einen längeren Zeitraum (ErfK/Wank § 14 Rn. 9; Anzinger/Koberski § 14 Rn. 21), wobei allerdings eine generelle Beschränkung auf 60 Tage (so die genannten) mit dem Wortlaut der Vorschrift nicht zu vereinbaren ist (so zutr. Baeck/Deutsch § 14 Rn. 43). Je häufiger der Arbeitgeber allerdings eine Ausnahme nach Abs. 2 Nr. 2 in Anspruch nimmt, desto eher werden ihm andere Maßnahmen zumutbar sein.

VII. Einhaltung der 48-Stunden-Woche

18 Alle außergewöhnlichen Fälle, sowohl die Notfälle des Abs. 1 als auch die erlaubten Arbeiten nach Abs. 2 gewähren zwar die Möglichkeit, zusätzliche Arbeiten zu leisten, die über die Höchstarbeitszeiten hinausgehen. Trotzdem müssen aber **Ausgleichszeiten** gewährt werden. Die Arbeitszeitrichtlinie 2003/88/EG schreibt – wie schon zuvor die Richtline 93/104/EG – in Art. 6 bindend vor, dass die 48-Stunden-Woche nicht überschritten werden darf und erlaubt nur einen Ausgleich innerhalb eines Bezugszeitraumes, der grundsätzlich nicht länger als sechs Monate sein darf (Art. 19 Richtlinie 2003/88/EG). Diesem Erfordernis entspricht die ab 1. 1. 2004 eingefügte Abs. 3 (BT-Drucks. 15/1587 S. 36). Da sechs Kalendermonate mit 24 Wochen gleichgesetzt werden, ist auch hier von Monatszeiträumen auszugehen, innerhalb deren der Ausgleich erfolgen kann, weil bei Abstellen auf den Kalender eine Schwankung zwischen 5 und 7 Monaten eintreten könnte (vgl. § 3 Rn. 8). Das entspricht auch den Vorgaben des Art. 19 EG-Richtlinie 2003/88 vom 4. 11. 2003.

VIII. Arbeitspflicht, Mitbestimmung

19 § 14 ermächtigt den Arbeitgeber nur, seine Arbeitnehmer über die Arbeitszeitgrenzen der Grundnormen hinaus zu beschäftigen ohne ordnungswidrig zu handeln oder sich strafbar zu machen. Eine Verpflichtung der Arbeitnehmer zu diesen Arbeiten ergibt sich aus § 14 nicht; eine **Verpflichtung der Arbeitnehmer** zur Leistung solcher Arbeiten kann sich nur aus dem Arbeitsvertrag oder einem auf das Arbeitsverhältnis anzuwendenden Tarifvertrag (vgl. § 10 Rn. 61) ergeben. In wirklichen Notfällen wird diese Verpflichtung allerdings auch ohne ausdrückliche Vereinbarung schon aus der Treuepflicht des Arbeitnehmers bzw. der Rücksichtnahmepflicht des § 241 Abs. 2 BGB folgen (enger Buschmann/Ulber § 14 Rn. 23, die eine Arbeitspflicht nur im Bereich der Pflege und Betreuung von Personen annehmen).

20 Auch bei Arbeiten nach § 14 ist grundsätzlich die **Zustimmung des Betriebsrats bzw. des Personalrats** erforderlich, denn die Leistung zusätzli-

cher Arbeiten betrifft auch die Lage der Arbeitszeit und deren vorübergehende Verlängerung im Sinne von § 87 Abs. 1 Nr. 2, 3 BetrVG, § 75 Abs. 3 Nr. 1 BPersVG. Das Mitbestimmungsrecht des Betriebsrats entfällt auch nicht in sog. Eilfällen, sondern allenfalls in wirklichen Notfällen, in denen sofort gehandelt werden muss, um von dem Betrieb oder den Arbeitnehmern Schaden abzuwenden und in denen entweder der Betriebsrat nicht erreichbar ist oder keinen ordnungsgemäßen Beschluss fassen kann. In solchen extremen Notsituationen hat der Arbeitgeber das Recht, vorläufig zur Abwendung akuter Gefahren oder Schäden die Arbeitszeitverlängerung durchzuführen, wenn er unverzüglich die Beteiligung des Betriebsrats nachholt (BAG vom 19. 2. 1991, AP Nr. 42 zu § 87 BetrVG 1972 Arbeitszeit = DB 1991 S. 2043 und vom 14. 11. 1998, NZA 1999 S. 662). Im öffentlichen Dienst ist der Leiter der Dienststelle bei Maßnahmen, die der Natur der Sache nach keinen Aufschub dulden berechtigt, vorläufige Regelungen zu treffen (§§ 69 Abs. 5, 72 Abs. 6 BPersVG).

IX. Jugendliche

Für **Jugendliche** ist nach § 21 JArbSchG eine Überschreitung der Arbeitszeitvorschriften nur mit vorübergehenden und unaufschiebbaren Arbeiten in Notfällen zulässig und die auch nur, soweit erwachsene Beschäftigte nicht zur Verfügung stehen. Der Arbeitgeber muss also in einem Notfall nach Abs. 1 zunächst die erwachsenen Arbeitnehmer des Betriebes heranziehen und darf nur, wenn solche nicht zur Verfügung stehen oder soweit sie nicht ausreichen, auf die jugendlichen Arbeitnehmer zurückgreifen. Sind diese Voraussetzungen erfüllt, so können Jugendliche über 8 Stunden am Tag, über 40 Stunden in der Woche, an Samstagen oder an Sonn- bzw. Feiertagen beschäftigt sowie die Pausen und Freizeiten verkürzt werden. Die mehr geleisteten Arbeitsstunden einschließlich ausgefallener Ruhezeiten sind innerhalb der folgenden drei Wochen durch Verkürzung der Arbeitszeit auszugleichen. Eine Abgeltung ist nach dem JArbSchG nicht vorgesehen und kann nur in Betracht kommen, wenn der Ausgleich innerhalb des Ausgleichszeitraums aus Gründen, die in der Person des Jugendlichen liegen, z.B. Krankheit oder wegen Beendigung des Arbeitsverhältnisses nicht mehr möglich ist. 21

§ 15 Bewilligung, Ermächtigung

(1) **Die Aufsichtsbehörde kann**
1. eine von den §§ 3, 6 Abs. 2 und § 11 Abs. 2 abweichende längere tägliche Arbeitszeit bewilligen
   a) für kontinuierliche Schichtbetriebe zur Erreichung zusätzlicher Freischichten,
   b) für Bau- und Montagestellen,
2. eine von den §§ 3, 6 Abs. 2 und § 11 Abs. 2 abweichende längere tägliche Arbeitszeit für Saison- und Kampagnebetriebe für die Zeit der Saison oder Kampagne bewilligen, wenn die Verlängerung der Arbeitszeit über acht Stunden werktäglich durch eine entsprechende Verkürzung der Arbeitszeit zu anderen Zeiten ausgeglichen wird,

§ 15 ArbZG   Vierter Abschnitt. Ausnahmen in besonderen Fällen

3. eine von den §§ 5 und 11 Abs. 2 abweichende Dauer und Lage der Ruhezeit bei Arbeitsbereitschaft, Bereitschaftsdienst und Rufbereitschaft den Besonderheiten dieser Inanspruchnahmen im öffentlichen Dienst entsprechend bewilligen,

4. eine von den §§ 5 und 11 Abs. 2 abweichende Ruhezeit zur Herbeiführung eines regelmäßigen wöchentlichen Schichtwechsels zweimal innerhalb eines Zeitraums von drei Wochen bewilligen.

(2) Die Aufsichtsbehörde kann über die in diesem Gesetz vorgesehenen Ausnahmen hinaus weitergehende Ausnahmen zulassen, soweit sie im öffentlichen Interesse dringend nötig werden.

(3) Das Bundesministerium der Verteidigung kann in seinem Geschäftsbereich durch Rechtsverordnung mit Zustimmung des Bundesministeriums für Arbeit und Soziales aus zwingenden Gründen der Verteidigung Arbeitnehmer verpflichten, über die in diesem Gesetz und in den auf Grund dieses Gesetzes erlassenen Rechtsverordnungen und Tarifverträgen festgelegten Arbeitszeitgrenzen und -beschränkungen hinaus Arbeit zu leisten.

(3 a) Das Bundesministerium der Verteidigung kann in seinem Geschäftsbereich durch Rechtsverordnung im Einvernehmen mit dem Bundesministerium für Arbeit und Soziales für besondere Tätigkeiten der Arbeitnehmer bei den Streitkräften Abweichungen von in diesem Gesetz sowie von in den auf Grund dieses Gesetzes erlassenen Rechtsverordnungen bestimmten Arbeitszeitgrenzen und -beschränkungen zulassen, soweit die Abweichungen aus zwingenden Gründen erforderlich sind und die größtmögliche Sicherheit und der bestmögliche Gesundheitsschutz der Arbeitnehmer gewährleistet werden.

(4) Werden Ausnahmen nach Absatz 1 oder 2 zugelassen, darf die Arbeitszeit 48 Stunden wöchentlich im Durchschnitt von sechs Kalendermonaten oder 24 Wochen nicht überschreiten.

Übersicht	Rn.
I. Normzweck	1
II. Längere tägliche Arbeitszeiten	
Die Aufsichtsbehörde kann längere tägliche Arbeitszeiten bewilligen	2
zur Erreichung zusätzlicher Freischichten in kontinuierlichen Schichtbetrieben	3
für Bau- und Montagestellen	4
für Saison- und Kampagnebetriebe	5
III. Abweichende Ruhezeiten	
Im öffentlichen Dienst kann eine abweichende Dauer und Lage der Ruhezeit bewilligt werden	6
Eine abweichende Ruhezeit ist zur Herbeiführung eines regelmäßigen Schichtwechsels möglich	7
IV. Ausnahmen im öffentlichen Interesse	8, 9
V. Verfahren	
Es besteht kein Rechtsanspruch auf eine Bewilligung nach Abs. 1 und 2; die Aufsichtsbehörde entscheidet nach pflichtgemäßem Ermessen	10
VI. Arbeitspflicht, Mitbestimmung	
Die Bewilligung nach § 15 Abs. 1 und 2 begründet keine Arbeitspflicht; Mitbestimmungsrechte bleiben unberührt	11

	Rn.
VII. **Arbeitszeit im Geschäftsbereich des Bundesministeriums der Verteidigung**	
Rechtsverordnung nach § 15 Abs. 3 begründet auch Arbeitspflicht und schließt Mitbestimmungsrechte aus	12
Rechtsverordnung nach § 15 Abs. 3a erlaubt Abweichungen von den Arbeitszeitgrenzen, begründet aber keine Arbeitspflicht	13, 14
VIII. **Einhaltung der 48-Stunden-Woche**	15, 16

I. Normzweck

Die Vorschrift ermöglicht der Aufsichtsbehörde, Ausnahmeregelungen für besondere Fälle (Abs. 1) und im öffentlichen Interesse (Abs. 2) zu erlassen und enthält eine Verordnungsermächtigung für das Bundesministerium der Verteidigung (Abs. 3 und 3a). Der Gesetzgeber greift damit frühere Regelungen in den §§ 4 Abs. 3 Satz 2, 8 Abs. 2, 14a, 28 AZO auf (vgl. dazu im Einz. Baeck/Deutsch § 15 Rn. 2ff.). Die Vorschrift beruht auf dem Regierungsentwurf. Lediglich in Abs. 1 Nr. 1b wurde der Regierungsentwurf, der eine Ausnahme nur „für Montagestellen" vorsah, auf Beschlussempfehlung des Ausschusses für Arbeit und Sozialordnung abgeändert. Damit sollte sichergestellt werden, dass längere tägliche Arbeitszeiten nicht nur für Montagestellen, sondern auch für Baustellen von der Aufsichtsbehörde bewilligt werden können (vgl. BT-Drucks. 12/6990 S. 44). Abs. 4 wurde durch Art. 4b Ziff. 5 Gesetz zu Reformen am Arbeitsmarkt vom 24. 12. 2003 (BGBl. I S. 3002) eingefügt und dient nach der Gesetzesbegründung der Klarstellung, weil nach der EG-Arbeitszeitrichtlinie der Durchschnitt von 48 Arbeitsstunden je Woche nicht überschritten werden darf (vgl. BT-Drucks. 15/1587 S. 36). 1

II. Längere tägliche Arbeitszeiten

Nach Abs. 1 Nr. 1 und 2 kann die Aufsichtsbehörde abweichend von den §§ 3, 6 Abs. 2 und 11 Abs. 2 für die dort genannten Bereiche **längere tägliche Arbeitszeiten** bewilligen. 2

Für **kontinuierliche Schichtbetriebe** kann die Aufsichtsbehörde nach Abs. 1 Nr. 1a die tägliche Höchstarbeitszeit von 8 bzw. 10 Stunden verlängern. Erfasst werden sowohl teil- als auch vollkontinuierliche Schichtbetriebe (h. M., vgl. nur Baeck/Deutsch § 15 Rn. 10; Schliemann § 15 Rn. 6; ErfK/Wank § 15 Rn. 1). Voraussetzung für die Verlängerung der täglichen Arbeitszeit ist die Erreichung **zusätzlicher Freischichten**. Das ist der Fall, wenn den Arbeitnehmern mehr freie Tage zur Verfügung stehen als ohne die Verlängerung der täglichen Arbeitszeit (ebenso Baeck/Deutsch § 15 Rn. 12; Buschmann/Ulber § 15 Rn. 6; Roggendorff § 15 Rn. 8; ErfK/Wank § 15 Rn. 1; Schliemann § 15 Rn. 6). 3

Ohne besondere Voraussetzungen kann die Aufsichtsbehörde nach Abs. 1 Nr. 1b eine längere tägliche Arbeitszeit für **Bau- und Montagestellen** bewilligen. Dabei sind Baustellen zeitlich begrenzte oder ortsveränderliche Arbeitsstellen, an denen Hoch- oder Tiefbauarbeiten ausgeführt werden und Montagestellen Arbeitsstellen, auf denen vorgefertigte Teile oder Baugruppen zu einem fertigen Endergebnis montiert werden (Baeck/Deutsch § 15 Rn. 14f.; Anzinger/Koberski § 15 Rn. 8; Schliemann § 15 Rn. 7; für Baustellen enger und auf das Bauordnungsrecht abstellend Roggendorff § 15 4

§ 15 ArbZG   Vierter Abschnitt. Ausnahmen in besonderen Fällen

Rn. 9; ErfK/Wank § 15 Rn. 2). Die Ausnahme kommt in erster Linie für Bau- und Montagestellen in Betracht, die weit entfernt vom Betriebssitz des Arbeitgebers liegen, so dass die Arbeitnehmer nach Beendigung der täglichen Arbeitszeit nicht zu ihrem Wohnort zurückkehren. Hier wird es regelmäßig auch im Interesse der Arbeitnehmer liegen, während ihres Aufenthalts an der Bau- oder Montagestelle länger arbeiten und die „angesammelten Stunden" durch mehr Freizeit an ihrem Wohnort ausgleichen zu können (ebenso Roggendorff § 15 Rn. 9; ErfK/Wank § 15 Rn. 3; Anzinger/Koberski § 15 Rn. 10; Buschmann/Ulber § 15 Rn. 8; ähnl. Baeck/Deutsch § 15 Rn. 15, die zu Recht darauf hinweisen, dass dies keine – zwingende – Voraussetzung für eine Ausnahmebewilligung ist). Eine Obergrenze für die Verlängerung der täglichen Arbeitszeit enthält das Gesetz nicht, jedoch wird schon aus Gründen des Gesundheitsschutzes der Arbeitnehmer (vgl. § 1 Nr. 1) eine über 12 Stunden hinausgehende tägliche Arbeitszeit kaum in Betracht kommen (ähnl. Baeck/Deutsch § 15 Rn. 17; Buschmann/Ulber § 15 Rn. 7; Schliemann § 15 Rn. 5; Anzinger/Koberski § 15 Rn. 9).

5   Nach Abs. 1 Nr. 2 kann eine längere tägliche Arbeitszeit für **Saison- und Kampagnebetriebe** für die Zeit der Saison und Kampagne bewilligt werden. Saisonbetriebe sind solche, die zwar während des ganzen Jahres arbeiten, jedoch in gewissen Zeiten des Jahres zu einer außergewöhnlich verstärkten Tätigkeit genötigt sind. Zu ihnen gehören etwa die auf den Winter- und Sommerbedarf arbeitenden Betriebe (z. B. verschiedene Zweige der Textilindustrie, Fremdenverkehrsbetriebe) oder die für den Bedarf an gewissen Festen arbeitenden Betriebe (wie z. B. Schokoladen-, Lebkuchen-, Spielwarenfabriken). Kampagnebetriebe sind solche, die ihrer Natur nach auf bestimmte Jahreszeiten beschränkt sind, wie z. B. Zuckerraffinerien oder Fruchtkonservenfabriken. Anders als bei der Ausnahme nach Abs. 1 Nr. 1 setzt hier die Verlängerung der täglichen Arbeitszeit während der Saison oder Kampagne voraus, dass die über 8 Stunden werktäglich hinausgehende Arbeitszeit durch eine entsprechende Verkürzung der Arbeitszeiten zu anderen Zeiten ausgeglichen wird. Eine Obergrenze für die Verlängerung der täglichen Arbeitszeit während der Saison bzw. Kampagne enthält das Gesetz nicht, jedoch wird auch hier aus Gründen des Gesundheitsschutzes der Arbeitnehmer eine über 12 Stunden hinausgehende tägliche Arbeitszeit kaum in Betracht kommen (Anzinger/Koberski § 15 Rn. 14; vgl. auch Schliemann § 15 Rn. 9; Baeck/Deutsch § 15 Rn. 21). Für den **Ausgleich durch eine entsprechende Verkürzung der Arbeitszeit** zu anderen Zeiten schreibt Abs. 1 Nr. 2 keinen Bezugszeitraum vor. Nachdem aber der Ausgleich bezweckt, dass die Arbeitszeitverlängerung die durchschnittliche werktägliche Arbeitszeit von 8 Stunden nicht überschreitet (vgl. BT-Drucks. 12/5888 S. 31), wurde angenommen, dass der Ausgleich vor Beginn der nächsten Saison bzw. Kampagne, spätestens jedoch innerhalb eines Kalenderjahres erfolgen müsse. Durch den mit Wirkung zum 1. 1. 2004 eingefügten Abs. 4 (vgl. Rn. 1) wird nunmehr aber klargestellt, dass der Ausgleich innerhalb eines halben Jahres erfolgen muss (vgl. Rn. 16).

III. Abweichende Ruhezeiten

6   Nach Abs. 1 Nr. 3 kann im **öffentlichen Dienst** eine von den §§ 5 und 11 Abs. 2 **abweichende Dauer und Lage der Ruhezeit** bei Arbeitsbereit-

schaft, Bereitschaftsdienst und Rufbereitschaft bewilligt werden. Öffentlicher Dienst sind die Verwaltungen und Betriebe des Bundes, der Länder, der Gemeinden und sonstigen Körperschaften, Anstalten und Stiftungen des öffentlichen Rechts (vgl. auch § 7 Rn. 39 bis 41; Baeck/Deutsch § 15 Rn. 24; Schliemann § 15 Rn. 16; ErfK/Wank § 15 Rn. 6). Zu den Begriffen Arbeitsbereitschaft, Bereitschaftsdienst und Rufbereitschaft vgl. § 7 Rn. 10 ff. Damit besteht für den Bereich des öffentlichen Dienstes die Möglichkeit zu flexiblen Regelungen hinsichtlich Lage und Dauer der Ruhezeit, wie sie z. B. für Winterdienste erforderlich sein können. Außerdem kann damit im öffentlichen Dienst von dem Grundsatz, dass bei einer Heranziehung zu Arbeitsleistung während eines Bereitschaftsdienstes oder einer Rufbereitschaft die volle Ruhezeit im Anschluss an die Arbeitsleistung erneut beginnt (vgl. § 5 Rn. 4) abgewichen und damit eine Aufnahme der Arbeit zum vorgesehenen Zeitpunkt unabhängig davon, ob während eines Bereitschaftsdienstes in der Ruhezeit oder bei Rufbereitschaft Arbeitsleistungen erbracht werden müssen, gewährleistet werden. Im Extremfall kann die 11-stündige Ruhezeit vollständig gestrichen werden (Baeck/Deutsch § 15 Rn. 26; Anzinger/Koberski § 15 Rn. 16).

Nach Abs. 1 Nr. 4 kann eine von den §§ 5 und 11 Abs. 2 abweichende Ruhezeit zur **Herbeiführung eines regelmäßigen wöchentlichen Schichtwechsels** zwei Mal innerhalb eines Zeitraums von drei Wochen bewilligt werden. Möglich ist nur eine Verkürzung, nicht aber eine Veränderung der Lage der Ruhezeit (ebenso Buschmann/Ulber § 15 Rn. 11; Roggendorff § 15 Rn. 12; ErfK/Wank § 15 Rn. 7; Anzinger/Koberski § 15 Rn. 20; Schliemann § 15 Rn. 13; offen Baeck/Deutsch § 15 Rn. 28). 7

IV. Ausnahmen im öffentlichen Interesse

Nach Abs. 2 kann die Aufsichtsbehörde über die in dem ArbZG vorgesehenen Ausnahmen hinaus weitergehende Ausnahmen zulassen, soweit sie **im öffentlichen Interesse dringend nötig** werden. Die Vorschrift entspricht inhaltlich dem früheren § 28 AZO. Die Zulassung einer Ausnahme nach Abs. 2 setzt zunächst voraus, dass die nach dem ArbZG zulässigen Ausnahmen und Abweichungen nicht ausreichen oder im konkreten Fall nicht rechtzeitig greifen können (Baeck/Deutsch § 15 Rn. 31; Schliemann § 15 Rn. 18; Anzinger/Koberski § 15 Rn. 25 f.). 8

Ferner muss die Ausnahme nach Abs. 2 im öffentlichen Interesse dringend nötig sein. Ein **öffentliches Interesse** im Sinne von Abs. 2 wird in der Regel vorliegen bei Arbeiten zur Sicherung der Ernährung, zum Schutze größerer Mengen von Lebensmitteln vor dem Verderb, zur beschleunigten Gewinnung von Nahrungsmitteln und Rohstoffen, zur Versorgung mit Strom, Gas und Wasser sowie für Belange der Landesverteidigung (vgl. BAG vom 22. 3. 1978, AP Nr. 4 zu § 17 BAT). Unter Abs. 2 fallen auch Arbeiten aus Anlass von Dienst-, Werk- und Sachleistungen, die im Rahmen notstandsrechtlicher Regelungen zu erbringen sind (so ausdr. Regierungsbegründung, BT-Drucks. 12/5888 S. 31). Dagegen reichen bloße geschäftliche Interessen des Arbeitgebers für eine Ausnahmebewilligung nach Abs. 2 nicht aus (ebenso 9

§ 15 ArbZG Vierter Abschnitt. Ausnahmen in besonderen Fällen

Baeck/Deutsch § 15 Rn. 32; Roggendorff § 15 Rn. 13; Anzinger/Koberski § 15 Rn. 27; vgl. auch Schliemann § 15 Rn. 19).

V. Verfahren

10 Eine Bewilligung nach Abs. 1 und 2 „kann" erteilt werden, liegt also auch bei Vorliegen der Voraussetzungen im pflichtgemäßen Ermessen der Aufsichtsbehörde, so dass auf die Erteilung **kein Rechtsanspruch** besteht (h. M., vgl. nur Baeck/Deutsch § 15 Rn. 37; Anzinger/Koberski § 15 Rn. 35; ErfK/ Wank § 15 Rn. 9). Das Verfahren richtet sich nach den Verwaltungsverfahrensgesetzen der Länder, es wird regelmäßig durch einen Antrag des Arbeitgebers eingeleitet. Dieser muss beschieden werden, so dass ggf. Untätigkeitsklage erhoben werden kann; außerdem besteht ein Anspruch auf eine ermessensfehlerfreie Entscheidung, eine Ablehnung der Bewilligung kann deshalb mit der Begründung im verwaltungsgerichtlichen Verfahren angegriffen werden, die Entscheidung der Aufsichtsbehörde beruhe auf einem Ermessensfehler. Bei der Prüfung der tatbestandlichen Voraussetzungen steht der Aufsichtsbehörde ein Beurteilungsspielraum zu, der gerichtlich nur beschränkt nachprüfbar ist (a. A. – uneingeschränkte gerichtliche Überprüfung – Schliemann § 15 Rn. 17). Bei der Ermessensentscheidung hat die Aufsichtsbehörde insbesondere darauf zu achten, dass entsprechend dem Zweck des Gesetzes die Gesundheit der Arbeitnehmer durch überlange Arbeitszeiten nicht gefährdet wird (ebenso Baeck/Deutsch § 15 Rn. 37; Buschmann/Ulber § 15 Rn. 16; Roggendorff § 15 Rn. 4; ErfK/Wank § 15 Rn. 9). Die Genehmigung kann auch mit Nebenbestimmungen versehen, insbesondere befristet werden. In Betracht kommen auch Auflagen zur Vermeidung von Gesundheitsgefahren für die Arbeitnehmer, wie z. B. Bestimmungen über Dauer und Lage der Arbeitszeit, Ruhepausen, Gewährung zusätzlicher Freizeit, Gewährung besonderer Verpflegung. Auch können Ausnahmen für besonders schonungsbedürftige Arbeitnehmer (z. B. werdende Mütter, Schwerbehinderte, ältere Arbeitnehmer) gemacht werden. Ein Widerruf der Bewilligung ist wie bei allen Verwaltungsakten zulässig, insbesondere wenn der Arbeitgeber gegen Auflagen verstößt, oder die Voraussetzungen für eine Ausnahmebewilligung nicht mehr vorliegen.

VI. Arbeitspflicht, Mitbestimmung

11 Eine Bewilligung der Aufsichtsbehörde nach Abs. 1 und 2 ermächtigt den Arbeitgeber nur, seine Arbeitnehmer über die Arbeitszeitgrenzen der Grundnormen hinaus zu beschäftigen, eine Verpflichtung der Arbeitnehmer zu diesen Arbeiten ergibt sich aus der Bewilligung nicht; eine entsprechende **Verpflichtung der Arbeitnehmer** zur Arbeitsleistung kann sich nur aus dem Arbeitsvertrag oder einem auf das Arbeitsverhältnis anzuwendenden Tarifvertrag (vgl. § 10 Rn. 61) ergeben. Die **Mitbestimmungsrechte** des Betriebs- und Personalrats, insbesondere die nach § 87 Abs. 1 Nr. 2, 3 BetrVG, § 75 Abs. 3 Nr. 1 BPersVG bleiben unberührt (vgl. auch § 14 Rn. 19; Baeck/ Deutsch § 15 Rn. 47).

VII. Arbeitszeit im Geschäftsbereich des Bundesministeriums der Verteidigung

Abs. 3 ermächtigt das **Bundesministerium der Verteidigung,** in seinem 12
Geschäftsbereich durch **Rechtsverordnung** mit Zustimmung des Bundesministeriums für Arbeit und Sozialordnung aus dringenden Gründen der Verteidigung Arbeitnehmer zu verpflichten, über die im ArbZG und den aufgrund des ArbZG erlassenen Rechtsverordnungen und in Tarifverträgen festgelegten Arbeitszeitgrenzen und -beschränkungen hinaus Arbeit zu leisten. Die Regelung geht inhaltlich auf den früheren § 14a AZO zurück. Die Vorschrift hat doppelte Bedeutung: sie verpflichtet den Arbeitnehmer zur Leistung von Mehrarbeit ohne Rücksicht auf den Inhalt der Arbeitsverträge, Tarifverträge oder Dienstvereinbarungen; zum anderen werden die gesetzlichen und tariflichen Arbeitszeitgrenzen und -beschränkungen ausgeschaltet (ebenso Baeck/Deutsch § 15 Rn. 44; Anzinger/Koberski § 15 Rn. 44f.; Schliemann Rn. 901; Buschmann/Ulber § 15 Rn. 19). Voraussetzung ist, dass die Mehrarbeit aus zwingenden Gründen der Verteidigung erforderlich ist. Diese können im Spannungsfall (Art. 80 Abs. 1 und 3 GG), im Verteidigungsfall (Art. 51a GG), aber auch in einer diesen vorausgehenden Zeit erhöhter Spannungen gegeben sein (Baeck/Deutsch § 15 Rn. 42; Schliemann § 15 Rn. 23; ErfK/Wank § 15 Rn. 10; Anzinger/Koberski § 15 Rn. 43; a.A. Buschmann/Ulber § 15 Rn. 19, die den Anwendungsbereich des Abs. 3 auf den Verteidigungsfall reduzieren). Die Regelung von Arbeitspflicht und Arbeitszeit erfolgt durch Rechtsverordnung des Bundesministeriums für Verteidigung, die der Zustimmung des Bundesministeriums für Arbeit und Sozialordnung bedarf. Eine Mitwirkung der Personalvertretung scheidet aus, weil die Arbeitszeit insoweit durch eine gesetzliche Regelung im Sinne von § 75 Abs. 3 Eingangssatz BPersVG geregelt wird.

Durch Art. 15 des Gesetzes zur Regelung der Reform der Bundeswehr 13
(Bundeswehrreform – Begleitgesetz – BwRefBglG) vom 21. Juli 2012 (BGBl. I S. 1583) wurde mit Wirkung vom 26. Juli 2012 **Abs. 3a** eingefügt. Die Vorschrift ermächtigt das Bundesministerium der Verteidigung im Einvernehmen mit dem Bundesministerium für Arbeit und Soziales für besondere Tätigkeiten der Arbeitnehmer bei den Streitkräften Abweichungen von den Arbeitszeitgrenzen des ArbZG und der aufgrund des ArbZG erlassenen Rechtsverordnungen. Anders als nach Abs. 3 sind dafür nicht zwingende Gründe der Verteidigung erforderlich, es reichen jegliche dringende Gründe aus. Damit soll die Teilnahme ziviler Beschäftigter an Mandatseinsätzen oder diesen vergleichbaren Einsätzen der Bundeswehr im Ausland oder auf See gesichert und gewährleistet werden, dass die Bundesrepublik Deutschland ihren inernationalen und europäischen Bündnisverpflichtungen uneingeschränkt nachkommen kann (vgl. Regierungsbegründung BT-Drucks. 17/9340 S. 53). Die Ermächtigung erlaubt nur, von den geltenden arbeitszeitrechtlichen Bestimmungen abzuweichen. Eine entsprechende Arbeitspflicht der Arbeitnehmer kann durch die Rechtsverordnung – anders als im Falle des Abs. 3 bei zwingenden Gründen der Verteidigung – nicht begründet werden. Die vom Arbeitnehmer geschuldete Arbeitszeit ergibt sich – wie auch sonst – auch im Geltungsbereich einer Rechtsverordnung nach Abs. 3a aus dem Arbeitsvertrag oder einem auf das Arbeitsverhältnis Anwendung findenden Tarifvertrag.

Die Ermächtigung konkretisiert allerdings weder, für welche „besonderen" Tätigkeiten Abweichungen in welchem Umfang aus welchen „zwingenden" Gründen erforderlich sein könnten, noch, was unter „größtmöglicher Sicherheit" und „bestmöglicher Gesundheitsschutz" zu verstehen sein soll. Sie dürfte deshalb mit Art. 80 Abs. 1 Satz 2 GG (vgl. allgemein zum Gebot der Gesetzesbestimmtheit BVerfG vom 22. 11. 2000, BVerfGE 102, 254; 19. 6. 2007, NVwZ 2007, 1172) schwerlich vereinbar sein.

14 Eine Rechtsverordnung nach Abs. 3 wurde bislang – ebensowenig wie früher aufgrund des § 14a AZO – nicht erlassen. Auch von der Ermächtigung des Abs. 3a hat das Bundesministerium der Verteidigung noch keinen Gebrauch gemacht.

VIII. Einhaltung der 48-Stunden-Woche

15 Die Richtline 2003/88/EG vom 4. 11. 2003 schreibt – wie schon zuvor die Richtlinie 93/104/EG – in Art. 6 bindend die Einhaltung der 48-Stunden-Woche in einem Bezugszeitraum von grundsätzlich sechs Monaten vor (Art. 19). Auch bei besonderen Ausnahmeerlaubnissen (Art. 17, 18) müssen die Beschränkungen auf 48 Stunden im Durchschnitt pro Woche eingehalten werden. Ausgenommen davon sind nur Gründe der Verteidigung gemäß Abs. 3. Alle zusätzlich erlaubten Arbeitszeiten müssen auf diese europäischen Vorgaben begrenzt sein (BT-Drucks. 15/1587 S. 36). Deshalb ist ein **Ausgleich** notwendig, wenn durch die Zulassung längerer Arbeitszeiten nach Abs. 1, 2 zeitweise die 48-Stunden-Woche überschritten wird, und zwar einschließlich von Zeiten der Arbeitsbereitschaft und des Bereitschaftsdienstes.

16 **Sechs Kalendermonate** sind gleich 24 Wochen und meinen den 6-Monate Abschnitt eines halben Jahres. Es muss also vom Zeitpunkt des Überschreitens stets geprüft werden, ob durch geringere Arbeit im vorhergehenden oder im folgenden Halbjahr der Durchschnitt von 48 Stunden in der Woche erhalten bleibt. Da bei einem Anfall oder Ausgleich am Ende oder Anfang eines Monats Abstände von 5 bis zu 7 Monaten bei Abstellen auf den Kalender entstünden, ist davon auszugehen, dass im Ergebnis Monate als Zeitmaß gemeint sind (§ 3 Rn. 8); nur das entspricht auch den Vorgaben des Art. 19 Richtlinie 2003/88/EG.

Fünfter Abschnitt. Durchführung des Gesetzes

§ 16 Aushang und Arbeitszeitnachweise

(1) Der Arbeitgeber ist verpflichtet, einen Abdruck dieses Gesetzes, der auf Grund dieses Gesetzes erlassenen, für den Betrieb geltenden Rechtsverordnungen und der für den Betrieb geltenden Tarifverträge und Betriebs- oder Dienstvereinbarungen im Sinne des § 7 Abs. 1 bis 3, §§ 12 und 21a Abs. 6 an geeigneter Stelle im Betrieb zur Einsichtnahme auszulegen oder auszuhängen.

(2) ¹Der Arbeitgeber ist verpflichtet, die über die werktägliche Arbeitszeit des § 3 Satz 1 hinausgehende Arbeitszeit der Arbeitnehmer aufzuzeichnen und ein Verzeichnis der Arbeitnehmer zu führen, die in eine Verlängerung der Arbeitszeit gemäß § 7 Abs. 7 eingewilligt haben. ²Die Nachweise sind mindestens zwei Jahre aufzubewahren.

Übersicht

	Rn.
I. Aushangpflicht	
Inhalt	1–3
§ 16 Abs. 1 ist Ordnungsvorschrift; Schadenersatzansprüche können auf eine Verletzung nicht gestützt werden	4
II. Nachweise	
Aufzeichnungspflichtig ist jede über 8 Stunden hinausgehende werktägliche Arbeitszeit	5, 6
Aufzeichnungspflicht richtet sich an den Arbeitgeber, kann aber auch durch Aufzeichnungen der Arbeitnehmer erfüllt werden	7
Verzeichnis der Arbeitnehmer, die in eine Verlängerung der Arbeitszeit eingewilligt haben	8
Aufbewahrungsfrist entspricht der Verfolgungsverjährung nach § 31 Abs. 2 OWiG	9

I. Aushangpflicht

Abs. 1 ist aus § 24 Abs. 1 Nr. 1 AZO übernommen worden. Die Vorschrift dient ebenso wie entsprechende Bestimmungen hinsichtlich der Betriebsvereinbarungen (§ 77 Abs. 2 BetrVG) und der Tarifverträge (§ 8 TVG) dazu, den Arbeitnehmern zu ermöglichen, sich über die ihnen zustehenden Rechte und der für sie geltenden Schutzbestimmungen selbst zu unterrichten. Ausfluss der Fürsorgepflicht des Arbeitgebers ist es deshalb, dem Arbeitnehmer diese Einsicht möglichst zu erleichtern und bequem zu machen, damit er in Ruhe und so oft es ihm notwendig erscheint, sie einsehen und sich damit vertraut machen kann. Geeignet für die **Auslage** oder den **Aushang** sind insbesondere Aufenthalts- und Pausenräume oder Schwarze Bretter. Dagegen darf die Auslegung nicht bei einem Vorgesetzten (z. B. Meister) oder gar im Personalbüro oder im Zimmer des Arbeitgebers erfolgen, da sich dort der Arbeitnehmer beaufsichtigt fühlen könnte (im Erg. ebenso Roggendorff § 16 Rn. 4; ErfK/Wank § 16 Rn. 1; Anzinger/Koberski § 16 Rn. 9; Buschmann/Ulber § 16 Rn. 1; a.A. Baeck/Deutsch § 16 Rn. 18; Schliemann § 16 Rn. 4). 1

Die Verpflichtung bezieht sich auf den **Betrieb,** gilt jedoch auch für Nebenbetriebe und Betriebsteile, sofern diese vom Hauptbetrieb räumlich so weit entfernt sind, dass eine Einsichtnahme in den Aushang oder die Auslage dort während der üblichen Arbeitszeit nicht möglich ist. Denn in diesem Falle ist für die Arbeitnehmer des Nebenbetriebes bzw. des Betriebsteils der Aushang oder die Auslage in dem Hauptbetrieb keine geeignete Stelle im Sinne von § 16 Abs. 1 (im Erg. h. M., vgl. nur Baeck/Deutsch § 16 Rn. 18 f.; Schliemann § 16 Rn. 4; ErfK/Wank § 16 Rn. 1; Anzinger/Koberski § 16 Rn. 5; Buschmann/Ulber § 16 Rn. 1). 2

Auszulegen bzw. -hängen ist ein **Abdruck des ArbZG** in der jeweils geltenden Fassung, die darauf beruhenden und für den Betrieb bzw. die Dienststelle geltenden **Rechtsverordnungen** sowie die für den Betrieb bzw. die Dienststelle geltenden abweichenden Regelungen durch **Tarifverträge** und **Betriebs- oder Dienstvereinbarungen** im Sinne des § 7 Abs. 1 bis 3 und der §§ 12, 21a Abs. 6. Dabei ergibt sich die Auslagepflicht hinsichtlich der Tarifverträge auch aus § 8 TVG, hinsichtlich der Betriebsvereinbarungen aus § 77 Abs. 2 Satz 3 BetrVG und hinsichtlich der Dienstvereinbarungen aus § 73 Abs. 1 PBersVG bzw. entsprechender Bestimmungen der Landesperso- 3

§ 16 ArbZG   Fünfter Abschnitt. Durchführung des Gesetzes

nalvertretungsgesetze. Dagegen ist der Arbeitgeber nicht verpflichtet, für ausländische Arbeitnehmer eine Übersetzung des ArbZG zur Verfügung zu stellen (allgA, vgl. nur Baeck/Deutsch § 16 Rn. 7; Schliemann § 16 Rn. 3; ErfK/Wank § 16 Rn. 1; Anzinger/Koberski § 16 Rn. 6).

4   Ein Verstoß des Arbeitgebers gegen den Aushang oder die Auslage nach Abs. 1 ist **ordnungswidrig**, § 22 Abs. 1 Nr. 8. Dagegen können aus der Ordnungsvorschrift des Abs. 1 zivilrechtliche Schadensersatzansprüche nicht hergeleitet werden, selbst wenn dem Arbeitnehmer der Schaden dadurch entsteht, dass er die Vorschriften wegen der fehlenden Auslage oder des fehlenden Aushanges nicht kannte; denn § 16 Abs. 1 ist kein Schutzgesetz im Sinne des § 823 Abs. 2 BGB (ebenso Baeck/Deutsch § 16 Rn. 39; ErfK/Wank § 16 Rn. 2; Anzinger/Koberski § 16 Rn. 20; zur ähnl. Vorschrift des § 8 TVG vgl. auch BAG vom 6. 7. 1972, AP Nr. 1 zu § 8 TVG 1969).

II. Nachweise

5   Abs. 2 entspricht hinsichtlich der Arbeitszeitnachweise dem früheren § 24 Abs. 1 Nr. 3 AZO. Der Arbeitgeber ist verpflichtet, die über die werktägliche Arbeitszeit des § 3 Satz 1 hinausgehende Arbeitszeit der Arbeitnehmer aufzuzeichnen. **Aufzeichnungspflichtig** ist damit sowohl die über 8 Stunden hinausgehende werktägliche Arbeitszeit sowie jede Arbeitszeit an Sonn- und Feiertagen (ebenso Baeck/Deutsch § 16 Rn. 23; Schliemann § 16 Rn. 6; ErfK/Wank § 16 Rn. 4; Anzinger/Koberski § 16 Rn. 11; Buschmann/Ulber § 16 Rn. 8; teilw. abw. Roggendorff § 16 Rn. 7, der nur die über 8 Stunden hinausgehende sonntägliche Arbeitszeit für aufzeichnungspflichtig hält). Bei dem **Arbeitszeitnachweis** muss nicht auf jeden einzelnen Arbeitnehmer abgestellt werden, es reicht die Aufzeichnung der täglichen Gesamtarbeitszeit (ebenso Roggendorff § 17 Rn. 7). Nur soweit die individuelle Arbeitszeit einzelner Arbeitnehmer oder einer Gruppe von Arbeitnehmern von der täglichen Gesamtarbeitszeit abweicht, ist diese gesondert festzuhalten (im Erg. ebenso Anzinger/Koberski § 16 Rn. 11; a.A. Schliemann § 16 Rn. 8; ErfK/Wank § 16 Rn. 6, die generell auf die Arbeitszeit der einzelnen Arbeitnehmer abstellen).

6   **Zweck der Nachweispflicht** ist es, die Überwachung des ArbZG durch die Aufsichtsbehörden sicherzustellen (vgl. Regierungsbegründung, BT-Drucks. 12/5888 S. 31). Aufzuzeichnen ist deshalb nicht nur die Überschreitung der 8-Stunden-Grenze, sondern auch der nach den §§ 3, 6 Abs. 2 und 7 Abs. 2 erforderliche Ausgleich durch Verkürzung der Arbeitszeit innerhalb der einschlägigen Ausgleichszeiträume (ebenso Buschmann/Ulber § 16 Rn. 8; Roggendorff § 16 Rn. 8; Schliemann § 16 Rn. 7; a.A. Baeck/Deutsch § 16 Rn. 24; ErfK/Wank § 16 Rn. 4).

7   Die Aufzeichnungspflicht richtet sich an den Arbeitgeber, eine bestimmte **Form für die Arbeitszeitnachweise** ist jedoch nicht vorgeschrieben. Der Aufzeichnungspflicht ist deshalb auch dann genügt, wenn z. B. die einzelnen Arbeitnehmer die von ihnen geleistete Arbeitszeit bei gleitender Arbeitszeit durch Stundenzettel, Stempeluhrkarten oder elektronische Zeiterfassung festhalten lassen. Eine über Abs. 2 hinausgehende Aufzeichnungspflicht kann die Aufsichtsbehörde nach § 17 Abs. 2 anordnen, wenn dies zur Sicherstellung der Überwachung der arbeitszeitrechtlichen Vorschriften erforderlich ist.

Abs. 2 Satz 1 wurde durch Art. 4b Ziffer 6b) aa) Gesetz zu Reformen am 8
Arbeitsmarkt vom 24. 12. 2003 (BGBl. I S. 3002) ergänzt um die Pflicht des
Arbeitgebers, ein **Verzeichnis** der Arbeitnehmer zu führen, die in eine Verlängerung der Arbeitszeit gemäß § 7 Abs. 7 eingewilligt haben. Der Gesetzgeber wollte damit den Vorgaben der EG-Arbeitszeitrichtline 93/104 folgen, die in Art. 18 Abs. 1b) i) vorschrieb, dass bei Abweichungen von der wöchentlichen Höchstarbeitszeit nach Art. 6 der Richtlinie der Arbeitgeber aktuelle Listen über alle Arbeitnehmer führt, die eine solche Arbeit leisten (vgl. BT-Drucks. 15/1587 S. 36). Eine inhaltsgleiche Regelung enthält Art. 22 Abs. 1c) der nunmehr geltenden Arbeitszeitrichtlinie 2003/88/EG. Erforderlich ist nach Abs. 2 Satz 1 letzter Halbsatz ein Verzeichnis, das alle Arbeitnehmer namentlich aufführt, die in eine Verlängerung der Arbeitszeit gemäß § 7 Abs. 7 eingewilligt haben. Das Verzeichnis muss nach den Vorgaben der EG-Richtlinie **aktuell** sein, d. h. jeder Arbeitnehmer, der einwilligt, ist unverzüglich in das Verzeichnis aufzunehmen, jeder Arbeitnehmer, der widerruft, ist mit Ablauf der Widerrufsfrist des § 7 Abs. 7 Satz 2 aus dem Verzeichnis zu streichen. Da das Verzeichnis auch der Überwachung durch die Aufsichtsbehörde dient (vgl. § 17 Abs. 4) ist es – solange die Widerrufsfrist des § 7 Abs. 7 noch läuft und der Arbeitnehmer deshalb noch nicht aus dem Verzeichnis gestrichen ist – erforderlich, dass bei dem Arbeitnehmer, der widerrufen hat, der Tag des Eingangs seines Widerrufes bei dem Arbeitgeber in dem Verzeichnis vermerkt wird.

Die **Aufbewahrungsfrist** wurde gegenüber dem Regierungsentwurf auf 9
Beschlussempfehlung des Ausschusses für Arbeit und Sozialordnung von einem auf zwei Jahre verlängert. Dies schien „im Hinblick auf die Verjährungsfrist" geboten (vgl. BT-Drucks. 12/6990 S. 44). Gemeint ist damit die Verfolgungsverjährung für die bei einem Verstoß gegen Abs. 2 vorliegende Ordnungswidrigkeit nach § 22 Abs. 1 Nr. 9, die nach § 22 Abs. 2 mit einer Geldbuße bis zu 15 000 Euro geahndet werden kann und deren Verfolgung deshalb nach § 31 Abs. 2 Nr. 2 OWiG in zwei Jahren verjährt.

§ 17 Aufsichtsbehörde

(1) Die Einhaltung dieses Gesetzes und der auf Grund dieses Gesetzes erlassenen Rechtsverordnungen wird von den nach Landesrecht zuständigen Behörden (Aufsichtsbehörden) überwacht.

(2) Die Aufsichtsbehörde kann die erforderlichen Maßnahmen anordnen, die der Arbeitgeber zur Erfüllung der sich aus diesem Gesetz und den auf Grund dieses Gesetzes erlassenen Rechtsverordnungen ergebenden Pflichten zu treffen hat.

(3) Für den öffentlichen Dienst des Bundes sowie für die bundesunmittelbaren Körperschaften, Anstalten und Stiftungen des öffentlichen Rechts werden die Aufgaben und Befugnisse der Aufsichtsbehörde vom zuständigen Bundesministerium oder den von ihm bestimmten Stellen wahrgenommen; das gleiche gilt für die Befugnisse nach § 15 Abs. 1 und 2.

(4) [1]Die Aufsichtsbehörde kann vom Arbeitgeber die für die Durchführung dieses Gesetzes und der auf Grund dieses Gesetzes erlassenen Rechtsverordnungen erforderlichen Auskünfte verlangen. [2]Sie kann ferner vom Arbeitgeber verlangen, die Arbeitszeitnachweise und Tarifverträge oder Be-

triebs- oder Dienstvereinbarungen im Sinne des § 7 Abs. 1 bis 3, §§ 12 und 21a Abs. 6 vorzulegen oder zur Einsicht einzusenden.

(5) ¹Die Beauftragten der Aufsichtsbehörde sind berechtigt, die Arbeitsstätten während der Betriebs- und Arbeitszeit zu betreten und zu besichtigen; außerhalb dieser Zeit oder wenn sich die Arbeitsstätten in einer Wohnung befinden, dürfen sie ohne Einverständnis des Inhabers nur zur Verhütung von dringenden Gefahren für die öffentliche Sicherheit und Ordnung betreten und besichtigt werden. ²Der Arbeitgeber hat das Betreten und Besichtigen der Arbeitsstätten zu gestatten. ³Das Grundrecht der Unverletzlichkeit der Wohnung (Artikel 13 des Grundgesetzes) wird insoweit eingeschränkt.

(6) Der zur Auskunft Verpflichtete kann die Auskunft auf solche Fragen verweigern, deren Beantwortung ihn selbst oder einen der in § 383 Abs. 1 Nr. 1 bis 3 der Zivilprozeßordnung bezeichneten Angehörigen der Gefahr strafgerichtlicher Verfolgung oder eines Verfahrens nach dem Gesetz über Ordnungswidrigkeiten aussetzen würde.

Übersicht	Rn.
I. Aufsichtsbehörden	
Sachlich und örtliche Zuständigkeit	1
II. Befugnisse	
Anordnung der erforderlichen Maßnahmen	2
Auskunftspflicht des Arbeitgebers	3
Betreten und Besichtigung der Arbeitsstätten	4, 5
III. Auskunftsverweigerungsrecht	6
IV. Beteiligung des Betriebs- bzw. Personalrats	
Betriebs- bzw. Personalrat sind bei einer Besichtigung nach § 17 Abs. 5 hinzuziehen	7

I. Aufsichtsbehörden

1 Die Einhaltung des ArbZG und der aufgrund des ArbZG erlassenen Rechtsverordnungen wird von den **Aufsichtsbehörden** überwacht. Welche Behörde Aufsichtsbehörde ist, richtet sich grundsätzlich nach Landesrecht, Abs. 1. Dies entspricht Art. 83 GG, nach dem die Länder die Bundesgesetze als eigene Angelegenheiten ausführen. **Sachlich zuständig** sind nach den Zuständigkeitsverordnungen der Länder in der Regel die Gewerbeaufsichtsämter bzw. Ämter für Arbeitsschutz (Arbeitsschutzämter). Die **örtliche Zuständigkeit** ergibt sich aus den Verwaltungsverfahrensgesetzen der Länder; in der Regel wird das Gewerbeaufsichtsamt bzw. Arbeitsschutzamt zuständig sein, in dessen Bezirk der betreffende Betrieb oder die betreffende Betriebsstätte betrieben wird, vgl. § 3 Abs. 1 Nr. 2 VwVfG. Lediglich für den öffentlichen Dienst des Bundes sowie für die bundesunmittelbaren Körperschaften, Anstalten und Stiftungen des öffentlichen Rechts werden nach Abs. 3 die Aufgaben und Befugnisse der Aufsichtsbehörde vom zuständigen Bundesministerium oder den von ihm bestimmten Stellen wahrgenommen.

II. Befugnisse

2 Die Befugnisse der Aufsichtsbehörden sind in Abs. 2, 4 und 5 geregelt. Nach **Abs. 2** kann die Aufsichtsbehörde die **erforderlichen Maßnahmen anordnen,** die der Arbeitgeber zur Erfüllung der sich aus dem ArbZG und

den aufgrund des ArbZG erlassenen Rechtsverordnungen ergebenden Pflichten zu treffen hat. Dabei stehen den Aufsichtsbehörden alle amtlichen Befugnisse der örtlichen Polizeibehörden zu, namentlich die Befugnis, die notwendigen Maßnahmen zu treffen, um eine im einzelnen Falle bestehende Gefahr für die öffentliche Sicherheit oder Ordnung abzuwehren (vgl. BVerwG vom 4. 7. 1989, GewArch. 1990 S. 25 = NJW 1990 S. 529; ebenso Baeck/Deutsch § 17 Rn. 21; Schliemann § 17 Rn. 8; ErfK/Wank § 17 Rn. 2; vgl. auch Anzinger/Koberski § 17 Rn. 10; Buschmann/Ulber § 17 Rn. 4). Ordnet die Aufsichtsbehörde nach Abs. 2 im Einzelfalle die erforderlichen Maßnahmen an, die der Arbeitgeber zu treffen hat, so handelt es sich dabei um einen Verwaltungsakt, der der verwaltungsgerichtlichen Überprüfung unterliegt. Zulässig sind auch gesetzeswiederholende Anordnungen (VGH München vom 28. 10. 1993, GewArch. 1994 S. 192; Schliemann § 17 Rn. 10; ErfK/Wank § 17 Rn. 3; Anzinger/Koberski § 17 Rn. 10). Die Durchsetzung der Anordnung erfolgt im Wege des Verwaltungszwangsverfahrens nach den Verwaltungs-Vollstreckungsgesetzen der Länder. Dort sind in der Regel als Zwangsmittel vorgesehen die Ersatzvornahme, das Zwangsgeld und der unmittelbare Zwang (vgl. dazu auch Anzinger/Koberski § 17 Rn. 11; Buschmann/Ulber § 17 Rn. 5; Schliemann § 17 Rn. 13).

Nach **Abs. 4** Satz 1 ist der Arbeitgeber verpflichtet, den Aufsichtsbehörden 3 alle Auskünfte zu erteilen, die diese zur Erfüllung ihrer Aufgaben benötigen. Das Auskunftsverlangen muss nicht in Form einer Anordnung an den Arbeitgeber gerichtet werden, es kann schriftlich, mündlich oder auch fernmündlich erfolgen (vgl. BT-Drucks. 12/5888 S. 32; ErfK/Wank § 17 Rn. 4; Buschmann/Ulber § 17 Rn. 7; a. A. Baeck/Deutsch § 17 Rn. 24, die in dem Auskunftsverlangen stets einen Verwaltungsakt sehen). Voraussetzung für die **Auskunftspflicht** ist nicht, dass der Verdacht auf einen Gesetzesverstoß besteht, unzulässig ist jedoch die allgemeine, ungezielte Ausforschung des Arbeitgebers, die nur die behördliche Aufsicht erleichtern soll (vgl. OVG Berlin vom 18. 3. 1982, GewArch. 1982 S. 279; Baeck/Deutsch § 17 Rn. 25; ErfK/Wank § 17 Rn. 4; Schliemann § 17 Rn. 17). Der Arbeitgeber muss nach Abs. 4 Satz 2 den Aufsichtsbehörden auf Verlangen auch Unterlagen über die Arbeitszeit sowie die Tarifverträge und Betriebsvereinbarungen aushändigen, damit die Aufsichtsbehörden ihre Aufgaben erfüllen können. Dazu gehört auch das nach § 16 Abs. 2 zu führende Verzeichnis der Arbeitnehmer, die in eine Verlängerung ihrer Arbeitszeit gemäß § 7 Abs. 7 eingewilligt haben (vgl. BT-Drucks. 15/1587 S. 36) und die Dokumentation der Arbeitszeit der Arbeitnehmer im Straßentransport nach § 21a Abs. 7 (zu Letzterem ebenso Schliemann § 17 Rn. 20; Buschmann/Ulber § 17 Rn. 7). Unterlagen, zu deren Führung er nicht verpflichtet ist, muss der Arbeitgeber aber nicht nachträglich erstellen, wenn die Aufsichtsbehörde ihre Vorlage verlangt (Anzinger/Koberski § 17 Rn. 20). Kommt der Arbeitgeber einem berechtigten Verlangen der Aufsichtsbehörden nicht nach, handelt er ordnungswidrig, § 22 Abs. 1 Nr. 10.

Nach **Abs. 5** ist es den Beauftragten der Aufsichtsbehörde gestattet, die **Ar-** 4 **beitsstätten** jederzeit während der Betriebs- und Arbeitszeit **zu betreten und zu besichtigen**. Außerhalb der Betriebs- und Arbeitszeit oder wenn sich die Arbeitsstätte in einer Wohnung befindet, können die Arbeitsstätten mit

§ 17 ArbZG   Fünfter Abschnitt. Durchführung des Gesetzes

Einverständnis des Inhabers ebenfalls jederzeit, ohne Einverständnis des Inhabers nur zur Verhütung von dringenden Gefahren für die öffentliche Sicherheit und Ordnung betreten und besichtigt werden (ebenso Baeck/Deutsch § 17 Rn. 30; Schliemann §17 Rn. 24; ErfK/Wank § 17 Rn. 5; Anzinger/Koberski § 17 Rn. 25; Buschmann/Ulber § 17 Rn. 8). Die im Regierungsentwurf vorgesehene Beschränkung der Berechtigung der Aufsichtsbehörden zum Betreten und Besichtigen der Arbeitsstätten auf die „übliche" Betriebs- und Arbeitszeit ist nicht Gesetz geworden. Bei einer Beschränkung auf die „übliche" Betriebs- und Arbeitszeit wäre kein Betretungs- und Besichtigungsrecht gegeben gewesen, wenn der Betrieb z. B. ausnahmsweise an Sonn- oder Feiertagen arbeitet. Gerade in diesem Fall setzt aber eine wirksame Kontrolle die Möglichkeit der Besichtigung der Arbeitsstätte voraus (vgl. BT-Drucks. 12/6990 S. 44). Der Arbeitgeber wird in Abs. 5 S. 2 ausdrücklich verpflichtet, das Betreten und Besichtigen der Arbeitsstätten zu gestatten, das Grundrecht der Unverletzlichkeit der Wohnung, Art. 13 GG, wird insoweit eingeschränkt. Der Arbeitgeber, der das Betreten und Besichtigung seiner Arbeitsstätten nicht gestattet, handelt ordnungswidrig, § 22 Abs. 1 Nr. 10.

5   Eine **vorherige Anmeldung** der Besichtigung nach Abs. 5 ist nach dem Gesetz nicht erforderlich. Sie wird auch nicht zweckmäßig sein, weil sich der Arbeitgeber dann auf die Besichtigung einstellen und etwa vorhandene Missstände vorübergehend abstellen kann (ebenso Roggendorff § 17 Rn. 23; ErfK/Wank § 17 Rn. 5; Anzinger/Koberski § 17 Rn. 27; Buschmann/Ulber § 17 Rn. 8; a. A. für Routinekontrollen Schliemann § 17 Rn. 25).

III. Auskunftsverweigerungsrecht

6   **Abs. 6** enthält die übliche Regelung über das **Auskunftsverweigerungsrecht;** danach kann der zur Auskunft verpflichtete die Auskunft nicht generell, sondern nur auf solche Fragen verweigern, deren Beantwortung ihm selbst oder einem nahen Angehörigen i. S. d. § 383 Abs. 1 Nr. 1 bis 3 ZPO der Gefahr strafrechtlicher Verfolgung oder eines Verfahrens nach dem OWiG aussetzen würde. Zu den nahen Angehörigen gehören der Verlobte, der Ehegatte und der Lebenspartner, auch wenn die Ehe bzw. Lebenspartnerschaft nicht mehr besteht und diejenigen Personen, die mit dem Auskunftspflichtigen in gerader Linie verwandt oder verschwägert oder in der Seitenlinie bis zum 3. Grad verwandt oder bis zum 2. Grad verschwägert sind oder waren. Allerdings braucht die Aufsichtsbehörde den Auskunftspflichtigen auf sein Auskunftsverweigerungsrecht nicht hinzuweisen (vgl. BayObLG vom 11. 10. 1968, GewArch. 1969 S. 41; ErfK/Wank § 17 Rn. 7; Baeck/Deutsch § 17 Rn. 37). Das Verweigerungsrecht besteht nach dem ausdrücklichen Gesetzeswortlaut nur hinsichtlich der Auskünfte nach Abs. 4 Satz 1; der Arbeitgeber kann deshalb die Einsichtnahme und Herausgabe von Unterlagen nach Abs. 4 Satz 2 nicht unter Berufung auf das Auskunftsverweigerungsrecht nach Abs. 6 verweigern (h. M., vgl. nur Baeck/Deutsch § 17 Rn. 39; Schliemann § 17 Rn. 31; Anzinger/Koberski § 17 Rn. 33; a. A. Dobberahn Rn. 168).

IV. Beteiligung des Betriebs- bzw. Personalrats

7   Dem **Betriebsrat** obliegt es nach § 80 Abs. 1 Nr. 1 BetrVG darüber zu wachen, dass die zugunsten der Arbeitnehmer geltenden Gesetze durchge-

führt werden. Dazu gehört auch das ArbZG. Der Betriebsrat hat nach § 89 Abs. 1 BetrVG bei der Bekämpfung von Gesundheitsgefahren die in Betracht kommen Stellen, hier also die Aufsichtsbehörde nach § 17, durch Anregung, Beratung und Auskunft zu unterstützen. Dabei kann der Betriebsrat auch Betriebskontrollen oder Entscheidungen der Aufsichtsbehörden anregen (vgl. BAG vom 6. 12. 1983, AP Nr. 7 zu § 87 BetrVG 1972 Überwachung), darf aber nicht stets und einschränkungslos den Aufsichtsbehörden die vom Arbeitgeber erfassten tatsächlichen Arbeitszeiten der Arbeitnehmer namensbezogen mitteilen; aus Gründen des Datenschutzes muss der Betriebsrat vielmehr im Einzelfall die Erforderlichkeit der Datenweitergabe prüfen und hierbei die Interessen der betroffenen Arbeitnehmer berücksichtigen (BAG vom 3. 6. 2003, AP Nr. 1 zu § 89 BetrVG 1972). Bei einer Besichtigung nach Abs. 5 sind der Arbeitgeber und die Aufsichtsbehörden nach § 89 Abs. 2 BetrVG verpflichtet, den Betriebsrat bei der Besichtigung hinzuzuziehen. Entsprechendes gilt für die Mitwirkung des Personalrats, § 81 Abs. 2 BPersVG (vgl. dazu auch Schliemann § 17 Rn. 27; Buschmann/Ulber § 17 Rn. 10 f.).

Sechster Abschnitt. Sonderregelungen

§ 18 Nichtanwendung des Gesetzes

(1) Dieses Gesetz ist nicht anzuwenden auf
1. **leitende Angestellte im Sinne des § 5 Abs. 3 des Betriebsverfassungsgesetzes sowie Chefärzte,**
2. **Leiter von öffentlichen Dienststellen und deren Vertreter sowie Arbeitnehmer im öffentlichen Dienst, die zu selbstständigen Entscheidungen in Personalangelegenheiten befugt sind,**
3. **Arbeitnehmer, die in häuslicher Gemeinschaft mit den ihnen anvertrauten Personen zusammenleben und sie eigenverantwortlich erziehen, pflegen oder betreuen,**
4. **den liturgischen Bereich der Kirchen und der Religionsgemeinschaften.**

(2) Für die Beschäftigung von Personen unter 18 Jahren gilt anstelle dieses Gesetzes das Jugendarbeitsschutzgesetz.

(3) Für die Beschäftigung von Arbeitnehmern auf Kauffahrteischiffen als Besatzungsmitglieder im Sinne des § 3 des Seemannsgesetzes gilt anstelle dieses Gesetzes das Seemannsgesetz.

Übersicht	Rn.
I. Nichtanwendung für bestimmte Personengruppen	1
Leitende Angestellte	2–4
Chefärzte	5
„Leitende Angestellte" im öffentlichen Dienst	6
Arbeitnehmer in häuslicher Gemeinschaft	7
Arbeitnehmer im liturgischen Bereich der Kirchen und Religionsgemeinschaften	8
II. Jugendarbeitsschutzgesetz	9
III. Seemannsgesetz	10
IV. Bäckereiarbeitszeitgesetz	11

§ 18 ArbZG

I. Nichtanwendung für bestimmte Personengruppen

1 Nach **Abs. 1** werden die in den Nummern 1 bis 4 genannten Personengruppen **von der Anwendung des ArbZG ausgenommen**. Damit sollen Besonderheiten bei der Arbeitszeit dieser Personengruppen Rechnung getragen werden (vgl. BT-Drucks. 12/5888 S. 32). Die Herausnahme dieser Arbeitnehmergruppen vom öffentlich-rechtlichen Arbeitszeitschutz steht in Einklang mit Art. 17 Abs. 1 der EG-Richtlinie zur Arbeitszeitgestaltung (s. Anh. 6). Die Arbeitszeiten dieser Arbeitnehmergruppen sind also grundsätzlich der freien Vereinbarung überlassen, allerdings darf der Arbeitgeber vom Arbeitnehmer kein Arbeitspensum verlangen, das mit dem allgemeinen menschlichen Leistungsvermögen unvereinbar ist, bzw. sich als schlechthin unzumutbar darstellt. Solche Vereinbarungen sind wegen Verstoßes gegen den Rechtsgedanken des § 275 Abs. 1 BGB, wonach niemand verpflichtet ist, Unmögliches zu leisten, und die Menschenwürde (Art. 1 Abs. 1 GG) unwirksam (vgl. BAG vom 24. 2. 1982, AP Nr. 7 zu § 17 BAT; im Erg. ebenso Baeck/Deutsch § 18 Rn. 28; Schliemann § 18 Rn. 4; Anzinger/Koberski § 18 Rn. 4). Nach Abs. 1 sind von der Anwendung des ArbZG ausgenommen:

2 **Leitende Angestellte** im Sinne des § 5 Abs. 3 BetrVG. Das sind nach der Legaldefinition des § 5 Abs. 3 BetrVG Arbeitnehmer, die nach Arbeitsvertrag und Stellung im Unternehmen oder im Betrieb
– zur selbständigen Einstellung und Entlassung von im Betrieb oder in der Betriebsabteilung beschäftigten Arbeitnehmern berechtigt sind oder
– Generalvollmacht oder Prokura haben und die Prokura auch im Verhältnis zum Arbeitgeber nicht unbedeutend ist oder
– regelmäßig sonstige Aufgaben wahrnehmen, die für den Bestand und die Entwicklung des Unternehmens oder eines Betriebes von Bedeutung sind und deren Erfüllung besondere Erfahrungen und Kenntnisse voraussetzt, wenn sie dabei entweder die Entscheidungen im Wesentlichen frei von Weisungen treffen oder sie maßgeblich beeinflussen; dies kann auch bei Vorgaben insbesondere aufgrund von Rechtsvorschriften, Plänen oder Richtlinien sowie bei Zusammenarbeit mit anderen leitenden Angestellten gegeben sein.

3 Leitende Angestellte sind also Arbeitnehmer, die nach ihrem Arbeitsvertrag und ihrer Stellung im Unternehmen oder im Betrieb typische Unternehmeraufgaben mit einem eigenen erheblichen Entscheidungsspielraum wahrnehmen (BAG vom 23. 1. 1986, AP Nr. 32 zu § 5 BetrVG 1972). Maßgeblich für die Qualifizierung als leitender Angestellter ist, ob er nach der konkreten Ausgestaltung und Durchführung des Vertragsverhältnisses maßgeblichen Einfluß auf die Unternehmensführung ausüben kann (BAG vom 5. 5. 2010, AP Nr. 74 zu § 5 BetrVG 1972 = NZA 2010, 955). Eine selbständige Einstellungs- und Entlassungsbefugnis erfordert, dass der Angestellte nicht an die Zustimmung des Arbeitgebers oder sonstiger über- oder gleichgeordneter Stellen im Unternehmen oder im Betrieb gebunden und die Personalkompetenz nicht nur von untergeordneter Bedeutung ist (vgl. BAG vom 10. 10. 2007, DB 2008 S. 590). Keine leitenden Angestellten sind die sog. Titularprokuristen sowie Angestellte, deren Prokura im Hinblick auf die ihnen übertragenen Aufgaben unbedeutend ist (BAG vom 11. 1. 1995, AP Nr. 55 zu § 5 BetrVG 1972). Im Übrigen kommt es für die Qualifizierung als leitender Angestellter auf die Bedeutung der von ihm wahrgenommenen

Aufgaben, die erforderlichen Kenntnisse und Erfahrungen und die „Entscheidungsfreiheit" an. Aufgrund der Einheitlichkeit des Begriffs des leitenden Angestellten im ArbZG und BetrVG kann wegen der Einzelheiten auf die Kommentarliteratur zu § 5 Abs. 3 BetrVG verwiesen werden (s. z.B. Fitting/Engels/Schmidt/Trebinger/Linsenmaier, BetrVG, § 5 Rn. 367ff. mit zahlreichen weiteren Nachweisen aus Rechtsprechung und Literatur).

In Zweifelsfällen kann zur Beurteilung der Frage, ob ein Angestellter leitend im Sinne von § 5 Abs. 3 Nr. 3 BetrVG ist, auf die Auslegungsregel des § 5 Abs. 4 BetrVG zurückgegriffen werden. Danach ist im Zweifel leitender Angestellter, wer aus Anlass der letzten Wahl des Betriebsrats, des Sprecherausschusses oder von Aufsichtsratsmitgliedern der Arbeitnehmer oder durch rechtskräftige gerichtliche Entscheidung den leitenden Angestellten zugeordnet worden ist, wer einer Leitungsebene angehört, auf der in dem Unternehmen überwiegend leitende Angestellte vertreten sind, wer ein regelmäßiges Jahresarbeitsentgelt erhält, das für leitende Angestellte in dem Unternehmen üblich ist oder wer ein regelmäßiges Jahresarbeitsentgelt erhält, das das Dreifache der Bezugsgröße nach § 18 SGB IV überschreitet. 4

– **Chefärzte.** Diese sind nicht bereits aufgrund ihrer formalen Stellung leitende Angestellte (vgl. BAG vom 5. 5. 2010, AP Nr. 74 zu § 5 BetrVG 1972 = NZA 2010, 955) und wurden in Anlehnung an § 3 Buchst. i BAT (jetzt: § 1 Abs. 2a TVöD) vom Anwendungsbereich des ArbZG ausgenommen (vgl. BT-Drucks. 12/5888 S. 32). Auf eine Definition des Begriffs Chefarzt hat das ArbZG verzichtet. Nach herkömmlichem Verständnis ist Chefarzt der ärztliche Leiter eines Krankenhauses oder einer Krankenhausabteilung, der innerhalb seiner Zuständigkeit die ärztliche Gesamtverantwortung für die Patientenversorgung trägt und Vorgesetzter des ärztlichen und nichtärztlichen Personals in seinem Zuständigkeitsbereich ist (MünchArbR/Richardi § 204 Rn. 14; ErfK/Wank § 18 Rn. 3). Nicht zu den Chefärzten zählen Oberärzte, Assistenzärzte und Ärzte im Praktikum, für diese gilt das ArbZG (allgA, vgl. nur Schliemann § 18 Rn. 19; ErfK/Wank § 18 Rn. 3; Buschmann/Ulber § 18 Rn. 2; Baeck/Deutsch § 18 Rn. 19). 5

– **„Leitende Angestellte" im öffentlichen Dienst.** Das sind die Leiter von öffentlichen Dienststellen und deren Vertreter sowie Arbeitnehmer, die zu selbständigen Entscheidungen in Personalangelegenheiten befugt sind. Es handelt sich dabei um den Kreis von Arbeitnehmern im öffentlichen Dienst, die nicht zu den Personalvertretungen wählbar sind, § 14 Abs. 3, § 7 BPersVG. 6

– **Arbeitnehmer in häuslicher Gemeinschaft.** Abweichend vom Regierungsentwurf, der der AZO folgend alle im Haushalt beschäftigten Arbeitnehmer von der Anwendung des ArbZG ausnehmen wollte, hat der Gesetzgeber auf Beschlussempfehlung des Ausschusses für Arbeit und Sozialordnung nur die Arbeitnehmer vom öffentlich-rechtlichen Arbeitszeitschutz ausgenommen, die in häuslicher Gemeinschaft mit den ihnen anvertrauten Personen zusammenleben und sie eigenverantwortlich erziehen, pflegen oder betreuen. Die Streichung der Ausnahme für „im Haushalt beschäftigte Arbeitnehmer" entsprach einem Vorschlag des Bundesrates (vgl. BT-Drucks. 12/5888 S. 46 und 55), dem der Gesetzgeber folgte, weil das ArbZG so flexibel konzipiert sei, dass auch den besonderen Verhältnissen im 7

Haushalt ausreichend Rechnung getragen werden könne (vgl. BT-Drucks. 12/6990 S. 44). Die jetzige Ausnahme wurde als erforderlich angesehen, weil die besonderen Lebens- und Arbeitsbedingungen dieser Arbeitnehmer, z.B. Kinderdorfeltern in SOS-Kinderdörfern, eine durch das öffentlich-rechtliche Arbeitszeitrecht zwingend vorgeschriebene Unterscheidung zwischen Freizeit und Arbeitszeit nicht zulasse (s. BT-Drucks. 12/6990 S. 44). Entscheidend ist, dass die Arbeitnehmer mit den zu Erziehenden, Pflegenden oder Betreuenden (z.B. Kinder, Jugendliche, Senioren, Behinderte oder Drogenabhängige) in häuslicher Gemeinschaft zusammenleben, in der Regel also mit ihnen gemeinsam wohnen und wirtschaften (ebenso Schliemann § 18 Rn. 24; ErfK/Wank § 18 Rn. 5; Anzinger/Koberski § 18 Rn. 21; Buschmann/Ulber § 18 Rn. 4; teilw. abw. Baeck/Deutsch § 18 Rn. 22, die ein gemeinsames Wirtschaften generell nicht für erforderlich halten).

8 – **Liturgischer Bereich** der Kirchen und Religionsgemeinschaften. Die Herausnahme des liturgischen Bereichs der Kirchen und der Religionsgemeinschaften aus dem öffentlich-rechtlichen Arbeitszeitschutz war wegen Art. 4 Abs. 2 GG geboten, da dieser die ungestörte Religionsausübung auch in zeitlicher Hinsicht gewährleistet (vgl. BT-Drucks. 12/5888 S. 33). Erfasst werden jedoch nur Arbeitnehmer, die im liturgischen Bereich beschäftigt sind, für Arbeitnehmer im außerliturgischen Bereich (z.B. kirchliche Krankenhäuser, Kindergärten oder Altersheimen) findet das ArbZG Anwendung. Was unter „liturgischer Bereich" im Einzelnen zu verstehen ist, kann je nach Kirche und Religionsgemeinschaft unterschiedlich sein und unter Berücksichtigung des verfassungsrechtlich garantierten Selbstbestimmungsrechts nach Art. 140 GG i.V.m. Art. 137 Abs. 3 WRV im einzelnen nur von den Kirchen und Religionsgemeinschaften selbst definiert werden (ebenso Baeck/Deutsch § 18 Rn. 25; ähnl. Schliemann § 18 Rn. 25; Anzinger/Koberski § 18 Rn. 23).

II. Jugendarbeitsschutzgesetz

9 Nach Abs. 2 gilt für Personen unter 18 Jahren anstelle des ArbZG das **Jugendarbeitsschutzgesetz.** Jugendliche dürfen grundsätzlich nicht mehr als 8 Stunden täglich und nicht mehr als 40 Stunden wöchentlich beschäftigt werden, § 8 JArbSchG, die Schichtzeit für Jugendliche ist in der Regel auf 10 Stunden begrenzt, § 12 JArbSchG; auch sind die Vorschriften über Mindestruhepausen während der Arbeit und die Mindestruhezeit nach der Arbeit strenger als die nach dem ArbZG, §§ 11, 13 JArbSchG. Nachtarbeit sowie Arbeiten an Samstagen, Sonn- und Feiertagen sind bis auf wenige Ausnahmen verboten, §§ 14, 16, 17, 18 JArbSchG. Auch dürfen Jugendliche insgesamt nur an 5 Tagen in der Woche beschäftigt werden, § 15 JArbSchG. Zum Arbeitszeitschutz für Jugendliche vgl. im Übrigen § 4 Rn. 11 bis 13, § 5 Rn. 3, § 10 Rn. 62 bis 72 und § 14 Rn. 21.

III. Seemannsgesetz

10 Nach Abs. 3 gilt für die Beschäftigung von Arbeitnehmern auf Kauffahrteischiffen als Besatzungsmitglieder (§ 3 SeemG) anstelle des ArbZG das See-

mannsgesetz, das in seinen §§ 84 bis 91 Arbeitszeitvorschriften enthält. Diese Vorschriften berücksichtigen die besondere Situation in der Seeschifffahrt und gewährleisten den notwendigen Arbeitszeitschutz der Besatzungsmitglieder. Diese Vorschriften wurden durch Art. 11 ArbZRG an die neue Arbeitszeitkonzeption des Arbeitszeitgesetzes angepasst (vgl. BT-Drucks. 12/5888 S. 34). Für nicht in einem Heuerverhältnis stehende sonstige Arbeitnehmer, die an Bord eines Kauffahrteischiffes tätig sind, findet dagegen das ArbZG Anwendung (Baeck/Deutsch § 18 Rn. 31; Schliemann § 18 Rn. 28; Anzinger/Koberski § 18 Rn. 28; Buschmann/Ulber § 18 Rn. 7).

IV. Bäckereiarbeitszeitgesetz

Für die Beschäftigung von Arbeitnehmern in Bäckereien und Konditoreien **11** galt bis zum 31. 10. 1996 anstelle des ArbZG das Gesetz über die Arbeitszeit in Bäckereien und Konditoreien, das Regelungen über die Begrenzung der täglichen Arbeitszeit, ein Beschäftigungsverbot an Sonn- und Feiertagen sowie ein – vielfach kritisiertes – Nachtback- und Ausfahrverbot enthielt (vgl. 12. Aufl. § 18 Anm. 11). **Mit Wirkung zum 1. 11. 1996 wurde Abs. 4 aufgehoben** durch das Gesetz zur Änderung des Gesetzes über den Ladenschluss und zur Neuregelung der Arbeitszeit in Bäckereien und Konditoreien vom 30. 7. 1996 (BGBl. I S. 1186), so dass seither auch die Arbeitnehmer in Bäckereien und Konditoreien dem ArbZG unterfallen (vgl. dazu auch § 10 Rn. 56 ff.).

§ 19 Beschäftigung im öffentlichen Dienst

Bei der Wahrnehmung hoheitlicher Aufgaben im öffentlichen Dienst können, soweit keine tarifvertragliche Regelung besteht, durch die zuständige Dienstbehörde die für Beamte geltenden Bestimmungen über die Arbeitszeit auf die Arbeitnehmer übertragen werden; insoweit finden die §§ 3 bis 13 keine Anwendung.

Übersicht	Rn.
I. Übertragung der für Beamte geltenden Arbeitszeitregelungen	
Übertragung ist auf die Wahrnehmung hoheitlicher Aufgaben beschränkt	1
Übertragung muss allgemein sein, eine besonderen Rechtsform ist aber nicht vorgesehen	2
Übertragung unterliegt nicht der Mitbestimmung, sie begründet keine Arbeitspflicht	3, 4
II. Tarifvorbehalt	
Tarifliche Regelungen i. S. vom § 19 enthalten §§ 15 bis 17 BAT sowie die einschlägigen Tarifverträge für Arbeiter des Bundes, der Länder und der Gemeinden	5

I. Übertragung der für Beamte geltenden Arbeitszeitregelungen

Für **Arbeitnehmer im öffentlichen Dienst** können durch die zuständi- **1** ge Dienstbehörde die für Beamte geltenden Bestimmungen über die Arbeitszeit auf die Arbeitnehmer übertragen werden. Die §§ 3 bis 13 finden dann insoweit keine Anwendung. Der Grund für diese Abweichungsmöglichkeit,

§ 19 ArbZG Sechster Abschnitt. Sonderregelungen

die inhaltlich auf den früheren § 13 AZO zurückgeht, liegt darin, dass im öffentlichen Dienst wegen der Zusammenarbeit von Beamten und Arbeitnehmern ein Interesse an einer einheitlichen Arbeitszeit für Beamte und Arbeitnehmer bestehen kann (vgl. BT-Drucks. 12/5888 S. 33). Allerdings wurde die Regelung auf Beschlussempfehlung des Ausschusses für Arbeit und Sozialordnung auf die **Wahrnehmung hoheitlicher Aufgaben beschränkt.** Soweit der öffentliche Dienst privatwirtschaftliche Aufgaben wahrnimmt, soll der Arbeitgeber im öffentlichen Dienst zur Vermeidung von Wettbewerbsverzerrungen nicht besser gestellt werden als ein privater Arbeitgeber (vgl. BT-Drucks. 12/6990 S. 44). Eine Übertragung ist deshalb ausgeschlossen in Dienststellen, die keine hoheitlichen Aufgaben wahrnehmen, sondern ausschließlich privatrechtlich tätig werden (ErfK/Wank § 19 Rn. 3; Anzinger/Koberski § 19 Rn. 7; ähnl. Baeck/Deutsch § 19 Rn. 12 ff.; Schliemann § 19 Rn. 1).

2   Für die Übertragung ist eine **besondere Rechtsform nicht vorgesehen,** sie muss lediglich für die Arbeitnehmer der betreffenden Verwaltung allgemein erfolgen, sei es durch Rechtsverordnung, Erlass oder eine andere allgemeine Verlautbarung. Die Übertragung kann auch durch Tarifvertrag erfolgen (vgl. BAG vom 14. 4. 1966, AP Nr. 2 zu § 13 AZO; ebenso Baeck/Deutsch § 19 Rn. 23; Roggendorff § 19 Rn. 4; ErfK/Wank § 19 Rn. 2; Buschmann/Ulber § 19 Rn. 2; Anzinger/Koberski § 19 Rn. 26), allerdings muss der Tarifvertrag mit der nach § 19 zuständigen Behörde abgeschlossen werden. Denn wenn die Behörde allein handeln kann, ist es auch zulässig, dass sie sich mit dem Tarifpartner abstimmt oder entsprechend vereinbart.

3   Die Übertragung der Arbeitszeit der Beamten ist eine durch Gesetz vorgesehene Maßnahme, die die arbeitszeitrechtlichen Schranken der §§ 3 bis 13 beseitigt. Deshalb bedarf die Übertragung **nicht der Mitbestimmung des Personalrats** nach § 75 Abs. 3 BPersVG (ebenso Baeck/Deutsch § 19 Rn. 24; Roggendorff § 19 Rn. 4; Schliemann § 19 Rn. 10; Anzinger/ Koberski § 19 Rn. 34). Andererseits wird lediglich die öffentlich-rechtliche Schranke beseitigt und ist daraus allein noch nicht zu entnehmen, in welchem Umfang der Arbeitnehmer des öffentlichen Dienstes zur Dienstleistung privatrechtlich verpflichtet ist. Das bedarf einer entsprechenden Arbeitszeitregelung im Arbeitsvertrag oder einem auf das Arbeitsverhältnis Anwendung findenden Tarifvertrag (vgl. BAG vom 19. 5. 1992, NZA 1992 S. 981; Baeck/Deutsch § 19 Rn. 26; Buschmann/Ulber § 19 Rn. 3; Roggendorff § 19 Rn. 7; Schliemann § 19 Rn. 9).

4   Eine Übertragung nach § 19 verdrängt die §§ 3 bis 13, soweit die für Beamte geltenden Arbeitszeitbestimmungen **spezielle Regelungen** enthalten. Soweit das nicht der Fall ist, finden auch bei einer Übertragung die Schutzvorschriften des ArbZG, z. B. zugunsten der Nachtarbeitnehmer nach § 6, weiterhin Anwendung (ebenso Baeck/Deutsch § 19 Rn. 25; Roggendorff § 19 Rn. 6).

II. Tarifvorbehalt

5   Eine Übertragung nach § 19 ist nur möglich, soweit **keine tarifvertragliche Regelung** besteht. Die praktische Bedeutung der Vorschrift wird deshalb, ebenso wie die des früheren § 13 AZO gering sein. Für die Tarifbe-

schäftigten des öffentlichen Dienstes enthalten die §§ 6ff. TVöD (früher: §§ 15 bis 17 BAT sowie die einschlägigen Tarifverträge für die Arbeiter von Bund, Länder und Gemeinden), dessen Geltung regelmäßig ohne Rücksicht auf Tarifbindung formularmäßig arbeitsvertraglich vereinbart wird, abschließende Regelungen zur Arbeitszeit, so dass eine Übertragung der für Beamte geltenden Arbeitszeitbestimmungen auf sie nach § 19 nicht in Betracht kommt (ebenso Buschmann/Ulber § 19 Rn. 3; ErfK/Wank § 19 Rn. 4).

§ 20 Beschäftigung in der Luftfahrt

Für die Beschäftigung von Arbeitnehmern als Besatzungsmitglieder von Luftfahrzeugen gelten anstelle der Vorschriften dieses Gesetzes über Arbeits- und Ruhezeiten die Vorschriften über Flug-, Flugdienst- und Ruhezeiten der Zweiten Durchführungsverordnung zur Betriebsordnung für Luftfahrtgerät in der jeweils geltenden Fassung.

Die Vorschrift trägt den Besonderheiten in der Luftfahrt Rechnung, die aus Gründen der Verkehrssicherheit erlassenen Vorschriften bleiben unberührt und gehen den arbeitsschutzrechtlichen Regelungen vor (vgl. BT-Drucks. 12/5888 S. 33). Für **Besatzungsmitglieder von Luftfahrzeugen** gelten anstelle der Vorschriften des ArbZG über Arbeits- und Ruhezeiten die Vorschriften über Flug-, Flugdienst- und Ruhezeiten der 2. Durchführungsverordnung zur Betriebsordnung für Luftfahrtgeräte (2. DVLuftBO, i.d.F. der Bek. vom 10. 3. 1982, BAnz. Nr. 62, zuletzt geändert durch die Dritte ÄnderungsVO vom 14. 8. 2006, BAnz. Nr. 160). Damit werden die §§ 3, 5, 6 Abs. 2 sowie die Regelungen zur Sonn- und Feiertagsarbeit in den §§ 9–13 durch die entsprechenden Bestimmungen der 2. DVLuftBO ersetzt (vgl. auch Baeck/Deutsch § 20 Rn. 7; Buschmann/Ulber § 20 Rn. 3). Die 2. DV-LuftBO bezweckt damit nicht ausschließlich die Sicherheit des Flugverkehrs (so – noch auf der Grundlage der AZO – BAG vom 4. 3. 1993, AP Nr. 1 zu § 105a GewO), sondern enthält öffentlich-rechtliche Arbeitnehmerschutzbestimmungen, deren Beachtung die Arbeitnehmer arbeitsvertraglich verlangen können (BAG vom 24. 3. 1998, AP Nr. 4 zu § 21e GVG = NZA 1999, 107). Zu Flugdienst-, Beförderungs- und Ruhezeiten nach der 2. DVLuftBO vgl. BAG vom 21. 1. 2003 (AP Nr. 15 zu § 1 TVG Tarifverträge: Luftfahrt = NZA 2003, 930) sowie *Fischer*, NZA 2001, 1064.

§ 21 Beschäftigung in der Binnenschiffahrt

¹**Die Vorschriften dieses Gesetzes gelten für die Beschäftigung von Fahrpersonal in der Binnenschifffahrt, soweit die Vorschriften über Ruhezeiten der Rheinschiffs-Untersuchungsordnung und der Binnenschiffs-Untersuchungsordnung in der jeweils geltenden Fassung dem nicht entgegenstehen.**
²**Sie können durch Tarifvertrag der Eigenart der Binnenschiffahrt angepaßt werden.**

Die Vorschrift trägt den Besonderheiten in der Binnenschifffahrt Rechnung. Für die Beschäftigung von **Fahrpersonal in der Binnenschifffahrt** gilt grundsätzlich das ArbZG, lediglich die Vorschriften über Ruhezeiten der Rheinschiff-Untersuchungsordnung und der Binnenschiffs-Untersuchungs-

§ 21a ArbZG   Sechster Abschnitt. Sonderregelungen

ordnung gehen den arbeitsschutzrechtlichen Regelungen vor. Die Vorschriften des ArbZG über die Begrenzung der höchstzulässigen täglichen Arbeitszeit, die Mindestruhepausen und die Sonn- und Feiertagsruhe gelten dagegen uneingeschränkt (ebenso Baeck/Deutsch § 21 Rn. 12; Roggendorff § 21 Rn. 3; Schliemann § 21 Rn. 1; Buschmann/Ulber § 21 Rn. 1).

2   Nach S. 2 können die Vorschriften des ArbZG durch Tarifvertrag über die Abweichungsmöglichkeiten nach den §§ 7 und 12 hinaus der Eigenart der Binnenschifffahrt angepasst werden.

§ 21a Beschäftigung im Straßentransport

(1) Für die Beschäftigung von Arbeitnehmern als Fahrer oder Beifahrer bei Straßenverkehrstätigkeiten im Sinne der Verordnung (EG) Nr. 561/2006 des Europäischen Parlaments und des Rates vom 15. März 2006 zur Harmonisierung bestimmter Sozialvorschriften im Straßenverkehr und zur Änderung der Verordnungen (EWG) Nr. 3821/85 und (EG) Nr. 2135/98 des Rates sowie zur Aufhebung der Verordnung (EWG) Nr. 3820/85 des Rates (ABl. EG Nr. L 102 S. 1) oder des Europäischen Übereinkommens über die Arbeit des im internationalen Straßenverkehr beschäftigten Fahrpersonals (AETR) vom 1. Juli 1970 (BGBl. II 1974 S. 1473) in ihren jeweiligen Fassungen gelten die Vorschriften dieses Gesetzes, soweit nicht die folgenden Absätze abweichende Regelungen enthalten. Die Vorschriften der Verordnung (EG) Nr. 561/2006 und des AETR bleiben unberührt.

(2) Eine Woche im Sinne dieser Vorschriften ist der Zeitraum von Montag 0 Uhr bis Sonntag 24 Uhr.

(3) Abweichend von § 2 Abs. 1 ist keine Arbeitszeit:
1. die Zeit, während derer sich ein Arbeitnehmer am Arbeitsplatz bereithalten muss, um seine Tätigkeit aufzunehmen,
2. die Zeit, während derer sich ein Arbeitnehmer bereithalten muss, um seine Tätigkeit auf Anweisung aufnehmen zu können, ohne sich an seinem Arbeitsplatz aufhalten zu müssen;
3. für Arbeitnehmer, die sich beim Fahren abwechseln, die während der Fahrt neben dem Fahrer oder in einer Schlafkabine verbrachte Zeit.

Für die Zeiten nach Satz 1 Nr. 1 und 2 gilt dies nur, wenn der Zeitraum und dessen voraussichtliche Dauer im Voraus, spätestens unmittelbar vor Beginn des betreffenden Zeitraums bekannt ist. Die in Satz 1 genannten Zeiten sind keine Ruhezeiten. Die in Satz 1 Nr. 1 und 2 genannten Zeiten sind keine Ruhepausen.

(4) Die Arbeitszeit darf 48 Stunden wöchentlich nicht überschreiten. Sie kann auf bis zu 60 Stunden verlängert werden, wenn innerhalb von vier Kalendermonaten oder 16 Wochen im Durchschnitt 48 Stunden wöchentlich nicht überschritten werden.

(5) Die Ruhezeiten bestimmen sich nach den Vorschriften der Europäischen Gemeinschaften für Kraftfahrer und Beifahrer sowie nach dem AETR. Dies gilt auch für Auszubildende und Praktikanten.

(6) In einem Tarifvertrag oder auf Grund eines Tarifvertrags in einer Betriebs- oder Dienstvereinbarung kann zugelassen werden,
1. nähere Einzelheiten zu den in Absatz 3 Satz 1 Nr. 1, 2 und Satz 2 genannten Voraussetzungen zu regeln,
2. abweichend von Absatz 4 sowie den §§ 3 und 6 Abs. 2 die Arbeitszeit festzulegen, wenn objektive, technische oder arbeitszeitorganisatorische

Gründe vorliegen. Dabei darf die Arbeitszeit 48 Stunden wöchentlich im Durchschnitt von sechs Kalendermonaten nicht überschreiten.

§ 7 Abs. 1 Nr. 2 und Abs. 2 a gilt nicht. § 7 Abs. 3 gilt entsprechend.

(7) Der Arbeitgeber ist verpflichtet, die Arbeitszeit der Arbeitnehmer aufzuzeichnen. Die Aufzeichnungen sind mindestens zwei Jahre aufzubewahren. Der Arbeitgeber hat dem Arbeitnehmer auf Verlangen eine Kopie der Aufzeichnungen seiner Arbeitszeit auszuhändigen.

(8) Zur Berechnung der Arbeitszeit fordert der Arbeitgeber den Arbeitnehmer schriftlich auf, ihm eine Aufstellung der bei einem anderen Arbeitgeber geleisteten Arbeitszeit vorzulegen. Der Arbeitnehmer legt diese Angaben schriftlich vor.

Übersicht	Rn.
I. Entstehung	1
II. Geltungsbereich	2–5
III. Lenkzeiten	6
IV. Arbeitszeit	7–9
V. Ruhezeiten	10, 11
VI. Tarifliche Abweichungen	12–18
VII. Aufzeichnungspflichten	19, 20

I. Entstehung

Ursprünglich enthielt das ArbZG eine Sonderregelung für Kraftfahrer und sonstiges Fahrpersonal in § 5 Abs. 4, der vorsah, dass für die Mindestruhezeiten die Vorschriften der Europäischen Gemeinschaft gelten. Eingehende Regelungen enthielten auch das Fahrpersonalgesetz und die Fahrpersonalverordnung. Dann erging am 11. 3. 2002 die Richtlinie 2002/15 EG zur Regelung der Arbeitszeit von Personen, die Fahrtätigkeiten im Bereich des Straßentransports ausüben (ABl.-EG L 80, S. 35). Obwohl diese nach ihrem Art. 14 bis zum 23. 3. 2005 hätte umgesetzt werden müssen, folgte vor der Umsetzung die Verordnung EG Nr. 561/2006 vom 15. 3. 2006 zur Harmonisierung bestimmter Sozialvorschriften im Straßenverkehr und zur Änderung der Verordnungen EWG Nr. 3821/85 und EG Nr. 2135/98 des Rates und zur Aufhebung der Verordnung EWG Nr. 3820/85 des Rates (ABl.-EG Nr. L 102). Damit wurden Anpassungen des Personenbeförderungsgesetzes, der EG-Bus-Durchführungsverordnung und des Arbeitszeitgesetzes dringend. Das geschah durch das Gesetz zur Änderung personenbeförderungsrechtlicher Vorschriften und arbeitszeitrechtlicher Vorschriften vom 14. 8. 2006 (BGBl. I S. 1962), mit dem § 5 Abs. 4 ArbZG gestrichen und der neue § 21a Beschäftigung im Straßentransport eingefügt wurde. Dieser trat am 1. 9. 2006 und im Verweis auf das Europarecht der VO Nr. 561/2006 am 11. 4. 2007 in Kraft. Seither gelten die verschärften Vorschriften für den Straßenverkehr. Die Fahrpersonalverordnung wurde durch die Zweite Änderungsverordnung vom 22. 1. 2008 (BGBl. I S. 54) angepasst, deren § 1 über die Lenk- und Ruhezeiten im Straßenverkehr sowie § 2 über das Kontrollgerät mit § 2a über die Aufbewahrung der Kontrollunterlagen wurden völlig neu gefasst, die übrigen Vorschriften an das neue Recht angepasst (siehe hierzu die im Anhang 1b abgedruckte Fassung). Die Materialien finden sich mit der Begründung in BT-Drucks. 16/1685, für die

§ 21a ArbZG   Sechster Abschnitt. Sonderregelungen

Fahrpersonalverordnung in BR-Drucks. 604/07 vom 31. 8. 2007 und 30. 11. 2007 (vgl. zur Notwendigkeit der Neuregelung auch Didier, NZA 2007 S. 120, zur Entstehungsgeschichte Schliemann § 21a Rn. 5 ff.; Buschmann/Ulber § 21a Rn. 1 ff.).

II. Geltungsbereich

2   Die Lenkzeiten, Fahrtunterbrechungen und Ruhezeiten sind nach der EG-VO 561/2006 einzuhalten für die Güterbeförderung mit Fahrzeugen über 3,5 t, nach der FahrpersonalV auch für Fahrzeuge zur Güterbeförderung von 2,8 bis 3,5 t. Nach beiden Vorschriften gelten sie zudem für Fahrzeuge, die für die Beförderung von mehr als neun Personen konstruiert. dauerhaft angepasst und zu diesem Zweck bestimmt sind. Nach der FahrpersonalV sind besondere Vorschriften für den Personenlinienverkehr mit Kraftomnibussen bei einer Linienlänge bis zu 50 km vorgesehen. Die Bestimmungen finden Anwendung für den Verkehr in und zwischen den Ländern der EU sowie der Schweiz und den Ländern des Abkommens über den Europäischen Wirtschaftsraum (neben den EU-Staaten: Island, Norwegen, Lichtenstein). Für die Beförderung in Ländern außerhalb dieses Raumes gilt das im Wesentlichen inhaltsgleiche Übereinkommen über die Arbeit des im internationalen Straßenverkehr beschäftigten Fahrpersonals (AETR). Bei Fahrzeugen. die in der Gemeinschaft oder den Vertragsparteien des AETR zugelassen sind, gilt dieses für die gesamte Fahrstrecke, für in einem Drittstaat zugelassene Fahrzeuge gilt das AETR nur für den Teil der Fahrstrecke innerhalb von EU und AETR.

3   Ausgenommen vom Geltungsbereich sind Fahrzeuge mit Höchstgeschwindigkeit von nicht mehr als 40 km/h., für Streitkräfte, Katastrophenschutz, Feuerwehr, Polizei, humanitäre Hilfe, Notfälle und Rettungsmaßnahmen, medizinische Zwecke, Pannenhilfe. Beförderung außerhalb anderer Haupttätigkeit bei Materialbeförderung im Betrieb und in der Landwirtschaft. Die Ausnahmen nach Art. 3 der EG-VO 561/2006 sind nochmals in § 18 FahrpersonalV zusammengestellt und dort in 16 Punkten dargestellt und erläutert (vgl. Anhang Nr. 1 b § 18).

4   Ergänzend tritt die Richtlinie 2002/15/EG hinzu, die seit dem 23. 3. 2009 auch die Mindestvorschriften über die Einhaltung der Arbeitszeit nach deren Art. 2 Abs. 1 auf selbständige Kraftfahrer ausdehnt. Dabei werden in Art. 3 nochmals die Begriffe Nachtzeit, Nachtarbeit und Bereitschaftsdienst erläutert und die Arbeitszeit der Kraftfahrer definiert. Danach gelten insbesondere auch Zeiten des Wartens auf das Be- und Entladen als Arbeitszeit. Die Richtlinie 2002/15/EG verstößt nicht gegen Unionsrecht (EuGH vom 9. 9. 2004 − Rs C 184/02, 223/02 −, Slg. 2004, I-7789 = ArbuR 2004, S. 464 mit Anm. Lörcher).

5   Die in § 21a Abs. 1 in Bezug genommene EG-VO Nr. 561/2006 enthält in Art. 4 Begriffsdebestimmungen für Beförderung im Straßenverkehr, Ruhezeiten. Lenkzeiten, Mehrfahrerbetrieb, Verkehrsunternehmen und Lenkdauer (vgl. Anhang Nr. 1 c Art. 4).

III. Lenkzeiten

6   Nach § 21a Abs. 1 Satz 2 bleiben die Vorschriften der EG-VO Nr. 561/ 2006 und des AETR unberührt. Damit stellt der Gesetzgeber klar, dass neben

dem Arbeitszeitschutzrecht das Lenkzeitrecht zu beachten ist (vgl. dazu auch Schliemann § 21a Rn. 16). Wichtigste Vorschrift der EG-VO Nr. 561/ 2006 ist der – auch in § 1 Abs. 1 FahrpersonalV in Bezug genommene – Art. 6 über die erlaubten Lenkzeiten. Danach darf die tägliche Lenkzeit 9 Stunden nicht überschreiten, kann jedoch zweimal in der Woche auf höchstens 10 Stunden verlängert werden. Art. 6 Abs. 2 bestimmt, dass die wöchentliche Lenkzeit 56 Stunden nicht überschreiten darf. Soweit § 21a Abs. 4 eine wöchentliche Arbeitszeit bis zu 60 Stunden zulässt. müssen darin mindestens 4 Stunden Arbeit außerhalb von Lenkzeiten liegen, damit die kürzeren Lenkzeiten eingehalten werden. Schließlich darf während zwei aufeinander folgenden Wochen nach Art. 6 Abs. 3 die Gesamtlenkzeit 90 Stunden nicht überschreiten, kann also dann nur 45 Stunden je Woche betragen. Dabei werden nach Art. 6 Abs. 4 alle Lenkzeiten umfasst, auch die in Drittstaaten erbrachten Nach einer Lenkzeit von viereinhalb Stunden muss der Fahrer eine ununterbrochene Fahrtunterbrechung von wenigstens 45 Minuten einlegen, sofern keine Ruhezeit folgt, Art. 7 Abs. 1 EG-VO Nr. 561/ 2006. Alternativ sind Unterbrechungen von mindestens 15 und mindestens 30 Minuten, die in die Lenkzeit so einzufügen sind, dass die Bestimmungen des Abs. 1 eingehalten werden. Eine Fahrtunterbrechung liegt nur vor, wenn der Fahrer weder Fahrtätigkeit ausübt noch andere Arbeiten ausführt und die Zeit ausschließlich zur Erholung nutzt, Art. 4 Buchst. d EG-VO Nr. 561/ 2006.

IV. Arbeitszeit

Von den Lenkzeiten zu unterscheiden ist die für Kraftfahrer und Beifahrer 7 i.S.d. § 21a Abs. 1 zulässige (Höchst-)Arbeitszeit. Nach § 21a Abs. 4 ArbZG darf bei Straßenverkehrstätigkeiten von Fahrern und Beifahrern im Arbeitsverhältnis die Arbeitszeit 48 Stunden wöchentlich nicht überschreiten (die Arbeitszeit selbständiger Kraftfahrer war bislang nicht beschränkt, ab 1. 11. 2012 gelten auch für sie Höchstarbeitszeiten, und zwar diejenigen nach dem Gesetz zur Regelung der Arbeitszeit von selbständigen Kraftfahrern vom 11. 7. 2012, BGBl. I S. 1479). Sie kann jedoch auf bis zu 60 Stunden verlängert werden, wenn innerhalb von vier Kalendermonaten oder 16 Wochen im Durchschnitt 48 Stunden wöchentlich nicht überschritten werden. Der Ausgleichszeitraum ist damit kürzer als der in § 3 Satz 2 geregelte. Eine kalendertägliche Betrachtungsweise sieht das ArbZG für Fahrer und Beifahrer nicht vor, vielmehr sind die Grenzen des § 3 von werktäglich acht bzw. zehn Stunden in die wochenbezogenen Grenzwerte eingeflossen (BAG vom 18. 4. 2012 – 5 AZR 195/11 –, NZA 2012, 796). Dabei ist nach § 21a Abs. 2 eine Woche i.S. „dieser Vorschrift" der Zeitraum von Montag 0 Uhr bis Sonntag 24 Uhr und nicht bloß ein Zeitraum von sieben aufeinander folgenden Tagen. Der in § 21a Abs. 2 normierte Zeitraum entspricht der Definition der Woche in Art. 4 Buchst. i EG-VO Nr. 561/2006 und ist deshalb nicht disponibel (Schliemann § 21a Rn. 20; Buschmann/Ulber § 21a Rn. 10).

Gemäß § 21a Abs. 3 Satz 1 ist abweichend von § 2 Abs. 1 keine Arbeits- 8 zeit die Zeit, während derer sich ein Arbeitnehmer am Arbeitsplatz bereithalten muss, um seine Tätigkeit aufzunehmen (Nr. 1), die Zeit, während derer

§ 21a ArbZG Sechster Abschnitt. Sonderregelungen

sich ein Arbeitnehmer bereithalten muss, um seine Tätigkeit auf Anweisung aufnehmen zu können, ohne sich an seinem Arbeitsplatz aufhalten zu müssen (Nr. 2) und für Arbeitnehmer, die sich beim Fahren abwechseln, die während der Fahrt neben dem Fahrer oder in einer Schlafkabine verbrachte Zeit (Nr. 3). Die Zeiten nach § 21a Abs. 3 Nr. 2 und 3 ordnet Art. 3 Buchst. b der Richtlinie 2002/15/EG der Bereitschaftszeit zu, während Zeiten nach Nr. 1, in denen sich der Arbeitnehmer am Arbeitsplatz bereithalten muss, um seine Tätigkeit aufzunehmen, nach Art. 3 Buchst. a Nr. 1 der Richtlinie 2002/15/EG unter den dort genannten Voraussetzungen Arbeitszeit sein können (insbesondere z.B. die Zeit des Wartens auf das Be- und Entladen). § 21a Abs. 3 Nr. 1 ist deshalb richtlinienkonform nur anzuwenden, sofern das Bereithalten am Arbeitsplatz nach Art. 3 Buchst. a Nr. 1 der Richtlinie 2002/15/EG nicht der Arbeitszeit zugerechnet wird (ebenso Buschmann/Ulber § 21a Rn. 13; vgl. auch Schliemann § 21a Rn. 27).

9   Dagegen schließt § 21a Abs.3 die Vergütungspflicht für während der dort aufgeführten Zeiten geleistete Arbeit (z.B. als Beifahrer) nicht aus. Die gesetzliche Vergütungspflicht des Arbeigebers ist unabhängig von der arbeitszeitrechtlichen Einordnung der Zeitspanne, während derer der Arbeitnehmer die geschuldete Arbeitsleistung erbringt. § 611 Abs. 1 BGB knüpft die Vergütungspflicht des Arbeitgebers allein an die „Leistung der versprochenen Dienste", so dass für die gesetzliche Vergütung ausschließlich entscheidend ist, ob der Fahrer oder Beifahrer Arbeit geleistet hat (BAG vom 20. 4. 2011, AP Nr. 51 zu § 307 BGB = NZA 2011, 917 – zur Vergütungspflicht von Beifahrerzeiten i. S. d. § 21a Abs. 3 Satz 1 Nr. 3).

V. Ruhezeiten

10 Nach Art. 8 der EG-VO Nr. 561/2006 sind bestimmte Ruhezeiten bei Beförderungen im Straßenverkehr vorgeschrieben. Darauf nimmt § 21a Abs. 5 Bezug. Auszubildende und Praktikanten werden ausdrücklich einbezogen. Das entspricht Art. 6 der Richtlinie 2002/15/EG. Es sind wöchentliche und tägliche Ruhezeiten einzuhalten, Art. 8 Abs. 1 EG-VO Nr. 561/2006. Die wöchentliche Ruhezeit beträgt als regelmäßige wöchentliche Ruhezeit mindestens 45 Stunden. In diesem Zeitraum muss der Fahrer frei über seine Zeit verfügen können. Eine wöchentliche Ruhezeit beginnt spätestens am Ende von sechs 24-Stunden-Zeiträumen nach dem Ende der vorangegangenen wöchentlichen Ruhezeit. Daneben besteht die Möglichkeit, eine „reduzierte wöchentliche Ruhezeit" zu nehmen. Dies ist eine Ruhezeit von weniger als 45 Stunden, die sogar auf eine Mindestzeit von 24 aufeinander folgenden Stunden reduziert werden kann, wenn folgende Bedingungen eingehalten werden: Innerhalb von zwei Wochen muss bei einer wöchentlichen Ruhezeit und einer reduzierten wöchentlichen Ruhezeit die Reduzierung durch eine gleichwertige Ruhepause ausgeglichen werden, die ohne Unterbrechung vor dem Ende der dritten Woche nach der betreffenden Woche genommen werden muss, Art. 8 Abs. 6.

11 Auch die tägliche Ruhezeit differenziert zwischen der regelmäßigen und der reduzierten täglichen Ruhezeit. Die regelmäßige tägliche Ruhezeit ist eine Ruhepause von mindesten 11 Stunden. Sie kann auch in zwei Teilen genommen

werden, wenn der erste Teil einen ununterbrochenen Zeitraum von mindestens 3 Stunden und der zweite Teil von mindestens 9 Stunden umfasst (Art. 4 Buchst. g). Die reduzierte tägliche Ruhezeit ist eine Ruhepause von mindestens 9, aber weniger als 11 Stunden. Innerhalb von 24 Stunden nach dem Ende der vorangegangenen täglichen oder wöchentlichen Ruhezeit muss eine neue tägliche Ruhezeit genommen werden. Ein Fahrer darf zwischen zwei wöchentlichen Ruhezeiten höchstens drei reduzierte tägliche Ruhezeiten einlegen. Bei mehreren Fahrern braucht eine neue tägliche Ruhezeit erst nach 30 Stunden genommen zu werden (Art. 8 Abs. 2–5).

VI. Tarifliche Abweichungen

Tariflich können nach § 21a Abs. 6 die dort definierten Änderungen vorgenommen werden. Gleich stehen durch Tarifvertrag zugelassene Betriebs- und Dienstvereinbarungen. Dabei gelten dieselben Voraussetzungen wie nach § 7 (vgl. § 7 Rn. 3–6). Außerdem wird § 7 Abs. 3 in Bezug genommen. Dort ist geregelt, wie zwischen Nichttarifgebundenen beider Seiten die abweichenden Regeln ebenfalls angewandt werden können, um betrieblich einheitliche Vorschriften zu erreichen (vgl. § 7 Rn. 42 ff.). Abweichungen im kirchlichen sowie karitativen oder diakonischen Bereich werden anders als in § 7 Abs. 4 nicht genannt. Da es aber auch Kraftfahrer im kirchlichen Dienst gibt, besteht für kirchenrechtliche Regelungen eine entsprechende Möglichkeit, schon um dem Selbstbestimmungsrecht nach Art. 140 GG in Verbindung mit Art. 137 Weimarer Reichsverfassung zu genügen (vgl. § 7 Rn. 50 ff.). § 7 Abs. 1 Nr. 2 (Kurzpausen statt Ruhepausen) und § 7 Abs. 2a (Verlängerung der Arbeitszeit bei Bereitschaft) werden in der Anwendung ausdrücklich ausgeschlossen. 12

Abs. 6 Satz 1 Nr. 1 lässt eine Ausgestaltung und Klärung der Voraussetzungen zu, unter denen sich gemäß § 21a Abs. 3 Satz 1 Nr. 1, 2 und Satz 2 der Aufenthalt am Arbeitsplatz und das Bereithalten außerhalb des Arbeitsplatzes nicht als Arbeitszeit darstellt. Entsprechend kann bestimmt werden, wie der Zeitraum nach § 21a Abs. 3 Satz 2 zu erfassen und bekannt zu machen ist. Hierzu hat die EG-VO Nr. 561/2006 in Art. 11 den Mitgliedstaaten die Erlaubnis zu Abweichungen durch Vereinbarung zwischen den Sozialpartnern gegeben (zur unionsrechtkonformen Einschränkung des § 21 Abs. 3 Satz 1 Nr. 1, die auch von den Tarifvertragsparteien zu beachten ist, vgl. oben Rn. 7). 13

Die Abweichung nach Abs. 6 Satz 1 Nr. 2 betrifft die Arbeitszeit einschließlich der Nachtarbeit. Damit können die Höchstarbeitszeiten aus objektiven, technischen oder organisatorischen Gründen verändert, aber auch verlängert werden, solange durchschnittlich die Höchstarbeitszeit von 48 Wochenstunden im 6-Monatszeitraum eingehalten wird. Sondervorschriften für den Personenlinienverkehr und den Werkverkehr dürfen nach Art. 12, 13 EG-VO Nr. 561/2006 ebenfalls tariflich festgelegt werden. 14

Objektive Gründe sind unplanbare, auf außen liegende Gründe zurückzuführende Notwendigkeiten, vor allem aber Wettereinflüsse, Staus im Verkehr, Straßensperrungen, Unfälle, Hilfsmaßnahmen oder plötzliche Kontrollen etwa durch Polizei oder Zollbehörden. 15

Technische Gründe sind in erster Linie Pannen, aber auch Tankstellenausfall oder Geräteausfall, die zur notwendigen Verlängerung der Arbeitszeit führen. 16

17 Organisatorische Gründe müssen ebenfalls unvorhersehbar sein, denn Organisationsfehler des Arbeitgebers als Unternehmer und seiner Hilfskräfte erlauben Arbeitszeitverlängerungen nicht. Als solche berechtigten Gründe werden genannt etwa der krankheitsbedingte Ausfall des vorgesehenen zweiten Fahrers, der Ausfall von Fährschiffen oder ein Bahnstreik bei der vorgesehenen Verladung.

18 Bei tariflichen Abweichungen nach § 21 a Abs. 6 darf die Höchstarbeitszeit von 48 Stunden wöchentlich (§ 21 a Abs. 4 Satz 1) nicht überschritten werden. Für die Verlängerung auf 60 Wochenstunden (§ 21 a Abs. 4 Satz 2) können die Tarifvertragsparteien nach § 21 a Abs. 6 den Ausgleichszeitraum auf sechs Monate ausdehnen.

VII. Aufzeichnungspflichten

19 Die in § 21 a Abs. 7 Satz 1 normierten Aufzeichnungspflichten über die Arbeitszeiten von Kraftfahrern gehen über die nach § 16 Abs. 2 vorgeschriebenen Aufzeichnungspflichten weit hinaus. Während dort nur die Aufzeichnung der Arbeitszeiten über 8 Stunden gefordert wird, sind für Kraftfahrer alle Arbeitszeiten durch den Arbeitgeber aufzuzeichnen und mindestens für zwei Jahre aufzubewahren (vgl. auch Buschmann/Ulber § 21 a Rn. 33). Das entspricht Art. 9 Buchst. b der Richtlinie 2002/15/EG. Die Aufzeichnungspflichten sind nach Europarecht für Kraftfahrer von Fahrzeugen ab 3,5 t vorgeschrieben, nach der FahrpersonalV gelten die Aufzeichnungspflichten auch für Kraftfahrer von Fahrzeugen von 2,8 bis 3,5 t. Die Einzelheiten regelt § 1 Abs. 6 FahrpersonalV.

20 Der Arbeitnehmer hat nach § 21 a Abs. 7 Satz 3 Anspruch auf die Aushändigung einer Kopie der Aufzeichnungen des Arbeitgebers. Dazu gehören nicht nur eigene Aufzeichnungen des Arbeitgebers, sondern auch Schaublätter und Fahrerkarten einschließlich vom Arbeitgeber heruntergeladener Dateien sowie davon erstellter Ausdrucke (Buschmann/Ulber § 21 a Rn. 37; vgl. auch Art. 14 Abs. 2 EWG-VO Nr. 3821/85, Anh. 1 d). Im Überstundenprozess hat der Arbeitgeber unter Auswertung seiner Aufzeichnungen und der Fahrerkarte zu den vom Arbeitnehmer behaupteten Fahrzeiten (z. B. einer bestimmten Tour von A nach B) substantiiert Stellung zu nehmen (vgl. BAG vom 16. 5. 2012 – 5 AZR 347/11, NZA 2012, 939).

21 Eine besondere Regelung für das Fahrpersonal enthält § 21 a Abs. 8: Der Arbeitgeber muss die Gesamtarbeitszeiten eines Arbeitnehmers feststellen, da nach § 2 Abs. 1 die Arbeitszeiten bei mehreren Arbeitgebern, zusammenzurechnen sind. Dazu ist der Arbeitnehmer schriftlich aufzufordern, eine Aufstellung über die anderweit geleisteten Arbeitszeiten vorzulegen, die auch der Arbeitnehmer schriftlich vorlegen muss. Der andere Arbeitgeber ist dagegen zu Angaben gegenüber diesem Arbeitgeber nicht verpflichtet (Buschmann/Ulber § 21 a Rn. 40). Die vom Arbeitnehmer privat geleisteten Fahrzeiten sind ebensowenig erfasst wie die Fahrten mit dem eigenen PKW zu und von der Arbeit. Auch Fahrten, die der Arbeitnehmer vielleicht als eigener Fuhrunternehmer im Nebenberuf ausführt, unterliegen nicht § 21 a Abs. 8.

Siebter Abschnitt. Straf- und Bußgeldvorschriften

§ 22 Bußgeldvorschriften

(1) Ordnungswidrig handelt, wer als Arbeitgeber vorsätzlich oder fahrlässig
1. entgegen §§ 3, 6 Abs. 2 oder § 21a Abs. 4, jeweils auch in Verbindung mit § 11 Abs. 2, einen Arbeitnehmer über die Grenzen der Arbeitszeit hinaus beschäftigt,
2. entgegen § 4 Ruhepausen nicht, nicht mit der vorgeschriebenen Mindestdauer oder nicht rechtzeitig gewährt,
3. entgegen § 5 Abs. 1 die Mindestruhezeit nicht gewährt oder entgegen § 5 Abs. 2 die Verkürzung der Ruhezeit durch Verlängerung einer anderen Ruhezeit nicht oder nicht rechtzeitig ausgleicht,
4. einer Rechtsverordnung nach § 8 Satz 1, § 13 Abs. 1 oder 2 oder § 24 zuwiderhandelt, soweit sie für einen bestimmten Tatbestand auf diese Bußgeldvorschrift verweist,
5. entgegen § 9 Abs. 1 einen Arbeitnehmer an Sonn- oder Feiertagen beschäftigt,
6. entgegen § 11 Abs. 1 einen Arbeitnehmer an allen Sonntagen beschäftigt oder entgegen § 11 Abs. 3 einen Ersatzruhetag nicht oder nicht rechtzeitig gewährt,
7. einer vollziehbaren Anordnung nach § 13 Abs. 3 Nr. 2 zuwiderhandelt,
8. entgegen § 16 Abs. 1 die dort bezeichnete Auslage oder den dort bezeichneten Aushang nicht vornimmt,
9. entgegen § 16 Abs. 2 oder § 21a Abs. 7 Aufzeichnungen nicht oder nicht richtig erstellt oder nicht für die vorgeschriebene Dauer aufbewahrt oder
10. entgegen § 17 Abs. 4 eine Auskunft nicht, nicht richtig oder nicht vollständig erteilt, Unterlagen nicht oder nicht vollständig vorlegt oder nicht einsendet oder entgegen § 17 Abs. 5 Satz 2 eine Maßnahme nicht gestattet.

(2) Die Ordnungswidrigkeit kann in den Fällen des Absatzes 1 Nr. 1 bis 7, 9 und 10 mit einer Geldbuße bis zu fünfzehntausend Euro, in den Fällen des Absatzes 1 Nr. 8 mit einer Geldbuße bis zu zweitausendfünfhundert Euro geahndet werden.

Übersicht	Rn.
I. Ordnungswidrigkeiten	1–4
II. Bußgeldrechtliche Verantwortung	5, 6
III. Geldbuße	7, 8

I. Ordnungswidrigkeiten

Die **Ordnungswidrigkeiten** setzen wie strafbare Handlungen ein tatbestandsmäßiges, rechtswidriges und schuldhaftes Tun oder Unterlassen eines Menschen voraus (vgl. § 1 OWiG). Der Zuwiderhandelnde muss also den äußeren Tatbestand erfüllen, objektiv rechtswidrig und schuldhaft handeln, wenn eine Geldbuße gegen ihn verhängt werden soll. Nach § 10 OWiG können fahrlässige Verstöße nur geahndet werden, wenn das im Gesetz ausdrücklich so bestimmt ist; für alle Fälle des § 22 ist in diesem Sinne auch der fahrlässige Verstoß ausdrücklich genannt („wer vorsätzlich oder fahrlässig").

§ 22 ArbZG Siebter Abschnitt. Straf- und Bußgeldvorschriften

2   Die Begriffe von **Vorsatz oder Fahrlässigkeit** entsprechen denen des Strafrechts. Vorsatz setzt Kenntnis des Täters von den Tatumständen, die den gesetzlichen Tatbestand verwirklichen, und den Willen zum Handeln voraus. Dabei genügt es, dass der Täter die Verwirklichung des Tatbestandes nur für möglich hält und sie für diesen Fall billigt (bedingter Vorsatz). Fahrlässig handelt, wer die Sorgfalt außer Acht lässt, zu der er nach den Umständen, seinen persönlichen Kenntnissen und Fähigkeiten verpflichtet und imstande ist und dadurch den vom Gesetz missbilligten Erfolg entweder nicht vorausgesehen oder darauf vertraut hat, er würde nicht eintreffen (vgl. dazu auch Baeck/Deutsch § 22 Rn. 7; Schliemann § 22 Rn. 9f.; Anzinger/Koberski § 22 Rn. 11).

3   **Abs. 1** enthält eine **abschließende enumerative Aufzählung** der Vorschriften des ArbZG, deren Verletzung als Ordnungswidrigkeit mit Geldbuße geahndet werden kann. Die tatbestandsmäßige Verletzung einer der in Abs. 1 genannten Vorschriften ist rechtswidrig (vgl. § 1 Abs. 2 OWiG), es sei denn, es liegt ein Rechtfertigungsgrund vor, wie z.B. Notwehr (§ 15 OWiG), rechtfertigender Notstand (§ 16 OWiG) oder ein Notfall im Sinne von § 14 ArbZG (zu Letzterem ebenso Roggendorff § 22 Rn. 4; Schliemann § 22 Rn. 8; Anzinger/Koberski § 22 Rn. 10; Buschmann/Ulber § 22 Rn. 4; a.A. Baeck/Deutsch § 22 Rn. 6, die im Falle des § 14 ArbZG bereits den Tatbestand einer Ordnungswidrigkeit verneinen). Wie im Strafrecht ist auch **der Tatbestands- und der Verbotsirrtum** gesetzlich geregelt (§ 11 OWiG). Umstände, die der Täter nicht kannte, sind ihm danach nicht zuzurechnen. Da die Ordnungswidrigkeit aber auch fahrlässig begangen werden kann, liegt eine Ordnungswidrigkeit vor, wenn die Unkenntnis auf Fahrlässigkeit beruht. Der Täter handelt auch nicht vorwerfbar, wenn er einen Rechtsirrtum nicht vermeiden konnte. Ein Irrtum des Arbeitgebers über die Bedeutung der Vorschriften des ArbZG wird aber regelmäßig als vermeidbar anzusehen sein, denn wer Arbeitnehmer beschäftigt, muss sich über die einschlägigen arbeitsrechtlichen Bestimmungen und somit auch über Inhalt und Umfang des ArbZG informieren (ebenso Baeck/Deutsch § 22 Rn. 7; Roggendorff § 22 Rn. 5; Schliemann § 22 Rn. 10; Anzinger/Koberski § 22 Rn. 12; Buschmann/Ulber § 22 Rn. 5; vgl. auch OLG Düsseldorf vom 13.4.1992, DB 1992 S. 2148).

4   Die Verfolgung von Ordnungswidrigkeiten unterliegt der Verjährung. Die **Verjährungsfrist** beträgt bei allen Ordnungswidrigkeiten nach Abs. 1 aufgrund des Höchstmaßes der angedrohten Geldbuße nach Abs. 2 zwei Jahre, § 31 Abs. 2 Nr. 2 OWiG. Die Verfolgungsverjährung wird nur unterbrochen durch Handlungen nach § 33 OWiG, die dort abschließend aufgezählt sind (vor allem Vernehmung oder Bekanntgabe des Ermittlungsverfahrens oder Ermittlungsverfügungen). Die Vollstreckungsverjährung tritt bei Geldbußen bis zu 1000 Euro in drei, bei Geldbußen von mehr als 1000 Euro in fünf Jahren ein und beginnt an dem Tag, an dem der Bußgeldbescheid rechtskräftig geworden ist (§ 34 OWiG).

II. Bußgeldrechtliche Verantwortung

5   Die **bußgeldrechtliche Verantwortung** für die Einhaltung der Schutzvorschriften des ArbZG trägt allein der **Arbeitgeber** („wer als Arbeitgeber").

Bei nicht rechtsfähigen Personengesamtheiten sind die vertretungsbefugten Gesellschafter verantwortlich, also bei einer OHG die Gesellschafter, bei einer KG die Komplementäre und bei einer Gesellschaft bürgerlichen Rechts die Gesellschafter (§ 9 Abs. 1 Nr. 2 OWiG). Bei einer juristischen Person haben die gesetzlichen Vertreter die Rechte und Pflichten auszuüben (§ 9 Abs. 1 Nr. 1 OWiG). Das sind die Mitglieder des Vorstandes einer AG (§ 78 AktG), die Geschäftsführer einer GmbH (§ 35 Abs. 1 GmbHG), die Vorstandsmitglieder einer Genossenschaft (§ 24 GenG) und die Vorstandsmitglieder von rechtsfähigen Vereinen (§ 26 BGB).

Gleichgestellt sind Personen, die beauftragt sind, den Betrieb oder das Unternehmen ganz oder zum Teil zu leiten oder ausdrücklich beauftragt sind, den Betriebsinhaber betreffende Pflichten in eigener Verantwortung zu erfüllen (§ 9 Abs. 2 OWiG). Danach können auch **Angestellte des Betriebes oder Dritte** verantwortlich sein. Auch Konkursverwalter oder die gesetzlichen Vertreter eines minderjährigen oder entmündigten Arbeitgebers kommen in Betracht. Werden von einem Arbeitgeber andere Personen beauftragt, bestimmte Pflichten in eigener Verantwortung zu erfüllen, so trifft diese auch die Verantwortung für Ordnungswidrigkeiten. Der Arbeitgeber muss jedoch durch geeignete Aufsichtsmaßnahmen sicherstellen, dass die Pflichten nach dem ArbZG im Betrieb erfüllt werden, andernfalls handelt er selbst ordnungswidrig gemäß § 130 OWiG, wonach Inhaber von Betrieben (oder deren Vertreter oder Beauftragte nach § 9 OWiG) belangt werden können, die Aufsichtsmaßnahmen zur Verhinderung von Zuwiderhandlungen unterlassen. Zu diesen Aufsichtsmaßnahmen gehören auch Bestellung, sorgfältige Auswahl und Überwachung der Aufsichtspersonen. 6

III. Geldbuße

Ordnungswidrigkeiten können nach **Abs. 2** mit einer **Geldbuße** bis zu € 15 000,– belegt werden. Der Bußgeldrahmen liegt erheblich höher über dem des früheren § 25 AZO. Lediglich hinsichtlich der Auslage- bzw. Aushangpflicht bestanden unter dem Gesichtspunkt des Grundsatzes der Verhältnismäßigkeit Bedenken gegen eine Anhebung der Bußgelddrohung, so dass das Höchstmaß der Geldbuße bei dem formellen Verstoß gegen § 16 Abs. 1, ordnungswidrig nach § 22 Abs. 2 Nr. 8, auf 2500,– reduziert wurde (vgl. BT-Drucks. 12/6990 S. 21 und 45). Zu der Geldbuße kommen noch die Kosten des Verfahrens, die der Betroffene zu zahlen hat. Als Gebühr für den Erlass des Bußgeldbescheides werden 5 v.H. des Betrages der festgesetzten Buße erhoben, jedoch mindestens 20,– und höchstens 7500,– Euro. Zu den Gebühren kommen noch die baren Auslagen, Entgelte für Zustellungen durch die Post und Telekommunikationsdienstleistungen (außer für den Telefondienst), Entschädigungen für Zeugen und Sachverständige und ggf. Reisekosten u. a. hinzu (§ 107 OWiG). 7

Das **Verfahren der Bußgeldfestsetzung** richtet sich nach den §§ 35 ff. OWiG. Es gilt das Opportunitätsprinzip, nach dem die zuständige Verwaltungsbehörde selbständig über die Einleitung eines Verfahrens entscheidet. In Fällen von geringerer Bedeutung kann anstelle einer Buße eine schriftliche gebührenpflichtige Verwarnung treten, wenn der Betroffene damit einverstanden ist (§ 56 Abs. 2 OWiG). Die Höhe der Geldbuße soll den wirtschaft- 8

§ 23 ArbZG   Siebter Abschnitt. Straf- und Bußgeldvorschriften

lichen Vorteil der Ordnungswidrigkeit übersteigen, wozu sogar das gesetzliche Höchstmaß überschritten werden kann (§ 17 Abs. 4 OWiG). Der Bußgeldbescheid ist schriftlich zu erlassen (§ 66 OWiG) und zuzustellen. Gegen ihn kann binnen zwei Wochen Einspruch bei der erlassenden Behörde eingelegt werden (§ 67 OWiG), die den Bescheid bis zur Abgabe der Akten an die Staatsanwaltschaft noch zurücknehmen kann (§ 69 OWiG). Über den Einspruch entscheidet das Amtsgericht durch Einzelrichter (vgl. § 71 OWiG i.V.m. §§ 407 ff. StPO). Gegen dessen Entscheidung ist unter bestimmten Voraussetzungen die Rechtsbeschwerde statthaft (§ 79 OWiG).

§ 23 Strafvorschriften

(1) Wer eine der in § 22 Abs. 1 Nr. 1 bis 3, 5 bis 7 bezeichneten Handlungen

1. vorsätzlich begeht und dadurch Gesundheit oder Arbeitskraft eines Arbeitnehmers gefährdet oder

2. beharrlich wiederholt,

wird mit Freiheitsstrafe bis zu einem Jahr oder mit Geldstrafe bestraft.

(2) Wer in den Fällen des Absatzes 1 Nr. 1 die Gefahr fahrlässig verursacht, wird mit Freiheitsstrafe bis zu sechs Monaten oder mit Geldstrafe bis zu 180 Tagessätzen bestraft.

1   Bestimmte ordnungswidrige Handlungen werden als **Straftaten** qualifiziert, wenn durch sie vorsätzlich oder fahrlässig die Gesundheit oder die Arbeitskraft von Arbeitnehmern gefährdet oder wenn sie beharrlich wiederholt werden. Die Strafandrohung richtet sich gegen den Arbeitgeber oder seinen Vertreter. Insoweit gilt nichts anderes als für die Ordnungswidrigkeiten (vgl. § 22 Rn. 5 und § 14 Abs. 1 StGB). Wer vom Betriebsinhaber beauftragt ist, den Betrieb ganz oder zum Teil zu leiten oder ausdrücklich beauftragt ist, in eigener Verantwortung Pflichten des Betriebsinhabers zu erfüllen, wird ebenfalls von der Strafvorschrift betroffen (§ 14 Abs. 2 StGB).

2   Bestraft werden die vorsätzlichen Verletzungen der in § 22 Abs. 1 Nr. 1 bis 3, 5 bis 7 genannten Bestimmungen zum einen dann, wenn hierdurch **Gesundheit oder Arbeitskraft eines Arbeitnehmers vorsätzlich oder fahrlässig gefährdet werden,** § 23 Abs. 1 Nr. 1, Abs. 2. Dabei ist Gesundheit der intakte körperliche, geistige und seelische Zustand eines Arbeitnehmers, Arbeitskraft die von Natur aus vorhandene oder durch Ausbildung oder Übung erworbene oder zu erwerbende Fähigkeit eines Arbeitnehmers, Arbeit zu leisten (Baeck/Deutsch § 23 Rn. 7f.; Roggendorff § 23 Rn. 3; Schliemann § 23 Rn. 3; ErfK/Wank § 23 Rn. 2; Anzinger/Koberski § 23 Rn. 5). Die Straftaten nach § 23 Abs. 1 Nr. 1, Abs. 2 erfordern eine **Kausalität** zwischen Verletzung der Arbeitszeitvorschriften und der Gefährdung von Gesundheit oder Arbeitskraft eines Arbeitnehmers. Außerdem muss objektiv die Möglichkeit bestehen, dass Gesundheit oder Arbeitskraft beeinträchtigt werden können. Ob die Gesundheit gefährdet ist, richtet sich vor allem nach dem Grad der Beanspruchung, der übermäßigen Dauer, der Nichteinhaltung von Ruhezeiten und Pausen, was gleichzeitig aber auch zu einer Beeinträchtigung der Arbeitskraft führen kann. Es genügt schon eine Übermüdung, die

auf andere Ursachen als die zeitliche Beanspruchung des Arbeitnehmers nicht zurückzuführen ist (ebenso Schliemann § 23 Rn. 4; vgl. auch Buschmann/ Ulber § 23 Rn. 4; ErfK/Wank § 23 Rn. 2). Dabei genügt die Feststellung, dass allein Arbeitskraft oder Gesundheit gefährdet wurden, es kann aber auch eins mit dem anderen verbunden sein. Weil die **konkrete Gefahr** für die Gesundheit oder Arbeitskraft ausreicht, ist der Eintritt einer Schädigung nicht erforderlich (Baeck/Deutsch § 23 Rn. 9; Schliemann § 23 Rn. 4; ErfK/ Wank § 23 Rn. 2; Anzinger/Koberski § 23 Rn. 6). Da die Gefährdung Tatbestandsmerkmal ist, muss sich auf sie im Falle des Abs. 1 Nr. 1 der Vorsatz, im Falle des Abs. 2 die Fahrlässigkeit erstrecken.

Bestraft werden die vorsätzlichen Verletzungen der in § 22 Abs. 1 Nr. 1 bis 3, 5 bis 7 genannten Bestimmungen ferner dann, wenn sie **beharrlich wiederholt** werden, § 23 Abs. 1 Nr. 2. Erforderlich für eine Straftat nach Abs. 1 Nr. 2 sind damit stets zwei der in § 22 Abs. 1 Nr. 1 bis 3, 5 bis 7 bezeichneten Handlungen. Eine beharrliche Wiederholung liegt vor, wenn der Arbeitgeber durch den erneuten Verstoß eine so rechtsfeindliche Einstellung gegen die betreffende Vorschrift erkennen lässt, dass eine Ahndung mit Mitteln des Strafrechts gerechtfertigt scheint (ebenso Baeck/Deutsch § 23 Rn. 14; Roggendorff § 23 Rn. 4; Schliemann § 23 Rn. 6; ErfK/Wank § 23 Rn. 3; Anzinger/Koberski § 23 Rn. 7; vgl. auch Buschmann/Ulber § 23 Rn. 5). 3

Die **Strafe** ist im Fall des Abs. 1 zeitige Freiheitsstrafe (§ 38 StGB) bis zu einem Jahr oder Geldstrafe von 5 bis zu 360 Tagessätzen (§ 40 StGB), im Falle des Abs. 2 zeitige Freiheitsstrafe bis zu 6 Monaten oder Geldstrafe von 5 bis 180 Tagessätzen. Die Tagessätze richten sich nach den persönlichen und wirtschaftlichen Verhältnissen des Täters, wobei in der Regel von dem Nettoeinkommen eines Tages auszugehen ist; es ist zwischen 1,– und 5000,–Euro festzusetzen (§ 40 Abs. 2 StGB). Das Verfahren unterliegt dem Legalitätsprinzip, d. h. die Tat ist von Amts wegen zu verfolgen und richtet sich nach der StPO. Zuständig ist das Amtsgericht, und zwar in der Regel der Einzelrichter (§ 25 GVG). 4

Achter Abschnitt. Schlußvorschriften

§ 24 Umsetzung von zwischenstaatlichen Vereinbarungen und Rechtsakten der EG

Die Bundesregierung kann mit Zustimmung des Bundesrates zur Erfüllung von Verpflichtungen aus zwischenstaatlichen Vereinbarungen oder zur Umsetzung von Rechtsakten des Rates oder der Kommission der Europäischen Gemeinschaften, die Sachbereiche dieses Gesetzes betreffen, Rechtsverordnungen nach diesem Gesetz erlassen.

Die Vorschrift soll die ggf. erforderlich werdende Erfüllung von Verpflichtungen aus zwischenstaatlichen Vereinbarungen oder Umsetzung von Rechtsakten der EG durch Rechtsverordnung nach diesem Gesetz ermöglichen (vgl. BT-Drucks. 12/5888 S. 33). Da zwischenstaatliche Vereinbarungen in der Regel der Ratifizierung nach Art. 59 Abs. 2 GG bedürfen, dürfte insoweit die praktische Bedeutung des § 24 gering sein (Baeck/Deutsch § 24 Rn. 6; 1

§ 25 ArbZG Achter Abschnitt. Schlußvorschriften

Schliemann § 24 Rn. 3; ErfK/Wank § 24 Rn. 1; Anzinger/Koberski § 24 Rn. 6; vgl. auch Buschmann/Ulber § 24 Rn. 1).

§ 25 Übergangsregelung für Tarifverträge

¹**Enthält ein am 1. Januar 2004 bestehender oder nachwirkender Tarifvertrag abweichende Regelungen nach § 7 Abs. 1 oder 2 oder § 12 Satz 1, die den in diesen Vorschriften festgelegten Höchstrahmen überschreiten, bleiben diese tarifvertraglichen Bestimmungen bis zum 31. Dezember 2006 unberührt.** ²**Tarifverträgen nach Satz 1 stehen durch Tarifvertrag zugelassene Betriebsvereinbarungen sowie Regelungen nach § 7 Abs. 4 gleich.**

1 § 25 a. F. enthielt eine Übergangsvorschrift, nach der am 1. 7. 1994 bestehende oder nachwirkende Tarifverträge, die abweichende Regelungen i. S. d. § 7 Abs. 1 und 2 und des § 12 S. 1 treffen, aber den in den genannten Vorschriften festgelegten Rahmen überschreiten, unberührt blieben und damit fortgalten, bis sie durch eine entsprechende anderweitige tarifvertragliche Regelung ersetzt wurden. Nach dem Gesetzesbeschluss vom 26. 9. 2003 (BR-Drucks. 676/03 S. 5) sollte § 25 gestrichen werden, weil die Tarifvertragsparteien seit Inkrafttreten des ArbZG ausreichend Zeit hatten, etwaige anderweitige Regelungen anzupassen und § 7 nunmehr neue Möglichkeiten zur Arbeitszeitgestaltung für die Tarifvertragsparteien enthielte (so ausdrücklich die Begründung zum Änderungsantrag der Regierungsfraktionen, Ausschuss-Drucks. 15(9)610, S. 4 und die Beschlussempfehlung des Ausschusses für Wirtschaft und Arbeit, BT-Drucks. 15/1587 S. 36). Erst auf die Beschlussempfehlung des Vermittlungsausschusses (BT-Drucks. 15/2245 S. 3) wurde eine neue, zunächst bis zum 31. 12. 2005 befristete und später bis zum 31. 12. 2006 verlängerte **Übergangsregelung** in das Gesetz aufgenommen. Sie sollte den Tarifvertragsparteien in allen Branchen Zeit und Gelegenheit geben, die auf Grund der Änderungen des ArbZG notwendigen Anpassungen oder Änderungen der Tarifverträge vorzunehmen (Bermig, BB 2004, 101). Tarifverträgen nach Satz 1 stehen nach § 25 Satz 2 durch Tarifverträge zugelassene Betriebsvereinbarungen sowie Regelungen von Kirchen und öffentlich-rechtlichen Religionsgemeinschaften (§ 7 Abs. 4) gleich.

2 Die Übergangsregelung dürfte aber wegen der Nichteinbeziehung des Bereitschaftsdienstes als Arbeitszeit gegen europäisches Recht verstoßen haben, weil dieses keine Rechtsgrundlage für die Weitergeltung europarechtswidriger Tarifverträge bietet (vgl. dazu Schliemann § 25 Rn. 1; ErfK/Wank § 25 Rn. 2; 14. Aufl. § 25 Rn. 2 f.). Zudem stellte § 25 S. 1 nach Auffassung des BAG Tarifverträge, die am 1. 1. 2004 bereits bestanden, nicht von der Verpflichtung frei, die Grenze der höchstzulässigen jahresdurchschnittlichen Wochenarbeitszeit von 48 Stunden – einschließlich der Zeiten von Arbeitsbereitschaft und Bereitschaftsdienst – zu beachten (BAG vom 24. 1. 2006 – 1 ABR 6/05 –, AP Nr. 8 zu § 3 ArbZG = NZA 2006, 862).

3 Tarifverträge nach Satz 1 sowie durch diese zugelassene Betriebsvereinbarungen und Regelungen nach § 7 Abs. 4, die nicht bis zum 31. 12. 2006 angepasst wurden, sind seit 1. 1. 2007 nach § 134 BGB wegen Gesetzesverstoß nichtig, soweit sie von den Vorgaben der §§ 7 Abs. 1 und 2, 12 Satz 1 abweichen. An ihrer Stelle gelten die entsprechenden Bestimmungen des Arbeitszeitgesetzes (ebenso Buschmann/Ulber § 25 Rn. 2).

§ 26 *(aufgehoben)*

§ 26 enthielt eine durch Zeitablauf schon seit längerem gegenstandslos gewordene Übergangsvorschrift zu Ruhezeiten für Ärzte und Pflegepersonal in Krankenhäusern und anderen Einrichtungen zur Behandlung, Pflege und Betreuung von Personen, die durch Art. 4b Ziffer 9 Gesetz zu Reformen am Arbeitsmarkt vom 24. 12. 2003 (BGBl. I S. 3002) aufgehoben wurde.

D. Arbeitszeit bei Ladenöffnung

Vorbemerkung

Durch die Föderalismusreform vom 28. 8. 2006 (BGBl. I S. 2634) wurde das Recht des Ladenschlusses durch die Änderung von Art. 74 Abs. 1 Nr. 11 GG aus der konkurrierenden Gesetzgebung des Bundes ausgenommen und damit den Ländern zur alleinigen Regelung überlassen. Nur Bayern beschloss, zunächst noch keine Änderungen vorzunehmen und die Ergebnisse in den anderen Ländern abzuwarten (LT-Drucks. 15/6761 vom 9. 11. 2006). Alle anderen Länder haben inzwischen eigene Gesetze erlassen, die zu allermeist jetzt Ladenöffnungsgesetze genannt werden, nur Bremen behielt den Ausdruck Ladenschlussgesetz bei. Um jetzt nicht neben dem in Bayern noch nach Art. 125a noch geltenden Ladenschlussgesetz alle weiteren 15 Ladenöffnungsgesetze abzudrucken und zu kommentieren, werden nur noch die arbeitszeitrechtlichen Vorschriften hier im Anhang zum Arbeitszeitgesetz aufgenommen. Die Kompetenz der Länder zur Änderung der arbeitszeitrechtlichen und beschäftigungsbeschränkenden arbeitsschutzrechtlichen Bestimmungen des § 17 Ladenschlussgesetz ist überdies sehr umstritten. Insbesondere Kämmerer/Thüsing (GewArch 2006 S. 266) und Kühling (ArbuR 2006 S. 384) bestreiten den Ländern hier jede Zuständigkeit, so dass danach § 17 LSchlG weiter anzuwenden wäre. Nach anderer Auffassung ist auch das Arbeitsschutzrecht und damit das Arbeitszeitrecht für den Einzelhandel durch die Föderalismusreform mit auf die Länder übergegangen (Pieroth/Kingreen, NVwZ 2006 S. 1223, BMA vom 14. 10. 2006, IIIa 7-37251). Nach wieder anderer Auffassung müsste der Bundesgesetzgeber handeln, sonst gelte § 17 LSchlG weiter oder gelte § 10 ArbZG oder bestehe eine Gesetzeslücke (Kühn, ArbuR 2006 S. 418; Horstmann, NZA 2006 S. 1246). Eine große Anzahl der Länder hat die besonderen Beschäftigungsbeschränkungen und Freistellungen des § 17 LSchlG inhaltlich übernommen oder sogar abgeschrieben, nur zu einem geringeren Teil wurde lediglich auf das Arbeitszeitgesetz verwiesen. Große Bedeutung für den Ladenschluss und damit für die Arbeitszeit an Sonntagen hat die Entscheidung des Bundesverfassungsgerichts vom 1. 12. 2009 (BVerfGE 125, 39 = GewArch 2010, 29), mit der die Ladenöffnungszeiten an Sonntagen beschränkt werden, nachdem die Öffnung an allen Adventssonntagen nach dem Berliner Gesetz gegen Art. 4 GG und Art. 139 Weimarer Verfassung verstößt. Damit werden auch die Arbeitszeiten an Sonntagen eingeschränkt (vgl. SächsOVG vom 1. 11. 2010, NVwZ 2011, 105, Fuerst, JuS 2010, 876, Klotz, NVwZ 2011, 1363, Rozek, ArbuR 2010, 148, Kühn, ArbuR 2010, 299, NJW 2010, 2094; Mosbacher, NVwZ 2010, 537, Wissmann/Heuer, Jura 2011, 214). Das Berliner Gesetz ist danach entsprechend geändert worden. Die nachstehende Tabelle gibt den derzeitigen Stand der Ladenöffnungszeiten wider, im Anschluss wird nur noch § 17 LSchlG aufgenommen und kommentiert. Die entsprechenden Ländervorschriften schließen sich an.

Ladenöffnung

Übersicht

Übersicht Ladenöffnung

Land	Baden-Württemberg	Bayern	Berlin	Brandenburg	Bremen	Hamburg	Hessen	Mecklenburg-Vorpommern
Montag–Freitag	0–24	6–20	0–24	0–24	0–24	0–24	0–24	0–24
Sonnabend	0–24	6–20	0–24	0–24	0–24	0–24	0–24	0–22
24. Dezember Werktag	0–14	6–14	0–14	0–14	0–14 und 31. 12.	0–14	0–14 und 31. 12.	0–14
24. Dezember Sonntag Lebensmittel und Weihnachtsbäume	3 Std. bis 14	3 Std. bis 14	7–14	7–14	8–14	3 Std. bis 14	keine Regelung	3 Std. bis 14
Freizugebende Sonn- und Feiertage	3 5 Std. bis 18	4 5 Std. bis 18	8 + 2 von 13–20	6 13–20	4 5 Std. 11–18	4 5 Std. bis 18	4 6 Std. bis 20	4 und RechtsVO
Beschäftigung an Sonn- und Feiertagen	besondere Freistellung	besondere Freistellung	Kind oder Pflege ab 20 Uhr frei	besondere Freistellung	besondere Freistellung	Ersatzruhetag	Verweis auf ArbZG	besondere Freistellung
Zahl freier Sonntage oder Höchstzahl der Arbeiter	22 höchstens	22 höchstens	keine Regelung	keine Regelung	22 höchstens	22 höchstens Ausnahme: 15 frei	15 frei	22 höchstens 15 frei
Freistellung Samstags im Monat	1 ×	1 ×	1 ×	1 ×	keine Regelung	1 ×	keine Regelung	keine Regelung

Übersicht — **Ladenöffnung**

Land	Niedersachsen	Nordrhein-Westfalen	Rheinland-Pfalz	Saarland	Sachsen	Sachsen-Anhalt	Schleswig-Holstein	Thüringen
Montag–Freitag	0–24	0–24	6–22	6–20 1 × bis 24	6–22 5 × bis 6, Sa bis 24	0–24	0–24	0–24
Sonnabend	0–24	0–24	6–22	6–20	6–22	0–20	0–24	0–20
24. Dezember Werktag	0–14	0–14	6–14	6–14	6–14	0–14	0–14	0–14 und 31. 12.
24. Dezember Sonntag Lebensmittel und Weihnachtsbäume	0–14	10–14	keine Regelung	9–14	3 Std. 7 bis 14	3 Std. bis 14	0–14	3 Std. bis 14
Freizugebende Sonn- und Feiertage	4 5 Std.	4 5 Std.	4 5 Std. nicht 6–11	4 5 Std. bis 18	4 12–18	4 5 Std. 11–20	4 5 Std. bis 18	4 6 Std. 11–20
Beschäftigung an Sonn- und Feiertagen	besondere Freistellung	Verweis auf ArbZG	besondere Freistellung	Verweis auf ArbZG	Verweis auf ArbZG	Verweis auf ArbZG	Verweis auf ArbZG	Verweis auf ArbZG
Zahl freier Sonntage oder Höchstzahl der Arbeiter	22 höchstens	keine Regelung	keine Regelung	keine Regelung	keine Regelung	20 frei	keine Regelung	22 höchstens
Freistellung Samstags im Monat	keine Regelung	keine Regelung	1 ×	keine Regelung	1 ×	keine Regelung	1 ×	2 ×

Gesetz über den Ladenschluss

Vom 28. November 1956 (BGBl. I S. 875)

in der Fassung der Bekanntmachung vom 2. Juni 2003 (BGBl. I S. 744), zuletzt geändert durch Art. 228 der Neunten Zuständigkeitsanpassungsverordnung vom 31. Oktober 2006 (BGBl. I S. 2407)

BGBl. III 8050-20

– Auszug –

§ 17 Arbeitszeit an Sonn- und Feiertagen

(1) In Verkaufsstellen dürfen Arbeitnehmer an Sonn- und Feiertagen nur während der ausnahmsweise zugelassenen Öffnungszeiten (§§ 4 bis 15 und die hierauf gestützten Vorschriften) und, falls dies zur Erledigung von Vorbereitungs- und Abschlussarbeiten unerlässlich ist, während insgesamt weiterer 30 Minuten beschäftigt werden.

(2) Die Dauer der Beschäftigungszeit des einzelnen Arbeitnehmers an Sonn- und Feiertagen darf acht Stunden nicht überschreiten.

(2 a) ¹In Verkaufsstellen, die gemäß § 10 oder den hierauf gestützten Vorschriften an Sonn- und Feiertagen geöffnet sein dürfen, dürfen Arbeitnehmer an jährlich höchstens 22 Sonn- und Feiertagen beschäftigt werden. ²Ihre Arbeitszeit an Sonn- und Feiertagen darf vier Stunden nicht überschreiten.

(3) ¹Arbeitnehmer, die an Sonn- und Feiertagen in Verkaufsstellen gemäß §§ 4 bis 6, 8 bis 12, 14 und 15 und den hierauf gestützten Vorschriften beschäftigt werden, sind, wenn die Beschäftigung länger als drei Stunden dauert, an einem Werktag derselben Woche ab 13 Uhr, wenn sie länger als sechs Stunden dauert, an einem ganzen Werktag derselben Woche von der Arbeit freizustellen; mindestens jeder dritte Sonntag muß beschäftigungsfrei bleiben. ²Werden sie bis zu drei Stunden beschäftigt, so muss jeder zweite Sonntag oder in jeder zweiten Woche ein Nachmittag ab dreizehn Uhr beschäftigungsfrei bleiben. ³Statt an einem Nachmittag darf die Freizeit am Sonnabend oder Montagvormittag bis 14 Uhr gewährt werden. ⁴Während der Zeiten, zu denen die Verkaufsstelle geschlossen sein muss, darf die Freizeit nicht gegeben werden.

(4) Arbeitnehmerinnen und Arbeitnehmer in Verkaufsstellen können verlangen, in jedem Kalendermonat an einem Samstag von der Beschäftigung freigestellt zu werden.

(5) Mit dem Beschicken von Warenautomaten dürfen Arbeitnehmer außerhalb der Öffnungszeiten, die für die mit dem Warenautomaten in räumlichem Zusammenhang stehende Verkaufsstelle gelten, nicht beschäftigt werden.

(6) *(weggefallen)*

(7) Das Bundesministerium für Arbeit und Soziales wird ermächtigt, zum Schutze der Arbeitnehmer in Verkaufsstellen vor übermäßiger Inanspruchnahme ihrer Arbeitskraft oder sonstiger Gefährdung ihrer Gesundheit durch Rechtsverordnung mit Zustimmung des Bundesrates zu bestimmen,

1. dass während der ausnahmsweise zugelassenen Öffnungszeiten (§§ 4 bis 16 und die hierauf gestützten Vorschriften) bestimmte Arbeitnehmer nicht

Arbeitszeit an Sonn- und Feiertagen § 17 LadschlG

oder die Arbeitnehmer nicht mit bestimmten Arbeiten beschäftigt werden dürfen,

2. dass den Arbeitnehmern für Sonn- und Feiertagsarbeit über die Vorschriften des Absatzes 3 hinaus ein Ausgleich zu gewähren ist,

3. dass die Arbeitnehmer während der Ladenschlusszeiten an Werktagen (§ 3 Abs. 1 Nr. 2, §§ 5, 6, 8 bis 10 und die hierauf gestützten Vorschriften) nicht oder nicht mit bestimmten Arbeiten beschäftigt werden dürfen.

(8) ¹Das Gewerbeaufsichtsamt kann in begründeten Einzelfällen Ausnahmen von den Vorschriften der Absätze 1 bis 5 bewilligen. ²Die Bewilligung kann jederzeit widerrufen werden.

(9) Die Vorschriften der Absätze 1 bis 8 finden auf pharmazeutisch vorgebildete Arbeitnehmer in Apotheken keine Anwendung.

1. Das Gesetz regelt in § 17 einen **besonderen Schutz für Arbeitnehmer,** der von dem übrigen Schutz, insbesondere nach dem ArbZG und dem JArbSchG unabhängig ist. Es gelten deshalb auch für Arbeitnehmer in Verkaufsstellen die allgemeinen Arbeitszeitschutzvorschriften des ArbZG und des JArbSchG und der besonderen Regelungen für Frauen nach dem MuSchG. Die einzelnen Schutzvorschriften sind kumulativ anzuwenden und müssen alle für sich berücksichtigt werden (ErfK/Wank § 17 Rn. 1ff.; Neumann § 17 Anm. 1; Zmarzlik/Roggendorff § 17 Rn. 1). § 17 ist nicht durch die Vorschriften des ArbZG vom 6. 6. 1994 außer Kraft gesetzt (OVG Rheinland-Pfalz vom 28. 6. 1995, GewArch 1995 S. 493). Der auf § 105c GewO verweisende Abs. 6 wurde durch das ArbZRG vom 6. 6. 1994 (BGBl. I S. 1170) aufgehoben, nachdem der Sonntagsschutz in den §§ 9ff. ArbZG umfassend geregelt ist. Der schon seit 17. 7. 1957 gegenstandslos gewordene Abs. 4 wurde ab 1. 6. 2003 ersetzt durch die neue Vorschrift auf Anspruch zur Freistellung an einem Samstag im Kalendermonat zum Ausgleich für die verlängerte Samstagsöffnung bis 20 Uhr (vgl. Ausschussbericht BT-Drucks. 15/591 S. 6, 13). Das grundsätzliche und nur mit Ausnahmen versehene Verbot der Ladenöffnung an Sonn- und Feiertagen ist mit dem Grundgesetz vereinbar (BVerfG vom 9. 6. 2004, AP Nr. 135 zu Art. 12 GG mit Verweis auf die Schutzvorschriften von § 17 LSchlG und § 11 ArbZG Rn. 165). Außerdem fallen auch die Arbeitszeitregelungen jetzt in die Zuständigkeit der Länder (VGH Sachsen vom 21. 6. 2012, Vf. 77-II-11). § 17 Ladenschlussgesetz gilt nach Art. 125a GG nur noch in Bayern weiter. Alle anderen Länder haben in ihren Ladenöffnungsgesetzen entsprechende Vorschriften erlassen, die anschließend abgedruckt sind und inhaltlich oft sogar wörtlich diesen Vorschriften hier entsprechen, so dass die Kommentierung auch dafür weiter gilt. Hessen, Nordrhein-Westfalen, Saarland, Sachsen, Sachsen-Anhalt, Schleswig-Holstein und Thüringen verweisen allerdings lediglich auf das Arbeitszeitgesetz. Ob dafür die Länderkompetenz überhaupt durch die Föderalismusreform gegeben ist, bleibt vorerst umstritten (vgl. Vorbemerkung).

2. An den **Sonn- und Feiertagen** dürfen nach Abs. 1 Arbeitnehmer nur während der ausnahmsweise zugelassenen Öffnungszeiten und zur Erledigung von Vor- und Abschlussarbeiten während insgesamt weiterer 30 Minuten beschäftigt werden. Ist z.B. eine Sonntagsöffnung von 2 Stunden zugelassen, dürfen Arbeitnehmer einschließlich Vor- und Abschlussarbeiten höchstens

2½ Stunden beschäftigt werden. Insgesamt darf jedoch die Arbeitszeit des einzelnen Arbeitnehmers an Sonn- und Feiertagen 8 Stunden nicht überschreiten, Abs. 2. Damit kommt die Verlängerungsmöglichkeit des § 3 ArbZG auf 10 Stunden für Arbeitnehmer in Verkaufsstellen an Sonn- und Feiertagen nicht zum Zuge, weil die Sonderregelung des Abs. 2 vorgeht. Die Beschäftigung nach 24 Uhr an Samstagen oder an Wochenfeiertagen ist auch mit Abschlussarbeiten als Sonntagsarbeit verboten und weder nach § 9 ArbZG noch nach § 17 LSchlG erlaubt, sondern kann behördlich verboten werden (VG Berlin vom 30. 11. 2011, 35 K 388.09).

3 3. Für die Arbeit an Sonn- und Feiertagen in Verkaufsstellen sind die Arbeitnehmer nach Abs. 3 in dem dort angegebenen Umfange **an einem Werktage** der selben Woche **von der Arbeit freizustellen.** Abs. 3 geht als Sonderregelung den Ausgleichsregelungen des § 11 ArbZG vor (Zmarzlik/Roggendorff § 17 Rn. 12). Die Freistellungsregelungen des Abs. 3 gewährleisten, dass auch bei ausnahmsweiser Sonntagsarbeit die regelmäßige Wochenarbeitszeit nicht überschritten wird. Im Übrigen sehen ohnehin die Tarifverträge, die im Einzelhandel in großem Umfang allgemeinverbindlich sind, regelmäßige Höchstarbeitszeiten vor, die nicht überschritten werden dürfen.

4 4. Für Arbeitnehmer, die in Verkaufsstellen in Kur-, Ausflugs-, Erholungs- und Wallfahrtsorten nach § 10 oder den hierauf gestützten Vorschriften beschäftigt werden, ist die **Sonderregelung des Abs. 2a** zu beachten. Danach dürfen Arbeitnehmer an jährlich höchstens 22 Sonn- und Feiertagen beschäftigt werden. Außerdem darf ihre Arbeitszeit an Sonn- und Feiertagen 4 Stunden nicht überschreiten. Da die Öffnung an Sonn- und Feiertagen länger zugelassen ist als Arbeitnehmer beschäftigt werden dürfen, muss entweder ein Schichtwechsel eingeführt werden oder der Inhaber selbst, ggf. mit Familienangehörigen, die Bedienung übernehmen.

5 5. Mit dem **Beschicken von Automaten** dürfen Arbeitnehmer nach Abs. 5 nur während der Öffnungszeiten der mit den Automaten in räumlichen Zusammenhang stehenden Verkaufsstelle beschäftigt werden. Außerhalb dieser Zeiten dürfen die Automaten nur vom Inhaber selbst oder dem Automatenaufsteller aufgefüllt werden (Neumann § 17 Anm. 9; Zmarzlik/Roggendorff § 17 Rn. 16). Die Zulässigkeit der Beschäftigung von Arbeitnehmern mit dem Auffüllen von Warenautomaten, die nicht in räumlichen Zusammenhang mit einer Verkaufsstelle stehen, richtet sich – ebenso wie die Instandsetzung von Warenautomaten – nicht nach Abs. 5, sondern den §§ 9ff. ArbZG (Zmarzlik/Roggendorff § 17 Rn. 18; a.A. Neumann § 17 Anm. 9). Eine Automatenvideothek darf an Sonn- und Feiertagen nicht betrieben werden (VGH Baden-Württemberg vom 9. 7. 2007, 4. 3. 2008, 15. 8. 2011, GewArch 2007, 430, DÖV 2008, 518, 2011, 941; OLG Düsseldorf vom 11. 9. 2007, GewArch 2008, 255; a.A. Sächs. VerfGH vom 21. 6. 2012, Vf. 77-II-11, nur Autowaschanlagen dürfen danach Sonntags nicht betrieben werden; BayVGH vom 26. 4. 2007, DÖV 2007, 1026).

6 6. Im Übrigen ist die Heranziehung von erwachsenen Arbeitnehmern an den Sonntagen auf **Notfälle und sonstige außergewöhnliche Fälle** nach

§ 14 Abs. 1 ArbZG beschränkt und dem Bundesministerium für Wirtschaft und Arbeit nach Abs. 7 die Ermächtigung zum Erlass weiterer Schutzmaßnahmen zur Verhütung übermäßiger Inanspruchnahme und von Gesundheitsgefährdungen gegeben. Eine solche Rechtsverordnung ist bislang nicht ergangen. Andererseits kann das Gewerbeaufsichtsamt nach Abs. 8 im Einzelfall widerrufliche Ausnahmen bewilligen, die jedoch nicht in einer Dauerregelung ausarten dürfen (VG Ansbach vom 25. 11. 1988, GewArch. 1989 S. 142).

7. Für **Jugendliche** gelten die Sonderregelungen des JArbSchG. Sie dürfen an Sonn- und Feiertagen in Verkaufsstellen überhaupt nicht beschäftigt werden (§§ 17, 18 JArbSchG). An Samstagen dürfen Jugendliche nur in offenen Verkaufsstellen, in Betrieben mit offenen Verkaufsstellen, in Bäckereien und Konditoreien, im Friseurhandwerk und im Marktverkehr beschäftigt werden (§ 16 Abs. 2 JArbSchG). Bei einer Beschäftigung an Samstagen ist den Jugendlichen die 5-Tage-Woche durch Freistellung an einem anderen berufsschulfreien Tag der selben Woche sicherzustellen (§ 16 Abs. 2 JArbSchG). Soweit aber die Jugendlichen an einem Samstag nicht 8 Stunden beschäftigt werden, kann die fehlende Arbeitszeit an dem Tage bis 13 Uhr ausgeglichen werden, an dem die Jugendlichen an sich freizustellen sind (§ 16 Abs. 4 JArbSchG).

8. Für **Apotheken** gelten die Sondervorschriften des § 4. Die Beschäftigung von Arbeitnehmern in Apotheken richtet sich nach § 17, soweit es sich nicht um pharmazeutisch vorgebildete Arbeitnehmer handelt. Dagegen finden die Vorschriften der Absätze 1 bis 8 keine Anwendung auf pharmazeutisch vorgebildete Arbeitnehmer in Apotheken, Abs. 9. Für diese gelten aber seit dem 1. 7. 1994 die §§ 9 ff. ArbZG (Schliemann LadÖffR Rn. 32; Zmarzlik/Roggendorff § 17 Rn. 20). Einzelne Länder wiederholen das (Ba-Wü § 12 Abs. 8, Hamburg § 9 Abs. 7, MeckPomm § 7 Abs. 3, Rhld-Pfalz § 13 Abs. 1). Andere als Heil-, Hygiene- und Desinfektionsmittel dürfen nicht abgegeben werden (OLG Stuttgart vom 24. 4. 2008, WRP 2008, 977).

9. § 17 regelt (nur) den öffentlich-rechtlichen Arbeitszeitschutz, begründet aber keine Verpflichtung der Arbeitnehmer während der zugelassenen Zeiten auch tatsächlich arbeiten zu müssen. Die **Verpflichtung zur Arbeit an Sonn- und Feiertagen** kann sich ebenso wie die Dauer der zu leistenden Arbeitszeit nur aus dem Arbeitsvertrag oder aus dem Tarifvertrag ergeben, soweit Arbeitnehmer und Arbeitgeber tarifgebunden sind (§ 3 Abs. 1, § 5 Abs. 5 TVG) sind oder im Arbeitsvertrag die Geltung des Tarifvertrages vereinbart wurde. Besteht ein Betriebsrat, so hat dieser nach § 87 Abs. 1 Nr. 2 BetrVG auch bei der Festlegung von Beginn und Ende der sonntäglichen Arbeitszeit mitzubestimmen (BAG vom 25. 2. 1997, AP Nr. 72 zu § 87 BetrVG 1972 = NZA 1997 S. 955).

Landesrecht zur Ladenöffnung

Baden-Württemberg

Gesetz über die Ladenöffnung in Baden-Württemberg (LadÖG) vom 14. Februar 2007 (GVBl. S. 135), geändert durch Gesetz vom 10. November 2009 (GVBl. S. 628)

§ 12 Besonderer Arbeitnehmerschutz

(1) [1]Arbeitnehmer in Verkaufsstellen oder beim gewerblichen Feilhalten dürfen an Sonn- und Feiertagen nur während der ausnahmsweise zugelassenen Öffnungszeiten und, falls dies zur Erledigung von Vorbereitungs- und Abschlussarbeiten unerlässlich ist, während insgesamt weiterer 30 Minuten beschäftigt werden. [2]Die Beschäftigungszeit des einzelnen Arbeitnehmers darf die Dauer von acht Stunden nicht überschreiten.

(2) Bei nach § 7 zugelassenen Öffnungszeiten dürfen Arbeitnehmer in Verkaufsstellen oder beim gewerblichen Feilhalten an jährlich höchstens 22 Sonn- und Feiertagen für jeweils nicht mehr als vier Stunden beschäftigt werden.

(3) [1]Werden Arbeitnehmer während zugelassener Öffnungszeiten nach §§ 4 bis 9 an Sonn- und Feiertagen beschäftigt, so sind sie an einem Werktag derselben Woche

1. bei einer Beschäftigung von mehr als drei Stunden ab 13 Uhr,
2. bei einer Beschäftigung von mehr als sechs Stunden ganztägig

von der Beschäftigung freizustellen. [2]Jeder dritte Sonntag muss beschäftigungsfrei bleiben. [3]Werden Arbeitnehmer während zugelassener Öffnungszeiten nach §§ 4 bis 9 kürzer als drei Stunden an Sonn- und Feiertagen beschäftigt, muss in jeder zweiten Woche ein Nachmittag ab 13 Uhr oder ein Samstag- oder Montagvormittag bis 14 Uhr oder jeder zweite Sonntag beschäftigungsfrei bleiben.

(4) Arbeitnehmer in Verkaufsstellen oder beim gewerblichen Feilhalten können verlangen, in jedem Kalendermonat an einem Samstag von der Beschäftigung freigestellt zu werden.

(5) Warenautomaten dürfen von Arbeitnehmern an Sonn- und Feiertagen nur während der Öffnungszeiten der mit den Warenautomaten in räumlichem Zusammenhang stehenden Verkaufsstelle beschickt werden.

(6) [1]Die zuständige Behörde kann in Einzelfällen Ausnahmen von den Vorschriften der Absätze 1 bis 5 zulassen. [2]Die Bewilligung kann befristet und jederzeit widerrufen werden.

(7) [1]Inhaber einer Verkaufsstelle haben bei der Beschäftigung von mehr als einem Arbeitnehmer

1. einen Abdruck dieses Gesetzes an geeigneter Stelle in der Verkaufsstelle auszulegen oder auszuhängen und
2. ein Verzeichnis über Namen, Tag, Beschäftigungsart und -zeiten der an Sonn- und Feiertagen beschäftigten Arbeitnehmer sowie die Freistellungszeiten nach Absatz 3 zu führen.

[2]Satz 1 Nr. 2 gilt auch für Gewerbetreibende nach § 2 Abs. 2.

(8) Die Absätze 1 bis 7 gelten nicht für pharmazeutisch vorgebildete Arbeitnehmer in Apotheken.

Bayern

In Bayern gilt § 17 LadSchlG vorerst weiter.

Berlin

Berliner Ladenöffnungsgesetz (BerlLadÖffG) vom 14. November 2006 (GVBl. S. 1046), geändert durch Gesetze vom 16. November 2007 (GVBl. S. 580) und vom 13. Oktober 2010 (GVBl. S. 467)

§ 7 Schutz der Arbeitnehmerinnen und Arbeitnehmer

(1) ¹Arbeitnehmerinnen und Arbeitnehmer dürfen in Verkaufsstellen an Sonn- und Feiertagen nur mit Verkaufstätigkeiten während der jeweils zulässigen oder zugelassenen Öffnungszeiten und, soweit dies zur Erledigung von Vorbereitungs- und Abschlussarbeiten unerlässlich ist, während weiterer 30 Minuten beschäftigt werden. ²Für ihre Beschäftigung gelten die Vorschriften des § 11 des Arbeitszeitgesetzes vom 6. Juni 1994 (BGBl. I S. 1170), das zuletzt durch die Artikel 5 und 6 des Gesetzes vom 14. August 2006 (BGBl. I S. 1962) geändert worden ist, entsprechend.

(2) ¹Die Arbeitnehmerinnen und Arbeitnehmer sind auf deren Verlangen in jedem Kalendermonat mindestens an einem Sonnabend freizustellen. ²Dieser Tag soll in Verbindung mit einem freien Sonntag gewährt werden.

(3) Beschäftigte, die mit mindestens einem Kind unter zwölf Jahren in einem Haushalt leben oder eine anerkannt pflegebedürftige angehörige Person versorgen, sollen auf Verlangen von einer Beschäftigung nach 20.00 Uhr beziehungsweise an verkaufsoffenen Sonn- und Feiertagen freigestellt werden, soweit die Betreuung durch eine andere im jeweiligen Haushalt lebende Person nicht gewährleistet ist.

(4) ¹Inhaberinnen und Inhaber von Verkaufsstellen müssen ein Verzeichnis über die am Sonn- und Feiertag geleistete Arbeit und den dafür gewährten Freizeitausgleich mit Namen, Tag, Beschäftigungsart und -dauer der beschäftigten Arbeitnehmerinnen und Arbeitnehmer führen. ²Das Verzeichnis ist mindestens zwei Jahre nach Ablauf des jeweiligen Kalenderjahres aufzubewahren.

Brandenburg

Brandenburgisches Ladenöffnungsgesetz (BbgLöG) vom 27. November 2006 (GVBl. I S. 158), geändert durch Gesetz vom 20. Dezember 2010 (GVBl. I Nr. 46 S. 1)

§ 10 Beschäftigungszeiten

(1) ¹In Verkaufsstellen dürfen Arbeitnehmerinnen und Arbeitnehmer an Sonn- oder Feiertagen nur während der ausnahmsweise zugelassenen Öffnungszeiten und, soweit dies zur Erledigung von Vorbereitungs- und Abschlussarbeiten unerlässlich ist, während weiterer 30 Minuten beschäftigt

Ladenöffnung

werden. ²Die Beschäftigungszeit einer Arbeitnehmerin oder eines Arbeitnehmers an Sonn- und Feiertagen darf acht Stunden nicht überschreiten.

(2) ¹Arbeitnehmerinnen und Arbeitnehmer, die gemäß Absatz 1 an einem Sonn- oder Feiertag beschäftigt werden, sind, wenn die Beschäftigung länger als drei Stunden dauert, an einem Werktag derselben Woche ab 13 Uhr und, wenn die Beschäftigung länger als sechs Stunden dauert, an einem ganzen Werktag derselben Woche von der Arbeit freizustellen; mindestens jeder dritte Sonntag muss beschäftigungsfrei bleiben. ²Werden sie bis zu drei Stunden beschäftigt, so muss jeder zweite Sonntag oder in jeder zweiten Woche ein Nachmittag ab 13 Uhr beschäftigungsfrei bleiben. ³Arbeitnehmerinnen und Arbeitnehmer dürfen an höchstens zwei Adventssonntagen im Jahr beschäftigt werden.

(3) Arbeitnehmerinnen und Arbeitnehmer in Verkaufsstellen können verlangen, in jedem Kalendermonat an einem Sonnabend von der Beschäftigung freigestellt zu werden.

(4) ¹Beschäftigte, die mit einem Kind unter zwölf Jahren in einem Haushalt leben oder eine pflegebedürftige angehörige Person im Sinne des § 14 des Elften Buches Sozialgesetzbuch versorgen, sind auf Verlangen von einer Beschäftigung nach 20 Uhr freizustellen. ²Dieser Anspruch besteht nicht, soweit die Betreuung durch eine andere im Haushalt lebende Person gewährleistet ist.

(5) ¹Die Inhaberin oder der Inhaber einer Verkaufsstelle ist verpflichtet, ein Verzeichnis mit Namen, Tag und Beschäftigungsdauer der an Sonn- und Feiertagen beschäftigten Arbeitnehmerinnen und Arbeitnehmer und über die diesen gemäß Absatz 2 zum Ausgleich für die Beschäftigung gewährte Freistellung zu führen. ²Die Aufzeichnungen sind mindestens zwei Jahre aufzubewahren.

Bremen

Bremisches Ladenschlussgesetz vom 22. März 2007 (BremGBl. S. 221), geändert durch Gesetze vom 23. Juni 2009 (BremGBl. S. 207), vom 22. Juni 2010 (BremGBl. S. 375), 24. Januar 2012 (BremGBl. S. 24) und 28. Februar 2012 (BremGBl. S. 95)

§ 13 Schutz der Arbeitnehmerinnen und Arbeitnehmer

(1) Arbeitnehmerinnen und Arbeitnehmer in Verkaufsstellen dürfen nur während der zugelassenen Öffnungszeiten an jährlich höchstens 22 Sonn- und Feiertagen und, falls dies zur Erledigung von Vorbereitungs- und Abschlussarbeiten unerlässlich ist, während insgesamt weiterer 30 Minuten beschäftigt werden.

(2) ¹Die Dauer der Beschäftigungszeit der einzelnen Arbeitnehmerinnen und Arbeitnehmer an Sonn- und Feiertagen darf 8 Stunden einschließlich der zur Erledigung von Vorbereitungs- und Abschlussarbeiten erforderlichen Zeit nicht überschreiten. ²Bei einer Arbeitszeit von mehr als sechs Stunden ist die Arbeitszeit durch eine Ruhepause von mindestens 30 Minuten zu unterbrechen.

(3) ¹Arbeitnehmerinnen und Arbeitnehmer, die an Sonn- und Feiertagen beschäftigt werden, haben Anspruch auf folgende Ausgleichszeiten:

1. wenn die Beschäftigung bis zu drei Stunden dauert, muss jeder zweite Sonntag oder in jeder zweiten Woche ein Nachmittag ab 13 Uhr beschäftigungsfrei bleiben;
2. wenn die Beschäftigung länger als drei Stunden dauert, muss an einem Werktag derselben Woche ein Nachmittag ab 13 Uhr, wenn die Beschäftigung länger als sechs Stunden dauert, ein ganzer Werktag derselben Woche beschäftigungsfrei bleiben; außerdem muss mindestens jeder dritte Sonntag beschäftigungsfrei bleiben.

²Statt an einem Nachmittag darf die Freizeit am Sonnabend- oder Montagvormittag bis 14 Uhr gewährt werden. ³Während der Zeiten, zu denen die Verkaufsstelle geschlossen sein muss, darf die Freizeit nicht gegeben werden.

(4) ¹Der Arbeitgeber hat Nachtarbeitnehmerinnen und Nachtarbeitnehmer auf deren Verlangen auf einen geeigneten Tagesarbeitsplatz umzusetzen, wenn

1. nach arbeitsmedizinischer Feststellung die weitere Verrichtung von Nachtarbeit die Arbeitnehmerin oder den Arbeitnehmer in seiner Gesundheit gefährdet oder
2. im Haushalt der Arbeitnehmerin oder des Arbeitnehmers ein Kind unter zwölf Jahren lebt, das nicht von einer anderen im Haushalt lebenden Person betreut werden kann, oder
3. die Arbeitnehmerin oder der Arbeitnehmer einen schwerpflegebedürftigen Angehörigen zu versorgen hat, der nicht von einem anderen im Haushalt lebenden Angehörigen versorgt werden kann,

sofern dem nicht dringende betriebliche Erfordernisse entgegenstehen. ²Stehen der Umsetzung der Nachtarbeitnehmerin oder des Nachtarbeitnehmers auf einen für ihn geeigneten Tagesarbeitsplatz nach Auffassung des Arbeitgebers dringende betriebliche Erfordernisse entgegen, so ist der Betriebs- oder Personalrat zu hören. ³Der Betriebs- oder Personalrat kann dem Arbeitgeber Vorschläge für eine Umsetzung unterbreiten. ⁴Soweit keine tarifvertraglichen Ausgleichsregelungen bestehen, hat der Arbeitgeber der Nachtarbeitnehmerin oder dem Nachtarbeitnehmer für die während der Nachtzeit geleisteten Arbeitsstunden eine angemessene Zahl bezahlter freier Tage oder einen angemessenen Zuschlag auf das ihm hierfür zustehende Bruttoarbeitsentgelt zu gewähren.

(5) Die §§ 2 bis 8 des Arbeitszeitgesetzes finden Anwendung.

(6) Inhaberinnen oder Inhaber einer Verkaufsstelle sind verpflichtet,

1. einen Abdruck dieses Gesetzes und der auf Grund dieses Gesetzes erlassenen Rechtsverordnungen an geeigneter Stelle zur Einsichtnahme in der Verkaufsstelle auszulegen oder auszuhängen,
2. ein Verzeichnis mit Namen, Tag, Beschäftigungsart und Beschäftigungsdauer der an Sonn- und Feiertagen beschäftigten Arbeitnehmerinnen und Arbeitnehmer und über die zum Ausgleich für die Beschäftigung an Sonn- und Feiertagen gewährte Freistellung zu führen. Das Verzeichnis ist zwei Jahre aufzubewahren.

(7) ¹Die Gewerbeaufsicht des Landes Bremen kann in begründeten Einzelfällen Ausnahmen von den Vorschriften der Absätze 1 bis 3 genehmigen. ²Die Genehmigung kann jederzeit widerrufen werden.

Ladenöffnung

Hamburg

Hamburgisches Gesetz zur Regelung der Ladenöffnungszeiten (Ladenöffnungsgesetz) vom 22. Dezember 2006 (GVOBl. S. 611), geändert durch Gesetz vom 15. Dezember 2009 (GVOBl. S. 444)

§ 9 Arbeitszeiten an Sonn- und Feiertagen; Beschäftigtenschutzregelungen

(1) [1]In Verkaufsstellen dürfen Beschäftigte an Sonn- und Feiertagen nur während der ausnahmsweise zugelassenen Öffnungszeiten (§§ 4 bis 8 und der hierauf gestützten Vorschriften) beschäftigt werden. [2]Zur Erledigung von unerlässlichen Vorbereitungs- und Abschlussarbeiten dürfen sie während insgesamt weiterer 30 Minuten beschäftigt werden.

(2) Die Dauer der Beschäftigungszeit des einzelnen Beschäftigten an Sonn- und Feiertagen darf acht Stunden nicht überschreiten.

(3) In Verkaufsstellen, die nach § 7 oder den hierauf gestützten Vorschriften an Sonn- und Feiertagen geöffnet sein dürfen, dürfen Beschäftigte an jährlich 22 Sonn- und Feiertagen eingesetzt werden, wobei ihre Arbeitszeit an Sonn- und Feiertagen vier Stunden nicht überschreiten darf.

(4) [1]Die zuständige Behörde kann in begründeten Einzelfällen Ausnahmen von den Vorschriften der Absätze 1 bis 3 bewilligen, wobei mindestens 15 freie Sonntage für die Beschäftigten erhalten bleiben müssen. [2]Die Bewilligung kann jederzeit widerrufen werden.

(5) [1]Werden Beschäftigte an einem Sonntag eingesetzt, müssen sie einen Ersatzruhetag erhalten, der innerhalb eines den Beschäftigungstag einschließenden Zeitraum von zwei Wochen zu gewähren ist. [2]Werden Beschäftigte an einem Feiertag beschäftigt, der auf einen Werktag fällt, müssen sie einen Ersatzruhetag erhalten, der innerhalb eines den Beschäftigungstag einschließenden Zeitraumes von acht Wochen zu gewähren ist.

(6) [1]Beschäftigte in Verkaufsstellen können verlangen, in jedem Kalendermonat an einem Samstag von der Beschäftigung freigestellt zu werden. [2]Bei der Häufigkeit der Arbeitseinsätze an den Werktagen ab 20.00 Uhr und an den Sonn- und Feiertagen soll auf die sozialen Belange der Beschäftigten Rücksicht genommen werden.

(7) Die Vorschriften der Absätze 1 bis 6 finden auf pharmazeutisch vorgebildete Beschäftigte in Apotheken keine Anwendung.

Hessen

Hessisches Ladenöffnungsgesetz (HLöG)
vom 23. November 2006 (GVBl. S. 606), geändert durch Gesetze vom 15. Dezember 2009 (GVBl. S. 716), 2. Februar 2010 (GVBl. S. 10) und 16. September 2011 (GVBl. S. 402)

§ 9 Sonn- und Feiertagsbeschäftigung

(1) Arbeitnehmerinnen und Arbeitnehmer dürfen an Sonn- und Feiertagen während der nach diesem Gesetz, den aufgrund dieses Gesetzes erlassenen Rechtsverordnungen und aufgrund der in § 3 Abs. 4, §§ 5, 6 und 7 ausnahmsweise zugelassenen Öffnungszeiten für einen geschäftlichen Verkehr

mit Kundinnen und Kunden einschließlich der notwendigen Vorbereitungs- und Abschlussarten beschäftigt werden.

(2) Mindestens 15 Sonntage im Jahr müssen beschäftigungsfrei bleiben.

(3) [1] Für die Beschäftigung an Sonn- und Feiertagen gelten die §§ 3 bis 8 des Arbeitszeitgesetzes vom 6. Juni 1994 (BGBl. I S. 1170), zuletzt geändert durch Gesetz vom 15. Juli 2009 (BGBl. I S. 1939), entsprechend. [2] Werden Arbeitnehmerinnen und Arbeitnehmer an Sonn- und Feiertagen beschäftigt, ist ihnen innerhalb eines den Beschäftigungstag einschließenden Zeitraumes von zwei Wochen ein Ersatzruhetag unmittelbar in Verbindung mit einer ununterbrochenen Ruhezeit von elf Stunden zu gewähren.

Mecklenburg-Vorpommern

Gesetz über die Ladenöffnungszeiten für das Land Mecklenburg-Vorpommern (Ladenöffnungsgesetz – LöffG M-V) vom 18. Juni 2007 (GVBl. S. 226)

§ 7 Arbeitszeiten an Sonn- und gesetzlichen Feiertagen; Beschäftigtenschutzregelungen

(1) [1] Verkaufspersonal darf an Sonn- und gesetzlichen Feiertagen nur während der ausnahmsweise zugelassenen Verkaufszeiten (§§ 3 bis 6, 10 und 11 sowie der hierauf gestützten Vorschriften) beschäftigt werden. [2] Zur Erledigung von unerlässlichen Vorbereitungs- und Abschlussarbeiten dürfen sie während insgesamt weiterer 30 Minuten beschäftigt werden.

(2) Die Dauer der Beschäftigungszeit des einzelnen Beschäftigten an Sonn- und gesetzlichen Feiertagen darf acht Stunden nicht überschreiten.

(3) Im Verkauf, der nach den §§ 5, 10 und 11 oder den hierauf gestützten Vorschriften an Sonn- und gesetzlichen Feiertagen zugelassen ist, dürfen die jeweiligen Beschäftigten nur an jährlich höchstens 22 Sonn- und gesetzlichen Feiertagen eingesetzt werden.

(4) [1] Die zuständige Behörde kann in begründeten Einzelfällen Ausnahmen von den Vorschriften der Absätze 1 bis 3 bewilligen, wobei mindestens 15 freie Sonntage für die Beschäftigten erhalten bleiben müssen. [2] Die Bewilligung kann jederzeit widerrufen werden.

(5) [1] Werden Beschäftigte an einem Sonn- und gesetzlichen Feiertag eingesetzt, so sind sie, wenn die Beschäftigung länger als drei Stunden dauert, an einem Werktag derselben Woche ab 13.00 Uhr, wenn sie länger als sechs Stunden dauert, an einem ganzen Werktag derselben Woche von der Arbeit freizustellen. [2] Werden sie bis zu drei Stunden beschäftigt, so muss jeder zweite Sonntag oder in jeder zweiten Woche ein Nachmittag ab 13.00 Uhr beschäftigungsfrei bleiben. [3] Statt an einem Nachmittag darf die Freizeit am Samstag oder Montagvormittag bis 14.00 Uhr gewährt werden. [4] Während der Zeiten, zu denen die Verkaufsstelle geschlossen sein muss, darf die Freizeit nicht gegeben werden. [5] Mindestens ein Wochenende (Samstag und Sonntag) im Kalendermonat muss beschäftigungsfrei sein.

(6) [1] Beschäftigte dürfen pro Doppelwoche nur bis zur Hälfte der Werktage über 20.00 Uhr hinaus beschäftigt werden. [2] Bei der Häufigkeit der Arbeitseinsätze an Werktagen ab 20.00 Uhr und an Sonn- und gesetzlichen Feiertagen soll auf die sozialen Belange der Beschäftigten Rücksicht genommen werden. [3] Soweit keine tarifvertraglichen Ausgleichsregelungen bestehen, hat der Arbeitgeber den Arbeitnehmerinnen und Arbeitnehmern für die geleis-

Ladenöffnung — Niedersachsen

teten Arbeitsstunden nach 20.15 Uhr eine angemessene Zahl bezahlter freier Arbeitsstunden oder einen angemessenen Zuschlag auf das ihnen hierfür zustehende Bruttoarbeitsentgelt zu gewähren. [4]Der Freistellungsanspruch ist binnen acht Wochen nach Entstehen zu gewähren. [5]Während der Zeiten, zu denen die Verkaufsstelle geschlossen sein muss, darf die Freizeit nicht gegeben werden.

(7) [1]Beschäftigte, die mit einem Kind unter zwölf Jahren in einem Haushalt leben oder eine pflegebedürftige angehörige Person im Sinne des § 14 des Elften Buches Sozialgesetzbuch versorgen, sind auf Verlangen von einer Beschäftigung nach 20.00 Uhr freizustellen. [2]Der Anspruch besteht nicht, soweit die Betreuung durch eine andere im Haushalt lebende Person gewährleistet ist.

(8) Die Vorschriften der Absätze 1 bis 7 finden auf pharmazeutisch vorgebildete Beschäftigte in Apotheken keine Anwendung.

Niedersachsen

Niedersächsisches Gesetz über die Ladenöffnungs- und Verkaufszeiten
(NLöffVZG)
vom 8. März 2007 (Nds.GVBl. S. 111), geändert durch Gesetze vom
20. Feburar 2009 (Nds. GVBl. S. 31) und vom 13. Oktober 2011
(Nds. GVBl. S. 348)

§ 7 Arbeitsschutz

(1) [1]An Sonntagen und staatlich anerkannten Feiertagen ist die Beschäftigung von Verkaufspersonal innerhalb der anerkannten Öffnungszeiten, sowie für Vor- und Nachbereitungszeiten von täglich 30 Minuten, an jährlich höchstens 22 dieser Tage zulässig. [2]Dabei darf die Dauer der täglichen Arbeitszeit acht Stunden nicht überschreiten.

(2) [1]Verkaufspersonal, das an Sonn- und Feiertagen beschäftigt wird, hat Anspruch auf folgende Ausgleichszeiten:
1. Wenn die Beschäftigung länger als drei Stunden dauert, muss der Nachmittag eines Werktags derselben Woche in der Zeit ab 13 Uhr arbeitsfrei bleiben.
2. Wenn die Beschäftigung länger als sechs Stunden dauert oder die regelmäßige Arbeitszeit in den Fällen der Nummer 1 spätestens um 13 Uhr endet, muss ein ganzer Werktag derselben Woche arbeitsfrei bleiben.
3. Wenn die Beschäftigung weniger als drei Stunden dauert, muss an jedem zweiten Sonntag oder in jeder zweiten Woche ein Nachmittag ab 13 Uhr arbeitsfrei bleiben; anstelle des Nachmittags darf ein Vormittag eines Sonnabends oder eines Montags in der Zeit bis 14 Uhr arbeitsfrei gegeben werden.

[2]In den Fällen des Satzes 1 Nrn. 1 und 2 muss mindestens jeder dritte Sonntag arbeitsfrei bleiben.

(3) [1]Verkaufsstelleninhaber sind verpflichtet, ein Verzeichnis über Name, Tag, Beschäftigungszeit und -art des Verkaufspersonals zu führen, das an Sonn- und Feiertagen beschäftigt wird. [2]Das Verzeichnis ist zwei Jahre aufzubewahren.

(4) [1]Die zuständige Behörde kann in begründeten Einzelfällen Ausnahmen von den Vorschriften der Absätze 1 und 2 genehmigen. [2]Die Genehmigung kann jederzeit widerrufen werden.

Nordrhein-Westfalen

**Gesetz zur Regelung der Ladenöffnungszeiten
(Ladenöffnungsgesetz – LÖG NRW)
vom 16. November 2006 (GV. NRW. S. 516)**

§ 11 Arbeitszeit an Sonn- und Feiertagen

(1) Soweit Verkaufsstellen an Sonn- und Feiertagen nach diesem Gesetz für den geschäftlichen Verkehr geöffnet sein dürfen, gelten für die Beschäftigung von Arbeitnehmern die Vorschriften des § 11 des Arbeitszeitgesetzes vom 6. Juni 1994 (BGBl. I S. 1170) in der jeweils geltenden Fassung entsprechend.

(2) [1] Während insgesamt 30 weiterer Minuten dürfen Arbeitnehmerinnen und Arbeitnehmer über die Arbeitszeiten nach Absatz 1 hinaus unter Anrechnung auf die Ausgleichszeiten mit unerlässlich erforderlichen Vorbereitungs- und Abschlussarbeiten beschäftigt werden. [2] Die höchstzulässige Arbeitszeit nach § 3 Satz 2 des Arbeitszeitgesetzes darf dabei nicht überschritten werden.

Rheinland-Pfalz

**Ladenöffnungsgesetz Rheinland-Pfalz (LadöffnG)
vom 21. November 2006 (GVBl. S. 351)**

§ 13 Schutz der Arbeitnehmerinnen und Arbeitnehmer

(1) Arbeitnehmerinnen und Arbeitnehmer dürfen an Sonn- und Feiertagen in Verkaufsstellen nur während der jeweils zugelassenen Ladenöffnungszeiten und, soweit dies zur Erledigung von Vorbereitungs- und Abschlussarbeiten zwingend erforderlich ist, bis zu insgesamt weiteren 30 Minuten beschäftigt werden; an einem Sonn- und Feiertag darf die Beschäftigungszeit einer Arbeitnehmerin oder eines Arbeitnehmers acht Stunden nicht überschreiten.

(2) Arbeitnehmerinnen und Arbeitnehmer, die gemäß Absatz 1 an einem Sonn- und Feiertag beschäftigt werden, sind bei einer Beschäftigung von

1. bis zu drei Stunden an jedem zweiten Sonntag ganz oder an einem Werktag in jeder zweiten Woche bis oder ab 13 Uhr,
2. mehr als drei bis sechs Stunden an einem Werktag derselben Woche bis oder ab 13 Uhr oder
3. mehr als sechs Stunden an einem ganzen Werktag derselben Woche

von der Arbeit freizustellen; in den Fällen der Nummern 2 und 3 muss darüber hinaus mindestens jeder dritte Sonntag beschäftigungsfrei bleiben.

(3) Arbeitnehmerinnen und Arbeitnehmer in Verkaufsstellen können verlangen, dass sie in jedem Kalendermonat an einem Samstag von der Arbeit freigestellt werden.

(4) [1] Die zuständige Behörde kann in begründeten Einzelfällen Ausnahmen von den Bestimmungen der Absätze 1 bis 3 zulassen. [2] Die Zulassung kann jederzeit widerrufen werden.

(5) Die Inhaberin oder der Inhaber einer Verkaufsstelle ist verpflichtet, ein Verzeichnis mit Namen, Tag, Beschäftigungsart und Beschäftigungsdauer

Ladenöffnung

der an Sonn- oder Feiertagen beschäftigten Arbeitnehmerinnen und Arbeitnehmer und über die diesen gemäß Absatz 2 zum Ausgleich für die Beschäftigung an diesen Tagen gewährte Freistellung zu führen.

(6) Die Absätze 1 bis 5 finden auf pharmazeutisch vorgebildete Arbeitnehmerinnen und Arbeitnehmer in Apotheken keine Anwendung.

Saarland

Gesetz zur Regelung der Ladenöffnungszeiten (Ladenöffnungsgesetz – LÖG Saarland) vom 15. November 2006 (ABl. S. 1974), geändert durch Gesetze vom 20. August 2008 (ABl. S. 1760) und vom 26. Oktober 2010 (ABl. I S. 1406)

§ 10 Arbeitszeit an Sonn- und Feiertagen

(1) Soweit Verkaufsstellen an Sonn- und Feiertagen nach diesem Gesetz für den geschäftlichen Verkehr geöffnet sein dürfen, gelten für die Beschäftigung von Arbeitnehmerinnen und Arbeitnehmern die Vorschriften des § 11 des Arbeitszeitgesetzes vom 6. Juni 1994 (BGBl. I S. 1170) in der jeweils geltenden Fassung entsprechend.

(2) [1]Während insgesamt 30 weiterer Minuten dürfen Arbeitnehmerinnen und Arbeitnehmer über die Arbeitszeiten nach Absatz 1 hinaus unter Anrechnung auf die Ausgleichszeiten mit unerlässlich erforderlichen Vorbereitungs- und Abschlussarbeiten beschäftigt werden. [2]Die höchstzulässige Arbeitszeit nach § 3 Satz 2 des Arbeitszeitgesetzes darf dabei nicht überschritten werden.

Sachsen

Sächsisches Gesetz über die Ladenöffnungszeiten (Sächsisches Ladenöffnungsgesetz – SächsLadÖffG) vom 1. Dezember 2010 (SächsGVBl. S. 338), geändert durch Gesetz vom 27. Januar 2012 (SächsGVBl. S. 130)

§ 10 Arbeitszeiten an Sonn- und Feiertagen und Aufsicht

(1) In Verkaufsstellen dürfen Arbeitnehmer an Sonn- und Feiertagen nur während der ausnahmsweise zugelassenen Öffnungszeiten und, falls dies zur Erledigung von Vorbereitungs- und Abschlussarbeiten unerlässlich ist, während insgesamt weiterer 30 Minuten beschäftigt werden.

(2) Im Übrigen finden auf die Beschäftigung von Arbeitnehmern in Verkaufsstellen an Sonn- und Feiertagen die Vorschriften des Arbeitszeitgesetzes (ArbZG) vom 6. Juni 1994 (BGBl. I S. 1170, 1171), das zuletzt durch Artikel 7 des Gesetzes vom 15. Juli 2009 (BGBl. I S. 1939, 1946) geändert worden ist, in der jeweils geltenden Fassung entsprechende Anwendung.

(3) Die Aufsicht über die Ausführung der Vorschriften im Sinne der Absätze 1 und 2 übt die Landesdirektion Sachsen aus.

Sachsen-Anhalt

Gesetz über die Ladenöffnungszeiten im Land Sachsen-Anhalt (Ladenöffnungszeitengesetz Sachsen-Anhalt – LÖffZeitG LSA)
vom 22. November 2006 (GVBl. S. 528)

§ 9 Arbeitszeit

(1) Für die Arbeitnehmer in Verkaufsstellen gelten die Vorschriften des Arbeitszeitgesetzes, soweit Absatz 2 keine abweichenden Regelungen trifft.

(2) ¹Arbeitnehmer in Verkaufsstellen dürfen an Sonn- und Feiertagen während der zugelassenen Öffnungszeit und höchstens 30 Minuten zur Vor- und Nachbereitung beschäftigt werden. ²Es müssen mindestens 20 Sonntage im Jahr beschäftigungsfrei bleiben. ³Die Dauer der Beschäftigungszeit des einzelnen Arbeitnehmers an Sonn- und Feiertagen darf acht Stunden nicht überschreiten.

Schleswig-Holstein

Gesetz über die Ladenöffnungszeiten (Ladenöffnungszeitengesetz – LÖffZG)
vom 29. November 2006 (GVOBl. S. 243)

§ 13 Beschäftigung von Arbeitnehmerinnen und Arbeitnehmern

(1) Für die Beschäftigung von Arbeitnehmerinnen und Arbeitnehmern in Verkaufsstellen finden die §§ 3 bis 7 und 11 des Arbeitszeitgesetzes Anwendung.

(2) In Verkaufsstellen dürfen Arbeitnehmerinnen und Arbeitnehmer an Sonn- und Feiertagen nur während der zugelassenen Öffnungszeiten (§§ 3 bis 11 und die hierauf gestützten Vorschriften) und, falls dies zur Erledigung von Vorbereitungs- und Abschlussarbeiten unerlässlich ist, während insgesamt weiterer dreißig Minuten beschäftigt werden.

(3) ¹Die Arbeitsschutzbehörde kann in begründeten Einzelfällen Ausnahmen von den Vorschriften der Absätze 1 und 2 bewilligen. ²Die Bewilligung kann jederzeit widerrufen werden.

(4) Arbeitnehmerinnen und Arbeitnehmer können verlangen, an einem Sonnabend im Monat von der Arbeit freigestellt zu werden.

Thüringen

Thüringer Ladenöffnungsgesetz (ThürLadÖffG)
vom 24. November 2006 (GVOBl. S. 541),
geändert durch Gesetz vom 21. Dezember 2011 (GVOBl. S. 540)

§ 12 Besonderer Arbeitnehmerschutz

(1) In Verkaufsstellen dürfen Arbeitnehmer an Sonn- und Feiertagen nur während der ausnahmsweise zugelassenen Öffnungszeiten und, falls dies zur Erledigung von Vorbereitungs- und Abschlussarbeiten unerlässlich ist, wäh-

Ladenöffnung

rend insgesamt weiterer 30 Minuten beschäftigt werden. Die Dauer der Arbeitszeit des einzelnen Arbeitnehmers darf acht Stunden nicht überschreiten.

(2) [1]Für die Beschäftigung von Arbeitnehmern an Sonn- und Feiertagen finden die Vorschriften des Arbeitszeitgesetzes vom 6. Juni 1994 (BGBl. I S. 1170) in der jeweils geltenden Fassung entsprechend Anwendung. [2]Eine Beschäftigung des einzelnen Arbeitnehmers ist jährlich an höchstens 22 Sonn- und gesetzlichen Feiertagen erlaubt.

(3) [1]Arbeitnehmer in Verkaufsstellen dürfen mindestens an zwei Samstagen in jedem Monat nicht beschäftigt werden. [2]Das für das Ladenöffnungsrecht zuständige Ministerium kann im Einvernehmen mit dem zuständigen Ausschuss des Landtags für bestimmte Personengruppen sowie in Einzelfällen Ausnahmen von Satz 1 durch Rechtsverordnung regeln. [3]Bei der Häufigkeit der Arbeitseinsätze an Werktagen ab 20.00 Uhr sowie der Beschäftigung an Sonn- und Feiertagen hat der Arbeitgeber die sozialen Belange der Beschäftigten, insbesondere die Vereinbarkeit von Familie und Beruf, zu berücksichtigen.

E. Anhang

1. Bestimmungen für Kraftfahrer

1a. Gesetz über das Fahrpersonal von Kraftfahrzeugen und Straßenbahnen (Fahrpersonalgesetz – FPersG)

In der Fassung der Bekanntmachung vom 19. 2. 1987 (BGBl. I S. 640)

Zuletzt geänd. durch G v. 31. 7. 2010 (BGBl. I S. 1057)

FNA 9231-8

§ 1 Anwendungsbereich

(1) ¹Dieses Gesetz gilt für die Beschäftigung und für die Tätigkeit des Fahrpersonals von Kraftfahrzeugen sowie von Straßenbahnen, soweit sie am Verkehr auf öffentlichen Straßen teilnehmen. ²Mitglieder des Fahrpersonals sind Fahrer, Beifahrer und Schaffner. ³Sofern dieses Gesetz und die auf der Grundlage von § 2 Nr. 3 erlassenen Rechtsverordnungen Regelungen zur Arbeitszeitgestaltung treffen, gehen diese dem Arbeitszeitgesetz vor.

(2) Dieses Gesetz gilt nicht für die Mitglieder des Fahrpersonals

1. von Dienstfahrzeugen der Bundeswehr, der Feuerwehr und der anderen Einheiten und Einrichtungen des Katastrophenschutzes, der Polizei und des Zolldienstes,

2. von Kraftfahrzeugen mit einem zulässigen Gesamtgewicht, einschließlich Anhänger oder Sattelanhänger, bis zu 2,8 t, es sei denn, daß sie als Fahrpersonal in einem unter den Geltungsbereich des Arbeitszeitgesetzes fallenden Arbeitsverhältnis stehen.

§ 2 Rechtsverordnungen

Das Bundesministerium für Verkehr, Bau und Stadtentwicklung wird ermächtigt, im Einvernehmen mit dem Bundesministerium für Arbeit und Soziales mit Zustimmung des Bundesrates

1. zur Durchführung der Verordnung (EG) Nr. 2135/98 des Rates vom 24. September 1998 zur Änderung der Verordnung (EWG) Nr. 3821/85 und der Richtlinie 88/599/EWG (ABl. EG Nr. L 274 S. 1), der Verordnung (EG) Nr. 561/2006 des Europäischen Parlaments und des Rates vom 15. März 2006 zur Harmonisierung bestimmter Sozialvorschriften im Straßenverkehr und zur Änderung der Verordnungen (EWG) Nr. 3821/85 und (EG) Nr. 2135/98 des Rates sowie zur Aufhebung der Verordnung (EWG) Nr. 3820/85 des Rates (ABl. EU Nr. L 102 S. 1), der Verordnung (EWG) Nr. 3821/85 des Rates vom 20. Dezember 1985 über das Kontrollgerät im Straßenverkehr (ABl. EG Nr. L 370 S. 8) sowie der Richtlinie 2006/22/EG des Europäischen Parlaments und des Rates vom 15. März 2006 über Mindestbedingungen für die Durchführung der Verordnungen (EWG) Nr. 3820/85 und (EWG) Nr. 3821/85 des Rates über Sozialvorschriften für Tätigkeiten im Kraftverkehr sowie zur Aufhebung der Richtlinie 88/599/EWG des Rates (ABl. EU Nr. L 102 S. 35) in der jeweils geltenden Fassung, Rechtsverordnungen

   a) über die Organisation, das Verfahren und die Mittel der Überwachung der Durchführung dieser Verordnungen,

Anh. 1a
Anhang

b) über die Gestaltung und Behandlung der Tätigkeitsnachweise und Kontrollgeräte,
c) über Ausnahmen von den Mindestaltersgrenzen für das Fahrpersonal sowie Ausnahmen von den Vorschriften über die ununterbrochene Lenkzeit, Fahrtunterbrechungen und Ruhezeiten,
d) über die Benutzung von Fahrzeugen und,
e) soweit es zur Durchsetzung der Rechtsakte der Europäischen Gemeinschaft erforderlich ist, zur Bezeichnung der Tatbestände, die als Ordnungswidrigkeiten nach § 8 Abs. 1 Nr. 1 Buchstabe b, Nr. 2 Buchstabe b und Nr. 4 Buchstabe b geahndet werden können,

zu erlassen, soweit der Bundesrepublik Deutschland eine Regelung in den Artikeln 5, 6, 7, 8, 10, 11, 12, 13, 14, 15,16, 17, 18, 19, 21 und 22 der Verordnung (EG) Nr. 561/2006 sowie in den Artikeln 3, 15, 16 und 19 der Verordnung (EWG) Nr. 3821/85 und in deren Anhängen anheimgestellt oder auferlegt wird,

1 a. *(aufgehoben)*

2. zur Durchführung des Europäischen Übereinkommens vom 1. Juli 1970 über die Arbeit des im internationalen Straßenverkehr beschäftigten Fahrpersonals (AETR) (BGBl. 1974 II S. 1473), in der jeweils geltenden Fassung, Rechtsverordnungen

   a) über die Organisation, das Verfahren und die Mittel der Überwachung der Durchführung dieses Abkommens,
   b) über die Ausrüstung mit Kontrollgeräten und ihre Benutzung sowie über die Gestaltung und Behandlung der Tätigkeitsnachweise,
   c) über Ausnahmen von den Mindestaltersgrenzen für das Fahrpersonal,
   d) über die Nichtanwendung des AETR und anderweitige Vereinbarungen und,
   e) soweit es zur Durchsetzung des AETR erforderlich ist, zur Bezeichnung der Tatbestände, die als Ordnungswidrigkeiten nach § 8 Abs. 1 Nr. 1 Buchstabe b, Nr. 2 Buchstabe b und Nr. 4 Buchstabe b geahndet werden können,

   zu erlassen, soweit der Bundesrepublik Deutschland eine Regelung in Artikel 2 Abs. 2, Artikel 3, 4 und 10 Abs. 1 sowie Artikel 12 Abs. 1 des AETR und in dessen Anhängen anheimgestellt oder auferlegt wird,

3. zur Gewährleistung der Sicherheit im Straßenverkehr oder zum Schutz von Leben und Gesundheit der Mitglieder des Fahrpersonals, Rechtsverordnungen

   a) über Arbeitszeiten, Lenkzeiten, Fahrtunterbrechungen und Schichtzeiten,
   b) über Ruhezeiten und Ruhepausen,
   c) über die Ausrüstung mit Kontrollgeräten und ihre Benutzung sowie über die Gestaltung und Behandlung der Tätigkeitsnachweise,
   d) über die Organisation, das Verfahren und die Mittel der Überwachung der Durchführung dieser Rechtsverordnungen,
   e) über die Zulässigkeit tarifvertraglicher Regelungen über Arbeits-, Lenk-, Schicht- und Ruhezeiten sowie Ruhepausen und Fahrtunterbrechungen

   zu erlassen,

4. zur Führung eines zentralen Registers zum Nachweis der ausgestellten, abhanden gekommenen und beschädigten Fahrer-, Werkstatt-, Unternehmens- und Kontrollkarten (Zentrales Kontrollgerätkartenregister) eine Rechtsverordnung zu erlassen über

   a) die Speicherung der Identifizierungsdaten der Fahrer, Techniker, Unternehmen und Behörden, denen Fahrer-, Werkstatt-, Unternehmens- oder Kontrollkarten ausgestellt worden sind, und die Speicherung der Identifizierungsdaten der ausgestellten, verlorenen und defekten Fahrer-, Werkstatt-, Unternehmens- und Kontrollkarten,
   b) die Übermittlung der Identifizierungsdaten, mit Ausnahme biometrischer Daten, an die öffentlichen Stellen, die für Verwaltungsmaßnahmen auf Grund der Ver-

ordnung (EWG) Nr. 3821/85 oder darauf beruhender Rechtsvorschriften oder für die Verfolgung von Straftaten oder Ordnungswidrigkeiten zuständig sind,
c) den automatisierten Abruf der Identifizierungsdaten, mit Ausnahme biometrischer Daten, durch die vorgenannten Stellen und zur Gewährleistung des Datenschutzes, insbesondere einer Kontrolle der Zulässigkeit der Abrufe, und der Datensicherheit,
d) die Löschung der Daten spätestens ein Jahr nach Ablauf der Gültigkeit der jeweiligen Karte.

§ 3 Verbot bestimmter Akkordlöhne, Prämien und Zuschläge

[1] Mitglieder des Fahrpersonals dürfen als Arbeitnehmer nicht nach den zurückgelegten Fahrstrecken oder der Menge der beförderten Güter entlohnt werden, auch nicht in Form von Prämien oder Zuschlägen für diese Fahrstrecken oder Gütermengen. [2] Ausgenommen sind Vergütungen, die nicht geeignet sind, die Sicherheit im Straßenverkehr zu beeinträchtigen.

§ 4 Aufsicht

(1) Die Aufsicht über die Ausführung der Verordnungen (EG) Nr. 561/2006, (EWG) Nr. 3821/85 und der Verordnung (EG) Nr. 2135/98, des AETR sowie dieses Gesetzes und der auf Grund dieses Gesetzes erlassenen Rechtsverordnungen obliegt den von den Landesregierungen bestimmten Behörden (Aufsichtsbehörden), soweit in diesem Gesetz nichts anderes bestimmt ist.

(1 a) Die Aufsichtsbehörde kann die erforderlichen Maßnahmen anordnen, die der Arbeitgeber zur Erfüllung der sich aus diesem Gesetz und den auf Grund dieses Gesetzes erlassenen Rechtsverordnungen ergebenden Pflichten zu treffen hat.

(2) Unberührt bleibt die Zuständigkeit des Bundesamtes für Güterverkehr nach § 9 Abs. 2 dieses Gesetzes und nach § 11 Abs. 2 Nr. 3 Buchstabe a, § 12 Abs. 6 des Güterkraftverkehrsgesetzes.

(3) [1] Der Unternehmer, der Fahrzeughalter und die Mitglieder des Fahrpersonals sind verpflichtet, der zuständigen Behörde innerhalb einer von ihr festzusetzenden Frist
1. die Auskünfte, die zur Ausführung der in Absatz 1 genannten Vorschriften erforderlich sind, wahrheitsgemäß und vollständig zu erteilen,
2. die Unterlagen, die sich auf diese Angaben beziehen oder aus denen die Lohn- oder Gehaltszahlungen ersichtlich sind, zur Prüfung auszuhändigen oder einzusenden; werden die Unterlagen automatisiert gespeichert, sind sie den zuständigen Behörden auf deren Verlangen nach Maßgabe von Satz 12 durch Datenfernübertragung oder auf einem von der jeweiligen Behörde zu bestimmenden Datenträger nach Satz 12 zur Verfügung zu stellen.

[2] Mitglieder des Fahrpersonals haben die Schaublätter und Tätigkeitsnachweise der Vortage, die nicht mitzuführen sind, unverzüglich dem Unternehmer auszuhändigen. [3] Bei Einsatz eines Kontrollgerätes nach Anhang I B der Verordnung (EWG) Nr. 3821/85 hat der Unternehmer die auf der Fahrerkarte gespeicherten Daten in regelmäßigen Abständen zu kopieren. [4] Hierzu haben ihm die Mitglieder des Fahrpersonals die jeweiligen Fahrerkarten zur Verfügung zu stellen. [5] Der Unternehmer hat ferner die im Massenspeicher des Kontrollgerätes gespeicherten Daten in regelmäßigen Abständen zu kopieren. [6] Der Unternehmer hat die von den Fahrerkarten und den Massenspeichern kopierten Daten unter Berücksichtigung der Grundsätze des Satzes 12 ein Jahr ab dem Zeitpunkt des Kopierens zu speichern. [7] Der Unternehmer hat die Schaublätter im Sinne des Artikels 14 Abs. 2 der Verordnung (EWG) Nr. 3821/85 und die gemäß Artikel 16 Abs. 2 Satz 2 der Verordnung (EWG) Nr. 3821/85 sowie § 2 Abs. 3 Satz 1 und 2 der Fahrpersonalverordnung zu fertigenden Ausdrucke ein Jahr nach dem Ablauf der Mitführpflicht nach Artikel 15 Abs. 7 der Verordnung (EWG)

Anh. 1a

Nr. 3821/85 aufzubewahren. [8] Danach sind bis zum 31. März des auf das Kalenderjahr, in dem die Aufbewahrungsfrist endet, folgenden Kalenderjahres die Daten zu löschen und die Schaublätter und die gemäß Artikel 16 Abs. 2 Satz 2 der Verordnung (EWG) Nr. 3821/85 und § 2 Abs. 3 Satz 1 und 2 der Fahrpersonalverordnung zu fertigenden Ausdrucke zu vernichten, soweit sie nicht zur Erfüllung der Aufbewahrungspflichten nach § 16 Abs. 2 und § 21a Abs. 7 des Arbeitszeitgesetzes, § 147 Abs. 1 Nr. 5 in Verbindung mit Abs. 3 der Abgabenordnung und § 28f Abs. 1 Satz 1 des Vierten Buches Sozialgesetzbuch benötigt werden. [9] Der Unternehmer hat dabei dafür Sorge zu tragen, dass eine lückenlose Dokumentation der Lenk- und Ruhezeiten gewährleistet ist und die Daten sowie die Schaublätter und die gemäß Artikel 16 Abs. 2 Satz 2 der Verordnung (EWG) Nr. 3821/85 und § 2 Abs. 3 Satz 1 und 2 der Fahrpersonalverordnung zu fertigenden Ausdrucke gegen Verlust und Beschädigung zu sichern. [10] Er stellt den Mitgliedern des Fahrpersonals auf Verlangen eine Kopie der von ihrer Fahrerkarte kopierten Daten zur Verfügung. [11] Artikel 10 Abs. 2 der Verordnung (EG) Nr. 561/2006 bleibt unberührt. [12] Im Falle der Datenfernübertragung sind dem jeweiligen Stand der Technik entsprechende Maßnahmen zur Sicherstellung von Datenschutz und Datensicherheit zu treffen, die insbesondere die Vertraulichkeit, Unversehrtheit und Zurechenbarkeit der Daten gewährleisten; im Falle der Nutzung allgemein zugänglicher Netze sind dem jeweiligen Stand der Technik entsprechende Verschlüsselungsverfahren anzuwenden.

(4) Der zur Auskunft Verpflichtete kann die Auskunft auf solche Fragen verweigern, deren Beantwortung ihn selbst oder einen der in § 383 Abs. 1 Nr. 1 bis 3 der Zivilprozeßordnung bezeichneten Angehörigen der Gefahr strafgerichtlicher Verfolgung oder eines Verfahrens nach dem Gesetz über Ordnungswidrigkeiten aussetzen würde.

(5) [1] Während der Betriebs- und Arbeitszeit ist den Beauftragten der Aufsichtsbehörden, soweit dies zur Wahrnehmung ihrer Aufgaben erforderlich ist, das Betreten und Besichtigen der Grundstücke, Betriebsanlagen, Geschäftsräume und Beförderungsmittel gestattet. [2] Das Betreten und Besichtigen außerhalb dieser Zeit oder wenn die Betriebsanlagen oder Geschäftsräume sich in einer Wohnung befinden, ist ohne Einverständnis nur zur Verhütung von dringenden Gefahren für die öffentliche Sicherheit und Ordnung zulässig. [3] Das Grundrecht der Unverletzlichkeit der Wohnung (Artikel 13 des Grundgesetzes) wird insoweit eingeschränkt. [4] Soweit dies zur Erfüllung der Aufgaben der Beauftragten der Aufsichtsbehörden erforderlich ist, können Prüfungen und Untersuchungen durchgeführt und die Einsicht in geschäftliche Unterlagen des Auskunftspflichtigen vorgenommen werden. [5] Die Maßnahmen nach den Sätzen 1, 2 und 4 sind von den zu überwachenden Unternehmen und ihren Angestellten, einschließlich der Fahrer, zu dulden.

(6) *(aufgehoben)*

(7) Zuständige Behörde im Sinne des Artikels 4 des Anhangs zum AETR und der Artikel 7 und 12 Abs. 2 und 3 der Verordnung (EWG) Nr. 3821/85 ist das Kraftfahrt-Bundesamt.

§ 4a Zuständigkeiten

[1] Anträge auf Erteilung von Fahrer-, Werkstatt- oder Unternehmenskarten sind an die nach Landesrecht zuständigen Behörden oder Stellen zu richten. [2] Die Länder können Dritte mit dieser Aufgabe betrauen.

§ 4b Fahrerlaubnisrechtliche Auskünfte

Durch Abruf im automatisierten Verfahren dürfen aus dem Zentralen Fahrerlaubnisregister die nach § 49 Abs. 1 Nr. 1 bis 3, 5 bis 11 und 15 der Fahrerlaubnis-Verordnung gespeicherten Daten für Maßnahmen im Zusammenhang mit der Ausgabe und Kontrolle von Fahrerkarten nach der Verordnung (EWG) Nr. 3821/85 an die

1a. Fahrpersonalgesetz Anh. 1a

hierfür zuständigen Stellen im Inland sowie in einem Mitgliedstaat der Europäischen Union oder einem Vertragsstaat des Abkommens über den Europäischen Wirtschaftsraum übermittelt werden.

§ 4 c Auskünfte aus dem Kontrollgerätkartenregister

(1) Durch Abruf im automatisierten Verfahren dürfen aus dem Kontrollgerätkartenregister die nach § 12 der Fahrpersonalverordnung gespeicherten Daten für Maßnahmen im Zusammenhang mit der Ausgabe und Kontrolle von Fahrerkarten nach der Verordnung (EWG) Nr. 3821/85 an die hierfür zuständigen Behörden und Stellen im Inland, in einem Mitgliedstaat der Europäischen Union, in einem Vertragsstaat des Abkommens über den Europäischen Wirtschaftsraum und in der Schweiz übermittelt werden.

(2) [1] Die zuständigen Behörden und Stellen dürfen die nach § 12 der Fahrpersonalverordnung gespeicherten Daten im automatisierten Verfahren abrufen, soweit die Kenntnis dieser Daten für Maßnahmen im Zusammenhang mit der Ausgabe und Kontrolle von Fahrerkarten nach der Verordnung (EWG) Nr. 3821/85 erforderlich ist. [2] Die Daten dürfen nur für diese Zwecke verwendet werden. [3] Die Daten sind zu löschen, soweit sie zur Aufgabenerfüllung nicht mehr erforderlich sind.

(3) Die für das Kontrollgerätkartenregister zuständige Stelle hat zu gewährleisten, dass die Übermittlung der Daten zumindest durch geeignete Stichprobenverfahren festgestellt und überprüft werden kann.

§ 5 Anordnungsbefugnis, Sicherungsmaßnahmen, Zurückweisung an der Grenze

(1) [1] Werden bei einer Kontrolle auf Verlangen keine oder nicht vorschriftsmäßig geführte Tätigkeitsnachweise vorgelegt oder wird festgestellt, daß vorgeschriebene Unterbrechungen der Lenkzeit nicht eingelegt oder die höchstzulässige Tageslenkzeit überschritten oder einzuhaltende Mindestruhezeiten nicht genommen worden sind, können die zuständigen Behörden die Fortsetzung der Fahrt untersagen, bis die Voraussetzungen zur Weiterfahrt erfüllt sind. [2] Tätigkeitsnachweise oder Kontrollgeräte, aus denen sich der Regelverstoß ergibt oder mit denen er begangen wurde, können zur Beweissicherung eingezogen werden; die Fahrerkarte darf während ihrer Gültigkeitsdauer nicht entzogen oder ihre Gültigkeit ausgesetzt werden, es sei denn, es wird festgestellt, dass die Karte gefälscht worden ist, der Fahrer eine Karte verwendet, deren Inhaber er nicht ist, oder die Ausstellung der Karte auf der Grundlage falscher Erklärungen oder gefälschter Dokumente erwirkt wurde.

(2) Im grenzüberschreitenden Verkehr können Kraftfahrzeuge, die nicht in einem Mitgliedstaat der Europäischen Union oder einem anderen Vertragsstaat des Abkommens über den Europäischen Wirtschaftsraum zugelassen sind und in das Hoheitsgebiet der Bundesrepublik Deutschland einfahren wollen, in Fällen des Absatzes 1 an den Außengrenzen der Mitgliedstaaten der Europäischen Union zurückgewiesen werden.

(3) Rechtsbehelfe gegen Anordnungen nach den Absätzen 1 und 2 sowie zur Durchsetzung der in § 4 Abs. 3 Satz 1 und Abs. 5 geregelten Pflichten haben keine aufschiebende Wirkung.

§ 6 Allgemeine Verwaltungsvorschriften

Das Bundesministerium für Verkehr, Bau und Stadtentwicklung kann im Einvernehmen mit dem Bundesministerium für Arbeit und Soziales mit Zustimmung des Bundesrates zur Durchführung der in § 2 genannten oder auf § 2 beruhenden Vorschriften allgemeine Verwaltungsvorschriften erlassen, insbesondere über die Erteilung einer Verwarnung (§§ 56, 58 Abs. 2 des Gesetzes über Ordnungswidrigkeiten) wegen einer Ordnungswidrigkeit nach § 8 und darüber, in welchen Fällen eine solche Verwarnung nicht erteilt werden soll.

Anh. 1a

§ 7 Sicherheitsleistung

Wird eine angeordnete Sicherheitsleistung nicht sofort erbracht, so kann die zuständige Behörde die Weiterfahrt bis zur vollständigen Erbringung untersagen.

§ 8 Bußgeldvorschriften

(1) Ordnungswidrig handelt, wer vorsätzlich oder fahrlässig
1. als Unternehmer
   a) einer Rechtsverordnung nach § 2 Nr. 2 Buchstabe b oder Nr. 3 oder einer vollziehbaren Anordnung auf Grund einer solchen Rechtsverordnung zuwiderhandelt, soweit die Rechtsverordnung für einen bestimmten Tatbestand auf diese Bußgeldvorschrift verweist,
   b) einer Vorschrift der Verordnung (EG) Nr. 2135/98, der Verordnung (EWG) Nr. 3821/85 oder des AETR zuwiderhandelt, soweit eine Rechtsverordnung nach § 2 Nr. 1 Buchstabe e, Nr. 1a Buchstabe b oder Nr. 2 Buchstabe e für einen bestimmten Tatbestand auf diese Bußgeldvorschrift verweist,
   c) entgegen § 3 Satz 1 ein Mitglied des Fahrpersonals nach der zurückgelegten Fahrstrecke oder der Menge der beförderten Güter entlohnt,
   d) entgegen § 4 Abs. 3 Satz 1 eine Auskunft nicht, nicht richtig, nicht vollständig oder nicht rechtzeitig erteilt oder eine Unterlage nicht oder nicht rechtzeitig aushändigt, nicht oder nicht rechtzeitig einsendet oder nicht oder nicht rechtzeitig zur Verfügung stellt,
   e) entgegen § 4 Abs. 3 Satz 6 dort genannte Daten nicht, nicht richtig oder nicht für die vorgeschriebene Dauer speichert,
   f) entgegen § 4 Abs. 3 Satz 7 ein Schaublatt oder einen Ausdruck nicht oder nicht für die vorgeschriebene Dauer aufbewahrt,
   g) entgegen § 4 Abs. 3 Satz 8 dort genannte Daten nicht oder nicht rechtzeitig löscht oder ein Schaublatt oder einen Ausdruck nicht oder nicht rechtzeitig vernichtet,
   h) entgegen § 4 Abs. 3 Satz 9 nicht dafür Sorge trägt, dass eine lückenlose Dokumentation und Datensicherung erfolgt,
   i) entgegen § 4 Abs. 5 Satz 5 eine Maßnahme nicht duldet oder
   j) einer vollziehbaren Anordnung nach § 5 Abs. 1 Satz 1 oder § 7 zuwiderhandelt,
2. als Fahrer
   a) einer Rechtsverordnung nach § 2 Nr. 2 Buchstabe b oder Nr. 3 oder einer vollziehbaren Anordnung auf Grund einer solchen Rechtsverordnung zuwiderhandelt, soweit die Rechtsverordnung für einen bestimmten Tatbestand auf diese Bußgeldvorschrift verweist,
   b) einer Vorschrift der Verordnung (EG) Nr. 2135/98, der Verordnung (EWG) Nr. 3821/85 oder des AETR zuwiderhandelt, soweit eine Rechtsverordnung nach § 2 Nr. 1 Buchstabe e, Nr. 1a Buchstabe b oder Nr. 2 Buchstabe e für einen bestimmten Tatbestand auf diese Bußgeldvorschrift verweist,
   c) entgegen § 4 Abs. 3 Satz 1 eine Auskunft nicht, nicht richtig, nicht vollständig oder nicht rechtzeitig erteilt oder eine Unterlage nicht aushändigt,
   d) entgegen § 4 Abs. 3 Satz 2 einen Tätigkeitsnachweis nicht oder nicht rechtzeitig aushändigt,
   e) entgegen § 4 Abs. 3 Satz 4 die Fahrerkarte zum Kopieren nicht oder nicht rechtzeitig zur Verfügung stellt,
   f) entgegen § 4 Abs. 5 Satz 5 eine Maßnahme nicht duldet oder
   g) einer vollziehbaren Anordnung nach § 5 Abs. 1 Satz 1 oder § 7 zuwiderhandelt oder
3. als Fahrzeughalter entgegen § 4 Abs. 3 Satz 1 eine Auskunft nicht, nicht richtig, nicht vollständig oder nicht rechtzeitig erteilt oder eine Unterlage nicht oder nicht

1a. Fahrpersonalgesetz　　　　　　　　　　　　　　　　　　　　　　**Anh. 1a**

rechtzeitig aushändigt, nicht oder nicht rechtzeitig einsendet oder nicht oder nicht rechtzeitig zur Verfügung stellt oder

4. als Werkstattinhaber oder Installateur

   a) einer Rechtsverordnung nach § 2 Nr. 2 Buchstabe b oder Nr. 3 Buchstabe c oder einer vollziehbaren Anordnung auf Grund einer solchen Rechtsverordnung zuwiderhandelt, soweit die Rechtsverordnung für einen bestimmten Tatbestand auf diese Bußgeldvorschrift verweist, oder

   b) einer Vorschrift der Verordnung (EWG) Nr. 3821/85 oder des AETR zuwiderhandelt, soweit eine Rechtsverordnung nach § 2 Nr. 1 Buchstabe e oder Nr. 2 Buchstabe e für einen bestimmten Tatbestand auf diese Bußgeldvorschrift verweist.

(2) Die Ordnungswidrigkeit kann in den Fällen des Absatzes 1 Nr. 1 und 3 mit einer Geldbuße bis zu fünfzehntausend Euro, in den übrigen Fällen mit einer Geldbuße bis zu fünftausend Euro geahndet werden.

(3) Ordnungswidrigkeiten gemäß § 8 des Fahrpersonalgesetzes, die bis zum 10. April 2007 unter Geltung der Verordnung (EWG) Nr. 3820/85 begangen wurden, werden abweichend von § 4 Abs. 3 des Gesetzes über Ordnungswidrigkeiten nach den zum Zeitpunkt der Tat geltenden Bestimmungen geahndet.

§ 8 a Bußgeldvorschriften

(1) Ordnungswidrig handelt, wer als Unternehmer gegen die Verordnung (EG) Nr. 561/2006 des Europäischen Parlaments und des Rates vom 15. März 2006 zur Harmonisierung bestimmter Sozialvorschriften im Straßenverkehr und zur Änderung der Verordnungen (EWG) Nr. 3821/85 und (EG) Nr. 2135/98 des Rates sowie zur Aufhebung der Verordnung (EWG) Nr. 3820/85 des Rates (ABl. EU Nr. L 102 S. 1), die zuletzt durch die Verordnung (EG) Nr. 1073/2009 (ABl. L 300 vom 14. 11. 2009, S. 88) geändert worden ist, verstößt, indem er vorsätzlich oder fahrlässig

1. einen Schaffner oder Beifahrer einsetzt, der das in Artikel 5 genannte Mindestalter nicht erreicht hat,
2. nicht dafür sorgt, dass die in Artikel 6 Abs. 1 Satz 1, Abs. 2 und 3 genannten Lenkzeiten, die in Artikel 7 Satz 1 genannte Fahrtunterbrechung und die in Artikel 8 Abs. 2 Satz 1, Abs. 4 bis 7 genannten Ruhezeiten vom Fahrer eingehalten werden,
3. entgegen Artikel 16 Abs. 2 Satz 1 in Verbindung mit Abs. 3 Buchstabe a Halbsatz 1 einen Fahrplan oder einen Arbeitszeitplan nicht, nicht richtig oder nicht vollständig erstellt oder
4. entgegen Artikel 16 Abs. 3 Buchstabe c einen Arbeitszeitplan nicht oder nicht mindestens ein Jahr aufbewahrt.

(2) Ordnungswidrig handelt, wer als Fahrer gegen die Verordnung (EG) Nr. 561/2006 verstößt, indem er vorsätzlich oder fahrlässig

1. eine in Artikel 6 Abs. 1 Satz 1, Abs. 2 oder 3 genannte Lenkzeit, die in Artikel 7 Satz 1 genannte Fahrtunterbrechung oder eine in Artikel 8 Abs. 2 Satz 1, Absatz 4, 5, 6, 6a Satz 1 oder Absatz 7 genannte Ruhezeit oder Ruhepause nicht einhält,
2. entgegen Artikel 6 Abs. 5 eine andere Arbeit oder eine Bereitschaftszeit nicht, nicht richtig oder nicht in der vorgeschriebenen Weise festhält,
3. entgegen Artikel 12 Satz 2 Art oder Grund einer Abweichung nicht, nicht richtig, nicht in der vorgeschriebenen Weise oder nicht rechtzeitig vermerkt oder
4. entgegen Artikel 16 Abs. 2 Unterabs. 2 einen Auszug auf dem Arbeitszeitplan oder eine Ausfertigung des Linienfahrplans nicht mit sich führt.

(3) Ordnungswidrig handelt, wer als Unternehmer, Verlader, Spediteur, Reiseveranstalter oder Fahrervermittler einen Beförderungszeitplan vertraglich vereinbart und

371

nicht sicherstellt, dass dieser Beförderungszeitplan nicht gegen eine in Absatz 2 Nr. 1 genannte Vorschrift verstößt.

(4) Die Ordnungswidrigkeit kann in den Fällen der Absätze 1 und 3 mit einer Geldbuße bis zu fünfzehntausend Euro, in den übrigen Fällen mit einer Geldbuße bis zu fünftausend Euro geahndet werden.

(5) In den Fällen der Absätze 1 und 2 kann die Ordnungswidrigkeit auch dann geahndet werden, wenn sie nicht im Geltungsbereich dieses Gesetzes begangen wurde.

§ 9 Zuständigkeit für die Verfolgung und Ahndung von Ordnungswidrigkeiten

(1) [1]Wird ein Verstoß in einem Unternehmen begangen, das im Geltungsbereich dieses Gesetzes seinen Sitz oder eine geschäftliche Niederlassung hat, ist nur die Verwaltungsbehörde örtlich zuständig, in deren Bezirk die geschäftliche Niederlassung oder der Hauptsitz des Betriebes liegt, bei dem der Betroffene tätig ist. [2]Die §§ 38 und 39 des Gesetzes über Ordnungswidrigkeiten gelten entsprechend. [3]Soweit nach Satz 1 oder Satz 2 eine Verwaltungsbehörde zuständig ist, die nicht auch für die Kontrolle der Bestimmungen dieses Gesetzes auf dem Betriebsgelände zuständig ist, unterrichtet diese Verwaltungsbehörde die für die Kontrollen der Bestimmungen dieses Gesetzes auf dem Betriebsgelände zuständige Behörde über begangene Ordnungswidrigkeiten.

(2) Wird ein Verstoß in einem Unternehmen begangen, das im Geltungsbereich des Gesetzes weder seinen Sitz noch eine geschäftliche Niederlassung hat, und hat auch der Betroffene im Geltungsbereich des Gesetzes keinen Wohnsitz, so ist Verwaltungsbehörde im Sinne des § 36 Abs. 1 Nr. 1 des Gesetzes über Ordnungswidrigkeiten das Bundesamt für Güterverkehr.

§ 10 Datenschutzbestimmungen

(1) Die nach § 9 für die Durchführung von Bußgeldverfahren zuständigen Behörden dürfen folgende personenbezogene Daten über laufende und abgeschlossene Bußgeldverfahren wegen der in § 8 Absatz 1 und in § 8 a Absatz 1 bis 3 genannten Ordnungswidrigkeiten speichern, verändern und nutzen, soweit dies für die Erfüllung ihrer Aufgaben oder für Zwecke der Beurteilung der Zuverlässigkeit des Unternehmens, bei dem der Betroffene angestellt ist, erforderlich ist:
1. Name, Anschrift, Geburtsdatum und Geburtsort des Betroffenen, Name und Anschrift des Unternehmens,
2. Zeit und Ort der Begehung der Ordnungswidrigkeit,
3. die gesetzlichen Merkmale der Ordnungswidrigkeit,
4. Bußgeldbescheide mit dem Datum ihres Erlasses und dem Datum des Eintritts ihrer Rechtskraft sowie
5. die Höhe der Geldbuße und
6. das Datum der Verwarnung oder des Erlasses des Verwarnungsgeldes.

(2) Die in Absatz 1 genannten Behörden übermitteln die Daten nach Absatz 1 für die dort genannten Zwecke
1. an öffentliche Stellen, soweit die Daten für die Entscheidung über den Zugang zum Beruf des Güter- und Personenkraftverkehrsunternehmers erforderlich sind,
2. auf Ersuchen an Gerichte und die Behörden, die in bezug auf die Aufgaben nach diesem Gesetz Verwaltungsbehörde nach § 36 Abs. 1 Nr. 1 des Gesetzes über Ordnungswidrigkeiten sind oder
3. in den Fällen des § 9 Absatz 1 Satz 3 an die für die Kontrollen der Bestimmungen dieses Gesetzes auf dem Betriebsgelände zuständigen Verwaltungsbehörden.

1b. Fahrpersonalverordnung

(2a) ¹Die in Absatz 1 genannten Behörden haben Zuwiderhandlungen, die Anlass geben, an der Zuverlässigkeit des Unternehmers und der zur Führung der Kraftverkehrsgeschäfte bestellten Personen zu zweifeln, dem Unternehmen und der für das Unternehmen zuständigen Erlaubnisbehörde nach § 3 Abs. 7 des Güterkraftverkehrsgesetzes oder der Genehmigungsbehörde nach § 11 Abs. 1 des Personenbeförderungsgesetzes mitzuteilen. ²Zur Feststellung von Wiederholungsfällen haben sie die Zuwiderhandlungen der Angehörigen desselben Unternehmens zusammenzuführen.

(3) Eine Übermittlung unterbleibt, soweit hierdurch schutzwürdige Interessen des Betroffenen beeinträchtigt würden und nicht das öffentliche Interesse das Geheimhaltungsinteresse des Betroffenen überwiegt.

(4) Der Empfänger darf die nach Absatz 2 übermittelten Daten nur für den Zweck verarbeiten oder nutzen, zu dessen Erfüllung sie ihm übermittelt werden.

(5) Erweisen sich übermittelte Daten als unrichtig, so ist der Empfänger unverzüglich zu unterrichten, wenn dies zur Wahrung schutzwürdiger Interessen des Betroffenen erforderlich ist.

(6) ¹Die nach den Absätzen 1 und 2 gespeicherten Daten sind zwei Jahre nach dem Eintritt der Rechtskraft des Bußgeldbescheides zu löschen. ²Wurde das Bußgeld zwei Jahre nach Rechtskraft des Bußgeldbescheides noch nicht oder nicht vollständig gezahlt, so sind die nach den Absätzen 1 und 2 gespeicherten Daten erst bei Eintritt der Vollstreckungsverjährung zu löschen. ³Wurde der Betroffene schriftlich verwarnt oder das Verfahren eingestellt, so sind die Daten zwei Jahre nach dem Erlaß der Verwarnung zu löschen. ⁴Daten eingestellter Verfahren sind unverzüglich zu löschen.

(7) § 15 Abs. 1 in Verbindung mit § 14 Abs. 2 Nr. 6 und 7 des Bundesdatenschutzgesetzes sowie die entsprechenden Vorschriften der Landesdatenschutzgesetze bleiben unberührt.

§ 11 (Inkrafttreten)

1b. Verordnung zur Durchführung des Fahrpersonalgesetzes (Fahrpersonalverordnung – FPersV)

Vom 27. Juni 2005 (BGBl. I S. 1882)
Zuletzt geänd. durch VO vom 19. 12. 2011 (BGBl. I S. 2835)
FNA 9231-8-3

– Auszug –

Abschnitt 1. Lenk- und Ruhezeiten im nationalen Bereich

§ 1 Lenk- und Ruhezeiten im Straßenverkehr

(1) Fahrer

1. von Fahrzeugen, die zur Güterbeförderung dienen und deren zulässige Höchstmasse einschließlich Anhänger oder Sattelanhänger mehr als 2,8 Tonnen und nicht mehr als 3,5 Tonnen beträgt, sowie

2. von Fahrzeugen, die zur Personenbeförderung dienen, nach ihrer Bauart und Ausstattung geeignet und dazu bestimmt sind, mehr als neun Personen einschließlich Fahrer zu befördern, und im Linienverkehr mit einer Linienlänge bis zu 50 Kilometern eingesetzt sind,

haben Lenkzeiten, Fahrtunterbrechungen und Ruhezeiten nach Maßgabe der Artikel 4, 6 bis 9 und 12 der Verordnung (EG) Nr. 561/2006 des Europäischen Parlaments und des Rates vom 15. März 2006 zur Harmonisierung bestimmter Sozialvorschriften

Anh. 1b

im Straßenverkehr und zur Änderung der Verordnungen (EWG) Nr. 3821/85 und (EG) Nr. 2135/98 des Rates sowie zur Aufhebung der Verordnung (EWG) Nr. 3820/85 des Rates (ABl. EU Nr. L 102 S. 1) einzuhalten.

(2) Absatz 1 findet keine Anwendung auf

1. Fahrzeuge, die in § 18 genannt sind,
2. Fahrzeuge, die in Artikel 3 Buchstabe b bis i der Verordnung (EG) Nr. 561/2006 genannt sind,
3. Fahrzeuge, die zur Beförderung von Material, Ausrüstungen oder Maschinen, die der Fahrer zur Ausübung seiner beruflichen Tätigkeit benötigt, verwendet werden, soweit das Lenken nicht die Haupttätigkeit des Fahrers darstellt,
3 a. Fahrzeuge, die zur Beförderung von Gütern dienen, die im Betrieb, dem der Fahrer angehört, in handwerklicher Fertigung oder Kleinserie hergestellt wurden, oder deren Reparatur im Betrieb vorgesehen ist oder dort durchgeführt wurde, wenn die Lenktätigkeit nicht die Haupttätigkeit des Fahrers ausmacht,
4. Fahrzeuge, die als Verkaufswagen auf örtlichen Märkten oder für den ambulanten Verkauf verwendet werden und für diese Zwecke besonders ausgestattet sind, soweit das Lenken des Fahrzeugs nicht die Haupttätigkeit des Fahrers darstellt, und
5. selbstfahrende Arbeitsmaschinen nach § 2 Nr. 17 der Fahrzeug-Zulassungsverordnung.

(3) Abweichend von Absatz 1 in Verbindung mit Artikel 7 der Verordnung (EG) Nr. 561/2006 haben Fahrer von Kraftomnibussen im Linienverkehr mit einer Linienlänge bis zu 50 Kilometern Fahrtunterbrechungen nach Maßgabe der folgenden Vorschriften einzuhalten:

1. Beträgt der durchschnittliche Haltestellenabstand mehr als drei Kilometer, so ist nach einer Lenkzeit von viereinhalb Stunden eine Fahrtunterbrechung von mindestens 30 zusammenhängenden Minuten einzulegen. Diese Fahrtunterbrechung kann durch zwei Teilunterbrechungen von jeweils mindestens 20 zusammenhängenden Minuten oder drei Teilunterbrechungen von jeweils mindestens 15 Minuten ersetzt werden. Die Teilunterbrechungen müssen innerhalb der Lenkzeit von höchstens viereinhalb Stunden oder teils innerhalb dieser Zeit und teils unmittelbar danach liegen.
2. Beträgt der durchschnittliche Haltestellenabstand nicht mehr als drei Kilometer, sind als Fahrtunterbrechungen auch Arbeitsunterbrechungen ausreichend, soweit diese nach den Dienst- und Fahrplänen in der Arbeitsschicht enthalten sind (z. B. Wendezeiten). Voraussetzung hierfür ist, dass die Gesamtdauer der Arbeitsunterbrechungen mindestens ein Sechstel der vorgesehenen Lenkzeit beträgt. Arbeitsunterbrechungen unter zehn Minuten werden bei der Berechnung der Gesamtdauer nicht berücksichtigt. Durch Tarifvertrag kann vereinbart werden, dass Arbeitsunterbrechungen von mindestens acht Minuten berücksichtigt werden können, wenn ein Ausgleich vorgesehen ist, der die ausreichende Erholung des Fahrers erwarten lässt. Für Fahrer, die nicht in einem Arbeitsverhältnis stehen, kann die nach Landesrecht zuständige Behörde entsprechende Abweichungen bewilligen.

(4) [1] Abweichend von Absatz 1 in Verbindung mit Artikel 8 Abs. 6 der Verordnung (EG) Nr. 561/2006 sind Fahrer der in Absatz 1 Nr. 2 genannten Fahrzeuge nicht zur Einlegung einer wöchentlichen Ruhezeit nach höchstens sechs 24-Stunden-Zeiträumen verpflichtet. [2] Sie können die wöchentlich einzuhaltenden Ruhezeiten auf einen Zweiwochenzeitraum verteilen.

(5) [1] Der Unternehmer hat dafür zu sorgen, dass die Vorschriften über die Lenkzeiten, die Fahrtunterbrechungen und die Ruhezeiten gemäß den Artikeln 4, 6 bis 9 und 12 der Verordnung (EG) Nr. 561/2006 eingehalten werden. [2] Artikel 10 Abs. 2 der Verordnung (EG) Nr. 561/2006 findet entsprechende Anwendung.

1b. Fahrpersonalverordnung **Anh. 1b**

(6) ¹Der Fahrer eines in Absatz 1 Nr. 1 genannten Fahrzeugs hat, sofern dieses Fahrzeug nicht nach Absatz 2 ausgenommen ist, folgende Zeiten aufzuzeichnen:

1. Lenkzeiten,
2. alle sonstigen Arbeitszeiten,
3. Fahrtunterbrechungen und
4. tägliche und wöchentliche Ruhezeiten.

²Die Aufzeichnungen sind für jeden Tag getrennt zu fertigen und müssen folgende Angaben enthalten:

1. Vor- und Familienname,
2. Datum,
3. amtliche Kennzeichen der benutzten Fahrzeuge,
4. Ort des Fahrtbeginns,
5. Ort des Fahrtendes und
6. Kilometerstände der benutzten Fahrzeuge bei Fahrtbeginn und Fahrtende.

³Der Fahrer hat alle Eintragungen jeweils unverzüglich zu Beginn und am Ende der Lenkzeiten, Fahrtunterbrechungen und Ruhezeiten vorzunehmen. ⁴Die Aufzeichnungen der laufenden Woche und der der laufenden Woche vorausgegangenen 15 Kalendertage sind vom Fahrer mitzuführen und den zuständigen Personen auf Verlangen zur Prüfung auszuhändigen; ab dem 1. Januar 2008 umfasst dieser Zeitraum den laufenden Tag und die vorausgegangenen 28 Kalendertage. ⁵Hat der Fahrer während des in Satz 4 genannten Zeitraums ein Fahrzeug gelenkt, für das

1. die Verordnung (EWG) Nr. 3821/85 des Rates vom 20. Dezember 1985 über das Kontrollgerät im Straßenverkehr (ABl. EG Nr. L 370 S. 8) in der jeweils geltenden Fassung oder
2. das Europäische Übereinkommen vom 1. Juli 1970 über die Arbeit des im internationalen Straßenverkehr beschäftigten Fahrpersonals (AETR) (BGBl. 1974 II S. 1473) in der jeweils geltenden Fassung gilt,

sind für dieses Fahrzeug Nachweise nach Maßgabe von Artikel 15 der Verordnung (EWG) Nr. 3821/85 oder Artikel 12 des Anhangs zum AETR an Stelle der Aufzeichnungen mitzuführen. ⁶Der Fahrer hat dem Unternehmer alle Aufzeichnungen unverzüglich nach Ablauf der Mitführungspflicht auszuhändigen. ⁷Der Unternehmer hat

1. dem Fahrer entsprechend dem Muster der Anlage 1 geeignete Vordrucke zur Fertigung der Aufzeichnungen in ausreichender Anzahl auszuhändigen,
2. die Aufzeichnungen unverzüglich nach Aushändigung durch den Fahrer zu prüfen und unverzüglich Maßnahmen zu ergreifen, die notwendig sind, um die Beachtung der Sätze 1 bis 5 zu gewährleisten,
3. die Aufzeichnungen ein Jahr lang nach Aushändigung durch den Fahrer in chronologischer Reihenfolge und in lesbarer Form außerhalb des Fahrzeugs aufzubewahren und den zuständigen Personen auf Verlangen vorzulegen und
4. die Aufzeichnungen nach Ablauf der Aufbewahrungsfrist bis zum 31. März des folgenden Kalenderjahres zu vernichten, soweit sie nicht zur Erfüllung der Aufbewahrungspflichten nach § 16 Abs. 2 und § 21a Abs. 7 des Arbeitszeitgesetzes, § 147 Abs. 1 Nr. 5 in Verbindung mit Abs. 3 der Abgabenordnung und § 28f Abs. 1 Satz 1 des Vierten Buches Sozialgesetzbuch benötigt werden.

(7) ¹Ist das Fahrzeug mit einem Kontrollgerät nach Anhang I oder IB zur Verordnung (EWG) Nr. 3821/85 oder einem Fahrtschreiber gemäß § 57a der Straßenverkehrs-Zulassungs-Ordnung ausgerüstet, haben Fahrer der in Absatz 1 Nr. 1 genannten Fahrzeuge diese entsprechend den Artikeln 13, 14 Abs. 1 Unterabs. 2, Abs. 4 Buchstabe a Unterabs. 3 Satz 2 und 3, Artikel 15 Abs. 1 Unterabs. 1, 3 und 5, Abs. 2, 3, 5, 5a

und 7 und Artikel 16 Abs. 2 Unterabs. 1 und Abs. 3 der Verordnung (EWG) Nr. 3821/85 oder § 57a Abs. 2 der Straßenverkehrs-Zulassungs-Ordnung zu betreiben. ²Im Falle der Verwendung eines Fahrtschreibers gemäß § 57a der Straßenverkehrs-Zulassungs-Ordnung hat der Fahrer die Schicht und die Pausen jeweils bei Beginn und Ende auf dem Schaublatt zu vermerken. ³Der Unternehmer hat bei Verwendung eines Kontrollgerätes nach Anhang I der Verordnung (EWG) Nr. 3821/85 oder eines Fahrtschreibers dem Fahrer vor Beginn der Fahrt die für das Gerät zugelassenen Schaublätter in ausreichender Anzahl auszuhändigen und dafür zu sorgen, dass das Kontrollgerät nach Anhang I oder I B zur Verordnung (EWG) Nr. 3821/85 oder der Fahrtschreiber ordnungsgemäß benutzt wird; Absatz 6 Satz 4 bis 6 und 7 Nr. 2 bis 4 gilt entsprechend. ⁴Hat der Fahrer eines mit einem Kontrollgerät nach Anhang I B zur Verordnung (EWG) Nr. 3821/85 ausgerüsteten Fahrzeugs in dem in Absatz 6 Satz 4 genannten Zeitraum gelenkt, das mit einem Kontrollgerät nach Anhang I zur Verordnung (EWG) Nr. 3821/85 ausgerüstet ist, hat er die Schaublätter dieses Kontrollgerätes während der Fahrt ebenfalls mitzuführen und den zuständigen Personen auf Verlangen zur Prüfung auszuhändigen.

§ 2 Kontrollgerät nach Anhang I B zur Verordnung (EWG) Nr. 3821/85

(1) Ein Fahrer, der ein Fahrzeug lenkt, das in den Anwendungsbereich der Verordnung (EG) Nr. 561/2006 fällt, oder der Lenk- oder Ruhezeiten nach § 1 dieser Verordnung einzuhalten hat und dabei ein Kontrollgerät gemäß Anhang I B zur Verordnung (EWG) Nr. 3821/85 betreibt, hat das Kontrollgerät entsprechend den Artikeln 13, 14 Abs. 1 Unterabs. 2, Abs. 4 Buchstabe a bis e, Abs. 4a Satz 2 und 3, Artikel 15 Abs. 1 Unterabs. 1, 3 und 5, Abs. 2, 3, 5, 5a und 7 und Artikel 16 Abs. 2 Unterabs. 1 und Abs. 3 der Verordnung (EWG) Nr. 3821/85 zu bedienen und die Benutzerführung zu beachten.

(2) Die in Artikel 15 Abs. 3 zweiter Spiegelstrich Buchstabe b bis d der Verordnung (EWG) Nr. 3821/85 genannten Zeiträume müssen bei Übernahme des Fahrzeugs auf der Fahrerkarte unter Benutzung der im Kontrollgerät vorgesehenen manuellen Eingabemöglichkeiten eingetragen werden, wenn der Fahrer vor Übernahme des Fahrzeugs solche Zeiten verbracht hat.

(3) ¹Die nach Artikel 15 Abs. 1 Unterabs. 5 der Verordnung (EWG) Nr. 3821/85 vorgeschriebenen Ausdrucke hat der Fahrer den zuständigen Personen auf Verlangen vorzulegen. ²Der Unternehmer hat die Ausdrucke in chronologischer Reihenfolge und in lesbarer Form außerhalb des Fahrzeugs aufzubewahren und den zuständigen Personen auf Verlangen vorzulegen.

(4) ¹Bei Einsatz von Mietfahrzeugen, deren Verwendung in den Anwendungsbereich der Verordnung (EG) Nr. 561/2006 oder dieser Verordnung fällt, hat der Unternehmer, der das Fahrzeug anmietet, zu Beginn und am Ende des Mietzeitraums durch Verwendung der Unternehmenskarte sicherzustellen, dass die Daten des Fahrzeugspeichers über die mit den Fahrzeugen durchgeführten Fahrten übertragen und bei ihm gespeichert werden. ²Ist dies in begründeten Ausnahmefällen nicht möglich, ist zu Beginn und am Ende des Mietzeitraums ein Ausdruck wie bei Beschädigung oder Fehlfunktion der Fahrerkarte zu fertigen. ³Der Fahrer hat den Ausdruck unverzüglich nach Erhalt an den Unternehmer weiterzuleiten, der ihn ein Jahr aufzubewahren hat. ⁴Nach Ablauf der Aufbewahrungsfrist sind die Ausdrucke bis zum 31. März des folgenden Kalenderjahres zu vernichten, soweit sie nicht zur Erfüllung der Aufbewahrungspflichten nach § 16 Abs. 2 und § 21a Abs. 7 des Arbeitszeitgesetzes, § 147 Abs. 1 Nr. 5 in Verbindung mit Abs. 3 der Abgabenordnung und § 28f Abs. 1 Satz 1 des Vierten Buches Sozialgesetzbuch benötigt werden.

(5) ¹Der Unternehmer hat sicherzustellen, dass alle Daten aus dem Massenspeicher des Kontrollgerätes spätestens 90 Tage nach Aufzeichnung eines Ereignisses zur Spei-

cherung im Betrieb kopiert werden. ²Der Unternehmer hat sicherzustellen, dass die Daten der Fahrerkarten spätestens 28 Kalendertage nach Aufzeichnung eines Ereignisses zur Speicherung im Betrieb kopiert werden. ³Der Fahrer hat hierzu dem Unternehmen die Fahrerkarte und die Ausdrucke nach Absatz 3 zur Verfügung zu stellen. ⁴Der Unternehmer hat alle sowohl von den Kontrollgeräten als auch von den Fahrerkarten kopierten Daten der zuständigen Behörde oder Stelle auf Verlangen entweder unmittelbar oder durch Datenfernübertragung oder auf einem durch die Behörde oder Stelle zu bestimmenden Datenträger zur Verfügung zu stellen. ⁵Der Unternehmer hat von allen kopierten Daten unverzüglich Sicherheitskopien zu erstellen, die auf einem gesonderten Datenträger zu speichern sind.

(6) ¹Unternehmen, die Fahrzeuge vermieten, haben dem Mieter des Fahrzeugs diejenigen Daten aus dem Massenspeicher des Kontrollgerätes, die sich auf die vom Mieter durchgeführten Beförderungen beziehen und auf die dieser nicht unmittelbar zugreifen kann,

1. auf dessen Verlangen,
2. spätestens 90 Tage nach Beginn des Mietverhältnisses oder der letzten Datenübermittlung und
3. nach Beendigung des Mietverhältnisses

zur Verfügung zu stellen. ²Dabei sind dem jeweiligen Stand der Technik entsprechende Maßnahmen zur Sicherstellung von Datenschutz und Datensicherheit zu treffen, die insbesondere die Vertraulichkeit, Unversehrtheit und Zurechenbarkeit der Daten gewährleisten; im Falle der Nutzung allgemein zugänglicher Netze sind dem jeweiligen Stand der Technik entsprechende Verschlüsselungsverfahren anzuwenden.

§ 2a Aufbewahrung von Kontrollunterlagen

¹Der Unternehmer bewahrt die ihm oder seinen Fahrern von den zuständigen Personen überlassenen Niederschriften, Ergebnisprotokolle und andere Unterlagen über bei ihm auf dem Gelände vorgenommene beziehungsweise bei seinen Fahrern auf der Straße vorgenommene Kontrollen ein Jahr lang auf. ²Die Unterlagen sind den zuständigen Personen auf Verlangen vorzulegen. ³Nach Ablauf der Aufbewahrungspflicht sind die Unterlagen bis zum 31. März des folgenden Kalenderjahres zu vernichten.

Abschnitt 2. Organisation

§ 3 Zertifizierungsinfrastruktur

¹Die Aufgaben der für die Umsetzung des Zertifizierungsverfahrens nach der Verordnung (EWG) Nr. 3821/85 verantwortlichen Stellen ergeben sich aus der Anlage 2. ²Das Bundesministerium für Verkehr, Bau und Stadtentwicklung nimmt die Aufgaben der Aufsichtsbehörde des Mitgliedstaates (D-Member State Authority – D-MSA) wahr. ³Deutsche Zertifizierungsstelle (D-Certification Authority – D-CA) ist das Kraftfahrt-Bundesamt. ⁴Die für die Kontrollgerätkartenausgabe zuständigen Behörden oder Stellen (D-Card Issueing Authorities – D-CIA's) werden von den Ländern bestimmt.

Abschnitt 3. Kontrollsystem nach EG-Verordnungen

§ 4 Allgemeines

(1) ¹Die zum Betrieb des Kontrollgerätes nach Anhang I B zur Verordnung (EWG) Nr. 3821/85 erforderlichen Kontrollgerätkarten (Fahrer-, Werkstatt-, Unternehmens- und Kontrollkarten) werden nach den Mustern gemäß Anhang I B Abschnitt IV zur Verordnung (EWG) Nr. 3821/85 in Verbindung mit Anlage 3 zu dieser Verordnung gefertigt. ²Fahrer-, Werkstatt- und Unternehmenskarten werden auf Antrag erteilt. ³Antragsberechtigt sind:

Anh. 1b Anhang

1. für die Fahrerkarte
   a) inländische Inhaber einer gültigen Fahrerlaubnis nach Muster 1 der Anlage 8 der Fahrerlaubnis-Verordnung,
   b) im Übrigen Inhaber einer Fahrerlaubnis eines Mitgliedstaates der Europäischen Union oder eines anderen Vertragsstaats des Abkommens über den Europäischen Wirtschaftsraum, die dazu berechtigt, Fahrzeuge zu führen, für die Lenk- und Ruhezeiten nach der Verordnung (EG) Nr. 561/2006 beziehungsweise § 1 dieser Verordnung zu beachten sind,
2. für die Werkstattkarte die nach § 57b der Straßenverkehrs-Zulassungs-Ordnung anerkannten oder beauftragten Werkstätten, Hersteller von Kontrollgeräten sowie Fahrzeughersteller,
3. für die Unternehmenskarte Unternehmen, deren Fahrpersonal Beförderungen durchführt, die unter die Verordnung (EG) Nr. 561/2006 fallen, oder das Lenk- und Ruhezeiten nach § 1 dieser Verordnung einzuhalten hat.

[4] Erfolgt der Antrag auf unpersönlichem Weg, ist eine Kopie der nach den §§ 5, 7 oder § 9 jeweils erforderlichen Unterlagen beizufügen. [5] Im Rahmen des Antragsverfahrens hat für Kontrollgerätkarten nach Nummer 1 eine Überprüfung der Identität des Antragstellers sowie der Übereinstimmung der vorgelegten Kopien mit den Originalen stattzufinden.

(2) Die Kontrollgerätkarten werden von den nach Landesrecht zuständigen Behörden oder Stellen ausgegeben.

(3) [1] Der Antrag auf Erneuerung der Fahrer- und Unternehmenskarte darf frühestens sechs Monate, der auf Erneuerung der Werkstattkarte frühestens einen Monat vor Ablauf der Gültigkeit der Karte gestellt werden. [2] Den Anträgen sind die nach den §§ 5, 7 oder § 9 jeweils erforderlichen Unterlagen beizufügen. [3] Inhaber einer Werkstattkarte haben spätestens nach drei Jahren eine aktuelle Bescheinigung über die Anerkennung oder Beauftragung der Werkstatt nach § 57b der Straßenverkehrs-Zulassungs-Ordnung und einen Nachweis über eine erneute Schulung im Sinne des § 7 Abs. 2 Nr. 5 vorzulegen. [4] Die in Satz 3 genannten Fristen beginnen mit dem Datum des letzten Nachweises. [5] Die in Artikel 14 Abs. 4a Unterabs. 5 und 6, Artikel 12 Abs. 1 Unterabs. 3 der Verordnung (EWG) Nr. 3821/85 genannten Fristen beginnen erst mit der vollständigen Vorlage aller nach den §§ 5, 7 oder § 9 erforderlichen Antragsunterlagen und Angaben.

(4) [1] Wird eine Kontrollgerätkarte wegen Beschädigung, Fehlfunktion, Verlust oder Diebstahl einer vorhandenen Karte beantragt, hat der Antragsteller der ausstellenden Behörde oder Stelle vorzulegen:

1. bei Verlust eine schriftliche Erklärung über den Verlust,
2. bei Diebstahl den Nachweis einer Anzeige,
3. bei Beschädigung oder Fehlfunktion die zu erneuernde Karte.

[2] Dem Antrag sind die nach den §§ 5, 7 oder § 9 jeweils erforderlichen Unterlagen beizufügen. [3] Der Inhaber der Kontrollgerätkarte hat auf Verlangen der Behörde oder Stelle, welche die Ersatzkarte ausstellt, eine Versicherung an Eides statt abzugeben, dass und aus welchen Gründen er die Kontrollgerätkarte nicht zurückgeben kann. [4] Mit Ausstellung der Ersatzkarte verliert die ersetzte Karte ihre Gültigkeit. [5] Eine wiederaufgefundene Karte ist der ausstellenden Behörde oder Stelle zurückzugeben. [6] Beträgt die Restlaufzeit der zu ersetzenden Karte weniger als sechs Monate, ist die Karte zu erneuern. [7] Absatz 3 Satz 5 gilt mit der Maßgabe, dass die Fristen erst beginnen, wenn alle erforderlichen Antragsunterlagen und Angaben vorliegen und die ausstellende Behörde oder Stelle Kenntnis von der Kartennummer erhält.

(5) [1] Bei Verlust einer Kontrollgerätkarte unterrichtet der Karteninhaber unverzüglich die Behörde oder Stelle, welche die Karte erteilt hat. [2] Die Behörde oder Stelle meldet den Verlust dem Kontrollgerätkartenregister beim Kraftfahrt-Bundesamt.

§ 5 Fahrerkarte

(1) Der Antragsteller hat Angaben zu seiner Muttersprache zu machen und folgende Unterlagen vorzulegen:
1. a) als inländischer Antragsteller eine Fahrerlaubnis nach Muster 1 der Anlage 8 der Fahrerlaubnis-Verordnung,
    b) im Übrigen eine Fahrerlaubnis eines Mitgliedstaates der Europäischen Union oder eines anderen Vertragsstaats des Abkommens über den Europäischen Wirtschaftsraum, die dazu berechtigt, Fahrzeuge zu führen, für die Lenk- und Ruhezeiten nach der Verordnung (EG) Nr. 561/2006 beziehungsweise § 1 dieser Verordnung zu beachten sind,
2. einen Nachweis über den Wohnsitz im Inland und Anschrift,
3. Nachweise über Geburts- und Familiennamen, Vornamen, Tag und Ort der Geburt sowie
4. ein Lichtbild vor hellem Hintergrund in der Größe 35 mm × 45 mm, das den Antragsteller ohne Kopfbedeckung im Halbprofil zeigt.

(2) Die zuständige Behörde oder Stelle prüft die Richtigkeit und Vollständigkeit der vom Bewerber mitgeteilten Daten.

(3) [1]Jeder Fahrer erhält nur eine Fahrerkarte. [2]Vor der Ausstellung einer Fahrerkarte erfolgen durch die zuständige Behörde oder Stelle Anfragen bei dem zentralen Fahrerlaubnisregister, dem zentralen Kontrollgerätkartenregister und den Fahrerkartenregistern der anderen Mitgliedstaaten der Europäischen Union und der Vertragsstaaten des Abkommens über den Europäischen Wirtschaftsraum, ob das vorgelegte Führerscheindokument gültig ist und ob dem Antragsteller bereits anderweitig eine Fahrerkarte ausgestellt wurde. [3]Zu diesem Zweck dürfen die nach § 49 Abs. 1 Nr. 1 bis 3, 5 bis 11 und 15 der Fahrerlaubnis-Verordnung vom 18. August 1998 (BGBl. I S. 2214) in der jeweils geltenden Fassung im Fahrerlaubnisregister gespeicherten Daten im automatisierten Verfahren abgerufen werden.

(4) [1]Die Fahrerkarte darf keinem Dritten zur Nutzung überlassen werden. [2]Der Fahrer hat die Fahrerkarte während der Fahrt mitzuführen und den zuständigen Personen auf Verlangen zur Prüfung auszuhändigen.

(5) [1]Die Gültigkeitsdauer der Fahrerkarte beträgt bei der Erstausstellung und Erneuerung fünf Jahre. [2]Sie beginnt mit dem Datum der Personalisierung. [3]Bei der Erneuerung auf Grund von Beschädigung oder Fehlfunktion beginnt sie mit dem Datum der Personalisierung. [4]Bei der Erneuerung auf Grund des Ablaufs der Gültigkeitsdauer beginnt die Gültigkeitsdauer der neuen Fahrerkarte mit dem Tag, der dem Tag des Ablaufs der Gültigkeit der vorherigen Fahrerkarte folgt. [5]Wird eine Fahrerkarte ersetzt, entspricht die Gültigkeitsdauer der Gültigkeitsdauer der ersetzten Karte.

§ 6 Mitführen der abgelaufenen Fahrerkarte

[1]Der Fahrer hat auch nach Ablauf der Gültigkeit die Fahrerkarte noch mindestens 28 Kalendertage im Fahrzeug mitzuführen. [2]Bei Umtausch der Fahrerkarte entsprechend Artikel 14 Abs. 4 Buchstabe d der Verordnung (EWG) Nr. 3821/85 hat der Fahrer die Ausdrucke seiner Tätigkeiten für die dem Umtausch vorausgehenden 28 Kalendertage ebenfalls 28 Kalendertage mitzuführen.

§ 7 Werkstattkarte

(1) Die Werkstattkarte wird nur erteilt, wenn der Antragsteller als Unternehmer oder die nach Gesetz, Satzung oder Gesellschaftsvertrag zur Vertretung berufenen Personen sowie die verantwortliche Fachkraft (Installateur) fachlich geeignet sind.

(2) Der Antragsteller hat folgende Angaben zu machen und durch Unterlagen nachzuweisen:

Anh. 1b

1. Name, Anschrift und Sitz der Werkstatt, des Herstellers von Kontrollgeräten oder des Fahrzeugherstellers,
2. Geburts- und Familienname, Vornamen, Tag und Ort der Geburt des Unternehmers oder der nach Gesetz, Satzung oder Gesellschaftsvertrag zur Vertretung berufenen Personen,
3. Geburts- und Familienname, Vorname, Tag und Ort der Geburt, aktuelle Wohnanschrift und Muttersprache der verantwortlichen Fachkraft, für die die Werkstattkarte beantragt wird,
4. Anerkennung oder Beauftragung der Werkstatt nach § 57b der Straßenverkehrs-Zulassungs-Ordnung,
5. Schulung der verantwortlichen Fachkraft, für die die Werkstattkarte beantragt wird, entsprechend der Richtlinie für die Durchführung von Schulungen der verantwortlichen Fachkräfte, die Prüfungen der Fahrtschreiber und Kontrollgeräte nach § 57b Abs. 3 der Straßenverkehrs-Zulassungs-Ordnung durchführen, sowie
6. bestehendes Arbeitsverhältnis mit der verantwortlichen Fachkraft, für die die Werkstattkarte beantragt wird.

(3) (entfällt)

(4) Die zuständige Behörde oder Stelle stellt durch Abruf beim zentralen Kontrollgerätkartenregister sicher, dass die verantwortliche Fachkraft nur eine Werkstattkarte pro Arbeitsverhältnis erhält.

(5) ¹Die Werkstattkarte wird dem Unternehmen gegen Empfangsbestätigung ausgehändigt. ²Sie ist Eigentum des Unternehmens. ³Die zur Benutzung der Werkstattkarte erforderliche persönliche Identifikationsnummer wird der verantwortlichen Fachkraft an ihre Privatanschrift übersandt.

(6) ¹Die Gültigkeitsdauer der Werkstattkarte beträgt ein Jahr. ²Sie beginnt mit dem Datum der Personalisierung. ³§ 5 Abs. 5 Satz 3 bis 5 gilt entsprechend.

§ 8 Wegfall von Erteilungsvoraussetzungen

(1) ¹Ist eine der Erteilungsvoraussetzungen nachträglich entfallen, so ist dies unverzüglich der zuständigen Behörde oder Stelle zu melden; die Werkstattkarte ist innerhalb einer von dieser festzusetzenden Frist an sie zurückzugeben. ²Die zuständige Behörde oder Stelle hat im Falle des Wegfalls der Erteilungsvoraussetzungen, insbesondere im Falle der missbräuchlichen Verwendung, die Rückgabe der Werkstattkarte zu verlangen. ³Rückgabepflichtig sind sowohl der Unternehmer, bei juristischen Personen die nach Gesetz, Satzung oder Gesellschaftsvertrag zur Vertretung berufenen Personen, als auch die verantwortliche Fachkraft. ⁴Scheidet die verantwortliche Fachkraft aus der Werkstatt aus, haben der Unternehmer oder die vertretungsberechtigten Personen die Werkstattkarte unverzüglich zurückzugeben. ⁵Ist dem Unternehmer oder den vertretungsberechtigten Personen eine Rückgabe nicht möglich, ist die zuständige Behörde oder Stelle unverzüglich zu unterrichten.

(2) Wird die Werkstattkarte wegen missbräuchlicher Verwendung zurückgenommen, unterrichtet die zuständige Behörde oder Stelle das Zentrale Kontrollgerätkartenregister beim Kraftfahrt-Bundesamt.

§ 9 Unternehmenskarte

(1) Der Antragsteller hat folgende Angaben zu machen und durch Unterlagen nachzuweisen:

1. Name, Anschrift und Sitz des Unternehmens,
2. Geburts- und Familienname, Vornamen, Tag und Ort der Geburt sowie Anschrift des Unternehmers oder der nach Gesetz, Satzung oder Gesellschaftsvertrag zur Vertretung berufenen Personen.

(2) ¹Die Unternehmenskarten werden an den Unternehmer oder die nach Gesetz, Satzung oder Gesellschaftsvertrag zur Vertretung berufenen Personen ausgegeben. ²Der Unternehmer sorgt für die ordnungsgemäße Verwendung der Karten.

(3) Der Unternehmer hat dafür zu sorgen, dass zu Beginn und am Ende des Fahrzeugeinsatzes für das Unternehmen die Unternehmenskarte in das Kontrollgerät eingegeben wird, um den Einsatz des Fahrzeugs dem Unternehmen zuzuordnen.

(4) ¹Die Gültigkeitsdauer der Unternehmenskarte beträgt fünf Jahre. ²Sie beginnt mit dem Datum der Personalisierung. ³§ 5 Abs. 5 Satz 3 bis 5 gilt entsprechend.

§ 10 Kontrollkarte

¹Die Kontrollkarten werden an die für die Kontrolle der Sozialvorschriften im Straßenverkehr zuständigen Behörden und Stellen ausgegeben. ²Die Kontrollkarte weist die Kontrollbehörde aus und ermöglicht das Lesen, Ausdrucken und Herunterladen der im Massespeicher des Kontrollgerätes oder auf Fahrerkarten gespeicherten Daten. ³Die Gültigkeitsdauer der Kontrollkarte beträgt fünf Jahre.

Abschnitt 4. Zentrales Kontrollgerätkartenregister

(nicht abgedruckt)

Abschnitt 5. Ausnahmen

§ 18 Ausnahmen gemäß Verordnungen (EG) Nr. 561/2006 und (EWG) 3821/85

(1) Gemäß Artikel 13 Abs. 1 der Verordnung (EG) Nr. 561/2006 und Artikel 3 Abs. 2 der Verordnung (EWG) Nr. 3821/85 werden im Geltungsbereich des Fahrpersonalgesetzes folgende Fahrzeugkategorien von der Anwendung der Artikel 5 bis 9 der Verordnung (EG) Nr. 561/2006 und der Anwendung der Verordnung (EWG) Nr. 3821/85 ausgenommen:

1. Fahrzeuge, die im Eigentum von Behörden stehen oder von diesen ohne Fahrer angemietet oder geleast sind, um Beförderungen im Straßenverkehr durchzuführen, die nicht im Wettbewerb mit privatwirtschaftlichen Verkehrsunternehmen stehen,

2. Fahrzeuge, die von Landwirtschafts-, Gartenbau-, Forstwirtschaft- oder Fischereiunternehmen zur Güterbeförderung, insbesondere auch zur Beförderung lebender Tiere, im Rahmen der eigenen unternehmerischen Tätigkeit in einem Umkreis von bis zu 100 Kilometern vom Standort des Unternehmens verwendet oder von diesen ohne Fahrer angemietet werden,

3. Land- und forstwirtschaftliche Zugmaschinen, die für land- oder forstwirtschaftliche Tätigkeiten in einem Umkreis von bis zu 100 Kilometern vom Standort des Unternehmens verwendet werden, das das Fahrzeug besitzt, anmietet oder least,

4. Fahrzeuge oder Fahrzeugkombination mit einer zulässigen Höchstmasse von nicht mehr als 7,5 Tonnen, die in einem Umkreis von 50 Kilometern vom Standort des Unternehmens

    a) von Postdienstleistern, die Post-Universaldienstleistungen gemäß § 1 Abs. 1 der Post-Universaldienstleistungsverordnung zum Zwecke der Zustellung von Sendungen im Rahmen von Universaldienstleistungen oder

    b) zur Beförderung von Material, Ausrüstungen oder Maschinen, die der Fahrer zur Ausübung seiner beruflichen Tätigkeit benötigt, z.B. Fahrzeuge mit jeweils für diesen Zweck bestimmter, besonderer Ausstattung, die als Verkaufswagen auf öffentlichen Märkten oder für den ambulanten Verkauf dienen, verwendet werden, soweit das Lenken des Fahrzeugs nicht die Haupttätigkeit des Fahrers darstellt,

5. Fahrzeuge, die ausschließlich auf Inseln mit einer Fläche von nicht mehr als 2300 Quadratkilometern verkehren, die mit den übrigen Teilen des Hoheitsgebiets weder durch eine befahrbare Brücke, Furt oder einen befahrbaren Tunnel verbunden sind,

6. Fahrzeuge, die im Umkreis von 50 Kilometern vom Standort des Unternehmens zur Güterbeförderung mit Druckerdgas-, Flüssiggas- oder Elektroantrieb verwendet werden und deren zulässige Höchstmasse einschließlich Anhänger oder Sattelanhänger 7,5 Tonnen nicht übersteigt,

7. Fahrzeuge, die zum Fahrschulunterricht und zur Fahrprüfung zwecks Erlangung der Fahrerlaubnis oder eines beruflichen Befähigungsnachweises dienen, sofern diese Fahrzeuge nicht für die gewerbliche Personen- oder Güterbeförderung verwendet werden,

8. Fahrzeuge, die in Verbindung mit der Instandhaltung von Kanalisation, Hochwasserschutz, Wasser-, Gas- und Elektrizitätsversorgung, Straßenunterhaltung und -kontrolle, Hausmüllabfuhr, Telegramm- und Telefondienstleistungen, Rundfunk und Fernsehen sowie zur Erfassung von Radio- beziehungsweise Fernsehsendern oder -geräten eingesetzt werden,

9. Fahrzeuge mit zehn bis 17 Sitzen, die ausschließlich zur nicht gewerblichen Personenbeförderung verwendet werden,

10. Spezialfahrzeuge, die zum Transport von Ausrüstungen des Zirkus- oder Schaustellergewerbes verwendet werden,

11. speziell für mobile Projekte ausgerüstete Fahrzeuge, die hauptsächlich im Stand zu Lehrzwecken verwendet werden,

12. Fahrzeuge, die zum Abholen von Milch bei landwirtschaftlichen Betrieben und zur Rückgabe von Milchbehältern oder zur Lieferung von Milcherzeugnissen für Futterzwecke an diese Betriebe verwendet werden,

13. Spezialfahrzeuge für Geld- und/oder Werttransporte,

14. Fahrzeuge, die in einem Umkreis von 250 Kilometern vom Standort des Unternehmens zum Transport tierischer Nebenprodukte im Sinne des Artikels 3 Nummer 1 der Verordnung (EG) Nr. 1069/2009 des Europäischen Parlaments und des Rates vom 21. Oktober 2009 mit Hygienevorschriften für nicht für den menschlichen Verzehr bestimmte tierische Nebenprodukte und zur Aufhebung der Verordnung (EG) Nr. 1774/2002 (Verordnung über tierische Nebenprodukte) (ABl. L 300 vom 14. 11. 2009, S. 1) in der jeweils geltenden Fassung verwendet werden,

15. Fahrzeuge, die ausschließlich auf Straßen in Güterverteilzentren wie Häfen, Umschlaganlagen des Kombinierten Verkehrs und Eisenbahnterminals verwendet werden, und

16. Fahrzeuge, die innerhalb eines Umkreises von bis zu 50 Kilometern für die Beförderung lebender Tiere von den landwirtschaftlichen Betrieben zu den lokalen Märkten und umgekehrt oder von den Märkten zu den lokalen Schlachthäusern verwendet werden.

(2) Abweichend von Artikel 5 Abs. 2 Satz 1 der Verordnung (EG) Nr. 561/2006 beträgt bei Beförderungen in einem Umkreis von 50 Kilometern vom Standort des Fahrzeugs das Mindestalter der Beifahrer zum Zwecke der Berufsausbildung 16 Jahre.

Abschnitt 6. Europäisches Übereinkommen über die Arbeit des im internationalen Straßenverkehr beschäftigten Fahrpersonals (AETR)

§ 19 Kontrollgeräte nach dem Europäischen Übereinkommen über die Arbeit des im internationalen Straßenverkehr beschäftigten Fahrpersonals (AETR)

[1] Auf Grund des Artikels 3 Absatz 1, des Artikels 10 Absatz 1 und des Artikels 13 Absatz 1 des AETR in Verbindung mit Artikel 2 Abs. 3 der Verordnung (EG) Nr. 561/2006 hat der Unternehmer in Fahrzeuge, die dem AETR unterliegen und mit denen das Hoheitsgebiet der Bundesrepublik Deutschland befahren wird, vor Antritt derartiger Fahrten Kontrollgeräte einbauen zu lassen. [2] Die Kontrollgeräte nach Satz 1 sind von dem Fahrer zu benutzen. [3] Die Kontrollgeräte sind nach den Artikeln 10 bis 14 des Anhangs zum AETR zu betreiben. [4] Bauart, Einbau, Benutzung und Prüfung der Kontrollgeräte richten sich nach den Vorschriften des AETR einschließlich seines Anhangs und der Anlagen. [5] Kontrollgeräte im Sinne der Verordnung (EWG) Nr. 3821/85 erfüllen die Anforderungen nach Satz 4.

Abschnitt 7. Sonstige Vorschriften

§ 20 Nachweis über berücksichtigungsfreie Tage

(1) [1] Fahrer, die die in Artikel 15 Abs. 7 der Verordnung (EWG) Nr. 3821/85 oder Kapitel III Artikel 12 des Anhangs zum AETR oder dieser Verordnung vorgeschriebenen Nachweise nicht oder nicht vollständig vorlegen können, weil sie an einem oder mehreren der vorausgegangenen 28 Kalendertage

1. ein Fahrzeug gelenkt haben, für deren Führen eine Nachweispflicht nicht besteht,

2. erkrankt waren,

3. sich im Urlaub befanden oder

4. aus anderen Gründen kein Fahrzeug gelenkt haben,

haben bei einer Kontrolle den zuständigen Personen auf Verlangen eine entsprechende Bescheinigung des Unternehmers vorzulegen. [2] Diese Bescheinigung darf nicht handschriftlich ausgefüllt sein. [3] Der Unternehmer hat den betroffenen Fahrern die Bescheinigung vor Fahrtantritt unter Angabe der Gründe für das Fehlen von Arbeitszeitnachweisen auszustellen und auszuhändigen. [4] Die Bescheinigung ist vom Unternehmer oder einer von ihm beauftragten Person, die nicht der Fahrer selbst sein darf, und vom Fahrer zu unterzeichnen. [5] Nach Ablauf der Mitführungspflicht hat der Fahrer die Bescheinigung unverzüglich im Unternehmen abzugeben.

(2) In den Fällen, in denen eine solche Bescheinigung nicht ausgestellt werden konnte, weil die berücksichtigungsfreien Tage unterwegs angefallen sind, hat der Unternehmer auf Verlangen der zuständigen Kontrollbehörde oder -stelle nachträglich eine Bescheinigung auszustellen oder vorzulegen.

(3) [1] Der Unternehmer hat die Bescheinigungen ab dem Zeitpunkt der Rückgabe durch den Fahrer ein Jahr außerhalb des Fahrzeugs aufzubewahren und den Fahrern auf Verlangen eine Kopie auszuhändigen. [2] Nach Ablauf der Aufbewahrungspflicht sind die Bescheinigungen bis zum 31. März des folgenden Kalenderjahres zu vernichten.

§ 20 a Verantwortlichkeiten

(1) [1] Die Verkehrsunternehmen sind verpflichtet, ihren Betrieb nach Maßgabe von Artikel 10 Abs. 1 und 2 der Verordnung (EG) Nr. 561/2006 zu organisieren. [2] Dies gilt auch für Fahrten im Hoheitsgebiet eines anderen Mitgliedstaates der Europäischen

Union, eines Vertragsstaates des Abkommens über den Europäischen Wirtschaftsraum oder eines Drittstaates.

(2) Neben den Verkehrsunternehmen sind auch die mit diesen in geschäftlicher Verbindung stehenden Verlader, Spediteure, Reiseveranstalter, Hauptauftragnehmer, Unterauftragnehmer und Fahrervermittlungsagenturen für die Einhaltung der Vorschriften der Verordnung (EG) Nr. 561/2006 und der vorliegenden Verordnung verantwortlich.

(3) Die Verkehrsunternehmen, Verlader, Spediteure, Reiseveranstalter, Hauptauftragnehmer, Unterauftragnehmer und Fahrervermittlungsagenturen stellen sicher, dass die vertraglich vereinbarten Beförderungszeitpläne nicht gegen die Verordnung (EG) Nr. 561/2006 verstoßen.

Abschnitt 8. Ordnungswidrigkeiten

§ 21 Ordnungswidrigkeiten

(1) Ordnungswidrig im Sinne des § 8 Abs. 1 Nr. 1 Buchstabe a des Fahrpersonalgesetzes handelt, wer als Unternehmer vorsätzlich oder fahrlässig

1. entgegen § 1 Abs. 5 Satz 1 nicht dafür sorgt, dass die dort genannten Vorschriften eingehalten werden,
2. entgegen § 1 Abs. 6 Satz 7 Nr. 2 oder 3 jeweils auch in Verbindung mit Abs. 7 Satz 3 eine Aufzeichnung oder ein Schaublatt nicht oder nicht rechtzeitig prüft oder nicht, nicht in der vorgeschriebenen Weise oder nicht für die vorgeschriebene Dauer aufbewahrt oder nicht oder nicht rechtzeitig vorlegt oder eine Maßnahme nicht oder nicht rechtzeitig ergreift,
3. entgegen § 1 Abs. 7 Satz 3 ein Schaublatt nicht oder nicht rechtzeitig aushändigt oder nicht dafür sorgt, dass das Kontrollgerät oder der Fahrtschreiber benutzt wird,
4. entgegen § 2 Abs. 4 Satz 1 nicht sicherstellt, dass die Daten des Fahrzeugspeichers übertragen und gespeichert werden,
5. entgegen § 2 Abs. 5 Satz 1 oder 2 nicht sicherstellt, dass die dort genannten Daten kopiert werden,
6. entgegen § 2 Abs. 5 Satz 4 Daten nicht oder nicht rechtzeitig zur Verfügung stellt,
7. entgegen § 2 Abs. 5 Satz 5 eine Sicherheitskopie nicht oder nicht rechtzeitig erstellt,
8. entgegen § 2 Abs. 6 Satz 1 Daten nicht oder nicht rechtzeitig zur Verfügung stellt,
8 a. entgegen § 2 a Unterlagen nicht oder nicht ein Jahr aufbewahrt oder nicht zur Verfügung stellt,
9. entgegen § 19 Satz 1 ein Kontrollgerät nicht oder nicht rechtzeitig einbauen lässt oder
10. entgegen § 20 Abs. 1 Satz 2, 3 oder Satz 4 oder Abs. 2 oder 3 eine dort genannte Bescheinigung nicht, nicht richtig, nicht rechtzeitig ausstellt, nicht oder nicht rechtzeitig aushändigt oder nicht oder nicht rechtzeitig vorlegt oder nicht für den vorgeschriebenen Zeitraum aufbewahrt.

(2) Ordnungswidrig im Sinne des § 8 Abs. 1 Nr. 2 Buchstabe a des Fahrpersonalgesetzes handelt, wer als Fahrer vorsätzlich oder fahrlässig

1. entgegen § 1 Abs. 1 oder 3 Nr. 1 Satz 1 oder Nr. 2 Satz 2 Lenkzeiten, Fahrtunterbrechungen oder Ruhezeiten nicht einhält,
2. entgegen § 1 Abs. 6 Sätze 1 bis 6, jeweils auch in Verbindung mit Abs. 7 Satz 3, eine Aufzeichnung nicht, nicht richtig oder nicht vollständig führt oder eine Aufzeichnung oder ein Schaublatt nicht mitführt oder nicht oder nicht rechtzeitig aushändigt,

1b. Fahrpersonalverordnung Anh. 1b

3. entgegen § 1 Abs. 7 Satz 1 ein Kontrollgerät oder einen Fahrtschreiber nicht oder nicht richtig betreibt,
4. entgegen § 1 Abs. 7 Satz 2 die Schicht oder die Pausen auf dem Schaublatt nicht, nicht richtig oder nicht rechtzeitig vermerkt,
5. entgegen § 1 Abs. 7 Satz 4 die Schaublätter nicht mitführt oder nicht oder nicht rechtzeitig zur Prüfung aushändigt,
6. entgegen § 2 Abs. 1 ein Kontrollgerät nicht oder nicht richtig bedient oder die Benutzerführung nicht oder nicht richtig beachtet,
7. entgegen § 2 Abs. 2 einen dort genannten Zeitraum auf der Fahrerkarte nicht, nicht richtig oder nicht rechtzeitig einträgt,
8. *(aufgehoben)*
9. entgegen § 2 Abs. 3 Satz 1 einen Ausdruck nicht oder nicht rechtzeitig vorlegt,
10. entgegen § 2 Abs. 4 Satz 3 den Ausdruck nicht oder nicht rechtzeitig weiterleitet,
11. entgegen § 5 Abs. 4 Satz 1 die Fahrerkarte einem Dritten zur Nutzung überlässt,
12. entgegen § 5 Abs. 4 Satz 2 die Fahrerkarte nicht mitführt oder nicht oder nicht rechtzeitig zur Prüfung aushändigt,
13. entgegen § 6 die abgelaufene Fahrerkarte oder den Ausdruck nicht oder nicht mindestens 28 Kalendertage mitführt,
14. entgegen § 19 Satz 2 ein Kontrollgerät nicht benutzt oder
15. entgegen § 20 Abs. 1 Satz 1 oder Satz 4 eine Bescheinigung oder einen Nachweis nicht, nicht richtig, nicht rechtzeitig vorlegt oder die Bescheinigung selbst als beauftragte Person unterzeichnet.

(3) Ordnungswidrig im Sinne des § 8 Abs. 1 Nr. 4 Buchstabe a des Fahrpersonalgesetzes handelt, wer als Werkstattinhaber oder als verantwortliche Fachkraft (Installateur) vorsätzlich oder fahrlässig

1. entgegen § 8 Abs. 1 Satz 1 erster Halbsatz den Wegfall der Erteilungsvoraussetzungen nicht meldet oder
2. entgegen § 4 Abs. 4 Satz 5 oder § 8 Abs. 1 Satz 1 zweiter Halbsatz in Verbindung mit Satz 3 oder 5 eine Werkstattkarte nicht oder nicht rechtzeitig zurückgibt.

§ 22 *(aufgehoben)*

§ 23 Zuwiderhandlungen gegen die Verordnung (EWG) Nr. 3821/85

(1) Ordnungswidrig im Sinne des § 8 Abs. 1 Nr. 1 Buchstabe b des Fahrpersonalgesetzes handelt, wer als Unternehmer gegen die Verordnung (EWG) Nr. 3821/85 des Rates vom 20. Dezember 1985 über das Kontrollgerät im Straßenverkehr (ABl. EG Nr. L 370 S. 8), zuletzt geändert durch Artikel 26 der Verordnung (EG) Nr. 561/2006 des Europäischen Parlaments und des Rates vom 15. März 2006 (ABl. EU Nr. L 102 S. 1), verstößt, indem er vorsätzlich oder fahrlässig

1. entgegen Artikel 3 Abs. 1 erster Halbsatz ein Kontrollgerät nicht einbaut oder nicht benutzt,
2. entgegen Artikel 13 für das ordnungsgemäße Funktionieren des Kontrollgerätes oder die ordnungsgemäße Benutzung des Kontrollgerätes oder der Fahrerkarte nicht sorgt,
3. entgegen Artikel 14 Abs. 1 Unterabs. 1 Satz 1 eine ausreichende Anzahl Schaublätter nicht aushändigt,
4. entgegen Artikel 14 Abs. 1 Unterabs. 1 Satz 2 ein Schaublatt aushändigt, das sich für das eingebaute Kontrollgerät nicht eignet,

Anh. 1b

5. entgegen Artikel 14 Abs. 1 Unterabs. 2 nicht dafür Sorge trägt, dass der dort genannte Ausdruck ordnungsgemäß erfolgen kann,

6. entgegen Artikel 14 Abs. 2 Satz 3 ein Schaublatt nicht oder nicht rechtzeitig vorlegt oder nicht oder nicht rechtzeitig aushändigt oder

7. entgegen Artikel 16 Abs. 1 Unterabs. 1, auch in Verbindung mit Unterabs. 2, eine Reparatur nicht, nicht richtig oder nicht rechtzeitig durchführen lässt.

(2) Ordnungswidrig im Sinne des § 8 Abs. 1 Nr. 2 Buchstabe b des Fahrpersonalgesetzes handelt, wer als Fahrer gegen die Verordnung (EWG) Nr. 3821/85 verstößt, indem er vorsätzlich oder fahrlässig

1. entgegen Artikel 3 Abs. 1 erster Halbsatz ein Kontrollgerät nicht benutzt,

2. entgegen Artikel 13 für das ordnungsgemäße Funktionieren des Kontrollgerätes oder die ordnungsgemäße Benutzung des Kontrollgerätes oder der Fahrerkarte nicht sorgt,

3. entgegen Artikel 14 Abs. 1 Unterabs. 2 nicht dafür Sorge trägt, dass der dort genannte Ausdruck ordnungsgemäß erfolgen kann,

4. entgegen Artikel 14 Abs. 4 Buchstabe a Unterabs. 3 Satz 2 oder 3 eine andere Fahrerkarte, eine defekte Fahrerkarte oder eine Fahrerkarte, deren Gültigkeit abgelaufen ist, benutzt,

5. entgegen Artikel 15 Abs. 1 Unterabs. 1 Satz 1 oder Abs. 2 Unterabs. 1 Satz 2 oder 3 ein Schaublatt oder eine Fahrerkarte verwendet oder entnimmt,

6. entgegen Artikel 15 Abs. 1 Unterabs. 5 einen Ausdruck nicht oder nicht rechtzeitig fertigt oder eine dort genannte Angabe oder eine dort genannte Zeit nicht, nicht richtig, nicht vollständig oder nicht rechtzeitig einträgt,

7. entgegen Artikel 15 Abs. 2 Unterabs. 1 Satz 1 ein Schaublatt oder eine Fahrerkarte nicht benutzt,

8. entgegen Artikel 15 Abs. 2 Unterabs. 2 oder 3 oder Abs. 5 eine Eintragung oder eine Änderung nicht, nicht richtig, nicht vollständig, nicht in der vorgeschriebenen Weise oder nicht rechtzeitig vornimmt,

9. einer Vorschrift des Artikels 15 Abs. 3 über die Zeitmarkierung auf dem Schaublatt oder das Betätigen der Schaltvorrichtung des Kontrollgerätes zuwiderhandelt,

10. entgegen Artikel 15 Abs. 5a Unterabs. 1 Satz 1 ein Symbol nicht oder nicht richtig eingibt,

11. entgegen Artikel 15 Abs. 7 Buchstabe a oder b ein Schaublatt, die Fahrerkarte, einen Ausdruck oder eine handschriftliche Aufzeichnung nicht oder nicht rechtzeitig vorlegt,

12. entgegen Artikel 16 Abs. 2 Unterabs. 1 eine dort genannte Angabe nicht, nicht richtig, nicht vollständig oder nicht für die vorgeschriebene Dauer vermerkt,

13. entgegen Artikel 16 Abs. 2 Unterabs. 2 eine Angabe nicht oder nicht rechtzeitig ausdrucken lässt oder nicht, nicht richtig, nicht vollständig oder nicht rechtzeitig macht oder den Ausdruck nicht oder nicht rechtzeitig mit der Unterschrift versieht oder

14. entgegen Artikel 16 Abs. 3 Unterabs. 3 die Fahrt ohne Fahrerkarte fortsetzt.

(3) Ordnungswidrig im Sinne des § 8 Abs. 1 Nr. 4 Buchstabe b des Fahrpersonalgesetzes handelt, wer als Werkstattinhaber oder als Installateur vorsätzlich oder fahrlässig entgegen Artikel 12 Abs. 1 Unterabs. 1 der Verordnung (EWG) Nr. 3821/85 ein Kontrollgerät einbaut oder repariert.

(4) Ordnungswidrig im Sinne des § 8 Abs. 1 Nr. 1 Buchstabe b, Nr. 2 Buchstabe b oder Nr. 4 Buchstabe b des Fahrpersonalgesetzes handelt, wer als Unternehmer, Fahrer, Werkstattinhaber oder als Installateur fahrlässig entgegen Artikel 15 Abs. 8 der

1b. Fahrpersonalverordnung Anh. 1b

Verordnung (EWG) Nr. 3821/85 Aufzeichnungen auf dem Schaublatt verfälscht, unterdrückt oder vernichtet oder Speicherinhalte des Kontrollgerätes oder der Fahrerkarte oder die ausgedruckten Dokumente von dem Kontrollgerät nach Anhang IB verfälscht, unterdrückt oder vernichtet oder eine Einrichtung hierfür im Fahrzeug bereithält.

§ 24 Zuwiderhandlungen gegen die Verordnung (EG) Nr. 2135/98

Ordnungswidrig im Sinne des § 8 Abs. 1 Nr. 2 Buchstabe b des Fahrpersonalgesetzes handelt, wer als Fahrer vorsätzlich oder fahrlässig entgegen Artikel 2 Abs. 4 der Verordnung (EG) Nr. 2135/98 des Rates vom 24. September 1998 zur Änderung der Verordnung (EWG) Nr. 3821/85 über das Kontrollgerät im Straßenverkehr und der Richtlinie 88/599/EWG über die Anwendung der Verordnungen (EWG) Nr. 3820/85 und (EWG) Nr. 3821/85 (ABl. EG Nr. L 274 S. 1), die durch die Verordnung (EG) Nr. 1360/2002 der Kommission vom 13. Juni 2002 (ABl. EG Nr. L 207 S. 1) geändert worden ist, eine Angabe nicht oder nicht rechtzeitig ausdruckt oder nicht oder nicht rechtzeitig überträgt oder das ausgedruckte Dokument nicht oder nicht rechtzeitig unterzeichnet.

§ 25 Zuwiderhandlungen gegen das AETR

(1) Ordnungswidrig im Sinne des § 8 Absatz 1 Nummer 1 Buchstabe b des Fahrpersonalgesetzes handelt, wer als Unternehmer gegen das Europäische Übereinkommen über die Arbeit des im internationalen Straßenverkehr beschäftigten Fahrpersonals (AETR) in der Fassung der Bekanntmachung vom 31. Juli 1985 (BGBl. 1985 II S. 889), das zuletzt durch Artikel 1 des Gesetzes vom 2. November 2011 (BGBl. 2011 II S. 1095) geändert worden ist, verstößt, indem er vorsätzlich oder fahrlässig

1. entgegen Artikel 5 einen Fahrer einsetzt, der die dort genannten Voraussetzungen nicht erfüllt,
2. entgegen Artikel 11 Absatz 1 in Verbindung mit Artikel 6 Absatz 1 Satz 1, Absatz 2 oder Absatz 3, Artikel 7 Absatz 1 oder Artikel 8 Absatz 1, 2 Satz 1, Absatz 3, 5, 6 Buchstabe a oder Buchstabe c Satz 1, 3 oder Satz 4 oder Absatz 7 den Fahrbetrieb nicht oder nicht richtig organisiert,
3. entgegen Artikel 11 Absatz 2 Satz 2 einen festgestellten Verstoß gegen das Übereinkommen nicht oder nicht rechtzeitig abstellt oder eine dort genannte Maßnahme nicht oder nicht rechtzeitig trifft,
4. entgegen Artikel 10 des Anhangs für das einwandfreie Funktionieren oder die ordnungsgemäße Benutzung des Kontrollgerätes oder der Fahrerkarte nicht sorgt,
5. entgegen Artikel 11 Absatz 1 des Anhangs ein dort genanntes Schaublatt nicht oder nicht richtig aushändigt oder nicht dafür Sorge trägt, dass ein dort genannter Ausdruck erfolgen kann,
6. entgegen Artikel 11 Absatz 2 Buchstabe a Satz 1 des Anhangs ein Schaublatt oder eine Kopie nicht oder nicht mindestens ein Jahr aufbewahrt,
7. entgegen Artikel 11 Absatz 2 Buchstabe a Satz 3 des Anhangs ein Schaublatt nicht oder nicht rechtzeitig aushändigt,
8. entgegen Artikel 11 Absatz 2 Buchstabe b Ziffer ii des Anhangs nicht sicherstellt, dass alle Daten aus der Fahrzeugeinheit und der Fahrerkarte heruntergeladen werden oder mindestens zwölf Monate aufbewahrt werden und die Daten auf Verlangen zur Verfügung stehen, oder
9. entgegen Artikel 13 Absatz 1 Unterabsatz 1 des Anhangs eine Reparatur nicht oder nicht rechtzeitig durchführen lässt.

(2) Ordnungswidrig im Sinne des § 8 Absatz 1 Nummer 2 Buchstabe b des Fahrpersonalgesetzes handelt, wer als Fahrer gegen das Europäische Übereinkommen über die

Anh. 1b

Arbeit des im internationalen Straßenverkehr beschäftigten Fahrpersonals (AETR) verstößt, indem er vorsätzlich oder fahrlässig

1. entgegen Artikel 5 ein Fahrzeug führt, ohne das dort festgelegte Mindestalter erreicht zu haben oder ohne einer dort festgesetzten Anforderung zu entsprechen,
2. entgegen Artikel 6 Absatz 1 Satz 1, Absatz 2 oder Absatz 3, Artikel 7 Absatz 1 oder Artikel 8 Absatz 1, 2, 5, 6 oder 7 oder Artikel 8bis eine Lenkzeit, eine Unterbrechung oder eine Ruhezeit nicht einhält,
3. entgegen Artikel 6 Absatz 5 Satz 1 eine dort genannte Zeit nicht oder nicht richtig festhält,
4. entgegen Artikel 9 Satz 2 Art oder Grund einer Abweichung nicht, nicht richtig oder nicht rechtzeitig vermerkt,
5. entgegen Artikel 10 des Anhangs für das einwandfreie Funktionieren und die ordnungsgemäße Benutzung des Kontrollgerätes sowie der Fahrerkarte nicht sorgt,
6. entgegen Artikel 11 Absatz 1 Unterabsatz 2 des Anhangs nicht dafür Sorge trägt, dass ein dort genannter Ausdruck erfolgen kann,
7. entgegen Artikel 12 Absatz 1 Unterabsatz 1 Satz 1 oder Unterabsatz 2 des Anhangs ein angeschmutztes oder beschädigtes Schaublatt verwendet oder dem Reserveblatt das beschädigte Schaublatt nicht, nicht richtig oder nicht rechtzeitig beifügt,
8. entgegen Artikel 12 Absatz 2 Buchstabe a Satz 1 des Anhangs ein Schaublatt oder eine Fahrerkarte nicht oder nicht rechtzeitig benutzt,
9. entgegen Artikel 12 Absatz 2 Buchstabe a Satz 2 oder Satz 3 des Anhangs ein Schaublatt oder eine Fahrerkarte entnimmt oder über den dort genannten Zeitraum hinaus verwendet,
10. entgegen Artikel 12 Absatz 2 Buchstabe c des Anhangs eine Änderung nicht, nicht richtig oder nicht in der vorgeschriebenen Weise vornimmt,
11. entgegen Artikel 12 Absatz 7 Buchstabe a oder Buchstabe b des Anhangs ein dort genanntes Schaublatt, eine Fahrerkarte oder einen dort genannten Ausdruck nicht oder nicht rechtzeitig vorlegt,
12. entgegen Artikel 13 Absatz 2 Buchstabe a des Anhangs eine dort genannte Angabe nicht, nicht richtig, nicht vollständig, nicht in der vorgeschriebenen Weise oder nicht rechtzeitig vermerkt oder
13. entgegen Artikel 13 Absatz 2 Buchstabe b Ziffer i des Anhangs eine Angabe nicht, nicht richtig oder nicht rechtzeitig ausdruckt, den Ausdruck nicht oder nicht rechtzeitig mit der Unterschrift versieht oder eine Zeit nicht, nicht richtig oder nicht rechtzeitig einträgt.

(3) Ordnungswidrig im Sinne des § 8 Absatz 1 Nummer 4 Buchstabe b des Fahrpersonalgesetzes handelt, wer als Werkstattinhaber oder als Installateur vorsätzlich oder fahrlässig entgegen Artikel 9 Absatz 1 des Anhangs zum Europäischen Übereinkommen über die Arbeit des im internationalen Straßenverkehr beschäftigten Fahrpersonals (AETR) ein Kontrollgerät einbaut oder repariert.

Abschnitt 9. Übergangsvorschriften

§ 26 [Übergangsvorschriften]

Kontrollgerätkarten, die vor Inkrafttreten dieser Verordnung von den zuständigen Behörden oder Stellen in einem vom Bundesministerium für Verkehr, Bau und Stadtentwicklung geregelten Verfahren erteilt worden sind, gelten als wirksam erteilt im Sinne der §§ 4, 5, 7 und 9 dieser Verordnung.

Anlagen: *(nicht abgedruckt)*

1c. Gesetz zur Regelung der Arbeitszeit von selbständigen Kraftfahrern

Vom 11. Juli 2012 (BGBl. I S. 1479)

FNA 9231-12

§ 1 Anwendungsbereich

[1] Dieses Gesetz regelt die Arbeitszeit von selbständigen Kraftfahrern im Sinne von Artikel 3 Buchstabe e der Richtlinie 2002/15/EG des Europäischen Parlaments und des Rates vom 11. März 2002 zur Regelung der Arbeitszeit von Personen, die hauptsächlich Fahrtätigkeiten im Bereich des Straßentransports ausüben (ABl. L 80 vom 23. 3. 2002, S. 35) bei Beförderungen im Straßenverkehr im Sinne der Verordnung (EG) Nr. 561/2006 des Europäischen Parlaments und des Rates vom 15. März 2006 zur Harmonisierung bestimmter Sozialvorschriften im Straßenverkehr und zur Änderung der Verordnungen (EWG) Nr. 3821/85 und (EG) Nr. 2135/98 des Rates sowie zur Aufhebung der Verordnung (EWG) Nr. 3820/85 des Rates (ABl. L 102 vom 11. 4. 2006, S. 1) oder des Europäischen Übereinkommens vom 1. Juli 1970 über die Arbeit des im internationalen Straßenverkehr beschäftigten Fahrpersonals (AETR) (BGBl. 1974 II S. 1473, 1475). [2] Die Vorschriften der Verordnung (EG) Nr. 561/2006 und des AETR bleiben unberührt.

§ 2 Begriffsbestimmungen

(1) Arbeitszeit im Sinne dieses Gesetzes ist die Zeitspanne zwischen Arbeitsbeginn und Arbeitsende ohne Ruhepausen, in der sich der selbständige Kraftfahrer an seinem Arbeitsplatz befindet, dem Kunden zur Verfügung steht und während der er seine Funktionen und Tätigkeiten ausübt; dies umfasst nicht allgemeine administrative Tätigkeiten, die keinen direkten Zusammenhang mit der gerade ausgeführten spezifischen Transporttätigkeit aufweisen.

(2) [1] Abweichend von Absatz 1 ist keine Arbeitszeit

1. die Zeit, während der sich der selbständige Kraftfahrer entsprechend der Vereinbarung mit dem Kunden am Arbeitsplatz bereithalten muss, um seine Tätigkeit aufzunehmen;
2. die Zeit, während der sich der selbständige Kraftfahrer nach der Vereinbarung mit dem Kunden bereithalten muss, um seine Tätigkeit aufnehmen zu können, ohne sich an seinem Arbeitsplatz aufhalten zu müssen;
3. die während der Fahrt neben dem Fahrer oder in einer Schlafkabine verbrachte Zeit, wenn sich der selbständige Kraftfahrer mit einem anderen Fahrer beim Fahren abwechselt.

[2] Für die Zeiten nach Satz 1 Nummer 1 und 2 gilt dies nur, wenn der Zeitraum und dessen voraussichtliche Dauer im Voraus, spätestens unmittelbar vor Beginn des betreffenden Zeitraums bekannt sind. [3] Die in Satz 1 genannten Zeiten sind keine Ruhezeiten. [4] Die in Satz 1 Nummer 1 und 2 genannten Zeiten sind keine Ruhepausen.

(3) Nachtarbeit ist jede Arbeit zwischen 0 Uhr und 4 Uhr.

(4) Eine Woche umfasst den Zeitraum von Montag 0 Uhr bis Sonntag 24 Uhr.

§ 3 Arbeitszeit

(1) [1] Der selbständige Kraftfahrer darf eine Arbeitszeit von 48 Stunden wöchentlich nicht überschreiten. [2] Er kann seine Arbeitszeit auf bis zu 60 Stunden verlängern, wenn er innerhalb von vier Kalendermonaten im Durchschnitt nicht mehr als 48 Stunden wöchentlich arbeitet.

Anh. 1c

(2) Leistet der selbständige Kraftfahrer Nachtarbeit, darf er in einem Zeitraum von jeweils 24 Stunden nicht länger als zehn Stunden arbeiten.

§ 4 Ruhezeiten

Die täglichen und wöchentlichen Ruhezeiten bestimmen sich nach den Vorschriften der Europäischen Gemeinschaften für Kraftfahrer sowie nach dem AETR.

§ 5 Ruhepause

[1] Ein selbständiger Kraftfahrer darf nicht länger als sechs Stunden hintereinander ohne Ruhepause arbeiten. [2] Die Arbeit ist durch Ruhepausen von mindestens 30 Minuten bei einer Arbeitszeit von mehr als sechs bis zu neun Stunden und 45 Minuten bei einer Arbeitszeit von mehr als neun Stunden insgesamt zu unterbrechen. [3] Die Ruhepausen nach Satz 2 können in Zeitabschnitte von jeweils mindestens 15 Minuten aufgeteilt werden.

§ 6 Aufzeichnungspflicht

[1] Der selbständige Kraftfahrer ist verpflichtet, seine Arbeitszeit täglich aufzuzeichnen, soweit sie nicht durch ein Kontrollgerät nach Anhang I oder Anhang I B der Verordnung (EWG) Nr. 3821/85 des Rates vom 20. Dezember 1985 über das Kontrollgerät im Straßenverkehr (ABl. L 370 vom 31. 12. 1985, S. 8) aufgezeichnet wird. [2] Die Aufzeichnungspflicht gilt nicht für allgemeine administrative Tätigkeiten, die keinen direkten Zusammenhang mit der gerade ausgeführten spezifischen Transporttätigkeit aufweisen. [3] Die Aufzeichnungen sind ab Erstellung mindestens zwei Jahre aufzubewahren.

§ 7 Aufsichtsbehörden

(1) Die Einhaltung dieses Gesetzes wird von den nach Landesrecht zuständigen Behörden (Aufsichtsbehörden) überwacht.

(2) Die Aufsichtsbehörde kann die erforderlichen Maßnahmen anordnen, die der selbständige Kraftfahrer zur Erfüllung der sich aus diesem Gesetz ergebenden Pflichten zu treffen hat.

(3) [1] Die Aufsichtsbehörde kann vom selbständigen Kraftfahrer die für die Durchführung dieses Gesetzes erforderlichen Auskünfte verlangen. [2] Sie kann insbesondere vom selbständigen Kraftfahrer verlangen, die Aufzeichnungen nach § 6 vorzulegen oder zur Einsicht einzusenden.

(4) [1] Die Beauftragten der Aufsichtsbehörde sind berechtigt, die Arbeitsstätten während der Betriebs- und Arbeitszeit zur Prüfung der Einhaltung dieses Gesetzes zu betreten; außerhalb dieser Zeit oder wenn sich die Arbeitsstätten in einer Wohnung befinden, dürfen sie ohne Einverständnis des Inhabers nur zur Verhütung von dringenden Gefahren für die öffentliche Sicherheit und Ordnung betreten werden. [2] Der selbständige Kraftfahrer hat das Betreten der Arbeitsstätten zu gestatten. [3] Das Grundrecht der Unverletzlichkeit der Wohnung (Artikel 13 des Grundgesetzes) wird insoweit eingeschränkt.

(5) Für die zur Auskunft verpflichtete Person gilt § 55 der Strafprozessordnung entsprechend.

§ 8 Bußgeldvorschriften

(1) Ordnungswidrig handelt, wer vorsätzlich oder fahrlässig
1. entgegen § 3 Absatz 1 Satz 1 die wöchentliche Arbeitszeit überschreitet,
2. entgegen § 3 Absatz 2 länger als zehn Stunden arbeitet,
3. entgegen § 5 Satz 1 länger als sechs Stunden hintereinander arbeitet,

1c. Regelung der Arbeitszeit von selbständigen Kraftfahrern　　　**Anh. 1c**

4. entgegen § 5 Satz 2 die Arbeit nicht oder nicht richtig unterbricht,
5. entgegen § 6 Satz 1 oder Satz 3 eine Aufzeichnung nicht, nicht richtig, nicht vollständig oder nicht rechtzeitig erstellt oder nicht oder nicht mindestens zwei Jahre aufbewahrt,
6. einer vollziehbaren Anordnung nach § 7 Absatz 2 oder Absatz 3 zuwiderhandelt oder
7. entgegen § 7 Absatz 4 Satz 2 das Betreten der Arbeitsstätte nicht gestattet.

(2) Die Ordnungswidrigkeit kann in den Fällen des Absatzes 1 Nummer 1, 2, 3 und 4 mit einer Geldbuße bis zu zehntausend Euro und in den übrigen Fällen mit einer Geldbuße bis zu fünftausend Euro geahndet werden.

§ 9 Inkrafttreten
Dieses Gesetz tritt am 1. November 2012 in Kraft.

Anlage zu 1 c
Verordnung (EG) Nr. 561/2006 des Europäischen Parlaments und des Rates vom 15. März 2006 zur Harmonisierung bestimmter Sozialvorschriften im Straßenverkehr und zur Änderung der Verordnungen (EWG) Nr. 3821/85 und (EG) Nr. 2135/98 des Rates sowie zur Aufhebung der Verordnung (EWG) Nr. 3820/85 des Rates

(ABl. Nr. L 102 S. 1, ber. ABl. Nr. L 70 S. 19)
Zuletzt geänd. durch VO (EG) 1073/2009 vom 21. 10. 2009 (ABl. Nr. L 300 S. 88)

Celex-Nr. 3 2006 R 0561

DER RAT DER EUROPÄISCHEN GEMEINSCHAFTEN –

gestützt auf den Vertrag zur Gründung der Europäischen Gemeinschaft, insbesondere auf Artikel 71,

auf Vorschlag der Kommission[1],

nach Stellungnahme des Europäischen Wirtschafts- und Sozialausschusses[2],

nach Anhörung des Ausschusses der Regionen,

gemäß dem Verfahren des Artikels 251 des Vertrags[3], im Hinblick auf den vom Vermittlungsausschuss am 8. Dezember 2005 gebilligten Gemeinsamen Entwurf,

in Erwägung nachstehender Gründe:

(1) Durch die Verordnung (EWG) Nr. 3820/85 des Rates vom 20. Dezember 1985 über die Harmonisierung bestimmter Sozialvorschriften im Straßenverkehr[4] sollten die Wettbewerbsbedingungen zwischen Binnenverkehrsträgern, insbesondere im Straßenverkehrsgewerbe, harmonisiert und die Arbeitsbedingungen und die Sicherheit im

---
[1] **Amtl. Anm.:** ABl. C 51 E vom 26. 2. 2002, S. 234.
[2] **Amtl. Anm.:** ABl. C 221 vom 17. 9. 2002, S. 19.
[3] **Amtl. Anm.:** Stellungnahme des Europäischen Parlaments vom 14. Januar 2003 (ABl. C 38 E vom 12. 2. 2004, S. 152), Gemeinsamer Standpunkt des Rates vom 9. Dezember 2004 (ABl. C 63 E vom 15. 3. 2005, S. 11) und Standpunkt des Europäischen Parlaments vom 13. April 2005 (ABl. C 33 E vom 9. 2. 2006, S. 425). Legislative Entschließung des Europäischen Parlaments vom 2. Februar 2006 und Beschluss des Rates vom 2. Februar 2006.
[4] **Amtl. Anm.:** ABl. L 370 vom 31. 12. 1985, S. 1. Geändert durch die Richtlinie 2003/59/EG des Europäischen Parlaments und des Rates (ABl. L 226 vom 10. 9. 2003, S. 4).

Anh. 1c

Straßenverkehr verbessert werden. Die in diesen Bereichen erzielten Fortschritte sollten gewahrt und ausgebaut werden.

(2) Nach der Richtlinie 2002/15/EG des Europäischen Parlaments und des Rates vom 11. März 2002 zur Regelung der Arbeitszeit von Personen, die Fahrtätigkeiten im Bereich des Straßentransports ausüben[1], sind die Mitgliedstaaten verpflichtet, Maßnahmen zur Beschränkung der wöchentlichen Höchstarbeitszeit des Fahrpersonals zu erlassen.

(3) Es hat sich als schwierig erwiesen, gewisse Bestimmungen der Verordnung (EWG) Nr. 3820/85 über Lenkzeiten, Fahrtunterbrechungen und Ruhezeiten von Fahrern im nationalen und grenzüberschreitenden Straßenverkehr innerhalb der Gemeinschaft in allen Mitgliedstaaten einheitlich auszulegen, anzuwenden, durchzusetzen und zu überwachen, weil die Bestimmungen zu allgemein gehalten sind.

(4) Eine wirksame und einheitliche Durchführung dieser Bestimmungen ist wünschenswert, damit ihre Ziele erreicht werden und ihre Anwendung nicht in Misskredit gerät. Daher sind klarere und einfachere Vorschriften nötig, die sowohl vom Straßenverkehrsgewerbe als auch den Vollzugsbehörden leichter zu verstehen, auszulegen und anzuwenden sind.

(5) Durch die in dieser Verordnung vorgesehenen Maßnahmen in Bezug auf die Arbeitsbedingungen sollte das Recht der Sozialpartner, im Zuge von Tarifverhandlungen oder in anderer Weise günstigere Bedingungen für die Arbeitnehmer festzulegen, nicht beeinträchtigt werden.

(6) Es ist wünschenswert, den Geltungsbereich dieser Verordnung klar zu bestimmen, indem die Hauptarten der von ihr erfassten Fahrzeuge aufgeführt werden.

(7) Diese Verordnung sollte für Beförderungen im Straßenverkehr, die entweder ausschließlich innerhalb der Gemeinschaft oder aber zwischen der Gemeinschaft, der Schweiz und den Vertragsstaaten des Abkommens über den Europäischen Wirtschaftsraum getätigt werden, gelten.

(8) Das Europäische Übereinkommen über die Arbeit des im internationalen Straßenverkehr beschäftigten Fahrpersonals (im Folgenden „AETR" genannt) vom 1. Juli 1970 in seiner geänderten Fassung sollte weiterhin Anwendung finden auf die Beförderung von Gütern und Personen im Straßenverkehr mit Fahrzeugen, die in einem Mitgliedstaat oder einem Staat, der Vertragspartei des AETR ist, zugelassen sind, und zwar für die gesamte Strecke von Fahrten zwischen der Gemeinschaft und einem Drittstaat außer der Schweiz und der Vertragsstaaten des Abkommens über den Europäischen Wirtschaftsraum oder durch einen solchen Staat hindurch. Es ist unabdingbar, dass das AETR so schnell wie möglich, im Idealfall innerhalb von zwei Jahren nach Inkrafttreten dieser Verordnung, geändert wird, um dessen Bestimmungen an diese Verordnung anzupassen.

(9) Bei Beförderungen im Straßenverkehr mit Fahrzeugen, die in einem Drittstaat zugelassen sind, der nicht Vertragspartei des AETR ist, sollte das AETR für den Teil der Fahrstrecke gelten, der innerhalb der Gemeinschaft oder innerhalb von Staaten liegt, die Vertragsparteien des AETR sind.

(10) Da der Gegenstand des AETR in den Geltungsbereich dieser Verordnung fällt, ist die Gemeinschaft für die Aushandlung und den Abschluss dieses Übereinkommens zuständig.

(11) Erfordert eine Änderung der innergemeinschaftlichen Regeln auf dem betreffenden Gebiet eine entsprechende Änderung des AETR, so sollten die Mitgliedstaaten gemeinsam handeln, um eine solche Änderung des AETR nach dem darin vorgesehenen Verfahren so schnell wie möglich zu erreichen.

---

[1] **Amtl. Anm.:** ABl. L 80 vom 23. 3. 2002, S. 35.

1c. Regelung der Arbeitszeit von selbständigen Kraftfahrern **Anh. 1c**

(12) Das Verzeichnis der Ausnahmen sollte aktualisiert werden, um den Entwicklungen im Kraftverkehrssektor im Laufe der letzten neunzehn Jahre Rechnung zu tragen.

(13) Alle wesentlichen Begriffe sollten umfassend definiert werden, um die Auslegung zu erleichtern und eine einheitliche Anwendung dieser Verordnung zu gewährleisten. Daneben muss eine einheitliche Auslegung und Anwendung dieser Verordnung seitens der einzelstaatlichen Kontrollbehörden angestrebt werden. Die Definition des Begriffs „Woche" in dieser Verordnung sollte Fahrer nicht daran hindern, ihre Arbeitswoche an jedem beliebigen Tag der Woche aufzunehmen.

(14) Um eine wirksame Durchsetzung zu gewährleisten, ist es von wesentlicher Bedeutung, dass die zuständigen Behörden bei Straßenkontrollen nach einer Übergangszeit in der Lage sein sollten, die ordnungsgemäße Einhaltung der Lenk- und Ruhezeiten des laufenden Tages und der vorausgehenden 28 Tage zu kontrollieren.

(15) Die grundlegenden Vorschriften über die Lenkzeiten müssen klarer und einfacher werden, um eine wirksame und einheitliche Durchsetzung mit Hilfe des digitalen Fahrtenschreibers nach der Verordnung (EWG) Nr. 3821/85 des Rates vom 20. Dezember 1985 über das Kontrollgerät im Straßenverkehr[1] und der vorliegenden Verordnung zu ermöglichen. Außerdem sollten sich die Vollzugsbehörden der Mitgliedstaaten in einem Ständigen Ausschuss um Einvernehmen über die Durchführung dieser Verordnung bemühen.

(16) Nach den Vorschriften der Verordnung (EWG) Nr. 3820/85 war es möglich, die täglichen Lenkzeiten und Fahrtunterbrechungen so zu planen, dass Fahrer zu lange ohne eine vollständige Fahrtunterbrechung fahren konnten, was zu Beeinträchtigungen der Straßenverkehrssicherheit und schlechteren Arbeitsbedingungen für die Fahrer geführt hat. Es ist daher angebracht, sicherzustellen, dass aufgeteilte Fahrtunterbrechungen so angeordnet werden, dass Missbrauch verhindert wird.

(17) Mit dieser Verordnung sollen die sozialen Bedingungen für die von ihr erfassten Arbeitnehmer sowie die allgemeine Straßenverkehrssicherheit verbessert werden. Dazu dienen insbesondere die Bestimmungen über die maximale Lenkzeit pro Tag, pro Woche und pro Zeitraum von zwei aufeinander folgenden Wochen, die Bestimmung über die Verpflichtung der Fahrer, mindestens einmal in jedem Zeitraum von zwei aufeinander folgenden Wochen eine regelmäßige wöchentliche Ruhezeit zu nehmen, und die Bestimmungen, wonach eine tägliche Ruhezeit unter keinen Umständen einen ununterbrochenen Zeitraum von neun Stunden unterschreiten sollte. Da diese Bestimmungen angemessene Ruhepausen garantieren, ist unter Berücksichtigung der Erfahrungen mit der praktischen Durchführung in den vergangenen Jahren ein Ausgleichssystem für reduzierte tägliche Ruhezeiten nicht mehr notwendig.

(18) Viele Beförderungen im innergemeinschaftlichen Straßenverkehr enthalten Streckenabschnitte, die mit Fähren oder auf der Schiene zurückgelegt werden. Für solche Beförderungen sollten deshalb klare und sachgemäße Bestimmungen über die täglichen Ruhezeiten und Fahrtunterbrechungen festgelegt werden.

(19) Angesichts der Zunahme des grenzüberschreitenden Güter- und Personenverkehrs ist es im Interesse der Straßenverkehrssicherheit und einer besseren Durchsetzung von Straßenkontrollen und Kontrollen auf dem Betriebsgelände von Unternehmen wünschenswert, dass auch die in anderen Mitgliedstaaten oder Drittstaaten angefallenen Lenkzeiten, Ruhezeiten und Fahrtunterbrechungen kontrolliert werden und festgestellt wird, ob die entsprechenden Vorschriften in vollem Umfang und ordnungsgemäß eingehalten wurden.

---

[1] **Amtl. Anm.:** ABl. L 370 vom 31. 12. 1985, S. 8. Zuletzt geändert durch die Verordnung (EG) Nr. 432/2004 der Kommission (ABl. L 71 vom 10. 3. 2004, S. 3).

Anh. 1c

(20) Die Haftung von Verkehrsunternehmen sollte zumindest für Verkehrsunternehmen gelten, die juristische oder natürliche Personen sind, ohne jedoch die Verfolgung natürlicher Personen auszuschließen, die Verstöße gegen diese Verordnung begehen, dazu anstiften oder Beihilfe leisten.

(21) Fahrer, die für mehrere Verkehrsunternehmen tätig sind, müssen jedes dieser Unternehmen angemessen informieren, damit diese ihren Pflichten aus dieser Verordnung nachkommen können.

(22) Zur Förderung des sozialen Fortschritts und zur Verbesserung der Straßenverkehrssicherheit sollte jeder Mitgliedstaat das Recht behalten, bestimmte zweckmäßige Maßnahmen zu treffen.

(23) Nationale Abweichungen sollten die Änderungen im Kraftverkehrsektor widerspiegeln und sich auf jene Elemente beschränken, die derzeit keinem Wettbewerbsdruck unterliegen.

(24) Die Mitgliedstaaten sollten Vorschriften für Fahrzeuge erlassen, die zur Personenbeförderung im Linienverkehr dienen, wenn die Strecke nicht mehr als 50 km beträgt. Diese Vorschriften sollten einen angemessenen Schutz in Form von erlaubten Lenkzeiten und vorgeschriebenen Fahrtunterbrechungen und Ruhezeiten bieten.

(25) Im Interesse einer wirksamen Durchsetzung dieser Verordnung ist es wünschenswert, dass alle inländischen und grenzüberschreitenden Personenlinienverkehrsdienste unter Einsatz eines Standardkontrollgeräts kontrolliert werden.

(26) Die Mitgliedstaaten sollten Sanktionen festlegen, die bei Verstößen gegen diese Verordnung zu verhängen sind, und deren Durchsetzung gewährleisten. Diese Sanktionen müssen wirksam, verhältnismäßig, abschreckend und nicht diskriminierend sein. Die Möglichkeit, ein Fahrzeug bei einem schweren Verstoß stillzulegen, sollte in das gemeinsame Spektrum möglicher Maßnahmen der Mitgliedstaaten aufgenommen werden. Die in dieser Verordnung enthaltenen Bestimmungen über Sanktionen oder Verfahren sollten nationale Beweislastregeln unberührt lassen.

(27) Im Interesse einer klaren und wirksamen Durchsetzung dieser Verordnung sind einheitliche Bestimmungen über die Haftung von Verkehrsunternehmen und Fahrern bei Verstößen gegen diese Verordnung wünschenswert. Diese Haftung kann in den Mitgliedstaaten gegebenenfalls strafrechtliche, zivilrechtliche oder verwaltungsrechtliche Sanktionen zur Folge haben.

(28) Da das Ziel dieser Verordnung, nämlich die Festlegung eindeutiger gemeinsamer Vorschriften über Lenk- und Ruhezeiten, auf Ebene der Mitgliedstaaten nicht ausreichend erreicht werden kann und daher wegen der Notwendigkeit koordinierter Maßnahmen besser auf Gemeinschaftsebene zu erreichen ist, kann die Gemeinschaft im Einklang mit dem in Artikel 5 des Vertrags niedergelegten Subsidiaritätsprinzip tätig werden. Entsprechend dem in demselben Artikel genannten Verhältnismäßigkeitsprinzip geht diese Verordnung nicht über das für die Erreichung dieses Ziels erforderliche Maß hinaus.

(29) Die zur Durchführung dieser Verordnung erforderlichen Maßnahmen sollten gemäß dem Beschluss 1999/468/EG des Rates vom 28. Juni 1999 zur Festlegung der Modalitäten für die Ausübung der der Kommission übertragenen Durchführungsbefugnisse[1] erlassen werden.

(30) Da die Bestimmungen zum Mindestalter der Fahrer in der Richtlinie 2003/59/EG[2] geregelt worden sind und bis 2009 umgesetzt werden müssen, braucht diese

---

[1] **Amtl. Anm.:** ABl. L 184 vom 17. 7. 1999, S. 23.
[2] **Amtl. Anm.:** Richtlinie 2003/59/EG des Europäischen Parlaments und des Rates vom 15. Juli 2003 über die Grundqualifikation und Weiterbildung der Fahrer bestimmter Kraftfahrzeuge für den Güter- oder Personenkraftverkehr und zur Änderung der Verordnung (EWG) Nr. 3820/85 und der Richtlinie 91/439/EWG des Rates sowie zur Aufhebung der Richtlinie 76/

1c. Regelung der Arbeitszeit von selbständigen Kraftfahrern Anh. 1c

Verordnung lediglich Übergangsbestimmungen für das Mindestalter des Fahrpersonals zu enthalten.

(31) Die Verordnung (EWG) Nr. 3821/85 sollte geändert werden, um die besonderen Verpflichtungen der Verkehrsunternehmen und der Fahrer klar herauszustellen sowie um die Rechtssicherheit zu fördern und die Durchsetzung der maximalen Lenk- und Ruhezeiten durch Straßenkontrollen zu erleichtern.

(32) Die Verordnung (EWG) Nr. 3821/85 sollte auch geändert werden, um die Rechtssicherheit hinsichtlich der neuen Termine für die Einführung digitaler Fahrtenschreiber und für die Verfügbarkeit von Fahrerkarten zu fördern.

(33) Mit der Einführung des Aufzeichnungsgeräts gemäß Verordnung (EG) Nr. 2135/98 und somit der elektronischen Aufzeichnung der Tätigkeiten des Fahrers auf seiner Fahrerkarte über einen Zeitraum von 28 Tagen und des Fahrzeugs über einen Zeitraum von 365 Tagen wird in Zukunft eine schnellere und umfassendere Kontrolle auf der Straße ermöglicht.

(34) Die Richtlinie 88/599/EWG[1] schreibt für Kontrollen auf der Straße lediglich die Kontrolle der Tageslenkzeiten, der täglichen Ruhezeit sowie der Fahrtunterbrechungen vor. Mit der Einführung eines digitalen Aufzeichnungsgeräts werden die Daten des Fahrers und des Fahrzeuges elektronisch gespeichert und erlauben eine elektronische Auswertung der Daten vor Ort. Dies sollte mit der Zeit eine einfache Kontrolle der regelmäßigen und reduzierten täglichen Ruhezeiten und der regelmäßigen und reduzierten wöchentlichen Ruhezeiten sowie der Ausgleichsruhepausen ermöglichen.

(35) Die Erfahrung zeigt, dass eine Einhaltung der Bestimmungen dieser Verordnung und insbesondere der vorgeschriebenen maximalen Lenkzeit über einen Zeitraum von zwei Wochen nur durchgesetzt werden kann, wenn wirksame und effektive Kontrollen des gesamten Zeitraums durchgeführt werden.

(36) Die Anwendung der gesetzlichen Vorschriften betreffend digitale Tachografen sollte im Einklang mit dieser Verordnung erfolgen, um eine optimale Wirksamkeit bei der Überwachung und Durchsetzung bestimmter Sozialvorschriften im Straßenverkehr zu erreichen.

(37) Aus Gründen der Klarheit und Rationalisierung sollte die Verordnung (EWG) Nr. 3820/85 aufgehoben und durch diese Verordnung ersetzt werden –

HABEN FOLGENDE VERORDNUNG ERLASSEN:

Kapitel I. Einleitende Bestimmungen

Art. 1 *Einleitende Bestimmungen*

[1] Durch diese Verordnung werden Vorschriften zu den Lenkzeiten, Fahrtunterbrechungen und Ruhezeiten für Kraftfahrer im Straßengüter- und -personenverkehr festgelegt, um die Bedingungen für den Wettbewerb zwischen Landverkehrsträgern, insbesondere im Straßenverkehrsgewerbe, anzugleichen und die Arbeitsbedingungen sowie die Straßenverkehrssicherheit zu verbessern. [2] Ziel dieser Verordnung ist es ferner, zu einer besseren Kontrolle und Durchsetzung durch die Mitgliedstaaten sowie zu einer besseren Arbeitspraxis innerhalb des Straßenverkehrsgewerbes beizutragen.

914/EWG des Rates (ABl. L 226 vom 10. 9. 2003, S. 4). Geändert durch die Richtlinie 2004/66/EG des Rates (ABl. L 168 vom 1. 5. 2004, S. 35).
[1] **Amtl. Anm.:** Richtlinie 88/599/EWG des Rates vom 23. November 1988 über einheitliche Verfahren zur Anwendung der Verordnung (EWG) Nr. 3820/85 über die Harmonisierung bestimmter Sozialvorschriften im Straßenverkehr und der Verordnung (EWG) Nr. 3821/85 über das Kontrollgerät im Straßenverkehr (ABl. L 325 vom 29. 11. 1988, S. 55).

Anh. 1c

Art. 2 *Sachlicher und räumlicher Geltungsbereich*

(1) Diese Verordnung gilt für folgende Beförderungen im Straßenverkehr:
a) Güterbeförderung mit Fahrzeugen, deren zulässige Höchstmasse einschließlich Anhänger oder Sattelanhänger 3,5 t übersteigt, oder
b) Personenbeförderung mit Fahrzeugen, die für die Beförderung von mehr als neun Personen einschließlich des Fahrers konstruiert oder dauerhaft angepasst und zu diesem Zweck bestimmt sind.

(2) Diese Verordnung gilt unabhängig vom Land der Zulassung des Fahrzeugs für Beförderungen im Straßenverkehr
a) ausschließlich innerhalb der Gemeinschaft oder
b) zwischen der Gemeinschaft, der Schweiz und den Vertragsstaaten des Abkommens über den Europäischen Wirtschaftsraum.

(3) Das AETR gilt anstelle dieser Verordnung für grenzüberschreitende Beförderungen im Straßenverkehr, die teilweise außerhalb der in Absatz 2 genannten Gebiete erfolgen,
a) im Falle von Fahrzeugen, die in der Gemeinschaft oder in Staaten, die Vertragsparteien des AETR sind, zugelassen sind, für die gesamte Fahrstrecke;
b) im Falle von Fahrzeugen, die in einem Drittstaat, der nicht Vertragspartei des AETR ist, zugelassen sind, nur für den Teil der Fahrstrecke, der im Gebiet der Gemeinschaft oder von Staaten liegt, die Vertragsparteien des AETR sind.

Die Bestimmungen des AETR sollten an die Bestimmungen dieser Verordnung angepasst werden, damit die wesentlichen Bestimmungen dieser Verordnung über das AETR auf solche Fahrzeuge für den auf Gemeinschaftsgebiet liegenden Fahrtabschnitt angewendet werden können.

Art. 3 *Ausnahmen vom Geltungsbereich*

Diese Verordnung gilt nicht für Beförderungen im Straßenverkehr mit folgenden Fahrzeugen:
a) Fahrzeuge, die zur Personenbeförderung im Linienverkehr verwendet werden, wenn die Linienstrecke nicht mehr als 50 km beträgt;
b) Fahrzeuge mit einer zulässigen Höchstgeschwindigkeit von nicht mehr als 40 km/h;
c) Fahrzeuge, die Eigentum der Streitkräfte, des Katastrophenschutzes, der Feuerwehr oder der für die Aufrechterhaltung der öffentlichen Ordnung zuständigen Kräfte sind oder von ihnen ohne Fahrer angemietet werden, sofern die Beförderung aufgrund der diesen Diensten zugewiesenen Aufgaben stattfindet und ihrer Aufsicht unterliegt;
d) Fahrzeuge – einschließlich Fahrzeuge, die für nichtgewerbliche Transporte für humanitäre Hilfe verwendet werden –, die in Notfällen oder bei Rettungsmaßnahmen verwendet werden;
e) Spezialfahrzeuge für medizinische Zwecke;
f) spezielle Pannenhilfefahrzeuge, die innerhalb eines Umkreises von 100 km um ihren Standort eingesetzt werden;
g) Fahrzeuge, mit denen zum Zweck der technischen Entwicklung oder im Rahmen von Reparatur- oder Wartungsarbeiten Probefahrten auf der Straße durchgeführt werden, sowie neue oder umgebaute Fahrzeuge, die noch nicht in Betrieb genommen worden sind;
h) Fahrzeuge oder Fahrzeugkombinationen mit einer zulässigen Höchstmasse von nicht mehr als 7,5 t, die zur nichtgewerblichen Güterbeförderung verwendet werden;
i) Nutzfahrzeuge, die nach den Rechtsvorschriften des Mitgliedstaats, in dem sie verwendet werden, als historisch eingestuft werden und die zur nichtgewerblichen Güter- oder Personenbeförderung verwendet werden.

1c. Regelung der Arbeitszeit von selbständigen Kraftfahrern Anh. 1c

Art. 4 *Begriffsbestimmungen*

Im Sinne dieser Verordnung bezeichnet der Ausdruck

a) „Beförderung im Straßenverkehr" jede ganz oder teilweise auf einer öffentlichen Straße durchgeführte Fahrt eines zur Personen- oder Güterbeförderung verwendeten leeren oder beladenen Fahrzeugs;

b) „Fahrzeug" ein Kraftfahrzeug, eine Zugmaschine, einen Anhänger oder Sattelanhänger oder eine Kombination dieser Fahrzeuge gemäß den nachstehenden Definitionen:
   - „Kraftfahrzeug": jedes auf der Straße verkehrende Fahrzeug mit Eigenantrieb, das normalerweise zur Personen- oder Güterbeförderung verwendet wird, mit Ausnahme von dauerhaft auf Schienen verkehrenden Fahrzeugen;
   - „Zugmaschine": jedes auf der Straße verkehrende Fahrzeug mit Eigenantrieb, das speziell dafür ausgelegt ist, Anhänger, Sattelanhänger, Geräte oder Maschinen zu ziehen, zu schieben oder zu bewegen, mit Ausnahme von dauerhaft auf Schienen verkehrenden Fahrzeugen;
   - „Anhänger": jedes Fahrzeug, das dazu bestimmt ist, an ein Kraftfahrzeug oder eine Zugmaschine angehängt zu werden;
   - „Sattelanhänger": ein Anhänger ohne Vorderachse, der so angehängt wird, dass ein beträchtlicher Teil seines Eigengewichts und des Gewichts seiner Ladung von der Zugmaschine oder vom Kraftfahrzeug getragen wird;

c) „Fahrer" jede Person, die das Fahrzeug, sei es auch nur kurze Zeit, selbst lenkt oder sich in einem Fahrzeug befindet, um es – als Bestandteil seiner Pflichten – gegebenenfalls lenken zu können;

d) „Fahrtunterbrechung" jeden Zeitraum, in dem der Fahrer keine Fahrtätigkeit ausüben und keine anderen Arbeiten ausführen darf und der ausschließlich zur Erholung genutzt wird;

e) „andere Arbeiten" alle in Artikel 3 Buchstabe a der Richtlinie 2002/15/EG als „Arbeitszeit" definierten Tätigkeiten mit Ausnahme der Fahrtätigkeit sowie jegliche Arbeit für denselben oder einen anderen Arbeitgeber, sei es inner- oder außerhalb des Verkehrssektors;

f) „Ruhepause" jeden ununterbrochenen Zeitraum, in dem ein Fahrer frei über seine Zeit verfügen kann;

g) „tägliche Ruhezeit" den täglichen Zeitraum, in dem ein Fahrer frei über seine Zeit verfügen kann und der eine „regelmäßige tägliche Ruhezeit" und eine „reduzierte tägliche Ruhezeit" umfasst;
   - „regelmäßige tägliche Ruhezeit" eine Ruhepause von mindestens 11 Stunden. Diese regelmäßige tägliche Ruhezeit kann auch in zwei Teilen genommen werden, wobei der erste Teil einen ununterbrochenen Zeitraum von mindestens 3 Stunden und der zweite Teil einen ununterbrochenen Zeitraum von mindestens 9 Stunden umfassen muss;
   - „reduzierte tägliche Ruhezeit" eine Ruhepause von mindestens 9 Stunden, aber weniger als 11 Stunden;

h) „wöchentliche Ruhezeit" den wöchentlichen Zeitraum, in dem ein Fahrer frei über seine Zeit verfügen kann und der eine „regelmäßige wöchentliche Ruhezeit" und eine „reduzierte wöchentliche Ruhezeit" umfasst;
   - „regelmäßige wöchentliche Ruhezeit" eine Ruhepause von mindestens 45 Stunden;
   - „reduzierte wöchentliche Ruhezeit" eine Ruhepause von weniger als 45 Stunden, die vorbehaltlich der Bedingungen des Artikels 8 Absatz 6 auf eine Mindestzeit von 24 aufeinander folgenden Stunden reduziert werden kann;

i) „Woche" den Zeitraum zwischen Montag 00.00 Uhr und Sonntag 24.00 Uhr;

j) „Lenkzeit" die Dauer der Lenktätigkeit, aufgezeichnet entweder:
   - vollautomatisch oder halbautomatisch durch Kontrollgeräte im Sinne der Anhänge I und I B der Verordnung (EWG) Nr. 3821/85, oder

Anh. 1c

– von Hand gemäß den Anforderungen des Artikels 16 Absatz 2 der Verordnung (EWG) Nr. 3821/85;

k) „Tageslenkzeit" die summierte Gesamtlenkzeit zwischen dem Ende einer täglichen Ruhezeit und dem Beginn der darauf folgenden täglichen Ruhezeit oder zwischen einer täglichen und einer wöchentlichen Ruhezeit;

l) „Wochenlenkzeit" die summierte Gesamtlenkzeit innerhalb einer Woche;

m) „zulässige Höchstmasse" die höchstzulässige Masse eines fahrbereiten Fahrzeugs einschließlich Nutzlast;

n) „Personenlinienverkehr" inländische und grenzüberschreitende Verkehrsdienste im Sinne des Artikels 2 der Verordnung (EWG) Nr. 684/92 des Rates vom 16. März 1992 zur Einführung gemeinsamer Regeln für den grenzüberschreitenden Personenverkehr mit Kraftomnibussen1;

o) „Mehrfahrerbetrieb" den Fall, in dem während der Lenkdauer zwischen zwei aufeinander folgenden täglichen Ruhezeiten oder zwischen einer täglichen und einer wöchentlichen Ruhezeit mindestens zwei Fahrer auf dem Fahrzeug zum Lenken eingesetzt sind. Während der ersten Stunde des Mehrfahrerbetriebs ist die Anwesenheit eines anderen Fahrers oder anderer Fahrer fakultativ, während der restlichen Zeit jedoch obligatorisch;

p) „Verkehrsunternehmen" jede natürliche oder juristische Person und jede Vereinigung oder Gruppe von Personen ohne Rechtspersönlichkeit mit oder ohne Erwerbszweck sowie jede eigene Rechtspersönlichkeit besitzende oder einer Behörde mit Rechtspersönlichkeit unterstehende offizielle Stelle, die Beförderungen im Straßenverkehr gewerblich oder im Werkverkehr vornimmt;

q) „Lenkdauer" die Gesamtlenkzeit zwischen dem Zeitpunkt, zu dem ein Fahrer nach einer Ruhezeit oder einer Fahrtunterbrechung beginnt, ein Fahrzeug zu lenken, und dem Zeitpunkt, zu dem er eine Ruhezeit oder Fahrtunterbrechung einlegt. Die Lenkdauer kann ununterbrochen oder unterbrochen sein.

Kapitel II. Fahrpersonal, Lenkzeiten, Fahrtunterbrechungen und Ruhezeiten

Art. 5 *Anforderungen an das Fahrpersonal*

(1) Das Mindestalter für Schaffner beträgt 18 Jahre.

(2) [1]Das Mindestalter für Beifahrer beträgt 18 Jahre. [2]Die Mitgliedstaaten können jedoch das Mindestalter für Beifahrer unter folgenden Bedingungen auf 16 Jahre herabsetzen:

a) Die Beförderung im Straßenverkehr erfolgt innerhalb eines Mitgliedstaats in einem Umkreis von 50 km vom Standort des Fahrzeugs, einschließlich des Verwaltungsgebiets von Gemeinden, deren Zentrum innerhalb dieses Umkreises liegt,

b) die Herabsetzung erfolgt zum Zwecke der Berufsausbildung und

c) die von den arbeitsrechtlichen Bestimmungen des jeweiligen Mitgliedstaates vorgegebenen Grenzen werden eingehalten.

Art. 6 *Lenkzeiten*

(1) Die tägliche Lenkzeit darf 9 Stunden nicht überschreiten.

Die tägliche Lenkzeit darf jedoch höchstens zweimal in der Woche auf höchstens 10 Stunden verlängert werden.

(2) Die wöchentliche Lenkzeit darf 56 Stunden nicht überschreiten und nicht dazu führen, dass die in der Richtlinie 2002/15/EG festgelegte wöchentliche Höchstarbeitszeit überschritten wird.

---

[1] **Amtl. Anm.:** ABl. L 74 vom 20. 3. 1992, S. 1. Zuletzt geändert durch die Beitrittsakte von 2003.

(3) Die summierte Gesamtlenkzeit während zweier aufeinander folgender Wochen darf 90 Stunden nicht überschreiten.

(4) Die tägliche und die wöchentliche Lenkzeit umfassen alle Lenkzeiten im Gebiet der Gemeinschaft oder im Hoheitsgebiet von Drittstaaten.

(5) ¹Der Fahrer muss die Zeiten im Sinne des Artikels 4 Buchstabe e sowie alle Lenkzeiten in einem Fahrzeug, das für gewerbliche Zwecke außerhalb des Anwendungsbereichs der vorliegenden Verordnung verwendet wird, als andere Arbeiten festhalten; ferner muss er die seit seiner letzten täglichen oder wöchentlichen Ruhezeit verbrachten Bereitschaftszeiten im Sinne des Artikels 15 Absatz 3 Buchstabe c der Verordnung (EWG) Nr. 3821/85 festhalten. ²Diese Zeiten sind entweder handschriftlich auf einem Schaublatt oder einem Ausdruck einzutragen oder manuell in das Kontrollgerät einzugeben.

Art. 7 *Unterbrechung*

Nach einer Lenkdauer von viereinhalb Stunden hat ein Fahrer eine ununterbrochene Fahrtunterbrechung von wenigstens 45 Minuten einzulegen, sofern er keine Ruhezeit einlegt.

Diese Unterbrechung kann durch eine Unterbrechung von mindestens 15 Minuten, gefolgt von einer Unterbrechung von mindestens 30 Minuten, ersetzt werden, die in die Lenkzeit so einzufügen sind, dass die Bestimmungen des Absatzes 1 eingehalten werden.

Art. 8 *Ruhezeit*

(1) Der Fahrer muss tägliche und wöchentliche Ruhezeiten einhalten.

(2) Innerhalb von 24 Stunden nach dem Ende der vorangegangenen täglichen oder wöchentlichen Ruhezeit muss der Fahrer eine neue tägliche Ruhezeit genommen haben.

Beträgt der Teil der täglichen Ruhezeit, die in den 24-Stunden-Zeitraum fällt, mindestens 9 Stunden, jedoch weniger als 11 Stunden, so ist die fragliche tägliche Ruhezeit als reduzierte tägliche Ruhezeit anzusehen.

(3) Eine tägliche Ruhezeit kann verlängert werden, so dass sich eine regelmäßige wöchentliche Ruhezeit oder eine reduzierte wöchentliche Ruhezeit ergibt.

(4) Der Fahrer darf zwischen zwei wöchentlichen Ruhezeiten höchstens drei reduzierte tägliche Ruhezeiten einlegen.

(5) Abweichend von Absatz 2 muss ein im Mehrfahrerbetrieb eingesetzter Fahrer innerhalb von 30 Stunden nach dem Ende einer täglichen oder wöchentlichen Ruhezeit eine neue tägliche Ruhezeit von mindestens 9 Stunden genommen haben.

(6) In zwei jeweils aufeinander folgenden Wochen hat der Fahrer mindestens folgende Ruhezeiten einzuhalten:
– zwei regelmäßige wöchentliche Ruhezeiten oder
– eine regelmäßige wöchentliche Ruhezeit und eine reduzierte wöchentliche Ruhezeit von mindestens 24 Stunden. Dabei wird jedoch die Reduzierung durch eine gleichwertige Ruhepause ausgeglichen, die ohne Unterbrechung vor dem Ende der dritten Woche nach der betreffenden Woche genommen werden muss.

Eine wöchentliche Ruhezeit beginnt spätestens am Ende von sechs 24-Stunden-Zeiträumen nach dem Ende der vorangegangenen wöchentlichen Ruhezeit.

(6 a) ¹Abweichend von Absatz 6 darf ein Fahrer, der für einen einzelnen Gelegenheitsdienst im grenzüberschreitenden Personenverkehr im Sinne der Verordnung (EG) Nr. 1073/2009 des Europäischen Parlaments und des Rates vom 21. Oktober 2009 über gemeinsame Regeln für den Zugang zum Markt des grenzüberschreitenden Per-

sonenkraftverkehrs[1] eingesetzt wird, die wöchentliche Ruhezeit auf bis zu 12 aufeinander folgende 24-Stunden-Zeiträume nach einer vorhergehenden regelmäßigen wöchentlichen Ruhezeit unter folgenden Voraussetzungen verschieben:
a) der Dienst dauert mindestens 24 aufeinander folgende Stunden in einem anderen Mitgliedstaat oder unter diese Verordnung fallenden Drittstaat als demjenigen, in dem jeweils der Dienst begonnen wurde;
b) nach der Inanspruchnahme der Ausnahmeregelung nimmt der Fahrer
 i) entweder zwei regelmäßige wöchentliche Ruhezeiten oder
 ii) eine regelmäßige wöchentliche Ruhezeit und eine reduzierte wöchentliche Ruhezeit von mindestens 24 Stunden. Dabei wird jedoch die Reduzierung durch eine gleichwertige Ruhepause ausgeglichen, die ohne Unterbrechung vor dem Ende der dritten Woche nach dem Ende des Ausnahmezeitraums genommen werden muss;
c) ab dem 1. Januar 2014 ist das Fahrzeug mit einem Kontrollgerät entsprechend den Anforderungen des Anhangs IB der Verordnung (EWG) Nr. 3821/85 ausgestattet und
d) ab dem 1. Januar 2014, sofern das Fahrzeug bei Fahrten während des Zeitraums von 22.00 Uhr bis 6.00 Uhr mit mehreren Fahrern besetzt ist oder die Lenkdauer nach Artikel 7 auf drei Stunden vermindert wird.

[2] Die Kommission überwacht die Inanspruchnahme dieser Ausnahmeregelung genau, um die Aufrechterhaltung der Sicherheit im Straßenverkehr unter sehr strengen Voraussetzungen sicherzustellen, insbesondere indem sie darauf achtet, dass die summierte Gesamtlenkzeit während des unter die Ausnahmeregelung fallenden Zeitraums nicht zu lang ist. [3] Bis zum 4. Dezember 2012 erstellt die Kommission einen Bericht, in dem sie die Folgen der Ausnahmeregelung in Bezug auf die Sicherheit im Straßenverkehr sowie soziale Aspekte bewertet. [4] Wenn sie es für sinnvoll erachtet, schlägt die Kommission diesbezügliche Änderungen der vorliegenden Verordnung vor.

(7) Jede Ruhepause, die als Ausgleich für eine reduzierte wöchentliche Ruhezeit eingelegt wird, ist an eine andere Ruhezeit von mindestens 9 Stunden anzuhängen.

(8) Sofern sich ein Fahrer hierfür entscheidet, können nicht am Standort eingelegte tägliche Ruhezeiten und reduzierte wöchentliche Ruhezeiten im Fahrzeug verbracht werden, sofern das Fahrzeug über geeignete Schlafmöglichkeiten für jeden Fahrer verfügt und nicht fährt.

(9) Eine wöchentliche Ruhezeit, die in zwei Wochen fällt, kann für eine der beiden Wochen gezählt werden, nicht aber für beide.

Art. 9 *Ausnahmen von der Ruhezeit*

(1) [1] Legt ein Fahrer, der ein Fahrzeug begleitet, das auf einem Fährschiff oder mit der Eisenbahn befördert wird, eine regelmäßige tägliche Ruhezeit ein, so kann diese Ruhezeit abweichend von Artikel 8 höchstens zwei Mal durch andere Tätigkeiten unterbrochen werden, deren Dauer insgesamt eine Stunde nicht überschreiten darf.
[2] Während dieser regelmäßigen täglichen Ruhezeit muss dem Fahrer eine Schlafkabine oder ein Liegeplatz zur Verfügung stehen.

(2) Die von einem Fahrer verbrachte Zeit, um zu einem in den Geltungsbereich dieser Verordnung fallenden Fahrzeug, das sich nicht am Wohnsitz des Fahrers oder der Betriebsstätte des Arbeitgebers, dem der Fahrer normalerweise zugeordnet ist, befindet, anzureisen oder von diesem zurückzureisen, ist nur dann als Ruhepause oder Fahrtunterbrechung anzusehen, wenn sich der Fahrer in einem Zug oder auf einem Fährschiff befindet und Zugang zu einer Koje oder einem Liegewagen hat.

---

[1] **Amtl. Anm.:** ABl. L 300 vom 14. 11. 2009, S. 88.

1c. Regelung der Arbeitszeit von selbständigen Kraftfahrern　　　**Anh. 1c**

(3) Die von einem Fahrer verbrachte Zeit, um mit einem nicht in den Geltungsbereich dieser Richtlinie fallenden Fahrzeug zu einem in den Geltungsbereich dieser Verordnung fallenden Fahrzeug, das sich nicht am Wohnsitz des Fahrers oder der Betriebsstätte des Arbeitgebers, dem der Fahrer normalerweise zugeordnet ist, befindet, anzureisen oder von diesem zurückzureisen, ist als andere Arbeiten anzusehen.

Kapitel III. Haftung von Verkehrsunternehmen

Art. 10 *Haftung von Verkehrsunternehmen*

(1) Verkehrsunternehmen dürfen angestellten oder ihnen zur Verfügung gestellten Fahrern keine Zahlungen in Abhängigkeit von der zurückgelegten Strecke und/oder der Menge der beförderten Güter leisten, auch nicht in Form von Prämien oder Lohnzuschlägen, falls diese Zahlungen geeignet sind, die Sicherheit im Straßenverkehr zu gefährden und/oder zu Verstößen gegen diese Verordnung ermutigen.

(2) [1]Das Verkehrsunternehmen organisiert die Arbeit der in Absatz 1 genannten Fahrer so, dass diese die Bestimmungen der Verordnung (EWG) Nr. 3821/85 sowie des Kapitels II der vorliegenden Verordnung einhalten können. [2]Das Verkehrsunternehmen hat den Fahrer ordnungsgemäß anzuweisen und regelmäßig zu überprüfen, dass die Verordnung (EWG) Nr. 3821/85 und Kapitel II der vorliegenden Verordnung eingehalten werden.

(3) Das Verkehrsunternehmen haftet für Verstöße von Fahrern des Unternehmens, selbst wenn der Verstoß im Hoheitsgebiet eines anderen Mitgliedstaates oder eines Drittstaates begangen wurde.
[1]Unbeschadet des Rechts der Mitgliedstaaten, Verkehrsunternehmen uneingeschränkt haftbar zu machen, können die Mitgliedstaaten diese Haftung von einem Verstoß des Unternehmens gegen die Absätze 1 und 2 abhängig machen. [2]Die Mitgliedstaaten können alle Beweise prüfen, die belegen, dass das Verkehrsunternehmen billigerweise nicht für den begangenen Verstoß haftbar gemacht werden kann.

(4) Unternehmen, Verlader, Spediteure, Reiseveranstalter, Hauptauftragnehmer, Unterauftragnehmer und Fahrervermittlungsagenturen stellen sicher, dass die vertraglich vereinbarten Beförderungszeitpläne nicht gegen diese Verordnung verstoßen.

(5) a) Ein Verkehrsunternehmen, das Fahrzeuge einsetzt, die unter die vorliegende Verordnung fallen und die mit einem Kontrollgerät ausgestattet sind, das dem Anhang I B der Verordnung (EWG) Nr. 3821/85 entspricht, stellt Folgendes sicher:
　i) Alle Daten werden von dem Bordgerät und der Fahrerkarte so regelmäßig heruntergeladen, wie es der Mitgliedstaat vorschreibt; diese relevanten Daten werden in kürzeren Abständen heruntergeladen, damit sichergestellt ist, dass alle von dem Unternehmen oder für das Unternehmen durchgeführten Tätigkeiten heruntergeladen werden;
　ii) alle sowohl vom Bordgerät als auch von der Fahrerkarte heruntergeladenen Daten werden nach ihrer Aufzeichnung mindestens zwölf Monate lang aufbewahrt und müssen für einen Kontrollbeamten auf Verlangen entweder direkt oder zur Fernabfrage von den Geschäftsräumen des Unternehmens zugänglich sein.
b) Im Sinne dieses Absatzes wird der Ausdruck „heruntergeladen" entsprechend der Begriffsbestimmung in Anhang I B Kapitel I Buchstabe s der Verordnung (EWG) Nr. 3821/85 ausgelegt.
c) Die Kommission entscheidet nach dem in Artikel 24 Absatz 2 genannten Verfahren über den Höchstzeitraum für das Herunterladen der relevanten Daten gemäß Buchstabe a Ziffer i.

Kapitel IV. Ausnahmen

Art. 11 *Ausnahmen von der Ruhezeit*

¹Ein Mitgliedstaat kann für Beförderungen im Straßenverkehr, die vollständig in seinem Hoheitsgebiet durchgeführt werden, längere Mindestfahrtunterbrechungen und Ruhezeiten oder kürzere Höchstlenkzeiten als nach den Artikeln 6 bis 9 festlegen. ²In einem solchen Fall muss der Mitgliedstaat die relevanten kollektiven oder anderen Vereinbarungen zwischen den Sozialpartnern berücksichtigen. ³Für Fahrer im grenzüberschreitenden Verkehr gilt jedoch weiterhin diese Verordnung.

Art. 12 *Sicherer Halteplatz*

¹Sofern die Sicherheit im Straßenverkehr nicht gefährdet wird, kann der Fahrer von den Artikeln 6 bis 9 abweichen, um einen geeigneten Halteplatz zu erreichen, soweit dies erforderlich ist, um die Sicherheit von Personen, des Fahrzeugs oder seiner Ladung zu gewährleisten. ²Der Fahrer hat Art und Grund dieser Abweichung spätestens bei Erreichen des geeigneten Halteplatzes handschriftlich auf dem Schaublatt des Kontrollgeräts oder einem Ausdruck aus dem Kontrollgerät oder im Arbeitszeitplan zu vermerken.

Art. 13 *Individuelle Bedingungen*

(1) Sofern die Verwirklichung der in Artikel 1 genannten Ziele nicht beeinträchtigt wird, kann jeder Mitgliedstaat für sein Hoheitsgebiet oder mit Zustimmung der betreffenden Mitgliedstaaten für das Hoheitsgebiet eines anderen Mitgliedstaats Abweichungen von den Artikeln 5 bis 9 zulassen und solche Abweichungen für die Beförderung mit folgenden Fahrzeugen an individuelle Bedingungen knüpfen:

a) Fahrzeuge, die Eigentum von Behörden sind oder von diesen ohne Fahrer angemietet sind, um Beförderungen im Straßenverkehr durchzuführen, die nicht im Wettbewerb mit privatwirtschaftlichen Verkehrsunternehmen stehen;

b) Fahrzeuge, die von Landwirtschafts-, Gartenbau-, Forstwirtschafts- oder Fischereiunternehmen zur Güterbeförderung im Rahmen ihrer eigenen unternehmerischen Tätigkeit in einem Umkreis von bis zu 100 km vom Standort des Unternehmens benutzt oder ohne Fahrer angemietet werden;

c) land- und forstwirtschaftliche Zugmaschinen, die für land- oder forstwirtschaftliche Tätigkeiten eingesetzt werden, und zwar in einem Umkreis von bis zu 100 km vom Standort des Unternehmens, das das Fahrzeug besitzt, anmietet oder least;

d) Fahrzeuge oder Fahrzeugkombinationen mit einer zulässigen Höchstmasse von nicht mehr als 7,5 t,
  – die von Universaldienstanbietern im Sinne des Artikels 2 Absatz 13 der Richtlinie 97/67/EG des Europäischen Parlaments und des Rates vom 15. Dezember 1997 über gemeinsame Vorschriften für die Entwicklung des Binnenmarktes der Postdienste der Gemeinschaft und die Verbesserung der Dienstequalität1 zum Zweck der Zustellung von Sendungen im Rahmen des Universaldienstes benutzt werden, oder
  – die zur Beförderung von Material, Ausrüstungen oder Maschinen benutzt werden, die der Fahrer zur Ausübung seines Berufes benötigt.
  Diese Fahrzeuge dürfen nur in einem Umkreis von 50 km vom Standort des Unternehmens und unter der Bedingung benutzt werden, dass das Lenken des Fahrzeugs für den Fahrer nicht die Haupttätigkeit darstellt;

e) Fahrzeuge, die ausschließlich auf Inseln mit einer Fläche von nicht mehr als 2300 km² verkehren, die mit den übrigen Teilen des Hoheitsgebiets weder durch

---

¹ **Amtl. Anm.:** ABl. L 15 vom 21. 11. 1998, S. 14. Zuletzt geändert durch die Verordnung (EG) Nr. 1882/2003 (ABl. L 284 vom 31. 10. 2003, S. 1).

1c. Regelung der Arbeitszeit von selbständigen Kraftfahrern **Anh. 1c**

eine Brücke, eine Furt oder einen Tunnel, die von Kraftfahrzeugen benutzt werden können, verbunden sind;
f) Fahrzeuge, die im Umkreis von 50 km vom Standort des Unternehmens zur Güterbeförderung mit Druckerdgas-, Flüssiggas- oder Elektroantrieb benutzt werden und deren zulässige Höchstmasse einschließlich Anhänger oder Sattelanhänger 7,5 t nicht übersteigt;
g) Fahrzeuge, die zum Fahrschulunterricht und zur Fahrprüfung zwecks Erlangung des Führerscheins oder eines beruflichen Befähigungsnachweises dienen, sofern diese Fahrzeuge nicht für die gewerbliche Personen- oder Güterbeförderung benutzt werden;
h) Fahrzeuge, die in Verbindung mit Kanalisation, Hochwasserschutz, Wasser-, Gas- und Elektrizitätsversorgung, Straßenunterhaltung und -kontrolle, Hausmüllabfuhr, Telegramm- und Telefondienstleistungen, Rundfunk und Fernsehen sowie zur Erfassung von Radio- bzw. Fernsehsendern oder -geräten eingesetzt werden;
i) Fahrzeuge mit 10 bis 17 Sitzen, die ausschließlich zur nichtgewerblichen Personenbeförderung verwendet werden;
j) Spezialfahrzeuge, die Ausrüstungen des Zirkus- oder Schaustellergewerbes transportieren;
k) speziell ausgerüstete Projektfahrzeuge für mobile Projekte, die hauptsächlich im Stand zu Lehrzwecken dienen;
l) Fahrzeuge, die zum Abholen von Milch bei landwirtschaftlichen Betrieben und zur Rückgabe von Milchbehältern oder von Milcherzeugnissen für Futterzwecke an diese Betriebe verwendet werden;
m) Spezialfahrzeuge für Geld- und/oder Werttransporte;
n) Fahrzeuge, die zur Beförderung von tierischen Abfällen oder von nicht für den menschlichen Verzehr bestimmten Tierkörpern verwendet werden;
o) Fahrzeuge, die ausschließlich auf Straßen in Güterverteilzentren wie Häfen, Umschlaganlagen des Kombinierten Verkehrs und Eisenbahnterminals benutzt werden;
p) Fahrzeuge, die innerhalb eines Umkreises von bis zu 50 Kilometern für die Beförderung lebender Tiere von den landwirtschaftlichen Betrieben zu den lokalen Märkten und umgekehrt oder von den Märkten zu den lokalen Schlachthäusern verwendet werden.

(2) Die Mitgliedstaaten teilen der Kommission die Ausnahmen mit, die sie nach Absatz 1 gewähren, und die Kommission unterrichtet die übrigen Mitgliedstaaten hiervon.

(3) Sofern die Verwirklichung der in Artikel 1 genannten Ziele nicht beeinträchtigt wird und ein angemessener Schutz der Fahrer sichergestellt ist, kann ein Mitgliedstaat mit Genehmigung der Kommission in seinem Hoheitsgebiet in geringem Umfang Ausnahmen von dieser Verordnung für Fahrzeuge, die in zuvor festgelegten Gebieten mit einer Bevölkerungsdichte von weniger als 5 Personen pro Quadratkilometer eingesetzt werden, in folgenden Fällen zulassen:
– Bei inländischen Personenlinienverkehrsdiensten, sofern ihr Fahrplan von den Behörden bestätigt wurde (in diesem Fall dürfen nur Ausnahmen in Bezug auf Fahrtunterbrechungen zugelassen werden) und
– im inländischen Werkverkehr oder gewerblich durchgeführten Güterkraftverkehr, soweit sich diese Tätigkeiten nicht auf den Binnenmarkt auswirken und für den Erhalt bestimmter Wirtschaftszweige in dem betroffenen Gebiet notwendig sind und die Ausnahmebestimmungen dieser Verordnung einen Umkreis von höchstens 100 km vorschreiben.

[1] Eine Beförderung im Straßenverkehr nach dieser Ausnahme kann eine Fahrt zu einem Gebiet mit einer Bevölkerungsdichte von 5 Personen pro Quadratmeter oder mehr nur einschließen, wenn damit eine Fahrt beendet oder begonnen wird. [2] Solche Maßnahmen müssen ihrer Art und ihrem Umfang nach verhältnismäßig sein.

Art. 14 *Mitteilung der Kommission*

(1) Sofern die Verwirklichung der in Artikel 1 genannten Ziele nicht beeinträchtigt wird, können die Mitgliedstaaten nach Genehmigung durch die Kommission Ausnahmen von den Artikeln 6 bis 9 für unter außergewöhnlichen Umständen durchgeführte Beförderungen zulassen.

(2) Die Mitgliedstaaten können in dringenden Fällen eine vorübergehende Ausnahme für einen Zeitraum von höchstens 30 Tagen zulassen, über die die Kommission sofort zu unterrichten ist.

(3) Die Kommission teilt den übrigen Mitgliedstaaten alle nach diesem Artikel gewährten Ausnahmen mit.

Art. 15 *Nationale Vorschriften*

Die Mitgliedstaaten stellen sicher, dass Fahrer der in Artikel 3 Buchstabe a genannten Fahrzeuge unter nationale Vorschriften fallen, die in Bezug auf die erlaubten Lenkzeiten sowie die vorgeschriebenen Fahrtunterbrechungen und Ruhezeiten einen angemessenen Schutz bieten.

Kapitel V. Überwachung und Sanktionen

Art. 16 *Fahrzeuge ohne Kontrollgerät*

(1) Verfügt ein Fahrzeug nicht über ein mit der Verordnung (EWG) Nr. 3821/85 übereinstimmendes Kontrollgerät, so gelten die Absätze 2 und 3 des vorliegenden Artikels für:

a) nationale Personenlinienverkehrsdienste und
b) grenzüberschreitende Personenlinienverkehrsdienste, deren Endpunkte in der Luftlinie höchstens 50 km von einer Grenze zwischen zwei Mitgliedstaaten entfernt sind und deren Fahrstrecke höchstens 100 km beträgt.

(2) Das Verkehrsunternehmen erstellt einen Fahrplan und einen Arbeitszeitplan, in dem für jeden Fahrer der Name, der Standort und der im Voraus festgelegte Zeitplan für die verschiedenen Zeiträume der Lenktätigkeit, der anderen Arbeiten und der Fahrtunterbrechungen sowie die Bereitschaftszeiten angegeben werden.

Jeder Fahrer, der in einem Dienst im Sinne des Absatzes 1 eingesetzt ist, muss einen Auszug aus dem Arbeitszeitplan und eine Ausfertigung des Linienfahrplans mit sich führen.

(3) Der Arbeitszeitplan muss

a) alle in Absatz 2 aufgeführten Angaben mindestens für den Zeitraum der vorangegangenen 28 Tage enthalten; diese Angaben sind in regelmäßigen Abständen von höchstens einem Monat zu aktualisieren;
b) die Unterschrift des Leiters des Verkehrsunternehmens oder seines Beauftragten tragen;
c) vom Verkehrsunternehmen nach Ablauf des Geltungszeitraums ein Jahr lang aufbewahrt werden. Das Verkehrsunternehmen händigt den betreffenden Fahrern auf Verlangen einen Auszug aus dem Arbeitszeitplan aus; und
d) auf Verlangen einem dazu befugten Kontrollbeamten vorgelegt und ausgehändigt werden.

Art. 17 *Bericht der Kommission*

(1) Die Mitgliedstaaten übermitteln der Kommission unter Verwendung des in der Entscheidung 93/173/EWG[1] vorgesehenen Berichtsmusters die notwendigen Infor-

---

[1] **Amtl. Anm.:** ABl. L 72 vom 25. 3. 1993, S. 33.

mationen, damit diese alle zwei Jahre einen Bericht über die Durchführung der vorliegenden Verordnung und der Verordnung (EWG) Nr. 3821/85 und über die Entwicklungen auf dem betreffenden Gebiet erstellen kann.

(2) Diese Angaben müssen bei der Kommission spätestens am 30. September des Jahres nach Ende des betreffenden Zweijahreszeitraums mitgeteilt werden.

(3) In dem Bericht wird zugleich angegeben, inwieweit von den Ausnahmeregelungen gemäß Artikel 13 Gebrauch gemacht wird.

(4) Die Kommission leitet den Bericht innerhalb von 13 Monaten nach Ende des betreffenden Zweijahreszeitraums dem Europäischen Parlament und dem Rat zu.

Art. 18 *Maßnahmen*

Die Mitgliedstaaten ergreifen die zur Durchführung dieser Verordnung erforderlichen Maßnahmen.

Art. 19 *Sanktionen*

(1) ¹Die Mitgliedstaaten legen für Verstöße gegen die vorliegende Verordnung und die Verordnung (EWG) Nr. 3821/85 Sanktionen fest und treffen alle erforderlichen Maßnahmen, um deren Durchführung zu gewährleisten. ²Diese Sanktionen müssen wirksam, verhältnismäßig, abschreckend und nicht diskriminierend sein. ³Ein Verstoß gegen die vorliegende Verordnung und gegen die Verordnung (EWG) Nr. 3821/85 kann nicht mehrmals Gegenstand von Sanktionen oder Verfahren sein. ⁴Die Mitgliedstaaten teilen der Kommission diese Maßnahmen und die Regeln bezüglich Sanktionen bis zu dem in Artikel 29 Absatz 2 genannten Datum mit. ⁵Die Kommission informiert die Mitgliedstaaten entsprechend.

(2) Ein Mitgliedstaat ermächtigt die zuständigen Behörden, gegen ein Unternehmen und/oder einen Fahrer bei einem in seinem Hoheitsgebiet festgestellten Verstoß gegen diese Verordnung eine Sanktion zu verhängen, sofern hierfür noch keine Sanktion verhängt wurde, und zwar selbst dann, wenn der Verstoß im Hoheitsgebiet eines anderen Mitgliedstaats oder eines Drittstaats begangen wurde.

Dabei gilt folgende Ausnahmeregelung: Wird ein Verstoß festgestellt,
– der nicht im Hoheitsgebiet des betreffenden Mitgliedstaats begangen wurde und
– der von einem Unternehmen, das seinen Sitz in einem anderen Mitgliedstaat oder einem Drittstaat hat, oder von einem Fahrer, der seinen Arbeitsplatz in einem anderen Mitgliedstaat oder einem Drittstaat hat, begangen wurde,
so kann ein Mitgliedstaat bis zum 1. Januar 2009, anstatt eine Sanktion zu verhängen, der zuständigen Behörde des Mitgliedstaats oder des Drittstaats, in dem das Unternehmen seinen Sitz oder der Fahrer seinen Arbeitsplatz hat, den Verstoß melden.

(3) Leitet ein Mitgliedstaat in Bezug auf einen bestimmten Verstoß ein Verfahren ein oder verhängt er eine Sanktion, so muss er dem Fahrer gegenüber angemessene schriftliche Belege beibringen.

(4) Die Mitgliedstaaten stellen sicher, dass ein System verhältnismäßiger Sanktionen, die finanzielle Sanktionen umfassen können, für den Fall besteht, dass Unternehmen oder mit ihnen verbundene Verlader, Spediteure, Reiseveranstalter, Hauptauftragnehmer, Unterauftragnehmer und Fahrervermittlungsagenturen gegen die vorliegende Verordnung oder die Verordnung (EWG) Nr. 3821/85 verstoßen.

Art. 20 *Belege; Aufbewahrung*

(1) Der Fahrer muss alle von einem Mitgliedstaat zu Sanktionen oder zur Einleitung von Verfahren beigebrachten Belege so lange aufbewahren, bis derselbe Verstoß gegen diese Verordnung nicht mehr in ein zweites Verfahren oder eine zweite Sanktion gemäß dieser Verordnung münden kann.

(2) Der Fahrer hat die in Absatz 1 genannten Belege auf Verlangen vorzuweisen.

(3) Ein Fahrer, der bei mehreren Verkehrsunternehmen beschäftigt ist oder mehreren Verkehrsunternehmen zur Verfügung steht, verschafft jedem Unternehmen ausreichende Informationen, um diesem die Einhaltung der Bestimmungen des Kapitels II zu ermöglichen.

Art. 21 *Stilllegung von Fahrzeugen*

[1] In Fällen, in denen ein Mitgliedstaat der Auffassung ist, dass ein Verstoß gegen diese Verordnung vorliegt, der die Straßenverkehrssicherheit eindeutig gefährden könnte, ermächtigt er die betreffende zuständige Behörde, das betreffende Fahrzeug so lange stillzulegen, bis die Ursache des Verstoßes behoben ist. [2] Die Mitgliedstaaten können dem Fahrer auferlegen, eine tägliche Ruhezeit einzulegen. [3] Die Mitgliedstaaten können ferner gegebenenfalls die Zulassung eines Unternehmens entziehen, aussetzen oder einschränken, falls es seinen Sitz in diesem Mitgliedstaat hat, oder sie können die Fahrerlaubnis eines Fahrers entziehen, aussetzen oder einschränken. [4] Die Kommission entwickelt nach dem in Artikel 24 Absatz 2 genannten Verfahren Leitlinien, um eine harmonisierte Anwendung dieses Artikels zu erreichen.

Art. 22 *Gegenseitiger Beistand der Mitgliedstaaten*

(1) Die Mitgliedstaaten leisten einander Beistand bei der Anwendung dieser Verordnung und bei der Überwachung ihrer Einhaltung.

(2) Die zuständigen Behörden der Mitgliedstaaten tauschen regelmäßig alle verfügbaren Informationen aus über

a) die von Gebietsfremden begangenen Verstöße gegen die Bestimmungen des Kapitels II und die gegen diese Verstöße verhängten Sanktionen;
b) die von einem Mitgliedstaat verhängten Sanktionen für Verstöße, die seine Gebietsansässigen in anderen Mitgliedstaaten begangen haben.

(3) Die Mitgliedstaaten übermitteln der Kommission regelmäßig relevante Informationen über die nationale Auslegung und Anwendung dieser Verordnung; die Kommission stellt diese Informationen den anderen Mitgliedstaaten in elektronischer Form zur Verfügung.

(4) Die Kommission unterstützt durch den in Artikel 24 Absatz 1 genannten Ausschuss den Dialog zwischen den Mitgliedstaaten über die einzelstaatliche Auslegung und Anwendung dieser Verordnung.

Art. 23 *Drittländer*

Die Gemeinschaft wird mit Drittländern die Verhandlungen aufnehmen, die zur Durchführung dieser Verordnung gegebenenfalls erforderlich sind.

Art. 24 *Ausschuss*

(1) Die Kommission wird von dem durch Artikel 18 Absatz 1 der Verordnung (EWG) Nr. 3821/85 eingesetzten Ausschuss unterstützt.

(2) Wird auf diesen Absatz Bezug genommen, so gelten die Artikel 3 und 7 des Beschlusses 1999/468/EG unter Beachtung von dessen Artikel 8.

(3) Der Ausschuss gibt sich eine Geschäftsordnung.

Art. 25 *Prüfung von Einzelfällen*

(1) Auf Antrag eines Mitgliedstaates oder von sich aus

a) prüft die Kommission die Fälle, in denen die Bestimmungen dieser Verordnung, insbesondere bezüglich der Lenkzeiten, Fahrtunterbrechungen und Ruhezeiten, unterschiedlich angewandt und durchgesetzt werden;

b) klärt die Kommission die Bestimmungen dieser Verordnung, um einen gemeinsamen Ansatz sicherzustellen.

(2) ¹In den in Absatz 1 genannten Fällen trifft die Kommission eine Entscheidung über einen empfohlenen Ansatz nach dem in Artikel 24 Absatz 2 genannten Verfahren. ²Die Kommission übermittelt ihre Entscheidung dem Europäischen Parlament, dem Rat und den Mitgliedstaaten.

Kapitel VI. Schlussbestimmungen

Art. 26, 27 *(nicht wiedergegebene Änderungsvorschrift)*

Art. 28 *Übergangsvorschriften*

Die Verordnung (EWG) Nr. 3820/85 wird aufgehoben und durch die vorliegende Verordnung ersetzt.

Artikel 5 Absätze 1, 2 und 4 der Verordnung (EWG) Nr. 3820/85 gelten jedoch bis zu den in Artikel 15 Absatz 1 der Richtlinie 2003/59/EG genannten Terminen.

Art. 29 *Inkrafttreten*

Diese Verordnung tritt am 11. April 2007 in Kraft, ausgenommen Artikel 10 Absatz 5, Artikel 26 Absätze 3 und 4 und Artikel 27, die am 1. Mai 2006 in Kraft treten.

1d. Verordnung (EWG) Nr. 3821/85 des Rates vom 20. Dezember 1985 über das Kontrollgerät im Straßenverkehr

(ABl. Nr. L 370 S. 8)
Zuletzt geänd. durch VO (EU) 1266/2009 vom 16. 12. 2009 (ABl. Nr. L 339 S. 3)

Celex-Nr. 3 1985 R 3821

– Auszug –

DIE KOMMISSION DER EUROPÄISCHEN GEMEINSCHAFTEN –

gestützt auf den Vertrag zur Gründung der Europäischen Wirtschaftsgemeinschaft, insbesondere auf Artikel 71,

auf Vorschlag der Kommission,[1]

nach Stellungnahme des Europäischen Parlaments,[2]

nach Stellungnahme des Wirtschafts- und Sozialausschusses,[3]

in Erwägung nachstehender Gründe:

Mit der Verordnung (EWG) Nr. 1463/70,[4] zuletzt geändert durch die Verordnung (EWG) Nr. 2828/77,[5] ist ein Kontrollgerät im Straßenverkehr eingeführt worden.

Wegen der nachstehend bezeichneten Änderungen ist es angezeigt, aus Gründen der Übersichtlichkeit alle geltenden einschlägigen Vorschriften in einem Text zusammenzustellen und folglich die Verordnung (EWG) Nr. 1463/70 aufzuheben. Jedoch sollte die in Artikel 3 Absatz 1 vorgesehene Ausnahme für bestimmte Arten des Personenverkehrs noch eine gewisse Zeit lang in Kraft bleiben.

---

[1] **Amtl. Anm.:** ABl. Nr. C 100 v. 12. 4. 1984, S. 3 und ABl. Nr. C 223 v. 3. 9. 1985, S. 5.
[2] **Amtl. Anm.:** ABl. Nr. C 122 v. 20. 5. 1985, S. 168.
[3] **Amtl. Anm.:** ABl. Nr. C 104 v. 25. 4. 1985, S. 4, und ABl. Nr. C 303 v. 25. 11. 1985, S. 29.
[4] **Amtl. Anm.:** ABl. Nr. L 164 v. 27. 7. 1970, S. 1.
[5] **Amtl. Anm.:** ABl. Nr. L 334 v. 24. 12. 1977, S. 11.

Anh. 1d

Anhang

Bei Verwendung eines Kontrollgeräts, das die in der Verordnung (EWG) Nr. 3820/85 des Rates vom 20. Dezember 1985 über die Harmonisierung bestimmter Sozialvorschriften im Straßenverkehr genannten Zeitgruppen anzeigt, kann die Einhaltung dieser Bestimmungen wirksam überwacht werden.

Die Verpflichtung, ein solches Kontrollgerät zu verwenden, darf nur für in den Mitgliedstaaten zugelassene Fahrzeuge auferlegt werden. Einige dieser Fahrzeuge können außerdem ohne Schwierigkeiten vom Anwendungsbereich dieser Verordnung ausgeschlossen werden.

Die Mitgliedstaaten sollten die Befugnis haben, für bestimmte Fahrzeuge unter außergewöhnlichen Umständen mit Genehmigung der Kommission Ausnahmen von dieser Verordnung zuzulassen. In dringenden Fällen sollte die Möglichkeit bestehen, solche Ausnahmen für eine begrenzte Zeit ohne vorherige Genehmigung der Kommission zuzulassen.

Um eine wirksame Kontrolle zu ermöglichen, muß das Gerät einwandfrei arbeiten, leicht zu handhaben und so beschaffen sein, daß Betrugsmöglichkeiten weitestgehend ausgeschlossen sind. Deshalb muß das Kontrollgerät insbesondere für jeden Fahrer auf persönlichen Kontrollblättern hinreichend genaue und leicht ablesbare Angaben über die einzelnen Zeitgruppen aufzeichnen.

Eine vollautomatische Aufzeichnung weiterer Angaben über die Fahrt, z.B. die Geschwindigkeit und die zurückgelegte Wegstrecke, kann erheblich zur Verkehrssicherheit und zum rationellen Einsatz des Fahrzeugs beitragen, so daß es zweckmäßig erscheint, die Aufzeichnung dieser Angaben gleichfalls vorzusehen.

Um im gesamten Gebiet der Mitgliedstaaten Behinderungen bei der Zulassung der mit diesen Kontrollgeräten ausgerüsteten Fahrzeuge zum Verkehr und Behinderungen des freien Verkehrs oder der Benutzung dieser Fahrzeuge und der Benutzung solcher Geräte auszuschließen, müssen Gemeinschaftsvorschriften über Beschaffenheit und Einbau der Geräte festgelegt und ein gemeinschaftliches Verfahren für die EWG-Bauartgenehmigung vorgesehen werden.

Bei Meinungsverschiedenheiten zwischen Mitgliedstaaten über eine EWG-Bauartgenehmigung empfiehlt es sich, die Kommission über diesen Streitfall entscheiden zu lassen, falls die Mitgliedstaaten ihn binnen sechs Monaten nicht haben beilegen können.

Es würde zur Durchführung dieser Verordnung und zur Verhütung von Mißbräuchen beitragen, wenn die Fahrer auf Verlangen eine Abschrift ihrer Schaublätter erhalten könnten.

Um die Ziele der obengenannten Kontrolle der Arbeits- und Ruhezeiten verwirklichen zu können, müssen die Arbeitgeber und die Fahrer angehalten werden, die einwandfreie Arbeitsweise des Geräts zu überwachen und die nach der Regelung erforderlichen Maßnahmen sorgfältig durchzuführen.

Die Vorschriften über die vom Fahrer mitzuführende Anzahl von Schaublättern sind infolge der Ersetzung der gleitenden Arbeitswoche durch die feste Arbeitswoche zu ändern.

Wegen des Fortschritts der Technik ist eine rasche Anpassung der in den Anhängen zu dieser Verordnung festgelegten technischen Vorschriften erforderlich. Um die Durchführung der hierfür erforderlichen Maßnahmen zu erleichtern, ist ein Verfahren vorzusehen, mit dem im Rahmen des Beratenden Ausschusses eine enge Zusammenarbeit zwischen den Mitgliedstaaten und der Kommission gewährleistet wird.

Es ist angebracht, daß die Mitgliedstaaten einander über Verstöße unterrichten.

Im Interesse einer einwandfreien und gleichmäßigen Arbeitsweise des Kontrollgerätes empfiehlt es sich, einheitliche Bedingungen für die Einbauprüfung und der periodischen Nachprüfungen eingebauter Geräte festzulegen –

HAT FOLGENDE VERORDNUNG ERLASSEN:

Kapitel I. Grundsätze und Anwendungsbereich

Art. 1 *Kontrollgerät*

Als Kontrollgerät im Sinne dieser Verordnung gilt ein Kontrollgerät, das hinsichtlich Bauart, Einbau, Benutzung und Prüfung den Vorschriften dieser Verordnung einschließlich der Anhänge I bzw. I B und II entspricht.

Art. 2 *Definitionen*

Für diese Verordnung sind die Definitionen des Artikels 4 der Verordnung (EWG) Nr. 561/2006 des Europäischen Parlaments und des Rates vom 15. März 2006 zur Harmonisierung bestimmter Sozialvorschriften im Straßenverkehr und zur Änderung der Verordnungen (EWG) Nr. 3821/85 und (EG) Nr. 2135/98 des Rates anwendbar.

Art. 3 *Einbau des Kontrollgeräts*

(1) [1]Das Kontrollgerät muss bei Fahrzeugen eingebaut und benutzt werden, die der Personen- oder Güterbeförderung im Straßenverkehr dienen und in einem Mitgliedstaat zugelassen sind; ausgenommen sind die in Artikel 3 der Verordnung (EWG) Nr. 561/2006 genannten Fahrzeuge. [2]Die in Artikel 16 Absatz 1 der Verordnung (EWG) Nr. 561/2006 genannten Fahrzeuge und Fahrzeuge, die von der Anwendung der Verordnung (EWG) Nr. 3820/85 freigestellt waren, die gemäß den Bestimmungen der Verordnung (EWG) Nr. 561/2006 jedoch nicht mehr freigestellt sind, müssen diese Vorschrift spätestens ab dem 31. Dezember 2007 erfüllen.

(2) Die Mitgliedstaaten können die in Artikel 16 Absätze 1 und 3 der Verordnung (EWG) Nr. 561/2006 genannten Fahrzeuge von der Anwendung der vorliegenden Verordnung freistellen.

(3) Die Mitgliedstaaten können – nach Genehmigung durch die Kommission – Fahrzeuge, die für die in Artikel 14 der Verordnung (EWG) Nr. 561/2006 genannten Beförderungen eingesetzt werden, von der Anwendung der vorliegenden Verordnung freistellen.

(4) Die Mitgliedstaaten können für den Binnenverkehr vorschreiben, daß in allen Fahrzeugen, in denen gemäß Absatz 1 kein Kontrollgerät eingebaut und benutzt zu werden braucht, Kontrollgeräte gemäß dieser Verordnung eingebaut und benutzt werden.

Kapitel II. Bauartgenehmigung

Art. 4 *EWG-Bauartgenehmigung*

Im Sinne dieses Kapitels ist unter dem Ausdruck „Kontrollgerät" das „Kontrollgerät oder seine Komponenten" zu verstehen.

[1]Jeder Antrag auf eine EWG-Bauartgenehmigung für ein Kontrollgerät- oder ein Schaublatt-Muster oder (die) (eine) Fahrerkarte(n) wird zusammen mit einer entsprechenden Beschreibung vom Hersteller oder einem Beauftragten bei einem Mitgliedstaat eingereicht. [2]Für ein und dasselbe Kontrollgerät- oder Schaublatt-Muster oder (die) (eine) Fahrerkarte(n) kann dieser Antrag nur bei einem Mitgliedstaat gestellt werden.

Art. 5 *Bauartgenehmigung durch einzelnen Mitgliedstaat*

Jeder Mitgliedstaat erteilt die EG-Bauartgenehmigung für alle Kontrollgeräte-, Schaublatt- oder Speicherkarten-Muster, wenn diese den Vorschriften der Anhänge I oder I B entsprechen und wenn der Mitgliedstaat die Möglichkeit hat, die Übereinstimmung der Fertigung mit dem zugelassenen Muster zu überwachen.

Anh. 1d

¹Das System muss in Bezug auf die Sicherheit den technischen Vorschriften des Anhangs I B entsprechen. ²Die Kommission stellt sicher, dass in diesen Anhang Vorschriften aufgenommen werden, nach denen die EG-Bauartgenehmigung für ein Kontrollgerät nur erteilt werden kann, wenn für das Gesamtsystem (das Kontrollgerät selbst, die Speicherkarte und die elektrischen Verbindungen mit dem Getriebe) nachgewiesen wurde, dass es gegen Manipulationen oder Verfälschungen der Daten über die Lenkzeiten gesichert ist. ³Diese Maßnahmen zur Änderung nicht wesentlicher Bestimmungen dieser Verordnung werden nach dem in Artikel 18 Absatz 2 genannten Regelungsverfahren mit Kontrolle erlassen. ⁴Die hierfür erforderlichen Prüfungen werden von Sachverständigen durchgeführt, denen die neuesten Manipulationstechniken bekannt sind.

Änderungen oder Ergänzungen eines Musters, für das die Bauartgenehmigung bereits erteilt ist, bedürfen einer Nachtrags-EWG-Bauartgenehmigung des Mitgliedstaats, der die ursprüngliche EWG-Bauartgenehmigung erteilt hat.

Art. 6 *EWG-Prüfzeichen*

Die Mitgliedstaaten erteilen dem Antragsteller für jedes gemäß Artikel 5 zugelassene Kontrollgerät- oder Schaublatt-Muster oder (die) (eine) Fahrerkarte(n) ein EWG-Prüfzeichen entsprechend dem Muster im Anhang II.

Art. 7 *Zuständige Behörden*

Die zuständigen Behörden des Mitgliedstaats, bei dem die Bauartgenehmigung beantragt worden ist, übermitteln den Behörden der anderen Mitgliedstaaten innerhalb eines Monats eine Durchschrift des Genehmigungsbogens sowie eine Durchschrift der erforderlichen Beschreibung für jedes genehmigte Kontrollgerät- oder Schaublatt-Muster oder (die) (eine) Fahrerkarte(n) unterrichten sie über jede Ablehnung eines Genehmigungsantrages; im Falle der Ablehnung teilen sie die Gründe dafür mit.

Art. 8 *Entzug und Widerruf der EWG-Bauartgenehmigung*

(1) ¹Stellt ein Mitgliedstaat, der eine EWG-Bauartgenehmigung gemäß Artikel 5 erteilt hat, fest, daß Kontrollgeräte oder Schaublätter oder (die) (eine) Fahrerkarte(n) mit dem von ihm erteilten EWG-Prüfzeichen nicht dem von ihm zugelassenen Muster entsprechen, so trifft er die erforderlichen Maßnahmen, um die Übereinstimmung der Fertigung mit dem zugelassenen Muster sicherzustellen. ²Diese können gegebenenfalls bis zum Entzug der EWG-Bauartgenehmigung gehen.

(2) Der Mitgliedstaat, der eine EWG-Bauartgenehmigung erteilt hat, muß diese widerrufen, wenn das Kontrollgerät oder das Schaublatt oder (die) (eine) Fahrerkarte(n), wofür die Bauartgenehmigung erteilt worden ist, als nicht im Einklang mit dieser Verordnung einschließlich ihrer Anhänge stehend anzusehen ist oder bei seiner Verwendung einen Fehler allgemeiner Art erkennen läßt, der es für seinen Zweck ungeeignet macht.

(3) Wird der Mitgliedstaat, der eine EWG-Bauartgenehmigung erteilt hat, von einem anderen Mitgliedstaat darüber unterrichtet, daß einer der in den Absätzen 1 und 2 genannten Fälle vorliegt, so trifft er nach Anhörung dieses Staates ebenfalls die in diesen Absätzen vorgesehenen Maßnahmen vorbehaltlich des Absatzes 5.

(4) ¹Der Mitgliedstaat, der einen der in Absatz 2 genannten Fälle festgestellt hat, kann den Vertrieb und die Inbetriebnahme der Kontrollgeräte oder Schaublätter oder (die) (eine) Fahrerkarte(n) bis auf weiteres untersagen. ²Dasselbe gilt für den in Absatz 1 vorgesehenen Fall, wenn der Hersteller nach erfolgter Anmahnung die Übereinstimmung der von der EWG-Ersteichung befreiten Kontrollgeräte oder Schaublätter oder (die) (eine) Fahrerkarte(n) mit der zugelassenen Bauart bzw. mit den Anforderungen dieser Verordnung nicht herbeigeführt hat.

Auf jeden Fall teilen die zuständigen Behörden der Mitgliedstaaten einander und der Kommission innerhalb eines Monats den Entzug einer EWG-Bauartgenehmigung oder andere in Übereinstimmung mit den Absätzen 1, 2 und 3 getroffene Maßnahmen sowie die dafür maßgeblichen Gründe mit.

(5) Bestreitet der Mitgliedstaat, der eine EWG-Bauartgenehmigung erteilt hat, daß die in den Absätzen 1 und 2 genannten Fälle, auf die er hingewiesen worden ist, gegeben sind, so bemühen sich die betreffenden Mitgliedstaaten um die Beilegung des Streifalls und unterrichten die Kommission laufend darüber.

[1] Haben die Gespräche zwischen den Mitgliedstaaten nicht binnen vier Monaten nach der Unterrichtung gemäß Absatz 3 zu einem Einvernehmen geführt, so trifft die Kommission nach Anhörung der Sachverständigen sämtlicher Mitgliedstaaten und nach Prüfung aller einschlägigen Faktoren, z.b. in wirtschaftlicher und technischer Hinsicht, binnen sechs Monaten eine Entscheidung, die den beteiligten Mitgliedstaaten notifiziert und gleichzeitig den übrigen Mitgliedstaaten mitgeteilt wird. [2] Die Kommission setzt je nach Lage des Falls die Frist für den Beginn der Anwendung ihrer Entscheidung fest.

Art. 9 *Inhalt des Antrags*

(1) Beim Antrag auf eine EWG-Bauartgenehmigung für ein Schaublatt-Muster ist anzugeben, für welches Kontrollgerät (welche Kontrollgeräte) dieses Schaublatt bestimmt ist; für Prüfungen des Schaublatts ist außerdem ein geeignetes Kontrollgerät des (der) entsprechenden Typs (Typen) zur Verfügung zu stellen.

(2) Die zuständigen Behörden eines jeden Mitgliedstaats geben auf dem Bauartgenehmigungsbogen des Schaublatt-Musters an, in welchem Kontrollgerät (welchen Kontrollgeräten) dieses Schaublatt-Muster verwendet werden kann.

Art. 10 *Ablehnung der Zulassung bzw. Verbot der Benutzung*

Die Mitgliedstaaten dürfen die Zulassung oder die Benutzung der mit dem Kontrollgerät ausgerüsteten Fahrzeuge nicht aus Gründen ablehnen bzw. verbieten, die mit dieser Ausrüstung zusammenhängen, wenn das Gerät das in Artikel 6 bezeichnete EWG-Prüfzeichen und die in Artikel 12 genannte Einbauplakette aufweist.

Art. 11 *Begründungspflicht für ablehnende Bescheide*

[1] Jede Verfügung aufgrund dieser Verordnung, durch die eine Bauartgenehmigung für ein Kontrollgerät- oder Schaublatt-Muster oder (die) (eine) Fahrerkarte(n) verweigert oder entzogen wird, ist eingehend zu begründen. [2] Sie ist dem Betreffenden unter Angabe der Rechtsmittel und der Rechtsmittelfristen mitzuteilen, die nach dem geltenden Recht der Mitgliedstaaten vorgesehen sind.

Kapitel III. Einbau und Prüfung

Art. 12 *Einbau und Prüfung*

(1) Einbau und Reparaturen des Kontrollgeräts dürfen nur von Installateuren oder Werkstätten vorgenommen werden, die von den zuständigen Behörden der Mitgliedstaaten hierzu zugelassen worden sind, wobei diese Behörden vor der Zulassung die beteiligten Hersteller anhören können.

Die Gültigkeitsdauer der Karten der zugelassenen Werkstätten und der zugelassenen Installateure darf ein Jahr nicht überschreiten.

Bei Erneuerung, Beschädigung, Fehlfunktion, Verlust oder Diebstahl der den zugelassenen Werkstätten oder den zugelassenen Installateuren ausgestellten Karten stellt die ausstellende Behörde binnen fünf Werktagen nach Eingang eines entsprechenden begründeten Antrags eine Ersatzkarte aus.

Anh. 1d
Anhang

¹Wird eine neue Karte ausgestellt, die die alte ersetzt, erhält die neue Karte die gleiche Werkstattinformationsnummer, der Index wird jedoch um eins erhöht. ²Die ausstellende Behörde führt ein Verzeichnis der verlorenen, gestohlenen und defekten Karten.

Die Mitgliedstaaten ergreifen alle erforderlichen Maßnahmen, um die Möglichkeit einer Fälschung der den zugelassenen Werkstätten oder den zugelassenen Installateuren ausgestellten Karten auszuschließen.

(2) ¹Der zugelassene Installateur oder die zugelassene Werkstatt versehen die durchgeführten Plombierungen mit einem besonderen Zeichen; außerdem geben sie im Fall von Kontrollgeräten gemäß Anhang I B die elektronischen Sicherheitsdaten ein, anhand deren sich insbesondere die Authentifizierungskontrollen durchführen lassen. ²Die zuständigen Behörden eines jeden Mitgliedstaats führen ein Verzeichnis der verwendeten Zeichen und elektronischen Sicherheitsdaten sowie der den zugelassenen Werkstätten und den zugelassenen Installateuren ausgestellten Karten.

(3) Die zuständigen Behörden der Mitgliedstaaten übermitteln der Kommission das Verzeichnis der zugelassenen Installateure und Werkstätten sowie der ihnen ausgestellten Karten; außerdem übermitteln sie ihr eine Abschrift der verwendeten Zeichen und die erforderlichen Informationen betreffend die verwendeten elektronischen Sicherheitsdaten.

(4) Durch die Einbauplakette nach den Anhängen I und I B wird bescheinigt, daß der Einbau des Kontrollgeräts den Vorschriften dieser Verordnung entsprechend erfolgt ist.

(5) Alle Plombierungen können von Installateuren oder Werkstätten, die gemäß Absatz 1 von den zuständigen Behörden zugelassen sind, oder unter den in Anhang I Ziffer V Nummer 4 oder Anhang I B Kapitel VI Buchstabe c) beschriebenen Umständen entfernt werden.

Kapitel IV. Benutzungsvorschriften

Art. 13 *Benutzungsvorschriften*

Der Unternehmer und die Fahrer sorgen für das einwandfreie Funktionieren und die ordnungsgemäße Benutzung des Kontrollgeräts sowie der Fahrerkarte, wenn der Fahrer ein Fahrzeug benutzt, das mit einem Kontrollgerät gemäß Anhang I B ausgerüstet ist.

Art. 14 *Schaublätter*

(1) ¹Der Unternehmer händigt den Fahrern von Fahrzeugen mit einem Kontrollgerät gemäß Anhang I eine ausreichende Anzahl Schaublätter aus, wobei dem persönlichen Charakter dieser Schaublätter, der Dauer des Dienstes und der Möglichkeit Rechnung zu tragen ist, daß beschädigte oder von einem zuständigen Kontrollbeamten beschlagnahmte Schaublätter ersetzt werden müssen. ²Der Unternehmer händigt den Fahrern nur solche Schaublätter aus, die einem amtlich genehmigten Muster entsprechen und die sich für das in das Fahrzeug eingebaute Gerät eignen.

Ist ein Fahrzeug mit einem Kontrollgerät gemäß Anhang I B ausgerüstet, tragen der Unternehmer und der Fahrer dafür Sorge, daß im Fall einer Kontrolle der Ausdruck gemäß Anhang I B unter Berücksichtigung der Dauer des Dienstes auf Anforderung ordnungsgemäß erfolgen kann.

(2) ¹Das Unternehmen bewahrt die Schaublätter und – sofern Ausdrucke gemäß Artikel 15 Absatz 1 erstellt wurden – die Ausdrucke in chronologischer Reihenfolge und in lesbarer Form nach der Benutzung mindestens ein Jahr lang auf und händigt den betreffenden Fahrern auf Verlangen eine Kopie aus. ²Das Unternehmen händigt den betreffenden Fahrern ferner auf Verlangen eine Kopie der von den Fahrerkarten herun-

tergeladenen Daten sowie Ausdrucke davon aus. ³Die Schaublätter, die Ausdrucke und die herunter geladenen Daten sind jedem befugten Kontrollbeamten auf Verlangen vorzulegen oder auszuhändigen.

(3) Die in Anhang I B beschriebene Fahrerkarte wird dem Fahrer auf seinen Antrag von der zuständigen Behörde des Mitgliedstaats, in dem er seinen gewöhnlichen Wohnsitz hat, erteilt.

Ein Mitgliedstaat kann verlangen, daß jeder Fahrer, der der Verordnung (EWG) Nr. 3820/85 unterliegt und seinen gewöhnlichen Wohnsitz im Hoheitsgebiet dieses Mitgliedstaats hat, Inhaber der Fahrerkarte ist.

a) Im Sinne dieser Verordnung gilt als „gewöhnlicher Wohnsitz" der Ort, an dem eine Person wegen persönlicher und beruflicher Bindungen oder – im Fall einer Person ohne berufliche Bindungen – wegen persönlicher Bindungen, die enge Beziehungen zwischen der Person und dem Wohnort erkennen lassen, gewöhnlich, d. h. während mindestens 185 Tagen im Kalenderjahr, wohnt.
Jedoch gilt als gewöhnlicher Wohnsitz einer Person, deren berufliche Bindungen an einem anderen Ort als dem ihrer persönlichen Bindungen liegen und die daher veranlaßt ist, sich abwechselnd an verschiedenen Orten in zwei oder mehr Mitgliedstaaten aufzuhalten, der Ort ihrer persönlichen Bindungen, sofern sie regelmäßig dorthin zurückkehrt. Dies ist nicht erforderlich, wenn sich die Person in einem Mitgliedstaat zur Ausführung eines Auftrags von bestimmter Dauer aufhält.
b) Die Fahrer erbringen den Nachweis über ihren gewöhnlichen Wohnsitz anhand aller geeigneten Mittel, insbesondere des Personalausweises oder jedes anderen beweiskräftigen Dokuments.
c) Bestehen bei den zuständigen Behörden des Mitgliedstaats, der die Fahrerkarte ausstellt, Zweifel über die Richtigkeit der Angabe des gewöhnlichen Wohnsitzes nach Buchstabe b) oder sollen bestimmte spezifische Kontrollen vorgenommen werden, so können diese Behörden nähere Auskünfte oder zusätzliche Belege verlangen.
d) Die zuständigen Behörden des ausstellenden Mitgliedstaats vergewissern sich im Rahmen des Möglichen, daß der Antragsteller nicht bereits Inhaber einer gültigen Fahrerkarte ist.
(4) a) Die zuständige Behörde des Mitgliedstaats versieht gemäß Anhang I B die Fahrerkarte mit den persönlichen Daten des Fahrers.
Die Gültigkeitsdauer der Fahrerkarte darf fünf Jahre nicht überschreiten.
Der Fahrer darf nur Inhaber einer einzigen gültigen Fahrerkarte sein. Er darf nur seine eigene persönliche Fahrerkarte benutzen. Er darf weder eine defekte Fahrerkarte benutzen, noch eine Fahrerkarte, deren Gültigkeit abgelaufen ist.
Wird eine neue Fahrerkarte ausgestellt, die die alte ersetzt, erhält die neue Karte die gleiche Ausstellungsnummer, der Index wird jedoch um eins erhöht. Die ausstellende Behörde führt ein Verzeichnis der ausgestellten, gestohlenen, verlorenen und defekten Fahrerkarten, in dem die Fahrerkarten mindestens bis zum Ablauf ihrer Gültigkeitsdauer aufgeführt sind.
Bei Beschädigung, Fehlfunktion, Verlust oder Diebstahl der Fahrerkarte stellt die ausstellende Behörde binnen fünf Werktagen nach Eingang eines entsprechenden begründeten Antrags eine Ersatzkarte aus.
Bei Antrag auf Erneuerung einer Karte, deren Gültigkeitsdauer abläuft, stellt die Behörde vor Ablauf der Gültigkeit eine neue Karte aus, sofern sie den Antrag bis zu der in Artikel 15 Absatz 1 Unterabsatz 2 genannten Frist erhalten hat.
b) Fahrerkarten werden nur Antragstellern ausgestellt, die der Verordnung (EWG) Nr. 3820/85 unterliegen.
c) Die Fahrerkarte ist persönlich. Während ihrer Gültigkeitsdauer darf sie unter keinen Umständen entzogen oder ihre Gültigkeit ausgesetzt werden, es sei denn, die zuständige Behörde eines Mitgliedstaats stellt fest, daß die Karte gefälscht worden ist, der Fahrer eine Karte verwendet, deren Inhaber er nicht ist, oder die Ausstellung

Anh. 1d

der Karte auf der Grundlage falscher Erklärungen und/oder gefälschter Dokumente erwirkt wurde. Werden die vorgenannten Maßnahmen zum Entzug oder zur Aussetzung der Gültigkeit der Karte von einem anderen als dem ausstellenden Mitgliedstaat getroffen, so sendet dieser Mitgliedstaat die Karte an die Behörden des ausstellenden Mitgliedstaats zurück und begründet sein Vorgehen.

d) Die Fahrerkarten werden von den Mitgliedstaaten gegenseitig anerkannt.

Hat der Inhaber einer von einem Mitgliedstaat ausgestellten gültigen Fahrerkarte seinen gewöhnlichen Wohnsitz in einem anderen Mitgliedstaat begründet, so kann er einen Antrag auf Umtausch seiner Karte gegen eine gleichwertige Fahrerkarte stellen; es ist Sache des umtauschenden Mitgliedstaats, gegebenenfalls zu prüfen, ob die vorgelegte Karte tatsächlich noch gültig ist.

Die Mitgliedstaaten, die einen Umtausch vornehmen, senden die einbehaltene Karte den Behörden des ausstellenden Mitgliedstaats zurück und begründen ihr Vorgehen.

e) Wird eine Fahrerkarte von einem Mitgliedstaat ersetzt oder umgetauscht, so wird dieser Vorgang ebenso wie jede weitere Ersetzung oder Erneuerung in dem betreffenden Mitgliedstaat erfaßt.

f) Die Mitgliedstaaten ergreifen alle für die Vermeidung einer Fälschung von Fahrerkarten erforderlichen Maßnahmen.

(5) Die Mitgliedstaaten tragen dafür Sorge, daß die für die Überwachung der Einhaltung der Verordnung (EWG) Nr. 3820/85 und der Richtlinie 92/6/EWG des Rates vom 10. Februar 1992 über Einbau und Benutzung von Geschwindigkeitsbegrenzern für bestimmte Kraftfahrzeugklassen in der Gemeinschaft[1] erforderlichen Daten, die von den Kontrollgeräten gemäß Anhang I B dieser Verordnung aufgezeichnet und gespeichert werden, nach ihrer Aufzeichnung mindestens 365 Tage lang gespeichert bleiben und unter solchen Bedingungen, die die Sicherheit und Richtigkeit der Angaben garantieren, zugänglich gemacht werden können.

Die Mitgliedstaaten ergreifen alle erforderlichen Maßnahmen, um sicherzustellen, daß die Weiterveräußerung oder Stillegung von Kontrollgeräten insbesondere die ordnungsgemäße Anwendung dieses Absatzes nicht beeinträchtigen kann.

Art. 15 *Verwendung der Schaublätter*

(1) [1]Die Fahrer dürfen keine angeschmutzten oder beschädigten Schaublätter oder (die) (eine) Fahrerkarte(n) verwenden. [2]Die Schaublätter oder (die) (eine) Fahrerkarte(n) müssen deshalb in angemessener Weise geschützt werden.

Fahrer, die die Erneuerung ihrer Fahrerkarte wünschen, müssen bei den zuständigen Behörden des Mitgliedstaats, in dem sie ihren gewöhnlichen Wohnsitz haben, spätestens fünfzehn Werktage vor Ablauf der Gültigkeit der Karte einen entsprechenden Antrag stellen.

Wird ein Schaublatt oder (die) (eine) Fahrerkarte(n), welches Aufzeichnungen enthält, beschädigt, so haben die Fahrer das beschädigte Schaublatt oder (die) (eine) Fahrerkarte(n) dem ersatzweise verwendeten Reserveblatt beizufügen.

Bei Beschädigung, Fehlfunktion, Verlust oder Diebstahl der Fahrerkarte müssen die Fahrer bei den zuständigen Behörden des Mitgliedstaats, in dem sie ihren gewöhnlichen Wohnsitz haben, binnen sieben Kalendertagen einen Antrag auf Ersetzung der Karten stellen.

Wenn eine Fahrerkarte beschädigt ist, Fehlfunktionen aufweist oder sich nicht im Besitz des Fahrers befindet, hat der Fahrer

a) zu Beginn seiner Fahrt die Angaben über das von ihm gelenkte Fahrzeug auszudrucken und in den Ausdruck

---

[1] **Amtl. Anm.:** ABl. 57 vom 2. 3. 1992, S. 27.

i) die Angaben, mit denen der Fahrer identifiziert werden kann (Name, Nummer der Fahrerkarte oder des Führerscheins), einzutragen und seine Unterschrift anzubringen;
ii) die in Absatz 3 zweiter Gedankenstrich Buchstaben b, c und d genannten Zeiten einzutragen;
b) am Ende seiner Fahrt die Angaben über die vom Kontrollgerät aufgezeichneten Zeiten auszudrucken, die vom Fahrtenschreiber nicht erfassten Zeiten, in denen er seit dem Erstellen des Ausdrucks bei Fahrtantritt andere Arbeiten ausgeübt hat, Bereitschaft hatte oder eine Ruhepause eingelegt hat, zu vermerken und auf diesem Dokument die Angaben einzutragen, mit denen der Fahrer identifiziert werden kann (Name, Nummer der Fahrerkarte oder des Führerscheins), sowie seine Unterschrift anzubringen

(2) ¹Die Fahrer benutzen für jeden Tag, an dem sie lenken, ab dem Zeitpunkt, an dem sie das Fahrzeug übernehmen, Schaublätter oder (die) (eine) Fahrerkarte(n). ²Das Schaublatt oder (die) (eine) Fahrerkarte(n) wird erst nach der täglichen Arbeitszeit entnommen, es sei denn, eine Entnahme ist auf andere Weise zulässig. ³Kein Schaublatt oder (die) (eine) Fahrerkarte(n) darf über den Zeitraum, für den es bestimmt ist, hinaus verwendet werden.

Wenn der Fahrer sich nicht im Fahrzeug aufhält und daher nicht in der Lage ist, das in das Fahrzeug eingebaute Gerät zu betätigen, müssen die in Absatz 3 zweiter Gedankenstrich Buchstaben b, c und d genannten Zeiträume,

a) wenn das Fahrzeug mit einem Kontrollgerät gemäß Anhang I ausgestattet ist, von Hand, durch automatische Aufzeichnung oder auf andere Weise lesbar und ohne Verschmutzung des Schaublatts auf dem Schaublatt eingetragen werden, oder
b) wenn das Fahrzeug mit einem Kontrollgerät gemäß Anhang I B ausgestattet ist, mittels der manuellen Eingabevorrichtung des Kontrollgeräts auf der Fahrerkarte eingetragen werden.

Befindet sich an Bord eines mit einem Kontrollgerät nach Anhang I B ausgestatteten Fahrzeugs mehr als ein Fahrer, so stellt jeder Fahrer sicher, dass seine Fahrerkarte in den richtigen Schlitz im Fahrtenschreiber eingeschoben wird.

Wenn sich mehr als ein Fahrer im Fahrzeug befindet, nehmen die Fahrer die auf den Schaublättern erforderlichen Änderungen so vor, daß die in Anhang I Ziffer II Nummern 1 bis 3 genannten Angaben auf dem Schaublatt des Fahrers, der tatsächlich lenkt, aufgezeichnet werden.

(3) Die Fahrer
– achten darauf, daß die Zeitmarkierung auf dem Schaublatt mit der gesetzlichen Zeit des Landes übereinstimmt, in dem das Fahrzeug zugelassen ist;
– betätigen die Schaltvorrichtung des Kontrollgeräts so, daß folgende Zeiten getrennt und unterscheidbar aufgezeichnet werden:
  a) unter dem Zeichen ⊗: die Lenkzeiten;
  b) „andere Arbeiten": Das sind alle anderen Tätigkeiten als die Lenktätigkeit im Sinne des Artikel 3 Buchstabe a der Richtlinie 2002/15/EG des Europäischen Parlaments und des Rates vom 11. März 2002 zur Regelung der Arbeitszeit von Personen, die Fahrtätigkeiten im Bereich des Straßentransports ausüben, sowie jegliche Arbeit für denselben oder einen anderen Arbeitgeber, sei es innerhalb oder außerhalb des Verkehrssektors; sie sind unter dem Zeichen �штаaufzuzeichnen.
  c) die „Bereitschaftszeit" im Sinne des Artikel 3 Buchstabe b der Richtlinie 2002/15/EG ist unter dem Zeichen ▱ aufzuzeichnen.
  d) unter dem Zeichen ⊨: die Arbeitsunterbrechungen und die Tagesruhezeiten.

(4) *(aufgehoben)*

(5) Der Fahrer hat auf dem Schaublatt folgende Angaben einzutragen:
a) bei Beginn der Benutzung des Blattes: seinen Namen und Vornamen;

Anh. 1d

b) bei Beginn und am Ende der Benutzung des Blattes: den Zeitpunkt und den Ort;
c) die Kennzeichennummer des Fahrzeugs, das ihm zugewiesen ist, und zwar vor der ersten auf dem Blatt verzeichneten Fahrt und in der Folge im Falle des Fahrzeugwechsels während der Benutzung des Schaublatts;
d) den Stand des Kilometerzählers:
   – vor der ersten auf dem Blatt verzeichneten Fahrt,
   – am Ende der letzten auf dem Blatt verzeichneten Fahrt,
   – im Falle des Fahrzeugwechsels während des Arbeitstags (Zähler des vorherigen Fahrzeugs und Zähler des neuen Fahrzeugs);
e) gegebenenfalls die Uhrzeit des Fahrzeugwechsels.

(5 a) ^{1}Der Fahrer gibt in das Kontrollgerät gemäß Anhang I B das Symbol des Landes, in dem er seinen Arbeitstag beginnt, und das Symbol des Landes ein, in dem er seinen Arbeitstag beendet. ^{2}Ein Mitgliedstaat kann jedoch den Fahrern von Fahrzeugen, die einen innerstaatlichen Transport in seinem Hoheitsgebiet durchführen, vorschreiben, dem Symbol des Landes genauere geographische Angaben hinzuzufügen, sofern sie der Kommission von diesem Mitgliedstaat vor dem 1. April 1998 mitgeteilt worden sind und ihre Zahl nicht über zwanzig liegt.

Die Eingaben der vorgenannten Daten werden vom Fahrer vorgenommen; sie können entweder völlig manuell oder, wenn das Kontrollgerät an ein satellitengestütztes Standortbestimmungssystem angeschlossen ist, automatisch sein.

(6) Das Kontrollgerät gemäß Anhang I muß so beschaffen sein, daß die Kontrollbeamten nach etwaiger Öffnung des Gerätes, ohne das Schaublatt bleibend zu verformen, zu beschädigen oder zu verschmutzen, die Aufzeichnungen der letzten neun Stunden vor dem Kontrollzeitpunkt ablesen können.

Das Gerät muß außerdem so beschaffen sein, daß ohne Öffnung des Gehäuses nachgeprüft werden kann, ob die Aufzeichnungen erfolgen.

(7) a) Lenkt der Fahrer ein Fahrzeug, das mit einem Kontrollgerät gemäß Anhang I ausgerüstet ist, so muss er den Kontrollbeamten auf Verlangen jederzeit Folgendes vorlegen können:
   i) die Schaublätter für die laufende Woche und die vom Fahrer in den vorausgehenden 15 Tagen verwendeten Schaublätter,
   ii) die Fahrerkarte, falls er Inhaber einer solchen Karte ist, und
   iii) alle während der laufenden Woche und der vorausgehenden 15 Tage erstellten handschriftlichen Aufzeichnungen und Ausdrucke, die gemäß der vorliegenden Verordnung und der Verordnung (EG) Nr. 561/2006 vorgeschrieben sind.
   Nach dem 1. Januar 2008 umfassen die in den Ziffern i und iii genannten Zeiträume jedoch den laufenden Tag und die vorausgehenden 28 Tage.
b) Lenkt der Fahrer ein Fahrzeug, das mit einem Kontrollgerät gemäß Anhang I B ausgerüstet ist, so muss er den Kontrollbeamten auf Verlangen jederzeit Folgendes vorlegen können:
   i) Die Fahrerkarte, falls er Inhaber einer solchen Karte ist,
   ii) alle während der laufenden Woche und der vorausgehenden 15 Tage erstellten handschriftlichen Aufzeichnungen und Ausdrucke, die gemäß der vorliegenden Verordnung und der Verordnung (EG) Nr. 561/2006 vorgeschrieben sind, und
   iii) die Schaublätter für den Zeitraum gemäß dem vorigen Unterabsatz, falls er in dieser Zeit ein Fahrzeug gelenkt hat, das mit einem Kontrollgerät gemäß Anhang I ausgerüstet ist.
   Nach dem 1. Januar 2008 umfasst der in Ziffer ii genannte Zeitraum jedoch den laufenden Tag und die vorausgehenden 28 Tage.
c) Ein ermächtigter Kontrollbeamter kann die Einhaltung der Verordnung (EG) Nr. 561/2006 überprüfen, indem er die Schaublätter, die im Kontrollgerät oder auf der Fahrerkarte gespeicherten Daten (mittels Anzeige oder Ausdruck) oder anderen-

falls jedes andere beweiskräftige Dokument, das die Nichteinhaltung einer Bestimmung wie etwa des Artikels 16 Absätze 2 und 3 belegt, analysiert.

(8) ¹Die Verfälschung, Unterdrückung oder Vernichtung von Aufzeichnungen auf dem Schaublatt, des Speicherinhalts des Kontrollgeräts bzw. der Fahrerkarte sowie der von dem Kontrollgerät gemäß Anhang I B ausgedruckten Dokumente ist verboten. ²Dies gilt in gleicher Weise für Manipulationen am Kontrollgerät, am Schaublatt oder an der Fahrerkarte, durch die die Aufzeichnungen und/oder die ausgedruckten Dokumente verfälscht, unterdrückt oder vernichtet werden können. ³Im Fahrzeug darf keine Einrichtung vorhanden sein, die zu diesem Zweck verwendet werden kann.

Art. 16 *Betriebsstörung oder Fehlfunktion des Geräts*

(1) Bei einer Betriebsstörung oder bei mangelhaftem Funktionieren des Gerätes muß der Unternehmer die Reparatur, sobald die Umstände dies gestatten, von einem zugelassenen Installateur oder einer zugelassenen Werkstatt durchführen lassen.

Kann die Rückkehr zum Sitz des Unternehmens erst nach mehr als einer Woche nach dem Tag des Eintritts der Störung oder der Feststellung des mangelhaften Funktionierens erfolgen, so ist die Reparatur unterwegs vorzunehmen.

Die Mitgliedstaaten können im Rahmen des Artikels 19 vorsehen, daß die zuständigen Behörden die Benutzung des Fahrzeugs verbieten können, wenn eine Betriebsstörung oder ein mangelhaftes Funktionieren nicht gemäß den Unterabsätzen 1 und 2 des vorliegenden Artikels behoben wird.

(2) Während einer Betriebsstörung oder bei Fehlfunktion des Kontrollgerätes hat der Fahrer auf dem Schaublatt (den Schaublättern) oder auf einem besonderen, entweder dem Schaublatt oder der Fahrerkarte beizufügenden Blatt die vom Kontrollgerät nicht mehr einwandfrei aufgezeichneten oder ausgedruckten Angaben über die Zeitgruppen zu vermerken, zusammen mit Angaben zu seiner Person (Name und Nummer seines Führerscheins oder Name und Nummer seiner Fahrerkarte) und seiner Unterschrift.

Bei Verlust, Diebstahl, Beschädigung oder Fehlfunktion der Fahrerkarte läßt der Fahrer am Ende der Fahrt die Angaben über die Zeitgruppen ausdrucken, die das Kontrollgerät aufgezeichnet hat, macht auf dem Ausdruck Angaben zu seiner Person (Name und Nummer seines Führerscheins oder Name und Nummer seiner Fahrerkarte) und versieht ihn mit seiner Unterschrift.

(3) ¹Bei Beschädigung oder Fehlfunktion der Fahrerkarte gibt der Fahrer diese Karte der zuständigen Behörde des Mitgliedstaats, in dem er seinen gewöhnlichen Wohnsitz hat, zurück. ²Der Diebstahl einer Fahrerkarte ist den zuständigen Behörden des Staates, in dem sich der Diebstahl ereignet hat, ordnungsgemäß zu melden.

Der Verlust einer Fahrerkarte ist den zuständigen Behörden des ausstellenden Staates sowie, sofern es sich nicht um denselben Staat handelt, den zuständigen Behörden des Mitgliedstaats, in dem der Fahrer seinen gewöhnlichen Wohnsitz hat, ordnungsgemäß zu melden.

Der Fahrer darf seine Fahrt ohne Fahrerkarte während eines Zeitraums von höchstens 15 Kalendertagen fortsetzen, bzw. während eines längeren Zeitraums, wenn das für die Rückkehr des Fahrzeugs zu dem Standort des Unternehmens erforderlich ist, sofern er nachweisen kann, daß es unmöglich war, die Fahrerkarte während dieses Zeitraums vorzulegen oder zu benutzen.

Handelt es sich bei den Behörden des Mitgliedstaats, in dem der Fahrer seinen gewöhnlichen Wohnsitz hat, nicht um die Behörden, die die Fahrerkarte ausgestellt haben, und müssen diese die Fahrerkarte erneuern, ersetzen oder austauschen, teilen sie den Behörden, die die bisherige Karte ausgestellt haben, die genauen Gründe für die Erneuerung, die Ersetzung oder den Austausch mit.

Anh. 1d

Kapitel V. Schlußbestimmungen

Art. 17 *Anpassung der Anhänge an den technischen Fortschritt*

(1) Die Änderungen, die zur Anpassung der Anhänge an den technischen Fortschritt notwendig sind und die eine Änderung nicht wesentlicher Bestimmungen dieser Verordnung bewirken, werden nach dem in Artikel 18 Absatz 2 genannten Regelungsverfahren mit Kontrolle erlassen.

(2) Die technischen Spezifikationen für folgende Punkte des Anhang I B werden möglichst bald und wenn möglich vor dem 1. Juli 1998 nach demselben Verfahren festgelegt:

a) Kapitel II
 – Buchstabe d) Abschnitt 17:
 Anzeige und Ausdruck bei Systemstörungen des Kontrollgeräts;
 – Buchstabe d) Abschnitt 18:
 Anzeige und Ausdruck bei Fehlfunktionen der Fahrerkarte;
 – Buchstabe d) Abschnitt 21:
 Anzeige und Ausdruck von zusammenfassenden Berichten;
b) Kapitel III
 – Buchstabe a) Abschnitt 6.3:
 Normen für den Schutz der elektronischen Anlagen in Fahrzeugen gegen elektrische Interferenzen und magnetische Felder;
 – Buchstabe a) Abschnitt 6.5:
 Schutz (Sicherheit) des Gesamtsystems;
 – Buchstabe c) Abschnitt 1:
 Warnsignal bei internen Fehlfunktionen des Kontrollgeräts;
 – Buchstabe c) Abschnitt 5:
 Art der Warnsignale;
 – Buchstabe f):
 zulässige Fehlergrenzen;
c) Kapitel IV Buchstabe A:
 – Abschnitt 4:
 Normen;
 – Abschnitt 5:
 Sicherheit einschließlich des Datenschutzes;
 – Abschnitt 6:
 Temperaturspanne;
 – Abschnitt 8:
 elektrische Merkmale;
 – Abschnitt 9:
 logische Struktur der Fahrerkarte;
 – Abschnitt 10:
 Funktionen und Befehle;
 – Abschnitt 11:
 grundlegende Dateien;
 Kapitel IV Buchstabe B;
d) Kapitel V:
 Drucker und Standardausdrucke.

Art. 18 *Ausschuss*

(1) Die Kommission wird von einem Ausschuss unterstützt.

(2) Wird auf diesen Absatz Bezug genommen, so gelten Artikel 5a Absätze 1 bis 4 und Artikel 7 des Beschlusses 1999/468/EG unter Beachtung von dessen Artikel 8.

Art. 19 *Durchführungsvorschriften*

(1) ¹Die Mitgliedstaaten erlassen nach Anhörung der Kommission rechtzeitig die zur Durchführung dieser Verordnung notwendigen Rechts- und Verwaltungsvorschriften. ²Diese Vorschriften müssen sich unter anderem auf die Organisation, das Verfahren und die Mittel für die Überwachung sowie auf die Ahndung im Falle von Zuwiderhandlungen erstrecken.

(2) Die Mitgliedstaaten gewähren einander Beistand im Hinblick auf die Anwendung dieser Verordnung und die Überwachung der Anwendung.

(3) Im Rahmen dieses gegenseitigen Beistandes übermitteln die zuständigen Behörden der Mitgliedstaaten einander regelmäßig alle verfügbaren Angaben über
– die von Gebietsfremden begangenen Zuwiderhandlungen gegen diese Verordnung und ihre Ahndung,
– die von einem Mitgliedstaat verhängten Maßnahmen zur Ahndung von Zuwiderhandlungen, die seine Gebietsansässigen in anderen Mitgliedstaaten begangen haben.

Art. 20 *Aufhebung von Vorschriften*

Die Verordnung (EWG) Nr. 1463/70 wird aufgehoben.
Jedoch gilt Artikel 3 Absatz 1 der Verordnung (EWG) Nr. 1463/70 für Fahrzeuge und Fahrer, die im grenzüberschreitenden Personenlinienverkehr eingesetzt werden, noch bis zum 31. Dezember 1989, soweit die Fahrzeuge, die für diesen Verkehr eingesetzt werden, nicht mit einem gemäß der vorliegenden Verordnung verwendeten Kontrollgerät ausgestattet sind.

Art. 20 a *Anwendung im Gebiet der ehemaligen DDR*

Für Fahrzeuge, die vor dem 1. Januar 1991 in dem Gebiet der ehemaligen Deutschen Demokratischen Republik zugelassen wurden, gilt diese Verordnung erst ab diesem Zeitpunkt.
¹Diese Verordnung gilt erst ab 1. Januar 1993 für diese Fahrzeuge, sofern sie nur innerstaatliche Beförderungen innerhalb der Bundesrepublik Deutschland durchführen.
²Sie gilt jedoch ab ihrem Inkrafttreten für Fahrzeuge, die gefährliche Güter befördern.

Art. 21 *Inkrafttreten*

Diese Verordnung tritt am 29. September 1986 in Kraft.
Diese Verordnung ist in allen ihren Teilen verbindlich und gilt unmittelbar in jedem Mitgliedstaat.

Anhang: *(nicht abgedruckt)*

1 e. Europäisches Übereinkommen über die Arbeit des im internationalen Straßenverkehr beschäftigten Fahrpersonals (AETR)

In der Fassung der Bekanntmachung vom 31. Juli 1985
(BGBl. 1985 II S. 889) (ABl. 1978 Nr. L 95 S. 1)
Zuletzt geänd. durch Prot. vom 31. 10. 2008 (BGBl. 2011 II S. 1095)
Celex-Nr. 2 1978 A 0408 (01)

– Auszug –

DIE VERTRAGSPARTEIEN –
von dem Wunsche geleitet, die Entwicklung und Verbesserung des internationalen Personen- und Güterverkehrs auf der Straße zu fördern, überzeugt von der Notwen-

digkeit, die Sicherheit des Straßenverkehrs zu erhöhen, bestimmte Arbeitsbedingungen im internationalen Straßenverkehr nach den Grundsätzen der Internationalen Arbeitsorganisation zu regeln und gemeinsam bestimmte Maßnahmen zu treffen, um die Beachtung dieser Regelungen zu sichern –

haben folgendes vereinbart:

Art. 6 Lenkzeiten

(1) [1]Die Tageslenkzeit gemäß der Begriffsbestimmung in Artikel 1 Buchstabe s darf 9 Stunden nicht überschreiten. [2]Sie darf zweimal pro Woche auf höchstens 10 Stunden verlängert werden.

(2) Die Wochenlenkzeit gemäß der Begriffsbestimmung in Artikel 1 Buchstabe t darf 56 Stunden nicht überschreiten.

(3) Die summierte Gesamtlenkzeit während zweier aufeinander folgender Wochen darf 90 Stunden nicht überschreiten.

(4) Die Lenkzeiten umfassen alle Fahrten im Gebiet von Vertragsparteien und im Gebiet von Nichtvertragsparteien.

(5) [1]Der Fahrer muss die Zeiten im Sinne des Artikels 1 Buchstabe q sowie alle Lenkzeiten in einem Fahrzeug, das für gewerbliche Zwecke außerhalb des Anwendungsbereichs dieses Übereinkommens verwendet wird, als andere Arbeiten festhalten; ferner muss er die Bereitschaftszeiten im Sinne des Artikels 12 Absatz 3 Buchstabe c des Anhangs zu diesem Übereinkommen festhalten. [2]Diese Zeiten sind entweder handschriftlich auf einem Schaublatt oder einem Ausdruck einzutragen oder manuell in das Kontrollgerät einzugeben.

Art. 7 Unterbrechungen

(1) Nach einer Lenkzeit von $4^1/_2$ Stunden ist eine ununterbrochene Unterbrechung von mindestens 45 Minuten einzulegen, sofern der Fahrer keine Ruhezeit nimmt.

(2) Diese Unterbrechung im Sinne von Artikels 1 Buchstabe n kann durch eine Unterbrechung von mindestens 15 Minuten, gefolgt von einer Unterbrechung von mindestens 30 Minuten, ersetzt werden, die in die Lenkzeit oder unmittelbar nach dieser so einzufügen sind, dass Absatz 1 eingehalten wird.

(3) Für die Anwendung dieses Artikels gelten die Wartezeit oder die Nicht-Lenkzeit, die in einem fahrenden Fahrzeug, auf einer Fähre oder in einem Zug verbracht werden, nicht als „andere Arbeiten" im Sinne von Artikels 1 Buchstabe q, sondern als „Unterbrechung".

(4) Nach diesem Artikel eingelegte Unterbrechungen dürfen nicht als tägliche Ruhezeit betrachtet werden.

Art. 8 Ruhezeiten

(1) Der Fahrer muss tägliche und wöchentliche Ruhezeiten gemäß Artikel 1 Buchstaben o und p einhalten.

(2) [1]Innerhalb von 24 Stunden nach dem Ende der vorangegangenen täglichen oder wöchentlichen Ruhezeit muss der Fahrer eine neue tägliche Ruhezeit genommen haben. [2]Beträgt der Teil der täglichen Ruhezeit, die in den 24-Stunden-Zeitraum fällt, mindestens 9 Stunden, jedoch weniger als 11 Stunden, so ist die fragliche tägliche Ruhezeit als verkürzte tägliche Ruhezeit anzusehen.

(3) Abweichend von Absatz 2 muss ein im Mehrfahrerbetrieb eingesetzter Fahrer innerhalb von 30 Stunden nach dem Ende einer täglichen oder wöchentlichen Ruhezeit eine neue tägliche Ruhezeit von mindestens 9 Stunden genommen haben.

(4) Eine tägliche Ruhezeit kann verlängert werden, so dass sich eine regelmäßige wöchentliche Ruhezeit oder eine reduzierte wöchentliche Ruhezeit ergibt.

(5) Der Fahrer darf zwischen zwei wöchentlichen Ruhezeiten höchstens drei reduzierte tägliche Ruhezeiten einlegen.

(6) a) In jeweils zwei aufeinander folgenden Wochen hat der Fahrer mindestens folgende Ruhezeiten einzuhalten:
   i) zwei regelmäßige wöchentliche Ruhezeiten oder
   ii) eine regelmäßige wöchentliche Ruhezeit und eine reduzierte wöchentliche Ruhezeit von mindestens 24 Stunden. Dabei wird jedoch die Reduzierung durch eine gleichwertige Ruhepause ausgeglichen, die ohne Unterbrechung vor dem Ende der dritten Woche nach der betreffenden Woche genommen werden muss.

Eine wöchentliche Ruhezeit beginnt spätestens am Ende von sechs 24-Stunden-Zeiträumen nach dem Ende der vorangegangenen wöchentlichen Ruhezeit.

b) Abweichend von Absatz 6 Buchstabe a kann ein Fahrer, der im Rahmen eines internationalen Straßenpersonenverkehrs, der kein Linienverkehr ist, eine Einzelfahrt durchführt, die wöchentliche Ruhezeit nach einer vorangegangenen regelmäßigen wöchentlichen Ruhezeit um bis zu zwölf aufeinander folgende 24-Stunden-Zeiträume verschieben, vorausgesetzt, dass
   i) der Verkehrsdienst mindestens 24 aufeinander folgende Stunden im Hoheitsgebiet einer Vertragspartei oder in einem Drittland andauert, das nicht mit dem Land identisch ist, in dem der Verkehrsdienst seinen Ausgang genommen hat, und
   ii) der Fahrer nach dieser Ausnahme:
      a) entweder zwei wöchentliche Ruhezeiten nimmt,
      b) oder eine regelmäßige wöchentliche Ruhezeit und eine reduzierte wöchentliche Ruhezeit von mindestens 24 Stunden. Dabei wird jedoch die Reduzierung durch eine gleichwertige Ruhepause ausgeglichen, die ohne Unterbrechung vor dem Ende der dritten Woche nach der betreffenden Woche genommen werden muss;
   iii) vier Jahre, nachdem das Zulassungsland den digitalen Fahrtenschreiber eingeführt hat, das Fahrzeug gemäß den Anforderungen in Anlage 1 B des Anhangs mit einem Kontrollgerät ausgerüstet ist und
   iv) nach dem 1. Januar 2014 das Fahrzeug im Zeitraum zwischen 22.00 Uhr und 06.00 Uhr im Mehrfahrerbetrieb gefahren wird oder die in Artikel 7 genannte Lenkzeit auf drei Stunden verringert wird.

c) Abweichend von Absatz 6 Buchstabe a muss ein im Mehrfahrerbetrieb eingesetzter Fahrer jede Woche eine regelmäßige Ruhezeit von mindestens 45 Stunden nehmen. Dieser Zeitraum kann auf ein Minimum von 24 Stunden reduziert werden (reduzierte wöchentliche Ruhezeit). Dabei wird jedoch die Reduzierung durch eine gleichwertige Ruhepause ausgeglichen, die ohne Unterbrechung vor dem Ende der dritten Woche nach der betreffenden Woche genommen werden muss.

Eine wöchentliche Ruhezeit beginnt spätestens am Ende von sechs 24-Stunden-Zeiträumen nach dem Ende der vorangegangenen wöchentlichen Ruhezeit.

(7) Jede Ruhepause, die als Ausgleich für eine reduzierte wöchentliche Ruhezeit eingelegt wird, ist an eine andere Ruhezeit von mindestens 9 Stunden anzuhängen.

(8) Sofern sich ein Fahrer hierfür entscheidet, können nicht am Standort eingelegte tägliche Ruhezeiten und reduzierte wöchentliche Ruhezeiten im Fahrzeug verbracht werden, sofern das Fahrzeug über geeignete Schlafmöglichkeiten für jeden Fahrer verfügt und nicht fährt.

(9) Eine wöchentliche Ruhezeit, die in zwei aufeinander folgende Wochen fällt, kann für eine der beiden Wochen gezählt werden, nicht aber für beide.

Art. 8 bis (Ausnahmen von Artikel 8)

(1) Legt ein Fahrer, der ein Fahrzeug begleitet, das auf einem Fährschiff oder mit der Eisenbahn befördert wird, eine regelmäßige tägliche Ruhezeit ein, so kann diese Ruhezeit abweichend von Artikel 8 höchstens zwei Mal durch andere Tätigkeiten unterbrochen werden, sofern

a) der an Land verbrachte Teil der täglichen Ruhezeit vor oder nach dem Teil der täglichen Ruhezeit genommen werden kann, der auf einem Fährschiff oder in der Eisenbahn verbracht wird;

b) der Zeitraum zwischen den beiden Teilen der täglichen Ruhezeit so kurz wie möglich ist und auf keinen Fall vor der Verladung des Fahrzeugs oder nach dem Verlassen der Eisenbahn oder des Schiffs durch das Fahrzeug 1 Stunde übersteigt; dabei umfasst der Vorgang der Verladung bzw. des Verlassens auch die Zollformalitäten. Dem Fahrer muss während dieser täglichen Ruhezeit eine Schlafkabine oder ein Liegeplatz zur Verfügung stehen.

(2) Die von einem Fahrer verbrachte Zeit, um zu einem in den Geltungsbereich dieses Übereinkommens fallenden Fahrzeug, das sich nicht am Wohnsitz des Fahrers oder der Betriebsstätte des Arbeitgebers, dem der Fahrer normalerweise zugeordnet ist, befindet, anzureisen oder von diesem zurückzureisen, ist nur dann als Ruhepause oder Fahrtunterbrechung anzusehen, wenn sich der Fahrer auf einem Fährschiff oder in einem Zug befindet und Zugang zu einer Koje oder einem Liegewagen hat.

(3) Die von einem Fahrer verbrachte Zeit, um mit einem nicht in den Geltungsbereich dieses Übereinkommens fallenden Fahrzeug zu einem in den Geltungsbereich dieses Übereinkommens fallenden Fahrzeug, das sich nicht am Wohnsitz des Fahrers oder der Betriebsstätte des Arbeitgebers, dem der Fahrer normalerweise zugeordnet ist, befindet, anzureisen oder von diesem zurückzureisen, ist als „andere Arbeiten" anzusehen.

Art. 9 Ausnahmen

[1]Wenn es mit der Sicherheit im Straßenverkehr vereinbar ist, kann der Fahrer, um einen geeigneten Halteplatz zu erreichen, von diesem Übereinkommen abweichen, soweit dies erforderlich ist, um die Sicherheit der Fahrgäste, des Fahrzeugs oder seiner Ladung zu gewährleisten. [2]Der Fahrer hat spätestens bei Ankunft an einem geeigneten Halteplatz Art und Grund der Abweichung von den Bestimmungen auf dem Schaublatt oder einem Ausdruck des Kontrollgeräts oder in seinem Arbeitszeitplan zu vermerken.

Art. 10 Kontrollgerät

(1) Die Vertragsparteien schreiben für die in ihrem Hoheitsgebiet zugelassenen Fahrzeuge den Einbau und die Benutzung eines Kontrollgeräts nach Maßgabe der Bestimmungen dieses Übereinkommens einschließlich des Anhangs und seiner Anlagen vor.

(2) Das Kontrollgerät im Sinne dieses Übereinkommens muss hinsichtlich Bauart, Einbau, Benutzung und Prüfung den Vorschriften dieses Übereinkommens einschließlich des Anhangs und seiner Anlagen entsprechen.

(3) Ein Kontrollgerät, das in Bezug auf Konstruktion, Installation, Benutzung und Test die Bestimmungen der Verordnung (EWG) Nr. 3821/85 des Rates vom 20. Dezember 1985 erfüllt, wird so betrachtet, als erfülle es die Bestimmungen dieses Übereinkommens einschließlich des Anhangs und seiner Anlagen.

Art. 12 Durchführungsmaßnahmen

(1) [1]Jede Vertragspartei trifft alle geeigneten Maßnahmen, um die Beachtung dieses Übereinkommens sicherzustellen, insbesondere durch einen angemessenen Umfang von Straßenkontrollen und Kontrollen auf den Geschäftsgrundstücken der Unterneh-

men. ²Diese Kontrollen erfassen jedes Jahr einen großen und repräsentativen Anteil von Fahrern, Unternehmen und Fahrzeugen aller Kategorien, die in den Geltungsbereich dieses Übereinkommens fallen.

a) ³Die zuständigen Verwaltungsbehörden der Vertragsparteien führen diese Kontrollen in der Weise durch, dass:
   i) in jedem Kalenderjahr mindestes 1 v. H. der Arbeitstage der Fahrer von Fahrzeugen, die in den Geltungsbereich dieses Übereinkommens fallen, kontrolliert werden. Ab dem 1. Januar 2010 erhöht sich dieser Anteil auf mindestens 2 v. H. und ab dem 1. Januar 2012 auf mindestens 3 v. H.;
   ii) an mindestens 15 v. H. aller überprüften Arbeitstage Straßenkontrollen und an mindestens 25 v. h. Kontrollen auf den Geschäftsgrundstücken der Unternehmen durchgeführt werden. Ab dem 1. Januar 2010 werden mindestens 30 v. H. aller kontrollierten Arbeitstage im Rahmen von Straßenkontrollen und mindestens 50 v. H. im Rahmen von Kontrollen auf den Geschäftsgrundstücken überprüft.

b) Im Rahmen von Straßenkontrollen werden überprüft:
   i) die Tages- und Wochenlenkzeiten, die Unterbrechungen sowie die täglichen und wöchentlichen Ruhezeiten;
   ii) die Schaublätter der vorangegangenen Tage, die im Fahrzeug mitgeführt werden müssen und/oder die im persönlichen Kontrollbuch des Fahrers gespeicherten Daten und/oder die im Kontrollgerät gespeicherten Daten für denselben Zeitraum und/oder gegebenenfalls die Ausdrucke hiervon;
   iii) das fehlerfreie Funktionieren des Kontrollgeräts.
   Diese Kontrollen sind ohne Diskriminierung nach gebietsansässigen oder gebietsfremden Fahrzeugen, Unternehmen und Fahrern und ungeachtet des Ausgangs- oder Zielpunktes der Fahrt oder der Art des Fahrtenschreibers durchzuführen.

c) Bei den Kontrollen auf den Geschäftsgrundstücken der Unternehmen wird zusätzlich zu den bei den Straßenkontrollen überprüften Punkten und der Übereinstimmung mit den Anforderungen des Artikels 11 Absatz 2 der Anlage Folgendes überprüft:
   i) die wöchentlichen Ruhezeiten und die Lenkzeiten zwischen diesen Ruhezeiten;
   ii) die Beschränkungen der Lenkzeit während zweier aufeinander folgenden Wochen;
   iii) der Ausgleich für die verkürzten wöchentlichen Ruhezeiten gemäß Absatz 6;
   iv) die Verwendung von Schaublättern und/oder der Daten der Fahrzeugeinheit und des Fahrerkontrollbuchs und deren Ausdrucke und/oder die Planung der Arbeitszeiten der Fahrer.

(2) ¹Im Rahmen eines gegenseitigen Beistandes übermitteln die zuständigen Behörden der Vertragsparteien einander regelmäßig alle verfügbaren Angaben über:
– die von Gebietsfremden begangenen Zuwiderhandlungen gegen die Bestimmungen dieses Übereinkommen und ihre Ahndung,
– die von einer Vertragspartei verhängten Maßnahmen zur Ahndung von Zuwiderhandlungen, die ihre Gebietsansässigen auf dem Territorium einer anderen Vertragspartei begangen haben.
²In Fällen von schweren Verstößen enthalten diese Informationen auch die verhängte Strafe.

(3) ¹Legt das Ergebnis einer Straßenkontrolle, der der Fahrer eines im Hoheitsgebiet einer anderen Vertragspartei zugelassenen Fahrzeugs unterzogen wird, den Verdacht auf Verstöße nahe, die während der Kontrolle nicht aufgedeckt werden können, weil die erforderlichen Angaben fehlen, so leisten die zuständigen Behörden der betreffenden Vertragsparteien einander Amtshilfe. ²Führt die zuständige Vertragspartei hierzu eine Kontrolle auf den Geschäftsgrundstücken des Unternehmens durch, so werden die Ergebnisse dieser Kontrolle der betreffenden anderen Vertragspartei mitgeteilt.

(4) Die Vertragsparteien arbeiten bei der Durchführung abgestimmter Straßenkontrollen zusammen.

(5) Die Wirtschaftskommission der Vereinten Nationen für Europa veröffentlicht alle zwei Jahre einen Bericht über die Anwendung der Bestimmungen in Absatz 1 durch die Vertragsparteien.

(6) [1]a) Eine Vertragspartei ermächtigt ihre zuständigen Behörden, gegen einen Fahrer bei einem in ihrem Hoheitsgebiet festgestellten Verstoß gegen dieses Übereinkommen eine Sanktion zu verhängen, sofern hierfür noch keine Sanktion verhängt wurde, und zwar selbst dann, wenn der Verstoß im Hoheitsgebiet einer anderen Vertragspartei oder eines Drittstaates begangen wurde;
b) Eine Vertragspartei ermächtigt ihre zuständigen Behörden, gegen ein Unternehmen bei einem in ihrem Hoheitsgebiet festgestellten Verstoß gegen dieses Übereinkommen eine Sanktion zu verhängen, sofern hierfür noch keine Sanktion verhängt wurde, und zwar selbst dann, wenn der Verstoß im Hoheitsgebiet einer anderen Vertragspartei oder eines Drittstaates begangen wurde.

[2]Dabei gilt folgende Ausnahmeregelung: Wird ein Verstoß festgestellt, der von einem Unternehmen begangen wurde, das seinen Sitz im Hoheitsgebiet einer anderen Vertragspartei oder eines Drittstaates hat, so muss die Verhängung von Sanktionen dem Verfahren entsprechen, das im bilateralen Straßenverkehrsabkommen zwischen den beiden betroffenen Parteien festgelegt ist.

Ab 2011 prüfen die Vertragsparteien die Möglichkeit einer Streichung dieser Ausnahmeregelung in Absatz 6 Buchstabe b, sofern alle Vertragsparteien dazu bereit sind.

(7) Leitet eine Vertragspartei in Bezug auf einen bestimmten Verstoß ein Verfahren ein oder verhängt sie eine Sanktion, so muss sie dem Fahrer gegenüber angemessene schriftliche Belege beibringen.

(8) Die Vertragsparteien stellen sicher, dass ein System verhältnismäßiger Sanktionen, die finanzielle Sanktionen umfassen können, für den Fall besteht, dass Unternehmen oder mit ihnen verbundene Verlader, Spediteure, Reiseveranstalter, Hauptauftragnehmer, Unterauftragnehmer und Fahrervermittlungsagenturen gegen das vorliegende Übereinkommen verstoßen.

2. Bestimmungen für gefährliche Betriebe

Verordnung über Arbeiten in Druckluft (Druckluftverordnung)

Vom 4. Oktober 1972 (BGBl. I S. 1909)

Zuletzt geänd. durch VO v. 18. 12. 2008 (BGBl. I S. 2768)

FNA 7108-33

– Auszug –

§ 9 Beschäftigungsverbot

(1) In Druckluft von mehr als 3,6 bar Überdruck dürfen Arbeitnehmer nicht beschäftigt werden.

(2) In Druckluft dürfen Arbeitnehmer unter 18 oder über 50 Jahren nicht beschäftigt werden.

3. Bestimmungen zum Schutze der Frau

Gesetz zum Schutze der erwerbstätigen Mutter (Mutterschutzgesetz – MuSchG)

In der Fassung der Bekanntmachung vom 20. Juni 2002 (BGBl. I S. 2318)

Zuletzt geänd. durch G v. 20. 12. 2011
(BGBl. I S. 2854)

FNA 8052-1

– Auszug –

Zweiter Abschnitt. Beschäftigungsverbote

§ 8 Mehrarbeit, Nacht- und Sonntagsarbeit

(1) Werdende und stillende Mütter dürfen nicht mit Mehrarbeit, nicht in der Nacht zwischen 20 und 6 Uhr und nicht an Sonn- und Feiertagen beschäftigt werden.

(2) Mehrarbeit im Sinne des Absatzes 1 ist jede Arbeit, die

1. von Frauen unter 18 Jahren über 8 Stunden täglich oder 80 Stunden in der Doppelwoche,
2. von sonstigen Frauen über $8^1/_2$ Stunden täglich oder 90 Stunden in der Doppelwoche

hinaus geleistet wird. In die Doppelwoche werden die Sonntage eingerechnet.

(3) Abweichend vom Nachtarbeitsverbot des Absatzes 1 dürfen werdende Mütter in den ersten vier Monaten der Schwangerschaft und stillende Mütter beschäftigt werden

1. in Gast- und Schankwirtschaften und im übrigen Beherbergungswesen bis 22 Uhr,
2. in der Landwirtschaft mit dem Melken von Vieh ab 5 Uhr,
3. als Künstlerinnen bei Musikaufführungen, Theatervorstellungen und ähnlichen Aufführungen bis 23 Uhr.

(4) Im Verkehrswesen, in Gast- und Schankwirtschaften und im übrigen Beherbergungswesen, im Familienhaushalt, in Krankenpflege- und in Badeanstalten, bei Musikaufführungen, Theatervorstellungen, anderen Schaustellungen, Darbietungen oder Lustbarkeiten dürfen werdende oder stillende Mütter, abweichend von Absatz 1, an Sonn- und Feiertagen beschäftigt werden, wenn ihnen in jeder Woche einmal eine ununterbrochene Ruhezeit von mindestens 24 Stunden im Anschluss an eine Nachtruhe gewährt wird.

(5) An in Heimarbeit Beschäftigte und ihnen Gleichgestellte, die werdende oder stillende Mütter sind, darf Heimarbeit nur in solchem Umfang und mit solchen Fertigungsfristen ausgegeben werden, dass sie von der werdenden Mutter voraussichtlich während einer 8-stündigen Tagesarbeitszeit, von der stillenden Mutter voraussichtlich während einer $7^1/_4$-stündigen Tagesarbeitszeit an Werktagen ausgeführt werden kann. Die Aufsichtsbehörde kann in Einzelfällen nähere Bestimmungen über die Arbeitsmenge treffen; falls ein Heimarbeitsausschuss besteht, hat sie diesen vorher zu hören.

(6) Die Aufsichtsbehörde kann in begründeten Einzelfällen Ausnahmen von den vorstehenden Vorschriften zulassen.

4. Gewerbeordnung

In der Fassung der Bekanntmachung vom 22. Februar 1999 (BGBl. I S. 202)

Zuletzt geänd. durch G v. 15. 12. 2011 (BGBl. I S. 2714)

FNA 7100-1

– Auszug –

§ 139 b Gewerbeaufsichtsbehörde

(1) Die Aufsicht über die Ausführung der Bestimmungen der auf Grund des § 120 e oder des § 139 h erlassenen Rechtsverordnungen ist ausschließlich oder neben den ordentlichen Polizeibehörden besonderen von den Landesregierungen zu ernennenden Beamten zu übertragen. Denselben stehen bei Ausübung dieser Aufsicht alle amtlichen Befugnisse der Ortspolizeibehörden, insbesondere das Recht zur jederzeitigen Besichtigung und Prüfung der Anlagen zu. Die amtlich zu ihrer Kenntnis gelangenden Geschäfts- und Betriebsverhältnisse der ihrer Besichtigung und Prüfung unterliegenden Anlagen dürfen sie nur zur Verfolgung von Gesetzwidrigkeiten und zur Erfüllung von gesetzlich geregelten Aufgaben zum Schutz der Umwelt den dafür zuständigen Behörden offenbaren. Soweit es sich bei Geschäfts- und Betriebsverhältnissen um Informationen über die Umwelt im Sinne des Umweltinformationsgesetzes handelt, richtet sich die Befugnis zu ihrer Offenbarung nach dem Umweltinformationsgesetz.

(2) Die Ordnung der Zuständigkeitsverhältnisse zwischen diesen Beamten und den ordentlichen Polizeibehörden bleibt der verfassungsmäßigen Regelung in den einzelnen Ländern vorbehalten.

(3) Die erwähnten Beamten haben Jahresberichte über ihre amtliche Tätigkeit zu erstatten. Diese Jahresberichte oder Auszüge aus denselben sind dem Bundesrat und dem Deutschen Bundestag vorzulegen.

(4) Die auf Grund der Bestimmungen der auf Grund des § 120 e oder des § 139 h erlassenen Rechtsverordnungen auszuführenden amtlichen Besichtigungen und Prüfungen müssen die Arbeitgeber zu jeder Zeit, namentlich auch in der Nacht, während des Betriebs gestatten.

(5) Die Arbeitgeber sind ferner verpflichtet, den genannten Beamten oder der Polizeibehörde diejenigen statistischen Mitteilungen über die Verhältnisse ihrer Arbeitnehmer zu machen, welche vom Bundesministerium für Arbeit und Soziales durch Rechtsverordnung mit Zustimmung des Bundesrates oder von der Landesregierung unter Festsetzung der dabei zu beobachtenden Fristen und Formen vorgeschrieben werden.

(5 a) (weggefallen)

(6) Die Beauftragten der zuständigen Behörden sind befugt, die Unterkünfte, auf die sich die Pflichten der Arbeitgeber nach § 40 a der Arbeitsstättenverordnung und nach den auf Grund des § 120 e Abs. 3 erlassenen Rechtsverordnungen beziehen, zu betreten und zu besichtigen. Gegen den Willen der Unterkunftsinhaber ist dies jedoch nur zur Verhütung dringender Gefahren für die öffentliche Sicherheit oder Ordnung zulässig. Das Grundrecht der Unverletzlichkeit der Wohnung (Artikel 13 des Grundgesetzes) wird insoweit eingeschränkt.

(7) Ergeben sich im Einzelfall für die für den Arbeitsschutz zuständigen Landesbehörden konkrete Anhaltspunkte für

1. eine Beschäftigung oder Tätigkeit von Ausländern ohne erforderlichen Aufenthaltstitel nach § 4 Abs. 3 des Aufenthaltsgesetzes, eine Aufenthaltsgestattung oder eine Duldung, die zur Ausübung der Beschäftigung berechtigen, oder eine Genehmigung nach § 284 Abs. 1 des Dritten Buches Sozialgesetzbuch,

5a. VO über Verkauf an Sonn- und Feiertagen **Anh. 5a**

2. Verstöße gegen die Mitwirkungspflicht nach § 60 Abs. 1 Satz 1 Nr. 2 des Ersten Buches Sozialgesetzbuch gegenüber einer Dienststelle der Bundesagentur für Arbeit, einem Träger der gesetzlichen Kranken-, Pflege-, Unfall- oder Rentenversicherung oder einem Träger der Sozialhilfe oder gegen die Meldepflicht nach § 8a des Asylbewerberleistungsgesetzes,
3. Verstöße gegen das Gesetz zur Bekämpfung der Schwarzarbeit,
4. Verstöße gegen das Arbeitnehmerüberlassungsgesetz,
5. Verstöße gegen Vorschriften des Vierten und Siebten Buches Sozialgesetzbuch über die Verpflichtung zur Zahlung von Sozialversicherungsbeiträgen,
6. Verstöße gegen das Aufenthaltsgesetz,
7. Verstöße gegen die Steuergesetze,

unterrichten sie die für die Verfolgung und Ahndung der Verstöße nach den Nummern 1 bis 7 zuständigen Behörden, die Träger der Sozialhilfe sowie die Behörden nach § 71 des Aufenthaltsgesetzes.

(8) In den Fällen des Absatzes 7 arbeiten die für den Arbeitsschutz zuständigen Landesbehörden insbesondere mit folgenden Behörden zusammen:

1. den Agenturen für Arbeit,
2. den Trägern der Krankenversicherung als Einzugsstellen für die Sozialversicherungsbeiträge,
3. den Trägern der Unfallversicherung,
4. den nach Landesrecht für die Verfolgung und Ahndung von Verstößen gegen das Gesetz zur Bekämpfung der Schwarzarbeit zuständigen Behörden,
5. den in § 71 des Aufenthaltsgesetzes genannten Behörden,
6. den Finanzbehörden,
7. den Behörden der Zollverwaltung,
8. den Rentenversicherungsträgern,
9. den Trägern der Sozialhilfe.

5. Bestimmungen über Sonntagsruhe und Ausnahmen von diesen

5a. Verordnung über den Verkauf bestimmter Waren an Sonn- und Feiertagen

Vom 21. Dezember 1957 (BGBl. I S. 1881)

Geänd. durch G v. 30. 7. 1996 (BGBl. I S. 1186)

FNA 8050-20-2

Auf Grund des § 12 Abs. 1 des Gesetzes über den Ladenschluß vom 28. November 1956 (Bundesgesetzbl. I S. 875) in der Fassung des Gesetzes vom 17. Juni 1957 (Bundesgesetzbl. I S. 722) wird im Einvernehmen mit den Bundesministern für Wirtschaft und für Ernährung, Landwirtschaft und Forsten mit Zustimmung des Bundesrates verordnet:

§ 1 *Zulässige Öffnungszeiten*

(1) Abweichend von der Vorschrift des § 3 Abs. 1 Nr. 1 des Gesetzes über den Ladenschluß dürfen an Sonn- und Feiertagen geöffnet sein für die Abgabe

Anh. 5b

1. von frischer Milch:
Verkaufsstellen für die Dauer von zwei Stunden,
2. von Bäcker- oder Konditorwaren:
Verkaufsstellen von Betrieben, die Bäcker- oder Konditorwaren herstellen, für die Dauer von drei Stunden,
3. von Blumen:
Verkaufsstellen, in denen in erheblichem Umfange Blumen feilgehalten werden, für die Dauer von zwei Stunden, jedoch am 1. November (Allerheiligen), am Volkstrauertag, am Buß- und Bettag, am Totensonntag und am 1. Adventsonntag für die Dauer von sechs Stunden,
4. von Zeitungen:
Verkaufsstellen für Zeitungen für die Dauer von fünf Stunden.

(2) Absatz 1 Nr. 1 bis 3 gilt nicht für die Abgabe am 2. Weihnachts-, Oster- und Pfingstfeiertag.

(3) Die Vorschriften der §§ 5, 10, 11, 13 bis 15 des Gesetzes über den Ladenschluß bleiben unberührt.

§ 2 *(aufgehoben)*

§ 3 *Inkrafttreten*
Diese Verordnung tritt am 1. Januar 1958 in Kraft.

5 b. Verordnung über Ausnahmen vom Verbot der Beschäftigung von Arbeitnehmern an Sonn- und Feiertagen in der Papierindustrie

Vom 20. Juli 1963 (BGBl. I S. 491)

Zuletzt geänd. durch G v. 6. 6. 1994
(BGBl. I S. 1170)

FNA 7107-5

Auf Grund des § 105 d der Gewerbeordnung in Verbindung mit Artikel 129 Abs. 1 des Grundgesetzes wird mit Zustimmung des Bundesrates für die Papierindustrie verordnet:

§ 1 *Zugelassene Beschäftigungen*

(1) In der Papierindustrie dürfen Arbeitnehmer an Sonn- und Feiertagen mit Ausnahme der Weihnachts-, Oster- und Pfingstfeiertage und des 1. Mai beschäftigt werden mit Arbeiten zur Herstellung

1. von Zeitungsdruckpapier und Maschinenpappe auf Papiermaschinen mit einer Bahnlänge von mindestens 200 m,
2. von Schreib-, Druck-, Pack- und Kraftpapier sowie Sonderpapier auf Papiermaschinen mit einer Bahnlänge von mindestens 175 m,
3. von Pergamentersatz, Pergamin und ähnlichen Papieren, Zellstoffkarton und Rohpapier für geklebten Karton sowie einseitigglattem Pack- und Kraftpapier auf Papiermaschinen mit einer Bahnlänge von mindestens 110 m,
4. von Sonderpapier mit einem Flächenfertiggewicht unter 23 g/qm und technischem Zeichenpapier auf Papiermaschinen mit einer Bahnlänge von mindestens 75 m,
5. von Zellstoffwatte, Toilettenpapier und Textilersatzkrepp mit einer Arbeitsgeschwindigkeit von mindestens 350 m/min auf Yankee-Maschinen,

5b. Ausnahmen vom Verbot der Beschäftigung in der Papierindustrie **Anh. 5b**

6. von Seidenpapier mit einer Arbeitsgeschwindigkeit von mindestens 200 m/min auf Yankee-Maschinen,
7. von Papier auf zellstoffintegrierten Papiermaschinen (Verbundmaschinen), wenn das auf der Verbundmaschine hergestellte Papier zu mehr als 75 vom Hundert des Zellstoffeintrags aus eigenerzeugtem Zellstoff besteht.

Als Bahnlänge gilt die Länge der Papierbahn vom Auflauf des Stoffes auf das Sieb bis zum Aufrollapparat, als Arbeitsgeschwindigkeit gilt die Siebgeschwindigkeit.

(2) Die Beschäftigung nach Absatz 1 ist nur mit folgenden Arbeiten und den jeweils zugehörigen Hilfsverrichtungen gestattet, sofern die Arbeiten oder Hilfsverrichtungen nicht auf einen Werktag verlegt werden können:
1. Antransport der Rohmaterialien vom Betriebslager,
2. alle anderen zur Stoffaufbereitung und Papierherstellung unmittelbar erforderlichen Arbeiten,
3. Abtransport der Rollen oder Formate zur Lagerung im Zwischenlager.

§ 2 *Reinigungs- und Instandhaltungsarbeiten*

(1) Die Beschäftigung nach § 1 ist an einem Sonn- oder Feiertag in einem Betrieb nur gestattet, wenn die in § 10 Abs. 1 Nr. 14 des Arbeitszeitgesetzes zugelassenen Arbeiten zur Reinigung und Instandhaltung während des ganzen Sonn- oder Feiertags an keiner Papiermaschine des Betriebs vorgenommen werden.

(2) Absatz 1 findet keine Anwendung, wenn Arbeitnehmer an einem Sonn- oder Feiertag nach § 1 an nicht mehr als der Hälfte der Papiermaschinen des Betriebs beschäftigt werden und die in § 10 Abs. 1 Nr. 14 des Arbeitszeitgesetzes zugelassenen Arbeiten zur Reinigung und Instandhaltung

a) während des ganzen Sonn- oder Feiertags an den Papiermaschinen, die an diesem Sonn- oder Feiertag laufen, und
b) nach 10 Uhr am Sonn- oder Feiertag an den Papiermaschinen, die an diesem Sonn- oder Feiertag nicht laufen,

nicht vorgenommen werden.

§ 3 *Beschäftigungsbedingungen*

Arbeitnehmer dürfen nach § 1 nur unter den in §§ 4 bis 9 vorgesehenen Bedingungen beschäftigt werden.

§ 4 *Ruhezeiten*

(1) Den an Sonn- und Feiertagen beschäftigten Arbeitnehmern ist an mindestens 26 Sonntagen im Jahr eine ununterbrochene Ruhezeit von mindestens 40 Stunden zu gewähren, die den vollen Kalendersonntag umfassen muß. Die arbeitsfreien Sonntage sind nach Maßgabe der betrieblichen Verhältnisse und der Schichtpläne im voraus festzulegen.

(2) An den Weihnachtsfeiertagen ist den Arbeitnehmern eine ununterbrochene Ruhezeit von mindestens 60 Stunden, die am 24. Dezember spätestens um 18 Uhr beginnen muß, an den Oster- und Pfingstfeiertagen eine ununterbrochene Ruhezeit von jeweils mindestens 48 Stunden und am 1. Mai eine ununterbrochene Ruhezeit von mindestens 40 Stunden zu gewähren.

§ 5 *Höchstdauer der Arbeitszeit*

(1) Die Arbeitszeit an einem Sonn- oder Feiertag darf die Dauer von acht Stunden nicht überschreiten.

Anh. 5c

(2) Den Arbeitnehmern ist für die Beschäftigung an einem Sonntag eine ununterbrochene Ersatzruhezeit von mindestens 24 Stunden in derselben oder in der vorhergehenden Woche zu gewähren.

§ 6 *Abweichende Regelung durch Tarifvertrag oder Betriebsvereinbarung*

Auf Grund eines Tarifvertrages oder, soweit eine solche Regelung nicht besteht, auf Grund einer Betriebsvereinbarung kann

a) die in § 4 Abs. 1 Satz 1 vorgeschriebene Dauer der Ruhezeit für höchstens 5 Sonntage bis auf 16 Stunden verkürzt werden, wenn die Arbeitnehmer an diesen Sonntagen mindestens in der Zeit von 6 bis 22 Uhr von der Arbeit freigestellt werden, oder

b) die in § 5 Abs. 1 vorgeschriebene Dauer der Arbeitszeit an Sonntagen auf höchstens 12 Stunden verlängert werden.

§ 7 *(aufgehoben)*

§ 8 *Verzeichnis*

(1) Wer Arbeitnehmer nach § 1 beschäftigt, hat ein Verzeichnis zu führen, in dem für jeden dieser Arbeitnehmer zu vermerken sind

a) die nach §§ 4 und 6 gewährten arbeitsfreien Sonn- und Feiertage sowie die Dauer und Lage der an diesen arbeitsfreien Tagen gewährten Ruhezeiten,

b) die nach § 5 Abs. 2 gewährten Ersatzruhezeiten und deren Dauer.

(2) Das Verzeichnis ist der nach Landesrecht zuständigen Behörde auf Verlangen vorzulegen oder einzusenden. Es ist mindestens bis zum Ablauf von zwei Jahren nach der letzten Eintragung aufzubewahren. Die Landesregierungen können durch Rechtsverordnung eine einheitliche Form für das Verzeichnis vorschreiben.

§ 9 *Aushangpflicht*

Wer Arbeitnehmer nach § 1 beschäftigt, hat einen Abdruck dieser Verordnung an geeigneter Stelle im Betrieb zur Einsicht auszulegen oder auszuhängen.

§ 10 *(aufgehoben)*

§ 11 *Inkrafttreten*

Diese Verordnung tritt einen Monat nach ihrer Verkündung in Kraft.

5c. Verordnung über Ausnahmen vom Verbot der Beschäftigung von Arbeitnehmern an Sonn- und Feiertagen in der Eisen- und Stahlindustrie

In der Fassung der Bekanntmachung vom 31. Juli 1968 (BGBl. I S. 885)

Zuletzt geänd. durch G v. 6. 6. 1994
(BGBl. I S. 1170)

FNA 7107-4

§ 1 *Beschäftigungszeiten*

(1) In der Eisen- und Stahlindustrie dürfen Arbeitnehmer an Sonn- und Feiertagen beschäftigt werden beim Betrieb

5c. Ausnahmen vom Verbot der Beschäftigung in der Stahlindustrie **Anh. 5c**

1. von Hochöfen, Niederschachtöfen, Öfen nach dem Stürzelbergverfahren und Rennöfen während der Zeit von 0 bis 24 Uhr,
2. von Siemens-Martin-Stahlöfen mit einem Schmelzgewicht von weniger als 75 t und Elektro-Stahlöfen mit einem Schmelzgewicht von weniger als 10 t mit Ausnahme der Öfen, in denen Stahlguß erzeugt wird, sowie von Öfen nach dem Rotorverfahren während der Zeit bis 6 Uhr und ab 22 Uhr,
3. von Siemens-Martin-Stahlöfen mit einem Schmelzgewicht von mindestens 75 t und Elektro-Stahlöfen mit einem Schmelzgewicht von mindestens 10 t mit Ausnahme der Öfen, in denen Stahlguß erzeugt wird, während der Zeit von 0 bis 24 Uhr,
4. von Thomasstahl-Konvertern während der Zeit bis 6 Uhr und ab 22 Uhr,
5. von Oxygenstahl-Konvertern und von Walzenstraßen erster Hitze, die im Verbund mit diesen Konvertern betrieben werden, während der Zeit von 0 bis 24 Uhr,
6. von Walzenstraßen erster Hitze, die im Verbund mit den in den Nummern 2 und 4 bezeichneten Öfen und Konvertern betrieben werden, bis 6 Uhr und ab 22 Uhr,
7. von Walzenstraßen erster Hitze, die überwiegend im Verbund mit den in Nummer 3 bezeichneten Stahlöfen betrieben werden, während der Zeit bis 6 Uhr und ab 14 Uhr oder bis 14 Uhr und ab 22 Uhr.

Die Regelung nach den Nummern 2 bis 7 gilt nicht für die Weihnachts-, Oster- und Pfingstfeiertage, den 1. Januar und den 1. Mai.

(2) Die Beschäftigung nach Absatz 1 Nr. 1 bis 4 ist nur mit folgenden Arbeiten und den jeweils zugehörigen Hilfsverrichtungen gestattet:

1. Beistellung der Einsatzstoffe vom Betriebslager,
2. alle anderen für das Erschmelzen des Roheisens, der Luppen oder des Stahls unmittelbar erforderlichen Arbeiten,
3. Abtransport und Lagerung des Roheisens und der Schlacke, der Luppen oder des Stahls,
4. Oberflächenbearbeitung und Wärmebehandlung des Stahls, soweit sie in der ersten Hitze vorgenommen werden müssen.

Dies gilt nicht, sofern die Arbeiten oder Hilfsverrichtungen auf einen Werktag verlegt werden können.

(3) Beim Betrieb der Walzenstraßen erster Hitze ist nur die Beschäftigung mit dem Antransport der Rohstahlblöcke und Brammen und mit allen anderen für das Walzen der Blöcke und Brammen in erster Hitze unmittelbar erforderlichen Arbeiten sowie mit den jeweils zugehörigen Hilfsverrichtungen gestattet. Dies gilt nicht, sofern die Arbeiten oder Hilfsverrichtungen auf einen Werktag verlegt werden können.

§ 2 *Reinigungs- und Instandhaltungszeiten*

Die Beschäftigung nach § 1 Abs. 1 Nr. 2 bis 7 ist nur gestattet, wenn die in § 10 Abs. 1 Nr. 14 des Arbeitszeitgesetzes zugelassenen Arbeiten zur Reinigung und Instandhaltung entweder in der Zeit von 6 bis 14 Uhr oder in der Zeit von 14 bis 22 Uhr nicht vorgenommen werden, in den Fällen des § 1 Abs. 1 Nr. 7 während der Zeit, während der eine Beschäftigung nach dieser Verordnung nicht gestattet ist.

§ 3 *Beschäftigungsbedingungen*

Arbeitnehmer dürfen nach § 1 nur unter den in den §§ 4 bis 8 vorgesehenen Bedingungen beschäftigt werden.

§ 4 *Ruhezeiten*

(1) Den Arbeitnehmern, die nach § 1 Abs. 1 Nr. 1 beschäftigt werden, ist in einem im Schichtplan festzulegenden Wechsel an mindestens 13 Sonntagen im Jahr eine un-

unterbrochene Ruhezeit von mindestens 72 Stunden zu gewähren, die den vollen Kalendersonntag umfassen muß.

(2) Den Arbeitnehmern, die nach § 1 Abs. 1 Nr. 2, 4, 6 und 7 beschäftigt werden, ist in einem im Schichtplan festzulegenden Wechsel an mindestens 26 Sonntagen im Jahr eine ununterbrochene Ruhezeit von mindestens 40 Stunden zu gewähren, die den vollen Kalendersonntag umfassen muß.

(3) Den Arbeitnehmern, die nach § 1 Abs. 1 Nr. 3 und 5 beschäftigt werden, ist an mindestens 26 Sonntagen im Jahr eine ununterbrochene Ruhezeit von mindestens 40 Stunden zu gewähren, die den vollen Kalendersonntag umfassen muß. Auf Grund eines Tarifvertrages oder, soweit eine solche Regelung nicht besteht, auf Grund einer Betriebsvereinbarung kann die Dauer der Ruhezeit für höchstens 9 Sonntage bis auf 16 Stunden verkürzt werden, wenn die Arbeitnehmer an diesen Sonntagen mindestens in der Zeit von 6 bis 22 Uhr von der Arbeit freigestellt werden. Die arbeitsfreien Sonntage sind nach Maßgabe der betrieblichen Verhältnisse und der Schichtpläne im voraus festzulegen.

(4) Den Arbeitnehmern, die nach § 1 Abs. 1 Nr. 2 bis 7 beschäftigt werden, ist an den Weihnachtsfeiertagen eine ununterbrochene Ruhezeit von mindestens 64 Stunden, die am 24. Dezember spätestens um 14 Uhr beginnen muß, am 1. Januar eine ununterbrochene Ruhezeit von mindestens 40 Stunden, die am 31. Dezember um 18 Uhr beginnen muß, an den Oster- und Pfingstfeiertagen eine ununterbrochene Ruhezeit von jeweils mindestens 48 Stunden und am 1. Mai eine ununterbrochene Ruhezeit von mindestens 40 Stunden zu gewähren.

(5) Den Arbeitnehmern, die nach § 1 Abs. 1 Nr. 1 beschäftigt werden, ist an den Weihnachts-, Oster- und Pfingstfeiertagen eine ununterbrochene Ruhezeit von angemessener Dauer zu gewähren. Sie muß für mindestens die Hälfte dieser Arbeitnehmer mindestens 40 Stunden betragen und in der Zeit von 6 Uhr des den Feiertagen vorangehenden Tages bis 6 Uhr des auf die Feiertage folgenden Tages liegen.

§ 5 *Arbeitszeithöchstdauer*

(1) Die Arbeitszeit an einem Sonn- oder Feiertag darf die Dauer von acht Stunden nicht überschreiten. Sie kann, soweit es bisher gestattet war, auf höchstens zwölf Stunden verlängert werden, wenn den Arbeitnehmern an Stelle der in § 4 Abs. 1 und 3 Satz 2 zu gewährenden freien Sonntage in einem im Schichtplan festzulegenden Wechsel an mindestens 26 Sonntagen im Jahr eine ununterbrochene Ruhezeit von mindestens 40 Stunden gewährt wird, die den vollen Kalendersonntag umfaßt; § 4 Abs. 4 bleibt unberührt.

(2) Den Arbeitnehmern ist für die Beschäftigung an einem Sonntag eine ununterbrochene Ersatzruhezeit von mindestens 24 Stunden in derselben oder in der vorhergehenden Woche zu gewähren.

§ 6 *(aufgehoben)*

§ 7 *Verzeichnis*

(1) Wer Arbeitnehmer nach § 1 Abs. 1 Nr. 3 und 5 beschäftigt, hat ein Verzeichnis zu führen, in dem für jeden dieser Arbeitnehmer zu vermerken sind
a) die nach § 4 Abs. 3 und 4 gewährten arbeitsfreien Sonn- und Feiertage sowie die Dauer und Lage der an diesen arbeitsfreien Tagen gewährten Ruhezeiten,
b) die nach § 5 Abs. 2 gewährten Ersatzruhezeiten und deren Dauer.

(2) Das Verzeichnis ist der nach Landesrecht zuständigen Behörde auf Verlangen vorzulegen oder einzusenden. Es ist mindestens bis zum Ablauf von zwei Jahren nach der letzten Eintragung aufzubewahren. Die Landesregierungen können durch Rechtsverordnung eine einheitliche Form für das Verzeichnis vorschreiben.

6. Richtlinie 2003/88/EG   Anh. 6

§ 8 *Aushangpflicht*
Wer Arbeitnehmer nach § 1 beschäftigt, hat einen Abdruck dieser Verordnung an geeigneter Stelle im Betrieb zur Einsicht auszulegen oder auszuhängen.

§ 9 *Berlin-Klausel*
(gegenstandslos)

6. Richtlinie 2003/88/EG des Europäischen Parlaments und des Rates vom 4. November 2003 über bestimmte Aspekte der Arbeitszeitgestaltung

(ABl. Nr. L 299 S. 9)

Celex-Nr. 3 2003 L 0088

DAS EUROPÄISCHE PARLAMENT UND DER RAT DER EUROPÄISCHEN UNION –

gestützt auf den Vertrag zur Gründung der Europäischen Gemeinschaft, insbesondere auf Artikel 137 Absatz 2,

auf Vorschlag der Kommission,

nach Stellungnahme des Europäischen Wirtschafts- und Sozialausschusses,[1]

nach Anhörung des Ausschusses der Regionen,

gemäß dem Verfahren des Artikels 251 des Vertrags,[2]

in Erwägung nachstehender Gründe:

(1) Die Richtlinie 93/104/EG des Rates vom 23. November 1993 über bestimmte Aspekte der Arbeitszeitgestaltung,[3] die Mindestvorschriften für Sicherheit und Gesundheitsschutz bei der Arbeitszeitgestaltung im Hinblick auf tägliche Ruhezeiten, Ruhepausen, wöchentliche Ruhezeiten, wöchentliche Höchstarbeitszeit, Jahresurlaub sowie Aspekte der Nacht- und der Schichtarbeit und des Arbeitsrhythmus enthält, ist in wesentlichen Punkten geändert worden. Aus Gründen der Übersichtlichkeit und Klarheit empfiehlt es sich deshalb, die genannten Bestimmungen zu kodifizieren.

(2) Nach Artikel 137 des Vertrags unterstützt und ergänzt die Gemeinschaft die Tätigkeit der Mitgliedstaaten, um die Arbeitsumwelt zum Schutz der Sicherheit und der Gesundheit der Arbeitnehmer zu verbessern. Richtlinien, die auf der Grundlage dieses Artikels angenommen werden, sollten keine verwaltungsmäßigen, finanziellen oder rechtlichen Auflagen vorschreiben, die der Gründung und Entwicklung von kleinen und mittleren Unternehmen entgegenstehen.

(3) Die Bestimmungen der Richtlinie 89/391/EWG des Rates vom 12. Juni 1989 über die Durchführung von Maßnahmen zur Verbesserung der Sicherheit und des Gesundheitsschutzes der Arbeitnehmer bei der Arbeit[4] bleiben auf die durch die vorliegende Richtlinie geregelte Materie – unbeschadet der darin enthaltenen strengeren und/oder spezifischen Vorschriften – in vollem Umfang anwendbar.

---

[1] ABl. C 61 vom 14. 3. 2003, S. 123.
[2] Stellungnahme des Europäischen Parlaments vom 17. Dezember 2002 (noch nicht im Amtsblatt veröffentlicht) und Beschluss des Rates vom 22. September 2003.
[3] ABl. L 307 vom 13. 12. 1993, S. 18. Geändert durch die Richtlinie 2000/34/EG des Europäischen Parlaments und des Rates (ABl. L 195 vom 1. 8. 2000, S. 41).
[4] ABl. L 183 vom 29. 6. 1989, S. 1.

(4) Die Verbesserung von Sicherheit, Arbeitshygiene und Gesundheitsschutz der Arbeitnehmer bei der Arbeit stellen Zielsetzungen dar, die keinen rein wirtschaftlichen Überlegungen untergeordnet werden dürfen.

(5) Alle Arbeitnehmer sollten angemessene Ruhezeiten erhalten. Der Begriff „Ruhezeit" muss in Zeiteinheiten ausgedrückt werden, d. h. in Tagen, Stunden und/oder Teilen davon. Arbeitnehmern in der Gemeinschaft müssen Mindestruhezeiten – je Tag, Woche und Jahr – sowie angemessene Ruhepausen zugestanden werden. In diesem Zusammenhang muss auch eine wöchentliche Höchstarbeitszeit festgelegt werden.

(6) Hinsichtlich der Arbeitszeitgestaltung ist den Grundsätzen der Internationalen Arbeitsorganisation Rechnung zu tragen; dies betrifft auch die für Nachtarbeit geltenden Grundsätze.

(7) Untersuchungen zeigen, dass der menschliche Organismus während der Nacht besonders empfindlich auf Umweltstörungen und auf bestimmte belastende Formen der Arbeitsorganisation reagiert und dass lange Nachtarbeitszeiträume für die Gesundheit der Arbeitnehmer nachteilig sind und ihre Sicherheit bei der Arbeit beeinträchtigen können.

(8) Infolgedessen ist die Dauer der Nachtarbeit, auch in Bezug auf die Mehrarbeit, einzuschränken und vorzusehen, dass der Arbeitgeber im Fall regelmäßiger Inanspruchnahme von Nachtarbeitern die zuständigen Behörden auf Ersuchen davon in Kenntnis setzt.

(9) Nachtarbeiter haben vor Aufnahme der Arbeit – und danach regelmäßig – Anspruch auf eine unentgeltliche Untersuchung ihres Gesundheitszustands und müssen, wenn sie gesundheitliche Schwierigkeiten haben, soweit jeweils möglich auf eine für sie geeignete Arbeitsstelle mit Tagarbeit versetzt werden.

(10) In Anbetracht der besonderen Lage von Nacht- und Schichtarbeitern müssen deren Sicherheit und Gesundheit in einem Maß geschützt werden, das der Art ihrer Arbeit entspricht, und die Schutz- und Vorsorgeleistungen oder -mittel müssen effizient organisiert und eingesetzt werden.

(11) Die Arbeitsbedingungen können die Sicherheit und Gesundheit der Arbeitnehmer beeinträchtigen. Die Gestaltung der Arbeit nach einem bestimmten Rhythmus muss dem allgemeinen Grundsatz Rechnung tragen, dass die Arbeitsgestaltung dem Menschen angepasst sein muss.

(12) Eine europäische Vereinbarung über die Regelung der Arbeitszeit von Seeleuten ist gemäß Artikel 139 Absatz 2 des Vertrags durch die Richtlinie 1999/63/EG des Rates vom 21. Juni 1999 zu der vom Verband der Reeder in der Europäischen Gemeinschaft (European Community Shipowners' Association ECSA) und dem Verband der Verkehrsgewerkschaften in der Europäischen Union (Federation of Transport Workers' Unions in the European Union FST) getroffenen Vereinbarung über die Regelung der Arbeitszeit von Seeleuten[1] durchgeführt worden. Daher sollten die Bestimmungen dieser Richtlinie nicht für Seeleute gelten.

(13) Im Fall jener „am Ertrag beteiligten Fischer", die in einem Arbeitsverhältnis stehen, ist es Aufgabe der Mitgliedstaaten, gemäß dieser Richtlinie die Bedingungen für das Recht auf und die Gewährung von Jahresurlaub einschließlich der Regelungen für die Bezahlung festzulegen.

(14) Die spezifischen Vorschriften anderer gemeinschaftlicher Rechtsakte über zum Beispiel Ruhezeiten, Arbeitszeit, Jahresurlaub und Nachtarbeit bestimmter Gruppen von Arbeitnehmern sollten Vorrang vor den Bestimmungen dieser Richtlinie haben.

(15) In Anbetracht der Fragen, die sich aufgrund der Arbeitszeitgestaltung im Unternehmen stellen können, ist eine gewisse Flexibilität bei der Anwendung einzelner

---

[1] ABl. L 167 vom 2. 7. 1999, S. 33.

6. Richtlinie 2003/88/EG   Anh. 6

Bestimmungen dieser Richtlinie vorzusehen, wobei jedoch die Grundsätze des Schutzes der Sicherheit und der Gesundheit der Arbeitnehmer zu beachten sind.

(16) Je nach Lage des Falles sollten die Mitgliedstaaten oder die Sozialpartner die Möglichkeit haben, von einzelnen Bestimmungen dieser Richtlinie abzuweichen. Im Fall einer Abweichung müssen jedoch den betroffenen Arbeitnehmern in der Regel gleichwertige Ausgleichsruhezeiten gewährt werden.

(17) Diese Richtlinie sollte die Pflichten der Mitgliedstaaten hinsichtlich der in Anhang I Teil B aufgeführten Richtlinien und deren Umsetzungsfristen unberührt lassen –

HABEN FOLGENDE RICHTLINIE ERLASSEN:

Kapitel 1. Anwendungsbereich und Begriffsbestimmungen

Art. 1 Gegenstand und Anwendungsbereich

(1) Diese Richtlinie enthält Mindestvorschriften für Sicherheit und Gesundheitsschutz bei der Arbeitszeitgestaltung.

(2) Gegenstand dieser Richtlinie sind

a) die täglichen und wöchentlichen Mindestruhezeiten, der Mindestjahresurlaub, die Ruhepausen und die wöchentliche Höchstarbeitszeit sowie
b) bestimmte Aspekte der Nacht- und der Schichtarbeit sowie des Arbeitsrhythmus.

(3) Diese Richtlinie gilt unbeschadet ihrer Artikel 14, 17, 18 und 19 für alle privaten oder öffentlichen Tätigkeitsbereiche im Sinne des Artikels 2 der Richtlinie 89/391/EWG.
Diese Richtlinie gilt unbeschadet des Artikels 2 Nummer 8 nicht für Seeleute gemäß der Definition in der Richtlinie 1999/63/EG.

(4) Die Bestimmungen der Richtlinie 89/391/EWG finden unbeschadet strengerer und/oder spezifischer Vorschriften in der vorliegenden Richtlinie auf die in Absatz 2 genannten Bereiche voll Anwendung.

Art. 2 Begriffsbestimmungen

Im Sinne dieser Richtlinie sind:
1. Arbeitszeit: jede Zeitspanne, während der ein Arbeitnehmer gemäß den einzelstaatlichen Rechtsvorschriften und/oder Gepflogenheiten arbeitet, dem Arbeitgeber zur Verfügung steht und seine Tätigkeit ausübt oder Aufgaben wahrnimmt;
2. Ruhezeit: jede Zeitspanne außerhalb der Arbeitszeit;
3. Nachtzeit: jede, in den einzelstaatlichen Rechtsvorschriften festgelegte Zeitspanne von mindestens sieben Stunden, welche auf jeden Fall die Zeitspanne zwischen 24 Uhr und 5 Uhr umfasst;
4. Nachtarbeiter:
a) einerseits: jeder Arbeitnehmer, der während der Nachtzeit normalerweise mindestens drei Stunden seiner täglichen Arbeitszeit verrichtet;
b) andererseits: jeder Arbeitnehmer, der während der Nachtzeit gegebenenfalls einen bestimmten Teil seiner jährlichen Arbeitszeit verrichtet, der nach Wahl des jeweiligen Mitgliedstaats festgelegt wird:
   i) nach Anhörung der Sozialpartner in den einzelstaatlichen Rechtsvorschriften oder
   ii) in Tarifverträgen oder Vereinbarungen zwischen den Sozialpartnern auf nationaler oder regionaler Ebene;
5. Schichtarbeit: jede Form der Arbeitsgestaltung kontinuierlicher oder nicht kontinuierlicher Art mit Belegschaften, bei der Arbeitnehmer nach einem bestimmten Zeitplan, auch im Rotationsturnus, sukzessive an den gleichen Arbeitsstellen eingesetzt

Anh. 6

werden, so dass sie ihre Arbeit innerhalb eines Tages oder Wochen umfassenden Zeitraums zu unterschiedlichen Zeiten verrichten müssen;
6. Schichtarbeiter: jeder in einem Schichtarbeitsplan eingesetzte Arbeitnehmer;
7. mobiler Arbeitnehmer: jeder Arbeitnehmer, der als Mitglied des fahrenden oder fliegenden Personals im Dienst eines Unternehmens beschäftigt ist, das Personen oder Güter im Straßen- oder Luftverkehr oder in der Binnenschifffahrt befördert;
8. Tätigkeiten auf Offshore-Anlagen: Tätigkeiten, die größtenteils auf oder von einer Offshore-Plattform (einschließlich Bohrplattformen) aus direkt oder indirekt im Zusammenhang mit der Exploration, Erschließung oder wirtschaftlichen Nutzung mineralischer Ressourcen einschließlich Kohlenwasserstoffe durchgeführt werden, sowie Tauchen im Zusammenhang mit derartigen Tätigkeiten, entweder von einer Offshore-Anlage oder von einem Schiff aus;
9. ausreichende Ruhezeiten: die Arbeitnehmer müssen über regelmäßige und ausreichend lange und kontinuierliche Ruhezeiten verfügen, deren Dauer in Zeiteinheiten angegeben wird, damit sichergestellt ist, dass sie nicht wegen Übermüdung oder wegen eines unregelmäßigen Arbeitsrhythmus sich selbst, ihre Kollegen oder sonstige Personen verletzen und weder kurzfristig noch langfristig ihre Gesundheit schädigen.

Kapitel 2. Mindestruhezeiten – Sonstige Aspekte der Arbeitszeitgestaltung

Art. 3 Tägliche Ruhezeit

Die Mitgliedstaaten treffen die erforderlichen Maßnahmen, damit jedem Arbeitnehmer pro 24-Stunden-Zeitraum eine Mindestruhezeit von elf zusammenhängenden Stunden gewährt wird.

Art. 4 Ruhepause

Die Mitgliedstaaten treffen die erforderlichen Maßnahmen, damit jedem Arbeitnehmer bei einer täglichen Arbeitszeit von mehr als sechs Stunden eine Ruhepause gewährt wird; die Einzelheiten, insbesondere Dauer und Voraussetzung für die Gewährung dieser Ruhepause, werden in Tarifverträgen oder Vereinbarungen zwischen den Sozialpartnern oder in Ermangelung solcher Übereinkünfte in den innerstaatlichen Rechtsvorschriften festgelegt.

Art. 5 Wöchentliche Ruhezeit

Die Mitgliedstaaten treffen die erforderlichen Maßnahmen, damit jedem Arbeitnehmer pro Siebentageszeitraum eine kontinuierliche Mindestruhezeit von 24 Stunden zuzüglich der täglichen Ruhezeit von elf Stunden gemäß Artikel 3 gewährt wird.

Wenn objektive, technische oder arbeitsorganisatorische Umstände dies rechtfertigen, kann eine Mindestruhezeit von 24 Stunden gewählt werden.

Art. 6 Wöchentliche Höchstarbeitszeit

Die Mitgliedstaaten treffen die erforderlichen Maßnahmen, damit nach Maßgabe der Erfordernisse der Sicherheit und des Gesundheitsschutzes der Arbeitnehmer:
a) die wöchentliche Arbeitszeit durch innerstaatliche Rechts- und Verwaltungsvorschriften oder in Tarifverträgen oder Vereinbarungen zwischen den Sozialpartnern festgelegt wird;
b) die durchschnittliche Arbeitszeit pro Siebentageszeitraum 48 Stunden einschließlich der Überstunden nicht überschreitet.

Art. 7 Jahresurlaub

(1) Die Mitgliedstaaten treffen die erforderlichen Maßnahmen, damit jeder Arbeitnehmer einen bezahlten Mindestjahresurlaub von vier Wochen nach Maßgabe der Be-

dingungen für die Inanspruchnahme und die Gewährung erhält, die in den einzelstaatlichen Rechtsvorschriften und/oder nach den einzelstaatlichen Gepflogenheiten vorgesehen sind.

(2) Der bezahlte Mindestjahresurlaub darf außer bei Beendigung des Arbeitsverhältnisses nicht durch eine finanzielle Vergütung ersetzt werden.

Kapitel 3. Nachtarbeit – Schichtarbeit – Arbeitsrhythmus
Art. 8 Dauer der Nachtarbeit

Die Mitgliedstaaten treffen die erforderlichen Maßnahmen, damit:
a) die normale Arbeitszeit für Nachtarbeiter im Durchschnitt acht Stunden pro 24-Stunden-Zeitraum nicht überschreitet;
b) Nachtarbeiter, deren Arbeit mit besonderen Gefahren oder einer erheblichen körperlichen oder geistigen Anspannung verbunden ist, in einem 24-Stunden-Zeitraum, während dessen sie Nachtarbeit verrichten, nicht mehr als acht Stunden arbeiten.

Zum Zweck von Buchstabe b) wird im Rahmen von einzelstaatlichen Rechtsvorschriften und/oder Gepflogenheiten oder von Tarifverträgen oder Vereinbarungen zwischen den Sozialpartnern festgelegt, welche Arbeit unter Berücksichtigung der Auswirkungen der Nachtarbeit und der ihr eigenen Risiken mit besonderen Gefahren oder einer erheblichen körperlichen und geistigen Anspannung verbunden ist.

Art. 9 Untersuchung des Gesundheitszustands von Nachtarbeitern und Versetzung auf Arbeitsstellen mit Tagarbeit

(1) Die Mitgliedstaaten treffen die erforderlichen Maßnahmen, damit:
a) der Gesundheitszustand der Nachtarbeiter vor Aufnahme der Arbeit und danach regelmäßig unentgeltlich untersucht wird;
b) Nachtarbeiter mit gesundheitlichen Schwierigkeiten, die nachweislich damit verbunden sind, dass sie Nachtarbeit leisten, soweit jeweils möglich auf eine Arbeitsstelle mit Tagarbeit versetzt werden, für die sie geeignet sind.

(2) Die unentgeltliche Untersuchung des Gesundheitszustands gemäß Absatz 1 Buchstabe a) unterliegt der ärztlichen Schweigepflicht.

(3) Die unentgeltliche Untersuchung des Gesundheitszustands gemäß Absatz 1 Buchstabe a) kann im Rahmen des öffentlichen Gesundheitswesens durchgeführt werden.

Art. 10 Garantien für Arbeit während der Nachtzeit

Die Mitgliedstaaten können die Arbeit bestimmter Gruppen von Nachtarbeitern, die im Zusammenhang mit der Arbeit während der Nachtzeit einem Sicherheits- oder Gesundheitsrisiko ausgesetzt sind, nach Maßgabe der einzelstaatlichen Rechtsvorschriften und/oder Gepflogenheiten von bestimmten Garantien abhängig machen.

Art. 11 Unterrichtung bei regelmäßiger Inanspruchnahme von Nachtarbeitern

Die Mitgliedstaaten treffen die erforderlichen Maßnahmen, damit der Arbeitgeber bei regelmäßiger Inanspruchnahme von Nachtarbeitern die zuständigen Behörden auf Ersuchen davon in Kenntnis setzt.

Art. 12 Sicherheits- und Gesundheitsschutz

Die Mitgliedstaaten treffen die erforderlichen Maßnahmen, damit:
a) Nacht- und Schichtarbeitern hinsichtlich Sicherheit und Gesundheit in einem Maß Schutz zuteil wird, das der Art ihrer Arbeit Rechnung trägt;

Anh. 6

b) die zur Sicherheit und zum Schutz der Gesundheit von Nacht- und Schichtarbeitern gebotenen Schutz- und Vorsorgeleistungen oder -mittel denen für die übrigen Arbeitnehmer entsprechen und jederzeit vorhanden sind.

Art. 13 Arbeitsrhythmus

Die Mitgliedstaaten treffen die erforderlichen Maßnahmen, damit ein Arbeitgeber, der beabsichtigt, die Arbeit nach einem bestimmten Rhythmus zu gestalten, dem allgemeinen Grundsatz Rechnung trägt, dass die Arbeitsgestaltung dem Menschen angepasst sein muss, insbesondere im Hinblick auf die Verringerung der eintönigen Arbeit und des maschinenbestimmten Arbeitsrhythmus, nach Maßgabe der Art der Tätigkeit und der Erfordernisse der Sicherheit und des Gesundheitsschutzes, insbesondere was die Pausen während der Arbeitszeit betrifft.

Kapitel 4. Sonstige Bestimmungen

Art. 14 Spezifischere Gemeinschaftsvorschriften

Die Bestimmungen dieser Richtlinie gelten nicht, soweit andere Gemeinschaftsinstrumente spezifischere Vorschriften über die Arbeitszeitgestaltung für bestimmte Beschäftigungen oder berufliche Tätigkeiten enthalten.

Art. 15 Günstigere Vorschriften

Das Recht der Mitgliedstaaten, für die Sicherheit und den Gesundheitsschutz der Arbeitnehmer günstigere Rechts- und Verwaltungsvorschriften anzuwenden oder zu erlassen oder die Anwendung von für die Sicherheit und den Gesundheitsschutz der Arbeitnehmer günstigeren Tarifverträgen oder Vereinbarungen zwischen den Sozialpartnern zu fördern oder zu gestatten, bleibt unberührt.

Art. 16 Bezugszeiträume

Die Mitgliedstaaten können für die Anwendung der folgenden Artikel einen Bezugszeitraum vorsehen, und zwar

a) für Artikel 5 (wöchentliche Ruhezeit) einen Bezugszeitraum bis zu 14 Tagen;
b) für Artikel 6 (wöchentliche Höchstarbeitszeit) einen Bezugszeitraum bis zu vier Monaten.
Die nach Artikel 7 gewährten Zeiten des bezahlten Jahresurlaubs sowie die Krankheitszeiten bleiben bei der Berechnung des Durchschnitts unberücksichtigt oder sind neutral;
c) für Artikel 8 (Dauer der Nachtarbeit) einen Bezugszeitraum, der nach Anhörung der Sozialpartner oder in Tarifverträgen oder Vereinbarungen zwischen den Sozialpartnern auf nationaler oder regionaler Ebene festgelegt wird.
Fällt die aufgrund von Artikel 5 verlangte wöchentliche Mindestruhezeit von 24 Stunden in den Bezugszeitraum, so bleibt sie bei der Berechnung des Durchschnitts unberücksichtigt.

Kapitel 5. Abweichungen und Ausnahmen

Art. 17 Abweichungen

(1) Unter Beachtung der allgemeinen Grundsätze des Schutzes der Sicherheit und der Gesundheit der Arbeitnehmer können die Mitgliedstaaten von den Artikeln 3 bis 6, 8 und 16 abweichen, wenn die Arbeitszeit wegen der besonderen Merkmale der ausgeübten Tätigkeit nicht gemessen und/oder nicht im Voraus festgelegt wird oder von den Arbeitnehmern selbst festgelegt werden kann, und zwar insbesondere in Bezug auf nachstehende Arbeitnehmer:

a) leitende Angestellte oder sonstige Personen mit selbstständiger Entscheidungsbefugnis;
b) Arbeitskräfte, die Familienangehörige sind;
c) Arbeitnehmer, die im liturgischen Bereich von Kirchen oder Religionsgemeinschaften beschäftigt sind.

(2) Sofern die betroffenen Arbeitnehmer gleichwertige Ausgleichsruhezeiten oder in Ausnahmefällen, in denen die Gewährung solcher gleichwertigen Ausgleichsruhezeiten aus objektiven Gründen nicht möglich ist, einen angemessenen Schutz erhalten, kann im Wege von Rechts- und Verwaltungsvorschriften oder im Wege von Tarifverträgen oder Vereinbarungen zwischen den Sozialpartnern gemäß den Absätzen 3, 4 und 5 abgewichen werden.

(3) Gemäß Absatz 2 dieses Artikels sind Abweichungen von den Artikeln 3, 4, 5, 8 und 16 zulässig:
a) bei Tätigkeiten, die durch eine Entfernung zwischen dem Arbeitsplatz und dem Wohnsitz des Arbeitnehmers – einschließlich Tätigkeiten auf Offshore-Anlagen – oder durch eine Entfernung zwischen verschiedenen Arbeitsplätzen des Arbeitnehmers gekennzeichnet sind;
b) für den Wach- und Schließdienst sowie die Dienstbereitschaft, die durch die Notwendigkeit gekennzeichnet sind, den Schutz von Sachen und Personen zu gewährleisten, und zwar insbesondere in Bezug auf Wachpersonal oder Hausmeister oder Wach- und Schließunternehmen;
c) bei Tätigkeiten, die dadurch gekennzeichnet sind, dass die Kontinuität des Dienstes oder der Produktion gewährleistet sein muss, und zwar insbesondere bei
  i) Aufnahme-, Behandlungs- und/oder Pflegediensten von Krankenhäusern oder ähnlichen Einrichtungen, einschließlich der Tätigkeiten von Ärzten in der Ausbildung, Heimen sowie Gefängnissen,
  ii) Hafen- und Flughafenpersonal,
  iii) Presse-, Rundfunk-, Fernsehdiensten oder kinematografischer Produktion, Post oder Telekommunikation, Ambulanz-, Feuerwehr- oder Katastrophenschutzdiensten,
  iv) Gas-, Wasser- oder Stromversorgungsbetrieben, Hausmüllabfuhr oder Verbrennungsanlagen,
  v) Industriezweigen, in denen der Arbeitsprozess aus technischen Gründen nicht unterbrochen werden kann,
  vi) Forschungs- und Entwicklungstätigkeiten,
  vii) landwirtschaftlichen Tätigkeiten,
  viii) Arbeitnehmern, die im regelmäßigen innerstädtischen Personenverkehr beschäftigt sind;
d) im Fall eines vorhersehbaren übermäßigen Arbeitsanfalls, insbesondere
  i) in der Landwirtschaft,
  ii) im Fremdenverkehr,
  iii) im Postdienst;
e) im Fall von Eisenbahnpersonal
  i) bei nichtständigen Tätigkeiten,
  ii) bei Beschäftigten, die ihre Arbeitszeit in Zügen verbringen, oder
  iii) bei Tätigkeiten, die an Fahrpläne gebunden sind und die die Kontinuität und Zuverlässigkeit des Verkehrsablaufs sicherstellen;
f) unter den in Artikel 5 Absatz 4 der Richtlinie 89/391/EWG aufgeführten Bedingungen;
g) im Fall eines Unfalls oder der Gefahr eines unmittelbar bevorstehenden Unfalls.

(4) Gemäß Absatz 2 dieses Artikels sind Abweichungen von den Artikeln 3 und 5 zulässig:

Anh. 6

a) wenn bei Schichtarbeit der Arbeitnehmer die Gruppe wechselt und zwischen dem Ende der Arbeit in einer Schichtgruppe und dem Beginn der Arbeit in der nächsten nicht in den Genuss der täglichen und/oder wöchentlichen Ruhezeit kommen kann;

b) bei Tätigkeiten, bei denen die Arbeitszeiten über den Tag verteilt sind, insbesondere im Fall von Reinigungspersonal.

(5) Gemäß Absatz 2 dieses Artikels sind Abweichungen von Artikel 6 und von Artikel 16 Buchstabe b) bei Ärzten in der Ausbildung nach Maßgabe der Unterabsätze 2 bis 7 dieses Absatzes zulässig.

In Unterabsatz 1 genannte Abweichungen von Artikel 6 sind für eine Übergangszeit von fünf Jahren ab dem 1. August 2004 zulässig.

Die Mitgliedstaaten verfügen erforderlichenfalls über einen zusätzlichen Zeitraum von höchstens zwei Jahren, um den Schwierigkeiten bei der Einhaltung der Arbeitszeitvorschriften im Zusammenhang mit ihren Zuständigkeiten für die Organisation und Bereitstellung von Gesundheitsdiensten und medizinischer Versorgung Rechnung zu tragen. Spätestens sechs Monate vor dem Ende der Übergangszeit unterrichtet der betreffende Mitgliedstaat die Kommission hierüber unter Angabe der Gründe, so dass die Kommission nach entsprechenden Konsultationen innerhalb von drei Monaten nach dieser Unterrichtung eine Stellungnahme abgeben kann. Falls der Mitgliedstaat der Stellungnahme der Kommission nicht folgt, rechtfertigt er seine Entscheidung. Die Unterrichtung und die Rechtfertigung des Mitgliedstaats sowie die Stellungnahme der Kommission werden im *Amtsblatt der Europäischen Union* veröffentlicht und dem Europäischen Parlament übermittelt.

Die Mitgliedstaaten verfügen erforderlichenfalls über einen zusätzlichen Zeitraum von höchstens einem Jahr, um den besonderen Schwierigkeiten bei der Wahrnehmung der in Unterabsatz 3 genannten Zuständigkeiten Rechnung zu tragen. Sie haben das Verfahren des Unterabsatzes 3 einzuhalten.

Die Mitgliedstaaten stellen sicher, dass die Zahl der Wochenarbeitsstunden keinesfalls einen Durchschnitt von 58 während der ersten drei Jahre der Übergangszeit, von 56 während der folgenden zwei Jahre und von 52 während des gegebenenfalls verbleibenden Zeitraums übersteigt.

Der Arbeitgeber konsultiert rechtzeitig die Arbeitnehmervertreter, um – soweit möglich – eine Vereinbarung über die Regelungen zu erreichen, die während der Übergangszeit anzuwenden sind. Innerhalb der in Unterabsatz 5 festgelegten Grenzen kann eine derartige Vereinbarung sich auf Folgendes erstrecken:

a) die durchschnittliche Zahl der Wochenarbeitsstunden während der Übergangszeit und

b) Maßnahmen, die zur Verringerung der Wochenarbeitszeit auf einen Durchschnitt von 48 Stunden bis zum Ende der Übergangszeit zu treffen sind.

In Unterabsatz 1 genannte Abweichungen von Artikel 16 Buchstabe b) sind zulässig, vorausgesetzt, dass der Bezugszeitraum während des in Unterabsatz 5 festgelegten ersten Teils der Übergangszeit zwölf Monate und danach sechs Monate nicht übersteigt.

Art. 18 Abweichungen im Wege von Tarifverträgen

Von den Artikeln 3, 4, 5, 8 und 16 kann abgewichen werden im Wege von Tarifverträgen oder Vereinbarungen zwischen den Sozialpartnern auf nationaler oder regionaler Ebene oder, bei zwischen den Sozialpartnern getroffenen Abmachungen, im Wege von Tarifverträgen oder Vereinbarungen zwischen Sozialpartnern auf niedrigerer Ebene.

Mitgliedstaaten, in denen es keine rechtliche Regelung gibt, wonach über die in dieser Richtlinie geregelten Fragen zwischen den Sozialpartnern auf nationaler oder regionaler Ebene Tarifverträge oder Vereinbarungen geschlossen werden können, oder

6. Richtlinie 2003/88/EG   Anh. 6

Mitgliedstaaten, in denen es einen entsprechenden rechtlichen Rahmen gibt und innerhalb dessen Grenzen, können im Einklang mit den einzelstaatlichen Rechtsvorschriften und/oder Gepflogenheiten Abweichungen von den Artikeln 3, 4, 5, 8 und 16 durch Tarifverträge oder Vereinbarungen zwischen den Sozialpartnern auf geeigneter kollektiver Ebene zulassen.

Die Abweichungen gemäß den Unterabsätzen 1 und 2 sind nur unter der Voraussetzung zulässig, dass die betroffenen Arbeitnehmer gleichwertige Ausgleichsruhezeiten oder in Ausnahmefällen, in denen die Gewährung solcher Ausgleichsruhezeiten aus objektiven Gründen nicht möglich ist, einen angemessenen Schutz erhalten.

Die Mitgliedstaaten können Vorschriften vorsehen

a) für die Anwendung dieses Artikels durch die Sozialpartner und
b) für die Erstreckung der Bestimmungen von gemäß diesem Artikel geschlossenen Tarifverträgen oder Vereinbarungen auf andere Arbeitnehmer gemäß den einzelstaatlichen Rechtsvorschriften und/oder Gepflogenheiten.

Art. 19 Grenzen der Abweichungen von Bezugszeiträumen

Die in Artikel 17 Absatz 3 und in Artikel 18 vorgesehene Möglichkeit der Abweichung von Artikel 16 Buchstabe b) darf nicht die Festlegung eines Bezugszeitraums zur Folge haben, der länger ist als sechs Monate.

Den Mitgliedstaaten ist es jedoch mit der Maßgabe, dass sie dabei die allgemeinen Grundsätze der Sicherheit und des Gesundheitsschutzes der Arbeitnehmer wahren, freigestellt zuzulassen, dass in den Tarifverträgen oder Vereinbarungen zwischen Sozialpartnern aus objektiven, technischen oder arbeitsorganisatorischen Gründen längere Bezugszeiträume festgelegt werden, die auf keinen Fall zwölf Monate überschreiten dürfen.

Der Rat überprüft vor dem 23. November 2003 anhand eines Vorschlags der Kommission, dem ein Evaluierungsbericht beigefügt ist, die Bestimmungen dieses Absatzes und befindet über das weitere Vorgehen.

Art. 20 Mobile Arbeitnehmer und Tätigkeiten auf Offshore-Anlagen

(1) Die Artikel 3, 4, 5 und 8 gelten nicht für mobile Arbeitnehmer.

Die Mitgliedstaaten treffen jedoch die erforderlichen Maßnahmen, um zu gewährleisten, dass die mobilen Arbeitnehmer – außer unter den in Artikel 17 Absatz 3 Buchstaben f) und g) vorgesehenen Bedingungen – Anspruch auf ausreichende Ruhezeiten haben.

(2) Vorbehaltlich der Einhaltung der allgemeinen Grundsätze der Sicherheit und des Gesundheitsschutzes der Arbeitnehmer und sofern die betreffenden Sozialpartner konsultiert wurden und Anstrengungen zur Förderung aller einschlägigen Formen des sozialen Dialogs – einschließlich der Konzertierung, falls die Parteien dies wünschen – unternommen wurden, können die Mitgliedstaaten aus objektiven, technischen oder arbeitsorganisatorischen Gründen den in Artikel 16 Buchstabe b) genannten Bezugszeitraum für Arbeitnehmer, die hauptsächlich Tätigkeiten auf Offshore-Anlagen ausüben, auf zwölf Monate ausdehnen.

(3) Die Kommission überprüft bis zum 1. August 2005 nach Konsultation der Mitgliedstaaten sowie der Arbeitgeber und Arbeitnehmer auf europäischer Ebene die Durchführung der Bestimmungen für Arbeitnehmer auf Offshore-Anlagen unter dem Gesichtspunkt der Gesundheit und Sicherheit, um, falls erforderlich, geeignete Änderungen vorzuschlagen.

Art. 21 Arbeitnehmer an Bord von seegehenden Fischereifahrzeugen

(1) Die Artikel 3 bis 6 und 8 gelten nicht für Arbeitnehmer an Bord von seegehenden Fischereifahrzeugen, die unter der Flagge eines Mitgliedstaats fahren.

Die Mitgliedstaaten treffen jedoch die erforderlichen Maßnahmen, um zu gewährleisten, dass jeder Arbeitnehmer an Bord von seegehenden Fischereifahrzeugen, die unter der Flagge eines Mitgliedstaats fahren, Anspruch auf eine ausreichende Ruhezeit

Anh. 6

hat, und um die Wochenarbeitszeit auf 48 Stunden im Durchschnitt während eines Bezugszeitraums von höchstens zwölf Monaten zu begrenzen.

(2) Innerhalb der in Absatz 1 Unterabsatz 2 sowie den Absätzen 3 und 4 angegebenen Grenzen treffen die Mitgliedstaaten die erforderlichen Maßnahmen, um zu gewährleisten, dass unter Berücksichtigung der Notwendigkeit der Sicherheit und des Gesundheitsschutzes der betroffenen Arbeitnehmer

a) die Arbeitsstunden auf eine Höchstarbeitszeit beschränkt werden, die in einem gegebenen Zeitraum nicht überschritten werden darf, oder

b) eine Mindestruhezeit in einem gegebenen Zeitraum gewährleistet ist.

Die Höchstarbeits- oder Mindestruhezeit wird durch Rechts- und Verwaltungsvorschriften, durch Tarifverträge oder durch Vereinbarungen zwischen den Sozialpartnern festgelegt.

(3) Für die Arbeits- oder Ruhezeiten gelten folgende Beschränkungen:

a) die Höchstarbeitszeit darf nicht überschreiten:
  i) 14 Stunden in jedem Zeitraum von 24 Stunden und
  ii) 72 Stunden in jedem Zeitraum von sieben Tagen, oder
b) die Mindestruhezeit darf nicht unterschreiten:
  i) zehn Stunden in jedem Zeitraum von 24 Stunden und
  ii) 77 Stunden in jedem Zeitraum von sieben Tagen.

(4) Die Ruhezeit kann in höchstens zwei Zeiträume aufgeteilt werden, von denen einer eine Mindestdauer von sechs Stunden haben muss; der Zeitraum zwischen zwei aufeinander folgenden Ruhezeiten darf 14 Stunden nicht überschreiten.

(5) In Übereinstimmung mit den allgemeinen Grundsätzen für die Sicherheit und den Gesundheitsschutz der Arbeitnehmer und aus objektiven, technischen oder arbeitsorganisatorischen Gründen können die Mitgliedstaaten, auch bei der Festlegung von Bezugszeiträumen, Ausnahmen von den in Absatz 1 Unterabsatz 2 sowie den Absätzen 3 und 4 festgelegten Beschränkungen gestatten. Diese Ausnahmen haben so weit wie möglich den festgelegten Normen zu folgen, können aber häufigeren oder längeren Urlaubszeiten oder der Gewährung von Ausgleichsurlaub für die Arbeitnehmer Rechnung tragen. Diese Ausnahmen können festgelegt werden

a) durch Rechts- oder Verwaltungsvorschriften, vorausgesetzt, dass – soweit dies möglich ist – die Vertreter der betroffenen Arbeitgeber und Arbeitnehmer konsultiert und Anstrengungen zur Förderung aller einschlägigen Formen des sozialen Dialogs unternommen werden, oder

b) durch Tarifverträge oder Vereinbarungen zwischen den Sozialpartnern.

(6) Der Kapitän eines seegehenden Fischereifahrzeugs hat das Recht, von Arbeitnehmern an Bord die Ableistung jeglicher Anzahl von Arbeitsstunden zu verlangen, wenn diese Arbeit für die unmittelbare Sicherheit des Schiffes, von Personen an Bord oder der Ladung oder zum Zweck der Hilfeleistung für andere Schiffe oder Personen in Seenot erforderlich ist.

(7) Die Mitgliedstaaten können vorsehen, dass Arbeitnehmer an Bord von seegehenden Fischereifahrzeugen, bei denen einzelstaatliches Recht oder einzelstaatliche Praxis während eines bestimmten, einen Monat überschreitenden Zeitraums des Kalenderjahres den Betrieb nicht erlauben, ihren Jahresurlaub gemäß Artikel 7 während dieses Zeitraums nehmen.

Art. 22 Sonstige Bestimmungen

(1) Es ist einem Mitgliedstaat freigestellt, Artikel 6 nicht anzuwenden, wenn er die allgemeinen Grundsätze der Sicherheit und des Gesundheitsschutzes der Arbeitnehmer einhält und mit den erforderlichen Maßnahmen dafür sorgt, dass

a) kein Arbeitgeber von einem Arbeitnehmer verlangt, im Durchschnitt des in Artikel 16 Buchstabe b) genannten Bezugszeitraums mehr als 48 Stunden innerhalb ei-

nes Siebentagezeitraums zu arbeiten, es sei denn der Arbeitnehmer hat sich hierzu bereit erklärt;
b) keinem Arbeitnehmer Nachteile daraus entstehen, dass er nicht bereit ist, eine solche Arbeit zu leisten;
c) der Arbeitgeber aktuelle Listen über alle Arbeitnehmer führt, die eine solche Arbeit leisten;
d) die Listen den zuständigen Behörden zur Verfügung gestellt werden, die aus Gründen der Sicherheit und/oder des Schutzes der Gesundheit der Arbeitnehmer die Möglichkeit zur Überschreitung der wöchentlichen Höchstarbeitszeit unterbinden oder einschränken können;
e) der Arbeitgeber den zuständigen Behörden auf Ersuchen darüber unterrichtet, welche Arbeitnehmer sich dazu bereit erklärt haben, im Durchschnitt des in Artikel 16 Buchstabe b) genannten Bezugszeitraums mehr als 48 Stunden innerhalb eines Siebentagezeitraums zu arbeiten.

Vor dem 23. November 2003 überprüft der Rat anhand eines Vorschlags der Kommission, dem ein Evaluierungsbericht beigefügt ist, die Bestimmungen dieses Absatzes und befindet über das weitere Vorgehen.

(2) Für die Anwendung des Artikels 7 ist es den Mitgliedstaaten freigestellt, eine Übergangszeit von höchstens drei Jahren ab dem 23. November 1996 in Anspruch zu nehmen, unter der Bedingung, dass während dieser Übergangszeit

a) jeder Arbeitnehmer einen bezahlten Mindestjahresurlaub von drei Wochen nach Maßgabe der in den einzelstaatlichen Rechtsvorschriften und/oder nach den einzelstaatlichen Gepflogenheiten vorgesehenen Bedingungen für dessen Inanspruchnahme und Gewährung erhält und
b) der bezahlte Jahresurlaub von drei Wochen außer im Fall der Beendigung des Arbeitsverhältnisses nicht durch eine finanzielle Vergütung ersetzt wird.

(3) Sofern die Mitgliedstaaten von den in diesem Artikel genannten Möglichkeiten Gebrauch machen, setzen sie die Kommission unverzüglich davon in Kenntnis.

Kapitel 6. Schlussbestimmungen

Art. 23 Niveau des Arbeitnehmerschutzes

Unbeschadet des Rechts der Mitgliedstaaten, je nach der Entwicklung der Lage im Bereich der Arbeitszeit unterschiedliche Rechts- und Verwaltungsvorschriften sowie Vertragsvorschriften zu entwickeln, sofern die Mindestvorschriften dieser Richtlinie eingehalten werden, stellt die Durchführung dieser Richtlinie keine wirksame Rechtfertigung für eine Zurücknahme des allgemeinen Arbeitnehmerschutzes dar.

Art. 24 Berichtswesen

(1) Die Mitgliedstaaten teilen der Kommission den Wortlaut der innerstaatlichen Rechtsvorschriften mit, die sie auf dem unter diese Richtlinie fallenden Gebiet erlassen oder bereits erlassen haben.

(2) Die Mitgliedstaaten erstatten der Kommission alle fünf Jahre Bericht über die Anwendung der Bestimmungen dieser Richtlinie in der Praxis und geben dabei die Standpunkte der Sozialpartner an.

Die Kommission unterrichtet darüber das Europäische Parlament, den Rat, den Europäischen Wirtschafts- und Sozialausschuss sowie den Beratenden Ausschuss für Sicherheit, Arbeitshygiene und Gesundheitsschutz am Arbeitsplatz.

(3) Die Kommission legt dem Europäischen Parlament, dem Rat und dem Europäischen Wirtschafts- und Sozialausschuss nach dem 23. November 1996 alle fünf Jahre einen Bericht über die Anwendung dieser Richtlinie unter Berücksichtigung der Artikel 22 und 23 und der Absätze 1 und 2 dieses Artikels vor.

Art. 25 Überprüfung der Durchführung der Bestimmungen für Arbeitnehmer an Bord von seegehenden Fischereifahrzeugen

Die Kommission überprüft bis zum 1. August 2009 nach Konsultation der Mitgliedstaaten und der Sozialpartner auf europäischer Ebene die Durchführung der Bestimmungen für Arbeitnehmer an Bord von seegehenden Fischereifahrzeugen und untersucht insbesondere, ob diese Bestimmungen vor allem in Bezug auf Gesundheit und Sicherheit nach wie vor angemessen sind, um, falls erforderlich, geeignete Änderungen vorzuschlagen.

Art. 26 Überprüfung des Durchführungsstands der Bestimmungen für Arbeitnehmer, die im regelmäßigen innerstädtischen Personenverkehr beschäftigt sind

Die Kommission überprüft bis zum 1. August 2005 nach Konsultation der Mitgliedstaaten sowie der Arbeitgeber und Arbeitnehmer auf europäischer Ebene den Stand der Durchführung der Bestimmungen für Arbeitnehmer, die im regelmäßigen innerstädtischen Personenverkehr beschäftigt sind, um, falls erforderlich, im Hinblick auf die Gewährleistung eines kohärenten und angemessenen Ansatzes für diesen Sektor geeignete Änderungen vorzuschlagen.

Art. 27 Aufhebung

(1) Die Richtlinie 93/104/EG in der Fassung der in Anhang I Teil A genannten Richtlinie wird unbeschadet der Pflichten der Mitgliedstaaten hinsichtlich der in Anhang I Teil B genannten Umsetzungsfristen aufgehoben.

(2) Bezugnahmen auf die aufgehobene Richtlinie gelten als Bezugnahmen auf die vorliegende Richtlinie und sind nach Maßgabe der Entsprechungstabelle in Anhang II zu lesen.

Art. 28 Inkrafttreten

Diese Richtlinie tritt am 2. August 2004 in Kraft.

Art. 29 Adressaten

Diese Richtlinie ist an alle Mitgliedstaaten gerichtet.

Anhang I

Teil A
Aufgehobene Richtlinie und ihre nachfolgenden Änderungen
(Artikel 27)

Richtlinie 93/104/EG des Rates (ABl. L 307 vom 13. 12. 1993, S. 18)
Richtlinie 2000/34/EG des Europäischen
Parlaments und des Rates (ABl. L 195 vom 1. 8. 2000, S. 41)

Teil B
Fristen für die Umsetzung und Anwendung
(Artikel 27)

Richtlinie	Frist für die Umsetzung
93/104/EG	23. November 1996
2000/34/EG	1. August 2003[1]

---

[1] 1. August 2004 für Ärzte in der Ausbildung. Siehe Artikel 2 der Richtlinie 2000/34/EG.

Anhang II
Entsprechungstabelle

Richtlinie 93/104/EG	Diese Richtlinie
Artikel 1–5	Artikel 1–5
Artikel 6 einleitender Teil	Artikel 6 einleitender Teil
Artikel 6 Nummer 1	Artikel 6 Buchstabe a)
Artikel 6 Nummer 2	Artikel 6 Buchstabe b)
Artikel 7	Artikel 7
Artikel 8 einleitender Teil	Artikel 8 einleitender Teil
Artikel 8 Nummer 1	Artikel 8 Buchstabe a)
Artikel 8 Nummer 2	Artikel 8 Buchstabe b)
Artikel 9, 10 und 11	Artikel 9, 10 und 11
Artikel 12 einleitender Teil	Artikel 12 einleitender Teil
Artikel 12 Nummer 1	Artikel 12 Buchstabe a)
Artikel 12 Nummer 2	Artikel 12 Buchstabe b)
Artikel 13, 14 und 15	Artikel 13, 14 und 15
Artikel 16 einleitender Teil	Artikel 16 einleitender Teil
Artikel 16 Nummer 1	Artikel 16 Buchstabe a)
Artikel 16 Nummer 2	Artikel 16 Buchstabe b)
Artikel 16 Nummer 3	Artikel 16 Buchstabe c)
Artikel 17 Absatz 1	Artikel 17 Absatz 1
Artikel 17 Absatz 2 einleitender Teil	Artikel 17 Absatz 2
Artikel 17 Absatz 2 Nummer 2.1	Artikel 17 Absatz 3 Buchstaben a) bis e)
Artikel 17 Absatz 2 Nummer 2.2	Artikel 17 Absatz 3 Buchstaben f) bis g)
Artikel 17 Absatz 2 Nummer 2.3	Artikel 17 Absatz 4
Artikel 17 Absatz 2 Nummer 2.42	Artikel 17 Absatz 5
Artikel 17 Absatz 3	Artikel 18
Artikel 17 Absatz 4	Artikel 19
Artikel 17a Absatz 1	Artikel 20 Absatz 1 Unterabsatz 1
Artikel 17a Absatz 2	Artikel 20 Absatz 1 Unterabsatz 2
Artikel 17a Absatz 3	Artikel 20 Absatz 2
Artikel 17a Absatz 4	Artikel 20 Absatz 3
Artikel 17b Absatz 1	Artikel 21 Absatz 1 Unterabsatz 1
Artikel 17b Absatz 2	Artikel 21 Absatz 1 Unterabsatz 2
Artikel 17b Absatz 3	Artikel 21 Absatz 2
Artikel 17b Absatz 4	Artikel 21 Absatz 3
Artikel 17b Absatz 5	Artikel 21 Absatz 4
Artikel 17b Absatz 6	Artikel 21 Absatz 5
Artikel 17b Absatz 7	Artikel 21 Absatz 6
Artikel 17b Absatz 8	Artikel 21 Absatz 7
Artikel 18 Absatz 1 Buchstabe a)[1]	–
Artikel 18 Absatz 1 Buchstabe b), Ziffer i)	Artikel 22 Absatz 1
Artikel 18 Absatz 1 Buchstabe b), Ziffer ii)	Artikel 22 Absatz 2
Artikel 18 Absatz 1 Buchstabe c)	Artikel 22 Absatz 3
Artikel 18 Absatz 2	–
Artikel 18 Absatz 3	Artikel 23
Artikel 18 Absatz 4	Artikel 24 Absatz 1
Artikel 18 Absatz 5	Artikel 24 Absatz 2
Artikel 18 Absatz 6	Artikel 24 Absatz 3
–	Artikel 25[1]
–	Artikel 26[2]
–	Artikel 27

Anh. 6

Richtlinie 93/104/EG	Diese Richtlinie
–	Artikel 28
Artikel 19	Artikel 29
–	Anhang I
–	Anhang II

---

[1] Richtlinie 2000/34/EG, Artikel 3.
[2] Richtlinie 2000/34/EG, Artikel 4.

Sachverzeichnis

Fette Zahlen verweisen auf Paragraphen des ArbZG und mit Zusatz L des Ladenschlussgesetzes; magere Zahlen verweisen auf die Randnummern

Abfallbetriebe 10 33
Abfeiern
  durch Zusatzruhetag **6** 24 ff., **11** 7 ff., **12** 5 f.
Abhängigkeit 2 21
Abschlussarbeiten 14 10 ff.
Abwasserentsorgung 10 33
Acht-Stunden-Tag
  Grundsatz **3** 3
  Verlängerung **3** 5
Ärzte
  Arbeitszeitregelung **7** Anh. IV
  Ruhezeit **5** 9
Alliierte Streitkräfte
  Arbeitszeit **15** 13
Angehörige 6 21
Angestellte
  als Arbeitnehmer **2** 21
  leitende **18** 2 ff., 6
Apotheken L **17** 8.
Arbeitgeber
  Ordnungswidrigkeit **22** 5
  Strafbarkeit **23** 1
Arbeitnehmer
  Begriff **2** 21
Arbeitsbereitschaft
  Begriff **2** 12, **7** 8 ff.
  Bereitschaftsdienst **7** 33
  Dauer **7** 16
  Entgelt **7** 17
  regelmäßige **7** 18 f.
  und Ruhezeit **7** 14
  Verlängerung **7** 8 ff.
Arbeitsergebnis
  Misslingen **10** 46 ff.
Arbeitsstätte
  Betreten und Aufsichtsbehörde **17** 4
Arbeitszeit
  Beginn **2** 16
  Begriff **2** 4 ff.
  Bereitschaftsdienst Einl. 30 ff., **7** 8 ff.

Dauer **3** 3 ff., **7** 3 f., **8** ff., 21
Feiertage **11** 5
Kraftfahrer **21 a** 7 ff.
Rufbereitschaft nicht **7** 8 ff.
an sechzig Tagen **7** 21 ff.
Sonntag **11** 6
unzulässige Arbeit **2** 13, 20
Verkaufsstelle **9** 26, L **17** 1 ff.
Verlängerung **3** 5 f., **7** 3 f., **8** ff., 21
werktägliche **3** 3 ff.
Arbeitszeitkonten
  Stahlindustrie **7** Anh. XI
Arbeitszeitnachweis 16 5 ff., **21 a** 19 f.
Aufrechterhaltung
  des vollen Betriebes **14** 13
Aufsichtsbehörde
  Auskunft **17** 3, 6
  Baustellen **15** 4
  Bewilligung **7** 52 f., **13** 13 ff., **15** 2 ff.
  Feststellung für Sonn- und Feiertagsarbeit **13** 12
  Kampagnebetriebe **15** 5
  Montagestellen **15** 4
  Saisonbetriebe **15** 5
  Überwachung **17** 2 ff.
  Zuständigkeit **17** 1
Ausdehnung
  an 60 Tagen **7** 21 ff.
Ausgleich
  für Sonn- und Feiertagsarbeit **11** 7 ff.
Ausgleichszeitraum
  für Acht-Stunden-Tag **3** 8 ff.
  bei Sonn- und Feiertagsarbeit **11** 10 ff.
  Veränderung **7** 20, **12** 5 f.
Aushang
  Pflicht **16** 1 ff.
Auskunft
  an Aufsichtsbehörde **17** 3, 6
Ausland
  Konkurrenz **13** 21 ff.
Ausnahmen
  im öffentlichen Interesse **15** 8 f.

447

Sachverzeichnis

Fette Zahlen = §§

Ausstellungen 10 29, L **1** 16 f.
Automaten L **17** 5
Bäckereien
Sonn- und Feiertagsarbeit **10** 56 ff., **18** 11
Banken 10 59
Baugewerbe
Arbeitszeitregelung **7** Anh. I, II
Wegezeit **2** 14
Bedeutung
des Gesetzeswerkes **1** 8 ff.
Bedürfnisgewerbe 13 7, 10 f.
Begriffsbestimmung
Arbeitnehmer **2** 21
Arbeitsbereitschaft **2** 12, **7** 8 ff.
Arbeitszeit **2** 4 ff.
Gartenbau **5** 14
Gaststätten **5** 10
Landwirtschaft **5** 15
Nachtarbeit **2** 23, 24
Nachtarbeitnehmer **2** 25
Nachtzeit **2** 22
Ruhepause **4** 2 ff.
Ruhezeit **5** 2 ff.
Schichtarbeit **2** 6, **6** 5
Tierhaltung **5** 16
Bereitschaftsdienst
als Arbeitszeit Einl. 30 ff., **7** 8 ff.
Begriff **7** 8 ff.
in Krankenanstalten **5** 8
keine Ruhezeit **5** 7 f., **7** 33 f.
Bergbau
Arbeitszeit **8** 5
Ermächtigung **8** 4
Jugendliche **2** 5
Beschädigung
von Produktionseinrichtungen **10** 51 ff.
Beschäftigungsverbot
an Sonn- und Feiertagen **9** 2 ff.
Besichtigung
in Arbeitsstätten **17** 4 f.
Betreten
der Arbeitsstätte **17** 4
Betriebsrat
Beteiligung **17** 7
Mitbestimmung siehe diese
Betriebsvereinbarung
und menschengerechte Gestaltung **6** 8 f.
Sonn- und Feiertagsarbeit **12** 3
und Tarifvertrag **7** 3 ff., 42 f.

Bewachungsgewerbe
Sonn- und Feiertage **10** 36
Bewilligung
aufsichtsbehördliche **7** 52 f., **15** 1 ff.
Bezugnahme
auf Tarifvertrag **7** 42 ff.
Binnenschifffahrt 21 1
Blackberry 7 13 a f.
Börse 10 59
Bußgeld 22 1 ff., 6, 7

Chefärzte 18 5
Chemieindustrie
tarifliche Arbeitszeitregelung **7** Anh. VI

Datennetze
Aufrechterhaltung **10** 42
Dauer
der Arbeitszeit **3** 3 ff.
der Nachtarbeit **6** 10 ff.
Dienstkleidung 2 16
Dienstreise
keine Arbeitszeit **2** 15
Dienstvereinbarung 7 3 f.
Doppelbeschäftigung 2 19
Durchfahrtarifverträge 7 Anh. VII
Durchschnittsarbeitszeit 7 59 f.

Einverständnis, schriftliches **7** 55 ff.
Eisenindustrie 13 5, Anh. 6 c
tarifliche Arbeitszeit **7** Anh. IX
Energiebetriebe
Sonn- und Feiertagsarbeit **10** 33
Erhebung
seelische **1** 7
Erholungsorte
Ladenschluss L **17** 4
Ermessen
pflichtgemäßes **13** 13, **15** 10
kein **13** 19, 21
Ersatzruhetag
für Sonn- und Feiertagsarbeit **11** 7 ff.
Tarifvertrag **12** 5 f.
Wegfall **12** 5
Europarecht Einl. 30 ff., **7** 2 a, Anh. 6

Feiertage 9 9, 10
Feiertagsarbeit
Acht-Stunden-Tag **3** 4
Ausgleich **11** 7 ff.
Ausnahmen **10** 4 ff.
Bewilligung **15** 10
Dauer **9** 5 f.

448

magere Zahlen = Randnummern

Sachverzeichnis

Entgeltzahlung **9** 11 ff.
Ersatzruhetag **11** 7 ff.
Feuerwehr **10** 7
Gaststätten **10** 12 f.
Gesetzeszweck **1** 6
Jugendliche **10** 62 ff., **18** 9, L **17** 7
Krankenhaus **10** 9 ff.
Musikaufführung **10** 14 f.
Rechtsverordnung **13** 5 ff.
Ruhezeit **9** 5 f.
Übersicht **9** 10
Verbot **9** 2 f.
keine Verpflichtung **10** 61, **13** 29
Zuschlag **9** 24
Feuerwehr **10** 7
Filmvorführung **10** 14
Flexibilisierung
Gesetzeszweck **1** 4, 5
Forstwirtschaft
Ruhezeit **5** 15
Fortbildung
bei Nachtarbeit **6** 27
Freischichten
zusätzliche **15** 3
Freizeitausgleich
für Nachtarbeit **6** 24 ff.
für Sonn- und Feiertag **11** 7 ff., **12** 5 f., L **17** 3
Fremdenverkehr
Ladenschluss L **17** 4
Sonn- und Feiertagsarbeit **10** 21

Gartenbau
Ruhezeit **5** 14
Gaststätten
Begriff **5** 10, L **1** 15 f.
Ruhezeit **5** 10
Sonn- und Feiertag **10** 10 f.
Gefahrstoff
Wochenarbeitszeit **8** 2
Geldbuße **22** 7 f.
Gemeinschaft
häusliche **18** 7
Gesundheitsgefährdung **6** 19, **23** 2
Gesundheitsschutz
als Gesetzeszweck **1** 3 f.
Gleitzeit **3** 14 ff.
einfache **3** 16
Mitbestimmung **3** 15
mit Zeitausgleich **3** 17

Handelsgewerbe
Sonn- und Feiertagsarbeit **13** 14 f.

Interesse
öffentliches **15** 8 f., L **23** 2
Inventur
Sonn- und Feiertagsarbeit **13** 18
Instandsetzungsarbeiten **14** 11 f.

Jugendliche
Ausnahmen **18** 9
Bergbau **2** 5
Beschäftigung **2** 19
Feiertagsarbeit **10** 62 ff.
Notfallarbeiten **14** 20
Ruhepause **4** 11
Sonntagsarbeit **10** 62 ff.
Verkaufsstellen L **17** 7

Kampagnebetriebe
Aufsichtsbehörde **15** 5
Kirchendienst
Arbeitszeitregelung **7** 50 f.
Ausnahmen **18** 8
Sonn- und Feiertagsarbeit **10** 16 f.
Kleiderwechsel **2** 16
Konditoreien **2** 23, **18** 11
Konkurrenzfähigkeit
Sonn- und Feiertagsarbeit **13** 21 ff.
Kraftfahrer
Arbeitszeit **21a** 7 ff.
Lenkzeit **21a** 6
Ruhezeit **21a** 10 ff.
Unterbrechung **21a** 6
Krankenanstalten
Bereitschaftsdienst **5** 8
Rufbereitschaft **5** 8
Ruhezeit **5** 7 ff.
Sonn- und Feiertag **10** 9 ff.
Tarifregelung **7** 38, Anh. IV
Kurorte
Ladenschluss L **17** 4
Kurzpausen
Arbeitszeit **4** 4
Schichtbetrieb **7** 24 f.

Ladenschluss L **17** 1 ff.
Apotheken L **17** 8
Kur- und Erholungsorte L **17** 4
Sonntagsarbeit L **17** 2
Warenautomaten L **17** 5
Landesregierung
Erlass von Rechtsverordnungen **13** 10 f.
Landwirtschaft
Begriff **5** 15
Feiertagsarbeit **10** 34 f.

Sachverzeichnis

Fette Zahlen = §§

Gartenbau **5** 14
Ruhezeit **5** 14 ff.
Sonntagsarbeit **10** 34
Tarifvertrag **7** 35 f.
Laptop 7 13 a
Lohnzahlung
an Feiertagen **9** 11 ff.
Luftfahrt
Arbeitszeit nach Betriebsordnung **20** 1

Märkte 10 9
Mehrarbeit
keine Pflicht **14** 18
vorübergehende **14** 7
Messen
Sonn- und Feiertagsarbeit **10** 29
Metallindustrie
tarifliche Arbeitszeitregelung **7** Anh. VIII
Misslingen
von Arbeitsergebnissen **10** 46 ff.
Mitbestimmung
bei Ausnahmen **15** 11
Nachtarbeitsausgleich **6** 26
Notfall **14** 19
Sonn- und Feiertagsarbeit **10** 61, **13** 30
tägliche Arbeitszeit **3** 12
Tendenzbetriebe **3** 13
Wechselschicht **2** 7
Musikaufführung 10 14
Mutterschutz 9 25

Nachtarbeit
an 48 Tagen **2** 29 ff.
Anhörung des Betriebsrates **6** 23
Arbeitszeit **6** 10 ff.
Begriff **2** 24 ff.
Dauer **6** 10 ff.
Freizeitausgleich **6** 24 f.
Gleitzeit **3** 27
mehrere Arbeitgeber **2** 32 f.
menschengerechte Gestaltung **6** 4 ff.
Mitbestimmung **6** 26
Tarifvertrag **7** 29 ff.
Umsetzung in Tagdienst **6** 18 ff.
Weiterbildung **6** 27
Zuschlag **6** 25 f.
Nachtarbeitnehmer
Begriff **2** 26 ff.
Umsetzung **6** 18 ff.
Nachweispflicht 16 5 ff.
Nachtzeit
Begriff **2** 25

Veränderung durch Tarifvertrag **7** 31
Nachwirkungszeitraum
Vereinbarung des Tarifvertrages **7** 46
Notdienst 10 7
Notfall 14 3 f.
Jugendliche **14** 21

Öffentlicher Dienst
Aufsichtsbehörde **17** 1
Ausnahmen **18** 6
TV-L Arbeitszeitregelung **7** Anh. III
TVöD-Arbeitszeitregelung **7** Anh. IV
Beamtenregelung **19** 1 ff.
Krankenanstalten **7** 38, Anh. IV
Tarifvertrag **7** 39 ff., **19** 5
Übertragung **19** 2
Ordnungswidrigkeit 22 1 ff.

Papierindustrie 13 5 Anh. VII
Parteien 10 16
Partyservice 10 12
Personalrat
Beteiligung **17** 7, **19** 3
Mitbestimmung siehe dort
Pflegeeinrichtungen
Ruhezeit **5** 7 f.
Sonn- und Feiertag **10** 9 ff.
Pflegepersonal
Ruhezeit **5** 7 f.
Presse
Sonn- und Feiertagsarbeit **10** 24 ff.

Rechtsverordnung
Ermächtigung **7** 54, **8** 2 f., **13** 2 ff., **15** 22 ff.
Sonn- und Feiertagsarbeit **13** 2 ff.
Regelungsabrede
ungenügend **7** 6
Reinigung 10 37 ff., **14** 11 f.
Religionsgesellschaften 7 50, **10** 16, **18** 8
Rettungsdienst 10 7
Rufbereitschaft
Begriff **7** 8 ff
in Krankenanstalten **5** 8
Mitbestimmung **5** 8
als Ruhezeit **5** 7 f., **7** 33 f.
Smartphone **7** 13 b
Ruhepause
Aufenthalt **4** 8 f.
Begriff **4** 2 ff.

magere Zahlen = Randnummern

Sachverzeichnis

Dauer **4** 4 f.
Erweiterung **8** 2 f.
Jugendliche **4** 11
keine Arbeitszeit **2** 17
Kraftfahrer **4** 10
Kurzpause **4** 4, **7** 52 f.
Lage **4** 6 f.
im Voraus **4** 3
Ruhezeit
Abweichung durch Aufsichtsbehörde **15** 6 f.
ausschließende **7** 61
Begriffe **5** 2 ff.
Dauer **5** 2 ff., **9** 5 ff.
Erweiterung **8** 2 f.
Gaststätten **5** 10
Kraftfahrer **21a** 8 f.
Krankenanstalten **5** 7 f.
Unterbrechung **7** 33
Verkehrsbetriebe **5** 11
Verkürzung **5** 5 ff.
Verkürzung durch Tarifvertrag **7** 26 ff.
Verlegung **9** 6 f.
Rundfunk
Feiertagsarbeit **10** 25 ff.
Ruhezeit **5** 12 f.
Sonntagsarbeit **10** 25 ff.

Saisonbetrieb
Aufsichtsbehörde **15** 5
Schaden
unverhältnismäßiger **13** 16 f.
Schausteller 10 14
Schichtarbeit
Aufsichtsbehörde **15** 3
Begriff **2** 6, **6** 5
Kurzpausen **7** 24 f.
menschengerechte Gestaltung **6** 4 ff.
Mitbestimmung **2** 7
Nachtarbeit **2** 6
Sonn- und Feiertag **9** 6, **12** 7
Verlegung **9** 8
Schichtzeit
Begriff **2** 5, 6
im Bergbau **2** 4, 5
Schutzgesetz 1 10
Seeschifffahrt
Ausnahmen **18** 10
Tarifvorrang **21** 2
Sicherheit
und Ordnung **10** 8
Smartphone 7 13 a, b

Sonntage
beschäftigungsfreie **11** 2 ff.
Tarifvertrag **12** 4
Sonntagsarbeit
Acht-Stunden-Tag **3** 4
Ausgleich **11** 7 ff.
Ausnahmen **10** 4 ff.
Bewilligung **13** 13 ff.
Dauer **11** 5 f.
Ersatzruhetag **11** 7 ff.
Feuerwehr **10** 7
Gaststätten **10** 12 f.
Gesetzeszweck **1** 6
Jugendliche **10** 62 ff.
Krankenanstalten **10** 9 ff.
Ladenschluss L **17** 2
Lohnzahlung **9** 11 ff.
Musikaufführung **10** 14
Rechtsverordnung **13** 5 ff.
Ruhezeit **9** 5 f.
Verbot **9** 2 f.
Verkaufsstellen L **17** 2
keine Verpflichtung **10** 61, **13** 29
Wochenruhe **11** 13 ff.
Zuschlag **9** 24
Sozialversicherungsausweis 2 19
Sport
Sonn- und Feiertagsarbeit **10** 19
Stahlindustrie 13 5, Anh. 6 c
tarifliche Arbeitszeitregelung **7** Anh. IX
Stationierungsstreitkräfte
Arbeitszeitregelung **7** Anh. III
Strafvorschrift 23 1 ff., L **25** 1

Tagdienst
Umsetzung **6** 18 ff.
Tagesarbeitsplatz
zur Verfügung **6** 22
Tarifvertrag
Arbeitszeitregelungen **7** Anh. I–X
Ausdehnung an 60 Tagen **7** 21 ff.
nach Betriebsvereinbarung **7** 3 f.
Bezugnahme **7** 42 ff.
Feiertagsarbeit **12** 3 ff.
Kurzpausen **7** 24
Landwirtschaft **7** 35 f.
Nachtzeitraum **7** 31
Nachwirkung **7** 46
Öffentlicher Dienst **7** 39 ff., **19** 5
Personenpflege **7** 38
Sonntagsarbeit **12** 3 ff.
Übergang **25** 1 ff.

451

Sachverzeichnis

Fette Zahlen = §§

Veränderung des Ausgleichzeitraums **7** 20, **12** 5 f.
Verkürzung der Ruhezeit **7** 26 ff.
Verlängerung der Arbeitszeit **7** 8 ff.
Tendenzbetrieb
Mitbestimmung **3** 13
Theatervorstellung
Sonn- und Feiertagsarbeit **10** 14
Tierhaltung
Begriff **5** 16
Ruhezeit **5** 16
Sonn- und Feiertagsarbeit **10** 34
TVöD 7 Anh. IV

Umkleidezeiten 2 13, 16
Umsetzung
in Tagarbeit **6** 18 ff.
Unternehmen
mehrere **2** 18
Untersuchung
arbeitsmedizinische **6** 14 ff.

Verbände 10 16
Verderben
von Erzeugnissen **10** 43 f.
Verkaufsstellen
Arbeitszeit **9** 26, L **17** 1 ff.
Verkehrsbetrieb
Feiertagsarbeit **10** 31
Ruhezeit **5** 11
Sonntagsarbeit **10** 31
Verkehrsgewerbe
Ruhezeit **5** 11

Verkürzung
der Ruhezeit **5** 5 f.
Verlängerung
der Arbeitszeit **3** 5 ff., **7** 3 f., 8 ff., 21
über 10 Stunden **7** 8 ff.
Verteidigungsministerium
Arbeitszeitregelung **15** 12
Volksfeste 10 30
Vorarbeiten 14 10 ff.

Warenautomaten L **17** 5
Waschzeit
keine Arbeitszeit **2** 16
Wechselschicht
Begriff **2** 7
bei Nachtarbeit **2** 28
Wegezeit 2 14
Werkverkehr
Ruhezeit **5** 11
Weiterbildung
bei Nachtarbeit **6** 27
Wiederaufnahme
des Betriebes **10** 40 f., **14** 13
Wochenarbeitszeit 2 9

Zeitungen 10 26 ff.
Zuendebedienen 14 14
Zuschlag
für Nachtarbeit **6** 25 f.
für Sonn- und Feiertagsarbeit **9** 24
Zweck
des Gesetzes **1** 1, 2, 3
Bedeutung **4** 8, 9, 10